Katharina Rutschky

Deutsche Kinder-Chronik

Wunsch- und Schreckensbilder
aus vier Jahrhunderten

Katharina Rutschky

Deutsche Kinder-Chronik

Wunsch- und Schreckensbilder
aus vier Jahrhunderten

Kiepenheuer & Witsch

© 1983 by Verlag Kiepenheuer & Witsch, Köln
Lizenzausgabe Parkland Verlag, Köln 2003
Umschlaggestaltung: Klaus Dempel
Druck: WS Bookwell, Finnland
ISBN 3-89340-042-7

Einleitung: Über unsere Vorfahren und ihr Nachleben heute XXI

1. Kapitel

1.1. Erster Überlebenskampf 3
Kommentar
Straßburg, 1582	Hebamme, ein gefährlicher Beruf
Halle, um 1696	Im Mutterleib geopfert
Braunschweig, um 1700	Aussetzung eines Kindes
Leipzig, 1715	Mittel der Fürsorge
Stadthagen usw., 1724 ff.	Der Geburtstag – ungewisser Anfang
Bacharach, 1772 ff.	Fallhut, Fischbein und Bandagen gegen die gedankenlose Natur
Wandsbeck, 1778 ff.	Einige Nachrichten aus dem Frauenleben
Hermsdorf b. Berlin, 1795 f.	Armut als Motiv einer Kindstötung
Wilsnack, um 1795	Einziges Kind
Scheßlitz, um 1810	Beobachtungen eines Landarztes
Wien usw., 1830 ff.	Meine drei Mütter
Staat Preußen, 1880–88	Soziale Lage und Kindersterblichkeit

1.2. Der Speisezettel 29
Kommentar
Meissen, 1577	Speis und Trank in der Fürstenschule St. Afra
Coburg, 1702 und 1792	Zwei Verpflegungspläne des Waisenhauses
Pulsnitz, um 1815	Der Weihnachtsstollen
Wesselburen, um 1815	Ängstliche Szenen ums tägliche Brot
Welzheim, 1815	Branntwein, Brot und Zucker
Darmstadt, um 1830	Dem Wachstum unzuträgliche bürgerliche Lebensweise
Glatzer Bergland, um 1845	Bäuerliches Essen und Trinken
Rothenburg a. O., um 1847	Geregelter Hunger wie überall
Ludwigsburg, um 1860	Pädagogisch-rationelle Ernährung im Haus des Kriegsministers
Großkugel, um 1866	Ein Stück Italien oder Spanien
Halle, um 1870	Mahlzeiten und Extras der Kinder im Waisenhaus
Leipzig, 1887	Wovon Arbeiterkinder satt werden und wachsen sollen

1.3. Wie man sich kleidet und putzt 49
Kommentar
Berlin, 1720	Kleider machen Erwachsene
Insel Rügen, um 1775	Kälte, Willkür und Pomade
Braunschweig, 1777	Die Schnürbrust
Bückeburg, 1794	Anweisung des Gesundheitskatechismus zur Erhaltung der Zähne
München, 1806 ff.	Aus Briefen eines Kadetten an seine Mutter
Darmstadt, um 1835	Der Gespenstermantel
Ludwigsburg usw., um 1860	Die Mode im Kampf zwischen Müttern und Töchtern
Tübingen, um 1865	Das Ende der Kindheit
Halle, um 1870	Die Kleidertracht in den Franckeschen Anstalten
Berlin, um 1875	Kein Stück zuviel!
Leipzig, 1887	Welchen Kleidungsbedarf haben Arbeiterkinder?

1.4. Krankheiten und Kurversuche 71
Kommentar
Rakonitz, um 1493	Christlicher Verzicht auf zaubrische Medizin
Mespelbronn, 1520	Ein Mittel bei Bruch
Emmerich, 1533	Fieber, Frost und Placken
Bremen, 1756	Demonstration der Pockenimpfung an armen Kindern
Dillingen, 1771	Das sog. »Dreitägige kalte Fieber«
Berlin, 1773	Maßregeln bei Englischer Krankheit
Breslau, 1797	In der Apotheke des Hausvaters
Crossen, um 1800	Ein schreckliches Pockenkind
Dresden, 1803	Heilloses Purgieren!
Gumbinnen, 1821	Ein Jagdunfall
Rehren usw., 1821 ff.	Geschichte einer Krankheit
Darmstadt, um 1825	Geheimrat Böckmann kuriert einen Ohrenkatarrh
Leipzig, 1838	Mittel, bei Keuchhusten anzuwenden
Leipzig, 1873	Ein Sieg über die Diphtheritis, früher Krupp oder auch häutige Bräune genannt
Wiesbaden, 1875	Abhärtung setzt Lebenszähigkeit voraus

1.5. Präsenz des Todes 95
Kommentar
Gerdauen, um 1750	Aus Anlaß einer Kinderleiche
Dittersdorf, 1807	Abschied vom Vater
Magdeburg, um 1812	Das Leichenbegräbnis ein Fest
Dresden, 1813	Besichtigung des Schlachtfeldes
Königsberg, 1821	Fanny muß erwachsen werden
Wien, um 1842	Tod eines frommen Kindes

Langenhorn, um 1860	Schüler, Kirchendiener und Sänger
Esslingen, um 1861	Entdeckung des Rätselhaften, Unbegreiflichen
Hamburg, 1880	Peinliche Unsicherheit beim Tod der Großmutter

2. Kapitel

2.1. Das Ehe- und Elternpaar 113
Kommentar

Württemberg, 16.–19. Jh.	Ehe- und Familiengeschichte in Zahlen
Den Haag, 1630	Lästiger Kindersegen
Halle, 1756	Schicksalsstunde eines Ehepaares
Wörmlitz, um 1760	Eine klassische Konstellation
Elberfeld, 1775	Ein Eheproblem
Halle, um 1775	Familienbarbarei
Altena, 1797 f.	Minnas Niederkunft und Tod, meine Witwerschaft und zweite Heirat
Pulsnitz, um 1815	Armut und Streit
Stuttgart, um 1825	Protestantischer Patriarchalismus
Hamburg, um 1880	Zur Psychologie der kleinbürgerlichen Ehe

2.2. Die Regeln der Geschwisterschaft 135
Kommentar

Darmstadt, um 1630	Brief der jüngeren Schwester an ihren in Jena studierenden Bruder
Halle, um 1670	Pater incertus
Wien, um 1780	Reue einer Schwester, die besser zum Knaben getaugt hätte
Dittersdorf, um 1806	Der Liebling der Familie verteidigt sein Recht
Halle, 1808	Hinweise und Ratschläge eines Gymnasiasten an seine Schwester
Berlin, um 1815	Die reine Blüte der Geschwisterzärtlichkeit
Stuttgart, um 1830	Fronten und Koalitionen bei den zehn Pfarrerskindern
Ludwigsburg, um 1858	Zwei ungleiche Schwestern
Tübingen, um 1863	Fluchtversuch
Frankfurt a. M., um 1875	Ein bürgerlicher Totenkult

2.3. Der Vater 155
Kommentar

Frankfurt a. M., 1630	Väterliche Affektion, dem künftigen Studenten nachgesandt
Berlin, 1728	Höfische Fassung des Vater-Sohn-Konflikts und seiner Beilegung
Borna, um 1764	Altbürgerliches Herkommen im Konflikt mit kindlichen Gefühlen

Poserna, um 1769	Ursache der grausamen Mißhandlung des Erstgeborenen
Darmstadt, 1783	Ein Vater, der fürchtet, bald keiner mehr zu sein, an einen andern
Langenleuba, 1811	Probleme einer bürgerlichen Familie nach dem Tod des Ernährers
Dresden, um 1818	Die Freilassung
Gumbinnen, um 1820	Offizier, Aristokrat, Preuße
Wien usw., um 1840	Väterlicher Absolutismus
Hamburg, um 1880	Ein wirrer Patriarch und Kleinbürger

2.4. Die Frau im Schatten   175
Kommentar

Berlin, um 1773	Schreiblehrer der Mutter
Danzig, um 1775	Erziehung, Kenntnis und Tätigkeit einer wohlhabenden Bürgersfrau
Braunschweig, um 1780	Ein trostreiches Bündnis zwischen Sohn und Mutter
Darmstadt, um 1815	Sorge, Hingabe und Ergebung
Königsberg, um 1820	Unordnung als Glaubenssache
München, um 1860	Maximen der Hausfrau
Großkugel usw., 1865 ff.	Eine Witwe mit fünf Kindern

2.5. Andere Leute   193
Kommentar

Miltenberg, 1478 ff.	Meine Muhme
Bei Crossen a. d. Oder, um 1730	Arbeit, Ausbildung und Versorgung eines Mädchens
Berlin, um 1795	Häusliche Szenen zwischen Gräfin und Gouvernante
Němčice usw., 1796 ff.	Wechselfälle in den ersten vierzehn Lebensjahren
Breslau, 1801	An den Bedienten J. S., abzugeben in der Küche
Berlin, um 1806	Der berühmte Großvater
Oels, 1829 ff.	In Pension bei einem Sonderling
Heidelsheim, um 1842	Vikar Müller, sowie Freundschaften mit Honoratioren und Juden
Karlsruhe, um 1850	Gustav, der Renaissancemensch
Frankfurt a. M., um 1870	Zwei Mädchen aus dem Volk

2.6. Familienleben und Familiensinn   215
Kommentar

Mitau, 1730 ff.	Familienpolitik als aristokratisches Familienleben
Ried/Zillertal usw., um 1775	Sorge des Vaters, reisenden Händlers und Hofnarren für zwei Söhne
Wandsbeck, 1777 ff.	Merkmale des Idealtypus

Braunschweig, um 1780   Geschichte und Gegenwart in einer Patrizierfamilie
Leipzig, 1805   Die Legende der Familie
Breslau, um 1820   Weihnachtspoesie
Königsberg, um 1820   Die Familienchronik in der Schachtel
Cannstadt usw., um 1830 Familientreffen im Gasthaus zum Ochsen
Berlin, 1860 ff.   Erziehung im Budget eines preußischen Beamtenhaushalts

3. Kapitel

3.1. Religion im Alltag 241
Kommentar
Darmstadt, um 1630   Fromme Instruktion für einen sechzehnjährigen Jurastudenten
Schornweisach, 1747   Voraufklärerische Religionsübung
Haina, um 1760   Einfluß der häuslichen und kirchlichen Moralerziehung
Höchstädt, um 1765   Lieber Teufel als arme Seele
Lichtenau bei Ansbach, 1778 Pflichtschuldiger Dank-, Bitt- und Bußbrief der Konfirmandin
Leipzig 1786   Abschaffung des Exorzismus
Fulda, um 1800   Spiel und Ernst
Altenburg, 1817   Das Reformationsjubiläum
Erfurt, um 1840   Tätigkeit der Kirchknaben
Haslach, um 1845   Über Disziplin in der Kirche
Haslach, 1851   Der Weiße Sonntag
Bei Offenburg, um 1860   Kinderfreuden bei Kirchenfesten

3.2. Notwendige Illusionen 263
Kommentar
Hildesheim, 1674   Krank, besessen oder bezaubert?
Hamburg, 1711   Der Teufel als Lehrer
Leipzig, 1715   Beispiele von alter Weiber Aberglauben
Augsburg, 1724   Unsicherheit über einen Hexereiprozeß gegen Kinder
Fulda, um 1800   Wie man sich vor Hexen schützt und woran man sie erkennt
Pulsnitz, um 1810   Die Nativität
Magdeburg, um 1812   Die Nachtseite der Natur
Erlangen, um 1835   Gespensterfurcht
Schoppernau, 1849   Versuch einer Wunderheilung des linken Auges

3.3. Kinderglaube und Kinderzweifel 283
Kommentar
Gerdauen, um 1748   Patriarchalischer Umgang mit Gott

Wörmlitz, um 1763	Ist die Seele eine Wolke?
Dillingen, 1770	Bußfertigkeit der kleinen Studenten im Jesuiten-Seminar
Braunschweig, um 1782	Ein dogmenkundiger Tertianer
Magdeburg, um 1810	Höllenangst
Berlin, um 1822	Kirchliche Topographie und Fortschritt durch fromme Lektüre
Liblar, um 1835	Anfänge religiöser Skepsis
Zdißlawitz, 1838	Träume eines Beichtkindes von seiner Engelsunschuld
München, 1840 ff.	Mein Weg zum Unglauben
Schoppernau, um 1845	Erster Kirchgang und eine fromme Spielerei
Großbreitenbach, um 1860	Abschaffung des Tischgebets
Matziken bei Heydekrug, um 1866	Krone und Altar

4. Kapitel

4.1. Hungersnöte, Feuersbrünste und andere Katastrophen 309
Kommentar

Hann.–Münden, 1626	Gnade für Kinder unter neun
Rufach, 1636	Nachricht von kannibalistischen Leichenschändungen an Kindern
Halle, 1682 f.	Ein Barbierlehrling erfindet eine Pestkur, auch für sich selbst
Knautkleeberg, 1770 f.	Tauschgeschäfte eines Kindes im sächsischen Landeselend
Niesky, 1781 ff.	Aus der Unglückschronik der Knabenerziehungsanstalt
Märkisch-Friedland, 1799 f.	Abstumpfung der Gefühle in einer Pockenepidemie
Datschitz/Mähren, 1805	Greuel der Plünderung
Nĕmčice, 1806	Die Vaterstadt, ein Aschenhaufen
Hamburg, um 1810	Pflicht der Haus- gegen die Kellerbewohner bei Überschwemmung
Dresden, 1813	Die Blockade
Brunnhardshausen (Vordere Rhön), 1816 f.	Kleie, Sand und Tollhaber
München, 1854	Die Choleraepidemie
Rammersweier bei Offenburg, um 1855	Maßnahmen in Hungerjahren

4.2. Arm sein 331
Kommentar

Berlin, 1741	Wasser als Nahrung?
Neustadt a.d. Aisch, usw., 1749 ff.	Ehrliche Arme

Berlin, 1792 f.   Über Lebensmut
Dresden, 1813 ff.   Wie Julius Thaeter sich vom 9. bis zum 14. Jahr durchbrachte
Wesselburen, um 1820   Zur Psychologie der Armut
Dresden, 1821   Das Bewußtsein des Armen von seiner Armut
Hamburg, 1833   Notizen über Besuche bei armen, sog. verwahrlosten Familien
Linz usw., 1850 f.   Schulrat Stifter über den Zusammenhang von Armut und Schulbesuch

5. Kapitel

5.1. Unterhaltungen und Leidenschaften   351
Kommentar

Schleswig-Holstein usw., 1630 ff.   Historische Reminiszenzen im Kinderspiel
Hamburg, 1741 f.   Die Winkel-, auch Gassenjungen
Bern, 1759   In einem Zirkel junger Demoiselles
Haina, um 1760   Naturstudium und Paradiesträume
Preußisch-Friedland, 1794   Hilfsmittel für ein malendes Kind
Ludwigsburg usw., um 1795   Feuerwerk
Weimar, 1801   Bericht von einem Kinderball
Berlin, um 1812   Zum Turnplatz in die Hasenheide
Berlin, um 1818   Eine Inszenierung von Goethes ›Faust‹
Berlin, 1820 ff.   Griechisches Wesen in Spiel und Unterricht
Marbach/Neckar, 1822 ff.   Ein Panorama bürgerlicher Mädchenfreuden
Stuttgart, um 1825   Biedermeiers Kinderkram
Swinemünde, um 1830   Zwei Passionen: Die Papparbeit und das Versteckspiel
Haslach, um 1845   Das Glück der Grausamkeit
Haslach, um 1846   Weltliche und kirchliche Kinderfesttage
Langenhorn, um 1855   Die Wasserfreuden
Karlsruhe, um 1855   Über Besitz- und Sammelgeist
Oldenburg, um 1860   Der Kramermarkt
Berlin, um 1875   In der Großstadt

5.2. König, Krieg und Revolution   395
Kommentar

Speyer, 1560   Mordtat, versuchte Hinrichtung und Ausweisung eines Knaben
Hanau, 1681   Meldung
Penzlin, um 1760   Reflex des Siebenjährigen Krieges bei den Schulknaben
Magdeburg, 1777   Besichtigung des Landesvaters
Berlin, 1793   Erschütterung des monarchischen Kinderglaubens

Langensalza, 1793 ff.	Das Soldatenspiel
Fulda, 1802	Schulfrei für eine große Lektion
Jena, 1806	Der Heldenknabe
Darmstadt, 1813 f.	Kosaken, Kaiser und Russen
Berlin, 1813	Aus dem Tagebuch eines politischen Mädchens
Eisenach, 1817	Das Schulfüchschen auf der Wartburg
Dresden, 1819	Eine ganz erbärmliche Geschichte
Weimar, 1826	Das Jubiläum
Reutlingen, 1827	In der Windstille der Restauration
Mainz, 1830 ff.	Charpie für Polen
Niesky, 1840 ff.	Höhepunkte in der Geschichte eines Schulregiments
Schulpforta, um 1845	Das Oktoberfeuer
Köln, um 1845	Politik im deutschen Aufsatz
Berlin, um 1846	Vormärz daheim und in der Schmidtschen Schule
Berlin, 1847 f.	Unruhe in der Mädchenpension
Haslach, 1848	Die Revolution wirbt um die Schuljugend
Schoppernau, 1848	Revolutionärer Zeitgeist auch im Bregenzer Wald
Berlin, 1848	Nach der Revolutionsnacht
Berlin, 1850 ff.	Patriotische Schulfeierlichkeiten
Berlin, 1855	Begegnung mit dem preußischen Königtum
Kiel, 1864	Der dänische Krieg für Bürgerskinder
Darmstadt, um 1866	Überzeugungskraft des preußischen Paradeschritts
Elbing, 1870	Der Kriegsausbruch bei Schulbeginn
Wiesbaden, 1870 f.	Ins Reich

5.3. Vom Gemeinschaftsleben der Jugend   439
Kommentar

Berlin, um 1785	Ein Tugendbund berühmter Namen
Darmstadt, um 1818	Die Philareten
Königsberg, 1821 ff.	Eine zärtliche Freundschaft zwischen bürgerlichen Mädchen
Elberfeld, 1830 ff.	Freundschaften in den Flegeljahren
Darmstadt, 1842 ff.	Der Rosenbund
Berlin, 1843 ff.	Der Kaffeter
Berlin, 1879 f.	Jungbrunnen

6. Kapitel

6.1. Sehr verschiedene Lehrpersonen   457
Kommentar

Zürich usw., um 1517	Fahrende Schüler und Wanderlehrer
Tübingen, 1531 ff.	Der Präzeptor

Stadthagen 1730	Unheimliches Betragen von Rektor und Kantor
Weimar, 1768 ff.	Zehn Jahre mit Kandidat Restel, dem Hofmeister
Berlin, 1769	Ein Kinderfräulein gesucht!
Knauthain, um 1775	Herr Weyhrauch, der Lehrer, Bienenvater und Spargelzüchter
Göttingen, um 1780	Aus dem Bildungsgang eines Professorensohnes
Gotha, um 1785	Unterrichtender Umgang bei Hofrätin Schläger
Märkisch-Friedland, um 1797	Privatstunden
Berlin, 1810 ff.	Ein Dämon und ein Jugendtraum
Wesselburen, um 1820	Jungfer Susanna in der Klippschule
Wien, 1835 ff.	Gouvernantenfestzug
Haslach, um 1840	Der Heckenlehrer für die Hirtenbuben
Heidelberg, um 1846	Lehrer, für alle Sättel gerecht
Elberfeld, 1857	Rezension der Lehrer in Tertia
Wiesbaden, um 1857	Ein Hauslehrer für ernsthafte Mädchenbildung

6.2. Das Schulalphabet: Von Akademie bis Zimmerschule 485
Kommentar

Moselgegend, 16.–19. Jh.	Niedere Schulverhältnisse
Paderborn, 1667	Klassenordnung und Altersgruppen an einem Jesuitengymnasium
Dresden, 1772–1841	Eine Stift- oder Armenschule, Polizeischule genannt
Preußisch-Friedland, um 1794	Vorschule, Zimmerschule, Leseschule
Steinau, um 1800	Präzeptor Zinckhan, eine pädagogische Institution
München, 1806 ff.	Leiden im Kadettenkorps
Wolfskehlen, 1807–41	Einrichtung einer Industrieschule auf dem Dorf
Magdeburg, um 1810	Die Kantorschule antediluvianischer Tradition
Calbe, 1821–31	Die Schulen der Pastorentochter
Menzendorf und Lübeck 1823–34	Aus der Lern- und Schulkarriere eines künftigen Ingenieurs
Berlin, 1825–31	In der Mayetschen Erziehungsanstalt
Magdeburg, 1836	Aufgabe der Abend- und Sonntagsschulen
Berlin, um 1843	Ein Besuch in der Armenschule
Altona, 1863 ff.	Auf dem Christianeum in der Hohenschulstraße
Eßlingen, um 1870	Die Kinderschule
Hamburg, um 1875	Privatschule mittlerer Ordnung für Kleinbürger

6.3. Das Was und Wie beim Lernen 515
Kommentar

Köln, 1524 ff.	Lehren und Korrigieren
Passau, 1542	Der erste Teil der Lesekunst: Die Buchstabenlehre
Darmstadt, 1587 f.	Erster Unterricht des kleinen Landgrafen

Schulpforta, 1756 — Das Examen
Kurfürstentum Mainz, 1758 — Welche Unterrichtsgegenstände lehrt die Dorfschule? Aus einer Umfrage
Preußisch-Friedland, 1794 ff. — Gesetze der Schulmonarchie
Sanz, 1803 — Protokoll über den in der Lese- und Industrieschule zu haltenden Unterricht
Fulda, 1804 — Die Preisverteilung
Berlin, um 1805 — Peinigung der sechsjährigen Menschheit mit Latein
Dresden, um 1809 — Erfolg von Hauslehrer Senffs methodischem Unterricht
Berlin, um 1818 — Das uranfängliche Lesebuch
Berlin, 1818 — Im Fegefeuer: Das Abiturientenexamen
Magdeburg, um 1820 — Stilistische Bildung auf dem Pädagogium Kloster der lieben Frauen
Marbach, 1822 ff. — Die Visitation
Weimar, 1825 ff. — Spezielle, aber erstaunliche Fertigkeiten der Primaner
Rastenburg, 1841 — Ein Reifezeugnis
Langenhorn, 1851 ff. — Unterrichtsorganisation nach dem System Bell-Lancaster
Darmstadt, um 1873 — Betrieb des Gymnasialunterrichts

6.4. Kinderfleiß, Kinderarbeit, Kinderausbeutung 545

Kommentar
Aschaffenburg, 1494 — Wie Johann zu dem Schneiderhandwerk kam
Halle, 1680 — Berufswahl und Lehrzeit des künftigen Barbiers
Stadthagen, um 1735 — Der Sohn als Sekretär
Wien, 1751 — Hofleben als Kammerknabe und kindlicher Virtuose
Görnitz, um 1800 — Mittel, die Kinder von der Landarbeit ab in die Schule zu ziehen
Pulsnitz, um 1815 — Das Kind als Faktotum
Düsseldorf und Berlin, 1818 ff. — Aus der Vorgeschichte des Regulativs von 1839, das erst Neunjährigen tägliche Fabrikarbeit von 10 Stunden erlaubt
Erfurt, 1842 — Im Namen des Vaters
Glatzer Bergland, 1843 ff. — Hirtenarbeit
Frankfurt/Oder und Berlin, 1857 ff. — Die kleine Näherin
Bodnegg usw., 1858 — Als Schwabenkind in die weite Welt
Rammersweier, um 1860 — Abenteuer beim Geldverdienen

6.5. Schulbrauch, Schülersitten und Schulzwang 569

Kommentar
Eger, um 1490 — Schüler und Schützen unterwegs
Rostock, um 1535 — Die Deposition des neuen Schülers durch seine künftigen Genossen

Inhalt XVII

Sterzing, um 1562	Harte Verfolgung durch den Schulmeister gebietet Schul- und Ortswechsel
Mansfeld, um 1580	Vom Verhalten der Schüler, die Almosen sammeln
Memmingen, 16.–19. Jh.	Das Kinder-, Schul-, auch Königsfest
Berlin, 1657	Ein Schulkrieg und ein Versuch, ihn zu beenden
Paderborn, 1666	Schuldisziplin auf einem Jesuitengymnasium
Berlin, um 1720	Funktion der Schüler bei einem öffentlichen Schauspiel
Schulpforta, um 1755	Der Pennalismus, eine Form der Selbstregierung
Dillingen usw., um 1771	Praemium, Degen und türkische Musik
Berlin, 1782	Schülerprügel
Idstein, 1790	Schulgesetze zur Bekämpfung der burschikosen Lebensart
Langensalza, 1797	Der Durchbruch von Quinta nach Quarta
Berlin, um 1810	Leben in dumpfer Sklaverei
Bernburg, 1817	Moralischer Zwang und erweckte Bestialität
Jena, um 1820	Eine Schule aus der Reformationszeit im 19. Jahrhundert
Stuttgart, um 1830	Der Winterschlaf: Ein Schüler nimmt sich frei
Berlin, 1838	Heyse kommt in Tee
Schulpforta, um 1845	Begraben und Ersäufen des Examenmannes
Königsberg, 1873 ff.	Geist des Jahrhunderts in der Volksschule

6.6. Von der Lesewut und anderen Übungen des Autodidakten 603
Kommentar

Kolberg, um 1746 ff.	Zielstrebigkeit eines künftigen Seefahrers
Frankfurt/Oder, 1749 ff.	Die Liebe zu Wissenschaften und Kenntnissen
Mirz, 1761	Ein Siebenjähriger studiert die Astronomie
Berlin, um 1802	Mußestunden des jungen Goldarbeiters
Balve, 1803–19	Vorbildung eines Elementarlehrers
Darmstadt, um 1818	Der Lehrkurs eines Autodidakten
Eichtersheim, um 1859	Lese- und Lernwut eines Apothekerlehrlings auf dem Lande
Halle, 1870 ff.	Zwei Naturforscher im Halleschen Waisenhaus

7. Kapitel

7.1. Aufsteiger 627
Kommentar

Egeln usw., 1680 ff.	Die Welt kein Taubenhaus
Schulpforta, 1775	Geldnot eines armen Schülers
Breslau, um 1812	Freundschaft zwischen Ungleichen
Berlin, um 1820	Zu Gast im Paradies
Berlin, 1839 ff.	Einer, der ausgeht, die Welt zu erobern

Stuttgart usw., 1853	Verlorener Kampf um ein Stipendium
Elbing, um 1870	Das Kartenhaus geträumter Größe
Sarnen, um 1880	Scham und Schmach der Herkunft
Leipzig, um 1885	Der Freischüler

7.2. Die Erfahrung der Ungleichheit   647
Kommentar

Fulda, 1804	Bürgerliches Bewußtsein gegen adliges Herkommen
Berlin, um 1810	Das Ende des Standesprivilegs und die Angst vor dem Volk
Schönhausen, um 1820	Das Kind geht mit dem Kinde – eine befristete Idylle
Wesselburen, um 1820	Der Abstieg
Berlin, um 1845	Der Feind aus dem Keller
Kiel, um 1865	Solche mit und ohne Mützen
Ilfeld, um 1875	Das Parteileben in der Schule
Obwalden bei Sarnen, um 1882	Pöbelblut, Pöbelbegeisterung und Pöbelroheit

7.3. Halber Salut bei Mädchen   663
Kommentar

Den Haag, 1659	Lernfleiß der jungen Prinzessin
Göttingen, 1777	Aussichten eines versuchsweise geschulten Mädchens
Berlin, 1795	Eine ganz besondere Freude
Gotha, 1808	Ratschläge der Tante für das verwaiste Mädchen
Berlin, 1817	Der Wahn war kurz -- Aus Lilis Tagebuch
Berlin, 1820	Der Unterschied zwischen Felix und Fanny
Königsberg, 1826	Widerwillen gegen das väterliche Ideal von Weiblichkeit
Stuttgart, 1833	Bildung und Fransenstricken: Eine Art Universitätskursus für Mädchen
Stuttgart, 1843 f.	Fächerkanon und Stundenverteilung an einer höheren Mädchenschule
Oldenburg, um 1844	Die Theorie der Handarbeit
Tübingen, 1867	Unnatürliche Lateinkenntnis bei einem Mädchen
Berlin, um 1885	Das Verlangen nach eigentlicher Arbeit

8. Kapitel

8.1. Wer nicht dazugehört   685
Kommentar

Antwerpen usw., 1514 ff.	Geburt und Wesen von zweien meiner fünf ledigen Kinder
Berneck, 1724	Verfahren gegen Zigeunerinnen und ihre Kinder

Inhalt XIX

Wien, 1783	Ein Erziehungsversuch mit Zigeunerkindern
Wülferode, 1785	Die Zunftfähigkeit
Weimar, 1801	Die Legitimation eines natürlichen Sohnes
Datschitz, um 1805	Ungute Erinnerungen an einige Knabenstreiche
Deutsche Staaten, 1815 ff.	Wie viele Kinder werden unehelich geboren?
Königsberg, 1819	Hochmut als Schild und Waffe des Unterdrückten
Horb, um 1820	Überfall auf einen Judenjungen
Dresden, 1824 ff.	Der erste Jude auf der Kreuzschule

8.2. Verwaist, stumm, dumm und blind   705
Kommentar

Meßkirch, usw., 1519 ff.	Versorgung eines früh erblindeten adligen Fräuleins
Dresden, 1685 ff.	Das Waisenhaus als Zucht- und Besserungsanstalt
o. O., um 1730 ff.	Auch Taubstumme können Moralität haben
Ried/Zillertal, 1752 ff.	Waise, Betteljunge und Händler
Freiberg, um 1770	Märchen vom geheirateten Waisenmädchen
Potsdam, 1777	Moralische und physische Verdorbenheit der Waisen
Wilsnack, um 1795	Das Kind der Bettlerin
Dresden, um 1800	Öffentliche Sorge für Findel-, Kost- und Armenschulkinder
Marbach, 1821 ff.	Das stumme Lottchen
Penzlin, 1825	Lamento über ein Kind ohne Arme
Berlin, 1828 ff.	Mein blöder Bruder
Berlin, um 1833	Zwei Pionier- und Musteranstalten
Elm bei Schlüchtern, 1853 f.	Aus der Rettungsanstalt für sittlich verwahrloste Kinder
Wien usw., 1876 ff.	Das Gemeindekind

8.3. Von Wunderkindern und anderen Exoten   737
Kommentar

Hamburg, 1660 ff.	Mißgeburten als Schaustücke
Frankfurt/Main, 1686	Böser Geist oder göttliches Ingenium?
Lübeck, 1724	Gutachten für den Regensburger Reichstag über das gelehrte Kind
Lochau bei Halle, 1800 ff.	Ein Wunderkind auf dem Gebiet der Wissenschaften
Münster usw., 1816 ff.	Ein Opfer fremden und eigenen Ehrgeizes
Leipzig, 1835	Fragen an den Vater der Virtuosin

9. Kapitel

9.1. Schocks, Rätsel und Entwicklungsschmerzen   753
Kommentar

Berlin, 1785	Versuch, einen Mordimpuls zu erklären
Stralsund, 1789	Fluchtversuch

Berlin, um 1790   Ein Siebzehnjähriger am Abgrund des Wahnsinns
Maulbronn, 1796 f.   Hartnäckiger Brechreiz
Salzwedel, um 1801   Hypochondrische Ideen
Berlin, um 1802   Ein kindlicher Nero
Dresden, um 1806   Über Schlafstörungen
Altenburg, um 1812   Erinnerung an eine Ekstase
Darmstadt, 1815-19   Über einige notwendige Praktiken
Loschwitz, 1816   Der Tod, die einzige Wahrheit
Königsberg, 1817   Unfreiwilliges Bildersehen
Zdißlawitz, um 1835   Zweifel an dieser Wirklichkeit und Wünsche an eine andere
Heidelsheim, 1840 ff.   Ritual und Traum
Haslach, um 1845   Die Wonne am bethlehemitischen Kindermord
Eichtersheim, um 1858   Heimweh
Eßlingen, um 1860   Sammlung meiner frühen Ängste
Ludwigsburg, 1860   Über Albernheit
Welden, um 1863   Mir selbst ein Rätsel
Hamburg, um 1880   Zeiten geistiger und körperlicher Verstopfung

9.2. Anstrengung des Eros   783
Kommentar
Gerdauen, um 1755   Ratlose Einsamkeit
Mitau, 1764   Eine Kinderliebesgeschichte im aristokratischen Gewand
Wörmlitz bei Halle, um 1767 Erforschung der Geheimnisse des Ehestands
Wien, um 1783   Mädchenhafte Geisterliebe
Stralsund, um 1787   Strategie der Abmattung im Kampf gegen den Trieb
Dresden, um 1805   Heimliche Sünden der Jugend
Berlin, um 1820   Bei der Kaserne
Potsdam, um 1825   Terminologie der Kinderfreundschaften im Kadettenhaus
Auerbach/Bergstraße, 1825 Gretchen
München, 1848 ff.   Reine Liebe zwischen vierzehn und einundzwanzig
Eßlingen, 1858   Gefahren der Liebe
Kaufbeuren usw., 1859   Stufen der Erkenntnis
Elberfeld, 1859   Dreiecksgeschichte
Tübingen, um 1866   Reizbarkeit und Leidenschaft in einem vierzehnjährigen Knaben
Hamburg, um 1880   Geschlechtsneugier in Erotik im Knabenalter

Verzeichnis der Quellen   815

Einleitung Über unsere Vorfahren und ihr Nachleben heute

1. Hinweise zum Gebrauch dieses Buches

Der Leser konsultiere das Inhaltsverzeichnis und beginne mit dem der neun Haupt- oder dem der 34 Unterkapitel, dessen Thema ihn spontan anspricht. Jedes der Unterkapitel ist mit einem kurzen, sachlich informierenden, zugleich aber auch problemorientierten Kommentar versehen, dessen Lektüre empfohlen sei. Die Literaturverweise sind bewußt sparsam gehalten und beziehen sich nur auf deutschsprachige Arbeiten speziell zu unserer Vorgeschichte.[1]
Die einzelnen »Dokumente« sind von mir betitelt und durch Kürzungen – angezeigt durch drei Punkte – themabezogen präpariert worden. Ihre Herkunft läßt sich durch die Zahlen am Ende entschlüsseln: die fette Zahl verweist auf die Bibliographie am Ende des Bandes, die andere (oder die anderen) liefert die Seitenzahl innerhalb der angezogenen Quelle. Falls es sich bei dieser um eine Autobiographie handelt, sind die Lebensdaten des Autobiographen möglichst vollständig angegeben.
Jedes Dokument ist mit einer Zeit- und Ortsangabe versehen. Der Leser soll sich genau vorstellen, wann und wo das geschehen ist, was er in dem »Dokument« erfährt, und er kann darüber hinaus durch einen Vergleich der Zeitangabe mit den Lebensdaten des Verfassers dessen Alter zum fraglichen Zeitpunkt ermitteln.
Als Hilfsmittel zur selbständigen Überprüfung der geographischen und historischen Lokalitäten könnte der Leser von einem Autoatlas, dem kleinen Ploetz oder einem anderen historischen Nachschlagewerk sowie einem Konversationslexikon profitieren.

2. Eine Rechtfertigung und ein Bekenntnis des Autors

Mancher mag den eben gegebenen Rat befolgt haben und schon im Buch verschwunden sein, die anderen Leser möchte ich ohne einige Erläuterungen, ja, Entschuldigungen meinerseits noch nicht entlassen. Nicht nur das schon fast modische Thema dieser Chronik, die dokumentarische Form seiner Bearbei-

tung, auch das äußerlich nur scheinende Ärgernis seines maßlosen Umfangs bedürfen der Begründung. Um mit diesem letzten Punkt zu beginnen: Ich hätte mir das ungeschlachte Buch noch viel, viel dicker gewünscht, unendlich, um es genau zu sagen, so daß es an den Rändern erkennbar überginge in die Lebensgeschichte und die Erinnerungen, Botschaften aller unserer Vorfahren, von denen wir nichts wissen. Die schiere Quantität der Fragmente, das offensichtliche Moment von Willkür und Zufall, das dem Ganzen bei aller Systematik anhaftet, sollen auf den aktuellen Reichtum an gelebten Formen, an Sinn und Erfahrung hinweisen, denen man sich sonst unter wissenschaftlichen Vorzeichen nur zuwendet, um sich dann, hat man sie auf Linie gebracht, desto beherzter von ihnen ab-, einer leeren, für Projektionen offenen Zukunft zuzuwenden. Kindheitsgeschichte, die ja Familien-, Schul- und Erziehungsgeschichte zumindest einbeziehen muß, ist aus naheliegenden Gründen besonders anfällig für forsche Extrapolationen; denn der pädagogische Blick auf Kinder, die automatisierte Äußerung von Handlungs-, Verantwortungs- und Kontrollbedürfnissen, ist ja seit dem 18. Jahrhundert fest in der Anthropologie des zivilisierten Erwachsenen verankert. Die vielfältige Kritik, die der »pädagogische Blick« in den letzten Jahren erfahren hat, blieb, so scheint mir, ohne alle Wirkung.[2] Er ist eher noch präsenter, weit ängstlicher geworden und hat die Belebung durch den Enthusiasmus der aufbruchwilligen Pioniere zudem völlig eingebüßt.[3]
In dieser Situation mag ein montiertes Panorama, das möglichst vielen kleinen Personen, unseren Vorfahren als Kindern, ein Stück Selbstdarstellung erlaubt (– eine Inszenierung, die ich nach Kräften unterstützt habe –), die Gelegenheit für ein Training bieten, in dem der »pädagogische Blick« sich langsam verlieren und statt dessen die Muskulatur der Erfahrung gestärkt werden kann. Ich folge – nicht nur in diesem Punkt – Walter Benjamin, dem unentdeckten Kindheitsforscher und pädagogischen Schriftsteller, für den das Genie der Erziehung die Beobachtung, deren Voraussetzung das »Kaltstellen der moralischen Persönlichkeit« im Pädagogen selbst ist.[4] Was für den Praktiker gilt, der an der Entwicklungsgeschichte von Kindern und jungen Leuten teil hat, sollte ebenso für den Historiker gelten, dem die Konzentration auf Beobachtung, der Verzicht auf Zensur sogar noch leichter fallen müßte; denn von ihm wird gewiß die Apologie gegenwärtiger Verhältnisse (– wenn auch nur in der Form, daß er Kontinuitäten stiften soll –) erwartet, nicht aber zugleich praktisches Handeln. Von der einzigen Ausnahme des Philippe Ariès, zugleich des Urvaters der Kindheitsgeschichte, einmal abgesehen, ist die von Benjamin geforderte Haltung selten anzutreffen[5]. Die eher ablehnende, fast feindselige Kritik, die das Werk von Ariès – nachdem man es auf die unzureichende Formel von der »Entdeckung der Kindheit« reduziert hatte – erfahren hat, wirft ein Schlaglicht auf die gesellschaftliche und pädagogische Phantasielosigkeit, mit der das Nachdenken über

Kindheit betrieben wird. Nach wie vor sucht man sein Heil im Positivismus, der, um neue Themen erweitert, immer noch von einem Skelett bürgerlicher Konventionen getragen wird. Ein konventioneller Gebrauch von Geschichte (er läuft auf ihre Abschaffung geradewegs hinaus) deutet sich auch in der strengen Forderung an, »Sozialgeschichte der Erziehung« (die es nicht gibt und die es mit diesem universalistischen Anspruch auch gar nicht zu geben braucht) sei als »historische Sozialisationsforschung« zu betreiben. Dabei wird die Voraussetzung gemacht, daß Sozialisationstheorie die Ontogenese jedes einzelnen, das heißt immer auch schon Geschichte, hinreichend beschreiben und erklären kann, kurz: daß sie stimmt. Tut sie das? Wo erweist sie ihre Stimmigkeit, dem Sozialisierten, seinen Eltern, den Bildungsplanern, Lehrern oder wem sonst?[6] Die spezifische Wahrheit und der begrenzte Nutzen, den eine »gegenwarts- und zukunftsbezogene« Sozialisationstheorie hat, berechtigt sie nicht, gegenüber einer »Sozialgeschichte der Erziehung« Führungsansprüche anzumelden.[7] Ihr sollte es doch vor allem darauf ankommen, angeleitet von den Problemen der Gegenwart, andere Bildungsprozesse und Lebensformen zu entdecken und zu beschreiben, die untergegangen und uns fremd geworden sind. Darüber hinaus sind die Bedingungen einer möglichen »theoriegeleiteten historischen Sozialisationsforschung« naturgemäß so streng, daß ein solches Unternehmen praktisch undurchführbar ist. Denn diese Möglichkeit soll davon abhängen, daß Sozialisationsprozesse »nicht nur auf der ontogenetischen (als Beispiel wird deMause genannt, K. R.), sondern auch auf der anthropogenetischen bzw. historischen Zeitebene sequentialisiert werden« können, um sich dann als »Teilstück einer Theorie der sozialen Evolution« einzufügen.[8] Hinter der Hoffnung auf eine solche Theorie, die man sich wohl als eine gigantische vermessungstechnische Anlage vorzustellen hat, wird ein Mangel verborgen, der Mangel eines Bewußtseins an Gegenwart.

Ich berühre damit den geschichtsphilosophischen, aber durchaus praktisch bedeutsamen Untergrund, auf dem mein pädagogisch-historisches Projekt angesiedelt ist. Das Risiko, peinlich pathetisch zu wirken, wenn ich meine Walter Benjamin abgelernten Überzeugungen gestehe, ist vielleicht heute geringer als noch vor einigen Jahren; denn diskreditiert ist nicht nur die »Einfühlung« des Historismus, die Überzeugung, man vermöchte zu erkennen, wie es »eigentlich« gewesen sei. Sie galt, wie Benjamin sagt, nur dem Sieger, also der gesellschaftlichen und politischen Macht, nicht ihren Opfern. Vieles, was unter der Überschrift »Sozialgeschichte« heute getrieben wird, leistet die Korrektur dieser Perspektive. Zunehmend in Zweifel gezogen wird heute aber auch aufgrund der bekannten Probleme der Fortschritt, der deshalb als heuristischer Entwurf keine allgemeine Anerkennung mehr findet. Gegenbewegungen wie die Antipsychiatrie oder die Antipädagogik fußen z.T. auf historischen Analysen, welche die Kontinuität des medizinischen und pädagogischen Fortschritts leugnen.[9]

Für Benjamin hatte sich der Fortschrittsglaube, diese vor allem in der Arbeiterbewegung gepflegte Täuschung, durch den Sieg des Faschismus erledigt. Deren Projektionen kehrt er um in der Behauptung, daß die Kraft zum Kampf nicht aus der Gewißheit kommt, den Wind der Geschichte im Rücken zu haben, auf der richtigen Seite zu stehen, die Kraft nährt sich vielmehr am »Bild der geknechteten Vorfahren, nicht am Ideal der befreiten Enkel«. So weit würde mancher, der Sozialgeschichte, auch die der Kindheit betreibt, Benjamin folgen. Titel wie »Hört ihr die Kinder weinen« oder »Betrogene Kinder« sprechen für sich.[10] Dem Fortschrittsglauben, dem Fortschritt als heuristischem Entwurf muß man deshalb noch nicht entsagt haben. Es scheint sogar, als ob von allen Kolonien, die dieser Glaube seit dem 18. Jahrhundert errichtet hat, die Kolonie »Kindheit und Erziehung« als einzige sich zu erhalten vermochte.

Wenn Benjamin die »geknechteten Vorfahren«, nicht die »befreiten Enkel« zum Gegenüber des Geschichtsschreibers macht, dann ist damit gewiß nicht gemeint, daß wir zu unserer Vorzeit in ein karitatives Verhältnis treten sollen. Dieses Verhältnis ist nicht produktiv wie jenes, das Benjamin avisiert: »Die Vergangenheit führt einen zeitlichen Index mit, durch den sie auf die Erlösung verwiesen ist. Es besteht eine Verabredung zwischen den gewesenen Geschlechtern und unserem. Wir sind auf der Erde erwartet worden. Uns ist wie jedem Geschlecht, das vor uns war, eine *schwache* messianische Kraft mitgegeben, an welche die Vergangenheit Anspruch hat.«[11]

Die Kinderchronik will diesem Anspruch mit Solidarität genügen. Sie ist nicht zu verwechseln mit dem Mitleid des frohen Verschonten[12] und schon gar nicht mit der Rechthaberei, die sich einzig der Tatsache verdankt, daß man später dazu gekommen und nun sich »weiter« dünkt. Solidarität heißt auch nicht willentliche Konservierung oder Beschwörung von etwas, das es »nicht mehr« gibt, aber geben sollte. Sie entspringt dem Bewußtsein der eigenen Gefahr.

3. Zwei Ansichten derselben Sache

Ariès beschloß das Vorwort zur zweiten (französischen) Auflage seiner »Geschichte der Kindheit« mit der Mahnung, man möge Zeit und Geld nicht länger in die Erforschung eines Zeitraums, des 15. bis 19. Jahrhunderts, investieren; denn der Fortschritt an Einsicht und Erkenntnissen, den man noch zu gewärtigen habe, sei hier gering. Nun hat Ariès zwar vor allem die französische Entwicklung beschrieben, doch scheinen die zwei Thesen, mit denen er selbst sein

komplexes Werk aus dem Abstand von dreizehn Jahren resümiert, im großen und ganzen auch die Entwicklung im deutschsprachigen Raum angemessen zu charakterisieren.
Die erste These bezieht sich auf die traditionale Gesellschaft, die vom Kind und Heranwachsenden nur wenig entwickelte Vorstellungen hatte. »Die Dauer der Kindheit war auf das zarteste Kindesalter beschränkt, d. h. auf die Periode, wo das kleine Wesen nicht ohne fremde Hilfe auskommen kann; das Kind wurde also, kaum daß es sich physisch zurechtfinden konnte, übergangslos zu den Erwachsenen gezählt, es teilte ihre Arbeit und ihre Spiele ... Die Weitergabe der Werte und Kenntnisse und, allgemeiner gesprochen, die Sozialisation des Kindes wurde also von der Familie weder gewährleistet, noch durch sie kontrolliert. Das Kind entfernte sich schnell von seinen Eltern, und man kann sagen, daß die Erziehung dank dem Zusammenleben von Kind bzw. Jugendlichem und Erwachsenen jahrhundertelang auf dem *Lehrverhältnis* beruhte. Es lernte die Dinge, die es wissen mußte, indem es den Erwachsenen bei ihrer Verrichtung half.«[13]
Die Familie – auch in der traditionellen Gesellschaft herrschte die Klein-, also die Zwei-Generationen-Familie vor – war ein praktischer Ort der Arbeit und gemeinsamen Überlebenssicherung; eine affektive Funktion hatte sie nicht, auch wenn Gefühlsbindungen nicht ausgeschlossen waren.
»Für gefühlsmäßige Bindungen und soziale Kontakte war außerhalb der Familie gesorgt; sie entwickelten sich in einem sehr dichten und warmen ›Milieu‹, das sich aus Nachbarn, Freunden, Herren und Dienern, Kindern und Greisen, Männern und Frauen zusammensetzte und wo man seine Neigung einigermaßen ungezwungen sprechen lassen durfte. Die auf der Ehe basierenden Familien gingen darin auf.«[14]
Im Gegensatz zur schon konventionellen Überzeugung vom Individualismus als einem spezifisch neuzeitlichen und modernen Phänomen gibt Ariès zu bedenken, ob nicht die offene traditionale Gesellschaft mit ihrer »Sozialität« dem einzelnen mehr »Individualismus« erlaubte, vielleicht auch abverlangte, als unsere vom Familiensinn geprägten gesellschaftlichen und geselligen Lebensformen. Wenn man sich einmal klar macht, wie genau man den Lebenslauf eines beliebigen Neugeborenen aufgrund der Kenntnis des Schulsystems, der Schichtzugehörigkeit seiner Eltern, ihres Bildungsgrades, vielleicht noch ihrer neurotischen Dispositionen, die sie zwangsläufig »sozial« vererben, vorab beschreiben, ja, prognostizieren kann, ohne daß das »Individuum«, um dessen Sozialisation sich Familie und Schule bemühen, je einen eigenen Schritt gemacht oder für sich eine überraschende Wendung erfahren hat, – dann, so meine ich, erkennt man im Hinweis von Ariès mehr als eine nostalgische Reminiszenz. Es steckt eben im unwiederholbar Vergangenen auch immer ein Stück Utopie, ein

Schatz, der nur in der Erinnerung zu heben, in der Zukunft nicht zu finden ist.

Die zweite These von Ariès sucht den Platz zu bestimmen, den das Kind in der modernen Gesellschaft einnimmt, bzw. nicht einnimmt; denn es befindet sich außerhalb aller gesellschaftlichen Prozesse in »Quarantäne«. An die Stelle des »Lehrverhältnisses« ist die Schule, an die Stelle der Lebenserfahrung die Erziehung getreten. »Daß man die Kinder so beiseiterückt – und damit zur Raison bringt – muß als eine Ausprägung der großangelegten Moralisierungskampagnen der katholischen oder protestantischen Reformer in Kirche, Justiz und Staat gedeutet werden. Sie wäre faktisch jedoch nicht denkbar gewesen ohne den gefühlsmäßigen Zusammenhalt der Familien ... Die Familie ist zu einem Ort unabdingbarer affektiver Verbundenheit zwischen dem Ehegatten und auch zwischen Eltern und Kindern geworden, was sie vorher nicht gewesen war. Diese affektive Verbundenheit läßt sich vor allem an dem Rang ablesen, der der Erziehung von nun an eingeräumt wird ... Die Familie beginnt also, sich um das Kind herum zu organisieren, ihm soviel Bedeutung beizumessen, daß es aus seiner einstigen Anonymität heraustritt ... Es ist nicht weiter verwunderlich, daß diese Revolution auf dem Gebiet der schulischen Erziehung und der gefühlsmäßigen Einstellung auf lange Sicht mit einem demographischen Malthusianismus, eine freiwilligen Geburteneinschränkung, einhergeht, wie sie sich seit dem 18. Jahrhundert beobachten läßt.«[15]

Nun steckt in beiden Thesen von Ariès (sie sind deshalb nicht falsch) eine gehörige Portion Idealismus. Soll man annehmen, daß die Sozialität der traditionalen Gesellschaft ein Opfer der Moralisten wurde? Warum und wen konnten sie überzeugen? Welche Rolle spielte bei der Durchsetzung der (legitimen) Familie und der Schulerziehung die Gewalt, verübt im Interesse einer auf kalkulierbare und steuerzahlende Untertanen angewiesenen Staatsmacht und der von ihr profitierenden Klasse?

Zur Frage der Überzeugungskraft der Moralisten findet man bei Norbert Elias, in dessen »Prozeß der Zivilisation«, einige Antworten.[16] Wenn der Feudalismus, seiner eigenen Logik folgend, schließlich in der Errichtung einer (oder doch weniger) Zentralgewalt(en) endet, dann wird der Hof, den die unterlegenen Konkurrenten bilden müssen, zum Ort, wo zuerst die Aggressivität, schließlich aber jede spontane, also potentiell gefährliche Triebäußerung zivilisiert, d. h. unterdrückt, kontrolliert und überformt wird. Die Affektkontrolle in Gegenwart anderer wird schließlich zum Charakteristikum des Erwachsenen überhaupt, auch wenn er allein ist. Diesem, seine Impulse mehr oder weniger bewußt noch und mühsam kontrollierenden Erwachsenen ist das Kind, das weder seine Körperfunktionen noch seine Temperamentsausbrüche beherrschen kann, ein Evidenzbeweis für die Erbsünde und die Notwendigkeit der Erziehung. Auf dieser Evidenz gründet die »Überzeugungskraft« der Moralisten, die deshalb als erste die Notwendigkeit der Erziehung des kleinen Kindes, möglichst schon des Säuglings, mit einigem Erfolg predigen konnten. Wenn man hinsichtlich der deutschen Verhältnisse behaupten kann, daß Erziehung eine Erfindung des 18., des »pädagogischen« Jahrhunderts eben, ist, dann meint das die Revolution, welche die Philanthropen mit ihren Schriften zur Kleinkind- und Familienerziehung hervorriefen. Auf die Frage, wie ein »gutes« (d. h. gesundes, moralisches, lernwilliges) Kind zu definieren und zu erziehen sei, folgt schnell die nächste nach den »guten« Eltern, Müttern und Vätern; diese zweite Frage ist bis heute unbeantwortet. Sie treibt gegenwärtig den pädagogisch-moralischen Diskurs, wie er im 18. Jahrhundert begonnen hat, weiter, während die Frage nach dem »guten« (oder »bösen«) Kind durch den Glauben an seine Potenz ersetzt worden ist.

Doch noch einmal zurück zum »Prozeß der Zivilisation« und seiner These vom immer größer werdenden Abstand (wie ihn die Entwicklungspsychologie beschreibt) von erwachsenen und kindlichen Menschen. Diese These wirft das Problem einer historischen Psychologie auf: Wie unterscheidet sich ein Fünfundzwanzigjähriger heute von seinem Altersgenossen vor einigen hundert Jahren? Und in welcher Hinsicht derselbe Fünfundzwanzigjährige von sich selbst als Zehnjährigem – wobei ja Unterschiede auch in der traditionalen Gesellschaft nicht geleugnet, aber nicht zum Anlaß einer allgemeinen und prinzipiellen Privilegierung in die eine oder andere Richtung genommen wurden. Ariès scheint dem Projekt einer historischen Psychologie nichts abzugewinnen.[17] Der Wandel (von Fortschritt ist ohnehin nie die Rede) betrifft nicht den Menschen, sondern die Regelungen, denen er sich unterwirft oder unterworfen wird.[18]

Das gerade Gegenstück zur Kindheitsgeschichte von Ariès und zu dem Nutzen, den er uns vom Studium historischer Vielfalt und Widersprüchlichkeit verspricht, hat die um Lloyd deMause gescharte Gruppe der Psychohistoriker geliefert. Eine Vermittlung zwischen beiden Entwürfen, im Sinn einer Korrektur oder Ergänzung, ist unmöglich. Man muß wählen.

»Die Geschichte der Kindheit ist ein Alptraum, aus dem wir gerade erst erwachen. Je weiter wir in der Geschichte zurückgehen, desto unzureichender wird die Pflege der Kinder, die Fürsorge für sie, und desto größer die Wahrscheinlichkeit, daß Kinder getötet, ausgesetzt, geschlagen und sexuell mißbraucht wurden.«[19]

So beginnt deMause seinen mit Hunderten von Nachweisen gespickten grundlegenden Aufsatz über die »Evolution der Kindheit«. Mich hat dieser Paukenschlag, geeignet, jeden aus (von Ariès inspirierten?) nostalgischen Träumereien aufzuschrecken, an einen anderen Anfang erinnert, einen Autor, ein Buch, von dem man wohl sagen kann, daß es die Moralisierungskampagne mit dem Namen

»Pädagogik« nicht wenig in Schwung gebracht hat. Ich meine Rousseau und seinen »Emile oder über die Erziehung« (1762). Er beginnt mit den Worten: »Alles, was aus den Händen des Schöpfers kommt, ist gut; alles entartet unter den Händen des Menschen.«[20] Worauf Rousseau auf vielen hundert Seiten sagt, wie die Entartung rückgängig zu machen bzw. zu vermeiden ist. Wenn, auch hier folge ich Walter Benjamin, Fortschrittsglaube und das Reden von der Verfallszeit die zwei Seiten einer Medaille bilden[21], dann sind die Parallelen von Rousseau (trotz allem Respekt vor diesem genialischen Menschen) und de Mause vielleicht klar. Beide operieren mit Schuld und Erlösung: Für Rousseau vergeht sich der gesellschaftliche Mensch, zu seinem eigenen Unglück, an der Natur, die er mißbraucht und von der er sich immer weiter entfernt. Wir befinden uns in der Zeit des »kulturellen Primitivismus«[22], wo es noch möglich war, Ideale in die »Wilden«, die Indianer oder die eigene Vorgeschichte zu projizieren. Das Kind erscheint dann Rousseau als ein kleiner Wilder, ein Wesen noch im Natur-, also Unschuldsstand, und Rousseaus bewußter Haß, seine Verachtung und Kritik gilt all denen, die das Kind verderben, seine »natürliche Entwicklung« zerstören oder behindern wollen. Das Kind soll aus der Geschichte herausgesprengt werden, es hat keine, schon weil Rousseau, darin ganz konsequent, seinem Emile keine Eltern gibt. Mit den Eltern, ganz bestimmten Menschen, die selbst schon eine Geschichte haben, beginnt aber das je eigene Schicksal, das auf eine »normale« Entwicklung zu reduzieren sich seit Rousseau nicht nur Pädagogen, Psychologen und Mediziner, die Pioniere der Moral im 18. Jahrhundert, sondern längst auch die Eltern aller Klassen und Schichten bemühen.

Der Versuch, Kindheit geschichtslos zu machen und so zu begreifen, hat nun zu zwei Paradoxen geführt. Zum einen kann Kindern eine »natürliche« oder »normale« Entwicklung offenbar nur um den Preis ihrer Verbannung in eine vollkommen künstliche Welt, die Kleinfamilie, den Kindergarten, die Schule usw. usw. gewährt werden. Rousseau hat auch das schon vorgedacht: Emile ist allein mit dem Erzieher, zuerst in ländlicher Abgeschiedenheit, dann, wenn er in die Welt geführt wird, fesselt ihn das Vertrauen, und der Erzieher vermag sogar die Erfahrung der Liebe zu arrangieren und zu kontrollieren.[23]

Das zweite Paradox, das aus der Konstruktion einer geschichtslosen Kindheit sich ergibt, ist die Problematisierung des Kinderwunsches seitens der potentiellen Mütter und Väter. Sie wird durch verbesserte Methoden der Empfängnisverhütung und die vorsichtige Freigabe der Abtreibung erleichtert und hat zu einem auffälligen Sinken der Geburtenzahl geführt – eine Entwicklung, die besonders in den Ländern zu beobachten ist, deren Verhältnis zur Geschichte aus einsichtigen Gründen besonders gestört ist: der Bundesrepublik und der DDR.[24] Wir sind nach zwei angezettelten und verlorenen Weltkriegen, nach der

Einleitung XXIX

»zivilisierten«, nämlich gesetzmäßigen Barbarei des Nationalsozialismus gern geschichtslos, ein Zustand und ein Ergebnis einer langen Geschichte, in der die Überbewertung des pädagogischen Denkens Tradition war. Bis 1933 waren die deutschen Staaten, schließlich das Deutsche Reich das Mekka der Pädagogen; die Ideen von Fröbel und Herbart wurden exportiert, das Volksschulwesen galt als vorbildlich, ebenso das Berufsschulwesen, wie es sich seit dem Ausgang des 19. Jahrhunderts entwickelte. Typisch und spezifisch bedeutsam für die deutsche Entwicklung, auch die politische Geschichte, scheinen mir weniger Mißhandlung und Vernachlässigung der Kinder, die sich von Generation zu Generation forterben[25], sondern viel eher die fortwährende Verwandlung widersprüchlicher Prozesse und uneinheitlicher Zustände in Aufgaben und Probleme der »Erziehung«. Zuletzt wurde die Qualifikation der Arbeitskraft pädagogisch definiert durch Georg Kerschensteiner, der die Preisfrage der Erfurter Akademie von 1900 gewann: »Wie ist unsere männliche Jugend von der Entlassung aus der Volksschule bis zum Eintritt in den Heeresdienst am zweckmäßigsten für die bürgerliche Gesellschaft zu erziehen?« Zwischen Schulzeit und Militärdienst klafft eine Lücke, die schleunigst geschlossen werden muß. Hatten die sonntäglichen Fortbildungsschulen, wie Kirche und örtliche Schulbehörden sie immer wieder durchzusetzen versuchten, im 19. Jahrhundert noch den offen deklarierten Zweck, neben der »Befestigung« des Schulwissens die Jugend bis zur Mündigkeit (meist resigniert man beim Alter von 18 Jahren) moralisch zu kontrollieren, indem man sie an ihrem freien Tag von den Vergnügungen des Tanzbodens, des Wirtshauses, des wilden Über-die-Dörfer-Laufens fernhält, so ist die Begründung der »Berufsschule« diffiziler. Nicht die Idee einer nüchternen Fortbildung des Lehrlings oder Jungarbeiters verhilft ihr zum Sieg, sondern die Behauptung, wohlverstandene Berufsausbildung sublimiere sich zur staatsbürgerlichen Tugendpraxis, öffne damit sogar das Tor zur »Allgemeinbildung«, jener Fiktion des humanistischen Gymnasiums.[26]

Mit der frühen Kindheit geschah in der Mitte des 19. Jahrhunderts etwas, das mit der verlängerten Einbindung der Arbeiterjugend durchaus vergleichbar ist. Auch die Vorschulzeit erschien als eine Lücke, welche pädagogisches Unternehmertum schließen konnte. Ich meine Fröbel und seinen Kindergarten, der substanziell auf der pedantischen Systematisierung und metaphysischen Überhöhung einiger sauberer Kinderspiele und des einfachsten Spielzeugs beruhte. Nehmen wir z. B. das »Mühlenspiel« und sehen zu, wer im Kindergarten eigentlich mit wem oder was spielt: Die Kinder sind es nicht.

»Die kleinen Kinder drehen sich gerne um einen glatten Baum oder Pfahl, eine Hand an denselben schließend ... Das hat schon jeder bemerkt. So stand auch eine Säule von geringer Stärke in der Mitte des Spielzimmers in Blankenburg (wo der erste Kindergarten Fröbels 1840 eröffnet wurde, K.R.). Wenn eine ge-

wisse Beschäftigungs- und Spielzeit vorüber war, übte diese Säule eine wirklich magnetische Gewalt auf die Kinder aus ... Es wurde mit Lust und Jubel die Säule umkreist oder vielmehr umschwungen. Fröbel spricht: Da nun dieses frohe Spiel bald alle anzog, so mußte Ordnung in dasselbe gebracht werden.«[27]
Die Kinder müssen sich der Größe nach einteilen lassen, ein Lied lernen und, wenn die Gruppe groß genug ist, einen schönen Stern um den Mittelpunkt der Säule bilden, die notfalls auch der »Spielführer ersetzen kann. So wird den Kindern etwas abgeschaut, recht eigentlich weggenommen, geordnet, erweitert und vom Erwachsenen als »Aufgabe« an die Kinder zurückgegeben. Da sich das nicht von selbst versteht, bedeutet die Pädagogisierung der Kindheit auch immer die des Erwachsenen. Er muß den pädagogischen Blick erwerben, wie Fröbel ihn angesichts des spontanen Tuns der Kinder beweist: Was er sieht, ist zu wenig (oder falsch) – schon weil er selbst in der ursprünglichen Szene fehlt mit all seinen Phantasien, Verantwortungen und Handlungsimpulsen.
Kann der pädagogische Blick entschärft, gar abgeschafft, vom ewigen Zwang zum Ordnen und Moralisieren befreit, kann er von der Bahn seiner quasi-automatischen Selbstradikalisierung abgebracht und stillgestellt werden?[28] Es mag jetzt so scheinen, als hätte ich die Psychohistoriker und Lloyd deMause mit seiner *History of Childhood* (deutsch: *Hört ihr die Kinder weinen*, ein Titel, der dem Motto von deMause entnommen ist, einer Gedichtzeile von Elizabeth Barrett-Browning) aus dem Auge verloren. Es war vom »pädagogischen Blick« die Rede, von der Anstrengung Rousseaus, die »natürliche« Entwicklung des Kindes gegen die unausweichliche Geschichtlichkeit der Eltern durchzusetzen, von der lückenlosen Pädagogisierung von Jugend und früher Kindheit, kurz: es war von »Schwarzer Pädagogik« die Rede. Paßt die nicht allzu gut in den »Alptraum« Kindheit, aus dem wir gerade zu erwachen scheinen?
Ich denke nicht; denn nachdem deMause sein Schreckenskabinett geschlossen hat (ich werde es noch einmal öffnen und seine Wahrheit prüfen), stellt er fest, daß die avancierteste Form der Kinderbetreuung, die Pflicht, der sich moderne Eltern unterziehen, so auszusehen hat:
»6. Form: Unterstützung (ab Mitte des 20. Jahrhunderts): Die Beziehungsform Unterstützung beruht auf der Auffassung, daß das Kind besser als seine Eltern weiß, was es in jedem Stadium seines Lebens braucht. Sie bezieht beide Eltern in das Leben des Kindes ein; die Eltern versuchen, sich in die sich erweiternden und besonderen Bedürfnisse des Kindes einzufühlen und sie zu erfüllen. Bei dieser Beziehungsform fehlt jeglicher Versuch der Disziplinierung oder der Formung von ›Gewohnheiten‹. Die Kinder werden weder geschlagen noch gescholten, und man entschuldigt sich bei ihnen, wenn sie einmal unter großem Steß angeschrien wurden. Diese Form verlangt von beiden Eltern außerordentlich

Einleitung XXXI

viel Zeit, Energie und Diskussionsbereitschaft, insbesondere während der ersten sechs Jahre, denn einem kleinen Kind dabei zu helfen, seine täglichen Ziele zu erreichen, bedeutet, ständig auf es einzugehen, mit ihm zu spielen, seine Regressionen zu tolerieren, ihm zu dienen, statt sich von ihm bedienen zu lassen, seine emotionalen Konflikte zu interpretieren und ihm die für seine sich entwickelnden Interessen erforderlichen Gegenstände zur Verfügung zu stellen. Bisher haben nur wenige Eltern konsequent versucht, in dieser Form für ihre Kinder zu sorgen ...«[29]

Es kommt hier gar nicht darauf an, die Realisierbarkeit oder sogar Wünschbarkeit dieser idealen »Beziehungsform Unterstützung« zu diskutieren, deren Ergebnisse – wohl in der Form eines »neuen Menschen« – auch noch gar nicht recht abzusehen sind, wie deMause zugibt. Kann mit einem Idealisten gerechnet werden? Nüchterne Realitätsprüfung fällt schwer, denn der Idealist – und wie viele Pädagogen waren Idealisten – hat die Wahrheit nicht unbedingt, immer aber die Moral auf seiner Seite, heute gewiß nicht mehr in der Form des Befehls oder einfacher Sätze (wie z. B. »Du sollst Vater und Mutter ehren«), sondern als vages Schuldgefühl, als disponibles Bewußtsein des Ungenügens und der Sündigkeit ohne Tat. Die Kindheitsgeschichte der Psychohistoriker um deMause, aber auch die Kindheitsinterpretationen von Alice Miller tragen diesem Schuldgefühl Rechnung. Dem als »Schwarze Pädagogik« metaphorisch gefaßten Paradigma der Erziehung entgehen sie deshalb nicht.[30]

Wenn deMause keinen Gedanken daran verschwendet, warum Eltern wohl zumindest sechs Jahre lang vollkommen selbstlos, unter strikter Vermeidung aller Wünsche (»Projektionen« verschiedenen Inhalts haben ja die Kindheit früherer Jahrhunderte angeblich zu einer Hölle gemacht) sich der selbsttätigen Entwicklung eines Kindes zur Verfügung stellen sollen, dann setzt er die langandauernden Moralisierungskampagnen fort, die mit dem Erlaß von Erziehungsregeln begonnen haben und nun mit der Forderung nach guten Eltern vorläufig zu enden scheinen. Einen Fortschritt – deMause sieht die Geschichte als einen Prozeß, in dem die Eltern Schritt für Schritt lernen, gute Eltern zu sein – vermag ich, gerade auch im Rückblick auf Rousseaus Position, nicht zu erkennen. Eher im Gegenteil: Zu welch armseligen Einsichten führt denn der weitausholende psychohistorische Exkurs in die Kindheit? Man lernt, daß es Kinder nie gegeben hat, es sei denn als Opfer. Diese Täuschung wird um den Preis erweckt, daß ältere Kinder, gar solche, die dieser Opferrolle entwuchsen, nicht vorkommen – von vielen anderen Faktoren, welche die Opferrolle notwendig relativieren müßten, wie z. B. dem Niveau allgemeinmedizinischer Kenntnisse, ganz zu schweigen. Und die praktische Einsicht, die der Gang durch die Geschichte mit dem Ankommen auf Stufe sechs der »Eltern-Kind-Beziehungen« uns offeriert, ist eine durchsichtige Apologie der kindzentrierten Zweierbeziehung und

Kleinfamilie, jenem »Gefängnis der Liebe« (Ariès), an dessen Öffnung doch schon längst gearbeitet wird.[31]

Das Kind als Opfer ist natürlich das »unschuldige« Kind, wie es vor allem in der Ikonographie der Heiligen Familie, der Heiligen Sippe und der Marienbilder überliefert ist. Das »gute« Kind ist das göttliche Jesuskind: nur so ist das selbstlose Dienen der menschlichen Eltern verständlich, das deMause (ohne diese Überlieferung zu kennen) und Alice Miller allen modernen Eltern als Norm diktieren. Nun spielt Jesus tatsächlich eine Rolle in der christlich beeinflußten Geschichte der Kindheit, aber eine, die in der Verwirrung des Lebens hinein- und vom leblosen Idyll wegführt. Ein Berliner Soldatenkind schöpfte aus der Lebensgeschichte großer Männer, auch der Jesu, die Einsicht, daß aus »kleinen, ohnmächtigen Kindern Männer werden konnten«; selbst der schlechte Start als Zimmermannssohn hatte Jesu nicht daran gehindert – warum sollte Karl Gutzkow nicht auch ein heldenhafter Aufstieg beschieden sein? – Ein anderes Kind schreckt vor der furchterregenden Gestalt des Vater-Gottes zurück und phantasiert sich lieber als Zeitgenosse und Beschützer in die Lebens- und Leidensgeschichte Jesu. Das einzige, was ihm an dieser nicht gefiel, war, daß Jesus einmal zu seiner Mutter gesagt hatte: »Weib, ich habe mit dir nichts zu schaffen«. Er meinte, so müßte ein Sohn nicht zu seiner Mutter reden.[32] In beiden Phantasien ist die Auseinandersetzung der Kinder mit ihren keineswegs als ideal empfundenen Lebensumständen leicht zu erkennen. Für den einen ist Kindheit Ohnmacht und Armut; für den zweiten bestimmt durch die Bedrohung durch den Vater. Ohne konkrete Gründe sind beide Phantasien gewiß nicht zustandegekommen. Trotzdem wäre es falsch, die Kinder als Opfer zu sehen; ebenso falsch – das Beispiel Gutzkows könnte dazu verführen – wäre es, in Kindern eine spezifische Potenz am Werk zu sehen, die es ihnen erlaubt, den bereits degenerierten Erwachsenen gegenüber die Utopien des Schöpferischen, Kreativen und Spontanen zu agieren. Opfer- und Potenztheorie ergänzen sich eher bei dem Versuch, Kinder aus der Gesellschaft und der Geschichte herauszusprengen. Den Schein von Wahrheit gewinnen diese Theorien aber nur in der Polemik gegen die Eltern vergangener Jahrhunderte, auch der eigenen; ihnen fällt das volle Maß an bösen Affekten (man muß schon sagen: Haß und Aggresssion) zu, mit denen deMause mit seiner Psychohistorie und Alice Miller mit ihren therapeutischen Rettungsaktionen Kinder und Kindheit verschonen wollen. Dabei kommt nichts anderes heraus als die vollständige Entmündigung der Kinder, denen ihre Individualität auszutreiben, ihren Charakter als Subjekt abzusprechen immer das Ziel »schwarzer« Pädagogen war. Das Projekt, Eltern auf die Rolle von Laboratoriumsgehilfen (deMause) oder auf die Heiligkeit von Maria und Josef (Miller) zu verpflichten, hat – abgesehen davon, daß es praktisch unmöglich ist[33] – die ironische Pointe, daß es »kinderfeindlich« insofern ist, als

aufgeklärte, moralisch, d. h. wissenschaftlich informierte Frauen und Männer es sich sehr gut überlegen, ob sie überhaupt die Verantwortung für ein Kind übernehmen können. Sind sie »gut« genug? Man muß sich aber nicht zu einer neuen Stufe der moralischen Evolution, die ist billig zu haben, sondern zur Realitätsprüfung vorarbeiten, zur Einsicht, daß je und je Kinder Mitglieder und Mitspieler sind, geschichtliche Wesen von Anbeginn und keine black boxes für Moralisten.
Man wird mir nun entgegenhalten, daß deMause (und Miller) doch eindrucksvolles Material heranziehen, um den »Alptraum Kindheit« in Vergangenheit und Gegenwart zu illustrieren. Werfen wir einen kritischen Blick in das Schreckenskabinett »Kindheit«.

4. Fiktive und moralische Abstraktionen

Wer sich zum Anwalt »des« Kindes, gar »der« Kindheit je aufgeworfen hat, interessierte sich selten für konkrete, wirkliche, ja besondere Kinder. In der Tatsache, daß Pestalozzi seinem Sohn ein miserabler Vater war, daß Rousseau gar seine Kinder dem Findelhaus überantwortete oder Fröbel es in zwei Ehen sorgfältig vermied, selbst Kinder in die Welt zu setzen, daß Pädagogen und Psychologen von Basedow bis James Watson immer wieder ihre Kinder als Versuchsobjekte gebrauchten, hat man mehr zu sehen als persönliches Versagen. Während sie sich mit Vorschlägen für »die« Kinder einsetzten (eine überpersönliche Aufgabe), vertraten sie auch immer ihre eigenen Interessen. Bei der moralischen Avantgarde, zu der man die Theologen, Lehrer und Forscher rechnen muß, nimmt das Interesse die Form des Ideals an. »Die« Kinder sollen frei sein oder befreit werden (die Methoden unterliegen dem historischen Wandel, die Tendenz verschiebt sich vom direkten Zugriff auf die Milieugestaltung) von den Unvollkommenheiten, der Triebhaftigkeit, denen der Pädagoge in einem vergeblichen Prozeß der Radikalisierung der Moral zu entkommen sucht. Wenn ich recht gelesen habe, wollen die Psychohistoriker und Alice Miller die Gewalt denunzieren, als deren Opfer sie ausschließlich Kinder sehen, wobei die Skala der möglichen Gewalttätigkeiten nach oben hin offen bleibt: Sie soll mit dem Töten, Aussetzen, Schlagen, Verstümmeln usw. beginnen und mit dem unbeherrschten Temperamentsausbruch des Laborgehilfen (deMause), den nicht zu vermeidenden Wunschprojekten von Maria und Josef (Miller) auf ihr Kind noch lange nicht enden. Die Verleugnung der menschlichen Triebnatur, die Freuds Psychoanalyse uns endlich anzunehmen empfahl, wird nun aber schon deshalb die Kinderfreundlichkeit nicht vermehren, weil die Züge des Wunschkindes fatal denen gleichen, die »schwarze« Pädagogen immer schon unter Absehung von wirklichen Kindern zu konstruieren suchten: Es ist nicht böse, aggressiv und natürlich vollkommen asexuell.[34]

Ich möchte nun exemplarisch einige Fakten, mit denen deMause und Miller ihr Schreckenskabinett Kindheit möblieren, wenigstens andeutungsweise in historische und psychologische Wahrheit überführen. Die über die ganze Welt verbreitete Sitte, Säuglinge zu wickeln (wobei Form, Dauer und Technik sehr variieren[35]), denunziert deMause kurzerhand so: »Gewickelt wird das mit den gefährlichen, bösen Projektionen der Eltern angefüllte Kind.« Keine Rede davon, daß etwa Indianer und Eskimos ihre Kleinkinder wickeln, um sie warm zu halten und leicht überallhin transportieren zu können, daß nachweislich Wickelkinder weder in ihrer psychischen noch motorischen Entwicklung Schaden leiden, keine Vorstellung hat deMause auch von der Angst, die Eltern erfüllte: Sie hatten wirklich keinen Grund, an die »natürliche Entwicklung« zu glauben, für die sich hinsichtlich des Wickelns auch Rousseau dann einsetzte, denn die Natur hatte überall noch die Neigung, katastrophal zu werden.[36]

Es ist eine Tatsache, daß unerwünschte Kinder, und davon gab es viele, getötet oder ausgesetzt wurden. Aber warum und von wem? Die moralische Empörung ist billig zu haben. Ein Arzt des 19. Jahrhunderts hat aus gerichtsmedizinischem Interesse heraus einmal 100 Fälle von Kindesmord untersucht, die gerichtsnotorisch geworden und im Großherzogtum Posen etwa zwischen 1800 und 1840 vorgefallen waren.[37] Der folgende Fall ist typisch, fällt aus dem Rahmen nur insofern, als der Kindesvater anwesend ist.

»Barbara P., eine Mehrgebärende, bemerkte um Fastnacht die ersten Kindbewegungen, bekam in der Nacht zum 3. Juni Geburtsschmerzen, ging an den Graben in früher Morgenstunde des warmen Tages, um ihre Notdurft zu verrichten, bekam Wehen, konnte nun nicht mehr aufstehen und gebar, nach Abgang vielen Wassers, in Zeit eines ›Vaterunser‹ ein Kind. Während sie, mit in die Höhe gestrecktem Oberleibe und ausgebreiteten Beinen auf die rechte Hand gestützt, und die linke in die linke Seite gestemmt, kauerte, schoß das Kind mit einem Male aus den ½ Fuß vom Erdboden entfernten Geburtsteilen und fiel auf den nicht grasigen, aber weichen, nicht steinigen Boden ... Das Kind lebte, bewegte sich mit Kopf und Händen und weinte. Inculpantin nahm es von der Erde auf ihren Schoß und blieb eine Stunde lang, und nachdem sie die Nachgeburt im Sande verscharrt hatte, wusch sie sich und das Kind mit dem Wasser des nicht fernen Kanals, wohin sie gegangen war und worin sie bis an die Knöchel stand. Das Kind legte sie, einen Fuß vom Wasserrande entfernt, auf das Gras ... Sie begab sich auf den Hof zurück, verrichtete ihre gewohnten Geschäfte und erzählte ihrem Schwängerer, daß sie geboren habe; es war gegen sieben oder acht Uhr morgens: Der Schwängerer begab sich an die bezeichnete Geburtsstelle, fand das Kind daselbst ... Er faßte es, hob es auf, doch entglitt es seinen bloßen Händen und fiel vier Fuß hoch zur Erde, dann hob er es wieder auf ... er trug es ins Gesträuch, höhlte mit der Hand eine Stelle im Erdboden aus, legte das Kind ... in die Vertiefung, raffte dreimal mit beiden Händen Blätter zusammen und bedeckte es damit ...«

Die Mutter ist arm, oft unverheiratet, lebt als Dienstmagd von der Hand in den Mund (keine Arbeit, kein Essen, kein Dach über dem Kopf), der Vater ist nicht da oder befindet sich in ähnlicher Hilflosigkeit: Wenn diese Fälle von Kindsmord und Aussetzung Vermutungen (zu mehr möchte ich mich nicht entschließen) nahelegen, dann zuerst die, daß diese Phänomene nicht aus einem evolutionären Rückstand der Eltern-Kind-Beziehung zu begreifen sind. Aus der Geschichte der Armut ist der bürgerliche Rekurs auf Moral und Psychologie schon bekannt, den deMause auf die Kindheitsgeschichte applizieren will. Auch dort hat man die Realität (die Not) mit den Kategorien von Schuld, Besserung und Erziehung transzendiert.

Ich komme nun zum Problem des asexuellen Kindes. Die Geschichte seiner Sexualität ist nach deMause die Geschichte seines sexuellen Mißbrauchs. Alice Miller hat sich, angeregt durch den Feminismus, auf die sexuelle Traumatisierung unschuldiger Mädchen konzentriert. Daß es sie gab und auch heute noch gibt, kann kein Zeitungsleser bestreiten. Etwas anderes ist es aber, im Dienste der Phantasie vom »guten« Kind, das nur Opfer sein kann, aus solchen Fällen Strukturen erwachsener (patriarchalischer) Sündhaftigkeit ablesen zu wollen. Mir sind zwei Fälle von Attacken auf Kinder bekannt, welche das ungute Ideal vom unschuldigen Mädchen gründlich widerlegen. Der eine Fall ist der von Johanna Schopenhauer, welcher ihr geliebter Kandidat Kuschel, nach mehrjährigem Unterricht, inzwischen ist sie dreizehn, Umarmung, Kuß und Heirat während des Unterrichts andient. Sie flieht verwirrt zu ihrer Mutter – der Kandidat wird entlassen. Johanna Schopenhauer fühlte,

»als habe mein Lehrer ein ungeheures Verbrechen begangen, meine frühere Liebe zu ihm war verschwunden, mir grauete vor dem Gedanken, ihn wiedersehen zu müssen, und doch weinte ich vor Kummer darüber, ihn auf diese Weise verloren zu haben.«[38]

Noch interessanter ist der Fall von Marie Belli-Gontard, einer Frankfurter Großbürgerstochter. Vier Jahre unterrichtet der Hofmeister Hähnisch sie (also zwischen ihrem 9. und 12. Lebensjahr) zusammen mit ihren Brüdern. Für diesen Lehrer sprechen seine modernen Unterrichtsgegenstände und seine Mitgliedschaft in dem Frankfurter Kandidatenzirkel, dem auch der Geograph Karl Ritter und Hölderlin angehörten; gegen ihn das Urteil seiner Schülerin, das gleichwohl ein heimliches Eingeständnis eigener »Schuld«, also erotischer Lust enthält:

»Herr Hähnisch baute, als wir wieder in der Stadt wohnten, noch eine Galvanisiermaschine. Er ward mir, je mehr ich heranwuchs, unleidlicher. Er suchte (jedoch nur, wenn ich mit ihm allein war), mich zu küssen. Voller Ekel puffte ich ihn dafür, auch versuchte er manches andere, welches ich nicht verstand, ich denke mit Verachtung seiner. Oft wollte ich es der Mutter oder meinen Brüdern klagen, jedoch falsche Scham hielt mich zurück.

In jedes Menschen Herzen schlummert der Keim des Bösen, durch richtige Erziehung wird er erstickt. Bei jenem Hofmeister geschah es nicht. Hätten wir in unseren vortrefflichen Eltern nicht ein Beispiel strengster Sittlichkeit und Tugend vor Augen gehabt, wäre es gefährlich für unsere Zukunft, ja für unser ganzes Leben geworden.«[39]

Da weitere Verfehlungen, außer der genannten, vom Hauslehrer Hähnisch nicht berichtet werden, bleibt allein der Vorwurf an ihn, daß er nicht streng genug das Böse in ihr, also die Sexualität, unterdrückt habe.

Vielleicht kann ich an diesem Beispiel auch deutlich machen, was »fiktive Fakten« sind, von denen deMause und Miller gewöhnlich ausgehen, um sie dann in einem Prozeß moralischer Abstraktionen in eine neue »Geschichte« zu verwandeln. Ein fiktives Faktum sind die erotischen Attacken des Hauslehrers, die man unter der Überschrift »Sexueller Mißbrauch von Kindern« inventarisieren und moralisch deuten kann. Die wahre Bedeutung der erotischen Attacken erfährt man aber nur, wenn man auf die Stimme hört, die von ihnen spricht, in diesem Fall wäre es das Mädchen in der Erinnerung einer alten Frau. Die Stimme zu verstehen, die Sprache zu entschlüsseln, ist der letzte von drei Schritten, welche eine ernsthafte Geschichte der Kindheit (für die Geschichte der Liebe, der Ehe, der Familie, der Erziehung oder populären Kultur gilt das auch) tun muß, um Erfahrungen über ihren Gegenstand zu sammeln. Der erste bestünde im »Kaltstellen der moralischen Persönlichkeit« (Benjamin); der zweite in der Unterscheidung der vielen Stimmen, der einzelnen und der in Gruppen zusammengefaßten (Berufsgruppen, Interessenverbände, Lobbies aller Art). Ariès hat schon die Stimme der Moralisten identifiziert, eine pauschale Wahrnehmung, die noch sehr zu verfeinern wäre.[40]

Ich gebe noch ein letztes Beispiel für ein »fiktives Faktum«. Es behandelt das »böse« Kind, das Tod und Leiden anderer Lebewesen auch mit Neugier und Lust beobachten und selbst verursachen kann und will. Eine der vielen Möglichkeiten, welche die evolutionär rückständigen Eltern der Vorzeit ergriffen haben sollen, um ihre Kinder zu erschrecken und dadurch unter Kontrolle zu halten, ist nach deMause die Konfrontation der Kinder mit Leichen:

»Wenn jemand aufgehängt wurde, mußten dabei oft ganze Schulklassen zusehen, Eltern nahmen ihre Kinder oft mit, wenn jemand durch Erhängen hingerichtet wurde, und zu Hause peitschten sie ihre Kinder, damit sie nicht vergäßen, was sie gesehen hatten.«

Daran ist so viel richtig, daß Hinrichtungen bis ins 19. Jahrhundert öffentlich waren. Je weiter man zurückgeht, ins 17., 16. Jahrhundert etwa, desto eindrucksvoller werden sie für alle und unter Anteilnahme ganzer Städte und Regionen inszeniert. Es war ein Schauspiel, von dem Kinder selbstverständlich nicht ausgeschlossen waren. Schulen wiederum waren verpflichtet oder privilegiert, Leichen zu Grabe zu singen und arme Sünder auf ihrem letzten Weg zu begleiten. Dem Zug der moralischen Entwicklung folgend, werden Hinrichtungen allmählich pädagogisiert: Sie sollen die Bevölkerung zum Festhalten an einem rechtschaffenen Lebenswandel erziehen. Das alles spielt sich aber noch in der traditionellen Gesellschaft ab, gehört zu ihrer spezifischen Sozialität.
Erst im 18. Jahrhundert (ich spreche von deutschen Verhältnissen) versuchen die Philanthropen, die Leiche, den sterbenden Syphilitiker, die Hinrichtung in den Dienst der moralischen Kindererziehung zu stellen. Wenn die bei diesem Versuch gemachten idealen Voraussetzungen des Pädagogen gegeben waren (Separierung des Kindes von den Erwachsenen, Errichtung vieler Geheimnisse um Geburt und Tod, Ausschluß von der Straße, Kontrolle des Tagesablaufs, der Lektüre und Auslieferung an einen Menschen, den Erzieher), dann allerdings wird die Leiche zum Schreckmittel, die Hinrichtung zur Todesdrohung für das Kind. Da aber die Moralisten andererseits und gleichzeitig an der Abschaffung der öffentlichen Hinrichtungen arbeiteten – allzu zweideutig waren oft die Parteinahmen für berühmte Räuber, eifersüchtige Liebhaber oder die verführte Unschuld, die ihr Kind ermordet hatte, allzu vulgär das Volksvergnügen nebenher –, konnte diese Idee gar nicht verwirklicht werden.
Nun aber zu den Kindern selbst. Daß Berliner Jungen das Hochgericht und die Anatomie, zwei Oldenburger Mädchen das Irrenhaus sich als ein heimliches Ausflugsziel erkoren, sei am Rande erwähnt; auch daß der zehnjährige Karl Schurz auf die Anregung seines Schlossermeisters, bei dem der Gymnasiast in Kost und Logis wohnt, mit diesem in aller Herrgottsfrühe (Menschenaufläufe sollten im Köln von 1840 bei solchen Gelegenheiten schon vermieden werden) einer Exekution durch das Fallbeil beiwohnt. Und wie war die Reaktion? »Gefallen« hat es ihm natürlich nicht:
»Ich erinnere mich, daß ich ein inneres Beben und Schaudern mit mir nach Hause trug und daß ich mein Frühstück nicht genießen konnte. Um keinen Preis hätte ich seither wieder eine Hinrichtung sehen mögen.«[41]
Ich habe hinsichtlich der Hinrichtung die Stimme der Moralisten, der Kinder und das traditionelle Verfahren unterschieden. Es fehlen die Eltern, deren Verhalten nun vollends geeignet ist, für produktive Verwirrung zu sorgen. Marie Belli-Gontard erinnert sich – und wie genau – an den Sommer von 1799. Sie war 11 Jahre alt.
»Diesen Winter hatte Häfnermeister Benkard mit seiner Frau Streit bekommen

und sie umgebracht. Er ward zum Tode verurteilt und am 7. Juni auf dem Roßmarkt hingerichtet. Wir waren alle zu Gogel ... eingeladen. Die Mutter wollte nicht hingehen, der Vater hingegen hatte die Einladung angenommen. Ich war der Meinung, mit ihm und meinen Brüdern hinzugehen, und kleidete mich morgens dazu an; der Vater jedoch fand, daß es kein Schauspiel für ein Mädchen sei. Bei meiner Heftigkeit vergoß ich reichliche Tränen, allein ganz vergebens. Um zehn Uhr sollte die Exekution vor sich gehen. Meine gute Mutter schlug vor, gegen jene Zeit mit mir an das Gallustor zu gehen, um möglicherweise etwas zu hören und vielleicht den Kasten zu sehen, in welchem der Leichnam auf den Kirchhof des Gutleuthofes gebracht würde. Die Totenstille an der Windmühle, in der Promenade, am Gallustor (welches geschlossen war) und in der Stadt hatte etwas Grauenhaftes. Endlich entstand Lärm, man hörte deutlich das Gepolter eines herannahenden Karrens, welcher aus dem Tore an uns vorüberkam – den Eindruck dieses Anblickes will ich nicht schildern, ich dankte dem Vater, daß er mich nicht mitgenommen.«[42]
Ein Kind wird von einem öffentlichen Ereignis ausgeschlossen, weil es ein Mädchen ist. Die doppelt zart fühlende Mutter, selbst nicht begierig teilzunehmen, findet für ihre enttäuschte Tochter einen Kompromiß. In der Imagination mehr als in Wirklichkeit ist sie dabei, von der Mutter geleitet. Eine komplizierte Geschichte, die etwas aussagt über das »moralische« Niveau der Frankfurter Gesellschaft, über Patriarchalismus, Machtverhältnisse in der Ehe, das soziale Genie einer Frau, der Mutter, und der Psychologie des Kindes, des »bösen« Kindes.

5. Die Suche nach der Puppe in der Puppe

Keine Kindheitsgeschichte (sie muß Erziehungs-, Schul- und Familiengeschichte mit einschließen) kann davon absehen, wie Kindheit heute aussieht.[43] Ein Bewußtsein von Gegenwart ist unerläßlich, und wie verschwommen es auch noch sein mag, so habe ich die Vermutung, daß das neue Interesse an historischer Kindheit, das Generationen von Pädagogen, Historikern, selbst Erziehungshistorikern vollkommen fremd war (um nur die professionell eigentlich Disponierten zu nennen), etwas zu tun hat mit der Ahnung sehr vieler, sich in einer gefährlichen Lage zu befinden. »Kinder und Frauen zuerst« lautete die Parole nicht nur, wenn es um die allzu wenigen Plätze in den Rettungsbooten ging. In ihnen sollte das Leben über die Katastrophe hinaus gerettet werden. Nun muß man heute an Katastrophen denken, die jede Rettung fast ausschließen, vielleicht nicht einmal wünschenswert erscheinen lassen. Sigmund Freud

hat seine Abhandlung über *Das Unbehagen in der Kultur* (er debattiert dort die ungünstige Verarbeitung des Aggressionstriebs zu Übermoral und Waffensystemen) mit dem Wunsch, der Erwartung, dem Appell geschlossen:
»Die Schicksalsfrage der Menschenart scheint mir zu sein, ob und in welchem Maße es ihrer Kulturentwicklung gelingen wird, der Störung des Zusammenlebens durch den menschlichen Aggressions- und Selbstvernichtungstrieb Herr zu werden ... Die Menschen haben es jetzt in der Beherrschung der Naturkräfte so weit gebracht, daß sie es mit deren Hilfe leicht haben, einander bis auf den letzten Mann auszurotten. Sie wissen das, daher ein gut Stück ihrer gegenwärtigen Unruhe, ihres Unglücks, ihrer Angststimmung. Und nun ist zu erwarten, daß die andere der beiden ›himmlischen Mächte‹, der ewige Eros, eine Anstrengung machen wird, um sich im Kampf mit seinem ebenso unsterblichen Gegner zu behaupten. Aber wer kann den Erfolg und Ausgang voraussehen?«[44]
Soweit Freud im Jahr 1930. Die Vergewisserung in der Geschichte, auch dort, nein, gerade dort, wo es um Kindheit und Kinder geht, ist ein Versuch der Rettung, der der Vorfahren (noch einmal sei an Benjamin erinnert), aber auch der eigenen. Wie aber kann man den Eros kräftigen?
Die *Kinder-Chronik* beruht auf Autobiographien, einer traditionell übelbeleumundeten und unterschätzten Gattung von Geschichtsquellen. Trotz eines neu erwachten Interesses für das ungeheure Erbe, das in tausenden bislang nicht einmal bibliographisch erfaßten Zeugnissen auf uns gekommen ist, hat man nach wie vor Schwierigkeiten, die Nachricht von einem anderen Leben, den Schreiber als grundsätzlich glaubhaften Menschen so wichtig zu nehmen, wie er es verdient. Einesteils bezweifelt man die Erinnerung eines in der Regel alten Menschen. Was hat er vergessen, was verdrängt oder gar bewußt unterschlagen? So erscheint das Leben, das zwischen Kindheit und Jugend und dem Alter, wo die Autobiographie geschrieben wird, verflossen ist, bloß als störender Filter, der dafür sorgt, daß uns das »eigentlich« Wichtige verborgen bleibt. Andernteils weist man auf die Subjektivität des Urteils hin. Man hat als normaler Mensch gelernt, die als minderwertig einzustufen, und vergißt, daß das Erzählen oder Aufschreiben von Erinnerungen ein eminent sozialer Akt der Vergesellschaftung von Individualität ist.[45] Schließlich wird gegen den Wert der Autobiographie und die Wahrheit des Autobiographen eingewandt, sie können nicht »repräsentativ« sein. Wer als Arbeiter, Dienstmädchen oder Waisenkind seine Erinnerungen schreibt, ist der nicht entweder genialer Außenseiter oder exhibitionistisch veranlagt?[46] Dabei unterstellt man den politischen und methodologischen Zwängen der Markt- und Meinungsforschung Wahrheits-, nicht primär Macht- und Manipulationsinteresse. Mir scheint, daß das Mißtrauen, das man den Autobiographien entgegenbringt, das man durch Vorbehalte und methodologische Maßnahmen zu kompensieren sucht, in einen schwer zu durchschau-

enden Zusammenhang von »Asozialität«, von Lebensfeindlichkeit gehört, den Freud ein wenig erklärt hat, dem man aber nachgehen muß, ehe man sich daran macht, unter sozialisationstheoretischen oder sozialgeschichtlichen Fragestellungen Autobiographien als Material zu klassifizieren oder zu vermessen.[47]
Den Vorwurf der »Asozialität«, als deren Folge und Begleiterscheinung gesellschaftliche und pädagogische Phantasielosigkeit, die Unfähigkeit, aus der Geschichte zu lernen, ganz allgemein zu beklagen sind, muß ich wohl verdeutlichen. Die Beschäftigung mit Autobiographien geht auf die Lebensphilosophie Diltheys zurück, der unter Anlehnung an Hegel in der Geschichte des menschlichen Geistes seine Objektivation in verschiedenen Formen erkennt, eine konkret-historische Psychologie, als deren höchste Verwirklichung das großangelegte Individuum, die geglückte und harmonische Persönlichkeit anzusehen ist. Man denke an Goethe, als Vorbild und Last, wie er das Bildungsbürgertum des 19., auch noch des beginnenden 20. Jahrhunderts regulierte und bedrückte. Die Geschichte der Autobiographie von Diltheys Schwiegersohn Georg Misch behandelt und beurteilt Autobiographien entsprechend diesen Vorgaben. Wenn heute ein Erziehungswissenschaftler behauptet, »Autobiographien sind Geschichten von Lernprozessen, gesehen durch Interpretationsmuster« und »Alles menschliche Leben ist Lerngeschichte«[48], dann erkennt man in der handfesten Formulierung doch unschwer jenen Idealismus wieder, der (unter anderem) auf Dilthey zurückgeht und uns immer wieder den Blick aufs Leben, wie die unterschiedlichsten Personen es überliefern, verstellt. Ich nenne diesen Idealismus »asozial«, weil er – und das ist für eine Geschichte der Kindheit und der Kinder nicht weniger wichtig als das Durchschauen evolutionärer Schemata als Moralpredigt – Lebensgeschichten im Namen einer Wissenschaft usurpiert, als deren Leitbegriffe er den der »Bildung« nennt. Seit Rousseau und bis hin zu deMause hatte diese Wissenschaft aber kein anderes Interesse, als das »Leben« zu eliminieren und ihrer Vorstellung von natürlicher Entwicklung und Normalität zu unterwerfen. Keineswegs nur auf dem Papier, sondern in jener Wirklichkeit, die mit dem Stichwort »Verschulung« nur angedeutet, mit dem Hinweis auf die Verplanung künftiger Generationen als Rentenbeschaffer oder Wachmannschaft für atomaren Müll noch lange nicht genug vorgestellt ist.
Gegenüber der idealistischen Sinnerzwingung – Leben ist Bildung, auch da wo es Unglück, Zufall und Chaos zu sein scheint – verspricht die Sozialgeschichte einen Fortschritt. Aus der wissenschaftlichen und philosophischen Emphase, mit der man sich allzu lange wenigen, zum großen Teil programmatisch verfaßten Autobiographien (die Reihe beginnt mit Augustinus, Rousseau und endet nicht mit Goethe) gewidmet hat, zieht man einerseits das Recht zu einem gewissen Mißtrauen, andererseits zur Annahme, es bedürfe keiner interpretatorischen Anstrengung, um die Masse der unambitionierteren Lebensgeschichten

zu entschlüsseln. Die Parole lautet: Halten wir uns an die Fakten! In der Hinwendung zum massenhaft überlieferten Leben, dem gewissermaßen trivialen Unterfutter zu Goethes *Dichtung und Wahrheit* ist sicher ein Fortschritt zu sehen. Wenn aber eins, dann lehrt er schnell, daß es auch in der Trivialität der alltäglichen Autobiographie keine Fakten gibt, nur Geschichten. Anders gesagt: Dem hermeneutischen Zirkel entgeht auch keine die Fakten, die Realität für den idealistischen Sinn substituierende Sozialgeschichte. Die Frage kann immer nur sein, ob wir jenen Zirkel bewußt in Gang setzen oder ob wir uns mit Urteilen begnügen, die immer denen Gerechtigkeit widerfahren lassen, welchen die Wahrheit in dieser Form zu spät kommt. Auch der Kindheitshistoriker muß sich beeilen.

»Denn es ist ein unwiederbringliches Bild der Vergangenheit, das mit jeder Gegenwart zu verschwinden droht, die sich nicht als ihm gemeint erkannte. (Die frohe Botschaft, die der Historiker der Vergangenheit mit fliegenden Pulsen bringt, kommt aus einem Munde, der vielleicht schon im Augenblick, da er sich auftut, ins Leere spricht.)«[49]

Die *Kinder-Chronik* ist das Ergebnis meiner subjektiven und leidenschaftlichen Lektüre. Mögen andere Leser ihr Teil beitragen. Das Leiden an der pädagogischen Vernunft, eine Last, die für Kinder heute nicht leichter geworden ist, hat mich von je auch neugierig gemacht auf das Leben, das ich irgendwo anders, früher oder später vermutet und durch Zufall und Neigung in Büchern, Geschichten und Geschichte entdeckt habe. Vielleicht hat mich meine Kriegs- und Nachkriegskindheit gar nicht übel vorbereitet für die Aufgabe, ein Stück der ewig davonlaufenden Wahrheit festzuhalten. Sie hat den Blick geschärft für die essentielle Bedeutung des Materiellen, der Nahrung, der Kleidung, der Kälte, der Armut, schließlich der Katastrophen, die über der Kindheit so vieler Generationen vor uns auch drohten. Sie hat mich praktisch illusionslos gemacht gegenüber religiösen Tröstungen und sozialen Mythen aller Art, mit denen in ruhigeren Zeiten Kinder so einfach zu lenken sind. Jene unsicheren Jahre haben mich aber auch gelehrt, in der Vergangenheit neben der Unordnung, der Armut und dem Unglück ein Stück Utopie zu erkennen: die Tatkraft, Tapferkeit, kurz, den Lebensmut, den nicht zuletzt die Kinder bewiesen haben.

Anmerkungen

1 Weiterführend informieren – allerdings unter Auslassung der Erziehungsgeschichte – U. Herrmann/S. Renftle/L. Roth: Bibliographie zur Geschichte der Kindheit, Jugend und Familie. München 1980
2 Immer noch wichtig: I. Illich: Die Entschulung der Gesellschaft. Reinbek 1973 und E. v. Braunmühl: Antipädagogik. Weinheim und Basel 1975. Eine vermittelnde Position versucht A. Flitner: Konrad sprach die Frau Mama ... Über Erziehung und Nicht-Erziehung. Berlin 1982.
3 Aus dem gehörigen historischen Abstand wirken viele pädagogische Phantasien komisch. Ihre Naivität reizt zum Lachen. Das gilt besonders für die Philanthropen, deren Enthusiasmus für die Rationalisierung des Erziehungsgeschäfts sie jedes Augenmaß verlieren ließ. Vgl. K. Rutschky: Schwarze Pädagogik. Berlin–Frankfurt–Wien 1977 u. ö.
4 W. Benjamin: Über Kindheit, Jugend und Erziehung. Frankfurt 1969, S. 82
5 Wie wenig bislang die exakte oder empirische Wissenschaft, in diesem Fall die Entwicklungspsychologie, zur Hebung des »pädagogischen Genies« beigetragen hat, zeigt P. Gstettner: Die Eroberung des Kindes durch die Wissenschaft. Reinbek 1981.
6 Die einzige »Sozialisationstheorie«, die ihre Stimmigkeit von Fall zu Fall erweist, scheint mir die Psychoanalyse zu sein.
7 Zumal die ohnehin nur in monographischer Form zu verwirklichen ist. Um 1900 sprach man von »Kulturgeschichte« und meinte damit etwas ähnliches wie heute mit »Sozialgeschichte«, nämlich die Bearbeitung von Themen, Stoffen und Materialien, die jenseits oder unterhalb der Wahrnehmungsschwelle der offiziellen Wissenschaft lagen, ehe sie aufgrund eines Bewußtseinswandels reputierlich wurden. Da heute jedem bewußt ist, daß eine Geschichte der Erziehung nicht nur als Ideengeschichte, Biographik usw. zu betreiben ist, ist der inflationäre Gebrauch des Wortes »Sozialgeschichte« eher irreführend, weil er eine Modernität anzuzeigen scheint, die nur gelegentlich gegeben ist. Vgl. die von G. Steinhausen hrsg. Monographien zur deutschen Kulturgeschichte, z. B. H. Boesch: Kinderleben in der deutschen Vergangenheit. Leipzig 1900 u. ö. oder E. Reicke: Magister und Scholaren. Leipzig 1901.
8 J. Reyer: Sozialgeschichte der Erziehung als historische Sozialisationsforschung? In: Z. f. Pädagogik 26, 1980, 51–72
9 Für Psychiatrie und Strafvollzug besonders M. Foucault: Wahnsinn und Gesellschaft. Frankfurt 1969. – Überwachen und Strafen. Die Geburt des Gefängnisses. Frankfurt 1977. – Über Wohlfahrtspolitik und Kontrolle J. Donzelot: Die Ordnung der Familie. Frankfurt 1979.
10 So der deutsche Titel des von L. deMause hrsg. Sammelbands History of Childhood. New York 1974. – E. Johansen: Betrogene Kinder. Eine Sozialgeschichte der Kindheit. Frankfurt 1978.
11 W. Benjamin: Geschichtsphilosophische Thesen. In: Schriften Bd. 1, S. 494 –506. Frankfurt 1955
12 Damit ist nichts gegen das Mitleid überhaupt gesagt, nur gegen jene unfruchtbare

Form, die sich als obsessives Interesse für mißhandelte, mißbrauchte und ermordete Kinder äußert. Ich komme auf dieses spezifische »Mitleid« noch im Zusammenhang mit dem Beitrag der Psychohistorie und von Alice Miller zur Kindheitsgeschichte zurück.

13 P. Ariès: Geschichte der Kindheit. München 1975, S. 46. – Das Buch erschien zuerst 1960, 2. Auflage 1973
14 Ariès, a. a. O., S. 47
15 Ariès, a. a. O., S. 48
16 N. Elias: Über den Prozeß der Zivilisation. Basel 1939. Neudruck mit einem neuen Vorwort des Verfassers Frankfurt 1976
17 Einen knappen Überblick zu diesem Thema liefert W. Lepenies: Probleme einer historischen Anthropologie. In: R. Rürup, Hrsg.: Historische Sozialwissenschaft. Göttingen 1977. – Einen praktischen Versuch in »Historischer Anthropologie« hat A. MacFarlane gemacht: The Family Life of Ralph Josselin. Cambridge 1970. Genau besehen handelt es sich dabei jedoch um die systematische Wiedergabe der ökonomischen, familiären usw. Verhältnisse, Sitten und Gebräuche, wie sie sich in dem Tagebuch eines Pfarrers des 17. Jahrhunderts spiegeln. Die Umstände sind uns fremd geworden, der Tagebuchschreiber, wie MacFarlane selbst bemerkt, ist erstaunlich gut zu »verstehen«.
18 Auf der Grundlage des reichhaltigen französischen Forschungsmaterials hat Elisabeth Badinter eine solche »Regelung« untersucht: Die Mutterliebe. München 1981. Sie ist nicht »natürlich«, sondern wird als Ideal, Pflicht, schließlich als wissenschaftlich untermauerte »Normalität« gegen den eigentlich natürlichen Egoismus der Frauen durchgesetzt.
19 L. deMause, Hrsg.: Hört ihr die Kinder weinen. Eine psychogenetische Geschichte der Kindheit. Frankfurt 1977, S. 19
20 Hrsg. von Martin Rang. Stuttgart 1965, S. 108
21 Die »Geschichtsphilosophischen Thesen« wiederholend, ergänzend und weiterführend (bis hin zu Fragen der Darstellung): W. Benjamin: Das Passagenwerk. Hrsg. von R. Tiedemann. Frankfurt 1982. Besonders Bd. 1, S. 570ff., Erkenntnistheoretisches, Theorie des Fortschritts
22 Über das Kind und die Kindheit als Projektionsschirm gesellschaftlicher Ideale: G. Boas: The Cult of Childhood. London 1966
23 Ein Versuch, den die Sexualpädagogik, nützlich wie sie sein mag, fortsetzt. Vgl. K. Rutschky: Können Erwachsene Kinder aufklären? Überlegungen zum 200jährigen Versuch, aus der Liebe etwas Anständiges zu machen. In: Sexualpädagogik und Familienplanung 10, 1982
24 Eine universalhistorische Betrachtungsweise des Problems bei G. Heinsohn: Das ›apriori‹ von Kindheit. Die Herbeiführung der Generationsbeziehungen von der Stammesgesellschaft bis zum Kibbuz. In: Kindheit 2, 1980
25 Wie, ganz auf der Linie der Psychohistoriker argumentierend, A. Ende nachweisen will: Battering and Neglect. Children in Germany, 1860–1978. In: Journal of Psychohistory 7, 1979/80

26 Vgl. H. Blankertz: Geschichte der Pädagogik von der Aufklärung bis zur Gegenwart. Wetzlar 1982, S. 207f. Ein außerordentlich instruktiver Überblick, weil er die Notwendigkeit einer immanenten Darstellung mit dem Bedürfnis nach kritischer Diskussion verbindet.
27 A. B. Hanschmann: Friedrich Fröbel. Die Entwicklung seiner Erziehungsidee in seinem Leben. Eisenach 1875, S. 339
28 Vielleicht ist es heute sogar wichtiger, den pädagogischen Blick, insofern er sich auf Erwachsene richtet, zu kritisieren. Wer heute fortschrittlich denkt, die Kinder schützen will, orientiert in der Regel die in ihm untergebrachte Aggression nur auf ein neues Objekt um. Objektiv, d. h., von der Autorin unbeabsichtigt, frauen- und mütterfeindlich ist das Buch von A. Miller, Das Drama des begabten Kindes. Frankfurt 1979. Aber auch andere fortschrittliche Projekte (»sanfte Geburt«, Hausgeburt, Förderung des Stillens usw.) lassen die Gefahren erkennen, daß nicht Erfahrungen freigelegt, sondern Pflichten formuliert, die moralische Schraube weiter angezogen wird.
29 deMause, a. a. O., S. 84f.
30 Nach Freud beruht die Kultur (vereinfacht gesagt) auf Triebverzicht, wobei zum Problem für ihren Fortbestand die ungünstige Verwendung der aggressiven Triebe wird. Sie werden introjiziert und wenden sich in der Form eines strengen Gewissens, des Überichs, gegen das Ich, das seinen Forderungen um so weniger genügen kann, je mehr es auf Triebbefriedigungen (in denen immer auch ein Anteil an Aggression zu seinem Recht kommt) verzichtet. Es resultiert ein Schuldgefühl, das früher vor allem von der Religion, heute von Moralisten verwaltet wird. Sie bieten dem schwer erträglichen Schuldgefühl zugleich einen scheinbar unangreifbaren (Über-Ich-gerechten) Ausweg, indem die dem Bösen draußen Gestalt geben und so Aktivität erlauben. Soweit Erziehung z. B. von solchen unerkannten Prozessen getrieben wird, ist sie »Sisyphos-Arbeit«: Vgl. S. Freud: Das Unbehagen in der Kultur. In: Gesammmelte Schriften (Imago-Ausgabe) Bd. 14. – S. Bernfeld: Sisyphos oder die Grenzen der Erziehung (¹1925) Frankfurt 1967
31 Vgl. das Interview mit Ariès in: Psychologie heute 3, 1976. – Am Rande sei vermerkt, daß sich bei deMause, neben dem Vorurteil für den Sozialisationsmodus der mitteleuropäischen und angelsächsischen (städtischen) Mittelschichten, ein unverblümter Ethnozentrismus breitmacht: »Primitive Stämme denken nicht magisch, weil sie technologisch zurückgeblieben sind – sie haben vielmehr vor langer Zeit einen psychogenetischen Stop erlebt, worauf sie sich technologisch nicht weiterentwickeln, sondern nur ihre Gruppen-Phantasien ausarbeiten konnten ... Primitive haben ihre Persönlichkeitsstruktur nicht der unwirtlichen Umgebung angepaßt – sie sind im Gegenteil in diese Umgebung gezogen, weil sie ihrem inneren Bedürfnis entsprach.« L. deMause: The Psychogenic Theory of History. In: Journal of Psychohistory 4, 1976/77, S. 262 (Übersetzung K. R.)
32 Vgl. die ausführlichen Texte in Kap. 3. 3. des vorliegenden Buches, S. 290 und S. 296
33 Zu den problematischen, vielleicht sogar schwindenden Voraussetzungen der Eltern- und vor allem Mutterrolle vgl. G. Heinsohn a. a. O.; zur Lohnarbeitermentalität der

Einleitung XLV

Berufserzieher, aus welcher heraus die hohen Ansprüche immer schon sabotiert wurden, G. Heinsohn/R. Knieper: Theorie des Familienrechts, Geschlechtsrollenaufhebung, Kindesvernachlässigung, Geburtenrückgang. Frankfurt 1974
34 Zur Kritik dieses »Kinderbildes«: G. v. Wysocki: Wenn die Psyche zur Seele wird. Alice Miller und ihre deutschen Leser. In: Literaturmagazin 14, 1981. – T. Plänkers: Die barmherzige Psychoanalyse. Anmerkungen zu A. Millers Buch Du sollst nicht merken. In: Psyche 36, 1982
35 Speziell zum Wickeln: E. L. Lipton u. a.: Swaddling, a Child Care Practice. Historical, Cultural and Experimental Observations. In: Pediatrics 35, 1965 (Supplement). Über die Rationalität vieler traditioneller Kinderpflegepraktiken überhaupt: B. Whiting: Folk Wisdom and Child Rearing. In: Merrill Palmer Quarterly 20, 1974
36 Vgl. Kap. 1.1., S. 16f. eine vollständige Szene, in der das Wickeln und andere Bandagierungen als Vorsichtsmaßnahme gegenüber realen Gefahren, keineswegs als Folge böser Projektionen der Mutter, der wir »emotionale Unreife« unterstellen dürften, erscheint.
37 J. E. Cohen van Baren: Zur gerichtsärztlichen Lehre von verheimlichter Schwangerschaft, Geburt und dem Tode neugeborener Kinder. Berlin 1845. – Der zitierte Fall ist die Nr. 12, S. 57f.
38 J. Schopenhauer (vgl. das Literaturverzeichnis), S. 104
39 Marie Belli-Gontard (1788 – ?): Lebenserinnerungen. Frankfurt/M 1872, S. 52
40 Zu unterscheiden wären natürlich auch bürgerliche von aristokratischen Stimmen. Das Verständnis der aristokratischen Gesellschaft ist uns verstellt durch die bürgerlichen Urteile über deren Verschwendungssucht, affektiertes, unnatürliches Benehmen, ihre Unmoral, ihr Intrigantentum usw. Dazu N. Elias: Die höfische Gesellschaft. Neuwied 1969. – Da die bürgerliche Stimmlage seit gut 200 Jahren die herrschende ist, fällt es schwer, sie als besondere zu identifizieren. Auch Bauern und Proletarier bedienen sich ihrer. Analoges gilt von männlichen und weiblichen Stimmen. Daß die populäre Kultur von den Moralisten verdammt, von den Romantikern purifiziert wiederentdeckt wurde, analysiert P. Burke: Helden, Schurken und Narren. Europäische Volkskultur in der frühen Neuzeit. Stuttgart 1981. Analoges gilt für den Bereich der Erziehung und der Volksmedizin.
41 Karl Schurz (vgl. das Literaturverzeichnis), S. 63. – Die vorherigen Beispiele Helene Lange und Karl Gutzkow. (vgl. das Literaturverzeichnis)
42 M. Belli-Gontard, a. a. O., S. 49f.
43 Eine Skizze liefert H. von Hentig in seinem Vorwort zu P. Ariès, a. a. O.
44 Sigm. Freud, a. a. O., S. 506
45 M. Halbwachs: Das Gedächtnis und seine sozialen Bedingungen. Neuwied 1966
46 Noch fehlt es an praktischen Arbeiten, die solche, aber auch sehr weitgehende Behauptungen, z. B. über die Autobiographie des Proletariats und ihre Botschaft, nach einem »Materialdurchgang« erhärten. Vgl. den Diskussionsband D. Baacke/Th. Schulze, Hrsg. Aus Geschichten lernen. Zur Einübung pädagogischen Verstehens. München 1979. Mir scheint, daß man nach der Lektüre einiger proletarischer Autobiographien vor Sätzen wie den folgenden gefeit sein sollte: »In den Arbeiterautobio-

graphien offenbart sich ein anderer Sozialisationstypus als in den bürgerlichen ...
dieser erfährt seine spezifische Struktur von der Arbeit und von der Fabrik her.«
Ebensowenig wie irgendein Leben »Bildungsgeschichte« ist, ist es »Sozialisierung«.
Arbeit in der Fabrik ist nichts als das, bis zum Beweis des Gegenteils.
47 Als Pioniere, die die Quellen vor allem zugänglich gemacht haben, sind zu nennen:
I. Hardach-Pinke / G. Hardach: Deutsche Kindheiten. 1700–1900. Kronberg 1978.
– I. Hardach-Pinke: Kinderalltag. Aspekte von Kontinuität und Wandel der Kindheit in autobiographischen Zeugnissen 1700–1900. Frankfurt 1981. In beiden Büchern findet sich die bislang umfassendste Bibliographie deutscher Autobiographien.
– Ebenfalls auf Autobiographien fußt die Untersuchung von M. Flecken: Arbeiterkinder im 19. Jahrhundert. Weinheim 1981
48 J. Henningsen: Autobiographie und Erziehungswissenschaft. Essen 1981, S. 7
49 W. Benjamin, Geschichtsphilosophische Thesen, a. a. O., S. 496

1. Kapitel

I. I. Erster Überlebenskampf

Kommentar
Straßburg, 1582 — Hebamme, ein gefährlicher Beruf
Halle, um 1696 — Im Mutterleib geopfert
Braunschweig, um 1700 — Aussetzung eines Kindes
Leipzig, 1715 — Mittel der Fürsorge
Stadthagen usw., 1724 ff. — Der Geburtstag – ungewisser Anfang
Bacharach, 1772 ff. — Fallhut, Fischbein und Bandagen gegen die gedankenlose Natur

Wandsbeck, 1778 ff. — Einige Nachrichten aus dem Frauenleben
Hermsdorf b. Berlin, 1795 f. — Armut als Motiv einer Kindstötung
Wilsnack, um 1795 — Einziges Kind
Scheßlitz, um 1810 — Beobachtungen eines Landarztes
Wien usw., 1830 ff. — Meine drei Mütter
Staat Preußen, 1880–88 — Soziale Lage und Kindersterblichkeit

Vier Zangen zur Entfernung des mutmaßlich toten Kindes aus dem mütterlichen Körper. Die erste und zweite sollen die Geburtswege öffnen, mit der dritten und vierten packt man das Kind und zieht es heraus. Gebärstuhl für die lange übliche Geburt im Sitzen; das Gebärbett stellt einen Kompromiß zwischen Sitzen und Liegen dar. Aus: Jakob Rueff, Trostbüchlein, den Hebammen und schwangeren Frauen dienstlich. Frankfurt a. M. 1563 (Reprint München-Allach 1968). – J. G. Krünitz, Ökonomische Enzyklopädie. Berlin 1773 ff.; hier Bd. 4, 1782.

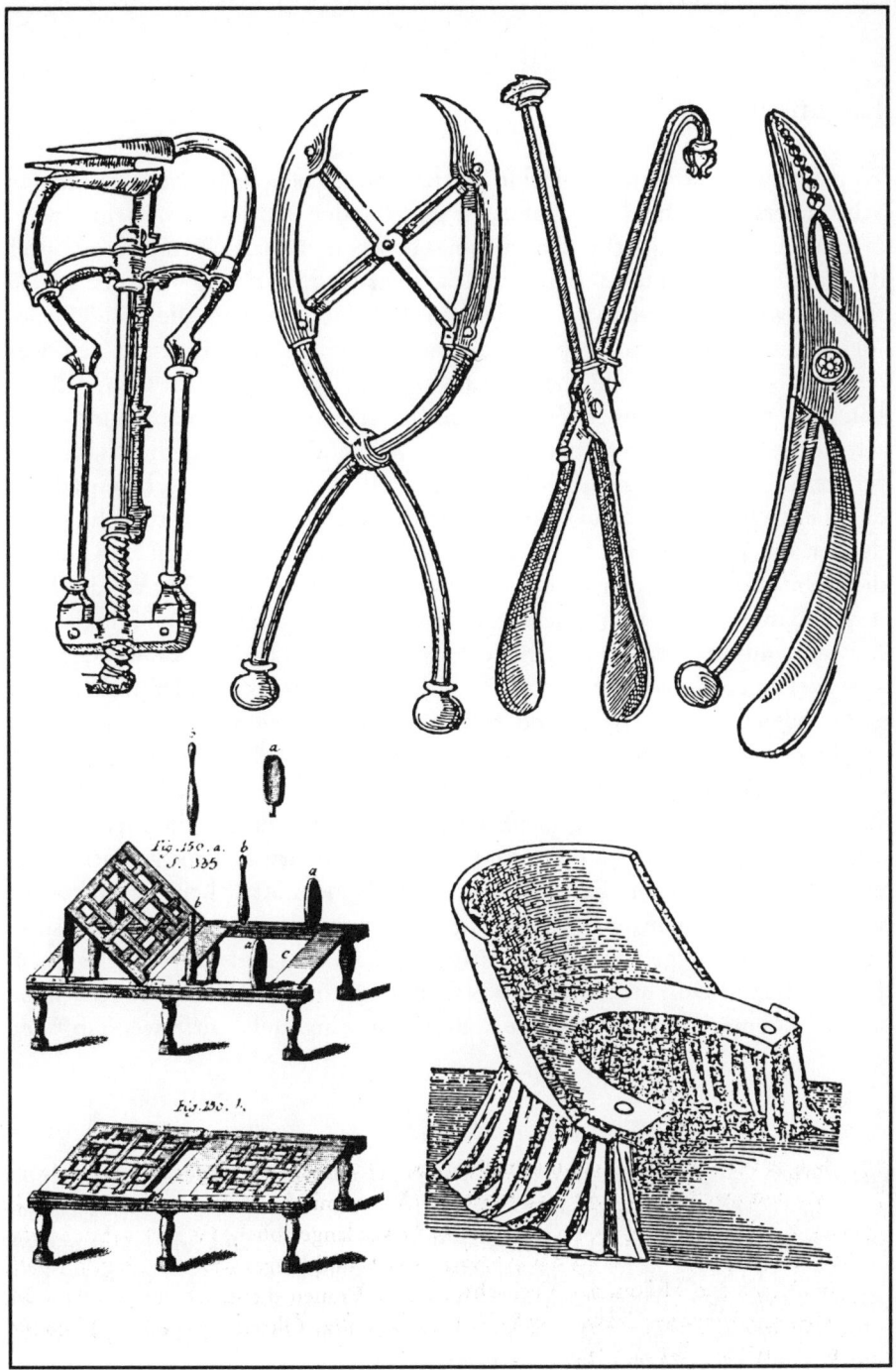

Kommentar

Zum Leben zu kommen, gar eine Zeitlang am Leben zu bleiben, ist schwer. Schwangerschaft und Geburt müssen überstanden werden. Von beiden weiß man bis weit ins 19. Jahrhundert hinein sehr wenig, und das Wenige wird durch das Falsche (von heute aus beurteilt), das man auch für richtig hält, noch praktisch entwertet. Schwangere werden zur Ader gelassen, um die ausbleibende Menstruation, die »monatliche Reinigung«, zu kompensieren oder einfach, weil der Aderlaß bei allen möglichen Beschwerden helfen soll. Für die Geburt selbst hält man, in wohlhabenden Verhältnissen früher regelmäßig, später nur noch in schwierigen Fällen, den Gebärstuhl bereit. Allmählich setzt sich die Rückenlage für die Gebärende als »richtige« Position durch, und der Gebärstuhl wird durch das ebenso patent gemeinte Gebärbett ersetzt, beide Möbel willkürliche Erfindungen der Hilflosigkeit. Geburtshilfe ist Sache der Frauen, der Hebammen, die leicht, wenn die Mißerfolge sich häufen, als Hexen identifiziert werden können. Wenn bei der Geburt auch Männer assistieren, dann werden Zangen und Messer benutzt, in der Regel zur Zertrümmerung des Kindsschädels oder zum Abzwacken der Glieder des Ungeborenen. Für Mutter und Kind hilfreiche Zangen werden erst im 19. Jahrhundert öfter benutzt, obwohl sie Experten schon 100 Jahre vorher bekannt waren. Die Geburt ist Hausgeburt, wenn nicht Feld- oder Wiesengeburt, was auch oft genug vorgekommen sein mag. Accouchieranstalten entstehen vereinzelt gegen Ende des 18. Jahrhunderts, teils um unverheirateten Müttern zu helfen, teils um systematisch geburtshilfliche Kenntnisse zu sammeln. Es gibt keine Betäubungs-, keine Wehenmittel, keinen Infektionsschutz. Auf Wochenstubenbildern des 16.–19. Jahrhunderts kehren als sinnvolle Hilfsmittel regelmäßig allein warmes Wasser fürs Bad des Neugeborenen, eine Schere zur Durchtrennung der Nabelschnur und ein Faden zum Abbinden wieder. Niemand ist auf operative Maßnahmen eingestellt, auch wenn in Wien

Geburtshilfe ist Sache der Frauen, nur in schwierigen Fällen werden Männer, Barbiere, Ärzte und Priester hinzugezogen. Darstellung einer vorschriftsmäßigen Hilfe, zu der zwei Frauen nötig sind (1554). – Votivtafel, gestiftet 1770 zum Dank für die Rettung von Mutter und Kind aus schwerer Geburt. Neben der Kindbetterin und ihrem Mann sind die Hebamme, ein Arzt und ein Priester abgebildet, der das Kind nottauft.
Aus: Th. Meyer-Steinegg/K. Sudhoff, Illustrierte Geschichte der Medizin. Stuttgart⁵1965. W. Theopold, Das Kind in der Votivmalerei. München 1981.

bereits 1550 ein angeblich vier Jahre tot im Mutterleib verborgenes Kind mit einem Kaiserschnitt beseitigt werden konnte. Solche Pioniertaten verzeichnet die Geschichte der Medizin, für den Alltag blieben sie ohne Bedeutung
Die unmittelbaren Überlebenschancen für das Kind und die Mutter sind nicht abhängig von Stand, Schicht oder Klasse, wohl aber die mittelbaren, über den Geburtstag hinausreichenden.
Kindergeburtstage kennt man nicht, feiert sie nicht; bekannt ist der Tauftag, wegen der Eintragung ins Kirchenregister, und von Katholiken kann der Namenstag begangen werden. Viele wissen weder Jahr noch Tag ihrer Geburt. Standespersonen und andere wichtige Erwachsene wie der Vater oder vielleicht sogar die Mutter, können ihren Geburtstag von den Kindern feiern lassen. Um Kindergeburtstage zu feiern, werden allzu viele Kinder in dichter Reihenfolge geboren, allzu viele sind unerwünscht und stellen nicht nur eine momentane Bedrohung des mütterlichen Lebens, sondern auch eine längerfristige der Nahrungsgrundlage der bereits Lebenden dar. Trotzdem taucht seit 1800 bei immer mehr Individuen der Wunsch auf, exakt den Anfang ihrer Existenz zu kennen. Ist die Geburt glücklich verlaufen, kann die wohlhabende Frau ein Wochenlager halten, das traditionell sechs Wochen dauert und in denen sie in der geschmückten Wochenstube Besuche empfängt. An der Taufe darf sie – noch ist sie unrein – nicht teilnehmen. Ihr erster Kirchgang ist wieder ein besonderes Ereignis. Soweit der Brauch, dessen Einhaltung jedoch eher die Ausnahme als die Regel dargestellt haben dürfte.
Der von der Geburtsarbeit erschöpften Frau wollte man den weiteren Kraftverlust, als den man sich das Stillen vorstellte, nicht zumuten. Wer es sich leisten konnte, nahm eine Amme in den Haushalt auf. Das geschah auch auf Anraten der Ärzte, die oft genug willigen Müttern das Stillen geradezu untersagten. Wer mit den Sittenreformern des 18. Jahrhunderts die Mütter zum Stillgeschäft verpflichtet glaubt und hinter ihrem Versagen bösen Egoismus vermutet, der sei daran erinnert, daß die Frauen nicht nur zwei oder drei, sondern in unaufhörlicher Reihenfolge ein Kind nach dem andern bekamen, bekommen mußten. Waren sie körperlich überhaupt fähig, ihre Kinder zu stillen? Die Mutter der späteren Königin Luise starb nach der Geburt des zehnten ihrer Kinder, die sie in vierzehn Ehejahren geboren hatte. Sie war dreißig Jahre alt. Und ob in der rein rechnerisch »freien« Zeit nicht noch Fehlgeburten oder Aborte vorgefallen sind, wissen wir nicht einmal. Nun denke man sich an die Stelle dieser Aristokratin eine »normale« Frau, die weniger gut betreut, schlechter ernährt und außerdem noch mit harter körperlicher Arbeit belastet ist...
Das Neugeborene wird fest gewickelt, auf dem Lande bis weit ins 19. Jahrhundert hinein. Das seit Rousseau vorgetragene Plädoyer für das natürlich freie Spiel der Glieder ist naiv. Man traute der Natur nicht, warum sollte man das

auch angesichts der Fehler, die sie unaufhörlich machte? Noch war die Natur nicht natürlich, sondern gefährlich. Zwar scheinen uns die Mittel der Fürsorge für Kind und Wöchnerin dem Wilden Denken entsprungen, einer magischen Empirie zugehörig, die objektiv sinnlos, vielleicht sogar gefährlich ist. Trotzdem bezeugen die von der Volkskunde gesammelten Rituale und Zeremonien der Wochenstube Sorge und Zärtlichkeit für das hinfällige Leben.

Hatte ein Kind die Geburt überlebt, dann stellt sich die Frage: War es erwünscht? Bei unehelich gezeugten, gar unehelich geborenen lautete die Antwort: Nein. Die Kirche ächtete solche Mütter und Kinder aus dogmatisch-theologischen Gründen; die Kommune oder Landesherrschaft eher aus ökonomischen; denn sie war zur Armenpflege gegenüber allen auf ihrem Gebiet Geborenen verpflichtet. Arm und ohne Verdienst waren aber in der Regel die unehelichen Mütter, meist Dienstmädchen und Bauernmägde, die wegen ihrer Schwangerschaft ihre Stellung verloren und nicht wußten, wohin. Aus dieser Gruppe rekrutieren sich die Kindsmörderinnen und jene, die Kinder gefährlich oder ungefährlich aussetzen, und natürlich auch jene, die vor Gericht stehen und verurteilt werden: zum Tod durch Ertränken oder das Schwert. Im 18. Jahrhundert wird aus dem Verbrechen des Kindsmords durch die Mutter das privilegierte Delikt der Kindstötung. Eine juristische Laxheit, die indirekt anerkennt, daß religiös-moralischer Druck und abschreckende Strafen gesellschaftliche Ungerechtigkeit nicht unbegrenzt kompensieren können.

LITERATUR
A. Peiper, Chronik der Kinderheilkunde, Leipzig 1951 u. ö.
W. Wächtershäuser, Das Verbrechen des Kindsmordes im Zeitalter der Aufklärung, Berlin 1973
R. Beitl, Der Kinderbaum, Berlin 1942
A. Erler / E. Kaufmann, Hg., Handwörterbuch der Rechtsgeschichte, Berlin 1974, Bd. 2, Art. »Kind«
R. Müllerheim, Die Wochenstube in der Kunst, Stuttgart 1904

STRASSBURG, 1582
Hebamme, ein gefährlicher Beruf

Weiter hat man den 19. Oktober ... ein halbe Meil von Waldkirch im Breisgau 38 Weiber verbrannt, darunter sein gewesen vier Hebammen, was erschreckliche Taten sie begangen, will ich euch kürzlich vermelden. Die erste hat 19 Kinder in der Geburt umgebracht, und ist eines Kohlbauern Weib gewesen auf dem Schwarzwald. Die ander hat 7 Kinder und fünf Kindbetterin umgebracht, und ist eines Schmieds Weib gewesen. Die dritt hat 9 Kinder und vier Kindbetterin umgebracht, und ist eines Müllers Weib gewesen. Die viert hat vier Kinder und 8 Kindbetterin umgebracht und ist eines Schneiders Weib gewesen. Die andern zwölf aber seind treffliche reiche Bauersweiber, Wirten- und Müllersweiber gewesen, und haben solchen großen Schaden unter Menschen und Vieh getan, daß nicht genugsam davon zu schreiben ist. Es liegen auch noch zu Freiburg in Breisgau im Spital drei Mann, die sie ihrer Vernunft beraubt, und von Sinnen gebracht haben. Desgleichen hat man auch ... im Elsaß den 28. Oktober 36 Weiber verbrannt, darunter sein gewesen zwo Hebammen, die eine hat 25 Kinder in der Geburt und vier Kindbetterin umgebracht, und hat solches über 23 Jahr getrieben. Die ander hat 19 Kinder in der Geburt und 5 Kindbetterin umgebracht und das Werk der Zauberei 8 Jahr getrieben ...

25, 78f.

HALLE, UM 1696
Im Mutterleib geopfert

Indes war mein Frau hohen Leibes und war kein Tag, da sie nicht Zank mit ihren Geschwistern hatte. Darum ich sie auch bat, und warnete: sie sollte doch zu Hause bleiben und sich vor den Ihrigen hüten; weil sie nicht gerne wollten, daß ich Kinder unter ihr Erb bringen sollte.
Allein meine Frau folgete mir nicht und lief täglich hin. Da denn bei der höchsten Zeit, des Abends, sie sich abermals bei dem Vater gezanket, und sie gar aus dem Hause gestoßen hatten. Die Frau in Grimm und Finstern zu Hause läuft und in der Schmeerstraße, am »Güldenen Schloß«, über die Gosse und eine Bohle stürzet, über und über. Davon sie mir aber nichts saget, sondern über Wehen klagete.
Ich lasse die Wehenmutter gleich holen und da war alles gut. Die harte Geburt währete bis in den dritten Tag. Da fragete ich die Weiber, die ich hatte lassen dazu holen, als die selige Frau Doktor Knauten und Rathsmeistern Zeisingen:

warum es so lang würde, es stünde gewiß nicht recht? – Da sagten die Weiber: »Herr Dietz, wir können es ihm nicht verhalten, das Kind ist tot; und will er seine Frau beim Leben erhalten, so muß er Herrn Dorn, der die Frucht rausnimmt, lassen holen.«
Ich ward sehr erschrocken und wußte nicht, was zu tun? Doch resolvierete ich mich und sagte: »Wann es denn nicht anders sein soll und kann, was Dorn kann, kann ich auch.«
Die Weiber fielen mir um den Hals und baten sehr: ich sollte bald machen, es wäre fast um die Frau geschehen. Ich legte die Hand an und versuchte, wie die Frucht stünde. So stund es mit der linken Achsel und Arm verkehret in. Und war wegen der Dunst, welche allzeit bei toten Kindern ist, weder zu wenden noch zu regen. Sie hatten ihm bereitest fast den Arm abgerissen. Ich fassete ein dazu geschicktes, spitziges Messerlein in meine rechte Hand, unter den Zeiger, so vorhero mit warmen Ölen und Bier glatt gemacht, zwang mich damit zwischen die Frucht ein und eröffnete dem Kinde Brust und Leib. Da gingen die Winde weg; und war die Frucht zusammengefallen, leicht herauszubringen.
Da lag nun mein erster Sohn, im Mutterleib geopfert, und ich hatte meine Hände in seinem Blut gewaschen. – O, großer Gott, Du weißt es, wie mir zu Gemüt war!

38, 238

Braunschweig, um 1700
Aussetzung eines Kindes

Endlich kamen wir in Braunschweig ein. Und ich ... erkundete mich nach Gelegenheit nach Hamburg oder Hannover. Da hatte ich die Gelegenheit versäumt und mußte zufrieden sein, daß Bauern mit Wagen, auf welche Getreide und anders gebracht, mich wollten mitnehmen. Ich machte den Akkord. Aber die Bauern wollten nicht von dem guten Bier und Bräuhahn.
Indessen kommt eine Weibesperson, wollte auch mitfahren. Ließ indes ihren Kober bei den Bauern. Wollte bald wiederkommen. Hatte nur etwas zu tun. – Wir warten lange. Aber das Weibsbild kam nicht wieder. Die Bauern wollten fort, fluchten und machten den Kober auf. Da fanden sie drin ein Kind, sauber eingewickelt; das hatte einen Zuckerbüschel im Mäulchen. Die Bauern erschraken über all Maßen, wohl wissend, daß die Posse mehrmals gespielet und das Weibesvolk nicht wiederkam ... Machten nicht viel Wesens und hingen den Kober an einen vor der Tür stehenden Wagen und lauerten fleißig auf, ob jemand den Kober abnehmen würde. Siehe, da kommen zwei Soldaten; ge-

schwind mit dem Kober vom Wagen untern Mantel! Meineten, etwas Guts zu essen drin zu finden. Wie mehrmals mochte geschehen sein. Waren aber greulich betrogen.
Sobald der Kober weg, mußte ich mit den Bauern über Hals und Kopf fortreisen. Die Bauern waren froh, soffen sich mittages so voll und lachten und lärmten den ganzen Tag davon ...

38, 100

Leipzig, 1715
Mittel der Fürsorge

Amme: Heisset dasjenige Weibsbild, unter dem Gesinde, welche das neugeborene Kind im Haus mit ihren Brüsten zu säugen und zu stillen pfleget. Dergleichen Weiber fand man schon im alten Testament; denn da hatte Rebecca eine Amme ... Heutzutage nimmt man insgemein diejenigen Dirnen zu dergleichen Amt, so zu Falle kommen oder geschwächet worden.
Bull-Bettlein für kleine Kinder: Heisset denen Muhmen, Ammen und Kinderwärterinnen dasjenige Kissen und Bette, so den kleinen Kindern untergeleget und mit den Windel-Lappen bedecket wird.
Brustlätzlein für kleine Kinder: sind kleine nach der Brust geschnittene und insgemein von weißem Barchet oder Damast gemachte Flecklein, so man den kleinen Kindern auf die Brust legen und selbige vor der Kälte dadurch zu bewahren pfleget.
Fallmütze: Ist ein von Taffet, Sammet, Tuch oder anderm Zeuge derb ausgestopfter Bund, so denen Kindern, welche zu laufen anheben, um die Stirne gebunden wird, damit selbige bey dem Fallen mit dem Gesichte nicht so leichte aufschlagen können.
Hände dem Kindlein geben: bedeutet denen kleinen Windelkindern die Händlein, so man sonsten mit einzuwickeln pfleget, nach den neun Tagen wiedergeben, und ihnen selbige frei überlassen.
Gitter-Bette: Ist eine Art von Kindbetten, so mit hölzernen Gitter-Türen und Flügeln verwahret sind, damit die kleinen Kinder nicht herausfallen können.
Herz-Bettlein: Ist ein kleines weich und sanft von Flaumen-Federn ausgestopftes und weiß überzogenes Kißchen, so man den kleinen Kindern bei dem Einwindeln auf das Herze legt.
vgl. auch *Herz-Läppchen*
Jahrkäppchen oder Jahrkleidchen: Ist ein neues von Damast, Stoff, Taffet oder geringem Zeuge verfertigtes Habitlein, womit man die kleinen Kinder an demje-

nigen Tage, da sie ein volles Jahr erreichet, anzuputzen und selbige in die Kirche zu schicken pfleget. Wird insgemein mit Flügeln gemacht, daher es auch oft ein Flügel- oder Harz-Käppchen gennenet wird.
vgl. auch *Jahrkuchen* und *Jahrschuhe*
in Keller gehen mit einem kleinen Kinde: Ist ein alter Weiber Aberglauben, wenn sie meinen, man sollte mit keinem kleinen Kinde vor dem Jahre in den Keller gehen, damit selbiges nicht furchtsam würde.
Kind anhauchen: Ist eine lächerliche und abergläubische Meinung etlicher stillenden Mütter oder Ammen, die drei Sonntage nacheinander stillschweigend aus der Kirche gehen, und ihr stillendes Kind gleich anhauchen, damit ihm die Zähnchen leichte ankommen.
Kinder-Mägdlein: Heißt ein junges aufgeschossenes Mägdlein, so bei gemeinen und Handwerks-Weibern, denen es große Mägde zu halten schwer fallen will, die kleinen Kinder warten und tragen muß.
Kinder-Mutter oder Heb-Amme, auch Wehmutter, Wehefrau, Püppelmutter: Ist ein ehrbares, betagtes, wohlerfahrenes und von der Obrigkeit vermöge eines gewissen Eides eingesetztes und approbiertes Weib, welches auf Erfordern denen in der Geburt arbeitenden Weibern mit Rat und Tat beistehen, an die Hand gehen, und die Kinder vorsichtig und behutsam von selbigen nehmen muß.
Kinder-Mutter-Stuhl: Ist ein auf besondere Art verfertigtes großes Gestelle und Lehnsessel von Holze, worauf die in hart anhaltender Geburt arbeitenden schwangeren Weiber auf bedürfenden Fall gesetzet werden ...
Kindes-Not oder in Kindes-Nöten liegen: Heisset, wann das schwangere Weib in der Geburt arbeitet oder im Kreissen lieget.
Kinder-Stühlchen: Ist ein hölzernes mit Leder überzogenes und mit weichen Haaren ausgestopftes Gestelle mit einer Hinter- und zwei Seitenlehnen, mit hohen oder niedrigen Beinen, worauf man die kleinen Kinder sitzen lernet.
Lauf-Zaum: Ist ein von Garn, Wolle, Seide oder Leder geflochtener Brustbund, so um den Oberleib geschnüret werden kann, hat zwei lange gedoppelte Flügel, und wird den kleinen Kindern um den Leib gemacht, woran man selbige in dem Laufen führen kann.
vgl. auch *Lauf-Bank* und *Laufwagen*
Stählchen für die Kinder: Ist ein zartes von Stahl verfertigtes Instrument, oben her etwas breit und rundzubereitet, so man den kleinen Kindern an ein Band anzuhangen, und selbigen damit, wenn ihnen bei dem Zahnhecken das Zahnfleisch juckt und brennt, in dem Mäulchen herum fähret, um die Hitze dadurch ein wenig abzukühlen.
Wiegen-Brett: Ist ein von hölzernen Brettern zusammengesetztes breites Kreuze, worauf die Wiege gesetzet wird, damit sie wegen Ungleichheit der

Dielen in denen Stuben, bei dem Hin- und Widergehen nicht knarrt, und die kleinen Kinder dadurch im Schlaf beunruhigen möge.

Windeln das Kind, oder beschicken: Heisset, wenn die Kinder-Mutter, Beifrauen oder Ammen das kleine Kind täglich aus denen alten Windeln schlagen, selbiges wieder in weiß Geräte legen, frische Windeln unterstreuen, die Nabelschnur auf- und zubinden, reine legen, einklopfen, feste wieder einbinden, und alles dasjenige, was zu des Kindes Wartung und Verpflegung gehöret, in Acht nehmen.

Zolp oder Zulp, auch Zulper: Ist ein weißes, weiches und von zarter Leinwand zusammen gezogenes Tüchlein, worein Kraft- oder Zuckerbrot in gebrannte Wasser oder andere stärkende Sachen getauchet, geschlagen, und denen kleinen Kindern in den Mund gegeben wird, damit sie den Saft heraussaugen und ziehen; wird an denjenigen Orten gebrauchet, wo es nicht Mode ist, die kleinen Kinder zu säugen oder zu stillen, dergleichen man in Augsburg und andern Orten ersiehet.

2, 60; 270; 272; 524; 671; 720f.; 812; 917; 1039; 1042; 1044; 1045 ff.; 1135 f.; 1894; 2123; 2165

STADTHAGEN USW., 1724 ff.
Der Geburtstag – ungewisser Anfang

Anton Friedrich Büsching:
Daß ich 1724, und zwar im Septembermonat, geboren, und am 29. September getauft worden bin, daran ist kein Zweifel, und den Tauftag bezeuget das Kirchenbuch zu Stadthagen. Allein mein Geburtstag hat nicht solche Gewißheit. Mein Vater hatte ihn eben so wohl, als alle Geburtstage seiner andern Kinder, vorn in eine Bibelausgabe in Folio geschrieben, weil aber seine Kinder in dieser Bibel wegen der eingedruckten Holzschnitte täglich blätterten, so wurde das geschriebene Blatt bald mürbe, zerriß, und ging endlich gar verloren. Seitdem habe ich den 27. September für meinen Geburtstag angenommen, weil meine Eltern ihre Kinder schon ein paar Tage nach der Geburt taufen ließen, und diesen Tag auch für wahrscheinlich hielten.

Peter Prosch:
Wie mir meines Vaters Schwester, Anne Proschin, sagte, kam ich Anno 1745 unter dem Gerstenschneiden an das Tageslicht, aber nicht auf die Welt; denn mein Eingang in die Welt war wunderbar: indem meine Mutter vom Gerstenschneiden nach Hause kam, entfiel ich ihr unter der Haustür; zum Glück kam meines Vaters Schwester, gedachte Anna Proschin, über einen Berg herunter, eben vom Ger-

stenschneiden dazu, und machte mich von meiner Mutter los, welche eine überaus große Freude hatte, einer solchen Bürde entledigt zu werden.
Anmerkung: Am 28. Juni 1744 wurde er als Sohn armer Bauersleute in Ried im Zillertal geboren.
Johann Christoph Sachse:
Nun kommt die Reihe an meine Wenigkeit. – Nach meinem Taufzeugnisse und der mehrmaligen Erzählung meiner Mutter war es der 13. August des Jahres 1761, als ich zu Cobstädt, einem thüringisch-sächsischen Dorfe bei Gotha, das Licht der Welt erblickte. Hätten die Gestirne und Zeichen, unter welchen man geboren wird, wirklich Einfluß auf die Fähigkeiten und künftigen Schicksale der Neugeborenen, so dächt ich, daß ich unterm Merkur und im Zeichen des Wassermanns geboren sein müßte, da der Frühling, Sommer und Herbst meines Lebens ein fast ununterbrochenes Umhertreiben gewesen ist, bei welchem mir das Weinen gar oft näher als das Lachen war.
Anmerkung: Nach dem Geburtsregister der Cobstädter Kirche wurde Sachse am 13. August 1762 geboren.
Friedrich Christian Laukhard:
Um meine Lebensgeschichte etwas methodisch einzuleiten, muß meine Erzählung doch wohl von der Zeit und dem Orte anfangen, wo ich geboren bin. Das ist geschehen im Jahre 1758 zu Wendelsheim, einem Orte in der Unterpfalz ... Mein Vater war Prediger dieses Orts und genoß einer ganz guten Besoldung bei einem sehr ruhigen Dienste.
Anmerkung: Nicht einmal sein Geburtsjahr hat er gekannt, er der ein Gelehrter und dazu der Sohn eines Pfarrers, also Hüter der damaligen Geburtsurkunden war! Denn er ist nicht ... 1758, sondern am 7. Juni 1757, zwischen sieben und acht Uhr des Abends, geboren.
Wilhelm Harnisch:
In dem Jahre 1847, in welchem ich das Stammbauergut meiner Familie und meinen Geburtsort (Wilsnack) nach langer Abwesenheit besuchte, wurde ich 60 Jahr und zwar am 28. August, wie ich es immer von meinen Eltern gehört, oder am 30. August, wie mein Geburtsschein sagt ... Ich bin also 1787 geboren und glaube, daß es am 28. August geschehen ist; denn mein seliger Vater war in solchen Dingen genau. In einem Gesangbuch standen die Geburtstage aller seiner Kinder und der Kalender war eins seiner wichtigsten Bücher. Er beschäftigte sich viel damit und kontrollierte sehr genau den Wetterpropheten darin, wobei er noch seine besonderen Auslegeregeln hatte. Ob die Hebamme meinen Geburtstag verwechselt hat, oder der Geistliche, das weiß ich nicht. Ein kleiner Irrtum schadet auch nicht immer; denn was liegt daran, ob ich zwei Tage älter oder jünger bin? Als ich freilich zuerst erfuhr, Goethe sei am 28. August geboren, so hätte ich ungern den 30. August für meinen Geburtstag anerkannt.

Friedrich Hebbel:
Gestern war der 18. März, mein Geburtstag. Früher war kein Tag gleichgültiger, als dieser, arme Leute feiern die Geburtstage ihrer Kinder nicht.
Anmerkung: Der Geburtsurkunde zufolge ist er am 25. März 1813 in Wesselburen geboren und am 2. Mai getauft worden.

26, 30; 165:12; 180:7, XVIII; 117:15; 79:15f.; 82:38

Bacharach, 1772 ff.
Fallhut, Fischbein und Bandagen gegen die gedankenlose Natur

In der Wohnung meines Vaters war ein abgelegnes Zimmer, welches das Schreibzimmer genannt wurde. Es wurde aber niemals dort eine Zeile geschrieben, denn mein Vater pflegte seine Schreiberei mitten in dem länglichen Wohnzimmer abzumachen, vor einem sehr elegant eingelegten und blankgebohnerten Schreibpult, bei einem oft genug entsetzlichen Kinderlärm. Das Schreibzimmer hatte meine Mutter vorzüglich zu ihrem Wochenzimmer erkoren und sie machte sorgfältig siebenmal Gebrauch davon. Als sie aber diesesmal sich mühselig die Treppen hinauf in das Schreibzimmer begab, war es das viertemal und sie litt ganz besonders, denn sie gebar Zwillinge. Mein Bruder kam ... vor mir auf die Welt und ich verspätete mich um eine viertel Stunde. Mein Lebensflämmchen flackerte zum Erlöschen und dabei sah ich rot aus wie ein gekochter Krebs. Aber mein Bruder war auch kein Heldenkind. Meine Mutter bekam einen heftigen Blutsturz und wollte den Geist aufgeben, tat es aber nicht, denn sie war eine starke Frau. Von den Kindern aber glaubte man, daß es eiligst zum Geistaufgeben kommen würde und es wurde schnell ein ehrwürdiger Kapuziner hinzugerufen, um uns die Nottaufe zu applizieren. Dieses geschah unter Assistenz des Doktoris loci, eines kleinen mageren, spitznasigen und griesgrämlichen Männleins, der dies Patengeschäft im Namen unserer beiden Oheime zur allgemeinen Zufriedenheit verrichtete. Der eine Oheim war ein Bruder vom Vater, der andere von der Mutter. Der Mutter Bruder hieß Gerhard, Karl des Vaters Bruder, und somit hatten die Zwillinge ihre Namen und heilige Taufe hinweg, wurden hingelegt und man erwartete, ergeben in den Willen Gottes, die baldige Himmelfahrt. Aber siehe da, diese erfolgte nicht – die Zwillinge ermunterten sich und sogen an der Mutter wie ein Paar Blutegel ... So stark die Mutter war, so fürchtete sie doch, für beide Kinder nicht hinreichend Nahrung zu haben und es wurde eine Amme angenommen. Allein die Mutter stillte wechselweise beide Kinder, damit, wenn sie nur eins gestillt habe, dieses nicht ihr Liebling werden möchte ...

Wir haben die armen Würmchen in ihren Wiegen gelassen, als sie eben eine Amme bekommen hatten, so stramm gewickelt wie Holzhalgen. Deswegen, pflegte uns die Mutter oft zu sagen, seid ihr auch so hübsch gerade geworden. Nicht nur, daß wir gewickelt wurden, sondern wir trugen auch bis zum 6. oder 7. Jahre mit Fischbein gesteifte Schnürleiber und sogenannte Fallhüte; das waren dick wattierte, mit Samt überzogene Wülste, die in Form eines Kranzes den Kopf umgeben, welcher bei den Kindern nie klein zu sein pflegt, und durch diese abenteuerlichen Wulste bei manchen Kindern so dick wurde, daß die armen Würmchen häufig aussahen wie die neugeborenen Frösche. Diese Wülste schützten die Kinderköpfe gegen jeden Fall und etwaiges Karambolieren gegen Ecken und Wände, und machte die Kinder so dreist, daß sie nicht im mindesten lernten, sich in Acht zu nehmen... Auch im Gehen oder Laufen... wurden die Kindlein förmlich unterrichtet, indem man der gedankenlosen Natur so wenig als möglich überlassen zu dürfen glaubte. Die Vorrichtung zu diesem Behuf bestand in breiten, die Brust umgebenden Bandagen, welche in langen Bändern endeten, an denen die jungen Herrschaften gewöhnlich schwebend gehalten wurden; man hätte diesen Apparat eher geeignet finden mögen, die kleinen Weltbürger im Fliegen oder Schwimmen zu unterrichten, denn sie fackelten mit Händen und Füßen in der freien Luft ganz gewaltig herum. Meine Mutter erlebte es noch, daß alle diese verrückten Moden abgeschafft wurden, was sie aber jederzeit als neumodischen Leichtsinn erklärte. Besonders viel hielt sie auf das Wickeln und die Schnürleiber!

110, 138f.; 145f.

WANDSBECK, 1778ff.
Einige Nachrichten aus dem Frauenleben

13. November 1778: Wir freuen uns sehr, daß Sie glücklich in Otterndorf angekommen und so vergnügt sind... Sie fehlen uns hier an allen Ecken, liebe Voß ... Hier ist seitdem allerhand vorgegangen, da Sie weg sind. Harmsen seine Frau ist im Wochenbett gestorben, sie hat schrecklich viel bei der Entbindung ausgehalten und den Tag darauf ist sie gestorben, sie zog aus Vorsicht nach Hamburg zu ihren Eltern und hat auch die beiden geschicksten Accuscheurs bei sich gehabt. Das Kind ist auch tot zur Welt gekommen, bei alledem soll sie außerordentlich geduldig gewesen sein. Meine Nachbarin Abrahams ist auch von einem Sohn entbunden, der aber die Beschneidung auch nicht erlebt hat. Madame Wilm ist ziemlich wieder hergestellt. Ich bin es itzt auch, habe doch noch viel Rückenschmerzen mit, es kränkt mir recht, daß es mir so gegangen ist. Ich

freute mich schon so sehr, daß ich meinem Claudius mit dem Frühling einen Jungen bringen sollte und nun ist die Freude auf einmal aus. Das Packen ist aber auf keine Weise Schuld daran; wenn's nur gut gepackt war gereut es mir noch nicht. Die Milow kränkelt auch noch immer, mir ist ihretwegen auch bange.
Vorige Woche waren wir in Altona und besuchten die Gr. Gustgen ... Sonnabend abend feierten wir Fritz Stolberg seinen Geburtstag bei Büsch ... wir waren recht lustig, da wurde geschmaust und gesungen bis um Mitternacht, die Mumsen glaubte, sie würde dieselbe Nacht noch ein Kind kriegen; sie kriegte da schon Schmerzen und konnte kaum zu Hause gehn, es ist aber wieder vorübergegangen ...
10. September 1779: Liebe Voß! Grade den Tag, als ich an Sie schreiben wollte, um Ihrer Schwiegermutter den Brief mitzugeben, kam mein kleines Mädgen an, flink und rasch. Gott gebe Ihnen eine solche Entbindung und Wochenbett, als ich bis itzo habe, das wünsche ich Ihnen von ganzer Seele. Die Nacht vom 1. auf'n 2. September hatte ich unbedeutende Schmerzen bis gegen Morgen, um 5 Uhr stand mein Mann auf, um mir Tee zu machen. Er glaubte es sei Erkältung. Ich stand auch auf, fing an zu kramen, gegen 10 zeigte es sich, daß es bald ernst werden würde, da wurde die alte Harten geholt und mit dem Schlag 12 wars Mädgen da. Eine gute halbe Stunde war ich nur auf dem Stuhl, die war freilich bitterlich sauer, aber Gott Lob daß sie so kurz war. Mein Mann mußte diesmal bei mir bleiben, weil noch niemand da war als meine Mutter ... Haben Sie nur guten Mut, es geht mit Ihnen, wills Gott, eben so gut diesmal. Madame Wilm geht auch in den letzten 3 Wochen. Die arme Mumsen, daß die wieder ein totes Mädgen hat, das ist doch recht traurig. Sie ist auch ganz mißvergnügt und melancholisch itzo ... Daß mein Brief so schlecht geschrieben ist, nehmen Sie nicht übel. Ich liege ins Bett und der Kopf ist mir noch so hohl und die Augen tun mir weh und die Hand zittert ... Gott stehe Ihnen bei, Liebe, und gebe Ihnen Mut und Kräfte. Wir grüßen alle herzlich.
30. Januar 1787: Ich habe Ihnen schon lange schreiben wollen, liebste Ernestine, daß ich den 6ten Dezember von einem Knaben entbunden bin; es ging wieder etwas schwer, aber doch glücklich. Ich war auch die ersten Tage sehr wohl, kriegte aber den 10. Tag auf einmal ein dickes Bein, woran ich 4 Wochen still zu Bette liegen mußte. Ich gehe zwar seit 8 Tagen wieder im Hause herum, aber der Geschwulst hat sich noch nicht ganz verloren. Indessen versichern die Ärzte, daß es keine Gefahr mehr hat; wir sind schon recht bange gewesen für Wassersucht ... Ich stille meinen Jungen wieder selbst und es geht mit mir bis itzo Gottlob recht gut ... Er ist so groß und stark und so fromm und ruhig, daß es eine rechte Freude ist so einen Jungen zu haben. Ich denke, es kommt mit daher, daß er Matthias Heinrich heißt. Matthias der Große und die 7 Kleinen sind so ziemlich gesund, bis auf etwas Schnupfen und Husten. Die Trapp erwartet diese

Woche ihr 11tes lebendiges Kind, ihre älteste Tochter ist diesen Herbst nach Hamburg an einen Gastwirt verheiratet, und sie wird beinahe Mutter und Großmutter zugleich ... Gott sei mit Ihnen. Reb. Claudius
Sie dürfen es auch wirklich nicht übelnehmen, denn der Brief hat alle Zeit her schon sollen geschrieben werden, aber 7 große und ein kleines Kind, ein dickes Bein und nur eine Magd dazu im Hause – Frau Nachbarin, da muß man's eigentlich gut nehmen, daß er nun doch geschrieben ist ... M. C.

29, 267 f.; 285 f.; 356 ff.

Hermsdorf bei Berlin, 1795 f.
Armut als Motiv einer Kindstötung

Aussage einer Inquisitin, die ihr 4½ Monate altes Kind ertränkt hatte ... Die Täterin, 20 Jahre alt, war als Dienstmagd bei einem Bauern tätig gewesen und hatte dort den Knecht Gerlach kennengelernt ...:
Den Tag nachher hätte sie mit ihrem Schwängerer Gerlach zum Prediger kommen müssen, in dessen Gegenwart der Gerlach zwar das Kind für das seinige anerkannt, aber sein Unvermögen, es zu ernähren, vorgestellt, jedoch versprochen habe, so viel zu geben, als er könnte. Sie hätte indessen von ihm nichts mehr als 1 Reichstaler, und von seiner Schwester ein kleines Zudeck und Kißchen erhalten. Am nächsten Sonntage wäre sie wieder von Hermsdorf nach ihrer Muhme zurückgegangen, mit derselben gegen Catharinen nach Passarge gezogen, daselbst bis kurz vor Ostern 1795 geblieben, und habe sich mit Spinnen zu ernähren gesucht. Dieser Erwerb sei aber bei der nachmaligen großen Teuerung zu ihrem Unterhalte nicht hinreichend gewesen, und sie daher genötiget worden, nicht nur ihr vorrätiges Geld, welches in einem paar Taler ersparten Lohns, und dem von dem Gerlach erhaltenen 1 Reichstaler bestanden habe, zu verzehren, sondern auch ihre Kleider und wenigen Betten zu verkaufen, so daß ihr nichts weiter, als was sie auf dem Leibe trug, übrig geblieben wäre.
Ihre Muhme würde sie wohl noch länger bei sich behalten haben, aber die Schwiegermutter derselben hätte die Inquisitin deshalb nicht länger dulden wollen, weil ihr Kind zu viel Unruhe mache. Hierüber sei zwischen ihrer Muhme und deren Schwiegermutter oft Streit entstanden, und erstere habe denn endlich zu ihr, der Inquisitin, gesagt, daß sie zusehen müsse, wo sie einen andern Aufenthalt finde. Sie wäre hierauf mit ihrem Kinde und ihren noch übrigen Kleidern und Bettstücken nach Braunsberg gegangen, habe sich dort bei Ankunft am Kitteltor unter das Schauer auf eine Bank gesetzt, und ihr Kind gesäuget. Daselbst sei sie von der Tochter des Riemers Neubauer, mit der sie in Heiligenbeil

bekannt geworden wäre, bemerkt, und sodann bei der Soldatenfrau Lewandowski untergebracht worden. Nunmehr habe sie sich mit Spinnen zu ernähren gesucht, aber doch aus Not noch einen Rock, ein Bettlaken und Kissen verkauft, und dessen ungeachtet sich keine anderen Nahrungsmittel, als ein bißchen Brot, Mus und Wassersuppe erwerben können, davon auch ihrem Kinde etwas gegeben und es dabei gesäugt. Sie wisse jedoch nicht, ob das Kind satt geworden sei. Es habe immer geschrien, ob es gleich gesund gewesen, und von ihr aus Liebe gut behandelt worden wäre. Als sie nun alles verzehrt gehabt und die Soldatenfrau Lewandowski ihr gesagt hätte, daß es mit ihr, der Inquisitin, nicht gehe, und sie nur ein anderes Unterkommen suchen möchte, weil sie doch die Miete nicht bezahlen werde können; so sei sie in die größte Verlegenheit geraten, und habe nicht gewußt, was sie tun solle. Endlich hatte sie sich entschlossen, das Kind zu seinem Vater ... zu bringen, damit er es ernähre ... Am Sonnabend vor Ostern gegen Mittag sei sie ausgegangen und habe den Weg nach Hermsdorf genommen, um über Grunau nach Hermsdorf zu gehen. Kaum wäre sie aber vor dem Tore gewesen, als ihr beigefallen sei, daß man ihr gesagt hätte, sie dürfe nicht dahin kommen ... Durch diese Betrachtung veranlaßt, sei sie umgekehrt, und habe nunmehr nach dem Dorfe Passarge zu ihrer dortigen Muhme ... gehen wollen, auch wirklich den Weg dahin genommen. Als sie aber eine Strecke, und zwar bis der Kreuzkirche gegenüber, gegangen sei, wäre der Gedanke bei ihr lebhaft geworden, daß sie auch von ihrer Muhme nichts erhalten werde, daß sie bei derselben nicht bleiben könne ... Teils dieser Gedanke, teils das Schreien ihres Kindes, dem sie die Brust habe geben wollen, hätten sie vermocht, sich an das Ufer des Passargestromes, der Kreuzkirche gegenüber, zu setzen. Hier habe sie sich der Betrachtung überlassen: gehst du nach Hermsdorf, so bekommst du nichts, und gehst du nach Passarge, so bekommst du auch nichts. Sie sei darüber voll Kummer gewesen, wie sie sich und ihr Kind beim Leben erhalten solle, und habe keinen Rat gewußt. Das Kind hätte an der Brust gelegen, keine Nahrung gefunden, und vor Hunger geschrien; sie habe nichts gehabt, ihm zu essen zu geben, ob es gleich schon gut hätte essen können. Aus Jammer über ihr Kind habe sie mit demselben geweint, und so auf dieser Stelle sitzend etwa drei Stunden zugebracht. Auf einmal sei ihr der Gedanke eingefallen, und es wäre gewesen, als wenn ihr jemand sage, sie solle das Kind, weil sie es doch nicht ernähren könne, in die Passarge legen, und dann weggehen, daß keiner sie mehr in dieser Gegend zu sehen bekomme; wohl eine Stunde wäre sie mit diesem Gedanken beschäftigt gewesen, dann sei sie aufgestanden, habe sich umgesehen, ob auch jemand sie bemerke, und da sie niemand wahrgenommen, hätte sie das heftig schreiende Kind, damit es sich nicht lange quäle, bis auf das Hemde, das Mützchen und ein schwarzes Tuch um den Kopf, ausgezogen, und darauf sachte vor ihren Füßen in den Strom gelegt, und dabei gedacht, du tust es aus Not, und der liebe Gott wird dir die Sünde nicht zurechnen. Es sei verseufzt, als es ins Wasser gekommen wäre. Sobald sie es losgelassen hätte, habe das Wasser es fortgekullert, und nun hätte sich auch die dem Kinde ausgezogenen Kleidungsstücke ... ins Wasser geworfen, weil ihr solches jetzt unnütz gewesen wäre. Das Kind sei bald aus ihren Augen verschwunden. Wie sie es nicht mehr gesehen habe, wäre sie auf das hohe Ufer gestiegen, hätte sich auf die Erde geworfen, und laut geweint ...

212, 178 f.

WILSNACK, UM 1795
Einziges Kind

Meine Mutter verheiratete sich sehr jung (15 oder 16 Jahr alt) an den Chirurgus Busse und muß ein zartes Gebilde mit ihrer Adlernase gewesen sein. Ob ihr erster Mann sie oder ihr Haus und Besitztum geheiratet hat, weiß ich nicht. Aber er war ihr 16 Jahr hindurch ein Kreuz. Während sie mit Schmerzen Kinder gebar und großzog, versäumte er seine Geschäfte, indem er sich dem Trunke ergeben hatte. Als er starb, war ihr Besitztum in traurigem Zustande und dazu hatte sie für zwei oder drei noch lebende Kinder zu sorgen.
Das Haus, worin mein Vater von einem Stiefvater und einer Stiefmutter erzogen war, lag dem Hause meiner Mutter gegenüber. Bei seinem Stiefvater hatte mein Vater ... das Schneiderhandwerk gelernt, war als Gesell zuerst nach Kyritz, dann nach Berlin gewandert und kehrte ... zurück, als meine Mutter ihren ersten Mann verloren hatte. Obgleich sie fast zehn Jahre älter, als mein Vater war, verheirateten sich beide ...
Ich bin das elfte Kind meiner Mutter und das fünfte meines Vaters. Zwölf Kinder gebar erstere, sechs von ... dem Chirurgus Busse und sechs von meinem Vater. Fast alle Kinder starben früh; nur mein ältester Halbbruder war verheiratet, starb aber im 31. Jahre an der Schwindsucht, als ich etwa 6 bis 8 Jahr alt sein mochte. Ein zweiter Halbbruder starb am Blutsturz, 17 Jahr alt; ein Vollbruder von mir, 12 Jahr alt, wahrscheinlich in Folge davon, daß eine schwere Tür auf ihn gefallen war. Etwa 8 Jahr alt war ich das einzige Kind meiner Eltern ...

79, 16 ff.

SCHESSLITZ, UM 1810
Beobachtungen eines Landarztes

Die Fälle von Abgehen der Leibesfrucht, von frühzeitigen, schweren, regellosen und toten Geburten, von Verwachsungen der Nachgeburt und heftigen Blutflüssen, von Vorfällen und Brüchen, von Krämpfen, Konvulsionen und hysterischen Anfällen sind auf dem Lande keine seltenen Erscheinungen ... Gewöhnlich steht man in dem Wahne, es liege in der Natur des Weibes, wenn sie nie ein Kind lebendig zur Welt bringt, wenn die Geburt sehr langsam und unter gefährlichen Zufällen erfolgt, und mannigfaltige krankhafte Beschwerden das Weib wochenlang an das Krankenlager fesseln. Das Schlimmste hierbei ist, daß man ihren Ursprung stets verkennt, und sie nie auf Rechnung des unzweckmäßigen Verhaltens, der vielen Vorurteile und Irrtümer ... bringen will. Man verfällt eher auf die Einwirkung böser Geister und der Gestirne ... als nur einen Augenblick an diese feindlichen Einflüsse zu denken ...
Ich nenne hierunter vor allem das oft gerügte, aber unter den Landleuten noch in vollem Ansehen stehende Aderlassen. Ehe noch die Bäuerin von ihrer Schwangerschaft vollkommen überzeugt ist, nimmt sie ihre Zuflucht zu dem Aderlaßschnepper, und läßt sich bei völliger Überzeugung während der Schwangerschaft oft in der Regel drei bis viermal den edlen Saft in bedeutender Portion abzapfen. Hierdurch glaubt sie am füglichsten der großen Anhäufung des Blutes durch das Zurückbleiben der monatlichen Reinigung zuvorzukommen ...
Zu diesem Mißbrauche gesellet sich eine unverzeihliche Sorgenlosigkeit in der Wahl ihrer Arbeiten, Kleidungstracht und Nahrungsmittel. Die Bäuerin verrichtet mit demselben Eifer und Leichtsinne ihre häuslichen Geschäfte im schwangeren Zustande wie außerdem ... Enge Mieder und harte Schnürbrüste erschweren ihren Atem und lassen sie um so früher zu dem Aderlaßschnepper ihre Zuflucht nehmen ... Statt sich durch Ablegung dieser Harnische zu erleichtern, preßt man noch überdies mit breiten Binden den Unterleib zusammen, in der festen Überzeugung, das Geburtsgeschäft zu erleichtern und zu beschleunigen. Zwar ist die Anlegung einer zweckmäßigen Leibbinde für jede Schwangere ratsam ... allein ein unvorsichtiges Zusammenpressen des Unterleibes kann der Entwicklung und völligen Ausbildung der Frucht leicht schaden, ihren unzeitigen Abgang befördern, und Ausdehnung und Zerreißung der Gefäße erzeugen ... Ebensowenig kommt es der Schwangeren auf dem Lande in den Sinn, etwas vorsichtiger in ihrer diätetischen Pflege zu sein ... bedenkt man ... daß oft rohe Hülsenfrüchte, kraftlose Mehlspeisen, und Wasser oder schlechtes Bier die einzigen Nahrungsmittel derselben sind, so verdient auch dieser Umstand mehr wie bisher beherziget zu werden. Kommen hierzu noch Leidenschaften und Gemütsaffekte, Sorgen und Kummer, Gleichgültigkeit und Rohheit des Man-

nes oder der Anverwandten, oder etwa gar grobe Mißhandlungen; so wäre es kein Wunder, wenn nach und nach auf dem Lande mehr Krüppel als kraftvolle Menschen geboren, wenn die Zahl der totgeborenen mit den lebendig geborenen gleichen Schritt hielte ...
Bietet das Verhalten der Bäuerinnen schon während der Schwangerschaft so viele trübe Seiten dar, so läßt uns auch dasselbe während der Geburtszeit kein freundlicheres Gemälde erwarten ... Von einem Zeitpunkt, wo das Streben der Natur durch die Tätigkeit des Weibes unterstützt werden muß, weiß man nichts; man glaubt vielmehr, daß jene erst durch diese erregt, daß von dem Fleiße und der Anstrengung des Weibes alles abhänge; spannt sie daher nicht alle Kräfte an, scheint das Geburtsgeschäft sich wider Erwarten zu verzögern, dann ist man leicht geneigt, es auf Rechnung der Ungeschicklichkeit, der Weichlichkeit und Faulheit der armen Kreißenden zu bringen, und sie durch harte Äußerungen und bittere Vorwürfe zur Beschleunigung der Arbeit anzuspornen ...
Selten entschließt man sich überdies das Geburtsgeschäft auf einem gehörig bereiteten Bette oder im Gebärstuhle zu vollenden; viel leichter glaubt man seinen Zweck zu erreichen, wenn man die Wehen stehend bloß auf ein paar Menschen gestützt, oder sitzend auf dem Schoße und in dem Arme eines Mannes verarbeitet ...
Ist die Geburt regelwidrig und von krankhaften Erscheinungen begleitet, so werden gewöhnlich die unzweckmäßigsten Versuche gemacht, um jene zu befördern, und diese zu heben. Im Durchschnitte läßt man es aufs Höchste kommen, und hat gewiß schon den Rat und die Meinung des ganzen Dorfes vernommen, ehe man nach ordentlicher Hilfe eilt ... Melissenkraut, Zimtmandeln, Goldschlagblättchen, und das Halten des Blutsteins in der hohlen Hand, sind übrigens die Hauptquellen, aus denen man in Blutflüssen, Krämpfen, Konvulsionen und Ohnmachten der Kreißenden, sichere Hilfe zu schöpfen hofft. Sind entweder die Wehen zu heftig, oder zu gering, scheint die Kreißende erschöpft und schwach zu werden, so greift man geschäftig nach der Essentia dulcis und dem Spiritus apoplecticus eines Königsseer, und überhäuft dieselbe bis zum Ekel mit diesen vermeintlichen Wundermitteln, um der geschwinderen Wirkung versichert zu sein. Bleibt ihre Anwendung fruchtlos, so grünet dem Zaghaften noch eine Hoffnung in der Anwendung sympathetischer Mittel und anderer Talismane, die jeder andern vernünftigen Behandlung gleichsam den Gnadenstoß versetzen ...

157, 44 ff.

Wien usw., 1830 ff.
Meine drei Mütter

1.

Meine Schwester Friederike war vierzehn Monate, ich war vierzehn Tage alt, als unsere Mutter starb. Dennoch hat eine deutliche Vorstellung von ihr uns durch das ganze Dasein begleitet. Ihr lebensgroßes Bild hing im Schlafzimmer der Stadtwohnung unserer Großmutter. Ein Kniestück, gemalt von Agricola ... Das liebliche Gesicht atmet tiefen Frieden; die braunen Augen blicken aufmerksam und klug, und aus ihnen leuchtet das milde Licht eines Geistes so klar wie tief. Zu diesem äußeren Ebenbilde stimmten die Schilderungen, die uns von dem Wesen, dem Sein und Tun unserer Mutter gemacht wurden ... Wenn die Rede auf sie kam, hatten die verschiedensten Leute nur eine Meinung ... Besonders hoch in Ehren stand ihr Gedächtnis auf ihrem väterlichen Gute Zdißlawitz, wo der größte Teil ihres Lebens verflossen war. Ich glaube, daß meine Liebe zu den Bewohnern meiner engsten Heimat ihren Ursprung hat in der Dankbarkeit für die Anhänglichkeit und Treue, die sie meiner Mutter über das Grab hinaus bewahrten. Die Diener sprachen von ihr, die Beamten, die Dorfleute, die Arbeiter im Garten. Ein alter Gehilfe nannte ihren Namen nie, ohne daß Mützlein zu ziehen: »Das war eine Frau, Ihre Mutter! ... Gott hab sie selig.« Da wurde mir immer unendlich stolz und sehnsüchtig zumute: »Ich seh ihr ähnlich, nicht wahr? geh, sag ja!« – Er zwinkerte mit den Augen und schob die Unterlippe vor: »Ähnlich? Ähnlich schon, aber ganz anders.« Es sollte sich niemand mit ihr vergleichen dürfen, nicht einmal ihre eigene Tochter ...
Man hatte uns die Überzeugung beigebracht, daß sie vom Himmel aus über uns wache und uns als ein zweiter Schutzengel umschwebte in Stunden der Krankheit oder der Gefahr. Ich vergesse nie, mit welcher Zuversicht und mit welcher geheimnisvollen Glückseligkeit das Bewußtsein ihrer Nähe mich oft erfüllte ...

2.

Ausgesprochen hat (meine Großmutter) es nicht, im Stillen soll sie aber sehr gelitten haben, als unser Vater sich wieder vermählte und an die Stelle unserer Mutter eine jüngere und schönere Frau trat, »Maman Eugénie«, eine geborene Freiin von Bartenstein. Das erste Kind, das sie zur Welt brachte, war ein Knabe und das zweite wieder ein Knabe, während die Verstorbene ihrem Gatten nur Töchter geboren hatte. Nun würden wir nichts mehr gelten, besorgte die Großmutter. Zurückgesetzt würden wir werden und zu fühlen bekommen, daß es eigentlich uns, den Älteren zugestanden hätte, männlichen Geschlechts zu sein. Die Besorgnisse der lieben alten Frau erwiesen sich als ganz ungerechtfertigt. Unsere junge Mama schloß uns ebenso innig ins Herz wie ihre eigenen Kinder,

die kleinen Brüder und das holde Schwesterlein, das ihnen nachfolgte. Wir ließen es uns sehr wohl sein unter der milden mütterlichen und großmütterlichen Herrschaft ... Als meine Schwester ihre Wanderung ins sechste und ich die meine ins fünfte Lebensjahr zurückgelegt hatte, sollten wir eine Gouvernante bekommen ... Sie kam, und als Mama uns zur Begrüßung zu ihr führen wollte, machte ich eine Szene, schrie und heulte ... Wie bald haben wir sie lieb gewonnen, diese Dritte im Bunde der Vortrefflichen, die unsere Kindheit schön und glücklich gemacht haben. Einige Jahre unserer Kindheit, sollte ich sagen, denn gar bald haben zwei von ihnen uns verlassen ...
Mademoiselle Héléne hatte kaum zwei Jahre bei uns zugebracht, als es von ihr scheiden hieß. Ihre Familie rief sie nach Frankreich zurück ... Was wir an ihr verloren hatten ... das ermaßen wir aber erst völlig, nachdem ihre Nachfolgerin eingetroffen war. Grausamer für uns hätte ein Tausch kaum ausfallen können ... Wir würden nicht lange unter den Launen der Tyrannin gelitten haben, wenn Mama sich damals um uns hätte kümmern können. Aber sie konnte nicht, sie war krank und unsere Trennung von ihr durch mehrere Wochen eine vollständige. Im Vorfrühling gab sie einem Kindlein das Leben, das sich sehr beeilte, auf alle Vorteile dieses Geschenks zu verzichten. Es brauchte keine Wiege, nur einen Sarg. Einige Wochen verflossen, und endlich durften wir zwei Großen zuerst, die drei Kleinen nach uns die arme, kranke Mama wieder besuchen ... Und einmal wurde mir eine große, unaussprechlich große Freude zuteil ... Doktor Wierer hatte der Mama erlaubt auszufahren, und sie ließ sagen, daß ich, die Marie, sie begleiten werde. Das war mir ein Glück, vom Himmel gefallen, das war mir die pure Seligkeit. Mich wollte sie mitnehmen bei ihrer ersten Ausfahrt, keines von meinen Geschwistern, nur mich, mich allein. So hat sie mich denn, machte ich sofort aus, am liebsten von uns allen ... Wir fuhren zum Belvedere ... Und nun war's, wie es schon wochenlang gewesen: Mama war wieder krank ... Wenn unser Drache am Morgen Billette schrieb auf rosenfarbigem Papier, mit einem Blümchen in der Ecke, schlichen wir, meine Schwester und ich, uns davon, leise und gebückt über den Gang an den Fenstern Mademoiselles vorbei und weiter ans Ziel unserer Wünsche, in die Nähe Mamas, ins Speisezimmer. Auf zweien der Stühle, die dort in langer Reihe an der Wand links vom Eingang standen, nahmen wir Platz und warteten. Worauf? Nun, daß Mama uns rufen lasse. Sie würde uns doch gewiß einmal rufen lassen, und da wollten wir gleich bei der Hand sein ...
Eines unvergeßlichen Tages kam (die Tante) aus dem Krankenzimmer sorgenvoller und bekümmerter denn je. Mama sandte meiner Schwester eine zärtliche Umarmung, und mich – es kam merkwürdig zögernd heraus –, mich ließ sie zu sich rufen ... Die Tante hielt mich an beiden Schultern fest. Merkwürdig ernst und fast feierlich sprach sie zu mir. Sie stellte mir vor, daß Mama Fieber habe und

sich infolgedessen manches einbilde, das gar nicht sei. So bilde zum Beispiel die arme Mama sich jetzt ein, daß ich ein großes Unrecht begangen habe. Dafür wolle sie mir einen Verweis erteilen, und was sie wolle, müsse geschehen, sie durfte um keinen Preis durch einen Widerspruch aufgeregt werden... Und so müsse ich, weil sie durchaus darauf bestand, zu ihr kommen, müsse die Vorwürfe, die sie mir machen würde, schweigend anhören, um Verzeihung bitten und dann sogleich fortgehen...
Ich bin damals im siebenten Jahre gewesen und bin heute im fünfundsiebzigsten. Wenn aber die Erinnerung an jene Stunde lebhaft vor mir aufsteigt, erwacht noch ein Reflex der Qual, die damals mein Kinderherz zerriß... Dieses Wiedersehen mit meiner viel-, vielgeliebten Mama blieb das letzte. Von Tag zu Tag stiegen die Besorgnisse um sie. Der furchtbare Ausspruch: »Keine Hoffnung mehr!« wurde getan, und eines Morgens kamen Großmama und Tante verweint und übernächtigt zu uns und brachten die Trauerbotschaft.

3.
Der Winter des Jahres 1841 war verflossen, ein stiller, fast trübseliger Winter. Wir hatten alle ein dumpfes Bewußtsein davon, daß sich im Hause ein außerordentliches Ereignis vorbereite... die Stimmungen unseres Vaters wechselten noch rascher als sonst... Wir fanden ihn oft, wenn wir zu Tante Helene kamen, in ein Gespräch mit ihr vertieft, das bei unserem Eintreten abgebrochen wurde ... An einem regnerischen Sonntagnachmittag dieses Frühjahrs waren wir alle fünf bei Tante Helene versammelt und spielten eifrigst »Schwarzer Peter«, als Papa eintrat. Er blieb eine Weile am Tische stehen, wechselte einige Worte mit der Tante, wandte sich dann an uns und fragte: »Kinder, was würdet ihr sagen, wenn ich euch eine neue Mama brächte?«... Ohne mich lang zu besinnen, rief ich aus: »Bring uns keine neue Mama; wir brauchen keine!«
Wenn ich mich recht erinnere, überhörte Papa diesen kühnen Protest; am nächsten Tag aber machte seine Verlobte ihren ersten Besuch in unserem Hause.

43, 755 ff.; 771 f.; 777 ff.; 819 f.

STAAT PREUSSEN, 1880–88
Soziale Lage und Kindersterblichkeit

Wir wollen unsere Betrachtung mit der sozial und ökonomisch am tiefsten stehenden Gruppe, der umfassenden Lohnarbeiterklasse beginnen. Die Kindersterblichkeit ist in ihr größer als in allen anderen Teilen der Bevölkerung; sie betrug im preußischen Staate 1880–88

beim Gesinde	33,19%
bei den Tagelöhnern	25,12%
bei den Gehilfen	22,84%
dem gegenüber:	
bei den Selbständigen	21,59%
bei den Privatbeamten	21,11%
bei den öffentl. Beamten	20,31%

Eine höhere Ziffer weist nur die unbedeutende Klasse der Almosenempfänger auf. Hier sinken ⅖ Kinder, 42,15%, vor Beendigung des ersten Jahres ins Grab. Der eminente Einfluß der Not und des Elends auf die Mortalität tritt hier erschreckend zu Tage. Jedoch fällt diese Sterblichkeit nicht so sehr ins Gewicht, da im Zeitraum 1880–88 im ganzen in Preußen nicht mehr als 1150 Geburten auf diese Gruppe kamen.

Um so größere Bedeutung beanspruchen die Zahlen der Lohnarbeiterklasse, da etwa die Hälfte aller Geburten hier zu verzeichnen ist. Die Kindersterblichkeitsziffer der ganzen Bevölkerung wird so sehr durch die Mortalität der Arbeiterkinder beeinflußt, daß sie innerhalb der Gehilfen- und Tagelöhnerklasse zu stehen kommt; sie lautet nämlich 23,95%.

Wenn wir die einzelnen Teile der Arbeiterklasse ins Auge fassen, so fällt vor allem die ungemein hohe Ziffer bei den Dienstboten auf. Während von den Tagelöhnerkindern etwas mehr als der vierte Teil noch nicht ein Jahr alt stirbt, sinken bei den Dienstbotenkindern sogar ein Drittel vor dem ersten Lebensjahre ins Grab... Da immerhin ¹⁄₁₅ aller Geborenen in die Gesindeklasse eingereiht ist, so verdient diese große Kindersterblichkeit unsere besondere Beachtung. Den Grund für dieselbe können wir vermuten: er liegt in einer großen Zahl unehelicher Kinder. Die besonderen Verhältnisse und die eigentümliche Zusammensetzung der Klasse legen diese Vermutung nahe. Vor allem kommt hier nämlich in Betracht, daß die Zahl der verheirateten Dienstboten männlichen Geschlechts sehr klein ist. Die Natur des dienstlichen Verhältnisses fordert es, daß der Dienstbote der Herrschaft jeder Zeit zur Verfügung steht; er erhält deshalb im allgemeinen Wohnung und Beköstigung im Hause. Eine Verabfolgung dieser Dinge an verheiratete Personen wäre ebenso schwierig als kostspielig...

Eine so starke Belastung der Klasse mit unehelichen Kindern wird ermöglicht durch den breiten Raum, den das weibliche Geschlecht hier unter den Erwerbstätigen einnimmt. Besonders werden die häuslichen Dienste ganz überwiegend von Personen weiblichen Geschlechtes übernommen: hier kamen 1882 in Preußen auf 30752 männliche 855425 weibliche Dienstboten... In der Landwirtschaft gibt es freilich auch sehr viel männliche Dienstboten; es standen dort 578424 männlichen 271088 weibliche Dienstleute gegenüber; aber auch so spielt das weibliche Element noch eine ganz bedeutende Rolle. Von dem weiblichen Gesinde ist nun aber ein noch viel geringerer Teil verheiratet als von dem männlichen; von den häuslichen Dienstboten im Deutschen Reich nur 3,2 %, von den ländlichen noch etwas weniger.

Für den großen unverehelichten Teil des weiblichen Gesindes ist natürlich die Gefahr eines außerehelichen Umgangs besonders groß, da sie völlig der elterlichen Obhut entzogen sind und infolge ihrer Obliegenheiten z. T. in häufige Berührung mit Bediensteten des anderen Geschlechts kommen. Die naivere Auffassung der ländlichen Bevölkerung von diesem Verkehr trägt das ihrige zur Beförderung desselben bei.

198, 69 ff.

I. 2. Der Speisezettel

Kommentar
Meissen, 1577   Speis und Trank in der Fürstenschule St. Afra
Coburg, 1702 und 1792   Zwei Verpflegungspläne des Waisenhauses
Pulsnitz, um 1815   Der Weihnachtsstollen
Wesselburen, um 1815   Ängstliche Szenen ums tägliche Brot
Welzheim, 1815   Branntwein, Brot und Zucker
Darmstadt, um 1830   Dem Wachstum unzuträgliche bürgerliche Lebensweise
Glatzer Bergland, um 1845   Bäuerliches Essen und Trinken
Rothenburg a. O., um 1847   Geregelter Hunger wie überall
Ludwigsburg, um 1860   Pädagogisch-rationelle Ernährung im Haus des Kriegsministers
Großkugel, um 1866   Ein Stück Italien oder Spanien
Halle, um 1870   Mahlzeiten und Extras der Kinder im Waisenhaus
Leipzig, 1887   Wovon Arbeiterkinder satt werden und wachsen sollen

J. A. Klein: Der Sohn des Christian Wurm, des damaligen Nürnberger Polizeidirektors, wird ans Euter einer Ziege angelegt. Da es sich bei dem Kind um keinen Säugling handelt, hält das Bild von 1815 vermutlich den Versuch fest, ein kränkliches Kind mit Ziegenmilch zu kurieren.
Aus: G. Scheffler/B. Hartwig, Von Dillis bis Piloty. München 1979

Kommentar

Auf ihm ist wenig zu finden, das Kindern gefällt. Viele Suppen und fade Breie, wenig Obst und kaum etwas Süßes. Überhaupt: zu wenig von allem. Wer je gehungert hat – und es gab in diesem Jahrhundert nach dem 1. und 2. Weltkrieg für viele Gelegenheit genug dazu, diese Erfahrung zu machen –, wird nicht verkennen, welche Bedeutung ausreichende oder fehlende Lebensmittel nicht allein für Wachstum, Gesundheit und Wohlbefinden, sondern auch für soziale und familiäre Beziehungen haben. Es scheint, als ob in dem hier behandelten Zeitraum die Chancen für die meisten, immer satt zu werden, kontinuierlich abnahmen. Erst seit der Mitte des 19. Jahrhunderts wird die Ernährungslage besser und sicherer, aber auch da noch unterbrochen von der Not 1847 und 1867 in Ostpreußen.
Die Berücksichtigung dieser allerkrudesten Tatbestände schützt vor allzu leicht moralisch gefärbten Spekulationen über die Ursachen für das Kinderelend der früheren Jahrhunderte. Es läßt sich zeigen, daß die hohe Kindersterblichkeit auch eine Folge des Nahrungsmangels, der einseitigen und mangelhaften Ernährung ist, die sich für Kinder im Falle epidemischer Krankheiten oder »normaler« Kinderkrankheiten besonders verhängnisvoll auswirkt. Die hohe Säuglingssterblichkeit ist zudem Ergebnis der Unkenntnis darüber, wie Muttermilch (auch im glücklichsten Fall ernährt sie ein Kind nur wenige Monate ausreichend – und der glückliche Fall beinhaltet zumindest, daß die Mutter selbst genug zu essen hat) durch andere Speisen zu ersetzen oder zu ergänzen ist. Erst durch Justus Liebigs Analysen der Säuglingsnahrung kommt man 1865 über Willkür, Vorurteil und eine bestenfalls rohe Empirie hinaus.
Und doch bekommen selbst bürgerliche Kinder im 19. Jahrhundert noch wenig oder gar kein Fleisch, kaum Obst und Gemüse. Dafür verantwortlich ist ein merkwürdiges Gemisch von althergebrachtem (»falschem«) pädiatrischen Wissen, ökonomischem Zwang und pädagogischer Privilegienwirtschaft. Der »Prozeß der Zivilisation« (Norbert Elias) läßt sich auch an den Tischsitten ablesen: Sie verfeinern sich so, daß kleinere Kinder bei Tisch nicht mehr zusammen mit den Erwachsenen essen können; größere dürfen es nicht, weil die Teilnahme an der Mahlzeit Privileg der Erwachsenen ist. Auf den Bildern des 16. und 17. Jahrhunderts, die den Tischzuchten beigefügt sind, stehen die Kinder hinter den Erwachsenen, bereit, ihnen vorzulegen, abzuräumen, nachzuschenken. Kinder essen nebenbei das, was ihnen zugesteckt wird, was sie stehlen können oder was übrigbleibt. Gewiß zeigen solche Bilder das »Ideal«, nicht die Wirklichkeit. Eine Benachteiligung der Kinder ist aber im Prozeß der Zivilisation trotz dieser

Einschränkung vorgegeben, und diese Benachteiligung wird nachträglich medizinisch oder pädagogisch rationalisiert. Die Rationalisierung erlaubt, auch am Familientisch, zu dem die Kinder wieder zugelassen werden, die tägliche Demonstration erwachsener Überlegenheit und Macht. Wer allerdings die Verfallsgeschichten vieler bürgerlicher Familien nach dem Tod des Vaters und Ernährers kennt, wird gewisse Verteilungsstrategien, die ihn begünstigen, milder beurteilen, so widersinnig sie heute erscheinen mögen. Ananas oder Apfelsine galten als Leckerbissen, nicht als Vitaminträger, als Luxus, der Kinder gefährlich verwöhnen und ihre Charakterentwicklung gefährden konnte ...
Von solchen wunderlichen Bedenklichkeiten hebt sich die Unbefangenheit ab, mit der man Kindern alkoholische Getränke zugänglich machte. Die Speisepläne öffentlich kontrollierter Waisenhäuser nennen für den Alltag Bier, für Festtage Wein als Getränk ganz regelmäßig. Zur Rechtfertigung dieser Sitte und zur Begründung der noch befremdlicheren, Säuglingen einen aus Brot, Zucker und Schnaps gefertigten »Zulp« zu geben, sei einiges angeführt. Man beurteilt den Alkohol in seiner objektiven Wirkung als Lebensmittel weniger streng, wenn man bedenkt, daß weder sauberes Wasser noch gute Milch ohne weiteres zu bekommen waren. Im 18. und 19. Jahrhundert konnten einige Ärzte auf die Idee kommen, Tiermilch überhaupt für Kinder zu verbieten und statt dessen Bouillon zu empfehlen. Außerdem wußten die Erwachsenen oft aus Erfahrung, daß nichts Hunger- und Kältegefühl so schnell verschwinden macht wie Branntwein.
Wer sich moralisierend in die Geschichte der Kindheit einmischt, sei auf den Anfang der Humanität verwiesen, der auch heute noch in weiter Ferne liegt: »Zart wäre einzig das Gröbste: daß keiner mehr hungern soll.« (Adorno)

LITERATUR
D. Klebe/H. Schadewaldt, Gefäße zur Kinderernährung im Wandel der Zeit, Frankfurt 1955
W. Abel, Massenarmut und Hungerkrisen im vorindustriellen Europa, Hamburg und Berlin 1974
H. J. Teuteberg/A. Bernhard, Wandel der Kindernahrung in der Zeit der Industrialisierung. In: J. Reulecke/W. Weber, Fabrik, Familie, Feierabend, Wuppertal 1978

Meissen, 1577
Speis und Trank in der Fürstenschule St. Afra

Erstlich wird täglich für die kleinen Knaben des Morgens um 7 Uhr auf vier Tische Suppen gegeben.
Ein Quartal nach neun Uhr wird den Knaben durchaus das Mittagsmahl gereicht, des morgens allzeit vier und des abends drei Essen und Bier soviel sie zur Notdurft trinken mögen.
Am Sonntag, Dienstag und Donnerstag zu Mittage wird ihnen erstlich gegeben: Eine Suppe mit einem Stück Rindfleisch von 2 oder 2½ Pfund. Ziemlich Gebratenes auf alle Tische. Zugemüs. Stücken Rindfleisch von 2 oder 2½ Pfund. Zu Abends: Ein Essen Fleisch. Zugemüs. Stücken Rindfleisch von 2 oder 2½ Pfund. Auch auf jede Mahlzeit zu Mittage auf jeden Tisch drei Kännlein Wein und ungefähr acht meißnische Maß oder Viertel Kannen Bier.
Montags und Mittwochs: des morgens vier und des abends drei Essen, nämlich eine Suppe mit 1 Stück Rindfleisch von 2 oder 2½ Pfund. Ein Essen Fleisch. Zugemüs. Stücken Rindfleisch. Zu Abends: Ein Essen Fleisch nach Gelegenheit. Zugemüs; Rindfleisch.
Freitags und Sonnabends: Wiederum des Morgens vier und des Abends drei Essen, als eine schlichte Suppe von Bier, Milch oder Erbsen, Fleisch oder Fische nach Gelegenheit. Zugemüs. Ein Essen Fleisch oder Fische. Zu Abends: Eine Bier- oder Wassersuppe mit Semmel. Ein gut Zugemüs. Ein Essen Fleisch. Zwei Käse auf jeden Tisch.
Um 2 Uhr wird für die Knaben auf jeden Tisch eine halbe Stübchen Kanne Bier, zwei Käse und Brot zur Notdurft gegeben. Des Abends um sieben Uhr wiederum auf jeden Tisch eine halbe Stübchen Kanne Bier zum Schlaftrunk. Zwischen der Mahlzeit aber ist allzeit im Sommer eine Kanne mit Trinken an einer gewissen Stelle geordnet, damit sich unter dem Mahl niemand Durstes zu beklagen.

54, 480f.

Coburg, 1702 und 1792
Zwei Verpflegungspläne des Waisenhauses

	Mittags	Abends
1702:		
Sonntag:	Rind- oder Hammelfleisch, gekocht Kraut, Kohl oder Rüben	Mehlbrei
Montag:	Erbsen	Biersuppe, im Sommer Salat
Dienstag:	Klöße	Wassersuppe
Mittwoch:	Linsen	wie Montag
Donnerstag:	Fleisch an Graupen	wie Dienstag
Freitag:	Dörrobst	wie Montag und Mittwoch
Samstag:	Seydelbrei (?)	Dinkel (?)
1792:		
Sonntag:	1 grünes Gemüs mit Fleisch, jedes Kind ¼ Pfund	die Fleischsuppe
Montag:	Erbsen, oder was sonst an dürrem Gemüs zu haben, ohne Fleisch	Wassersuppe
Dienstag:	Klöße mit Meerrettich ohne Fleisch	Klößsuppe
Mittwoch:	Rüben oder anderes Gemüse ohne Fleisch	Wassersuppe
Donnerstag:	Grünes Gemüse mit Fleisch, jedes Kind ¼ Pfund	die Fleischsuppe
Freitag:	1 grünes Gemüs ohne Fleisch	Wassersuppe
Samstag:	Linsen	Wassersuppe

Zum Frühstück erhielten die Kinder ein Stückchen trockenes Brot. Gewöhnliches Getränk war (vermutlich hier wie) überall Bier, an besonderen Tagen Wein.

177, 135 f.

Pulsnitz, um 1815
Der Weihnachtsstollen

Wie man in kleinen Städten bestrebt ist, alle inneren häuslichen Verhältnisse zu erspähen, um sie unter der Bitte der Verschwiegenheit zum Gemeingut zu machen ... so wurde einerseits alles vermieden oder heimlich getan, was der Ehre des Hauses zu nahe treten und die Voraussetzung erzeugen konnte, daß der so anspruchslose arme Hausstand nur mit Entbehrungen ... durchgeführt werden könne; wie andererseits auch jede kleine Ausgabe verheimlicht wurde, die nicht unbedingt notwendig war, sei es die eines Groschen zu Obst oder zu Brezeln oder früh zu einer Semmel zum Kaffee, was alles äußerst selten vorkam und nur als ein Festvergnügen galt und, wenn man jemand kommten hörte, schnell weggeräumt wurde, daß niemand etwa meinen Eltern nachsagen könne, sie verständen nicht, sparsam zu wirtschaften ...
Diese Rücksicht fand nun besonders am Weihnachtsfeste statt. Jede Familie, die einen Hausstand hatte, der noch so arm, doch der Art war, daß er durch geregelte Berufstätigkeit, wenn auch dürftig, erhalten werden konnte, suchte zum Weihnachtsfeste einige Stollen und Kuchen zu backen. Es war dies das eine Mal im Jahre, wo jeder glaubte, ein Recht zu haben, sich einen Genuß verschaffen zu dürfen gleich anderen Menschen ... Jeder hatte durch den lebhaften Verkehr mehr Arbeit und Verdienst, und so fehlte es auch bei meinen Eltern nicht, daß die Mutter einige Stollen und Kuchen backen, daß ein Braten gekauft, und daß sogar einigemal für die Mutter vom Vater ein Tuch oder ein kleiner Vorrat von Kaffee, Zucker, Reis und dergleichen als Christgeschenk angeschafft werden konnte. Wir Kinder hatten nur in den frühesten Jahren ein kleines Christbäumchen angeputzt erhalten mit einigem billigen Spielzeug. Ich erinnere mich eines kleinen Schattenspiels, das mein Vater gemacht hatte. Vom achten Jahre an kam es nicht mehr zu einer Christbescherung. Die ahnungsvolle glückliche Stimmung für das Fest hatte in der frühesten Jugend, wo ich noch durch die billigsten Kleinigkeiten befriedigt werden konnte, Platz in mir gewonnen. Daß Geschenke und Christbäume später fehlten, vermißte ich nicht. Meine ganze Glückseligkeit konzentrierte sich in die Stollen, die erst am heiligen Abend gebacken wurden, wo ich die im Jahre gesammelten Pflaumenkerne auszuklopfen hatte, die statt bitterer Mandeln benutzt wurden. Über das Glück dieser Arbeit ging nichts; ebenso zuzusehen, wie die Mutter den Teig bearbeitete und mischte, ihn dann zum Bäcker trug, von wo sie erst spät in der Nacht nach Hause zurückkehrte und die Wohnung mit dem süßen Dufte des Gebäckes füllte. Ich hatte keinen Schlaf empfunden und wachte mit dem Vater, der das Spätaufbleiben erlaubt hatte. Als die Stollen glücklich in die Wohnung gebracht waren, ging ich ruhig zu Bett und erwachte um 6 Uhr früh, wo das Fest mit den

Glocken eingeweiht wurde, in gehobener Stimmung, die der Geburt des Christkindes galt und im Hintergrunde die Aussicht auf köstlichen Stollen zum Kaffee und schulfreie Festtage.

175, 22 f.

WESSELBUREN, UM 1815
Ängstliche Szenen ums tägliche Brot

Meine Eltern lebten im besten Frieden miteinander, so lange sich Brot im Hause befand; wenn es mangelte, was im Sommer selten, im Winter, wo es an Arbeit fehlte, öfter vorkam, ergaben sich zuweilen ängstliche Szenen. Ich kann mich der Zeit nicht erinnern, wo mir diese, obgleich sie nie ausarteten, nicht fürchterlicher, als alles, gewesen wären, und eben darum darf ich sie nicht mit Stillschweigen übergehen. Eines Auftritts erinnere ich mich aus meiner frühesten Kindheit; es ist der erste, dessen ich gedenke, er mag in mein drittes Jahr fallen, wenn nicht noch in's zweite. Ich darf ihn erzählen, ohne mich an dem mir heiligen Andenken meiner Eltern zu versündigen, denn wer in ihm etwas Besonderes sieht, der kennt die unteren Stände nicht. Mein Vater wurde, wenn er seinem Handwerk nachging, meistens bei den Leuten, bei denen er arbeitete, beköstigt. Dann aßen wir zu Hause, wie alle Familien, um die gewöhnliche Zeit zu Mittag. Mitunter mußte er sich aber gegen eine Entschädigung im Tageslohn selbst die Kost halten. Dann wurde das Mittagessen verschoben und zur Abwehr des Hungers um zwölf Uhr nur ein einfaches Butterbrot genossen. Es war in dem kleinen Haushalt, der keine doppelte Hauptmahlzeit vertrug, eine billige Einrichtung. An einem solchen Tage buk meine Mutter Pfannkuchen, sicher mehr, um uns Kinder zu erfreuen, als um ein eigenes Gelüst zu stillen. Wir verzehrten sie mit dem größten Appetit und versprachen, dem Vater am Abend nichts davon zu sagen. Als er kam, waren wir bereits zu Bett gebracht und lagen im tiefen Schlaf. Ob er gewohnt sein mochte, uns noch auf den Beinen zu finden, und aus dem Gegenteil den Verdacht schöpfte, daß gegen die Hausordnung gefehlt worden sei, weiß ich nicht; genug, er weckte mich auf, liebkoste mich, nahm mich auf den Arm und fragte mich, was ich gegessen habe. Pfannkuchen! erwiderte ich schlaftrunken. Hierauf hielt er es meiner Mutter vor, die nichts zu entgegnen hatte und ihm sein Essen auftrug, mir aber einen Unheil verkündenden Blick zuwarf. Als wir am nächsten Tag wieder allein waren, gab sie mir nach ihrem Ausdruck mit der Rute eine eindringliche Lektion im Stillschweigen.

83, 143 f.

WELZHEIM, 1815
Branntwein, Brot und Zucker

Einmal gab mich die Mutter dem Rosele mit, um Aufträge zu besorgen. Diese brachte mich mit sehr erhitzten Wangen und besonders glänzenden Augen nach Haus. Als die Mutter mich auf den Boden stellte, fing ich an zu wanken und konnte nicht allein gehen, zudem roch ich auch stark nach Branntwein. Das Rosele gestand, daß man mir, wie man es dort oft den Kindern als Schleckerei gibt, Brot in Branntwein getaucht und mit Zucker bestreut gegeben habe, was ich mit großem Appetit verzehrt hätte. Zum Glück brachte es mir keinen Schaden. Später aber, als ich so lange klein blieb und die Altersgenossinnen mich im Wachstum weit überholten, machte es mir doch oft Bedenken, daß ich als Kind Branntwein bekommen hatte, denn man sagt bei uns, Kinder, denen man Schnaps zu trinken gebe, wachsen nicht mehr. – In Welzheim aber war es allgemeine Sitte, den kleinen Kindern den Schlotzer (Schnuller) in Branntwein und Zucker zu tauchen; dieselben bekamen dadurch mehr Schlaf. Schaden hatten die, welche davonkamen, später keinen dadurch; wenn sie das Leben über die ersten Jahre brachten, wurden sie kräftige Menschen.

100, 292 f.

DARMSTADT, UM 1830
Dem Wachstum unzuträgliche bürgerliche Lebensweise

Der Großvater besaß einen geräumigen Obst- und Gemüsegarten ... Dieser Garten bot unerschöpflichen Anreiz zu Razzien auf unreifes und reifes Obst, streng verpönt, aber trotzdem unternommen, oft mit dem Erfolge exemplarischer Bestrafung ... Das Obst, vornehmlich aber die Weintrauben, war ein Reiz, dem ein nimmersatter Bubenmagen unmöglich widerstehen konnte; es half nicht, daß zur Reifezeit der Garten hermetisch verschlossen wurde, um das wenige, was noch nicht unreif geraubt und verschlungen worden war, zu retten; die hohen Mauern und Staketentore waren kein Hindernis für die immer hungerige Raubsucht; an Genossen bei solchen Freveltaten fehlte es niemals ...
Die unbesiegbare Begierde nach verbotenen Eßwaren hatte nicht bloß ihren Grund in der Naschhaftigkeit der Jugend, sondern auch einen tieferen, der mir freilich erst später klar geworden ist. Die Lebensweise bürgerlicher Familien zu damaliger Zeit war eine solche, daß sie den Erfordernissen der Ernährung und des Wachstums einer kräftig heranwachsenden Jugend unmöglich genügen konnte. Daran waren nicht bloß ärmliche Verhältnisse schuld ... Aber einmal

ward »Sparen, Zusammenhalten, Auskommen« als das Hauptlebensprinzip angesehen und sodann hatte man gar keine Ahnung von den Gesetzen naturgemäßer Ernährung. An Fleisch ward so viel als möglich gespart; meist wurde es nur gekocht verzehrt, um aber die »Fleischbrühsuppe« zu gewinnen, wurde auch der Braten vorher gekocht. Die Suppe wurde als das Hauptgericht, besonders den Kindern dienlich, betrachtet; sehr häufig gab es Wassersuppen, deren Gehalt mit Brot und ein paar Eiern hergestellt wurde. Einmal in der Woche speiste man Fastengerichte oder Mehlspeise, z. B. Kartoffelklöße oder Mehlnudeln; vorher wurde das Wasser, darin sie gekocht, notdürftig abgeschmälzt und, mit einigen Weckschnitten verdichtet, als Suppe serviert. Darin bestand das ganze Mittagsmahl.
Es ist ganz unmöglich, daß dabei Kinder ordentlich gedeihen und emporwachsen können. Ich schreibe es der ungenügenden Ernährung in der Jugend allein zu, daß meine drei jüngeren Brüder ... denen aber auch zugleich im ersten Kindesalter die Muttermilch gemangelt hatte – man gab Kuhmilch mit Wasser ohne Milchzuckerzusatz – sämtlich als junge Männer an der Tuberkulose gestorben sind, während meine Schwester und ich, die beiden ältesten, folglich reichlicher genährten, niemals die geringsten Anlagen dazu gezeigt haben...
Um sechs Uhr im Sommer, um sieben Uhr im Winter ward aufgestanden, ein dünner Milchkaffee mit je einem Kreuzerweck verzehrt und nebenbei Toilette gemacht ... Dann ging es in die Schule, zum Imbiß während ihrer ward ein zweiter Weck oder statt dessen ein Kreuzer verabreicht, dieses Geldstück jedoch nur in seltenen Fällen seinem eigentlichen Zweck zugeführt ...
Das Mittagsmahl fand kurz nach zwölf Uhr statt. Danach gab es für die Eltern Kaffee, von dem die Kinder aber nur selten etwas bekamen ... Um vier Uhr, nach der Schule, gab es ein derbes Stück Butterbrot mit möglichst sparsam aufgekratzter Butter oder Brot und Obst. Das Nachtessen ward um sieben Uhr aufgetragen und bestand aus Kartoffeln in der Schale mit Butter, aus Salat mit Eiern – jedermann ein Ei, dem Hausvater aber zwei – oder Pfannkuchen, im Winter manchmal aus gedämpften Äpfeln mit frischer Wurst, unserm Leibgericht, aus Kartoffelsalat und dergleichen. Zur Abwechslung gab es auch Tee mit Zimt als Hauptzutat, das am meisten verhaßte Menu; lieber war uns der sogenannte reformierte Tee, aus Milch mit Eiern und Vanille dargestellt ... Bier wurde im Hause nicht getrunken, zuweilen wurde es geholt, um eine Biersuppe daraus zu bereiten. Dagegen bekamen wir von früher Jugend auf häufig genug Wein zu trinken, da mein Großvater damit nicht kargte, mein Vater aber täglich abends eine Stunde vor dem Nachtmahl eine kleine Flasche leichten Rheinwein ... trank, von dem wir nicht selten unseren Teil erhielten.

76, 111 ff.; 118 f.

Glatzer Bergland, um 1845
Bäuerliches Essen und Trinken

Eine Milch-, Mehl-, Gries- oder Wassersuppe und einige Kartoffeln mit Obsttunke, selten mit Fett oder Butter, bildeten das Frühstück. Kaffee oder Biersuppe kamen nur an hohen Festtagen, jährlich etwa viermal, auf den Tisch. Tee habe ich in meiner Kindheit nur als Arzneimittel kennengelernt, Schokolade existierte für uns nicht. Das Mittagessen bestand gewöhnlich aus einer Suppe, einem Mehl- oder Kartoffelbrei, gebackenem Gries, aus Gerste, aus Knödeln, Graupen mit Erbsen vermischt, kalter Milch und wurde mit Käse und Brot geschlossen. Butter und Käse durften nie zugleich auf das Brot kommen; ein solcher Genuß galt als Verschwendung und wurde uns Kindern streng verboten. Nur an Sonn- und Festtagen wurde geräuchertes Schweinefleisch aufgetischt, notabene wenn ein Schwein gemästet und geschlachtet worden war, was nicht alle Jahre vorkam. Frisches Fleisch von Rindern wurde jährlich nur zweimal gekauft, und zwar am Kirchenfeste (Patrozinium) und am Kirchweihfeste. Dagegen schmausten wir im Spätherbst zuweilen eine gebratene Gans und am Kirchweihfeste regelmäßig ein Ziegenböcklein, worauf wir uns schon den ganzen Sommer vorher freuten. Als Abendbrot gab es regelmäßig Kartoffeln mit Butter oder Tunke und eine Milchsuppe. Das Brotgetreide bestand aus Hafer, dem etwas Gerste oder Roggen beigemischt war. Jede Woche wurde nahezu ein Hektoliter verbraucht. Das selbstgebackene Brot war schwarz und mußte, da es nicht selten von erwachsenem Getreide herstammte, in Strohschüsseln auf den Tisch gebracht werden. Es besaß so wenig Klebestoff, daß es zerfiel, wenn man es in die Hand nahm, um eine Schnitte abzuschneiden. Ein Stückchen Roggenbrot, das ich zuweilen von einem Schulkameraden erhielt, galt mir als Leckerbissen. Zu Klößen oder Knödeln wurde Gerstenmehl verwendet. Kuchen aus Weizenmehl wurde nur an den höchsten Kirchenfesten gebacken, etwa fünfmal im Jahre. Für Zucker wurden im ganzen Jahre nicht drei Mark ausgegeben.
Recht einfach wurden auch die Feste im Familienleben gefeiert; ich will hier nur die Feier des heiligen Weihnachtsabend erwähnen. An diesem Tage, als der Vigilie vor dem hohen Feste, gab es früh nur eine Wassersuppe, zu Mittag einige Kartoffeln mit Salz oder einem Stückchen Butter; erst abends, nachdem das Vieh im Stalle reichlich mit Futter versorgt worden war, wurde das Festmahl gehalten. Es bestand aus einer warmen Biersuppe, aus Kuchen und Semmelmilch. Bei dem Mahle ging es ganz feierlich zu. Der Tisch wurde mit einem weißen Tuche gedeckt; statt des gewöhnlichen Schleißenlichtes brannte ein Öllämpchen auf dem Tische, und vor dem Essen wurde ein längeres Gebet verrichtet. Während des Essens ließ sich zuweilen der Klang eines Glöckchens vernehmen. Das war das Christkind, das in der Kammer einbescherte. Nach dem Es-

sen führten uns die Eltern in die Kammer. Da fanden wir freilich keinen Christbaum im strahlenden Lichtglanze, sondern nur ein Tischchen, auf das das liebe Christkind für jedes von uns ein Wachsstöckchen, ein paar welsche Nüsse, einige Bauerbissen, eine Schüssel voll Äpfel, einen kleinen Kuchen und ein buntes irdenes Schüsselchen als Weihnachtsgabe gelegt hatte. Den größten Wert von diesen Gaben hatte für uns das Wachsstöckchen, das gar schön bemalt war. Wir zündeten es an, stellten es auf den kleinen Hausaltar und beteten ... Dann schliefen wir einige Stunden. Um elf Uhr aber weckte uns die Mutter, und wir eilten in die Kirche zur Feier der Christnacht, die um zwölf Uhr begann.

116, 17 ff.

ROTHENBURG A. O., UM 1847
Geregelter Hunger wie überall

Und viele machten das so, wie wir auch, die tranken gar keinen Kaffee. Denn als meine Mutter einmal keine Kaffeebohnen mehr hatte, und mein Vater sollte mir Geld geben, damit ich welche holen sollte, da sagte er zu meiner Mutter: Von morgen ab wird kein Kaffee mehr gekocht, da kochst du jeden Morgen Mehlsuppe. Brot konnten die armen Leute da auch nicht viel essen, da ging's akkurat wie bei uns auch: Mittags Kartoffeln, und abends Kartoffeln, denn das Getreide war dazumal gar teuer, und zu den Kartoffeln gab's auch nicht viel dazu. Meistens mußte ich dazumal einen Hering holen, da nahm mein Vater die Hälfte davon, und die andere Hälfte gab er meiner Mutter, die mußte sie aber mit uns (fünf) Kinder teilen, und wer damit nicht auskam, dafür stand das Salzfäßchen auf dem Tische; sonst gab's da entweder Butter oder Fett dazu, aber das Salzfäßchen war immer die Hauptsache. Und Leute, die womöglich noch ärmer waren wie wir, die holten sich beim Kaufmann für einen oder zwei Pfennige Heringslake zu ihren Kartoffeln.
Unser Sonntagsessen, das kann ich auswendig; das war ein Mal wie alle Mal; da mußte ich ¾ Pfund Reis holen, und meine Mutter holte ¼ Pfund Rindfleisch, das war die Regel. Das war ein Vergnügen für uns Kinder, wenn es soweit war, daß meine Mutter den Tisch deckte. Ehe wir aber uns niedersetzten zum Essen, da mußte ich das Tischgebet sprechen, jeden Tag, und nach dem Essen wieder, und wenn man seinen Teller abgegessen hatte, da durfte man nicht sich selber was aufschöpfen, sondern dann mußte man allemal »bitte schön« sagen, dann schöpfte uns der Vater oder die Mutter wieder was auf. So war's auch zum Frühstück, wenn man eine Schnitte Brot haben wollte, da legte uns mein Vater nicht etwa vorher von selber hin, sondern da mußte man sich melden, und dabei

bitte schön sagen, denn ohnedem gab's nichts, und das ist alles so geblieben, bis ich bin aus dem Hause gekommen.

53, 22 f.

Ludwigsburg, um 1860
Pädagogisch-rationelle Ernährung im Haus des Kriegsministers

Beim Frühstück, das wir Kinder unter der Obhut der Jungfer ziemlich unzeremoniell zu uns nahmen, gab es für alle, auch die größeren, nur Milch und einen Wasserwecken, der nur des Sonntags in eine Brezel umgewandelt wurde. Kam uns je einmal das Gelüste nach ein paar Tropfen Kaffee an, so wurde sofort von Mutter mit aufgehobenem Finger das Versehen von Christoph Schmid zitiert:
>»Ach, Kaffee verderbet
>Unser junges Blut,
>Bleichet und entfärbet
>Unsrer Wangen Glut!«

worauf wir erschüttert von unserem frevelhaften Begehren abstanden. Abgesehen hiervon, kann ich nicht sagen, daß wir, nach jetzigen Begriffen, »rationell« genährt wurden!... Ich bin tatsächlich jahrelang, ohne etwas Warmes im Magen zu haben, in die Schule gewandert. Geschadet hat es mir, soviel ich weiß, nichts, gehungert habe ich auch nie, denn ich hatte ja Brot... Bei den Mahlzeiten erhielten wir bis zum zehnten Jahre kein Fleisch, hingegen Suppe, Gemüse und süße Speise, so viel wir wollten.

»Solange ihr noch Milchzähne habt, ist euch Fleisch nicht gesund«, war die Ansicht, und wir mußten sehr anständig dabeisitzen, wenn Braten und dergleichen gegessen wurde. Auch bei gewissen feineren Speisen, die Vater manchmal allein serviert wurden, hätten wir nie gewagt, um etwas zu bitten...

Daß die Mahlzeiten im großen ganzen sehr behaglich gewesen wären, kann ich nicht sagen. Schon die Anwesenheit der »Jungfer«, welche, unten am Tische sitzend, uns Kinder bediente, war etwas störend, und Vater, dessen Amt ihn so viel vom Hause fern hielt, benutzte oft diese Stunde zu unserer Erziehung. Von selber sollten wir nicht sprechen; wir wurden aber oft examiniert über Gelerntes und nicht Gelerntes, und manche gänzlich verblüffende Ohrfeige gab es auch, wenn nicht aufrecht dagesessen oder nicht regelrecht gegessen wurde. Zu letzterem rechnete man auch das Nichtessenwollen irgend eines Gemüses, und manchmal kam es vor, daß das mit Tränen Verschmähte zum »Gouter« wieder gewärmt aufmarschierte...

Punkt acht Uhr wurde zu Nacht gegessen, aber nur die Konfirmierten durften dazu aufbleiben – wir Kleinen mußten vorher schon zu Bette gehen –, wieder mit einer Milch, diesmal mit einer gewärmten, was mir wo möglich noch gräßlicher war, oder mit einer Suppe. In ganz großen Ausnahmefällen wurde uns noch eine geschälte Kartoffel ins Bett gebracht, was eine unsagbare Wonne war.

192, 185 ff.

Grosskugel, um 1866
Ein Stück Italien oder Spanien

Kam die Mutter aus Schkeuditz zurück oder führte sie der Weg gar einmal nach Halle, so brachte sie, trotz der mehr als bescheidenen Mittel, die ihr zur Verfügung standen, stets eine Kleinigkeit mit, die uns erfreuen konnte. Während der kälteren Jahreszeit war dies meist eine Apfelsine. Schon die Form, der Geruch und das Aussehen der schönen Frucht interessierten uns lebhaft. Mit ihr kam ein Stück Italien oder Spanien zu uns. Wie herrlich mußten die Länder sein, in denen solche Kostbarkeiten auf den Bäumen wuchsen ... War die Apfelsine allseitig genügend betrachtet, so wurde sie mit einer gewissen Feierlichkeit geschält und ganz redlich geteilt. Selbst die Schale war nicht ohne Wert. Wir legten sie in das Lesebuch, wo sie, eingetrocknet, uns noch lange Zeit durch ihren Duft erfreute.

188, 63

Halle, um 1870
Mahlzeiten und Extras der Kinder im Waisenhaus

Es wurde zum Abendbrot geläutet. Vor dem Speisesaal versammelten sich sämtliche Zöglinge der beiden Waisenanstalten und der Pensionsanstalt ... Nach wenigen Minuten öffnete sich die Tür des großen Saales und bald waren die etwa 350 Sitze eingenommen ... Mit Gesang und Gebet ist das bescheidene Mahl eingeleitet worden. Auf langen Tischen standen je drei Zinnschüsseln, deren Inhalt – abends war dies meist eine Suppe – für je vier Schüler bestimmt war. Zuerst füllte der älteste seinen Zinnteller, dann kam der zweite, der dritte und endlich der vierte an die Reihe, wobei es im allgemeinen ziemlich gerecht zuging. Zweimal in der Woche aber gab es »Kartoffeln in der Schale«, die von uns besonders hoch geschätzt wurden ... Neben jedem Teller lag außer den notwendigen Eßgeräten je eine Scheibe Brot, wie man sie rings von einem bei uns übli-

chen langgestreckten Laibe abschneidet. Sie hatte eine Dicke von wenigen Zentimetern und wurde aus uns unbekannten Gründen »Gaul« genannt. Dazu erhielten wir je ein Stückchen Butter. Dann und wann gab es statt Butter Schweineschmalz. Beides war als Aufstrich für das gesamte am Tage gelieferte Brot sowie als Beigabe zu den Kartoffeln bestimmt, konnte aber selbst bei größter Sparsamkeit nicht ausreichen. Gesang und Gebet schlossen das frugale Mahl ...
Nach dem Ende der durchdösten Arbeitsstunde fand die Morgenandacht mit Gebet und Gesang statt. Dann wurde aus dem Speisesaal das Frühstück geholt, das für jeden aus einem halben »Gaul« bestand, der als »Igel« bezeichnet wurde. Da wir hierzu weder einen Aufstrich, noch irgend etwas Warmes erhielten, wollte das trockene Brot schlecht rutschen. Mit der Rinde mochte es noch gehen. Um aber auch das weiche Innere des Brotes leichter verschluckbar zu machen, legten wir es zwischen Papier unter eine der schweren aufhebbaren Tischplatten, auf die wir uns setzten. Hierdurch verwandelte sich das lockere Gebäck in eine schliefige Masse, die dann verzehrt wurde. Auch durch einige Schluck Wasser wäre dies zu erreichen gewesen. Da aber sämtliche Schüler jeder »Stube« aus ein- und derselben Kanne tranken ... irgendwelche kleineren Gefäße also nicht vorhanden waren, gingen wir zu der Kuhplumpe, einem Brunnen, und ließen Wasser über das Brot laufen. Erst im dritten Jahr nach meinem Eintritt in die Anstalt ging man dazu über, uns zu dem Brot etwas Milchkaffee – genauer, ein vorwiegend aus Zichorie hergestelltes, kaffeeähnliches Getränk – zu geben, was von uns als eine große Wohltat empfunden wurde.
Die Dürftigkeit des Frühstücks wirkte sich jedoch erst voll während des Unterrichts aus, der um 7 bzw. 8 Uhr begann ... Wenn dann die große Pause begann ... gerieten wir stets in eine recht unangenehme Lage; denn dann verzehrten die Stadtschüler ihre meist gut belegten Butterbrote, während uns so gut wie nichts zur Verfügung stand. Von dem halben »Gaul«, den wir vor Beginn des Unterrichts erhalten hatten, war meist nichts mehr vorhanden. Auf jeden Fall waren die vielleicht übrig gebliebenen Reste nichts anderes als trockenes Brot, das wir vor den städtischen Mitschülern höchstens brockenweise und möglichst unauffällig aus der Tasche hervorholen konnten ... »eitel« Brot zu essen, galt ... als das untrüglichste Zeichen bitterer Armut ... Vielfach kam es auch vor, daß uns von einem städtischen Freunde ein Teil seines Frühstücks angeboten wurde. Dies lehnten wir aber mit Entschiedenheit ab ... denn das wäre eine Sünde wider den Korpsgeist gewesen, der uns in allen Stücken streng beherrschte ...
Um 12 Uhr begann ... das Mittagbrot, das wie die Abendmahlzeit verlief. Es gab zwar nicht »Hummer, Lachs und frischen Bärenschinken«, wohl aber ein verhältnismäßig gutes Essen, das jedoch wie bei allen Massenspeisungen etwas monoton war. Dazu erhielten wir wie am Abend einen »Gaul«, aber ohne Aufstrich. Dies galt auch von dem halben »Gaul«, den wir kurz nach 4 Uhr erhiel-

ten. Das Zubrot war also sehr knapp bemessen ... Zwar versorgte mich meine Mutter ab und zu mit einem Töpfchen Pflaumenmus oder Schweineschmalz, jedoch beides reichte stets nur eine kurze Zeit, zumal ich dem ... Anstaltsgesetz getreulich nachkam, stets der Freunde zu gedenken ...
Unter uns herrschte eine große Freigebigkeit. Jeder teilte mit seinen Freunden, was er besaß ... Besonders deutlich trat dies nach den Ferien hervor, aus denen jeder, der verreist gewesen war, irgendwelche Eßwaren mitgebracht hatte, oder zu anderen Zeiten, wenn ein Paket aus der Heimat eingetroffen war ...
Sehr beliebt war auch ein »Nickesel« aus Papiermasse, der bei Erschütterung mit dem Kopfe nickte. Mit dem Esel betrieb sein Besitzer ein lukratives Geschäft. Wenn sich nämlich die Kameraden anschickten, zu dem erhaltenen »Gaul« einen Teil von dem zu verzehren, was sie von den ihrigen erhalten hatten, trug er den Esel von einem zum andern, ließ ihn nicken und erbat sich für ihn eine Kleinigkeit ...
Daß der einzelne sich nicht scheute, neben den zahlreichen Entbehrungen, die er zu überwinden hatte, auch andere freiwillig auf sich zu nehmen, zeigte sich u. a. bei der Herstellung eines merkwürdigen Kartoffelgerichtes, das – da die Knollen hierzu zerquetscht oder zerstampft wurden – den Namen »Stamps« führte. So verkündigte eines Tages einer seinen Freunden: »Ich werde in acht oder zehn Tagen Stamps bereiten. Willst du dich beteiligen?« Die Zusagenden hatten täglich das kleine Stück Butter, das sie beim Abendbrot erhielten, an den Veranstalter abzugeben ohne auch nur das geringste für sich verwendet zu haben ...
Kam der wichtige Tag heran, so nahm jeder seine Kartoffeln vollzählig mit auf das Zimmer, wo man sie schälte und mit Hilfe einer Gabel in einem Töpfchen zerdrückte. Die breiartige Masse wurde von dem Veranstalter in einem größeren Gefäß gesammelt, gesalzen, mit zerlassener Butter versetzt – und die leckere Speise war fertig. Jeder erhielt einen angemessenen Teil davon, während der Veranstalter – das war sein anerkanntes Recht – den größeren behielt. Gab es während der Sammlung ein Stück frischer Wurst, so wurde auch diese verwendet: es entstand der Wurst-Stamps, der ganz besonders geschätzt war. Da sich die kostbare Speise während der Zubereitung stark abkühlte, wurde sie nach einer Kostprobe in der Regel bis zum nächsten Morgen aufgehoben, auf dem eisernen Ofen des Zimmers erwärmt und meist als Aufstrich zu dem halben »Gaul« verwendet, der ... unser Frühstück bildete ...
Auch sonst wurde vielfach eine merkwürdige Kochkunst betrieben, in deren Ausführung sich oft mehrere vereinigten. Sehr beliebt war z. B., einen Salzhering auf einem kleinen Teller oder in einer Untertasse im eigenen Fett über einer Gaslampe unserer Tische zu braten ...

188, 88 ff.; 93 ff.; 108 ff.

Leipzig, 1887
Wovon Arbeiterkinder satt werden und wachsen sollen

Zu den wichtigsten Morgengeschäften der Frau gehört es, für das Leben auf der Fabrik den Tag über den gemahlenen Kaffee, etwas Wurst und das nötige Brot einzupacken, das Hauptnahrungsmittel neben den Kartoffeln. Sie muß auch den Kindern das für den Tag bedurfte Brot abschneiden. Auf das Schwarzbrot ... gibt es Butter, bei den Kindern weiter nichts als Butter ... Semmel oder Weißbrot wird wochentags nicht zum ersten Frühstück genossen, sondern Schwarzbrot, niemals gibt es zum Kaffee Zucker oder Milch ... Der Kaffeegenuß kehrt täglich noch dreimal wieder. Das ist derjenige Genuß, welchen der wässerige Aufguß von wöchentlich ¼ Pfund Kaffee zu 30 Pfennig und 1 Liter Gerste zu 20 Pfennig gewähren kann... Die von der Familie verwendete Butter ist »Faßbutter«, das Pfund zu 1 Mark. Es werden davon wöchentlich 2 Pfund gebraucht. Diese Butter ... war an dem Tage meines Besuches abends ½7 Uhr zum Teil flüssig wie dünnes Öl. Frische Butter schmilzt bei etwa 31–31,5°C, Faßbutter bei 32–37°. Auf der Sternwarte war an diesem Tage die Temperatur nachmittags 2 Uhr +26,8°C, abends 8 Uhr +21°C. Diese Butter enthielt also möglicherweise statt des vielfach verwendeten Buttersurrogates Margarin (aus Talg) eines der in der Seifenindustrie geschätzten Talgsurrogate, nämlich Palm-, Palmkern-, Kokosöl. Die Beschaffenheit der Butter im übrigen ist so, daß die Frau aussagt, sie äße oft wenig oder gar keine Butter zum Brot, nicht um zu sparen, sondern weil der Geschmack so unangenehm wäre ...
Die Nahrung der Kinder besteht während der Abwesenheit der Eltern wie erwähnt hauptsächlich in Brot mit Faßbutter; manchmal kocht das Mädchen mittags Kartoffeln, zuweilen auch nur eine Wassersuppe. Nur wenn die Schänkwirtin dem Mädchen für kleine Dienste etwas übriggebliebenes Mittagessen geschenkt, oder wenn die beiden ältesten Kinder von einer splendiden Kegelgesellschaft einen kleinen Imbiß bekommen haben (gewöhnlich ein Brötchen mit einem Groschenstückchen Blutwurst), wird hierdurch am Tage darauf die Mittagsmahlzeit der Kinder durch eine Fleischzulage verbessert ...
Das Abendbrot im Hause ist bei den Leuten die warme Hauptmahlzeit, sie soll das Mittagsbrot ersetzen. Sie besteht in der Hauptsache aus mit der Schale gekochten Kartoffeln ... Als Zuspeise dazu genießen sie zweimal in der Woche je einen Hering zu 10 Pf; einmal kaufen sie für 10 Pf Quark, der von ihnen auf ¾ Pfund geschätzt wird. Gewöhnlich einmal in der Woche essen sie zu diesen Kartoffeln »geröstet Salz«, welches in folgender Weise bereitet wird: man nimmt eine Handvoll Salz, etwas Talg und Mehl und läßt es durch Braten in der Pfanne braun werden. Einmal in der Woche (außer Sonntags) ißt die Familie statt der Kartoffeln Graupen oder Reis. Sie verbraucht zu einer Mahlzeit (Eltern

und drei Kinder) 1 Pfund, dazu ½ Pfund Rindfleisch zu 30 Pfennig und für einige Pfennig Zwiebel. Sonnabend abends wird gar nicht gekocht; die Leute essen Wurst und Brot und trinken 2, auch wohl 3 Glas Lagerbier dazu ... Am Sonntag wird zum ersten Frühstück Semmel genossen, das zweite besteht aus Butterbrot ... Die Hauptmahlzeit ist mittags und besteht aus ½ Pfund Rindfleisch ... und dazu einer Schüssel voll Reis, Graupen, Klöße, überhaupt einer Speise, welche nicht zu viel Arbeit bei der Herstellung macht. Möhren z. B. macht die Frau selten, wegen des mühsamen Zuputzens ...
In der ganzen Woche kommen insgesamt noch auf den Haushalt etwa 1 Pfund Mehl zu 22 Pf, für 20 Pf Rindertalg (das Pfund zu 50 Pfennig), welcher 10pfennigweise gekauft wird, 1 Pfund Salz zu 10 Pfennig und zu Verbesserung der Kost einige Eier. Die Frau schätzt die Zahl auf vier, eine weitere Anzahl nimmt sie nur ausnahmsweise ... Im Sommer, besonders zur Salatzeit, werden öfter Eier genossen an der Stelle von Fleisch ...
Es ist noch hinzuzufügen, daß die Frau nicht alles ißt, was hier auf sie gerechnet wurde. Oft denkt sie bei ihrem kärglichen Mahle an ihre Kinder daheim; dann packt sie etwas ein, heimlich, daß der Mann nichts merkt, denn dieser will das nicht dulden ... Abends erwartet sie ihr kleiner blauäugiger Junge schon am Tore und fragt: »Mutter, hast du mir etwas mitgebracht?« Da gibt sie ihm denn eine Spur Wurst oder einen »Käseringel« eines Quarkkäses. »Die Kinder müssen doch auch Liebe behalten zu einem.«

131, 305 ff.

I.3. Wie man sich kleidet und putzt

Kommentar
Berlin, 1720 Kleider machen Erwachsene
Insel Rügen, um 1775 Kälte, Willkür und Pomade
Braunschweig, 1777 Die Schnürbrust
Bückeburg, 1794 Anweisung des Gesundheitskatechismus zur Erhaltung der Zähne
München, 1806 ff. Aus Briefen eines Kadetten an seine Mutter
Darmstadt, um 1835 Der Gespenstermantel
Ludwigsburg usw., um 1860 Die Mode im Kampf zwischen Müttern und Töchtern
Tübingen, um 1865 Das Ende der Kindheit
Halle, um 1870 Die Kleidertracht in den Franckeschen Anstalten
Berlin, um 1875 Kein Stück zuviel!
Leipzig, 1887 Welchen Kleidungsbedarf haben Arbeiterkinder?

Wenig verändert sich die Pflege kleiner Kinder und ihre technischen Gegebenheiten. Konrad Witz (1400–1447): Madonna mit Kind und Waschschüssel. – Fr. Preller: Die drei Preller-Kinder beim Waschen (1840).
Aus: M. J. Friedländer/E. Bock, Handzeichnungen deutscher Meister des 15. und 16. Jhs. Berlin 1921. – F. Preller d. J., Eine Künstlerjugend. Weimar 1930

Kommentar

Mit dem Vorrücken der Scham- und Peinlichkeitsgrenzen, das Norbert Elias im »Prozeß der Zivilisation« beschrieben und im Zusammenhang mit der Durchsetzung zentralisierter Herrschafts- und Gewaltmonopole analysiert hat, nimmt die Möglichkeit, den eigenen Körper zu pflegen und sauber zu halten, ab; ebenso die psychische Bereitschaft, sich ungehemmt dieser lustvollen und schamlosen Tätigkeit hinzugeben. Das ist nur scheinbar paradox; denn die Tabus, die um den Körper und seine Funktionen errichtet werden (das Essen, Schlafen, Defäzieren) zielen auf die Unterdrückung spontaner Trieb- und Affektäußerungen, letzten Endes geht es vor allem um das Verbot aggressiver Verhaltensweisen. Beleidigend wird jede Konfrontation mit der Körperlichkeit des anderen, nicht nur sein Spucken, Schmatzen und Rülpsen, im 19. Jahrhundert auch sein lautes Lachen, Husten oder Rennen. Begründet werden alle Ver- oder Gebote sekundär mit ästhetischen, moralischen oder später hygienischen Argumenten: der unausweichliche gesellschaftliche Zwang wird für den individuellen Gebrauch »rationalisiert«, also falsch erklärt. Sind im 16. Jahrhundert noch viele Belege für eine private und öffentliche Badekultur zu finden, so fehlt diese im 17. und 18. Jahrhundert völlig, um erst im 19. sich langsam wieder zu entwickeln. Man lebte also im Schmutz, den man verleugnete, indem man ihn – vorausgesetzt, man konnte es sich leisten – unter Puder, Perücken, Duftwassern und kostbaren und komplizierten Kleidern verbarg. Weil es sich um eine Verleugnung des Körpers handelte, werden Erfindungen auf dem Gebiet der Hygiene nicht gemacht. In den barocken Gärten werden zwar kunstvolle Wasserspiele, in den dazugehörigen Schlössern jedoch keine Wasserleitungen, keine Bäder oder akzeptable Abtritte angelegt.
Man kann darüber spekulieren, ob Kleinkinder unter dem Schmutz, in dem sie

Vom 16. bis ins 19. Jh. variiert die Kinderkleidung je nach Anwendung eines der drei Prinzipien, des ständisch-repräsentativen, des pädagogischen oder des aus Mangel und Armut geborenen improvisatorischen. Jost Amman (1539–1591): Handwerksfrau aus Schlesien mit Kind; D. Chodowiecki: Bauernjunge mit verbundenem Gesicht (1758); B. Chr. Faust: Reformkleid für Knaben und Mädchen von drei bis acht (1794).
Aus: G. Hirth, Kulturgeschichtliches Bilderbuch, Bd. 3. München 1881. – Die gesellschaftliche Wirklichkeit der Kinder in der bildenden Kunst. Berlin 1979. – B. Chr. Faust, Gesundheitskatechismus. Bückeburg 1794 (Nachdruck Dresden 1925)

lebten, sehr gelitten haben. Die Psychoanalyse spricht von einem Schmutztrieb, einer Schmutzlust der Kinder, der sich auch und gerade auf den eigenen Schmutz bezieht. Da aber Schmutz stigmatisiert, wenn er sichtbar ist – die Worte arm, bäurisch, schmutzig sind fast synonym zu gebrauchen, wenn nicht eigens betont wird: arm, aber reinlich – so müssen auch Kinder möglichst früh in ein Korsett von Zurückhaltung und Unbeweglichkeit gezwungen werden, jedenfalls wenn sie den besseren Ständen angehörten und Anspruch auf Beachtung erheben wollten.

Allgemein läßt sich sagen, daß die Erfindung des Schmutzes, der verleugnet oder vermieden, aber nicht beseitigt werden konnte, erheblich zur Verschärfung der Standes- und Klassenschranken beigetragen hat: das Volk, zumal das körperlich arbeitende, ist schmutzig. Schmutzig sind aber auch Kinder, solange sie ihre Körperfunktionen noch nicht beherrschen: die zivilisatorische Elite überläßt sie auch deshalb den Dienstboten so lange, bis sie präsentabel werden. Und der Ehrgeiz der Kinder, als Menschen, zivilisierte Personen akzeptiert zu werden, gerät immer wieder in Widerspruch zu ihrer »natürlichen« Entwicklung. Sie müssen früh zwischen dem einen oder andern wählen. Der aufgeklärte Kaiser Joseph II. erläßt 1784 ein Dekret, das die Aufnahme korsetttragender Mädchen in Schulen und Waisenhäuser im Interesse ihrer gesunden Entwicklung verbietet. Karoline Schulze-Kummerfeldt, eine Schauspielerin, erinnert sich, daß sie (geb. 1745) als Siebenjährige bei einer drohenden Pfändung ihrer Eltern zuallererst ihr geliebtes Korsett retten wollte. Man konnte nur eins sein: erwachsen oder gar nichts, Zwischenstufen gab es nicht.

Kleidung, auch Kinderkleidung und ihre Veränderung im Lauf der Jahrhunderte, sind oft beschrieben worden, nicht zuletzt weil in der bildenden Kunst reiches Anschauungsmaterial aufbewahrt scheint. In erster Linie geben Bilder jedoch deutlich Auskunft über die repräsentative Oberkleidung der Wohlhabenden. In den seltensten Fällen dürfte aber auch sie so modisch und vielgestaltig gewesen sein wie die Garderobe von Matthäus und Veit Schwarz aus Augsburg (1497–1574 und 1541–87), die sie selbst in Bildern und Beschreibungen festgehalten haben.

Ob die bürgerlichen Kinder des 18. Jahrhunderts immer so aufwendig und zierlich, wenn auch ganz unkindlich und unpraktisch angezogen waren, wie uns Chodowieckis Zeichnungen für Basedows »Elementarwerk« (1770 ff.) glauben machen? Wie viele Eltern konnten es sich überhaupt leisten, ihre Töchter mit den umstrittenen Schnürbrüsten, Korsetts oder Reifröcken auszustatten? Gab es Unterwäsche, und konnte sie gewechselt werden? Ist der Bauernjunge eine Ausnahme, von dem Wilhelm von Kügelgen 1811 berichtet, daß ihm seine Mutter jährlich ein Hemd auf den Leib nähte, das dann im Lumpenzustand weggeworfen wurde?

Kleider machen Leute, und Kleider machen aus Kindern Erwachsene. Dafür, daß niemand sich über seinen Stand erhob, suchten die Kleiderordnungen zu sorgen, die von Landesherren und Städten bis ins 18. Jahrhundert hinein immer wieder erlassen wurden. Sie regeln genau, welcher Stoff, welcher Schnitt, welcher Schmuck dem einzelnen zukommt. Skepsis gegenüber der Einhaltung dieser Ordnungen ist angebracht, zumal man sich meist mit Geld von allen Restriktionen freikaufen konnte. Bestimmungen über Kinderkleidung fehlen, was einmal mehr zeigt, daß Kinder im Prinzip wie ihre Eltern, also wie Erwachsene gekleidet wurden.

Erst die Schule und volkspädagogisch ambitionierte Ärzte wollen das Erscheinungsbild der Kinder und Schüler spezialisieren. Ein Reformkleid für Mädchen und Jungen erfindet Faust (1794); die Schule verbietet das Barfußgehen, die Holzpantinen und verlangt von Mädchen eine Schürze (19. Jahrhundert). Erst die vielfältigeren Quellen des späten 18. und des 19. Jahrhunderts erlauben auch deutliche Rückschlüsse auf die Kleidung der Kindermassen des Volkes. Kleidung ist kostbar. Sie wird vererbt, ist Teil des Lohns von Hütekindern und jungen Dienstboten; sie wird vor allem auch improvisiert aus abgelegten Sachen der Eltern, oft genug schlecht und roh zum Kummer der verhöhnten Kinder. Winters und sommers muß man sich mit denselben Sachen behelfen. Mangels Kleidung fiel der Schulbesuch oft aus, und von den vielen obligaten Gottesdiensten ist Kindern vor allem eine schmerzliche Erinnerung geblieben: Es war eisig kalt.

Mit der Einkleidung zur Konfirmation oder Kommunion steuern Eltern ihre Kinder aus und entlassen sie im 19. Jahrhundert ins Leben.

LITERATUR

G. Reineking von Bock, Bäder, Duft und Seife. Kulturgeschichte der Hygiene, Köln 1976

A. Fink, Die Schwarzschen Trachtenbücher, Berlin 1963

L. C. Eisenhart, Kleiderordnungen der deutschen Städte zwischen 1350 und 1700, Göttingen 1962

I. Weber-Kellermann, Die Kindheit. Kleidung und Wohnen, Arbeit und Spiel. Eine Kulturgeschichte, Ffm 1979

Berlin, 1720
Kleider machen Erwachsene

Ich hatte immer eine zarte Gesundheit ... jetzt bekam ich die Gelbsucht, die zwei Monate anhielt, und hernach nur einem viel gefährlicheren Zustand Platz machte. Ein heftiges hitziges Fieber ergriff mich und artete nach wenigen Tagen in ein Fleckfieber aus ... Ungeachtet der Gefahr, der sie sich aussetzten, kamen der König und die Königin (meine Eltern) abends um zehn Uhr an mein Bett, ihre Verzweiflung war grenzenlos; sie sagten mit unter tausend Tränen das letzte Lebewohl ... Das alles war aber eine bloße Krisis; gegen den Morgen kam meine Besinnung ein bißchen wieder, und das Fieber verminderte sich nach und nach. Als ich wieder sprechen konnte, kam der König zu mir; die Freude, mich einer so großen Gefahr entgangen zu sehen, vermochte ihn, mir zu befehlen, daß ich ihn um eine Gnade bitten sollte. Sogleich beschloß ich ihn zu bitten, daß man mich fortan wie eine erwachsene Person behandeln, und mir auch Kleider geben möchte, die dazu gehörten. Er sagte es mir sofort zu, wie er aber mit der Königin, meiner Mutter, davon sprach, ward diese sehr böse, stritt lange dagegen, mußte aber endlich doch nachgeben.
Erst im Anfang des Jahres 1720 konnte ich mein Zimmer verlassen. Ich war außer mir vor Freude, den Kinderrock abgelegt zu haben. Nun dünkte ich mich etwas Rechtes, und im Mantel gekleidet, glaubte ich, die Königin würde ihre große Freude an mir haben ... aber leider hatte ich ohne den Wirt gerechnet! Kaum trat ich in ihr Zimmer, so warf sie einen strengen Blick auf mich und sagte zu ihren Damen: »Das ist ja ein artiges kleines Figürchen, es sieht wie zwei Tropfen Wasser einander einer Zwergin ähnlich.« Man kann sich denken, wie meiner kleinen Eitelkeit diese huldvolle Schmeichelei gefiel.

58, 38 f.

Insel Rügen, um 1775
Willkür, Kälte und Pomade

Der Vater war von Natur zu gleicher Zeit heftig und lebhaft und freundlich und mild ... Die Mutter war von Charakter ernst und ruhig und eine Seele, die auf Schein und Genuß gar keinen Wert legte, auch kein Bedürfnis davon hatte ... Kein Kaffee, kein Wein noch Tee ist fast jemals über ihre Lippen gekommen, Fleisch hat sie wenig berührt, sondern sich von Brot, Butter, Milch und Obst ernährt. Dieses mäßige Leben ward auch für die Kinder zur Regel gemacht, und wir älteren Burschen sind fast streng erzogen worden. Ebensowenig ward uns in

Beschuhung und Bekleidung Weichlichkeit gestattet. War bei einem Nachbar ... der wohl auf einer Meile Entfernung von uns wohnte, etwas zu bestellen: der Vater schrieb das Briefchen, das zahme Rößchen ward gesattelt, der Junge darauf gesetzt; und ohne Mantel und Überrock, es mochte Sonnenschein oder Regen und Schneegestöber sein, mußte er mit seinem Gewerb fortgaloppieren. Ja, der Vater, noch jung und kräftig, fühlte mit unserer Pimplichkeit kein weichliches Mitleid. Fuhr er im Winter Stunden weit mit klingendem Einspänner-Schlitten zu Verwandten oder Freunden, so mußten die älteren Buben zur Seite oder hinten auf hucken, und, wenn sie fror, nebenbei springen, um sich zu erwärmen. Ja, mich erinnert's, wie ich als Junge von neun oder zehn Jahren im fremden Hause auf einem Stuhl oder Bett eingeschlafen lag, während die Männer Karten spielten; wie der Vater mich dann um elf oder zwölf Uhr nachts aufrüttelte und ich schlaftrunken in den Schlitten hinaus mußte; wie er dann zum Spaß recht absichtlich mehrmals umwarf, daß ich mich im Schnee umkehren mußte; wie ich denn auch immer alert sein mußte, wenn wir durch Koppeln und Dörfer kamen, die Schlagbäume zu öffnen. Wehe mir, wenn ich, mich aus dem Schnee herauswühlend, eine weibisch plinsende Gebärde gezeigt hätte!

Was nun Beschädigungen, Zerreißungen und Verletzungen an Kleidern und Leibern und andre dergleichen Nöte betraf, welche die Jugend sich selbstwillig oder gar mutwillig ohne Auftrag zugezogen hatte, so mochte sie zusehen, sie vor den Augen des Vaters zu verstecken, geschweige, daß sie bei ihm Hilfe oder Mitleid hätte suchen können. Kam dergleichen zufällig vor sein Angesicht, so ward neben Schmerz und Not Mutwille und Unvorsichtigkeit noch gebührlich gezüchtigt ... Ich erinnere mich, daß ich eines Tages, als Ohm Schumacher aus Stralsund und Magister Stenzlers nebst vielen Damen bei uns waren und wir Kinder unsere Sonntagskleider angezogen hatten, auf dem Teiche an der Bleiche durch's Eis einbrach und schon einmal versunken war, als mein Bruder Karl mich beim Schopf faßte und herauszog. Ich machte mich nun mit den nassen triefenden Kleidern in die Gesindestube, wo ich an dem warmen Ofen meine Oberfläche leidlich abtrocknete. In diesem Zustande mußte ich, als es dunkel geworden, in dem Gesellschaftszimmer erscheinen. Die Männer spielten L'Hombre; die Frauen saßen am Teetisch ... und ich Armer stand scheu und bange, irgendwie berührt oder befühlt zu werden, an der dunklen Ofenecke, so sehr als möglich vom Lichte abgekehrt ... meine Seele zagte und mein Leib zähneklappte. Da erschien meine Retterin, die gute Tante Sophie; sie fühlte zufällig meinen nassen Rock, zog mich ins Nebenzimmer, erfuhr mein ganzes nasses Abenteuer und erbarmte sich meines Elends. Flugs war ich ausgekleidet, mit einem warmen Hemd angetan, und so ins Bett. Die nassen Kleider wurden getrocknet und geebnet, und den andern Morgen erschien ich zierlich und wohlgemut wieder in der Gesellschaft. Die Base aber hatte unter dem Titel von Zahnweh ... mein Wegschleichen entschuldigt.

Ich habe gesagt, daß damals alles nach einer gewissen Vornehmigkeit und Zierlichkeit strebte. Dies ging durch alle Klassen durch ... Versteht sich, daß die Jungen des Pächters Ludwig Arndt Pächterjungen blieben, arme kleine Geelschnäbel, die in eigengemachten Jäckchen und Höschen und in geflickten Schnürstiefelchen vor den Herren ihre Bücklinge machen mußten. Aber die armen Schelme mußten doch schon ihre Bücklinge machen, und wie! Bei alltäglichen Gelegenheiten ging es alltäglich her, aber bei festlichen Gelegenheiten, bei Feierschmäusen, Hochzeiten usw., was waren das für Anstalten und Zurüstungen ... Noch lächelt mir's im Herzen, wenn ich der Putzzimmer der damaligen Zeiten gedenke. Langsam feierlich ... bewegte sich die rundliche Frau Pastorin und Pächterin mit ihren Mamsellen Töchtern gegeneinander, um die Hüften wulstige Poschen geschlagen, das oft falsche, dicht eingepuderte Haar zu drei Stockwerken Locken aufgetürmt ... Die Männer waren nach ihrer Weise ebenso steif ... Und die Jungen? Selbst diese kleinen, unbedeutenden Kreaturen mußten schon mit heran. Oh, es war eine schreckliche Kopfmarter bei solchen Festlichkeiten. Oft bedurfte es einer vollen, ausgeschlagenen Stunde, bis der Zopf gesteift und das Toupet und die Locken mit Wachs, Pomade, Nadeln und Puder geglättet und aufgetürmt waren. Da ward, wenn drei, vier Jungen in der Eile fertig gemacht werden sollten, mit Wachs und Pomade drauf geschlagen, daß die hellen Tränen über die Wangen liefen. Und wann die armen Knaben nun in die Gesellschaft traten, mußten sie bei jedermänniglich, bei Herren und Damen, mit tiefer Verbeugung die Runde machen und Hand küssen.

5, 15 ff.

Braunschweig, 1777
Die Schnürbrust

Den ersten Unterricht empfing ich in der Schule einer »Jungfrau Bartels«, welche im Thomä-Hofe auf der Heinenstraße ihren Unterricht zugleich an Knaben und Mädchen erteilte. Ich erinnere mich noch der Lage der Schulstube, des Sitzes der Lehrerin und vor allen des auf Papp gemalten Bildes eines Esels, welches an dem Lehnsessel der gestrengen Jungfrau hing, womit die Unfleißigen ausgezeichnet wurden. Aus diesen Zeiten der ersten Kindheit ist mir ein Kirchenlied des alten Braunschweigischen Gesangbuches im Gedächtnisse geblieben, welches sich anfing:

> Der Gnadenbrunn fleußt noch,
> den jedermann kann trinken.
> Mein Geist, laß deinen Gott
> dir doch umsonst nicht winken.

Solche, Kindern ganz unverständliche Gesänge mußte ich auswendig lernen, und die Nummer des Gesanges wurde mir, zu einer Art Kontrolle, in mein sogenanntes Spruchbuch geschrieben. Aus der Schule der Jungfer Bartels kam ich in die ganz ähnliche einer Demoiselle Ruhländer, die in dem Hause eines Klempners, an der Ecke des Radeklintes, wohnte. Auch in dieser Schule wurden Mädchen mit Knaben zugleich unterrichtet, und ich weiß noch genau, daß mir die ersten weit lieber als die letzten waren. Ich hätte gegen kein Mädchen ungezogen sein können, dagegen ich gegen die Jungen frühzeitig meine Stärke versuchte. Einst aber wurde ich zu dem innigsten Mitleiden, und ich möchte von so frühen Kinderzeiten sagen, zu einer Art Liebe, welche aus diesem rege wurde, zu einem kleinen zarten Geschöpfe von unserer Nachbarschaft hingerissen. Das fromme blasse Kind saß auf seinem Bänkchen gegen uns Jungen über und weinte bitterlich, doch die Tränen so gut es gehen wollte verbergend. Da fragte die Lehrerin, nicht ohne einige Härte, was ihr fehle. Zögernd, und gleichsam als wenn sie ein hochverpöntes Verbrechen bekenne, gestand sie endlich: es drücke ihr die Schnürbrust. »Was«, sagte nun Mademoiselle Ruhländer, »darüber willst du weinen? Ein artiges Mädchen muß ertragen lernen, dicht eingeschnürt zu sitzen, sonst wird es so dick wie eine Bauernmagd. Doch komm her, ich will es dir bequemer machen.« Das gute Kind mochte wohl schon ahnen, wovon die Rede sei, denn es ließ sich zwei- oder dreimal heißen. Endlich kam sie, und nun wurde ihr denn die Schnürbrust ganz zugeschnürt, so daß ihr Körperchen von Mademoiselle mit den Händen mit Leichtigkeit umspannt werden konnte, worüber diese nicht wenig sich erfreute, und dann sowohl den andern Mädchen als der Patientin selbst bemerklich machte, welch eine schöne Taille sie nun habe: so müsse ein artiges und hübsches Mädchen sein! Wie gern hätte ich dem bösen Weibsbilde in die Haare gefahren. – Diese Szene habe ich nie vergessen, und dem so unschuldig gemarterten Kinde bin ich lange gut geblieben.

204, 27 ff.

BÜCKEBURG, 1794
Anweisung des Gesundheitskatechismus zur Erhaltung der Zähne

Frage 262: Gibt es nicht auch noch andere Teile, die der Mensch mit der größten Sorgfalt muß gesund zu erhalten suchen?
Ja, seine Zähne: denn die Zähne sind nicht allein zum Sprechen, sondern auch zum Kauen der Speisen notwendig; und vom Kauen der Speisen zu einem süßen Breie hängt zum größten Teile die Verdauung, die Ernährung, die Gesundheit und das Wohlsein des Menschen ab.
Frage 263: Was schadet den Zähnen?
Wenn man, von der Kindheit an, die Zähne zum Abbeißen und Kauen nicht recht gebraucht, und viele dünne Speisen und Breie ißt; wenn man nicht kaltes Wasser, sondern Kaffee und warme Getränke, trinkt; verdorbene Stubenluft, Unreinlichkeit; Tabak; im Mund zurückgebliebene Speisen, besonders Fleischspeisen; heiße Speisen und Getränke; wenn man abwechselnd warme und kalte Sachen in den Mund nimmt; Beißen auf harte Körper; und wenn man mit Messern, Gabeln und Nadeln die Zähne stochert: das alles verdirbt die Zähne.
Frage 264: Wodurch erhält man die Zähne gesund?
Wenn man, von der Kindheit an, die Zähne zum Abbeißen und Kauen recht gebraucht und kaltes Wasser trinkt; wenn man reine Luft atmet, und milchwarm oder kalt ißt, und kalt trinkt; wenn man nach jeglichem Essen den Mund jedesmal durch Trinken, oder Ausspülen reiniget; und wenn man die Zähne nicht stochert: so bleiben sie gesund und schön ...
Frage 267: Wenn man, von der Kindheit an, seine Zähne nicht gesund erhalten hat, kann man sie durch Arzneien gesund machen?
Nein, das kann man nicht; einzig durch Reinlichkeit, durch Kauen, reine Luft und kaltes Wasser kann man schadhafte Zähne notdürftig erhalten.
Frage 268: Was ist das Mittel, Zahnschmerzen zu verhüten?
Kauen, kaltes Wasser, reine Luft, Reinigung des Munds, Kühlhalten des Kopfs, und beim Erwachen und beim Schlafengehen das Gesicht in kaltem Wasser zu baden; dadurch verhütet man Zahnschmerzen.

48, 60 ff.

MÜNCHEN, 1806 ff.
Aus Briefen eines Kadetten an seine Mutter

1. Oktober 1806
Liebe Mutter, ich bin in die erste Klasse gekomen. Ich habe mir heute zwei Zähne herausreißen lassen, den Hervorstehenden und den daneben...
24. Oktober 1806
Liebste Mutter, heute nachmittag habe ich deinen Brief empfangen, das Päckchen aber schon vorgestern... Meine Füße kann ich nicht waschen, denn ich wüßte nicht mit was und nicht in was...
19. Dezember 1806
Allerbeste Mutter... Ein alter Eleve hat mir gesagt, daß wir uns nur einmal des Jahrs badeten und die Füße wüschen...
19. Juni 1807
Gute Mutter... Vorgestern badete ich mich zum erstenmal in meinem Leben mit den andern. Ich wagte mich zu tief hinein und sank hinein. Ich konnte keinen Atem mehr holen, aber in dem nämlichen Augenblicke als ich zu Grunde gehen wollte, trieb mich das Wasser in die Höhe. Ich wär aber gleich wieder hinabgesunken, wenn mich nicht einer (namens Engelbrecht) bei der Hand erwischte und hervorzog. Diesem hast du das Leben deines Sohnes zu danken. Oh, es muß ein schrecklicher Tod sein das Ersticken...
5. Dezember 1808
Beste Mutter... Wir haben jeder ein wollenes Leibchen bekommen. Diese will ich nun im Winter hindurch tragen und meine andern Unterleibchen auf den Sommer sparen...
4. Januar 1809
Teuerste Mutter... Ich bitte dich, schicke mir keine Handschuhe von gezupfter Seide, man darf hier keine andern als gelblederne tragen. Ich hätte dir dieses schon lange geschrieben, allein es ist ein ganz neuer Befehl, sonst durfte man gar keine haben. Ich darf also meine florettseidnen schon nicht tragen, und die andern wären mir auch unnütz...
10. Februar 1809
Gute, liebe Mutter... Beim Waschen darf man die Weste nicht anhaben, auch nicht das Halstuch. Du mußt dir das Waschen nicht vorstellen als wäre da ein Tischchen, worauf ein Waschbecken stünde, oder vielleicht gar ein Schwamm und ein Handtuch dabei läge. Das ist alles nicht so. Da ist eine breite Bank, welche ringsum eingefaßt ist. Diese hat mitten ein Loch. Auf der Bank stehen 4 oder 5 irdene Krüge und auch zwei große hölzerne Gefäße welche immer mit Wasser gefüllt werden. Von denen schüttet man das Wasser in die Krüge, und dann auf die Hände. Wenn man das Gesicht waschen will, so gießt man Wasser

in die Hände und fährt damit übers Gesicht. Dies ist unsere Art zu waschen. Nun können immer acht an der Waschbank stehen, und es sind doch nicht so viel Krüge da. Das hält wieder auf. Man muß erst warten, bis der eine fertig ist. Acht können immer nur an eine Waschbank und drei oder vier Waschbänke sind es nur in dem ganzen Schlafsaale. Dies hält wieder auf. Einer muß erst auf den andern warten, und wir sind unserer 148 ...
21. März 1809
Beste Mutter ... Hier schicke ich dir das Rezept zu einem sehr guten Zahnpulver, welches vor alles Zahnweh schützt, und wovon die Zähne schön erhalten werden. Ich habe es in einem sehr nützlichen Buche gefunden. Hier ist es: Nimm 8 Stück bittere Mandeln, 24 Stück Gewürznägelein, 2 Teelöffel Kochsalz, 2 Teelöffel Alaun, 3 Lot schwarzgeröstetes Brot, 1 Lot weißen Kandiszukker. Stoße alles zu einem feinen Pulver ...
14. Juni 1809
Beste Mutter ... Jetzt gehen wir wegen der großen Hitze erst abends um 6 Uhr spazieren, und haben auch die Winterhosen abgelegt ...
10. Oktober 1809
Beste Mutter ... Beust hat mir das Paket übermacht, ich danke dir für die Kämme, die Schuhe habe ich nicht bezahlen müssen. Schicke mir durch M. Oerl Wurmlebkuchen, oder sonst etwas für die Würmer, nur das Lakritzen nicht! Du hast mir einmal in der Vakanz noch ein Mittel für die Würmer gesagt, wo man 6 Stunden darnach nichts mehr essen darf. Es fällt mir nicht mehr ein, wolltest du nicht so gut sein, und mir es schreiben?
25. Mai 1810
Beste Mutter ... Ich hätte auch gute Mutter eine Sonntagsweste nötig. Ich habe nur die 2 weißen. Aber laß sie mir ja mit einem hohen Kragen machen, man darf sie jetzt schon tragen; auch einen hübschern Schnitt als die 2 andern nicht bis ganz oben zugeknöpft, wie meine schwarzseidene war.

160, 5; 6; 8; 13; 37; 38; 41 f.; 43 f.; 47; 52; 57

Darmstadt, um 1835
Der Gespenstermantel

Die Bekleidung der Kinder ließ gleichfalls sehr vieles zu wünschen übrig. Alles wurde vom billigsten, aber zugleich dauerhaftesten Stoffe genommen; der Schneider, der am wohlfeilsten arbeitete, also jedenfalls der schlechteste war, wurde bevorzugt und ihm jedesmal strengstens eingeschärft, die Kleidungsstücke ja recht »völlig«, weitläufig, anzufertigen, des raschen Wachstums we-

gen. Neue Stücke kamen nur selten an mich; die abgetragenen des Vaters wurden mein Erbe. Besonders unglücklich ward ich, als nach dem Tode meines Großvaters mir die schwere Pflicht zufiel, dessen ganze Garderobe zu verwerten. Er war ein altväterlicher Mann gewesen, dazu von stattlichem Embonpoint; [beleibt] da nun der elende Flickschneider, der mich bediente, sich begnügte, an den Hosen ein Stück der Beine abzuschneiden, oben aber sie bloß in Falten zu legen, so mag man sich eine Vorstellung davon machen, wie ich damals aussah.
Mein bitterstes Jugendunglück war ein leider unverwüstlicher großväterlicher, dunkelblauer Tuchrock, der »Balbierer« genannt, weil ich stets die langen Ärmel aufschlagen mußte, um die Hände gebrauchen zu können; alsdann kam das weiße, blau gestreifte Barchentfutter zum Vorschein, während die Taille genau auf die Mitte des Sitzfleisches kam. Ich glaube, es hat mir drei Jahre lang Tränen und Zorn gekostet, bis ich aus diesem vermaledeiten Erbrock herausgewachsen war. Meine Schwester sah nicht besser aus; in dünnem, verwaschenem Kattunkleidchen, einen fürchterlich großen, von der Mutter abgelegten Hut auf dem Kopfe, Ohrenschuhe und blaue Baumwollenstrümpfe an den Füßen, so zog sie, einen mächtigen Schulbeutel aus Leinwand an langen Schnüren schwenkend, ihres Weges täglich dahin, eine wahre Vogelscheuche. Für die eigentliche Aufgabe der Kleidung, namentlich für deren Einrichtung nach der Temperatur und Jahreszeit, hatte man damals sehr wenig Sinn. Man trug, um Wäsche zu sparen, Vorhemdchen, »Schmieschen« in der Darmstädter Mundart...
Ein Mantel war lange mein sehnsüchtiger Wunsch gewesen, er sollte endlich in Erfüllung gehen; ein uralter, langer Winterrock meines Großvaters wurde zu dem Zwecke geopfert. Aber, o Himmel, welches Schneiderkunststück kam da heraus! Der Mangel an Stoff hatte nur einen Surtout hergegeben mit ganz kurzem, etwa fußbreiten Kragen, ganz in der Form der Ministrantenmäntel in katholischen Kirchen. Vorne ging das Ding nur zusammen, wenn man es mit den Händen fest packte, dadurch unterschied es sich auch von seinem Vorbild, dem stadtbekannten Künstlermantel des Kupferstechers Susemihl, dem es nunmehr den Vorzug, ein Unikum zu sein, benahm. Den Aufruhr und den Hohn zu beschreiben, den dieser Gespenstermantel in den Kreisen der Schul- und Spielgenossen hervorrief, will ich unterlassen; nach der erstmaligen Probe war ich nur durch die härtesten Gewaltmaßregeln dahin zu bringen, ihn zu tragen; lieber wollte ich frieren.

76, 114 ff.

Ludwigsburg usw., um 1860
Die Mode im Kampf zwischen Müttern und Töchtern

1.

Es gab eine Zeit, wo meine Mutter mit Betrübnis bemerkte, daß ich sehr eitel sei, und sie trat dieser schlimmen Neigung mit größter Energie dadurch gegenüber, daß sie mich nun ultraeinfach kleidete, was vielleicht nicht ganz pädagogisch war, denn mein Sehnen, hübsch auszusehen, wurde dadurch gesteigert. Ich erinnere mich hauptsächlich eines glühenden Wunsches, der war, gleichfalls wie die andern ein Haarnetz, was damals Mode, zu bekommen. Mutter fand, daß meine Zöpfe auch ohne Netz aufzustecken seien, und ich bekam keins! Da wurde dies Verlangen so glühend, daß ich alle Tage einer Klassengefährtin Lina M. die Hälfte meines Weckens gab, damit ich in der Schulpause ihr Netzchen aufsetzen durfte. Eine unbeschreibliche Freude war es dann, als meine Base ... mir von einer Reise ein eignes, wirklich ein eignes Haarnetz aus schönen Chenillen und dazuhin noch mit zwei auf der Seite baumelnden Troddeln mitbrachte. So was Herrliches gab es in der ganzen Welt wohl nicht wieder, und glückstrahlend besah ich mich noch am Abend im Spiegel. Was aber alle Ermahnungen und Reduzierungen der guten Mutter nicht zustande gebracht hatten, das bewirkte ein etwas sehr drastischer Ausspruch der Jungfer Luise: »Wer so eitel in den Spiegel sieht wie du, dem kann's passieren, daß der Teufel einmal hinter ihm herausschaut«, und von dort an habe ich mich, allerdings aus lauter Angst, redlich bemüht, nicht mehr so eitel zu sein.

2.

Die meisten jungen Mädchen der damaligen Zeit trugen Ohrringe. Der Friseur durchstach rasch und sicher mit einer erhitzten goldenen Nadel das Ohrläppchen, die reingoldenen Ringchen wurden dann durchgezogen, und die kleine Entzündung war in ein paar Tagen vorüber. Marie Sch. empfand tief, daß sie diesen Schmuck nicht besaß, ihre Mutter war aus irgendwelchem Grunde dagegen, und so, wie ich einstens das Netzchen, so krankhaft wünschte sie, nur einmal wenigstens Ohrlöchlein zu haben, denn dann würde doch die Mutter gewiß nachgeben und sie die »Boutons«, die zu Hause in einem Schächtelchen waren, anlegen lassen. Mariens Not ging mir zu Herzen, und ich erwog. »Wenn du nicht schreien wolltest – das Durchstechen könnte ich dir schon besorgen – wie man's macht, weiß ich ganz genau«, sagte ich und Marie ergriff den Vorschlag mit unbändigem Entzücken und der heiligen Versicherung, daß sie nicht »mucksen« werde. Also zur sofortigen Ausführung in unser Zimmer! Ein Licht wurde angezündet, Marie an den Waschtisch gesetzt, und Anna mußte ihr ein Stückchen Seife – so hatte ich's beim Friseur gesehen – hinter das Ohr halten.

Und nun rasch ans Werk! Eine goldene Nadel hatten wir natürlich nicht, aber zu was hatte man Haarnadeln auf dem Kopf? Ich ergriff eine – daß sie unten stumpf war, machte uns keine Bedenken. Mit Sachkenntnis hielt ich sie ins Licht, bis sie rot glühte, und nun ... »Es tut kaum ein bißchen weh!« sagte ich beruhigend, gerade so wie ich's vom Friseur gehört hatte, und setzte das gräßliche kleine Instrument bohrend an. Es rauchte und zischte und ging wirklich durch! Woher Marie die Kraft genommen, solche Schinderei ohne zu »mucksen und zu schreien« auszuhalten, ist mir noch heute ein Rätsel, und noch fabelhafter ist mir, daß sie nachher noch den Mut fand, auch das zweite Ohr darzubieten. Und die ihr eigene ... eiserne Willenskraft gehörte dazu, auch noch zu gestatten, daß ich ihr in Ermangelung von Ringchen einen roten Faden durchzog, »damit's nicht wieder zuwächst.« Es hatte Blut gegeben, Marie und auch ich waren bleich geworden, doch das Werk war vollbracht! – Jetzt noch läuft's mir kalt den Rücken hinauf, wenn ich an diese Prozedur, an die unreine Nadel, an den rot gefärbten Seidenfaden und an die zu dreifacher Dicke entsetzlich angeschwollenen Ohrläppchen denke, mit denen Marie am andern Tag zu den Eltern zurückkehrte. Zum beiderseitigen Glück entstand nichts Schlimmes daraus, als das, daß die arme Märtyrerin alles umsonst geduldet, denn: »Jetzt erst recht nicht!« hatte ihre sonst so milde Mutter erklärt, und dabei blieb's ...

192, 312; 321 f.

Tübingen, um 1865
Das Ende der Kindheit

Lili hatte allen Grund zu ihrer hohen Schätzung des Obergymnasiums. Seit die reizende Mainzerin auf dem Plan erschienen war, umschwärmten die gelben Mützen das Bahnhofsgebäude, wo Lili wohnte ... Aber diese gegenseitige Bewunderung, die eine Folge der Tanzstunde war, hätte beinahe unserer Freundschaft ein vorzeitiges Ende bereitet. Denn eines Tages machte mir Lili die niederschmetternde Eröffnung, daß sie von nun an nicht mehr mit mir in den Alleen spazierengehen könne. »Du bist noch ein Kind«, sagte sie, »und trägst kurze Röcke. Wenn mich die Obergymnasiasten immer in deiner Gesellschaft sehen, so denken sie am Ende, ich sei auch noch ein Kind, und grüßen mich nicht mehr. Du weißt, ich bin dir gut, aber *das* kannst du nicht von mir verlangen.« Diese Worte trafen mich wie ein Dolchstoß. Ich war so erschüttert und beschämt, daß ich nicht antworten konnte. Aber ich sah alles ein ... Ich gab mich jedoch dem Schmerze nicht hin, sondern sann auf Abhilfe, denn Lilis Umgang zu entbehren war mir unmöglich. Auf dem Speicher ... lag von aller Welt vergessen ein schöner Rock aus schwarzem Wollstoff... Als ich heimlich hineinschlüpfte, hatte er zwar eine Schleppe von nahezu einer Elle, stand aber sonst rundum eine Handbreit vom Boden ab... Allein ich hatte schon mit kundigem Auge eine ausgebogte Sammetblende wahrgenommen, die den unteren Rand verzierte und sich, falsch aufgesetzt, als Verlängerung verwerten ließ. In derartigen Fertigkeiten war ich von klein auf bewandert... Ich verbarg mich also mit Nadel und Schere auf dem Speicher und arbeitete stundenlang... bis der Rock meiner Länge angepaßt war. Dann warf ich ihn alsbald über und stolzierte mit der gewaltigen Schleppe, die ich noch mitverlängert hatte, durch Gang und Wohnräume. Ich machte mich auf einen häuslichen Sturm gefaßt, aber niemand schien die Verwandlung zu sehen. Mama lebte in den kargen Stunden, die sie der Pflege der Kinder und dem Ärger über die Bismarcksche Politik entziehen konnte, mit den Platonischen Ideen und kümmerte sich nicht um die Länge meiner Röcke. Dem guten Vater war alles, was sein Töchterchen tat, wohlgetan, und selbst die tadelsüchtigen Brüder, sonst meine strengsten Richter, schwiegen mäuschenstille, weil sie ahnten, daß es Lili zuliebe geschah; die Hexe spukte auch ihnen in den Köpfen. So hatte ich durch einen kühnen Handstreich die Kluft der Jahre zwischen uns ausgefüllt. Wir gingen wieder Arm in Arm in den Alleen, ich hatte sogar durch den Schlepprock etwas vor Lili voraus; die gelben Mützen flogen vor uns beiden in die Höhe, und die schöne Welt war wieder im Gleichgewicht. Ohne Übergang war ich aus den kurzen Kinderröcken ins Schleppkleid gefahren, und ebenso unbedenklich ließ ich nun auch mein Kinderland hinter mir... Die Röcke blieben lang, wenn auch künftig ohne Schleppe... Auf der Schlittschuhbahn ließ ein fremder Student sich mir vorstellen, nannte mich Fräulein, schnallte mir die Schlittschuhe an und führte mich!

114, 125 ff.

Halle, um 1870
Die Kleidertracht in den Franckeschen Anstalten

Etwa vierzehn Tage nach dem Eintritt in die Anstalt war die für uns bestimmte Kleidung fertiggestellt. Sie bestand, abgesehen von derben Schaftstiefeln, in allen Teilen aus schwarzem Tuch. Hierzu kam, daß der Rock wie der sogenannte Gehrock der Männer lange Schöße hatte, die fast bis zu den Knien reichten, und daß die gleichfalls schwarze Tuchmütze einen graden, hohen, steifen Rand besaß. Ob diese Tracht noch die gleiche war wie zu Franckes Zeiten, weiß ich nicht; auf jeden Fall war sie reichlich »unmodern« und daher ziemlich auffallend. Dies bedrückt aber ein Kind, das von Kleiderfragen bekanntlich stark

beeinflußt wird, in besonderem Maße und hätte leicht vermieden werden können. Da Rock und Mütze nur bei besonderen Gelegenheiten, z. B. zu dem sonntäglichen Gottesdienst oder beim Ausgang in die Stadt getragen werden durften, besaßen wir für den Gebrauch in Haus und Schule eine mit Messingknöpfen besetzte baumwollene Jacke, die anfangs einen Anflug von Violett zeigte, nach einiger Zeit aber eselsgrau wurde. Jedoch – wir waren auch damit zufrieden! Auch hinsichtlich der Wäsche herrschte die größte Einfachheit.
Die kurz beschriebene Kleidung trugen wir das ganze Jahr hindurch. An heißen Sommertagen war der dicke, schwarze Anzug zwar oft recht lästig; aber die Gewöhnung kann bekanntlich Wunder wirken. In strengem Winter jedoch wollte sich eine Anpassung des Körpers an die Außentemperatur nicht einstellen. Da wir keinen Überzieher besaßen und es verboten war, eigene Kleider zu tragen, froren wir oft entsetzlich. Erlaubt war aber die wohl aus England stammende Verwendung eines »Plaids«. In den ersten Weihnachtsferien rüstete mich Mutter daher mit einem solchen Kleidungsstück aus. Es war dies ein schwarzes, mit der Zeit aber mehr grau gewordenes »Umschlagetuch« aus Großmutters Zeiten. Als ich jedoch die wärmende Hülle bei der Rückkehr in die Anstalt zum erstenmal anlegen wollte, stimmten meine Kameraden ein schallendes Gelächter an. Das Tuch hatte nämlich – abgesehen von seinen sonstigen Mängeln – Fransen, und es war daher nach dem Urteil jener Sachverständigen schon aus diesem Grunde ausgeschlossen, daß ein Junge ein solches Monstrum tragen könne. Es blieb somit nichts weiter übrig, als das Tuch einzuschließen und nun weiter zu frieren. Auf den naheliegenden Gedanken, die Fransen abzuschneiden und das Tuch somit wenigstens einem Plaid ähnlich zu machen, ist merkwürdigerweise niemand verfallen.

188, 98 ff.

BERLIN, UM 1875
Kein Stück zuviel!

Das Berlin meiner Kindheit und Jugend war ein sehr andres als das des beginnenden zwanzigsten Jahrhunderts, viel anspruchsloser in der ganzen Lebenshaltung. Aber unter allen Kindern unserer Bekanntschaft waren wir vielleicht die am einfachsten gehaltenen. Und das hatte seinen Grund sicher nicht nur in dem großen Geschwisterkreis, sondern in der Überzeugung der Eltern, daß es so für uns am besten sei ...
Ein Sonntags- und zwei Alltagskleider besaß jede von uns, eins mußte ja gewaschen und geflickt werden können. Nur nach der Hochzeit meiner ältesten

Schwester hatte jede ein neues überzähliges Kleid aus weißem durchbrochenen Waschstoff mit einer Schärpe, und da spielten die braunen Sammetanzüge der kleinen Brüder unter dem Namen Polterhosen eine gewisse Rolle ... Im Haar trugen wir anfangs den damals üblichen Krummkamm; aber der zerbrach oft, und man ging zum Zopf über, der mit einem Zopfbändchen zusammen gehalten wurde; ein etwa zwei Zentimeter breites schwarzes Ripsband war die höchste Pracht; mehr als eins davon besaß man nicht. Da ereignete sich denn eines Tages folgendes: Wir drei Jüngsten sollten im Vorderzimmer einen Gast begrüßen; es war Frau Helbig, eine russische Fürstin, die mit dem Leiter des deutschen archäologischen Instituts in Rom verheiratet war. Zum Erstaunen der Großen erschienen wir nicht gleichzeitig, sondern in kurzen Abständen nacheinander. Nur die Ordentlichste von uns – ich war es nicht – war zur Zeit im Besitz des kostbaren Bandes, und das mußte vor der Tür von Zopf zu Zopf wandern ...
Ein böses Kapitel waren die immer wieder verlorenen Taschentücher; die Mutter wußte zu genau Bescheid, wieviel da zu sein hatten. Lange Zeit trugen wir sie angeknotet an ein Band, das in der Tasche festgenäht war. Es erforderte Geschick, es in der Schule ungesehen zu benutzen.

138, 65 f.

Leipzig, 1887
Welchen Kleidungsbedarf haben Arbeiterkinder?

Das Mädchen braucht im Jahr zwei Paar Zeugstiefel zu 3,50 Mark das Paar. Diese Billigkeit ist der Grund ihrer Wahl. Die Mutter stopft das Zeug, wenn es zerrissen ist, mit Zwirn und setzt auch Flecke ein, wozu im halben Jahr 40 Pf Zeug erforderlich ist. Diese Zeugschuhe werden in der Regel nur Sonntags getragen, auch manchmal in der Woche im Winter an einem trockenen Tage, sonst geht das Mädchen in der kälteren Jahreszeit in Holzpantoffeln, von denen bei möglichstem Flicken 4 Paar im Jahre zu 60 Pf nötig sind. Diese Fußbekleidung ist freilich etwas kalt, aber »das muß man gewohnt werden«, meint die Mutter. – Jeder Junge vernutzt im Jahr nur 1 Paar Schuhe, es kostet aber dem Manne sehr viel Flickarbeit, wenn dieses Resultat erreicht werden soll. An Strümpfen brauchen die Jungen nach der annähernden Schätzung der Mutter jährlich zwei Paar, welche dieselbe selbst strickt ... Das Mädchen braucht mehr Strümpfe als die Knaben, denn es hat die Unsitte, wenn es allein ist, oft in bloßen Strümpfen zu laufen ... Es sind aus diesem Grunde jährlich 3 Paar Strümpfe nötig ... Jährlich braucht das Mädchen noch 2 Paar Strumpfbänder, das Paar zu 15 Pf; dieselben sind gewöhnlich ein Meßgeschenk.

An Hemden besitzt es drei Stück. Dieselben sind vor einem Jahre im Sommer von der Mutter genäht worden und werden jetzt sehr dünn, sie sollen aber noch ½ bis ¾ Jahr zureichen... Hosen trägt die Tochter so wenig wie die Mutter... Der Überrock der Tochter ist aus 2 alten Röcken hergestellt, das Leibchen, welches statt Korsett dient, ist aus grober grauer Leinwand, welche einmal bei der Reparatur des Sophas übrig blieb... Ihr Oberrock ist von Kattun, von der Mutter genäht... Zu den verschiedenen Röcken ist nur eine Jacke da... Die Tochter braucht noch jährlich drei Schürzen... und zwei kleine Halstücher... im Sommer, im Winter ein wollenes Tuch... um den Hals... und ein ebensolches auf dem Kopf. Im Sommer trägt sie meistens gar nichts auf dem Kopfe, manchmal einen alten gebrauchten Strohhut... sie haben ihn durch Zufall geschenkt bekommen. Die Tochter braucht noch ein Kleid von dem gleichen groben wollenen Stoff wie die Frau... Das Kleid ist vergangene Weihnachten gekauft worden und eigentlich für den Winter bestimmt. Da aber kein anderes zur Verfügung steht, muß es auch im Sommer in der Schule getragen werden... Vor zwei Wintern hat das Kind (statt eines Wintermantels) ein Jackett bekommen, das aus einem alten von der Mutter zurechtgeschnitten worden war. Dasselbe ist jetzt natürlich zu klein, muß aber noch einen Winter getragen werden. Handschuhe für den Winter fehlen... das Mädchen nimmt die Hände unter die Schürze. Es hat aber ein Paar Pulswärmer...
Das Mädchen, wie die Kinder überhaupt, besitzt auch nicht ein Paar der so gewöhnlich gewordenen Schlittschuhe, »keinen Schlitten und gar nichts«. Das »Dschuscheln« (Schlittern) auf den Holzpantoffeln, durch welches sich im Winter das Mädchen vergnügt, wird als Unsitte betrachtet und mit Schlägen bestraft, weil es mit starkem Verschleiß der Sohlen verknüpft ist. Die armen Kinder haben eine freudlose Jugend. In einem großen Teil ihrer von Schularbeiten und Hausgeschäften freien Zeit, die naturgemäß fröhlichen Spielen bestimmt ist, müssen sie im Sommer um dürftigen Lohn Kegel aufsetzen, im Winter in der dumpfigen Stube sitzen.
Für die Bekleidung der Knaben... ist... der folgende Aufwand bedingt: Der Kleine hat vier Hemden... von der Mutter selbst hergestellt... Eben solche Hemden, auch von derselben Größe, hat der ältere Knabe vor zwei Jahren bekommen. Die Dauer der Hemden wird auf 3 Jahre geschätzt, wenn die Mutter tüchtig flickt... Der Kleine soll jährlich 2 Anzüge nötig haben, ob er sie wirklich bekommt, ist zweifelhaft. Den er zur Zeit der Untersuchung trägt... hat er zu Pfingsten bekommen... Außer dem genannten Anzuge einer dicken, groben, schlecht sitzenden Magazinware, hat der kleinere Junge noch ein Paar alte Drillhosen. Der größere Junge hat einen grauen Anzug, welcher für die Schule und für den Sonntag bestimmt ist... Außer diesem Anzuge hat der Knabe eine Hausjacke, die bei dem Lumpenhandel erworben ist, und ein Paar Hosen, wel-

che aus alten Kleidern, teilweise von der Mutter, hergestellt worden sind... Um den Hals trägt der kleine Knabe im Winter ein Halstuch... der große Knabe im Winter einen Shawl ... Als Kopfbedeckung hat der Kleine im Sommer einen ordinären Strohhut... im Winter eine Pelzmütze, erworben beim Lumpenhandel. Der größere Junge hat im Sommer einen ebensolchen Strohhut... im Winter einen abgetragenen Filzhut... Zur Schonung der Kleider tragen die Knaben Schürzen, der kleinere eine von Leder...

In dem Bekleidungszustand der Kinder zeigt sich ein für die Lebenshaltung der Arbeiter sehr wohltätiger volkswirtschaftlicher Einfluß der Schule, von welchem diese selbst allerdings wohl kaum eine Ahnung haben dürfte. In dem Streben, die Kinder an Ordnung und Reinlichkeit zu gewöhnen, zwingt sie dieselben, nicht in unsauberer und zerrissener Kleidung zu erscheinen, gestattet auch nur in den wärmsten Sommermonaten, daß die Kinder barfuß gehen. Sie geht darin mit lobenswerter Energie vor, so wurde einmal die Tochter der Arbeitsleute nach Hause geschickt, weil sie keine Schürze umgebunden hatte. Infolgedessen ging am anderen Tag die Mutter nach Leipzig, um 2 Stück für zusammen 12 neue Groschen zu kaufen, obgleich sie dabei einen halben Arbeitstag verlor.

131, 320 ff.; 319

I. 4. Krankheiten und Kurversuche

Kommentar
Rakonitz, um 1493   Christlicher Verzicht auf zaubrische Medizin
Mespelbronn, 1520   Ein Mittel bei Bruch
Emmerich, 1533   Fieber, Frost und Placken
Bremen, 1756   Demonstration der Pockenimpfung an armen Kindern
Dillingen, 1771   Das sog. »Dreitägige kalte Fieber«
Berlin, 1773   Maßregeln bei Englischer Krankheit
Breslau, 1797   In der Apotheke des Hausvaters
Crossen, um 1800   Ein schreckliches Pockenkind
Dresden, 1803   Heilloses Purgieren!
Gumbinnen, 1821   Ein Jagdunfall
Rehren, usw., 1821 ff.   Geschichte einer Krankheit
Darmstadt, um 1825   Geheimrat Böckmann kuriert einen Ohrenkatarrh
Leipzig, 1838   Mittel, bei Keuchhusten anzuwenden
Leipzig, 1873   Ein Sieg über die Diphteritis, früher Krupp oder auch häutige Bräune genannt
Wiesbaden, 1875   Abhärtung setzt Lebenszähigkeit voraus

Kranke Kinder werden, abgesehen von pittoresken Wundergestalten, so gut wie nie gemalt oder gezeichnet, obwohl der Anblick ihrer Leiden zur Alltagserfahrung gehört haben dürfte. Dem Versuch, die Physiognomie zur Hebung der diagnostischen Künste zu erforschen, verdanken sich die meist nach der Natur gemalten Bilder von Karl Sandhaas (1801–1859). Ein sechsjähriges Mädchen mit skrofulöser Augenentzündung; ein dreijähriges Kind, ebenfalls mit Skrofeln; ein Knabe, der an skrofulösem Knochenfraß leiden soll; schließlich ein Mädchen, das an Lungenschwindsucht sterben wird. Beide Krankheiten waren verbreitet; die Skrofulose, eine Art Hauttuberkulose, besonders bei armen oder als Waisen internierten Kindern. Sie wurde durch fleischlose, proteinarme Ernährung begünstigt.
Aus: K. H. Baumgärtner, Krankenphysiognomik ([1]1838). Dresden 1929

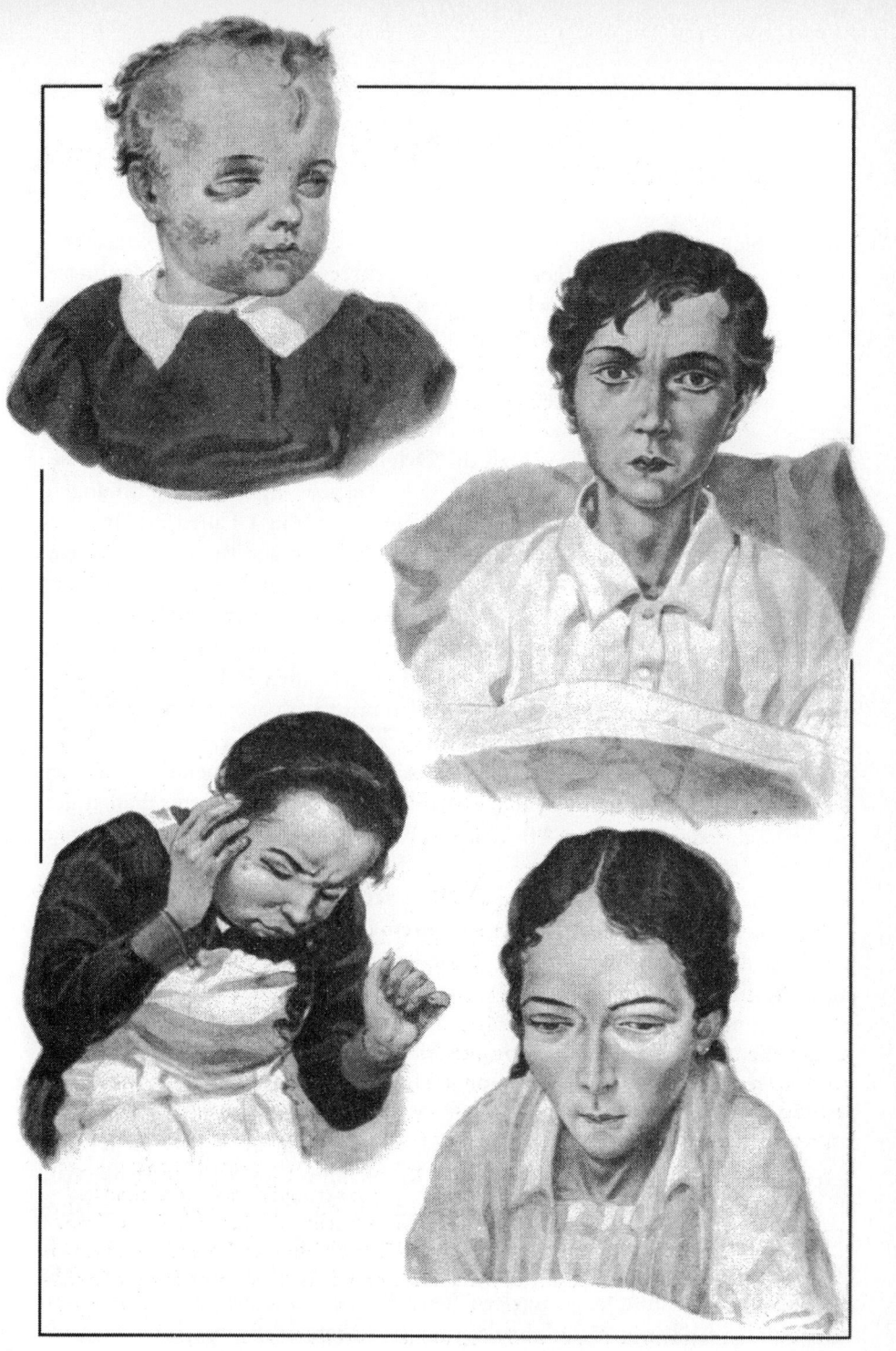

Kommentar

Die Geschichte der Medizin ist oft geschrieben worden. Der chronologischen Darstellung unterlegt das aufgeklärte Bewußtsein regelmäßig die Idee des linearen Fortschritts, der unterbrochen, aber nicht aufgehalten wird. Demzufolge wird das medizinische Wissen immer richtiger, umfassender und präziser. Wer die Entwicklung der Medizin von unten, aus der Perspektive der Kranken prüft, wird schnell erkennen, daß der Historiograph ein allzu ordentliches Bild vom Lauf der Welt entwirft. So hat der berühmte Berliner Arzt Ernst Heim (1747 bis 1834) zwar richtig beobachtet, daß die Diagnose »Zahnkrankheit«, »Wurmkrankheit« oder »Nervenfieber« (meint, wie »Auszehrung«, oft Erkrankungen des Magen-Darm-Trakts) von seinen Kollegen in 3 von 4 Fällen zu Unrecht gestellt wird. Bedenklich stimmt nun aber seine Gegendiagnose ebenso wie sein Therapievorschlag: Heim zufolge sollen diese kranken Kinder an »inneren Entzündungen« leiden, die allein durch »Blutentziehung« geheilt werden können. Beim Versuch, die Vorzeit vom 16.–19. Jahrhundert zu überblicken, gewinnt man den Eindruck, daß die Chancen für kranke Kinder, Hilfe zu finden und nicht zu den 32,6% zu gehören, die in Wien um 1750 vor Erreichung des 15. Lebensjahres starben, fast gleichbleibend gering waren. Und wer eine Krankheit überlebte – es scheint, als ob die klassischen Kinderkrankheiten früher viel schwerer verliefen als heute –, der verdankte das in den seltensten Fällen der Medizin, eher der sorgsamen Pflege in der Familie durch die Mutter oder seiner robusten Konstitution.
Zaubrische Praktiken, Gebete und Gelübde versprechen ebensoviel Erfolg wie »medizinische« Bemühung. Denn nicht ihrem Erfolg – der stellte sich erst in der 2. Hälfte des 19. Jahrhunderts ein –, sondern religiös-kirchlichem Druck und dem Prestige des Gelehrtentums verdanken die Ärzte das Monopol auf die Kranken und die Krankheit, das sich zum Nachteil der weisen Frauen, Hebammen, Schäfer und Scharfrichter herausbildet. Trotzdem geschieht in dieser Zeit etwas, das zum medizinischen Fortschritt beiträgt, einem Fortschritt, der allerdings noch lange nicht dem Kranken oder höchstens zufällig, sondern der Disziplin als solcher nutzt. Denn im glücklichsten Fall ist der Arzt Beobachter und Experimentator. Die Kranken liefern das Anschauungs- und Versuchsmaterial, an dem dieses oder jenes Mittel erprobt werden kann. Häufig sind sie so gefährlich wie die Krankheit, die sie kurieren sollen: Hungerkuren, Aderlässe, Abführ- und Brechmittel, willkürlich einseitige Nahrung dürften einen in der Regel ohnehin schlecht oder mangelernährten Körper zusätzlich geschwächt und seine Widerstandskraft öfter ganz vernichtet haben. Wie lange brauchten die

Ärzte, um einzusehen, daß der Erfolg einer Impfung gegen die Pocken nicht vom wochenlangen Fasten vorher, von Schwitzpackungen und Teetrinken abhing? Oder daß die von der sog. »Englischen Krankheit« hervorgerufenen körperlichen Mißbildungen nicht durch Brustpanzer oder Beinschienen zu beseitigen waren?

Den radikalen und aparten, selten ungefährlichen Mitteln und Strategien der Ärzte gegenüber verdienen magische Praktiken, so sinnlos sie sonst sein mögen, für lange Zeit den Vorzug. Sie versuchen doch wenigstens nicht, den Gegenzauber am oder im Körper des Kranken anzubringen, sondern lassen ihn in gehöriger Entfernung wirken.

LITERATUR
A. Peiper, Chronik der Kinderheilkunde, Leipzig 1951 u. ö.
Ds., Quellen zur Geschichte der Kinderheilkunde, Bern–Stuttgart 1966
H. Peters, Der Arzt und die Heilkunst, Leipzig 1900
W. Theopold, Das Kind in der Votivmalerei, München 1981

Rakonitz, um 1493
Christlicher Verzicht auf zaubrische Medizin

Ich litt nämlich an einem Geschwür im Halse; da führte man mich zu einem überaus häßlichen alten Weibe, das legte den Daumen mit bleichem Nagel in mein Ohr, und während ihre andere Hand mir auf dem Kopfe ruhte, murmelte sie zwischen den Zähnen gewisse mir unverständliche Segensworte. Als dies vorüber war, gab sie mir folgendes Heilmittel an. »In einen Becher«, sprach sie, »sollst du, wenn du gesund werden willst, drei ganze Eichenblätter ohne Brüche und Raupennester tun; dazu den Teil von einem Kamme, womit die Kopfwürmlein gefangen werden, und drei Enden von Flachsflocken, da wo sie von den Fingern der Spinnerinnen gedrillt werden. Danach, wenn der Becher also zurecht gemacht, einen Tag und eine Nacht gestanden hat, dann sollst du mit der festen Hoffung auf Heilung so lange davon trinken, als du den Schmerz des Geschwürs empfindest.« Auch fügte sie noch hinzu, wenn ich nach meiner Herstellung später wieder einmal ähnliche Beschwerden fühlte, so solle ich nur alsbald den eigenen Daumen in den Mund stecken, dreimal darin herumdrehen und die Worte sagen, die sie mich lehrte. All diesem schenkte ich elendiglich Glauben und wurde auch wirklich, nachdem ich von dem Becher etwas getrunken, wieder gesund; und so oft ich seitdem anfing, an der Stelle etwas zu verspüren, stillte ich es sofort gemäß der empfangenen Anleitung. Wieder einmal litt ich auch an Fieber und konnte lange Zeit hindurch trotz aller möglichen Arzneimittel nie ganz davon geheilt werden; immer kam das Fieber nach wenigen Tagen wieder. Da nahm mich die Herrin selbst vor Sonnenaufgang beim Morgenrot und führte mich hinaus ins freie Feld. Hier stieg sie mit mir auf einen Kieselstein, und nachdem sie viel Segnung und Verwünschung gegen das Fieber vorausgeschickt, schnitt sie endlich mit eigener Hand Rinde von einem Baume und band mir diese um den bloßen Leib; drei Tage und drei Nächte blieb ich darein gebunden, warf alsdann die Rinde gleichsam mit meinem Fieber ins Feuer und war geheilt. Auch habe ich fortan von den besagten beiden Krankheiten keine Beschwerde mehr gehabt, bis ich, von den Beichtvätern zu Deventer katholisch belehrt, es verachtete, auf solche abergläubischen Dinge fernerhin etwas zu halten. Von der Zeit an aber haben mich die besagten Krankheiten öfter wieder befallen...

28, 45 f.

Mespelbronn, 1520
Ein Mittel bei Bruch

Aber wie er schier ein Jahr alt geworden, da ist ein Bruch an ihm, so man in Latein herniam nennt, erschienen, derhalben dann die alte Frau von Werdenberg viel Nachfrag gehabt, wie dem Jungen zu helfen wäre, und ist letztlich ein solches Remedium erfunden worden. Man hat den jungen Herrn eines Morgens in aller Frühe, ehe dann die Sonn aufgangen, auf das Kraut (Satyria genannt), untern bloßen Himmel gesetzt, und hat also sitzend in ein leere Eierschalen, so auf ein Grünen Donnerstag gelegt worden und die ein rein Mensch in der Hand gehalten, das Wasser fangen müssen. Dasselbig hat man an ein verborgen, heimlich Ort, damit kein Tier, Vogel oder Insektum darüber komm, stellen und behalten müssen, bis daß das Wasser gar eintrockne. Solcher Aktus hat drei Tag nach einander geschehen müssen. Durch ein solches Breve oder Observation ist dem jungen Herren damals und durch kein ander Mittel sonst geholfen worden, inmaßen daß er des Orts alles sein Leben lang hernach kein Mangel oder Molestation nie empfunden, und ich weiß, daß hernach mit diesem Remedio ob den fünfhundert Kindern und alten Menschen, doch sofern es über ein Jahr nicht angestanden, geholfen worden.

224, Bd. 2, 150f.

Emmerich, 1533
Fieber, Frost und Placken

Nach Remigius, als ich neues Zehrgeld samt anderer Notdurft bekommen hatte, hab ich den Abschiedstrunk getrunken zu Köln ... Als wir in Emmerich ankamen, ging ich in die Herberge zu einem Schifferknecht namens Johann von Heisten und seiner Hausfrau Sabine, die war eine betagte Frau ... er fuhr ab und zu gen Köln oder nach Deventer, und sie war Kostgeberin. Diese Leute hatten Befehl von meinen Eltern, mich zu Sparsamkeit und Fleiß anzuhalten, was ich ja auch eigentlich selber vor hatte ...
Doch gegen Simon und Judä bekam ich abwechselnd Fieber und Frost, aber so, daß ich ein über den andern Tag frei war; es begann mit großer Hitze und darnach einem schrecklichen Frieren; ich stand zwar auf, lag aber ganze Nächte lang wach, weil ich nicht schlafen konnte, ging auch selten zur Schule und ward sehr behindert im Lernen. Ich ward im Gesicht gelb wie Wachs, und vielleicht hatte ich das Fieber von dem grünen Fischwerk bekommen, das billig zu haben war und das ich gerne aß, vielleicht aber nicht genug gargekocht; vielleicht aber hat auch meine Armut im vorigen Sommer, da ich so wenig aß und Wasser trank,

zu diesem Fieber beigetragen. Was ich auch versuchen mochte, es wurde nicht besser. Der Stadtphysikus sagte, ich solle säuberlich leben und der Zeit vertrauen ...
Ich aber ward von Tag zu Tag kränker und das schrieb ich denn auch meinen Eltern, die darüber herzlich betrübt waren, auch gern gesehen hätten, ich wäre zu Köln gewesen, doch war mir's vor lauter Schwäche nicht möglich gewesen; sie sprachen mir Trost zu, so viel sie konnten.
Am Mittwoch in der Karwoche war ich beichten gewesen und wollte am Gründonnerstag zum heiligen Sakrament gehen. Da bekam ich aber das Fieber mit solcher Gewalt und mußte so sehr frieren und zittern, daß ich mich nicht konnte berichten lassen, ging heim, legte mich zu Bette, fastete den ganzen Tag, wie ich auch am Mittwoch getan hatte. Auch am Karfreitag fastete ich, wie es sich ohnehin gebührte. Am Ostersamstag wollte ich abermals zum Abendmahl gehen, aber wiederum fiel mich das Zittern an, so daß ich unverrichtet heimgehen mußte, ich legte mich nieder und fastete abermals aus lauter Schwäche. Am Ostertag aber empfing ich das hochwürdigste heilige Sakrament und aß darnach ein klein wenig, da war ich fieberfrei, bekam's erst am Nachmittag wieder. Am Ostermontag ward ich hungrig, hatte große Begierde nach neuer Speise, aß Fleisch über Fleisch, und darauf blieb das Fieber wohl vierzehn Tage aus. Aber dann fing das Fieber wieder an, zuerst unregelmäßig, dann jeden zweiten, dritten, fünften Tag, dazu befiel mich ein Gebrechen, daß ich halber lahm ward, weder Arm noch Bein bewegen konnte. Ich war auch während des Fiebers voller Ungeziefer und Placken auf dem ganzen Leib, die Läuse machten mir viel Beschwerde, Kopf und Glieder waren voller Placken und Läuse, dazu befiel mich ein Gebrechen im Hals, so daß ich sechs Wochen lang nicht viel reden konnte. Der Mund stank mir, das Haupt war ringsum voller Läuse und Placken wie eine Kruste. Ganze Tage und Nächte lag ich einsam zu Bette, hatte wenig Zuspruch, nur meine Wirtsfrau tat ihr Bestes, soviel sie vermochte ... Aber niemand tat meinen Eltern diese schwere Krankheit kund, ich selber konnte auch nicht schreiben. Darnach fügte es Gott, daß mir die Sprache zum Teil wieder ... kam, aber es hatte mir an der Zunge und am Hals solchen Schaden getan an meiner Sprache, daß ich es lange nicht verwinden konnte; ja bis auf den heutigen Tag ist ein Mangel geblieben. Ich begann wieder zu essen und kräftiger zu werden. Meine Wirtsfrau badete und laugte mir das Haupt mit Hilfe und Rat einer andern Frau, sie schnitten mir das Haar mit der Schere ab, sie schmierten Salbe darauf und kämmten mir die Placken und den Schorf ab, so daß mir das Haupt wie rohes Fleisch ward, und vertrieben mir die Läuse und heilten mir allgemach mit Waschen und Salben das Haupt ... Damit verging der Sommer ...

213, 78 ff.

Bremen, 1756
Demonstration der Pockenimpfung an armen Kindern

Es hat allhier der gelehrte und erfahrene Arzt Herr Dr. Dunze nebst dem Dr. Condela die Einpfropfung der Pocken bei sechs Kindern, welche von armen Eltern geboren, und daher während der Kur auf des Herrn Dr. Dunzens Unkosten verpfleget wurden, versuchet. Nachdem solche gehörig waren zubereitet worden, wurden selbige den 30. November inoculiret. Drei davon bekamen die Blattern und stunden selbige ohne viele Beschwerden aus; einer von diesen bekam 50, der andere 30, und der dritte ohngefähr 20 Blattern. Die übrigen drei bekamen hingegen keine Blattern, obgleich zu einigen Malen die Einpfropfung bei selbigen wiederholet wurde; vermutlich, weil letztere in ihrer zarten Jugend die Blattern bereits gehabt, und solches von den Eltern gedachter Kinder, deren elende Umstände nicht erlaubet auf die Kinder viel acht zu haben, aus der Acht gelassen worden war. Die erwähnten drei ersten Kinder bekamen die Blattern nach der zum ersten Male gemachten Einpfropfung und befinden sich anjetzo seit vier Wochen schon in vollkommener Gesundheit. Besonders merkwürdig ist es, daß die Blattern bei solchen nicht vor dem 14. Tage nach der geschehenen Einpfropfung zum Vorschein kamen, da solches doch gemeiniglich den 9. oder 10. Tag zu geschehen pfleget; vermutlich ist die Ursach davon gewesen, weil die mit der Materie der Blattern genetzte Faden, so der Herr Dr. Dunze dazu gebraucht, etwas alt waren und bereits 4 bis 5 Monate gelegen, folglich auch die Materie schon viel von ihrer Kraft verloren gehabt.

23, 166

Dillingen, 1771
Das sog. »Dreitägige kalte Fieber«

Am St. Ursulaabend 1771 zog ich wieder nach Dillingen in das Kosthaus und bekam einen vortrefflichen Studenten und Organisten ... zum Instruktor. Er hielt mich zum Lesen lateinischer Klassiker an und machte mich auf die Eigenarten dieser Sprache aufmerksam ... In der Schule ging es besser als im vorigen Jahre; ich betrug mich ruhiger und lernte meine Lektionen fleißiger. Man glaubte, ich würde wenigstens der Zweitbeste werden. Allein bald nach Ostern bekam ich das dreitägige kalte Fieber. Ich hatte an einem Nachmittag auf einmal für sieben Kreuzer Monatrettiche gegessen und viel Wasser dazu getrunken. Jedermann gab dieser Unmäßigkeit schuld, daß ich krank ward. Ich besuchte zwar, ungeachtet meiner Krankheit, die Schule an den guten Tagen, wo mich der

Fieberfrost nicht eben schüttelte. Allein gar oft mußte ich wider Willen von der Schule wegbleiben und das Bett hüten. Das Fieber verließ mich auch nicht früher, als bis ich in der Herbstvakanz nach Hause kam ... Es blieb zwar in der Zwischenzeit einigemal auf wenige Tage aus; allein es kehrte immer zurück. Einmal vertrieb ich es acht Tage lang durch Laufen. Ein Student hatte mir geraten, so lange einen Hügel auf und ab zu springen, bis ich unmöglich mehr gehen könnte, sondern liegen bleiben müßte, das würde mir helfen. Ich tat es, und es gelang. Aber bald kam das Übel wieder. Dessen ungeachtet gab man mir eine Sängerrolle in der Endskomödie und hoffte immer, das Fieber sollte mich bis dahin verlassen. Ich schrieb mit andern pro praemiis und wohnte den Examinibus aus dem Katechismus und der Geschichte bei, wie jeder andre; denn der Fieberfrost ergriff mich erst nachmittags ... Die Zeit der Endskomödie rückte heran, und ich mußte als ein Fieberkranker meine Rolle spielen. Die Wangen wurden mir sehr stark geschminkt; aber meine Blässe war an den übrigen Teilen des Angesichts nur desto sichtbarer. Bei der ersten Aufführung des Singspiels ward mir nicht übel; aber bei der zweiten ... Ich sollte am Ende der Hauptperson zu Füßen fallen, hatte aber die Kräfte nicht mehr, mich auf die Knie gehörig niederzulassen und fiel der Länge nach hin, so daß man mich ohnmächtig hinter die Kulissen ziehen mußte. Die Prämien wurden ausgeteilt, und ich bekam drei, eine ex soluto, die andre ex graeco, und die dritte ex Catechisimo, ohne sie auf dem Theater selbst abholen zu können. Man trug die Prämien zu meinem Bette, um mir Freude zu machen ... und die Köchin brachte zugleich eine sehr gute, für mich besonders gekochte Speise: allein ich konnte vor Ekel nichts davon genießen ...

Ich trug mein Fieber in die Herbstferien nach Höchstädt. Auch hier sollte ich eine Person in der Komödie annehmen. Ich stellte die Unmöglichkeit wegen des Fiebers vor. Aber da hieß es: »Laß das gut sein; der Apotheker hilft dir im Augenblick davon. Jetzt mag es noch eine Weile austoben. Aber wenn es auf die Komödie losgeht, nimmst du eine einzige Pille und das Fieber ist weg.« Wirklich ging es so. Der Apotheker schickte mir eine erbsengroße rote Pille; ich nahm sie, und das Fieber blieb aus ... Aber bald darauf aß ich einige Erdbeeren und Kukumern in Essig und Öl und bekam das Fieber wieder. Ungeduldig darüber, kostete ich endlich eine Zeitlang nichts mehr als warme Brotsuppen und ward es dadurch bald gänzlich los.

20, 120 ff.

BERLIN, 1773
Maßregeln bei Englischer Krankheit

Der gelehrte Herr Dr. Hofmann zu Eckartsberga schlägt auf die in dem Leipziger Intelligenzblatt aufgeworfene Frage »Wie kann man Kindern helfen, die anfangen auszuwachsen, wo die Knochen im Rücken schon krumm laufen, ohne sie mit Schnürbrüsten zu ängstigen?« folgendes gemeinnütziges Mittel gegen das Auswachsen der Kinder vor, da er sagt, daß solches von der englischen Krankheit herkomme, welches eine solche Knochenkrankheit, die in einem ungleichen Wachstum derselben besteht, welche ihren Grund in den verstopften Gekrösdrüsen, und daher verdorbenem Nahrungssaft, hat, der an der einen Seite oder Ende die Knochenröhrlein verstopfet, daß sie nicht genähret werden können; am andern aber desto mehr ernähret und verlängert, wovon sie notwendig krumm werden müssen. Ich habe Kinder gesehen, fährt der Herr Doktor fort, deren Beine überaus krumm wurden, die man mit Stiefeln, so mit Fischbein gesteifet, und mit Schnüren fest um die Beine gelegt wurden, gerade zu bringen suchte. Sie wurden aber krümmer davon, und so schwach, daß sie in einer ebenen Stube über den Haufen fielen. Ich habe Kinder gesehen, die hohe Schultern und Hüften, krumme Rücken und Rippen, gleichwie einwärts gebrochen, daß man zwei Finger in den Höhlen verbergen konnte, hatten, welche man mit Schnürbrüsten wieder heilen wollte. Aber statt dessen wurden sie engbrüstig, und starben wohl gar bei dem Gebrauch der besten Medikamente. Diejenigen, so ich von solchen in die Kur bekam, und bereits unheilbar schienen, sind alle binnen einem Vierteljahr wieder besser geworden. Ich ließ sie alle acht Tage gelind laxieren, vier Wochen lang innerliche, blutreinigende gelinde Medikamente brauchen, 14 Tage ruhen, und dann wieder die Kur repetieren, dabei alle Wochen zwei Kräuterbäder machen, und abends beim Schlafengehen mit einem stärkenden Spiritus das Rückgrad waschen; alle Schnürbrüste und Stiefeln aber gänzlich ablegen, wodurch alle Patienten, die nicht über sieben Jahre gewesen sind, zum Vergnügen der Eltern, und zum Preise des Herrn, wieder hergestellt wurden, so daß wenige nötig hatten, die Kur das dritte Mal zu wiederholen.

23, 57f.

Breslau, 1797
In der Apotheke des Hausvaters

1. Klistiere: Ein Klistier für kleine Kinder. Man nimmt vier Löffel Milch, eben so viel Wasser, und einen halben Löffel Zucker, läßt diese Mischung am Feuer warm werden, und füllt sie hernach in eine Klistierblase, oder besser Klistierspritze; hierauf tut man noch zwei Löffel Öl dazu. Zu einem Klistier für größere Kinder kocht man eine Handvoll Pappeln (Malven) in einem Schoppen Wasser oder Milch, seigt die Abkochung durch ein Tuch, und setzt dann zu dem durchgeseigten einen Löffel Öl, auch bisweilen zwei bis drei Kaffeelöffel Salz ...
2. Stuhlzäpfchen: Man kann sie auf verschiedene Art bereiten. Z. E. Es wird eine ausgekörnte, und in Öl eingetauchte große Rosine in den After gesteckt; oder man läßt ein paar Löffel Honig und einer Messerspitze gestoßenen Salzes in einem blechernen Löffel auf Kohlen gelinde schmelzen, macht davon ein Käulchen, und steckt solches, wenn es völlig kalt ist, in den After; nur muß dieser Körper vorher in Öl getaucht werden, ehe man ihn appliziert ...
3. Senfpflaster: Man nimmt ein halb Lot gestoßenen und in Essig eingeweichten Senfsamen, und ein Lot scharfen Sauerteig, oder Brotkrumen, befeuchtet dieses Mengsel mit Essig, macht einen Teig daraus, streicht solches auf einen leinenen Fleck und legt es auf ... Man legt dieses Pflaster gewöhnlich an den Nacken, oder an den Oberarm oder an die Waden. Bei Kindern, die eine feine Haut haben, muß man das Pflaster oft nach einer Viertelstunde wegnehmen, nachdem es einen roten Fleck gemacht hat. Weit länger kann man die Senfpflaster auf den Fußsohlen liegen lassen, wo sie weniger, oder auch nicht so geschwind reizen.
4. Spanische Fliegen-Pflaster: Die Anwendung bestimmt der Arzt. Doch gehört hierher folgendes: Wenn man die entstandene Blase öffnet, so nehme man sich in Acht, daß man die Oberhaut nicht wegschneide, sonst heilt die Wunde schwer. Am besten öffnet man die Blase ganz behutsam mit einer Schere oder Nadel und drückt die Materie heraus. Auf die Wunde kann man alsdann ungesalzene Butter legen.
5. Brechmittel: Ihr großer Nutzen bei Kinderkrankheiten ist bekannt: ihre Anwendung bestimmt der Arzt. Indessen kann wohl in schleunigen Fällen zur Rettung eines Kindes ein Brechmittel erforderlich sein, und dann kann man folgendes Brechmittel bereiten, oder besser in der Apotheke bereiten lassen: Ein Gran Brechweinstein wird in sechs Lot warmen Wasser aufgelöst, und mit etwas Honig versüßt; davon bekommen kleine Kinder alle Viertelstunden zwei Kaffeelöffel voll, so lange bis Brechen erfolgt ... Größere Kinder (nach dem vierten Jahr) bekommen alle Viertelstunden einen Kinderlöffel (Papplöffel) bis sie zu brechen anfangen ... Bei Kindern, die mit Brüchen behaftet sind, oder die

eine schwache Brust haben, oder sehr verwachsen, oder mit der Englischen Krankheit behaftet sind, sei man sehr vorsichtig mit Brechmitteln...
6. Molken: Man kann Kinder fast allein mit Molken aufziehen. In Krankheiten kann man ihnen kein vortrefflicher Getränke geben; sie verdünnen die Säfte, mildern die Schärfe, heben die Verstopfung. Die Buttermilch ist von den Molken nicht sehr verschieden; sie bekommt in Fiebern sehr gut, nur darf kein Durchfall zugegen sein.
Da man die Molken nicht immer frisch haben kann, so bereitet man nach Hufelands Angabe süße Molken: 1. Man läßt einen Kalbsmagen ein paar Stunden in Essig weichen, bläset ihn auf und trocknet ihn; auf welche Art man ihn lange konservieren kann. Davon ist ein fingerslanger Streifen hinreichend, ein ganzes Maß Milch zum Gerinnen zu bringen, und zwar auf folgende Weise: Man weicht denselben ein paar Stunden in einer Tasse Wasser ein, schüttet ihn sodann nebst dem Wasser in ein Maß von Rahm wohl befreiter ungekochter Milch, und setzt dieselbe in warme Asche oder auf den warmen Ofen, daß sie nur langsam erwärmt, aber nicht kocht. Kaum hat sie so eine Viertel- oder eine halbe Stunde gestanden, so erzeugt sich oben eine käsigte Haut, die man durchschneidet, und so sondert sich nach und nach der hellste Molken ab...
7. Milchzucker: Der Milchzucker kann ebenfalls zu einem guten Getränk für Kinder benutzt werden, wenn man ihn in Wasser auflöst... Man kann ihn statt der Molken brauchen.
8. Mandelmilch: Ein ungemein kühlendes milderndes Getränke. Nimm geschälte süße Mandeln zwei Lot, stoße sie in einem serpentinern Mörser, schütte ein halb Lot Zucker hinzu, und gieße nach und nach drittehalb Pfund Wasser auf, reibe alles zusammen, und seige es durch...
9. Zubereitung der schleimigten Speisen: Hafergrütze, Reis, Graupen etc. sind nährende und sehr schickliche Speisen für Kinder. Nur versieht man es damit, daß man diese Substanzen, so wie sie sind abkochen läßt, wodurch soviel mehlichtes und schwer verdauliches mit übergeht, und daß man sie zu dicke kocht. Man lasse daher allemal Hafergrütze und Graupen ungestoßen erst mit Wasser abbrühen, daß die bloß mehlichte Oberfläche weggeht, und nun lasse man frisches Wasser übergießen, und sie recht stark auskochen, so wird man einen reinen halb durchsichtigen Schleim erhalten, der gehörig verdünnt, auch dem zartesten Magen nicht schwer fallen wird...
10. Mehlbrei: Auch der sonst so schädliche Mehlpappe oder Mehlbrei, den der Landmann nicht glaubt entbehren zu können, würde minder schädlich werden... 1. wenn man ihn durchaus nicht Säuglingen, oder Kindern im ersten Jahre gibt... 2. wenn man ihn durch Abbrechen verdünnt; 3. allemal frisch und niemals aufgewärmt gibt; 4. wenn die Kinder dabei oft und viel in die Luft kommen, und fleißige Bewegung haben...

11. Fleischspeisen: Man hat mit Unrecht den Kindern alles Fleisch verboten ...
12. Räuchern: Das gewöhnliche Räuchern mit Rauchpulver, oder mit Wacholderbeeren und andern stark riechenden Dingen hat den Nachteil, daß es zwar den Geruch der Ausdünstungen verändert, aber die Luft nicht verbessert, ja besonders wenn man Fenster oder Türe nicht öffnet, einen betäubenden Schwindel erregenden Dunst verbreitet, wozu besonders die Kohlen viel beitragen. Die Gewohnheit Essig auf glühende Steine, oder glühende Eisen zu gießen, um durch die Dämpfe die Luft zu verbessern, bewirkt gerade das Gegenteil. Der Essig wird beim Verdampfen in kohlensaures Gas, – in eine verdorbene Luftart verwandelt ...

205, 420 ff.

CROSSEN, UM 1800
Ein schreckliches Pockenkind

Bei den meisten Kranken sah man schon bei dem ersten Besuche den traurigsten Ausgang vorher, und konnte leider denselben, ohnerachtet der Anwendung der wirksamsten Mittel, nicht verhüten. So sah ich z. B. unter anderen Kranken einen sechsjährigen Knaben, dem die Eltern aus Einfalt kurz vor Ausbruch der Krankheit ein Abführungsmittel aus Sennesblättern und Glaubersalz gegeben hatten, die Säfte in kurzer Zeit in Fäulnis übergehen. Am dritten Tag der Krankheit, an welchem ich zugezogen wurde, enthielten die Blattern mehr oder weniger blutige Jauche. Die Blattern waren zusammen gelaufen und sahen bläulich schwarz aus. Der Anblick war schrecklich, der Kleine phantasierte still, hatte abwechselnd Krämpfungen, knirschte fürchterlich mit den Zähnen und zerbiß die mit Getränken angefüllten Gläser oder Schalen, so daß ich ihm dasselbe im hölzernen Becher reichen ließ. Schon am 4. Tage floß aus Mund und Nase blutige Jauche, die dünnen übelriechenden Stuhlausleerungen waren mit Blut gemischt und so ging auch der Harn unwillkürlich ab. Die Spitzen der Finger und Zehen wurden nach und nach brandigt, sahen kohlschwarz aus und glichen Kohlstrünken, der Brand schritt rasch vorwärts. Es zeigten sich hin und wieder am Halse, auf der Brust, an den Armen und Füßen brandigte Streifen 2 bis 4 Zoll lang und ½ Zoll breit. An mehreren Stellen des Körpers erhob sich die Oberhaut, es bildeten sich Brandblasen von der Größe einer welschen Nuß, aus welchen beim Aufplatzen eine blutige, übelriechende Jauche floß. Nie sah ich ein so schreckliches Pockenkind, welches bei lebendigem Leibe zur Hälfte beinahe in Fäulnis übergegangen war, und demohnergeachtet noch eine Zeitlang lebte. So oft man nach einigen Stunden den kleinen Kranken wiedersah, so oft konnte man das Fortschreiten des Brandes bemerken. Der Kranke lag mit zusammengebissenen Zähnen, schwer war die Anwendung der Arzneimittel, von deren Gebrauch leider kein guter Erfolg vorherzusehen war, und am 4. Tage nach dem ersten Ausbruch der Blattern machte der Tod dieser traurigen Szene ein Ende.

64, 2

Dresden, 1803
Heilloses Purgieren!

Bald nach unserer Wohnungsveränderung erkrankte mein jüngerer Bruder Eduard, in seinem dritten Jahre stehend, an dem Keuchhusten, dieser fürchterlichen Krankheit, deren sichere Heilung der ärztlichen Kunst bisher ebenso gespottet hat als die Cholera und das Scharlachfieber.
Mein Bruder Eduard war ein bildhübsches Kind mit blauen Augen und lichtem Haupthaar, dazu, weil er der jüngste unter uns, der Liebling unserer Mutter, aber auch unser aller. Daher sorgten und ängstigten wir uns außerordentlich über dieses Übel, bei dessen Ausbrüchen der Zuschauer und Zuhörer fast ebenso sehr leidet als der Kranke selbst. Sofort riefen meine Eltern einen damals in großem Rufe stehenden und allgemeinen Vertrauens sich erfreuenden Arzt, den Doktor Kauer, um seinen Beistand herbei. Ehemals beurteilte man die Kunst und Gelehrsamkeit eines Arztes nach der Länge seiner Rezepte und der Menge der darauf verordneten Arzneien. Und hierin war Dr. K. stark. Mein armer kleiner Bruder ward gezwungen, eine große Flasche von zehn untereinander gemischten und einander wohl gar entgegenwirkenden Arzneien nach der andern zu leeren. Umsonst sträubte sich das natürliche Gefühl, der kleine Mund und Magen des armen Kindes gegen das barbarisch schmeckende Gesöff, einen richtigen Schwedentrunk, der dem Knaben alle Eßlust benahm und ihm die noch vorhandenen Kräfte und Säfte aus dem Körper purgierte ... Bei diesen ärztlichen Vergiftungen bewendete es aber noch nicht. Jede Verwandte, Freundin, Bekannte, Waschfrau usw., die uns während der Krankheit meines Bruders besuchte, wußte ein unfehlbares Mittel gegen jene, und ach! oft genug waren die mütterliche Angst und Sorge um den Liebling so schwach, daß viele der angeratenen Hausmittel – freilich dem Arzte unbewußt – noch nebenbei angewendet wurden. Trotz diesem verkehrten Gebaren schien nach monatelangem Leiden und Abzehren die Natur des Kindes doch noch als Siegerin aus dem harten Kampfe hervorzugehen. Die Gewalt des Keuchhustens ließ scheinbar nach, kam seltener und minder heftig und schon lebten wir wieder neu auf. Der Arzt selbst erklärte die Krankheit für gebrochen und den Kranken außer Gefahr. Nur

fand er es noch für nötig, den gänzlich ausgemergelten, bett- und stubensiechen Körper meines Bruders völlig zu reinigen, und verordnete ihm deshalb eine Flasche voll eines Abführungsmittels ...
Nach dem Verschlucken jenes heillosen Purgiermittels, womit ihn zu verschonen, mein armer Bruder flehentlicher als jemals gebeten hatte, ging dieser seiner irdischen Auflösung mit schnellen Schritten entgegen. Sein letzter Kraftüberrest war aus dem geschwächten Körper vollends hinauspurgiert worden ...
Der Schmerz unsrer Mutter über den Tod ihres Kindes war eben so groß wie nachhaltig. Es verging eine Reihe von Jahren und jener Schmerz verblich oder verminderte sich nicht. Jeder Freundin, jedem uns besuchenden Bekannten erzählte meine Mutter die umständliche Geschichte von der Krankheit und dem Tode ihres Kindes. Zugleich wurde dabei all der Tugenden, all der kleinen Züge, der naiven Reden und Einfälle des Verstorbenen gedacht, welche derselbe in seinen gesunden und kranken Tagen kundgegeben hatte. Da ich bei solchen Besuchen gewöhnlich zugegen war, so habe ich nicht hundert-, nein wohl tausendmal jene, stets von neuen Tränengüssen begleitete Lebens- und Leidensgeschichte aus dem mütterlichen Munde mit angehört.

148, 28 ff.

Gumbinnen, 1821
Ein Jagdunfall

Es war Ende August, und als Belohnung für seinen Fleiß während der Woche erhielt mein Bruder die Erlaubnis, am Sonntag mit dem Jäger auf die Jagd zu gehen, um für den Vater ein junges Häschen zu schießen. Ein Schulkamerad in des Bruders Alter quälte ihn mitzunehmen, und Louis ließ sich dazu bewegen. Wir hatten am Sonntag Tischgäste, und während des Essens fiel ein starker Gewitterregen; der Vater erinnerte sich an Louis, der sein Liebling war, und bedauerte, daß ihm sein Vergnügen verdorben würde. So geschah es auch; allein in anderer Weise, als der Vater meinte ... Als ich endlich mit dem Vater das Zimmer verließ, trafen wir auf der Treppe den Jäger, welcher zwei Gewehre trug. Mein Vater fragte, wo Louis sei. Dragewitsch antwortete: »Machen Sie mit mir, was Sie wollen, der Junker Louis ist geschossen!« »Tot?!« fragte der Vater ... Louis war nur verwundet, allein gefährlich. Als ihn der Gewitterregen überraschte, kroch er, um sich zu schützen, in eine Getreidemandel, eine Art Hütte, die durch das Zusammenstellen von fünfzehn Garben gebildet wird ... Sein Schulkamerad suchte an demselben Ort Zuflucht, ließ aber das Gewehr im Regen, und als mein Bruder ihm riet, es ins Trockene zu stellen, zog es der Knabe

durch das Stroh zu sich. Der Schuß ging los und meinem Bruder in das Knie. Da die Entfernung nur etwa zwei Fuß betrug, so blieb der ganze Schuß beisammen – der dumme Junge hatte grobes Schrot untermischt mit Rehposten geladen! –, ja sogar beide Wergpfropfen drangen mit in die Wunde ...
Bald wurde er auf einem Wagen gebracht. Der geschickte Bataillonsarzt der Landwehr konnte sich nicht entschließen, das Bein abzunehmen, da er es zu retten hoffte. Der arme Bruder hatte unsäglich zu leiden. Erst nach drei Wochen kam der eine Wergpfropfen aus der Wunde. Das Bein schwoll zu einer ungeheuren Dicke an, und es mußten wohl zehn lange Schnitte gemacht werden, die mein Bruder, sobald er nur dazu konnte, sich stets ausbat, selbst machen zu dürfen. Überhaupt ertrug er seine Schmerzen mit einer Standhaftigkeit, die von einem elfjährigen Knaben wirklich wunderbar war. Erst Ende November konnte mein Bruder zum ersten Male aufstehen, aber es dauerte noch lange, ehe er an Krücken gehen konnte. Das Bein wurde indessen sehr gut und absichtlich ein wenig gekrümmt geheilt. Es blieb steif; allein der Bruder hinkte kaum und konnte später ohne Beschwerde nicht nur gehen, sondern tanzen und reiten.

30, 56 f.

Rehren usw., 1821 ff.
Geschichte einer Krankheit

Schon während der ersten Kinderkrankheiten scheinen die »Luftwege« bei mir gelitten zu haben. Doch überwand ich die Masern und Frieseln leichter als meine Geschwister und hatte auch gegen die stete Diätregel unseres würdigen Arztes, der zugleich Brunnenarzt in Eilsen war, nicht viel einzuwenden. Als einst die Mutter fragte: »Nun, Herr Hofrat, was darf der Kleine essen?«, rief ich ganz wohlgemut unter meiner Decke hervor: »Grütte, Gruben, Ries-Häuner, Küken, Duven!« (Grütze, Graupen, Reis-Hühner, Küchlein, Tauben.) – »Süh, süh!« lachte da der alte Biedermann, »de Düwels-Junge weit't all; na de sall wol wêr wêren!« Und ich »ward« auch wieder und blieb gesund bis ins dreizehnte Jahr. Von da an jedoch habe ich keine völlig gesunde Stunde mehr gehabt ... Heiserkeit, Kurz- und Schweratmigkeit, Reizbarkeit der Schleimhäute, Nerven- und Hautschwäche wurden stehende Leiden; dazu kamen Lungenentzündungen und viele, viele andere Leiden und körperliche Mißgeschicke ...
Die Heiserkeit kam ziemlich unversehens und wurde anfangs fast gar nicht beachtet. Eine starke Erkältung mochte wohl der Grund derselben sein. Wie ich glaubte, hatte ich mir dieselbe durch eine Fahrt auf einem offenen Leiterwagen bei schlechtem Wetter zugezogen. Der Vater dagegen gab dem Konfirmanden-

unterricht die Schuld, indem die Kinder auf halbstündigen Wegen zur Winterzeit oft völlig durchnäßt wurden und dann Stunden lang still sitzen mußten. Möglich auch, daß eine der erwähnten Treibjagden mir das lebenslängliche Andenken an den Feudalismus hinterlassen hat. Eine alte Frau jedoch, die mitunter eine Gabe bei uns holte, behauptete steif und fest: nichts von allem sei richtig; vielmehr habe mir jemand das Übel angetan ... Und bei der Heiserkeit blieb's auch. Alle Haus- und sonstigen Mittel hatten nur den Erfolg, daß es immer etwas schlimmer wurde, bis endlich vollständige Tonlosigkeit eintrat, so daß ich mich auf einige Schritte Entfernung nur durch Pfeifen und Winken bemerkbar machen konnte. Auch die damaligen Regeln des Warmhaltens ... fruchteten nichts ... Es sei eine Brunnenkur in Eilsen nötig, sagte (der Hofrat) endlich; dort würden die neueingerichteten »Gasbäder« bald alles wieder ins Gleiche bringen.
So wurde ich denn einige Wochen in den kalten Schwefelwasserdunst eingesperrt und saß Stunden lang, Tage lang, einsam und geduldig, wie ein Versuchskaninchen, und horchte auf das eintönige Plätschern des Schwefelwassers, dessen Wirkungen sich anfangs, wie der Arzt behauptete, gut anließen, bald aber, wie mir schien, eine handgreifliche Verschlechterung herbeiführten; je mehr ich atmete, desto kurzatmiger glaubte ich zu werden, während mir draußen im Walde wohl war ...
Keinen besseren Erfolg als diese Brunnen- und Badekur, hatte die Anwendung des Galvanismus. Es lebte zu jener Zeit ein junger Arzt in Stadthagen, welcher mit Hilfe einer Voltaschen Säule ungewöhnliche Heilungen erzielt haben sollte ... Mein Vater hatte einen guten Freund in der Stadt, der Hutmacher war und daher schlechthin »der Hutmacher« von uns genannt wurde ... und der Hutmacher nahm mich einige Wochen ins Haus, stellte mich dem Arzte vor und war gleich mir der besten Hoffnung voll, um so mehr, je weniger wir beide von den Redensarten verstanden, mit welchen uns der Heilkünstler seine Vorrichtungen zeigte.
Der Erfolg war, wie schon angedeutet, gleich Null. Dagegen ward ich während der Kurzeit erfolgreich in die »orientalische Frage« eingeweiht, so daß auch dieser verfehlte Heilversuch zur Vermehrung meiner Kenntnisse beitrug. Der Gehilfe des Hutmachers, eine stramme, pockennarbige Gestalt, war nämlich ein lebhafter Zeitungsleser. Er verhandelte tagtäglich mit dem Sohne des Hauses, der das Wollkratzen besorgte und auch mir einige Handgriffe dieser Kunst beibrachte, den griechischen Aufstand; alle Schrecken und Schaudergeschichten vor und hinter Missolunghi wurden gewissenhaft durchgesprochen ...
Als endlich die Zeit der Konfirmation herankam, trat auch die Frage, was denn eigentlich aus mir werden sollte, näher. Der Vater wünschte meist, daß ich Schulmeister werde ... Meine Mutter dagegen war anderer Ansicht. Sie dachte

über den Schulmeister hinaus, und gestand mir oft im Vertrauen: »Ja, Fritz, wenn ich dich einmal so auf der Kanzel sehen könnte, wie unsern Pastor! Oder gar so vor dem Altar, wie den Herrn Superintendenten bei der Kirchenvisitation!« ...
Da ich der Älteste war, so würde ich vermutlich nach allem Hin- und Herraten der Anerbe unsers kleinen Heimwesens geworden sein; allein auch das war bei meinem schwankenden Gesundheitszustande mehr als bedenklich. Ich kwînte und sénerte, wie man es ausdrückte, d. h. ich kränkelte, nun schon seit Jahren; Monate lang hustete ich Blut; wie sollte ich da den schwersten Arbeiten bei allen Unbilden der Witterung gewachsen sein!
Endlich wurde beschlossen, den Verlauf des Hals- und Brustleidens noch etwas abzuwarten. Ich sollte zunächst konfirmiert werden, dann zu einem Oheim nach Wiedensahl ziehen, teils um dort noch Unterricht zu nehmen, teils um einen als Wunderdoktor gerühmten Arzt in Bad Rehburg zu Rate zu ziehen, und dann wollte man weiter sehen ...
Mein Aufenthalt in Wiedensahl dauerte gegen zwei Jahre und brachte mir, wenn ich auch in Kenntnissen nicht sehr gefördert wurde und mein Gesundheitszustand sich eher verschlechterte als besserte, doch den Umgang mit neuen munteren Kameraden ... Mit einem der neuen Bekannten, namens Klockenbrink, traf ich später in Rinteln und Marburg wieder zusammen. Er war Lehrling und Gehilfe des Heilkünstlers, der mich mit Fontanellen und Blatternsalben behandelte ... In Wiedensahl lernte ich auch zum ersten Male Leidenschaften und Wirrnisse der Liebe kennen. Ich ward der Vertraute meines Vetters und meiner Base, die beide Liebschaften hatten, welche auf die volle Billigung des Oheims nicht rechnen konnten ...
Außer dem ... Klavierspiel lernte ich in Wiedensahl noch etwas Geschichte, Erdbeschreibung, Naturgeschichte usw. Auch mit dem Französischen wurde ein Versuch gemacht, aber freilich kein glücklicher. Ein Kandidat der Theologie gab meinem Lehrer Unterricht und was dieser eben gelernt und nicht gelernt hatte, suchte der Brave schon wenige Tage darauf seinen Kindern wieder beizubringen ...
Am schlimmsten sah es mit meinen Heilbestrebungen aus. Jahre lang war ich nun mit allen Arten von Tee, Mixturen, Salben, Fontanellen, Pflastern, ja sogar mit Hundefett, Kaninchenfellen und Bocksbeutelwolle, behandelt worden, ohne daß etwas anderes als von Zeit zu Zeit eine kleine Verschlechterung wahrzunehmen gewesen wäre. In der Tat mochte es wohl übel genug mit mir stehen. Als ich eines Abends erschöpft auf einer Bank lag und man mich für eingeschlafen hielt, wurde mit Berufung auf die Andeutungen des Arztes mein Tod als zweifellos nahe bevorstehend besprochen und man wunderte sich nur, daß ich selbst noch so guten Muts dabei sei.

Allerdings hatte ich bisher an ein baldiges Hinscheiden nicht sonderlich gedacht, wenn ich auch ebensowenig an eine völlige Wiederherstellung glaubte. Aber eins kam mir nun doch zum Bewußtsein: wozu, sagte ich mir, diese endlosen Quälereien, wenn doch keine Besserung zu erwarten ist? Ich entledigte mich daher, als ich im Frühjahr 1825 nach Rehren zurückkehrte, aller Pflaster und Einwickelungen, wusch mich mit kaltem Wasser, setzte mich jeder Witterung aus und siehe da: nach einem heftigen Blutauswurfe trat ein Umschwung ein, Kräfte und Frische nahmen zu, ich lebte wieder auf.

150, 30ff.; 46ff.; 61ff.

DARMSTADT, UM 1825
Geheimrat Böckmann kuriert einen Ohrenkatarrh

Sonst war ich ziemlich gesund, doch erinnere ich mich, daß ein hartnäckiger Ohrenkatarrh, der mir das schon von Jean Paul gepriesene zweifelhafte Glück verschaffte, mangels Trommelfell im linken, nur mit dem rechten Ohre zu hören, auf eine so barbarische Weise zu heilen versucht wurde, daß ich lange Zeit nur mit Zittern daran denken konnte. Am linken Arm wurde mir durch Zugpflaster eine große Stelle bloßgelegt und deren rohes Fleisch mit in scharfem Essig gebeizter Birkenrinde überbunden; später ward dann ein Fontanell daraus, das lange Zeit offen gehalten wurde, natürlich ohne das mindeste zu nützen. Heutzutage lacht man darüber oder schüttelt verächtlich den Kopf; aber das ersparte dem armen Bübchen die furchtbaren Qualen nicht, die ihm die Tortur, die unser und des Erbprinzen Leibmedikus, der Geheimrat Böckmann, ihm weise und bedächtig auferlegte.

76, 73

LEIPZIG, 1838
Mittel, bei Keuchhusten anzuwenden

Das Schierlingsextrakt (Extr. cicutae), welches Armstrong, Lentin, Störk, Rayer, Odier, Butter, Ranoe u. a. m. als das wirksamste Mittel im Keuchhusten rühmten, hat ziemlich seinen ganzen Kredit in dieser Krankheit verloren, denn die meisten Ärzte ... sahen niemals Erfolg davon ...
Die Blausäure (Acidum hydrocyanicum) hat sich einen großen Ruf erworben, wenn schon ihr Nutzen ... in zahlreichen Fällen nicht bestätigt werden konn-

te... Atlee ließ einen Tropfen offizinelle Blausäure mit 1 Unze Syrup mischen und ganz kleine Kinder davon täglich einen Teelöffel voll nehmen, größere Kinder 2, 3 bis 4. Blache versuchte dieses Verfahren im Kinderkrankenhaus, mußte aber nach 6 Tagen, in welcher das Mittel durchaus keinen Nutzen geschafft hatte, wegen Hirnkongestionen von der weiteren Anwendung abstehen... Wir selbst sahen, wie dieses schon von uns an einem andern Ort erinnert worden ist, in einer Epidemie die Blausäure große Dienste leisten, während sie in einer andern fast nicht die geringste Erleichterung brachte...
Der Moschus, eins der vorzüglichsten Mittel gegen den Keuchhusten, ist in der neuesten Zeit mit dem besten Erfolge... in Gebrauch gezogen... und gerühmt worden. Jacobi gab ihn in großen Gaben mit Kampfer. Er findet seine Anwendung nach vollkommen beseitigter Entzündung, vorzugsweise bei Ohnmachten, in der zweiten Periode der Krankheit... Des hohen Preises wegen haben Hufeland und Schnuhr diesem Mittel den Moschus artificialis, als ebenfalls sehr wirksam, substituiert. Dürr empfiehlt neuerlich Amulette von Moschus... um den Hals zu tragen... Muhrbeck ließ Amulette von Moschus und Schwefelblumen auf der Herzgrube tragen... Die Salzsäure (Acidum muriaticum purum) wurde durch Thiel als ein sicheres, fast spezifisches Mittel gegen den Keuchhusten gerühmt. Er ließ zwei bis sechs Drachmen davon täglich, mit Wasser verdünnt und durch Zusatz von Syrup.rub.idaei schmackhaft gemacht, verbrauchen. Je stärker der Husten ist, um so stärker müsse die Gabe der Säure sein, welche übrigens in jedem Stadium der Krankheit passen soll. Obgleich bis jetzt weitere Erfahrungen über dieses Mittel fehlen, so scheint Thiel doch den Nutzen desselben sehr zu übertreiben...
Außer den genannten innerlichen Mitteln sind noch eine große Menge äußerliche als sehr wirksam gerühmt worden, unter denen zuerst die Klistiere erwähnt zu werden verdienen. Man bedient sich derselben nicht allein um Verstopfungen zu heben... sondern auch um die Krampfanfälle zu mindern, in welcher Absicht krampfstillende Mittel... zugesetzt worden sind... Zuweilen sieht man sich zur äußerlichen Anwendung dieser Mittel genötigt, wenn Kinder sich hartnäckig weigern, die verordneten Mittel zu nehmen. Endlich sind stärkende und nährende Klistiere in Fällen anzuwenden, wo die Patienten gar keine Nahrung zu sich nehmen und bedeutend abmagern. In diesen Fällen nützen Klistiere von Molken... Milch, Fleischbrühe, Salep, Abkochung des isländischen Mooses, der China u. dergl. mehr
Hiernächst sind Inhalationen verschiedener Dämpfe gegen den Keuchhusten versucht worden... Reizende Dämpfe, wie sie von Jahn und Kilian empfohlen wurden, von denen ersterer den Dunst des Vitriolnaphta, und letzterer des Sauerstoffs einatmen ließ, erfordern große Vorsicht, da sie leicht erstickende Hustenanfälle herbeizuführen vermögen...

Drittens haben sich die Ärzte im Keuchhusten der flüchtigen und krampfstillenden Einreibungen bedient ... Little empfiehlt sehr nachdrücklich Brust und Hals der Kranken reichlich mit Terpentin zu befeuchten und ein Stück Flanell darüber zu legen, weil dadurch eben so wohl die entzündlichen Symptome als der Krampf gemindert werden ... Unter den Pflastern verdienen die Vesicatorien in die Gegend der Herzgrube oder zwischen die Schultern gelegt, zuerst erwähnt zu werden ... Nächstdem scheinen auch die auf die Waden oder Fußsohlen gelegten Senfteige die Krampfanfälle bedeutend zu mindern ...
Eine eigene Methode, den Keuchhusten zu heilen, machte Autenrieth bekannt, welcher von der Idee ausging, daß dieser Krankheit ein eigner Krankheitsstoff zum Grunde liege, welcher entfernt werden könne, und schlägt zu diesem Zwecke vor, täglich dreimal so viel als eine Haselnuß beträgt, von einer Salbe aus dritthalb Drachmen Brechweinstein und einer Unze Schweinfett in die Magengegend einzureiben, wodurch der entzündliche und krampfhafte Zustand der Bronchien auf die Haut übertragen werde. Es erscheint nämlich in der Regel am dritten Tage ein frieselähnlicher Ausschlag ...

133, 252 ff.

Leipzig, 1873
Ein Sieg über die Diphtheritis,
früher Krupp oder auch häutige Bräune genannt

In dieser Zeit ging eine schwere Seuche durch Deutschland, ein Kindersterben, gegen das die Kunst der Ärzte sich lange als vergeblich erwies: Der böse Feind jungen Lebens war die Diphtheritis. Da war es der große Chirurg Professor Benno Schmidt in Leipzig, der den Versuch wagte, den durch giftigen Belag sich verengenden Kehlkopf auszuschalten, durch einen Schnitt in die Luftröhre die Atmung wieder möglich zu machen und durch eine silberne Kanüle diesen Luftweg so lange offen zu halten, bis die giftigen Wucherungen zerstört waren.
Es war in den ersten Oktobertagen, als ich plötzlich vom Halsweh gepackt wurde. Schon hatte man mich von den anderen abgeschlossen und in das Bett des Vaters gelegt. Da setzten die furchtbaren Erstickungsanfälle ein, und verzweifelt kletterte ich an meinem Vater in die Höhe, als ob er mir Luft verschaffen könnte. Ich weiß nicht, durch wen er in dieser höchsten Not an den berühmten Chirurgen gewiesen wurde – an dem selben Abend fühlte ich die Chloroformmaske über meinem fiebernden Gesicht. Es war zu spät, um mich in eine Klinik

zu schaffen; auf dem großen Eßtisch wurde die Tracheotomie vollzogen, und am nächsten Morgen lag ich, für Wochen von allen getrennt, in dem großen Himmelbett, unter der Obhut einer Pflegerin – ein stummes Kind. Es mögen gut vier Wochen so vergangen sein, da kam eines Tages ein junger Arzt, hob mich aus dem Bett und setzte mich auf einen Stuhl. Ob damals schon die Kanüle von meinem Hals entfernt und durch ein Pflaster ersetzt worden war, ob dieses Pflaster etwa abgelöst wurde, wüßte ich nicht zu sagen. Aber die Hemmungen, die mich am Sprechen hinderten, waren behoben, der Arzt sprach mir freundlich zu und wies auf meinen Vater – da tat ich den Mund auf und sagte: »Papa«. Mein Vater aber weinte. So gab meine Errettung aus Todesgefahr auch ihm das Leben zurück. Ich trat wieder in den Kreis der anderen, und nach Weihnachten ging ich auch wieder in die Schule. Mein Körper war geschwächt, die Narbe am Hals blieb eine stete Erinnerung an das Erlittene, und meine helle Kinderstimme war gebrochen.

196, 31 f.

WIESBADEN, UM 1875
Abhärtung setzt Lebenszähigkeit voraus

Meine Mutter war in der ersten Zeit meines Daseins von Freunden und Bekannten viel geängstigt worden wegen meiner Schwächlichkeit. Manche prophezeiten ihr freundlich: sie werde mich nie groß bringen! Andere rieten zu energischer Abhärtung. Nun kannte man dazumal keine Abhärtung durch Luft, Sonne und Gymnastik, sondern nur durch kaltes Wasser; unser sehr lieber Dr. Genth, den meine Mutter in ihrer Sorge um mich zu Rate zog, war selbst Hydropath. Die Beratung hatte also zur Folge, daß ich vor dem Frühstück mit kaltem Wasser abgerieben wurde, dann ohne Rücksicht auf Wetter und Jahreszeit eine halbe Stunde im Freien spielen mußte: unser Hof war leider eng genug, um die Drehkrankheit darin zu kriegen, und auf die Straße durfte ich um keinen Preis. Erst hernach gab es Frühstück, zu dem ich völlig verfroren heraufkam; denn ich gehörte zu den Leuten, die nach kalten Waschungen nicht warm werden. Meine gute Mutter war von der segensreichen Wirkung dieser Kur überzeugt, obschon die Katarrhe, an denen ich litt ... den Beweis des Gegenteils lieferten. Solch ein »Abhärten« wirkte doppelt gewaltsam, da man sich sonst nur in bescheidenem Ausmaß wusch und sehr selten badete. Man trug die schwersten Stoffe und (als weibliches Wesen) mindestens drei Unterröcke, im Winter zumal. Einer unserer späteren Hausärzte, als ich ihm von jener widerspruchsvollen Gesundheitspflege erzählte, brach in die Worte aus: »Na, Sie müssen aber Lebenszähigkeit besessen haben! Denn ein schwächliches Kind konnte unter solchen Umständen auch draufgehen.«

166, 26

I. 5. Präsenz des Todes

Kommentar
Gerdauen, um 1750 — Aus Anlaß einer Kinderleiche
Dittersdorf, 1807 — Abschied vom Vater
Magdeburg, um 1812 — Das Leichenbegängnis ein Fest
Dresden, 1813 — Besichtigung des Schlachtfeldes
Königsberg, 1821 — Fanny muß erwachsen werden
Wien, um 1842 — Tod eines frommen Kindes
Langenhorn, 1860 — Schüler, Kirchendiener und Sänger
Esslingen, um 1861 — Entdeckung des Rätselhaften, Unbegreiflichen
Hamburg, 1880 — Peinliche Unsicherheit beim Tod der Großmutter

Der steten Bedrohung des Lebens und der Allgegenwart von Sterbenden entsprechen im 16. und 17. Jh. die zahlreichen Bilder, die den Tod als Räuber im Überfall auf groß und klein, hoch und niedrig, schließlich Mutter und Kind zeigen. Rud. Meyer (1605–1630): Ein Blatt aus dem Totentanz.
Aus: G. Hirth, Kulturgeschichtliches Bilderbuch, Bd. 4. München 1881

Kind
So bald ein Kind kompt an den Tag,
Ist Wehe sein Gschrey, vnd erste Klag.
Macht vnser Leben Kurtz vnd Kund,
Das es sich ende alle Stund.

1937

Kommentar

Ein Kind kann heute erwachsen werden, ohne je einer Sterbeszene beigewohnt, ja ohne je einen Toten gesehen zu haben. Absichtlich setzt niemand ein Kind dieser Erfahrung aus, die in den früheren Jahrhunderten unvermeidlich war; denn der Tod war ein öffentliches Ereignis, das Sterben die letzte Handlung. Das galt auch für Kinder. Sie konnten vorbildlich sterben oder bewunderungswürdig frühreif fromm den Tod eines anderen begehen.
Ariès unterscheidet drei Phasen in der Geschichte des Todes bzw. in der Einstellung zu ihm. Zuerst ist der Tod, an den man denkt, der eigene Tod. Um 1800 ist daraus der Tod des anderen geworden, dessen Verlust man betrauert und dessen Grab auf den neuen Friedhöfen geschmückt und regelmäßig besucht wird. Seit der 2. Hälfte des 19. Jahrhunderts – dieser Einschnitt korrespondiert mit den dramatischen Erfolgen der Medizin, dem Rückgang der Kindersterblichkeit und der Steigerung der Lebenserwartung – seit dieser Zeit wird der Tod »verboten«. Er wird durch den medizinischen Begriff der Krankheit ersetzt. Man kann mit dem Tod nichts mehr anfangen.

Kinder, die zur sterbenden Großmutter geführt werden, gerade sensible und phantasievolle, also im Fühlen und Denken avancierte, bemerken die »Unangemessenheit« ihrer Reaktion auf den Tod. Sie sind enttäuscht. Fortschrittliche Eltern suchen den Kindern, jedenfalls den kleinen, schon die Tatsache des Todes zu verbergen; sentimentalere pflegen den Engelkultus.
Ganz im Gegensatz zu dieser Einstellung fallen Kindern vom 16. bis weit ins 19. Jahrhundert bei den Zeremonien des Todes wichtige Aufgaben zu. Nicht allein, daß sie selbstverständlich bei allen Hinrichtungen dabei sind, zu diesem Zweck schulfrei bekommen (19. Jahrhundert); es ist die Aufgabe der Schulkinder (jedenfalls bestimmter Gruppen), den Verurteilten zum Richtplatz zu begleiten und mit Kirchenliedern zu trösten und auf das Sterben vorzubereiten. Es gehörte zu den Pflichten des Lehrers, mit einem Kinderchor die Leichen in seinem Kirchspiel abzuholen und zum Friedhof zu bringen, wobei er und die Kinder

---

Aus dem Zeitalter des Totenkultes. Der Tote ist, nach Ariès, der andere, in diesem Fall das von Genien entführte, als Engel verklärte Kind. Sein unerfülltes Leben wird sentimentalisiert im Dienst der Trauerarbeit der Hinterbliebenen.
Aus: Luise Duttenhofer (1776–1829), Scherenschnitte. Stuttgart und Aarau, 1978

Anspruch auf Geld oder Bewirtung hatten. Ein Begräbnis oder gar eine Leiche im Haus war nicht nur ein unbestimmbar trauriges, sondern auch ein erhebendes, unterhaltsames Ereignis. Tod und Begräbnis waren deshalb auch ein beliebtes »Kinderspiel«, das vielleicht von Erwachsenen als Vorausdeutung auf einen nahen Todesfall aufgefaßt, sicher nicht als roh und geschmacklos untersagt worden ist.

Dem Tod von Kindern begegnet man fatalistisch, aber nicht gleichgültig. Gerade junge Leichen werden besonders schön geschmückt, vorgezeigt und von der Nachbarschaft, auch Kindern, gern besucht. Gegen die Luxusverbote des Frankfurter Rats im 17. Jahrhundert, die den Aufwand bei Beerdigungen festlegen, wird fast nur bei Kindsleichen verstoßen; für die gab es sogar eine besondere Kinderschmückerin.

LITERATUR:
Ph. Ariès, Studien zur Geschichte des Todes im Abendland, München 1976
ds., Geschichte des Todes, München 1980

Gerdauen, um 1750
Aus Anlaß einer Kinderleiche

Meine Mutter ward nach meinem Bruder Gotthard noch einmal von einem toten Sohn entbunden. Beschäftigt mit der Kranken hatte man den kleinen Toten (es tat mir damals sehr leid, daß er so ohne Vornamen geblieben war, und ich hätte ihm gern einen von den meinigen abgegeben,) in meine Stube gelegt, und erst abends wieder an ihn gedacht, wo man ihn wegnehmen wollte, um mich nicht im Schlafe zu beunruhigen; allein man fand mich nicht nur sehr ruhig bei ihm stehen, sondern ich bat auch, ihn diese Nacht da zu lassen. Ich wüßte nicht, sagte ich, ob es mir nicht über ein Kleines, meine zwei Vornamen ungeachtet, ebenso ginge; ich wolle bei der Leiche einige Sterbensbetrachtungen anstellen und sodann ein Totenfest feiern, nämlich schlafen gehn. Hierauf hielt ich dem kleinen Toten auf eigne Hand eine Standrede, erbaute mich und feierte seinen Tod durch einen sanften Schlaf. Diese Umstände fielen meinem Vater und dem ganzen Haus außerordentlich auf, obgleich ich es auf dies Außerordentliche nicht im mindesten angelegt hatte, sondern alles bei mir die liebe Natur war, die oft besonders bei nicht gemeinen Kindern etwas hervorbringt, was außerordentlich scheint, und worüber sich Alte kreuzen und segnen.

91, 110f.

Dittersdorf, 1807
Abschied vom Vater

Ich lag am 12. August noch, obwohl wach, im Bette, als plötzlich meine Mutter in die Kammer hineinrief: »Kinder! Kinder! Euer Vater stirbt!« – Da ich den Vater zehn Minuten vorher, seine Morgenpfeife rauchend, noch durch die Kammer hatte gehen sehen, war mir's wie in einem albernen Traume. Ich saß in dieser Erstarrung noch in meinem Bette, als die Mutter zum zweiten Male hereinkam, uns aus den Betten riß, das Schwesterchen auf dem Arme, uns beide Jungen an der Hand, in eine Vorderstube brachte, wo der Vater bleich, ohne ein Wort sprechen zu können, auf dem Kanapee lag. Ich mußte mich zu ihm biegen, daß er mich küssen konnte. Einen Arm konnte er noch bewegen; er legte die Hand auf meinen Kopf; mein Bruder Wilhelm mußte, wie die Mutter anwies, seine Hand an des Vaters Mund halten, er küßte sie; als er aber dasselbe meiner kleinen Schwester tun wollte, schlug ihm der Krampf die Zähne zusammen, so daß er das Händchen biß, statt es zu küssen – das Kind schrie laut auf, und noch sehe ich den Jammerblick meines Vaters auf sie gewendet. Wenige Augenblicke später wurden seine Augen starr, er verlor alle Besinnung. So lag er noch bis gegen Mittag: ein Chirurg, der so rasch wie möglich von Schwarzburg herbeigeholt worden war, schlug ihm eine Ader, aber das Blut floß nicht mehr; der Arzt von Rudolstadt mit dem sogenannten dicken Onkel kamen eben an, um noch die letzten Hebungen seiner Brust zu beobachten. Mein Vater war erst im 49. Lebensjahre, als er starb.

118, 27 f.

Magdeburg, um 1812
Das Leichenbegräbnis ein Fest

An Leichen und Särge waren wir Kinder gewöhnt, denn in einer solchen Vorstadt nimmt man an allen Vorkommnissen in den Familien des Gemeinwesens regen Anteil. Die Leichen wurden mit Gepränge ausgestellt, besonders die von Kindern und Jungfrauen. Wenn wir irgend konnten, liefen wir hin, die »schöne Leiche« zu sehen. Jedes Leichenbegräbnis war für uns ein Fest, das uns sehr fröhlich stimmte, weil es dabei oft viel zu schauen und zu hören gab...
Eines Mittwochs früh, als ich in der Schule eben meinen Spruch aufsagen sollte, klopfte es an der Schulstubentür. Der Schulmeister ward herausgerufen, kam aber sogleich wieder herein und rief mich und meine Schwester, daß wir nach Hause kommen sollten, weil soeben der Großvater gestorben war. Wir eilten hinüber und kamen dazu, wie man ihm ein weißes Tuch um den Kopf band, die Kinnladen zu schließen. Der Schlag hatte ihn getroffen. Die Mutter war vor Schmerz außer sich. Wir Kinder weinten auch, jedoch mischte sich in unser Gefühl mehr Aufregung von dem Außerordentlichen unseres nunmehrigen häuslichen Zustandes. Wir hatten nun selbst eine Leiche im Hause. Es war bei uns etwas »los«. Wir blieben natürlich aus der Schule, fürchteten uns, obgleich es der liebe Großvater war, der da drüben tot lag, abends beim Einschlafen doch ganz gewaltig und horchten mit Ängsten auf jedes Knistern und Poltern. Bei dem Begräbnis blieb die sehr gebeugte Mutter mit meiner Schwester zu Hause, und nur ich wurde in einer Kutsche mitgenommen.

179, 21;26

DRESDEN, 1813
Besichtigung des Schlachtfeldes

Am zweiten Tage nach der Schlacht ging ich mit dem Vater zum Ziegelschlage hinaus, das Schlachtfeld in unserer Nähe zu besehen. Schon am Schlage lagen mehrere Franzosen in einem Graben, und einer derselben fiel mir deshalb besonders auf, weil eine Kanonenkugel ihm den Schädel in zwei Hälften zerrissen hatte, deren eine noch am Körper hing, während die andere daneben lag. Diese dünne zersprungene Schale, die mir wie ein Kürbis vorkam, machte mich ganz ängstlich für meinen eigenen Kopf, der mir nun höchst zerbrechlich erschien. Obwohl man schon tags vorher beschäftigt gewesen war, die Verwundeten fortzuschaffen, – man legte sie gewöhnlich auf strohbedeckte Leiterwagen – so lagen doch außer den Massen der Toten noch unzählige Verwundete und Sterbende umher. Wir gingen den Weg nach Blasewitz zu, der damals öde, sandig und unbebaut war. Auf einem Hügel lagen ganze Haufen toter und zum Teil gräßlich verstümmelter Gestalten. Wir gingen nicht ganz in die Nähe, denn es schauderte uns davor, das Gewimmer zu hören. Es war eben der Wagen da, auf welchen die Verwundeten gebracht wurden, und daß dies nicht sacht und mit Schonung geschah, läßt sich bei den fortzuschaffenden Massen leicht denken. Eine Erscheinung aber ist mir heute noch wie ein wilder Traum lebhaft im Gedächtnis, obwohl ich sie nicht zu erklären weiß. Einer der Verwundeten, ein russischer Artillerist, schrie furchtbar und schnellte sich dabei von dem Boden so weit in die Höhe, daß ich, der ich unten am Hügel stand, zwischen ihm und dem Erdboden über eine Elle den Lufthorizont sehen konnte. Wir hörten, es seien ihm beide Augen ausgeschossen, und dieses In-die-Höhe-Schnellen sei ein Krampf infolge des Schmerzes. Wir wandten uns schaudernd ab und hörten bald darauf einen Schuß fallen; die Leute hatten sich seiner erbarmt.
Jetzt kamen wir an eine Sandgrube, in der ebenfalls eine Menge toter Russen lag. Ein altes krummes Mütterchen hatte sich uns angeschlossen. Sie hatte ein so trauriges Gesicht, sah wie Not und Jammer aus und trug in einem Handkorbe einen großen Topf Wassersuppe nebst einem Näpfchen und altem Blechlöffel, um den verschmachtenden Menschen eine Erquickung zu bringen, gewiß die einzige, die ihr möglich war.

173, 32 f.

Königsberg, 1821
Fanny muß erwachsen werden

Trotzdem war etwas anders im Haus geworden, und als zu Anfang des Jahres 1821 im Februar unser kleiner Bruder Heinrich schwer erkrankte, wurde es vollends still. Er war nun beinahe zwei Jahre alt, und die letzten Zähne wollten bei ihm durchbrechen. Davon hatte er ein paarmal Krämpfe bekommen, so daß man ihn, um uns den Anblick zu entziehen, von uns getrennt hatte, und während man ihn mit der Kinderfrau in ein sonst unbenutztes Stübchen gebettet hatte, richtete man unten das Wohnzimmer für meine Mutter ein, die ihre sechste Niederkunft erwartete.
In der Nacht zum 16. Februar wurde meine Mutter von einem Knaben entbunden. Sie hatte unsern kleinen Heinrich in seinen furchtbaren Krämpfen verlassen müssen, am Morgen nach ihrer Entbindung starb das arme Kind.
Uns seinen Tod zu verheimlichen war nicht möglich, aber man ließ uns ohne das nicht in das Zimmer der Mutter hinein, und auch den toten Bruder bekamen wir nicht zu sehen. Man sagte uns, er sähe entstellt aus, und versuchte uns in unsern bittern Tränen damit zu trösten, daß wir ja einen neuen Bruder bekommen hätten, der uns den Heinrich ersetzen würde.
Das half uns aber gar nichts. Der Vater sah totenblaß aus, das ganze Haus war uns unheimlich. Fremde Männer, alles Juden, alle schwarz gekleidet, kamen in Heinrichs Stube, die Totengebete zu halten ... So nahte sich der dritte Tag, an dem er beerdigt werden sollte. Es war früh am Vormittag, als die Wagen vor die Türe fuhren. Wir standen oben, zwei Treppen hoch, in der Kinderstube am Fenster, als die Schritte der schwarzen Männer auf der Treppe verhallten, die man mit Decken belegt hatte, damit meine Mutter kein ungewöhnliches Geräusch vernehmen sollte. Wir sahen den Vater in den Trauerwagen steigen, sahen den Wagen mit dem Brüderchen fortfahren, und aufgelöst in Schmerz, wie wir es alle waren, lief einer meiner Brüder, da die Kinderfrau selbst weinend, uns nicht beachtete, aus dem Zimmer, hinunter zu meiner Mutter, und stürzte sich mit dem Ausruf »Mutter! Mutter! jetzt fahren sie mit unserm Heinrich fort!« über das Bett derselben.
Meine Mutter erkrankte von dem Augenblicke ab auf das gefährlichste. Unser kleiner Neugeborener, den sie selbst nährte, wurde das Opfer ihres Schreckens. Er starb an seinem achten Lebenstage, und man trug ihn in seiner Wiege in dasselbe Zimmer, in welchem eben erst die andere kleine Leiche gestanden hatte. Er sah mit seinen runden Bäckchen und den geschlossenen Augen wie ein schönes Wachsbild aus; aber die Kälte seiner Hände und Wangen flößte mir ein unaussprechliches Entsetzen ein. Es war der erste Tote, den ich sah.
Man begrub ihn am dritten Tage. Am 24. Februar, am Hochzeitstage meiner Eltern, starb der Onkel. Mein Vater war in dem Zeitraum von acht Tagen drei

mal auf dem Kirchhofe, er begrub in einer Woche seinen ältesten Bruder, zwei von seinen Söhnen, und die Frau, an der sein ganzes Herz hing, lag auf den Tod darnieder. »Bleibt ihr mir nur leben!« sagte er, indem er uns mit schwerem Seufzer küßte, als er das letzte Mal vom Kirchhof kam ... Meiner Mutter Zustand war durch einige Wochen hoffnungslos, meines Vaters Lage furchbar. Schon seit Monaten hatte der Bankrott einiger russischer Häuser, mit denen er in Verbindung stand, seinen eigenen Fall in Aussicht gestellt, und nur mit Mühe war es ihm möglich gewesen, das Hereinbrechen dieses Mißgeschicks hinauszuschieben, so lange sein Bruder lebte. Länger ließ es sich nicht verbergen, daß er zahlungsunfähig sei, er mußte sich bankerott erklären ...
Wir Kinder, ich und mein ältester Bruder, gingen in die Schule wie sonst, es waren auch die gewohnten Personen, die uns bedienten, aber es war nicht mehr dasselbe Haus ...
Meiner Mutter Krankenlager währte vier Monate. Der Schreck hatte ihr die Milch in den Körper zurückgetrieben, es bildeten sich Geschwüre, ein paarmal wurden Operationen nötig, und als sie endlich im Sommer aufstand, war ihr linker Arm steif und gekrümmt, und blieb es fast das ganze Jahr hindurch.
Am 24. März, an meinem neunten Geburtstage, war meine Mutter noch gefährlich krank. Sie hatte in allen ihren Leiden aber doch an den Tag gedacht. Man hatte mir in der Kinderstube einen Kuchen und ein paar andere Dinge beschert und aufgebaut, und ich war wie immer an diesem Tage nicht in die Schule gegangen. Gegen Mittag ließ sie mich in ihre Stube kommen, wie sie sich die Kinder immer holen ließ, wenn ihr die Schmerzen nur irgendein Bewußtsein gestatteten. Das Zimmer war sehr verdunkelt, hinter grünen Schirmen stand ihr Bett. Sie winkte der Krankenwärterin fort zu gehen, und ließ mich auf ihr Bett sitzen, wobei sie mir die Hände hielt. Ich war unbeschreiblich traurig. Nach einer Weile nahm sie von dem Tischchen, das ihr zur Seite stand, ein Papier. Es lagen ein Paar goldene Ohrringe darin, die sie mir gab, und die ich mir einziehen mußte. »Die sollst du nun immer«, sagte sie, »zu meinem Andenken tragen. Und wenn ich sterbe, du bist die Älteste, sei nur recht gut zu den Kindern und zum Vater!« Es fiel wie ein Schlag auf mich hernieder. So krank die Mutter war, so sehr ich alle in Sorgen um sie gesehen hatte, an ihren Tod hatte ich zwar gedacht, aber ich hatte nicht an denselben geglaubt. Nun stand die entsetzliche Möglichkeit plötzlich vor mir, als müßte sie gleich eine Wahrheit werden, und lähmte mich in dem Augenblicke völlig. Ich konnte nichts sagen, ich konnte auch nicht weinen, bis die Mutter mich zu sich zog und küßte und ich in solches Schluchzen ausbrach, daß die Wärterin mich hinausführte.
Von der Stunde ab, so froh ich später auch noch spielen konnte, war ich doch kein Kind mehr.

119, 183 ff.

WIEN, UM 1842
Tod eines frommen Kindes

Der Winter des Jahres 1842 führte nach göttlichem Ratschluß über meine häuslichen Verhältnisse einen starken Sturm herauf. Mein gutes Weib war im Jänner von einem Mädchen (Paula) entbunden worden; – einen Tag später erkrankte mein Söhnchen Max an einem schweren Halsübel, und bald nach ihm die beiden andern Kinder, Lucas und Anna. Bald wurde es gefährlich. Mein Weib, selbst der Pflege bedürftig, mußte von ihrem Bette aus drei todkranken Kindern beistehen, welches, verbunden mit dem großen Seelenschmerz, ihr in ihrer Lage ebenfalls gefährlich werden konnte. Max litt mit einer Geduld, die weit über sein Alter hinaus lag (er war im sechsten Jahre) und die mir manchmal das Herz brechen wollte. Als es mit ihm zum Sterben kam, leuchtete aus dem Kinde der Abglanz jener Lehren, in welchen ich ihm – dem kindlichen Fassungsvermögen angepaßt – von unserem heiligen Glauben gesprochen hatte, und deren Anhörung der sonst so äußerst lebhafte und muntere Knabe schon mit vier Jahren jedem Spiele vorzog. Er betete, und forderte uns zum Gebete in einer Weise auf, die selbst den Arzt tief erschütterte und rührte; – und als er in meinem Arbeitszimmer lächelnd, still und kalt vor mir im Sarge lag mit dem Blumenkranz um die Stirne, das Kruzifix und den Rosenkranz in den gefalteten Händchen, fiel mir tröstend ein, daß er, der seine Hände so oft mit kindlicher Inbrunst vor der Krippe und dem Kreuze erhoben, sie nun am Throne der ewigen Liebe erheben werde, Vergebung erflehend den vielen Sünden und Torheiten seines Vaters.

59, 284 f.

LANGENHORN, UM 1860
Schüler, Kirchendiener und Sänger

Unser Lehrer war zugleich Küster, und das hat auch mich in den Kirchendienst hineingezogen: die beiden obersten Schüler waren seine Gehilfen und Stellvertreter ... Wir hatten also an dem ganzen Kirchendienst unsern Teil, am sonntäglichen Gottesdienst, am Abendmahldienst, vor allem am Leichenkondukt.
Der Sonntag begann für uns mit einer Vorwirkung: am Sonnabend vormittag mußten wir bei dem Pastor, der die Predigt hatte, »die Nummern holen«, d. h. die Bestimmung der Gesänge und Verse, die am Sonntag gesungen werden sollten. Wir gingen dann, nachdem wir sie dem Küster überbracht, in die Kirche

und malten sie mit großen Ziffern auf die durch die ganze Kirche und ihre vier Emporen verteilten Tafeln. Ebenso war die Uhr auf der Kanzel aufzuziehen ... Am Sonntag hatten wir von neun oder zehn, je nach Beginn des Gottesdienstes, Dienst, es wurden in der Küsterei die Anschläge für den »Stegel« (das Kirchhofstor) geholt; wir hatten sie auf hölzerne Tafeln aufzunageln und diese dann am Stegel anzuhängen. Das Läuten der Glocken ... mußte von stärkeren Armen besorgt werden, wohl aber war unsere Aufgabe, vor Beginn und nach Schluß der Predigt durch Anziehen des Klöppels ... von diesem Ereignis Kunde zu geben ... An den hohen Festtagen und zur Abendmahlsfeier waren die großen, armdicken Wachskerzen auf dem Altar anzuzünden, ebenso vom Pastor die Geräte nebst Wein und Brot zu holen und zurückzubringen. Bei Kollekten setzten wir die Becken am Stengel aus und überwachten den Eingang der Gelder, von denen uns für diesen Dienst gleich ein Präzipuum von je 20 Pfennig ausgezahlt wurde.

Am wichtigsten und einträglichsten war der Leichenkondukt. Man unterschied »stille Leichen« und solche, bei denen Hausandacht und Gesang der Schüler gefordert wurde ... Die Zahl der Schüler wurde bestellt, sie wechselte von 6 bis 16; der Küster wählte sie aus, die beiden »Kirchendiener« waren immer dabei, so daß ich in einem Jahr wohl 20–30 Leichen habe zu Grabe singen helfen. Wir fanden uns etwa eine halbe Stunde vor dem Beginn des Akts im Trauerhause ein, traten in die Tür des Pesels, wo der Tote, regelmäßig noch im offenen Sarg, aufgebahrt lag, und sprachen ein leises Gebet. Dann wurden wir in einen andern Raum geführt, wo Warmbier mit eingebrocktem Weißbrot auf dem Tisch stand, neben seinem Teller fand jeder einen großen Wecken, und in diesem war der Obulus für die zu erwartende Gesangleistung gesteckt, er variierte zwischen einem dänischen Vierschillingstück und einer Mark (etwa 9–40 Pf.). Vor der Ansprache des Geistlichen ... wurde gesungen, ebenso zum Schluß. Währenddem wurde der Sarg geschlossen und auf den bereitstehenden Wagen, den ein Nachbar stellte, getragen. Nun setzte sich der Küster oder sein Stellvertreter mit den Schülern an die Spitze des Zuges; unter Gesang wurde der Hof verlassen und auch auf dem Wege zur Kirche von Zeit zu Zeit ein Vers gesungen. Vor dem Kirchhofstor wurde haltgemacht, der Sarg von den Trägern ... auf die Bahre gesetzt und zweimal um die Kirche getragen unter Vorangang des Sängerchors; dann wurde der Weg zur Grabstätte eingeschlagen und unter dem Gesang des Verses: »Begrabt den Leib in seine Gruft«, der Sarg hinabgelassen. Hierauf Gebet und Segen des Geistlichen, nochmaliger Gesang, und nun gings in die Kirche, wo die eigentliche »Leichenpredigt« stattfand ... Natürlich fehlte es nicht an Gesang vor und nach der Predigt. War die Entfernung des Trauerhauses von der Kirche groß, so konnte es über alledem ziemlich spät werden, und wir verzehrten dann wohl,

dem Hunger zu wehren, den eingesteckten großen Wecken während der Predigt.
Daß die Trauer um den Toten oder die Scheu vor Tod und Grab uns dabei tief ins Gemüt gegangen sei, kann ich nicht sagen. Im Gegenteil, es waren öfters recht lustige Fahrten, die wir so machten ... Eine gewisse Abhärtung gegen die Eindrücke, die Tod und Grab machten, war überhaupt die Folge dieses Leichendienstes: Der Anblick des Toten im Hause, der Anblick der aus dem Grab aufgeworfenen Gebeine und Schädel auf dem alten Kirchhof ließ uns allmählich so kalt, wie die Totengräber im Hamlet.

154, 98 ff.

Esslingen, um 1861
Entdeckung des Rätselhaften, Unbegreiflichen

Ich sah eines Tages durchs Fenster eine Schar schwarzgekleideter Männer vorübergehen und einen mit schwarzem Tuch verhüllten Gegenstand tragen, der mir wie ein großer Koffer erschien. Der Anblick berührte mich peinlich, und Christine, unser neues Kindermädchen, das seit kurzem im Hause war, sagte auf meine Frage, das sei eine Leiche, mit der die Leute auf den Kirchhof gingen. – Was ist eine Leiche? fragte ich mit Widerwillen, denn ich hatte das Wort noch nie gehört, und es klang mir fremd und unheimlich. Sie antwortete, das sei ein toter Mensch. Ich wunderte mich, daß auch Menschen sterben sollten, denn ich hatte gemeint, das sei ein übler Zufall, der nur Vögel, Hunde, Katzen und solches Getier betreffe. Christine wollte mich auf andere Gedanken bringen, aber nun ließ ich nicht mehr los, sondern stürzte zur Mutter: »Ist es wahr, daß Menschen sterben?« – »Wer hat das gesagt?« – »Die Christine.« – Ich sah gleich, daß die Christine ein Verbot übertreten hatte. – »Armes Kind«, sagte mein Mütterlein, »du hättest es noch lange nicht erfahren sollen. Aber jetzt ist es heraus. Ja, es ist wahr, die Menschen sterben.« – »Aber doch nicht alle, Mama?« – »Ja, Kind, alle.« – Sie hielt mich im Arme, wie um mich zu schützen und zu trösten, ich war aber mit dem Gedanken noch lange nicht so weit. – »Aber doch du nicht, Mama?« – »Ich auch, Kind. Alle.« – »Aber der Papa doch nicht?« – »Auch der Papa.« – »Also vielleicht auch ich?« – »Auch du, aber erst in langer, langer Zeit. Wir alle erst in langer Zeit.« – »Und man kann gar nichts dagegen tun? Es muß kommen?« – »Gar nichts, Kind, es muß kommen, aber jetzt noch lange nicht.«
Das war mir durchaus kein Trost, die lange Zeit, von der sie sprach, war in diesem Augenblick schon vorüber. Ein schwarzer, furchtbarer Abgrund ging auf, der alles verschluckte. Ja, wenn es doch kommen mußte, dann lieber gleich,

als diese lange dunkle Erwartung. Ein plötzlich eintretender Zufall schien mir lange nicht so schauerlich wie dieses unausweichliche »Später«. Dennoch wirkte die Mitteilung nicht eigentlich überraschend. Es war mir, als hörte ich da etwas, das ich zuvor schon gewußt, aber wieder vergessen hätte. Ich dachte fortan oft über das Sterben nach, und die Unerbittlichkeit des Vorausbestimmten erfüllte mich mit immer neuem Grausen: Also einmal muß es sein, jeder Tag bringt mich dem letzten Ziele näher ... Niemand, niemand kann mir helfen, ganz allein stehe ich dem Furchtbaren gegenüber – dem Tod! Dabei war mir zumute, als befände ich mich in einem langen, engen Gang, wo kein Entrinnen, keine Umkehr möglich, und am Ende des Ganges, da wartete es auf mich, das Rätselhafte, Unbegreifliche ... Natürlich wurde trotz dem unheimlichen »Später« fortgetollt, als wäre alles wie zuvor ... Aber mitten im Spielen schlug es zuweilen herein: Trotz alledem – es wird doch einmal ein Tag kommen, wo ich kalt und starr daliege, wo ich selber eine Leiche bin. Das Wort behielt mir auf lange hinaus etwas unsäglich Widriges und Abscheuliches ...

114, 26 ff.

Hamburg, um 1880
Peinliche Unsicherheit beim Tod der Großmutter

Während ihrer Krankheit war im Elternhaus eine ungewohnte Bewegung. Verwandte kamen aus der Stadt, ja aus der Ferne sogar kamen sie angereist, und beständig war es ein Her und Hin zwischen Johanns Elternhaus und dem Haus der Großmutter. Es wurde sorgenvoll gesprochen, kräftige Tränke wurden bereitet und hinübergetragen; Johann mußte viel zur Apotheke, und jeden Morgen wurde mit ängstlicher Spannung der Nachtbericht erwartet. Es waren gerade die großen Sommerferien. Johann saß während all dieser Unruhe viel im Garten mit einem Buch, halb bei der Erzählung und halb bei der guten alten Frau, die mit dem Tode rang, verwundert über den Lauf der Welt und in einer eigenen und neuen Weise glücklich. Es war ihm lieb, daß er selbst mit diesen Dingen unmittelbar noch nichts zu tun hatte, denn ihm war Krankheit peinlich. Und noch peinlicher war es, vom Tod sprechen zu hören und das sorgenvolle, verweinte Gesicht der Mutter zu sehen. Es war darum ein starkes Widerstreben zu überwinden, als er zur Großmutter ans Bett geschickt wurde, um sie zum letzten Mal zu besuchen. Er war entsetzlich verlegen und ratlos. Die alte Frau lag klein und zusammengefallen in ihrem Bett da, ihre Hand war knochig und zittrig, und ihr röchelndes Atmen schrecklich anzuhören. Dabei war sie aber so vernünftig und gelassen wie immer und sprach von ihrem Tod in einer Weise, die den Knaben damals seltsam ernüchterte. Sie drückte schwach seine Hand und sagte so leise, daß er sich tief zu ihr herabbeugen mußte, es sei schade, daß sie nun auseinandermüßten, sie hätten doch immer so gut miteinander verkehrt. »Ach, Großmutter«, sagte Johannes, »das wird ja wieder besser.« Aber sie schüttelte den Kopf und sagte: »Nein, mein Junge, jetzt geht es zu Ende.« Nach zwei Tagen kam die Mutter denn auch frühmorgens laut klagend ins Schlafzimmer hinauf und sagte, in der letzten Nacht wäre die Großmutter gestorben. Und da machte Johann sich Vorwürfe, daß er eigentlich nichts dabei empfand. Er glaubte, nun müsse er traurig sein und konnte es doch nicht. Und dann sprachen die Eltern so merkwürdig über den Tod. Was sie sagten, erschien wie auswendig gelernt.

183, 42 f.

2. Kapitel

2. I. Das Ehe- und Elternpaar

Kommentar
Württemberg, 16.–19. Jh.   Ehe- und Familiengeschichte in Zahlen
Den Haag, 1630   Lästiger Kindersegen
Halle, 1756   Schicksalsstunde eines Ehepaares
Wörmlitz, um 1760   Eine klassische Konstellation
Elberfeld, 1775   Ein Eheproblem
Halle, um 1775   Familienbarbarei
Altena, 1797f.   Minnas Niederkunft und Tod, meine Witwerschaft und zweite Heirat

Pulsnitz, um 1815   Armut und Streit
Stuttgart, um 1825   Protestantischer Patriarchalismus
Hamburg, um 1880   Zur Psychologie der kleinbürgerlichen Ehe

Eine allegorische, deshalb nicht ganz wirklichkeitsfremde Darstellung der Ehe unter dem Motto »Eine Hand wäscht die andere«. Eine Ehe ist glücklich zu nennen, in der jeder seine als einander gleichwertig aufgefaßte Pflicht erfüllt. (17. Jh.)
Aus: E. Diederichs, Deutsches Leben der Vergangenheit in Bildern, Bd. 2. Jena 1908

Kommentar

Das zusammen haushaltende Paar ist mehr noch als die Familie die zentrale, klar umrissene gesellschaftliche Erfindung der Vormoderne. Nirgends so wie im mitteleuropäischen Raum ist das Leben so vieler Menschen von der Ehe (oder mehreren aufeinanderfolgenden Ehen) geprägt, einer Beziehung, die sich auf Kosten aller anderen denkbaren Beziehungen, selbst der mit nahen Verwandten, immer strikter durchsetzt. Ihre Bedeutung fällt erst heute auf, wo sie zu verschwinden scheint und die nostalgischen Vorstellungen von der »Großfamilie«, auch nur der »Dreigenerationenfamilie« von Eltern, erwachsenen Kindern und Kindeskindern von der Forschung revidiert werden mußten. Weder die bäuerliche, noch die städtische Familie waren je so umfassend, wie man lange gedacht hat; weder lebten Kinder häufig mit den Großeltern oder Verwandten unter einem Dach, noch bewegten sie sich in einer großen Geschwisterschar, wie man aufgrund der hohen Geburtenquote anzunehmen geneigt war. Haben sich konservative Träumer hier geirrt, so übersahen sie regelmäßig etwas anderes: Ehe und Familie waren für die allermeisten immer ein Luxus, ein Risiko, eine prekären und unsicheren Verhältnissen abgetrotzte und erkämpfte Lebensweise, die gleichwohl gesellschaftliche Norm war. Nicht jeder konnte oder durfte heiraten. Seit dem 16. Jahrhundert versuchte die jeweilige Obrigkeit, Eheschließungen vom Nachweis einer ausreichenden Nahrungsgrundlage des Paares abhängig zu machen, Versuche, die im 19. Jahrhundert angesichts des bedrohlich wirkenden Pauperismus, der plötzlich auffälligen Massenarmut, massiv erneuert wurden. In Trier waren 1802 61,5 % der Bevölkerung ledig, 1961: 45,1 %. Warum heiratete man, unternehmungslustig oder verantwortungslos genug, vielleicht sogar dann, wenn man arm war? Für manche Männer gab es fast den Heiratszwang: ein zünftiger Handwerksmeister oder etwa ein protestantischer Pfarrer waren ohne Hausfrau nicht vorzustellen. An Ehefrauen und spätere Kinder von vornherein als Arbeitskräfte zu denken, lag der bäuerlichen Bevölkerung vielleicht am nächsten. Aber auch ein Handwerker, Lehrer, Soldat, jeder war auf eine Hausfrau angewiesen, die ihr schwieriges Geschäft vom Kochen,

Das Interesse an der Psychologie der Liebes- als Ehebeziehung tritt bei diesem Bild eines »Bürgerlichen Ehepaares« von J. F. L. Reinhold (1744–1807) in den Vordergrund. Eine Reflexion auf die Funktionen oder nur die Repräsentation der Rolle fehlt.
Aus: W. Scheidig, Deutsche Zeichnunger.. Der Bürger und seine Welt. Weimar 1958

Heizen, Waschen und Vorrathalten verstand, wenn er je aus der unselbständigen Lebensform des Kostgängers bei anderen herauskommen wollte. Wer nun einmal geheiratet, einen Haushalt eingerichtet, Kinder zu versorgen hat, muß nach dem Tod des Ehepartners immer wieder heiraten. Das gilt für Männer wie für Frauen. Wegen der hohen Müttersterblichkeit ist es keine Seltenheit, daß Männer dreimal heiraten müssen; zwei Ehen sind für Frauen sicher ebenso häufig. So kommt es, daß in Trier 1802 21,7% der Ehefrauen älter waren als ihre Ehemänner; 1961 waren es nur noch 17,8%. Dasselbe Alter hatten 1802 9,6%, 1961 8,5%.
Von Liebe als Beweggrund für Heirat und Ehe war noch nicht die Rede. In der Regel hatte die Ehe ein anderes, pragmatischeres und vernünftigeres Ansehen. Daß es Liebe aber auch in der ganz und gar modernen Form gegeben hat, beweist neben vielen anderen Zeugnissen schon der zärtliche Briefwechsel des Nürnberger Braut- und Ehepaares Paumgartner aus der 2. Hälfte des 16. Jahrhunderts. Der vielleicht wiederholte Verlust einer Frau im Wochenbett hinterläßt bei Männern lähmende Depressionen, Verzweiflung und Lebensüberdruß. Klopstock, Lessing oder Boie sind nur die berühmtesten Beispiele, keine Ausnahmen. Trotzdem gilt, daß die Qualität einer Ehe in den vergangenen Jahrhunderten weniger als heute von der »Liebe« als einer ganz einmalig und individuell gedachten Beziehung zweier Menschen abhing, als von der Fähigkeit beider, den strengen sozialen Normen und den Alltagserfordernissen zu genügen.
Von einem Machtgleichgewicht in der Ehe kann nicht gesprochen werden. Rein rechtlich gesehen verschlechtert sich die Stellung der Frau sogar seit dem 16. Jahrhundert. Dem Mann fällt die eheherrliche und väterliche Gewalt allein zu; immer stärker wird diese Gewalt aber auch als eine Pflicht zur Sorge interpretiert. Die Blüte des Patriarchalismus fällt so erst ins 19. Jahrhundert, wo auf der einen Seite die bürgerliche Frau von manchen Aufgaben entlastet wird, ohne daß man ihr auf der andern den Zugang zu Bildung und Beruf wirklich eröffnet.
Welche Ehekonflikte gab es? Sieht man von denen ab, die durchsichtige, aber unlösbare wirtschaftliche Ursachen hatten – und das waren die häufigsten –, so bleiben Kinderlosigkeit und Kinderreichtum gleichermaßen. Gegen beides konnte man kaum etwas unternehmen. Über den Rückgang der Geburtenquote im 18. und 19. Jahrhundert ist viel nachgedacht worden. Was wußte man über Empfängnisverhütung? In ärmeren Volksklassen ist die Empfängnisfähigkeit der Frauen sicher aufgrund ihrer schlechten körperlichen Verfassung herabgesetzt. Neugeborene sind schwächlich und können oft nicht gestillt werden: sie sterben dahin. Eheleute der besseren Stände praktizieren häufiger, die Vermutung wird nahegelegt, die Enthaltsamkeit, um Leben und Gesundheit der Frau zu schonen und die Kinderzahl zu begrenzen.
Gelegentlich wurden Ehen getrennt oder geschieden. Daß sie unauflöslich ist,

hatte die Kirche, in deren Hand die Ehegesetzgebung und Ehegerichtsbarkeit lag, durchgesetzt; die Reformatoren sprachen der Ehe den Sakramentscharakter ab und führten daher die Scheidung wieder ein. Aus dem 18. und 19. Jahrhundert erinnern sich nicht gar so wenige Kinder an die Trennung oder Scheidung der Eltern. In der Regel verbleiben sie beim Vater, wie die Kinder des Arztes Hufeland (1762–1836), dessen Ehe nach 21 Jahren Dauer getrennt wird, weil die Frau ihn verlassen hat. Den Kindern wird erklärt, die Mutter sei wegen Krankheit abwesend. In aller Deutlichkeit erlebt Otto von Corvin (1812–86), der Verfasser des bekannten *Pfaffenspiegels*, den Ehekonflikt und die Scheidung der Eltern. Obwohl der Vater – mit bürgerlichen Augen gesehen – ein wirklicher Wüstling ist, behält er seine beiden Söhne bei sich. Nur sein früher Tod führt sie der Mutter wieder zu, die inzwischen wieder geheiratet hat.

Das Verhältnis der Kinder zu den Eltern wirkt – soweit man sich überhaupt eine Meinung bilden kann – außerordentlich modern. Das, was die Psychoanalyse den einfachen positiven Ödipuskomplex genannt hat, die Vorliebe der Mädchen für den Vater, der Jungen für die Mutter, findet sich häufig, wird auch noch unbefangen und schamlos unter der Voraussetzung erinnert, daß man damals nur ein kleines Kind gewesen sei.

LITERATUR:

H. Rosenbaum, Formen der Familie, Frankfurt 1982
W. Conze, Hg., Sozialgeschichte der Familie in der Neuzeit, Stuttgart 1976
A. Erler/B. Kaufmann, Hg., Handwörterbuch der Rechtsgeschichte, Bd. 1 Artikel »Ehe«, Berlin 1974
K. J. Matz, Pauperismus und Bevölkerung, Stuttgart 1980
N. Elias, Die Zivilisierung der Eltern, in: L. Burkhardt, Hg., ... und wie wohnst du? Berlin 1980
H. Möller, Die kleinbürgerliche Familie im 18. Jh., Berlin 1969
M. Mitterauer/R. Sieder, Vom Patriarchat zur Partnerschaft. Zum Strukturwandel der Familie, München 1977

WÜRTTEMBERG, 16.–19. JAHRHUNDERT
Ehe- und Familiengeschichte in Zahlen

1. Wilhelm Gmelin (1541–1612), Pfarrer, heiratet 1565 in erster Ehe Magdalene Rieger (1540–1580); in zweiter Ehe 1581 Agnes Waiblinger (1537–1617), deren erste Ehe ebenfalls durch Tod des Ehegatten 1580 beendigt worden war.
Die 12 Kinder der ersten Ehe wurden geboren in den Jahren 1565 (Zwillinge), 1567, 1569, 1570, 1572, 1573, 1575, 1577, 1580. Von zweien ist das Geburtsdatum nicht bekannt. Das Erwachsenenalter erreichten sechs Nachkommen. Die Ehefrau starb bei der Geburt des 12. Kindes mit diesem zusammen.
Das einzige Kind aus zweiter Ehe, ein Mädchen, starb mit fünf Jahren.
2. Joseph Gmelin (1605–1680), Pfarrer, heiratet in erster Ehe 1633 Marie Magdalene Jenisch (?–1644), deren erste Ehe durch Tod des Ehegatten beendigt worden war.
Die vier Kinder wurden in den Jahren 1634, 1635, 1637 und 1640 geboren und starben alle im Alter von wenigen Tagen oder Wochen. In zweiter Ehe heiratet Joseph Gmelin 1645 Katharine Leipzig (?–?). Von ihren fünf Kindern – geboren 1646, 1647, 1649, 1652 und 1655 – erreichen drei das Erwachsenenalter.
3. Georg Friedrich Gmelin (1730–1809), Sattler, heiratet vermutlich 1755 Elisabeth Heyder (1732–1794). Die neun Kinder des Ehepaares wurden geboren 1756, 1758, 1760, 1763, 1766, 1768, 1771, 1775 und 1778. Alle Kinder wuchsen auf.
4. Johann Philipp Gmelin (1771–1840), Schuhmacher, heiratet 1811 Susanne Eva Blind (1788–1852). Die acht Kinder werden 1812, 1815, 1816, 1818, 1821, 1823, 1825 und 1830 geboren. Vier Kinder sterben im Alter von wenigen Tagen und Wochen, ein Kind mit drei Jahren.
5. Heinrich Gmelin (1810–1863), Sattler, heiratet in erster Ehe 1843 Sophie Nußhag (1815–1853). Die sechs Kinder der ersten Ehe werden 1844, 1845, 1846, 1847, 1849 und 1853 geboren. Nur ein Kind wächst heran. Die Mutter stirbt zusammen mit dem sechsten an den Folgen der Geburt.
Aus der zweiten, 1855 mit Katharine Nußhag (1833–1902) geschlossenen Ehe gehen sechs Kinder hervor, die 1855, 1856, 1857, 1859, 1860 und 1862 geboren werden. Davon erreichen drei das Erwachsenenalter. Nach dem Tod ihres ersten Ehemannes heiratet Katharine Nußhag 1864 Heinrich Streib (1840–1895), ebenfalls Sattler.

66, 76; 79; 100f.; 102f.; 105

Den Haag, 1630
Lästiger Kindersegen

Man hat mir gesagt, daß ich am 14. Oktober des Jahres 1630 geboren bin, und da ich die zwölfte Frucht aus der Ehe des Königs, meines Vaters, und der Königin, meiner Mutter war, so glaube ich, daß meine Geburt ihnen weiter keine Freude bereitete, als daß ich nicht mehr den Platz einnahm, den ich vorher inne gehabt hatte. Man war sogar in Verlegenheit, welchen Namen und welche Paten man mir geben sollte, denn alle Könige und Fürsten von Ansehen hatten dieses Amt schon bei den Kindern, die mir vorangegangen waren, übernommen. Man befand es für gut, verschiedene Namen auf verschiedene Zettel zu schreiben und aufs Geratewohl den daraus zu ziehen, den ich haben sollte. Der Zufall erteilte mir dabei den Namen Sophie, und um mir Patinnen zu geben, die diesen Namen hatten, wählte der König die Pfalzgräfin von Birkenfeld, Gräfin Hohenlohe, die Gräfin von Culenburg und Frau von Brederode, Gräfin von Nassau, und zu Paten die Staaten von Friesland.
Kaum war ich so weit, daß ich fortgeschafft werden konnte, als die Königin, meine Mutter, mich nach Leiden schickte, das nur drei Stunden vom Haag entfernt liegt, und wo ihre Majestät alle ihre Kinder fern von sich erziehen ließ, denn der Anblick ihrer Affen und ihrer Hunde war ihr angenehmer als der unserige.

201, 11 f.

Halle, 1756
Schicksalsstunde eines Ehepaares

Den 8. April 1756 wurde meine Frau noch kaum aus dem nahe bevorstehenden Tode gerettet. Sie sollte niederkommen, und ihre Mutter hatte eine besondre Reise deswegen übernommen, um ihrer Tochter zu einiger nützlichen Beihilfe und Erleichterung zu gereichen. Ich hatte schon zwei Tage vorher mit dem seligen Professor Junker über einige bedenkliche Umstände gesprochen; der mich ausdrücklich bat, ihn ja dazu rufen zu lassen, wenn es zur Geburt käme; sollte es auch mitten in der Nacht sein. Dieser würdige vortreffliche Mann hatte besonders meine Frau sehr wert, weil er ihrer Mutter Schwester ... sehr wohl gekannt hatte ... Ich ließ also des Abends schon nach zehn Uhr, diesen unsern Gönner ersuchen, sich zu uns zu bemühen; indem das Kind eine unrechte Lage hatte, welche das Vermögen der gemeinsten Beihilfe einer Wehenmutter überstieg. Die Mutter des Kindes hatte die entsetzlichsten Schmerzen schon etliche Stunden lang sich geduldig gefallen lassen; merkte aber bald, daß es äußerst gefährlich wäre, und

verlangte daher, daß ich mit ihr beten und sie auf allen Fall zu einem christlichen Ende vorbereiten helfen sollte. Ich unterließ es nicht, ihr diesen Dienst und Pflicht zu erweisen; und nun sagte der selige Mann lateinisch zu mir, daß er auch nichts hier nütze sei, aber daß der Herr Professor Böhmer, unter Gottes Segen, die Mutter noch erretten könnte. Ich schickte also noch um Mitternacht an den Herrn Hofrat Böhmer, ohnerachtet ich sonst keinen nähern Zusammenhang mit diesem großen Gelehrten und sehr erfahrenen Arzneikundigen gehabt hatte. Er war so gefällig, sich den Schlaf unterbrechen zu lassen. Unter Gottes Segen währte es kaum eine Viertelstunde, so war die Mutter aus der wirklichen Todesgefahr glücklich errettet, und von einem toten Sohne, noch eben zu rechter Zeit, entbunden worden, da eine Entzündung schon sehr nahe war. Das Kind war schon einige Tage tot, wie es die Merkmale zu erkennen gaben. Von dieser Zeit an haben wir diesem Arzt mit aller nur möglichen Hochachtung eine so große Dankbarkeit zu erweisen gesucht, als die Größe dieser Wohltat mit sich brachte...
Nachdem also Gott diese Prüfung gnädig vorüber gehen lassen, genossen wir wieder mit desto grösserm Vergnügen die Freude, wozu wir so leicht und ordentlich einander gereichten.

195, 220 f.

Wörmlitz, um 1760
Eine klassische Konstellation

Schack Fluur war das achte Kind aus dieser Ehe, und einer der lebhaftesten Jungen, die je auf einem Steckenpferde geritten haben. Da seine Mutter ein öfteres Wochenbette, so oft sie sich auch dazu bequemen mußte, ärger als den Tod scheute: so pflegte sie auch ihre Kinder gewöhnlich lange zu stillen. Schack hatte bereits schon das zweite Jahr erreicht, und fast alle seine 32 Zähne im Munde, als er noch Muttermilch trank... Als Schack entwöhnt wurde, konnte er schon eine Menge Wörter aussprechen, deren einige er sich nach der Gewohnheit vieler Kinder selbst geschaffen hatte. So nannte er zum Beispiel die Brust seiner Mutter, Hammeti. Traurig und unzufrieden schlich er nach seiner Entwöhnung herum, und klagte tagelang über den Verlust seiner lieben Hammeti, bis ihn sein guter Appetit an andere Speisen gewöhnte...
Es gibt viele Leute, die sich aus ihrer spätern Jugend weniger, oft gar keiner Begebenheiten erinnern können; ob sie gleich die, aus den allerersten Jahren ihrer Kindheit mit einer vollkommenen Deutlichkeit behalten haben...
Schack saß einst des Mittags schräg seinem Vater gegenüber bei Tische. Es wurde eine Suppe aufgetragen, die Schack sehr gern aß, und von welcher er

durchaus zuerst seine Portion haben wollte. Allein sein vernünftiger Vater hatte sich ein für allemal zum strengsten Gesetz gemacht, seine Kinder nie durch eine zu pünktliche Erfüllung ihrer Wünsche zu verwöhnen, noch auch den jüngern vor den ältern Vorzüge einzuräumen ... Schack bekam daher nicht zuerst von der Suppe ... sondern mußte zu seinem größten Verdruß warten, bis die ältern Geschwister nach der Reihe ihren Teil bekommen hatten.
Dies und der derbe Verweis, welchen Schack von seinem Vater bekam, und vornehmlich, daß dieser seiner Gattin den Teller aus der Hand nahm, welchen sie dem ungestümen Forderer zuerst reichen wollte, brachte ihn ganz außer sich. Er fühlte einen innern Drang sich zu rächen, und seine Wut fand auch bald ein bequemes Mittel dazu; er ergriff hastig den vor ihm liegenden zinnernen Löffel, und warf ihn seinem Vater ins Angesicht. Schacks Vater erschrak nicht wenig über diesen kühnen Streich seines zweijährigen Kindes. So lieb er auch den feurigen Jungen hatte, so konnte er sich doch nicht enthalten, ihn derb zu züchtigen, und diese Szene steht noch lebhaft mit allen Umständen vor Schacks Augen, ob sie gleich vor etlichen zwanzig Jahren geschehen ist ...
Überdem war ihm sein Vater in den ersten Jahren seiner Kindheit, wegen einer strengen Erziehung gewissermaßen verhaßt; – so unaussprechlich er ihn auch nachher zu lieben anfing ... Schack blieb gemeiniglich ganz gleichgültig, wenn sein Vater über Schmerzen seines Körpers klagte, ja er gönnte sie ihm oft gar; gab ihm selten im Herzen recht, wenn er sich über andere ärgerte, beneidete ihn oft mit einem innern verbissenen Unwillen, wenn er sich das beste Stück bei Tische vorlegte, oder vom Rande des Hirsebreies die geschmolzene braune Butter für sich abstrich, und fühlte sich nie glücklicher, als wenn der Vater nicht zu Hause war.
Dagegen liebte er seine Mutter, da sie seiner Lebhaftigkeit freiern Lauf ließ, und ihn oft – vielleicht mit zu vieler mütterlicher Zärtlichkeit gegen die Strenge seines Vaters in Schutz nahm, unaussprechlich. Noch jetzt denkt er oft mit einem Gefühl der süßesten Freude, und einer Wehmut, die ihm nicht selten heiße Tränen ins Auge gießt, an die glücklichen Stunden seiner Kindheit zurück, wo er des Umgangs seiner guten Mutter genoß ... Solch ein herzliches, inniges, unbeschreiblich süßes Gefühl der Glückseligkeit hat er nie wieder in spätern Jahren empfunden, und wirds auch nie wieder empfinden.
Nichts war aber seinem Herzen schmerzlicher und unausstehlicher, als wenn seine Mutter von ihrem Tode sprach ... oder wenn sie nach ihrer Gewohnheit Lieder vom Tode und ewigen Leben sang. Er lief alsdann entweder so schnell er konnte weg, oder hielt sich die Ohren zu, oder fing auch bitterlich zu weinen an, indem er seine Mutter ängstlich umarmte, und ihren Gesang mit seinen Küssen zu unterbrechen suchte ...
Wurde seine Mutter vollends krank: so hatte er Tag und Nacht keine Ruhe. Oft

bat er alsdann, indem ihm die heißen Tränen über seine Wangen liefen, Gott um Verlängerung ihres Lebens; saß stundenlang mit geängsteter Seele, ihre Hand fest in der seinigen, vor dem Bette, und erboste sich dabei nicht selten gegen seinen Vater, welcher ihm bei den Kränklichkeiten seiner Gattin viel zu kalt und gleichgültig schien ...
Kurz, seine Mutter war ihm alles; war ihm das höchste Gut der Erde und seine liebste Gesellschaft. Es kränkte ihn tief in der Seele, wenn sie bisweilen unzufrieden mit ihm zu sein schien, so wie er sich hingegen unendlich glücklich fühlte, wenn sie ihm einen zufriedenen Blick zuwarf, und andern seine Artigkeit rühmte. Der erste Gedanke, wenn er des Morgens erwachte, war sie, und er eilte, so viel er konnte, ihr immer das kindliche Opfer seiner Liebe zuerst mit einem herzlichen Kusse zu bringen. Er glaubte dazu ein größere Recht als sein Vater zu haben, und es ist ihm sehr erinnerlich, daß er es nie ohne Unwillen und Eifersucht ansehen konnte, wenn sein Vater seiner Gattin einen Kuß gab, oder mit ihr zu scherzen anfing.

162, Bd. 4,2, 104 ff.

ELBERFELD, 1775
Ein Eheproblem

Im Frühjahr 1775 gebar Christine wieder einen Sohn, der aber nach vier Wochen starb; sie litte in diesem Kindbett außerordentlich; an einem Morgen sahe sie Stilling in einem tauben Hinbrüten daliegen, er erschrak und fragte sie, was ihr fehle? Sie antwortete: »Ich bin den Umständen nach gesund, aber ich habe einen erschrecklichen innern Kampf, laß mich in Ruhe, bis ich ausgekämpft habe«. Mit der größten Sorge erwartete er die Zeit der Aufklärung über diesen Punkt. Nach zweien traurigen Tagen rief sie ihn zu sich, fiel ihm um den Hals und sagte: »Lieber Mann! Ich hab nun überwunden, jetzt will ich dir alles sagen: Siehe! ich kann keine Kinder mehr gebären, du als Arzt wirst es einsehen; indessen bist du ein gesunder junger Mann; ich habe also die zween Tage mit Gott und mit mir selbst um meine Auflösung gekämpft, und ihn sehnlichst gebeten, er möchte mich doch zu sich nehmen, damit du wieder eine Frau heiraten könnest, die sich besser für dich schickt, wie ich.« Dieser Auftritt ging ihm durch die Seele: »Nein, liebes Weib!« fing er an, indem er sie an sein klopfendes Herz drückte, »darüber sollst du nicht kämpfen, viel weniger um deinen Tod beten, lebe und sei nur ganz getrost!« – Von dieser Sache läßt sich kein Wort mehr sagen. Christine bekam von nun an keine Kinder mehr.

96, 266

HALLE, UM 1775
Familienbarbarei

Ich war ungefähr neun Wochen in dieser Schule der Barbarei und Sittenlosigkeit gewesen, als meine 17jährige Lehrmeisterin mit einem jungen Sohne nieder kam ... Die Freude über dieses neugeborene Kind war anfangs sehr groß. Allein bald nachher bekam die Frau wunde Brüste, die ihr die empfindlichsten Schmerzen verursachten. Das war freilich für die noch so junge Frau etwas hart, und sie vermied in den ersten Tagen gleich so viel als möglich die Frucht ihres Leibes zu säugen. Um dies zu können, erkaufte sie heimlich ein zu Fall gekommenes Mädchen, die gegen uns über wohnte, und immer auf den ersten Wink bereit sein mußte, das Kind zu stillen, wenn der Mann abwesend war. Ich hatte die Traktaten dabei schließen müssen, und es ging alles gut, bis auf den Tag, da das Kind getauft wurde. Als nämlich die Gevattern des Abends alle beisammen am Tisch saßen und vergnügt waren, so fing der Herr des Hauses an, seiner teuren Gattin vor dem Bette mit Bitten zuzusetzen, dem Kinde die Brust zu geben, weil solches an diesem Tage seines Wissens noch nicht geschehen sei. Aber wie man leicht denken kann, sein Bitten war vergebens; er drang stärker in sie, er bat die Gevattern, ihn zu unterstützen. ... Man stellete ihr vor, daß dieses ein Übel sei, dem sich eine jede Frau schlechterdings unterwerfen müsse, und daß oft weit größere Übel zu fürchten wären. Man bot alle Beredsamkeit auf; umsonst ... Er stellte ihr nochmals vor, daß das Kind ja aus Mangel an der Nahrung sterben müsse. Sie erwiderte, es sei doch besser, das Kind stürbe, als wenn sie sterben müsse. Ihrem Eheherrn schien nun die Geduld ausgehen zu wollen; er versuchte mit Drohungen seinen Endzweck zu erreichen, aber das machte die Sache erst recht schlimm. Sie verließ sich vielleicht zuviel auf ihr Wochenbette, und als er ihr drohte, er wolle sie halten, um mit Gewalt das Kind anlegen zu lassen, sagte sie: »Du bist der Urheber des Kindes, ernähre es, denn ich habe diesen Balg nur mir zur Plage geboren!« Augenblicklich sprang er aus der Stube und ließ den umherstehenden Gevattern betäubt das Nachsehen. In weniger als zwei Minuten kam er mit einer fürchterlichen Karbatsche zurück ... riß die Bettdecke der Sechswöchnerin hinweg und hieb so unbarmherzig auf sie los, daß die Arme wie ein Wurm sich krümmte. Man kann denken, welchen Eindruck dieser Anblick auf die umstehenden Gevattern machte, unter denen meines Meisters leibliche Mutter war. Sie eilten sogleich ohne Abschied zu nehmen mit schnellen Schritten nach Hause ...
Die folgenden Tage bekümmerte sich keiner um den andern, weder er noch sie sprachen ein Wort, und die oben angeführte Person stillte immer heimlich das Kind. Es währte dies ungefähr 14 Tage, als er einstmals plötzlich dazu kam, allein auch jetzt sagte er nichts. Nun fragte er in ein paar Tagen, wie viel das Mädchen

die Woche über bekomme, daß sie das Kind säuge? Er war mit der Antwort zufrieden...
Von ungefähr besuchte er seine Mutter, und die Gespräche fallen dann ganz natürlich auf die Frau. Auf die Frage, ob die Schwiegertochter jetzt das Kind säuge, antwortete er: »Nein...« Nun fuhr der Satan in die Alte: »Und das kannst du zugeben?« brüllte sie ihm entgegen. »So hätt' ich deinem seligen Vater kommen sollen, der würde mich gefegt haben!... den ganzen Tag tut sie nichts, und dann will sie auch nicht einmal das Kind stillen... Sterben andere nicht, wird die der Kuckuck auch nicht holen...«
Und nun mit einer halben Flasche Branntwein und einer guten Portion Unverstand angefüllt, eilt er nach Hause. Zum Unglück traf er eben die oft erwähnte Person an. Gleich gebot er ihr, sich augenblicklich zu entfernen. Nun befahl er der Frau, das Kind zu säugen. Die Arme mochte so wenig als er wissen, daß eine Frau, die in 4 oder 5 Wochen kein Kind an die Brust gelegt hat, aus Mangel der Milch gänzlich unvermögend sei, ihr Kind zu stillen. Gründe-Weigerungen-Bitten, Flehen, half bei dem Wütenden nichts, und die Peitschenhiebe fielen bald von neuem grausam auf den Rücken der Bedauernswerten... Wer konnte es bei solchen Umständen der Frau wohl verdenken, wenn sie das Kind täglich tausendmal verwünschte und es in Abwesenheit ihres Mannes wiederum barbarisch behandelte...
Von ungefähr traf es sich, daß einige abergläubische Jugendfreunde meiner Lehrmeisterin in dieser Zeit ihren Wochenbesuch machten. Da sie das elende Würmchen sahen, erschraken sie, und sagten gleich, das Kind sei behext. Die Frau hütete sich sehr, ihnen die wahre Ursach zu entdecken, und da beide selbst höchst abergläubisch waren, und dieser Einfall von Behexen ihr Gewissen einigermaßen zu beruhigen schien, so glaubten sie es eifrig mit. Nun wurden alle alten Weiber der ganzen Stadt um Rat gefragt, gebadet, geräuchert, beschworen, gefegt, und die Haustürschwellen mit Besen und Ruten unbarmherzig gepeitscht... Endlich gerieten sie gar auf den tollen Einfall, das Kind in die katholische Kirche zu tragen, und über dasselbe Messe lesen zu lassen; allein noch in derselben Nacht starb es.

164, 15 ff.

Altena, 1797 f.
Minnas Niederkunft und Tod, meine Witwerschaft und zweite Heirat

Werfen wir unterdes einen Blick in mein häusliches und eheliches Leben. Letzteres stellte in persönlicher Hinsicht den Himmel auf Erden dar, so daß es mitunter Neid erregte. Aber unsere äußeren Verhältnisse ließen viel, sehr viel zu wünschen übrig, denn es fehlte uns gerade das, was der Konsistorialrat Grimm in seinem poetischen Hochzeitsgeschenk uns so schön wie treffend zugelegt hatte, nämlich die geliebten Kleinen... Unsere Ehe war bis dahin kinderlos geblieben, wogegen bereits zwei Kinder Frau Selkinghaus beglückten. Namenlos waren die Kränkungen, die wir deshalb von ihr und ihrem Manne zu erdulden hatten. Wo wir bei festlichen Gelegenheiten in und außer unserer friedlichen Wohnung auch nur auftreten mochten, überall machten uns beide schonungslos zur Zielscheibe grober erotischer Witzeleien, worin denn nicht selten bald alle Anwesenden einstimmten. Die Folge davon war verzehrender Gram, gräßliche Verstimmung, Vergiftung aller Lebensfreude...
Ich unternahm eine kleine Erholungsreise nach Elberfeld... und nach meiner Heimkehr hatten wir zum ersten Mal die uns bisher unbekannte Freude des Wiedersehens, ohne zu ahnen, welche Hoffnung uns dadurch begründet worden. Minna verfiel nach diesen Tagen in eine eigene Kränklichkeit. Der von den Eltern herbeigerufene Arzt kurierte zwar tapfer drauf los, traf aber nie das Rechte und machte das Übel nur ärger. Endlich wollte er im Gebrauch des Pyrmonter Stahlbades das einzig mögliche Heilmittel erkennen...
Der Pyrmonter Brunnenarzt wollte kaum seinen Augen trauen, als er in dem Status morbi liest... »Was!« rief er entrüstet aus, »Ihr Arzt schickt Sie hierher, daß Sie selber die schönste Hoffnung Ihres Lebens zerstören sollen? Sie sind schwanger, meine junge Dame...« Man kann sich leicht denken, welche magische Wirkung diese Trostrede auf meine hinwelkende Minna hatte... Und wer möchte hiernach mein Entzücken malen, das bei Ankunft der frohen Botschaft mein Innerstes durchdrang?...
Minnas Entbindung erfolgte am 1. Weihnachtsfesttage 1779. Wer möchte meinem freudigen Dankgefühl für eine solche Bescherung entsprechenden Ausdruck leihen! Zwar ging es, wie fast bei allen Erstgeburten ungemein hart her dabei, aber wie leicht vergißt eine Mutter den Schmerz über der Freude, daß der Mensch zur Welt geboren ist...
Da ich der Ruhe ebenso bedürftig war wie meine Gattin, bezog ich ein abgelegenes Schlafgemach, aber leider ohne Erfolg. Der Schlaf floh meine Augen, Bilder des Todes umgaukelten meine ohnehin kranke Phantasie. Ich eilte früh wieder zu meiner teuren Wöchnerin. Auch sie hatte wenig oder gar nicht geschlafen.

Meine Frage, ob man dem Kinde versuchsweise auch die Mutterbrust angeboten, wurde zwar bejaht, aber verneint, daß es wirklich gesogen habe. »Eine Milchversetzung«, dachte ich und schickte eiligst zum Arzt ... Vergebens wurde in Gegenwart des Arztes die Anlegung des Kindes wiederholt, vergebens die Aussaugung der Brüste durch eine besonders dazu bestellte starke Frau versucht ... Dagegen trat ein hitziges Fieber ein, das kein ärztliches Mittel zu dämpfen vermochte. Das Aussehen der Kranken war geisterhaft, sie redete irre, und nur selten belebte ein lichter Augenblick unsere erlöschende Hoffnung... Immer mehr stockte der kaum noch merkbare Pulsschlag, bis sie endlich gegen Mitternacht sanft hinüberschlummerte. Namenlos war mein Schmerz; denn er war verschlossen und kannte keine Tränen.
Dieser gräßlichste aller Zustände ... blieb leider bei mir andauernd, da der nicht minder wichtige Verlust meiner Freiheit ihn über alle Maßen bitter schärfte. Ich hatte elf Jahre um meine schöne Rahel gedient, war nun endlich freier, selbständiger Staatsbürger geworden und hatte drei Jahre mein eigenes Brot am eigenen Herde gegessen. Küche und Keller bargen eine Menge von Wintervorräten aller Art. Diese mußten nun sämtlich in die schwiegerelterliche Küche wandern und ich mit meinem Kostgänger Dollfuß und einer Magd dahin nachfolgen, um meine Füße wieder unter fremden Tisch zu stellen. So zogen wir, nachdem die irdischen Überreste meiner verewigten Gattin dem kühlen Schoß der Erde anvertraut waren, jeden Morgen aus und kehrten nachts wieder heim...
Meine erste angelegentliche Sorge war zunächst gewesen, meiner Minna aus der Fülle meines zerrissenen Herzens in der damaligen Kölner Zeitung ein öffentliches Denkmal zu setzen. Dann sah ich mich nach einer Amme für meine arme, mutterlose Luise um. Die beinahe fünfzigjährige Frau meines früheren Raseurs Printz war so gefällig, sich dazu herzugeben und deswegen ihr eigenes Kind auf der Stelle zu entwöhnen...
So oft ich unsere Schreibstube besuchte, sah ich mein Kindchen, aber jedesmal nur, um den Schmerz über meinen Verlust zu erneuern... Legte ich mich in das Bett, das Dollfuß mit mir teilte, so hatte ich eine ähnliche traurige Empfindung, aber immer noch blieb mein Tränenquell verschlossen...
Noch im alten Hause feierten die Eheleute (Rumpe, meine Schwiegereltern und Geschäftspartner) ihre silberne Hochzeit... Gegen Ende der Mahlzeit reichte mir Rumpe zur lauten Verlesung einen von ihm verfaßten Aufsatz... Es kam auch eine mich betreffende Stelle vor, worin er den Wunsch äußerte, daß ich wieder heiraten möge, um der Freude aufs neue mein Herz zu öffnen. Das war zu viel auf einmal! Wie Schuppen fiel es mir von den Augen. Ein erheiternder Blick in die Zukunft ließ mich wenigstens die Möglichkeit ahnen, einst wieder froh zu werden... Schluchzend taumelte ich zur Tür hinaus... Ich fühlte mein Gemüt genesen...

Mein wiederkehrender Frohsinn, überhaupt meine Verwandlung muß auffallend gewesen sein, weil sie damals fast jedem, der mich darauf ansah, erotische Witzeleien entlockt hat. Noch war ich selber nicht mit mir zu Rate gegangen, als Rumpe mich schon fragte, ob ich bereits eine Wahl getroffen. »Noch nicht«, sagte ich. »Das ist Herzenssache und läßt sich als solche weder gebieten noch übereilen.« – »Wohlan«, erwiderte er, »ich will Ihnen helfen.« Er nannte mir nun mehrere Mädchen in Altena, aber keine einzige von ihnen sprach mein Herz an. In Lüdenscheid und Hagen war noch weniger für mich zu finden, und so gelangten wir in Gedanken nach Iserlohn. Dort nannte ich ihm Minna Riedel. »Bravo, mein Sohn!« rief er aus. »Die ist es, die soll mir als Schwiegertochter willkommen sein. Reisen Sie hin, sie einmal zu sondieren, besonders mit Rücksicht auf Ihr Kind!«
Schon am folgenden Morgen in aller Frühe saß ich zu Pferde ...

141, 154 ff.

Pulsnitz, um 1815
Armut und Streit

Das Häuschen meines Vaters war baufällig, vielleicht, wenn es hätte verkauft werden sollen, 500 Taler wert, die als zwei Hypotheken an dem Häuschen hafteten. Das gänzlich heruntergekommene Handwerk des Vaters, viele Abgaben, Lasten des Krieges hatten es nicht möglich gemacht, daß mein Vater ... die Zinsen seiner Schulden bezahlen konnte, die wieder zu einem Kapitale anwuchsen und den Wert des Häuschens überstiegen; kleine Schulden mehrten sich und häuften die Menge der Mahner. Die beiden Hauptgläubiger ließen es an harten Worten nicht fehlen. Eine wohlhabende Witwe, die einem Kaufmann gegenüber wohnte, bei welchem ich für meinen Vater den Schnupftabak holte, den er allein schnupfen wollte, sah mich bisweilen, wenn ich in das Haus kam, so geschwind ich auch zu laufen suchte, und rief mir laut über die Straße die Worte zu: »Du, sag deinem Vater, daß er mich bald bezahlt, sonst würde ich ihn verklagen.« Mit Angst und Schmerz teilte ich es dem Vater mit, der dann mit kummervollem Gesicht von seiner Arbeit aufsprang und durch Hin- und Hergehen in der Stube Ruhe zu gewinnen suchte. Die Mutter saß bei solchen oder ähnlichen Gelegenheiten, wo Sorge und Entbehrung sich besonders fühlbar machten, bei ihrer Arbeit oft stundenlang weinend und konnte in ihrer Verstimmung und Sorge kein Wort dem Vater zum Trost und sich zur Erleichterung sprechen, weil die Verhältnisse keine Aussicht einer besseren Zukunft eröffneten. Das aber erregte die ganze Verstimmung des Vaters, der grade in solchen Momenten durch gegenseitige Aussprache Trost und Erleichterung finden wollte. Was zusammenführen sollte, gegenseitige Sorgen, bewirkte das Gegenteil ... Was zu sprechen war, wurde weniger freundlich gesprochen, und ein geringer Anlaß gab der inneren Gedrücktheit und Gereiztheit Gelegenheit zu einer Aussprache, die in einen häuslichen Zwist überging, und die das Schwerste und Schmerzlichste war, was mich berühren konnte. Ich fühlte und wußte noch nicht, wie fortdauernder Druck und Plackereien um die nötigsten Bedürfnisse des Lebens die Stimmung auch der besten Menschen verbittern kann, indem in solchen Sorgen nicht wie im Schmerze um einen schweren Verlust oder in großem Unglück eine Versöhnung, Erhebung und Anregung zu erneutem Mute und Kraft liegt ... Daß fortdauernde Not eine Bitterkeit erzeugen könne, verstand ich noch nicht; ich kannte noch keine Not, als die Eltern traurig, ihr Verhältnis zueinander getrübt zu sehen ... denn ich wollte gern zu ihnen aufblicken als zu denen, die nie Unrecht tun und Unrecht haben konnten.

175, 19 f.

Stuttgart, um 1825
Protestantischer Patriarchalismus

Die gute Mutter hatte unter solchen Umständen (– sechs Kinder –) unruhige Tage und Nächte. Und doch blieb sie immer munter und unermüdet vom Morgen bis zum Abend, bald am Nähtisch arbeitend, bald in der Küche nachhelfend, bald Besuchen Rede stehend, bald unsere Spiele leitend, bald unsere Fehden schlichtend, je und je auch mit Hilfe der Rute, die damals noch keineswegs bloß eine figürliche Redeblume war, sondern als strammes Besenreis leibhaftig hinter dem Spiegel stak. Eine lebensgefährliche Krankheit überstand sie in jenen Jahren, ohne daß wir Kinder ahnten, welche Gewitterwolke über dem heitern Himmel unserer harmlosen Jugend hing. Eines Morgens, als es am bedenklichsten stand, stimmte ich in meinem Bette an: »Fröhlich und wohlgemut wandert das junge Blut«, was mir die Kindsjungfer sofort als unzeitgemäß verwies. Die Gefahr ging indes gnädig vorüber, und die einzige schmerzliche Folge für uns war, daß wir in jenem Winter auf den festlichen Christbaum verzichten und mit einer kurz abgemachten Bescherung zu nüchterner Vormittagsstunde ... vorlieb nehmen mußten. Später fand ich in des Vaters Papieren ein rührendes Lob- und Preisgedicht auf den nachfolgenden Geburtstag der neugenesenen Gattin ...
Etwas höher und ferner als die Mama stand uns der Papa. Viel beschäftigt im geistlichen Amt, sahen wir ihn in der Regel nur zu bestimmten Stunden. Mor-

gens vor dem Frühstück sprach er bei versammelter Familie mit Einschluß der Dienstboten das Morgengebet: ein Gesangsbuchlied, das Vaterunser und den Segen ... Beim Mittagstisch mußten die Kinder damals viel stiller sitzen als heutzutage, auch pflegten sie weder von einer beliebten Speise so viel zu bekommen als sie wünschten, noch von einem verhaßten Gerichte dispensiert zu werden. Wie manche Träne haben mich z. B. die weißen Mehlspatzen gekostet, die immer wieder den Hals heraufquollen! Unmittelbar nach Tisch tranken Vater und Mutter ein Täßchen Kaffee, und Tag für Tag durfte abwechselnd eins der Kinder das Sahntöpfchen mit Brot austrinken. Ein kleines Fest war's, wenn winters nach dem Essen Papa zur Luftreinigung bei geöffneten Fenstern ein Wacholderholzfeuer anzündete, das auf den Zimmerboden gestellt gar lustig knisterte und flackerte. Wir Kinder hockten im Kreis um das Feuerlein und sahen bewundernd zu, wenn der Vater mit der Hand langsam durch die Flamme fuhr oder in besonders guter Laune ein paar Mal leichtfüßig darüber wegsprang. Um die Vesperzeit sprach er meist wieder im Wohnzimmer ein, um, etwa von seelsorgerlichen Besuchen heimkehrend, sich ein Stündchen im Familienkreis zu erholen, ehe er sein Studierstüblein unter dem Dache bestieg. Er trat dann bei uns ein in dem Habit, den unsere Stadtgeistlichen damals noch auf allen Berufsgängen trugen, mit dreieckigem Hut, langem schwarzen Rock nebst weißen Bäffchen oder Überschlägen, schwarzseidenen Strümpfen und Schnallenschuhen ... Beim Nachtessen sahen wir ihn gewöhnlich nicht, weil wir nach eingenommener Milchsuppe mit einem Handkuß bei der Mutter, von welchem ausgeschlossen zu werden die beschämendste Strafe war, ein paar Stunden vor den Eltern zu Bett geschickt wurden. Doch konnte es vorkommen, daß man noch wach war und neugierig horchte, wenn sie bei offener Zwischentür ihre Abendmahlzeit hielten. Am Sonntagabend drang dann wohl auch der Duft eines Bratens lockend in unser Schlafgemach und auf schüchternes, aber anhaltendes Hüsteln kam vielleicht die gute Mama herein und stopfte dem lüsternen Bettler den Mund mit einem Bratenschnittchen.

In würdevollster Gestalt bekamen wir den Vater auf der Kanzel zu sehen, und wenn es uns als evangelischen Predigerskindern ausgemacht war, die drei verehrungswürdigsten Personen auf Erden seien erstens der Heiland, zweitens der Doktor Luther (den wir vom Reformationsjubiläum 1817 her in der Gipsbüste auf dem väterlichen Schreibtisch sahen) und drittens der liebe Papa: so wurde diese Überzeugung immer wieder bestätigt, so oft wir in der gedrängtvollen Kirche Tausende zu seinen Füßen sitzen sahen und seinen gesalbten Vortrag, ohne noch vom Inhalt viel zu verstehen, durch die heiligen Räume hallen hörten ... Wenn wir älteren Geschwister im Ganzen unter einer merklich strengeren Zucht und rascheren Rechtspflege aufwuchsen, so lag das in der Natur der Sache und wird wohl immer so sein. Jugendliche Eltern sind selbst noch rascheren

Temperaments ... Dazu kommt, daß junge Väter in den ersten Kindern meist kleine Normalmenschen, wo nicht Genies erblicken, von denen man alles fordern, bei denen man die korrekteste Erziehungstheorie ohne Abzug durchsetzen könne ... Wo übrigens im wesentlichen die elterliche Liebe waltet, da wird auch eine gelegentliche Übereilung oder eine kleine Härte keine tiefe Narbe im Kinderherzen zurücklassen. Noch entsinne ich mich gern eines heißen Moments, wo ich, nachdem irgendeine Unart im Hause vorgefallen, plötzlich, ich wußte nicht wie, hoch in der Luft schwebte, von des Vaters linker Hand kräftig gehalten, während die Rechte an dem vergeblich Zappelnden und Wehklagenden ihr Strafamt übte. Die Mama kam dazu und bezeugte meine Unschuld, worauf mich Papa auf den Boden stellte und laufen ließ mit den Worten: »Ei, so war's für ein andermal gut!« Besser wußte sich bei ähnlichem Anlaß der kleine Fritz aus der Schlinge zu ziehen. Seine Schuld war bei irgendeinem Schelmenstreich klärlich erwiesen, und eben sollte die Exekution vollzogen werden nach Sprüche Salomonis 22,15. Aber der Delinquent wurde von einem Bedürfnis überrascht, das für den Augenblick Strafaufschub erheischte und dessen Erledigung unter den Augen des harrenden Vaters sich so ungewöhnlich in die Länge zog, daß dieser endlich, selbst inzwischen abgekühlt, lächelnd in sein Arbeitszimmer zurückkehrte und Begnadigung eintreten ließ.

62, 53 ff.

Hamburg, um 1880
Zur Psychologie der kleinbürgerlichen Ehe

Denn es kommt fast in jeder Ehe eine Zeit, wo die Frau sich innerlich vom Mann mehr ablöst, wo sie aufhört nur Geliebte zu sein und wo sie die Wahl trifft zwischen Mann und den Kindern. Fast immer schlägt sich die Frau zur Partei der Kinder und gerät damit in eine Gegnerschaft zum Mann. Nach zehn Jahren der Ehe steht der Mann wieder ziemlich einsam da. Er trägt alle Pflichten weiter, aber er wird von den Kindern sowohl wie von der Frau ein wenig als Feind, als Gegner, als andere Partei betrachtet. Es versteht sich, daß dieses tief im Unausgesprochenen vor sich geht, und daß neben dieser Gegnerschaft die alte Liebe, die Sympathie der Gewöhnung und der Gehorsam der Abhängigkeit einherläuft. Natürlicher ist das Zusammengehörigkeitsgefühl zwischen den Kindern und der Mutter ... der Einfluß der Mutter ist unmittelbar, und ihre Erziehung ist um so wirksamer, je weniger eine Erziehungsmethode hervortritt. Auch Johanns Mutter erzog nicht mit Bewußtsein, sondern einfach durch ihr Wesen, durch ihr Dasein ... Sie hatte eine seltene Fähigkeit, still hinter andern zu ver-

schwinden und doch immer da zu sein, wenn sie gebraucht wurde; sie machte gar keine Ansprüche, vermied alles Laute, widersprach niemals und wurde kaum jemals heftig... Sie war ein Segen für ihren Mann... Er machte es seiner Frau nicht leicht, es gehörte eine duldende Natur dazu, um ihm die Enge immer wieder heimisch zu machen. Freilich wurde die Mutter mit den Jahren schreckhaft und furchtsam. Sie stand ja am meisten unter der steten Drohung des sich selbst quälenden Gemüts ihres Mannes, sie war nervenschwach und zeitweise von schweren Migräneanfällen heimgesucht. Das waren dann Tage, in denen das Haus Johann ganz anders erschien, in denen es leer und seelenlos war. Immer wieder stieg er leise die Treppe hinauf, öffnete ganz sacht, Zoll für Zoll, damit sie nicht knarre, die Schlafzimmertür und fragte nach dem Ergehen der Mutter. Oder er setzte sich, wenn die Mutter schlief, still an ihr Bett und sah ihren Schlaf zu, dem nervösen Zucken ihres Gesichts und den Bewegungen der Lippen, er hörte das leise Stöhnen und verging fast vor Mitleid und Sorge. Draußen schien die Sonne, aber die Gardinen waren zugezogen... Johann saß mäuschenstill und war voller Liebe, er fürchtete für die Mutter, und zugleich lag das Leben, lag seine Zukunft da wie ein großes, unergründliches Wunder... Wenn Johann des Nachts erwachte und irgendwo Schmerzen fühlte, alles so ruhig und dunkel war und er allein mit seinen Leiden wachte, hielt er diese Verlassenheit nicht aus. Er stand auf, tastete sich ins Schlafzimmer der Eltern und fuhr der Mutter leise über das Gesicht, um sie zu wecken, ohne daß der Vater es merkte. Die Mutter wachte dann erschreckend auf, und er klagte ihr sein Leid; wenn sie Johann dann mit einem guten Rat und einem Trost wieder zu Bett schickte, war es eigentlich schon besser...
Die Mutter trat mit der Zeit auf die Seite der Kinder, sie mußte sich irgendwie wehren; sie setzte sich zu den Befehlen und Erziehungsgrundsätzen des Vaters nicht in Widerspruch, aber sie suchte doch beständig die Härten und Übertriebenheiten zu mildern und einen Ausgleich zu schaffen. Und mit der Zeit fing sie sogar an, sich gegen die Kinder ein wenig über den Vater auszusprechen. Sie ließ zuweilen ein Wort fallen, wenn der Vater ihr gegenüber rauh oder ungerecht gewesen war; sie brauchte Vertraute und wählte dazu ihre Kinder, weil sie sonst zu niemanden von ihren persönlichen Nöten sprach. Johann waren solche Einblicke schrecklich. Das Verhältnis von Vater und Mutter war ihm immer vollkommen erschienen, und der Gedanke, es könne zwischen beiden zu ernsten Zerwürfnissen kommen, erschütterte ihn, als wanke etwas in der Natur. Er suchte einen einsamen Winkel und bat Gott... doch nur zu machen, daß Vater und Mutter in ihrer Liebe zueinander nicht aufhörten. Kopfhängerisch ging er umher, von einer neuen Sorge bedrückt. Sie war um so schwerer zu tragen, als der Vater gern von seinem Tode sprach. Eines Tages fand Johann einen weggeworfenen Zettel in der Stube, worauf der Vater ein Testament zu schreiben be-

gonnen hatte und worauf zu lesen stand, daß er den Tod nahen fühle. Dabei war er noch voller Leben und dachte gar nicht an den Tod. Der Knabe ging nun ganz tiefsinnig umher, so daß der Vater ihn heftig anfuhr: ein Junge müsse frisch und sorglos drauflos leben. Nun wußte Johann gar nicht mehr, wie er es eigentlich machen solle.

183, 70 ff.

2.2. Die Regeln der Geschwisterschaft

Kommentar
Darmstadt, um 1630 — Brief der jüngeren Schwester an ihren in Jena studierenden Bruder
Halle, um 1670 — Pater incertus
Wien, um 1780 — Reue einer Schwester, die besser zum Knaben getaugt hätte
Dittersdorf, um 1806 — Der Liebling der Familie verteidigt sein Recht
Halle, 1808 — Hinweise und Ratschläge eines Gymnasiasten an seine Schwester
Berlin, um 1815 — Die reine Blüte der Geschwisterzärtlichkeit
Stuttgart, um 1830 — Fronten und Koalitionen bei den zehn Pfarrerskindern
Ludwigsburg, um 1858 — Zwei ungleiche Schwestern
Tübingen, um 1863 — Fluchtversuch
Frankfurt a. M., um 1875 — Ein bürgerlicher Totenkult

Bruder und Schwester. Unten: Zwei Kinder des Künstlers J. Donner d. Ä. (1741–1813). – Lili und Gustav Parthey im Alter von 5 bzw. 7 Jahren, gezeichnet von Wachsmann 1805.
Aus R. Oldenbourg, Die Münchner Malerei des 19. Jhs. München 1922. – L. Parthey, Tagebücher aus der Berliner Biedermeierzeit. Berlin 1926

Kommentar

Psychologen und Pädagogen haben neuerdings untersucht, welche Folgen die Plazierung eines Kindes in der Geschwisterreihe für seine Entwicklung hat. Das Einzelkind galt schon dem 19. Jahrhundert wegen der ihm angeblich drohenden »Verwöhnung« als pädagogisch bedenkliches Phänomen. Inzwischen sind auch das »jüngste« oder das »mittlere« Kind in ihrer Besonderheit erforscht. Man könnte vermuten, daß die großen Geschwistergruppen der Vorzeit historisches Anschauungsmaterial für Sozialisationsforscher bereitstellen; doch ist Geschwisterschaft in ihrer heutigen rein psychologischen Bedeutung Kindern des 16. und 17., aber auch noch vielen des 18. und 19. Jahrhunderts unbekannt.
In aristokratischen wie bäuerlichen Familien wird die Stellung der Geschwister untereinander und zu den Eltern bestimmt durch die Erbfolge. In Handwerkerfamilien oder dort, wo die Erbfrage keine große Rolle spielte, durch Willkür oder, vorsichtiger ausgedrückt, durch den Grad der Zivilisierung der Eltern, besonders des Vaters. Wie ein Kind behandelt wurde, welche Entwicklungschancen ihm eingeräumt wurden, hing davon ab, ob es erwünscht oder schon überzählig, ob es sich in irgendeiner Weise angenehm machen oder durchsetzen konnte; wenn nicht bei den Eltern, dann bei Verwandten oder andern möglichen Gönnern, die ihm dann für Trost und Rat zur Verfügung standen, ihm Schul- und Lehrgeld, Essen, Kleidung oder die Aussteuer bezahlten. Andere Kinder, gerade Geschwister werden da, wenn überhaupt, nur als Konkurrenz wahrgenommen. Häufig verlassen Kinder früh ihre Herkunftsfamilie, weil sie eine Lehre oder einen Dienst antreten oder eine Schule besuchen sollen. Oft kommt es zur Auflösung von Familien, wenn der Vater stirbt, und die Kinder werden an verschiedenen Stellen untergebracht, bei reicheren oder kinderlosen Verwandten. Auch die hohe Kindersterblichkeit verhindert oft genug die Bildung einer Geschwistergruppe im psychologischen Sinn: der Altersabstand der Übriggebliebenen ist zu groß. Öfter kommt es dann, statt zu geschwisterlichen, zu Pseudo-Elternbeziehungen.
Aber auch dort, wo Kinder längere Zeit mit Geschwistern zusammenleben, stehen sie weniger in psychologisch deutbaren als in sachlich konkurrierenden Beziehungen zueinander. Für Mädchen, deren Bewegungsfreiheit besonders eingeengt war und deren einzige Lebenschance überhaupt in der Heirat bestand, gilt das vielleicht noch mehr als für Jungen. Fremd und von sachlichem Haß erfüllt stehen Mädchen den Geschwistern gegenüber, traut man den wenigen weiblichen Autobiographen, wie etwa der Dichterin Anna Luise Karsch (1722 bis 91). Aber auch sonst erscheinen viele Kinder dieser Zeit als Individualisten,

Einzelgänger, nicht als Bruder oder Schwester in einer Kinderschar. Diesen Eindruck bestätigt Ch. F. Sintenis in seinem der Hausväterliteratur zuzurechnenden Werk *Der Mensch im Umkreis seiner Pflichten* (1805 ff.) Die Vorzüge einer großen Geschwisterschar bestehen für ihn darin, daß schon Kinder in dieser Gruppe lernen, sich Leuten anzupassen, die sie sich nicht ausgesucht haben. Geübt wird im Grund der Umgang mit Feinden. Die Familie kann noch nicht als ein Refugium im Daseinskampf, die Kindheit als ein vor allem von ihr gewährleisteter Schonraum erlebt werden. Das Familienleben ist bereits der Ernstfall, auch für Kinder.

Unrealistisch ist diese Sicht auch aus einem andern Grund nicht. Geschwisterschaft in einem psychologischen Sinn setzt ja auf seiten der Eltern ein Ideal voraus, das Ideal der Gleichheit aller Kinder. Gepredigt und in der pädagogischen Literatur verlangt wird sie schon lange: es soll keine Lieblingskinder geben, keine Bevorzugungen des einen oder andern (abgesehen natürlich von den rechtmäßigen Ungleichheiten, die Alter und Geschlecht zur Folge haben). Als eine neue Stufe in der Zivilisierung der Eltern setzt sich dieses Ideal aber erst langsam durch. Mag die Intrigenwirtschaft (so erscheint diese Form der familiären Verflechtung heute) in aristokratischen oder gar königlichen Familien, wie sie Friederike Wilhelmine (1709–58) vom preußischen Hof oder Elisa von der Recke (1754–1833) von den baltischen Gütern erinnern, ein lehrreiches Extrem darstellen: Generell war die Reaktion der Eltern immer spontaner, von Gefühlen der Zu- und Abneigung bestimmt, die man auch ungescheut sichtbar werden ließ. Eine schlechte Voraussetzung für Geschwisterschaft und deren sozialpsychologischem Korrelat, der Fähigkeit der Identifizierung und Solidarisierung.

Den Anfang und Urgrund der Geschwisterliebe bildet das Verhältnis des Bruders zur Schwester, genauer, des älteren Bruders zur jüngeren Schwester. Freud hat bemerkt, daß die vom Ambivalenz freieste Liebe zwischen einer Mutter und ihrem erstgeborenen männlichen Kind zu erwarten ist. Viele Dokumente legen nahe, dieser Beziehung die Liebe eines Geschwisterpaares an die Seite zu stellen. Das offenherzige Bekenntnis des Schriftstellers Heinrich Stieglitz (1801–49), er habe alle Frauen am Bild seiner Schwester gemessen, ist keine Ausnahme. Goethes Vers »Ach, du warst in andern, abgelebten Zeiten, meine Schwester, meine Frau ...« gewinnt mit seiner inzestuösen Tönung eine ganz konkrete historische Bedeutung. Die Geschwisterliebe hat in einer Zeit, in der Frauen von ernst zu nehmender Bildung und Arbeit ausgeschlossen sind, Chancen, lange Jahre sublim kaschiert zu überdauern. Tragödien sind dabei nicht ausgeschlossen, wie im Fall der Karoline Herschel (1750–1848). Nach vielen Jahren gemeinsamen Lebens und Arbeitens entschließt sich der Bruder Wilhelm, der berühmte Astronom, doch noch zu einer späten Ehe.

Wo im übrigen die äußeren Umstände und das Zivilisationsniveau der Eltern die

Bildung von Geschwisterschaft erlauben, zeigen sich alle Phänomene von gleichgeschlechtlicher Rivalität, von Eifersucht auf das jüngste oder nachgeborene Geschwister und Neid auf das ältere, wie sie dem psychoanalytisch Aufgeklärten auch heute noch auffallen.

LITERATUR
H. Rosenbaum, Formen der Familie, Frankfurt 1982

Darmstadt, um 1630
Brief der jüngeren Schwester an ihren in Jena studierenden Bruder

Meinen freundlichen Gruß, und alles was ich Liebes und Gutes vermag. Zuvor freundlicher und herzlieber Bruder, ich hab nicht unterlassen können, Dich mit einem kleinen Brieflein zu ersuchen, und darinnen zu vernehmen, ob Ihr noch alle bei guter Gesundheit und glücklichem Wohlstand seid. Was uns belangt, so danken wir dem lieben Gott. Der wolle ferner verleihen, was nutz und seelig ist. Amen. Dein jüngst an mich abgelaufenes mich von Herzen erfreuendes Schreiben hab ich wohl und zurecht empfangen, daraus Euer aller Gesundheit mit großen Freuden vernommen. Herzlieber Bruder tue Dir hiermit zu wissen, daß die lieben Eltern verschienen Mittwoch haben ein Mensch hereingenommen, welche mich soll lernen Nähen und Spitzen machen, ist allhier des Doktor Spinas Schwester, heißt Drusiana Barbara, ist ein fein still Mensch, haben wir zwei jetzunder Dein Stub und Kammer ein. Für Dein sehr schönes und mir im Herzen angenehmes Ringlein bedanke ich mich zum allerhöchsten und will mir dasselbe von Deinetwegen allezeit lassen lieb und angenehm sein, und erfreuet mich auch von Herz daß Ihr zu Jena so gut Losament habt, weiß für dies Mal nichts mehr an Dich zu schreiben als sei von der lieben Mutter, Möng (=Muhme) Maria W. und mir zum Freundlichsten gegrüßet und Gott in Gnaden treulich befohlen. (Datum Darmstadt dem 23 Mai. Bin und bleib, Dein treues Herz bis in Tod. Anna Barbara Wölffin.

209, 65

Halle, um 1670
Pater incertus

Und war ich unter sieben Kindern der dritte Sohn; hatte aber von Jugend auf gleich das Malheur, da alle meine Brüder und übrigen Kinder schwarz und rauhe Haut und Köpfe hatten, ich hingegen schlosweiße Haar und Haut hatt'; dahero mein seliger Vater immer sagte: ich wäre nicht sein Kind; derohalb mich auch nicht achtete. (NB. Bis ich ins zwanzigste und vierundzwanzigste Jahr kam, da sich die Ähnlichkeit akkurat und besser, als bei den andern, befunden!) Gnug, ich mußte das in meiner Jugend wohl entgelten. Ich war der Verachtete und wurde von den andern übel bezunamet und aus einem Winkel in'n andern gestoßen. Wenn die Mutter mich nicht gliebet und mir den Rücken gehalten, wär es mir noch übeler ergangen. Und ist der wunderbaren Güte Gottes zu danken, daß ich in mancherlei Gefahr und Schlägen bin erhalten worden.

38, 20

Wien, um 1780
Reue einer Schwester, die besser zum Knaben getaugt hätte

Ich war ein sehr lebhaftes munteres Kind – oft wurde mir gesagt, daß ich besser zum Knaben getaugt hätte, und ich erinnere mich mancher Ermahnungen, mancher beschämenden Auftritte, wo diese unbesorgte Lebhaftigkeit mich zu Übereilungen hingerissen oder zu einem Betragen getrieben hatte, das für ein Mädchen viel zu wild und entschieden war. Drei Jahre voraus und jene natürliche Unstetigkeit und Heftigkeit gaben mir lange Zeit ein großes Übergewicht über den jüngeren und sanfteren Bruder. Ich lernte leicht, faßte schnell, hatte ein vortreffliches Gedächtnis, lauter Naturgaben, um die ich kein Verdienst hatte – an welchen ich aber meinen Bruder übertraf, der mit einem, wie es sich später wohl zeigte, viel richtigerm Verstande, eine etwas langsamere Fassungskraft verband. Mir ward jene Leichtigkeit oft schädlich ...
Ich versuchte mit zehn Jahren, einige gereimte Zeilen zusammen zu setzen ... Daß dies nichts als Reminiszenzen aus der Unzahl von gelesenen und gehörten Gedichten waren, die täglich und stündlich in meinem Kopf spukten, ist klar ... Indessen, mein Liedchen wurde angehört, gelobt, bewundert und sogar in Musik gesetzt ... So schwach diese Versuche waren, so dienten sie doch, verbunden mit meinem lebhaften Geiste und meinem unvergleichlichen Gedächtnisse dazu, die Aufmerksamkeit der Männer von Bildung und Wissenschaft, die das Haus meiner Eltern oft besuchten ... auf mich zu lenken ...
Hier aber stößt meine Erinnerung auf einen dunklen Fleck in der Entwicklung meines Selbst, auf einen häßlichen Zug des Übermutes und liebloser Eitelkeit. Ich könnte ihn verschweigen, denn er ist zum Glücke auf keine Weise mit in die weiteren Fortschritte meiner Bildung verflochten; aber ich würde unwahr zu sein, und diesen Bekenntnissen einen Teil ihres Wertes für unbefangene Seelen, die auch aus Fehlern anderer lernen können, zu entziehen glauben, wenn ich den meinigen nicht gestände, da ich doch auch einiges zu meiner Entschuldigung anführen kann.
Ich glaube schon einmal berührt zu haben, daß mein Bruder, der um drei Jahre jünger war als ich ... kein so schnelles Auffassungsvermögen erhalten hatte, als ich. Auch sein Gedächtnis war nicht so hervorstechend, und eine gewisse Langsamkeit in geistigen und körperlichen Bewegungen, verbunden mit einer nicht ganz deutlichen Aussprache, machten ihm das Lernen schwer und daher oft unangenehm. Die Lehrer, die wir (das Zeichnen und Klavierspielen ausgenommen) gemeinschaftlich hatten, waren daher stets mit mir viel besser zufrieden ... ich glänzte, ich ward vorgezogen, als Beispiel aufgestellt ... Ich hielt mich für

viel was Vorzüglicheres als meinen Bruder, ich erlaubte mir, ihn zu bespötteln, zu necken, lächerlich zu machen, und diese Bestrebungen eines eitlen lebhaften Kindes wurden leider nicht streng und strafend gerügt, wie ich mich wohl erinnere.

Noch weiß ich nicht, wodurch ich so viel Gnade vor Gott gefunden, daß er mich nicht tiefer fallen, und mich sogar die fortgesetzte Liebe dieses von mir nicht immer schwesterlich behandelten Bruders nicht verlieren ließ...

Eine feste Stütze hatte dieser Bruder im Hause an jener Tante, der Cousine meines Vaters, welche seit dem Tode der Großmutter bei uns lebte... Geliebt ward ich nicht sehr von ihr... denn sie sah in mir den Gegenstand, um dessentwillen ihr Liebling Xaver zurückgesetzt wurde... Aber diese Vorliebe meiner Tante für den Knaben, den Eltern und Lehrer mit großer Strenge behandeln zu müssen glaubten, und die daraus entspringenden Mißverhältnisse veranlaßten öfters unangenehme Szenen im Innern unserer Familie.

159, 37; 55 ff.

DITTERSDORF, UM 1806
Der Liebling der Familie verteidigt sein Recht

Der jüngere meiner Brüder, Georg, hatte (ohngeachtet er blond war wie die Mutter) die ganze Nervenreizbarkeit, die mir nach dem oben erwähnten Unfall anhing, ohne einen ähnlichen gehabt zu haben, und in noch höherem Grade als ich. Er war aber dabei mild und gutmütig bis zum Extrem, obwohl der tapferste, streitbarste Junge, den ich je wiedergesehen habe. Der Platz, wo bei anderen Menschen die Furcht sitzt, war von dem Schöpfer bei seiner Entstehung vergessen worden; obwohl er, als er starb, wenig über vier Jahre alt war, band er, wo es ihm zum Schutz etwa der kleinen Schwester oder sonst nötig schien, mit jedem an; und jeder Schlag, den er zur Strafe erhielt, wo er im Rechte zu sein glaubte, machte ihn im ganzen Gesicht blau, sein Atem stockte, der Schaum trat ihm vor den Mund, und ohnmächtig fiel er den strafenden Eltern zu Füßen. Als das Schwesterchen geboren war, war er außer sich vor Freude über das kleine Kind: als ich mir aber herausnahm, sie auch meine Schwester zu nennen, schien ihm das eine solche Beeinträchtigung seines guten Rechts, daß er still gefaßt in die Küche ging, ein großes Messer holte und glücklicherweise eben noch abgefaßt ward, als er neben der Schwester Schlafkorbe (denn eine Wiege litt mein Vater nicht) auf einen Stuhl kletterte, um sie lieber totzustechen, als einem anderen ein Recht an ihr zu lassen... Er war der Liebling der ganzen Familie, aber freilich eine zu straff gespannte Natur, so daß ihn auch Gott im Herbst 1806 an einer

Ruhrkrankheit aus diesem Leben, in das er schwerlich später gepaßt hätte, wieder abrief.

118, 19f.

HALLE, 1808
Hinweise und Ratschläge eines Gymnasiasten an seine Schwester

Beste Luise! Nach meinem Wunsche soll dieser Brief Dir den 28. März in die Hände kommen, wenn die gute Mutter Dir schon ihren Segen und die herzlichen Wünsche an diesem schönen Morgen gegeben hat, wenn der Louis Dir freudig um den Hals gefallen ist, dann auch sollst Du an mich denken. Dann soll Dir dieser Brief sagen, wie sehr Dein Bruder sich freut, eine Schwester zu haben, die heute ihren 16. Geburtstag feiert. Dieser schöne Tag sollte ein großes Familienfest sein, wir sollten alle versammelt Dich heute mit Blumen bekränzen. Ach, es ist der schönste Geburtstag für ein Mädchen. Was soll ich Dir wünschen, was andres, als daß Du Deine gute Seele mit dem schönsten weiblichen Schmuck, mit Zartheit und jeder Rücksicht, mit Reinheit des Geistes und Gemütes, besonders aber mit Sanftmut zieren mögest. Sie geben dem weiblichen Charakter nur jenen hohen Adel, welcher den Mann in reiner Liebe hinreißt und Achtung einflößt. Es tut mir leid, daß Du nicht mehr Gelegenheit hast, Dich auszubilden, und glaube mir, ein Frauenzimmer muß eine sehr feine Bildung haben. Ich freue mich daher, Dir zu Deinem Geburtstage einige Bücher zu schicken. Das französische wird Dich unterhalten und Dir für die Sprache nützlich sein. »Hermann und Dorothea« ist ein sehr schönes Gedicht, und ich rate Dir, es mit Aufmerksamkeit zu lesen. Fasse die einzelnen Charaktere darin auf und lies es mehr als einmal durch. Du sollst mir dann etwas darüber schreiben und ich will Dir antworten und einige Ideen darüber mitteilen. Torquato Tasso ist eins der schönsten Stücke von Goethe. Es ist die Feier eines Dichters am Fürstenhofe. Du kennst vielleicht nicht, wer Tasso ist, es ist ein italienischer Dichter, er hat »Das befreite Jerusalem« (ein Epos) geschrieben und dies ist das Buch, wovon im Stück die Rede ist. Wenn ich Dir raten soll, lies es, so oft Du kannst, besonders achte auf die schönen weiblichen Charaktere, das sind gebildete Frauen. Achte beim Lesen auf schöne Wahrheiten und Sentenzen, welche in dem Stücke zerstreut sind. Ich wünschte Dir meine ganze Bibliothek schicken zu können, es ist eine kleine, aber recht gute Auswahl. Ich habe den ganzen Schiller, den Goethe, den Shakespeare und andere schöne Bücher, doch die sollst Du alle lesen, wenn ich nach Hause komme. Spiele recht fleißig Klavier und singe, zeichne, wenn ich Dir raten soll, recht viel. Schade, daß Du nicht

Gelegenheit hast, recht gut tanzen zu lernen, ich kenne nichts schöneres für ein Frauenzimmer, besonders wenn sie eine gute Figur hat, welche bei Dir recht schön ist. Gitarre hast Du doch fortgesetzt. Schreibe mir nur recht oft und frage mich in die Kreuz und die Quere, was Du gerne wissen willst. Wenn ich es kann, will ich Dir gewiß antworten. Überhaupt mir mußt Du es gar nicht verdenken, daß ich Dir nicht oft schreiben kann, ich habe viel zu tun, allein für Dich ist es eine sehr gute Übung und Du könntest mir mit Deinen Briefen viel Freude machen ...

144, 54 f.

BERLIN, UM 1815
Die reine Blüte der Geschwisterzärtlichkeit

Ich war der einzige Knabe im Hause, alle Schwestern, bis auf eine, älter als ich. Mit diesen älteren, deren Herrschaft, die ihnen zuweilen sogar ausdrücklich übertragen wurde, ich nicht dulden wollte, war ich öfters im Kampf. Die jüngere dagegen, Henriette, liebte ich schon als Kind vorzugsweise. Nicht in diesem Abschnitt meines Lebens aber ist es, wo ich von ihr sprechen will, wie mein Innerstes mich drängt; von ihr, die als eines der reinsten Ideale edler Weiblichkeit vor mir steht, in der das tief empfindende Herz sich der Klarheit des Geistes gleichstellte, beide auf seltenster Höhe. Wir schlossen später einen Verein der Seelen, so innig wie er selten gefunden werden mag; allein auch schon als Kinder gehörten wir innig zusammen durch freie Neigung, wie durch das Verhältnis des Alters. Henriette teilte fast alle meine Spiele, und ward schon in diesem ersten Lebensabschnitt der Gegenstand brüderlichen Stolzes, den eine hold aufblühende Schwester zu wecken pflegt, und der damit verknüpften zarteren Aufmerksamkeit. Ein für uns wichtiges Ereignis ... hatte uns einander besonders nahe geführt. Es war eine schwere Krankheit, die uns beide traf. Im Beginn des Winters von 1815 hatte sie ein heftiges Nervenfieber, das damals überhaupt sehr ausgebreitet war, auf's Krankenlager geworfen. Der rührende Anblick des lieblichen, vierzehnjährigen Mädchens, das mit von der Krankheit geröteten Wangen und irr blickenden Augen in schweren Fieber-Phantasien lag ... ergriff mich in innerster Tiefe ... Ich hatte damals schon in früher Morgenstunde bei meinem Vormund Catel Unterricht im Französischen, und ging bei Dunkel und Schnee um sechs Uhr morgens bis zum französischen Hospital am Oranienburger Tor, von wo ich um acht Uhr schon im Gymnasium sein mußte. Auf dieser Wanderung durch die noch ganz einsamen Straßen, wo ich mir den Weg durch den tiefen Schnee meist erst selbst bahnen

mußte, war mein Auge oft voll Tränen, und mein Herz voller Gebete für die Kranke! –
Da warf mich das Übel selbst darnieder. Nicht so schwer wie die Schwester ... Indessen ging Henriette der Genesung entgegen. Wir waren Wochen lang in verschiedenen Zimmern gebettet, von einander getrennt. Wir hörten aber von einander, sandten uns durch die Mutter Botschaften, und diese saß öfters in der Tür, um beiden Kranken zugleich vorzulesen. Der Augenblick aber, wo wir uns auch wieder sahen, war ein mit unbeschreiblicher Macht ergreifender für mich. Es dünkte mich, als habe der Himmel uns beide für einander gerettet! Da traf meine Schwester ein Rückfall. Jetzt schien sie ohne Rettung verloren! Denn wie sollte der erschöpfte Körper des noch halben Kindes das Übel ertragen können? ... Der treue scharfblickende Arzt Heim hatte die jugendliche Kranke lieb gewonnen; er widmete ihr die ausdauerndste Sorgfalt, und so gelang es ihm, sie zum zweiten Male der Genesung zuzuführen. Durch das mondenlange Krankenlager war ihr schönes Haar so in Verwirrung geraten, daß der Versuch es allmählich zu entwirren und zu ordnen, den gereizten Nerven so unerträglich wurde, daß es abgeschnitten werden mußte. Das Köpfchen behielt seinen lieblichen Ausdruck ... Zu meinen glückseligsten Stunden und Erinnerungen, obwohl sie in die Zeit meiner tiefen Niedergeschlagenheit fielen, zähle ich die, welche ich, da endlich im Frühjahr die Schwester zur Förderung ihrer Kräfte eine Gartenwohnung mit der Mutter beziehen konnte, dort mit ihr zubrachte. Der Garten in der Kommandantenstraße, den jetzt die Freunde der Wasserheilkunde besitzen, war es, der diese reine Blüte der Geschwisterzärtlichkeit sich entfalten sah.

170, 241 ff.

STUTTGART, UM 1830
Fronten und Koalitionen bei den zehn Pfarrerskindern

Die Räume waren eng, in denen sich sechs, dann acht, später zehn Geschwister umeinander bewegten; die Temperamente verschieden; Reibungen konnten nicht ausbleiben, und häufig zog ich gegen die beiden Brüder den kürzeren. Sie lebten mehr nach außen, ich mehr nach innen; sie waren gewalttätiger, ich empfindlicher; die vielbeschäftigten Eltern hatten nicht immer Zeit zu schlichten, oder wenn ihr Spruch angerufen wurde, Schuld und Unschuld lang abzuwägen ... So kam es manchmal vor, daß ich, nachdem der Widerpart triumphierend abgezogen, als die verkannte Unschuld mit heißen Tränen im Winkel stand und mit vollüstigem Märtyrergefühl mich auf den jüngsten Tag freute, der alles klar

machen und mein Recht im Angesichte sowohl der Eltern und Geschwister als auch der gesamten himmlischen Heerscharen ans Licht bringen würde. Dazwischen fehlte es nicht an edlen Versöhnungsszenen, und mehr als ein Tugendbund wurde auf ewige Zeiten geschlossen. Einer derselben dauerte ein volles Halbjahr. Das Wort Memento mußte damals aller Fehde ein Ende machen, und es bezog sich darauf das Zwiegespräch, das ich mit Theodor in dem von uns gemeinsam bewohnten Bett allabendlich nach dem Nachtgebet wechselte: »Gute Nacht, Theodor, hast Decke?« – »Ja, hast du?« – »Ja, hast Platz?« – »Ja, hast du?« – »Ja, gute Nacht!« – »Gute Nacht!« – »Memento!« – »Memento!« Worauf wir friedlich einschliefen ... Ungetrübter war das Einvernehmen mit den Schwestern, von denen zunächst die beiden ältesten zu einem hübschen Pärchen heranwuchsen: Luise ... Lottchen ... Das zierliche, nach Laune liebenswürdige oder eigensinnige Malchen und die dicke gutmütige Pauline traten erst später in den Vordergrund, von der jüngsten Generation, Eduard, Johanna und Maria noch gar nicht zu reden. Diejenige Galanterie zwar und ritterliche Verehrung, welche Schwestern, seien sie jünger oder älter, von wohlerzogenen Brüdern anzusprechen haben, lernte ich erst in den spätern Gymnasialjahren und in der Studentenzeit, und nicht ohne Beschämung erinnere ich mich, wie in Fällen, wo die eigensinnigen Mädchenköpfe von dem gelehrten Bruder durchaus keine Vernunft annehmen wollten, oder wo die losen Mädchenzungen trotz aller Warnungen das Necken nicht lassen konnten, meine strafende Hand mit Paulinens runden Wangen, mit Amaliens schlankem Rücken, selbst mit Lottchens griechischem Profil in unsanfte Berührung kam. Nur mit der unbegrenzt gutmütigen Luise konnte man unmöglich in Streit geraten ...
Wie freundlich übrigens im allgemeinen unser Verhältnis war, davon zeugt der feierliche Entschluß, den wir noch in früherer Kindheit eines Tages nach Tisch faßten; unsere Lebensschicksale dauernd aneinander zu ketten. Ich beschloß, Schwester Luise zu heiraten, Theodor wählte Lottchen zur Lebensgefährtin, Fritz bot Amalien seine Hand. Daß die anwesenden Eltern säumten, diesem schönen Plan ihren Segen zu geben und Papa sogar gesetzliche Schwierigkeiten andeutete, war uns befremdlich.
Vorläufig blieb aber besonders ich mit den Schwestern in mannigfachem freundlichem Verkehr. Schon reine Possen machten Vergnügen. Ergötzlich war z. B. das Blindführen, wo eins mit festgebundenen Augen von zwei andern durch die Straßen geleitet und dann in irgendeinem entlegenen Gäßchen oder auch mitten in einem Kaufladen stehen gelassen wurde, während die Führer sich aus dem Staube machten. Auch ließ ich mir freiwillige Hausarbeiten von den Kleinen liefern, die am Schluß der Woche feierlich zensiert wurden. Besonders beliebt waren aber meine Erzählungsabende ... Da war es denn ein Hochgenuß für den kleinen Rhapsoden wie für seine Zuhörerschaft, wenn an einem Sommer- und

Winterabende die grünen Rouleaux im Schlafzimmer herabgelassen wurden, ich auf einem Nachttischchen meinen erhabenen Sitz bestieg, die Kleinen auf Schemeln und Stühlen im Kreis umhersaßen und nun im geheimnisvollen Helldunkel die Geschichte vom Grafen im Walde, der seine drei Töchter an Bär, Delphin und Adler vermählt... möglichst anschaulich an den großen Augen der lautlos horchenden Zuhörer vorübergeführt wurde. Der Schluß kam ihnen immer zu früh, und die Ankündigung der Fortsetzung auf morgen war ihrem Hunger nach mehr nur ein halber Trost.

62, 110 ff.

LUDWIGSBURG, UM 1858
Zwei ungleiche Schwestern

Und nun will ich von meiner Schwester Elise erzählen, meiner beständigen Genossin und Spielgefährtin bis zu meinem zehnten Jahr. Obgleich 3½ Jahre älter als ich, waren wir doch gute Kameraden, auf einander angewiesen, stets gleich gekleidet, und wo die eine, da war auch die andre. Aber es war ein ungleiches Gespann, eine große Verschiedenheit herrschte zwischen uns nach außen und innen. Elise war ungemein lebhaft, temperamentvoll, rasch in Auffassung und Wiedergabe. Sie war, was man ein amüsantes, schlagfertiges Mädchen heißt. Ihr Äußeres war schlank, rassig, biegsam. Ihr Gesichtchen mit den großen dunklen Augen, der feinen Nase, dem kleinen Mund war bildhübsch. Zwei dicke schwarze Zöpfe hingen ihr in den Rücken hinunter, das heißt, sie hingen nicht, sie flogen meistens, denn sie war in beständiger Bewegung, »ein junges arabisches Pferd«, wie sie ein Freund des Hauses nannte. Ich hingegen war das dicke Tonerle, untersetzt, ungewandt. Ich hatte kleine blonde Rattenschwänzchen, ein vielleicht »mögiges«, wie man in Schwaben sagt, aber sicher uninteressantes Gesichtchen. Ich kam – nicht nur altershalber – in allem Elise nicht nach, und da ich ehrgeizig war, litt ich sehr darunter.
In die Schule gingen wir stets gemeinsam von zu Hause weg. Aber schon nach ein paar Schritten fing Elise an zu laufen; einfaches Gehen war ihr zuwider. Ich sehe sie noch, die Schultasche schwingend, Pirouetten machend, immer hundert Schritte vor mir voraus, mir zurufend, winkend und mich neckend, daß ich nicht folgte. Sehr oft endete es mit einer Heulerei meinerseits ... Wenn wir zusammen eingeladen waren in den sogenannten Kindervisiten, war Elise sofort der Mittelpunkt und auch die Alten freuten sich an dem hübschen Geschöpf, das gewandt und witzig Rede und Antwort gab, während ich mit einem freundlichen Tätscheln abgespeist wurde und es vielleicht hieß: »So, das Tonerle ist auch

da!« Das empfand ich tief, ich glaube, nicht mit Neidgefühl, aber der große Unterschied ward mir drückend bewußt. Dies war auch besonders der Fall, wenn wir zu Tante Bartruff kamen, der Schwester von Mutter, die eine ganz besondere Vorliebe für Elise hatte. Wochenlang durfte diese dort wohnen und war dann das verwöhnte Kind des wohlsituierten Hauses ...
Wieder einmal auf dem Schulweg begegnete mir der neu nach Ludwigsburg versetzte freundliche Oberst von H. Wohlwollend hielt er mich an, ließ sich eine Hand geben und fragte: »Wem gehörst denn du, du nettes Mädele?« Wie mir das Wort wohl tat! Ich glaube wirklich nicht, daß es Eitelkeit war, daß es mich auf Jahre hinaus beglückte, sondern eine natürliche Reaktion von dem, was ich lange mit unbewußtem Unbehagen getragen ...
Wenige Wochen nach der Verlobung meiner Schwester Anna sollte ein dunkler Schatten auf ihr Brautglück fallen. Elise, das gesunde, blühende, fröhliche Mädchen, fing plötzlich an zu kränkeln, und kein Arzt konnte sich die Sache erklären. Sie war bei großer Mittagshitze in ihrer Lebhaftigkeit einem rasch davonrollenden Wagen, den sie gern für die geliebte Tante Bartruff zurückgerufen hätte, nachgelaufen, und gänzlich außer Atem war sie zurückgekommen. In der Nacht fing sie an zu fiebern, und wenn diese Neigung, die sie von da an behielt, auch zeitweise wieder aufhörte, so war sie doch in kurzem nicht mehr die alte ...
Es wurden für Weihnachten Vorbereitungen getroffen ... Kurz vor dem Christtage stellten sich wieder diese Fieberanfälle ein, und von dort an kam das Kind nicht mehr in die Schule, ein ernstes Leiden hatte es erfaßt. Ich erinnere mich so gut dieses Weihnachtsabends, wo ich gern so recht heiter gewesen wäre, wo es aber gar nicht war wie sonst. Elise konnte doch nicht so krank sein, wie sie sagten, denn sie saß ja dabei und hatte so schöne rote Bäckchen und so glänzende Augen ... Warum ging Tante Bartruff denn wieder so rasch fort, und warum wischte sich Mutter im Hintergrunde immer die Augen, und Friederike, das Kindermädchen, weinte in der Küche gar laut hinaus. Vater aber, der sah so wehmütig und ernst das Bildchen an, das man vierzehn Tage vorher von uns beiden gemacht. Nicht gemalt hatte man uns, sondern »daguerreotypiert« ... Es war gleich fertig gewesen, aber trotzdem hatte man Elise einen Schluck Wein nachher gegeben, und nun unter dem Baume mußte man das schwarze Ding immer hin und her drehen, bis man die Gesichter darauf richtig sah, aber dann war es sehr schön ...
Die nächsten Wochen aber, da merkte ich, daß meine Spielgefährtin wirklich krank war. Nun lag sie meistens zu Bett, es kamen außer unserm Hausarzt ... auch andere Ärzte ...
Am 6. April, abends acht Uhr, war ganz Ludwigsburg auf den Füßen, denn es gab eine fürstliche Beisetzung zu sehen. Die Gemahlin des Grafen Wilhelm von

Württemberg ... wurde in der Gruft im Schlosse zur Ruhe gebracht, und die ganze Stadt hinunter und drüben im Schloßhofe brannten Pechfeuer, deren erstickender Qualm bis in das Innere der Zimmer drang. Ängstlich verhängte man die Fenster in unserer Krankenstube. Als aber der Zug dem Hause nahte und die kurzen Schläge der Trommeln und der Beethovensche Trauermarsch so schaurig heraufklangen, da nützte keine Vorsicht mehr, und die Kranke wurde entsetzlich erregt ... »Tragt mich ans Fenster, ich will es auch sehen!« ... In Decken gehüllt, auf Mutters Schoß sitzend, die abgemagerten Arme um deren Hals geschlungen, den müden Kopf dicht an sie gelehnt, so sahen die großen dunklen Augen über das nächtliche Schauspiel hinweg. Der flackernde rote Schein ließ das wachsgelbe, hagere Gesichtchen mit den schwarzen Haaren noch durchsichtiger als sonst erscheinen ...
Zwei Tage darauf, am Osterfest, ging unsre Elise heim. Als ich vom Garten herüberkam ... nahm mich Mutter weinend in ihre Arme und sagte es mir, und es überfiel mich, daß Sterben und nie mehr Wiederkommen dasselbe sei – aber die Osterglocken klangen darein.

192, 234 f; 242 ff.

Tübingen, um 1863
Fluchtversuch

Als einziges Mädchen zwischen vier Brüdern hatte ich trotz dem Vorzug, den ich beim Vater genoß, einen schweren Stand, denn ich war so zwischen die wilde Schar hereingeschneit, daß ich weder auf das Ansehen einer ältesten noch auf die Begünstigung einer jüngsten Schwester Anspruch hatte. Edgar war wegen seiner ehemals zarten Gesundheit an viele Rücksichten gewöhnt worden und nahm jetzt durch das Recht der Erstgeburt und seine hervorragende geistige Begabung eine Sonderstellung ein, die er als ein Naturrecht behauptete. Aber der derbe, urgesunde Alfred erkannte sein Übergewicht nicht an ... Daher brandete um den gebietenden Erstgeborenen ein beständiger Aufruhr, von dem alle Geschwister mitzuleiden hatten ...
Gegen das weibliche Geschlecht hatte der Trotzkopf (Alfred) einen dämonischen Haß, den er schon als kleines Kind an den Dienstmädchen und den weiblichen Gästen des Hauses zu betätigen suchte. In der Schule wurde er in dieser Gesinnung noch bestärkt, denn die Mädchen standen da in tiefer Mißachtung ... Ich war natürlich die nächste, die seinen von ihm selber unverstandenen dumpfen Groll zu spüren bekam. Trotz seiner unendlichen Gutherzigkeit hatte ich mich jahrelang vor ihm zu hüten; es war ihm ein stetes Bedürfnis, mich

irgendwie zu peinigen. Auf der Straße kannte er mich überhaupt nicht, denn er hielt es für unter seiner Knabenwürde, eine Schwester zu besitzen. Nicht einmal mit seiner Mutter, die er doch leidenschaftlich liebte, ließ er sich gern öffentlich sehen, es schien ihm ein Makel, vom Weibe geboren zu sein ... An einem Wintertage ... es war in meinem zehnten Jahre – geschah etwas Ungeheuerliches, das mich an ihm und an der ganzen Menschheit irremachte. Ich hatte mir einmal ein Herz gefaßt und war trotz meiner Furcht vor der bösen Straßenjugend am Vormittag, als eben die Schulen zu Ende gingen, allein das Mühlgäßchen hinaufgewandert ... Aber an der steilsten Steigung kam mir ein Trupp Schuljungen entgegen, die bei meinem Anblick ein Indianergeheul ausstießen und mich mit Schneeklumpen überschütteten ... Im Nu war mein neues Kastormäntelchen über und über weiß ... und nirgends ein Entrinnen ... Und nun erkannte ich mitten unter der Meute meinen Alfred, der tat, als hätte er mich nie gesehen und, statt mir zu Hilfe zu kommen, sich bückte, um mich gleichfalls mit Schneebällen zu bewerfen ... Ich sprach kein Wort über den Vorfall ... aber es wollte mir fast das Herz abdrücken, daß eine solche Treulosigkeit möglich war. Nicht nur, daß ich mich auf der Straße von lauter Feindseligkeit umgeben sah, deren Ursache mir dunkel blieb, und nun gesellte sich auch noch der eigene Bruder, der mich hätte schützen sollen, zu meinen Widersachern! Es war einfach eine Tragödie ... Edgar, der Älteste, hatte keine Spur von Geschlechtshochmut, er war vielmehr stolz auf den Besitz der Schwester ... Aber er machte es mir auf seine Weise ebenso schwer. Er geriet in den schmerzlichsten Zorn, wenn ich anders wollte als er, und ohne sich davon Rechenschaft zu geben, suchte er mir in allem sein Urteil und seinen Geschmack aufzuzwingen. Wenn ich mich wehrte, war er tief unglücklich und empfand es als einen Verrat an dem gemeinsamen Kinderland, durch das wir Hand in Hand in inniger Eintracht gegangen waren ... Es gab aber auch ganz dunkle Tage, wo sich alle gemeinsam gegen mich wandten und wo selbst unser kleiner Balde, der Nestling, sein Blondköpfchen zwischen den Gitterstäben des Bettchens vorstreckte, um mit lallender Kinderstimme zu sagen: »Ein Mädle, pfui! Ich tät mich schämen, wenn ich ein Mädle wär.« Ging ich aus einer geschwisterlichen Auseinandersetzung zerzaust hervor, so wurde ich meist noch von der Mutter gescholten ... Sie pflegte dann nur zu sagen, daß ich als Mädchen durch Sanftmut die Gewalttätigkeit der Brüder entwaffnen müßte ...

Allmählich bildete sich in mir die Überzeugung aus, daß ich ein unglückliches Kind sei und daß ich am besten täte, auszuwandern. Der jüngere Erwin ... befand sich im gleichen Falle, auch er hielt sich für ein unglückliches Kind, denn er hatte dem ... Ältesten unlängst auf mütterlichen Befehl ein empfangenes Gastgeschenk überlassen müssen, daß er nicht verschmerzen konnte. Wir zwei Gekränkte besprachen uns miteinander und stellten fest, daß wir die Parias im

Hause wären, weil wir als die ungefährlichsten ... bei jeder Streitfrage unrecht bekamen. Und wir beschlossen, das undankbare Elternhaus zu verlassen, um auswärts unser Heil zu suchen. Beide besaßen wir kleine Sparbüchsen ... Als ich zwölf ganze Gulden beisammen hatte und Erwin, der seine Kasse zuweilen angriff, sechs bis sieben, schien uns dieser Betrag ausreichend, um damit den Weg in die weite Welt zu nehmen, die schöne weite Welt, in die alle Märchen hinauswiesen und nach der ich schon damals ein brennendes Verlangen trug. An einem Sonntagvormittag, tief im Winter, brachen wir auf. Ich zog dem siebenjährigen Bruder noch zuvor sorglich die Pelzfäustlinge über, dann wanderten wir zusammen über das nahe Bahngeleise in die wundervolle schimmernde Schneelandschaft hinaus ... Mochten sie nun daheim zusehen, wie sie es aushielten ohne uns zwei Verkannte ... Da schrieb das Schicksal uns ein warnendes Menetekel an den Weg. Mitten im Schnee der Straße lag eine große schöne Elster vor meinen Füßen, die kraftlos die Flügel bewegte, erstarrt vor Kälte, wie mir schien. Ich hob sie auf und suchte sie unter dem Mantel zu erwärmen und ihr Lebenshauch einzublasen. Umsonst, sie wurde nur immer »maudriger«, also nahm ich an, daß sie verhungert sei ... Ich wußte, daß es nirgends auf der Welt Wärme und Atzung gab als am heimischen Herde, den wir verlassen hatten. Vergessen war mit einem Male alles, was uns kränkte, vergessen die Lockung der schönen weiten Welt ... wir dachten nur noch an die Rettung des gefiederten Schützlings ... Wir machten in stummen Einverständnis kehrt und liefen, was wir konnten, den weiten Weg zurück nach Hause. Es war noch immer Vormittag, als wir ankamen, und keine Seele hatte sich noch um unser Verschwinden Sorge gemacht. Aber sobald Edgar der unterdessen verendeten Elster ansichtig ward, die ich noch immer an die Brust gedrückt hielt in der Hoffnung, sie am Ofen wieder aufleben zu sehen, da nahm er mir den toten Vogel, um ihn ohne weiteres zu sezieren.

114, 76 ff.

Frankfurt a. M., um 1875
Ein bürgerlicher Totenkult

Vierzehn Monate vor meiner Geburt war es, fünfjährig, gestorben, das Brüderchen. Kurz vorher hatte mein Vater das Haus in der Klüberstraße ... gekauft. Das Unglück wollte es, daß der Junge – von drei Geschwistern damals der jüngste – gerade die Masern hatte. Das fieberheiße Körperchen in Decken gehüllt, so wurde das Kerlchen in einer Droschke ... in die neue Wohnung gebracht, wo schon die Mutter als erstes sein Bettchen sorglich bereitet und gewärmt hatte ...

Trotz aller Vorsicht und Umsicht verschlimmerte sich in der neuen Wohnung der Zustand des Kindes. Das Fieber stieg wieder.
Ich weiß es heute ganz gut und habe es damals in kindlicher Ahnung gefühlt: ich wäre nie auf der Welt erschienen, ohne daß mein Brüderchen an einem schönen Maitag sein lockiges Köpfchen in die Kissen legte und einschlief für immer. Meine Eltern haben sich vielleicht nicht ganz frei gefühlt von der Schuld, daß sie das noch nicht ganz genesene Kind, obschon der Frühlingstag des Umzugs warm und hell war, der Gefahr aussetzten. Sie haben dem Arzt, der es erlaubt hatte, grollend das Vertrauen entzogen; und in ihrer Trauer um den lieben kleinen Jungen, von dem manch reizendes Kindergeschichtchen viele Jahre lang noch pietätvoll in der Familie erzählt wurde, klang eine Selbstanklage und eine Selbstpeinigung hinein.
Als ich zur Welt kam, wieder ein Knabe, blond und mit blauen Augen ... da mögen ihre Hoffnungen, Wünsche und Gedanken wohl immer um den ängstlichen Glauben geflattert sein, daß sich der liebe Heimgegangene, über dessen Kindergrab Uhlands schöner Spruch in goldenen Lettern steht, in meinem zarten Leben erneut habe ... Und ich bin sicher, als mein Vater auf dem Frankfurter Standesamt den neugeborenen Jungen anmeldete und dem Beamten die Vornamen in die Feder diktierte, Hermann Otto Rudolf, dachte er nur: »Alfredchen, Alfredchen.«
Alfredchen – keinen Namen habe ich je mit so viel Liebe aussprechen hören wie diesen. Und aus keines Namens Klang habe ich so viel Wehmut und Fülle der Erinnerung zugleich später wiederklingen hören, wie aus diesem. Wenn meine Mutter in meinen Kindertagen – und wie gern tat sie's – »vom Alfredchen« erzählte, so war es, als ob aus dieser Welt der lebendigen Kinder sanft und sacht und ohne Schwere goldene Stufen führten in die Wolken, direkt in das Reich der milden Engel, die uns zulächeln von da oben.
Vor dem Kinderbild über der alten Kommode sind viele Tränen einer früh alternden Frau in meine blonden Locken gefallen, das weiß ich noch. Und wie ein Priester in der Sakristei den Kasten aufziehen mag, in dem die geweihten Kelche stehen und die Monstranz und die Kruzifixe, so öffnete meine Mutter oft ein kleines Schränkchen, zu dem sie den Schlüssel wie ein großes Geheimnis bewahrte. In diesem Schränkchen aber standen nur die letzten kleinen Schuhchen, die das Alfredchen getragen auf der kurzen Fahrt von der Wohnung, in der er geboren, in die Wohnung, in der er sterben sollte, und die letzten armen Spielsachen, mit denen seine zitternden Fingerchen im Fieber noch auf der Bettdecke gespielt. Darunter ein paar Ostereier, die es nicht mehr essen durfte, nur aus- und einpacken aus einem zierlichen kleinen Nestchen von bunter Wolle.
An einem Schokoladenei, das die Mutter stets mit besonderer Behutsamkeit herausnahm, waren von den fieberheißen Fingerchen ein paar verwischte Spu-

ren zu sehen. Die zeigte mir die Mutter immer wieder und sagte: »... Und da hat mich das liebe Alfredchen gefragt: Gelt, Mama, essen darf ich die Ostereier erst, wenn ich ganz gesund bin? Aber wenn mir jetzt zufällig von der Schokolade etwas am Finger bleibt, das darf ich doch mit der Zunge ablecken, gelt? ...« – Kurz nach diesem bescheidenen letzten Erdengenuß ist das müde Bübchen eingeschlafen und nie mehr aufgewacht. Sein Schatten aber oder besser seine Lichtgestalt ... schwebte ... wie ein Vermächtnis durch meine ganze Kindheit. Ich kannte seine Erscheinung, seine kleinen Liebhabereien in Spiel und Speise, seine noch unbeholfene Art zu sprechen, seine gütige Art zu danken, seine drolligen Einfälle ... Und so ist mir der Niegesehene lieb geworden, wie ein schönes Märchen, und ist mir doch zugleich wie ein wirklicher kleiner Bruder gewesen und geblieben.
Und langsam klärte sich in mir und wuchs das Gefühl, daß ich, der gehätschelte Spätling, die große Liebe und Umsicht meiner Eltern ihrer mystischen Überzeugung dankte. Ihrem stummen Glauben, daß der Himmel ... von den heimlichen Bitten ihrer Qual gerührt, ein geliebtes Verlorenes den Trauernden in mir zurückgeschenkt hätte.

163, 24 ff.

2.3. Der Vater

Kommentar

Frankfurt a. M., 1630	Väterliche Affektion, dem künftigen Studenten nachgesandt
Berlin, 1728	Höfische Fassung des Vater-Sohn-Konflikts und seiner Beilegung
Borna, um 1764	Altbürgerliches Herkommen im Konflikt mit kindlichen Gefühlen
Poserna, um 1769	Ursache der grausamen Mißhandlung des Erstgeborenen
Darmstadt, 1783	Ein Vater, der fürchtet, bald keiner mehr zu sein, an einen andern
Langenleuba, 1811	Probleme einer bürgerlichen Familie nach dem Tod des Ernährers
Dresden, um 1818	Die Freilassung
Gumbinnen, um 1820	Offizier, Aristokrat, Preuße
Wien usw., um 1840	Väterlicher Absolutismus
Hamburg, um 1880	Ein wirrer Patriarch und Kleinbürger

Die Bilder vom erkrankten Familienvater finden sich vergleichsweise häufig. Die Darstellung seiner Schwäche spiegelt die Bedrohung und Gefahr, die für alle von ihm Abhängigen mit seinem Absterben gegeben wäre. W. Heimbach, Der Kranke (1669). – Votivbild (1845).
Aus: Deutsche Maler und Zeichner des 17. Jhs. Berlin 1966. – W. Theopold, Das Kind in der Votivmalerei. München 1981

Kommentar

Im Haus- und Familienvater der Vorzeit scheint sich alle Macht zu konzentrieren. Es ist richtiger zu sagen: Kirche, Obrigkeit, bürgerliche und bäuerliche Sitte erwarten von ihm, daß er die Verantwortung für Wohl und Wehe aller Angehörigen übernimmt und daß er auch die Autorität hat, sich durchzusetzen. Wie sieht es aber mit seiner Macht in Wirklichkeit aus? Überraschend oft tritt diese Macht für Kinder hinter dem Einfluß, den die Mutter oder andere weibliche Personen ausüben, ganz zurück. Kindererziehung, schon gar die Betreuung der Kleinkinder, ist Sache der Frauen, bis im 18. Jahrhundert sich zunehmend Väter, zuerst in der Rolle schriftstellernder Theoretiker, in dieses Geschäft einmischen.

Der Familienvater, jener mächtige und schreckliche Patriarch, eine von Anfang an lächerliche und absurde Figur, ist eine Erscheinung des 18. und 19. Jahrhunderts. Nirgends so wie in den kleinbürgerlichen und proletarischen Familien dieser Zeit werden Brutalität und Willkür im direkten Umgang der Väter mit ihren Kindern sichtbar. Auf diese Weise bewältigen sie die Prätention einer Rolle, die im grellen Gegensatz zu ihrer ökonomischen Schwäche und politischen Ohnmacht steht.

Wie wichtig waren die Väter? Für Kinder der Vorzeit insgesamt nicht wichtiger als viele andere Personen, sicher noch nicht so wichtig, daß sie eine Arbeit wie die von C. G. Jung mit dem pathetischen Titel »Die Bedeutung des Vaters für das Schicksal des Einzelnen« (1909) gerechtfertigt hätten. Johannes Butzbach (1478 bis 1526) aus Miltenberg kommt bereits als Einjähriger in die Obhut einer kinderlosen Tante, bei der er bis zum 10. Lebensjahr, liebevoll, aber streng erzogen wird. Als sie stirbt, kehrt er zu seinen Eltern zurück. Auch hier erzieht ihn die Mutter: Als er die Schule schwänzt, bringt sie ihn zum Lehrer. Und als der das Kind allzu grausam prügelt, mischt sie sich ein und droht mit Anzeige. Der Vater tritt zum ersten Mal in dieser Lebensgeschichte auf, als der Elfjährige als Schütze einem älteren Schüler mit auf Wanderschaft gegeben wird. Da hält der Vater zum Abschied eine lange wohlgesetzte Rede voller Ermahnungen und Ratschläge, die Butzbach vermutlich ganz und gar erfunden hat. Von nun an ist das Kind auf sich gestellt. Ein Beispiel aus späterer Zeit: Der Arzt J. P. Frank (1745–1821) wird, wenn er von seiner Mutter recht berichtet ist, von seinem Vater als schreiender und störender Säugling zur Tür hinausgeworfen. Man entschuldigt den Jähzorn mit seiner harten Jugend – zur Rechenschaft wird er offenbar nicht gezogen. Die für ihr Kind ehrgeizige Mutter sorgt dann dafür, daß der Siebenjährige zu einem bereits erwachsenen Bruder kommt, damit er in der Stadt eine Schule besuchen kann. Vom Vater ist keine Rede mehr.

Eltern straften ihre Kinder oft sehr hart; da die Erziehungsarbeit weitgehend Sache der Mütter war, prügelten diese sicher ebensoviel wie die Väter. Es war Fontanes Mutter, die den denkwürdigen Einfall hatte, den Kindern zu Weihnachten eine pädagogische Peitsche zu schenken, und viele Autobiographen erinnern, daß sie nie, oder nur dies eine Mal vom Vater geschlagen worden sind. Überhaupt ist in Familien wohl nicht so viel und kunstmäßig geprügelt worden wie in der Schule. Verglichen mit Willkür und Brutalität, verschuldeter oder unverschuldeter Unfähigkeit, für die Kinder zu sorgen, nimmt sich die für das moderne Bewußtsein so fremde Reklamation der Kinder als eines persönlichen Eigentums fast harmlos aus. Da spielt meist das ökonomische Kalkül eine Rolle, in dem ein Stück Vernunft immer enthalten ist. In der mobiler werdenden Gesellschaft des späten 18. und des 19. Jhs. entwickelt sich aus dem Recht auf die Kinder auch jene ehrgeizige Gesinnung, die sie um jeden Preis zu etwas Besserem machen will. Was hat den Vater in Magdeburg bewogen, seine Kinder wider allen Brauch als kleine Türken zu kostümieren, wie Immermann (1796–1840) berichtet?

Wer den Patriarchalismus der Vormoderne kritisiert, muß beachten, daß er lange Zeit nur Ideologie war, eine Männern und Vätern zugestandene oder zugemutete Kostümierung. Erst in Verbindung mit dem Familiarismus des 18. und 19. Jahrhunderts, der Verhäuslichung vor allem der bürgerlichen Frau, wird er gefährlich. Was geschieht, wenn der Vater, von dem ganz allein die ökonomische Sicherung der Familie abhängt, stirbt? Die Frau bleibt hilflos zurück, gefesselt durch das Vorurteil, daß außerhäusliche Arbeit nicht ihre Sache sein kann; selbst wenn sie sich über das Vorurteil hinwegsetzt, den sozialen Abstieg in Kauf nimmt, hat sie keine Chance, ihre Kinder durchzubringen, weil ihre außerhäusliche Arbeit, so notwendig sie auch sein mag, prinzipiell schlechter bezahlt wird.

Unter solchen Voraussetzungen die Verantwortung für eine Ehefrau und die wachsende Kinderschar zu übernehmen, muß vielen Männern nicht leichtgefallen sein. Obwohl Ludwig Richter (1803–84) seine Auguste seit der gemeinsamen Tanzstundenzeit gewiß treu liebt, zögert er die Heirat so lange hinaus, wie es irgend geht. Er weiß, daß seine Ambitionen im Konflikt mit seiner Pflicht, das tägliche Brot für die Familie zu verdienen, untergehen werden.

LITERATUR
H. Rosenbaum, Formen der Familie, Frankfurt 1982
H. Tellenbach, Hrsg., Das Vaterbild im Abendland I, Stuttgart 1978
C. G. Jung, Die Bedeutung des Vaters für das Schicksal des Einzelnen, in: Ges. Werke, Bd. 4, Olten/Freiburg i. B. 1969

FRANKFURT A. M., 1630
Väterliche Affektion, dem künftigen Studenten nachgesandt

Herzlieber Sohn, wiewohl ich dir nichts zu schreiben weiß, so hab ich doch, meinem Erbieten gemäß, dies Schreiben nachschicken, dich meines väterlichen Wohlwollens versichern und dir nochmals Glück und Heil zur Reise und zu deinem ganzen Vorhaben wünschen wollen. Sehe, daß du meinen dir mitgegebenen Erinnerungen fein nachkommest und dieselbe nicht hintansetzest, wirst du vor Gott und aller Welt Huld haben und mir meine zu dir ohne das tragende väterliche Affektion sehr bestärken und vergrößern ... Nehme deines Geldes treulich wahr, daß nirgends wo nicht was liegen bleibe oder verloren werde; denn es große Summen sind, die ich dir mitgebe und nachschicke. Deinen Präzeptorem Herrn Kolbium grüße meinetwegen freundlich und bitte ihn, daß er dich zu solchem allen treulich erinnere und anmahnen helfe. Der Heilig Geist besitze dein Herz zu zeitlicher und ewiger Segenserwerbung ...
Dein getreuer dich liebender und wohlmeinender Vater bis in den Tod.

98, 17

BERLIN, 1728
Höfische Fassung des Vater-Sohn-Konflikts und seiner Beilegung

Endlich kam die Hubertusjagd. Die Etikette schreibt vor, daß der Kronprinz bei der Tafel dem Könige gegenüber sitzt und den Wirt macht. Ich saß neben ihm und also der Königin gegenüber. Sämtliche Tischgenossen mußten gleichen Zug mit dem Könige im Trinken halten, nur mir ließ er etwas darin nach, weil ich dazu begnadigt worden war, als ich nach Beendigung der Jagd die Taufe erhalten hatte.
Der Kronprinz trank viel, aber nur mit Widerwillen, wie er mir gegenüber aussprach. Er versicherte dabei, er werde am nächsten Tage krank sein. Plötzlich fing dann der Wein an bei ihm zu wirken. Er sprach ziemlich laut von all den Gründen, die er habe, mit seinem Schicksale unzufrieden zu sein. Die Königin winkte mir fortwährend zu, ihn zum Schweigen zu bringen, und ich sagte alles mögliche, um dieses zu erreichen. Ich bat ihn, das bißchen Vernunft, was ihm noch geblieben war, zu Rate zu nehmen.
Aber es half alles nichts: im Gegenteil, er wandte sich ganz zu mir hin und sprach alles aus, was ihm auf die Zunge kam. Und dabei wiederholte er stets am Ende jedes Satzes, indem er auf den König hinwies: »Und doch habe ich ihn lieb!« ... Mit einem Male fragte mich der König: »Was sagt er?« Ich erwiderte,

der Kronprinz sei betrunken und könne sich nicht mehr halten. Der König antwortet: »O, er stellt sich nur so. Aber was sagt er denn?« – Ich erwiderte, er habe mich fortwährend in den Arm gekniffen und gesagt, obgleich ihn der König zwinge, zuviel zu trinken, habe er ihn doch lieb.
Der König wiederholte, der Kronprinz stelle sich nur betrunken ... Darauf wurde der Kronprinz plötzlich sehr ernst. Dann gewann wieder der Wein die Oberhand, und er fing von neuem an zu schwatzen. Die Königin war darüber sehr verlegen und verließ die Tafel. Alles stand auf, aber nur um sich wieder hinzusetzen. Der General Keppel und ich stellten dem Kronprinzen das Ansinnen, zu Bette zu gehen, da er wirklich nicht mehr imstande war, sich aufrecht zu halten.
Hierauf fing der Kronprinz an zu schreien, er wolle erst dem Könige die Hand küssen. Die andern riefen, das sei recht. Der König lachte, als er sah, in welchem Zustande der Kronprinz war, und reichte ihm die Hand über die Tafel herüber. Aber der Kronprinz wollte auch die andre haben, küßte dann beide abwechselnd, schwor, er liebe ihn von ganzem Herzen, und brachte den König dazu, sich herüber zu biegen, damit er ihn umarmen könnte. Alle riefen: »Es lebe der Kronprinz!« das regte den Kronprinzen noch mehr auf, er stand auf, ging um die Tafel herum, umarmte den König innig, ließ sich auf ein Knie nieder und verharrte lange in dieser Stellung, indem er fortwährend zum Könige sprach. Seine Majestät war tief gerührt und antwortete fortwährend: »Nun, das ist schon gut, werde du nur ein ehrlicher Kerl, sei nur ehrlich« usw. Der ganze Vorgang war außerordentlich ergreifend und rührte die Mehrzahl der Anwesenden bis zu Tränen.

135, 11 f.

BORNA, UM 1764
Altbürgerliches Herkommen im Konflikt
mit kindlichen Gefühlen

Mein Vater forderte strengen, oft sehr strengen Gehorsam, und war dann unerbittlich. Nur ein Beispiel will hievon anführen: Die ersten Schläge, die ich von ihm erhalten zu haben mich entsinnen kann, ja vielleicht die einzigen, die ich von ihm erduldete. Johanne Wiese, meine Wärterin, wurde von mir innig geliebt. Bei Tische fragte der Vater: »Gustav, wen hast du am meisten lieb?« Gustav: »Zuerst habe ich den lieben Gott lieb, darnach habe ich meine Hanne lieb, nachher habe ich Vater und Mutter lieb.« Vater: »Das ist dumm, Junge. Du mußt erst Vater und Mutter lieb haben, nachher deine Wiesenhanne. Nun sag's noch einmal!« Ich blieb beim Vorigen. Beim wiederholten Befehle rief ich: »Es ist aber nicht wahr!« Nun bekam ich derbe Schläge. Aber nichts brachte mich dahin, die Ordnung zu ändern. Wiesenhanne kam, nahm mich auf die Arme, lief mit mir zu ihrem Vater, einem alten verabschiedeten Unteroffizier. Dort blieb ich eine Nacht. Des anderen Tages verreiste mein Vater, und bei seiner Zurückkunft wurde der Sache nicht mehr gedacht.

39,7

Poserna, um 1769
Ursache der grausamen Mißhandlung des Erstgeborenen

Mein Vater war zwar ein heftiger, moralisch-strenger, aber kein harter Mann. Im Gegenteil, seine Heftigkeit kam meistens aus schneller, tiefer moralischer Empfindung her. Das Zuchtmeisteramt im Hause überließ er fast immer meiner Mutter ... Meine Geschwister haben vielleicht nie von meinem Vater einen Schlag bekommen: nur ich erinnere mich, daß ich von ihm einmal tätlich gezüchtigt worden bin auf eine schreckliche Weise, die ihn gewiß noch mehr angriff als mich ... Er war mit meiner Mutter weg, ich glaube nach Weissenfels, gefahren und hatte uns mit einer Magd und unsern Spielgesellen allein im Hause gelassen. Unterwegs besinnt er sich, daß er den Schlüssel an einer Oberstube hat stecken lassen, auf welcher ein Tisch mit gezähltem Gelde stand, meistens in groben, harten Münzsorten. Es war zu spät umzukehren; er eilte aber desto eher nach Hause. Unterdessen waren wir in dem ganzen Hause herumgepoltert, ich mit einem halben Dutzend meiner Spießgesellen, und auch in das Zimmer, wo der Tisch mit dem Geld stand. So viel Besinnung hatte ich doch schon als ein Bub von sechs Jahren, daß ich sagte, es sei hier für uns kein Spielplatz, auf Entfernung drang, den Schlüssel abzog und in die Tasche steckte ... Mein Vater kam, ging hinauf, fand den Schlüssel nicht, kam herab: »Junge, wo ist der Schlüssel zur Oberstube?« Ich zog ihn hervor; er ging wieder hinauf und zählte nach: es fehlte an der Ecke ein Guldenstück. Mit sichtbarer Verwirrung und Angst kam er wieder herunter: »Junge, wer ist im Zimmer gewesen?« – »Wir alle, Vater ... « – »Wer ist an den Tisch gekommen?« – »Niemand als ich, um die andern abzuhalten.« – »Du hast ihn also genommen!« fing er schwach an zu sprechen und zu zittern. »Ich habe nichts genommen«, antwortete ich zitternd, halb weinend. Der Worte waren wenig; er ward heftiger, ich leugnete fest und laut weinend. Er faßte mich konvulsivisch mit den Fäusten und mißhandelte mich bis zur Grausamkeit, daß auf das Geschrei meiner Mutter die Hausleute und Nachbarn herbeistürzten und mich aus seinen Händen retteten. »Andreas, lieber Andreas«, sagte der alte sanfte Gevatter Schulmeister Held, »Ihr seid ja außer Euch; Ihr tötet ja den Knaben; kommt doch zu Euch selbst!« – »Ach Gott!« seufzte mein Vater halb weinend, warf sich in den großen Stuhl und verhüllte das Gesicht, ohne weiters ein Wort zu sagen... Das Fürchterliche seiner Lage in diesem Momente habe ich aus meinem eigenen Gefühl seitdem mir oft vorgestellt. Er liebte seine Kinder mit der ganzen Zärtlichkeit eines Vaters und der ganzen Heftigkeit seiner Natur; ich war sein Erstgeborener: die Nachbarschaft hielt etwas auf mich, vom Schulmeister bis zum Nachtwächter; man wird ihm also verzeihen, daß er es auch tat. Nun denke man sich einen Vater, einen ehrlichen, feinfühlenden, heftigen Mann, der seinen Liebling in einer solchen Enormität ergriffen glaubt, vor dem die schönen Hoffnungen, an denen sein besseres Wesen hängt, auf einmal verschwinden. Man nahm mich nun gütlich vor und ermahnte mich, ich sollte nur bekennen; ich hatte nichts zu bekennen... Dabei blieb es. Mein Vater war von dem Tage an still in sich gekehrt, berührte die Sache nicht mehr, sah mich zuweilen halb zornig, halb wehmütig an und verbat sich alles Einreden; sprach nichts Ermahnendes, nichts Abschreckendes, sagte keines seiner Sprichwörter und war wie ein Wesen, dessen beste Kraft gelähmt ist, so daß auch meine Mutter sichtbar dabei litt... Ungefähr nach drei Wochen klärte sich's auf. Nachbars Samuelchen – ich habe seitdem den Namen weder in der Bibel noch außer der Bibel recht leiden können –... bekannte (schließlich) und leugnete nicht und erhielt in bester Ordnung von seinem etwas härteren Vater die Peitsche in zehnfachem Maße. Meinem Vater fiel bei der Aufklärung der Sache ein schwerer Stein vom Herzen. Wer lügt, der stiehlt, und wer stiehlt, gehört an den Galgen. Er ward zusehends wieder heiter und suchte durch mancherlei versteckte Liebkosungen wieder Ersatz zu geben; denn öffentlich durfte das Ansehen nicht leiden.

197, 42 ff.

DARMSTADT, 1783
Ein Vater, der fürchtet, bald keiner mehr zu sein, an einen andern

Dieses Jahr ist eins von denen gewesen, während dessen das Schicksal greulich an mir gehudelt und geschnitzelt hat. Mein lieber Anton, Dein Pate ist heimgegangen, zu Schrautenbach und andern braven Leuten, und hat uns zurückgelassen, in der Ungewißheit, wenn wir ihnen folgen werden. Zwei Monate lang war ich in der schröcklichsten Folter zwischen Furcht und Hoffnung, und versuchte alles was uns die Ärzte so vergebens zusetzen. Die schrecklichste Diabetes, woran auch mein Heinrich gestorben ist, hat aber obgesiegt. Ich behalte nun nichts übrig nach einem beinahe 18jährigen Ehestand, als ein bald mannbares

Mädchen, das ich für einen andern erziehe, und einem armen Wurm von 13 Monaten, den ich beinahe nicht ansehen und liebkosen mag, weil ich fürchte, er wird mir so gut aus der Tasche gespült, wie alle die vorigen. Ich kenne nun schon seit vielen Jahren nichts was Hoffnung oder Plan heißt, aber nun bin ich ganz mürbe, und sie mögen mich denn ferner für einen Narren halten, wie's ihnen beliebt. Ich weiß nicht, ob meine Frau diesen Winter überleben wird, und alsdenn ist's Zeit, daß wir das Haus zumachen ...
Sobald mir's möglich ist, etwas an Worte und Bücher zu glauben, will ich unseren alten Verbindungen zu Folge etwas einschicken. Galle genug hab ich in meinem Blute; und diese könnte vielleicht ein kräftiges Kolorit erzeugen ... Ich werde einige Zeilen Antwort als Öl ansehen, das in meine Wunden geträufelt wird. Adio, Gott erhalte Dich, mit allen den Deinigen. Noch nie hab ich diesen Wunsch so herzlich getan, als jetzo, und noch nie empfunden wie jetzo, was es heißt, ein Vater von vielen Kindern zu sein, da ich keine mehr habe.

136, 412 f.

Langenleuba, 1811
Probleme einer bürgerlichen Familie nach dem Tod des Ernährers

Die Wohltat der Hundstagsferien ... genoß ich rein und vollkommen daheim, bei den Eltern und Geschwistern in Langenleuba ... Der Vater war nicht ganz wohl; doch nicht so ganz ans Zimmer gefesselt, daß er nicht – wenn auch mit Unterbrechungen – sein Amt hätte versehen können ... Gern nahm er mich mit sich, und da mußte ich einmal bemerken, daß er öfter stillstand und – die Hand auf der Brust – über starkes Herzklopfen klagte, wobei ich übrigens an eine Gefahr nicht dachte. Inzwischen ging der Sommer zu Ende, eine überreiche Ernte hatte man eingeheimst, ja es war bereits an manchen Orten eine zweite Aussaat in die Halme geschossen. Alle Welt freute sich ...
Noch hatte der Vater die Erntepredigt – ach! es war wirklich die letzte – zu großer Erbauung und Rührung der Gemeinde gehalten; das Pfarrhaus war mit Kränzen von Ähren und Feldblumen geschmückt; Gäste waren aus der Nachbarschaft, auch aus Altenburg gekommen ... wir Geschwister, wie zerstreut wir auch waren, hatten uns, alle neun, zu unserer und der Eltern Freude eingefunden ... Unmittelbar nach diesen Tagen des Glücks ... trübte sich unser Himmel. Der Vater erkrankte ernstlich und rasch bis zu gänzlicher Hilflosigkeit, so daß er sich nicht mehr rühren, die Hand nicht mehr zum Mund führen konnte. In dieser schweren Zeit leistete unsere älteste Schwester Emilie der Mutter in der Pflege des Vaters Tag und Nacht die treuesten Hilfsdienste; auch führte sie für

ihn gewissenhaft die Kirchenbücher ... besorgte auch alle notwendigen Korrespondenzen pünktlich und geschickt. Obwohl ich den guten Vater auf seinem Schmerzenslager gesehen, regungslos und unfähig auch nur eine lästige Fliege abzuwehren – der Gedanke an sein Lebensende war nicht von fern in mir aufgestiegen ... Als ich daher am 9. November nichts ahnend bei der Tante Kuntsch eingetreten war und sie nach einigem Zögern zu mir sprach: »Ja, Ernst! Dein guter Vater ist gestern gestorben!« und unter Tränen hinzufügte: »Du hast nun keinen Vater mehr!« da verlor ich plötzlich die Besinnung und fiel wie vom Blitz getroffen zu Boden.
Hier stehe ich mit meinen Erinnerungen wieder vor dem Tage tiefster Trauer, bitterster Schmerzen ... da ich mit der Mutter und den Geschwistern und der verwaisten Gemeinde unter tausend Tränen das Grab umstand, in welches die irdische Hülle des ... Vaters, Lehrers, Trösters und Versorgers zum ewigen Abschied versenkt wurde ...
Mit des Vaters Tode mußten sogleich wesentliche Veränderungen in der Familie eintreten. Von uns neun Geschwistern war noch keines versorgt und das jüngste, Bruder Theodor, erst 6 Jahre alt. Schwer lag die Gegenwart auf uns und die Zukunft mag der guten Mutter dunkel genug erschienen sein. Groß und allgemein war die Teilnahme und offenbarte sich auch tatsächlich von mehreren Seiten. Vor allen erwies die oberste Kirchenbehörde im Andenken an die Würdigkeit des Vaters sich rücksichtsvoll, verdoppelte für die Mutter das übliche Gnadenhalbjahr und sorgte für einen jährlichen Beitrag von 100 Talern zur Erziehung des jüngsten Sohnes bis zu seiner Konfirmation. Bruder Fritz wurde mit Erlassung des vorschriftsmäßigen sechsten Studienhalbjahres als Kandidat der Theologie geprüft und nach gut bestandenem Examen als solcher bestätigt. Er trat auch bald darauf die Hauslehrerstelle in einer gräflichen Familie in Dresden an. Bruder Karl konnte mit Beihilfe des kleinen mütterlichen Vermögens ein Ökonomiegut ... pachten ... Bruder Heinrich hatte nach beendigter Lehrzeit eine Stelle als Provisor in der Hofapotheke zu Hildburghausen angenommen. Eine der älteren Schwestern ging zur Tante (die indes bald starb); die andere blieb bei der Mutter und den jungen Geschwistern und mich nahm ein Onkel ins Haus, ein Los, an das ich mit um so weniger Vergnügen zurückdenke, als mir außer der Wohnung, die ich mit der Magd zu teilen hatte, hier nichts zu teil wurde, wofür ich mich zu bedanken gehabt hätte. Wohl manchmal sind mir ein paar Tropfen aus den Augen auf das Stück Brot gefallen, das ich abends bei Ausarbeitung meiner Schulaufgaben in einem Winkel des allgemeinen Wohnzimmers verzehrte, in welchem die Familie für sich zum reichlichen Abendessen an einem großen runden Tisch Platz genommen hatte.
Das Schuljahr 1811–1812 ging zu Ende ... Ich erhielt in der öffentlichen Prüfung als Zeichen der Zufriedenheit mit meinen bisherigen Leistungen eine »Prä-

mie«, ein Prachtwerk in Folio mit der goldenen ... Aufschrift: »Ernst Joachim Förster. Zur Belohnung für Fleiß und Sittsamkeit.« Es war ein Jubeltag für mich ... Prämien, ein Geschenk der Freimaurer-Loge, wurden im Gymnasium nur wenige ausgeteilt, und eben darum auch nur eine an denselben Schüler während seiner ganzen Gymnasiallaufbahn ...
Der Herbst von 1812 vereinigte mich wieder mit den vier Schwestern und dem jüngsten Bruder unter dem Schutz der Mutter ... Die Mittel zur Erhaltung der Familie waren äußerst beschränkt. Die Witwenpension der Mutter betrug (trotz der jährlichen Einzahlungen des Vaters in die Witwenpensionskasse) nicht mehr als 3 Taler, sage drei Taler im Jahr ... einige Lebensmittel sandte der Bruder Landwirt aus Dölzig; die Vermögensreste der Mutter werden noch einige Beihilfe geleistet haben; das Vermögen der Tante Kuntsch war den vier Schwestern zugefallen und wurde vom Onkel in der Hofapotheke verwaltet, der uns dafür freies Quartier gab; kurz, wir lebten, allein es ging unser Weg nahehin an der Straße der Not. Hilfe, mehr noch gutgemeinte Ratschläge kamen von verschiedenen Seiten; vorzüglich auf mich waren mehrere derselben gerichtet. Unter andern hatte sich ein Barbier gefunden mit dem Anerbieten, mich unentgeltlich in die Lehre zu nehmen ... Der Direktor des Gymnasiums, Kirchenrat Matthiä, ließ mich zu sich kommen und redete mich freundlich an: »Ich habe gehört, daß Sie wollen oder sollen Barbier werden. Sagen Sie Ihrer Frau Mutter, daß ich das nicht zugeben könnte; es wird sich wohl auf anderen Wegen für Sie sorgen lassen; das Schulgeld für Sie übernehme ich; anderes wird sich finden.« Was ich an Schulbüchern brauchte, wurde mir von einzelnen Lehrern geschenkt; der Zeichenlehrer Prof. Schmid ... gab mir 2 freie Lehrstunden in seinem Hause und außerdem seine drei Kinder zum ersten Unterricht zum Lesen, Schreiben und Rechnen, die Stunde zu 1 Groschen. ... In verschiedenen Häusern hatte ich einen Freitisch ... Ich selber fand Erwerbsquellen auf verschiedenen Wegen, teils sogleich, teils im Verlauf der Jahre. Auf Notenschreiben hatte ich mich leicht eingeübt; Stick- und Perlenmosaikmuster verstand ich anzufertigen, ja Perlenarbeiten selbst führte ich für den Verkauf aus. Anfängern gab ich Unterricht im Lateinischen und Griechischen ...

55, 49 ff.

Dresden, um 1818
Die Freilassung

Da nun in traulicher Dämmerstunde die Rede auf meine Zukunft kam, erklärte ich meinen Eltern, daß ich am liebsten Maler werden möchte. Damit hatte ich

ihren eigenen Herzenswunsch getroffen; aber freilich meinte der Vater, müsse ich dann, was mir immerhin nicht leicht ward, der Schule bald entsagen, denn man könne nicht erst Magister und dann noch Meister werden, und wer mit zwanzig Jahren noch kein Bild male, möge die Hand vom Pinsel lassen. Es ward mir indessen doch einige Frist für Bernburg gestattet, da es für schicklicher erachtet wurde, erst von Sekunda abzugehen. Soweit hatte es seinerzeit mein lieber Vater auch gebracht und damit für's Leben ausgereicht; es war kein Grund da, weder mich dümmer noch gelehrter sein zu lassen als er es selbst war.
Die wichtigste Entscheidung für mein Leben war nun getroffen; ich freute mich aufs kindischste meines künftigen Berufes und mit goldener Aussicht in die Zukunft zog ich eines schönen Morgens von Dresden wieder ab. Begleitet von meinem Vater, der mir die ganze Ferienzeit mehr Teilnahme geschenkt hatte als je zuvor, ging ich der Lohnfuhre, in die ich eingemietet war, ein gut Stück Wegs voraus, und jener war so ganz besonders gut und mild, daß er mir proponierte, mir zum Abschied noch eine Gnade auszubitten. Ich bat natürlich um die Erlaubnis zu rauchen und erhielt sie mit der Einschränkung, daß es nicht mehr als eine Pfeife in der Woche werde, was ich versprach. Als der Wagen uns jedoch eingeholt hatte, und ich einstieg, rief mir der gute Vater doch noch nach: »Kannst du's einmal nicht lassen, so stopfe eine zweite und sprich dabei: Mein Vater hat mir's zwar verboten; ich tue es aber doch!« In diesem Wort war Weisheit, es schärfte mein Gewissen, indem es mich doch von der Kette band.
Auf der Mittagsstation in Meißen angelangt, rannte ich sogleich zum Drechsler und kaufte mir eine Pfeife, und zwar eine recht geräumige, denn zwar wollte ich pflichtgetreu nur einmal in der Woche stopfen, aber nicht nur einmal rauchen, vielmehr imstande sein, unter Umständen jeden günstigen Moment dazu wahrzunehmen.

III, 393 f.

Gumbinnen, um 1820
Offizier, Aristokrat, Preuße

Mein Vater galt für einen schönen Mann; allein mehr als doppelt so alt als seine Frau, war es kein Wunder, wenn er eifersüchtig war. Als nach der Schlacht bei Jena, die er mitmachte, das Ausreißen anging, setzte er sich mit meiner Mutter, die meine damals zweijährige Schwester Friederike, auf dem Schoß hatte, in einen leichten offenen Wagen und fuhr, so schnell die vier Postpferde laufen wollten, fast ohne Aufenthalt bis nach Stralsund; ja erst auf der Insel Rügen glaubte er meine Mutter vor den Galanterien der französischen Offiziere sicher. Dann folgte er mit leichterem Herzen dem Könige nach Ostpreußen. Dort nahm er seinen Abschied und erhielt den Posten als Postdirektor des Regierungsbezirks Gumbinnen ...

Noch sehr jung traf mich, wie überhaupt alle meine Geschwister, ein hartes Unglück, ein unersetzlicher Verlust, welcher fast die Blüte vom Kinderleben streift und auf die ganze Richtung eines Menschen den entscheidendsten Einfluß hat. Meine Mutter ließ sich von meinem Vater scheiden und verließ nicht allein unser Haus, sondern bald auch die Stadt.

Mein Vater hatte meiner Mutter sehr gerechte Ursache zur Klage gegeben; denn aufgewachsen in den lockeren Grundsätzen des vorigen Jahrhunderts und seines Standes, dabei egoistisch, tyrannisch und sinnlich, legte er sich in seinen ungeordneten Neigungen keinen Zwang an und beleidigte die Mutter fortwährend durch seine Intrigen mit lockern Frauenzimmern jeder Art ... Noch jung und nach einer glücklichern Existenz verlangend, vergaß meine Mutter die Rücksicht gegen ihre Kinder und entschloß sich zur gerichtlichen Scheidung. Mein Vater wurde gezwungen, ihr einen Jahrgehalt auszusetzen, selbst wenn sie sich wieder verheiraten sollte ...

Als meine Mutter das Haus verlassen und sich wieder verheiratet hatte, hielt es auch mein Vater nicht für nötig, sich irgendwelchen Zwang aufzuerlegen ... Er nahm also außer dem gewöhnlichen weiblichen Dienstpersonal noch eine Haushälterin, die aber leider mehr nach ihrer Schönheit und Gefälligkeit als nach ihrer wirtschaftlichen Tüchtigkeit gewählt wurde. Die Kasse des Vaters kam dabei schlimm weg, was häufige Wechsel zur Folge hatte, ein Übel, welches nach der Meinung des Vaters kaum eins genannt werden konnte ...

Die Erziehung meines Vaters war eben die gewesen, welche in seiner Jugendzeit Knaben in Preußen zu erhalten pflegten, die Offiziere werden wollten. Er war Page am königlichen Hofe gewesen und hatte von dem, was er im Pagenhaus gelernt hatte, höchstens die Pagenstreiche behalten; doch das hinderte nicht, daß er ein tüchtiger Offizier wurde, denn die Examina waren damals noch nicht erfunden. Trotzdem sah der Vater ein, daß ein wenig mehr Kenntnisse, als er besaß, seinen Kindern wohl gut sein möchten, und er gab sich Mühe, uns lernen zu lassen, was eben in Gumbinnen zu haben war. Was wir mit dem Griechischen und Lateinischen, worauf die Pädagogen bestanden, anfangen sollten, sah er nicht ein, da wir dazu bestimmt waren, preußische Offiziere zu werden, wie sich das ganz von selbst verstand; allein wich er auch in diesem Punkt von den Ansichten der »Federfuchser« ab, obwohl er sich fügte, so war er doch in einem anderen wesentlichen Punkte mit ihnen auf das eifrigste einverstanden, nämlich daß Knaben ohne Prügel nicht zu erziehen seien ... es setzte in den Schulen Hiebe, »daß das Fell rauchte«. Mein Vater half den Schulübungen durch gründliche Privatrepetitionen nach.

Als Fundament der ganzen Erziehung galt meinem Vater der Gehorsam... Uns den Gehorsam einzubleuen, war daher seine Hauptsorge und eine Widerspenstigkeit gegen ihn wurde als das entsetzlichste Verbrechen im ganzen Reiche der Natur betrachtet. Überhaupt schätzte er den negativen Wert aller Fehler, welche wir begingen, nach dem Maße, als sie auf ihn Bezug hatten. Über einen dummen Streich, den wir einem anderen spielten oder selbst über eine geschickte Lüge konnte er lachen und sich sogar etwas darauf zugute tun...
Das Züchtigungsinstrument war ein Hundekantschu, dessen Griff ein Rehlauf war; ein sehr nützliches und brauchbares Instrument, wenn ein Geist, der sich zu beherrschen weiß, die schlagende Hand regiert; allein leider war mein Vater jähzornig und erhitzte sich im Schlagen immer mehr. Ich habe ein paarmal unter seinen Schlägen die Besinnung verloren, und mein ältester Bruder verdankte seine Schwächlichkeit wahrscheinlich einer entsetzlichen, barbarischen Züchtigung.
Diesen Jähzorn, der überhaupt ein Familienfehler ist, erbte ich von meinem Vater und hatte viel davon zu leiden. Einst als der Vater nicht zu Hause war, ärgerte mich mein Bruder Louis; ich warf sogleich über den Tisch hinweg ein Messer nach ihm, wofür er mich in ein finsteres Zimmer sperrte und erst herausließ, nachdem ich die Tür dermaßen mit den Füßen bearbeitet hatte, daß sie in der Mitte platzte. Am andern Morgen, als ich noch im Bett lag – o Schrecken! – rief mich mein Vater zu sich. Er langte hinter sich vom Sofa eine ungeheure Rute hervor, legte mich über das Knie und – kurz, ich konnte drei Tage nicht ordentlich sitzen. Ein andermal, als ich mit Louis Karten spielte und behauptete, daß er »gefuchtelt« habe, lachte er mich aus; ich wurde wütend, und als er immer ärger lachte, geriet ich ganz außer mir, ergriff die Lichtschere, welche eine sehr lange und scharfe Spitze hatte, und stürzte auf ihn zu. Er hielt den Arm vor und die Spitze traf eine Ader, aus der das Blut sogleich hervorspritzte. Es wurde ein Wundarzt geholt und Louis versprach, dem Vater nichts zu sagen; allein beim Abendessen verrieten mich meine Tränen, als der Vater bemerkte, daß meines Bruders Arm steif war. Schläge erhielt ich nicht, allein ich wurde mehrere Wochen lang, sobald ich aus der Schule kam, mit einem Bindfaden an den Großvaterstuhl gebunden und erhielt sehr wenig zu essen. Die Strafe war hart; allein sie war mir eine wahre Genugtuung, denn ich fühlte Reue.

30, 28; 31 f.; 39 f.; 35 ff.

WIEN USW., UM 1840
Väterlicher Absolutismus

Ich wußte sehr gut, was Furcht sei, denn in der Furcht vor dem Papa waren meine Schwester und ich aufgewachsen. Man hatte sie uns in der Kinderstube eingeflößt durch eine Drohung, die sich nie erfüllte, aber stets wirksam blieb: »Wartet nur, ich sag's dem Papa, und dann werdet ihr sehen!« Was wir sehen würden, blieb in ein Dunkel gehüllt, das unserer Phantasie mit Schrecknissen bevölkerte. Kein Wunder. Den Zorn unseres Vaters zu erfahren wäre entsetzlich gewesen ... So liebenswürdig Papa in guten Stunden sein konnte, so furchtbar in seinem unbegreiflichen leicht gereizten Zorn. Da wurden seine blauen Augen starr und hatten den harten Glanz des Stahls, seine kraftvolle Stimme erhob sich dräuend – und vor diesen Augen, dieser Stimme hätten wir in den Boden versinken mögen, wenn wir uns auch nicht der geringsten Schuld bewußt waren.
Zum Schaden unseres Verhältnisses zu ihm ließ sich Papa in gereizter Stimmung manchmal zu dem unglückseligen Ausspruch hinreißen: »Nicht geliebt will ich sein, sondern gefürchtet!« ... Ich erinnere mich eines Tages, an dem meine Schwester das Mißgeschick erfuhr, beim Spielen mit dem Balle eine Fensterscheibe einzuschlagen. Nun war uns die peinlichste Sorgfalt für alles Zerbrechliche, das uns umgab, zum Gesetz gemacht worden, und die arme Kleine, die sich so schwer daran vergangen hatte, geriet in sinnlose Verzweiflung. »Der Papa! Der Papa!« rief sie in Todesangst, kniete auf dem Boden nieder, rang die Händchen, faltete sie und schluchzte herzzerreißend. Wir umstanden sie betroffen und ratlos. Großmama, die neben uns wohnte, war auf Fritzis Geschrei herbeigeeilt, und sie und Pepinka sprachen der Armen Trost zu ... Ganz umsonst. Sie war schon blau im Gesichte, stoßweise rang sich der Atem aus ihrer Brust, in Bächen rannen die Tränen über ihre Wangen. Großmama, sehr besorgt ... verließ das Zimmer. Bald darauf betrat sie es wieder, und wer kam hinter ihr hergeschritten? Der unbewußte Urheber all dieses Leids und Schreckens – der Papa.
Lautlose Stille empfing ihn. Fritzi verstummte. Keines von uns regte sich. Der Blick des Vaters glitt über die Gruppe seiner bestürzten, angsterfüllten Kinder und blieb auf der kleinen Knieenden haften. Sie war wie versteinert. Ihre prachtvollen braunen Augen starrten weitgeöffnet zum Vater empor ... Und jetzt ließ sich eine überaus sanfte Stimme schmeichelnd, ja bittend vernehmen: »Fritzi, meine Fritzi, weine nicht! ... meine Fritzi ist ja brav. Ich hab ja meine Fritzi lieb!« Und auf einmal sahen wir unsere Älteste hoch über uns erhoben in den Armen Papas ... Der Papa lachte: »Dummheit! Dummheit! Die Fritzi hat ein Fenster zerschlagen; das macht nichts. Der Papa ist ja gar nicht bös ... Schau

her, Fritzi, schau, was der Papa tut!« Er ließ sich ihren Ball reichen und schleuderte ihn durch das nächste Doppelfenster, dessen beide Scheiben er, wie aus der Pistole geschossen, durchflog. Eine Sekunde schweigender Überraschung und dann lag an die Schulter des Papas geschmiegt Fritzis selig lächelndes Gesichtchen. Sie weinte noch, aber Tränen heller Freude und Dankbarkeit ...
Wir betraten immer nur in corpore die Zimmer Papas zum Guten-Morgen- und zum Gute-Nacht-Sagen. Damals war nur ein Flügel an das Schloß angebaut; in dem befand sich unsere Wohnung. Die Papas lag am andern Ende der langgestreckten Front. Ihre Zimmer mündeten auf einen geschlossene Gang, den wir täglich zweimal durchwanderten ... Auf dem Wege zu Papa begleitete uns die Kinderfrau und wartete im Vorzimmer auf unsere Rückkehr. Wenn wir in der Frühe bei unserm Vater eintraten, saß er an seinem Schreibtisch, mit dem Rücken gegen die Tür, hatte große Wirtschaftsbücher vor sich liegen, rechnete und schrieb. Wir wurden meistens freundlich empfangen, küßten ihm eines nach dem andern die Hand, beantworteten seine Frage: »Seid's brav?« immer bejahend und so auch bald die darauffolgende: »Ist die Pepi da? Gut also, also geht.« Manchmal durfte er in seiner Arbeit nicht unterbrochen werden. Da hieß es: »Seid ruhig, wartet.« Man wartete, rührte sich nicht und hatte Zeit, sich mit schüchterner Neugier im Zimmer umzusehen ...
Ein Zornesausbruch unseres im Grund der Seele so guten Vaters schloß jeden Gedanken an Widerstand aus. Ob sich ein solcher Ausbruch zu dem, was ihn veranlaßt hatte, in einem halbwegs erklärlichen Verhältnis befand, die Frage stellten wir uns nicht. Wir meinten, daß man an der Handlungsweise seines Vaters Kritik nicht üben kann. In späteren Jahren verwandelte das »kann« sich in ein »darf«. – Einem jungen Menschen von heute muß es schwerfallen, unsere Empfindungsweise zu begreifen. Es gibt ja kaum etwas, das sich in einer Zeit, die ich zu überdenken vermag, so verändert hätte wie die Art des Verkehrs zwischen Eltern und Kindern.
Wenn unsere Großmutter von ihrer Mutter sprach, sagte sie »unsere Allergnädigste« und neigte leise das Haupt. Unsere Mutter sagte »Sie« zu ihrem Vater ... Aus jeder Zeile ihrer auch noch vorhandenen Briefe an ihn spricht unbegrenzte Ehrfurcht. Wir standen mit unserem Vater auf dem Duzfuße; es war aber ungefähr von der Sorte, auf dem sich das russische Bäuerlein mit dem Väterchen in Petersburg befindet. Von einer Seite ein unbeschränktes Machtgefühl, von der anderen Unterwürfigkeit.

43, 756ff.; 761; 765

Hamburg, um 1880
Ein wirrer Patriarch und Kleinbürger

Johanns Vater nahm es mit der Erziehung leidenschaftlich ernst. Da er sich eigenen Interessen nicht mit ganzer Seele widmen konnte, widmete er sich den Interessen seiner Kinder, wie er sie verstand; da er sich selbst nicht endgültig leben konnte, wollte er in seinen Söhnen leben ... Er wollte seine Kinder zwingen, ohne Schaden klug zu werden; und er glaubte es durch ungeduldige Reden, Ermahnungen und Strafen erreichen zu können ... Keine Vater konnte es mit seinen Kindern besser meinen; doch schien es nicht immer so. Selten nur lobte er, vor Fremden tat er es grundsätzlich nicht; er verkleinerte seine Kinder, es gehörte zu seinem widerspruchsvollen Wesen, von ihnen nicht gut zu sprechen ... Johann wurde oft, ohne daß die Notwendigkeit dazu vorlag, vom Vater beschämt, und dieser war überzeugt, daß es heilsam sei.
Einst war Johann zum Geburtstag eines Vetters geladen und hatte Anweisung vom Vater, nicht zum Abendbrot zu bleiben, sondern zu einer bestimmten Stunde nach Hause zu kommen. Bei dem Vetter fand der Knabe große Kindergesellschaft, und als er zur rechten Zeit nach Hause gehen wollte, erhob die Tante energisch Einspruch: er müsse zum Abendbrot bleiben, und sie würde es vor den Eltern rechtfertigen. Da die Tante doch auch eine Autorität war ... blieb Johann ... Nach kurzer Zeit tat sich aber die Tür auf, der Vater trat still herein, gab dem Sohn rechts und links ein paar Ohrfeigen, warf ihn wie einen Hund zur Stube hinaus, schickte ihn nach Hause und setzte sich dann, sehr zufrieden mit sich selbst, hin, um das für den Sohn bestimmte Abendbrot aufzuessen ... Nicht anders war es, als Johann einst in der Straßenbahn eines der verbotenen kleinen Bücher mit Indianererzählungen las, der Vater plötzlich im Wagen erschien, dem Knaben vor aller Augen das Buch wegnahm und ihn blamiert, als Zielpunkt der Blicke aller Fahrgäste, sitzen ließ. Was den Vater in solchen Fällen leitete, war nicht nur Erzieherfanatismus ... Es war eine Art Eitelkeit dabei, sich vor den Menschen darzustellen, eine Rolle zu spielen und darin Befriedigung zu finden ... Und er wählte sein Publikum, wie es sich eben traf. Es kam vor, daß die Kinder um kleiner Ursachen willen hart gestraft und am hellen Tage ins Bett geschickt wurden, und daß sie beim Erwachen den Vater weinend am Bett fanden, daß er sie wegen seiner Heftigkeit dann geradezu um Verzeihung bat. Was muß in dieser unruhigen Seele vorgegangen sein, ehe es zu so unbeherrschten und doch sozusagen programmatischen Ausbrüchen kam! Welche Haßgefühle gegen Frau und Kinder und dann wieder gegen sich selbst, um dieser Empfindungen willen, mögen dieses Herz bedrängt haben; wie sehr wird dieser Mann sich gefesselt gefühlt haben ... während er mit Bewußtsein ein glücklicher Hausvater sein wollte ... Er war unberechenbar, weil alles bei ihm

Stimmung und Idee war. Wenn Johann beim Fischen in Gesellschaft des Vaters mit dem Angelhaken im Schilf oder in einem Baumzweig hängen blieb, so mußte er harte Worte hören, die für ein Laster zu hart gewesen wären... als aber der Bruder einst beim Baden fast ertrunken wäre, im letzten Augenblick vom Bademeister gerettet wurde und einen Anzug dabei verdarb, als dieses Mal die sonst gleichmäßig stille Mutter nachträglich in Furcht und Erregung geriet, lachte der Vater nur und sagte: »Ein andermal wird er sich besser vorsehen.« Schlimm war es beim Mittagessen, wenn es etwas gab, das Johann nicht gern aß. Und es gab viele Gerichte, die er nicht mochte, die er nur mit Widerstreben, ja mit Ekel aß und die ihm das Mittagessen jedesmal zu einem kleinen Fegefeuer machten... Der Vater wollte es zwingen, er sagte, ein Kind müsse essen, was auf den Tisch komme und was es auf dem Teller habe, und er befahl Johann streng, seine Portion zu verzehren. Wollte es gar nicht gelingen, so bekam er den Rest aufgewärmt anstatt des Vesperbrotes, und wenn er ihn dann wieder stehen ließ, zum Abendbrot. Der Vater ließ in seiner grundsätzlichen Strenge erst ein wenig nach, als er den Sohn mit seinem Zwang einmal dahin gebracht hatte, daß dieser das widerwillig Genossene bei Tisch wieder ausbrach.

183, 58 ff.

2.4. Die Frau im Schatten

Kommentar	
Berlin, um 1773	Schreiblehrer der Mutter
Danzig, um 1775	Erziehung, Kenntnis und Tätigkeit einer wohlhabenden Bürgersfrau
Braunschweig, um 1780	Ein trostreiches Bündnis zwischen Sohn und Mutter
Darmstadt, um 1815	Sorge, Hingabe und Ergebung
Königsberg, um 1820	Unordnung als Glaubenssache
München, um 1860	Maximen der Hausfrau
Großkugel usw., 1865 ff.	Eine Witwe mit fünf Kindern

Auf Altarbildern des 16. und frühen 17. Jhs. erscheint der Stifter mit seinen toten und lebenden Kindern, der verstorbenen und der neuen Ehefrau in idealer Gemeinschaft vor Gott und den Heiligen. Die Toten sind nur mit einem Kreuz markiert. Daß der Tod der Frau und Mutter nicht nur die Kinder trifft, sondern auch den Ehemann, der etwas Unersetzliches verloren hat, zeigen die Bilder von F. Matthäi und I. F. Dieterich von 1812. Der Witwer zeigt sich mit der einzigen, als Vermächtnis der Toten hinterlassenen Tochter. Vermutlich starb die Mutter bei der Geburt dieses Kindes. Medaillon und Büste belegen ihre psychische Präsenz.
Aus: 500 Jahre Kunst in Leipzig. Leipzig 1965. – Die Hohe Karlsschule. Stuttgart 1960

Kommentar

Aus der Vormundschaft des Vaters wird die Frau in die des Ehemannes entlassen, eines Mannes, der gerade in wohlhabenden Schichten sehr häufig von den Eltern für sie ausgewählt worden ist. Die Zahl der Frauen, die tapfer und anständig ihr Unglück ertragen haben, ist Legion. Sie spielten ihre Rolle oft so gut, daß naive Betrachter es leicht übersehen konnten, wie z. B. im Fall der Maximiliane Laroche, verehelichte Brentano (1756–92), die man 17jährig an einen Jahrzehnte älteren, noch dazu wenig liebenswürdigen Geschäftsmann gegeben hatte. In 18 Ehejahren gebar sie dann 12 Kinder, ehe sie 36jährig – die Frage, woran, erübrigt sich fast – starb. Der wohlhabende Brentano heiratete ein drittes Mal, ehe er 1797 starb. Von seinen 20 Kindern überlebten ihn immerhin 13, doch zeigen auch in diesem Fall die Fakten – zwei jung verstorbene Frauen und sieben tote Kinder –, wessen Leben damals verschwendet wurde. Maximilianes Ehe war übrigens von ihrer Mutter, der Schriftstellerin Sophie Laroche, arrangiert worden, zum Kummer des jungen Goethe, der das bildschöne Mädchen liebte. Von ihr selbst wissen wir nichts.

Obwohl die Kirche früh das Recht des Vaters, die Kinder nach seinem Ermessen zu verheiraten, durch die Forderung des Konsenses beider zukünftiger Gatten beschnitten hat, konnten gerade Frauen sich einer für sie ausgehandelten Ehe schlecht widersetzen; denn vielleicht abgesehen von einer religiösen Laufbahn als Nonne, war einzig die Rolle der Ehefrau und Mutter für Mädchen vorgesehen, die zu übernehmen sie sich daher trotz der augenscheinlich damit verbundenen Gefahren auch drängten. Nur dort, wo Frauen qualifizierte und gut verkäufliche Arbeit tun können – meist auf dem Gebiet der Kunst –, nur dort sind sie in der Lage, mißlungene Ehen auch zu lösen. Maria Sibylla Merian (1647 bis 1717) wird mit 18 Jahren verheiratet, seit 1685 lebt sie getrennt von ihrem Mann und erreicht etwa 1692 eine Scheidung – wozu Antipathie und Zerrüttung nicht hinreichen, sondern krasse Verfehlungen des Mannes nachzuweisen sind. In Frankfurt und Amsterdam führt sie, die Tochter des berühmten Kupferstechers, ein selbständiges Leben als Malerin und Zeichnerin. Etwa 100 Jahre später erreicht es Caroline Bardua (1781–1864), selbstbewußte Jungfer ihr Leben lang, nicht nur sich selbst, auch ihre Mutter und jüngeren Geschwister mit Porträtaufträgen standesgemäß durchzubringen. Doch sind das Ausnahmen und Vorboten.

Zahlenmäßig bedeutender ist wohl eine andere Gruppe von Frauen und Müttern: Jene, die sich und ihre Kinder allein durchbrachten. Ist es ein Zufall, daß nirgendwo im autobiographischen Quellenmaterial ein Fall überliefert ist, in dem die Mutter ihre Kinder im Stich läßt? Der Stettiner Johann Christian Brandes (geb. 1735) wird von der Mutter und einer Schwester der Mutter erhalten, nachdem der Vater, vielleicht auf der Suche nach einer Existenzgrundlage für seine Familie, vielleicht aber auch aus Überdruß, verschwunden ist. Franz Xaver Bronner erinnert (1758–1850?), daß seine Mutter manchmal Angst hatte, ob der Vater abends nach Hause zurückkehren würde. Der elfjährige Franz Fischer (geb. 1855) findet schließlich seinen Vater erhängt im Wald. Er hat den Zusammenbruch seines kleinen Unternehmens nicht verkraftet – die Mutter gibt nicht auf, wird Landarbeiterin, Wäscherin, Arbeiterin, eine von vielen Müttern und Witwen, an die sich Kinder erinnern können.

Des vielen stumm gebliebenen Unglücks eingedenk, muß doch auch gesagt werden, daß Frauen selbst in ungleichen und für sie ausgehandelten Ehen glücklich werden konnten, vorausgesetzt, der Ehemann konnte die ihm zugedachte Rolle des Ernährers und Familienoberhaupts angemessen ausfüllen. Das Glück jener Zeit bestand mehr, als man es sich heute denken kann, in der Verwirklichung sozialer Normen und im Ausbleiben von Unglücksfällen, gegen die es ja keine Versicherung gab, als im subjektiven Gefühl von Glück und Erfüllung. War also eine Ehe im angedeuteten Sinn »glücklich« zu nennen, dann hatte die Frau große Chancen, Selbstbewußtsein zu entwickeln und ihren Einfluß geltend zu machen. Es ist heute schwer, sich genau vorzustellen, wie kompliziert Hausarbeit einmal war – Garten- und Feldarbeit kamen oft hinzu, die Krankenpflege ebenso, denn Krankenhäuser gab es nicht. Eine Frau, die zu wirtschaften verstand, mußte nicht nur fleißig und sauber, sondern intelligent, organisatorisch geschickt und sehr kenntnisreich sein. Sie leistete einen bedeutenden Beitrag nicht nur zum Behagen der Familie, sondern zur Ökonomie des ganzen Hauses. Es gehörte aber zu den Widersprüchen des patriarchalischen Familiarismus, daß all ihre Fähigkeiten und ihr Fleiß wenig oder gar nichts mehr taugten, wenn aus irgendwelchen Gründen der Ehemann ausfiel, ein als Pfarrer oder Lehrer angestellter. Gewiß, Rebecca Claudius führte eine glückliche, wenn auch mit allzu vielen Kindern gesegnete Ehe mit dem Verfasser des *Wandsbecker Boten*. Was wäre geschehen, wenn Matthias Claudius plötzlich gestorben wäre? Unvermeidlich in Familien ohne Vermögen (und das waren die meisten): Not und sozialer Abstieg. Alle weibliche Arbeit hätte nicht hingereicht, auch nur die Ehefrau zu ernähren! Deshalb bittet Claudius gelegentlich um Fürsprache für einen Sohn bei dessen Bewerbung um eine Pfarrstelle. Da er mehrere unverheiratete, d. h. »unversorgte« Töchter hat, will er wenigstens diesen Sohn in Amt und Würde wissen, damit der gegebenenfalls für ihn einspringen kann...

Über das Ausmaß des Analphabetismus bis ins 19. Jahrhundert hinein kann man nur Vermutungen anstellen. Fest steht aber, daß Frauen selbst des bürgerlichen Mittelstandes von einer stupenden Unbildung waren, was alles betrifft, das über ihre Arbeit hinausging. Schnell waren selbst Söhne im kindlichen Alter klüger als ihre Mütter. Im Zusammenhang mit der Verschulung der Kindheit, die auch Mädchen erfaßt, kommt es häufig zu Konflikten zwischen der Mutter, die auf häuslicher Mitarbeit und dem Erlernen der sog. weiblichen Arbeiten besteht, und der Tochter, die Geschmack am Lesen, Lernen und Studieren gewinnt. Mütter, die selbst in Ehen gezwungen wurden, sich schicken mußten in das Unvermeidliche, das Kinderkriegen, die Hausarbeit, die ehelichen Pflichten, exekutieren an ihren Töchtern das gleiche Schicksal, als ob sie nur so den Sinn ihres Lebens bewahren könnten. Von Sophie Laroche im Verhältnis zu ihrer ältesten Tochter Maximiliane war eingangs die Rede.

Allgemein zeigt die Physiognomie der Mutter, wie Kinder sie erfahren, deutlich den Widerspruch von Abhängigkeit, Unterordnung und faktischer Leistung. Wird der Vater häufig als unberechenbar, jähzornig oder auch einmal als weich und sentimental erinnert, so die Mutter oft als wahre Heilige und strenge Dulderin, die wegen der Opfer, die sie selbst gebracht hat, auch berechtigt ist, striktere Forderungen zu stellen. Es scheint, sie sei in ihrem Gefühl, ihrem moralischen Empfinden, oft auch ihrer Lebensklugheit zivilisierter, fortgeschrittener als der Vater. Es gibt auch eine Dialektik von (Ehe-)Herr und Magd, der Ehefrau.

LITERATUR:
M. Weber, Ehefrau und Mutter in der Rechtsentwicklung, Tübingen 1907
M. Freudenthal, Gestaltwandel der städtischen bürgerlichen und proletarischen Hauswirtschaft unter besonderer Berücksichtigung des Typenwandels von Frau und Familie, vornehmlich in Südwestdeutschland zwischen 1760 und 1910, Würzburg 1934

BERLIN, UM 1773
Schreiblehrer der Mutter

Die Mutter konnte nur Gedrucktes lesen. Von ihrer Mutter selber war sie abgehalten worden, schreiben zu lernen, weil es für unnützlich, ja für schädlich gehalten wurde, daß ein Mädchen schreiben könne. Hierüber war sie in ihrer jetzigen Lage sehr traurig. »Ja, wenn ich schreiben könnte!« seufzte sie oft, indem sie ihre Kinder glücklich pries. – Mein Vater, der als ein Sachse eine sehr schöne Hand schrieb, wußte diesem Mangel dadurch abzuhelfen, daß er alles mit Fraktur schrieb, welches die Mutter lesen konnte, was jedoch nicht überall ausreichte. – Darüber wurde ich denn angehalten, ihr in allen diesen Dingen beizustehen. Mein älterer Bruder, der frühzeitig gestorben war, wurde von meiner Mutter tief betrauert. Wenn sie sonntags mit uns zur Kirche ging, betete sie an seinem Grabe, und es schien, daß dieser Johann, wenn er gelebt hätte, der Sohn ihres Herzens gewesen wäre.
Eines Abends, ich mochte fünfzehn Jahre alt sein, kam ein Geschäftsbrief, der mit Ungeduld erwartet war. Mein Vater war verreist; der Brief mußte erbrochen und beantwortet werden. »O mein Hannchen!« rief meine Mutter in bittern Tränen, »wenn du nur lebtest, du hättest mich längst schreiben gelehrt!« Ich war tief bewegt und erbot mich, sie zu unterrichten, so gut es mir möglich sein würde. Es wurde sogleich ein Anfang gemacht, und nach wenigen Wochen fand sich mein Vater durch einen Brief von der Hand seiner Gattin überrascht, der einen ausführlichen Bericht über den Geschäftsgang der Ziegeleiangelegenheit enthielt. Meine Belohnung bestand in dem Ausspruche meines Vaters, daß dies das erste Gute sei, was ich mein Lebelang getan. – Die Mutter aber beschenkte mich mit einem Friedrichsdor, eine für sie und mich unendliche Summe, die ich mir zu Pfennigen berechnete.
Wenn ich bisher die Zärtlichkeit meiner Mutter mit einem abgeschiedenen Bruder hatte teilen müssen, den ich kaum gekannt hatte, so ward ich von jetzt an mit einer Art von Respekt angesehen, dessen ich mich so wenig schämte, daß ich in der Tat fleißiger wurde, um die Aufmerksamkeit meiner Mutter gegen den jungen Lehrer zu rechtfertigen.

223, 20 f.

Danzig, um 1775
Erziehung, Kenntnis und Tätigkeit einer wohlhabenden Bürgersfrau

Mit wenigen Strichen ist das Bild meiner Mutter, Elisabeth, geborene Lehmann, recht getreu und charakteristisch darzustellen. Ein kleines zierliches Figürchen mit den niedlichsten Händchen und Füßchen, ein Paar große sehr lichtblaue Augen, eine sehr weiße feine Haut und schönes langes lichtbraunes Haar, so war sie in der äußern Gestalt.
Hübsch angezogen sein war ihre Freude, auch mein Vater sah seine kleine Frau gern geputzt und nahm, ohne daß sie ihn dazu aufzufordern nötig hatte, jede Gelegenheit wahr, welche seine Geschäftsverbindungen ihm boten, um aus Lyon mit Kleidern, Blonden und Hauben, aus Italien mit den schönsten Blumen sie zu beglücken, die damals in jenem Lande aus Eierhäutchen und Seidenwürmer-Kokons der Natur täuschend ähnlich nachgebildet wurden. Zur rührigen Hausfrau, in dem Sinne der damaligen Zeit, eignete meine Mutter ihrer Natur nach sich wenig, auch war mein Vater keineswegs gesinnt, dieses von ihr zu verlangen; er war völlig damit zufrieden, daß sie die Oberaufsicht über ihr Hauswesen recht verständig zu führen verstand. Übrigens war sie an ihrem Nähtisch vom Morgen bis zum Abend für sich und die Ihrigen beschäftigt ...
In Hinsicht auf das, was in unseren Tagen von Frauen und Mädchen gefordert wird, war freilich die Erziehung meiner Mutter nicht minder vernachlässigt worden, als die Mehrzahl ihrer Zeitgenossen. Ein paar Polonaisen, ein paar Murkis auf dem Klavier, ein paar Lieder, bei denen sie sich selbst zu akkompagnieren wußte, Lesen und Schreiben für den Hausbedarf, das war so ziemlich alles was man sie gelehrt hatte. Doch Mutterwitz, natürlicher Verstand und jene rege, den meisten Frauen eigne Auffassungsgabe entschädigten sie für diesen Mangel an erworbenen Kenntnissen.
Bis zur Erscheinung von »Sophiens Reise von Memel nach Sachsen«, hatte sie außer Gellerts Schriften blutwenig gelesen. Romane standen in jener Zeit in sehr schlechtem Kredit, doch bei diesem machte meine Mutter eine Ausnahme, weil er zum Teil in Danzig spielte, und Hermes, der Verfasser desselben, eine Zeitlang in unserer Vaterstadt gelebt hatte. Außer Gellerts »Schwedischer Gräfin« ... hatte sie noch nie ein Buch dieser Art gelesen, und eröffnete durch diese Lektüre sich eine ihr bis dahin ganz unbekannt gebliebene Quelle von Genuß.

189, 12f.

Braunschweig, um 1780
Ein trostreiches Bündnis zwischen Sohn und Mutter

Jetzt ist es Zeit, daß ich von meiner von uns Kindern so innig geliebten Mutter erzähle. Sie stammte aus einer reichen Braunschweigischen bürgerlichen Familie, und hieß Christiane Henriette Louise Häseler, geboren am 17. September 1746 ... Was die nähere Veranlassung zu der Verheiratung meines Vaters mit meiner Mutter (im Jahre 1769) gegeben hatte, davon ist mir nichts bekannt. Mein Vater ... war damals schon vierzig Jahre alt, und so wird es weniger eine leidenschaftliche Liebe, deren sein kalter Ernst auch wohl überhaupt nicht empfänglich war, als die Aussicht auf die Verbindung mit einer sehr angesehenen Familie, einer tugendhaften, zur Häuslichkeit erzogene Gattin, auf eine zu hoffende lehnsfolgende Nachkommenschaft und wohl auch auf die reiche Aussteuer gewesen sein, die ihn bestimmte, um die schöne dreiundzwanzigjährige Nachbarin zu werben. Es ist kaum denklich, daß zwei Charaktere von mehr verschiedener Beschaffenheit durch die Ehe miteinander verbunden werden können, als die meines Vaters und meiner Mutter waren. Der Vater, zwar streng rechtschaffen und jede bürgerliche Pflicht erfüllend, ein treuer Gatte und sorgsamer Vater, aber im höchsten Grade ernst, eigenwillig und, mit einem Worte, so prosaisch als irgend möglich; die Mutter von der frohesten Laune, liebenswürdig und liebreich, mehr für andere als für sich lebend. Nie war sie glücklicher, als wenn sie Freude verbreiten konnte, und in dieser Beziehung war ihr ernster Gatte, den sie innig liebte, keineswegs ausgeschlossen. Von den geringen Einkünften, die ihr vorbehalten waren, und die aus ein paar Bergwerksanteilen auf dem Harze (Kuxen) erfolgten, sparte sie, um am Weihnachtsabend nicht nur uns Kindern, sondern auch dem Vater Geschenke machen zu können, und dann war es ihr kein geringer Jubel, wenn dieser ihr mit ernstem Wohlwollen dankte und sich über die Gabe zu freuen schien. Die Mutter fühlte es oft tief, daß ihre Zärtlichkeit nicht so, wie sie es wünschte und verdiente erwidert wurde; dann weinte ich mit ihr stundenlang, und suchte sie durch kindische Schmeicheleien zu trösten; dabei aber entstand in mir die Vorstellung von einem in dieser Welt die Guten und Frommen niederdrückenden Leiden, welches erst seinen Ersatz und Ausgleichung in einer besseren Welt finden werde. Es mag immer sein, daß durch die Geburt die Charaktere der Mutter und des Großvaters auf mich, gleich der äußeren Gestalt des letzteren ... übergegangen sind: aber gewiß ist es mir, daß der öftere Kummer meiner Mutter nicht wenig dazu beigetragen hat, mir den milden und stets zur Entschuldigung und Verzeihung geneigten Sinn zu verleihen ...
Meine Mutter hatte die Erziehung einer Kaufmannstochter aus einer reichen Familie, wie sie in den sechziger Jahren des vorigen Jahrhunderts in Braun-

schweig üblich gewesen, erhalten. An sogenannter gelehrter Bildung fehlte es ihr ganz. Ihre Lektüre bestand allein in Predigten, von denen sie die vorzüglichsten Sammlungen der damaligen Zeit besaß, in den Schriften Gellerts und allenfalls in der »Tausend und eine Nacht« oder dem Robinson, um uns Kindern erzählen zu können. Sie war sehr fromm und versäumte den öffentlichen Gottesdienst selten. Hatte sie diesem am Morgen in der Martini-Kirche (worin wir einen stattlichen Familien-Stuhl besaßen) nicht beiwohnen können, so holte sie am Nachmittage das Versäumte in der sogenannten Doktorspredigt der Brüder-Kirche nach, in welcher die sämtlichen Stadtpfarrer der Reihe nach zu predigen verpflichtet waren. Dieses fromme Sein der Mutter, verbunden mit ihrem öftern häuslichen Kummer, machte, daß wir sie als eine heilige Dulderin verehrten und ihr eine Liebe widmeten, die schlechterdings nicht größer hätte sein können; dagegen der Vater von uns, obwohl wir ihn liebten und ehrten, auch eben so sehr gefürchtet wurde.

204, 19; 23 ff.

DARMSTADT, UM 1815
Sorge, Hingabe und Ergebung

Sie war eine von den sinnigen, still waltenden Hausfrauen... deren Leben, ganz in der Sphäre des Gemütes beschlossen, aufgeht in der opferfrohen Sorge, in der uneigennützigen, pflichttreuen Hingabe für Haus und Kind, in der ruhigen Ergebung in die unvermeidlichen Fügungen noch so schwerer Geschicke... Die Tochter einer angeseheneren, senatorischen Bürgerfamilie hatte sie eine gute Schule durchgemacht und hatte schöne Zeugnisse ihres jugendlichen Fleißes und ihrer zierlichen Geschicklichkeit aufzuweisen. Sie mußte schön und bei aller Demut nicht ohne ein gewisses Selbstgefühl gewesen sein; sie trat in ihre Ehe weniger aus Neigung als aus Fügsamkeit in die Wünsche ihrer Eltern... In dieser Ehe war sie nicht glücklich... In den Notjahren ward ihre Lage trauriger noch durch die Sorge um den äußeren Unterhalt. Sie sparte und darbte mit dem zufriedensten Sinne; aber was wollte diese Bewachung des Kreuzers verfangen, als die furchtbare Teuerung von 1817... zu dem Stillstand aller Geschäfte hinzuschlug... So lernte die Mutter frühe auf jede äußere Freude des Lebens zu verzichten. In der Art wie sie das tat, wie sie ihr mühselig eintöniges Leben ertrug, wie sie – nicht stumpf für das Leid, nicht stumpf für die Lust des Tages – den seltenen Lichtblicken sich in heiterer Tätigkeit hinnahm: mit dieser gefaßten, gleichmütigen Kraft ihrer stummen Entsagung aus der echtesten Frömmigkeit... Es war ihr eine ernste Angelegenheit der Seele, am Sonntag nachmittag

ihren Kirchgang zu machen; aber wenn die Pflichten des Hauses sie abhielten, unterließ sie ihn Monate lang, ohne den geringsten Zweifel, daß sie ihrem Gotte wirkend noch besser diene als betend ...
Wie sie war, hätte sie für ihre vielen Entbehrungen in ihren Kindern allein einen reichen Ersatz gefunden; aber gerade in diesem Punkte sollte ihr frommes Gemüt am härtesten geprüft werden. Von neun Kindern starben ihr sieben in frühen Jahren hinweg, darunter ein Mädchen, das ihr besonders teuer gewesen war, dessen Kleider sie bis in späte Jahre bewahrte, um sich über ihnen mit feuchten Augen ihres verlorenen Lieblings zu erinnern ... Es ist ein Volksaberglaube, daß die Kinder frühem Tode geweiht seien, denen die Eltern selber Pate gestanden; dies schlug in unserem Hause grade umgekehrt aus. Als ich zur Welt kam, war in der Familie nur noch der Onkel Schwartz übrig, der mir hätte Pate stehen können; die Mutter aber hatte die kleine Eitelkeit, mir nicht seinen Vornamen Adam aufbürden zu wollen; so hob mich der Vater aus der Taufe, und gerade ich sollte von den neun Kindern die Eltern allein überleben. Auf mich nun hatte die Mutter vielleicht etwas von ihrer Vorliebe für die Lieblingstochter übertragen, als ich in frühester Kinderzeit, ihrem gesegneten Einflusse ausschließlich überlassen, ihr Kummer zu bereiten noch nicht fähig war. Aus diesen frühen Jahren, wo sie, der zärtlichen Mutterliebe ganz nachgebend, die Erziehungsmaximen noch ausgesetzt hielt, weiß ich mich einzelner Äußerungen ihres mütterlichen Wohlgefallens noch in solcher Lebendigkeit zu erinnern, daß ich mir gleichsam die ganze mütterliche Atmosphäre ins Gedächtnis zurückrufen kann. Wenn die sinnige Frau am Sonntag nachmittag, wie abgeschieden von der Welt ... mutterseelenallein war, das Gesangbuch vor sich, und ich blätterte darin und besah die ausgeschnittenen Bilder und ließ sie mir erklären, den Kopf auf ihrem Schoß, still und sinnend geworden wie sie selbst, dann sah sie mir mit dem ganzen Himmel ihres freundlichen, kinderliebenden Gesichtes in die Augen und freute sich selig des Knaben entgegenkommender Art. Später, in den kummervollen Teuerungsjahren, wenn ihr Junge, lebhaft getroffen vielleicht von einer eindringlichen Klage über die Not im Hause, beim Kaffee schweigend das Stück Zucker liegen ließ, das sie uns zur Tasse zu legen pflegte, so sah sie ihn mit einem von Schmerz und Lust geteilten Blicke an und suchte dem Auge des Vaters zu begegnen, ihn aufmerksam zu machen. Wenn ich ihr in Haus und Hof einen Dienst leisten konnte, tat ich es gern, und sie freute sich dessen doppelt; denn im ganzen sträubte ich mich, aus Blödigkeit oder aus einem gewissen ehrgeizigen Tick, gegen alle handlangenden Mägdedienste. Diese erste Freude aber an ihrem Jungen sollte der Mutter nicht lange unverkümmert bleiben. Wie viele schwere Stunden bereiteten ihr die Verhältnisse der beiden aufwachsenden Knaben zu dem Vater, der in Übellaune so oft die natürlichsten Jugendfehler strenger als nötig nahm und in Ungerechtigkeit sie gerne unzeitiger Nachsicht der Mutter

Schuld zu geben pflegte: die diesen Vorwurf wahrlich am wenigsten verdiente. Denn wie eifrig sie auch gegen die Unbilden des Vaters ihre Kinder in Schutz nahm, sie lieferte sie auch eben so streng seinen Rügen und Strafen aus, wo sie sie wirklich verdient sah. Alle Schwäche der Verziehung war ihr ganz fremd. Früh hörte die mütterliche Liebkosung gegen uns auf ... Bezeugungen der Zufriedenheit bekamen wir selten oder nie zu hören ... Wenn wir eine Schulbelohnung nach Hause brachten, sie trug uns keine Belobung ein, wohl eher eine schmollende Bemerkung: »Das weiß ich auch nicht, wie du das verdientest«, in einem Tone halben Tadels, den freilich die zufriedenen Blicke Lügen straften. Es mußte in dem Eifer einer gerechten Verteidigung ... gewesen sein, daß sie einmal in Gegenwart des unschuldig verklagten Sohnes in einem von Rührung gebrochenen Tone sagte: »Er ist gut und wohlgelitten«; Worte, die mir nur im Gedächtnis blieben, weil sie meinen Ohren ganz ungewohnte Laute waren.

63, 8 ff.

Königsberg, um 1820
Unordnung als Glaubenssache

Ich war sehr glücklich in der Schule, lernte leicht, kam schnell vorwärts, wurde bei den öffentlichen Schulprüfungen sehr gelobt, und gehörte zu den Kindern, welche wir – denn auch die Mädchenschulen erzeugen sich einen Jargon – die Paradepferde nannten. Bei den Prüfungen vor den Eltern, welche etwa alle anderthalb Jahre einmal statt fanden, konnte dem Ehrgeiz des einzelnen aber viel weniger ein Genüge getan werden, als bei den Besuchen, welche der in der preußischen Schulgeschichte berühmte Konsistorialrat Dinter, ab und zu unserer Anstalt machte ...
Seine Art zu fragen kam der unseres Lehrers nahe, aber sie war immer mit Heiterkeit gepaart, und wenn Dinter zu loben oder zu tadeln hatte, geschah es stets mit einer gewissen guten Laune, mit einem Humor, der uns um so besser gefiel, je weniger wir ihn beim Unterrichte sonst gewohnt waren. Als er das erstemal in unsere Anstalt kam, mag ich etwa drei Jahre in derselben gewesen sein. Ich mußte ihm meine Rechenkünste vormachen, die vortrefflich gelangen, wurde viel in der Geographie befragt, in der ich gerade meinen ganz dummen Tag hatte, und mir eigensinnig auch von Herrn Ulrich nicht einhelfen ließ, so daß ich schlecht bestanden, und dann mich erst wieder durch Französisch und Geschichte einigermaßen vor den Augen Dinters zurecht zu setzen hatte. Herr Ulrich war nicht zufrieden mit mir, Dinter aber klopfte mir auf den Kopf und sagte: »Nu, dein Kopf hätt' auch besser auf 'nem Jungen gesessen!« – Dann aber

fügte er freundlich hinzu: »Wenn du aber nur 'n mal eine brave Frau wirst, so ist's auch gut!« –

Mit heißen Wangen und höchst aufgeregt kam ich an dem Tage aus der Schule zurück ... denn ohne es zu wissen, was er getan, hatte der treffliche Mann einen meiner geheimen Schmerzen berührt – ich beneidete es schon lange allen Knaben, daß sie Knaben waren und studieren konnten, und ich hatte eine Art von Geringschätzung gegen die Frauen. So töricht das an einem Kinde von neun Jahren erscheinen mag ... lag doch der Ursprung zu diesen Gedanken nicht in mir selbst. Von jeher hatten Fremde, wenn sie meine Fähigkeiten lobten, mit einer Art von Bedauern hinzugefügt: wie schade, daß das kein Knabe ist! – Ich hatte also die Idee gefaßt, daß die Knaben etwas Besseres wären als die Mädchen, und daß ich selbst mehr und besser sein müsse, als die andern Mädchen. Als Vorbild war mir auch immer ein Knabe, Eduard Simson, hingestellt worden, und meine Mutter, welche von dieser falschen Richtung meines Wesens später gelitten hat, hatte selbst in der besten Absicht den Gedanken, daß Wissen die Hauptsache und alles andere dagegen gering sei, in mir genährt und gepflegt.

Voller Liebe für uns alle, hatte sie große Freude an meiner Begabung und an meinen Fortschritten. Sie war stolz darauf, ein so kluges Kind zu haben, sie setzte mein Wissen vor meinen Onkeln und Tanten gern in ein großes Licht, und weil sie selber ohne alle Kenntnisse war, überschätzte sie das wenige, was ich bis dahin gelernt hatte, über alles Maß. Ich dagegen machte, nachdem ich etwa anderthalb Jahre regelmäßig unterrichtet worden, die Erfahrung, daß ich mir für mein Lernen bei der Mutter gar keinen Rat mehr erholen konnte, und noch ehe ich mein achtes Jahr vollendet hatte, wußte ich tatsächlich auch mehr als meine Mutter. Hätte ich damals den Verstand eines erwachsenen Menschen gehabt, so würde ich eingesehen haben, durch welche vortrefflichen Eigenschaften dieser Mangel an Kenntnissen in der Mutter überwogen wurde. Weil dieser Mangel aber sie selbst auf das tiefste drückte, weil sie, um mir zuzuwenden was ihr fehlte, mir den Besitz von Kenntnissen immer als das Höchste und als das größte Glück hinstellte, so konnte es geschehen, daß ich meine Mutter unterschätzte, wie ich von ihr überschätzt wurde.

Lieb hatte ich dabei die Mutter von ganzem Herzen, aber ich hatte den Vater noch lieber, bei dem ich immer Rat und Hilfe, wenn auch viel häufigern und strengern Tadel als bei der Mutter fand. Der Vater las mit mir, der Vater spielte mit uns, und, obschon die Mutter ihr Leben für uns hergegeben hätte, so hatte sie nicht jene sich nach außen kundgebende Zärtlichkeit, welche mein Vater besaß, und die, obschon sie immer gemessen blieb, und er sich ihr nicht oft überließ, für mich etwas Bezauberndes hatte, und die mir als Entgegnung meiner eignen Zärtlichkeit ein Bedürfnis war.

Lobte meine Mutter meine Fortschritte, so dachte ich, sie verstehe es doch im

Grunde nicht recht. Tadelte sie mich über einen Hang zur Unordnung, der sich bei mir einstellte, oder über meine Heftigkeit, so meinte ich, sie tue mir Unrecht, und das sei auch alles ganz gleichgültig, wenn man nur recht viel lerne und wisse. Und da die Mehrzahl der Frauen, welche ich damals kannte, auch nicht viel unterrichteter waren als meine Mutter, so setzte sich eben die Vorstellung in mir feste, die Frauen seien geringer als die Männer, und für sie sei es ganz gut, daß sie auf Ordnung sähen und Haus hielten. Ich aber wollte lernen wie ein Mann, und ordentlich zu sein, hätte ich gar nicht nötig. Eine unklare Erinnerung an eine Frau, die, wie ich hatte erzählen hören, damals Professor in Bologna gewesen war, schwebte mir dabei vor, und trug noch dazu bei, mich vollends zu verwirren ...
Mich in meinen Grillen für das Studieren und gegen die weiblichen Beschäftigungen zu bestärken, war mein Vater übrigens gar nicht der Mann, und das um so weniger, als meine Unordnung zu einer Art Glaubenssache bei mir geworden war. Ich glaubte, es sei hübsch, sich um Kleinigkeiten nicht zu kümmern, und ich habe meiner Mutter in dieser Beziehung eine unendliche Mühe gemacht ... Durch Jahre und Jahre ist sie es nicht müde geworden, mich an jedem Abend selbst meinen Bücher- und Spielschrank aufräumen zu lassen, mich immer wieder zur körperlichen Achtsamkeit zu ermahnen, und mich im Hause, so gut es sich tun ließ, zu den Dienstleistungen anzuhalten, an denen meine Achtsamkeit und Pünktlichkeit sich üben sollten ... Ich war in der Tat mit Bewußtsein und mit Absicht, ja recht eigentlich aus Dünkel, unordentlich geworden.

119, 159 ff.

München, um 1860
Maximen der Hausfrau

Die Kinder waren nun Schulkinder geworden und besuchten die Volksschule. Fast wehmütig bemerkt die Mutter darüber, auch die Kleine sei schon so groß, daß sie zwar im Dämmerstündchen sich noch der Mutter auf den Schoß setze, aber selbst ein ganz verschämtes Gesichtchen dazu mache wegen der langen Beine, die da herabhingen. Solch zärtliches auf dem Schoße Sitzen und dergleichen erlangte zwar »das kleine Schmeichelkätzchen« hie und da, im ganzen lag es aber nicht in der Mutter Natur und vertrug sich auch nicht mit ihren Grundsätzen. Wie sie die Kinder knapp hielt mit Speise und Kleidung, mit Vergnügungen und Geschenken, so auch mit Liebkosung und Zärtlichkeiten. Die Kinder sollten es nicht merken, wie teuer sie den Eltern waren, sondern sich vielmehr für »Unkräuter« halten und dankbar sein, daß man sie duldete. Die Bescheiden-

heit der Kinder den Erwachsenen gegenüber war in ihren Augen nicht nur eine unter den vielen Tugenden, die durch die Erziehung gepflegt werden sollten, sondern sie galt ihr als der eigentliche Boden, auf dem allein das richtige Verhältnis zwischen Kindern und Eltern entstehen konnte, sie betrachtete sie als Ausdruck der Wahrheit; Kinder wissen, können, leisten noch nichts, also haben sie hinter dem fertigen Menschen zurückzustehen.
Die Sparsamkeit, die im Hause herrschte, begünstigte die Erziehung zur Bescheidenheit, denn diese Sparsamkeit wurde durchaus nicht als eine fatale Notwendigkeit betrachtet, die sich aus dem Mangel an Geld ergab, sondern als eine Lebenseinrichtung, entspringend aus der idealen Eigenschaft der Anspruchslosigkeit. Diese Anschauung ... lag im Wesen der Hausfrau, nie empfand sie das Sparen als eine lästige Pflicht, sondern als eine Kunstfertigkeit, die auszuüben ihr Vergnügen machte. Es gab vielleicht nicht viele Häuser, in denen so gewissenhaft jede unnötige Ausgabe vermieden ... und ... in dem trotz dieser Sparsamkeit so wenig über Geld gesprochen wurde. Die Kinder hörten kaum davon reden; sie waren schon große Schulmädchen, als sie zufällig und zu ihrem Staunen entdeckten, daß das Dienstmädchen um Lohn und nicht, wie sie gemeint hatten, aus reiner Liebe ihren Dienst tat. Die Mutter hatte sie gern in dieser Unwissenheit erhalten, die ein bescheidenes, dankbares Benehmen dem Mädchen gegenüber zur Folge hatte.
Als die Kinder mehrmals zu dem nächsten Droschkenplatz geschickt wurden, um für den Vater eine Droschke zu holen, machten sie sich Bedenken, ob es nicht unbescheiden sei, so oft einen Kutscher zu bemühen, und wurden erst beruhigt, als man ihnen sagte, der Vater gebe auch dem Kutscher etwas zu seiner Freude. Beide Eltern kamen aus einem gewissen Idealismus zu diesem System und erreichten damit, daß die Kleinen dankbar waren, wenn sie irgendwo nicht nur geduldet, sondern sogar gern gesehen wurden, glücklich wenn ihnen von irgend einer Seite Gutes zufloß und vor allem tief befriedigt, wenn ein warmes Wort ihnen die Liebe verriet, die ihnen um so köstlicher war, je seltener sie in zärtlichen Worten zum Ausdruck kam.
In dieser Weise knapp gehalten mit Liebesbeweisen, bemühten sich die Kinder um so mehr darum ...

181, 112 ff.

GROSSKUGEL USW., 1865 ff.
Eine Witwe mit fünf Kindern

Welche Bedeutung das Jahr 1865 durch den Tod meines Vaters für die Familie erhielt, habe ich bereits angedeutet ... Wir mußten das Schulhaus, in dem unsere Mutter und wir Kinder geboren waren, nach wenigen Monaten verlassen und eine Mietwohnung beziehen, die wir in einem neu erbauten kleinen Hause am Ende der verlängerten Dorfstraße fanden. Da auch die Großmutter dorthin mit übersiedelte, war der uns dort zur Verfügung stehende Raum sehr beschränkt...
Aber wovon sollten wir leben? ... Mutter bekam, obgleich mein Vater im Dienst verschied, für sich und ihre fünf Kinder eine Jahrespension von 28 Talern ... Mit solchen und ähnlichen Almosen wurden die Lehrerwitwen damals im ganzen Königreich Preußen abgespeist. Diese mehr als traurigen Zustände hatten die Lehrerschaft veranlaßt, sich zu Unterstützungsvereinen zusammenzuschließen, die nach dem großen Schweizer Pädagogen und Menschenfreunde Johann Heinrich Pestalozzi benannt wurden und überaus segensreich gewirkt haben. Durch den Pestalozzi-Verein der Provinz Sachsen wurde auch meine schwer geprüfte Mutter unterstützt; jedoch mußte bei den beschränkten Mitteln des Vereins der Betrag verhältnismäßig niedrig bleiben. Ich glaube, er hat im Jahre die Höhe von etwa 60 Mark niemals überschritten; aber dies war schon eine wichtige Hilfe. Hierzu kam die Pension der Großmutter, die im Jahre 14 Taler betrug, also gleichfalls nichts anderes als ein Almosen war und mit dem Tod dieser für uns sorgenden Frau in Wegfall kam. Wenn auch damals die Preise für alle Lebensbedürfnisse bei weitem niedriger waren als gegenwärtig, so war das »Einkommen« der sieben Personen doch geradezu erbärmlich. Es mußte also Wandel geschaffen werden. Die energische Mutter warf sich sofort auf das, was sie beherrschte und was einer Frau in damaligen Zeiten besonders nahe lag, nämlich auf die Herstellung von Wäsche. Hierbei stand ihr meine Schwester treu zur Seite. Jedoch, was konnte ein Kind leisten, das beim Tode des Vaters noch nicht ganz elf Jahre alt war! Da die bäuerlichen Kunden zur Nähmaschine noch kein Zutrauen hatten und die Mutter den relativ hohen Preis für eine solche auch nicht erschwingen konnte, mußten alle die vielen Tausende von Stichen, durch die aus einem Stück Leinwand etwa ein Hemd wird, mit der Hand ausgeführt werden. Und wenn auch die Nadel vom frühen Morgen bis zum sinkenden Abend nicht ruhte, so konnte ein Hemd doch nicht im Laufe eines Tages fertiggestellt werden. Dafür erhielt sie fünf Silbergroschen, also etwa fünfzig Pfennig. Wenn jedoch sechs dieser »Kunstwerke« fertiggestellt waren und die Mutter einen blanken Taler nach Hause brachte, so herrschte in unserem Kreise eitel Freude; denn es war wieder einmal unsere Existenz wenigstens für

einige Tage gesichert. Auch mit der Herstellung von Frauenkleidern befaßte sich die Mutter ...
Neben diesen Arbeiten aber mußte Mutter den gesamten Haushalt besorgen. Außerdem hatte sie ein Stück Acker gepachtet, um die Kartoffeln anzubauen, die wir das ganze Jahr hindurch benötigten und die außerdem nötig waren, um ein Schwein zu mästen. Daneben hielt sie eine Ziege, mit der mich eine innige Freundschaft verband, sowie einige Gänse, die anfänglich meiner Pflege anvertraut waren ...
So steht die herzensgute Mutter vor meinem geistigen Auge als der personifizierte Fleiß und die unablässige Hingebung an die Ihrigen. Ich habe sie nie untätig gesehen. Nur wenn die Näharbeit von der Dämmerung unterbrochen wurde, ruhten, da Öl gespart werden mußte, die nimmermüden Hände auf ein Weilchen im Schoße ... Ihr Wahlspruch waren die Worte, die man dem großen Volksfreunde Pestalozzi auf seinen Grabstein gesetzt hatte: »Alles für andere, für sich nichts«.
Bei den schmalen Pensionsverhältnissen war es für die Mutter trotz allen Fleißes aber unmöglich, eine siebenköpfige Familie auf die Dauer zu erhalten. Es mußte auf andere Weise Abhilfe geschaffen werden: Mein ältester Bruder Alexander der bei dem Tode des Vaters fast 14 Jahre alt, sollte, wie die Tradition der Familie es erforderte, Lehrer werden ... Von diesem Plan mußte jetzt aber Abstand genommen werden. Da der Bruder fortan in Büchern nicht mehr studieren konnte ... wollte er lernen, sie wenigstens einzubinden. Er kam 1866 zu einem Buchbindermeister in Halle in die Lehre ... Außerdem mußten wir uns auch von dem zweiten Bruder trennen; er kam schon wenige Monate nach dem Tode des Vaters als etwa achtjähriges Bübchen auf das Waisenhaus zu Langendorf bei Weißenfels, und mich wollte das Waisenhaus der Franckeschen Stiftungen in Halle aufnehmen, wenn ich das 10. Lebensjahr vollendet hatte. Ich konnte also noch einige Jahre bei der Mutter bleiben. Während dieser Zeit aber mußten wir noch zwei Glieder unserer Familie nach dem stillen Friedhof des Dorfes begleiten; das eine Mal war es mein jüngster Bruder, der nur ein Alter von einundhalb Jahren erreichte, und das andere Mal die Großmutter ...
Nach dem Tod der Großmutter bestand der Familienkreis also nur noch aus drei zu Hause anwesenden Personen. Es ging daher schon ein wenig leichter ...
Im Frühjahr 1869 siedelten wir nach Gröbers über ... Der Umzug ... war notwendig, weil die heranwachsende Schwester in den Dörfern des Kirchspiels Osmünde durch Näharbeit einen besseren Verdienst finden konnte ... Auch hatte sie vielfach in Halle Material für ihre Arbeiten einzukaufen, wohin sie, da Gröbers Eisenbahnstation war, von dort aus verhältnismäßig leicht gelangen konnte. Ein größerer Verdienst war aber umso wichtiger, als mein Bruder Paul bereits nach wenigen Jahren mit der Vorbereitung zum Lehrerberuf beginnen

und ich bald darauf den gleichen Weg beschreiten sollte. Ohne die unablässige Hilfe der guten Schwester, die den letzten Pfennig für unsere Ausbildung hingab, wäre es unserer Mutter unmöglich gewesen, uns dem erstrebten Ziel zuzuführen.

188, 56 ff; 71 f.

2. 5.   Andere Leute

Kommentar
Miltenberg, 1478 ff.   Meine Muhme
Bei Crossen a. d. Oder,   Arbeit, Ausbildung und Versorgung eines Mädchens
um 1730
Berlin, um 1795   Häusliche Szenen zwischen Gräfin und Gouvernante
Němčice usw., 1796 ff.   Wechselfälle in den ersten vierzehn Lebensjahren
Breslau, 1801   An den Bedienten J. S., abzugeben in der Küche
Berlin, um 1806   Der berühmte Großvater
Oels, 1829 ff.   In Pension bei einem Sonderling
Heidelsheim, um 1842   Vikar Müller, sowie Freundschaften mit Honoratioren und Juden

Karlsruhe, um 1850   Gustav, der Renaissancemensch
Frankfurt a. M., um 1870   Zwei Mädchen aus dem Volk

Auch wenn man berücksichtigt, daß es Matthäus Schwarz (1497–1574) und seinem zweiten Sohn Veit Konrad Schwarz (1541–1587?) in ihren Trachtenbüchern vor allem um die Überlieferung ihrer reichhaltigen Garderobe ging, so ist es doch bemerkenswert, daß Veit Konrad auf den der Kinderkleidung gewidmeten Bildern wohl seiner Hebamme, der Säugamme, der Kindsmagd und schließlich auch der Magd gedenkt, die ihn zuerst in die Schule führt, nicht aber Mutter und Vater. Es sind Dienstboten, die ihn in den ersten Kinderjahren pflegen und erziehen. Aus: A. Fink, Die Schwarzschen Trachtenbücher. Berlin 1963

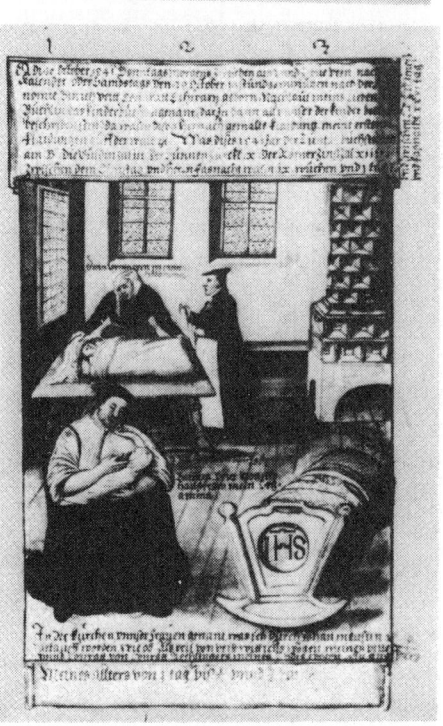

Kommentar

Solange man unterstellen konnte, daß die allermeisten früher in Großfamilien (Mehrgenerationenfamilien) oder doch zumindest in großen Familien (dafür schien die Kinderzahl zu sprechen) gelebt haben, so lange konnte man glauben, daß die Kinder damals doch vergleichsweise gute Lern- und Lebensmöglichkeiten vorfanden. Unter einem Dach arbeiteten Alt und Jung, der Feierabend vereinte Eltern und Kinder, Großeltern und Gesinde. Ludwig Richter hat solche Idyllen, die er selbst nie erlebt hat, oft gezeichnet. Seiner Sehnsucht entspricht im 20. Jahrhundert die Kritik an der pädagogischen Armut der Kleinfamilie, die, sozial isoliert, weil aus dem Generationszusammenhang herausgesprengt, einen zusätzlichen Verlust an Funktionen durch die außerhäusliche Arbeit des Vaters und Ernährers erleidet. Kinder, so bedauert man, leben im Getto der Familie und pädagogischer Institutionen.

Inzwischen weiß man, daß die Großfamilie eine Legende ist. Wo statistisch verwertbares Material sich erhalten hat, ergibt sich ein verwirrend buntes Bild. Wo die Sitte herrscht, daß der Hoferbe seine Eltern, die nach ausgehandelten Bedingungen auf dem Altenteil sitzen, mit erhält, da kennt der Enkel sie aus dem täglichen Umgang. Sonst besucht er sie, wenn sie in derselben Stadt, im selben Dorf wohnen. Insgesamt gilt, daß eine Familie um so kleiner ist, wie sie vermögenslos von der Hände Arbeit lebt, sei es auf dem Land oder in der Stadt. Auch Dienstboten gehören nicht zum gewöhnlichen familiären Umgang der meisten Kinder; denn das Dienstbotendasein wird aus einer jugendlichen Existenzform zum Lebensberuf, das Gesinde entsprechend teuer und selten. Amme, Kindsmagd, Gouvernante und Hauslehrer gehören immer nur bei wenigen Kindern zum prägenden Umgang.

Wenn also die Vorstellung einer von vielen Leuten gemütlich bevölkerten Kindheit falsch ist, dann fällt doch auf, daß in die Entwicklung eines Kindes mehr Personen sehr direkt eingreifen, als es vergleichsweise heute der Fall ist. Das geschieht jedoch nicht im Nebeneinander, sondern im zeitlichen Nacheinander. Ökonomische Zwänge und materielle Notlagen sind dafür ebenso ursächlich wie Sitte und pädagogisches Brauchtum. Friedrich Matthisson (1761–1831) lebt nach dem Tod des Vaters bis 1770 bei der Mutter. Dann übernimmt ihn sein Onkel, ein Pfarrer. Um seine Erziehung kümmert sich eine junge Tante, mit der er nach dem Tod des Onkels zu dessen Eltern, also seinen Großeltern zieht. Dort stirbt die Tante, schließlich 1773 auch der Großvater und der inzwischen 13jährige Junge kommt in das Schulinternat Klosterberge bei Magdeburg. Von ähnlichen Odysseen berichten viele Autobiographien. Weniger kompliziert ist der Fall des namenlosen Mädchens, das als Gespielin eines Sohnes in den Haushalt des Göttinger Professors Michaelis (1717–91) im Kindesalter aufgenommen und später als Dienstmädchen behalten wird. Zahlreich sind die Fälle, wo acht- oder zehnjährige Knaben, weil man ihnen eine gute Schulbildung zugedacht hat, in einer fremden Stadt bei anderen Leuten leben und aufwachsen, selten bei Verwandten oder Bekannten der Eltern, öfter als Pensionäre bei einem Lehrer oder halb selbständig als Untermieter.

Wenn Kinder im Haus erzogen und unterrichtet werden, dann läßt sich oft beobachten, daß das pädagogische Personal, wenngleich von den Eltern dirigiert, für die Kinder die Bedeutung erlangt, die heute nur Mutter und Vater haben. Amme und Kindermädchen werden zum Inbegriff des Mütterlichen, Gouvernante und Hauslehrer zum Ideal.

LITERATUR

M. Mitterauer, Vorindustrielle Familienformen. Zur Funktionsentlastung des ›ganzen Hauses‹ im 17. und 18. Jahrhundert, in: F. Engel-Janosi u. a., Hrsg., Fürst Bürger Mensch, München 1975

MILTENBERG, 1478 ff.
Meine Muhme

Anno 1478, im ersten Jahre meines Alters, wurde ich, da meine Mutter eines anderen Kindleins, unserer Schwester Margarete, gewärtig war, durch des Vaters Schwester von der Mutterbrust hinweggenommen. Die Muhme, welche selbst kinderlos war, nahm mich an Kindes Statt an und hat mich eine Reihe von Jahren hindurch bis zu ihrem Tode recht liebreich und zärtlich erzogen. Als ich aber ins sechste Jahr kam, ließ sie mich, um die Anfangsgründe des Wissens zu erlernen, die Schule besuchen, wiewohl ich kaum erst gehörig sprechen konnte. Sie war nämlich eine kluge Frau und mochte an jenes Dichters Rat denken, welchen sie vielleicht einmal hatte aussprechen hören:
Wenn du klug bist, o Jüngling, dann lern in frühester Jugend.
Morgen ist es zu spät: heute drum, Knabe, gelernt!
... Um also lesen zu lernen und vor Müßiggang und Verführung bewahrt zu werden, wurde ich von der Muhme in die Schule gebracht. Fürs erste machte sie mir Freude an der Schule, indem sie mich mit Brezeln beschenkte; es war nämlich gerade Fastenzeit, und zwar das Fest des heiligen Herrn Gregorius, an welchem Tage nach alter Sitte die Kinder zuerst der Schule übergeben werden. So tat sie mir anfangs schön ... Als dann aber die Brezeln, Feigen, Rosinen und Mandeln, mit denen man in den ersten Tagen die neuen Schulkinder anzulocken und wie eine junge Pflanzung zu hegen sucht, mit der Fastenzeit aufhörten, da wollte es just die Muhme bedünken, als hätte sich alle Lust am Lernen bei mir verloren. Jetzt, meinte sie, müsse dieselbe mir nicht mehr mit Schmeichelworten, sondern mit Furcht beigebracht werden. Wollte ich nun nicht, so sorgte sie, daß ich mit scharfen Ruten in die Schule getrieben wurde, in welche sie mich vordem mit Obst und Backwerk zu locken wußte. So war ich ungefähr vier Jahre in die Schule gegangen und von meiner Pflegemutter mit aller Sorgfalt und Liebe herangezogen worden, als sie von einer Krankheit befallen wurde und es Gott gefiel, sie aus diesem Leben scheiden zu lassen ... Ja, wenn ich solch eine Mutter bis an diese Zeit behalten hätte, dann würde ich fürwahr niemals in so großes Elend geraten sein, wie ich es ... beschreiben will. So groß war nämlich ihre Liebe zu mir, daß man von ihr sagte, sie halte mich nicht etwa wie ein Bruderskind, sondern nähre und pflege mich wie ihr selbstgeborenes zartes Kindlein auf das feinste ...
Nach dem Tode der Pflegemutter selig wurde ich dann heimgeholt zu den eigenen Eltern, mußte aber gleichwohl nach wie vor den angefangenen Schulbesuch fortsetzen. Um nämlich meinen kindischen Unverstand zu gestehen, so dünkte es mir bei dem Tode der Muhme kein geringer Trost, daß ich bei mir vermeinte, nun doch der Schule ledig zu sein ...

28 9f.; 12f.; 14f.

BEI CROSSEN A. D. ODER, UM 1730
Arbeit, Ausbildung und Versorgung eines Mädchens

Unschuldigerweise verdrängte ich meinen Bruder, als den Erstgeborenen, von der mütterlichen Brust. Er erlebte meine Ankunft am 1. Dezember 1722 nicht, und meine Mutter versagte mir ihren Kuß wegen der finstern Stirn, unter der ich hervorsah, als sie das erste Mal mich anblickte. Ich war niemals der Liebling ihres Herzens, und ich glaube, diese wenige Achtsamkeit auf mich ist schuld, daß ich meine ersten Jahre durchlebte, ohne mir meines Daseins bewußt zu sein. Sechs Frühlinge ungefähr mochte ich überlebt haben, als der Bruder meiner Großmutter unser Haus besuchte, um sich wegen des Verlustes seiner Gattin zu trösten. Er verlangte seine Schwester auf ein Jahr in seine Wirtschaft, und meine Mutter konnte ihm diese Bitte nicht abschlagen, so nötig sie auch selbst die Gegenwart einer alten haushälterischen Frau hatte. Die Reise ward beschlossen. Der Oheim fragte eines Tages nach den Maßregeln meiner Erziehung. »O!« sagte meine Mutter, »das unartige Kind soll lernen, und es ist nichts in sie zu bringen!« Mein Oheim bewies ihr die Unmöglichkeit in dem Geräusch des Wirtshauses. Er nahm mich mit; seine Wohnung war in Polen; er genoß in einem kleinen Hause der Ruhe des Alters und lebte von dem, was er in jugendlichen Jahren als Amtsmann erspart hatte. Die liebreichste Seele sprach in jedem Wort seines Unterrichts, und in weniger als einem Monat las ich ihm mit aller möglichen Fertigkeit die Sprichwörter Salomonis vor. Ich fing an zu denken, was ich las, und von unbeschreiblicher Begierde angeflammt, lag ich unaufhörlich über dem Buche ... Mein ehrlicher Oheim freute sich ... Er hatte selbst keine Kinder, und sein Herz war mir um so mehr offen, je mehr es leer war, als er die Pflicht eines Unterweisers übernahm. Ich lag ihm an, mich schreiben zu lehren; meine Großmutter widersetzte sich und wandte alle ihre Beredsamkeit an, um diesen Vorsatz zu zernichten. Es mißlang ihr; ich suchte aus irgendeinem Winkel ein Brett hervor und brachte es meinem gütigen Oheim. Er zeichnete mir Buchstaben darauf, ich malte sie nach, sehr bald ergriff ich die Feder, und als einstmals meine Eltern uns besuchten, hüpfte ich ihnen mit einem Papier in der Hand entgegen und rief ...: »Vater, ich kann schreiben!« Dieser gute Vater küßte mich, und ich sah ihn nicht mehr. Er starb ... Meine Mutter blieb nicht lange Witwe. Sie gab ihr Herz einem andern Manne und kam in seiner Gesellschaft, uns zu besuchen. »Herr Vetter«, sagte sie, »ich komme, meine Tochter abzuholen! Ich brauche sie künftig zur Wiege, und ich fürchte, sie wird verrückt im Kopfe werden, wenn sie fortfährt, Tag und Nacht über den Büchern zu liegen. Sie kann lesen und schreiben, dies ist alles, was ein Mädchen wissen muß!« – »Ja«, sagte mein Oheim, »es ist wahr; aber wollte sie nicht, daß ich sie so viel Latein lehrte, als ich selbst weiß? Sie bezeigt große Lust und weiß schon eine

Menge Vokabeln auswendig!« »Das kann sein«, sagte meine Mutter, »aber sie wird nicht studieren, und ich danke Ihnen für den guten Willen.« ... Mein Oheim segnete mich, und ich reiste ... Meine Mutter gab ihrem zweiten Manne einen Sohn, und ich bekam das Amt der Kindwärterin. Zehn Jahre war ich alt, mein Stiefbruder ward meine einzige Beschäftigung ... Endlich machte die stürmische Gemütsart meines Pflegevaters, daß wir den Ort verlassen mußten. Wir zogen nach Kirschtiegel, einem Städtchen im glogauischen Fürstentume, nicht fern von meinem Geburtsort. Meine Eltern pachteten ein Vorwerk und ich ward eine Hirtin ... Ich genoß alle die Annehmlichkeiten des Sommers, und oft dachte ich mir kleine Geschichten aus, die den biblischen Historien ähnlich waren ... Die Taten Davids und der Makkabäer waren meine Muster, und es ergötzte mich, wie sie zu siegen. Nach vielen wichtigen Schlachten saß ich an einem Herbsttage am Rande eines kleinen Flusses und ward jenseits des Wassers einen Knaben gewahr, welchen einige Hirtenkinder umgeben hatten. Er war ihr Vorleser, und ich flog hin ... Welch ein Glück für mich! Ich ... fand meine so lange entbehrte Wollust, die Bücher, wieder. Da waren Robinsons, irrende Ritter, Gespräche im Reiche der Toten ... Der Herbst verging mir zu bald ... doch wir setzten unsere Versammlungen fort. Ich schlüpfte, so oft meine Mutter mich verschickte, in das Haus des Hirtenknaben ... Mein Stiefvater donnerte wegen meiner Lesesucht auf mich los! Ich versteckte meine Bücher ... Diese verstohlenen Vergnügungen dauerten beinahe ein Jahr. Meine Mutter übergab mich einem Bürgermädchen, um bei derselben mit der Nadel meine Übungen zu machen. Ich war gelehrig, denn in einem Sommer begriff ich verschiedene Wissenschaften der Näherin. Aber meine Lehrerin war mir ungetreu; es fand sich ein bemittelter Witwer aus Polen bei ihr ein, der sie heiratete ... Schon hatte ich wieder vergessen, daß ich ein Mädchen war, als eines Tages ein prächtiger Jagdschlitten vor unserm Hause hielt. Ich erkannte meine Lehrmeisterin ... Sie sprang vom Schlitten herab ... umarmte meine Mutter und verlangte mich zu ihrer Gesellschafterin. Ich lasse ihre Beredsamkeit unwiederholt; genug sie überredete, und ich mußte noch denselben Abend mich reisefertig machen ... Zwei Stunden vor abends befanden wir uns an Ort und Stelle. In den ersten Wochen befand ich mich bis zum Überfluß versorgt; aber hernach litt ich Mangel an allem. Es ward eine Teuerung im Lande durch Überschwemmung der Äcker; man besorgte zu verarmen, und man teilte mir mein Brot in kleine Bissen ab. Meine Frau, durch üble Begegnung ihres Mannes aufgebracht, übte an mir ihre Rache. Ich sollte ihre Magd vorstellen, und ein Alter von zwölf Jahren gab mir nicht Kräfte genug. Wasser schöpfen und mit einem Schiebekarren Getreide zur Mühle hinauffahren war meine tägliche Arbeit ... Meine Mutter war nicht bekümmert um mich; sie hatte den Ort ihres Aufenthalts verändert. Mein alter ehrlicher Oheim war nicht mehr ... Ich ergriff eine gute Gelegenheit und ent-

schloß mich zur Reise, um in dem Hause meiner Mutter gesättigt zu werden
... Mein Stiefvater begegnete mir im Hofe ... Ich sagte ihm in der Kürze
meine Geschichte, und er führte mich an der Hand zu meiner Mutter ... Wenige Wochen nach diesem Tage gab meine Mutter ihrem Mann das dritte
Kind, und ich hatte wieder meinen Posten bei der Wiege! ... Es fielen täglich
Zänkereien vor, und ich befand mich oft in Todesangst ... Die Ursache der
meisten Zänkereien war die eiserne und nahrungslose Zeit. Der Gram und
die sumpfige Gegend gaben meinem Stiefvater ein bösartiges Fieber ... Unter
den bittersten Klagen ... starb er. Indessen befand meine Mutter sich nicht in
den besten Umständen; eine Frau mit fünf Kindern, ohne Versorger und
nicht fähig, Brot zu verdienen, ist beklagenswert. Sie war überdies unaufhörlich krank. Fünfzehn Sommer war ich alt und man hatte mich in allem, was
doch ein Frauenzimmer wissen muß, nicht unterrichtet. Die Wiege gab mir
mein Tagewerk ... von drei Kindern sollte ich die Erziehung übernehmen
und bedurfte deren selbst ... Unbesorgt wegen meines künftigen Schicksals
wuchs ich gleich einer wilden unbeschnittenen Weinrebe herauf. Niemals
konnte man mich zu den Schönheiten zählen, und dennoch fand sich unter
den Jünglingen meines Vaterlandes einer, der mich suchte. Meine Mutter kam
eines Tages ... und sagte von einem jungen Menschen, der eben gekommen
wäre, und in welchem sie mir meinen Bräutigam vorstellen würde ... Er
warb um mich; die Mutter machte Schwierigkeiten wegen meiner Jugend; er
bestritt ihre Gründe. Der Mutter Herz war gewonnen, sie wollte mich versorgt wissen. Er machte mir mit guter Art ein Geschenk von zwei Ringen,
ich nahm sie mit einer treuherzigen Miene; wir wurden verlobt und in einem
Monat war ich die Seinige.

97, 2 ff.

Berlin, um 1795
Häusliche Szenen zwischen Gräfin und Gouvernante

So wie wir aus den Jahren des Tändelns und Hätschelns heraus waren (was
für mich, als die Älteste, sehr früh der Fall war), so hörten alle äußeren Demonstrationen der Zärtlichkeit, alles Küssen und Liebkosen auf; – wie oft haben wir die Kleinen darum beneidet! Diese müssen sich auch dieses Vorrechts
bewußt gewesen sein, da Amélie, die als Jüngste ihn am ungeteiltesten genoß,
ganz verwundert Stanislas auf Papas Schoß zu finden, ausrief: »Er soll wohl
Améliechen vorstellen?« Meine Mutter bekannte sich später zu diesem gewaltsamen Zurückdrängen ihrer Gefühle als zu einem festen Erziehungs-

grundsatz. Man müsse den Kindern seine Liebe verbergen, sagte sie ... Wie aber hätten wir den Mut zu einer solchen Vertraulichkeit hernehmen sollen, die wir immer zitternd, ob auch der offizielle Handkuß angenommen werden würde, vor unsre Eltern traten, immer nur aller sogenannten Moralen gewärtig, die unsre Haltung und Manieren erforderten, oder gar der Strafpredigten, mit welchen die Anklagen der Gouvernanten und Hofmeister uns drohten.
Dies letztere Verhältnis trug auch wohl die Hauptschuld an der doch so ganz unnatürlichen Entfremdung. So wie Eltern Mittelspersonen zwischen sich und ihre Kinder stellen, die Erziehung, den Unterricht, vor allem das beständige Zusammensein anderen überlassen, so geben sie damit auch die Vertraulichkeit des Umgangs auf, für die sie freilich eine Ehrfurcht und Autorität gewinnen, die die Gewohnheit des Zusammenlebens zu leicht verwischt. Eine Mutter, die mit ihren Kindern aufsteht und zu Bette geht, mit ihnen wohnt, lebt, sie gar vielleicht selbst wäscht, anzieht und unterrichtet, kann der Gegenstand der herzlichsten Liebe, aber nie der einer unbedingten Ehrfurcht und Autorität sein. Man kann sich für kurze Entrevuen, für bestimmte Momente mit eiserner Konsequenz und Unfehlbarkeit waffnen, aber nicht tagein tagaus, wo im beständigen unbewachten Umgange tausend kleine Schwächen der Liebe, tausend Abweichungen vom Grundsatz und System den Nimbus einer höheren Macht zerstören. So wenig aber die Erzieher sich diesen durch immer gleich konsequente Weisheit und Strenge erhalten können, so unmöglich können Kinder permanent im Zwang gehalten werden; ein Kind, das sich immerfort gerade halten, auswärts gehen, verständig sprechen und artig sein müßte, wie wir in Gegenwart unserer Eltern sein sollten, würde ein durchaus unnatürliches Geschöpf werden. Nach so großer Anstrengung ist die Abspannung um so größer, und in der eigenen Stube und der vertrauten Umgebung hielten wir uns für die gêne des Salons hinreichend schadlos.
Jene Entfremdung ist aber noch bei weitem nicht der größte Nachteil der Erziehung durch Gouvernanten. Zwischen einer sorgsamen und pflichttreuen Mutter und einer Erzieherin, die ihre Stelle vertritt, muß schon der Natur der Sache nach Rivalität stattfinden. Bei uns war es ein förmlicher Krieg, in dem wir nur zu oft Partei nahmen, und meist in natürlicher Sympathie für den unterdrückten Teil. Wenn ich an alle diese Szenen denke, bei denen wir nur zu oft Zeuge waren, an alle Vorwürfe, Rechtfertigungen, Abbitten, Tränen, Impertinenzen und Korrespondenzen, an die Verhöre, die wir darauf von zwei Seiten zu bestehen hatten, an alle Gewissensbisse über ein verhehltes Wort, an alles Unglück, das durch ein verratenes entstand, so ist mir, als wenn das ganze Leben keine schwierigeren Lagen bieten könnte, als man sie Kindern durch ähnliche Verhältnisse auferlegt ... So viel ist gewiß, daß uns Schwe-

stern eine so bittere Erinnerung davon zurückblieb, daß wir uns bei den Kindern, die wir zu erziehen bekamen, zu keiner Gouvernante entschließen konnten ...

194, 51 ff.

Němčice usw., 1796 ff. (Böhmen)
Wechselfälle in den ersten vierzehn Lebensjahren

Ich bin der älteste von allen meinen Geschwistern – den 24. Juli 1796 nach einem zerstörenden Donner- und Hagelwetter an einem Sonntage um 9½ Uhr abends zu Nimes in Böhmen geboren und daselbst in der Pfarrkirche zu St. Peter und Paul von dem Pfarrer Christoph Bothe getauft. Der Vater, Ignatius, herrschaftlicher Wundarzt, zählte bei meiner Geburt fünfundzwanzig, die Mutter, Magdalena, geborene Schorß aus Reichstadt kaum siebzehn Jahre ... Mein schon im dreiundvierzigsten Jahre seines Alters verstorbener Großvater, Franz Lorinser, war zu Schussenried in Schwaben geboren; er war als k. k. Feldarzt nach Nimes gekommen und hatte nach erlangtem Abschiede vom Militär sich hier mit Franziska Gärtner, der Tochter des Bürgermeisters, ehelich verbunden. Diese meine liebe Großmutter bewohnte als Witwe ihr eigenes Haus und bei ihr brachte ich größtenteils die Jahre meiner Kindheit zu. Sie war eine fromme, altkatholische Frau, die Tag und Nacht mit großer Liebe über mich wachte und mich frühzeitig beten lehrte. Der Vater konnte sich wegen seiner Praxis nur wenig um mich bekümmern und die Mutter hatte zu viel mit den nachgeborenen Geschwistern und dem Hauswesen zu tun. In der Schule des Ortes erhielt ich den ersten dürftigen Unterricht. Das Glück meiner unschuldigen Kindheit war leider nur von kurzer Dauer. Acht Jahre alt, wurde ich mit meinem jüngeren Bruder Franz in die Gegend von Melnik nach Rzepin gebracht, um die böhmische Sprache zu erlernen und von einem angeblich sehr geschickten Schulmeister noch besser in der Musik unterrichtet zu werden. In diesem Orte sah und hörte ich wenig Gutes; meine Erziehung wurde vernachlässigt, mein Gefühl durch die rohe Umgebung, durch die öftere Bestrafung und Mißhandlung meines Bruders, vorzüglich aber durch die Trennung von meinen Angehörigen auf das Tiefste verletzt. Nach drei Vierteljahren durfte ich endlich aus diesem traurigen Exil zurückkehren und wieder bei meiner Großmutter wohnen. Hier war unter einem neuen Lehrer besser für mich gesorgt, allein nicht lange konnte ich mich seiner Leitung erfreuen. Den 11. Juni 1806 wurde meine Vaterstadt durch eine schreckliche Feuersbrunst binnen wenigen Stunden in einen Aschenhaufen verwandelt. In Folge dieses Ereignisses nahm mich ein Freund meines Vaters, der reiche Fabrikherr Ignaz Leitenberger zu Neu-Reichstadt unter sein gastliches Dach auf und ließ mich mit seinen Kindern erziehen. Hier lernte ich zeichnen und erhielt von dem Hauslehrer den ersten Unterricht in der Geographie und Naturgeschichte. Dies gefiel mir so wohl, daß ich in einigen Tagen meine Mitschüler einholte und zum Teil übertraf. Dagegen wurde die Musik sehr lau betrieben und Religionsunterricht gar nicht erteilt. Das Haus, worin wir wohnten, glich einem Schlosse, und lag in einer wahrhaft schönen Gegend; Freundlichkeit und Wohlwollen umgab mich von allen Seiten und in Pflege, Nahrung und Kleidung wurde ich wie ein vornehmes Kind gehalten ... Endlich bekam ich das Heimweh und wurde so krank, daß der Vater genötigt war, mich nach Nimes zurückzubringen. Ich fand (gegen das Frühjahr 1807) ein neu erbautes Vaterhaus und in diesem auch die geliebte Großmutter wieder, die jedoch zu meinem größten Schmerze bald in die Ewigkeit hinüberging.

Nachdem ich wiederum ein Jahr lang ohne allen Nutzen die schlechte Elementarschule besucht hatte, fügte es Gott, daß ich im Frühjahr 1808 zu dem Lokalisten (Pfarr-Vikar) Herrn P. Johannes Lehmann zu Hennersdorf bei Wartenberg als Pensionär gebracht wurde, um von diesem wahrhaft hochwürdigen Manne in den Anfangsgründen der lateinischen Sprache unterrichtet und für das Gymnasium vorbereitet zu werden. In diesem freundlichen Dorfe, unter beständiger Aufsicht des frömmsten und liebevollsten Lehrers und in Gesellschaft eines einfachen Bauernknaben (des jetzigen Ministerialrates Scharffen in Wien) habe ich vielleicht die beste Zeit meines Lebens zugebracht. In jener ländlichen Kirche reichte mir mein teurer Lehrer nach vorausgegangenem Unterricht zum ersten Male das Brot des Lebens, und bald darauf führte er mich nach einem benachbarten Dorfe (Schwabitz), wo ich von dem Bischof von Chlumczanski auch das heilige Sakrament der Firmung empfing. Leider mußte ich noch im Spätherbst dieses Jahres in das väterliche Haus zurückkehren und abermals den Unterricht wechseln.

Im Jahr 1809 übernahm es der alte Kapellan Anton Schneider und 1810 der Kandidat Albert Würfel (der als Hauslehrer bei uns wohnte und jetzt Dechant zu Nimes ist), mich die Gegenstände zu lehren, welche für die unteren Gymnasialklassen vorgeschrieben waren. An diesen Privatstunden nahmen außer mir und meinem Bruder Franz noch zwei Knaben von gleichem Alter teil. Am Schlusse jedes Semesters mußten wir nach Böhmisch-Leipe zu den Piaristen wandern, um uns dort der Prüfung zu unterwerfen. Die Atteste fielen immer gut aus, obgleich wir ziemlich unwissend waren. Mit Bedauern denke ich an diese Jahre zurück, die für mich keineswegs glücklich waren. In Neu-Reichstadt hatte ich die Vorzüge der gebildeten Welt, in Hennersdorf das stille Glück eines religiösen Lebens kennengelernt. Beides vermißte ich jetzt mit Schmerzen in der Vaterstadt. Auch wurde meine Wißbegierde durch den Unterricht nicht befriedigt ... So warf ich mich blindlings auf die Bibliothek meines Vaters, die außer den ärztlichen Büchern auch einige Dichter und schlechte Romane enthielt. Der Rinaldo Rinaldini, die Rittergeschichten von H. Spieß und die noch mißlicheren Produkte von S. G. Cramer und dergleichen machten einen nicht unbeträchtlichen Teil der Speisen aus, durch welche ich mir den Magen verdarb. Hölty war der erste deutsche Dichter, den ich zu lesen bekam. Ich begann aber die Romane nicht bloß zu lesen, sondern auch selbst zu spielen und war in Gefahr, ein gefühlvoller Phantast zu werden. Endlich wurde ich im Herbst 1810 zu meiner größten Freude nach Prag auf das Gymnasium (der Kleinseite) gebracht und in die dritte Klasse (Syntax) aufgenommen ... Obgleich noch so jung, war ich mir fast allein überlassen und gewöhnte mich früh an eine gewisse Selbständigkeit. Zuerst bei einem Familiar des Gräflich Hartigschen Hauses und später nur mit meinem Bruder Andreas zusammenwohnend, hatte ich nicht selten Not und Mangel zu leiden, da die Spenden des Vaters nur spärlich ausfallen konnten ...

124, 18 ff.

Breslau, 1801
An den Bedienten J. S., abzugeben in der Küche

Bester Joseph, auch Dir muß ich einige Zeilen schreiben, um Dir wenigstens zu zeigen, wie oft und wie vielmal ich hier in Breslau an Dich denke. Es tut mir hier sehr bange ohne Dir. Alle Früh und abends, wenn die Zeit zum An- und Ausziehen kommt, und ich mir alles selbst machen muß, da denk ich immer mit schwerem Herzen: ach, wenn doch mein alter Joseph hier wäre. Weißt Du noch, wie ich mir immer die eitle Hoffnung machte, einmal in meinem Alter sagen zu können: Seht, dieser Mensch war von meinem sechsten Jahre immer um mich, und nun ist diese Hoffnung vereitelt! Doch laß nicht den Mut sinken, ich hoffe wir werden bald wieder alle zusammenkommen ... Mir gefällt es jetzt schon so ziemlich im Konvikt, doch an Lubowitz darf ich gar nicht denken! ... Denke oft an mich, und lebe wohl, und grüße mir die Nannettel, Franzel, den alten Daniel, den alten Koch und den Lorenz tausendmal. Ich bin Dein Joseph B. v. Eichendorff.

44, 105

BERLIN, UM 1806
Der berühmte Großvater

Wir aßen alle Abende oben bei dem Großvater, und sonntags auch zu Mittage. Dann holte er manchmal aus einem kleinen Tischkasten das Nürnberger Zauberbuch hervor, blätterte es rasch durch, und zeigte uns beim ersten Male Grenadiere, dann Husaren, dann Ulanen usw.; zuletzt sagte er: »Disparu!« und es erschienen lauter weiße Blätter. Das erregte anfangs große Verwunderung; da er aber niemals dazu zu bringen war, uns den Mechanismus zu erklären, sondern nur immer dasselbe Kunststück wiederholte, so verlor die Sache, wie ein unaufgelöstes Rätsel, alles Interesse: denn es kommt bei solchen Spielereien darauf an, daß man die Wißbegierde der Kinder ebenso wohl anrege, als auch befriedige. Weit ergötzlicher war es, wenn wir uns einen Folioband mit Chodowieckischen Kupfern aus dem Regal am Fenster hervorlangen und durchsehen durften. Von diesem unvergleichlichen Meister besaß Nicolai eine ansehnliche Menge von Blättern ... Die vielen Hunderte von kleinen Kalenderkupfern umfassen nicht bloß alle Teile der Welt- und Kulturgeschichte, sondern auch die Dramatiker von Shakespeare bis auf Schiller, und fast die ganze gleichzeitige Romanliteratur. Bald kannten wir jedes Blättchen so genau, daß die zugehaltene Unterschrift ohne Anstoß hergesagt ward. Diese angenehme kindliche Beschäftigung legte den Grund zu meiner Literaturkenntnis ...
Beim Abendessen saßen wir um einen geräumigen viereckigen Tisch, der Großvater obenan, wegen seiner leidenden Augen hinter einem grünen Lichtschirm, meine Eltern und ein gelegentlicher Gast an den Seiten, die Kinder am unteren Ende ... Nicolai sprach beim Essen sehr viel, und erzählte weitläufige Geschichten, von denen wir wenig verstanden. So lange ich mit meiner Schwester allein war, saßen wir ganz still und suchten die Langeweile so gut es anging zu überwinden. Als der lebhafte Fritz dazukam, gab es immer etwas zu kichern und zu plaudern, bis der Großvater mahnend ausrief: »Still, wenn große Leute sprechen, müssen die Kinder schweigen.« Wir gehorchten augenblicklich und warteten nur darauf, daß die großen Leute schweigen würden, um unsererseits sprechen zu können, aber vergeblich. Das ging mehrere Tage so fort; das Wispern und Plaudern war nicht zu unterdrücken, und als der Großvater wieder einmal dieselbe Phrase in drohendem Tone hören ließ, sagte Fritz halb weinerlich: »Aber, Herr Nicolai, Sie sprechen ja immer!« Er wurde nun noch strenger zur Ruhe verwiesen, aber Tante Jettchen hat mir später gestanden, daß die Wahrheit dieser Bemerkung ihr und meinen Eltern ein unwillkürliches Lächeln abgelockt ... Nach Tische setzte der Großvater, ein wenig auf dem grünen Sofa ausruhend, die Unterhaltung fort. Wir durften nun noch weniger plaudern als vorher, und griffen um so lieber zu einem Bande der Kinderbücher, die der Großvater in

einem besonderen Schränkchen sorglich hatte aufstellen lassen. Weisses Kinderfreund und der Briefwechsel desselben hatten nicht viel Anziehungskraft: denn so liebenswürdig sich auch der Charakter des Verfassers darin ausspricht, so sind die Belehrungen zu fragmentarisch und von allzu vielen Betrachtungen unterbrochen. Auch war schon damals manches veraltet. Wenn Karlchen einen Postillon d'amour erhält, oder Lottchen ihre Poschen verliert, so waren das für uns unbekannte Größen ... In allen Schriften für das jugendliche Alter muß etwas geschehen, und aus den Vorgängen selbst muß Belehrung oder Warnung sich herleiten lassen. Deshalb ward auch der trockene Text zu Salzmanns Elementarbuch selten zur Hand genommen; die Kupfer dagegen, welche der Großvater nach seiner soliden Art alle einzeln hatte auf Pappe kleben lassen, bildeten neben den Chodowieckis eine unerschöpfliche Quelle der Lust. Kotzebues Geschichten für meine Söhne wurden trotz ihrer platten Moral gern gelesen. Den größten Beifall fanden die 12 Bände von Campes Reisen, welche in mir zuerst den Trieb erweckten, recht viele fremde Länder zu sehen. Die Krone von allen Kinderbüchern war natürlich der Robinson, den wir abwechselnd der Reihe nach immer von neuem durchlasen.
Wenn der Großvater sich zum Schlafengehen erhob, so wetteiferten wir, wer ihm mit dem Leuchter bis zu seiner Wohnstube vorangehen sollte. Meistenteils lief Fritz mir den Rang ab, weil ich mich zu sehr in die Bücher vertiefte.

152, 44 ff.

Oels, 1829 ff.
In Pension bei einem Sonderling

Als ich fast dreizehn Jahre alt war, kam mein treuer Lehrer mit dem Vater überein, daß es Zeit sei, mich auf das Gymnasium zu geben. Der jüngere Bruder meines Vaters, Karl, welcher Direktor des Stadtgerichts zu Oels war, erklärte sich bereit, mich in sein Haus zu nehmen. Im Jahre 1829 zu Ostern brachten mich die Eltern nach Oels. In der Aufregung der letzten Woche und während der Reise war mir gar nicht deutlich geworden, was die Veränderung für mich bedeutete, erst an dem Morgen, an welchem die Eltern heimfuhren, wurde das bange Wehgefühl zu lautem Schmerz, ich klammerte mich an sie und wollte sie nicht loslassen. Als der Wagen verschwunden war, schlich ich mich in meine Stube und war einige Tage elend, wie noch nie. Ich war allein.
Das Weh der Trennung im Herzen, sah ich längere Zeit gleichgültig auf die neue Umgebung. Und doch war alles größer und stattlicher als daheim. Vorab die Fürstenstadt Oels ...

Der Haushalt, in welchen der Knabe versetzt wurde, war dem des Vaterhauses so unähnlich als möglich. Der Bruder des Vaters lebte unverheiratet, sein Hauswesen wurde von einer kränklichen alten Wirtschafterin geführt. Er war ein gesundes kräftiges Kind gewesen, als ihn seine Wärterin auf den Boden fallen ließ, seitdem war allmählich sein Rückgrat verkrümmt ... Er war fest, bestimmt und kurz entschlossen, ein tüchtiger Jurist, der wunderschnell arbeitete ... Aber nur der Morgen gehörte dem Amte. Er besaß ein ungewöhnliches Sprachtalent und war ein Kenner fremder Literaturen geworden, wie sie wohl selten sind, er las griechisch und lateinisch so geläufig, daß ihn viele unserer Philologen hätten beneiden können, sprach polnisch und etwas russisch ... und trieb neben dem Englischen alle romanischen Sprachen. In seiner großen Bibliothek waren die Dichter und Historiker alter und neuer Zeit in schönen Ausgaben vorhanden, dort las er mit dem Stift in der Hand täglich mehrere Stunden bis in die Nacht hinein, fast immer stehend an seinem Pulte ... Seine Lieblingsdichter waren Aristophanes, Shakespeare und Calderon ... Leider kam solcher Reichtum dem Neffen nicht zugute, denn der Oheim gab nicht viel auf Übersetzungen. Er arbeitete auch viel für sich mit der Feder, übersetzte und schrieb Abhandlungen über das Gelesene, aber nie ließ er etwas drucken, und seine Handschrift war so ungewöhnlich schwer zu lesen, daß das Geschriebene für andere kaum vorhanden war ...
Bei fester Einteilung der Tageszeit setzte er durch, noch jeden Tag eine Stunde den Blumen zu widmen, die er in einem Hausgarten pflegte und außerdem auf Gestellen eines sonnigen Zimmers, das als Wintergarten diente und sonst nur zur Mittagsmahlzeit benutzt wurde ... Der junge Neffe ahnte nicht, wie rührend das Leben dieses Einsiedlers war. Durch seine Mißgestalt ausgeschieden von Familienglück, fand er in der Geistesarbeit vergangener Zeiten und in dem, was die Blumenwelt von schönen Formen entgegentrug, seine beste Befriedigung.
In diesem Leben war er ernst und schweigsam geworden, und der Gesang des Kanarienvogels, den er in seiner Arbeitsstube hielt, war der lauteste Ton, den man hörte. Nur einmal in der Woche ging er auf eine Stunde in die Weinstube, wo sich ein gelehrtes Kränzchen angesiedelt hatte, aber auch dort stand er zu keinem der Mitglieder in näherem Verhältnis, und ich kam zu der Vermutung, daß er sich sogar aus meinen Herren Lehrern nicht viel machte.
In diesem Hause wurde mir ein Dachstübchen gemietet, zu Mittag aß ich unter den Blumen allein mit dem Oheim, und oft wurde während des Essens kein Wort gesprochen. Zuweilen durfte ich den Oheim auf dem Spaziergange begleiten, er ging schnell mit großen Schritten die Feldwege entlang, ich trabte nebenher; auch dabei feierliches Schweigen, er dachte vielleicht an Calderon, ich war froh, wenn ein Hase lief oder eine Lerche aufstieg. Nie war mein Oheim un-

freundlich, ja er versuchte zuweilen, sich mit mir zu beschäftigen, aber ich empfand, daß ihm das mühsam war. Solches Zusammenleben ohne innere Gemeinsamkeit wurde für den dreizehnjährigen Knaben, der durch die Hingabe der Eltern verwöhnt war, eine schwere Sache... Nur zeitweise, und zumeist wenn ich einen dummen Streich gemacht hatte, und der Oheim die Verpflichtung fühlte, das Treiben des Knaben strenger zu beaufsichtigen, arbeitete ich in seinem Zimmer, dann beharrten wir beide schweigend über den Büchern.

57, 95 ff.

Heidelsheim, um 1842
Vikar Müller, sowie Freundschaften mit Honoratioren und Juden

Mir war das Schicksal beschieden, abgesehen von jenen beiden frühesten Jahren der Volksschule, die wohl mancherlei Erinnerungen, aber kaum irgend erhebliche Erziehungsresultate in der Seele des Kindes zurückließen, meine Jugend im Elternhause ohne Geschwister und ohne Mitschüler zu verleben. Von meinen drei älteren Brüdern waren zwei vor meiner Erinnerung gestorben, und der einzige überlebende Bruder hatte, acht Jahre älter als ich, das Elternhaus in meiner frühesten Jugend verlassen, um bei einer Schwester meiner Mutter in Heidelberg untergebracht zu werden, wo er von der untersten Klasse an das Gymnasium besuchte und zusammen mit deren beiden Kindern, einem Sohn und einer Tochter, erzogen wurde. Ich selbst blieb dagegen im Elternhause, um vom zweiten Schuljahr an von einem neuen Vikar unterrichtet zu werden, der sein Zimmer mit mir teilte. Dieser noch ziemlich jugendliche Hilfsgeistliche meines Vaters mit Namen Friedrich Müller, war nun mein eigentlicher Erzieher. Mich verband mit ihm eine Liebe, wie sie selten zwischen einem Lehrer und seinem Zögling vorkommt. Er stand mir näher als Vater und Mutter, und als er nach mehreren Jahren auf eine Pfarre in dem Orte Münzesheim berufen war, wurde ich von so unnennbarem Heimweh ergriffen, daß meine Eltern auf seine Bitte sich entschlossen, das Jahr, das ich noch dem Gymnasium ferngehalten werden sollte, mich zu ihm übersiedeln zu lassen. So verlebte ich denn schon die Jahre in Heidelsheim fast ohne Gefährten. Denn der allerdings beinahe tägliche Gefährte, den ich vor meinem Elternhaus anzutreffen pflegte, war ein Blödsinniger, etwas älter als ich, kaum der Sprache mächtig, aber unendlich gutmütig und sichtlich ebenso mir wie ich ihm zugetan. Außerdem verkehrte ich mit einigen Erwachsenen, die ich in ihren Wohnungen häufig besuchte. Da waren zunächst zwei ältere Frauen, die Töchter eines vormaligen Geistlichen des Ortes, mit ihrem etwas jüngeren Bruder, der den ihn nur wenig beschäftigenden

Beruf der Buchbinderei betrieb. Er hinkte und war eine höchst originelle, in seiner Weise geistreiche Persönlichkeit. Er steckte voll abenteuerlicher Geschichten, die er dem Knaben erzählte und die er alle selbst erlebt haben wollte. Daneben war er jederzeit zu Scherzen, Verkleidungen und Komödienspielen bereit, so daß der Verkehr mit ihm um so mehr eine Quelle unaufhörlicher Unterhaltung war, als ich seine Geschichten doch immer halb und halb glaubte und er überdies in seinen bald erheiternden, bald staunenerregenden Bemühungen auch von den beiden Schwestern in etwas gemäßigterer Weise unterstützt wurde. Waren nach dem Hause dieses trefflichen Geschwistertrifoliums, das dem unseren gerade gegenüberlag, fast täglich einmal meine Schritte gerichtet, trotz der Gefahren, die mir auf dem Wege dahin über den Marktplatz von den verfolgenden Dorfgänsen drohten, so gab es noch einige andere Freundschaften, die ich zuweilen pflegte. Da war es besonders eine Judenfamilie, die nicht nur mit mir, sondern auch mit meiner Mutter einigen Verkehr hatte. Die Großmutter dieser Familie handelte mit allerlei Waren und verfehlte nicht, um die jüdische Osterzeit einige Osterbrote als Geschenk zu überbringen; der Vater wanderte Tag für Tag als Hausierer in der Umgegend herum. Für mich aber war es ein besonderes Fest, wenn ich ihn gelegentlich einmal in die Synagoge begleiten durfte oder wenn ich von ihm zu dem Laubhüttenfest in seine Wohnung geladen wurde. Noch stehe ich unter dem erhebenden Eindruck, den es auf mich machte, wenn der Mann, den ich sonst nur gebückt unter seinem über die Schulter gehängten Sack sah, aufrecht und feierlich, von schmückendem Laub umgeben, die Festgebete rezitierte.
Gegenüber solchem regelmäßigen Verkehr bildete die Teilnahme an dem Spiel ... zufällig auf dem Marktplatz zusammengelaufener Straßenjungen eine seltene Ausnahme, die mir übrigens auch wenig Freude bereitete ...

222, 30 ff.

KARLSRUHE, UM 1850
Gustav, der Renaissancemensch

Eine zweite Welt neben der der Tiefe zog mich noch weit stärker an. Das war die Welt, die über mir lag. Aus dieser stieg zunächst jeden Morgen der ... Stallknecht herab, der, nächst den guten Eltern, der einzige Mensch war, dem ich anhing. Er waltete in dem Stalle, dessen graue Rückwand an der vierten Seite meines Hofes stand. Das Stampfen der Pferde, das Rasseln ihrer Ketten, das herüberklang, verliehen ihm eine geheimnisvolle Würde, als ob er darüber zu gebieten hätte, und als er mich einmal in den Stall führte, dessen Tor sich in eine

Nebengasse öffnete, und mir sagte, daß die schönen gelben und weißen Figuren, die mit Sand auf den Boden gestreut waren, sein eigenes Werk seien, schien er mir nicht viel weniger zu vermögen, als der liebe Herrgott, der das Gras wachsen ließ. Aus dem Zimmer des Stallknechts klangen abends Laute, deren stählernen Ton ich noch heute nicht vergessen habe; er war Lehrer gewesen, ehe er unter die Dragoner gegangen war, und sein baufälliges Klavier gehörte zu den Reliquien, die er aus der Schulstube in sein Reiterleben herübergenommen hatte. Auf dem blaßnußbraunen Klavier stand eine kleine Erdkugel, die kunstreich aus Pappe gefügt und mit der Hand gemalt war. Hat mir jemals wieder ein Mensch so imponiert wie der Stallknecht Gustav? Rosse zähmen, eine Welt von herrlichen Figuren aus bloßem Sand auf den Boden eines Stalles zaubern, den Erdball nachbilden und dessen Harmonien auf Stahlsaiten erklingen lassen; was ist vielseitig, wenn nicht dieses? Wenn ich später von den Renaissancemenschen las, die alles konnten, erschien die Figur Gustavs vor meinen Augen. Hatte nicht dieser Stallknecht außerdem die Liebe für sich, mit der er seine Pferde pflegte und mit einem kleinen Kerl, wie mir, wie mit seinesgleichen plauderte? Und war er nicht eine herrliche Erscheinung, schlank, helläugig, heiter, in weißen Lederhosen und roter Jacke? Er ist später fürstlicher Stallmeister geworden, und daß er als solcher, neben dem Wagen des Fürsten reitend, mir mit den Augen, von denen ich eine Erinnerung wie an abwechselnd lachende und fragende Kinderaugen habe, freundschaftlich zuwinkte, wenn ich, die Schulbücher unter dem Arme, vorbeiging, gehört zu den Anerkennungen im Leben, die ich am lebhaftesten empfunden habe. Daß über meinem ganzen Verhältnis zu Gustav der scharfsüßliche Geruch des Pferdestalles wie Weihrauchwolken schwebte, war noch ein besonderer Genuß. Hatte ich Gustav so lieb, weil er von diesem Geruch umgeben war, oder liebte ich den Geruch, weil er ihn mit sich trug?

167, 7 f.

Frankfurt a. M., um 1870
Zwei Mädchen aus dem Volk

Von den ersten Betreuern meiner frühen Kindheit weiß ich natürlich wenig. Muntere Erzählungen der älteren Geschwister ... belehrten mich später, daß man mir zunächst eine Amme zugedacht hatte. Eine jener unverehelichten Kindesmütter aus Hessen, die mit leicht in den Hüften gepolsterten kurzen Röcken, die beträchtlichen Waden in weißen Strümpfen, nicht ohne Stolz auf ihre absonderliche Tracht einhergingen ... Diese »Hessekätt«, wie man allgemein damals die hilfreichen vollbusigen Mädchen nannte (gemeint ist: das Käthchen aus Hes-

sen), scheint leider unliebsame Eigenschaften gehabt zu haben. Pochend auf die besonderen Rücksichten, die sie als meine Ernährerin fordern zu dürfen glaubte, lehnte sie die meisten Gerichte unserer nicht üppigen, aber stets anständigen Küche als unbekömmlich oder durchaus unwillkommen ab und wies auf eine ihr früher zuteil gewordene Verpflegung in einem jüdischen Haushalt hin ... Diese Hinweise geschahen in so unfreundlicher Form, und die Forderungen nach der unserem Hause fremden koscheren Kost wurden so ausfallend stürmisch, daß sich nicht nur unsere gekränkte Köchin und die gute Sophie ... schrecklich vor der Hessekätt graulten, sondern daß auch meine Mutter nur noch unter Bedeckung mit ihr verhandelte.
Eines Sommerabends verweigerte die hessische Amme ... das freundlich angebotene Malzbier als Abendgetränk. Die sanfte Belehrung meiner auf die Hilferufe der Köchin in Begleitung ihrer beiden älteren Kinder in der Küche erschienenen Mutter, daß solches Ammenbier erlaubt und bekömmlich sei, beantwortete die übelgelaunte Hessekätt ... mit einer unerwarteten ... Demonstration, indem sie die ... Malzbierflasche durch das geschlossene Küchenfenster ... in den Garten warf ...
Am selben Abend noch packte die Hessekätt auf dringende Veranlassung meines heimgekehrten Vaters ... ihre sieben Sachen und ging ... woanders ihre unschätzbaren Dienste anzubieten. Ich aber wurde von da ab mit der Flasche aufgezogen ...
Zu meiner Pflegerin aber wurde von nun an die schon ... erwähnte Sophie ernannt. Auch aus dem Hessischen, aber milderer Gemütsart, übertrug die damals noch nicht Zwanzigjährige, dem Beispiel meiner Eltern folgend, alle Liebe und Zärtlichkeit, mit der sie das tote Alfredchen betreut hatte, auf mich. Daß sie besondere pädagogische Methoden in Anwendung gebracht hätte, dessen entsinne ich mich nicht. Sie las mir Grimms Märchen vor, gab auf kindliche Fragen gute Antworten, denen der Mutterwitz nicht fehlte, und verstand einen Spaß ...
Fünfzehn Jahre noch – also weit über die Zeit hinaus, die ich ihre Leitung brauchte – ist sie in unserem Haus gewesen, die Sophie, um dann, wie viele brave Mädchen, die sich was gespart haben und die Jüngsten nicht mehr sind, eine wenig glückliche Ehe einzugehen ...
Aber wann ich auch später in mein Elternhaus ... kam – ob als Karlsruher Primaner, ob als Heidelberger Student oder später Berliner Doktor auf einer Vortragsreise oder gar zu einer Premiere –, für die Zeit meines Aufenthaltes zog die gute Sophie in das Haus ... auch wieder ein – im wesentlichen, um des verwöhnten »Dölfchens« Wünsche zu hören und mit Eifer und Geduld, genau wie vor langen, langen Jahren, still, freundlich und gewissenhaft zu erfüllen.

Aus dem Dölfchen war freilich für die Gute allmählich ein Rudolf und aus dem Rudolf ein »Herr« Rudolf und aus dem Herr Rudolf ein Herr Doktor geworden. Aber ich sagte auf ihre dringende Bitte bis zu ihrem Tode »du« und »Sophie« zu ihr.

163, 27 ff.

2.6. Familienleben und Familiensinn

Kommentar
Mitau, 1730ff.   Familienpolitik als aristokratisches Familienleben
Ried/Zillertal usw.,   Sorge des Vaters, reisenden Händlers und Hofnarren für
um 1775   zwei Söhne
Wandsbeck, 1777ff.   Merkmale des Idealtypus
Braunschweig, um 1780   Geschichte und Gegenwart in einer Patrizierfamilie
Leipzig, 1805   Die Legende der Familie
Breslau, um 1820   Weihnachtspoesie
Königsberg, um 1820   Die Familienchronik in der Schachtel
Cannstadt usw., um 1830   Familientreffen im Gasthaus zum Ochsen
Berlin, 1860ff.   Erziehung im Budget eines preußischen Beamtenhaushalts

An die Stelle der »Heiligen Familie« als einer Überhöhung der profanen, treten allmählich andere, kaum weniger himmlische Projektionen des Ideals. Die Familie Luther am Weihnachtsabend um den Weihnachtsbaum, der erst im 19. Jahrhundert das wichtigste Festutensil wird; aus dieser Zeit stammt auch das Bild. Oben: Die königliche Familie in repräsentativer Innigkeit; hier Friedrich Wilhelm III. und Königin Luise am 10. Geburtstag des Kronprinzen, dessen Ernennungsurkunde zum Offizier die jüngeren Brüder bewundern dürfen.
Aus: I. Weber-Kellermann, Das Weihnachtsfest. Luzern und Frankfurt 1978. – G. Schuster, Königin Luise. Berlin 1934

Kommentar

Weihnachten als ein Familienfest ist eine bürgerliche Erfindung des 19. Jahrhunderts, und die Familie, die es feiert, ist kaum älter, jedenfalls dann, wenn man Familie definiert als ein Beziehungsgeflecht, in dem intensive Emotionen und moralische Verpflichtungen erzeugt und gebunden werden, die sich nicht mehr auf Gesetze, religiöse Vorschriften und konventionelle Umgangsformen reduzieren lassen. Gewiß trifft diese restriktive Definition nur Wirklichkeit und Ideologie der »modernen« Familie. Hat aber je eine andere Familienform das Kinderleben so eindrücklich geprägt wie diese? Mag es unter anderen Gesichtspunkten sinnvoll sein, eine allgemeine Geschichte der Familie zu unterstellen und ihre wechselnden Formen zu beschreiben, aus der Perspektive der Kinder wäre sie es nicht. Denn die Soziabilität der vorbürgerlichen Gesellschaft hat dafür gesorgt – zum Vor- und Nachteil der Kinder selbst –, daß die Familien nicht, wie seit dem 18. Jahrhundert immer deutlicher, zum primären Ort der Kindheit wurde. Biographien und Autobiographien des 16., 17., auch noch des frühen 18. Jahrhunderts geben selten ausführlich Auskunft über die ersten 10, 15 Lebensjahre, kaum anderes als schematische Darstellungen der Eltern, fast nichts über Geschwister oder Verwandte. Es gab Kinder, aber nur für ganz wenige Kindheit als eine wichtige Entwicklungsphase, deren Darstellung lohnte. Seit der 2. Hälfte des 18. Jahrhunderts legt man Wert auf Kindheitserinnerungen, und im 19. Jahrhundert gibt es viele Autobiographen, die sich überhaupt auf sie beschränken. Die Erweiterung der Autobiographien um das Kapitel Kindheit spiegelt ebenso wie die Neubegründung der Pädagogik als einer Theorie der Familienerziehung durch die Philanthropen veränderte Verhältnisse, in denen Eltern und Kinder auf eine bis dahin ungekannte Art zusammenrücken. Tendenziell nehmen sie sich wechselseitig als Individuen wahr, das um so mehr, als die Beziehung der Eltern zu den Kindern aus einem Macht- zu einem Erziehungsverhältnis wird. Die Verschulung der Kindheit im 19. Jahrhundert schwächt die im Erziehungsverhältnis noch enthaltenen Momente des Unpersönlichen, pädagogisch Dogmatischen weiter ab.
Gewiß erscheint das Familienleben des 19. Jahrhunderts patriarchalisch genug. Vergleicht man jedoch die Familienideologie des 19. mit der Elternideologie des 16. Jahrhunderts, dann wird der Bruch deutlich. Macht und Recht, auch Vorrecht des Vaters und Ernährers werden aus der ihm allein zugeschriebenen Verantwortung für das Wohlverhalten und Wohlergehen seiner Familienangehörigen abgeleitet. In zwei Predigten über Kinderzucht und Kindesschuld argumentiert Geiler von Kaisersberg (1445–1510) gerade umgekehrt: Pflicht des Vaters

bzw. der Eltern ist die Demonstration ihrer Macht zur Unterwerfung des Kindes. Diese Unterwerfung präfiguriert die absolute Unterwerfung aller unter Gottes Gebot. Jenseits aller Nützlichkeitserwägungen ist deshalb die Züchtigung geboten, denn durch »die Erbsünde neigt dieses Erdenreich von Jugend auf zu allem Bösen hin; aus sich bringt es nur Sünde hervor«. Gott steht auf seiten der Eltern, die solche Kinderzucht praktizieren, gleich wie diese sonst noch als Privatpersonen sündigen; gottgefällig sind Kinder hingegen nur, wenn sie »ihre Eltern von Herzen lieben«, wenn sie bereit sind, »die Schwachheiten der Eltern zu ertragen, ihnen die Lasten abzunehmen und ihnen in Not und Krankheit beizustehen.« Wenn Kindesliebe und -dankbarkeit zu den stereotypen Forderungen der Familienideologie des 18. und 19. Jahrhunderts gehören, dann doch unter der Voraussetzung, daß Kinder den Eltern Leben, Nahrung und Erziehung verdanken: eine Verflechtung hat stattgefunden, von der Geiler von Kaisersberg noch nichts wußte: die zwischen Kindern und Erwachsenen. Immer noch wird sie mitbestimmt von religiösen Dogmen, pädagogischen Theorien und Konventionen, die aber je länger, je mehr von den in der Verflechtung »Familie« erzeugten Evidenzen entwertet werden. Kinder sind weder böse noch gut von Natur aus, sie sind Individualität. Wird im 18. Jahrhundert vorzugsweise der Geburtstag des Vaters, seltener der der Mutter gefeiert, so erfindet das 19. den Kindergeburtstag, den Kinderball. Schließlich gewinnen alle Feste Familien- und Kindercharakter. Familien werden nicht von Gott gestiftet, sie gründen ihre eigene Religion, haben Gedenktage, Festtage, eine Sprache, einen Reliquienschatz. Als Therese Devrient (1803–1882) zur Zeit der Besetzung Hamburgs mit der Familie nach Plön flüchtet, muß vieles zurückgelassen werden. Man mag sich aber nicht von der Porzellanterrine mit dem selbstgemachten »Potpourri« trennen, einem Duftstoff. Die Familie glaubt an diese Terrine mit Potpourri: solange sie da ist, geht das Leben weiter.
Trotzdem ist die Distanz zwischen Kindern und Eltern groß. In Familien kommt das gewohnheitsmäßige Prügeln aus der Mode. Es gibt aber auch keinen zärtlichen Körperkontakt: nicht nur aristokratische Kinder werden allenfalls zum Handkuß zugelassen. Beim Tod der Mutter sieht Helene Lange (1848 bis 1930) Tränen in den Augen des Vaters schimmern; den ersten und einzigen Kuß erhielt sie als Backfisch von ihm, zu ihrer großen Verlegenheit, als sie von einer längeren Reise nach Hause zurückkehrte. Miteinander geredet wurde schon gar nicht. Es bedurfte einer ungeheuren psychischen Kraft, damit Adelheid Mommsen (1869–19?) zu ihrem Vater gehen und mit ihm über ihre Berufsausbildung überhaupt sprechen konnte.
Was am Familienleben Wahrheit, was Ideologie ist, läßt sich schwer unterscheiden. Bislang nicht erklärt ist die Durchschlagskraft der Idee in allen Schichten und Klassen. Bettina von Arnim liefert in ihrer Reportage über die Berliner

Armen dafür erschütternde Beispiele (1843): Hunger und Not halten sie nicht davon ab, sich in Schulden zu stürzen, um das obligate Konfirmationskleid für die Tochter zu kaufen; ein Vater zeigt Bettina von Arnim stolz den geflochtenen Strick, mit dem der Bettelarme das pädagogische Niveau der Kleinbürger erreichen will: schon Geiler von Kaisersberg hatte ja der rituellen Züchtigung mit der Rute dem Prügeln und Treten ohne Handwerkszeug den Vorzug gegeben.

LITERATUR

I. Weber-Kellermann, Das Weihnachtsfest. Eine Kultur- und Sozialgeschichte der Weihnachtszeit, Ffm 1978

W. Salmen, Haus und Kammermusik. Privates Musizieren im gesellschaftlichen Wandel zwischen 1600 und 1900, Leipzig 1969

H. Bollinger, Hof, Haushalt, Familie. In: I. Ostner/B. Pieper, Hrsg., Arbeitsbereich Familie. Umrisse einer Theorie der Privatheit, Ffm 1980

P. Ariès, Geschichte der Kindheit, München 1975

MITAU, 1730 ff.
Familienpolitik als aristokratisches Familienleben

Meine Mutter war von sieben erwachsenen Kindern das sechste und ihrer Schönheit, ihres sanften, ihres wahren und zuverlässigen Charakters wegen seit frühester Zeit der Liebling ihres Vaters. Meine älteste Mutterschwester, ein weiblicher Tartüffe, voll Geist, Geschmeidigkeit und anscheinender Sanftmut, hatte sich vorzüglich die Liebe meiner Großmutter zu erwerben gewußt. Nächst dieser Tochter war der dritte Sohn der Liebling meiner Großmutter. Rohheit des Charakters, Schadenfreude, Geiz, Neid und ein ungeschliffenes Wesen zeichneten meinen Oheim, Niklas von Korff, Besitzer der großen Creutzburgschen Güter, bis zu seinem Tode aus ... Mein Oheim gestand frei, er habe die kleine Louise durchaus nicht leiden können, weil der Vater dies schöne achtjährige Kind so sehr geliebt hätte. Er sei sieben Jahre älter als Louischen gewesen und habe berechnet, daß, wenn die Schwester immerfort so viel Geschenke vom Vater bekommen würde, dies dem andern Geschwister Abbruch tun könnte: daher wäre auch Louischen von ihm und Schwester Lenorchen bei der Mutter oft verklagt worden. Um sie dieser nun als einfältig und als Lügnerin darzustellen, habe ihm ein im Hause neu angelangter Friseur, der die beiden ältesten Schwestern wunderschön frisiert hätte, eine treffliche Gelegenheit gegeben ... Auf die Frage meines Oheims, ob Louischen nicht auch eine so schöne Frisur haben möchte, habe die Kleine: o ja! gesagt, und Bruder Niklas, als Liebling der Mutter, versprach dem achtjährigen Kinde, eine dergleichen zu machen; doch forderte er von der Kleinen zuerst ihr Ehrenwort, daß sie sagen wolle, sie habe sich selbst frisiert ... Nachdem Bruder Niklas das Ehrenwort hatte, nahm er die kleine Schwester, ehe sie zu Bette ging, vor, sagte: er wolle ihr Haar verschneiden und in Papilloten legen. Louischen hielt den Kopf hin, und Niklas schor ihr die eine Hälfte der schönen Haare von ihrem Kopfe, führte sie so zum Spiegel und sagte: »Siehst du, so werden eitle, naseweise Kinder gestraft! Ich habe dein Ehrenwort, du mußt sagen, daß du dich selbst hast frisieren wollen.« Da nur Bruder Niklas und Schwester Lenorchen um dies Geheimnis wußten, so versicherte das weinende Louischen, sie würde ihr Ehrenwort nicht brechen, aber Niklas habe sie sehr unglücklich gemacht ... Der Morgen erschien; die Mutter kam als Richterin; sie versprach, die Strafe zu erlassen, wenn Louischen die Mitschuldigen nennen wolle. Louischen bekannte nichts und wurde um so härter gestraft. Als die Strafe vorüber war, trat Bruder Niklas hinzu, bat die Mutter um Verzeihung, daß er auf eine etwas derbe Manier habe zeigen wollen, daß Louischen eine dumme, eitle Lügnerin sei. Louischen rief ihm entgegen: »Bruder, ich konnte mein Ehrenwort nicht brechen!« Louischen wurde nun wieder für ihre Lüge gestraft, und über ihre Einfalt lachten Schwester Lenor-

chen und Bruder Niklas, da sie diese Geschichte erzählten, noch sechs Jahre nach dem Tode der lieben Seligen recht herzlich...
Von der Dienerschaft und fremden Personen, die meine Mutter gekannt haben, hörte ich folgende Charakteristik: Sie sei sehr schön gewesen... Nie habe sie von irgendeinem Menschen Böses gesprochen, noch jemand etwas zu leide getan. In der Familie sei durch sie niemals eine Plauderei entstanden, sie wäre unter ihrem Geschwister immer still für sich gewesen, und daher hätte man sie für einfältig gehalten. Sie habe in der Familie bloß ihre Eltern, ihren zweiten Bruder, dessen Frau und die jüngste Schwester geliebt... Meinen Vater habe sie sehr geliebt, und dennoch sei sie, da ihre Todesstunde erschienen, im zweiundzwanzigsten Jahre ihres Alters heiter gestorben... Meinem Vater hat die Teure mit rührender Beredsamkeit für alle Liebe und für die guten Tage gedankt, die sie durch ihn gehabt hat. Sie hat ihn gebeten, bald wieder zu heiraten, ihr Andenken aber immer in ihren Kindern fortzulieben, und ihr Lottchen...nicht von einer Stiefmutter, sondern von der Großmutter erziehen zu lassen...
Meine Großmutter hatte die älteste Tochter meiner Tante Kleist seit ihrem zweiten Jahre zu sich genommen und sie erzogen. Diese war, als ich zweijährige Waise von meiner Großmutter ebenfalls aufgenommen ward, nun schon ein schönes, blühendes Mädchen von 16 Jahren, eine liebliche Gestalt voll Geist und Leben. Sie hatte den Charakter ihrer Mutter, nur war sie noch heimtückischer und im Umgange noch interessanter. Diese sehr schöne, aber so intrigante Enkelin beherrschte unsere Großmutter durch List und Schmeichelei. Sie gewann über die würdige Matrone eine grenzenlose Gewalt. Ich wurde dieser Cousine ein Dorn im Auge, denn sie fürchtete, meine Großmutter würde mir ihre Liebe schenken, und so könnten in der Folge nicht nur die Geschenke für sie vermindert, sondern ihr Einfluß könne auch geschwächt werden, wenn meine Großmutter mich liebgewönne. Daher wurde ich von meiner zarten Kindheit an vom schönen Constanzchen Kleist verfolgt. Seit ich denken kann, fürchtete ich die Ruten und die spitzigen Reden von Großschwester, mit diesem Namen wurde (sie)... von allen jüngeren Enkeln meiner Großmutter genannt...

168, 18 ff.

RIED/ZILLERTAL USW., UM 1775
Sorge des Vaters, reisenden Händlers und Hofnarren für zwei Söhne

Während diesen Jahren hatte sich meine Familie ziemlich vermehrt; denn ich hatte vom verstorbenen Weibe zwei und von dieser drei Kinder, worunter zween Buben und drei Mädeln sind. Nun blieb ich eine Zeitlang zu Haus ... Nach der Hand ging ich wieder nach Innsbruck, neue Handschuhe anzukaufen, nahm meine zween kleine Buben mit und ließ einen wie den andern auf tirolische Art kleiden. (Der Jakob war sechs und der Philipp sieben Jahr alt.) Wir kamen nach München und logierten, wie gewöhnlich, beim Birnbaumbräu ... Dem andern Tage ging ich nach Hof; der Kurfürst und die Kurfürstin waren ganz gnädig, und der Kurfürst hatte schon erfahren, daß ich meine Buben bei mir hätte ... Ein Läufer mußte sie geschwind holen; sie kamen in den Speisesaal, sahen hin und her und machten große Augen. Sie küßten dem Kurfürsten und der Kurfürstin die Hand, und weil große Spiegel im Saal waren, so sahen sie auch Leute darinnen. Sie wollten zu diesen durch die Spiegel hineingehen, weil sie dergleichen niemals gesehen haben. Der Kurfürst war im besten Humor und fragte die Buben, ob sie auch raufen könnten. Die Buben sagten: »Raufen nicht, aber ringen wohl.« ... Jedweder zog sich den Rock aus und neben der Tafel gegeneinander und übereinander her ... Die Kurfürstin gab ihnen einen Teller voll Konfekt und sagte: »Will keiner da bei uns bleiben?« Der Jakob nahm gleich das Wort und sagte: »I wohl, wenn du mich behältst!« Die Kurfürstin sagte: »Ja, du sollst da bleiben, wir wollen für dich sorgen.« Gleich küßten wir dem Kurfürsten und der Kurfürstin die Hände; der Bub ward angenommen und zum Schullehrer bei Unserer Lieben Frau in die Kost und Schule gegeben; der Gräfin Seefeld wurde die Aufsicht darüber anvertraut. Nun hatte ich um ein Maul weniger zu nähren. Ich blieb noch eine Weile ...
Darauf spannte ich meinen Schimmel ein, packte meinen anderen Buben in einen Sack auf das Wägl, und ich und mein Hofmeister fuhren von München ab; wir kamen bei dem wilden Wetter in sechs Tagen glücklich ... in Würzburg an. Es war wieder Jahreszeit, daß der Geburtstag des Fürsten einfiel, bei dem ich allemal erscheinen mußte; der Fürst hatte mir auch öfters befohlen, ich sollte ihm doch einmal einen jungen lebendigen Gemsbock bringen.
Am folgenden Tage fuhr ich nach Hof hin, packte meinen Buben in meines Pferds Futtersack und befahl meinem Hofmeister, wenn er glaube, daß die Tafel bei Hof zu Ende gehe, den Buben im Futtersack nach Hof zu bringen und in dem Vorzimmer bei der Leibgarde mit dem Sack zu warten. Dem Buben aber sagte ich, er solle sich ja nicht rühren, nur bisweilen sollte er es machen wie ein Bock: Määä, und wenn ich den Sack auflöse, so werden viele Herren herumste-

hen, worunter einer ein kurzer dicker sein wird, mit einem goldenen Kreuze am Hals; dieser wäre der Fürst, zu diesem sollte er gleich hingehen und ihm den Rock küssen. Ich ging also nach Hof, und wie ich befohlen, so ist es geschehen...
Der Fürst und ein ganzer Ring Kavalier standen um mich und den Sack herum. Ich lösete den Sack auf, und der Bub stand kerzengrad in die Höhe, schaute sich herum, ging auf den Fürsten zu und küßte ihm den Rock. Alles lachte über diesen Gemsbock, und der Fürst hatte die größte Freude, nahm den Buben beim Kopf, küßte und drückte diesen und sagte: »Peterl! Diesen Gemsbock schenkst du mir, ich will dafür sorgen, daß er gut gefüttert wird.« ... Wir küßten beide dem Fürsten die Hand und bedankten uns. Dem Weihbischof, Herrn von Gebsattel, ward er in die Aufsicht gegeben und anvertraut; dieser besorgte ihn auch, gab ihn ins Hauger-Viertl zum Pachmayr in die Kost und Quartier, und in das Juliusspital in die Schule. Nun hatte ich wieder ein Maul weniger und, dachte ich mir, wenn der Fürst lange das Leben behalt, so ist er gewiß versorgt.

165, 217 ff.

WANDSBECK, 1777 ff.
Merkmale des Idealtypus

1777: Wir haben dasselbe kleine Häuschen wieder, aus dem wir ... 1776 nach Darmstadt ausgezogen sind. Ich wollte es am liebsten haben und es traf dann so, daß es gerade feil war. Den 1. Juni völlig eingerichtet bis auf Vorhänge ... Nachmittags um 3 Uhr einen unerwarteten Besuch von meiner Mutter erhalten, die sich über die gute Einrichtung des Herrn Sohns und seinen Tisch und Stuhl und Teller und Salz nicht genug wundern konnte ... Den 3. brachten ich und Rebecca die Mutter wieder zu Wagen und fuhren 1½ Meilen mit ihr und stöhnten brav auf der Rückreise und den ganzen Tag und die ganze Nacht und den folgenden Morgen und um 3½ war's Kind da, das ein Junge sein sollte, aber ein Mädchen ist, wenigstens menschlichen Ansehens nach. Den 6. Tauftag. Nach vielen Streiten und Debattieren waren endlich die Gevattern, Frau Doktorin Mumsen, Frau Kapitän von Schönemarck und Herr Licentiat Bokelmann und wir anderen standen umher als ein corps de reserve. Nach dem Akte ward Kaffee und Tabak gegeben und im Garten geraucht und getrunken, weiter kam Konfekt 1 Pfund, wuensche Äpfel 1 Dutzend, Rheinwein 4 Bouteillen, und ward fleißig umpräsentiert und getrunken und lieb Weibel lachte aus dem Bette drein wie ein Engel. 1784: Ich bin hier gestern morgen gesund und wohl wieder angekommen und habe Frau und Kinder gesund und wohl wiederangefunden ... Für Eure guten

Wünsche, die Ihr laut Eures Briefes vom 1. mir nachspediert habt, weiß ich Euch vielen Dank; Ihre Grübeleien aber, lieber altjunger Gleim! sind, wie alle Grübeleien – Grübeleien. Die Ursache, warum ich nicht blieb, war nicht mehr und nicht weniger, als daß mich verlangte nach Frau Rebecca und den Kindern, und, wenn Sie kein Kanonikus wären, so würde Ihnen das Ding ebenso klar und deutlich sein, als es mir ist.

1787: Ich habe wirklich großen Trieb unabhängig zu sein und zu bleiben, habe mich auch bisher so erhalten, nicht auf Rosen und ohne Mühe; und ich würde es auch, auf eben die Art vielleicht noch fernerhin tun können. Aber meine Kinder, deren nun Gottlob! acht beisammen sind, fangen an groß zu werden und, da ich niemand habe, sie zu unterrichten und zurechtzuweisen, so muß ich es selbst tun und in der Zeit, daß ich das tue, kann ich kein Brotgeschäft tun, und darum sollten ein oder zwei Zöglinge den Unterricht mit genießen und meinen Kindern ihren Hofmeister frei halten.

1812: Ich danke Ihnen für Ihren Brief und für die Nachrichten von den Ihrigen. Und weil Sie wieder von unseren Kindern wissen wollen, so will ich Ihnen wieder davon erzählen.

Daß die älteste Tochter an Perthes in Hamburg und die zweite an den Doktor Jacobi in München verheiratet ist, wissen Sie. Diese zweite habe ich sehr ungern so weit weg und sie geht nun noch weiter weg von uns. Ihr Mann ist zum Primärarzt am Hospital in Salzburg bestellt und geht im September dahin. Die drei folgenden Schwestern sind noch bei uns und werden es wohl bis weiter bleiben. Der älteste Sohn, Johannes, ist seit drei Jahren Hauslehrer bei dem Oberpräsidenten von Blücher in Altona und hofft auf eine Pfarre. Wenn Sie dazu beitragen können, so tun Sie ihm und mir einen Gefallen. Natürlich wünsche ich noch bei meinem Leben für die unversorgten Schwestern einen Sohn versorgt zu sehen ... Zwei Söhne studieren itzo in Kiel, der jüngste, Ernst, Theologie, und der ältere, Fritz, Jura – der Fritz geht Michaelis zum Examen und dann wird der Himmel ihm eine Amts-Sekretär-Stelle bescheren ... Der letzte Sohn, Franz, ist auf der Schulpforta in Sachsen, wo er drei Jahre gewesen ist und noch 2 Jahre bleiben wird. Er ist itzo zum Besuch auf einige Wochen bei uns, weil die Mutter ihn gerne noch einmal sehen wollte und nicht weiß, ob sie noch 2 Jahre leben werde. Sie ist von all dem Kindergebären und Säugen und Warten sehr mürbe, und ich habe einige Jahre her oft fürchten müssen und gefürchtet, daß ich sie verlieren würde. Seit einigen Monaten befindet sie sich etwas besser ...

1814: Frau Rebecca hat große Freude an dem Besuch der Kinder gehabt, ich muß Ihnen doch erzählen, wie es mit ihrer Ankunft hier hergegangen ist. Sie sind ja auch kinderlieb und lassen sich solche Erzählungen gefallen. Also Frau Rebecca wußte zwar nicht, daß die Kinder kommen würden; aber sie erwartete sie doch heimlich zum Geburtstag ... Indes kam der 15. August immer näher und rührte sich nichts, den 13. nichts, den 14. bis abends 11 Uhr nichts. Da gab denn Frau Rebecca alle Hoffnung auf und kleidete verzagt und niedergeschlagen sich aus, um zu Bette zu gehen. Nun rührte sich eine Bewegung an der Haustür – sie hinaus - was ist, was ist? Auguste, die auf der Diele war, antwortete: »Ich weiß noch nicht recht, der Johannes ist gewiß da, aber ist noch mehr da, ich weiß noch nicht.« – Und so kamen nacheinander herein: der Pastor von Sahms, die Frau Pastörsche von Sahms mit ihrem Säugling im Arm, der Prokurator Fritz aus Lübeck, Sieur Ernst, Student aus Berlin, Franz dito – das Weitere denken Sie sich hinzu ... Den folgenden Morgen, 10 Uhr kam Caroline Perthes mit allen ihren Kindern. Die mußte auch noch überrascht werden. Ich verkleidete also die 4 Söhne in Prager Studenten. Ernst gab jedem ein Instrument in die Hand und mußten hinter dem Hause unter den Linden Musik machen – und der Caroline sagte ich, daß, weil es vielleicht der letzte Geburtstag sei, ich ein übriges getan und Prager Studenten engagiert hätte, uns Musik zu machen und führte sie hinaus. Den Pastorn erkannte sie bald, die andern beiden nicht so, indes wurden sie doch erkannt, und so weiter ...

29, 247f.; 346f.; 358; 450f.; 472f.

BRAUNSCHWEIG, UM 1780
Geschichte und Gegenwart in einer Patrizierfamilie

Im Jahre 1771 ... bin ich zu Braunschweig geboren, als eben ein Jahrhundert verflossen war, seit die Stadt ihre frühere Unabhängigkeit eingebüßt hatte. Vor der Übergabe Braunschweigs an die Herzöge war das Regiment der Stadt völlig republikanisch, obwohl sie es niemals dahin hatte bringen können, von dem Reiche als eine unmittelbare freie kaiserliche Stadt betrachtet zu werden ... Die Verfassung dieser mächtigen Kommune war, ihren Grundzügen nach, zwar demokratisch, jedoch hatten, seit vielen Jahrhunderten, gewisse in der Stadt wohnhafte adelige Geschlechter ein Recht, zu den höhern Magistratsämtern der fünf Weichbilder, woraus die Stadt bestand, gewählt zu werden ...
Zu einer jener aristokratischen Familien, und zwar zu einer der reichsten, angesehensten und ältesten, gehörte die meinige. Seit dem 13. Jahrhundert erscheinen die von Strombeck ... im Besitze der höchsten Magistraturen, und sie blieben darin bis zur Eroberung der Stadt, die von ihren Besitzungen fast umringt war. Ich halte es nicht für unwichtig, dieses Verhältnis meiner Voreltern hier, gleichsam rühmend, darzulegen, denn es übte einen außerordentlichen Einfluß auf meine Kinderjahre ... Rehtmeiers Chronik und Kirchengeschichte waren meine Lieblings-Lesung schon im siebten und achten Lebensjahre; da war kein

altes Gemäuer in der Stadt, von dem ich nicht die frühere Bedeutung kannte. Besonders höher schlug mir aber das Herz, wenn ich mein Familienwappen an einer Brandmauer, einer Giebelwand, über einem Torwege, an einem Leichensteine, oder in einem Glasgemälde der Fenster der Burgkirche erblickte ... Kurz, als Tertianer war ich schon ein tüchtiger städtischer Aristokrat, dem nichts einen größeren Kummer verursachte, als daß er keine Hoffnung habe, einst als regierender Bürgermeister dem Herzoge am Huldigungsfest ... zur Seite sitzen zu können ... Mein Vater, Christoph Georg (geb. 1729) hatte nie, so wenig als sein Vater und Großvater, ein öffentliches Amt bekleidet. Da sie nicht, gleich ihren Vorfahren, Bürgermeister der Vaterstadt sein konnten, so wollten sie lieber im Privatstande bleiben; auch gab meinem Vater die Verwaltung seiner Besitzungen, die größtenteils in Lehen bestanden ... genug zu tun. Er hatte auf den Universitäten Leipzig und Göttingen studiert, nach Beendigung seiner Studien, wie es damals üblich war, eine Reise nach Holland gemacht, war ein guter Jurist, und führte die vielen Prozesse, in welche er, bisweilen nicht ohne eigene Schuld, verwickelt war, selbst ...

Mein Vater, ein streng und altertümlich rechtschaffener und biederer Mann, war im hohen Grade ernst und eifersüchtig auf sein Ansehen. Ich erinnere mich nicht, daß er auch nur ein einziges Mal mit Zärtlichkeit meine Mutter oder uns Kinder angeredet oder mit recht innigem Wohlgefallen freundlich angeblickt hätte. Den tiefsten Respekt gegen ihn, die strengste Erfüllung der Pflichten verlangte er für beständig, und nicht das Mindeste sah er in dieser Hinsicht nach. Daher war denn ... die ganze Hausgenossenschaft, die Mutter mit eingeschlossen, in dem Zustande der größten Unterwürfigkeit. Auch von seinen Domestiken verlangte er die pünktlichste Befolgung seiner Vorschriften und, ohne alle Einreden, schnellen Gehorsam. Diese Art zu sein, war meinem Vater so zur anderen Natur geworden, daß er sich nur unter den von ihm abhängigen Hausgenossen behaglich finden konnte, und er hatte also gar keinen Umgang, am wenigsten einen freundschaftlichen. Das einzige, was hierin als Ausnahme erscheinen könnte, war, daß Vater und Mutter, besonders in späteren Zeiten, da meine älteste Schwester verheiratet war, bei einigen wenigen Familien, vielleicht jährlich einmal, zum Mittagessen gebeten wurden und diese ebenso selten wieder zum Mittagessen bei sich sahen. Auch wurden die auswärtigen Verwandten der Mutter und die jungen Freunde der Kinder, auf das Vorwort der Mutter, wohl zum Mittagessen gebeten. Von meinem Vater ging aber dergleichen nie aus. Seine Lebensweise war folgende: Er stand gegen sieben Uhr des Morgens auf, verfügte sich in das gemeinschaftliche Wohnzimmer, und begann sofort, bei einem mäßigen Frühstück, seine Lektüre. Nach einiger Zeit ging er an eigentliche Geschäfte, die in einem nie unterbrochenen Briefwechsel mit seinen Geschäftsführern zu Wolffenbüttel, Hildesheim, Halberstadt und Hannover, und

in der Abfassung von Pachtkontrakten und gerichtlichen Schriften bestanden. Waren Schulferien, so hatten mein Bruder Heinrich und ich das von uns tausendfach verwünschte Geschäft, uns dieses alles von ihm in die Feder diktieren zu lassen ...
Wir bewohnten ein weitläufiges, stattliches ... Haus, in welchem wohl vierzig Zimmer enthalten waren, die, bis auf zwei, sämtlich unbewohnt, das ganze Jahr über verschlossen blieben. Es fehlte also gewiß nicht an Platz, und doch hatte mein Vater kein eigenes Arbeitszimmer, sondern Lektüre und Geschäfte wurden in der gemeinschaftlichen Wohnstube vorgenommen. Auch dieses noch ein Überrest aus der alten Zeit, in welcher ein Braunschweigischer Kanzler in demselben Zimmer schrieb, in welchem seine Mägde spannen. Eine Folge davon war, daß, wenn der Vater las, schrieb oder diktierte, das tiefste Stillschweigen beobachtet werden mußte. So ging denn der Morgen hin, bis um 11 Uhr die Betglocke des Petri-Kirchturms ertönte. Dieses war in den Zeiten der Schulferien der Augenblick der Erlösung für uns Kinder, die wir, besonders im Winter, auch in der Wohnstube laut zu werden Vergnügen fanden. Der Bediente wurde hineingeschellt, und die Ankleidung des Vaters begann mit einem Ernste, als wenn dieses eine Haupt- und Staatsaktion gewesen sei, bei welcher er, von dem Zuschnallen der Schuh ... bis zum Aufsetzen der Perücke und dem Darreichen des, mit einem goldenen Knopfe verzierten Spanischen Rohrs, nicht im geringsten mit Hand anlegte. Es mochte Sommer oder Winter sein, stets mit einem Französischen Rocke oder gar mit der roten Ritter-Uniform ... bekleidet, ohne Überrock, nur beim Regen mit einem weißen Mantel bedeckt, begann nun der Vater, mit einem Gesicht, in welchem der tiefste Ernst vorherrschend war, seinen Spaziergang zu dem vor dem Petritore belegenen, mit einem stattlichen Hause versehenen Garten. Im Sommer wurde hier auch wohl die Lektüre eine halbe Stunde lang fortgesetzt ... gewöhnlich in der Bestellung des Gartens etwas angeordnet, im Winter aber nur nachgesehen, ob in dem Hause noch alles fest und in Ordnung sei ... Kurz nach zwölf Uhr war der Vater schon wieder zu Haus, und wir Kinder kamen aus unseren Unterrichtsstunden. Sogleich begaben wir uns an die stets reichlich besetzte Mittagstafel, an welcher, während der Vater oben an einer Seite allein saß, jeder von uns seinen bestimmten Platz hatte. Jedes der Kinder mußte mit gefalteten Händen das Mittagsgebet laut sprechen. Als wenn nicht Platz in dem weiten Hause gewesen wäre, auch gespeiset wurde in der Wohnstube ... Während des Mittagessens waren die Hamburgischen Zeitungen angekommen, die sofort von der kaiserlichen Post geholt wurden ... Mein Vater war ein großer Politiker, und so ging er dann, nach Beendigung der Mahlzeit mit Eifer an die Lesung der Zeitungen, über welche wir Kinder ... mit einer Gier ebenfalls herfielen, die ich in der jetzigen Kinderwelt der obwohl so aufgeregten Zeiten in dieser Beziehung nicht erblicke ... Meines Vaters Zei-

tungsstudien waren gegen zwei Uhr geendet, und dann ging die Reise sofort wieder zu dem Garten, wo er an einem kleinen Tische ... sofort seine Lektüre wieder begann ... Erst wenn der Tag sank, kam der Vater zu Haus, und diese Zeit der Abwesenheit war denn die Zeit größerer Freiheit für die Mutter und Kinder ...
Habe ich gleich bemerkt, daß mein Vater keineswegs zärtlich gegen seine Kinder war, so muß man hieraus nicht schließen, daß er es an Sorgfalt für deren Ausbildung und künftiges Glück hätte fehlen lassen ... Nicht nur wandte er bedeutende Summen auf ihren Unterricht, in welcher Hinsicht er kein Geld sparte, sondern er kaufte auch in den frühesten Kinderzeiten mir als meinem Bruder Heinrich eine Kanonikats-Minor-Präbende ... zu deren Genuß wir auch beide ... gelangt sind.

204, 4ff.; 17f.

Leipzig, 1805
Die Legende der Familie

Kleon und Ulrike nährten sich von einem sehr unbedeutenden Handel, und hatten ein einziges Kind – Ferdinand –, auf dessen Erziehung sie alles wendeten. Sie schränkten sich auf das engste ein, taten auf jeden außerhäuslichen Lebensgenuß Verzicht, und sparten jeden Groschen, den sie zu ihrem Vergnügen hätten anwenden können, um ihrem Liebling auf Erden, wie sie ihn nannten, eine edlere Bildung zu geben, als sie selbst empfangen hatten. Ferdinand, sobald er so weit gekommen war, daß er die unaussprechliche Rechtschaffenheit seiner Eltern einsah, faßte den herzlichen Vorsatz, auch eins der rechtschaffensten Kinder zu werden ...
Er lernte die Handlung an ihrem Orte, stand seine Lehrjahre wacker aus, und brachte jede Stunde, die ihm frei gegeben ward, statt sie zu verlaufen, oder zu verspielen, in ihren Armen zu. Einige Jahre mußte er dann nach dasiger Sitte außerhalb Landes als Diener verleben; hernach aber kehrte er wieder zurück, fing selbst einen Handel an, und nahm seine Eltern zu sich. Beide waren unterdessen kränklich geworden, und hatten fast Not gelitten; nun aber litten sie keine Not mehr. Ferdinand machte es, wie sie es gemacht hatten, und wendete nun jeden Groschen, den er auf sein Vergnügen hätte verwenden können, zu ihrer Wartung und Pflege an ... Wonnetränen in den Augen, wollten sie ihm oft dafür danken; er nahm ihren Dank aber nicht an, sondern erwiderte immer: »Ich muß euch noch weit größere Beweise meiner Dankbarkeit geben, liebe Eltern, ehe ihr mir Dank schulden werdet.«

Ferdinand hatte wohl recht, und Gott ließ es zu, daß er sein Wort halten sollte. – In einer schwülen Sommernacht schlug bei ihm ein fürchterlicher Blitz ein, so daß das Haus sogleich in vollen Flammen stand. Kleon und Ulrike hatten ihr Schlafgemach eine Treppe hoch. Der erste Gedanke, welchen der dankbare Sohn nach der entsetzlichsten Betäubung wieder hatte, waren – seine Eltern. Er eilte hinauf, sie zu retten... Alles Holzwerk um sie her brannte schon. »Trag die Mutter hinunter«, ächzte Kleon, »ich will wohl nachkriechen.« Ferdinand nahm die bewußtlose Ulrike auf seine Arme, eilte mit ihr herunter, und übergab sie einem wackern Nachbarn. Kleon kam nicht nach, wie er versprochen hatte. Schon ergriff das Feuer die Treppe. Ferdinand hörte ihn winseln und schwur, auch ihn zu retten. Jeder warnte ihn davor; damit er nicht auch sein Leben vergeblich aufopferte. »Opfere ich's auf, so opfere ich's für den auf, der mir's gab«, mit diesen Worten sprang er die brennende Treppe hinauf, trug auch den Vater, der bis an sie gekrochen war, durch die Flammen herunter, und – fiel mit ihm. Der Vater fiel vorwärts – der Sohn rückwärts. In dem Augenblick stürzte der ganze obere Teil des Hauses auf dieser Seite so zusammen, daß Ferdinand in den Flammen begraben ward. Kleon ward von einigen Herzhaften zum Hause hinausgerissen, und rief: »Wo ist mein Sohn?« Vergeblich aber rief er so. Nach einigen Tagen fand man bei Aufräumung des Brandes bloß noch einige Knochen von Ferdinand. Seine Eltern waren untröstlich... Kleon begrub die Knochen im Hausgarten, und setzte eine Urne dabei mit der Umschrift: »Dem Andenken des Sohnes aller Söhne heilig!«

200, 402 ff.

Breslau, um 1820
Weihnachtspoesie

Die Weihnachtstage waren im häuslichen Kreise bei dem Heranwachsen der Kinder hohe Festtage, und da durch Kinder, welche ich in Pflege hatte, und durch meine Schriftstellerei sich meine Einkünfte vermehrten, so konnte dies Fest auch durch äußere Gaben Kleinen und Großen doppelt wert gemacht werden. Doch erinnere ich mich auch mancher Kinderkrankheit, die dies Fest trübte, und ich litt Jahr aus Jahr ein an dem Übel, was schon auf der Schule sich an mir ausbildete, an Kopfschmerzen. Aber wenn es irgend möglich war, wurde das Weihnachtsfest sehr fröhlich begangen, und ich pflegte dann auch meine prosaische Verskunst in Bewegung zu setzen, welche von Jahr zu Jahr mehr vom Deutschtum und aus der nordischen Sagenwelt in das Christentum sich flüchtete. Oft wurden die Geschenke versteckt und durch Verslein das Suchen und

Finden geleitet. So finde ich ein solches Verslein für meine Frau noch vor, welches also lautet:
>»Des Glücks genug ist dir beschieden;
Wir alle sind gesund und froh.
Drum mit Nadeln heut zufrieden.
Du lächelst? – Doch es ist also.

Mit Nadeln kann man vieles stecken.
Auch Nägel sind deshalb was wert.
Doch, denkst du heute an's Verstecken,
Das Suchen sei dir auch gewährt.«
Dies wurde mit einem Brief Nadeln überreicht. Es war aber ein schönes Kleid und ein großer Pfefferkuchen darüber unter einem Großvaterstuhl in Papier gehüllt mit Nadeln und Nägeln so befestigt, daß das Finden Zeit kostete. Nach dem Finden traten dann zwei andere Versehen hervor:
»Gesuchet, gefunden,
Den Nägeln entbunden,
Heraus, was es ist!
Die Liebe wohl necket,
Gar künstlich verstecket.
Ein Kuchen es ist!

Darunter was lieget,
Gar sanfte sich's bieget,
Was ist denn das noch?
So blau, wie der Himmel
Im Sternengewimmel!
Ja – dachte ich's doch!«
Das Verschen zu Weihnachten 1820 für ein Kind lautet mit Beziehung auf seinen Scherznamen:
»Du bist der Kaspar Wohlbedacht,
Kannst trommeln, Schlittschuh laufen,
Kriegst Zeug, zur Hose dir vermacht,
Und brauchst dir nichts zu kaufen.
Nicht immer möcht' es also sein;
Drum nimm den kleinen Weihnachtsschein.«

79, 439 ff.

KÖNIGSBERG, UM 1820
Die Familienchronik in der Schachtel

Neben den Geburtstagen und dem Hochzeitstag der Eltern, an denen immer Gesellschaft im Hause war, und für die wir von früh auf etwas lernen und tun mußten, hatten wir unsere eigenen Geburtstage zu feiern und außer den allgemeinen Feiertagen noch den ersten Schnee und den ersten Adventssonntag als Merksteine für unsere Kindheit...
Ich glaube, kein ägyptischer Priester hat jemals sorgfältiger auf das Steigen des Nils geachtet, als wir Kinder auf den Fall des ersten Schnees. War das Jahr mild oder trocken, ließ der Schnee auf sich warten, so reichte das leiseste Flöckchen in der Luft dazu hin, uns alle mit dem Ausruf: »Es schneit!« in die Wohnstube zu treiben. Aber das half uns gar nichts, und mit der Weisung, daß solch ein Gekrümel in der Luft nicht zähle, und daß es ordentlich schneien müsse, ehe die Schachtel erscheinen könne, wurden wir zu neuem Warten, zu neuem Hoffen, und dadurch zu erhöhter Freude gesteigert, wenn dann wirklich die weißen dicken Flocken in reicher Fülle von dem dunklen Himmel niederfielen... »Ist's bald sieben Uhr?« fragten die Kinder dann den ganzen Nachmittag, während zum ersten Male in dem Jahre die Äpfel zum Braten in die Röhre gelegt wurden, und ihr Schmoren und ihr Duft die beginnende Feier verkündeten. Die Zeit wurde uns immer erschrecklich lang, aber nicht eine Minute davon wurde uns erlassen, und erst um sieben Uhr gingen wir hinunter, wo die Eltern dann schon die »Schachtel« herausgenommen und auf den Tisch vor dem Sofa hingestellt hatten.
Und was war, was enthielt diese Schachtel, auf die wir uns durch ein ganzes Jahr hindurch freuten, die wiederzusehen mir Vergnügen machte, als ich schon zwölf, dreizehn Jahre alt und sehr verständig war, und aus welcher irgendein Stück vor Augen zu bekommen, mir heute das Herz mit großer Rührung füllen würde? Die Schachtel war nichts als eine kleine Seitenschieblade aus dem Sekretär meines Vaters, und sie enthielt nichts als einige Angedenken...
Es lag darin ein rotes Maroquinbuch, in dem unsere Geburtstage, unsere Krankheiten, der Anfang unseres Schulbesuchs – mit einem Worte die Hauschronik – verzeichnet war. Es lagen darin in goldenen Kapseln die Bilder meiner Eltern als Brautleute gemalt, ein Hochzeitscarmen meiner Eltern, ein grünseidener, mit einer Inschrift versehener Vorhang, der unser Bild verhüllt hatte, als die Mutter es dem Vater zum Geburtstag geschenkt. Es lagen darin einer jener silbernen Becher, die zum Andenken der Schlacht von Kunersdorf aus Rubeln gefertigt waren; es lagen darin Gedichte, welche August Lewald bei meinem ersten Geburtstage an die Eltern gerichtet, desgleichen Brieftaschen, Börsen, Uhrbänder, welche Schwestern und Bekannte meinem Vater gehäkelt und gestickt und die er

nie getragen hatte – kurz, es lagen Kleinigkeiten darin, wie jede nur einigermaßen bemittelte Familie deren ähnliche besitzt ...
Unsere ganze kleine Vergangenheit wurde uns von den Eltern vor dieser Schieblade unwillkürlich rekapituliert. Wir hörten es mit Entzücken, an welchem Tage und in welcher Stunde wir geboren worden waren. Wir amüsierten uns damit, wie schlecht wir noch im vorigen Jahr die Gratulationsgedichte zu der Eltern Geburtstage geschrieben, wir lernten die Jugendfreunde und Bekannten der Eltern an den kleinen Angedenken kennen ...

119, 145 ff.

CANNSTADT USW., UM 1830
Familientreffen im Gasthaus zum Ochsen

Man hat etwas auf die Familie gehalten in vergangenen Tagen, und die Tradition, wenigstens mündlich, fleißig gepflegt. So haben wir besonders von unserem Urgroßvater, dem Oberamtmann Gottlieb Friedrich Faber viel und oft erzählen hören, wie er ein vortrefflicher Mann gewesen, der in den bedrängten Zeiten fürstlicher Willkürherrschaft für seinen Bezirk und die Landschaft mannhaft eingestanden sei und viel Gutes gewirkt habe ...
Wir junges Volk segneten sein Andenken hauptsächlich deshalb, weil auf seinen Namen alle seine Nachkommen alljährlich zu einer großen Familienzusammenkunft berufen wurden an einem sonnigen Septembertag. Das Gasthaus zum Ochsen in Cannstadt, unser »Familienochse« war zum Schauplatz auserlesen.
Obgleich es noch keine Eisenbahn gab, so kamen sie doch, gegangen, gefahren in alten rumpeligen Kutschen und in leichtfertigen Chaischen, jung und alt, Mann, Weib und Kind, aus allerlei Ständen, aus allen Altersstufen.
Es waren die alten wohlbekannten Vettern, die neuen dazu ... da und dort wurde man einem neuen Herrn Onkel, einer anderen Base vorgestellt: »Ach so, das sind dem Gottlob seine Buben! Wie die groß geworden!« – »Ei und wie schön ist der Rike ihr Töchterlein! Hätt's kein Mensch geglaubt!«
Wie alle die Pfarrherren und Dekane, Doktoren, Räte und Forstmeister eigentlich mit uns verwandt waren, das wußte ich nicht; aber man streckte allen die Hand entgegen, lächelte allen zu und sammelte sich zum fröhlichen Mahle.
Der Augenblick nach Tisch, wo wir junges Volk hinauseilten in lauterer heller Lust und einen Grasgarten stürmten, den wir als schönen Spielplatz entdeckt, während die aufgeheiterten alten Herren immer eifriger anstießen auf alles mögliche, und den alten Frauen die Zeiten »ihrer Mama selig« immer lebendi-

ger wurden, der war einer von denen, zu denen man sagen möchte: »Verweile doch, du bist so schön!«...

Man freute sich das ganze Jahr über auf den »Gottlieb Friedrich« wie diese Zusammenkunft nach dem Stammvater getauft wurde. Eine schöne Frucht derselben waren die näheren Beziehungen, in die manche Zweige des alten Stammbaums zueinandertraten; die jungen Glieder vor allem schlossen sich in warmer Freundschaft zusammen und man suchte außer der großen Versammlung sich auch privatim zu finden in kleinerem Kreis. Der fröhliche Mittelpunkt für die Jugend wurde unser Haus, wo sich besonders zur Zeit der Weinlese und Universitätsferien ein Kreis von Vettern und Cousinen versammelte, die mit meinen beiden studierenden Brüdern das Haus mit heiterstem Leben füllten...

Raum genug bot das Haus für liebe Gäste. So eine alte Amtswohnung ist sehr dehnbar; zwei ordentliche Fremdenzimmer und ein »Bruderloch« (Gastzimmer dritten Rangs für sehr anspruchslose Besuche) gibt's immerhin... Welch eine fröhliche Tafelrunde sammelte sich da oft um den soliden eichenen Tisch des Wohnzimmers! Was haben wir für schöne Sprichwörter und Charaden aufgeführt, für witzige und schalkhafte Reimspiele und Theaterzettel geschrieben, mit allerlei satirischen Anspielungen, die nicht übelgenommen wurden! Mit welchem Stolz zeigten wir den Gästen unsere schöne Gegend!

Die Mutter, selbst heitern Sinnes, ließ uns freundlich gewähren, wenn auch oft alles drunter und drüber ging; Luise, unsere getreue Dienstmagd... seufzte freilich oft schwer auf, wenn Eduard ihre blanken Blechdeckel und Trichter zur Janitscharenmusik holte, und die ganze große Gesellschaft mit »unbeschreiblichen« Schuhen und Stiefeln von dem feuchten Herbstboden heimkam...

Der Vater ließ sich selbstverständlich in seinen Amtsgeschäften nicht unterbrechen durch die jungen Gäste; doch saß er abends gern im Kreis der Jugend und erzählte... Wurde dann die Fröhlichkeit zu geräuschvoll, so pflegte er sich in dem anstoßenden Schlafzimmer zur Ruhe niederzulegen, und dauerte es im Wohnzimmer gar zu lang, so rief er wohl mit mächtiger Stimme aus der Tiefe: »Nun schaffet aber, daß Ruhe werde im Hause Davids!«

219, 100ff.

BERLIN, 1860ff.
Erziehung im Budget eines preußischen Beamtenhaushalts

»Ein guter Name und eine gute Erziehung sind das einzige Kapital, das ich Euch hinterlassen kann«, pflegte der Hausvater seinen Kindern zu sagen. So stieg denn die Gruppe der Erziehungsausgaben, anfangs ein kleiner Posten, in den Jahren 1875/77 mit einem Jahresdurchschnitt von 3778 Mark zu der bedeutendsten aller Ausgaben empor. Wir verstehen unter Erziehungskosten, vielfach abweichend von der Aufstellung der Haushaltungsbücher, die Ausgaben für Geburt, Taufe, Schule und deren Bedarf an Büchern und dergleichen, Privatstunden, Konfirmation; mit dem Abgang von der Schule, dem bald die Überweisung von »Sustentationsgeldern« an die Söhne folgte, fallen dann alle persönlichen Ausgaben der Söhne darunter: Kleidung, Taschengeld, Studienkosten, Aufenthalt in der Fremde, Reisen usw. ...

Ausgaben bei Geburt und Taufe zweier Kinder

	1860			1861		
	Taler	Groschen	Pfennige	Taler	Groschen	Pfennige
Hebamme	6	20	–	6	20	–
Wartefrau	3	5	–	–	–	–
Arzt	17	–	–	20	–	–
Inserate	1	24	–	1	12	9
Prediger	5	20	–	5	20	–
Küster	1	–	–	1	–	–
Almosen	–	10	–	–	10	–
Taufessen	12	–	–	2	–	–
Summa	47	19	–	37	2	9

Die Kosten für Geburt und Taufe betrugen 1860 3,7% und 1861 2,7% der Einnahme.
Bei der Übersiedlung nach Berlin waren drei Söhne und ein Töchterchen vorhanden. 1863 wurde der vierte Sohn geboren, der aber schon 1864 starb. Schmerzlicher noch war den Eltern der Verlust des einzigen Töchterchens im Jahre 1865...
Dann wurden 1868 und 1872 dem Ehepaar noch zwei Töchter geschenkt. 1868 lassen sich die Kosten der Entbindung wegen der erwähnten anschließenden schweren Erkrankung der Hausfrau nicht übersehen. 1872 ist eine Hebamme nicht notiert, eine Pflegerin wurde nicht genommen, der Hausarzt erhielt am Jahresschluß nur das übliche Honorar von 25 Talern. Zu ihrem Kummer konnte

Kosten für das Begräbnis zweier Kinder, des 9 Monate alten Knaben 1864 und der 4jährigen Tochter 1865.

	1864			1865		
	Taler	Groschen	Pfennige	Taler	Groschen	Pfennige
Sarg	8	–	–	8	–	–
Grab und Leichenwagen	11	15	–	14	16	3
Küster	–	–	–	1	–	–
Prediger	–	–	–	5	20	–
Almosen	1	–	–	1	–	–
Trinkgelder	1	15	–	–	7	6
Droschken	–	16	–	–	20	–
Inserate	2	–	–	2	1	6
Blumen und Trauerpflanzen	–	–	–	8	12	6
Summa	24	26	–	41	17	9

die Hausfrau die beiden letzten Kinder infolge der Erkrankung 1868 nicht mehr wie die anderen selbst stillen; es wurde daher beide Male eine Amme angenommen. Die erste 1868/69 erhielt monatlich 7½ Taler Lohn; die zweite 1872/73 monatlich 9 Taler ... Die Knaben besuchten ein Berliner humanistisches Gymnasium, die Töchter eine private höhere Mädchenschule ... Im Hinblick auf die ökonomische Lage der Familie, aber auch in der Überzeugung, daß straffe Zucht ein Segen für die Knaben sei, verlangte O. (der Hausvater) die Erfüllung der Schulpflichten mit großer Strenge. Immer wieder hielt er den Kindern vor, daß Fleiß und Tüchtigkeit die einzigen Mittel für sie seien, um im Leben vorwärts zu kommen. Hatte einer der Söhne auf der Schule Schwierigkeiten, sei es infolge von Krankheiten, sei es aus Mangel an Fleiß, so wurde mit Privatstunden nicht gespart. Klavierstunden bekamen die Kinder regelmäßig, seit 1867 das Pianino gekauft war. Der musikalisch besonders begabte zweite Sohn erhielt ferner mit 12 Jahren eine Geige für 12 Taler und seither Violinunterricht. Schwimm- und Tanzunterricht durften nicht fehlen ...

Im September machte der älteste, damals 17jährige Sohn das Abiturientenexamen. Unter den Ausstattungsstücken für den feierlichen Akt sind genannt: ein Hut für 2½ Taler, Handschuhe für ½ Taler und eine Halsbinde für 10 Groschen. Für das Examen sind 3½ Taler gebucht. Trat nun ein Sohn zum ersten Male aus der strengen Gebundenheit des Schülerlebens in die akademische Freiheit hinaus, so schien es dem Vater nicht geraten, ihm mit einem Schlage vollste Ungebundenheit zu gewähren. Ein Semester im Elternhaus sollte den Übergang bil-

Übersicht über die Unterrichtsgelder 1863–77

Jahr	Zahl der Schulkinder	Schulgeld	Privatstunden
1863	2	162 Mark	–
1864	2	162	–
1865	2	162	5
1866	3	185	21
1867	3	245	49
1868	3	192	112
1869	3	252	72
1870	3	234	107
1871	2	168	213
1872	2	168	95
1873	2	192	156
1874	2	192	276
1875	3	291	325
1876	3	267	326
1877	2	249	213
Summa		3121 Mark	1970 Mark

den. Die Immatrikulation in Berlin kostete 6 Taler, an Kollegiengelder sind im Semester 18 Taler gebucht, für die Exmatrikel 4 Taler 20 Groschen. Im April bezog der junge Studiosus der Rechtswissenschaften die Universität Heidelberg ... Zwischen (Sommer- und Wintersemester) durfte der Sohn eine Schweizerreise machen, für die 100 Taler ausgesetzt wurden. Dagegen erachtete der Vater einen Besuch im Elternhause während dieses Jahres als überflüssig. Die drei letzten Semester ... verlebte der Sohn wieder im Elternhause. Er bekam hier ein Quartalsgeld von 50 Talern, von dem Kleider und Taschenausgaben, nicht aber die Kollegiengelder bezahlt wurden ... Für das Referendarexamen im November 1873 sind 4 Taler Gebühren angeschrieben. Den nun folgenden Aufenthalt in einer kleinen Amtsgerichtsstadt mußte der Sohn mit 45 Talern monatlich bestreiten ... Im Frühjahr 1876 trat er bei einem Berliner Garde-Infanterie-Regiment ein, nachdem er zuvor noch Reitunterricht für 30 Taler genommen hatte. Die Kosten des Dienstjahres betrugen insgesamt 1966 Mark; davon kamen 1620 auf den Unterhalt außerhalb des Elternhauses, 173,50 Mark auf die Anschaffung von Uniformstücken, der Rest auf Zulagen zum Manöver ... Über das Jahr 1877 hinausgreifend sei hinzugefügt, daß er 1878 zunächst eine militärische Übung machte, dafür die 218 Mark gebucht sind, und dann im Juni das Doktorexamen bestand. Druck der Dissertation und Prüfungsgebühren nebst Trinkgeldern kosteten den Vater 439 Mark; außerdem ließ er 260 Mark für einen fröhlichen Doktorschmaus springen ... Die gesamte Ausbildung zum Juristen einschließlich aller Prüfungen und zweier militärischer Übungen nahm 7 Jahre 7 Monate in Anspruch ... Die Kosten der juristischen Ausbildung ... mit Dienstjahr und militärischen Übungen (betrugen) 10076 Mark. Dabei sind für Kleidung und kleine Ausgaben, die Gelder, die der Sohn während des Aufenthaltes im Elternhause bezog, mit eingerechnet, nicht aber die Kosten, die seine Anwesenheit im Haushalt verursachte ...

88, 59; 79 ff.

3. Kapitel

3. I. Religion im Alltag

Kommentar
Darmstadt, um 1630 — Fromme Instruktion für einen sechzehnjährigen Jurastudenten

Schornweisach, 1747 — Voraufklärerische Religionsübung
Haina, um 1760 — Einfluß der häuslichen und kirchlichen Moralerziehung
Höchstädt, um 1765 — Lieber Teufel als arme Seele
Lichtenau bei Ansbach, 1778 — Pflichtschuldiger Dank-, Bitt- und Bußbrief der Konfirmandin
Leipzig, 1786 — Abschaffung des Exorzismus
Fulda, um 1800 — Spiel und Ernst
Altenburg, 1817 — Das Reformationsjubiläum
Erfurt, um 1840 — Tätigkeit der Kirchknaben
Haslach, um 1845 — Über Disziplin in der Kirche
Haslach, 1851 — Der Weiße Sonntag
Bei Offenburg, um 1860 — Kinderfreuden bei Kirchenfesten

Vom 16. bis zur Mitte des 19. Jahrhunderts erhalten sich in vielen Orten die Singumgänge der Kurrende. Hier Berliner Sänger mit dem charakteristischen Hut und Mantel aus dem Jahr 1847.
Konfirmand und Konfirmandin des 19. Jahrhunderts. Die Sitte, einen ganzen Jahrgang (die Schulabgänger) gemeinsam einzusegnen, entwickelt sich erst im 18. Jahrhundert.
Aus: I. Weber-Kellermann, Das Weihnachtsfest. Luzern und Frankfurt a. M. 1978. – A. Stein, Liesbeth. Erinnerungen an eine kleine Pension. Mit 7 kolorierten Bildern von Th. Hosemann. Berlin 1864.

Zur Einsegnung

Kommentar

Vor der Reformation im 16. Jahrhundert nahmen Kinder am religiösen Leben der Erwachsenen teil, von ihnen nicht unterschieden. Die Voraussetzung für die Teilnahme an der Kommunion im Alter von 7 Jahren war sehr bescheiden: Die Kinder sollten das eucharistische Mahl vom gewöhnlichen Essen unterscheiden können. Auch wünschte man, daß Eltern ihren Kindern das Vaterunser und das Glaubensbekenntnis beibringen. Die eigentliche religiöse Unterweisung erfolgte indirekt durch die Teilhabe an den Ritualen und die Gegenwart von Bildern und Plastiken in Kirchen, auf Straßen und Plätzen. Die Reformatoren stellten höhere Ansprüche und zwangen damit auch die katholisch Gebliebenen – auf lange Sicht jedenfalls –, ihre anspruchslose Haltung zu ändern. Luther forderte den öffentlichen Unterricht der Kinder, nicht als »Schulunterricht«, sondern als religiöse Unterweisung. Kinder sollten die Bibel lesen können, den Katechismus verstehen und Lieder, Kirchenlieder, auswendig singen können. Das erforderte die neue Konzeption des Gottesdienstes. Der rein religiöse Zweck der Schule rechtfertigte einerseits die geistliche Schulaufsicht, andererseits hatte er zur Folge, daß ihr zuwachsende weltliche Zwecke – Lesen- und Schreibenlernen, Rechnen fand meist anderswo oder als Extraleistung des Lehrers statt, von anderem zu schweigen – unentwegt an denselben Texten verfolgt wurde: der Bibel, dem Katechismus, dem Gesangbuch, vielleicht auch einmal an eigens für Kinder verfaßten »Biblischen Historien« oder »Kinderlehren«.

Trotz dieser Bemühungen blieb das religiöse Wissen – anderes ist sowieso nebensächlich –, das die Schule vermittelte, sehr gering, vermochte sich gegen Volksglauben (»Aberglauben«) und andere Traditionen kaum durchzusetzen. Das zeigen die Visitationsberichte, die über die Unregelmäßigkeit des Schulbesuchs wie über die mangelnden Kenntnisse monoton klagen. Das gilt für die »Volksschulen«, nicht für die Stadt- und Lateinschulen, wo (männliche) Kinder aufs Studium der Theologie oder Jurisprudenz oder doch auf die Übernahme gehobener Positionen vorbereitet werden sollen. Dort erweist sich die Verquickung von Schule und Kirche den Kindern zumindest als unproduktive Last. Noch im 2. Jahrzehnt des 19. Jahrhunderts klagt Karl Rosenkranz (1805–79) über den täglichen, obligaten Besuch des Gottesdienstes der Schüler. Andere müssen montags die Predigtnachschrift liefern und so beweisen, daß sie sonntags in der Kirche waren. Viele Kinder erinnern sich an die herzbrechende Langeweile und die Eiseskälte in der Kirche, deren sie sich durch Flirts und Plaudereien, auch Tagträume zu entziehen suchten. Was hat all das mit religiöser Erfahrung, mit praktiziertem Christentum zu tun? So weit man sich von autobiographischen Zeugnissen leiten läßt, kann man nur zum Schluß kommen, daß diese damals ebenso rar waren wie heute. Auch dort, wo gute Erinnerungen an Gottesdienst und Kirchenbesuch vorliegen, zeigt sich bei näherem Hinsehen, daß es nicht die fromme Seite der Angelegenheit war, die sie positiv färbt. Teils stößt man auf banale Ursachen: Kinder, die gut singen, werden belohnt und erfahren eine Steigerung ihres Selbstbewußtseins. Als Ministranten nippen sie vom Wein, als Sänger bei Leichenbegängnissen erhalten sie ungewohnt üppige Leckerbissen usw., usw. Andererseits ist die Kirche als Institution mit all ihrer Macht die einzige intellektuell und kulturell anziehende, anregende und produktive Möglichkeit. Kleine Kinder, ohne Spielmaterial und Spielanregung von Erwachsenen, agieren als Prediger, Priester, Märtyrer, ohne daß das jemand als Blasphemie erkennt. Ältere fädeln sich fachmännisch in Diskussionen der Erwachsenen über theologische Fragen, über rhetorische Qualitäten einzelner Pfarrer oder Sektengeheimnisse ein, weil andere Stoffe zur Betätigung pubertären Scharfsinns nicht zur Verfügung stehen: die Literatur, das Theater, gar die Politik tauchen als solche erst im 18. Jahrhundert auf. Was ist eine Wallfahrt? Eine Gelegenheit, ein Stück in die Welt zu reisen. Und der Pate, der einen aus der Taufe hebt und dessen Namen man erhält? Ein Verwandter, der einen zu bestimmten Terminen mit Geschenken bedenkt oder doch bedenken sollte. Und Konfirmation und Kommunion? Als kollektive Feier werden sie, je länger, je deutlicher zum Akt der Initiation einer Altersgruppe in die Erwachsenengesellschaft. Die Geschichte der modernen Konfirmation, wie sie sich seit 1700 etwa entwickelt, zeigt gewisse Parallelen mit der Kirchweih, der Kirmes, überhaupt vielen kirchlichen Festen: Ihre Ordnung und Ausgestaltung (Festlegung des Mindestalters, eines gemeinsamen Konfirmationstermins; Vorschrift einer bestimmten Kleidung usw.) gehen Hand in Hand mit der Verweltlichung. Fast regelmäßig leiden Kinder unter der Diskrepanz von äußerem Aufwand und ihren eigenen Gefühlen, die als nicht erhaben und bedeutungsvoll genug erlebt werden.

LITERATUR:
R. Staudt, Studien zum Patenbrauch in Hessen, Darmstadt 1958
M. Scharfe/R. Schenda/H. Schwedt, Volksfrömmigkeit, Stuttgart 1967
K. Leder, Kirche und Jugend in Nürnberg und seinem Landgebiet, Neustadt
 a. d. Aisch 1973
Ch. Burckhardt-Seebaß, Konfirmation in Stadt und Landschaft Basel, Basel
 1975

DARMSTADT, UM 1630
Fromme Instruktion für einen sechzehnjährigen Jurastudenten

Vor meinen geliebten Sohn Eberhard Wolf, wie mit Gottes mildväterlichem Beistand er sich in seinem jetzo vorhabenden zweijährigen Außenbleiben verhalten soll.
Studium Pietatis:
1. Alle morgen, nachdem er aus dem Bett aufgestanden, sich gekämmt, gewaschen und angezogen haben wird, soll vor seinem Schöpfer, Erlöser und Heiligmacher er auf die Knie begierlich niederfallen und sein Gebet in flammender wahrer Andacht und tiefster Demut ernstlich verrichten, zugleich auch jedes Tags ohnfehlbar und ohnvergeßlich diejenige Prekation mitsprechen, welche anno 1629 ich gefasset und ihm gen Marburg mitgegeben, darzu auch meinen, an sich selbst zwar schlechten und geringfügigen, in Christo Jesu aber kräftigen Segen gelegt habe.
2. Nach vollbrachtem Frühgebet soll er allemal einen Psalmen Davids lesen oder ihm vorlesen lassen, darmit er den Psalter, welchen er in seiner zärteren Jugend ganz auswendig gekonnt, in stetiger starker Gedächtnis behalte.
3. Nach dem Psalmen soll er ein oder zwei Kapitel aus der Bibel selbst lesen oder ihm vorlesen lassen.
4. Solches alles soll er tun, nicht nur wann er morgens aufsteht, sondern auch ehe er abends zu Bett geht.
5. Noch darzu soll er des Tags sich jeweils einschließen, auf die Knie niederfallen oder sonst seine Andacht üben und emsig zu Gott im Himmel rufen, etwa auf diejenige Weise, welche ich ihm, am nächstverwichenen Sonntag Quasimodogeniti, auch vorgeschrieben habe.
6. Alle theologischen Disputationes publicas soll er durchblättern, folgendes besuchen und aushören: Wann aber deren in einem Monat mehr als eine gehalten würde, mag er die Besuchung unterlassen und in einem Monat mit einer theologischen Disputation content sein, damit ihm nicht gar zu viel Zeit vom studio iuris entzogen werde.
7. Sonntags soll er zwei und in der Woch eine Predigt hören, sonderlich aber jezuweilen am Sonntag, wie auch samstags gegen Abend in schönen Gebetbüchern, Postillen oder andern theologischen Traktaten sich erblättern und in denselbigen Stunden die schon angefangene zweite Lektion ... (aus dem theologischen Kompendium des Tübinger Professors Hafenreffer) vollends hinausbringen.
8. Und ist mir sonderlich angelegen, daß er zum wenigsten alle Quartal den Tisch des Herrn andächtig besuche, sodann daß er sich gewöhne, die Sonn-

und Feiertage fleißig zu halten und allein zu Übung der Gottseligkeit (es geschehe nun durch Beten, Singen, Hören oder Gespräch halten) anzuwenden. Sonst strafet Gott gemeiniglich, daß je eine Verhinderung der andern auf den Socken folgt und man die Woche über fast niemals recht fertig werden kann.

98, 8 ff.

SCHORNWEISACH, 1747
Voraufklärerische Religionsübung

Ein anderes, obgleich auch nur aus Unverstand entsprungenes Vergehen, zog mir eine körperliche Züchtigung vom guten Vater zu; die einzige, deren ich mich erinnere; und eine öffentliche Demütigung in der Kirche. Im Umgange mit meiner ... katholischen Gespielin hatte ich einen unter dem Pöbel damals gewöhnlichen Fluch, »bei den Sakramenten«, ausgestoßen. Entweder, weil es von diesem Mädchen als eine schwere Versündigung angezeigt worden war, und er als Prediger ein von seinem Kinde gegebenes Ärgernis ernstlich aufzunehmen sich verpflichtet glaubte; oder weil ihm wirklich alles, was auf die Religion Beziehung hatte, auch bei einem siebenjährigen Knaben wichtig war, begnügte er sich nicht damit, daß er mit seinem kleinen Spazierstocke mir einige Streiche auf den Rücken gab; sondern am nächsten Sonntag in der Kinderlehre lenkte er den Unterricht so, daß er mich zum Beispiele anführen konnte, wie schon in der zartesten Kindheit die häßlichsten Triebe im menschlichen Herzen aufkeimen; ließ mich hervortreten, und schärfte mir so öffentlich das Gewissen. Nachteilig hat es wenigstens nicht auf mich gewirkt. Dazu hatte ich den Vater zu lieb. Und ob ich gleich bei dieser ganzen feierlichen Szene mehr betäubt als moralisch gerührt war: so kann es doch sein, daß der Eindruck heilsam geworden ist.
In dem Religionsunterrichte und den religiösen Vorstellungsarten, unter welchen meine Gottesfurcht ihre ersten Keime entwickelte, war manches, wie es, nach den geläuterten Begriffen unserer Zeit, nicht hätte sein sollen. Man glaubte an Gespenster und Totenerscheinungen; sprach vom Donner als von göttlichem Drohen; las mit Kindern die ganze Bibel, alten und neuen Testaments, Psalmen und Episteln; sang geschmack- vielleicht mitunter sinnlose Lieder; und gab uns biblische Historien mit abscheulichen Kupferstichen in die Hände. Aber man sprach, sang und betete mit wahrer, herzlicher Andacht. Nicht nur vor und nach dem Essen, sondern auch morgens und abends beim Vesperläuten, betete die ganze Familie, Groß und Klein, Herrschaft und Gesinde beisammen. Häufig

wurden auch Lieder gesungen; und daran hatte ich besondere Freude. Ich weiß, daß ich mitsang, noch ehe ich alle Buchstaben und Silben deutlich aussprechen konnte.

49, 7 ff.

Haina, um 1760
Einfluß der häuslichen und kirchlichen Moralerziehung

Außer den Erzählungen aus der Natur und dem alltäglichen Menschenleben, mit welchen uns der Vater in Erholungsstunden und auf Spaziergängen zu unterhalten pflegte, teilte er uns auch manchmal biblische Geschichten mit; besonders solche, die auf unser Herz wirkten und uns in dem Glauben an ein höchst allmächtiges Wesen bestärken sollten. Die Geschichte Josephs rührte meinen Vater so, daß er nicht sprechen konnte. Eines Abends unterhielt er uns mit der Geschichte Abrahams, wie Gott ihm hieß, seinen Sohn zu opfern, um ihn zu prüfen und ihm dann wohl zu tun. Diese Geschichte gefiel mir so, daß ich den anderen Tag meinem Vater ein großes Messer brachte und ihn bat, mich auch zu opfern. Er fragte: »Warum willst du das, mein Sohn?« – »Damit Gott deinen Gehorsam und deine Folgsamkeit sehe und uns allen gut sei.« Ihm rollten die Tränen aus den Augen und er sagte: »Dich töten? Das könnte ich nicht!« – »Lieber Vater, tue es nur, ich will gern stillhalten; und wenn du eben zuschneiden willst, dann ruft Gott aus den Wolken: Halt ein! Und zeigt auf den Bock in der Hecke; dann bekommen wir den; das muß ja ein Bock mit großen Hörnern sein, den Gott schickt.« – Die Wahrheit, in morgenländische, phantastische Dichtung verblümt, wie zum Beispiel die Geschichte Abrahams, verwirrt den Verstand des Kindes...
Obschon die Bibel dalag, so habe ich doch meine Eltern nie darin lesen sehen; daß sie aber in ihrer Jugend viel darin gelesen hatten und sie fast auswendig wußten, zeigten sie nicht allein, indem sie danach lebten, sondern auch dadurch, daß sie bei Gelegenheit schöne erbauliche Sprüche daraus anführten und Geschichten erzählten, womit sie die guten Lehren bekräftigten, die sie ihren Kindern gaben. Denksprüche in Reimen oder auch Sprichwörter, die sich im Munde des Volkes bewahrt hatten, gebrauchten sie jedoch lieber ... So sagte meine Mutter auch oft, wenn sie an mir vorbeiging: »Mein Sohn bete: ach Gott, ich bin ein junger Knabe, verleih mir deines Geistes Gabe, daß der mich möge Gutes lehren, zu andrer Nutz' und deinen Ehren; oder: den Geschickten hält man wert, den Ungeschickten niemand begehrt; was du willst, das dir die Leute tun sollen, das tue ihnen auch.« – Es braucht wohl keiner Erwähnung, daß wir

Kinder von unseren Eltern frühe zur Kirche und Schule angehalten wurden. Schon die Ordnung und die Gottesfurcht unseres Hauses brachte es mit sich. Sonnabends pflegte die Großmutter zu uns zu kommen, die eine Rede über den reinlichen Anzug am Sonntag hielt; wie man in das Haus Gottes mit sauberen und seinen schönsten Kleidern gehen müsse. Aber auch als Schulknaben hätten wir es nicht wagen dürfen, eine Kirche zu versäumen; oft mußten wir sogar im strengsten Winter die unerträglichste Kälte in der Kirche ausstehen ... Mit erbarmenswertem Blicke sahen wir oft zu dem Pfarrer hin, daß er erlauben möchte, uns in dem Kapitel zu wärmen; doch er blieb immer mit demutsvoll gesenkten Augen sitzen. Wenn er aber sah, daß einige erfrieren wollten, dann gab er wohl den Kleineren Erlaubnis, zu dem warmen Ofen zu gehen. Seine Predigten konnten wir ja doch nicht verstehen, auch waren wir mehr des Singens wegen da. Deshalb gab ich auch auf die Predigt selten acht; aber einst, als er, was er so gern tat, von der ewigen Höllenglut predigte – vielleicht, daß wir uns daran erwärmen sollten –, fiel es mir auf, daß er von einem Vogel sprach. Um nämlich die Ewigkeit zu beschreiben, bediente er sich des Vergleiches: wenn ein großer See wäre, wo kein Tropfen dazu oder davon käme, außer daß alle hunderttausend Jahre ein Vögelchen sich einen Trank hole, der weniger wäre als ein Tropfen, so würde es doch endlich den See austrinken; aber die Ewigkeit höre nie auf. Dieses fiel mir auf das Herz und ich dachte, wer das Unglück hätte, so lange in der Höllenglut mit dem garstigen Teufel zu sitzen, das müßte etwas Erschreckliches sein! Und ich nahm mir vor, recht fromm zu werden.

208, 41 ff.

Höchstädt, um 1765
Lieber Teufel als arme Seele

Meine Eltern waren beide andächtig, lehrten mich bald allerlei Formeln und taten sich manchmal etwas darauf zugute, daß ich sie so ganz, ohne anzustoßen, hersagen könnte. Freilich verstand ich nichts davon ... So mußte ich die Morgen-, Abend- und Tischgebete laut sprechen. Doch erinnere ich mich, daß ich in der frühesten Jugend ein kleines Liedchen mit einiger Andacht und mit wirklich empfundenem Zutrauen, so oft ich zu Bette ging, wiederholte. Es hieß: Heiliger Schutzengel mein, laß mich dir befohlen sein usw. Da stellte ich mir den heiligen Schutzengel als einen schönen freundlichen Jüngling vor, der mich beim rechten Arme führte. Den Teufel aber hatte man mir als ein abscheulich häßliches Ungeheuer beschrieben, das sich immer von der linken Seite mir zu nähern suche und Krallen und Zähne gegen mich hervorstrecke. Oft, wenn meine Phantasie ihn

recht lebhaft mir darstellte, spie ich eifrig zur Linken aus, wie wenn ich sein häßliches Gesicht treffen wollte ...
Meine Mutter schickte mich, wenn wir Vakanz hatten, täglich zu den Kapuzinern in die Messe. Gewöhnlich stellte ich mich mit andern Kindern an die leere Kommunikantenbank und bemühte mich an das mittelste Plätzchen zu kommen. Denn dort ragte die Spitze eines Schloßriegels hervor, mit dem ich mich gar gern unterhielt. Man konnte ihn niederdrücken und, wenn man ihn losschnappen ließ, machte er ein ziemliches Geräusch. Diese Tändelei und das Besehen der mannigfaltigen Blumenbüsche auf dem Altare nebst dem Schwatzen mit den Kindern, die neben mir standen, war meine gewöhnliche Beschäftigung unter der Messe ...
Wir besaßen ein Büchlein voll Kupferstichen, welche das Leiden Christi vorstellten. Die Mutter erklärte uns, was wir nicht verstanden. Da kratzten wir aus christlicher Rache den Juden die Augen aus und schlugen sie mit Fäusten, daß der Tisch erzitterte.
In einem andern Büchlein waren für allerlei Sünden besondere Peinen des Fegefeuers in Holzschnitten abgebildet. Z. B. die Strafe für Fraß und Völlerei war, daß die Teufel den nackten armen Seelen Kröten und Schlangen vorsetzten und feurige Flüssigkeiten in den Hals gossen; für Wollüstlinge, daß sie auf Rädern mit hervorstehenden Spitzen gebunden, von Teufeln mit Hacken zerfleischt und über ein Ährenfeld von Hellebarden dahingewälzt wurden ... Einst hörte ich überdies den Prediger sagen, in die Hölle schneie es die Seelen hinab, indes etwa eine einzige zum Himmel auffliege. »Hm«, dachte ich, »mir wird es schwerlich gelingen, der Auserwählte zu sein; ich komme ganz gewiß in die Hölle. Wenn ich nur wüßte, wie man ein Teufel werden kann! Die haben es doch besser als die armen Seelen.« – Denn das begriff ich wohl, daß die Henker besser dran sind, als die armen Sünder, die von ihnen gerädert werden. Ich trug mein Bedenken den Knaben vor, mit denen ich gewöhnlich herumlief; allein sie wußten mir nicht zu raten, obschon sie bald meines Sinnes waren. Ich wandte mich also mit Vorsicht an meinen Vater ... Aber wehe, ich hatte kaum die Frage vorgelegt, wie man denn ein Teufel werden könne, so peitschte er schon unbarmherzig auf mich los, indem er schrie: »Du gottloser Bube, ein Teufel willst du werden, ein Teufel? Ich will dir die Lust dazu und den Teufel schon austreiben!« Nachdem endlich der Tanz vorüber war, erklärte er mir erst, daß die bösen Geister weit schlimmer daran wären, als die armen Seelen, denn sie müßten von der Gerechtigkeit Gottes die herbesten Peinen ausstehen. Ich schwieg zwar, aber ich konnte mir doch von diesen unaussprechlich sein sollenden Peinen gar keine Vorstellung machen.
Wir mußten freilich an Sonn- und Feiertagen, wenn wir aus der Predigt kamen, etwas vom Inhalte derselben wissen oder man tischte uns hinter der Tür auf, das heißt, man setzte einen Fußschemel vor uns hin, ein Schüsselchen voll Wasser

mit einem darinliegenden Stein darauf, und reichte uns nur zur Gnade ein wenig Brot. Unsere Bank war der Boden. Öfters widerfuhr mir dies. Denn meine Hauptbeschäftigung unter der Predigt war, auf eine besonders künstliche Art den Rosenkranz um die Hand zu schlingen und ihn davon herabzuziehen, obschon mir ein anderer den Daumen hielt; oder den Spinnen in den Winkeln der Kirchenstühle zuzusehen ...
Im achten Jahre erhielt ich in der Schule, besonders aber zu Hause von meiner Mutter, Anleitung zur Beichte zu gehen. Am Tage, an dem ich zum ersten Mal beichten sollte, weckte mich meine Mutter etwas früher auf, kleidete mich in's Festgewand und setzte sich an die offene Küchenkastentür, in der, wie in den Beichtstühlen, eine mit durchlöchertem Bleche bedeckte Öffnung angebracht war; ich mußte auf der anderen Seite der Tür alles genauso machen, wie ich es im Beichtstuhle zu machen vor hatte. Wirklich beichtete ich ihr alle meine Sünden, so wie dem Priester in der Kirche. Nachdem ich diesem mein Bekenntnis abgelegt hatte, gab er mir zur Buße auf, einige Vaterunser zu beten, und entließ mich mit einem geistlichen Zuspruche. Das Nachdenken über seinen Zuspruch machte, daß ich vergaß, was für ein Gebet er mir zur Buße aufgegeben hatte, und daß ich nach langem ängstlichen Besinnen noch einmal in den Beichtstuhl treten mußte, um mir das Vergessene zum zweiten Male sagen zu lassen. Das verdroß meine Mutter, die es gewahr wurde, recht sehr; denn sie hatte gehofft, ich würde, durch ihren deutlichen Unterricht belehrt, ganz gewiß der geschickteste Knabe sein.
Im neunten Jahre sollte ich auch zum Abendmahl gehen. Mein Vater prüfte mich immer selbst, ehe ich zur Unterweisung ging, und wenn er fand, daß ich nichts gelernt hatte, so nahm er den hölzernen Präzeptor, wie er ihn nannte, einen Besenstiel, zu Hilfe. Dies zwang mir natürlicherweise die unbegreiflichsten Dogmen ohne weiteres in den Kopf. Meine Mutter nahm sich zugleich die Mühe, mich praktisch zu unterrichten, wie ich mich der Kommunionbank nähern, das geweihte Brot in den Mund fassen und mich nach dem Weggehen vom heiligen Tische verhalten sollte. Es gelang mir diesmal auch wirklich besser, ihrem Unterrichte nachzukommen, als bei der ersten Beichte. Nur eins wollte ihr nicht gefallen, nämlich als der Mesner mir den Weinbecher darbot, der sogleich nach der Kommunion herumgegeben wird, um die Hostie hinabzuspülen, schüttelte ich den Kopf vor dem Weine, wie einer, der etwas Ekelhaftes in den Mund gebracht hat.

20, 77 ff.

LICHTENAU BEI ANSBACH, 1778
Pflichtschuldiger Dank-, Bitt- und Bußbrief der Konfirmandin

Gnädiger Herr Papa,
es ist heute einer der wichtigsten Tage in meinem ganzen Leben, weil ich unter Gottes Beistand zum ersten Mal den heiligen Beichtstuhl betreten soll, und auch hernach zu dem Versöhnungs- und Liebesmahl meines Jesu geladen bin. Damit ich aber desto würdiger erscheinen kann, so ist es meine kindliche Pflicht und Schuldigkeit, zuvor mit meinem Dank und schuldiger Abbitte bei Ihnen, gnädiger Herr Papa, zu erscheinen. Für das erste hab ich Ihnen mein leibliches Leben zu danken, und kaum als ich wenige Stunden das Licht dieser Welt erblicket, war Ihre väterliche Liebe bedacht, mich in der heiligen Taufe Christo meinem Erlöser darzubringen, und in das Buch des Lebens einschreiben zu lassen. Ja, Sie sorgten ferner auf das beste für meine Erziehung. Sowohl in den zartesten Jahren, als auch in den anwachsenden Jahren, gaben Sie sich Mühe mir teure Lehrer an die Seiten zu setzen, die mich in meinem Christentum auf das gründlichste unterrichten sollen, welches dann auch mit Gottes Beistand geschehen, daß ich jetzt weiß, an wen ich glauben soll, und die Pflichten eines Christen mir tief in mein Herz gepräget, ja meine Zunge ist freilich zu schwach, alle Wohltaten namhaft zu machen und dies Papier würde zu wenig sein, wann ich sie alle erzählen wollte. Kurz zu sagen, Sie lieber Herr Papa, haben an mir getan, was nur immer ein zärtlicher und sorgfältiger Vater an seinen Kindern in der Welt tun kann. Für das alles nehmen Sie hin meinen kindlichen Dank, welcher aus Grund des Herzens gehet. Gott der Vergelter alles Guten belohne es Ihnen tausend und abertausendmal. Er segne Sie dafür leiblich und geistlich. Er erhalte Sie, teuerster Herr Papa, bei langem Leben, mir zu Trost und Freude, er stärke und unterstütze Sie in Ihrem beschwerlichen Amte, ja er stehe Ihnen bei wie dem Abraham und Jakob, es fließe auch über Sie eben derselbige Segen und die Zahl Ihrer rühmlichen Jahre kommen auch selbigen gleich, aber lassen Sie auch ferner Ihre Gnade auf mich fließen und nehmen Sie mich ferner unter die Flügel Ihrer väterlichen Sorgfalt. Weil mich aber auch mein Gewissen überzeugt, daß ich Ihnen, lieber Herr Papa, öfters sowohl wissentlich als unwissentlich beleidiget und zum Zorn gereizet habe, so bezeig nicht allein darüber eine herzliche Reue, sondern bitte es Ihnen hiermit untertänig und von ganzer Seelen ab. Vergeben Sie mir meine jugendlichen Fehler und Sünden von Herzen, und gedenken Sie derselben ja nicht mehr. Ich werde mir angelegen sein lassen mit der Hilfe Gottes, diese Fehler in Tugenden zu verwandeln, nur bitte zum Beschluß noch dieses, daß Sie mich auch mit in Ihr christliches und väterliches Gebet einschließen, und mir auch Gottes Gnade und Beistand erbitten helfen, welches Gott ganz ungezweifelt

erhören wird, wofür ich zeitlebens sein werde meines Gnädigen Herrn Papa untertänig gehorsame Tochter.

134, 43 f.

Leipzig, 1786
Abschaffung des Exorzismus

Dieser Tage ist auch bei uns das erste Kind ohne die anstößige Formel: Fahre aus, du unreiner Geist! getauft worden. Der Vater des Kindes, Schneidermeister Höhn, und die Gevattern, ebenfalls Handwerksleute, drangen gemeinschaftlich auf die Weglassung dieser Formel, womit der Superintendent, Dr. Rosenmüller, sogleich zufrieden war; ein anderer hiesiger Doktor Theologiä aber sträubte sich anfänglich sehr dagegen, bis er endlich nachgeben mußte.

24, 133

Fulda, um 1800
Spiel und Ernst

Eines heitern Frühlingsnachmittags waren wir Nachbarskinder um ein Spiel verlegen. Daß wir nicht eins der bekannten ergriffen, lag an dem niedlichsten, rotwangigen Nachbarskind, um das wir älteren Knaben uns mit einer eifersüchtigen Zärtlichkeit drängten ... Ich weiß nicht mehr, wie ich endlich auf den Vorschlag kam – wir wollten »Ewigkeit« spielen. Das Neue und Rätselhafte fand Aufnahme und ich hatte als Angeber die Sache anzuschicken, wobei mir die gute Kenntnis des Katechismus zu statten kam. Oheim Velten war nach Gras ausgefahren, Tante und Mutter saßen bei Nachbarinnen vor dem Hause und so gebot ich über die Räumlichkeiten des Hofes. Aus den Reisigwellen in der Halle wurden drei Höhlen als Hölle, Fegefeuer und Himmel hergerichtet und die Gespielen nach meiner Gnadenwahl darin verteilt. Das am jüngsten Maivorabend geweihte Ziegenställchen hatte unter schrägem Dache einen knappen Bodenraum für das tägliche Futter. Jetzt, da er eben leer war, erhoben wir drei ältesten Buben unser liebes Katharinchen als Maria zu diesem himmlischen Sitz und umgaben sie als Dreifaltigkeit. Während nun die Seligen im Reisighimmel sich mit Jubel und Jauchzen genug taten, ließen es die Verdammten an überbietendem Heulen und Zähneklappern nicht fehlen; wie denn auch die in der dritten Höhle ihre um Erlösung flehenden Hände auszustrecken nicht ermüdeten.

Die Sache ging lustig und nachhaltig genug; indem dann und wann einer, der des höllischen Heulens müde war, in den Himmel überlief, um auch einmal zu jauchzen ... Wir Dreieinige, um Käthchens willen heimlich etwas uneinig, wollten uns nun doch auch, gleich unseren Seligen und Verdammten, passend betätigen. Ich als Gottvater schon etwas verdrossen, daß Sohn und Geist die Maria in ihre Mitte genommen und mich beiseit gedrängt hatten, schickte jenen hinab, einige Seelen aus dem Fegefeuer zum Himmel zu erlösen. Etwas ungeneigter als der Sohn zeigte sich der Geist, dem ich aus dem Katechismus bewies, daß er vom Vater und Sohn ausgehen müsse. Doch folgte er endlich und hüpfte als Taube mit flügelartig gebreiteten Armen im Hof umher.
Nun rückte ich der freundlichen Maria etwas näher. Doch diese dritte Bewegung war zuviel für die Umstände: die halbe Schütte Stroh, auf der wir saßen, rutschte; Maria konnte sich auf diesen goldenen Strahlen unsers Himmels nicht halten, und glitt in den Hof hinab. Ihr Wehgeschrei brachte Himmel, Hölle und Fegefeuer in Aufruhr; Selige und Verdammte vermischt umstanden die Gefallene, die sich endlich erhob und mit einer Quetschung am Bein nach Hause hinkte. Über uns andere kam die Ahnung eines Strafgerichts für unser frevelhaftes Spiel, so daß wir kleinlaut davonschlichen.
Als ich, der Urheber des Frevels, mit zerknirschtem Herzen die Stube betrat, fiel mein erster Blick auf unsere Hausandacht. Ich meine jenes starke Buch, aus welchem die Gewitter besprochen wurden und das für alle Tages- und Jahreszeiten Gebete und Betrachtungen enthielt. Ich nahm es an mich und suchte in dem »Beichtspiegel« nach einer etwaigen Bezeichnung meiner Sünde. Ein solches Verzeichnis aller denkbaren Sünden wird nicht, wie andere Musterkarten, zur Auswahl für neue Anschaffungen, sondern im Gegenteil zur Besinnung auf das, was man abzulegen habe, den Frommen dargeboten. Wie oft, seitdem ich in die Jahre des Beichtens getreten, hatte ich über diesem Register gesessen, bald zur »Erforschung des Gewissens«, bald aber auch um über manche der verzeichneten Sünden zu rätseln, deren dunkle Benennungen etwas Geheimnisvolles für den Knaben hatten und eine Ahnung dessen erweckten, was man im Leben noch alles kennenzulernen habe.
Dem Beichtspiegel war eine sonderbare Lotterie beigefügt – ein liniiertes Viereck, dem Schachbrett ähnlich in kleine Felder geteilt, deren jedes mit einer Ziffer bezeichnet war. Hatte man sich hier eine Zahl gewählt oder gewürfelt: so wies ein nachfolgendes Verzeichnis unter derselben Nummer nach, was man gewonnen, das heißt – bußweise zu tun habe: ein Gebet für den Tag, eine Lebensvorschrift für die Woche, einen Kirchengang für den Abend, eine Enthaltsamkeit bei Tische, ein Almosen für den Freitag u. dgl. An Vorschriften zu Kasteiungen fehlte es auch nicht grade und eine solche fiel mir durch die Nummer, die ich mittels einer kleinen Saubohne mir erwürfelt hatte, als diesmaliger Buß-

gewinn zu. Gleich suchte ich mir aus dem gesponnenen Garne der Muhme hinterm Ofen die dickste Zaspel aus, mit welcher, als einer Bußgeißel, ich bald über die rechte, bald über die linke Schulter den des Kamisols entkleideten Rücken traf, bis er mir über und über brannte. Dies war, im Vertrauen gesagt, nicht das einzige Mal, daß ich in jenem Alter, und noch als angehender Student, solcher frommen Anwandlung folgte.

103, 101 ff.

Altenburg, 1817
Das Reformationsjubiläum

Das bevorstehende Reformations-Jubiläum regte nun nach allen Seiten an und auf, und Gedanken kamen bei uns zur Sprache, die früher uns kaum berührt hatten ... Unter anderem war es der Zwang des sonntäglichen Kirchenbesuches, der heftig, ja von einigen mit Erbitterung angegriffen wurde ... Wir mußten während des Gottesdienstes gedrängt nebeneinander auf dem Orgelchor stehen, nur eine kleine Anzahl fand in der vorderen Reihe an der Brüstung neben dem diensttuenden Lehrer sitzend Platz; für die übrigen war wegen unvermeidlicher Unruhe die Predigt durchaus unverständlich, und sobald man sicher war, vom Aufseher als anwesend verzeichnet zu sein, schlich man sich geräuschlos davon ... Dagegen lasen wir das Leben Luthers und der Männer, die mit ihm das Werk der Reformation in Angriff genommen, ausgeführt und gefördert hatten, mit stets sich steigernder Erwärmung, die siegreichen Kämpfe wider den Papst und das Papsttum, wider Menschensatzungen und den ebenso lächerlichen als gefährlichen und verderblichen Aber- und Wunderglauben. Mit besonderer Freude erfüllte es uns, zu erfahren, daß Luther persönlich in Altenburg gewesen, daß er hier dem päpstlichen Legaten von Miltitz tapfer standgehalten und im Freien vor dem Volk gepredigt hatte, auch daß Altenburg ohne Verzug der neuen Lehre gefolgt sei.
Im Verlauf solcher Mitteilungen kamen wir natürlich auch zu Betrachtungen und Besprechungen der kirchlichen Lehren, auf denen als ihrer »vesten Burg« die Macht der Reformation ruht, mit denen sie ihre Siege erkämpft hat. Wie schon zu Luthers Zeiten seine Lehre von der »Freiheit der Kinder Gottes« anders als er sie gegeben von Karlstadt und von den Bauern aufgefaßt worden war, traten auch unter uns widersprechende Ansichten auf und wurden mit Eifer und Leidenschaft behauptet und bekämpft ...
Während wir jungen Leute noch immer mit historischen Erinnerungen uns beschäftigten ... war das Kuratorium des Gymnasiums darüber in Beratung getre-

ten, auf welche Weise die höhere Schulanstalt am Reformations-Jubiläum würdig sich beteiligen solle. Nun bestand an derselben das Herkommen, den Geburtstag des Landesherrn alljährlich durch einen solennen Actus zu feiern, bei welchem einige Schüler der obersten Klasse selbstgearbeitete Vorträge in lateinischer und griechischer Sprache öffentlich im Gymnasium zu halten hatten. Um aber nicht ... zwei Feierlichkeiten in einem Jahre zu veranstalten, ward beschlossen, das Reformationsfest an Stelle des herzoglichen Geburtstags durch den üblichen Actus zu begehen. Ausnahmsweise sollten – um dem Fest sein nationales Gepräge zu wahren – die Vorträge nur in deutscher Sprache gehalten werden. Erwählt wurden für historische Darstellungen in Prosa J. F. Daniel Voretsch und W. Lorenz, für poetische Leistungen Karl Hase und ich. Hase hatte als Thema, wenn ich nicht irre, das Lob der Reformation im allgemeinen, während ich mit einer Ode auf Luther den Akt schließen sollte.
Erhob sich nun auch unter uns gegen diese Anordnung, sowie gegen die vier Repräsentanten des Gymnasiums kein Einwand, so war doch die Erwartung bei dem Gedanken an ein nationales Jubelfest so hoch gespannt, daß man sich mit einem Actus innerhalb der Schulwände nicht befriedigt sah ... Wir beschlossen daher, die Veranstaltung einer allgemeinen öffentlichen Gymnasialfeier der Reformation neben und nach dem Schulactus zu veranlassen. Von allen Seiten kam uns Zustimmung entgegen, als wir einen Fackelzug mit Gesang und Musik durch die Hauptstraßen nach dem Marktplatz und eine Rede an das versammelte Volk in Vorschlag brachten ... Mit einem allgemeinen Kommers sollte der Tag beschlossen werden ...
Man war vielleicht in Erinnerung an Luthers Verkleidung als Junker Georg auf den Einfall gekommen, die Zugführer altertümlich auszurüsten, wozu die Waffenkammer des Schlosses um Helme und Schwerter in Anspruch genommen werden sollte ...
Bei dem Actus war, so wie beim heiligen Abendmahl und bei allen feierlichen Gelegenheiten, vorgeschriebene Tracht: Frack, schwarzseidene Weste, kurze Beinkleider, schwarzseidene Strümpfe und Schnallenschuhe. Da uns diese Kleidung bei dem vorliegenden Fall durchaus unpassend erschien, erlangten wir, und zwar ohne große Mühe, die Erlaubnis, im deutschen Rock und in langen Beinkleidern und Stiefeln aufzutreten. Die Tracht aus der Zopfzeit war damit für immer beseitigt.
Eine große Freude anderer Art überraschte uns beim Actus selbst, als wir in den großen, von einer glänzenden Gesellschaft beiderlei Geschlechts fast überzählig erfüllten Saal traten und das für uns bestimmte Podium (wie wir erfuhren, von edeln Jungfrauen) reich und schön bekränzt sahen ...
Weniger glücklich waren wir am Abend beim Fackelzug und beim Kommers. Eine ungewöhnliche Menschenmenge hatte die Straßen, durch die wir zu dem

Marktplatz zogen, und diesen selber eingenommen. Wir konnten uns nur mit Hilfe der brennenden Fackeln Bahn brechen, was eine nicht eben günstige Stimmung gegen uns hervorrief. Die blanken Schwerter, Ritterhelme und sonstiges altertümliches Rüstzeug reizten die großenteils sehr rohe Menge mehr zu Spott und Hohn als zu Achtung und Freude; die Musik an der Spitze des langen Zuges konnte auf das Ganze eine genügende Wirkung nicht ausüben; noch weniger konnte es der Gesang, der ohne zusammenhaltende Kraft vom massenhaften Lärm übertönt wurde. Angekommen an dem für den Redner bestimmten Platz wollte es unser Mißgeschick, daß unser erwählter Sprecher, verwirrt durch die stets lauter werdende Unruhe der zügellosen Menge, derart das Gedächtnis verlor, daß er von seiner Rede weder Anfang noch Fortgang wußte und ganz außer Fassung war. Zum Glück hatte wohl Hase das Manuskript... zu sich gesteckt und nahm es zur Hand für Souffleurdienste; Müller trat mit einer Fackel heran, ihm zu leuchten; ich gab mit der Fahne, die man mir anvertraut, das leider! wenig beachtete Zeichen zu allgemeiner Stille, und die Rede begann. Aber Satz für Satz mußte Hase dem unglücklichen Redner aus dem Manuskript vorsagen; mit Mühe und stets schwächer werdender Stimme sprach dieser soviel er den Aushelfer verstehen mochte nach, unhörbar schon für die Nächststehenden, für die große unruhige, unzufriedene und übelwollende Menge die Veranlassung zu tobendem Ausbruch des Unwillens.

Wir waren froh, als wir, die Fackeln auf einen Haufen werfend, mit einem mächtigen Lustfeuer dem Volke das Ende der Festlichkeit kundgeben und uns nach dem Saal verfügen konnten, wo uns für alle Sorgen und Mühen Erquickung und Stärkung mit Speise und Trank gereicht werden sollte. Hier aber zeigte sich alsbald der durch den unangenehmen Verlauf des Fackelzugs erregte Geist der Gesellschaft einer Festfreude nicht sehr günstig; Vorwürfe weckten Widersprüche, die von beiden Seiten mit steigender Wärme aufeinander prallten. Und als ich wahrnahm, daß man unter heftigem Wortwechsel auch anfing, der Flasche eifriger zuzusprechen, ward ich ernstlich besorgt und brachte zunächst nur in möglichster Stille sämtliche Schwerter in sicheren Versteck. Wie wohlgetan dies war, zeigte sich sehr bald. Unvergeßlich ist mir geblieben, wie ich sehen und hören mußte, daß Müller im heftigsten Zorn durch den Saal stürmte mit dem vielemal wiederholten Rufe: »Mein Swert! Mein Swert! Wo ist mein Swert? Ich haue euch alle in Stücke!« Da war es dann gut, daß das »Swert« nicht zu finden und damit das Zeichen gegeben war, die Lichter zu löschen und den Heimweg zu suchen.

55, 108 f.; 111 ff.

Erfurt, um 1840
Tätigkeit der Kirchknaben

In den evangelischen Kirchen Erfurts herrschte der Gebrauch, drei nette Jungen bedürftiger Familien zu allerhand kleinen Dienstleistungen heranzuziehen. Man nannte sie Kirchknaben. Sie hatten Botengänge für Pastor, Diakonus, Kirchner und Kantor zu besorgen, die Kirchentüren zu öffnen und zu schließen, Wachen im Gotteshaus zwischen den Gottesdiensten zu halten; sie mußten aus der Wohnung des Kirchners das Wasser zu den Taufen, Brot und Wein zum Abendmahl herbeitragen; zu ihren Obliegenheiten gehörte das Anzünden und Löschen der Festkerzen und das Weihrauchfaßschwingen. Auch hatten sie den Predigern vor Liturgie und Rede den letzten Liedervers anzumelden und ihnen mit einer tiefen Verbeugung die Tür zu Altar oder Kanzel zu öffnen. Bei Begräbnissen schritten sie mit einem umflorten Stangenkruzifix und in schwarzes Papier gehüllten Kerzen, einen hohen Hut auf dem Kopf, in langen schwarzen Kutten an der Spitze des Zuges.
Belohnung hierfür erwuchs aus Legaten und Kirchentaxen ... Ein solcher Kirchknabenposten wurde gelegentlich frei. Ich bekam ihn; Kirchner Sinnhold mein Vorgesetzter. Er bestimmte: Weiss trägt beim Begräbnis das Kreuz und besorgt das Weihrauchfaß an Festtagen.
So war ich in Amt und Würden. Beim nächsten Leichengange schritt ich, als wäre ich die Hauptperson, in Kutte und hohem Hut mit dem Kreuz dem Zuge voran. Der Sarg wurde damals auf den Friedhof getragen. Das Trauergefolge schloß sich zu Fuß an. Es war eine schöne Abendstunde. Golden sank die Sonne hinter die Bäume; ich stand mit dem Kruzifix am Kopf des Grabes, der Geistlichkeit gegenüber, denn es war ein Leichenbegängnis erster Klasse. Ein Chor sang; der Pastor hielt die Rede; die Verwandten weinten; mir war das Ganze interessant. Von dem Uhlandschen »Hirtenknabe, Hirtenknabe, dir auch singt man dort einmal«, wußte ich noch nichts.
Am Pfingstfest schwang ich im kunstvoll umgelegten Chormäntelchen das Rauchfaß. Wie hochgemut schritt ich unter Glockengeläut und Orgelklang durch die geschmückte volle Kirche! Stolz ging ich an den Bänken der Schulmädchen vorbei, die zu solcher Ehre nie kommen konnten, und dasselbe Hochgefühl erfüllte mich, wenn ich den Geistlichen zu Kanzel oder Altar voranschritt.
Unsere Einkünfte suchten wir Kirchknaben nach Möglichkeit zu vermehren. Sonntags hatten wir zwischen Früh- und Nachmittagsgottesdienst Wache zu halten. Wir öffneten bei schönem Wetter die Haupttüre und luden fremde Vorüberschreitende zur Besichtigung der Kirche ein. Mit großem Aufwande von Beredsamkeit wurden die vorhandenen Merkwürdigkeiten gezeigt ... Ein klin-

gender Lohn blieb in der Regel nicht aus; einen Teil davon verwandelten wir sofort in Kümmelbrote und Wurst, die behaglich in der Sakristei geschmaust wurden. Waren Reste vom Abendmahlwein der Kirchnerin zurückzubringen, so nippten wir einmal, auch zweimal ...
Meine Kircheneinnahmen brachte ich zu Tante Gretchen, welche daraus meine Einkleidung zur Konfirmation in einen dunkelgrünen Rock, zitronengelbe Weste und ein hübsches schwarzes Hütchen ermöglichte.

214, 20 ff.

Haslach, um 1845
Über Disziplin in der Kirche

Lange Predigten, welche die Kinder in der Regel gar nichts angehen, sind für erwachsene Menschen nichts Angenehmes, für Kinder aber, die immer still sein sollen, eine Qual ... So kam es, daß, um uns im Zaum zu halten, in meiner Jugendzeit strenge »Kirchenvögte« über die Knaben gesetzt waren, die mit sogenannten Ohrfeigen jeden, den sie in flagranti am Schwätzen oder Spielen ertappten, reichlich regalierten. Zum Glück für mich war in unserer Abteilung mit diesem Amte der »Kappenmaurer« betraut, mein Freund vom Herrgottstag her, wo ich seine militärischen Strapazen ihm versüßte, sonst hätte ich jeden Sonntag Schläge in Folio bekommen. Gleichwohl hat er mir mehr als einmal sein altes Gebetbuch um den unruhigen Knabenkopf geschlagen; was aber unserer Freundschaft keine Stunde lang Eintrag tat. Diese »Kirchenvögte« waren ein notwendiges Übel, denn wenn man uns hätte machen lassen, so wäre die Kirche zum Spielplatz geworden ...
Mit dem zwölften Lebensjahre wurde ich übrigens der Vogtei des Kappenmaurers entzogen; der Lehrer hatte mich meiner hellen Sopranstimme wegen »auf's Chor« genommen zum Singen. Nie in meinem Jugendleben fühlte ich meine Knabenehre mehr gekränkt, als da mich der Maestro zu den Mädchen einreihte, die Chorsängerinnen waren, um mit ihnen Sopran zu singen. Die Tränen liefen mir vor Schmerz und Schamgefühl anfangs oft über die Augen, wenn ich in der Probe und »auf der Orgel« bei den Weibsleuten stehen mußte. Und warum habe ich jene Tränen überwunden, warum das herbe Los, zu den Mädchen gezählt zu werden, ertragen? Weil ich ein »heiliger Dreikönig« werden wollte, was ohne Chorgesang unmöglich war. Nur Chorknaben hatten jenes beneidenswerte Privilegium. So duldete ich um eine – papierene Königskrone!
Aber noch eine süße Frucht lag im Chorgesang. Wir Chorknaben durften unter der Predigt ungeniert schwätzen. Wir gingen nämlich regelmäßig, wenn der

Pfarrer die Kanzel bestiegen hatte und das »heilige Geistlied« gesungen war, hinter die Orgel zum Blasbalgtreter, setzten uns auf seinen Thron ... und machten Pläne für den Nachmittag in Feld und Wald.

78, 161 ff.

Haslach, 1851
Der Weiße Sonntag

Nach dem Aschermittwoch des Jahres 1851 begann der Kommunion-Unterricht und damit unsere tägliche Berechnung, wieviele Tage noch seien bis zum Weißen Sonntag. Es ist mir von dem religiösen Unterricht, auch in dieser hochwichtigen Zeit, nicht mehr das Geringste im Gedächtnis. Die fromme, religiöse Seite des Weißen Sonntags war uns, oder wenigstens mir, bei weitem nicht die Hauptsache. Es liegt unverwest in meiner Seele begraben, daß ich meine Freude auf ganz andere Dinge konzentrierte, als auf den erstmaligen Empfang des Leibes und Blutes des Herrn. In erster Linie stund uns allen die Entlassung aus dem Schulzwang und die sehr törichte Sehnsucht, kein Kind mehr zu sein ...
Der zweite, dem ersten fast gleichstehende Grund unserer Freude am Weißen Sonntag hing vollauf mit den »neuen Kleidern« zusammen. Ich habe keine Ahnung davon, wie es einer Braut zumute ist, wenn der Bräutigam ihr den Lyoner Stoff zum Hochzeitskleide überreicht, aber das ahne ich, daß sie unmöglich eine solche brennende Freude empfinden kann, wie die Haslacher Erstkommunikanten des Jahres 1851 – schon beim Gedanken an die schwarzen Kleider, an den feinen Zylinder, an den weißen Strauß auf der angehenden Mannesbrust – und an die neuen Stiefel. Täglich ward davon geredet, wo der und jener seinen Stoff herbeziehe, und welcher Schneider ihn verarbeite zum Festgewand. Es war die einzige Zeit meines Lebens, in welcher ich für Schneider geschwärmt habe.
In jenen Tagen wurde der junge Mensch von Kopf bis zu Fuß und vom Hemd bis auf den Rock vollständig neu gekleidet, und zwar hatte die Patin Hut, Hemd und Halstuch – das Übrige das Vaterhaus zu liefern. Hut und Rock waren aber die auszeichnenden Insignien des Erstkommunikanten; ihre Beschaffenheit bildete das ständige Thema unserer Reden über äußere Vorbereitung.
Nun bauten damals drei Brüder, jeder selbständig, in der Heimat die Zylinder vulgo »Seidenhüte«, die Hutmacher Lorenz, Sepp und Niclaus Kilgus. Der letztere wohnte unmittelbar neben meiner Taufpatin und er mußte jedenfalls der Erbauer meines ersten und letzten Zylinders werden. Wochenlang vor dem Festtag fragte ich den Niclaus täglich, ob die Adlerwirtin den Hut noch nicht für mich bestellt habe. So oft er »Nein« sagte, ebenso oft klagte ich der Mutter, die

»Göttle« – wie die Patin im alemannischen Dialekt heißt – werde gewiß den Seidenhut vergessen. Als aber die edle Kopfbedeckung endlich bestellt und fertig war, holte ich sie schon acht Tage vor dem Weihetag feierlich heim und besah sie täglich zehnmal, um ihr meine Bewunderung zu zollen und im stillen mich ihrer Zierde zu freuen. Er war kühn und hoch gebaut, steif wie ein Kanonenrohr, vom feinsten Kaninchenpelz und von dem damals bezeichnend »Kübel« genannten Format ...
Als das zweite Prachtstück des ersehnten Tages galt der erste schwarze Tuchrock. Der Vater eingedenk seiner eigenen Jugend, wollte, daß sein blauer Hochzeitsrock dem Sohne auf den Leib geschnitten werde, allein die Mutter und Großmutter, vom Geiste der Neuzeit angehaucht, beschlossen zu meiner Freude ein neues Gewand, zu dessen Fertigung der Schneider Eisenmann den Auftrag erhielt. Bis der Rock angemessen, probiert und genäht war, besuchte ich täglich den Meister, als ob er gratis Zuckerbrot feil hätte ...
Den »Strauß« auf die Brust fertigte des »Buchbinders Ricke«, eine ehrbare Jungfrau und Blumenfabrikantin. Eine Weste von schwarzem Atlas mit roten Streifen sollte die Brust des Weißen-Sonntags-Kindes decken, von der Großmutter gestiftet, die außerdem noch eine lange, silberne Halskette mit des Großvaters Taschenuhr, ein wahres Riesenwerk, am Tage zu überreichen versprochen hatte. Je näher das Fest kam, um so eifriger beteten wir um – gutes Wetter, damit wir nicht naß würden bei unserem feierlichen Ausmarsch aus dem Kinderhimmel ...
Von meiner religiösen Stimmung an jenem heiligen Tag ist mir nichts mehr klar, nur das hab ich bewahrt, daß ich staunte, als bei der Predigt und schon vorher, da wir zur Kirche gingen, strahlend wie neugeschaffene Engel, viele alte Leute weinten ... Nach der Feier ging's ins Pfarrhaus, wo der Herr Dekan jedem ein Andenken gab, während die jüngere Schuljugend vor dem Hause wartete, um sich recht satt zu sehen an den Glücklichen und heiße Wünsche im Herzen brennen zu lassen, auch bald einmal »aus der Schule zu kommen« und »Erstkommunikanten« zu sein.
Am Nachmittag zogen die Mütter mit den Auserwählten nach Hofstetten. Da gab's Wein und »Bibeleskäs« in der »Linden«, und der Zylinder ging auch mit samt dem »Strauß«.

78, 259 ff.

Bei Offenburg, um 1860
Kinderfreuden bei Kirchenfesten

Zu den Kinderfreuden gehörten besonders die kirchlichen Feste, die Prozessionen und Bittgänge. Am beliebtesten war der große Bittgang um den ganzen Gemeindebann in der sogenannten Kreuzwoche im Frühling. Das dauerte von früh sechs Uhr bis in den Nachmittag hinein. Zur Wegzehrung wurde uns Kindern jedesmal ein Bottelchen Wein, Küchlein und Speck, auch ein paar Kreuzer zugesteckt. Dafür gaben wir uns die erdenklichste Mühe, Gottes Segen und Schutz auf die heimatlichen Fluren herunterzuschreien. In allen Tonarten brüllten wir die Rosenkränze und Vaterunser über die Felder und Weinberge hinweg. In den Kapellen unterwegs mußten die Priester vier Evangelien beten. Während dieser Pausen wurde Wein und Chriesiwasser geschluckt, oft noch im Wirtshaus das Bottelchen wieder angefüllt. Manchmal kam es dabei zu einer richtigen Hauerei, ein andermal warfen sie eine Heiligenstatue, die sie zu vieren auf den Schultern trugen, in den Kleeacker und schrien: »Wer nit laufe kann, der braucht au nit mit!«
Auch an den Wallfahrten hatten die Kinder Freude, mehr Ergötzen daran aber hatten Jungfrauen und Jünglinge. Wer sich im Dorfe unter der Tyrannei der Tugendbundjungfrauen nicht sehen und nicht necken durfte, fand sich allemal dort. Da wallte man an den Muttergottestagen fünf Stunden am Harmersbach nach Mariazell. Das war für uns eine große Wanderung, die Sitten und Gebräuche im schönen Kinzigtal kamen uns schon fremdländisch vor. Unter schattigen Nußbäumen ruhten wir uns von den Anstrengungen des Betens aus, dann entfaltete sich bei den Großen oft ein recht weltliches Treiben. In Zell selbst mußten die frommen Waller mit Massenquartieren vorlieb nehmen. Ringsum an den Wänden und in der Mitte lagen die Strohsäcke im großen Tanzsaal des »Bären«. Hier lag das Völklein kunterbunt durcheinander. Gab es dann Rumor über unheiligen Beginnens Verdächtige, so erhob sich Ferdinand der Zimmermann. In den finstern Saal hinein erscholl seine Stimme, die harte Strafpredigt weckte auch die unschuldigen Schläfer. Um fünf Uhr und noch früher drängte alles dem Ausgang zu. Jedes wollte zuerst in der Kirche am Beichtstuhl seiner Sünden ledig sein.

12, 24 f.

3.2. Notwendige Illusionen

Kommentar
Hildesheim, 1674   Krank, besessen oder bezaubert?
Hamburg, 1711   Der Teufel als Lehrer
Leipzig, 1715   Beispiele von alter Weiber Aberglauben
Augsburg, 1724   Unsicherheit über einen Hexereiprozeß gegen Kinder
Fulda, um 1800   Wie man sich vor Hexen schützt und woran man sie erkennt

Pulsnitz, um 1810 Die Nativität
Magdeburg, um 1812 Die Nachtseite der Natur
Erlangen, um 1835 Gespensterfurcht
Schoppernau, 1849 Versuch einer Wunderheilung des linken Auges

Bis ins 19. Jh. ließen auch fromme Väter, sogar Theologen, ihren Kindern die Nativität stellen. Aus der Konstellation der Sterne zur Zeit der Geburt werden Charakter und Lebensweg errechnet. Eine modernere, nämlich medizinische Form, den Gestirnen Einfluß auf Wohl und Wehe zu unterstellen, wird im »Monddoktor« von Chodowiecki verspottet.
Aus: J. Rueff, Trostbüchlein, den Hebammen und schwangeren Frauen dienstlich, Frankfurt a. M. 1563 (Reprint München-Allach 1968). – M. von Boehn, Deutschland im 18. Jh., Bd. 2 (Die Aufklärung), Berlin 1922

Kommentar

Wenn man heute davon spricht, daß wir in einer säkularisierten Gesellschaft leben, meint man damit die Bedeutungslosigkeit christlicher Ideen und Institutionen für die Regelung der gesellschaftlichen Prozesse und die individuelle Bewältigung des Alltags. Damit unterstellt man eine Durchdringung des Lebens und Denkens der Menschen früherer Jahrhunderte mit dem Christentum, die so überhaupt nicht gegeben war. Auf der einen Seite ist das, was das Volk glaubt, überhaupt versteht, und die Formen der Frömmigkeit, die es entwickelt, etwas, das sich mehr oder weniger weit von der Kirche und ihrer Dogmatik entfernt, von ihr kompromißlerisch assimiliert oder geduldet werden kann. Auf der anderen Seite hatte das Christentum offenbar nicht die Kraft oder die Fähigkeit, jene ungeheuren Angstpotentiale auszutrocknen, die unverstandene und oft bedrohliche Naturphänomene freisetzten. Das, was man allgemein Aberglauben nennt und was nur in Teilen systematisch erforscht ist, hat für die Volksmassen, aber lange auch für die Gebildeteren – man denke an die Sterndeuterei – eine Bedeutung gehabt, die man dem rechten (christlichen) Glauben wohl vergleichen kann.

Ein schreckliches Ergebnis der kirchlichen Assimilation von Elementen des Volks- bzw. Aberglaubens war die Verfolgung von Frauen, Männern und auch Kindern als Hexen und Hexenmeistern. Ihr epidemisches Ausmaß in der 2. Hälfte des 16. und der ersten des 17. Jahrhunderts hatte zur Voraussetzung die Systematisierung des Hexenglaubens durch Theologen, die von ihnen erst hergestellte Verbindung zur Häresie und die Bereitschaft des weltlichen Arms göttlicher Gerechtigkeit, Schuldbekenntnisse mit der Folter zu erzwingen. Tausende Unschuldige (zu 85 % waren es in Südwestdeutschland Frauen), nur wenige, die selbst an ihre Hexerei glaubten, wurden hingerichtet. Kinder haben als Denunzianten von anderen, aber auch als freiwillig sich selbst Bezichtigende immer wieder eine Rolle gespielt und sind auch, unter Umgehung von Rechtsvorschriften, die immer ein bestimmtes Alter verlangten, hingerichtet worden: Öfter läßt man sie, das gilt als Strafmilderung, verbluten. Warum haben Kinder sich selbst bezichtigt, unaufgefordert und ohne Folter – von Erwachsenen ist das nicht bekannt – und andere, ihnen nahestehende Personen als Beteiligte genannt? Die Antwort auf diese Frage wirft zugleich ein Licht auf die Sozialisationsbedingungen der Kinder jener Jahrhunderte, bis ins 19. hinein (denn der Aberglaube hörte mit dem Erlöschen des Hexenwahns keineswegs auf). Die Unterscheidung von innen und außen, von Traum, Phantasie und Realität ist auch heute noch ein immer wieder unterbrochener und gefährdeter, komplizierter entwicklungspsychologischer Prozeß. Wenn die Erwachsenen die Differenz von Tag und Traum nicht mehr erkennen, so müssen Kinder psychotisch werden. In Calw hinderten Eltern (1687) ihre Kinder am Schlaf, weil diese nachts nicht von Hexerei träumten, sondern weil sie als Hexen unterwegs waren! Und von dieser Seelenreise wiederkehrten mit Eindrücken, Erzählungen und Namen der Verantwortlichen. Gewiß ein extremes, doch symptomatisches Beispiel. Aber der Volks- und Aberglauben hat auch positive Seiten, die zu einer Realitätsbewältigung zumindest hinführen. Das Vertrauen in Gott, die Ergebung in seinen Willen und der Glaube an die Auferstehung nach dem Tode mögen vielen Gläubigen Kraft und Trost gewesen sein; magische Praktiken jedoch und die Unterstellung eines zauberischen Ursache-Wirkung-Verhältnisses ermuntern zum Handeln. Wenn die eigentlich fromm-katholische Mutter des Schriftstellers Heinrich König (1790–1869) bei Gewittern zur Abwendung des Blitzschlags bestimmte Bibelstellen mit einer bizarren Gestik liest, dann kann man davon ausgehen, daß ein Blitzableiter anderer Art ihr zwar nicht verständlich, aber willkommen gewesen wäre. Der strikten christlichen Orthodoxie war nicht nur die Zulässigkeit des Blitzableiters, auch die der Kinderimpfung gegen die Pocken sehr zweifelhaft als Eingriff in Gottes Absichten.

Es ist schwer, sich heute von der kreatürlichen Angst eine Vorstellung zu machen, die immer wieder zu bewältigen war, vom Auftreten von Wetterkatastrophen über Mißernten, Mäuseplagen, Seuchen bis hin zur individuellen Krankheit, dem Wegsterben sämtlicher Kinder, mehrerer Ehepartner oder auch nur zum (faktisch ja bedeutungslosen) Erscheinen von Kometen oder dem Eintreten von Sonnenfinsternissen. Archaisch erschüttert schließt noch Mitte des 19. Jahrhunderts Friedrich Ratzels (1844–1904) Mutter ihr Kind bei einer solchen in die Arme, obwohl der Vater das Ereignis mit präpariertem Glas neugierig und aufgeklärt verfolgt. Frauen sind, aufgrund natürlicher und sozialer Gegebenheiten, dem Volks- und Aberglauben intensiver und länger verhaftet. Sie gebären die Kinder, sie sind die Geburtshelfer – und oft genug macht die Natur ja Fehler, und keine Kunst kann helfen. Sie sind für die Kranken zuständig, sie waschen die Toten.

LITERATUR:
K. Spielmann, Die Hexenprozesse in Kurhessen, Marburg 1932
F. Merzbacher, Die Hexenprozesse in Franken, München 1957
H. Wolff, Hexenwahn und Exorzismus, Kriftel/Ts. 1980

HILDESHEIM, 1674
Krank, besessen oder bezaubert?

Am 24. April 1674 berichtet J. Albrecht, Pastor an St. Paul, dem Rat der Stadt...
»daß ein Mägdlein von zehn Jahren mit Namen Anna Elisabeth Schmalt, plötzlich ist befallen, also daß zuerst einige motus convulsivi (Zuckungen) sich bei ihm ereignet; darauf hat sich der Leib abscheulich zu bewegen angefangen ... Den Namen Jesu mochte es durchaus nicht hören, sondern so oft man den nennete, fluchte es entweder und redete gotteslästerlich oder fing überlaut an zu lachen, biß auch wohl um sich ... Da auch einige Weiber ein paar Strohhalme kreuzweis, dem Kinde unwissend, unters Bette haben geleget, ist es geschwind aufgesprungen und hat alles umgekehrt, bis es die Strohhalme ergriffen und zerrissen. Daneben redete es oft schandbare Worte und schalt die Umstehenden ...«
Dies dauerte vierzehn Tage; das Kind hatte täglich 5-8 Anfälle; nachts war es ruhig. Nach dem Anfall betete es geistliche Lieder und Psalmen mit großer Andacht; mit dem angefangenen Gebet stellte sich der Paroxismus wieder ein, so daß das Kind sich nachgehends vor dem Gebet scheute. Die Ärzte gaben ihm »allerlei Medikamente, als Purgantia, Vomitoria und Suffomigia (Abführ-, Brech- und Fiebermittel«), aber ohne Erfolg. Man bringt das Kind an einen anderen Ort; auch das hilft nicht ...
Am 30. März, in der Nacht zum Dienstag, sei ihm seiner Erzählung nach ein Engel in weißen Kleidern und mit vergüldeten Flügeln erschienen; der habe es getröstet und gesagt, es solle nicht ablassen, mit Fleiß zu beten, dann würde Gott sein Gebet erhören und seinem Jammer in der nächsten Montagnacht zwischen 9 und 10 Uhr ein Ende machen ... Am Montag, dem 6. April, hatte das Kind noch acht Anfälle schlimmster Art. »Der ganze Leib und die Beine wurden ihm fast eine halbe Stunde lang von einer Seite zur anderen geworfen ... dazwischen das Mägdlein immerdar sang ...: Eia, Popeia. Wie es gefragt wurd, was es wiegte, gab es zur Antwort: Einen kleinen Jungen. – Wo hast du den bekommen? – In meines Stiefvaters Haus bei den Wiegen. – Wer hat ihn dir gegeben? – Eine Hexe. – Lebt sie noch? – Ja. – Wie heißet sie denn? – Das sollst du noch wohl erfahren. – Einmal sagte der Umstehenden einer: O du verfluchter Bösewicht, wie quälest du das Kind! – Da gab es zur Antwort: Ich bin ein Graf. – Was für ein Graf? – Aus Sachsen-Lauenburg. – Du hast Sachsen-Lauenburg wohl dein Lebtag nicht gesehen. – Ich habe es ehe gesehen, als du bist jung geworden. – Wie bist du denn in dies Kind kommen? – Das sollst du noch wohl erfahren ...
Der Montag lief mit diesem traurigen Spektakel also zum Ende und war die vorherverkündigte Stunde der Erlösung nicht mehr weit; darum auch das Kind sehr heftig betete, und die zugegen waren, gar eifrig um mit zu beten reizete. Es zitterte und bebte ... Unter währendem Gesang und Gebet, damit stets ist ange-

halten worden, hat es einmal auf die Brust geschlagen und gesagt: O du Teufel, du mußt weichen, und Gott wird dich schlagen! –
Um ½ 10 Uhr fuhr das Kind heraus in diese Worte: Nun will er weg, nun will er weg! Hieß ein Fenster aufmachen und rief den Namen Jesu eifrig an. Indem wurd ihm der Mund gar weit aufgesperrt, der ihm also eine gute halbe Stunde offen stund, welche Zeit über es nichts reden konnte, ohne daß es ein wenig brummete. Sobald sich aber der Mund wieder zutat, sprach es: Gottlob, nun ist er von mir weg! O Gott sei Lob, daß ich hiervon bin erlöset, nun merke ich, daß der heilige Engel mir wieder zur Seiten tritt, der soll auch wohl Zeit meines Lebens bei mir bleiben! Ist darauf auf die Knie gefallen, hat gebetet ...
Gleich in der Stunde, da es erlöset worden, hat sich bei dem eröffneten Fenster eine schwarze Katze angefunden, welche von zwo Leuten in dem Hofe ist gesehen und weggejagt worden ... «
Diesem Bericht des Pfarrers entspricht ein Bericht des Stadtmedikus ... den dieser am 27. März über den Krankheitsverlauf seit dem 15. März dem Rat der Stadt auf dessen Erfordern erstattet. Der Rat der Stadt fordert von zwei weiteren Ärzten ein Gutachten ein. Dr. Friedrich Lachmund kommt in seinem Gutachten nach langem Hin und Her zu dem Ergebnis: Epilepsie ist es bei dem Kinde nicht; Besessenheit ist es anscheinend auch nicht ... es bleibt nur übrig – das Kind muß bezaubert sein. Dr. Huhn erklärt: Das Kind ist besessen. Ein undatierter Bericht des Pastors Albrecht ... vertritt die Meinung, daß es sowohl Besessenheit als auch Bezauberung sein könne; das sei aber gewiß, daß der Teufel in dem Kinde operiere ... Ein notwendiges und sicheres Kennzeichen der Besessenheit fehle noch: das Reden in fremden Sprachen.
Am 30. März erstattet der Stadtsyndikus Hoffmeister dem Rat der Stadt auf dessen Erfordern ein juristisches Bedenken. Auch der Rechtsgelehrte kann trotz Heranziehung der ärztlichen Gutachten ... und der Schriften des berühmten Theologus Dr. Friedrich Balduinus ... nicht entscheiden, ob die Krankheit des Kindes von Besessenheit oder von Bezauberung herrührt. Er ist jedoch der Meinung, man müsse »die Hand nicht abtun, sondern mit fleißigem Gebet und Vermahnung, auch Gottes Wort und Trost fortfahren.« Vielleicht könnten auch die Mediziner »durch einige Medikamente zu dieser Sache noch etwas Ersprießliches tun«. Er müsse »von amtswegen dahin stimmen«, daß die Großmutter des Mägdleins gerichtlich, und zwar in der Güte, wegen der Krankheit des Kindes befragt werde, da das gemeine Gerücht gehe, »ob sollte culpa avie (Schuld der Großmutter) etwas passieret sein.«
Am 1. April bereits wird die Großmutter des Mägdleins »nach fleißiger Verwarnung« durch zwei Kommissare über die vom Syndikus Dr. Hoffmeister aufgestellten Fragstücke verhört.
Nach dem Verhörsprotokoll heißt die Großmutter Margaretha Hagemans, auch

die Lorentzische. Sie hat ihr Großkind seit einem halben Jahr bei sich, da dessen Eltern verstorben sind. Sie hat das Kind »die schönsten Gebote und Gebete« gelehrt, habe es auch fleißig zur Kirche gehalten, wie ihr Pastor Albrecht bezeugen könne. Bei bösen Leuten habe sich das Kind vor und nach seiner Erkrankung nicht aufgehalten. Es sei am 9. März, als das Unglück begonnen habe, in der Betstunde gewesen. Nach seiner Rückkehr aus der Kirche habe es berichtet, als der Herr Pastor Albrecht etwas von der Maria Magdalena und welch eine große Sünderin dieselbe gewesen, abgelesen habe, da sei der erste Anfall gekommen, so daß sie sogleich hätte nach Hause laufen müssen. Mit diesem Protokoll schließen die Akten des Verfahrens...

80, 67ff.

HAMBURG, 1711
Der Teufel als Lehrer

Vor etwa 150 Jahren ist noch der leidige Satanas... umgegangen und hat absonderlich auf Verführung kleiner Kinder zum Abfall von Gott getrachtet, nach Ausweis folgender Geschichte, welche... aus einem aktenmäßigen Protokoll geschöpft ist.
Es sind nämlich im Sommer 1711 die Kinder des Bürgers Potthusen in der Görttwiete oftmals seinen Anfechtungen ausgesetzt gewesen. Namentlich hat Maria Potthusen, ein 11jährig Mägdlein, am meisten von ihm zu leiden gehabt. Sie hat ausgesagt, was ihre Geschwister bestätigt haben, daß zuerst eines Abends in ihrer Eltern Wohnkeller, in Abwesenheit des Vaters, aber im Beiwesen der Stiefmutter, eines Mannes Gestalt hereingetreten sei, bekleidet mit weißer Perücke auf dem Kopfe, gelbem Rocke und nur mit einem einzigen ›Hasen‹ (Strumpf); das andere Bein bloß und garstig rauh; sie vermeinte auch einen leibhaftigen Pferdefuß gesehen zu haben. Sie hat sich freilich sehr verschrocken, aber doch nicht gleich an den Teufel gedacht; allein daß es keine ordinäre Mannsperson sei, so da eingetreten, hat sie sogleich verspürt.
Dieser seltsame Gast nun hat mit den Kindern den Katechismus zu treiben angefangen, aber in einer Manier, die einem die Haare jählings zu Berge jagt, weil die teuflische Absicht dabei unschwer zu erraten ist. Er hat ihnen die zehn Gebote in seiner Weise, nämlich verkehrt, vorgebetet; die haben sie nachbeten, und z. B. sagen müssen: du sollst Gott nicht lieben, du sollst den Namen Gottes unnütz führen, du sollst dich am Feiertag lustig machen, du sollst deine Eltern verunehren, du sollst töten, ehebrechen, stehlen usw. ... Und als er den Kindern, die vor Furcht alles getan, was er verlangte, diese gottlose Information

erteilet, hat er gesagt: vor heute sei's genug, nun sollten sie niederknien und ihn anbeten, dann wollte er ihnen zur Belohnung zeigen auch, wie man kleine Mäuse mache, damit sie's lernten ... Die Stiefmutter, die wohl mit dem Teufelskerl schon vertrauter gewesen sein mag, hat nichts dazu gesagt, sondern die Kinder nur vermahnt gut aufzupassen ...
Weiter hat das Kind Maria Potthusen, als sie vor ihrer Tante Hause in der Jakobsstraße bei der Pumpe gestanden, denselben Teufelsmann wieder gesehen. Er ist das Mal ganz pechschwarz gewesen und hat sie gefragt, ob sie seine zehn Gebote noch wüßte ... Zum dritten in einer Nacht, als es mondhell in der Kammer gewesen, da ist die kleine Maria erwacht von einem Geräusch beim Kachelofen. Hinter demselben ist dann der Teufel hervorgetreten, hat sie aus dem Bett gerissen und gezwungen vor ihm zu knien. Und in andern wieder Nächten ist er nicht selbst gekommen, sondern hat Teufelinnen geschickt, eine weiße und eine schwarze, die haben dem Kinde schwere Anfechtungen gemacht.
Zum vierten ist das Mädchen in einer Nacht, als gerade der Wächter 12 Uhr gerufen, von einem Manne, den sie für ihren Vater gehalten, aus dem Bette gerissen, und durch die Gassen nach der Mühlenstraße geführt. Daselbst haben zwei Männer gestanden, der eine hat getrommelt, der andere geflötet; und viele Leute, Manns- wie Weibsvolk, haben dazu getanzt ... Und den schwarzen Mann, den Teufel, hat sie deutlich erkannt, wie er mit ihrer Stiefmutter herumgetanzt, die dann auch mit ihrem Vater gesprungen hat. Das Kind Maria aber ist vor Schreck und Angst ohnmächtig bei einer Haustreppe niedergefallen, bis ihr Vater sie nach Hause getragen ...
Alles dieses und noch mehr haben die Potthusenschen Kinder ... des Breiteren dem Schulmeister Thomas Joachim Höpffner, treufleißigem Kollegen der zweiten Neustädtischen Armenschule erzählet, worauf nach Anweisung des Patrons derselben, Herrn Professor Winkler, in Gegenwart des Schulmeisters sowie der Herren Vorsteher Johann Konrad Krullow und Günther Erich von Holten, die Kinder ausführlich darüber von einem Notar befragt worden sind. Ungeachtet scharfer Vermahnungen zur Wahrheit ... und unter Androhung gebührlicher Prügelstrafen, wenn sie bei ihren Possen verharrten, sind die Kinder, weinend und lange sich besinnend auf alles, dennoch bei ihren Aussagen geblieben; welche ... sodann ... in ein förmliches Protokoll gefasset sind ...

13, 299 ff.

Leipzig, 1715
Beispiele von alter Weiber Aberglauben

Beschreien der Kinder: Ist eine lächerliche und abergläubische Meinung des Weibes-Volkes, da dieselbigen in denen Gedanken stehen, ob könnte ein kleines Kind durch eines andern Mund, der solches kleine Kind etwa lobet, bewundert, oder ihm zuredet, beschrien und verwahrloset werden, und den kleinen Kindern deswegen rote Flecklein oder andere Tändeleien dafür anzuhängen pflegen.

Bettelbrot, kleinen Kindern zu essen geben: Ist ein alter Weiber Aberglaube, da einige in der törichten Meinung stehen, man sollte denen kleinen Kindern, so schwerlich reden lernen, Bettelbrot zu essen geben, welches ihnen die Zunge lösete.

In *Gevatterkleidern* das Wasser nicht abschlagen: Ist ein alter Weiber-Aberglaube, da einige der albernen Meinung sind, es könnte das Kind, so getauft werden soll, dadurch verwahrloset werden, wenn man in denen Gevatterkleidern, ehe man dies Werk verrichtete, sein Wasser abschlüge.

Hexe, Zauberin, Wettermacherin, Unholde, Gabelreiterin, auch an etlichen Orten Trutten und Wickhexen genannt: Ist ein böses, gottloses Weib, so vermöge des mit dem Teufel aufgerichteten Bundes, mit Zauberei und unzuläßlichen Beschwörungen umgeht, und dadurch ihren Nächsten und Nachbarinnen an ihrem Leibe, Kindern und Vieh zu schaden pflegt.

Hexen einen Besen in den Weg legen: Ist ein alter Weiber Aberglauben, so in denen Gedanken stehen, es könnte ihnen keine Hexe über die Hausschwelle kommen, woferne sie einen Besen quer über gelegt.

Hurenkind aus der Taufe heben: Ist ein alter Weiber-Aberglaube, da einige meinen, daß wenn ein Kind zum erstenmal bei einem Huren-Kind zu Gevatter stünde, müßte es ohnfehlbar glücklich in der Welt sein.

Jüdel spielt mit dem Kinde: Ist eine lächerliche und abergläubische Meinung derjenigen Weiber, so in dem wunderlichen Gedanken stehen, wenn ein klein Sechswochenkind in der Wiege läge, die Äuglein verkehrte, finge an zu lächeln oder bald darauf zu weinen, so spielte das Jüdel mit ihm, und deswegen den kleinen Kindern wider solches Jüdelspiel allerhand Tändeleien und Fratzen in die Wiege stecken.

Über das *Kind* schreiten: Ist ein alter Weiber Aberglauben, da einige der irrigen Meinung sind, daß, wenn man über ein klein Kind schritte, selbiges nicht groß wachsen könnte.

Kleidchen: Ist das äußerste Geburtshäutlein, so in der Anatomie Chorion benennet wird, mit welchem die Leibesfrucht umgeben ist und welches rundherum an der Nachgeburt zu hangen pflegt. Wird insgeheim den kleinen Kindern mit zu ihrem Patengeld gelegt und verwahrt.

Kleidchen bei sich tragen: Ist ein alter Weiber Aberglauben, da einige der irrigen Meinung sind, daß derjenige Mensch, der sein Kleidchen oder Geburtshäutlein stets bei sich trüge, im Spielen und anderen Dingen müßte glücklich sein.
Leichen spielen unter den Kindern: Ist ein alter Weiber Aberglaube, da einige furchtsame und wunderliche Weiber ein Sterben vorherprophezeien, wenn die Kinder auf der Gassen Leiche spielen oder sich mit Kreuzen tragen.
Sonntagskind: Nennet man ein Kind, das an einem Sonntag jung geboren worden, die alten Weiber haben meistens den Aberglauben, daß ein solches Sonntagskind nicht nur großes Glück in der Welt haben, sondern auch alle Gespenster im Hause sehen sollte.
Miß- oder Wundergeburt: Monstrum heißt, wenn etwan ein Kind zwei Köpfe, zwei Leiber, vier Füße und Hände oder unnötige Glieder mit zur Welt bringt, solches rühret meistens her von der falschen Impression und Einbildung der Mutter, so dem zarten Leibe dadurch ganz widrige Gestalten und Bildnisse eindrücket.
Wechselbälge: Heißen diejenigen Kinder, so die Hexen mit dem Teufel sollen gezeugt, und hernach an anderer von ihnen gestohlener junger Kinder Stelle den unglücklichen Eltern eingeschoben haben. Sie sollen insgemein erschrecklich gefräßig, faul und ungestalt sein, auch, wenn man sie übel hält, von denen Hexen bei Nachtzeit wieder abgeholet, und die vorigen rechten Kinder an deren Stelle zurückgebracht werden.

2, 201; 202; 666; 815f.; 870; 947; 1045; 1051; 1147; 1857; 1272; 2106

Augsburg, 1724
Unsicherheit über einen Hexereiprozeß gegen Kinder

In der bereits seit einem Jahr her zu Augsburg vorgegangenen Affäre wegen einer ziemlichen Anzahl Kinder in der Jakob-Stadt daselbst, da diese Kinder mit Hexerei verwickelt und umgegangen zu sein, Mäuse gemachet, verkehrte Gebete gebraucht, auch unter denenselben ein erwachsenes Mägdlein mit dem Satan zugehalten zu haben beschuldiget, und dieselbe hierüber in scharfe Verwahrung genommen worden ist, nachdem der dasige evangelische und katholische Rat über den Prozeß mit diesen Kindern nicht einig, und dahero desfalls an Ihro Kaiserliche Majestät der Rekurs genommen worden, von allerhöchst-besagter kaiserlicher Majestät die in dieser Sache gepflogene Acta auf eine Universität zu schicken, das höchst-preisliche Reichs-Hof-Rats-Konklusum ergangen.

25, 85

Fulda, um 1800
Wie man sich vor Hexen schützt und woran man sie erkennt

Nun gab es aber einen luftig höhern Kreis, als das fürstliche Schloß, der nicht wenig unser Herz ängstigte, und uns nicht nur immer wachsam erhielt, sondern auch einmal im Jahr in feierliche Tätigkeit frommer Abwehr setzte. Dies geschah am letzten April, am Vorabend vor Walpurgis und der Nacht, in welcher die Hexen von ihrer großen Versammlung auf dem Blocksberge zurückkehrten – ausgelassen und aufgelegt zu allen tückischen Streichen an Menschen und Vieh. Ich selbst holte aus der an diesem Abend in der Pfarrkirche eigens dazu aufgestellten großen Kufe einen Henkeltopf voll des frisch gesegneten Wassers und der Oheim, ganz mit dem Ernst angetan, den er von den Klostervätern her kannte, besprengte alle Winkel des Hauses und setzte auf jede Tür mit Kreide oder Kohle die Abwehr dreier Kreuze. Ich trug den Henkeltopf mit dem Weihwasser neben ihm her, so daß er sich wohl als Pater fühlen mochte, dem ein Ministrant folgt ... Unser Ziegenställchen wurde am wenigsten vergessen, da wir wußten, daß die von ihren lüsternen Tänzen auf Besenstielen heimfahrenden Hexen ihr garstiges Spiel gern an den strotzenden Eutern des Milchviehs auslassen und die Tiere schädigen ...
Nun läßt sich wohl behaupten, wessen Herz dem Aberglauben offen sei, halte sich auch dem Argwohn nicht verschlossen, und wer an Hexen glaube, suche auch Hexen. Wenigstens konnte sich damals kein altes Weib mit leidenschaftlichen Furchen und unsteten Blicken, in schwarzem löcherigen Mantel, mit grauem, unordentlichem Haar unter schiefer Mütze sehen lassen, ohne in diesen Verdacht zu fallen. Wie hätte es aber bei der Armut und Rohheit der unteren Klassen in Fulda an Frauenspersonen solchen Gepräges und Aussehens fehlen können? Glücklicherweise gab es ein Mittel, über alle Mutmaßungen hinaus zur wirklichen Erkenntnis einer Hexe zu kommen. Ein am Karfreitag vor Sonnenaufgang gelegtes Hühnerei besaß die magische Eigenschaft, das Auge dessen, der es an sich nahm, so zu erleuchten, daß er jede Hexe an dem Kübel erkennen konnte, den sie allen anderen unsichtbar auf dem Kopfe trug.
Warum diese unseligen Personen gerade mit Kübeln gekrönt sein mußten und ob etwa ihr Zauber an einen Zuber geknüpft war, blieb unerklärt. Der Kübel war ein Axiom, über das man nicht hinauskonnte. Das Ei gab indes nur einen Talisman der Erkenntnis, nicht aber des Schutzes ab; und wehe! wenn die erblickte Hexe, die ein durchdringendes Auge für derlei Eier hatte, den Inhaber erreichte und es ihm zerdrückte: sein Herz brach mit entzwei – oder es mußte dem Bedrängten gelingen, das Ei schnell genug in fließendes Wasser, wenn auch nur der nächsten Gosse zu retten.
Welch ein lockendes Geheimnis für einen Knaben! Wunderbares Ei, worin

Glauben und Erkenntnis, wie Dotter und Eiklar, sich in zerbrechlicher Schale vereinigten! ... Mich beschäftigte das lockende Geheimnis und ich machte mir die Rechnung, daß unsere Henne, die seit acht Tagen jeden Morgen legte, gewiß auch ein Karfreitagsei bringen werde – wenn nur früh genug! Ich schlief die Nacht sehr unruhig, so daß ich sie in der Morgendämmerung gackern hörte. Ich aus dem Bett, im Hemd und barfuß in den Hof und mich des Schatzes bemächtigt!
Nun aber auf die beabsichtigte Kundschaft damit auszugehen, kostete mich keinen geringen Kampf mit den Meinigen, die nicht bloß eine Gefahr, sondern auch einen Frevel darin finden wollten. Endlich vermittelte es die Mutter, die wohl selbst ein wenig gespannt sein mochte, dadurch, daß sie mich zu begleiten erklärte. Ich trug das Ei und ging wie auf Eiern, die Mutter aber nahm einen Topf frischen Wassers unter ihrem Mantel mit. Wir durchwandelten, rechts und links spähend, die Gassen. So oft wir nur eine Frauensperson von weitem erblickten, fragte, mich ängstlich am Arm fassend, die Mutter: »Siehst du einen Kübel auf ihrem Kopf?« – »Nein, Mutter, ich sehe keinen.« – »Tu mir ja die Augen auf, Heinrich Joseph! Es kann auch ein ganz klein Kübelchen sein.«
Aber ich bekam auch kein kleines Kübelchen zu sehen und wir kehrten mit der großen Ungewißheit zurück, ob es kein richtiges, vor der Sonne gelegtes Ei sei, oder ob es keine Hexen in der Stadt gebe. Ich wollte mir das Ei, der Oheim sich die Hexen nicht nehmen lassen. – »Ei, was!« rief endlich die Mutter, die manchmal den Nagel auf den Kopf traf, »die Hexen sind schlau und da sie von den Karfreitagseiern wissen, gehen sie an diesem Tage wahrscheinlich gar nicht aus.«

103, 95 ff.

Pulsnitz, um 1810
Die Nativität

Mein Vater war seinem Äußeren nach ein stattlicher Mann, groß, in jüngeren Jahren mehr hager. Sein Gesicht war einnehmend, ausdrucksvoll, verständig und mild; man konnte es wohl in den höheren Jahren ehrwürdig nennen. Er war von weichem, empfänglichen Gemüt, barmherzig, voll zärtlicher Liebe zu den Seinen. Er war christlich fromm, in der Not voll Vertrauen auf Gott, in glücklichen Stunden vergaß er nie des Dankes gegen Gott, den er dann oft, vom Moment überwältigt, mit Tränen in den Augen und gefalteten Händen laut werden ließ, in den Bibelworten: »Was bin ich und mein Haus, daß Du mein so gedenkst.« In die Kirche zu gehen, Morgen- und Abend-Hausandachten zu halten, eine Predigt zu lesen, war ihm Bedürfnis, und oft stimmte er im Bett vor dem Einschlafen noch ein kurzes Abendlied an, in das die Mutter und ich – der

ich mit in derselben Kammer schlief und die wenigen Abendlieder, welche wegen ihrer Kürze für diesen Zweck in Anwendung kamen, bald auswendig wußte – mit einstimmten ...
Zu meinem Vater kam oft ein alter Hadersammler, ein ungewöhnlich großer, sehr ernster 75jähriger Greis (er trug einen Leinwandkittel und ein dreieckiges Hütchen), den ich nie lachen sah, der mir aber großen Respekt einflößte und von meinem Vater mit vieler Achtung behandelt wurde. Er war in astronomischen Gegenständen sehr erfahren und hatte viel Kenntnis in der Geometrie. Dieser Greis sah jedesmal, wenn er kam, die Linien meiner Hand an und äußerte dann sein Erstaunen mit den Worten: »So viel Glück ist mir noch nicht vorgekommen, lauter Glück. Sehen Sie diese Linie hier usw., aus dem Jungen wird einmal etwas!«
Mein Vater erzählte mir einst, wie der alte Mann in einem Dorfe einem Kinde begegnete und es bat, ihm die Hand zu zeigen, und zu einem anderen aussprach: »Das arme Kind wird bald sterben«, und drei Stunden später sei es ertrunken. Dieser Hadersammler hatte oft Kindern die Nativität gestellt, das hieß, aus der Stellung der Gestirne im Moment der Geburt die künftigen Schicksale geweissagt. Von ihm hatte es ein Dorfschullehrer gelernt, durch den mein Vater uns drei Geschwistern die Nativität stellen ließ. Ich erinnere mich, in diesem Büchlein öfter gelesen zu haben, erinnere mich an manches, dem meine späteren Schicksale ähnlich wurden, doch habe ich es meist vergessen.

175, 6; 10f.

MAGDEBURG, UM 1812
Die Nachtseite der Natur

Ganz ernstlich wurde noch von den »Unterirschken«, d. h. Unterirdischen, gesprochen, kleinen Männern mit schwarzen Mänteln und großkrempigen Grauhüten, die unter den Viehställen wohnen und großen Einfluß auf das Vieh üben sollten. Schreckliche Beispiele ihrer Rache wurden erzählt, wenn man sie beleidigt hatte. Sie wanderten dann aus, kündigten dies dem Hausherrn durch einen Abgesandten an und sagten ihm den Tod der Tiere vorher... So wurde auch von den »Nickelmännern« im Wasser gesprochen. Namentlich wenn wir Knaben nach dem Elbufer an die sogenannte Kufferecke nach der Gegend der Bastion Cleve hin zum Baden gingen, warnte uns das Gesinde, uns doch ja vor dem Nickelmann, der in der Tiefe lauere, in Acht zu nehmen. Daß man an Hexen glaubte, versteht sich von selbst. Von diesem und jenem tiefäugigen alten Weibe ging die Rede, wie sie hier oder dort nicht aus der Tür zu gehen vermocht habe

und in schreckliche Verlegenheit deshalb geraten sei, weil nämlich ein Besen vor der Schwelle gelegen habe, auf welchem sie in der Walpurgisnacht zum Hexensabbat auf den Brocken gefahren sei ... Wenn die bisher genannten Elemente des Volksglaubens einen mehr mythischen Charakter hatten, so daß die Aufgeklärten schon nicht recht mehr daran glaubten, so war es doch in Betreff der Gespenster anders. Diese wagten wenige zu leugnen. Mein Vater war ein offener Leugner derselben, wie er auch jene andern Volkssagen als selbstbewußter Rationalist verwarf. Die Mutter, eine nervenzarte, phantasiereiche Frau, konnte die Gespenster nicht recht aufgeben. Noch mehr verfocht sie den Glauben an Ahnungen und wußte aus ihrem Leben sehr merkwürdige und poetische Erfahrungen anzuführen. Uns Kindern gefielen diese Gespenstergeschichten außerordentlich ... Wagners Gespensterbuch, worin, wie einst in des Cartesianers Beckers »Bezauberter Welt«, solche Gespensterhistorien natürlich erklärt wurden, machte daher in unserer Familie großes Aufsehen. Noch erinnere ich mich der Titelvignetten und Titelkupfer, wo nachtwandelnde Wirtstöchter den Fremden schrecken, ein Scheintoter wieder erwacht, ein Wolf einem Menschen auf den Rücken gesprungen ist, Frösche ausgebrochen werden u. dgl..
Meine Mutter war eine echte Französin, voll von Geist, Leben, Redseligkeit und voller Religiosität. Die Phantasie und der Witz stachen bei ihr hervor. Sie war ungemein kunstreich in allen weiblichen Arbeiten ... Aber so lebhaft das schwarze Auge der geliebten Mutter brannte, so freundliche Beredsamkeit ihrem Munde entströmte, so schön sie uns Kindern von der singenden Bohne oder anderen Märchen erzählte, so war die Arme doch im Innersten krank, und diese Krankheit sollte sich schrecklich entwickeln und sie noch schrecklicher töten. In der Verzweiflung an ärztlicher Hilfe neigte sie dann auch zu sympathischen Kuren und zu sogenannten Besprechungen. Sie glaubte an das Verschwinden von Warzen durch Knoten, die in Zwirnfaden eingebunden und mit abnehmendem Mond unter eine Dachtraufe vergraben wurden; sie glaubte an das Verschwinden von Ausschlägen, Balggeschwülsten, Geschwüren u. dgl. durch Bestreichen mit einer Totenhand, wobei man aber mit der Leiche allein sich im Zimmer befinden und die Worte: »Im Namen des Vaters, Sohnes und Geistes« sprechen mußte; sie glaubte an das Besprechen des Feuers, an das Vernageln des Zahnschmerzes; sie glaubte an die Macht des »bösen Blickes«, an die Macht von Liebesträngen; sie ließ sich die Gesichtsrose, von der sie auch zuweilen geplagt war, »beeten«, d. h. wegbeten. Alte Frauen in großen dunklen Kapuzen schlichen zur Dämmerung ein. Wir Kinder mußten die Stube verlassen und brachten nur heraus, daß die Frau mit Kreuzschlagen die Rose dreimal anhauchte und dabei die Worte sprach:

»Mutter Maria und hill'ge Ding
Stritten sich um en' golden Ring,
Mutter Maria gewannd,
Dat hill'ge Ding verschwand.«

Das heilige Ding war eine volkstümliche Benennung für die Rose. Der Mutter half die Zeremonie wirklich. Dem Vater aber mußte solche Winkelpraxis verborgen gehalten werden, da er einmal ... ein abgesagter Feind alles Aberglaubens war. Auf mich ging diese Gesinnung über ... Als ich in die Entwicklungsjahre kam, litt ich im Frühling und Sommer gewöhnlich außerordentlich an Nasenbluten, das oft kaum zu stillen war und sehr lästig wurde, da es oft mitten auf der Straße, auf Spaziergängen, in fremden Häusern mich befiel. Die Mutter bestand bei solchen Gelegenheiten darauf, daß ich auf kreuzweis gelegte Strohhalme das Blut niederrieseln ließ. Ich spottete, älter werdend, über dergleichen und ließ mir Weinessigumschläge um den Kopf und die Kühlung durch einen in den Nacken gelegten Schlüssel besser gefallen. Bei der Mutter hing diese Richtung auf die Nachtseite der Natur wohl auch mit ihrem poetischen Wesen zusammen. Der Einfluß gewisser Mondesphasen war bei ihr über allen Zweifel erhaben und ebenso hielt sie auf gewisse Tage. Die Nägel durften z. B. nur am Freitag beschnitten werden.

179, 10 ff.

Erlangen, um 1835
Gespensterfurcht

Der Einfluß dieser treuen Dienerin war kein geringer auf Pauline, die später oft scherzhaft von Anne als ihrer Erzieherin sprach. Für eine solche wäre nur etwas weniger Aberglauben zu wünschen gewesen. Der naive Standpunkt, auf dem in dieser Hinsicht die wackere Person stand, geht aus folgendem Zuge hervor: Am Himmelfahrtsfest hatte sie an eine Schürze ein neues Band angenäht, war sich dabei aber einer Feiertagsentheilung bewußt. Als nun am Nachmittag ein schweres Gewitter heraufzog, fühlte sie sich durch diese Sünde um so mehr beunruhigt, je heftiger es blitzte und donnerte. In ihrer Seelenangst eilte sie endlich hinauf in den obersten Bodenraum, hing die Schürze mit dem sündhaften Band zur Dachluke hinaus und rief: »So Blitz, jetzt schlag in den Bändel!« Solche Eindrücke blieben der kleinen Pauline ebenso wie die unheimlichen Gespenstergeschichten, die Anne erzählte und von deren Wahrheit sie ganz überzeugt war. Dadurch wurde in der Kinderseele eine Furcht erweckt, die sich in einsamen und in nächtlichen Stunden oft zur Qual steigerte. War Pauline zufäl-

lig abends allein zu Hause, so kam mit der Dunkelheit die Furcht über sie, aber nur die Gespensterfurcht war es, eine andere kannte sie nicht. Deshalb verfiel sie auch auf eine eigentümliche Schutzmaßregel. Sobald es dunkelte, öffnete sie weit alle Türen und Fenster der Parterrewohnung, um Gelegenheit zur Flucht zu haben. Dann blickte sie wachsam nach allen Seiten, um nach der einen zu entfliehen, sobald von der anderen das Gespenst auftauchen würde. Sie war überzeugt, daß kein Besuch aus der vierten Dimension es hinsichtlich der Schnelligkeit der Beine mit ihr aufnehmen könne.
Oft erwachte sie nachts und horchte mit Bangen und Herzklopfen nach irgend einem unerklärlichen Geräusch. Es gab deren so viele in dem alten Haus, und besonders in der Dachkammer, die zeitweise ihre Schlafstätte war. Oft wehte der Schnee oder drang der Regen durch die Schindeln des Daches und das Bett mußte hin- und hergeschoben werden, bis sich eine trockene Stelle fand. Sie erinnerte sich noch in ihrem Alter einer Schreckensnacht, in der sie an einem Geräusch erwachte und deutlich spürte, daß etwas auf ihrer Decke sich auf sie zu bewegte. Ihre erregte Phantasie hatte im Nu ein Gespenst daraus gemacht. Sie wagte sich nicht zu rühren und nicht zu schreien und empfand buchstäblich, was wir meist nur bildlich so ausdrücken, daß ihre Haare sich vor Entsetzen sträubten, bis sie erkannte, daß es nur eine Katze war, die den Weg in die Kammer gefunden hatte. Pauline hat die Gespensterfurcht als das schrecklichste Leiden ihrer Kinderzeit im Gedächtnis behalten.

181, 16f.

Schoppernau, 1849
Versuch einer Wunderheilung des linken Auges

Ja, ich erwartete etwas ganz Sonderbares, ein Wunder. Trotzdem aber war ich überrascht, als einmal mich die Mutter schon um Mitternacht weckte und mir die mitgebrachten Sonntagskleider anzuziehen befahl, weil mich das Bäbele zu einem Geistlichen bringen wolle, der wirklich schon mehrere Wunder gewirkt habe. Anfangs tat ich alles mögliche, um sicher zu werden, daß ich nicht etwa nur träume, denn ich begriff nicht, wie die Mutter mir so lange verhehlen oder doch nur verblümt andeuten konnte, wie nahe die Erfüllung meines heißesten Wunsches sei. Man machte mich nun darauf aufmerksam, daß ich meinen Wunderglauben nicht verstohlen genug vor anderen Kindern gehalten hätte. Die Welt sei besonders jetzt eine böse. Was der heilige Schutzengel und was wahrhaft fromme Menschen einem eingäben, das werde unchristlich bekämpft und niedergespottet ...

Noch segnete mich die Mutter, dann ging's aus dem Hause und durch das stille, dunkle Dorf hinab ... Im Nachbardorf Au ... standen wir still. Ein älterer Mann trug viele große ... Päcke auf einen großen Schlitten. Da ich den Mann sofort erkannte, konnte ich mir denken, daß er die in Au und Schoppernau gemachten Stickereien wieder nach der Schweiz ins Appenzellerländle bringen wolle ...
Meine Aufregung wuchs, je näher wir der Kirche und vermutlich auch dem Pfarrhofe kamen, und wurde schließlich so groß, daß ich mehr in des Kaplans Wohnung hineinstolperte als ging. Der Gesuchte war daheim. Wie er aussah, weiß ich nicht mehr, denn ich wagte nie recht, ihm ins Gesicht zu sehen. An seine Stimme dagegen kann ich mich noch ganz gut erinnern ... Diese Stimme fragte nun das Bäbele, wie ich denn unglücklich geworden sei? Das Mädchen berichtete ... gar so schlimm, wie man anfangs geglaubt habe, sei es aber doch noch nicht ... Ich könne springen und arbeiten so gut wie einer und lesen könnte ich, wie man es von Unstudierten sicher noch niemals gehört habe.
»Also das Kind liest viel ... Dann ... hat vielleicht der liebe Gott ihm gerade auf diese Art den Riegel vorschieben wollen, daß es nicht abkomme von dem Wege des Heils ...«
Wir schwiegen. Ich ärgerte mich ein wenig über den Geistlichen, denn ich hatte ja die meisten Bücher von unserem Pfarrer ... »Wär's aber nicht gut für ihn, wenn ihm geholfen würde, daß er dann seiner alten Mutter auch helfen, die Berufspflichten leichter erfüllen könnte?« – »Allerdings«, antwortete der Kaplan, »das wohl ... und drum wollen wir nun im Namen Jesu an unser Werk.« Ich wurde in ein anderes Zimmer geführt, in dem ein kleiner Altar aufgerichtet war. Vor diesem mußte ich nun knien, der Geistliche stellte sich hinter mich und legte die eine Hand auf mein Haupt, während die andere ein Büchlein mit rotem Schnitt hielt, aus welchem er nun lateinisch zu beten begann.
Jetzt wurde Gott von seinem Priester für mich angerufen, ein Wunder zu tun. Jetzt sah er auf mich herab und erforschte mich. Mir ward himmelangst und ich zitterte am ganzen Leibe ... Endlich machte der Kaplan sein Buch zu, segnete mich und sagte mir, daß er nun das Seinige getan habe. Gehen ließ er mich noch nicht, sondern hielt, wie vorher, eine Predigt über die traurigen Folgen des Lesens ... Zuletzt gab er mir ein Fläschchen geweihten Öles. Das sollte ich tropfenweise im Namen Jesu an den Schläfen verschmieren, dabei seiner Worte gedenken, sieben Vaterunser beten und dann überzeugt sein, daß nun Gottes heiliger Wille geschehe, wie es auch immer gehn möge.
Unterdessen hatte sich draußen alles gehellt und verklärt ... »O wie ist doch die Welt so groß!« rief ich erstaunt ... Was in meinem engen Heimatstal zu sehen war, wußte ich schon so gut auswendig, daß ich mich seit Jahren nie mehr darum kümmern mochte ... Nun hatte ich andere Formen vor mir, ganz andere Felsen-

köpfe ragten über unbekannte Dörfer hinaus und auf dem allen lag so ein großes Stück Himmelsbläue, wie ich's noch mein Lebtag nie geschaut hatte. Kaum war ich vom Platze zu bringen; denn je länger ich mich umsah, desto herrlicher kam mir alles vor. Das Bäbele gewann die Überzeugung, daß ich wirklich viel besser sehe als vorher. Nach und nach glaubte ich das auch selbst ... Ja, mir kam alles viel klarer und schöner vor als früher, und ich konnte daher nicht anders, als meinen Vettern und Basen zugestehen, daß wenigstens ein kleines Wunderchen an mir geschehen sei. Ich kann nicht leugnen, daß mir das schmeichelte, so daß ich mir in der Schule Mühe gab, das Lesebuch etwas weiter vom Auge zu halten und überhaupt als ein etwas anderer zu erscheinen. Es gelang mir das in manchem Stück, seit ich mir Zwang antat; nach und nach aber artete mein Bemühen in Verstellung aus. Ich wollte gesehen haben, was ich nicht sah. Vor anderen gab ich mir dadurch allerdings nicht so viele Blößen, als man hätte denken sollen, denn meine anderen Sinne hatten sich merkwürdiger geschärft ... Mit solchen Gaben und Fähigkeiten vermochte ich daher andere leicht zu täuschen, bei mir selbst aber wollte mir das nicht lange gelingen. Ich mußte mir gestehen, daß ich doch eigentlich nicht mehr sehe, als vorher ... Ich ward immer unzufriedener mit mir selbst und begann, über meine Reise zum Wundermann um so schärfer nachzudenken, weil ich für den in mir gesammelten Unmut einen Ableiter brauchte.

51, 78 ff.

3.3. Kinderglaube und Kinderzweifel

Kommentar
Gerdauen, um 1748 — Patriarchalischer Umgang mit Gott
Wörmlitz, um 1763 — Ist die Seele eine Wolke?
Dillingen, 1770 — Bußfertigkeit der kleinen Studenten im Jesuiten-Seminar
Braunschweig, um 1782 — Ein dogmenkundiger Tertianer
Magdeburg, um 1810 — Höllenangst
Berlin, um 1822 — Kirchliche Topographie und Fortschritt durch fromme Lektüre

Liblar, um 1835 — Anfänge religiöser Skepsis
Zdißlawitz, 1838 — Träume eines Beichtkindes von seiner Engelsunschuld
München, 1840 ff. — Mein Weg zum Unglauben
Schoppernau, um 1845 — Erster Kirchgang und eine fromme Spielerei
Großbreitenbach, um 1860 — Abschaffung des Tischgebets
Matziken bei Heydekrug um 1866 — Krone und Altar

Fromme Kinder oder als Märtyrer gestorbene Kinder werden verehrt oder vermögen Wunder zu wirken. Unten: Das Wunderkind Ludwig in Kehrberg bei Kyritz, ein offenbar mit der Kraft des evangelischen Glaubens begabtes Kind, heilt 1734 einen Salzburger Emigranten, also einen Mann, der seines evangelischen Glaubens willen Österreich hat verlassen müssen. – Dem Seelenheil eines 1739 gestorbenen Kindes ist die Votivtafel mit der Abbildung des Andreas von Rinn gestiftet, eines Zweijährigen, der 1462 unter rätselhaften Umständen zu Tode kam.
Aus: E. Holländer, Wunder, Wundergestalt und Wundergeburt. Stuttgart 1921. – W. Theopold, Das Kind in der Votivmalerei. München 1981

Kommentar

Spezifische kindliche Erfahrungen mit der christlichen Religion, ihren Dogmen und Praktiken, werden erst im 18. Jahrhundert überliefert. Das kann man nicht nur mit der besseren Quellenlage seit dieser Zeit erklären. Die Möglichkeit zur Erfahrung hat ja etwas mit der erlaubten oder gerade Kindern nicht erlaubten Distanz zum Gegenstand zu tun. Denkt man an das Ineinssetzen von Religion, Unterricht und Erziehung gerade im Luthertum, dann versteht man, warum kein erwachsener Autobiograph eigene religiöse Erfahrungen aus seiner Jugend mitzuteilen hat. Daß die Eltern fromm waren, einen zu Gebet und Schulbesuch angehalten haben, ist alles, was man selbst von späteren Theologen hört. Ehrgeiz und anderswo nicht zu befriedigender Wissensdurst, auch Neugier, treten um so deutlicher hervor. Das ist bei der kulturellen Monopolstellung der Theologie und der sozialen Macht, die sich in der Kirche konzentrierte, nicht verwunderlich. Ist es religiöser Eifer, der Christian Wolff (1679–1754), den berühmten Hallenser Philosophen der Aufklärung, als Schulknaben täglich und, wie er eigens betont, bei jedem Wetter, in die Predigten treibt und ihn auch zum Besuch katholischer Gottesdienste und zum Beobachten der Prozessionen anhält? Eher ist es doch wohl die Strebsamkeit eines guten Schülers, den sein Vater, ein Handwerker, schon bei der Geburt zum Studieren bestimmt hat, einer Karriere, die er selbst nicht einschlagen konnte.

Die pietistischen Neuerer im 18. und 19. Jahrhundert legten nun zwar auf das persönliche Gotteserlebnis Wert, ob aber Kinder von einem solchen berichten (bzw. wo Autobiographen sich erinnern, ein solches als Kind gehabt zu haben), da folgen sie ganz dem Schema des Pietismus, der nun allerdings viele kindlich anmutende Züge trägt. Wenn der 12jährige Philipp Hahn (1739–1790) aus Angst vor einem Gewitter, das ihn auf seinem einsamen Schulweg zu überraschen droht, Gott um eine zeitliche Verschiebung bittet, das Gewitter ausbleibt, Gott gleichzeitig jedoch zu ihm spricht und sein schwaches Zutrauen kritisiert, dann kann das authentische Erleben des Schuljungen vom religiösen Stereotyp nicht unterschieden werden.

Trotz dieser Einschränkungen lassen sich einige Erfahrungen von Kindern mit der Religion benennen, die allerdings sehr häufig, den Autobiographen ist das oft nicht einmal bewußt, Momente von Religionskritik enthalten. Kinder sind oft von den Zeremonien in der Kirche so überwältigt und beeindruckt, daß sie sie im Spiel reproduzieren. Lange Zeit sehen Erwachsene darin Vorzeichen der frommen Bestimmung eines Kindes und schaffen noch Hilfsmittel in Form liturgischen Spielzeugs herbei. Eine feinere Auffassung des Gottesdienstes erkennt in diesen Kinderspielen die Blasphemie – so erging es der von der Messe begeisterten Marie Ebner-Eschenbach (1830–1916) – und unterdrückt sie. Die Bibel, besonders das Alte Testament, ist ein Geschichten- und Aufklärungsbuch. Nach ihrem Vorbild veranstaltet Karl Friedrich Bahrdt (1741–92) als Kind Zimmerschlachten, wobei ein umgestürzter Wassereimer den Jordan liefert; Karl Gutzkow (1811–78) und viele andere finden in der Bibel Stoff für ihre sexuellen Phantasien und Grübeleien. Nicht zuletzt deshalb hat man sie dann für Schule und Unterricht purgiert und kindgemäße Versionen hergestellt.

Aufgeweckte Kinder haben Schwierigkeiten mit gewissen Lehrsätzen, ein Nachdenken, das dadurch nicht entwertet wird, daß die meisten zur konventionellen Frömmigkeit zurückfinden, wenn sie älter sind. Für katholisch erzogene ist typisch die Angst, zwischen der Beichte an einem und der Kommunion am nächsten Tag noch eine Sünde zu begehen. Protestantische, schon ältere, gehen als Konfirmanden zum Abendmahl, gepeinigt von Zweifeln, von denen man ihnen gesagt hat, daß sie die Verdammnis nach sich ziehen, so daß sie fürchten, auf der Stelle von Gottes Blitz getroffen, tot umzufallen. Nur wenige verfügen über die Souveränität des schon als Kind recht exzentrischen Justinus Kerner (1786–1862), der getrost das Abendmahl nimmt, weil er ans ewige Leben glaubt – seiner Tierliebe wegen! Häufiger sind die Fälle, wo religiöse Ideen zum Stoff oder Anlaß von Angstanfällen oder länger dauernden Zwangssymptomatiken werden. Je länger, je deutlicher wird Religion (die Prozesse, die im 19. Jahrhundert dazu führen, sind mit den Stichworten Fortschritte der Naturbeherrschung, der Wissenschaft, der Volksbildung hier nur anzudeuten) zur Ökonomie privaten und unbewußten Schuldgefühls, die die meisten mit der Pubertät hinter sich lassen. Wenn man etwa einen Brief des Konfirmanden Max Weber (1864–1920) liest, meint man, es hätte der radikalen Religionskritik von Feuerbach oder Marx gar nicht bedurft, um den historischen Charakter christlicher Weltdeutung zu erkennen. Der religiöse Unterricht interessiert ihn nicht, wohl aber nimmt Walter Scotts Roman *Der Kerker von Edinburg* ihn sehr in Anspruch...

LITERATUR:
M. Scharfe, Die Religion des Volkes. Kleine Kultur- und Sozialgeschichte des Pietismus, Gütersloh 1980
E. Helmreich, Religionsunterricht in Deutschland. Von den Klosterschulen bis heute, Hamburg 1966

Gerdauen, um 1748
Patriarchalischer Umgang mit Gott

In meiner Kindheit führte ich mit Gott ein patriarchalisches Leben. Ich besinne mich, daß ich mit ihm im eigentlichen Sinne umging, wenn ich nichts unternahm, was nicht gut, oder, welches ich für dasselbe hielt, was nicht göttlich war. So dacht ich damals. Mein Gebet war ein Selbstgespräch; ich sprach mit meinem Gewissen ... und war gewiß, daß, wenn ich mit diesem gut stünde, ich auch mit Gott in gutem Vernehmen wäre ...
Das Gewissen, da stimmen wir alle überein, ist das Ebenbild Gottes in uns. Mir war das Gewissen ein unwiderleglicher Beweis von der Existenz Gottes; es zeigte mir sein Dasein, sein Wohlgefallen und sein Mißfallen an. Es war mein Sokratischer Dämon, und um christlich zu sprechen, mein Engel, mein Schutzgeist. Diesen bat ich oft in meiner Einsamkeit zu Gaste. Man muß, das lag mir in der Seele, mit dem, was man liebt, gemeinschaftlich genießen; und da setzt ich ihm, trotz dem Abraham, da er Engel bewirtete, gleichfalls etwas vor, und zwar nie etwas, das durch Menschenhände gegangen war, sondern rohe Früchte. Diese meinem Schutzgeist einmal gewidmete Früchte eignete ich mir, wie ich mich ganz deutlich erinnere, nachher nie mehr zu, sondern ich sah sie als ein geheiligtes und von meinem Magen abgesondertes Opfer an ... Nie unterstand ich mich, für meinen Schutzgeist etwas hinzulegen, wenn nur das allerkleinste unbedeutendste Wölkchen in meiner Seele war; und nur wenn wir recht gute Freunde oder Freunde durch mein Gutsein waren, nötigte ich ihn auf diesen patriarchalischen Schmaus, auf diese geistige Schüssel Gerngesehen. Auch legte ich mir dadurch, daß ich ihm etwas widmete, keine Fasten auf. Ich tat mir nie wehe; ich sah diese Handlung als ein bloß sinnliches Zeichen meiner ihm schuldigen Liebe und Zuneigung an, und pflegte die Augen zuzumachen wenn ich ihm einen sehr kleinen Teil dieser Gaben freiwillig darbot ...
Dieser Umgang mit Gott war nicht ein bloßes Kinderspiel; ein Vorfall, der mich noch jetzt ergreift, beweist es. Ich war einst in meinem 5. oder 6. Jahre Sonntag nachmittags zu einem Hausfreund und seiner Schwester auf Besuch gebracht worden, genoß Tee und Gebackenes, sprach nach kindischer Art viel, und sagte da dem Bruder oder Schwester ich weiß nicht welche unbeträchtliche Unrichtigkeit; indes sagte ich sie doch wider besseres Wissen. Auf der Stelle quälte mich dieser Fall Adams; allein mein Stolz erlaubte mir nicht zu widerrufen. Ich wurde nach Hause gebracht; ich war ängstlich, wollte nicht einen Augenblick allein sein, und konnte meinen Eltern, die mich fragten, war mir fehle, nicht antworten. Ich mochte nicht essen; eine Fieberhitze wandelte mich an, und ich wurde zu Bette gebracht. »Bitte Gott ab!« sagt ich zu mir selbst; allein ich konnte nicht beten, mein Schutzgeist rückte mir meine Unwahrheit vor, wollte weiter nicht

mit mir essen und vergeben, bis ich hinginge und widerriefe. Ich ließ meine Mutter zu mir bitten, trug mit Händeringen das Verlangen vor, jetzt noch einmal zu unserm Hausfreund hinzugehn. Sonderbarerweise fragte weder sie noch mein Vater nach der Ursache. Kurz, ich kam hin, widerrief, und in diesem Augenblick war Fieberhitze und Angst dahin, Gott war wieder mein Vater, mein Schutzgeist mein lieber Freund; ich erbat mir noch ein Butterbrot, schlief ein, und nahm mir fest vor, mich nie wieder mit einer Unwahrheit zu belasten...
Es ward in unserem Hause alle Abend gemeinschaftlich gebetet. Nachdem zuvor ein kurzes Lied gesungen war, betete mein Vater, wie es hieß, aus dem Herzen, dann wurden noch einige Gebete allgemein gesagt, und zum Beschluß wieder gesungen. Ich sang zwar gemeinschaftlich, allein ich betete nicht mit; meine scharfsehende Mutter bemerkte das, und da entdeckte ich meinem leutselig fragenden Vater kindlich frei, daß ich ganz andere Dinge mit dem lieben Gott abzutun hätte, und daß er es mir übel nehmen würde, wenn ich ihn dieses auf mich nicht passenden Gebetes halber vernachlässigen sollte. Mein Vater und Mutter erwiderten kein Wort, und auch nachher ist nichts unter uns darüber vorgefallen, obgleich ich meine eignen Unterhaltungen mit Gott andern nicht kenntlich machte. Ich liebte meine Eltern sehr, und es war mir unerklärlich, warum ich Gott Du und meine irdischen Eltern, die mir das göttliche Wesen versinnbildeten, Sie nannte.

91, 103 ff.

Wörmlitz, um 1763
Ist die Seele eine Wolke?

Bei dem Wort Gott dachte sich Schack, wie die meisten Kinder, einen alten Mann mit einem langen Barte auf einem prächtigen Throne mit vielen Lichtern umgeben, so war wahrscheinlich das erste Bild beschaffen gewesen, welches Schack hierüber gesehen hatte. Übrigens hatte die Idee von Gott für ihn nicht viel Reizendes, sondern vielmehr etwas Furchtbares und Schreckliches, und es kam ihm daher immer besonders vor, daß er nach dem ersten Gebote zu gleicher Zeit Gott fürchten, lieben und vertrauen sollte. Wenn ein Gewitter kam, wurde ihm aber Gott noch fürchterlicher, und man konnte es ihm nicht ausreden, daß Gott nicht aus Zorn, sondern nach einer wohltätigen Einrichtung der Natur dergleichen Luftbegebenheiten entstehen ließ. Desto liebenswürdiger für Schack war die Idee eines Heilandes. Er wünschte oft nichts sehnlicher, als zu den Zeiten desselben und mit ihm in Gesellschaft gelebt zu haben. Kein Mensch kam ihm daher auch abscheulicher vor, als Judas, der ihn verriet, und die Juden,

welche ihn getötet hatten. So oft er die Passionsgeschichte las, wurde er von einer heimlichen Wut gegen die Juden durchdrungen, und erdachte sich allerlei Martern, die er sie würde haben ausstehen lassen, wenn er Christus oder nur damals ein Feldherr gewesen wäre. Immer verdacht er es daher auch unserm Erlöser, daß er nicht die Legion Engel vom Himmel kommen ließ, die er gegen die Juden in seiner Gewalt zu haben behauptete. Nächst unserm Erlöser gefiel ihm in der evangelischen Geschichte der römische Hauptmann am besten, der Christum das Zeugnis eines göttlichen Menschen gab: hingegen erschien ihm Petrus in einem kleinen Lichte, so gern er ihn auch immer in seinen Gedanken über alle Apostel hinwegzusetzen suchte, weil Jesu ihn selbst bisweilen vorgezogen hatte. Das einzige, was Schacken an dem Heilande nicht gefiel, war: daß er einmal zu seiner Mutter gesagt hatte: Weib, ich habe mit dir nichts zu schaffen. Er meinte, so müßte ein Sohn nicht zu seiner Mutter reden.
Von der menschlichen Seele machte sich Schack lange Zeit keinen andern Begriff, als der durch das Bild im Orbis pictus veranlaßt wurde, wo die Seele als eine punktierte menschliche Schattenfigur vorgestellt wird. Er meinte, das Ding, was wir Seele nennen, sei im ganzen Körper, und konnte nicht begreifen, daß sie allein im Gehirn ihren Sitz haben solle, da man doch an allen Teilen des Leibes Gefühl hätte. Unter jener Schattenfigur stellte er sich nun auch jedes Gespenst vor, welches er für irgend eine wiedergekommene Seele hielt. Auf einmal aber änderte sich sein Seelensystem durch eine sonderbare Erzählung seiner Mutter, und er hielt nun die Seele für eine Art Dunst, welcher sich beim Tode des Menschen in Gestalt eines Wölkchens vom Menschen absonderte und in den unendlichen Himmelsraum überginge.

162, Bd. 4,3 60 ff.

Dillingen, 1770
Bußfertigkeit der kleinen Studenten im Jesuiten-Seminar

Beim Eintritt dieses Schuljahres hatte man uns in den coetus angelicus, eine Schutzengel-Bruderschaft für die kleinen Studenten der untersten drei Klassen, aufgenommen. Da stellte uns der Magister, welcher Präses des Cötus war und alle Sonn- und Feiertage predigen mußte, als ein Muster der höchsten Tugend das Leben des hl. Aloysius vor, prägte uns seine überaus hochgetriebene Keuschheit und seinen Bußgeist tief ein und ermahnte uns unablässig zu seiner Nachfolge. Um zu erfahren, was für Wirkungen dergleichen Zusprüche auf unsre jungen Herzen hätten, war von jeher sowohl im Cötus, als in der Kongregation der größeren Studenten, die Einrichtung getroffen worden, daß jeder

wöchentlich einen Zettel, mit der Aufschrift bona opera, auf den Bruderschaftaltar legen mußte, in welchem die Bußwerke, Abstinenzen, Kasteiungen, Almosen usw. des Offerenten, mit Beisetzung seines Namens, geschrieben standen. Der Prediger munterte dann diejenigen öffentlich durch seinen Zuspruch auf, welche sich in sogenannten guten Werken vor andern ausgezeichnet hatten. So ward z. B. ein Studentchen sehr gelobt, weil er in seine bona opera einfließen ließ, er habe kleine Steinchen in seine Schuhe geworfen und sei zur Ehre Gottes und aus Begierde, seinen Leib zu kasteien, während des Spazierens darauf gegangen. Dies tat die Wirkung bei mir, daß ich mir eiserne Nägelchen in die Absätze meiner Schuhe schlug, und die Spitzen einwärts hervorragen ließ, um gleichfalls etwas Besonderes zu haben, das ich in die bona opera schreiben könnte ... Die Erzählung von den Wundern des hl. Aloysius und Stanislaus, die beim Genusse des hl. Abendmahles drei Schuh hoch vor der Erde wunderbarerweise erhoben wurden, reizte mich an, allen möglichen Fleiß und Eifer anzuwenden, die hl. Kommunion recht andächtig zu empfangen. Wenn ich dann nach dem Genusse derselben in meinem niederen Stuhle kniete und mich der hergebrachten Gewohnheit gemäß über den Stuhl hinüberbückte, um meine tiefe Demut und Versenktheit in heiligen Anmutungen auszudrücken, so stützte ich mich öfters auf die Ellbogen und hob mich bei den Knien in die Höhe, um zu versuchen, ob mich denn die Luft noch nicht, wie die beiden heiligen Jünglinge, tragen wollte ...
Vor dem Teufel hatte ich eine entsetzliche Furcht, seitdem ich ihn so oft höchst fürchterlich als den Erbfeind des menschlichen Geschlechts abmalen hörte. Um aber doch den verhaßten Geist recht zu necken, machte ich gleichsam ein Gelübde: »Wenn ich je, ohne Weihwasser zu nehmen, aus der Kirche ginge, so sollte er mich ohne weiteres holen dürfen.« Ich glaubte, es müßte ihn sehr schmerzen, wenn er täglich auf mich lauern müßte, und mich dennoch nie erhaschen könnte ... Weil man uns von der guten Meinung so oft und eindringlich predigte, so machte ich zu allen meinen Handlungen eine gute Meinung, das heißt, ich sagte in Gedanken: »Herr! dir zu Liebe tue ich das und das« usw. Hiermit glaubte ich, dem gehörten Unterricht gemäß, jedes Werk zu heiligen ...
Im Cötus wurden allerlei fromme Bücher ausgeteilt ... Diese Bücher enthielten meistens Geschichten heiliger Einsiedler, Klosterfrauen, verführter und vom Teufel geholter Jünglinge, geschehene Wunderwerke, Legenden usw. und trugen viel dazu bei, mir den Kopf noch mehr zu verrücken. Überdies kam ein Missionar an und hielt drei Tage lang auf dem marianischen Saale, bei verschlossenen Türen und Fensterläden und bei schwachem Lichte auf einer Bühne jämmerliche Buß- und Strafpredigten, ergriff sehr oft das Kruzifix, das neben ihm stand und forderte es bald zur Rache, bald zur Barmherzigkeit auf, und wußte seine Sache so gut zu machen, daß wir Kinder alle laut zu heulen und zu weinen anfingen. Während dieser Zeit sah man in unserm Seminar kein Bild an der

Wand, vor dem nicht ein Studentchen kniete, entweder auf einem schneidenden Scheit, oder mit einem Stachelgürtel (Zilizium) um den Leib, oder mit einer Geißel in der Hand. Ich lag nachts auf kleinen Scheitern und trug am Tag das Zilizium, geißelte mich auch, ehe ich zu Bette ging, mit Stricklein und wollte ein großer Büßer werden, wie der hl. Aloysius ... Der Bußgeist war mit solcher Heftigkeit in mich und andre kleine Knaben meines Alters gefahren, daß wir bald in eines gewissen Lang, unsers Mitschülers Gartenhäuschen, bald zuhöchst auf dem Scheiterhaufen in der Holzhütte des Kosthauses, wo wir nicht gesehen werden konnten, fromme Zusammenkünfte hielten, von heiligen Büßern und Einsiedlern schwatzten und einander auf den entblößten Rücken geißelten. In der Länge ward uns dies Bußetun zu sauer; denn einige hieben ganz unbarmherzig darein. Um also die Strenge der Geißler zu mildern, bestachen wir sie mit Darreichung eines Kreuzers oder eines erübrigten Teiles vom Mittagessen. Der kürzeste Weg wäre freilich gewesen, gar nicht mehr auszuhalten. Aber das wollten wir nicht. Ich vermute, es mochte sich keiner ansehen lassen, daß er des Büßens müde sei; bis sich endlich unsre Instruktoren in die Sache legten und unter hohen Strafen das Zusammenkommen in was für immer Winkeln verboten.

20, 109 ff.

Braunschweig, um 1782
Ein dogmenkundiger Tertianer

Als ich in Tertia kam, war ich in der lateinischen Sprache so weit, daß ich den Cornelius Nepos einigermaßen übersetzen konnte, auch wurde ich aus diesem, für Kinder wenig geeigneten Klassiker von dem Rektor der Martini-Schule, M. Sörgel, geprüft. In allem übrigen, was in der dritten Klasse getrieben wurde, war ich bei weitem über meine Mitschüler hinaus, welches meiner außerordentlichen Liebe zum Lesen zuzuschreiben war. Vorzüglich war ich ganz ausgezeichnet in den Dogmen der lutherischen Kirche bewandert, ja ich kannte deren Unterscheidungslehren von den beiden übrigen deutschen Hauptkonfessionen schon ziemlich. Daher konnte ich in den Religions-Stunden kaum erwarten, daß die Reihe zum Antworten an mich kam, wo ich nie verfehlte, meine Kenntnisse, soviel ich in der Kürze durfte, zum Besten zu geben. Eben so ging es mir in der Geometrie, Geschichte und Geographie. Meine Mitschüler waren in diesen Wissenschaften gar nicht mit mir zu vergleichen. Diese Art der Kenntnisse, die ich mit manchen Curiosis, wie ich sie aus Berkenmeyers »Curiosem Antiquarius« erlernt hatte, zu verbrämen wußte, machten, daß ich bei Mitschülern und Bekannten für einen recht klugen und gescheiten Jungen galt, den man nur zu fragen brauche, um von ihm über unbekannte Sachen Nachricht zu erhalten. Dabei hatte ich eine gute Suade, die ich auch gar zu gern leuchten ließ. Wenn ein Soldatenspiel vorgeschlagen wurde, so brachte ich es oft dahin, daß Kirche und Predigt gespielt, oder doch wenigstens eine Feldpredigt den Feldzügen und Wachestehen eingeschaltet ward. Daß ich den Pastor machte, verstand sich stets von selbst, und wurde ich dann auch von den Mägden und Bedienten, nicht ohne Verwunderung über mein Talent, angehört. Noch mehr, ich wußte dem Pastor Breithaupt an der Martini-Kirche mit meinem Kindes-Organe so nachzusprechen, daß meine Zuhörer schon von dem bloßen feierlichen Kirchentone erbauet wurden. Bei diesen Redeübungen lag nun freilich eine gewisse Eitelkeit im Hintergrund, doch heuchelte ich in meinen Vorträgen keine Empfindungen, die ich nicht wirklich hatte, denn ich war der frömmste Knabe von der Welt. Nie versäumte ich abends im Bette mein stilles Abendgebet, und mit Gott stand ich so gut, daß ich ihn, den Allwissenden, zum Vertrauten meiner innigsten Empfindungen machte; auch war ich fest überzeugt, daß meine Gebete erhöret würden, wenn ich die Worte »um Jesu willen« hinzufügte, welches ich dieserhalb nie versäumte. Schon damals versuchte ich es, selbst geistliche Gesänge abzufassen.

204, 32 ff.

Magdeburg, um 1810
Höllenangst

Außer den Kindern unserer Verwandten ging ich vorzüglich mit dem Sohne eines Schlossers um ... ein guter, sinniger Knabe, Jakob Hövel, der jedoch seltsamer Weise durch phantastische Vorstellungen, die er von der Hölle empfangen hatte, fast schwermütig gemacht war. Melancholie bei Kindern ist eine Seltenheit, aber dieser weiche Knabe litt wohl schon daran. Er sprach am liebsten von den Höllenstrafen und ängstigte sich vorzüglich wegen des Stuhls mit glühenden Nadeln, worauf die Lügner sitzen müßten. Als der Lehrer in der Schule einmal von den Erdbeben erzählte, zog er sich diese Vorstellung so zu Gemüt, indem er sich graute, unter die Erde viele Klafter tief lebendig verschlagen zu werden und dann in gräßlicher Finsternis ersticken und verhungern zu müssen. Da wir Nachbarskinder waren, so wurde ich sein natürlicher Vertrauter und er konnte mich so in seine Angst hineinziehen, daß ich ebenfalls von jenen Schreckbildern mich auf das Entsetzlichste gepeinigt fühlte und doch nicht zu meinen Eltern, nur zu meiner Schwester davon zu sprechen wagte. Dies war der erste düstere Schatten, der in den Sonnenschein meiner Kindheit von Innen aus hereinkroch.

Die Hölle im Jenseits und die Hölle des vulkanischen Erdfeuers im Diesseits – diese beiden Vorstellungen wurzelten sehr tief in mir seit jenem Anstoß. Wenn ich auch nicht, wie Jakob, trübsinnig dadurch gestimmt ward, so machten sie mir doch viel zu schaffen und reizten meine Phantasie immer von Neuem zu weiterer Ausbildung, so daß mein Nachdenken zuerst an diesem Stoff zu haften begann und ich stets von Frischem auf ihn als den anziehendsten zurückkam. Es blieb mir hiervon eine tiefe Empfindung der Vergänglichkeit unserer Existenz, denn konnte nicht allaugenblicklich die Erde mich verschlingen? sowie der Verwerflichkeit des Bösen, denn welch entsetzliche Qualen warteten nicht seiner in der Hölle?

179, 9 f.

BERLIN, UM 1822
Kirchliche Topographie und Fortschritt durch fromme Lektüre

Die Kirchen wurden fast alle besucht und fast alle Berliner Geistliche gehört. Der Junge kennt alle Winkel der Chöre, alle Kirchenschiffe des damaligen Berlin, vom großen theatralischen Dom an bis zur kleinen Spittelkirche ... Die Dorotheenstädtische Kirche, wo der Täufling mit neun Paten in das unsichtbare Gottesreich eintrat ... Die Garnisonkirche ist lang und ausdrucklos wie eine Kaserne. Die Marienkirche alt und ehrwürdig ... Die Nikolaikirche mit ihren hohen Wölbungen, dunkeln, vergitterten Grabmälern und dem nadelspitzen Turm ... Die Werdersche Kirche, noch die alte, simultan mit einer französischen verbunden, in einem Stil, so schal, so ledern wie ein altes Porstsches Gesangbuch oder eine Pastor-Hermessche Hauspostille von Anno 1740 ... Auch die Jerusalemer Kirche war arm und dürftig. Ihr einziger Glanz waren die glänzend-glatt gesessenen Bänke. Etwas frischer machten sich die runden Wölbungen der Dreifaltigkeits- und Böhmischen Kirche. Jene trug am Altar der Kanzel und der Orgel Spuren ihrer Bestimmung für Schleiermachers vornehmere Gemeinde. Der schönste Schmuck der Luisenkirche, wo Koblank, ein zynischer Lebemann, predigte, war ein stiller, mit hohen feierlichen Pappeln und Blütenbüscheln geschmückter Kirchhof ... Das Glockenspiel der Parochialkirche war für den Knaben eines der mehreren Weltwunder. Von dieser kirchlichen Topographie darf selbst der versteckte Judentempel mit seinen Lichtern auf bronzenen, im eigentümlichen Rokoko gewundenen Leuchtern, dem Tabernakel, den geschriebenen Thoratafeln, den aufbehaltenen Hüten der Männer, den nirgends

gesehenen Frauen, dem beklemmenden Singsang von hundert Stimmen durcheinander und draußen dem Vorhofe, wo geschächtet wurde und Gänseblut für Liebhaber von sogenanntem »Schwarzsauer« abgegeben wurde, nicht ausgeschlossen bleiben. Am wenigsten aber die katholische St. Hedwigskirche, die am Palmsonntag oder an einem Tage der Leidenswoche nicht unbesucht blieb, immer mit dem Gefühl der Beklemmung, daß man beim Unterlassen der von der Gemeinde mitgemachten Zeremonien als Ketzer erkannt und ausgewiesen werden könnte ...
Eine Erziehung von so viel Religiosität konnte als erste Außerschullektüre nur eine religiöse darbieten. Die Bibel, das Gesangbuch und eine alte Hauspostille, eine echte Hansteinsche von 1740, waren die ersten Nahrungsquellen des Wissenstriebes. In der Bibel stand ... die Chronik des Hauses geschrieben, der Vermählungstag der Eltern, die Geburt der Kinder mit allen Zeugen, allen Taufpaten ... In der Bibel selbst fesselte dann alles, auch der rote Druck des Titels, das Privilegium des Königs Friedrich I. von Preußen mit allen seinen Würden und Besitzungen, auch die kleinen Vignetten zwischen den einzelnen Hauptstücken und die kunstvoll verschnörkelte Arabeske am Ende mit dem geheimnisvollen vor- und rückwärtsgelesenen Anagramm des Wortes E. N. D. E., lautend: Er Nahm Das Ei, (rückwärts) Er Darf's Nicht Essen, (vorwärts) Eine Nonne Darf's Essen! Dieser Unsinn ... schien aus irgendeiner Faustischen Küche gekommen und bedeutete dem Kinde ein Abrakadabra der Art, wie wohl wirkliche Zauberei mit der Bibel getrieben wurde ... Leider wird dann aber auch die Bibel die erste Anlehnung des Gelüstes und der Leidenschaft. Die Bibel ist das Paradies, der Baum der Erkenntnis und die Schlange der Verführung. Ehe der Knabe noch von den Leidenschaften der Sinne weiß, pflanzt schon die Bibel die Versuchung in sein Herz. Gewisse Kapitel werden beim Lesen in der Schule überschlagen, die Neugier wird gereizt, und bald zeigt man sich die grellen Verse im Ezechiel, wo mit orientalischer Rücksichtslosigkeit die Bilder der Unzucht beschrieben werden ... Aus der »Postille« wurde Sonntag nachmittag eine endlose lange Predigt laut und deutlich vom Knaben vorgetragen ... Die Mutter entschlummerte sanft. Doch gegen den Schluß wachte sie auf und hörte noch die Nutzanwendung und das erlösende Amen. Worauf der Kaffee erfolgte. Nebenbei hatte der Knabe noch eine geheime Lieblingslektüre. Es war ein einzelner Band eigentümlich gedruckter Predigten, der durch einen Zufall ins Haus gekommen war. Das Buch war schön gebunden, inwendig mit einem Wappen der Familie Steiner aus Winterthur in der Schweiz, zwei Arme hielten aus einem Helm einen Stein hervor. Das Buch selbst war 1782 in der Schweiz verlegt und von Haefeli, einem Geistlichen aus Lavaters Schule, verfaßt. »Predigten und Predigtfragmente« hießen diese Betrachtungen, die in einem völlig andern Stil geschrieben waren als die alten Sermone von Propst Hanstein ... Die Bilder, die

aphoristische, phantasievolle Diktion, die, plötzlich im Übermaße der Rhetorik abbrechend, oft Wort nur an Wort reihte, aber so bedeutungsvoll mit Schwabacher Schrift gedruckt, daß man erkennen mußte, hier sollten Zentnergewichte liegen, die Fingerzeige auf die allgemeine Weltgeschichte, die Einmischung von Polemik gegen die Voltairezeit, alles das war so eigentümlich neu, daß es auch zunächst schon einen eigenen Vortrag bedingte, worin sich der Knabe in stiller Einsamkeit zu üben versuchte. Der Prediger mußte für diese Reden Schauspieler sein. »Ob Jesus von Nazareth lebender Retter und König, Souverän der Schöpfung, Erlöser von Sünd' und Tod oder ein hingerichteter Rabbi aus Galiläa war? Das ist die Frage!« ...
Das ganze Buch ist der erste geistige grüne Anger gewesen, auf dem sich die Knabenseele schon von zehn bis zwölf Jahren aus dem dürren häuslichen Leben flüchtete. Das Lamm Christi weidete auch hier, aber die dumpfe erstickende Stubenluft schnürte nicht mehr die Brust zusammen ... Es war kein leidender, nur redender Christus, den der freie Schweizer predigte, sondern ein handelnder und selbst im Leiden triumphierender. »Sesostris, Cyrus, Pythagoras, Aristoteles – Kopernikus und Luther – Cartesius und Grotius – Gustav Adolf und Friedrich!« Ihr bezeugt, daß »kleine, ohnmächtige Kinder« Männer werden konnten. Wieviel mehr dieser Christus, der »Zimmermannssohn« und doch in Gott Purpurgeborene! Das Kind kannte erst wenige von jenen Helden, aber die Vorstellungen erweiterten sich, diese Christusauffassung ging über die Spittelkirche und die Sonntagnachmittagspostille hinaus.

75, 94 f.; 100 ff.

Liblar, um 1835
Anfänge religiöser Skepsis

Auch unter den älteren Leuten außerhalb der Familie fand ich einen Freund ... Sein Name war Georg van Bürck, und da er früher einmal Schuhmachermeister gewesen war, so wurde er gewöhnlich »Meister Jurges« genannt. Sein Handwerk hatte er wegen einer Augenschwäche aufgeben müssen. Dann ernährte er sich als Botengänger und wurde von meinem Vater so häufig beschäftigt, daß er bei uns fast wie ein Zugehöriger aus- und einging ...
Wie die ganze Bewohnerschaft des Dorfes und der Umgegend war er katholisch; aber in manchen Dingen stimmte er mit der Kirche nicht überein und meinte, wenn wir nur glauben und gar nicht selbständig denken sollten, wozu habe uns dann der allweise Schöpfer den Verstand gegeben? Besonders kritisierte er die Predigten des Pastors der Pfarre Liblar mit großer Lebhaftigkeit und

Schärfe. Auch mit dem Apostel Paulus hatte er manche Meinungsverschiedenheiten. Obgleich ich noch ein bloßes Kind war, machte er mich zum Vertrauten seiner religiösen Zweifel und philosophischen Betrachtungen; er glaubte nämlich, da ich »studieren« sollte, so müßte ich mir über solche Dinge möglichst früh eine Meinung bilden, und man könne daher füglich mit mir darüber reden. Mit besonderem Ernste warnte er mich, nur ja nicht »auf Geistlich« zu studieren ... »denn«, sagte er, »die geistlichen Herren müssen zu viele Dinge sagen, an die sie selbst nicht glauben.« Und dann ging er mit großer Beredsamkeit auf die in den Evangelien erzählten Wunder los, die ihm durchaus nicht in den Kopf wollten ...
Meinem Freunde ... verdankte ich auch meine erste Vorstellung von einem Philosophen. Im Dorfe stand ein altes Gebäude, das einst offenbar ein viel vornehmeres Wohnhaus gewesen war, als die, welche es umgaben ... Der unheimliche alte Bau interessierte mich lebhaft und von Meister Jurges erhielt ich den ersten Aufschluß über seine letzten Besitzer und Bewohner. Es waren zwei Brüder gewesen, alte Junggesellen, namens Krupp, damals schon seit einer Reihe von Jahren tot. Der ältere hieß Theodor, im Volksmunde »Krupps Duhres« und war ... ein höchst sonderbarer Herr. Er trug sein Haar noch in einen Zopf geflochten und auf seinem Kopfe einen altmodischen dreieckigen Hut ... Er besaß eine große Menge von Büchern und war ein grundgelehrter Mann ... Die Kirche besuchte er nicht und als er starb, wollte er von der letzten Ölung nichts wissen. »Krupps Duhres«, so schloß Meister Jurges seine Beschreibung, »war ein Philosoph.« ...
Der Eindruck dessen, was er mir über religiöse Dinge gesagt, wurde durch andere Vorkommnisse verstärkt. Ich kam zu dem Entschluß, soweit ein Kind einen solchen fassen kann, daß, wenn ich studierte, es nicht »auf Geistlich« sein sollte. Freilich rechnete bei der katholischen Bevölkerung am Niederrhein eine Familie, die einen »geistlichen Herrn« zu ihren Mitgliedern zählte, sich das zu großer Ehre. Aber dies galt doch meist nur von dem weiblichen Teil unseres Kreises. Während die Frauen der Kirche frommgläubig anhingen, waren die Männer alle mehr oder weniger von dem »freisinnigen Zeitgeist« berührt ...
Im Religionsunterricht wie auf der Kanzel hatte ich den Pastor wiederholt sagen hören, die katholische sei die allein selig machende Religion und alle Andersgläubigen, Protestanten, Juden und Heiden, seien unrettbar dem ewigen Höllenfeuer verfallen. Protestanten gab es nun in unserem Dorfe und der Umgegend keinen einzigen. In der Tat konnten wir Kinder uns einen »Calviner«, wie dort die Protestanten genannt wurden, kaum vorstellen; und als einmal ein durchreisender Fremder ... mir als Protestant bezeichnet wurde, betrachtete ich ihn zuerst mit halb furchtsamer, halb mitleidiger Scheu, und war dann sehr erstaunt, in ihm einen sehr würdig und angenehm aussehenden Mann zu finden.

Einen Juden hatten wir im Dorf, der das Metzgerhandwerk betrieb, und von dem wir und unsere Nachbarn einen großen Teil unseres Fleischbedarfs bezogen. Aber sonst kam man nicht mit ihm in Berührung. Dagegen sah ich einen anderen Juden namens Aaron, der in einem benachbarten Dorf wohnte, nicht selten in unserm Haus, und ich bemerkte, daß mein Vater sich bei jedem seiner Besuche in freundschaftlicher Weise mit ihm über allerlei Dinge unterhielt. Das wunderte mich. Aber mein Vater sagte mir, der alte Aaron ... sei nicht allein ein guter und rechtschaffener, sondern auch ein sehr kluger und aufgeklärter, ja, weiser Mann ... Die Frage, ob nun auch ein so guter Mann wie Aaron durchaus zum ewigen Höllenfeuer verdammt sein werde, gab mir viel zu denken. Ich konnte mir das mit der Allgerechtigkeit Gottes nicht zusammenreimen ...
Ein anderes Ereignis brachte weitere Erschütterung. Der Dorfschullehrer ... nahm sich mit einer Schülerin, einer Verwandten unserer Familie, unerlaubte Freiheiten heraus ... Die Mutter und Geschwister – der Vater war gestorben – suchten den Lehrer zur Rechenschaft zu ziehen; der Lehrer leugnete, und die ganze Gemeinde spaltete sich in zwei Parteien – auf der einen Seite der Lehrer, unterstützt vom Pastor, dem gräflichen Hause und einem großen Teil der Dorfbevölkerung, auf der andern Seite unsere Familie mit einigen Freunden. Der Streit wurde sehr bitter, wie das bei solchen Dorfkriegen oft der Fall ist, und führte zu heftigen Zänkereien – einmal gar zu einem förmlichen Auflauf mit hartnäckigem und keineswegs unblutigem Prügelgefecht, dem der einzige Polizist nicht steuern konnte. »Es ist Revolution im Dorf«, sagten die Leute. Das war das erste Mal, daß ich dies Wort »Revolution« hörte. Auf der Gegenseite zeichnete sich besonders der Pastor durch das Herumtragen ehrenrühriger Verleumdungen gegen Mitglieder unserer Familie aus. Dies ging so weit, daß selbst meine Mutter ... in große Aufregung geriet, und eines Tages hörte ich sie, die Frömmigkeit und Wahrheitsliebe selbst, den Pastor persönlich zur Rede stellen und ihm ins Gesicht sagen, er sei ein böser Mensch ... In meiner Vorstellung war der Priester als Diener, Vertreter und Wortführer Gottes ein heiliger Mann gewesen. Und nun aus dem Munde meiner Mutter, die nur die Wahrheit sagen konnte, zu hören, daß der Pastor gelogen habe und ein böser Mensch sei – das war eine gefährliche Offenbarung. Es beunruhigte mich sehr, den Predigten des Pastors keinen unbedingten Glauben mehr schenken zu können, und wenn ich, was zuweilen geschah, bei der Messe als Chorknabe diente und denselben Mann in der heiligen Handlung begriffen vor mir sah, so ergriff mich oft ein großes Unbehagen. Sonst gingen jedoch meine religiösen Observanzen fort wie vorher.

193, 27 ff.

ZDISSLAWITZ, 1838
Träume eines Beichtkindes von seiner Engelsunschuld

Pater Borek bereitete uns in seiner mild eindringlichen Weise zur ersten Beichte vor, und ich malte mir gar deutlich die Wonne aus, die mich ergreifen würde nach der Lossprechung von allen meinen Sünden. Sie sind ausgelöscht, sind wie nie begangen: ich werde keine Gewissensbisse mehr haben, weil ich unhöflich war gegen das Stubenmädchen, voll Streitlust gegen meine Brüder ... In engelhafter Reinheit werde ich aus dem Beichtstuhl treten ...
Diese Aussicht war entzückend, aber furchtbar die Angst, früher oder später doch wieder in meine alten Fehler zu verfallen und den Glanz meiner Seelenschönheit zu trüben. Ach – wer sterben könnte, gleich nachdem er sündenfrei geworden ist! Er wäre gerettet, er würde pfeilgerade auffliegen in den Himmel ... Aus dem brennenden Wunsche nach einem so herrlich erlösenden Tode keimte und reifte auch sehr bald der Entschluß, ihn herbeizuführen. Das konnte ich ja, das war ja kinderleicht; es kostete nur einen Schritt oder vielmehr einen Sprung – einen Sprung aus dem Fenster. Wer sterben will, springt aus dem Fenster ... Daß unser Haus nur ein Stockwerk hatte und daß mein Sturz durchaus nicht todbringend sein mußte, erwog ich nicht; ich war dem Nächstliegenden entrückt, schwebte schon in himmlischen Sphären, der Nähe Gottes entgegen, in die geöffneten Arme meiner Mutter. Ahnungen der Glückseligkeit erfüllten mich, kein Zweifel an der Vortrefflichkeit meiner Tat störte mich, kein Gedanke an den Abschied von den Meinen fiel mir aufs Herz.
In der Kapelle war mittels eines Fauteuils und eines Betschemels ein Beichtstuhl improvisiert worden. Sehr gut erinnere ich mich, daß ich beim Eintreten dem geistlichen Herrn zulächelte und daß er mich ernst ansah und ein weißes Tüchlein, das er in der Hand trug, emporhob und vor sein Gesicht hielt. Meine Schwester legte zuerst ihre Beichte ab; ich folgte, ich tat mein Schuldbekenntnis mit heißer Reue und vernahm in tiefster Zerknirschung die Ermahnungen meines priesterlichen Freundes und in unsagbarer Spannung der leise gemurmelten Lossprechung.
Von dem unmittelbar darauf Folgenden gibt mein Gedächtnis mir keine Rechenschaft. Ich finde mich erst im Zimmer meiner Großmutter wieder, auf ihrem Arbeitsstuhle stehend am offenen Fenster, sehe mich hastig und in Angst, überrascht zu werden, das Fensterbrett ersteigen. Nun ein rascher, heftiger Satz, ein Schlag vor die Stirn, ein Funkenstieben vor den Augen ... Ich stürzte – aber nicht hinab in den Garten – zurück ins Zimmer. Mein Sprung hatte mich zu hoch getragen; ich war an das Fensterkreuz angeprallt und lag halb betäubt auf dem Boden, als die Tür sich öffnete und Pater Borek eintrat.
Im Saal hatten sich alle zum Frühstück versammelt; nur eines seiner Beichtkin-

der fehlte. Er, von einer unbestimmten Angst erfaßt, ging, es zu suchen, und fand es und sah, wie es sich bei seinem Anblick entsetzt aufraffte und nun vor ihm stand, verstört, verwundet ... Wohin waren plötzlich meine Träume von Engelsunschuld und Himmelsherrlichkeit gekommen? Nach den ersten Fragen schon, die der geistliche Herr an mich stellte, bei der Mühe und dem Schmerz, die es mich kostete, sie zu beantworten, wußte ich: Ein schweres Unrecht war, was ich im Sinne gehabt, und ich hatte eine Sünde begehen wollen, viel größer als die Sünden, deren ich mich in der Beichte angeklagt.
Mein Freund, mein Vertrauter, mein Lehrer sah traurig zu mir herab, seine gütigen Augen wurden immer trüber, die Kummerfalten längs der Wange vertieften sich immer mehr ... Er streckte die Hand aus, drückte die Schwurfinger an die Beule auf meiner Stirn und sagte: »Da hat Ihr Schutzengel ›Merk's, Tölpel!‹ draufgeschrieben.«
Er hat mir auch später keine Vorwürfe über meine mißlungene Himmelfahrt gemacht.

43, 804 f.

München, 1840 ff.
Mein Weg zum Unglauben

Ich war ein tief religiöses, ein schwärmerisch frommes Kind gewesen. Ohne Zwang zu häufigem Kirchenbesuch hatten die Eltern die gefühlsinnige Gläubigkeit des Knaben geweckt und gefördert. Die Natur hatte zuerst die Ahnung, die Verehrung des Göttlichen in mir geweckt ...
Ich weiß, daß ich im hohen Gras meines Gartens stundenlang in den blauen Sommerhimmel hinauf schaute, immer heißer steigernd die Sehnsucht, Gott von Angesicht zu schauen, bis ich zuletzt glaubte, nun *müsse* sich der Himmel öffnen. Und als einmal, während ich in solcher Verzückung betete und träumte, plötzlich hoch über mir von Norden her ein gewaltiges Schwingenpaar, hell wie Silber glänzend und blitzend im Sonnenschein, daherrauschte, – da glaubte ich wirklich, ein Erzengel fliege heran, von Gott gesendet, mich zu ihm zu tragen. Es war ein aus dem Park zu Biederstein entflogener Schwan. – Mein Vertrauen auf die Kraft des Gebets war so stark, daß ich außer dem täglichen dreimaligen Gebet bei jedem mich stärker bewegenden Anlaß: bei leichtem Unwohlsein der Eltern, eines Freundes, ja auch etwa eines Rotkehlchens, oder desgleichen vor einer schweren Mathematikskription oder falls ich einen besonders geliebten Pfeil verschossen hatte, ohne weiteres auf den lieben Gott mit meinem Gebet eindrang.

Diese Frömmigkeit wurde auch lange Zeit nicht verstört durch den Religionsunterricht ... Denn dieser Unterricht war ganz dazu angetan, durch Formelkram und Auswendiglernerei das echte religiöse Gefühl zu ersticken. Ich erinnere mich genau, daß es zuerst gewisse Geschichten aus dem Alten Testament waren, die mich stutzig machten: die von Gott befohlene Unterschlagung ... des ägyptischen Silbergeschirrs, die Erstgeburt- und Vater-Segen-Erschwindelung, die Rachsucht des kahlköpfigen Propheten an den semitischen Max und Moritz Buben und ähnliches. Aber unangetastet von allen Zweifeln blieb mir noch lange Zeit das Neue Testament und die in ihrer rührenden Sanftmut erschütternde Gestalt Christi, – obwohl sich in mir wie in jenem Chlodowech die germanische Kampffreude grimmig regte, wenn die wenig waffenfrohen Jünger schliefen und bei der Verhaftung ihres Gefolgsherrn nur einer das Schwert zog ...
Jedoch allmählich kam mir der Zweifel, der grundsätzliche ... Die Qualen des sich zergrübelnden Geistes, die Kämpfe des ringenden Gewissens, in welche ich schon als zwölfjähriger Knabe verstrickt wurde, möchte ich jedem ... erspart wissen. Bei meiner fast schwärmerischen Frömmigkeit, bei der glühenden Seelensehnsucht nach Gott, erschien mir der immer wieder sich aufdringende Zweifel als schwere Sünde, die ich unter heißen Tränen – nachts im Garten auf dem Rasen kniend und zum Sternenhimmel emporstöhnend – bereute, um sie alsbald – wieder begehen zu müssen ...
Ich deute hier nur einige der stärksten Zweifelsgründe an: die Erschaffung der Menschen trotz der Voraussicht des unvermeidlichen Sündenfalls, die Opferung des sündenlosen Sohnes für die sündige Menschheit – zumal aber die Zumutung, meine eigenste Schuld durch den Tod des Schuldlosen als gesühnt anzusehen, – das unaufhörliche Leiden der sich selbst zerfleischenden Tierwelt, welches mir mein Garten stündlich vor Augen stellte ... Aber dazu trat, je mehr ich von Weltgeschichte und von der Lebensgeschichte einzelner erfuhr, der zermalmende Eindruck des schuldlosen Untergangs so vieler Völker und Helden, das unverschuldete Leiden und Erliegen des Edeln, Zarten, Schönen gegenüber dem Schlechten, Bösen, Roh-Gemeinen ...
Gott, Freiheit, Unsterblichkeit: – nur diese drei letzten Kleinode hatte ich ... gerettet, als ich – gleichzeitig – in die Präparandenschule für die Konfirmation und in den Religionsunterricht Luthardts eintrat. Da ergab sich nun ein klaffender Widerspruch ... Mit Widerwillen, ja mit Ekel hörte ich zu, wie die verschiedenen Mirakel in gröbst sinnlicher Fassung hier (in der Präparandenschule) eingebläut und abgefragt wurden: als ich im Anfang durch zweifelnde Fragen meinem Gewissen Luft machen wollte, ward ich barsch zum Schweigen verwiesen ... Als ich aber nun außerhalb der Schule dieselben Fragen an den Lehrer stellte, erklärte dieser zornentbrannt den Anreger und Einbläser solcher Zweifel für den leibhaftigen Satan! Ich mußte lachen: dieser Satan hieß Ernst Luthardt ...

Der das Jahr darauf folgende Konfirmationsunterricht stand geistig nicht viel höher als die glücklich überstandene Präparandenlehre ... Das Beste an dieser zweijährigen Dressur war, daß ich ... einhundert Bibelsprüche auswendig ... lernen mußte: dadurch ward mein Eifer für die Bibel selbst geweckt, die ich wiederholt ganz durchlas ... Ich erbaute mich an der Poesie dieser Lyrik und Epik: aber der Glaube, das alte Testament sei eine Offenbarung ... war unwiderbringlich dahin ...

Jetzt aber kam der Tag der Konfirmation heran: es war davon die Rede gewesen, ich sollte für alle Konfirmanden das Glaubensbekenntnis laut und öffentlich sprechen ... Jenen Vorschlag abzulenken, gelang mir bald. Allein nun sträubte sich in mir die Wahrhaftigkeit gegen das Konfirmiertwerden überhaupt ...

Ohne Wissen der Eltern, die ich erst so spät wie tunlich betrüben wollte ... ging ich zu einem der beteiligten Konfirmatoren, einem ziemlich fanatischen Herrn, sagte ihm ... daß ich an jenes Bekenntnis nicht glauben und daher die Konfirmation nicht über mich ergehen lassen könne. Der grimme Mann fuhr mich an und glaubte durch Drohungen mit Einsperren, Hungern und Schlägen – auf mich wirken zu können. Auf mich mit Schlägen! Der ich von den Eltern nur einmal einen Schlag erhalten hatte – und diesen unschuldigerweise, was ich meiner Mutter bis heute nicht ganz verziehen habe. Der ich niemals eine Schulstrafe erhalten hatte ... Mich, den König Teja, Friedrich II. von Hohenstaufen, Richard Löwenherz, mit Schlägen zwingen! Ich drehte ihm den Rücken und ging. Aber nicht nach Hause, sondern zu seinem geistlichen Oberen, dem zweiten Konfirmator: dem sagte ich dasselbe ...

Der ungleich klügere und gebildetere Vorgesetzte fing es nun ganz anders, viel feiner an ... Zuerst wollte er mich in aller Geschwindigkeit bekehren ... Er gab das aber sofort auf und wirkte nun sehr geschickt auf mich durch die Ausmalung des Schmerzes, den ich durch solch ungeheuerliches Auftreten meinen Eltern bereiten würde. Das machte mir tiefen Eindruck und nur unter Tränen brachte ich mein »ich kann aber doch nicht anders« heraus. Da verdarb er sich, was er gewonnen, indem er mir nun das »Ärgernis« vorhielt, das durch eine solche Weigerung im »Publikum« entstehen würde. »Sehen Sie«, sagte er, »der Name Dahn ist in der Stadt so bekannt ... ersparen Sie uns diesen Skandal. Gehen Sie in Gottes Namen zur Konfirmation und nehmen Sie das Abendmahl ... Sie glauben ja ... an Gott, Freiheit und Unsterblichkeit.«

»So?« erwiderte ich, »also das genügt?«

»Ausnahmsweise. In diesem Fall. Es ist das geringere Übel als jenes Ärgernis in der ganzen Stadt.« ...

Und so ward ich konfirmiert.

32, 225 ff.

SCHOPPERNAU, UM 1845
Erster Kirchgang und eine fromme Spielerei

Unsere Kirche steht am Fuße des Berges, welcher gegen Norden eine Fortsetzung der Bergkette Widderstein-Üntscherspitz bildet ... Ich hatte mehr als einmal versucht, in das wunderbare Gebäude hineinzusehen, von dem daheim stets mit so großer Ehrfurcht gesprochen wurde ... So war es denn für mich ein wahres Ereignis, als endlich auf mein Bitten und Betteln hin der Tag bestimmt ward, an dem ich mit dem Vater beim Gottesdienst erscheinen sollte. Schneider und Schuster und Näherin bekamen zu tun auf diesen Tag, und ich selbst auch, denn wenn ich mir noch einmal eine Unart erlaubte, so hieß es: »Ja, bist du so und willst in die Kirche?« Mit einer so frommen, zugleich hoffnungsvoll gehobenen und doch wieder so demütigen Stimmung wie diesem Tag habe ich später nicht einmal dem der ersten Kommunion entgegen gelebt. Endlich kam er, hell und freundlich ... Stramm und aufrecht schritt ich in den auf Wachstum berechneten Hosen und den breiten Schuhen durchs Dörflein hinab. Ich wagte nicht rechts, nicht links zu sehen, um ja nicht den vom Gottle gemachten künstlichen Halstuchknopf zu verderben oder gar den Hemdkragen aus der Ordnung zu bringen. Derlei Rücksichten beschäftigten mich jedoch nur, bis ich in die Kirche kam. Dort war mir ganz wunderbar, als ich Große und Kleine, Reiche und Arme vor dem Altar kniend gemeinsam beten sah. Und nun ertönten der Orgel feierliche Klänge zu frommem Gesang, lieblich duftende Rauchwolken stiegen vor dem geschmückten Hochaltar empor, alles war groß, himmlisch, und in mir regte sich so viel, so Unaussprechliches, daß ich überlaut zu weinen begann. Der erschrockene Vater versuchte auf jede Weise, mich zu beruhigen, um nicht öffentlich Ärgernis zu geben und den heiligen Ort durch meine Unart zu entweihen. Aber umsonst war sogar die Drohung mich wegzubringen, wenn ich mich nicht beherrsche, umsonst versprach er das Beste. Ich war mir selbst nicht mehr Meister, und als um uns herum ein unzufriedenes Gemurmel entstand, brachte der verlegen Errötende mich mitten unter dem Gottesdienst heim.
Unter dem Mittagessen kam – wie ich gefürchtet hatte – die Sache zu ernstlicher Besprechung. Der Vater wollte gesehen haben, daß ich durchaus nicht anders konnte, aber er meinte, eben das wäre das Traurige, daß ich mein sonderbares Wesen nicht zu beherrschen vermöge ...
Ich mußte fortan heim, sobald es zum Gottesdienste läutete, und da in meinen abgetragenen Zwilchkleidern zusehen, wie der Vater aus dem Schlaf- und Ankleidezimmer neben der Stube, dem Gaden, kam, in seinen kurzen gamsledernen Hosen, und sich die von der Mutter kunstvoll gestrickten Strümpfe unter den Knien festband. Dann legte er das Kamisol an, welches er als Hochzeiter getragen hatte, und schritt mit der Mutter, welche, wie alle Bregenzerwälderin-

nen, ganz in schwarze Glanzleinwand gekleidet war, der Kirche zu. Ich durfte nicht mehr mit. Nur mein feuchter Blick und meine Gedanken begleiteten sie. Das Gottle, welches ebenfalls jetzt immer daheim bleiben mußte, suchte vergebens mich zu beschäftigen und zu unterhalten. Zuerst saß ich eine Weile schluchzend am Fenster, dann stellte ich einen Stuhl mitten in die Stube, warf ein Taschentuch über die Lehne und richtete da einen Altar auf. Tannenzweige mußten die Blumensträuße ersetzen, welche ich in der Kirche sah; Weidenruten waren meine Kerzen und Kuhschellen läuteten zur Messe, welche ich in einem über die Kleider angezogenen weißen Hemde las oder doch – da ich nicht lesen konnte – vor dem aufgeschlagenen Buche brummte. Wenn ich die Woche hindurch irgendwo einen Tuchrest auftrieb, machte ich eine Fahne daraus, und da ich kein rotes Tuch fand, schnitt ich mir einmal absichtlich in einen Finger, um ein weißes Stück mit meinem Blute zu färben. Bald gottesdienstete ich auch an Werktagen, so daß meine Eltern auf die fromme Spielerei aufmerksam wurden. Die Mutter freute das und sie war geneigt, darin den Ausdruck einer schönen religiösen Gesinnung zu sehen. Der Vater aber schüttelte bedenklich den Kopf ... Trotzdem schnitzte er mir manches für meinen Altar, räumte für meine Spielerei unsere Rumpelkammer etwas aus und ließ auch die Verwandten, welche mir allerlei Schönes, Geeignetes einkauften, lächelnd gewähren.

51, 39 ff.

Grossbreitenbach, um 1860
Abschaffung des Tischgebets

An jedem Morgen wurde eine Handvoll Kartoffeln in die Ofenröhre des großen Kachelofens gelegt, der, wie es im Thüringer Wald üblich war, von außen geheizt wurde. Zu den gebratenen Kartoffeln gab es eine Tasse Runkelrübenbrühe, genannt Kaffee. Das war das erste Frühstück ... Auf den Schulweg nahmen wir als zweites Frühstück ein Stück trockenes Brot mit. Wenn das Brot knapp wurde, erhielten wir einige gebratene Kartoffeln mit. In der Pause schälten wir die kalt gewordenen Kartoffeln, während die Kinder der wenigen Wohlhabenden Brot mit Wurst und Schinken essen konnten. Daß wir ein Gefühl des Neids empfanden, war nicht zu verwundern. Wir wurden nicht getröstet, wenn der Lehrer und der Pfarrer diese Unterschiede als göttliche Einrichtung priesen. Wenn wir aus der Schule nach Hause gingen, und die Mutter nicht zu Hause war, da hatte sie immer vor ihrem Gang zur Arbeit eine Kartoffelspeise bereitet und warmgestellt. Während das unsere Nahrung zu Mittag war, gab es zum Vesper ein Stückchen trockenes Brot, das aus Mehl und geriebenen Kartoffeln

gebacken war. Des Abends gab es natürlich wieder Kartoffeln, Kartoffeln in der Schale oder Salzkartoffeln. Das waren Kartoffeln, die geschält wurden und in etwas Salzwasser oder in Heringslauge getaucht waren. Bei Festlichkeiten, die natürlich sehr selten waren, wurde auch einmal ein Hering gekauft, der aber nicht auf einmal aufgegessen werden durfte. Am Sonntag konnte sich die Familie meist ein halbes Pfund Fleisch gönnen. So war unsere Ernährung das ganze Jahr hindurch ...
Wenn die Mutter und Bruder Friedrich einmal mit Überanstrengung einen oder zwei Gulden mehr verdient hatten, dann konnte zum Kirchweihfest oder zu Weihnachten Kuchen gebacken und ein größeres Stück Fleisch gekauft werden ...
Die Mutter erzog uns zu sehr frommen Knaben. Vor unsern armseligen Mahlzeiten mußten wir ein Gebet verrichten, meist mit dem Schlußsatz: »Komm, Herr Jesus, sei unser Gast, und segne, was du bescheret hast.« Diese frommen Worte empfanden wir bei der Armseligkeit unserer Nahrung als Hohn, wir brachten die gute Mutter endlich dazu, so schwer es ihr auch fiel und so sehr sie wußte, daß wir ihr jeden Wunsch gern erfüllten, das Gebet wegzulassen.

18, 7 ff.

Matziken bei Heydekrug, um 1866
Krone und Altar

Fürs erste kam ich mit zwei jüngeren Brüdern in die Schule der Frau Pfarrer Hugenberger. Diese stattliche Frau, temperamentvolle Frau, die aus Schrullen und Exstasen zusammengesetzt war ... war wegen schlechter Behandlung ihrem Manne davongegangen und hatte zwei Töchter mit sich genommen ...
Diese ersten Schuljahre, so wenig ich in ihnen gelernt haben mag, sind auf meine geistige Entwicklung von tiefgreifendem Einfluß gewesen. In ihnen habe ich die Leidenschaftlichkeit kennengelernt, mit der man eine Überzeugung pflegen und vertreten kann ... War ich schon fromm gewesen, so wurde ich es jetzt so sehr, daß keine Inbrunst mir genug tun konnte. Wenn die Frau Pfarrer beim Morgengebete für uns Schüler als die räudigen Schäflein zu Gott dem Herrn um Vergebung flehte, dann wurde die Zerknirschung in mir so arg, daß ich oftmals beschloß, mir das Leben zu nehmen, weil ich seiner unwürdig war. Aber auch die Güte Gottes lehrte sie mich kennen und fachte Jubelstürme in mir an, deren ich nur Herr werden konnte, indem ich mich in der Brauerei auf den obersten Gerstenboden flüchtete, wo ich dann vor einer offenen Luke, die grünende Herrgottswelt tief unter mir, singend und weinend auf den Knien lag. Keine Macht

der Welt hätte mich abhalten können, sonntags nach der Kirche zu pilgern, und wenn die Eltern daheim bleiben mußten, dann machte ich Knirps mich allein auf den Weg ... Und hatte ich den Pfarrer Hoffheinz, der in seiner Art nicht weniger leidenschaftlich war, auf der Kanzel knien und schluchzen gesehen, dann war es mir damit noch lange nicht genug, dann ging ich erst noch in die katholische Kirche und hörte die Messe. Kam ich dann schwach vor Hunger nach Hause und das Essen stand nicht gleich auf dem Tisch, dann schloß ich mich in dem Giebelzimmer ein, in dem wir Kinder zusammen mit Großmama schliefen, hängte mir eine bunte Bettdecke um und zelebrierte das Hochamt weiter, zu dem, wie ich erfahren hatte, sowieso ein vorheriges Fasten gehörte.
Und noch eine andere inbrünstige Liebe nährte Frau Pfarrer Hugenberger in mir: die Liebe zum Königshause ... Ich muß gestehen, diese Verquickung von Krone und Altar, von Gottesmacht und Herrschertum ist nicht ohne glückbringende Harmonie, mag sie auch nur für die Armen im Geiste geschaffen sein. Über den Gram der vielgeliebten Königin Luise, die ja bekanntlich infolge der Schmach des Vaterlandes an gebrochenem Herzen starb, habe ich mehr Tränen des Mitleids geweint als über die Schmach des Vaterlandes selber. Und die, ich weiß nicht wieviel Ellen lange Leberwurst, die bei der Krönung des Königs von den Meistern der Fleischerinnung durch die Straßen Königsbergs getragen und dann an die jubelnde Menge verteilt wurde, bildete für mich den Höhepunkt aller menschlichen Freuden.

206, 28 ff.

4. Kapitel

4.1. Hungersnöte, Feuersbrünste und andere Katastrophen

Kommentar
Hann.-Münden, 1626 Gnade für Kinder unter neun
Rufach, 1636 Nachricht von kannibalistischen Leichenschändungen an Kindern
Halle, 1682f. Ein Barbierlehrling erfindet eine Pestkur, auch für sich selbst
Knautkleeberg, 1770f. Tauschgeschäfte eines Kindes im sächsischen Landeselend
Niesky, 1781 ff. Aus der Unglückschronik der Knabenerziehungsanstalt
Märkisch-Friedland, 1799f. Abstumpfung der Gefühle in einer Pockenepidemie
Datschitz / Mähren, 1805 Greuel der Plünderung
Němčice, 1806 Die Vaterstadt, ein Aschenhaufen
Hamburg, um 1810 Pflicht der Haus- gegen die Kellerbewohner bei Überschwemmung
Dresden, 1813 Die Blockade
Brunnhardshausen (Vordere Rhön), 1816f Kleie, Sand und Tollhaber

München, 1854 Die Choleraepidemie
Rammersweier bei Offenburg, um 1855 Maßnahmen in Hungerjahren

Zum Dank für die Errettung eines Kindes vor dem Tod des Ertrinkens gestiftete Votivtafel von 1660. Oben: Durchgehende Pferde bringen ein Kind in Lebensgefahr. Votivtafel von 1826.
Aus: W. Theopold, Das Kind in der Votivmalerei. München 1981. – M. Hermann, Volkskunst auf dem Hochberg bei Neufra. Sigmaringen 1974

Kommentar

Die Märchengefahren des Verirrens, Gefressenwerdens und in den Brunnenfallens waren einmal Realität, auch das Erfrieren oder Verhungern. Daß Kinder geschlachtet oder jung Verstorbene von Hungernden begehrt wurden, scheint kaum noch vorstellbar, ist aber in Chroniken vor allem aus der Zeit des 30jährigen Kriegs, aber auch noch in Nachrichten aus Hungergebieten im 18. Jahrhundert so oft festgehalten worden, daß man an der Tatsache kaum zweifeln kann. Man weiß heute, daß Hunger, auch in der Gestalt einseitiger Ernährung, die körperliche, aber auch die geistige Entwicklung von Kindern schwer beeinträchtigt, wenn sie nicht sogar zu einem frühen Tod führt. Wer will es der Frau, vermutlich der Mutter, verübeln, die Daniel Chodowiecki, auf der Pferdereise, die er zur Zeit einer Hungersnot 1773 von Berlin nach Danzig unternimmt, ihr etwa dreijähriges Kind (angeblich hat sie es gefunden) schenken will? Es scheint, als ob die Erinnerung an solche Katastrophen schnell verdrängt und auch in der Geschichtsschreibung bislang nicht bewahrt worden ist. Noch 1867 hat Hermann Sudermann (1857–1928) in seiner ostpreußischen Heimat einen Notsommer und Notwinter erlebt und beobachtet, wie ganze Familien bettelnd durchs Land ziehen müssen, der Hungertyphus grassiert, bis endlich im Frühjahr 1868 einige Schiffsladungen mit Kartoffeln der gröbsten Not abhelfen.

Auch wie lähmend und zermürbend Kälte sein kann, ist heute kaum noch vorstellbar. Ein bürgerliches Kind, die Mutter der Schriftstellerin Agnes Sapper, erfror sich als Vierjährige im Winter 1830/31 in der Erlanger Wohnung Hände und Füße – wie mag es da anderen, ärmeren ergangen sein? Überhaupt ist das Wetter – Regen, Trockenheit, Überschwemmungen, Gewitter und Blitzschlag – heute keine für größere Kollektive lebensbedrohende, schicksalsbestimmende Gegebenheit mehr.

Auch andere, kleinere und größere Katastrophen sind uns heute fremd. Gegen die Tollwut (oder das, was man dafür hielt), erfand man die abenteuerlichsten Mittel – Kleist hat sie als Gelegenheit heroischer Bewährung für eine Mutter literarisch bearbeitet. Andere Seuchen und Epidemien, die Pest vor allem im 17. und die Cholera im 19. Jahrhundert (um 1830 und 1850), denen man ebenso hilflos gegenüberstand, forderten mehr Opfer; Kinder und Arme stellten immer das größte Kontingent. Gewiß hatte man z. B. in Wien aufgrund der Erfahrung mit der Pest in kleineren Epidemien seit 1540 Infektionsordnungen erlassen, die im Seuchenfall verteilt und von den Kirchenkanzeln verlesen werden sollten. Aber was nützten solche Ordnungen, solange man den eigentlichen Träger des Pestbazillus (einen Rattenfloh) nicht kannte und selbst die halbwegs wirksamen

Abwehrmaßnahmen, die man quasi ins Blaue hinein entworfen hatte (Absonderung der Erkrankten, Beschränkung des Reiseverkehrs, Quarantänemaßnahmen, Säuberung der Straßen von Abfall usw.), nicht durchführen konnte, weil im Notfall Panik und Chaos ausbrachen?

Andere Katastrophen könnte man, so meint R. Z. Becker in seinem vom Ende des 18. bis weit ins 19. Jahrhundert immer wieder neu und verbessert aufgelegten »Not- und Hilfsbüchlein«, als aufgeklärter und vorsichtiger Mensch vermeiden. Dieser Ratgeber für den einfachen Mann – er wurde auch als Schulbuch benutzt – gibt Auskunft über das Verhalten in Kriegszeiten, bei Krankheitsfällen, in pädagogischen und ökonomischen Fragen. Der Krieg, behauptet Becker, sei inzwischen so weit zivilisiert, daß der kluge Landmann die Soldaten nicht mehr zu fürchten brauche. Immerhin mußte er aber die Lebensmittel stellen, Hausbesitzer mußten in den Städten zusätzlich Einquartierungen hinnehmen. Von Plünderungen hört man zum letztenmal aus den Napoleonischen Kriegen. Eine fast klassisch zu nennende Katastrophe ist der Stadtbrand. Tübingen erlebte im 18. Jahrhundert drei, 1742, 1771 und 1789. Zwar gab es dort bereits eine Brandkasse, doch konnte der Verlust an Hab und Gut weder durch ihre Entschädigungen noch durch die wohltätigen Spenden aus dem Land auch nur annähernd kompensiert werden. Kinder, vor allem wenn ihre Familie nicht direkt betroffen ist, erleben Feuersbrünste auch als willkommene Sensation in einem eintönigen, an bildenden und unterhaltenden Reizen armen Leben. Karl Friedrich Klöden (1786–1856) datiert von einem Brand, den er als 14jähriger erlebt, eine Wende seines Auffassungsvermögens. Die Gespräche und Diskussionen, die er auslöst, dann auch die Wiederaufbauarbeiten, beleben und belehren ihn. Mit dieser Reaktion ist Klöden kein Einzelfall. Überhaupt kann man sagen, daß die kindliche Perspektive auf Katastrophen (Brände, Überschwemmungen, Truppendurchmärsche, Einquartierungen, Belagerungen usw.) wegen der damit verbundenen Revolution des Alltags weniger von Angst als von erregter Neugier bestimmt ist. Allerdings war diese Perspektive auch vielen Erwachsenen nicht fremd. Wer würde, wie Ludwig Richters Vater es 1813 tat, mit seinem 10jährigen Sohn ausziehen, das Schlachtfeld zu besichtigen? Bei der Nachricht von einem Brand ritt der junge Goethe los, um den erhabenen Anblick zu genießen und ihn im Skizzenbuch festzuhalten. So naheliegend es ist, die unzähligen Katastrophen nur hinsichtlich ihrer materiellen Folgen zu betrachten, ihrem Stellenwert im Leben unserer Vorfahren wird man damit noch nicht gerecht. Die Leidenschaft für schreckliche Schauspiele aller Art, wie sie im 17. und 18. Jahrhundert zu beobachten ist, bereitet die vernünftigen Eingriffe in Naturereignisse vor, die man bislang als Strafgericht Gottes oder als Wirkung feindseligen Zaubers (von Hexen oder Juden ausgeführt) erklärt hatte.

LITERATUR

G. Lammert, Geschichte der Seuchen-, Hungers- und Kriegsnot zur Zeit des 30jährigen Krieges, Wiesbaden 1890 (Reprint 1971)

E. H. Ackerknecht, Geschichte und Geographie der wichtigsten Krankheiten, Stuttgart 1963

H. A. Gins, Krankheit wider den Tod. Schicksal der Pockenschutzimpfung, Stuttgart 1963

A. Kamphausen, Wehe wenn sie losgelassen. Die Brandkatastrophen in der bildenden Kunst, Heide 1959

HANNOVERSCH-MÜNDEN, 1626
Gnade für Kinder unter neun

Als ich heute nach Heiligenstadt kommen, ist gleich Herr Dr. Olandus vom General Tilly von Münden auch anhero kommen, so von Einnahm und Eroberung der Stadt Münden diese Spezialia berichtet. Demnach der General Tilly den 6. Juni ... mit 8 Regimentern vor Münden gerückt ... Ist Sonntags den 7. von beiden Teilen stark geschossen worden, sonderlich der von Fürstenberg über die Werra tapfer auf die Stadt den ganzen Tag Feuer geben. Montags ist nicht viel vorgenommen worden, allein hat sich Tilly bemüht, die Stadt mit Akkord zu bekommen ... aber vom Oberstleutnant Glotten keine andere Resolution erfolgt, als daß er gemeinet zu fechten bis in den Tod ... Dienstags den 9. hat Tilly abermals alles Geschütz gegen die Stadt zu richten und so lange Feuer zu geben befohlen, bis eine Bresche geschossen, daß man mit einem Regiment ... stürmen könnte. Welches dann der von Fürstenberg effektuiert und von morgens 5 Uhr bis in die Nacht um 9 Uhr fast in die 100 Schüsse unablässig verrichtet, die Mauern an der Werra zerschmettert. Die Belagerten aber keines Akkords jemals begehrt. Also hat der von Fürstenberg um 9 Uhr mit zwei Regimentern ... den Sturm anlaufen lassen und dann in einer Viertelstunde die Überhand erhalten in die Stadt gedrungen und alle Personen so über 9 Jahre gewesen, jämmerlich zu Tode gehauen und geschlagen. Der meiste Teil Bürger und Soldaten haben sich noch eine gute Zeit auf dem Kirchhofe, allda sie sich vorher verschanzt, mit Musketen tapfer gewehret. Als aber der Oberst Glott gesehen, daß es unmöglich, dieselben zu erhalten, hat er seinem Leibjungen befohlen, mit einer Muskete ihm durch das Herz zu schießen; welches auch geschehen. Darauf dann das übrige vollends darnieder gemacht worden.
Sonst ist die Mutmaßung, daß von allen den Bürgern, Soldaten, Bauern, Schiffsleuten über 20 Personen nicht lebendig geblieben; diejenigen Weiber, deren gar viel den Soldaten entgegen gelaufen und vermeint, ihre Männer zu retten, sind auch niedergehaut worden. In Summa, es soll ein solcher erbärmlicher und erschrecklicher Zustand sein, daß unmöglich einem zu glauben steht, welcher es mit Augen nicht gesehen. Und ob wohl 300 Personen von Allendorf und Witzenhausen dahin gemußt, die toten Körper zu begraben und teils in die Werra zu tragen, können sie doch in vier Tagen das Schloß und die Stadt nicht säubern ...

22, Bd. 1, 39 f.

Rufach, 1636
Nachricht von kannibalistischen Leichenschändungen an Kindern

Valentin Engelein, Bürger und Totengräber allhie, sagt bei seinem Eid, daß vor acht Tagen zu ihm kommen sei Agnes Ebsteinerin, Hans Ebsteins seligen Tochter und ihn mit diesen Worten angeredet: sie wäre von Kolmar kommen und hätte daselbsten etlich Tag auf gewartet, ob sie vom Schinder etwas tot Roßfleisch haben könnte, aber vergeblich. Und sei wegen großer Kälte und Hungers halben wiederum allhero kommen, ihn, Totengräber insonderheit zu bitten, ob nicht noch vielleicht ein junger toter unbegrabener Leichnam vorhanden wäre, den wollte sie ohne einige Scheu, den großen Hunger zu büßen, mit Lust essen. Weiters bezeugt gedachter Totengräber, daß unlängsten ein Jung und zwei Weiber aus der Nachbarschaft zu ihm in das Spital kommen und gesagt, daß sie in der Stadt Almosen geheischet haben, aber nichts bekommen, derowegen ihn gebeten, ob er keinen jungen toten Menschen hab, den sollte er ihnen zukommen lassen, sie hätten sich schon lange Zeit von Menschenfleisch gesättiget, denn sie wüßten wohl, daß mehrteils Hungers sterben, dahero sie solches ohne einigen Widerwillen wohl essen könnten. Darauf sei er, Totengräber, auf den Kirchhof an St. Klaus Kapelle gangen, darinnen er jederzeit die Toten, bis ein guter Teil zusammen kommen, und in eine Grube getan werden, hingestellt, ein Malenschloß angelegt und gefürchtet, sie möchten die Toten mit Gewalt holen. Wilhelm Wagner, Martin Jungermann, beide Ratsfreunde, Rudolph Koppo und Konrad Ebelmann, beide Zunftmeister, bestätigen bei ihren Pflichten, daß vergangenen Freitag Hans Ulrich Vogelmann, Schultheiß zu Orschweier, zu ihnen nach Rufach kommen sei, und habe einen Gefangenen mit sich gebracht, welcher Hungers halber einen mit dem Knüppel zu Tod geschlagen habe; darneben noch viel erbärmlichere Sachen angezeigt, nämlich daß ein Mägdlein ungefähr von 11 Jahren gestorben und noch unbegraben blieben, welches vier andere Mägdlein, darunter zwei Hubert Webers Töchter gewesen, zu Stücken zerhauen und dasselbig gegessen. Theobald Kühlmann hab ein hübsch feistes Kind, dem hätten sie gedräuet, wo sie es bekommen könnten, so wollten sie es auch fressen. Darauf hat man das Kind abweg getan. Dieses ist durch einen ehrsamen Rat der Stadt Rufach heutigen Tags mit sonderem Fleiß examiniert, aufgezeichnet und zu wahrer Urkunde mit ihrem Stadtsiegel bekräftigt worden.

22, Bd. 1, 81

Halle 1682 f.
Ein Barbierlehrling erfindet eine Pestkur, auch für sich selbst

Inmittelst nahm die Kontagion allhie in Halle anno 1682 überhand, daß Tages fünfzig, sechzig und mehr jählings dahinsturben ... Das war von der damaligen Obrigkeit und Rat zu rühmen: die gute Anstalten, welche waren, die Armen und Verlassenen zu versorgen mit Essen und Trinken, Predigern, Medicis und Chirurgis, Notarien und Testamentmachern. Und obgleich hie und da die Gassen mit Brettern verschlagen, ringsum die Stadt mit Soldaten besetzet, daß keiner aus und ein könnte, waren Märkte an den äußern Wassergraben angeleget ... daß keiner doch Not litte, oder verhungern durfte ...
Weilen nun die Pest gar sehr überhand nahm und erbärmlich anzusehen, wie die Gassen leer, die Häuser zu, hie und da Zetergeschrei und rasende Leute oben in Türen und Fenstern, sich itzt herunterstürzen, stunden, auch nichts mehr zu tun war, und kein Mensch arbeitete, noch balbierete, hieß mich mein Herr auch weggehen.
Insonderheit weil meine Eltern bereits aus der Stadt naus, an die Heide in einem Weinberge eine Hütte gebauet, Keller gegraben, sich logieret hatten, auch viel von meines Herrn Kunden, welche ich barbieren mußte, sich hinausbegeben, praktizierete ich mich auch hinaus und bediente meinen Vater und andere, verdienete etwas und machte den Leuten Arzenei. Insonderheit machte ich eine Pestessenz, welche approbieret, uns und viele Leute, nächst Gott, erhalten. Denn der Vater jedem einen halben Löffel des morgens gab.
Und ob ich gleich durch vieles Einsammeln des Giftes die Pest wirklich auf diese Art bekam: daß, da ich und mein Bruder, der Mutter einen Karpfen in Cröllwitz zu holen, geschickt wurden, daselbst aber keinen Menschen im Dorfe befunden, oben bei dem Damm aber ein Lager von Kranken und miserablen Kindern und Leuten antrafen, endlich bei ziemlichem Winde übers Wasser fuhren und Karpfen bekamen; zugleich ich auch von Schrecken und Entsetzen die Pest mit nach Hause brachte. Sahe mir mein Vater gleich an, weil ich heftig Kopfweh, ganz erblasset und krank war. Er gab mir gleich einen Löffel von meiner gemachten Pestessenz ein; brachte mich in der Stille auf den Boden, und schloß zu, daß kein Mensch zu mir sollte, um zu sehen, wie es werden würde. Darauf ich angefangen zu rasen. Weil ich aber nirgends hinkonnte, auch die Kräfte nicht hatte, so hat die Stärke der Arznei auf eine Blutstürzung getrieben, daß das Blut zu Maul und Nasen heftig geflossen; ich mich im Blute herum- und auf dem Boden gewälzet; endlich vermattet, in tiefen Schlaf gefallen. War zwei Tage. In welcher Zeit der Vater oft nachgesehen, ob ich noch lebete. Da er nun vermerket, daß ich erwachet, verständig geredet und zu essen gefordert, hat er mir eine Suppe von fetter Rindfleischbrühe gebracht. Habe ich mich nach und nach wie-

der erholet ... Wir brachten indes unsere Zeit zu mit Beten, Singen und Lesen, divertierten uns mit Spazieren in den Weinbergen und anderm bis die Kontagion aufhörete, da wir wieder heim, und ich zu meinem Herrn ging, und vollends auslernete.

38, 26; 29 f.

Knautkleeberg, 1770 f.
Tauschgeschäfte eines Kindes im sächsischen Landeselend

Die Hungersnot der damaligen zwei Jahre ist in Sachsen als Landeselend bekannt. Hunger haben wir nicht gelitten, aber meines Vaters Vermögen zusammen so ziemlich verzehrt. »Solange ich noch eine Metze Korn mit dem letzten Taler kaufen kann«, sagte der wackere Mann, »muß niemand in meinem Hause ungesättigt vom Tische aufstehen.« Es war, als ob die furchtbare Teuerung doppelten Hunger erzeugt hätte; denn jedermann aß, wie man bemerken wollte, fast noch einmal so viel als gewöhnlich. Ich galt damals im Dorfe für einen sehr glücklichen Prinzen, daß ich, so viel ich wollte, herrliches Butterbrot hatte, da mancher arme Teufel hungrig halb neidisch vorüberschlich. Da gab ich denn manchen Schnitt weg und tauschte irgendein Spielwerk oder einen Vogel dafür ein. »Junge, wirst du ewig nicht satt?« sagte einmal meine Mutter halb froh, halb traurig, als sie mir ein frisches Butterbrot schneiden mußte; »es ist doch, als ob der Himmel seinen Segen genommen hätte auch von dem, was noch da ist.« Da es sich aber ergab, daß ich meine vorige ziemlich starke Portion für einen Hänfling weggegeben hatte, fing sie an, eine strenge Zuchtmeistermiene anzunehmen, und ich glaube wirklich, sie würde zu Birkengottfriedchen gegriffen haben, wäre nicht mein Vater dazugekommen. Der meinte nun, es sei wohl ganz gut, daß ich mein Butterbrot verteile, nur nicht, daß ich Hänflinge, Peitschen und Platzbüchsen dafür nehme und dann komme und mir ein anderes erlüge: er könne übrigens jetzt nicht alle Hungrigen speisen und sei froh, wenn er nur seinen Haushalt leidlich gesättigt habe. »Wenn du nun selbst traurig, hungrig nach dem Butterbrot der andern sehen müßtest? Junge, wer zu dir kommt, den weise an mich oder die Mutter! Hunger tut weh, Junge, sagt man: das haben wir noch nicht erfahren; weiß der Himmel, ob es nicht noch kommt ...«

197, 46 f.

NIESKY, 1781 ff.
Aus der Unglückschronik der Knabenerziehungsanstalt

Auf diese fröhlichen Tage folgten nun bald gar andere, als in den Jahren 1781 die Ruhr, 1783 und 1788 die Blatternkrankheit und 1786 ein äußerst bösartiges Scharlachfieber unter den Zöglingen ausbrach.
Die Blattern hatten sich schon 1774 und 1777 gezeigt, und bei dem viermaligen Auftreten dieser Epidemie erlagen ihr nicht weniger als 7 Kinder. – Von ganz besonderer Heftigkeit aber war jene Scharlachfieber-Epidemie Ende Oktober 1786. Rasch hatten sich zunächst die Krankenstuben gefüllt, aber bald reichten sie nicht mehr zu, vielmehr mußten der Chorsaal und ein Wohnzimmer im Pädagogium zu Krankenstuben eingerichtet werden. Aber auch dann war der Platz noch so beschränkt und die Gefahr der weiteren Ansteckung so groß, daß man die noch gesund gebliebenen Zöglinge aus Anstalt und Pädagogium das Haus schließlich völlig räumen und die Zimmer über dem Gemeinsaal beziehen ließ. Erst Mitte Dezember konnten sie von dort wieder zurückkehren, nachdem 3 Kinder der Krankheit zum Opfer gefallen waren. – Es war große Freude, als man das Haus wieder beziehen konnte, aber schon die nächsten Wochen brachten neue Stunden der Angst für Brüder und Kinder. – Die 3. Stubengesellschaft hatte am 3. Januar 1787 einen Spaziergang nach Jänkendorf gemacht und war soeben auf dem Rückweg begriffen, als sie ein Wagen, dem Gastwirt in Niesky gehörig, einholte. Das Anerbieten, die Kinder aufsteigen zu lassen und zurückzufahren, ward mit Freuden angenommen, aber noch war die Gesellschaft nicht weit gefahren, als die Pferde scheu wurden, durchgingen und in wütender Hast mit dem Wagen dahineilten, bis dieser endlich mit solcher Heftigkeit umgeworfen ward, daß die Kinder sämtlich hinausgeschleudert wurden. Mehrere waren nicht unerheblich beschädigt, eines aber ward für tot aufgehoben und nach Hause getragen. –
Es war ein trauriger Einzug in Niesky, den die am Nachmittag so munter ausgezogene Kinderschar nun am Abend hielt; manches heiße Gebet ist da zum Herrn aufgestiegen, und – Ihm sei Dank – gar bald schon zeigte es sich, daß er Seinen Engel befohlen, diese Kleinen vor schwerem Unfall zu behüten. Jenes zuletzt erwähnte Kind kam unter treuer Pflege nach und nach zu sich, rasch ging die weitere Genesung bei ihm und den übrigen minder Verletzten von Statten ...
Die Hilfe des treuen Herrn, die hier einigen wenigen zuteil geworden war, erfuhr mehrere Jahre darauf die ganze Jugendschar mit ihren Erziehern, als am 19. Juli 1796 der Blitz in das Anstaltshaus einschlug. Vom südlichen Schornstein aus sich zuerst über den Schlafsaal verbreitend, dann sich zerteilend, richtete er sowohl im Ober- als im Unter-Stock des Hauses arge Verwüstung an, und es kann nur der wunderbaren Güte und dem väterlichen Verschonen des Herrn

zugeschrieben werden, daß sowohl das Feuer in seinen ersten Anfängen gelöscht werden konnte, als auch Brüder und Kinder sämtlich ohne Verletzung blieben. – Am auffallendsten ist dies bei der kleinen Kinderstube gewesen, nachdem nämlich der Blitzstrahl sich durch ein in die Mauersteine über der Tür geschlagenes großes Loch den Weg in diese Stube gebahnt, fuhr er nicht seiner Natur gemäß nach dem nächsten, an sich leitenden Gegenstand hin, sondern in einem großen Sprung über den Kopf des die Kinder beaufsichtigenden Bruders hinweg, quer durch die Stube, nach der Tür des Schlafsaales der Kleinen zu. – In diesem warf er eine Menge Kalk von der Mauer, versengte auch durch Herabtropfen geschmolzenen Drahtes von der Decke mehrere Betten, bahnte sich aber dann einen Ausweg durch die Mauer und fuhr endlich an der Dachrinne in die Erde hinab... Bis Stuben und Schlafsäle wieder in wohnlichen Stand gesetzt waren, fanden die Kinder bei Geschwistern im Ort freundliche Aufnahme; in einem Haus u. a. übernachteten 28 Knaben mit einigen Brüdern auf einer großen Streu.

67, 6 ff.

MÄRKISCH-FRIEDLAND, 1799 f.
Abstumpfung der Gefühle in einer Pockenepidemie

Im Herbste brach die Pockenseuche in einer überaus verheerenden Weise aus und hielt den ganzen Winter über an. Sie raffte den dritten Teil der Kinder in der Stadt fort und wir hatten jeden Tag eine, zuweilen zwei Leichen nach dem Kirchhofe hinaus zu singen, meistens unsere Spiel- und Schulgefährten; kannten wir doch in der kleinen Stadt uns alle untereinander. Wir vermochten oft vor Wehmut und Mitgefühl kaum zu singen. Die Nachmittagsschule konnte fast gar nicht mehr gehalten werden. Der Winter war sehr kalt, und da ich keinen Mantel besaß, fror ich bei diesen Begräbnissen oft ganz erbärmlich und konnte vor Schmerz in den Gliedern und Steifigkeit kaum das Haus wieder erreichen. Vor dem Hause der Stadt, wo die Leiche stand, wurde ein Lied gesungen. Dann intonierte der Inspektor in bekannter Weise singend: »Höret an die Worte der heiligen Schrift, welche wir aufgezeichnet finden im Buche der Weisheit Kapitel – Vers –«, und nun die ganze Bibelstelle, die wir mit entblößtem Haupte anhören mußten, es mochte regnen oder schneien. Jetzt sangen wir wieder ein Sterbelied, und hierauf intonierte der Kaplan eine Bibelstelle wieder mit entblößtem Kopfe. Es folgte das dritte, meist kürzere Lied und jetzt sprach der Rektor, wobei wieder der Kopf entblößt sein mußte. Nun erhielt jeder Schüler zwei, drei, auch vier Hellinge Semmeln, die ich nie essen konnte, weil sie aus einem

Leichenhause kamen, und die ich meiner Mutter mitbrachte. Endlich wurde die Leiche aufgehoben und der Zug setzte sich in Bewegung. Voran die Schüler, ein Lied singend, meist: »Alle Menschen müssen sterben.« So singend kamen wir auf dem Kirchhofe an. Dieser war schon sehr oft umgewühlt und hatte fast gar keine stehende Erde mehr. Daher fanden wir in der Regel das Grab zusammengestürzt und es mußte von neuem gemacht werden. Währenddessen wurde noch ein Lied eingeschoben, und dann erst das Lied angestimmt: »Nun lasset uns den Leib begraben.« Jetzt folgte die Einsegnung der Leiche ... und endlich ein Schlußvers des Liedes, worauf man nach Hause zog. Die Sache währte lange genug, um dabei furchtbar zu frieren.
Angesichts der Epidemie war ich meinetwegen nicht ganz ohne Besorgnisse; denn ich hatte die Pocken noch nicht gehabt. Gegen Weihnachten aber befielen sie meine beiden jüngsten Geschwister in heftigster Art, und nach Neujahr starben uns innerhalb acht Tagen beide liebe Kinder ...
Eine mich befremdende Wahrnehmung war es, daß der Tod meiner beiden mir so lieben Geschwister mich nicht in dem Maße niederdrückte, als die Größe des Verlustes es mich hätte erwarten lassen, und ich machte mir bittere Vorwürfe, daß früher der Tod meines Eichhörnchens mich tiefer ergriffen hatte, als der jetzige viel größere Verlust. Ich wußte damals noch nicht, daß bei allen großen Seuchen die stete Wiederholung von Sterbe- und Begräbnisszenen das Gefühl abstumpft ...

101, 139ff.

Datschitz/Mähren, 1805
Greuel der Plünderung

Bis zum Jahre 1804 lebten die guten Eltern in einem anständigen bürgerlichen Wohlstand, man nannte den Vater selbst wohlhabend und solid. Nichts wurde an der Erziehung der Kinder gespart ... Da brach der unheilvolle französische Krieg aus. Zahllose Militäreinquartierungen bei dem Durchmarsche der österreichischen Truppen nach Böhmen, Requisitionen aller Art, ungeheure Steuern und Abgaben, der durch den Staatsbankrott herbeigeführte Sturz des Papiergeldes, die Zerstörungen der Wälder und Weingärten durch Biwaks, hatten schon beinahe die ganze Gegend meiner Vaterstadt ausgesogen. Nicht genug. Die Österreicher wurden bei Ulm geschlagen, alle Flüchtlinge wandten sich nach Mähren und plünderten und raubten schlimmer als die Feinde.
Endlich erschienen auch diese in großer Zahl (wenn ich mich recht erinnere, war es das Korps von Marschall Massena) in der 16 Stunden von uns entfernten Stadt

Znaym, Streifkorps durchzogen die ganze Umgebung, und so bekam unsere harmlose Stadt, weil sie in militärischer Beziehung ein wichtiger Punkt zwischen Mähren und Böhmen ist, Besuch von einigen hundert dieser fremden Gäste. Zur Schande meines Vaterlandes muß ich es aber sagen: es waren deutsche Hilfstruppen der Franzosen, Badener, Hessen-Darmstädter und Württemberger. Das erste was sie verlangten, war eine Brandschatzung von 20000 Gulden in barer Münze. Aber mein Heiland! Einige Juden ausgenommen, besaßen nur wenige Bürger Gold- oder Silbermünzen, und diese waren zudem noch bloß Schaustücke oder Patengeschenke. Papiergeld wollte man nicht ...
Da ging der Greuel der Plünderung los; ich wage es nicht, den Jammer der armen Talbewohner zu schildern. Alles Zug- und Mastvieh wurde fortgeschleppt, alle Gegenstände von einigem Wert geraubt, alles übrige zerstört, die Getreidevorräte auf die Straßen oder in den Fluß geworfen, Frauen und Kinder mußten in die Wälder flüchten oder wurden bestialisch beschimpft, Männer und Knaben auf das schändlichste mißhandelt. Endlich wurden auch in die in der Stadt liegenden Weinkeller erbrochen, und ein furchtbares Bacchanal begann. Es wurde solange gesoffen und fortgetragen, als es diese Schurken vermochten ... Nicht einmal die Kirchen wurden geschont, und alle heiligen Gefäße gestohlen.
So dauerte dieser Greuel zwei Tage lang; dann zogen die verfluchten und fluchwürdigen Räuber (denn den ehrenvollen Namen von Soldaten verdienten sie nicht) ab, mit den tausendfachen Verwünschungen ... der Einwohner belastet, die sie so gutmütig aufgenommen, allen ihren Wünschen zu entsprechen gesucht hatten und nun auf den Bettelsack gebracht waren. Der Anblick der Stadt nach dieser Katastrophe war fürchterlich; selbst auf mein kindliches Gemüt machte er einen so tiefen Eindruck, daß ich vor Wut weinte und mir nur wünschte, ein Mann zu sein und mit meiner sicher treffenden Kugelbüchse so viele Franzosen zu erlegen, als ich anträfe, gleichviel, ob ich auch mein Leben dabei verlöre ...
Meinen Vater fand ich vor der Haustüre sitzend mit fürchterlich gerunzelter Stirn, in die Lippen beißend, und wie es schien, brütend; er sprach kein Wort, lachte nur zuweilen höhnisch und ging wie ein Träumender umher.

107, 57 ff.

NĚMČICE, 1806
Die Vaterstadt, ein Aschenhaufen

Am 11. Juni 1806 ging ich des Morgens aus dem Hause meiner Großmutter, bei der ich wohnte, wie gewöhnlich in die Schule. Gegen 11 Uhr erteilte uns der Rektor Unterricht im Singen. Sturmgeläute und Feuergeschrei schreckte uns plötzlich auf, alles stürzte in wilder Flucht zur Türe hinaus und eilte dem väterlichen Hause zu. Ohne die Flammen zu erblicken floh ich vom Schrecken gejagt zu meiner Mutter, die mit bangem Zagen die Ankunft des Vaters erwartete und die Kinder zu beruhigen suchte. Die Angst unseres Harrens wurde vermehrt durch die Auftritte, welche wir aus dem Fenster erblickten. Alles eilte in tobender Verwirrung nach dem äußersten Ende der Stadt, wo die Flamme ausgebrochen war. Nach einer Weile sahen wir endlich unseren Vater in flüchtiger Eile und triefend von Schweiß die Straße heraufkommen. Er kam eben von der Feuerstätte her und riet sogleich, zu retten soviel die Zeit und Kraft erlaubte, indem keine Hilfe mehr möglich sei. Kaum hatte er dies Wort gesprochen, als wir alle Hand anlegten, um unsere Habseligkeiten in Sicherheit zu bringen. Die herannahende Gefahr stählte jeden von uns mit einer wunderbaren Kraft und wir waren vermögend, Lasten zu tragen, die wir sonst kaum aufheben konnten. Ich selbst bürdete mir einen großen Korb mit Wäsche auf und trug ihn leicht und schnell in den Garten. Kaum mochten wir einige Minuten damit beschäftigt sein, als wir die Flamme dunkelrot, mit schwarzem Rauch vermengt, gegen den Himmel aufstreben sahen. Dieser Anblick verdoppelte unseren Eifer ... Es war eine furchtbare Szene. Die dumpfen Schläge der Sturmglocke, das verwirrte Rufen und Schreien der rettenden Männer, das Jammern der Weiber und Kinder, die rasselnden Feuerspritzen, die vorüber brausten, das Bellen und Brüllen der Tiere, der heulende Südostwind, das Krachen der einstürzenden Balken – alles das wirkte grauenvoll und schrecklich auf die Gemüter. Wir Kinder wurden angewiesen, bei den geretteten Sachen zu bleiben, indes die unermüdeten Männer immer neuen Vorrat herbeitrugen. Während des schrecklichen Tumultes schlief meine jüngste Schwester ... ein Kind von einigen Wochen, ruhig und unschuldvoll im Grase ... Immer näher und näher wälzte sich indes die gierige Flamme, mächtiger drängte die Not, und schon vernahm man keine Glocken mehr, weil auch sie in dem verzehrenden Elemente geschmolzen waren. Da gebot der Vater, wir Kinder sollten alle mit unserer Mutter die Anhöhe suchen und uns an einem sichern Orte so lange bergen, bis die Zerstörung vorüber sein würde ...
Kaum hatten wir uns aus den Häuserreihen entfernt, als auch schon hinter unserm Rücken das Feuer lichterloh emporstieg und nach wenig Sekunden sahen wir auch Kirche und Pfarrhaus in heller Flamme stehen. Die Hitze war zu einer

unerträglichen Glut geworden. Endlich gelangten wir ... in das äußerste Ende der Stadt, welches jenseits des Flusses liegt und vom Feuer verschont blieb. In dem Haus eines ehrlichen Bauers, wo schon mehrere Flüchtlinge versammelt waren, erwarteten wir den Ausgang der Feuersbrunst ... So oft wir auch durch die Fenster sahen, – da war nichts zu erblicken, als ein dichter, schwarzer Rauch, der den ganzen Horizont grauenvoll umhüllte. Nur die einstürzenden Trümmer des hohen Kirchturmes ... ließen uns ahnen, daß auch nun wohl unser Haus ein Raub der allgemeinen Verwüstung geworden ist. Beinahe tödlich war meine Besorgnis um unsere Lieben in der Stadt, besonders um meine bejahrte Großmutter, die ich seit dem Morgen nicht gesehen hatte. Wie viele Boten wir auch ausschickten ... keiner kam zurück ... Das fruchtlose Harren dauerte uns endlich zu lange, durch jemanden erfuhren wir, daß unser Vater sich nebst den geretteten Sachen auf dem Felde oberhalb unseres Gartens befinde, und wir beschlossen, den Versuch zu wagen, zu ihm zu gelangen ... O, wie wurde uns, als wir statt der Häuser verbrannte Ruinen ... erblickten! Tränen brachen aus unseren Augen, als wir in die weite Feuerwüste hinabsahen ... Neue Tränen strömten aus den Augen, als wir unsere Lieben erblickten. Aufgelöst von Wehmut sank ich meiner herbeieilenden Großmutter in die Arme ... Weiterhin fanden wir unseren Vater, der bei der übrig gebliebenen Habe saß und ausruhte ... Keines vermochte die Last seiner Gefühle zu ertragen.

124, 19 ff.

Hamburg, um 1810
Pflicht der Haus- gegen die Kellerbewohner bei Überschwemmung

Wenn wir auch abgehärtet genug waren, nicht jede Stunde durch des Nachtwächters Knarre geweckt zu werden, so störten uns doch gar oft die Sturmglocken bei den allzu häufigen Feuersbrünsten. Aber viel schrecklicher noch als der Glockenruf bei den Bränden klang die Sturmglocke bei hohem Wasser. Jeder gute Hamburger verstand es, nach der Art und Zahl der Glockenschläge die Grade des steigenden Wassers zu zählen. Ich erinnere mich ganz genau einer Nacht, in welcher mein Vater rasch aufspringend rief: »Das wird heut sehr schlimm!« und alle im Hause weckte, um zur Hilfe bereit zu sein. Das Gesetz legte jedem Hausbewohner die Pflicht auf, den Kellerbewohnern beizustehen und sie bei sich aufzunehmen im Fall der Not. Es dauerte auch nicht lange, so hörten wir ein starkes Pochen an der Haustüre und bald darauf Nachbar Quast sagen: »Min lewe Herr Nachbar, ick möt min Fru un Kinner tau Se bringen, se swimmen all in de Betten.« Darauf gab es viel Laufen, Schurren, Sprechen und Lärmen unten im Hause, auch auf den Straßen, dazwischen Glockengeläute, – und das alles hörte ich zuletzt nur noch wie im Traum. Als wir am anderen Morgen hinunter ins Wohnzimmer kamen, fanden wir Frau Quast mit einem 3–4 Tage alten Kindchen auf unserem Sofa liegen, mit Betten und hundert verschiedenartigen Sachen um sich herum. Mine war soeben beschäftigt, zwei größere Kinder anzukleiden, Herr Quast stand nahe der Türe bei einem großen Korbe, aus welchem er den hereinkommenden Dienstmädchen Weißbrot und Kringel verkaufte. Als das Wasser so weit gesunken war, daß man wieder in die Kellerwohnung gehen konnte, lief alles hin, um zu helfen. Auch wir waren beschäftigt, die leichteren Gegenstände hinunter zu tragen. Am Kellereingang nahm sie einer unserer Kommis ab. Er stand auf Brettern, und ich blickte mit Schaudern hinunter in den nassen Raum, welcher nun in wenigen Augenblicken wieder von der schwachen Frau mit dem Kindchen bewohnt werden sollte. Noch waren die Wände und der ganze Fußboden triefend naß, ja in kleinen Vertiefungen standen Pfützen; in einer derselben schwamm ein Kinderschuh. Ich hätte fast geweint...

36, 13 f.

Dresden, 1813
Die Blockade

Das unglückliche Dresden, der Mittelpunkt von Napoleons Operationen, ward nun schwerer und schwerer heimgesucht. Der Kriegslärm dauerte ununterbrochen fort; die Not der Einwohner stieg von Tag zu Tag, und es bleibt unbegreiflich, wie in solcher Lage der gemeine Mann, der auch in guter Zeit, wie man zu sagen pflegt, aus der Hand in den Mund lebt, jetzt ohne Verdienst bei unerhörter Teuerung aller Lebensmittel sein Leben fristete... Erneute Gefechte vermehrten die Zahl der Verwundeten in den Spitälern, in denen das Lazarettfieber wütete, so daß wenige lebend herauskamen. Wir hatten ein solches schrägüber in dem Winterbergschen Hause, wo täglich die Gestorbenen, ganz entkleidet, aus den Fenstern des ersten und zweiten Stockes herabgeworfen und große Leiterwagen bis oben herauf damit angefüllt wurden. Zum Entsetzen schrecklich sah eine solche Ladung aus, wo die abgezehrten Arme, Beine, Köpfe und Körper herausstarrten, während die Fuhrleute auf diesem Knäuel herumtraten und mit aufgestreiften Hemdsärmeln hantierten, als hätten sie Holzscheite unter sich. In dieser Zeit starben täglich 200 Menschen in den Spitälern; das Nervenfieber war epidemisch geworden und forderte auch in dem Bürgerstande täglich seine Opfer; wir blieben indes trotz der gefährlichen Nähe des Lazaretts gesund.

Zu den Kartoffeln, wenn wir solche hatten, wurde roher Meerrettich in Essig gegessen, welchen der Vater für ein Präservativ gegen das Nervenfieber hielt.

Viele kranke Soldaten wollten nicht mehr in die Lazarette, weil sie dann unrettbar sich verloren glaubten; sie zogen es vor, in einem Winkel der Straße oder auf der Treppe eines Hauses zu sterben. So wurden wir einst am frühen Morgen durch einen Schuß in dem Hausflur aufgeschreckt; ich lief hinunter. Da lag ein junger, bleicher Soldat, das Gewehr neben sich. Das Hemd brannte noch etwas am Halse, vom Pulver entzündet. Er war krank gewesen und sollte ins Lazarett schleichen, hatte es aber vorgezogen, in das Haus zu treten und da seine Leiden zu enden.

Auf der Amalienstraße waren große Ställe von Brettern erbaut; die Pferde hatten aber die ganze Länge dieser Schuppen hinab die Bretter abgefressen ... und über die gefallenen Pferde, die auf den Straßen lagen, fielen wiederum die Franzosen her und schnitten sich das Fleisch heraus, welches etwa noch dran war. Die Hungersnot nahm täglich mehr überhand, denn die Stadt war blockiert, nichts kam herein, und die Vorräte waren aufgezehrt. Die Bäcker hatten die Läden geschlossen, und wo noch einer am Morgen etwas gebacken hatte, da gab es ein Gedränge, daß man seines Lebens nicht sicher war.

So machte ich auch einmal am frühen Morgen den Versuch, aus einem so belagerten Bäckerladen eine Groschensemmel zu erlangen. Die gute Bäckersfrau hatte mich bemerkt und rief, man solle doch den Kleinen heranlassen, und so erhielt ich denn für meinen Groschen ein winzig kleines Semmelchen und bemühte mich, es fest unter dem Mantel haltend, aus dem Gedränge herauszukommen; als ich mich aber glücklich hindurchgewunden hatte, befand sich nur noch ein fingerlanges Fragment dieses Semmelchens in meiner Hand ...

Der Vater und ich saßen abends oft bei einem Stückchen Kommißbrot ... oder bei einigen wenigen Kartoffeln, und der Vater fragte zuletzt wohl etwas bedenklich, ob ich denn satt sei. Ich antwortete kleinlaut »Ja«, – es war auch nichts weiter in Küche und Keller – und schlich mit hungrigem Magen ins Bette.

So verstrich der Monat Oktober düster und traurig; Bilder des Todes und Jammers aller Art erfüllten die Stadt; verhungerte Pferde und Hunde lagen in den mit Stroh, Kehricht und allem Schmutz gefüllten Straßen, und ich sah es selbst, wie ein kranker Soldat auf allen Vieren langsam den Elbberg heraufrutschte und aus einem Kehrichthaufen sich einige Krautstrünke herausklaubte und sie heißhungrig verzehrte ...

173, 35 ff.

BRUNNHARDSHAUSEN (VORDERE RHÖN), 1816f.
Kleie, Sand und Tollhaber

In der großen Teuerung und Hungersnot der Jahre 1816 und 1817, von welcher jene Gegend hart gedrückt wurde, hatte ich es in der Schule besser als zu Hause, da mein Schulmeister Brotes die Fülle hatte. Meinen guten Eltern ging es in dieser Zeit sehr schwer; gar oft war kein Bissen Brot und kein Stäubchen Mehl im Hause, und war die einzige Nahrung Grünes aus Feld und Wald in Milch und Wasser gekocht; bisweilen schwammen einige Brotschnitten in der Schüssel herum, welche als seltene Fische aufgefischt wurden; auch Kleienbrot wurde nicht verschmäht, wiewohl es einem im Halse stecken blieb. Viele Leute kamen an den Kräften sehr herunter und wandelten wie Schatten umher. Da wurde viel gebetet; die Menschen waren gedemütigt, an Aufruhr und Empörung war kein Gedanke, man gab Gott die Ehre. Auch meine Mutter, welcher ich oft von dem in der Schule erhaltenen Stückchen Brot einen Teil mit nach Hause brachte, jammerte und betete viel. Als im Jahre 1817 oder 18 der erste Wagen Korn vor die Kirche geführt wurde und Herr Pfarrer Theuer vor derselben eine Rede über die Psalmworte hielt: »Die mit Tränen säen, werden mit Freuden ernten« etc., da wurden Tränen der Freude und des Dankes gegen Gott genug geweint. Meine Eltern hatten ein Stück Land ums andere, eine Wiese um die andere verpfänden oder verkaufen müssen. Auch mit dem baren Geld in den Händen wußte man oft viele Stunden weit weder Frucht noch Brot aufzutreiben. Einmal brachte mein Vater, nach langem Herumreisen, Brot, und als man davon in die Milch brockte, war Sand unten in der Schüssel, oft war Tollhaber darunter und die Leute bekamen Kopfweh. Man fuhr nach Eisenach und fand dort bisweilen auch nichts. ... Unverlöschlich hat sich jene schwere Zeit meinem Gedächtnis eingeprägt.

34, 7f.

MÜNCHEN, 1854
Die Choleraepidemie

Als die Industrieausstellung im Gange war, für die der Glaspalast mit so vielem Gehämmer emporwuchs, brach die Cholera aus, ganz rasch und sehr heftig. Es kamen Wochen vor mit 220 Todesfällen bei etwa 120000 Einwohnern. Die »Neuesten Nachrichten«, damals ein Blatt in kleinem Oktavformat, schwollen an wegen der Familienanzeigen. Alle Fremden reisten ab...
Im August kamen entsetzliche Regengüsse; ich war ganz wetterfest und hatte

auf meinen Wanderungen zur Schule nie einen Regenschirm, stellte mich auch selten unter, wenigstens beim Hinweg nicht ... Nur die einfachsten Speisen wurden damals zugelassen, Obst war ganz und gar verpönt und lag haufenweise im Garten, selbst die Kinder hoben es nicht mehr auf. Und auch Gemüse wurde widerraten; eine Schüssel voll Wirsing, die sich einmal auf den Tisch gewagt hatte, wurde von unserem Vater kurzerhand zum Fenster hinausgeschüttet. Immer Rindfleisch, Kartoffeln und Brot, das wäre das Sicherste, sagten die Ärzte. Einige Arbeiter wurden von der Krankheit ergriffen; von einem erzählte man, daß er nach völlig aufgegebener Hoffnung nur noch verlangt habe, nach Kräften Bier zu trinken: und gerade dieser wurde wieder gesund. – Unsere Tante Lotte, die noch bei uns war, hatte ... einen Ausflug ins bayerische Gebirge gemacht ... Als sie zurückkam, fuhr sie im Omnibus nach Nymphenburg hinaus, und der Wagen überholte mich, der ich denselben Weg gerade zu Fuß ging. Sie sah mich, rief mir zu und begrüßte mich in hellster Freude, aber der Wagen war bald vorüber... Am andern Tag war sie unwohl; sie blieb im Bett. Der... Arzt erschien oft. Mein Vater blieb oben in der Wohnung, so viel er auch unten zu tun hatte. Alles roch nach Chlorkalk. Es ist die Cholera, hieß es nach einigen Tagen, aber die Krisis sei vorüber. Ich durfte an die Tür des Krankenzimmers treten, und die Kranke fand die Kraft, mit einigem Humor zu sagen, es sei vorbei. Aber es war nicht vorbei; es kam ein Kräfteverfall, den der Doktor Kollapsus nannte, und meine Eltern verschwanden wieder ins Krankenzimmer, wir Kinder drückten uns im Eßzimmer herum. Da wurden wir am Nachmittag des 22. August 1854 hinübergeholt: die Tante war tot; die eingesunkenen Schläfen ließen die Stirn höher erscheinen, und die Wangen waren eingefallen... Meine Eltern, von der schwierigen Pflege ganz erschöpft und selber unwohl, wurden von dem Arzt verurteilt, sich zu Bett zu begeben. Nur die Dienstboten waren noch gesund und brachten uns Kindern hie und da etwas zu essen. Das Begräbnis fand auf dem Kirchhof zu Neuhausen statt ...

Kaum hatten sich meine Eltern erholt, bei denen es zur gefährlichen Krankheit nicht gekommen war, da legte sich mein siebenjähriger Bruder Karl nieder; er hatte zweifellos die Cholera, und die schwierige Pflege begann von neuem. Ich wurde an sein Bett gesetzt und es war streng verboten, ihm mehr Wasser zu reichen, als jedesmal einen Teelöffel voll. So grausam es war, dem wimmernden Kinde das Getränk zu verweigern, ich getraute mir nicht, gegen die Vorschrift zu handeln... Nach einigen Tagen trat Besserung ein, und der arme Junge hat sich langsam erholt.

Nach einigen Tagen kam ich wieder einmal in die Stadt. Es war auffallend still. Auf dem schmutzigen Dultplatze klatschte ein furchtbarer Regen nieder. Es begegnete mir ein Knabe, den ich aus der Schule kannte; er war ganz verstört und erzählte im Vorübergehen, daß er beide Eltern verloren habe.

Als ich nach Hause kam, warf ich einen scheuen Blick ins Treppenhaus; es war mir so, als müßte da in der Ecke ein Sarg stehen – aber es war keiner da, und ich ging beruhigt hinauf, setzte mich in eine Ecke und las: in allen Gedichten fand ich immer nur etwas vom Tod. Das waren die Ferien des Jahres 1854. Der furchtbare Ernst lastete noch lange auf mir und ich fühlte mich dauernd verändert.

102, 40 ff.

RAMMERSWEIER BEI OFFENBURG, UM 1855
Maßnahmen in Hungerjahren

Freudig verrichteten wir die Arbeit des Heuens und der Ernte, im Herbst die heitere und mühsame Lese des Weines.
Das war in gesegneten Jahren. Es gab aber auch andere, dann hielt die Trauer bei uns Einkehr ... Gebetet wurde in diesen Tagen mehr als sonst. Gerade in meine ersten Erinnerungsjahre fielen die Hungerjahre jener Zeit. Bei den Wohlhabenden ging es schon knapp her, die Ärmeren und Taglöhner hatten aber gar nichts. Man kannte damals kaum etwas von Industrie. Die Kinder der Armen wurden umgeatzt, das heißt sie mußten reihum bei den Wohlhabenden essen ...
Die gemeinsame Kirche der Gemeinden Rammersweier, Zell-Weierbach und Fessenbach, genannt der Weingarten, liegt einsam in den Weinbergen. Steinige und steigende Wege führen von jedem der vier Dörfer dahin. Diese »Bußwege« wurden damals fleißig begangen, um die Not fortzubeten. Sophie, meine Freundin, nahm mich Jungen mit in den Weingarten, um ihr beten zu helfen. Nicht weit von der Kirche sank sie kraftlos vor Hunger an den Wegrain und konnte sich nicht mehr erheben. Ich stand ratlos und erschrocken da, raffte mich aber doch auf und lief in das eine Viertelstunde entfernt liegende Schulhaus. Dort gab man Suppe, Wein und zur Hilfe zwei kräftige Jungen mit. Sophie wurde von ihnen gestärkt, ins Schulhaus getragen, und ich zottelte meinem Elternhause zu, unterwegs viele Vaterunser für das Mädchen betend. Von solchen und ähnlichen Fällen hörte man damals oft die Leute erzählen.
In Offenburg hatte sich ein Komitee gebildet, das Brot und Suppe an die Armen im Rebgebirge verteilt. Männer wurden vom Gemeinderat bestimmt, die in Tragbütten die Suppe aus der Stadt holen mußten. Bald erzählte man sich im Dorfe, daß diese Büttenmänner unterwegs abstellten und im voraus die Suppe für ihre Angehörigen ausschöpften. Die bäuerliche Ratsversammlung wußte sich zu helfen, die Bütten bekamen Deckel mit einem Schlosse versehen. Die Schlüssel befanden sich beim Komitee und beim Bürgermeister.

Die Offenburger Suppenspender wurden aber von den wohlhabenden Bauern noch tüchtig beschimpft. Sie nannten sie »Freimaurer« und »Seelenverkäufer«, beschuldigten sie überdies, sie wollten die Almosenempfänger den Freimaurern und Rongeanern zuführen ...
Zinsen, Steuern und Zehentablösungsraten konnten in diesen Zeiten von vielen nicht mehr bezahlt werden. Der Presser (Gerichtsvollzieher) und der Ortsbote hatten vollauf zu tun. Einem Bäuerlein nach dem andern ging es an die Kehle. Die meisten der Abgeschlachteten wanderten über das »große Wasser«. Auch meine Eltern erlitten manchen Puff. Ein Wagen Garben war eben eingebracht worden, und wir saßen rastend bei Rettich und Butterbrot am Vespertisch, da kam ein Mann in der Dienstmütze zur Türe herein. Alles erschrak, denn es war der gefürchtete Presser. Ich verstand nicht, was er den Eltern sagte, aber ich sah danach meine Mutter noch wochenlang täglich weinen ...

12, 8 f.

4.2. Arm sein

Kommentar
Berlin, 1741
Neustadt a. d. Aisch,
usw., 1749 ff.
Berlin, 1792 f.
Dresden, 1813 ff.

Wesselburen, um 1820
Dresden, 1821
Hamburg, 1833

Linz usw., 1850 f.

Wasser als Nahrung?
Ehrliche Arme

Über Lebensmut
Wie Julius Thaeter sich vom 9. bis zum 14. Jahr durchbrachte
Zur Psychologie der Armut
Das Bewußtsein des Armen von seiner Armut
Notizen über Besuche bei armen, sog. verwahrlosten Familien
Schulrat Stifter über den Zusammenhang von Armut und Schulbesuch

Nur in Skizzen und Entwürfen ist die Brutalität der Armut unverklärt dargestellt worden. J. E. Schenau (1737–1806): Bettler vor einer Kutsche. – Ein Reiseerlebnis von Chodowiecki: Eine Bäuerin bietet ihm und seinem Reisegefährten ein zwei- bis dreijähriges Kind zum Geschenk an. Das Jahr 1773 ist ein Notjahr, und Chodowiecki hat Mühe, unterwegs genug Proviant aufzutreiben.
Aus: W. Scheidig, Deutsche Zeichnungen. Der Bürger und seine Welt. Weimar 1958. – D. Chodowiecki, Künstlerfahrt nach Danzig im Jahre 1773. Hrsg. von W. Franke. Berlin und Wien o. J. (1919)

Kommentar

Armut ist ein Massenschicksal vom 16. bis zur Mitte des 19. Jahrhunderts, nicht erst eins der besitzlosen und ausgebeuteten Proletarier der Industrialisierungsphase. Wilhelm Abel sieht ihre Ursachen 1. generell in einem Mißverhältnis von Bevölkerungsgröße und landwirtschaftlicher Produktivität, wie es in den Jahrhunderten zuvor nicht bestand. Dieses Mißverhältnis wurde 2. periodisch und regional noch durch Mißernten verschärft, die Teuerungswellen nach sich zogen, welche dann ihrerseits Absatz- und Handelskrisen auch für nichtlandwirtschaftliche Produkte auslösten. In der Krise nach 1570 wurde in Nürnberg $\frac{1}{3}$ der Bevölkerung von Almosen erhalten; in Berlin sollen es zum Ende der Regierungszeit Friedrichs II. $\frac{1}{10}$ der Einwohner gewesen sein, die nun unter demütigenden Umständen Hilfe erhielten.

Armut ist zwar ein Massenschicksal, sie wird aber – abgesehen von den katastrophalen Einbrüchen in Kriegszeiten oder bei Naturereignissen – nicht als solches verstanden und bewertet. Je länger, je mehr gilt sie als Ausdruck und Ergebnis eines moralischen Defekts, wird auf Arbeitsscheu, Verschwendungssucht oder geradewegs kriminelle Veranlagung zurückgeführt. Daß diese Erklärungen falsch sind, hätte man eigentlich erkennen können: regelmäßig scheiterten die Versuche, Waisenhäusern eine Produktion anzugliedern, um so die Waisen zu einem arbeitsamen Leben zu erziehen und gleichzeitig der Kommune Zuschüsse zu ersparen. Sie scheiterten nicht am fehlenden Fleiß der Kinder, sondern an der Unkalkulierbarkeit von Rohstoffpreisen und Absatzchancen. Menschliche Arbeit ist so wenig wert – trotz ihrer moralischen Hochschätzung –, daß eine Witwe, wie die Mutter von Franz Louis Fischer (1856–?) im sächsischen Vogtland, die ununterbrochen in den verschiedensten Arbeiten steckt, als Tagelöhnerin und Wäscherin, es kaum schafft, sich und ihr jüngstes Kind satt zu machen. Es muß wohl mit der moralischen Auffassung der Armut, auch bei den Armen selbst, zu tun haben, daß es zu so wenig Aufständen, Rebellionen und Tumulten gekommen ist. Selten sind Erinnerungen wie die von Wolfgang Menzel (1798–1873), der Anfang des 19. Jahrhunderts mit seiner Mutter durch das Fabrikdorf Langenbielau fährt. Zwar hatte er auch vorher schon das Elend bei den armen, doch demütigen und Gott ergebenen Webern gesehen – hier aber geschieht es, daß die Kutsche und ihre Insassen von Weibern und Kindern mit den wüstesten Schimpfwörtern bedacht und verhöhnt werden.

Für arme Kinder nehmen die Chancen, sich ihrer Armut anzunehmen, kontinuierlich ab. Die Entwicklung geht von der Selbstverständlichkeit, mit der armen Schülern bei bestimmten Gelegenheiten Geld und Lebensmittel gereicht werden, über die Gewährung von Freitischen, frommen Stiftungen, hin zum Erlaß von Bettelordnungen, dem Erteilen förmlicher Bettelkonzessionen, schließlich zum Verbot des Bettels, gerade des Kinderbettels, und zur Verfolgung armer, unbeaufsichtigter, also »verwahrloster« Kinder, denen man zwar nicht helfen konnte, deren Anblick man sich aber ersparen wollte. Dabei waren die Überlebens- und Bildungschancen eines vagabundierenden Kindes meist größer als die eines im Waisenhaus kasernierten.

Armut wird seit dem 18. Jahrhundert verschämte Armut, nicht nur bei den faktisch durch den Tod des Familienvaters deklassierten Pfarrers- und Lehrerfamilien, auch bei denen, die es besser wissen mußten. Lieber hungert man, als ins dörfliche Armenhaus zu ziehen und die Miete zu sparen. Kinder leiden doppelt unter der Tatsache, daß Armut nicht beseitigt, daß nicht geholfen, sondern moralisch und sozial diskriminiert wird. Sie werden zerrissen zwischen der Loyalität und Liebe zu Mutter und Vater und den Standards, die das öffentliche Schulwesen ihnen präsentiert und abverlangt. Noch im 18. Jahrhundert stiftet man armen Kindern Bücher, Federkiele, Schuhe und Strümpfe – im 19., so berichtet Adolf Damaschke (1865–1935), fleht ihn ein Berliner Junge an, ihn nicht zu versetzen, weil er seinen Eltern die Ausgabe für die Schulbücher ersparen will, die im neuen Schuljahr fällig werden!

Die Geschichte der Armut ist nicht identisch mit der Geschichte der obrigkeitlichen Maßnahmen, sie zu beseitigen, zu verstecken oder quasi zu verbieten – sie gehört als Thema in eine Geschichte der Moral, die nicht nur in puncto Sexualität janusköpfig blind operierte.

LITERATUR:
W. Abel. Massenarmut und Hungerkrisen im vorindustriellen Europa, Hamburg–Berlin 1974
H. Hetzer, Kindheit und Armut. Psychologische Methoden in Armutsforschung und Armutsbekämpfung, Leipzig 1929
W. Fischer, Armut in der Geschichte, Göttingen 1982

Berlin, 1741
Wasser als Nahrung

Auf unserer Friedrichstadt ist ungemeine Armut, denn da die Wollarbeit fast liegt, so versetzen viele hundert ihre Kleider nach und nach und zehren davon, bis sie ganz nackend sind, daß sie weder in die Kirche noch sonstwohin gehen können. Bei Mangel der Betten leben denn viele von purem Wasser, solange es möglich, und kommen endlich jämmerlich um. In Sterlachs Hause bei der Böhmischen Kirche liegen jetzt zwei Weiber mit vier Kindern, in lauter Lumpen, krank und elend. Eine davon heißt Stollin. Diese hat bisher von Wasser gelebt. Erhält sie nicht Hilfe, so muß sie Hungers sterben. Dergleichen Exempel werden mir vielfältig bekannt. Ich kann aber nicht helfen, und wie sie sagen, können sie auch vom Rathaus nichts bekommen. Ja, ich habe Kinder gefunden, welche aus Hunger ihren eigenen Mist gefressen, weiß aber nicht mehr, wie sie hießen. Sie sind gestorben.

65, 183

Neustadt a. d. Aisch usw., 1749 ff.
Ehrliche Arme

Vor dem Ende meines zehnten Jahres, 1749, einige Wochen vor Weihnachten, wurde mein Vater endlich von der schlechten und höchst beschwerlichen Pfarre ... auf eine ... bessere ... versetzt. Er fühlte sich sehr glücklich in dieser neuen Stelle. Aber schon in der vierten Woche starb er daselbst ... Eine Stunde, oder eine halbe, vor seinem Ende, mitten in der Nacht, ließ der zärtliche Vater noch einmal seine fünf Kinder vor sein Bett kommen, richtete sich auf, und erteilte patriarchalisch, einem jeden insbesondere, seinen Segen; unter einigen Ermahnungen, wie er sie bei jedem dienlich erachtete ...
Ich war noch Kind genug, um gleich nach dieser feierlichen Szene wieder einzuschlafen. Aber die Klagestimmen weckten mich bald aus dem Schlafe. In kindlicher Einfalt sagte ich da zu der händeringenden Mutter: »Ich nehme Sie zu mir, liebe Mutter, wenn ich groß bin.«
Dieses Glück ist mir nicht geworden. Sie erlebte nur die Blüte, nicht die Früchte, meiner Kräfte und ihrer treuen Sorge für deren Erhaltung. Doch einige Erquickungen, dann und wann ein Pfund Kaffee, konnte ich von dem, was ich auf der Universität durch Unterricht verdiente, bisweilen für sie übersparen. Freuden, wie dergleichen Erinnerungen gewähren, machen es allein schon der Mühe wert zu leben.

Es kann nicht schaden, wenn ich einiges hierher setze, woraus sich abnehmen läßt, in welche Umstände meine gute Mutter während ihres Witwenstandes versetzt war, mit fünf unversorgten Kindern. Sowohl während meiner Schul- als während meiner Universitätsstudien, mußten wir uns ohne Magd, mit einer etliche Male des Tages zu einiger Dienstleistung erscheinenden alten Frau behelfen. Als meine Schwestern verheiratet waren, heizte meine Mutter des Morgens selbst ein; und ich erinnere mich sehr bestimmt, daß ihr von der Kälte bisweilen die Haut an der Hand aufgesprungen war. Manchen Krug Bier habe ich mir als Student selbst über die Straße geholt. Brotsuppe, mit Kümmel oder gebratenen Zwiebeln, abwechselnd mit Kalbsfüßen oder Kalbsgekröse, war das gewöhnliche Abendessen; und jene vertrat auch des Morgens die Stelle des Kaffees oder Tees. Daß wir auf einer Stube zusammen wohnten, versteht sich wohl von selbst. Noch mehr: so lange das kleine Bauerngütchen in Schornweißach nicht verkauft, und von Neustadt aus zu besorgen war, ging ich in den Hundstagsferien mit der Mutter dahin zur Ernte, und – um Schuhe und Strümpfe zu schonen, gingen wir außerhalb der Dörfer beide barfuß. Und, glauben wird man mir es wohl, aber schwerlich begreifen: mittels einer solchen Sparsamkeit, ohne alle weitere Unterstützung, außer dem Stipendium von 50 Fl. fränkisch, welches ich fünf Jahre lang genoß, mit den Zinsen von höchstens 2000 Rheinisch, und dem Wenigen, was ich mir durch Unterricht erwarb, kamen wir ohne Schulden, und so, daß man uns wohl eher für bemittelt, als für so arm wie wir es waren, ansah, in Neustadt und Erlangen, bis zu dem 1760 erfolgten Tode meiner Mutter ehrlich durch; und drei Schwestern, die sich verheirateten, zwei an Pfarrer, eine an einen Amtsmann, wurden notdürftig ausgestattet. Ja, es erhielt jedes nicht schon abgefundene Kind aus der Verlassenschaft noch ungefähr 300 Gulden.

49, 11 ff.

Berlin, 1792 f.
Über Lebensmut

Das Heer setzte sich in Bewegung; am 10. Juli 1792 ging der König zur Armee ab. Mein Vater hatte versprochen, oft zu schreiben, und sobald es möglich sei, Geld zu schicken ... Gar bald ... war das wenige Geld, welches mein Vater zurückgelassen hatte, ausgegeben. Der Kriegsumstände halber wollten die Kaufleute keine Geldbeutel (die meine Mutter herstellte) vorrätig kaufen, und das bitterste Elend brach über uns herein. Wie oft sind wir, zumal meine Mutter, hungrig zu Bette gegangen; wie oft hat sie allein gehungert, nur um uns Kinder satt zu machen! Dazu aber kam noch, daß mein Vater sie guter Hoffnung zu-

rückgelassen hatte. Unter solchen Umständen den Lebensmut aufrecht zu erhalten, ist schwer. Endlich kam ein Brief von meinem Vater mit einigen Goldstücken. Sie reichten eben hin, um dem drückendsten Mangel abzuhelfen, und Kleider für den Winter anzuschaffen, natürlich alles so wohlfeil als möglich.
Eines Abends, als die Not wieder sehr groß war und nichts zu essen da war, hatte meine Mutter die große Freude, daß die Frau des »Knapphans«, von welchem man in der Kaserne Lebensmittel etc. kaufen konnte ... gerührt von unserem bitteren Elend, meiner Mutter eine Metze Kartoffeln und ein Viertelpfund Butter schenkte ... Bis Michaelis durften wir die bisherige Wohnung behalten, dann aber mußten wir eine Treppe höher nach dem Hofe hinaus ziehen; und zu Ostern hatten wir die Kaserne überhaupt zu verlassen.
Mein Vater schrieb noch einige Male, schickte auch etwas Geld und einmal als Beilage eine französische Proklamation nebst einer National-Kokarde ... Im Winter aber blieben die Briefe aus ... Wir Kinder begriffen freilich wenig davon und waren nur darüber traurig, daß die Mutter so viel weinte ... Meine Mutter wurde um Neujahr von einem Sohne entbunden, der den Namen Wilhelm erhielt. Ihre Brüder halfen den dringendsten Bedürfnissen ab ...
Zu Ostern 1793 mußten wir die Kaserne verlassen. Meine Mutter hatte eine geringe Wohnung in der kleinen Hamburgerstraße an der Ecke Linienstraße gemietet, die wir nun natürlich bezahlen mußten. Von meinem Vater fehlten alle Nachrichten. Unser Leben wurde immer ärmlicher. Ich lief im Sommer barfuß und hatte nur leinene Hosen, ein Hemde und eine Weste. Gar bald war meine Mutter so weit, daß sie keine anderen Kleidungsstücke besaß, als die, welche sie auf dem Leibe trug. Mochte sie diese auch noch so reinlich halten und auch noch so oft flicken, so konnte sie sich zuletzt doch mit ihnen nicht mehr Sonntags in der Kirche sehen lassen, und so mußte sie endlich auch den letzten Genuß, den letzten Trost, den sie bis dahin gehabt hatte, entbehren ... Als einzige Erholung ging sie nun zuweilen auf den Sophien-Kirchhof, setzte sich auf ein Grab, das jüngste Kind im Arme haltend, und wir älteren spielten um sie herum und fingen Schmetterlinge.
So etwas ist in dem sonst so wohltätigen Berlin möglich, wenn der Arme sich schämt zu betteln, und dazu konnte sich meine Mutter auch im tiefsten Elende nicht entschließen. Die sogenannten Bettelvögte waren ihr fürchterliche Menschen und sie wäre vor Scham gestorben, hätte sie einer nur angerührt.

101, 37f.; 41

Dresden, 1813 ff.
Wie Julius Thaeter sich vom 9. bis zum 14. Jahr durchbrachte

Zuerst verließ mein Bruder das Strohlager; der Hunger, welcher dem Nervenfieber folgt, trieb ihn aus dem Haus, um Brot zu betteln. Bald konnte ich seinem Beispiele folgen und mit ihm gemeinschaftlich betteln gehen. Für das wenige Geld ... brachten wir unserer noch kranken Mutter Himbeersaft und mischten ihn in ihr Trinkwasser ... Da wir unsere Kräfte ziemlich wieder gesammelt hatten, waren wir darauf bedacht, wie wir uns ferner durch Arbeiten ernähren wollten. Mein Bruder fand bald ein Unterkommen, und meine Mutter, die im Stricken sehr geschickt war, wurde bald wieder von ihren alten Kunden heimgesucht. Aber sie war von dem schweren Unglücke, von den unsäglichen Leiden der letzten Zeit und von der harten Krankheit zu sehr gebeugt worden, als daß sie hätte so anhaltend arbeiten können, wie früher.
Darum wollte ich auch nicht müßig von dem Fleiße meiner Mutter zehren und sah mich also nach Arbeit um ... Bald ... fand ich, während ich von Haus zu Haus betteln ging, einige Herren, die mich als Stiefelputzer und Laufburschen annahmen ... Nun ging ich zwar nicht unmittelbar betteln, aber doch mittelbar. Weiß der liebe Himmel, wie ich auf einmal so spekulativ denken lernte, kurz, ich machte eine Ziehkarte, welche ich von einer gedruckten, die ich bei einer alten Base vorfand, abschrieb und auf Kartenpapier klebte. Mit dieser prophetischen Karte ging ich des Abends in alle frequenten Bierhäuser, fragte jedermann, ob er nicht sein zukünftiges Schicksal wissen wolle, und blätterte dabei lachend mit der Karte. Die drollige und naive Weise, in welcher ich wahrscheinlich fragte, bewog die Scherzliebenden zu ziehen. Der Inhalt der Karten erregte oft Gelächter, und so hatte ich manchmal eine gute Einnahme. Von solchen Leuten aber, die keinen Spaß verstanden, wurde ich ziemlich hart zurückgewiesen, ja sogar mit den Beinen hinweggestoßen, und von unduldsamen Wirten mittels Schmähungen und Kopfnüssen zum Hause hinaus befördert ...
Der Kupferstecher Gottschick, dem ich die Stiefel putzte und der mich bei meinen nächtlichen Umtrieben mit der Ziehkarte erwischt hatte, benutzte meine Talente und gab mir eine große Mappe mit Kupferstichen, die ich für ihn verkaufen sollte. Diese Sachen schleppte ich des Mittags in die vornehmsten Hotels. So stand ich an einem Nachmittage in dem Vorsaale der »Ressource«, wo ich meine Kupferstiche ausgebreitet hatte. Da kam ein Oberst durch den Saal. Meine komische Gestalt und mein Kram fielen ihm auf, er blieb stehen, zeigte auf die Kupferstiche und fragte mich lachend: »Was hast denn du für Dreck?« Er wartete meine Antwort gar nicht ab, sondern fragte nur noch, wer ich sei, und schmiß mir dann zwei Viergroschenstücke hin. Wer war froher, als ich! So viel hatte ich noch nie an einem Tage verdient! ...

Einige Tage darauf begegnete ich diesem Oberst auf der Straße. Er erwiderte freundlich meinen Gruß, gab mir einige Geldstücke und bestellte mich in seine Wohnung... Durch die außerordentliche Güte dieses Mannes war ich bald vom Kopfe bis zu den Füßen sauber gekleidet... Und noch mehr tat er! Er gab mir ein Billet an den Kantor der Garnisonschule... Während ein Monat verfloß, war ich schon weit vorgerückt, denn ich hatte eine rechte Sehnsucht, was zu lernen. Und als die monatlichen Zensuren ausgegeben wurden, hatte ich eine der besten... Der Kantor war sehr zufrieden mit mir, ich machte gute Fortschritte, wußte fast immer zu antworten, wenn eine Frage an mich kam... und mein Gönner, der Oberst, war sehr erfreut darüber.

Aber leider! So angestrengt auch meine Mutter arbeitete, war sie doch nicht imstande, meinen hungrigen Magen zu sättigen. Dazu kam noch, daß der Oberst ein armes Fräulein heiratete, die sehr ökonomisch gesinnt war. Damit hatte die Freigebigkeit plötzlich ein Ende...

Nun konnte ich nicht mehr die Schule besuchen und mußte meinen alten Betteltanz von Neuem wieder anfangen. So ging ich eines Abends mit Strumpfbändern, die ich selbst gestrickt hatte (meine Mutter hatte mir das Stricken ordentlich gelehrt), in einer Bierkneipe herum Da redete mich ein wohlbeleibter Schneidermeister unwillig an: »Du großer Lümmel solltest dich schämen, betteln zu gehen, lerne lieber was Ordentliches.« Aber ich antwortete flink: »Ja, wenn mich jemand unentgeltlich in die Lehre nähme, würde ich schon was lernen!« Der Schneider meinte, ich solle nur zu ihm kommen... Den andern Tag ging ich hin; da mußte ich gleich auf dem Werktisch sitzen und zum Anfange zertrennen und bis spät abends sitzen. Ein Winkel in einer Bodenkammer wurde mir zum Nachtlager angewiesen... Früh bei guter Zeit wurde ich geweckt und an meine Arbeit gewiesen. Der Meister frühstückte vormittags ordentlich und trank zu viel Schnaps dabei; er war ziemlich besoffen und mißhandelte mich ganz infam. Endlich prügelte er sogar seine Frau, worüber sich diese so erzürnte, daß sie fortlief. Die Küche blieb unbesorgt und der Magen leer. Gegen Abend kam die Hausfrau wieder; der Spektakel ging von Neuem an; während dem schlich ich leise zur Tür hinaus und lief so schnell ich konnte nach Hause.

Nach einiger Zeit fand ich wieder ein Unterkommen. Ein Goldarbeiter nahm mich auf ähnliche Weise, wie der Schneider, in die Lehre. Aber umsonst sah ich mich nach der Werkstatt um, in der ich lernen sollte. Es war nur ein Gewölbe da, in dem einige Gold- und Silberarbeiten und Juwelen ausgelegt waren; dahinter eine kleine Stube, wo das Bett meines Herrn stand und wo mir hinter dem Ofen ein Strohsack zum Nachtlager anempfohlen wurde. Frühmorgens mußte ich meinem Herrn Frühstück holen, sein Bett machen, auskehren, Kleider und Stiefel putzen und dann den ganzen Tag das Gewölbe bewachen, denn der Herr ging früh fort und kam erst spät abends wieder... Das dauerte ungefähr acht Tage...

Nur einige Tage war ich zu Hause, als ein alter Freund meines Vaters kam und mich aufforderte, zu einem Branntweinbrenner in Meißen in die Lehre zu gehen. Da mehrere Geschwister und Freunde meiner Mutter dort lebten, war die es wohl zufrieden, weil sie mich nicht ohne Schutz wußte. Ich freute mich, in die Welt zu kommen ...
Mit vorzeitigen Bücklingen trat ich in den Schnapsladen, denn der Herr war nicht darin; ich wurde hinauf in seine Wohnung gewiesen. Als ich aber die letzte Stufe erstieg, sah ich durch Vorhaus und Küche ins Zimmer, wo ich zu meinem Schrecken eine widerliche Handlung gewahrte: die Frau hatte ihren lieben Mann ... bei den Haaren ... dazu schimpften und fluchten beide ...
Was sollte nun aus mir werden? Welcher Handwerker hätte mich unentgeltlich in die Lehre genommen? Doch ich konnte ja ordentlich lesen, orthographisch und hübsch schreiben und ziemlich flink rechnen; warum hätte ich nicht als Schreiber einen Dienst suchen sollen? ... Der »Anzeiger« wies mir bald jemanden nach, der gerade so einen Burschen, wie ich war, zu einem Lotteriegeschäft suchte. Es war ein Jude, der weder lesen noch schreiben konnte ... Ich mußte alle Briefe schreiben, die Lotterielisten und Rechnungen führen, die Lose an die Interessenten vertragen, Zeitungen und andere Dinge vorlesen, Kleider und Stiefel putzen ... Dafür hatte ich Kost und Kleider und nicht einen Pfennig Taschengeld. Zu Michaelis mußte ich meinen Herrn nach Leipzig zur Messe begleiten. Da hatte ich's recht schlimm ... Vor elf bis zwölf Uhr kamen wir selten nach Hause, und dann mußte ich einmal noch einen langen Brief ... schreiben. Früh um sechs mußte ich schon wieder Stiefel putzen, Kaffee kochen, einheizen usw. Hatte ich nur das Geringste vergessen, so bekam ich Ohrfeigen und nicht selten Fußstöße ... Endlich wurde mir's zu arg, und ich kündigte dem Juden meinen Dienst auf ...
Der Kupferstecher Gottschick, für den ich früher Kupferstiche verkaufte und jetzt wieder Stiefel putzte, brachte mich (Neujahr 1818) durch seine Fürsprache bei dem Hofkupferstecher, Herrn Professor Schulze, unter. Dort war ich, sozusagen, der Hauspudel; was niemand tun wollte, tat ich, gleichviel, ob dem Herrn, ob seiner Schwester oder seinen Söhnen. Der Herr Professor Schulze hatte das Podagra und das Chiragra, zum Überfluß auch öfter die Wassersucht: kein Wunder also, wenn er der ärgste Hypochonder auf der ganzen weiten Erde war. Bei ihm hatte ich einen harten Dienst und manche böse Stunde ... Wenn es ihm seine geschwollenen Hände zuließen, stach er an einer großen Platte; da stellte ich mich manchmal hin und sah ihn arbeiten. Das gefiel ihm, und er fragte mich im Scherz: »Junge, hast du Lust zum Kupferstechen?« ... Einmal, als er bei guter Laune war, gab er mir Papier und Kreide und legte mir in Kupfer gestochene Augen und Nasen vor. »Zeichne dies ab«, sagte er freundlich ... »ich will sehen, wie du's anfängst.« Voller Lust und Freude an dieser Beschäftigung

gab ich mir alle mögliche Mühe ... Als er endlich nachsah, schien er sich zu verwundern, und äußerte sehr freundlich: »Du sollst mir von nun an fleißig zeichnen, und wenn du deine Sache gut machst, lehre ich dir auch das Kupferstechen.« Aber leider wurde er den andern Tag schon wieder heftig krank ... zum Zeichnen kam ich nicht mehr. Immer verdrießlicher wurde mein Dienst. Bei dem besten Willen ... konnte ich weder meinen Herrn, noch seine Schwester und Söhne zufriedenstellen ...
»O, wenn ich lernen könnte, wozu ich Lust hätte!« äußerte ich betrübt gegen meine Mutter. »Na, was wäre denn das?« fragte sie. Rasch war meine Antwort: »Ich möchte Zeichnen und gern Kupferstechen lernen.« Beim Professor Schulze hatte ich mir etwas in den Kopf gesetzt, das ich nicht herausbringen konnte ... Nach und nach ging meine Mutter immer mehr auf meine Wünsche ein, und endlich ging sie zum Direktor der Akademie. Ohne viele Umstände wurde mir ein Platz in der Zeichenschule angewiesen. Den 5. Oktober 1818 fing ich an, gerade und krumme Striche zu machen.

207, 6 ff.

Wesselburen, um 1820
Zur Psychologie der Armut

Ein Kind ist krank und leidet heftigen Durst, es sehnt sich nach einem Glas Limonade und bittet seine Mutter darum, die Limonade wird endlich gemacht, aber nun ist in der Krankheit des Kindes ein neues Stadium eingetreten, es mag sie kaum sehen, geschweige trinken, darüber wird die Mutter so aufgebracht, daß sie das kranke Kind fast mißhandelt. Wenn eine solche Geschichte ohne Kommentar erzählt würde, wie würden unsre sentimentalen Damen auffahren, wie würden sie der Mutter alle mütterlichen Gefühle absprechen, und wie würde es sie beleidigen, wenn der Erzähler sie unterbräche: Sie irren sich, meine Gnädigen, es war eine Mutter, so gut, wie es nur die beste von Ihnen sein kann! Vermutlich würde aber doch die eine oder andere nachdenklich werden, wenn er dann noch hinzufügte, daß jene Mutter den letzten Heller für die Limonade des kranken Kindes ausgegeben und nicht so viel übrig behalten habe, um für das gesunde, das mittags aus der Schule kam, Brot zu kaufen. Die Geschichte ist übrigens nicht von mir ersonnen, um die Notwendigkeit der Kommentare zu beweisen, sondern ich habe sie in meiner Kindheit selbst erlebt.

82, 32

Dresden, 1821
Das Bewußtsein des Armen von seiner Armut

Ich schenkte meine Ausstellungszeichnung dem Gerichtsherrn und Gutsbesitzer Rittmeister von Posern, der schon immer gegen mich, den Schulknaben, Wohlwollen gezeigt hatte und, wenn er mir begegnete, ein kleines Geldgeschenk gab; und als er mich bei einem Besuch in Dresden zu sich kommen ließ ... gab er mir beim Abschiede einen Dukaten.
Ich war hocherfreut, einen solchen unerwarteten Zuschuß zu erhalten ... Da kam mir der Gedanke nahe, ob ich nicht auch einmal den Genuß mir verschaffen sollte, im Speisehause zu essen. Es kam mir so überaus beneidenswert vor, sich die Speisen aussuchen zu können, die man vorzugsweise gerne esse. Natürlich hatte die Reduktion auf die allereinfachste Speise, Butterbrot mit Obst, mit seltenen, und dann auch nur den einfachsten Unterbrechungen, die Folge, daß ich immer vom Appetit heimgesucht war und mir alle die anderen, die im Speisehaus gehörige Kost genossen, wie reiche oder doch sehr bevorzugte und beneidenswerte Menschen erschienen. Doch kam mirs nie in den Sinn, anzunehmen, wie es wohl in neuerer Zeit mehr der Fall geworden, daß es mir so gut gehöre wie jedem anderen, daß es eine Ungerechtigkeit sei Gottes oder der sozialen Verhältnisse, daß ich und nur wenige mit mir auf das Allernotdürftigste beschränkt blieben, während alle andern das, was sie hatten und genossen, als selbstverständlich in Anspruch nahmen. Ich wußte, ich war arm, konnte das, was jene hatten, nicht auch haben und fand es natürlich, daß ich zu verzichten habe ...
Als ich nun jenen Dukaten erhielt, kam es mir als wohl erlaubt vor, das, was anderen Regel war, für mich als eine noch nicht genossene Ausnahme in Anspruch nehmen zu können. Da mich aber jeder als arm kannte und mir der Besuch des Speisehauses als Luxus erschien, so meinte ich, auch andere müßten gleiche Meinung haben wie ich. Mein günstiges Geschick, das mir begegnet war und in mir solches Verlangen erregte, wollte ich doch niemandem mitteilen, um mein Vorhaben zu rechtfertigen. Ich ging daher zeitiger als zur Mittagsstunde in das der Akademie nahegelegene »Goldene Faß«, um womöglich noch allein zu sein, wählte mir nicht die Speise, die mich am meisten reizte, weil mir das als Leckerei erschien, aß so geschwind, daß ich mir die Zunge verbrannte, und war froh, ungesehen hinauseilen zu können, ehe jemand eintrat.
Wohl möchte mancher lächeln, wenn er dies läse, und nicht begreifen, wie eine solche peinliche Abhängigkeit von der Meinung anderer möglich sei; doch mag jener bedenken, der in freieren weiteren und glücklicheren Verhältnissen aufgewachsen ist, daß ein in entgegengesetzten Verhältnissen aufgewachsenes Kind direkt und indirekt gewöhnt wird, jeden, der ein gutes Kleid trägt, gut ißt und

trinkt, mit einem Worte wohlhabend und bevorzugt ist, als einen Vornehmeren zu betrachten, zu dem der Arme allemal in einem untergeordneten und abhängigen Verhältnisse steht, indem ihm durch jenen in seiner Existenz irgendetwas möglicherweise gebessert oder gefährdet werden kann, je nachdem er ihm übel oder wohl gesinnt ist.

Den Gelüsten des Appetits, die wohl geweckt wurden, wenn ich sie von anderen sorglos befriedigt sah, genügte ich nie. Als einmal während des Fastnachttages einige Mitschüler köstlich duftende frische Pfannkuchen in die Klasse mitbrachten und bei ihrem Einbiß mir der Mund wässerte, nahm ich mir vor, des Abends, wenn ich nach Hause ging, bei demselben Bäcker, wo sie als gut und groß gerühmt wurden, einige zu kaufen. Ich kämpfte mit meiner Neigung als einem Unrecht, das ich an meinen Eltern verübte, das Geld, das sie sich abdarbten, so wenig es auch sein mochte, für eine Näscherei auszugeben; doch die Entschuldigung, daß es so selten oder nie geschehe, ließ mir die Befriedigung meines Appetits nicht als Unrecht erscheinen. Ich ging demnach nach Schluß der Stunde den von meiner Wohnung abführenden Weg zum Bäcker, meinend, ich habe bis dahin noch Zeit zum Entschluß der Entsagung zu kommen. Allein in die Nähe des Bäckerhauses gekommen, machte ich dem kindischen Begehr dadurch ein Ende, daß ich anfing heftig zu laufen, so daß ich bald vorüber war. Wieder umzukehren war nicht möglich, ich hätte mich ja vor mir selber schämen müssen.

175, 44 ff.

HAMBURG, 1833
Notizen über Besuche bei armen, sog. verwahrlosten Familien

Eltern, äußere Lage: Sievers. Der Vater hat Knochen gegraben. 39 Jahre alt, Mutter noch jünger, wünscht vergebens Wollarbeit. Die Mutter haben Brauer und ich in unserer Gegend oft bettelnd gefunden. Auf dem Saal sieht es rein und ordentlich und gar nicht ärmlich aus. Eltern scheinen aber nichts zu taugen.
Kinder: Ein Knabe (ein Vagabund) 13 Jahre, war früher in einer Spielschule für Geld. Kann weder schreiben noch rechnen. Bis vor ein paar Monaten pflegte er immer von dannen zu laufen. Die Eltern haben ihn erst auf kürzere, dann auf längere Zeit zum Zuchthaus verurteilen lassen. Hilft nichts. Heute morgen ist er wiedergekommen, denselben Abend schon wieder davongelaufen. Die Eltern meinen, er sei verführt durch den Nachbarsknaben Ameis, welcher auch 3–4 Meilen davonzulaufen pflegt und dann von Landdragonern zurückgebracht zu

werden pflegt ... Merkwürdig ist, daß der Sievers nicht gestehen will, wo er während der Abwesenheit gesteckt.
Ich habe den Knaben Sievers mich besuchen lassen. Der Bursche scheint so uneben nicht. Seinen Eltern ist er bis jetzt dreimal entlaufen – wie es mir scheint, nur aus Furcht vor Mißhandlungen: einmal hatte er Geld verloren, das zweite Mal einen Topf zerbrochen usw. Der Vater (Trunkenbold, von Profession Rapsschläger) prügelt ihn dann fürchterlich, so daß die Nachbarn dem Knaben zu Hilfe kommen wollten, was aber nicht möglich ist, weil der Sievers die Tür verschließt. Den ersten Rat zum Entlaufen hat er von dem kleinen Ameis erhalten. Dieser Junge ist aus demselben Grunde entlaufen, wegen der fürchterlichen Schläge, die er bekommt, weil er jede Nacht sein Bett verunreinigt. Auch während der Nächte seines Entlaufens ist der Sievers auf der Straße umhergetrieben und hat nicht geschlafen, was er meist am Tage getan, wo er auch von seinem Knabenfreunde (deren er viele auf dem Grünensand, wo sie früher gewohnt, kennt) etwas Brot erhielt. Er ließ sich zuletzt von einer Polizei auf seine eigene Bitte arretieren und kam dann so wieder zu seinen Eltern. Die Eltern haben ihn ins Zuchthaus stecken lassen, weil er im Haus so viel zerbrochen. Früher wohnten sie auf einem Saal unterm Dach, da war es so windig und zugig und regnete es hinein, daß der Knabe einen Augenschaden bekam, er ist schon einmal ganz blind gewesen, der Star ist ihm schon mehrmal abgenommen. Mit dem einen Auge kann er nichts, mit dem andern (schielenden) nur wenig sehen. Auf dem jetzigen Saal wohnen sie auf der Diele, in der Stube wohnen Fischfrauen. Früher einlogierende Fischfrauen brachten dann abends mehrere ihresgleichen mit, tranken Punsch, wozu der Knabe den Rum ... holen mußte, und sangen dazu Lieder ... Bemerkenswert ist: wie der Knabe von seiner Mutter mit Liebe spricht, obwohl diese ihn schlägt und mit auf das Betteln bis Mitternacht nimmt ...
Bemerkungen: Im Sommer geht er mit seiner Mutter bis nach Niendorf etc., um Holz zu suchen. Zu Hause essen sie Tag aus Tag ein trockene Kartoffeln mit Essig, Pfeffer und Mehl. Das Mehl kostet täglich zwei Schilling, aber die Sauce reicht 2 Tage hin, also täglich 1 ½ Schilling ...
Eltern, äußere Lage: Familie Kindermann und Stamport ... Der Stamport mit der Kindermann unehelich (hat sieben Kinder). Stamport ist ein Brabanter, 1808 mit den Soldaten hierher verschlagen, von Profession Schuhmacher, auch Wollarbeiter, sehr arm ...
Kinder: Bei Stamport im Hause: 1. Knabe Christian von 15 Jahren, nie in der Schule. Sonntagsschule bei Herrn Leonhardt, trägt Milch aus, ruft mit Rettich. Wenn er nicht in eine Abendschule kann, wollen die Eltern ihn in keine Schule geben, weil er Geld verdienen muß. Die Abendschule ist ihm vom Pfleger Rautenberg bei Herrn Leonhardt abgeschlagen. 2. Knabe Bernhard von 13 Jahren,

nie in einer anderen Schule. 3. Jule von 10 Jahren, läßt Amanda Böhme zu sich kommen zum Schreibunterricht. 4. Doris, 9 Jahr, bei Demoiselle Böhme.
Die Mutter klagt die bittere Not über den Mann, der sie mißhandelt in seiner täglichen Besoffenheit. Sie wünscht die Trennung von dem Mann.
Den 30. April: Der Christian und Bernhard besuchten mich heute. Der Christian lügte wie ein Buch. Ich ließ ihn sich parallelisieren mit Christus hinsichtlich der Schläge, die er seinem Bruder zuteilt. Er blieb beim Mosis, daß er, geschlagen, wieder schlagen müsse, aber nach jener Parallele gestand er, sich beugen zu müssen. Das Tabakrauchen tue er, sagte er, nur wenn er Zahnschmerzen habe. Der Bernhard, der ehelich ist, konnte es nicht ertragen und erzählte wie die Mutter. Den Kindern ist das Herumtreiben eine große Last und sie gingen gern in die Schule, wenn sie könnten oder sollten. Das »Glück« priesen sie sehr, noch nicht von der Polizei gefangen zu sein.
Bemerkungen: Sie buchstabieren leidlich.

217, 24 ff.

Linz usw., 1850 f.
Schulrat Stifter über den Zusammenhang von Armut und Schulbesuch

In bezug des Schulbesuches ist es in den Gegenden, die ich bisher besucht habe, und nach den Erfahrungen, die ich mir aus dem übrigen Lande zu verschaffen angelegen sein ließ, gut bestellt, d. h. der Besuch ist so, wie er nach den gegebenen Verhältnissen sein kann. Freilich gegenüber dem Wunsche, die Menschen nach ihrer Möglichkeit auszubilden und zu erziehen, wäre er viel besser zu wünschen, aber mit Einrechnung der Hindernisse kann man das Ergebnis als ein gutes erklären ... Die gewöhnlichsten Hindernisse sind: Armut, die teils den Kindern nicht die nötige Winterkleidung geben kann, teils sie zum Bettel verwendet, teils die gewöhnliche Entsittlichung und daher Nichtbeachtung der Schule im Gefolge hat. Wenn die (freilich riesenhafte) Aufgabe gelöst wäre, daß es keine eigentlichen Armen, sondern höchstens nur momentan Notleidende gäbe, so wäre nicht bloß der Schule, sondern dem Staate und der Menschheit ein unermeßlicher Dienst geleistet. Ganz besonders entsittlichend wirkt der mit dem Armenwesen nicht notwendig verbundene und doch bei uns noch so häufig in ausgedehntem Maße vorkommende Bettel. Ein ferneres Hindernis liegt in der Natur des Landes und seiner Witterungsverhältnisse ... Endlich ist noch ein Hindernis: der Bedarf der Kinderkräfte zu häuslicher Arbeit, der oft ein wirklicher ist, wenn Eltern in der Tat auf den kleinen Erwerb der Kinderkräfte angewiesen sind oder doch wenigstens zu eigener Arbeit dadurch Raum gewinnen, daß sie den größeren Kindern die kleineren zur Bewahrung anvertrauen, der aber oft auch nur ein eigennütziger ist, indem die Eltern die Arbeit der Kinder höher anschlagen als den Nutzen der Schule. Dem ersteren Fall ist schwer oder nur durch Gründung von Geldprämien für den guten Schulbesuch der Armen, wo die Prämie den häuslichen Arbeitsnutzen übersteigt, abzuhelfen, dem zweiten durch Belehrung namentlich von seiten der Seelsorger ... und auch etwa durch indirekte Zwangsmittel ...

210, 22 f.

5. Kapitel

5. I. Unterhaltungen und Leidenschaften

Kommentar
Schleswig-Holstein usw.,
1630ff.   Historische Reminiszenzen im Kinderspiel
Hamburg, 1741 f.   Die Winkel-, auch Gassenjungen
Bern, 1759   In einem Zirkel junger Demoiselles
Haina, um 1760   Naturstudium und Paradiesträume
Preußisch-Friedland,   Hilfsmittel für ein malendes Kind
1794
Ludwigsburg usw.,   Feuerwerk
um 1795
Weimar, 1801   Bericht von einem Kinderball
Berlin, um 1812   Zum Turnplatz in die Hasenheide
Berlin, um 1818   Eine Inszenierung von Goethes ›Faust‹
Berlin, 1820ff.   Griechisches Wesen in Spiel und Unterricht
Marbach/Neckar, 1822ff. Ein Panorama bürgerlicher Mädchenfreuden
Stuttgart, um 1825   Biedermeiers Kinderkram
Swinemünde, um 1830 Zwei Passionen: Die Papparbeit und das Versteckspiel
Haslach, um 1845   Das Glück der Grausamkeit
Haslach, um 1846   Weltliche und kirchliche Kinderfesttage
Langenhorn, um 1855 Die Wasserfreuden
Karlsruhe, um 1855   Über Besitz- und Sammelgeist
Oldenburg, um 1860   Der Kramermarkt
Berlin, um 1875   In der Großstadt

Das Geräteturnen des 19. Jhs. ist die eigentliche bürgerliche Form der Körperübung. Es löst das »ritterliche« bzw. höfische Reiten, Fechten und Tanzen ab. – Aus vielen Gründen bleibt das Soldatenspiel für kleine und ältere Kinder im ganzen Zeitraum attraktiv. Niemand nimmt daran Anstoß. Turnende Gymnasiasten auf dem Judenbühl bei Nürnberg um 1825. – F. Preller, Die drei Prellerkinder 1841.
Aus: Die Nürnberger Höheren Schulen. Nürnberg 1965. – F. Preller d. J., Eine Künstlerjugend. Weimar 1930

Kommentar

Es charakterisiert den Zeitraum vom 16. bis zum 18. Jahrhundert, daß niemand der Überzeugung war, Kinder bedürften zu ihrer Entwicklung des Spiels, der Spielanleitung oder gar der Ermunterung des Spielens. Daß sehr kleine Kinder nichts anderes können als spielen, muß man akzeptieren; das Spiel älterer wird erlaubt oder toleriert. Das Ideal ist das frühreife Kind, das diszipliniert arbeitet und lernt. Trotzdem gab es Unterhaltungen, die teils von Kindern allein, öfter und typischer zusammen mit den Erwachsenen in Gang gesetzt und genossen wurden. Das Jahr hat – regional sehr verschieden – festliche Höhepunkte. Bis weit ins 19. Jahrhundert konzentriert sich für Kinder und Erwachsene in diesen Festen die Befriedigung der Bedürfnisse nach Abwechslung, Spannung, Spiel und Belehrung. Dabei üben die jeweiligen Obrigkeiten, unterstützt von der Kirche, einen steten, die ›rohen‹ Volksbräuche kritisierenden Druck aus. Er erstreckt sich auch auf spezifische Kinderfeste, wie das Bischofsspiel zum Tag der Unschuldigen Kinder (28. 12.), an dem die Schuljugend unter Anführung eines Kinderbischofs den Rollentausch mit den erwachsenen Erziehern praktizierte. Daß solche Feste harmlos waren – an heutigen Maßstäben gemessen – darf man ebensowenig annehmen wie unterstellen, daß sich die Spielverbote vieler Stadtherrschaften gegen zivilisiert spielende Kinder gewandt hätten. Die gassenlaufende Jugend ließ nicht nur Drachen steigen, fuhr Schlitten in den Gassen, sondern machte Pferde scheu und trieb die Neckerei von Passanten durchaus bis zur Körperverletzung. In Hamburg stand bis zum Anfang des 19. Jahrhundert unternehmungslustigen Jungen die gewissermaßen approbierte Rolle des Jan Blaufink zu Gebote, eines verkleideten Schalksnarren, der unabhängig von irgendwelchen Festen und Jahreszeiten zur eigenen und zur belustigten Schadenfreude der Nichtbetroffenen seine Streiche verübte. Solche und ähnliche Unterhaltungen werden ein Opfer der zivilisatorischen Prozesse, die auch das Kinderspiel erfassen.
Sein Fortschreiten schafft aber auch neue Möglichkeiten. Ende des 18. Jahrhunderts entdecken die Philanthropen die kindliche Lust an der Motorik, die sie in den Leibesübungen zugleich zulassen und reglementieren. Abgesehen von den

---

Die Natur ist die wichtigste Ressource für Spielmaterial und Unterhaltung. Knaben beim Genuß der Winterfreuden und beim Vogelfang. Aus einer Serie von J. Mettenleiter (1750–1825).
Aus: G. Hirth, Kulturgeschichtliches Bilderbuch. München 1881, Bd. 6

aristokratisch verfeinerten ritterlichen Übungen (Reiten und Fechten), wie die Ritterakademien seit dem 16. Jahrhundert sie weiterpflegten, waren ja die im Mittelalter überall gebräuchlichen körperlichen Vergnügungen vom Baden bis zum Wettbewerb im Bodenschießen, Ringen, Laufen usw. ganz aus der Mode gekommen. Die nationalstaatlichen Träume aus der Zeit der sogenannten Befreiungskriege fördern – auch im Hinblick auf die allgemeine Wehrpflicht, die es ja noch nicht gab – das Schwimmen und das Turnen; letzteres eine außerordentlich künstliche Grammatik der Körperbewegungen, die dennoch zur Leidenschaft vieler (männlicher) Kinder in der ersten Hälfte des 19. Jahrhunderts wurde, ehe sie in der zweiten, nun sogar für Mädchen, in den Rang eines Schulfachs erhoben werden durfte, weil sie jeden politischen Beigeschmack verloren hatte.

Ebenfalls auf das philanthropische Interesse an der Kinderwelt geht das Entstehen der eigens für Kinder geschriebenen Literatur zurück. Die Kinder- und Hausmärchen der Brüder Grimm (1812 ff.) spielen hier nicht die Rolle, die man ihnen zutraut; Campes Bearbeitung von Defoes Robinson Crusoe (1779 f.), Christoph von Schmids sentimental-moralische Erzählungen, vor allem seine »Genovefa« und die »Ostereier« (1810 bzw. 1816), später Gustav Schwab mit den »Schönsten Sagen des klassischen Altertums« (1838 ff.) haben Kinder ungleich mehr beeindruckt und vermutlich geprägt. Andererseits ist nicht zu übersehen, daß die meisten Kinder, wenn sie überhaupt lesen lernten, zur Befriedigung ihrer Leselust auf ein Schullesebuch, die Bibel und andere fromme Bücher und Kalender angewiesen waren. Man vergißt das leicht, weil die Kinderliteratur – ähnlich verhält es sich mit dem Kinderspielzeug – die vergleichsweise am besten erforschte und dokumentierte Nebensache ist. Gewiß ist seit dem 16. Jahrhundert eine zunftmäßig betriebene Spielzeugherstellung in Nürnberg nachgewiesen – es handelt sich in der Regel um Miniaturnachbildungen von Werkzeugen und Hausgerät – charakteristisch für das Kinderspiel ist jedoch nicht das künstliche Spielzeug, sondern das natürliche, auch noch im 19. Jahrhundert, wo Spielzeug billiger produziert wurde und deshalb weiter verbreitet war. Dorfkinder des 20. Jahrhunderts wußten noch 50 Pflanzen zu nennen, aus denen ein bestimmtes Spielzeug zu fertigen war oder mit denen man spielen konnte. Dazu kamen Tiere, Käfer, Frösche, Schmetterlinge und vor allem Vögel, die bedenkenlos gejagt, gefangen und – gequält wurden, ohne daß jemand daran Anstoß nahm.

Andere Unterhaltungsmöglichkeiten, die Kinder in jener reiz- und materialarmen Zeit ergriffen, muten ebenso seltsam an wie das Nesterausnehmen. Sie spielten Tod und Beerdigung, Gottesdienst und Hinrichtung. Auf- und Anregenderes gab es eben nicht. Dazu kam in Kriegszeiten oder Städten mit Garnison oder Bürgerwehr das Vorbild des Militärs.

Kompensiert wurde die Armut allerdings durch eine Zugänglichkeit von fremden Häusern, Wohnungen, Werkstätten, Einzelpersonen und ganzen fremden Familien und Haushalten, die belehrend und interessant genug war. Der etwa zehnjährige Wilhelm von Kügelgen (1802–67) ist eine Zeitlang Hausfreund einer Töpferfamilie, deren Handwerk und Familienbräuche er genau studieren darf: Sie essen nicht von Tellern, sondern aus einer gemeinsamen Schüssel. K. H. von Lang (1764–1835) lernt ein wenig das Goldschmiedehandwerk bei einem Meister im Haus der Mutter. Zu dessen und seiner Gesellen Abendunterhaltung trägt der Schüler bei, indem er alle Bände von Rollins Römischer Geschichte vorliest.

Literatur:
P. Burke, Helden, Schurken und Narren. Europäische Volkskultur in der frühen Neuzeit, Stuttgart 1982
K. Gröber, Kinderspielzeug aus alter Zeit, Berlin 1928
I. Dyhrenfurth, Geschichte des Jugendbuches, Zürich 1967
H. Retter, Spielzeug. Handbuch zur Geschichte und Pädagogik der Spielmittel, Weinheim u. Basel 1979

Historische Reminiszenzen im Kinderspiel

1. Schleswig-Holstein, 1630ff.

Hahn- oder Topfschlagen: Ein Topf wird umgestülpt auf die Erde gesetzt. Einer steht in bestimmter Entfernung davon; man verbindet ihm die Augen, gibt ihm einen Stock oder Dreschflegel in die Hand und läßt ihn sich dreimal herumdrehen. Dann darf er vorwärts marschieren und den Topf zu treffen suchen, wobei ihm dreimal zu schlagen erlaubt ist. Trifft er, so hat er den Preis gewonnen; wo nicht, kommt ein anderer an die Reihe. Früher ward ein lebendiger Hahn unter den Topf gesteckt, oder in ein Loch eingegraben, so daß er mit dem Kopf hervorragte. Bei diesem Hahnenschlag war der Hahn Siegespreis... Andere Spiele, wo der Hahn die Rolle des Dulders übernehmen muß, sind das Hahnköpfen (man schlägt dem Hahn, oder Gans, meist blindlings, mit blankem Schwert oder hölzernem Säbel den Kopf ab) und das Hahnreiten (der Hahn wird mit den Füßen an einem ausgespannten Seil freischwebend aufgehängt, und es gilt während man zu Pferde rasch vorbeisprengt, ihm den Kopf abzuschlagen oder abzureißen; entsprechend das Gänseziehen, Gänsereiten)... Alle diese Spiele, so wie viele andere Gebräuche mit dem Hahn, kommen in den verschiedensten Ländern... vor... Der Hahn war aber in heidnischer Zeit ein heiliges opferdiensames Tier...

Maikäfer: Im Frühjahr pflegen die Kinder den Maikäfer... mit dem Fuß an einen Faden zu binden und so fliegen zu lassen; auch sperrt man dieselben in papierne Häuschen ein. In den größeren Städten, wie Hamburg und Altona, wird um diese Zeit unter der Kinderwelt ein förmlicher schwunghafter Handel mit solchen Tieren getrieben... Die Sitte hatte ursprünglich einen tieferen Sinn; wenn man den Maikäfer fing und fesselte, so war die Absicht, ihn als Frühlingsboten der Gemeinde zu bringen und zu zeigen. Die Einholung geschah auch auf feierlichere Weise durch die spinnenden Jungfrauen, so noch zwischen 1630 und 1640 in der Stadt Schleswig. Eine alte Beschreibung des dortigen Maigrafenfestes von Ulrich Petersen erzählt von einem »sonderbaren Aufzug der vormaligen Schleswigschen Spinnrad-Amazonen, um einen cantharidem oder Maikäfer mit grünen Zweigen einzuholen, wobei denn hiesiges Rathaus mit grünem Busche ausgezieret.«

2. Kreuzburg/Schlesien, um 1825

Auch im geheimen Verstecken übten wir uns. An einer Ecke des Hofes wurde ein tiefes Loch gegraben, die Wände sorgfältig mit flachen Steinen und Moos bekleidet und in diesem Raume vieles Gute niedergelegt, das begehrlichen Blicken entzogen werden konnte, vor allem Obst; aber auch Lore und der Hanswurst (unsere Puppen) mußten sich oft gefallen lassen, in der finsteren Höhlung zu kauern. Die Öffnung wurde mit großer Kunst verdeckt, so daß sie niemand finden konnte, doch drang zuweilen eine Maus räuberisch hinein. Diese geheimen Niederlagen, welche Mauken hießen, waren ein alter Kinderbrauch, wohl noch eine Nachahmung der kriegerischen Verstecke von Proviant und Lebensmitteln in längst vergangener Zeit. Für uns war die Schwierigkeit nur, das Geheimnis zu bewahren. Dies sollte unverbrüchlich sein, jedesmal wurde feierlich darüber verhandelt und jeder Eingeweihte in Pflicht genommen. Immer aber war das Entzücken über unser höheres Wissen so übermächtig, daß wir wenigstens die Mutter in das Vertrauen ziehen mußten.

3. Heidelsheim, um 1840:
Gegenüber solchem regelmäßigeren Verkehr bildete die Teilnahme an dem Spiel, namentlich dem Ballspiel, einer größeren Zahl zufällig auf dem Marktplatz zusammengelaufener Straßenjungen eine seltene Ausnahme, die mir übrigens auch wenig Freude bereitete, da ich meine Mitspieler mir an körperlicher Gewandtheit beträchtlich überlegen fühlte. Nur ein einziges alljährlich am Ostertag unter der Teilnahme der gesamten Dorfjugend stattfindendes Fest blieb auch mir nicht erspart: das war das Wettspiel der Ostereier am Ostermontag nach der Kirche. Vor dem Gottesdienst waren den Kindern die Ostereier, meist unter Blumen und Büschen versteckt, beschert worden; dann fand sich mit auserlesenen Eiern bewaffnet die Jugend in einem dichten Haufen auf dem Marktplatz ein, wo das Eierpicken begann. Der Junge, dessen Eispitze die des anderen zertrümmerte, erhielt dieses als Gewinn. Es pflegte aber unter den Wettenden niemals an solchen zu fehlen, die künstliche Eier hergestellt hatten, welche ihres Eiinhalts entleert und mit Pech gefüllt waren. Zwar entging dies Verbrechen, wenn es entdeckt wurde, nicht einer tüchtigen Prügelstrafe. Aber es wurde doch oft genug nicht entdeckt, und namentlich der Pastorensohn (ich) ging in der Regel betrübt, weil eines beträchtlichen Teils seiner Eier auf diesem Wege beraubt, wieder nach Hause.

4. Glatzer Bergland, um 1845:
Spielsachen, wie sie heutigen Tages den Kindern in die Hand gegeben werden, wie Bilderbogen und Bilderbücher, Bleisoldaten, aus Holz geschnitzte Tiere und Hausgeräte, Baukasten und Lottospiele waren in unserem Dorfe in meiner Kindheit noch völlig unbekannte Dinge ... Zuerst waren es die Schwestern, die mich zum Spiele anleiteten. Da wurde »Begraben« gespielt. Ein Stückchen weißes Holz war Leiche und Sarg zugleich. Mittels eines zweiten Holzes wurde eine Grube in den Garten gegraben, die Leiche versenkt und mit Erde bedeckt. Die Zweige eines Haselstrauches stellten die Glocken vor; sie wurden wie ein

Glockenseil herabgezogen – das war die Hauptsache bei diesen Glocken – und so wurde ein Begräbnis mit großer Feierlichkeit abgehalten. Nach dem Begräbnisse wurde ein Grabeshügel errichtet und mit abgepflückten Blumen besteckt. – Auch Schmausereien und Gastereien wurden von den Schwestern veranstaltet. Hierzu wurden sämtliche Kinder aus der Nachbarschaft eingeladen. Die Scheunentenne diente als Speisesaal. Wir setzten uns reihenweise wie an einer großen Tafel zusammen. Jeder Gast erhielt zunächst ein großes Huflattich- oder Ochsenzungenblatt als Teller. Dann wurde ihm ein Blatt Sauerampfer, mit einigen weißen, zarten Blüten des Sauerklees belegt, präsentiert ...
Mit dem ersten Schultage fühlte ich mich dem Spiele mit Mädchen entwachsen; von nun an wollte ich entweder allein oder mit Knaben spielen ... Der Haupttummelplatz für unsere Knabenspiele waren der Hof und der Garten eines Großbauers in der Nachbarschaft. Sechs frische, muntere Knaben im Alter von sechs bis vierzehn Jahren, des Großbauers Söhne, warteten jeden Sonn- und Feiertag auf meinen Besuch. Der Hofraum war sehr groß und mit Wirtschaftsgebäuden umschlossen. Den Hof überragte, auf einer felsigen Anhöhe stehend, eine alte mächtige Linde. Hier war der Sammelplatz sämtlicher Knaben des oberen Dorfteiles. Hinter dem Hofe breitete sich ein großer Garten mit Obstbäumen, besonders Kirschbäumen, aus. Auch stand hier ein kleines Häuschen, das zum Dörren des Flachses benutzt wurde. Dieses Häuschen war zum Spiele: »Soldaten und Räuber«, wie geschaffen. Hier war die Räuberhöhle, von wo aus die Reisenden überfallen wurden. In einiger Entfernung von dem Häuschen auf einem freien, ebenen Plane wurden die Soldaten exerziert und für den Kampf mit den Räubern ausgebildet. Waren die Soldaten gehörig geschult, so wurden die Räuber in ihrem Versteck aufgesucht, angegriffen, und es kam zwischen beiden Parteien zu heißem Kampfe. Als besondere Auszeichnung galt es, den Räuberhauptmann spielen zu dürfen. Zu diesem Ehrenposten brachte ich es trotz aller Anstrengungen nicht; die größeren Kameraden meinten, ich sehe nicht wild genug aus, und die Soldaten würden sich nicht vor mir fürchten. Deshalb wurde mir das Kommando über die Soldaten anvertraut. Dieses führte ich so laut aus, daß ich regelmäßig am nächsten Schultage heiser war und kaum vernehmlich sprechen konnte. Der Lehrer schob aber die Heiserkeit glücklicherweise dem Viehhüten zu, sonst hätte er unserem schönen Spiele gewiß Einhalt geboten.

77, 20f.; 80; 100f.; 57, 49; 222, 33;
116, 31 ff.

HAMBURG, 1741 ff.
Die Winkel-, auch Gassenjungen

In der Stadt regierten ... die Winkeljungen in schier unleidlicher Weise. Jedes Spiel wurde Unart. Ihre Peitschen klatschten nicht nur ganz unverschämt laut dem ehrsamen Bürger um die Ohren, sondern sie trafen ihn auch häufig genug mit empfindlichem Schwunge. Ihren Tonnenbändern mußte man respektvoll ausweichen, sonst bekam man sie zwischen die Beine, stolperte und schlug elend zu Boden, unter Hohngeschrei der Buben. Wie manche achtbare Dame fühlte entsetzt solchen Reif gegen ihren Rücken kollern. Mit Armbrust, Flitzbogen und Pustrohr ihre Bolzen, Pfeile und Tonkugeln auf unschuldige Demoisellen und Dienstmädchen abzuschießen, solche Sträflichkeit der durchtriebenen Bengel war ganz alltäglich. Der Kreisel, sowohl der kleine als der Brummkreisel, schien nur dazu erfunden zu sein, um den Menschen das Gehen auf den breiten Steinen (dem damaligen Trottoir) und in den Promenaden zu verbittern, wo ohnedies alle zehn Schritte die bekannten neun Marmellöcher den Boden unsicher machten. Bekümmerte sich ein nachdenkender Fußgänger um den Kreisel nicht, so behandelten die Buben seine Beine wie ihr Spielzeug und peitschten drauf los; – trat man denselben gar entzwei, so gab's eine unabweisbare Sturmpetition um einen neuen. Wer keinen Kreisel besaß, amüsierte sich auch wohl mit Werfen von Steinen, Erdklößen und dergleichen und besonders mit Belästigungen des Fuhrwerks. Kein Pferd blieb ungequält, keine Karosse ungehänselt. Dicht vor den Wagen quer über die Straße zu laufen, das galt für ein artiges Kunststück. Wenn dann der Kutscher die Pferde zurück riß, daß sie sich bäumten und die guten Leute in der Kutsche vor Schrecken aufschrien: »Das unglückliche Kind kommt unter die Räder!«, dann lachte der verwetterte Bube und seine Kameraden gröhlten höhnend darein. Nicht die Söhne der ärmsten Klassen waren es, die sich der so eben aus Ostindien hier eingeführten Schwärmer und Raketen bedienten, um einen heillosen Unfug abendlich auf den Straßen zu veranstalten. Sie warfen diese zischenden Funkensprüher mitten in eine ahnungslose Menschengruppe ... oder zwischen die Pferde einer Kutsche, daß sie scheu wurden und durchgingen; oder in die mit geputzten Herren und Damen besetzten Karossen, daß Perücken, Toupés, Reifröcke und Sammetröcke brannten oder durchs Draufschlagen zum Ersticken des Feuers gänzlich verdorben wurden. Dann jubelte die gottlose Bubenschar und vereitelte jede Verfolgung durch geteilte Flucht in Quergassen und Twieten.
Ein besonderer Tummelplatz des Frevels dieser sträflichen Brut waren die Kirchen, wenn nach damaligem Gebrauch zur Abendzeit Leichen darin bestattet wurden. Sie störten die ernsthafte Prozession durch lächerliche Possen, drängten sich durch die Reihen des leidtragenden Gefolges, verübten in den dunkeln

Winkeln der Kirche ein unheimliches Getöse mit sogenannten Waldteufeln und Schnurrdingern, während des Sermons am Grabe –, kurz, sie verursachten allen ehrbaren Leuten und rechtschaffenen Christen ein unsägliches Ärgernis ...
Nachdem bereits 1741 der Rat ... über das unbillige Betragen der Gassenjungen sich warnend geäußert hatte, erging 1742 ein geharnischtes Mandat gegen dieselben, worin besonders dem Kirchenfrevel gesteuert wurde; und 1746 ein ferneres, welches sämtliche oben dargelegte Bübereien der ›Winkeljungen‹ ernsthaft rügt ... und ihnen noch andere Sünden vorhält, z. B. Karten- und Würfelspiel, Singen unpassender Lieder etc. Solchen ›greulichen Unfug‹ ... wirksam abzustellen, werden Arrest in der schreckhaften Roggenkiste, Prügel, Halseisen und Zuchthaus, ohne Ansehen der Person angedroht, und die Tag- und Nachtwächter zum schnellen Einschreiten befehligt. Demnächst wird aber auch Eltern, Vormündern und Lehrer das Gewissen geschärft, wegen ihrer heillosen Vernachlässigung der Erziehungspflichten, und deren bessere Beobachtung ihnen ans Herz gelegt ...
Solche zuchtlose Straßenbuben-Wirtschaft ist Gottlob hernach niemals wieder vorgekommen, und besonders scheint die Zeit von 1814 bis zur Julirevolution 1830 nur artige Kinder erzogen zu haben ... Seit 1830 freilich weisen die Verordnungen wieder eine Menge Vergehungen der Gassenjungen gegen Anstand und feine Sitte nach, aber es sind doch im Vergleich zu der Brutalität vor 100 Jahren ziemlich unschuldige Kindereien. Da wird gegen das Toben uns Schreien geeifert, gegen das Stein- und Erdkloßwerfen, gegen das Kriegsspiel, Flitzbogen, Armbrust, Schleuder und Pustrohr, gegen unanständiges Balgen in den Straßen, gegen das Beschmieren und Bemalen der Planken und Mauern mit unpassenden Wörtern und Zeichnungen usw. ... Auch scheint die Polizei verschiedene Herbstspiele zu den sträflichen Exzessen zu rechnen, z. B. das »Auffeiern« der papierenen Drachen, welches innerhalb der Stadt und Wälle durch Befehl vom 19. September 1834 verboten, aber nach wie vor in ungestörtester Observanz verblieben ist, wie männiglich bekannt. Ebenfalls ist das abendliche Umhertragen der Stocklaternen, ... in der Stadt im Jahre 1842 ... als feuergefährlich und pferdescheumachend, untersagt. Indessen gehört diese kindliche Lust längst wieder zu den erlaubten verbotenen Dingen.

13, 449 ff.

Bern, 1759
In einem Zirkel junger Demoiselles

Nun bekam ich immer mehr und mehr Rollen; fleißig war ich und gab mir auch mit der kleinsten von wenigen Worten so viel Mühe, wie sich die, die die größten spielen. Gleich nach der Messe in Basel reisten wir nach Bern. Auch da spielte und tanzte ich mit Beifall... Wir blieben in Bern bis in Fasten 1759, reisten fort und fingen nach Ostern in Solothurn an... Von da reisten wir nach Aarau, dann wieder nach Baden und von Baden nach Zurzach... Von Zurzach reisten wir nach Luzern... Endlich reisten wir von da weg und wieder nach Bern. Mir gefiel's nun besser da, und natürlich ich bekam mehr Bekanntschaft. Besonders war ich in einen Zirkel von jungen Demoiselles gekommen. Schon um 1 Uhr des Sonntagsnachmittags fing man an, sich zu versammeln. Eine holte dann die andere ab in das Haus, wo nun die Jungfer von ihren Eltern die Erlaubnis hatte, ihre jungen Freundinnen zu bewirten. Man stelle sich das Vergnügen vor! Zwanzig und oft mehr junge Geschöpfe versammelt zu sehen, wo keine von uns noch 18 Jahre zählte. Tee, Kaffee, Obst, Konfekt, Backwerk wird gereicht – kein Wein. Alle möglichen Spiele, Karten, Würfel, Damenbrett usw., man darf nur wählen. Aber alles ohne Geld wird gespielt. Man wechselt nun ab, erzählt Geschichten, Fabeln, gibt Rätsel auf; man tanzt, man spielt um Pfänder, und so lacht und scherzt man fort bis acht Uhr, wo dann die Dienstmädchen mit der Laterne in der Hand ihre Jungfern nach Hause bringen. Weder Vater, noch Mutter sieht man. Und wenn eine Jungfer (denn das ist der einige Titel) einen Bruder von fünf Jahren hat, so dürfte er's nicht wagen, zu seiner Schwester ins Zimmer zu treten. Ich war Zeuge, wie ein Knabe von sieben Jahren ganz entsetzlich durchgeschlagen wurde, der es gewagt hatte, zum dritten Male aus Kinderei zu uns von dem Gang durchs Fenster in die Stube zu sehen. So lange ein Mädchen noch nicht zwanzig Jahre zählt (sie müßte denn vor ihrem zwanzigsten sein verehelicht worden), kommt keine in Gesellschaft von verheirateten Leuten... Ein Kind von sieben Jahren bat mich und zehn noch aus dem Zirkel dazu. Wahrlich, wie uns das Kind aufgenommen, mit welchem Anstand es uns dankte, wenn wir ihm im Herumreichen behilflich waren!

191, 111 ff.

HAINA, UM 1760
Naturstudium und Paradiesträume

Die Anleitung von meinem Vater, auf die Natur zu achten, machte meine angeborene Neigung noch reger und ich glaubte die größte Glückseligkeit darin zu finden, wenn ich wilde Tiere sehen und zahm machen könnte. Ich hatte von einem kalten Winter gehört, daß die Hirsche bis vor die Häuser und Scheuern gekommen wären und man ihnen aus Mitleid Heu gegeben hätte. Einer erzählte sogar, wie ein Blutfinke Schutz vor der Kälte hinter der Haustür gesucht habe. O glückliche Zeiten! dachte ich und betete, der liebe Gott möchte eine solche strenge Kälte schicken, daß alle wilden Tiere zu uns Menschen kommen müßten und dann so vertraut mit uns würden, daß sie gemeinschaftlich mit uns wohnen und immer bei uns bleiben möchten! Einige Jahre später war ich nicht mehr so verträglich gegen sie gesinnt. Zur Zeit der Obsternte hatte ich mir in meines Vaters Garten eine Hütte gebaut, worin ich den ganzen Tag, auch wohl des Nachts mit einem Schulkameraden blieb und die Waldvögel herbeilockte und ihnen von meiner Speise hinsetzte, daß sie sich gewöhnen sollten, mit mir zu leben, und mich freuete, wenn einige davon pickten und wieder wegflogen. Da meinte ich denn, daß sie es den anderen im Walde sagen würden, wie sie ihr Futter mit mehr Gemächlichkeit bei mir finden könnten. Ich träumte mir dann die Glückseligkeit, so mit meinen lieben Vögeln und anderen gutartigen Tieren vereint zu leben, und beschloß, die schrecklichen Tiere zu verringern und sie in ihre räuberischen Schranken zurückzutreiben, daß sie selbst einander auffräßen! ...
Durch Zufall bekam ich Äsops Fabeln mit Kupfern in die Hände. Dieses Buch machte mich glücklich. Mein Vater erlaubte mir, so viel Vögel zu halten, als ich Lust hatte, wenn ich nur auf dem Zimmer bleiben und lernen und zeichnen wollte. Das hielt ich treulich. Eine Stube wurde für mich ganz allein eingerichtet und die Stunden bestimmt, wo ich arbeiten sollte; aber auch einige, wo ich zum Vogelfang ausgehen durfte. Nun war ich glücklich unter meinen Vögeln und zeichnete aus dem Äsop. Mein Vater besuchte mich oft, um zu sehen, ob ich auch lese und zeichnete. Aber ich war es nicht allein, dem der Besuch galt; er sah auch selbst die Vögel gern. Dabei erinnere ich mich eines unglücklichen Vorfalles. An einem schönen Nachmittage waren wir Kinder, Knaben und Mädchen, auf dem Berge versammelt. Wir begannen mancherlei lustige Spiele ... dann ging es in das Rasen über; wir spielten Verstecken und Jagen im Walde ... Endlich waren wir alle erschöpft und gingen müde, hungrig und durstig nach Hause. Als ich aber in die Tür trat, fiel es mir schwer wie ein Stein aufs Herz; denn ich hatte meine jungen Hänflinge zu füttern vergessen. Ich stürzte geradezu in die Kammer, wo sie im Käfig waren, und fand alle fünf Vögelchen tot. In der Angst

lief ich zu meinem Vater; ich glaubte, der würde meinen Schmerz lindern helfen und zeigte ihm den Käfig ... Statt Tröstung gab er mir einen so derben Schlag durchs Gesicht, daß mir das Feuer aus den Augen sprühete! Sein Gemüt war erschüttert. »Unmensch«, rief er, »hast du nie gesehen, wie die armen Vögel bettelten, wenn du ihnen ihr Futter gabst? Du hast das Elend dieser Unglücklichen noch nicht gefühlt. Geh' mir aus den Augen mit dem Bilde des Jammers!« Er hielt mir den Käfig vor mit den fünf Toten; damit faßte er mich beim Arme und stieß mich aus der Tür ins Ofenloch, setzte mich in die Asche und den Käfig...neben mich. »Nun fühle, was die Unglücklichen litten, und lerne, was der grausame Hunger für eine Stimme ist!« Er ging und verbot allen, mir etwas zu essen zu geben. Nach einiger Zeit kehrte er wieder; er schien mich selbst zu bedauern, entließ mich und sagte nur mit wehmütigem Tone: »Diese Vögel hast du ihren Eltern aus dem Nest geraubt, worin sie weich auf Wolle und Federn lagen ... und du konntest dieser armen Vögel vergessen?« –

208, 40f.; 44f.

Preussisch Friedland, 1794
Hilfsmittel für ein malendes Kind

Im Herbste war Jahrmarkt, für den Ort, wie für mich ein Tag von hoher Wichtigkeit. Die Schule fiel aus. Viele polnische Bauern waren zu Markte gekommen, knieten trotz des Schmutzes nieder und küßten den vorüberschreitenden Edelleuten, die oft nicht besser aussahen als sie selbst und kaum Acht auf sie gaben, den Rockzipfel. Mein Vater hatte mir einen Bleistift gekauft. Es war der erste, den ich jemals erhielt; denn im Schreibebuche hatte ich meine Linien bis dahin mit einer Stricknadel gezogen. Ich empfand über dies Geschenk eine so unmäßige Freude, wie ich sie selten im Leben wieder gefühlt habe. Meinen Bleistift nahm ich mit zu Bette und tat die ganze Nacht kein Auge zu.
Nichts zog mich so sehr an, als Bilder, an denen der Ort wie an Büchern jedoch sehr arm war. Nichts schien mir schöner zu sein, als Bilder zu machen und meiner Meinung nach gehörte dazu nichts, als ein Bleistift und Farben. Allein ich kam bald dahinter, daß dies doch nicht ausreiche; nur wußte ich nicht, was mir noch fehle? Meine Figuren genügten mir nicht; aber niemand konnte mir sagen, wie sie besser zu machen seien. Besonders quälte ich mich mit den Pferden ab; denn mit den Husaren fing ich an, weil ich sie für das Leichteste und Interessanteste hielt. Das Gangwerk, besonders die Hinterfüße wollten gar nicht werden, wie sie sollten und blieben gerade Linien. Ich zeichnete mit dem größten Eifer, und wenn man sich Mühe gab, konnte man zuletzt einen Hirsch

schon von einem Pferde unterscheiden. Endlich schien mir nichts mehr zu fehlen, als die Farbe; hier aber war guter Rat teuer. Tuschkasten kannte man nicht, Nürnberger Muschelkasten waren zu teuer. Rote Tinte und Grünspan in Essig aufgelöst mußte das Beste tun. Es war doch bunt. –

101, 74 f.

LUDWIGSBURG USW., 1795 ff.
Feuerwerk

1. Ludwigsburg um 1795:
Ein gefährlicheres Spiel war für mich das Feuerwerk. Meine alte Kindsmagd hatte einen Feuerwerker geheiratet, in dessen Stube ich oft stundenlang zubrachte; er lehrte mich das Füllen und Stampfen von Patronen zu Schwärmern und Raketen, bei deren Abbrennung in den Gärten ich meine Mutter oft in Sorge und Angst versetzte. Ja, einmal als mein Vater sich auf einem Amtsorte in Geschäften befand, legte ich um die Mittagszeit in der Küche eine Rakete geradezu zwischen die Fleischtöpfe ins Feuer, welche auch alsbald ihren Zug durchs Kamin nahm, so daß über demselben noch die Funken in die Luft stoben, und Bürgermeister Kommerell in Begleitung seiner Frau und des hinter ihm nachschießenden Amtsdieners, ohne Perücke und Stock, in die Oberamtei sprang. Ein Brandunglück war nicht geschehen, wie die Nachbarn vermuteten, aber das Mittagessen war für die Skribenten, die, wenn mein Vater nicht bei Tische war, mit besonderem Appetit aßen, verdorben.

2. Swinemünde, um 1830:
Aus sogenannten Schlüsselbüchsen schießen, war ein Hauptvergnügen. Es wird solche Schlüsselbüchsen unter Großstadtkindern kaum noch geben, und deshalb möchte ich sie hier beschreiben dürfen. Es waren Hohlschlüssel von ganz dünner Wandung, also sozusagen mit ungeheurer Seele, womit die Wäschetruhen und namentlich die Truhen der Dienstmädchen zugeschlossen wurden. Solche Schlüssel uns anzueignen, war unser beständiges Bemühen, worin wir bis zur Piraterie gingen. Wehe dem armen Dienstmädchen, das den Schlüssel abzuziehen vergaß – sie sah ihn nie wieder. Wir bemächtigten uns seiner, und durch die einfache Prozedur eines Zündlocheinfeilens war nun die Schußwaffe hergestellt. Da diese Schlüssel immer rostig, mitunter auch schon ausgesplittert waren, so war es nichts Seltenes, daß sie sprangen; wir kamen aber immer heil davon. Der Engel half.
Ungleich gefährlicher waren die beständig geübten Feuerwerkskünste. Ich hatte

mich mit Hilfe von Schwefel und Salpeter, die wir in der Apotheke bequem zur Hand hatten, zu einem vollständigen Pyrotechniker herangebildet, dabei von meiner Papp- und Kleisterkunst sehr wesentlich unterstützt. Alle Sorten von Hülsen wurden mit Leichtigkeit hergestellt, und so entstanden Sonnen, Feuerräder und pot à feu's. Oft weigerten sich diese Schöpfungen, ihre ihnen zugemutete Schuldigkeit zu tun, und wir warfen sie dann zusammen und zündeten den ganzen Haufen mißglückter Herrlichkeit mit einem Schwefelfaden an, abwartend, was draus werden würde. All das war ziemlich gefahrlos. Desto gefahrvoller für uns war aber das, was in der Pyrotechnik als das einfachste und niedrigststehende Produkt gilt und auch von uns so angesehen wurde: der Schwärmer. Dieser, wenn ich die Mischung verfehlt haben mochte, wollte häufig nicht recht brennen, was mich immer sehr verdroß. Wenn sich ein Feuerrad zu drehen weigerte, nun das ging allenfalls; ein Feuerrad war eine vergleichsweise künstliche Sache; ein Schwärmer aber mußte brennen, und wenn er trotzdem nicht wollte, war das eine Schändlichkeit, die man nicht hinnehmen durfte. So bückte ich mich denn über die in einen Sandhaufen gesteckten Hülsen und begann zu pusten, um dem erlöschenden Zündschwamm neues Leben zu geben. Erlosch er dabei völlig, so war das eigentlich das Beste, ging es aber plötzlich los, so wurde mir das Haar versengt oder die Stirn verbrannt. Schlimmeres kam nicht vor. Der Engel schützte mich eben mit seinem Schild.

3. Karlsruhe, um 1856:
Zu den geheimnisvollen Angelegenheiten gehörten auch die Versuche, der Natur ins Handwerk zu pfuschen, die auf manchen Umwegen einige aus meinem Gespielenkreis endlich bis zur Pharmazie und Chemie geführt haben. Keine Rosenzeit ging vorüber, ohne daß von neuem wieder Rosenblätter und Wasser in schmale Flaschen gefüllt, wie man sie damals für Kölnisch Wasser benutzte, und in die Sonne gestellt wurden. Daß diese durch ihre sonderbare Gestalt auffallenden Flaschen nun nicht imstande waren, aus der Mischung etwas viel besseres als den natürlichen Rosenduft zu destillieren, kam uns gar überraschend vor und enttäuschte besonders lebhaft, wenn eigensinniges Verharren auf dem Wege dieser »Sonnendestillation« endlich nichts als ein höchst übelriechendes Produkt erreichte.
Bedenkliche Richtungen schlug dieser Probiertrieb in etwas späterer Zeit ein, als er sich auf Feuerwerk warf. Ich weiß nicht, wie es kam, daß unsre Soldaten auf dem Exerzierplatz so viel volle Patronen verloren, aber es war ganz bekannt, daß man bei den Übungen im Feuer nur hinter einer Plänklerkette herzugehen brauchte, um da und dort eine volle oder nur halbgeleerte Patrone zu finden. Indem wir zusammentaten, füllten wir ganze Flaschen mit Pulver. Mit Speichel befeuchtet wurden daraus kleine Berge geformt, die unter Sprühen und Sprat-

zen verbrannten. Als ich mich einmal zu nahe heranwagte und hineinblies, sprang mir der ganze Feuerteufel ins Gesicht. Es war am Tag nach meinem zwölften Geburtstag. Die Pulverexplosion warf mich plötzlich um einiges in meiner eigenen Schätzung zurück, ich kam mir jünger und – dümmer vor, wiewohl mich die abgesengten Augenbrauen, Wimpern und Stirnhaare seltsam alt aussehen machten.

99, 96; 56, 148 f.; 167, 19

Weimar, 1801
Bericht von einem Kinderball

Lieber Vater! Der Ball bei dem Prinzen ist am Sonnabende sehr gut abgelaufen. Wir fingen um 5 Uhr an zu tanzen, und einige Musici aus der Capelle machten Musik. Unsere Tänzerinnen waren: 2 Comtessen von Egloffstein, die jüngste Imhof, die kleine Schumann; die Tänzer aber die beiden Egloffsteine, Graf Marschalls Theodor, Steins Dieterich, ich, Böhme und Schumann. Die Herzogin und die Prinzessin sahen uns einige Zeit zu, ich konnte ihnen aber meine Tanzkünste nicht zeigen, weil ich keine Dame hatte. Das Confect und die Äpfeltorte haben mir sehr behagt. Um 9 Uhr war der Ball zu Ende. Leben Sie wohl. Weimar, den 4. November 1801. August Goethe.

68, 328

Berlin, um 1812
Zum Turnplatz in die Hasenheide

Durch August wurden wir auf den Turnplatz zu Jahn geführt, dem damals die ganze Berliner Jugend zuströmte. Was im Altertum bei allen Völkern als selbstverständlich galt, daß man nicht allein den Geist, sondern auch den Körper ausbilden müsse, um eine harmonische Existenz zu führen, das wurde hier von einem einzelnen Manne als eine Neuigkeit auf das Tapet gebracht, und von manchen Seiten mit Nasenrümpfen aufgenommen. Diese systematische Ausbildung der Jugend, so sagten die Tadler, sei ganz unnütz: denn jeder Junge könne auf einen Apfelbaum klettern und über einen Graben springen; niemand werde so leicht in den Fall kommen, an einem Seile 30 Fuß in die Höhe zu klimmen; die Übungen am Recke seien gefährlich, denn sie trieben das Blut nach dem Kopfe, und was die Vorbereitung zum Militärdienst betreffe, so werde es doch wohl

niemandem einfallen, die Kinder anständiger und gebildeter Leute unter die Soldaten stecken zu wollen.
Dennoch wurde der Turnplatz von vielen verständigen Personen aus Anteil, von andern aus Neugierde besucht. Die erste Einrichtung in der Hasenheide war von großer Einfachheit. Ein Waldfleck von einigen Morgen Landes, mit Kiefern bestanden, wurde von einem mäßig breiten Graben umzogen, der an einigen Stellen Übergänge zeigte. In der Mitte sah man ein Bretterhäuschen zur Aufbewahrung der wenigen notwendigen Gerätschaften. Die Barren, Recke, Kletterbäume standen in angemessenen Entfernungen, eine Rennbahn war am östlichen Ende gegen die Rollberge hin abgesteckt. August erhielt gleich den Grad eines Vorturners. Im Laufen, Springen und Ringen gehörte er zu den Koryphäen; wir waren stolz darauf seine näheren Freunde zu sein; beim Gerwerfen hinderte ihn sein kurzes Gesicht, auch als der erste dazustehn.
Aller Verweichlichung wurde von den Turnern der Krieg erklärt. Einfache Kost diente zur Stärkung des Körpers; alle Arten von Spirituosen, so wie Kuchen und andre Süßigkeiten verfielen dem Interdikt. Als einstmals bemerkt wurde, daß einige zuschauende Bürgersleute sich in das Gras setzten und Kuchen verzehrte, so erhielt das ganze, jenseits des Grabens befindliche Publikum den Namen »Kuchenbäcker«. Für einen ächten und rechten Turner zerfiel nun die ganze Menschheit in zwei Klassen, in Turner und in Kuchenbäcker. Französische Ausdrücke wurden so viel als möglich vermieden; voltigieren hieß schwingen, raisonnieren hieß fallen, das Rapier hieß das Fechtel, der Versammlungsplatz hieß kürzer der Tie, wohin wir durch eine hölzerne Klapper zusammenberufen wurden.
Jahn leitete die Anstalt mit großer Einsicht, indem er eben jedem seinen freien Willen ließ ... In seinen Stadtgesprächen soll er oft gegen die Regierung und die Minister ein loses Maul gehabt haben, was ich dahingestellt sein lassen, da ich ihm nicht näher getreten; daß er uns auf dem Turnplatze niemals staatsverbrecherische oder gemeingefährliche Grundsätze beigebracht, kann ich der Wahrheit gemäß bezeugen ...
Die Lust an den Turnübungen war bei uns so lebendig, daß wir in einer schönen Kastanienlaube des großen Gartens ein Reck anbrachten, und unter Augusts Leitung daran die verschiedensten, in der Hasenheide gelernten Schwingungen fortsetzten; auch fand sich in dem Fliederwäldchen eine passende Stelle für eine mäßig hohe Kletterstange. Mein Vater begünstigte anfangs diese Übungen, allein bald wurde er dagegen eingenommen, als er bemerkte, daß wir dabei die Gesichter verzerrten, wie dies bei jeder körperlichen Anstrengung mehr oder weniger der Fall ist. Fritz hatte sich angewöhnt, beim Anlaufen zum Springen die Zunge zum linken oder rechten Mundwinkel abwechselnd herauszustrekken, und ich pflegte beim Klettern die Zähne heftig aufeinander zu beißen.

August war diesen Schwächen weniger unterworfen, weil ihm die Sachen leichter vonstatten gingen, er ward also von meinem Vater aufs dringendste angewiesen, auch bei uns auf eine gute Gesichtshaltung zu achten.

152, 192 ff.

BERLIN, UM 1818
Eine Inszenierung von Goethes ›Faust‹

Das fünfte und sechste der Bücher, die dem Knaben von Bedeutung werden sollten (die ersten waren die Bibel, eine Hansteinsche Hauspostille von 1740, eine Predigtsammlung von Haefeli aus dem Jahr 1782 und der ›Brandenburgische Kinderfreund‹, ein Lesebuch, gewesen), waren Goethes Faust und der Don Quichotte. Daß sich der erstere in die bescheidenste Welt verlieren konnte, war wie ein Wunder. Bei einem Spielkameraden, der in demselben Turmpavillon der Akademie wohnte, dem Sohn eines Dienstangehörigen des Königs, fand sich ein nie wieder so kostbar gesehenes, rundum in hellgelbes feinstes Leder gebundenes, auf stärkstem Velinpapier gedrucktes Exemplar des Faust, eine Prachtausgabe ... Das kostbare Buch war vielleicht in einem der königlichen Wagen liegengeblieben und hatte keinen Herrn gefunden. Friedrich Wilhelm III. machte sich wenig aus Goethe. Magnus hieß des Königs Rosselenker, bei welchem der Knabe diesen Faust vorgefunden.
Natürlich zwingt die Wahrheit sogleich zu dem Geständnis, daß dem Kinde das einzig Gefällige und Verständliche darin die Hexenküche war. Und auch in ihr sah man nur die Töpfe und Kessel, den Blasebalg, den Rührlöffel und die Meerkatzen. Und diese Meerkatzen interessierten um so mehr, als eine Treppe höher, fast unterm Dach, noch ein anderer unmittelbarer Dienstmann der Hohenzollern wohnte, der seinerseits Meerkatz hieß. Was sich in einem Kindskopfe aus so zusammentreffenden Umständen für ein logisches Ungeheuer bildet, ist nicht wiederzugeben ... Diese Traum- und Kinderlogik brauchte lange, bis sich des alte hüstelnde Meerkatz in der Dachstube mit den sprechenden Meerkatzen der Faust auseinanderfand. Die Tiere, die mit Kronen spielten wie mit Glasscherben, die den Brei am Feuer rührten und zuletzt von einer durch den Schornstein fahrenden Hexe für ihr Überlaufenlassen der Töpfe gezüchtigt wurden, traten mit der Zeit unabhängig von dem Leibkutscher Meerkatz und in solcher Lebendigkeit vor die Augen, daß nach Anschauung regelmäßiger Puppenspiele (in der Mittelstraße »Theater von Freudenberg« genannt) mit Goethes Faust eine dramatische Darstellung versucht wurde. Ein Stuhl, ein Fußschemel, ein paar Fensterkissen bildeten das Theater und anderweit eroberte Figuren, die an sich Rit-

ter oder Neufchateller Jäger darstellten, bedeuteten Meerkatzen und Hexen ... So viel Vollendung der dargestellten Hexenküche, die dem jungen Dramaturgen als vollkommen erreicht vorschwebte, hat spätere Bühnenanschauung im Opernhause nicht wiedergegeben ... Wie sich die mit Kattunschürzen verhangenen Stühle vor dem Auge zu mächtigen Rundbogen wölbten! Wie die Küche so schwarzberußt wirklich gesehen wurde! Wie diese den Neufchateller Jägern substituierten Meerkatzen sich balgten und mit dem Besen stäupten, weil »die Frau« nicht zu Hause war! Und dann jener Brei, den sie rührten, diese bekannten breiten »Bettelsuppen«, die die Kinder nur auf Mehlbrei, nicht gerade ihr Leibgericht, beziehen konnten. Jetzt läuft der Kessel über, die Hexe, vom Schornstein herabfahrend, verbrennt sich und schreit: »Au, au, au! Verdammtes Tier, verfluchte –!« Jetzt kam ein zynischer Reim (d. i. ›Sau‹). Gerade dieser wurde angestaunt und bewundert in der Möglichkeit, gedruckt zu werden und ordentlich in Büchern zu stehen. Sei es nur gestanden, diese Stelle wurde als die klassischste in allen Tonarten Dur, Moll, in Grunz- und Fisteltönen nachmoduliert. Sie war die sprechendste Anmutung, an die trunkene Freude, so schauderhaft Natürliches, so rein der eigenen unmittelbarsten Gegenwart und dem Selbsterlebnis nur zu oft Angehöriges gedruckt zu lesen! Dann aber kam das Hexeneinmaleins, das dem Schuleinmaleins so nahe stand und dabei wie die tiefste Ahnung einer Einleitung zur Metaphysik klang und wirklich schon feierlich ... vorgetragen wurde. Konnte man doch nicht wissen, ob nicht hinter dieser Hexenweisheit etwas steckte. Schließlich erwarb sich noch der Prolog der Dichtung, der Herr unter den himmlischen Heerscharen, ein besonders Interesse. Das Drama selbst, wo Mephistopheles dem Kinde lange nicht bockfüßig und hörnermäßig genug auftrat, mundete nicht. Aber »der Himmel schließt, die Erzengel verteilen sich« ... das klang selig ...

75, 104 ff.

BERLIN, 1820 ff.
Griechisches Wesen in Spiel und Unterricht

Meine Eltern hatten versucht, mich durch Hauslehrer erziehen zu lassen. Da ihnen aber keiner derselben genügte, und mein Vater, seiner Geschäfte wegen, nicht Zeit genug hatte, um selbst den Unterricht zu übernehmen ... so wurde ich, kaum acht Jahre alt, in die Cauersche Anstalt gebracht ...
Die Hauptunterrichtsgegenstände, auf welche bei weitem das größte Gewicht gelegt wurde, waren Griechisch, Mathematik und Musik. Schon diese Dreiheit erinnert unwillkürlich an Plato und das klassische Altertum, um so mehr als

gleichzeitig auch die gymnastischen und eigentliche Turnübungen die eingehendste Berücksichtigung fanden. Im Gegensatz zu der sonst überall befolgten Methode lernten die Knaben zuerst Griechisch und bekamen lateinischen Unterricht viel später ... Auch die Anfangsgründe der Geometrie wurden schon den kleinsten Knaben beigebracht. Für beide Gegenstände besaß die Anstalt zwei Lehrer von der vorzüglichsten Befähigung. Der eine, Herr S. ..., verstand es in wahrhaft genialer Weise seine Schüler von Jugend auf mit hoher Begeisterung für das griechische Wesen zu erfüllen, und ihnen die Sprachformen als einen harmonischen Ausdruck des erhabenen Schönheitssinnes dieses Volkes zum Bewußtsein zu bringen. Seine höchst eigentümliche Methode bestand im wesentlichen darin, daß er uns, nachdem wir mit dem Alphabet und den Accenten einigermaßen bekannt gemacht waren, kurze Sätze diktierte, die wir spielend auswendig behielten ... Nachdem wir auf diese Weise einigen Vokabelvorrat erhalten hatten, mußten wir solche Sätze aus dem Deutschen ins Griechische übertragen, was wir mit dem größten Eifer und Vergnügen taten ...

Darüber war der Sommer herangekommen, wo Herr S. ... seiner Gesundheit wegen sich auf einige Wochen nach Karlsbad begeben mußte. Die seiner Abreise vorangehende Woche benutzte er dazu, um uns mit dem Begriffe des Zeitwortes, und den dadurch bedingten Veränderungen der Wortform bekannt zu machen. Vielen von uns, und namentlich mir selbst, war das so interessant und unterhaltend, daß mich sicherlich keine Theateraufführung, und keine Vorstellung eines Taschenspielers mehr ergötzt hätte ... Weniger Stunden nur bedurfte es, um die Befähigteren soweit zu bringen, daß der Lehrer bei seiner Abreise uns ein Schema der Konjugation übergeben konnte, welches wir bis zu seiner Rückkehr ausfüllen und lernen sollten. Denjenigen, die das zur Zufriedenheit geleistet haben würden, verhieß er, mit ihnen sofort den Homer zu lesen.

Dies Versprechen entzündete einen brennenden Ehrgeiz unter den Knaben ... Daß der Homer, und die Aussicht, seine Gesänge in der Ursprache zu lesen, uns so gewaltig bewegte, war leicht erklärlich. Am vergangenen Weihnachten hatten viele der Knaben die Flaxmanschen Umrisse, einige die Odyssee, andere die Ilias erhalten, und das stets wiederholte Anschauen dieser unübertrefflichen Bilder, noch mehr aber die Erläuterungen, welche wir darüber in den Freistunden von den Lehrern, und zum Teil von den »Großen« erhielten, hatten uns mit den trojanischen Helden und deren Kämpfen nicht minder vertraut gemacht, als mit dem vielduldenden Ulysses und dessen an Abenteuern reichen Rückfahrt nach Ithaka. Dazu kam noch der Einfluß eines anderen, äußerst glücklich gewählten Weihnachtsgeschenkes. Unter Beihilfe des geschickten Anstaltsbuchbinders, und des noch geschickteren Tischlers Franke, der auch in der Gartenwerkstätte Unterricht erteilte, hatten diejenigen unter den großen Schülern, welche Zeichentalent besaßen ... für acht oder zehn der kleineren Knaben griechische Rü-

stungen, künstlerisch genau nach den Flaxmanschen Vorbildern gefertigt. Jeder erhielt Brustharnisch, Helm und Schild; außerdem ein hölzernes Schlachtschwert und eine Lanze ... Gar bald hatten die Knaben unter sich die Rollen der homerischen Helden verteilt ... Sehr bald wünschte ich aufs dringendste, in diese Spiele mit einzutreten, und bat meinen Vater, mir eine ähnliche Rüstung machen zu lassen. Das geschah denn auch; allein, da die Arbeit einem gewöhnlichen Buchbinder übertragen wurde, so fiel dieselbe sehr nüchtern und prosaisch aus, und ich zog es vor, meine Rolle als Odysseus ... lieber in meinen gewöhnlichen Kleidern zu spielen, als daß ich mich der modernen Panzerstücke bedient hätte, die gar zu sehr an preußische Landwehrkavallerie erinnerten.
Diese griechischen Heldenrollen der Knaben kamen in der verschiedensten Art zur Geltung; teils kämpften wir, teils bildeten wir uns ein, wir wären zu Schiffe, während wir im Garten umherliefen, ganz besonders aber ergötzte uns, zumal während der Winterabende, das harmlose Vergnügen, uns an dem Pulte eines der Helden zu versammeln, die Flaxmanschen Hefte Blatt für Blatt umzuschlagen, und dann, wenn unser besonderer Held abgebildet war, voll Freude zu rufen: »Hier bin ich!« Bei diesem Spiele war ich sehr im Vorteil, weil Ulysses in der Odyssee fast auf jedem Blatt vorkommt ...
Im Herbste 1820 sammelte der Lehrer dann sieben oder acht von uns um sich, und begann das erste Buch der Odyssee zu erklären. Herr S. ... verstand es von Anfang an, uns seinen Unterricht so lieb zu machen, daß wir die Zeit von einer Stunde bis zur anderen kaum erwarten konnten. Die unvergleichliche Einleitung des Gedichtes ... erfüllte uns mit brennendem Verlangen, recht viel von diesen Dingen zu erfahren, und voll Ungeduld eilten wir von einem Vers zu dem anderen ... Ich war, um dies schon hier zu erwähnen, noch nicht elf Jahre alt, als wir, außer einer guten Zahl homerischer Gesänge, auch bereits mehrere Bücher des Herodot, und die platonischen Gespräche Kriton und die Apologie des Sokrates gelesen, und vollkommen verstanden hatten. Die letztgenannte Schrift fanden wir so entzückend, daß mein junger Freund M. ... und ich die Apologie bald ganz und gar auswendig hersagen konnten, und uns in den Freistunden damit unterhielten, dieselbe dramatisch aufzuführen ...

42, 1; 7 ff.

Marbach/Neckar, 1822 ff.
Ein Panorama bürgerlicher Mädchenfreuden

1. Kindheit:
Die Sommerabende führten Knaben und Mädchen auseinander, an Winterabenden aber versammelte man sich unter der Mutter Anleitung zu *gemeinschaftlicher Lektüre* ... Unsere Abendlektüre wurde stets mit lebhaftem Interesse und vielen Zwischenkritiken aufgenommen. Glatz' Sittenlehre, wo es sich nur um Mädchen handelte, deren Tugenden dem Alphabet nach in lehrreiche Geschichten eingekleidet waren: »Die aufrichtige Adelheid«, »Die bescheidene Berta«, »Die dienstfertige Dorothea« wurden von den Buben entschieden verworfen und zu den »Beispielen des Guten« griff man nur im äußersten Notfall. Dagegen interessierten uns Campes »Robinson«, »Die Entdeckung von Amerika« und der »Jugendgarten« von A. Gebauer in hohem Grade. Vor allem aber entzückte uns die »Tausendundeine Nacht« in der Grimmschen Bearbeitung ... Zur selben Weihnacht, die uns Tausendundeine Nacht gebracht, hatten Vetter und Bäschen im benachbarten Steinheim Grimms deutsche Märchen erhalten und zu meiner Schande muß ich gestehen, daß mir diese lange nicht so gut gefielen, als unser Buch.

2. Schulkindzeit:
Mein Vater war ein eifriger Kunstliebhaber, alle Wände unseres Hauses hingen voll schöner Ölgemälde, und die Schränke waren mit Kupferwerken gefüllt ... Auch die Musik liebte er von ganzer Seele und hat sie neben seinem Amte lange Jahre geübt. Wir Kinder sammelten uns mit Freude ums Klavier, und die Vorübergehenden blieben stehen, wenn er den Deckel des Wiener Flügels aufschlug und gewaltige Klänge von Bach, von Mozart – seinem Liebling –, ja trotz seiner loyalen Gesinnung selbst die Marseillaise durch die Saiten brausen ließ. Ich habe nur die herzliche Freude an allem Schönen, nicht aber die Kunst des Ausführrens von ihm gelernt. Meine *Zeichenstunden* haben trotz aller Mühe des Lehrers und eigenem Fleiß zu keinem Resultat geführt, und auf dem *Klavier* brachte ich's, obschon man die teuren Musiklektionen – à acht Kreuzer – des Herrn Haaga an mich wendete, nur zu einem halben Walzer und einer Ecossaise ...

Für *Geschichten* hatte ich die Leidenschaft aller Kinder; die Mutter tat ihr möglichstes mit Erzählen, mitunter ging ihr aber der Vorrat aus, und da kam mir – ich mochte damals etwa sieben Jahre alt sein – der glückliche Gedanke, man könne sich ja auch selbst etwas erzählen. So schloß ich mich denn in eine leere Stube ein und erzählte mir mit lauter Stimme eine Geschichte, von der ich freilich jetzt nichts mehr weiß. Habe diese Übung auch nicht fortgesetzt, doch dachte ich mir im stillen noch manche Geschichte aus und bald ward ich auch in der Schule zur allgemeinen Erzählerin erwählt. An Regentagen, wo man die

Unterhaltungen und Leidenschaften

freie Zeit nicht draußen verbringen konnte, sammelte sich ein großer Kreis oft viel älterer Mädchen um mich und lauschte den Geschichten, die ich aus den vielen Büchern daheim gesammelt hatte ...
Das Memorieren, besonders von Liedern, wurde mir außerordentlich leicht; die Mutter, die mit großer Sorgfalt wachte, daß mir von Erzählungen nichts in die Hand falle, das noch nicht für mein Alter passe, ließ mir dagegen *Gedichte*, namentlich Schillers ... unbekümmert in den Händen. So habe ich als ganz kleines Ding schon mit höchstem Pathos deklamiert: »Will sich Hektor ewig von mir wenden?« Der Wohlklang der Verse fiel mir angenehm ins Ohr ... Durch diese Poesien wurde man auch spielend eingeführt in die Mythologie, deren Kenntnis damals ein so wesentliches Element der Bildung war ... Wann ich begann, mich selbst mit Reimen und kleinen Geschichten zu versuchen, das weiß ich nicht mehr; sehr früh schon verherrlichte ich die Geburtstage der Großeltern mit *selbstgefertigten Poesien*, die wohlgefällig aufgenommen wurden. Großvater hatte sich vielfach in scherzhaften Gedichten versucht; Tante Amalie war die jüngere Dichterin der Familie, so erregten meine ersten Versuche keine große Verwunderung ...
Bei der *Weinlese* scheint niemand müde zu werden ... Wir Kinder waren auf dem Gipfel des Glücks, wenn wir womöglich jeden Tag in einen anderen »Herbst« geladen wurden, ehe der Vater einen eigenen Weinberg gekauft hatte; einmal zu unserem Taglöhner, dann zur Milchfrau und noch zu einigen Hausvasallen. Honoratiorenherbste wurden vorgezogen, weil's da außer den Trauben noch allerlei Gutes zu schmausen gab. Ich zog mit einem zierlichen Häpchen und Kübelchen, die Brüder mit kleinen Tragbutten hinaus; man arbeitete gar emsig und schmauste dazwischen die süße Frucht, unter dem Knallen der Büchsen von hüben und drüben, bis es dunkelte und das mitgebrachte Feuerwerk, Schwärmer, Raketen, sogar romanische Lichter unter allgemeinen »Ah«-Rufen zum dunkeln Himmel aufstieg.
Der Winter ist freilich auch in der glücklichen Kinderzeit nicht lauter Freude: es ist herb, noch in der kalten Morgendämmerung aufzustehen und den hartgefrorenen Pfad zur Schulstube zu wandern, die oft mäßig erwärmt ist ... Frostbeulen an den Füßen sind eine schmerzliche Zugabe, und Soireen, Konzerte und Bälle, um die langen trüben Abende zu erhellen, gibt es für Kinder nicht. Eine *Schlittenfahrt* in einem rechten großen Schlitten mit Schellengeklingel gehörte zu den seltenen, hochbejubelten Winterfreuden; aber wir hatten ja unsere kleinen Bergschlitten, auf denen dazumal Knaben und Mädchen ... die Höhen hinunterglitten, blitzschnell, daß es ein gruseliges Vergnügen war. Der alte Büttel war wenig gefürchtet ... Nach seinem Heimgang wurde ein anderer angestellt ... Der nun gab nicht zu, daß wir die hügeligen Gassen der Stadt herunterfuhren und verbannte uns dadurch vor die Tore ...

Je und je fuhr auch zur Winterszeit ein grüner Deckelwagen durchs Stadttor ein, und ich empfinde heute noch neben dem Gefühl des Mitleids beim Anblick solcher Wagen ein unwillkürliches Vergnügen in Erinnerung an die Freude, die sie uns in jungen Tagen gemacht, besonders wenn eine *Schauspielergesellschaft* drinnen war. Nur selten zwar wurde uns der Genuß zuteil, einer Vorstellung anzuwohnen; aber wie glücklich und erwartungsvoll saß man dann vor dem Vorhang, den zu betrachten an sich schon Vergnügen war! Wie schön und reizend kamen uns die schalkhaften Landmädchen und Gärtnerinnen vor, die so neckisch dem Liebsten zuriefen: »Ach Töffel, ich bin dir böse!« Wie wunderbar schauerlich war's, die »Ahnfrau« zu sehen, wie sie geisterhaft erscheint und zuletzt versinkt mit den Worten:
»Öffne dich du stille Klause,
Denn die Ahnfrau geht nach Hause!«
Von allen Weihnachtsgeschenken hat uns keines je so glücklich gemacht als ein kleines *Puppentheater* ... Jubelnd umtanzten wir den neugewonnenen Schatz, der unerschöpflichen Stoff gab für die Unterhaltung der Winterabende; ganze Welten stiegen mir auf aus diesen Figuren aus Pappe, die von oben mit Drähten gelenkt wurden. Theaterdirektorin und Darstellerin sämtlicher Rollen bin ich auch geblieben und habe an all den kleinen Freunden und Freundinnen, die sich an freien Nachmittagen vor den Tisch setzten, auf dem ich hinter der Bühne saß und mein Personal dirigierte, ein dankbares, nicht kritisches Publikum gehabt ... Wir haben uns auch einmal als wirkliche Schauspieler versucht, und zu Großmamas Geburtstag ein Stück aus Weißes »Kinderfreund«: »Ein gutes Herz macht manchen Fehler gut«, aufgeführt, gemeinsam mit den Vettern und Bäschen von Steinheim ...
Bei Knaben äußert sich der Natursinn meist in etwas roher Weise, in Springen, Rennen und Klettern ... Da ist der *Naturverkehr* der Mädchen sinniger und anmutiger ... Sie pflücken Blumen und winden Kränze; sie legen sich niedliche kleine Gärtchen an mit Pfaden von Kieselsteinen; sie machen mit Dornen Zeichnungen auf die breiten Blätter der Iris oder Stickereien mit kleinen Blümchen, Hüte aus großem Laub, die fein mit Knösplein verziert werden, und Wägelchen aus Nußschalen, darein sie Püppchen setzen in rotseidenen Gewändern aus Mohnblümchen ...
Hochbeglückt hat mich's, als ich im dreizehnten Jahr schon den »Zauberring« (von Fouqué) lesen durfte, der doch eigentlich keine Kinderlektüre ist, um so mehr, als auch den beiden Mathilden dieser Genuß vergönnt wurde. Ach, was für eine neue, schöne Welt voll Ritterherrlichkeit und Frauenlieblichkeit ist uns da aufgegangen! Der junge Otto von Trautwangen in silberblanker Rüstung ... der düstere Herdegen in Schwarz und Silber; die sanfte, stilläugige Berta, die stolze, schwarzgelockte Gabriele ... all die im Buche eingestreuten Lieder wuß-

ten wir auswendig und sangen, wenn's niemand hörte, nach eigener Melodie höchst gefühlvoll:
>»Wo sind die schwarzen Waffen
Mit ihrer Silberzier?
Wo ist das lichtbraune Schlachtroß,
Das adlig frohe Tier?«
Stundenlang konnten wir darüber plaudern ... jede hatte ihre eigenen Lieblinge ...
3. Tochter des Hauses:
Gern hätte auch ich nach meinem mangelhaften Schulunterricht noch mehr gelernt. Es gab aber damals im ganzen Königreich nur ein einziges Institut zur Ausbildung heranwachsender Mädchen, das Katharinenstift in Stuttgart, und es war eine seltene Ausnahme, wenn eine Tochter vom Lande dahin geschickt wurde ... So blieb ich zunächst auf die Bildungsmittel angewiesen, die in der Heimat zu finden waren. Die Mutter gewann den Herrn Vikar Burkhard ... dafür, mir *Privatlektionen* zu geben in Geographie und Geschichte ...
Je und je gab's einen *Ball*, sparsam mit Tänzern besetzt. Die Anstalten dazu waren nicht mühsam und kostspielig: das Kleidchen von schottischem Batist wurde schneeweiß gewaschen und sorgfältig gebügelt; eine weiße oder rote Rose, eine himmelblaue oder rosenrote Schärpe bildeten den Wechsel der Toilette ... Schöner noch waren die *Kasinos*, abwechselnd in den Sälen der drei verschiedenen Gasthöfe gehalten, unter Teilnahme sämtlicher Honoratioren. »Hoher Sport« war's auch hier nicht; es rauschten keine Atlasschleppen ... Die Beleuchtung bestand aus Talglichtern, selbst Rauchen war nicht völlig verboten ... Heiter waren wir aber doch und unterhielten uns prächtig mit lustigem Geplauder, hie und da mit einem Rundgesang ... vor allem mit der Darstellung von Charaden und Sprichwörtern ... Ein etwas glänzenderes Stückchen Welt, als meine bescheidene Vaterstadt es bieten konnte, tat sich mir in dem benachbarten Ludwigsburg auf ... Oftmals führten Besuche bei den dort lebenden Freunden und Verwandten, zu denen mich dorthin, und einmal durfte ich einen *Maskenball* mitmachen, der von den dort stationierten Offizieren hohen und höchsten Ranges gegeben wurde und auf dem diese einen travestierten Olymp aufführten ...
In einem besonders kalten Winter gab es auf dem Neckarkanal prachtvolle *Schlittschuhbahn*. Daß dies leichtfüßige Vergnügen auch für Mädchen zugänglich sei, wußte man damals noch nicht ... Nach Tisch war großer Korso auf dem spiegelglatten Eis; die Herren glitten in graziösen Schwingungen auf und ab; die Damen trippelten in kleinen Gruppen vorsichtig auf dem Eise, bis ein galanter Kavalier einen Schlitten herbeischob, auf den man sich setzte und nun mit demselben dahinflog, den Kavalier mit Schlittschuhen hinter sich ...

Unter die Genüsse des Winters gehörten auch noch die *Nachtvisiten*, auf die der Vater große Stücke hielt ... In der Zeit zwischen Weihnachten und Ostern ließ er sich, wenn er einmal besonders guter Laune war, auf den Abend in irgend einem befreundeten Hause anmelden. Nach dem Nachtessen zog dann die ganze erwachsene Familie, ich mit dem Laternchen voran, aus, einmal zu Hausers, wo eine behagliche Mama thronte ... und der alte Herr, ein gescheiter Mann und ein Stückchen Demokrat, mit dem Vater oft ziemlich erregte Dispute führte. Ein andermal zu der alten Frau Renzin ...
Wenn dann der Frühling kam, da brauchte es keine Bälle, keine Nachtvisiten und Kasinos mehr, die Zeit zu kürzen; da gab es einsame *Morgenwanderungen* und gemütliche *Abendspaziergänge* ... Je und je fiel auch in die Sommerzeit eine *Landpartie* ... Zum Glück der Jugend gehört auch das *Reisen*, obwohl vom Reisen, was man jetzt so nennt, in damaliger Zeit und in unseren Verhältnissen noch nicht die Rede war, denn was man früher eine Reise hieß, das ist jetzt nur ein Ausflug. Solche Ausflüge waren uns aber manchmal vergönnt zu Onkeln und Tanten, zu Basen und Vettern ... Außer nach dem benachbarten Ludwigsburg und nach Stuttgart ging es jährlich einmal in Maierles Kutsche zu der ehrwürdigen Großmutter in Nürtingen ... Eine wichtige Reise war auch die nach ... Geislingen, wo mein Onkel Dekan war ...
Nicht nur bei der Mutter fand alles Schöne Verständnis und Anklang; nicht nur die Brüder in ihrer jungen Weisheit brachten geistige Elemente mit in die Ferien, auch unter den jungen Gästen und Freundinnen, die im Haus einsprachen, fanden sich *verwandte Seelen*, von denen die eine mehr für Rückert, die andere für Lenau mit mir schwärmte, oder die sich doch wenigstens geduldig vorlesen ließen, was mich gerade am meisten entzückte ... Mit den meisten dieser Freundinnen habe ich eifrig *Briefe* gewechselt, wie denn Jean Paul richtig bemerkt: »Gelehrte, Verliebte und Mädchen sind unbändig auf Briefe erpicht«; so haben auch die Briefe, geschrieben und empfangen, einen Teil meines Jugendglücks ausgemacht, und es ist nicht Unwahrheit, wenn man für jedes Kleinod des Herzens ein besonderes Schatzkästlein hat; wenn man mit der einen sentimentale, mit der anderen scherzhafte Briefe austauscht, mit einer nur so schlechtweg plaudert, der anderen Auszüge aus Jean Paul und Schleiermacher schreibt; der dritten Träume und Schäume ... der vierten Gedichte, der fünften religiöse Ideen mitteilt ...

219, 11 f.; 24 ff.; 32 ff.; 40 ff.; 49 f.; 74 ff.; 90 f.

STUTTGART, UM 1825
Biedermeiers Kinderkram

Es ist ein Novemberabend, wo ich bei der Erdöllampe gegenwärtige Denkwürdigkeiten für kommende Geschlechter aufzeichne. Da treten mir denn jene langen Winterabende vor die Seele, wo die kleinen Unmündigen um den Familientisch saßen, standen und rumorten. – Der eine brütet über einem Bilderbuch, wobei ihm die Mama über ihre Arbeit weg hier und da etwas erklären muß, und wir hatten schöne *Bilderbücher*. Zwei namentlich hielten jahrelang vor. Das eine war eine biblische Geschichte in Oktav, mit zahlreichen Kupfern nach guten Mustern. Von dem ersten Elternpaar an unter den Palmbäumen und Rosenbüschen des Paradieses bis zu den Feuerzungen des Pfingstfestes auf den Häuptern der Apostel waren da die dramatisch bewegten alttestamentlichen, wie die friedlichen Szenen des neuen Testaments zu sehen ... Fast noch beliebter allerdings war das große weltliche »Holgenbuch« in Querfolio, vom Meister Helferich in starken Pappendeckel mit ledernem Ruck und Eck gebunden und vollgeklebt mit ganz braven kolorierten *Bilderbogen*, welche Papa selbst beim Kunsthändler ausgesucht hatte. Da waren heitere Darstellungen aus der Natur und dem Menschenleben: ein Kaufmann im Comptoir ... ein Familienspaziergang im April ... ein Sommerabend auf dem Dorfe ... eine fröhliche Weinlese ... eine Schafschur und eine exerzierende Kompanie bayrischer Infanterie ...
Während aber der stille Karl ins Bilderbuch vertieft ist, hat der kleine Fritz seine *Arche Noah* ausgeschüttet und läßt die hölzernen Tierchen paarweise aufmarschieren ... Daß die Tauben so groß wie die Kühe, und die Schafe kaum kleiner als die Kamele waren, störte uns nicht ...
Bruder Theodor ist inzwischen als Baukünstler beschäftigt. Zwar waren die vom Großvater ... gestifteten, nach seiner Angabe von einem ländlichen Schreinermeister gefertigten *Baublöckchen* sehr einfacher Konstruktion, doch ließen sich nicht nur solide Galgen, sondern auch ganz hübsche Ställe und respektable Häuserfronten herstellen, die sich mit ihren Fensteröffnungen und gestaffelten Giebeln im Schatten an der Wand riesenhaft vergrößerten. Selbst Papa, wenn er auf eine Viertelstunde in der Wohnstube einsprach, ehe er mit angezündetem Laternchen in sein Studierzimmer unter dem Dache hinaufstieg, verschmähte nicht, sich ... zu beteiligen. Der Triumph unserer Architektur war aber jederzeit jener hohe, auf vier Pfeilern nach Art der Küferdauben aufgeschichtete Turm, dem man nach einer klugen Verrückung des Schwerpunktes schließlich einen der vier Füße wegnehmen kann. Groß war der Stolz, wenn er keck auf drei Beinen stand, noch größer der Jubel, wenn er ... mit Donnergepolter zusammenstürzte.
Ein seltener Kunstgenuß, der nur nach viel Bitten und Betteln vergönnt werden

konnte, war das *Schattenspiel* an der Wand ... Das Blechlämpchen mit Öl zu versehen, die Gläser zu reinigen, ein Leintuch an der Wand zu befestigen, verursachte der Theaterdirektion immer einige Mühe ... Um so ahnungsvoller war die Spannung des kleinen Publikums, wenn endlich das Zimmer verdunkelt war und um so inniger der Genuß, wenn nun in dem lichten Rund an der Wand die farbigen Bilder vorüberwallten, zuerst klein und scharf, dann riesengroß anwachsend und ins Nebelhafte verschwimmend: Löwe, Elefant und Esel; Schornsteinfeger, Türke und Student ... die Hexe ... und ein Schiff auf dem Meer mit schwellenden Segeln und flatternden Wimpeln.

Gingen so die langen Winterabende mit ihrem Stubenarreste vergnüglich herum, so fehlte es auch nicht an Unterhaltung für andere Tag- und Jahreszeiten ... Vom Soldatenspiel zwar erinnere ich mich aus jenen frühesten Jahren nicht viel; Papa liebte weder die *Kindertrompete* noch die *Knabentrommeln* zu hören ... Dagegen tat ein *Wiegenpferd* jahrelang treulich seine Dienste ... Es war ein Schimmel mit gelber Tuschschabracke, ein frommes Tier ... das nur die Unart hatte, wenn es zu stark geritten und zu straff im Zügel gehalten wurde, sich mit seinem Reiter nach hinten zu überschlagen ... Ließ man ihm dagegen gehörig Luft ... so konnte man stoßweise durchs ganze Zimmer kommen; ein Reiterstückchen, das übrigens von der guten Mutter des Stubenbodens wegen immer mißbilligt wurde. Bei sanfterer Stimmung konnte man sich auch, zumal in dämmernder Abendstunde, durch die gleichmäßige Bewegung und das melodische Knarren seines Galopps in allerlei Träume und Phantasien einwiegen lassen ... Behaglich war's auch, wenn in der Dämmerzeit der Papa drei oder vier Kinder im *Korbwagen* durchs Zimmer zog. Wir fuhren da gewöhnlich zu den Großeltern ... und zählten die Reisestationen ...

Eine ritterlichere Beschäftigung war wiederum das *Bogenschießen*, wozu sich der kleine Hof hinter dem Hause als Exerzierplatz bot. Mama fertigte uns aus einem alten Faßreif mit etwas gewichstem Bindfaden ganz brauchbare Bogen, und Papa war so gefällig, nach Tisch aus tannenem Brennholz einige Bolzen zu schnitzen. Vergnüglich war sowohl der scharfe Prellschuß gegen das Hoftor mit Rückprall, als der Hochschuß ins Blaue ... Unschuldiger und unschädlicher waren die leichten Kugeln, die wir in Gestalt von *Seifenblasen* in die Lüfte steigen ließen ... Es gelangen uns sowohl die kleinen, bouteillenartig zusammengefügten Blasen, die durch zeitweises Absetzen des Atems aneinander gehängt werden, als die großen wogenden Kugeln, welche bei sanft anhaltendem Hauch länglich rund anschwellen, und mit andächtigem Entzücken lauschten wir dem Farbenspiele ... Einen besonders köstlichen Augenschmaus aber gewährte das *Kaleidoskop*, das Papa im Pulte verwahrte ... Dagegen sah ich einen Guckkasten mit Ansichten fremder Städte zuerst bei einem Kameraden und zwar nicht ohne eine geheimes Grausen. Mir schwindelte, beim Blick ins Glas plötzlich in

die Straßen irgendeiner wildfremden Stadt und unter die Schiffe eines fernen Seehafens hinein versetzt zu sein. Erst später brachte uns Weihnachten einen eigenen *Guckkasten* mit einer hübschen Reihe von Rheinansichten ...
Noch eine mehr mädchenhafte als knabenmäßige Unterhaltung, die lange bei uns in Blüte stand, muß ich nicht ohne einige Beschämung hier erwähnen. Eine der Hausmägde hatte den Bruder Theodor zum Geburtstag mit einer Schnur bunter *Glasperlen* erfreut. War schon der Anblick ergötzlich ... so war es noch lohnender, mit Hilfe von Roßhaar oder gewichstem Zwirn sich und den Hausgenossen, die man zu ehren dachte, Uhrketten, Fingerringe und Armbänder zu fertigen. Jahrelang wurde dieser Kunstzweig betrieben, manches Gröschlein wanderte für Perlen zu ... dem Nadler; manches Juwelenschächtelchens Inhalt wurde bis aufs letzte Perlchen verbraucht, zerstreut und verloren, und noch erinnere ich mich eines trüben Wintertags, wo ... jede Schublade leer war, und ich gleich dem Kaufmann im Evangelium, der gute Perlen suchte, alle Winkel in der Stube durchforschte ... weil mich ein krankhaftes Verlangen nach einer grünen Glasperle, ähnlich der Sehnsucht der Romantiker nach der blauen Blume, verzehrte. Leider fand ich keine und auch der guten Mama erlaubten damals ihre Mittel nicht, mir zu Hilfe zu kommen.
Überhaupt trat je und je, besonders in den Wochen vor Weihnachten, völlige Ebbe im Spielzeug ein ... und wir waren für einige Zeit auf den Sand gesetzt, und zwar in buchstäblichem Sinn; denn die letzte verzweifelte Unterhaltung, welche die Mutter anriet, war, daß wir uns eine *Schüssel Silbersand* aus der Küche holten, woraus sich jedes einen irdenen Teller füllte, um mit dem Finger Kreise, Schnörkel und allerlei Figuren darein zu zeichnen.

62, 33 ff.

Swinemünde, um 1830
Zwei Passionen: Die Papparbeit und das Versteckspiel

Die Papparbeit! Mir ganz unerfindlich jetzt, wie mich diese langweiligste Beschäftigung durch Jahre hin so ganz in Anspruch nehmen konnte, daß ich mindestens ein Drittel meiner freien Zeit damit verbracht und mindestens zwei Drittel meines Taschengeldes für Pappe, marmoriertes Papier und Goldborten ausgegeben habe. Nun darf ich zwar hinzusetzen, daß ich den Kleisterpinsel im Dienst einer höheren Idee schwang und daß der meiner Leimtopfarbeit dienende Stubenwinkel eine Art Schutzwaffenfabrik war, wo meine Völker ... wehrhaft gemacht und mit Schilden und Brustharnischen ausgerüstet wurden; aber wiewohl das alles zutrifft, so kann ich doch das Entschuldigungsmoment, das darin liegt, vorm Richterstuhl der Wahrheit kaum gelten lassen, weil ich deutlich fühle, daß ich, auch wenn die Volksausrüstungsfrage mir fern gelegen hätte, dennoch dieselbe Klebebeschäftigung geübt haben würde. Dann freilich wahrscheinlich als Domarchitekt und Kathedralenbauer in Pappe. Ich kann es mir nur so erklären, daß sich ein gewisser Gestaltungsdrang darin aussprach. Es prickelte mich, etwas entstehen zu sehen. Aber vielleicht ist diese Erklärung auch noch zu schmeichelhaft.

Ähnlich ratlos steh ich der Versteckspielpassion gegenüber. Denn wenn auch die darauf verwendete Zeit – weil ich die sechs, acht Jungen, die mich aufsuchen mußten, nicht immer zur Hand hatte – viel geringer war, so war doch die Leidenschaft dafür noch viel, viel größer, und am größten da, wo sie am unverständlichsten war. Das schon vorgeschilderte Herumklettern in dem in tiefem Schatten liegenden Sparrenwerk des Daches, auch wenn ich dabei hinter einem Rauchfang oder Lattenverschlag auf Augenblicke nach Schutz und Deckung suchen mußte, war kein eigentliches Versteckspiel, trotzdem etwas davon mit vorkam; eigentliches Versteckspiel nach meiner damaligen Anschauung war etwas viel Großartigeres, Poetisch-Phantastischeres und jedenfalls gleichbedeutend mit einem völligen stundenlangen Verschwinden, wozu der riesige Heuboden, den wir auf unserem Hofe hatten, eine nicht zu übertreffende Gelegenheit bot. Bis unter den First eines langen Stallgebäudes lag das Heu dicht aufgeschichtet, und in die tiefen und engen Löcher, die sich hier und da zwischen den Dachbalken und der Heumasse befanden, ließ ich mich leise hinabgleiten. Da saß ich dann endlos, unter beständigem Herzklopfen, vor Enge und Schwüle beinahe erstickend und immer nur durch die glückselige Vorstellung aufrechterhalten: »Und wenn sie dich suchen bis an den Jüngsten Tag, sie finden dich nicht«. Und sie fanden mich auch wirklich nicht, gaben zuletzt alles Suchen auf, brachen das Spiel ab und gingen in die Küche, wo sie, Schemel und Fußbänke an den Herd rückend, unter Verwünschungen gegen mich ihr Vesperbrot verzehrten. Ich aber, wenn ich an dem Stillwerden in Hof und Garten merkte, daß man die Jagd auf mich aufgegeben hatte, wand mich aus meinem Heuloche wieder heraus und erschien nun unter ihnen mit dem Ausdruck höchster Geringschätzung. Ich tue wieder die Frage, worin wurzelt das Glück?

56, 145 f.

HASLACH, UM 1845
Das Glück der Grausamkeit

Das Höchste, was die Kindheit ihrem Egoismus opfert, womit sie ihren Himmel aus der Natur belebt – ist die Vogelwelt. Von der steilsten Tanne des Waldes, aus dem himmelhohen Gemäuer des Kirchturms müssen mit Lebensgefahr der junge Sperber und die wollige Eule herunter in den Kinderhimmel, so gut wie die Grasmücke aus dem niedrigen Strauche am Talbach und der Distelvogel vom Zwetschgenbaum im Hausgarten. Und dreimal selig das Kinderherz, wenn das erste Vöglein an seiner klopfenden Brust ruht, das ängstlich schauende, mit dem kleinen Vogelherzen zitternde Vögelein. Das eine, das Vögelein, möchte sterben vor Angst, und das andere, das Kind, vor Freude. Und diese intensivste Herzensfreude hat mir zuerst der Sepp verschafft ...
Die Mutter hatte einmal den Lehrjungen beauftragt, im »Urwald« Reisig zu holen für die Erbsen im Garten. Der Sepp nahm mich mit. Kaum in den Tannenwald eingetreten, hörten wir das Geschrei junger Vögel. Sepp eilte dem Geschrei zu und nach wenig Minuten hat er zwei bunte »Herrenvögel« erjagt und bringt sie mir. In ein Taschentuch gebunden, empfängt sie mein stürmisch schlagendes Herz und drückt sie mit beiden Händen an die Brust fest, bis Sepp sein Reisig hat und wir zu Hause sind. –
Drei Tage dauerte die Herrlichkeit, und dann waren die Vögelein – tot. Wenn übermäßige Freude und flüchtige, aber momentan heftige Trauer einem Kinderherzen schaden könnten, ich hätte damals schon Herzenserweiterung bekommen, und alle Knabenherzen meiner Heimat wären in der Kindheit schon an diesem Übel verschieden.
Sepp gab die erste Vogelfreude, aber auch den ersten Trost über die toten Vögelein. Er lehrte mich das Begräbnis. Jedes wurde in ein besonders Gräblein gegraben und jedes bekam ein kleines hölzernes Kreuzlein auf sein Grab. Fortan haben ich und meine Kameraden viele, viele tote Vögelein, die in unsern Kinderhimmel fliegen mußten, so begraben ...

78, 22 f.

HASLACH, UM 1846
Weltliche und kirchliche Kinderfesttage

Am Vorabend vor Dreikönigstag erschienen die »heiligen drei Könige mit ihrem Stern«. Und wer waren die drei Weisen? Drei Singknaben vom Kirchenchor, angetan mit Kronen und einem schneeweißen Hemdlein über ihrem »Sonntagshäs«. Der Stern aber bestund aus in Öl getränktem weißen Papier, hatte vier mächtige »Zinken«, in seinem Herzen einen »Lichtstumpen« aus der Kirche, ward von einem Nachtwächter getragen an einer großen Stange und mit einer Schnur in planetenförmige Bewegung gesetzt ...
Es war im Jahre 1846, da mich die Reihe traf, unter die heiligen Dreikönige einzutreten, ein Los, auf das ich um keinen Preis der Welt verzichtet hätte. Und als die Mutter mich zum alten Buchbinder Hinterskirch führte, damit der mir die Krone anmesse, da war ich glücklicher und stolzer, denn ein römischer Dichter, der auf dem Kapitol gekrönt wird. Jeden Abend von Weihnachten ab hielten wir Singprobe, wobei ich den Sopran und die zwei Mit-Könige die Altstimme vertraten und des »Schmied-Balden-Louis«, ein mediatisierter Dreikönig, den Instruktor spielte. Dann ward auch der »Sternen« in Reparatur genommen, geflickt, gepappt und frisch eingeölt ... Am Abend des längst ersehnten Tages aber kam der »Louis«, der mich aus besonderer Gunst zum »Schwarzen« unter den drei Heiligen bestimmt hatte, bei Zeiten, um mir das Gesicht zu färben. Keine Königsbraut, die vom ersten Maler ihres Jahrhunderts porträtiert werden soll, kann mit größerem Behagen sich in Position setzen, als ich getan, da Louis einen Korkstöpsel in Öl tauchte, ihn am Licht einer Talgkerze schwarz machte und mir das Gesicht übermalte ... Der schwarze Dreikönig, Kaspar, war von uns Kindern von jeher am meisten bewundert worden ... Auch schritt der Kaspar stets in der Mitte seiner beiden Kollegen hinter dem »Sternen« her. Vor jedem Haus wurde ein Lied, und wenn im zweiten Stock eine zweite Familie wohnte, ein zweiter Sang losgelassen. Aus dem unteren Stockwerk brachten die Kinder des Hauses in einem Papier eingewickelt die Sängergabe ... die Leute im oberen Stock brannten das Papier an und warfen die Kreuzer und Groschen wie Leuchtkugeln zu den Füßen der »heiligen Dreikönige«. Der »schwarze« aber, als der vornehmste, hob nie »ein Geld« auf, das besorgte einer der anderen ... Wenn Könige und Stern den halben Lauf der Altstadt durchgegangen, kamen sie an das Haus des Vetters Bosch, eines reichen Bäckers. Da ward seit alten Zeiten von den »heiligen Dreikönigen« und ihrem Stern Einkehr gehalten. Der letztere wurde in den Hausgang gestellt und einstweilen gelöscht und den »heiligen Dreikönigen« und ihrem Sternenträger am Stubentisch Wein und frisch gebackene Brezeln serviert ... Zum Abschied sangen wir dann noch ein Lied vor dem Haus des Gastgebers ... Gegen zehn Uhr war die Sternenfahrt der drei Könige zu Ende.

Und nun wurde das Geld gezählt und verteilt, der schwarze Kaspar wusch sein Angesicht und ging königlichen Hochgefühls zu Bette, denn am folgenden Abend sollte der Rundgesang noch einmal ertönen. Diesmal ging's vor die außerhalb der eigentlichen Stadt gelegenen Häuser. Im »Grünen Baum« tranken dann die »heiligen Dreikönige« mit ihrem Stern ihr Bier; bei dem Kirchhof draußen wurde am zweiten Abend der Stern für ein Jahr gelöscht, und still zogen die drei »Weisen« heim, teilten abermals, gaben ihrem Bannerträger einen Gulden, und vorbei war alle Dreikönigsherrlichkeit. Die Würde ging fürs nächste Jahr an andere über, denen man meist auch die Kronen, so sie noch neu waren, verkaufte.

Am 22. Februar, dem Tage, da die römische Kirche das Fest des hl. Petrus, die Stuhlfeier von Antiochia genannt, begeht, war für uns Kinder der »Storchentag«, ein Frühlingsfest ältesten Ursprungs. Um 12 Uhr mittags versammelte sich die gesamte Schuljugend... jedes mit einem kleinen Sack umgetan, in der Mühlenkapelle und betete einen Rosenkranz. War der beendigt, so zog der helle Haufe der Stadt zu; in seiner Mitte ging der »Storchenkarle« mit einem leibhaftigen, ausgestopften Storchen auf seinem großen Hut. Sein Amt war ein von der Gemeinde mit zwölf Kreuzern und einem Laib Brot besoldetes. Von weitem schon ertönte der Schlachtruf des anstürmenden Kinderkreuzzuges: Heraus, heraus! Äpfel und Bire zum Lade raus! Und die Hausmütter beeilten sich, Körbe mit Äpfeln, gedörrten Schnitzen und Nüssen zu füllen und sich unter die Fenster zu stellen. Vor jedem Haus hielt der Zug, der Ruf erscholl immer und immer wieder, bis die Frau endlich den Inhalt des Korbes aus vollen Händen herabstreute. Und nun war die ganze Jugend nur noch ein Knäuel, so stürzte alles zu Boden, um möglichst viel zu erhaschen ... jedes bringt seine Beute in dem Sacke in Sicherheit, und weiter geht's zum nächsten Haus und so fort bis zum Stadtende.
Gravitätisch stund bei all diesem Lärmen und Ringen und Kämpfen der »Storchenkarle« wie eine Säule in dem Gewirr von Kinderstimmen und Kinderleibern. War die Schlacht geschlagen, so lief man an den Stadtbrunnen und an die Bächlein, wusch zuerst seine Äpfel und Birnen vom Straßenstaub, dann sich selbst, sein Angesicht und seine Kleider, kam mit gefüllter Tasche heim, zeigte im Triumph Vater und Mutter die Trophäen, und dann verbarg eines seinen Schatz vor dem andern im Heu oder Keller, und wochenlang ward gezehrt an den Errungenschaften des Storchentags.

Kaum waren die letzten Äpfel und Birnen vom Storchentag her verzehrt, so kam die Fastnacht... Und was haben die Kinder für eine Freude, wenn sie die erwachsenen Menschen »närrisch« sehen! ... Während die großen Narren ihr Geld verschleuderten, sich Katzenjammer und Elend holten, spekulierten wir, und bekamen Geld und Genuß. Wir fertigten nämlich schon lange vor Fastnacht Schwefelhölzer und Kienspäne zum Anmachen des Feuers in der Küche. Am Fastnachtsmontag in der Frühe ward ein Hemd über die Werktagsmontur angezogen, eine Maske vors Gesicht gebunden – und nun ging's von Haus zu Haus, die Ware in einem Sack über den Rücken tragend ... und bald ist der Sack leer und die Tasche voll mit Kreuzern ... Am Nachmittag war Kindermaskenzug, wo wir Schwefelholzkrämer als Ritter, Barone, Grafen, Offiziere auftraten, und jeder seine entsprechende Dame an der Hand führte ... Die Kosten des Anzugs hatte der Handel mit Schwefelholz gedeckt. So ... besuchte die närrische Kinderwelt den Oberamtmann und sämtliche Honoratioren der Stadt – und da gab's überall Wein und »Guts«, vulgo Bonbon ...

Auf die Fastnacht kam, wie in aller Welt, auch in Haslach der Aschermittwoch ... Da gab's Asche aufs kleine Weltköpfchen und am Mittag Stockfische auf den Tisch ... (Uns war) der Gang um den Altar am Aschermittwoch und das »Aschenholen« ein Plaisir; wir durften uns dabei an einem öffentlichen Akte beteiligen; und wenn der vorüber war, so zeigte einer dem andern seinen Scheitel, damit er sehe, ob auch eine tüchtige Portion Asche in den Haaren liege.

Erst am Palmsonntag traten wir wieder auf das Forum des Kirchenjahres, aber nicht aus religiösen Gründen, sondern weil der Tag zu unsern Festtagen gehörte. Da hatten wir in den Wäldern ... einige Tage zuvor die Stechpalme geholt, schlanke Fichten gehauen und geschält, in den Gärten den »Fesenbaum« (Thuja) niedergemäht, an den Bächen Erlenruten geschnitten – um »einen Palmen« zu machen. Am Sonntag früh beim zweiten Glockenzeichen zogen wir mit unsern Palmen, an den haushohen Fichtenstangen sie tragend, dem Kirchplatze zu ... Mit welchem Stolz ward bei jedem Schritt an der Stange hinaufgeschaut, und wie ward des Nebenmenschen »Palmen« gemessen und fixiert! Jeder wollte den schönsten und längsten Palmen haben, und oft kam's in diesem Wettstreit zur Palmenschlacht; der eine hieb auf den andern mit seinem stolzen Besen ein ... Erst das Erscheinen des Pfarrers unter der Kirchentüre, um die Zeremonie des Segens vorzunehmen, trennte die Kämpfer.

Wie am »Palmentag«, so geschah's an Maria Himmelfahrt bei der »Kräuterweih«. Jeder gab sich Mühe, die schönste »Kräuterbuschel« zur Kirche zu bringen ... Wer am meisten Tausendguldenkraut in seiner Buschel hatte, der war König.

Meine Taufpaten, der »Fürstenbergerhof-Wirt« und die Frau »Adlerwirtin«, hatten wahre Paradiesgärten mit dunkeln, grünen Buchseinfassungen an den Beeten hin. In diese kühlen Rabatten legte mein Osterhas seine Eier, und ich mußte seine Nester darin aufsuchen.

Die Tage der allgemeinen Kirchweih waren uns Kindern wieder rein weltliche Festtage. Da gab's »Kirchweih-Küchle« allüberall, und in jedem Hause dampfte die »Schmalzpfanne«, um Küchle zu backen. Am Kirchweih-Montag ging's aufs Land, um die Verwandten heimzusuchen.

Nach der Kirchweih- und Herbstzeit gehen rauhe Winde über Feld und Gasse ... In diese Zeit fiel uns ein schauerlich schöner Festtag, der Tag des hl. Nikolaus – »Santi Klaustag«. – Er war in seinen Vorwochen ein Tag des Gebets und halb freudigen, halb ängstlichen Harrens, an seinem Vorabend ein Tag der Furcht und am Feste ein Tag der Freude. Schon Wochen zuvor wurden »Kerbhölzer« mit dem Küchenmesser geschnitten, wahre Plagehölzer für uns; denn sobald sie fertig waren, begann das abendliche Beten. In einer dunkeln Ecke saß das kleine Menschenkind, das Kerbholz zwischen den Händen, und betete je fünf Vaterunser und den Glauben, und so oft dies Thema abgebetet, ward eine Kerbe ins Holz geschnitten. So ging's fort, bis vor Müdigkeit die Äuglein zufallen wollten, dann ward das Holz in die Tischlade gelegt und der Leib des Beters ins Bett...
Es gehört schon ein heiligmäßiger Mensch, der seine Seele ganz in der Gewalt hat, dazu, um längere Zeit recht beten zu können. Eine Kindesseele ist dessen nicht fähig und deshalb ist ihr langes Beten eine Plage. Wir beteten aber aus Furcht vor dem »Santi-Klaus«; denn der kam, um an unsern Kerbhölzern Gericht zu halten, wie viel wir gebetet hätten ...
Sobald es Nacht geworden am 5. Dezember, saßen die Kinder jeder Familie um den väterlichen Tisch, jedes sein Kerbholz vor sich liegend ... Wenn einst die Posaunen zum Weltgericht blasen, können die Menschen nicht leicht mehr erschrecken, als wir erschraken, wenn vor der Türe ein Kettengerassel die Ankunft des »Santi-Klaus« verkündete ... Von seinem Angesicht wallte ein langer Bart, seine Augen rollten, Kettengeklirr folgte seinen Schritten, und eine große Rute in der Hand trat er an den Tisch, wo die armen Sünderlein zitterten, als einzige Waffe ... das Kerbholz entgegenhaltend. Er zählte die Einschnitte, fragte die Eltern nach dem Benehmen des Kindes im Hause, und je nach Befund, gab es mehr oder weniger Äpfel und Nüsse aus seiner Tasche oder einige Rutenstreiche.

Mit der Mahnung, brav und folgsam zu sein, ging er von dannen ... Aber jetzt begann der zweite Teil, jedes Kind holte einen Teller in der Küche, stellte ihn auf den Tisch – in der sichern Gewißheit, daß am andern Morgen der Teller gefüllt war mit Äpfeln, Lebkuchen und »Klausenwecken« ...
Das einzige Fest, das für uns eine religiöse Bedeutung hatte, war das Weihnachtsfest. Christbäume kannte man in meiner Heimat in jener Zeit nur dem Namen nach, auch das »Christkindle« als Gabenbringer war uns unbekannt, diese Stelle vertrat der Santi-Klaus, der, wenn es hoch herging, noch einen hölzernen Gaul oder ein Halstuch aufs Teller legte. Uns lächelte das leibhaftige Christkindlein in der Krippe an, und die Weihnachtskrippen waren unsere Weihnachtsfreuden.

78, 99; 103 ff.; 106 f.; 109 ff.; 112 f.; 114 f.; 116; 120 ff.

LANGENHORN, UM 1855
Die Wasserfreuden

Der Sommer brachte vor allem die Lust zum Wasser mit, es wurde im Wasser gewatet und gebaut, gebadet und gefischt; das begehrteste war das Kahnfahren, ein seltenes und fast immer erschlichenes Vergnügen. Die Wasserfreuden haben mich am häufigsten mit der Mutter in Konflikt gebracht ... An dem Nachbarhaus von Hans Peters floß ein kleiner Bach (Sill) vorbei. Hier waren wir schon als vier- bis fünfjährige Knaben im Sommer fast täglich zu finden; wir fingen fingerlange Stichlinge, auch wohl einmal einen kleinen Hecht oder schwarze Wasserkäfer (Schuster) und sperrten sie in abgedämmte kleine Behälter, bauten Wassermühlen, vor allem aber wurde gewatet, die Hose wurde bis zum Knie und weiter aufgekrempelt und nun die tiefsten Stellen gesucht ...
Im Herbst waren die Drachen an der Tagesordnung; auch die Windmühlen klapperten. Ein anderes Spiel war das, daß man einen Tonnenreifen (houp) von dem Winde vor sich hertreiben ließ; er setzte, wenn er einmal in Schuß war, über Gräben und Zäune, wohl eine halbe Stunde lang, und die wilde Meute querfeldein hinterher. Im Winter nahmen in erster Linie Schnee und Eis uns in Anspruch: allerlei Schneebauten wurden errichtet und in Schneeballenschlachten verteidigt, von den Dünen Schlitten gefahren, vor allem aber war das Schlittschuhlaufen die ersehnte Lust, die Gräben am Hause boten die erste Gelegenheit. Später wurden stundenweite Ausflüge über die überschwemmten Wiesen gemacht. Am schönen Sonntagnachmittag fanden sich wohl ein paar hundert Schlittschuhläufer zusammen, es wurden Fangspiele

Unterhaltungen und Leidenschaften

gespielt, mit allerlei Künsten des Vor- und Rückwärtslaufens. Einen unwiderstehlichen Reiz übte auf die Schulknaben auch ein eben auftauender Graben; nachdem das Eis von den Rändern abgeschmolzen war, wurde es mit dem Beil durch Querschnitte in halbmeterlange Schollen geteilt; nun galt es, über sie so rasch hinzulaufen, daß, während der hintere Fuß die letzte Scholle unter Wasser drückte, der vordere schon auf der nächsten sich stützte, so daß man eben trockenen Fußes davonkam; natürlich, bis das Verhängnis einen doch ereilte, indem eine Scholle zerbrach oder man daneben trat. Das gab dann wieder eine häusliche Krise; die letzten Schläge, die ich von meinem Vater erhalten habe, folgten einem solchen Unfall, dann wurde ich ins Bett gesteckt...

Auf eine Leidenschaft muß ich doch noch mit einem Wort eingehen, die mich zeitweilig ganz besaß: die Leidenschaft des Fischfangs. Es geschieht mir noch heute nach fünfzig Jahren, daß ich im Traum die Erregungen der Fischjagd nacherlebe. Wir fingen Fische mit allen möglichen Mitteln, mit dem Netz, mit dem Aalstecher, mit der Schlinge, mit der Angel und nicht zuletzt mit der Hand. Zum Fischen mit dem Netz hat mich unser Knecht ... zuerst mitgenommen und angeleitet: das Netz wurde quer über den Graben oder den Sielzug gespannt, Bleiklümpchen zogen es von unten zu Boden, Holzklötzchen hielten die obere Kante an der Oberfläche; dann ging man 10 oder 20 Meter rückwärts und trieb die Fische, mit den sogenannten »Klotstöcken« ins Wasser stoßend, in das Netz, in dem sie sich verwickelten und mit ihm herausgehoben wurden. An einem guten Tag brachten wir wohl zehn Pfund Hechte und darüber, groß und klein nach Hause. Das Zappeln der Holzschwimmer, ihr völliges Untertauchen, wenn ein großer Fisch ins Garn ging, kommt mir am häufigsten im Traum zurück. Von der Angel wurde nicht viel Gebrauch gemacht, desto mehr von der Schlinge: wir fertigten sie aus den langen Haaren, die wir dem Schweif der Pferde entnahmen; diese wurde an einer starken Schnur und mit ihr an einem Stock befestigt. Wenn die Hechte in den Gräben im hellen Sonnenschein wie schlafend standen, dann schlichen wir heran, ließen leise die mit einem Bleiklümpchen beschwerte Schlinge herunter, führten sie unmerklich über den Kopf und die Brustflosse hinüber, und dann wurde der Fisch aufs Land geschnellt: eine sehr aufregende Jagd, die nur bei großer Sicherheit des Auges und der Hand gelang ... Sehr verhängnisvoll für die Wasserbewohner wurden die drei trockenen Sommer der Jahre 57–59. Die Gräben ... trockneten aus; in den Wasserlachen konnte man die Fische mit den Händen greifen oder mit dem Rechen herausholen, namentlich wenn man das Wasser trübte; die Fische kamen dann, Luft zu schöpfen, an die Oberfläche und ließen sich mühelos fangen ... Die Mutter war oft wenig erbaut, wenn ich am Abend mit meiner Beute heimkehrte; man konnte sie doch nicht wegwerfen, andererseits war die

Arbeit der Reinigung eine höchst unerwünschte Vermehrung notwendigerer Geschäfte.

154, 76 ff.

Karlsruhe, um 1855
Über Besitz- und Sammelgeist

Die Sammelleidenschaft ... hat mich durch meine ganze Jugend begleitet; an ihrem Faden bin ich später zu den ernstern Studien gelangt. Sie nahm nacheinander die sonderbarsten Formen an. Ihre frühesten Regungen knüpften sich in meiner Erinnerung an das Wiederabschlagen der Buden und »Stände«, wenn der Jahrmarkt zu Ende war, der im Juni und im November abgehalten wurde. Das Einpacken der Waren in schwere Kisten und mehr noch das Zurückbleiben zahlloser Papierfetzen und gelegentlicher Reste von zerbrochenen Gegenständen fesselte uns alle; niemand scheute sich, in dem Kehricht herumzustochern; lag doch darüber noch ein Abglanz des Reichtums, der in den Buden geleuchtet hatte ... Ich hatte ein Holzkästchen, nicht größer als eine Hand, in dem ich von den Kinderjahren an immer das aufbewahrte, was mir augenblicklich das höchste Gut war. Es waren nacheinander lebende Maikäfer, der Schädel einer Maus, ein durchsichtiger Rheinkiesel, einige Zeilen von der Hand der Schwester meines Freundes Hermann, die ich im Schlitten zu fahren pflegte, ein Ring mit Haaren von meiner Mutter. Und wie viel noch! Das schmucklose unpolierte Kästchen machte mir warm in der Herzgrube, wenn ich nur daran dachte. Ich habe es auf allen meinen frühen Wanderungen mitgetragen, und wo ich weilte, machte es mich heimisch. Es war wahrlich die Bundeslade meiner jungen Jahre. Mächtig nährte den Besitz- und Sammelgeist die Vorliebe, mit der wir »Knöpfles« spielten, wobei Knöpfe in einen an eine Hauswand auf die Steinplatte des Bürgersteigs gezeichneten Halbkreis mit dem gebogenen rechten Zeigefinger geschoben wurden. Sie hing jedenfalls damit zusammen, daß die Biedermeierfräcke, die blauen und braunen, mit ihren schönen Messingknöpfen außer Mode gekommen waren. Es gab einen Überfluß von schönen Metallknöpfen in unsrer kleinen Welt, und da sie sonst zu nichts nütze waren, verspielte man sie. Es gab Knaben, die sich, wie die Wilden, ganze Leibketten, schwere Leibgürtel und Schulterketten daraus machten ...
Das Anlegen von Höhlen oder sonstigen Verstecken im Walde, die geheimnisvolle Einrichtung von Niederlagen von Büchern, Spielsachen und Nahrungsmitteln in den entlegensten Winkeln des Hauses, sogar das Hineinbohren und -schnitzeln von »Schatzkästchen« in die Schultische, worin Namen und Alter

des Gräbers niedergelegt und mit einem Holzpfropf abgeschlossen wurden, entsprangen alle demselben Trieb des Geheimtuns, der in uns allen lebte. Und deshalb mußte auch jede Ausgrabung Schätze bringen. Man kam nur meist nicht tief genug.

167, 15 ff.

OLDENBURG, UM 1860
Der Kramermarkt

Aber ein weit höherer Glanz als auf dem Schützenfest lag für uns Kinder auf dem großen Oldenburger Herbstmarkt, dem »Kramermarkt«. Er fiel in unsere Herbstferien und dauerte Sonntag nachmittag vier Uhr bis Freitag mittag... Man konnte es kaum abwarten, bis es dreiviertel vier war und man losziehen durfte. Wir beiden Ältesten durften allein gehen, und ich war herzensfroh darüber, da so viele Gefährtinnen nur in Begleitung ihrer Familie oder Mädchen – das »Fräulein« schlief noch im Zeitenschoße – den Markt besuchen durften, und damit war ja der eigentliche Spaß dahin, das selbständige Aufsuchen und Wählen der Genüsse... Die Buden bedeckten in drei oder vier Reihen den Marktplatz; einige standen noch in den benachbarten Straßen. Überwiegend waren die Honigkuchenbuden... Weiter hinten waren dann die Tierbuden, Panoramen, Riesendamen usw. Lauter Herrlichkeiten, die man alle hätte genießen mögen, aber die Möglichkeiten hingen von den Mitteln ab, und die waren beschränkt. Der Geldbetrag zum Kramermarkt stand ein für allemal fest: 12 Grote vom Großvater, 6 vom Vater. Das waren 18 Grote, auf sechs Tage zu verteilen. Das wurde natürlich nicht innegehalten; war man nicht am ersten Tage mit seinem Geld fertig, so doch meistens am zweiten oder dritten. Bei mir stand die Einteilung ziemlich fest: 12 Grote für Karussell, 6 meistens für »Schmurtaal«. Dabei war dann die Frage, ob man einen »dicken« Aal für 6 Grote nahm oder, zur Verlängerung, aber nicht gerade Erhöhung des Genusses, mehrere zu 1 oder 2 Grote. Es gab sogar welche zu 3 Schwaren, aber die waren nicht ratsam, da sie sich in Aussehen und Geschmack nicht wesentlich von geteerten Bindfäden unterschieden. Manchmal erlag man auch der Verlockung der bunten, spiralisch gedrehten Zuckerstangen oder dem »Schmalzgebackenen« – bis einmal eine Mitschülerin behauptete, es werde mit Mopsfett hergestellt... die Buden wurden eine Weile gemieden... Aber auch ohne Geld gab es der Genüsse so viele. Da war vor allen Dingen das Kasperletheater. Was war es jedes Jahr wieder für ein aufregender Moment, wenn sonntags Punkt vier Kasperle sein Bein über die Brüstung warf: »Jungens, dar bün ick. Weet ji, wat ich nu do?« Und auf das Gebrüll des Chores: »Nää!« –

antwortete: »Nu gah 'ck wedder weck.« Und dann kamen alle die dramatischen Szenen mit dem alten Feldsoldaten dem die »verdammten Fliegen« keine Ruhe lassen wollten, mit Tod und Teufel, mit Mariken und dem kleinen Gregorius, vulgo Zichorius, die uns in atemloser Spannung erhielten. Wenn man tatsächlich keinen halben Groten mehr besaß, mußte man freilich aufpassen, daß man sich vor der meist in spannungsreichen Augenblicken einsetzenden Tellersammlung in Sicherheit brachte... Dann waren da die Orgeldreher mit den großen Bildern, die in fortlaufender Darstellung die Lebensgeschichte des gerade berühmten Raubmörders brachten. Beim Absingen des dazugehörigen Liedes, das Mann und Frau mit so merkwürdig schmetternden Stimmen vortrugen, wurde dann fortlaufend mit dem Zeigestock das betreffende Bild berührt; das erste zeigte in der Regel das friedliche Heim mit den frommen Eltern, die Mitte die Moritat und das Schlußbild das Schafott, manchmal auch ein Massenbegräbnis der Opfer in einer perspektivisch angeordneten Reihe von schwarzen Särgen mit weißen Kreuzen. Manche Bilder kamen einem nachts wieder vor. Auch die Schaubuden boten schon äußerlich so viel des Interessanten; die ganze Reklame... interessierte uns aufs lebhafteste. Und das Karussell war ja von vornherein in unsere Geldwirtschaft mit einbezogen; da konnten wir also ganz berechtigt herumstehen. Die Kutschen waren wenig beliebt; es mußte trotz des höheren Preises ein großes Pferd sein, das wir bestiegen. Die kleinen Pferde und die Löwen boten ja nicht die Möglichkeit des Ringstechens, mit dem man eine Freifahrt erkaufte. Wer zuerst sechs Ringe gestochen hatte, rief »Partie!« und durfte für die folgende Fahrt auf seinem Pferd sitzen bleiben...
Auch die Straßen der Stadt waren stark durch den Kramermarkt in Mitleidenschaft gezogen. Schon durch das unaufhörliche Gedudel der Orgeldreher... Da waren zuerst die Italiener, deren Orgeln wir von allen unterscheiden zu können meinten durch den schönen Klang. Nach meiner Erinnerung spielten sie dauernd »Aus Norma«. Dann aber die Puppenorgeln! Da war z. B. König Herodes mit der Herodias. Alle Puppen standen zu Anfang steif gerichtet da, wenn es dann aber losging und König Herodes den Becher zum Munde hob und ihn mit Augenverdrehen leerte, und wenn die Herodias die Schüssel mit dem Haupt Johannes des Täufers mit plötzlicher Vierteldrehung um ihre Achse dem Herodes gerade unter die Nase hielt, so war das immer wieder aufregend.
Die auf den Kramermarkt folgenden Tage hatten immer etwas katzenjämmerlichen Charakter... Als tröstliche Rückerinnerung und solide Zukunftshoffnung blieb immerhin der in den Haushaltstrommeln, besonders den großväterlichen, geborgene Segen an dicken Braunschweiger Honigkuchen und »Pflastersteinen«.

115, 60 ff.

Berlin, um 1875
In der Großstadt

Eins unserer liebsten Spiele war das Reifenspiel, und es war Ziel löblichen Ehrgeizes, einmal seinen Reifen von unserem Hause bis zur nahen Sophienstraße hin und zurück zu treiben, ohne daß er von einem der vielen Fußgänger umgestoßen wurde. Am schönsten konnte man diesen Sport in den Hallen der Nationalgalerie treiben. Leider hatten die Erbauer offenbar die Bedeutung des Reifenspiels noch nicht genügend erfaßt, da sie rücksichtslos genug die schönen Asphaltbahnen durch störende Stufen unterbrochen hatten, die aus den Säulengängen zu den Fahrwegen hinabführten ... Dagegen war es eine angenehme Unterbrechung des Reifenspiels, unter der großen Granitschale umherzukriechen, die vor dem alten Museum aufgestellt ist, oder dem Panther Fell oder Schwanz zu streicheln, mit dem die Amazone auf der Treppe des Museums zu kämpfen hat ...
Im Sommer badeten wir möglichst täglich in der Spree. In den Volksbadeanstalten kostete ein Bad fünf Pfennig oder wie wir, die wir noch den alten Groschen zu zwölf Pfennig kannten, sagten: einen »Sechser«. Aber das war noch zu teuer. Und so bewarb man sich, meist mit Erfolg, um eine städtische Freikarte. Unsere Sechser-Badeanstalt lag in der Burgstraße und hatte durch die Nähe des Mühlendammes verhältnismäßig guten Wellenschlag und reines Wasser. Ich weiß nicht, in welchem Jahre ich mit dem Baden in der Spree begann. Es war gewiß sehr früh. Ich weiß auch nicht, wie ich schwimmen lernte. Jedenfalls, als ich acht Jahre alt war, war ich durchaus sicher im Wasser und konnte jede Art des Schwimmens. Es mußte eben sein; denn in diesen Badeanstalten, die von Berliner Jungens überfüllt waren, herrschte ein herzlicher, aber rauher Ton ... Man mußte sich eben wehren: auf den Treppen, auf dem Sprungbrett, im Wasser – Schonung und mildernde Umstände hatte niemand zu erwarten ... Man setzte seinen Stolz darein, möglichst lange im Wasser zu bleiben, gewöhnlich bis die Fingerspitzen blau wurden. Und war man gerade mit dem Anziehen fertig und es kam ein guter Kamerad, dann zog man sich wohl wieder aus – »damit der andere nicht so allein wäre«.

33, 15 f.; 18 f.

5.2. König, Krieg und Revolution

Kommentar	
Speyer, 1560	Mordtat, versuchte Hinrichtung und Ausweisung eines Knaben
Hanau, 1681	Meldung
Penzlin, um 1760	Reflex des Siebenjährigen Krieges bei den Schulknaben
Magdeburg, 1777	Besichtigung des Landesvaters
Berlin, 1793	Erschütterung des monarchischen Kinderglaubens
Langensalza, 1793 ff.	Das Soldatenspiel
Fulda, 1802	Schulfrei für eine große Lektion
Jena, 1806	Der Heldenknabe
Darmstadt, 1813 f.	Kosaken, Kaiser und Russen
Berlin, 1813	Aus dem Tagebuch eines politischen Mädchens
Eisenach, 1817	Das Schulfüchschen auf der Wartburg
Dresden, 1819	Eine ganz erbärmliche Geschichte
Weimar, 1826	Das Jubiläum
Reutlingen, 1827	In der Windstille der Restauration
Mainz, 1830 ff.	Charpie für Polen
Niesky, 1840 ff.	Höhepunkte in der Geschichte eines Schulregiments
Schulpforta, um 1845	Das Oktoberfeuer
Köln, um 1845	Politik im deutschen Aufsatz
Berlin, um 1846	Vormärz daheim und in der Schmidtschen Schule
Berlin, 1847 f.	Unruhe in der Mädchenpension
Haslach, 1848	Die Revolution wirbt um die Schuljugend
Schoppernau, 1848	Revolutionärer Zeitgeist auch im Bregenzer Wald
Berlin, 1848	Nach der Revolutionsnacht
Berlin, 1850 ff.	Patriotische Schulfeierlichkeiten
Berlin, 1855	Begegnung mit dem preußischen Königtum
Kiel, 1864	Der dänische Krieg für Bürgerskinder
Darmstadt, um 1866	Überzeugungskraft des preußischen Paradeschritts
Elbing, 1870	Der Kriegsausbruch bei Schulbeginn
Wiesbaden, 1870 f.	Ins Reich

Im eigentlichen Sinn von Politik ergriffen werden Kinder und Schüler in den Jahren nach der Französischen Revolution. Abschied zweier Freiwilliger von den Eltern im Jahr 1813, der Knabe darf noch nicht mit. Zeichnung von H. Dähling. Nach der Natur gezeichnet ist der Baschkir in Berlin und sein Publikum von C. Kuhbeil (1813). Aus: F. Schulze, Bilderbuch der Freiheitskriege, Dachau 1913

Kommentar

Die Mitwirkung von Kindern an öffentlichen, meist rechtlichen Zeremonien nimmt in dem Maße ab, wie auch Kinder von jetzt politischen Ereignissen betroffen werden und selbst mit charakteristischem Enthusiasmus Partei ergreifen. Das ist seit der Französischen Revolution der Fall, sieht man von Vorformen wie der Verehrung des als national und fortschrittlich geltenden Preußenkönigs Friedrich II. ab. Der Funktionsverlust, den Kinder als Altersgruppe mit dem Aufhören der traditionalen Öffentlichkeit erleiden, wird im 19. Jahrhundert nicht durch ihre Einbeziehung in das politische Leben kompensiert.

Das ist um so merkwürdiger, als viele Schüler und Studenten in der ersten Hälfte jenes Jahrhunderts ganz ungemein politisiert wirken. Die Tatsache, daß ihnen Politik in den französischen Revolutionsheeren, den Armeen der Alliierten, dem Zusammenbruch überkommener Gewalten, ja sogar in der vor vielen Haustüren stattfindenden Revolution anschaulich war; daß die Begeisterung für den griechischen Befreiungskampf in den 20er Jahren, den polnischen in den 30ern romanhaft-romantische Züge annahm, all das setzt den erfrischenden Eindruck nicht herab, den die in die Politik drängende Jugend dieser Zeit macht. Spekulationen über die langfristige Wirkung des im begeisterungsfähigsten Alter erfahrenen Scheiterns freiheitlicher Ideale, wie sie die um 1800 Geborenen erlebten, liegen nahe. Wie Wilhelm von Kügelgen (1802–67) und Ernst Förster (1800–85), zwei ›revolutionäre‹ Jugendfreunde, treten viele gedemütigt den Rückzug auf das Gebiet der Religion, der Kunst oder der spekulativen Philosophie an.

Die Schule, deren Bedeutung für das Kinder- und Jugendleben ja im 19. Jahrhundert dauernd zunimmt, tut gewiß nichts, um die politische Friedhofsruhe zu stören. Der Geschichtsunterricht, an den sich Friedrich Ratzel erinnert, endet vorsichtshalber beim Fall von Konstantinopel (1453); die Überlieferung freiheitlicher Ideen übernimmt – unbeabsichtigt – der Sprachunterricht in Griechisch und Latein. Die Liberalität der Lehrer bewährt sich öfter in der Ignorierung politisch gefährlicher oder auch nur nichtregierungsoffizieller Meinungen. Die Entleerung patriotischer Feiern von allen politischen und freiheitlichen Ideen, ihr Herabsinken von bloß nationalen Gedenktagen, deutet die Weise an, in der man schließlich Kindern Politik allein gestattet: als Kulisse, Chor und Publikum bei der Inszenierung gesellschaftlicher Macht und Autorität werden sie gebraucht. Jede selbsttätige Regung wird unterdrückt, sei es, daß die Turnplätze nach 1819 verboten, Schülerverbindungen nach dem Vorbild der Burschenschaften untersagt wurden oder sei es bloß, daß man den Münchner Gymnasiasten die Teilnahme an der Schillerfeier 1859 unmöglich machte. Man fürchtete wohl die Leidenschaften, die sich hinter der Begeisterung für den Dichter verbargen. Kinder und Schule auf der einen, Politik auf der andern Seite sollten sich ausschließende Gegensätze sein, und das ist seither ein machtvolles Moment in der Überlegenheit der erwachsenen Generation geblieben. Selbst die 1848 sich politisch artikulierende Lehrerschaft hat die Schulartikel, wie sie dann Bestandteil der Reichsverfassung von 1849 wurden, vor allem zu einem Katalog standespolitischer Forderungen gemacht. Ein Recht der Kinder existiert nur als Pflicht der Eltern, sie dem Elementarunterricht zuzuführen, avisiert also, wenn auch vorsichtig, für die Volksmassen den Schulzwang. Die Tatsache, daß erst die staatliche Autorität ihn im Einklang mit den Wünschen der Pädagogen durchsetzte, brachte jene unheilige Allianz von Macht und Unterricht hervor, die aus der (Volks-)Schule so lange ein reines Instrument der Disziplinierung machte.

Mit Disziplinierung hatten die rituellen Prügel, das Ohrzupfen und auf den Stein stoßen, welches Kinder bis weit ins 18. Jahrhundert hinein bei Grenzgängen über sich ergehen lassen mußten, nichts zu tun, gewiß auch nichts mit Politik im heutigen Sinn. Die von Künßberg gründlich untersuchte Mitwirkung von Kindern bei Rechtshandlungen diente der Initiation und der Tradition von ›ewigen‹ Verhältnissen. Nicht nur Prügel und andere, halb schmerz-, halb scherzhafte Prozeduren sollten sie bekräftigen, auch mit Geschenken wurde, wie die Gemeinderechnungen über die Grenz- und Wiesengänge zeigen, um die Jugend geworben.

Trotz dieser schönen Bräuche ist die eigentliche Rechtsstellung des Kindes im ganzen Zeitraum schlecht. Seit dem Mittelalter büßen Kinder und junge Leute kontinuierlich unter dem Einfluß des Obrigkeitsstaates und des vom Protestantismus geförderten familiären Patriarchalismus Freiheiten ein, ohne Rechte dafür zu gewinnen. Der väterlichen Gewalt sind Kinder (und Frauen) faktisch unkontrolliert unterworfen – wohingegen Sicherungen bei Versagen oder Mißbrauch entweder nicht vorhanden sind oder nicht funktionieren. Selbstverständlich werden Mädchen von 14 Jahren ohne ihren Willen verheiratet, weil es den Interessen des Vaters entspricht, und Jungen in Stellungen und Versorgungen gepreßt, weil es der Familie so genehm ist. Die väterliche Gewalt und Gewalttat endet beim Totschlag, noch nicht bei der schweren, vielleicht zur Verkrüppelung führenden schweren Körperverletzung.

Gegenüber dieser Rechtlosigkeit des Kindes innerhalb der Familie verblüfft die Bedenkenlosigkeit, mit der man Kindern Einsicht und Verantwortung bei Rechtsverletzungen zutraute und gegebenenfalls mit erwachsenen Strafen ahndete. Der Obrigkeitsstaat fordert und reglementiert, er schützt nicht und kann noch im 19. Jahrhundert Kindern keine positiven Rechte gewähren, Kindern, denen der Zivilisationsprozeß jeden Bewegungs- und Handlungsspielraum genommen hat.

LITERATUR:
E. v. Künßberg, Rechtsbrauch und Kinderspiel, 2., erg. Auflage, Heidelberg 1952
A. Flitner, Die politische Erziehung in Deutschland. Geschichte und Probleme 1750–1880, Tübingen 1957
D. Schwab, Artikel »Kind« in A. Erler/E. Kaufmann, Hrsg.: Handwörterbuch zur deutschen Rechtsgeschichte, Bd. 2, Berlin 1974
G. Steiger, Ideale und Irrtümer eines deutschen Studentenlebens 1817–20, Jena 1966

Speyer, 1560
Mordtat, versuchte Hinrichtung und Ausweisung eines Knaben

Aber im Jahr 1560 ... da hat sich eine gedächtniswürdige Sache mit zwei jungen Knaben zu und bei Speyer begeben, unter denen der eine dreizehnjährig, der andere bei vierzehn Jahren, beide aus der Stadt Speyer gebürtig. Haben nahe bei dem Rhein der Rosse gehütet, hat der jüngere ein Äxtlein in der Hand gehabt und unter anderen Schimpfreden zu seinem Gesellen gesagt: »Ich hätte eine Lust, ich sollte dir den Kopf abhauen.« Auf solches der andere geantwortet: »Wie wolltest du mir mit diesem unachtbaren Äxtlein den Kopf können abhauen?« Zwischen solchem und dergleichen Gespräch hat gedachter dreizehnjähriger Knabe das Äxtlein gezückt und seinen Mitgesellen an das Haupt geschlagen, daß er zu Boden gefallen; darauf ihm in zwei Streichen den Kopf ganz abgehauen, die Kleider angelegt und den Körper neben dem Rhein hinter das Gesträuch verborgen. Auf den Abend ist er mit den Rossen heimgefahren ...
Der Vater hat ihn befragt, von wannen ihm solche Kleider, denn er, der Knabe, zuvor alt, zerrissen Kleider getragen und itzung einen besseren Tausch getroffen, herkommen oder zugestanden. Darauf der Bub geantwortet, es sei ein Kriegsmann auf der Weide zu ihm kommen und ihn angesprochen, ob er mit ihm wolle ziehen, so wolle er ihm diese Kleider geben ... Solches hat der Vater lassen eine Rede sein und das geglaubt.
Inzwischen haben die Eltern des entleibten Knaben allerlei Nachforschung getan, ob jemand wüßte, wo ihr Sohn sei, doch letztlich einen angetroffen, welcher gesagt: »Es ist allhier ein Roßbub, der trägt ein Kleid von aller Form und Gestalt, wie euer Sohn, denselben muß man fragen.« Hierauf haben die Eltern Erkundigung getan, und als sie die Kleidung erkannt, haben sie zur Stund den Knaben greifen lassen. Der hat die Tat ... frei und ungezwungen bekannt. Dieweil er aber noch jung und unverständig, hat ein gemeiner Rat zu Speyer etlicher Doktoren des kaiserlichen Kammergerichts consilia hierüber begehrt, welche einhellig beschlossen, dieweil der Knabe also listig gewesen, daß er nach der begangenen Tat den Körper auch verborgen und die Missetat zu verheimlichen begehrt, so soll er unbeschadet seiner Jugend mit dem Wasser getötet werden. Hierauf ein gemeiner Rat in ein Bedenken gezogen, dieweil, so oft sie jemand lassen richten, ein ansehnlicher Kostenaufwand, dann nicht allein die gemeine Bürgerschaft, sondern auch alle umsitzenden Flecken, so bei ihnen zehntpflichtig sind ... in Harnisch und bewaffnet ... auf der Wallstatt erscheinen müßten, auch der arme Knabe klein und unachtbar, so sei es unnütz, solche vergeblichen Unkosten aufzuwenden, und haben letztlich einen Rat gefunden und beschlossen, daß ihrer zwei, die obersten Richter allein mit dem Nachrichter, auch etliche Schergen, die künftige Nacht zwischen 9 und 10 Uhr den Knaben auf die

Brücke führen, die Tore schließen und ihn ertränken sollen. Das ist also exequiert worden.

Da nun der arme Knabe eine gute Zeit in dem Wasser gelegen, daß die Richter ... vermutet, er sei nunmehr längst verschieden, ist er wiederum heraufgezogen und aufgebunden, und haben die Richter darauf erkannt, es sei, wie Urteil und Recht geboten, gehandelt worden. Indem aber, als man den vermeintlich Toten in den Totenbaum gelegt, hat er zu röcheln und sich zu bewegen angefangen. Da haben die Richter befohlen, man solle ihn nochmals ins Wasser hinabwerfen ... Wie nun auch das geschehen ... haben sie untereinander gesagt: »Nun ist es nicht möglich, daß ein Mensch auf natürliche Weise unter dem Wasser also lang leben könnte«, ziehen ihn hervor, »wir sehen, daß er tot ist«, tragen ihn hinein in das gewöhnliche Totenhäuschen, lassen ihn also in dem Totenbaum liegen, auf daß er morgen bei früher Tagzeit begraben werde. Und so sind also beide Richter nach Hause gegangen.

Als nun die Schergen ... hinweg gehen wollten, hat der eine zu dem andern gesagt: »... vielleicht ist er abermals lebendig geworden.« Und als sie die Wahrheit und daß noch Leben in ihm, vernommen, sind sie eilends zu den ... Richtern gelaufen ... Und dieweil solches den Richtern eine unglaubliche Zeitung, gingen sie eilends mit den Schergen selbst, die Wahrheit zu erkunden. Da fanden sie den Knaben in dem Totenbaum sitzend und lebendig, jedoch sehr schwach, so daß sie sehr erschraken und befahlen, ihn in das Spital in eine warme Stube zu tragen. Bald, als der Knabe erwärmt und zu sich kam, da beklagt er sich über eine Achsel, darauf er übel gefallen wäre. Also wurde er befragt, wer ihm denn was getan hätte. Da sprach er: »Ich weiß es nicht, mir ist, ich habe geschlafen und sei auf die Achsel gefallen, die tut mir so weh.« Da ward er weiter gefragt: »Wo bist du gewesen? Oder wer hat dich geworfen?« – »Das weiß ich auch nicht, ich bin aber auf einer schönen grünen Wiese gewesen, darauf ist ein alter herrlicher Mann mit einem langen grauen Bart in einem Sessel gesessen, und es sind viele kleine Knäblein auf der Wiese um ihn herumgelaufen, welche alle weiße Hemdlein und rote Strümpfe angehabt. Mich wundert aber, wie ich doch in das Totenhaus gekommen bin.« Als der Knabe von solchen Sachen anfing zu reden, da haben die Richter dem Knaben von solchem und anderem weiter zu reden oder in der Stadt zu offenbaren verboten, auch den Knaben gleich des andern Tages aus der Stadt verwiesen.

224, Bd. 2, 348 f.

HANAU, 1681
Meldung

Verwichenen Dienstag ist das jüngsthin in Verhaft gebrachte Mägdlein von ohngefähr vierzehn Jahren, so verschiedene Feuer angeleget und großen Schaden getan, verurteilt und selbigem erstlich der Kopf abgehauen und hernach verbrannt worden.

22, Bd. 1, 156

PENZLIN, UM 1760
Reflex des Siebenjährigen Krieges bei den Schulknaben

Im Siebenjährigen Kriege, so hart er das Schwerinsche Land drückte, wurden von Friedrichs Taten auch wir Schulknaben entflammt. Alles, was Wert hatte, bildete ein preußisches Heer, zu dessen Anführung ich unter dem Titel König von Mecklenburg erhoben ward: Schweden zu sein bequemten sich die Ausgemusterten, durch einige Lehrjungen verstärkt. Kraft meines Königtums lieferte ich Pieken und Weidenschwerter, gekleisterte Mützen mit dem Bellingschen Totenkopf und eine gewaltige Papierfahne mit dem Adler prangend, hielt Waffenübungen, ordnete den Angriff. Einst in der Kirche ward der Rektor auf dem Hute meines Kriegsobersten ein Papier gewahr; er nahm's und fand eine Bestallung, die so anfing: Johann Heinrich, von Gottes Gnaden König der Wenden in Mecklenburg. Da mußte ich eine Zeitlang in der Schule hören: Eure Königliche Hoheit, geruhen Sie aufzusagen.
Ein denkwürdiger Sieg war erkämpft, die Geschlagenen hatten sich in des Nagelschmieds Werkstätte geworfen, und wir hielten den Ausgang besetzt. Unvermutet erschien ihr Verbündeter, der tölpische Lehrjunge, eine glühende Stange gegen uns schwenkend; daß wir vor dem Funkenregen zurückfuhren und die Feinde sich retteten. Im Zorn dichtete ich ein höhnendes Herausforderungslied an den Funkensprüher, welches wir ihm am Feierabend vor der Tür sangen; die Gesellen hörten es mit Beifall und prügelten den rohen Wicht. Einer davon hat es mir im Jahr 1797 aus dem Gedächtnis wiederholt, mit Bedauern, daß es in meinen Gedichten fehle.

211, Bd. 10, 58

Magdeburg, 1777
Besichtigung des Landesvaters

Schon längst brannten Rosenfeld und Matthisson vor Begierde, Friedrich den Großen, welchen sie mit Stolz ihren Landesvater nannten, von Angesicht kennenzulernen. Daher wandelten sie im Sommer 1777 nach dem Dorfe Körbelitz unweit Magdeburg (zu Kloster Berge waren sie Schüler), wo der Monarch über die Regimenter der Provinzen Magdeburg und Halberstadt Heerschau halten sollte. Sie staunten den hochgesegneten Verewiger und Emporbringer eines der kleinsten Königreiche von Europa mit einer Bewunderung an, als ob er ein Xenophon oder Epaminondas gewesen wäre, und hörten zum ersten wie zum letzten Mal die Harmonie seiner unglaublich wohlklingenden Stimme. Es ist beglückend, außerordentlichen Männern gerade in Momenten zu begegnen, wo sie einen kräftigen Pinselstrich zu ihrer eigenen Charakteristik liefern. So ging es den beiden Freunden mit Friedrich dem Großen. Beim Abreiten aus dem Standquartiere, der gewohnten Dorfschenke, hätte der kürzeste Weg zu den versammelten Heerscharen durch eine fröhlich aufsprießende Saatbreite geführt. Schon zeigten sich einige Männer der Umgebung bereit, hineinzusprengen, als der König nicht mit unwilligem, aber kalt befehlendem Tone die denkwürdigen Worte sprach: »Meine Herren! wir müssen die Hoffnungen armer Leute respektieren.«

130, 22 f.

Berlin, 1793
Erschütterung des monarchischen Kinderglaubens

Am 24. Januar 1793 wurde der König von Frankreich Ludwig XVI. guillotiniert. Ich erinnere mich noch deutlich, welch einen schreckhaften Eindruck die Nachricht davon, die uns mein Onkel mitteilte, auf mich machte; denn das hatte ich nicht für möglich gehalten, daß man einen König hinrichten könne. Ich wußte mir die Sache nicht zu enträtseln; meinem besten Glauben nach hatte der König Gewalt über alle, niemand durfte ihn anfechten, er war unverletzlich; und für ihn mußte der Untertan Gut und Blut opfern. Damit stand nun jene Nachricht in so schneidendem Widerspruch, daß ich in völlige Verwirrung geriet. Die Sache war mir nicht deutlich zu machen; aber daß die Franzosen, mit denen wir Krieg führten, sehr schlimme Leute seien, wurde mir zur Gewißheit.

101, 40

LANGENSALZA, 1793 ff.
Das Soldatenspiel

Etwas roh und wild ging es wohl bei uns in den neunziger Jahren zu. Was die Älteren über die Französische Revolution und den Krieg lasen, das spielten wir Schuljungen ihnen praktisch vor. Vor den Toren der Stadt, im Felde, schlugen wir aufeinander los, daß das Blut darein lief und warfen uns mit Steinen Löcher in die Köpfe.
Sobald ich zum Sextus, Herrn Ströhler, in die Schule kam, wurde ich angeworben und mußte unter dem Kommando des Generals Heinemann (jetzt noch lebender alter Cafetier) kleine Wagen mit Wurfsteinen beladen, hinter der Front herziehen, was stets die Arbeit der Jüngsten war.
Zwei Jahre saß ich bei Herrn Ströhler, dann führte er mich und Andreas Koch, als seine zwei besten Schüler, zum Quintus, Herrn Ratz, hinüber. Auch draußen im Felde war ich befördert worden und als Unteroffizier schon manchmal mit Blutflecken und Beulen nach Hause gekommen. Wieder zwei Jahre saß ich nun in Quinta, bei Herrn Ratz, wo wir schon viel Latein deklinieren und konjugieren mußten...
In diesen zwei Jahren ging das Kriegsspielen immer schlimmer fort; auch die Erwachsenen hatten Gefallen daran, wenn wir mit Trommeln und Fahnen zum Tore hinausmarschierten. Wir hatten uns in Franzosen und Deutsche geteilt, und jede Abteilung war manchmal 50 Jungen stark. Die Leute eilten ans Fenster, und die Clemenser Soldaten riefen manchmal die Wache ins Gewehr, wenn es durchs Mühlhäuser Tor ging. Nur die vielen Blessierten wollten den Eltern nicht gefallen, und mancher durfte deswegen nicht mehr mit. Mein Vater aber sagte: »Das schadet den Jungen nichts, sie lernen vorsichtig zu sein und kriegen Courage.«... Im Jahre 1797 nach Ostern fand das Examen für Quarta statt... Um diese Zeit fing ich an, mich fester an den Vater zu hängen. Er nahm mich mit, wenn er über Land ging, um Holz und Schweine zu kaufen. Das Schulversäumnis schlug Herr Nohr nicht hoch an, denn er meinte, es sei auch Schule, so mit dem Vater über Land zu gehen. Als ich aber einmal dies nur vorgegeben hatte, in Wahrheit jedoch mit einem kleinen Kriegskorps als Hauptmann nach Schönstedt ausgerückt war, um die Bauernjungen zu verprügeln, mit denen wir im Kriege lagen, da hatte unglücklicherweise Herr Nohr meinen Vater gesprächsweise danach gefragt, ob er mich am Donnerstag mitgenommen habe. Nun, es ging noch so ab. Von meinem Vater bekam ich ein paar Hiebe und die Aussicht auf gewaltige Schläge, wenn ich wieder Lügen aushecke; Herr Nohr drohte mir mit der Jammerbank, auf der ich bis dahin nie gesessen hatte...
Mein Vater und Nachbar Buschmann lasen Zeitungen; General Bonaparte, um den sich damals alles drehte, stand in Ägypten. Ein Buchbinderlehrling bei uns

machte Bonapartehüte aus Pappe und blauem Zuckerpapier für 18 Pfennig. Wer von den Jungen soviel auf die Beine bringen konnte, der kaufte sich einen und setzte ihn auf, wenn's zu Felde ging.

11, 17 ff.

FULDA, 1802
Schulfrei für eine große Lektion

So flochten denn sich gegen mein zwölftes Jahr der Katechismus und die lateinische Grammatik zu einem zweidrähtigen Faden zusammen, mit welchem der erste größere Abschnitt meines Lebens sich abknüpfen sollte ...
Aus jenen stillen, halbtrüben Frühlingstagen unserer Vorbereitung zur ersten Kommunion ist mir ein unglückliches Ereignis im Gedächtnis geblieben, die Hinrichtung eines Verbrechers ... Wir Schüler wurden jenes Freitagsmorgens frei gegeben, um die große und seltenere Lektion vor dem Hochgerichte mitzunehmen. Auch der Mutter schien eine so eindringliche Warnung für ihren Knaben heilsam auf das ganze Leben. Da ihr selbst aber ein so schrecklicher Anblick zuwider war, überließ sie mich der Obhut einiger weniger empfindsamen Nachbarinnen.
Eine Stunde vor der Stadt, seitwärts der Leipziger Landstraße, steht noch heute der Galgen, in dessen Nähe wir, auf Feldwegen vorausgeeilt, einen kleinen Hügel gewannen. Von hier aus behielten wir über den zusammenfließenden Menschensee den freien Blick nach dem Dreieck des Balkengerüsts, das auf einer runden Mauerbühne sich erhob ... Endlich wurde die von allen Seiten ruhig zusammen geflossene Menge vom Strom derjenigen in Unruhe versetzt, die mit dem Armesünderwagen von der Landstraße herein drangen. Auch legte sich die wogende Flut nicht eher, als bis »Barthel am Stein«, wie der Verurteilte im Volke hieß, rücklings die Leiter emporsteigend, im langen Barte, mit hohler Stimme, singenden Tones seine Warnungen vor dem Verbrechen, seine Ermahnungen zur Tugend auf Jung und Alt herniederheulte. Man weiß, welchen Eindruck eben solcher Ton auf ungebildete Menschen macht ... Ich selbst war durchschüttert, und mein Herz füllte sich wie ein Schwamm mit Rührung. Wie sehr nun aber auch der Emporsteigende mit dem Blicke nach der Stadt, woher er einen Gnade bringenden Reiterboten erwarten mochte, von Sprosse zu Sprosse der Leiter zauderte, erreichte er endlich doch den Querbalken des Dreifußes, wo ihn die Henkersknechte mit dem hanfenen Halsband erwarteten. Desto mehr strengte Barthel die so bedrohte Kehle mit den Gebeten an, die er dem geleitenden Priester nachsprach. Länger hielt aber meine innere Spannung nicht

aus: laut weinend, das Gesicht in die flachen Hände versteckt, wendete ich mich ab, bis die schauerliche Stimme plötzlich verstummte. Mit erschrockener Neubegierde wendete ich mich um, – Barthel hing.
Und er hing noch lange und predigte mir auch später noch.

103, 126 ff.

JENA, 1806
Der Heldenknabe

An dieses Wilhelm von Schleinitz und seiner Gattin Barbara von Hochstetter ältesten, 1792 geborenen Sohn knüpft sich eine ergreifende Geschichte. Er gehörte mit 14 Jahren, 1806, als Fähnrich dem Braunschweiger Regiment an, das unter den Augen des berühmten Herzogs Karl Wilhelm Ferdinand bei Jena focht, als der Herzog in höchster Tragik endete. Ein alter Unteroffizier trug neben dem schmächtigen Knaben – wie soll man anders den 14jährigen nennen? – die schwere Fahne des Bataillons im Sturm der Schlacht. Der junge Fähnrich verlangte immer dringender, sie selbst zu tragen, und immer wieder erklärte der alte Unteroffizier: »Die ist zu schwer für Sie!« Bis der Fähnrich zornig rief: »Geb Er mir jetzt die Fahne, ich befehle es, denn ich bin als Fähnrich Sein Vorgesetzter!« So übergab ihm widerstrebend der Alte die Fahne, und der Junge schritt, sie hoch erhebend, in den Kugelregen voran. Er rief, sich wendend, noch dem Unteroffizier zu: »Frau und Kinder hast du! – du darfst nicht sterben!« in diesem Augenblick aber stürzte er tot, von der Kugel ins Herz getroffen, mit der Fahne zu Boden. In diese gehüllt, brachte man ihn nach Braunschweig zurück, wo er mit seinem stolzen Leichentuche in der Kirche St. Ägidien beerdigt wurde.

47, 37 f.

DARMSTADT, 1813 f.
Kosaken, Kaiser und Russen

Bayern, Russen, Österreicher und Preußen wechselten miteinander, vorzugsweise aber das Armeekorps des russischen Generals von Sacken lag bis zu Neujahr 1814 in Darmstadt und seiner Umgebung. Zur Zeit der bangen Besorgnis hatte ein Pulk Kosaken auf der Niederwiese vor dem Maintor ein Biwak bezogen. So große Angst die Alten vor diesem Korps hatten ... so große Lust hatten wir Knaben an dem Lagerleben ... Wir ... waren mittels unserer Geschenke und Gaben, die in Zwiebeln, Speck und Würsten bestanden ... bald vertraute Bekannte. Wir ritten die Pferde zur Tränke, halfen die Rationen herbeischaffen, rutschten auf der Streue hin und her, putzten die Waffen und ließen uns die Beute auskramen, die nicht selten in Gold und Geschmeide bestand ... Die Weise der hier gelagerten Kosaken war im ganzen viel freier als die der später nachrückenden Russen. Jene waren immer heiter, stets zu Spiel und Sang geneigt; hier und da tönte die Balaleika, nach deren Takt sich bald die Tänzer gewandt bewegten ... Die empörenden Mißhandlungen der Vorgesetzten gegen Untergebene waren hier nirgends zu bemerken ...

Kurz vor dem Abmarsch der Kosaken war wie ein Lauffeuer die Kunde durch die Stadt gedrungen, der Großherzog habe sich der Allianz angeschlossen. Eine Zentnerlast fiel den Bewohnern Darmstadts vom Herzen ... In Frankfurt war das Hauptquartier der verbündeten Monarchen, denen der Hof alsbald einen Besuch abstattete, der ebensobald von seiten des Kaisers von Rußland erwidert wurde. Bei dieser Gelegenheit war es uns Knaben vergönnt, endlich einmal einen Kaiser zu schauen, und natürlich waren wir nicht die letzten ... Er trug die grüne Generalsuniform, weiße Beinkleider und glänzende Reitstiefel. Das Ordenskreuz strahlte auf der Brust. Die Großherzogin Luise war dem erhabenen Gaste bis an die Treppe entgegengekommen ... und alle Zuschauer waren ergriffen von der herzlichen gegenseitigen Begrüßung ... Wir Knaben bedauerten, den Anblick des Kaisers so bald wieder entbehren zu müssen. Bald aber wurden wir dafür entschädigt, und die adligen Kameraden, die damals, als Pagen eingekleidet, bei Tafel und im Vorzimmer des Kaisers Dienst hatten, erzählten uns kirchenstill Lauschenden noch viel von seiner liebenswürdigen Persönlichkeit und zeigten uns die goldenen Repetieruhren, die sie von ihm zum Geschenk erhalten hatten.

Bei weitem minder anziehend erschien uns der Großfürst Konstantin ... Wie man sich vom Kaiser Alexander die wohltuendsten Züge von Milde und herzgewinnender Humanität erzählte, so vom Großfürsten Konstantin Beispiele von eiserner Strenge und furchtbarem Jähzorne ... Wie oft sind wir dessen Zeugen gewesen! Faustschläge ins Angesicht, worauf das Blut diesem entströmte, waren gang und gäbe, wurden aber stets mit stoischer Ruhe ertragen. Vor dem Bessunger Tore sah ich einen russischen Dragonerunteroffizier einen Gemeinen mit der elastischen Säbelklinge dermaßen fuchteln, daß der Unglückliche beim achten Hiebe tot zur Erde sank. Der Unmensch schwang sich auf sein Pferd und trabte davon, als wäre nichts geschehen. Wir Knaben, auf das tiefste entrüstet, gingen zum russischen Kommandanten, der in dem Moldenhauerschen Hause wohnte, und machten die gebührende Anzeige. Gleichgültig hörte der Mann uns an und hieß uns gehen. Die einzige Folge war und blieb die, daß der Gemor-

dete weggetragen und dann begraben wurde. Selbst russische Popen haben wir in der entwürdigsten Weise mißhandeln sehen ...
Was mich jedesmal tief ergriffen hat, das war das religiöse Tonstück, das jeden Abend nach anderen musikalischen Produktionen eine russische Regimentsmusik vor der Wohnung des Generals von Sacken ... vernehmen ließ ... Fast bei jedem Regimente folgte nach der Regimentsmusik ein Sängerchor ... War die Schar der einziehenden Kosaken noch so klein, vier bis acht Sänger zogen mit hellem Gesange voraus ...
Täglich war so viel zu sehen und zu hören, daß ... mancher Unterricht ausgesetzt wurde. Wir versammelten uns zwar regelmäßig in der Schule; hier aber, nachdem die Möglichkeiten des Tages besprochen waren, sendeten wir eine Deputation an den betreffenden Lehrer und ließen anfragen, wie viel und welche Regimenter zu erwarten wären und daß kaum die Hälfte der Schüler anwesend sei. Mit einem Hurra – auch eine Errungenschaft der Zeit – wurde die zurückkehrende Deputation empfangen und im Jubel nach dem Maintore hingezogen.

176, 51 ff.

BERLIN, 1813
Aus dem Tagebuch eines politischen Mädchens

Der Landsturm wird jetzt gebildet und zusammengerufen. Er ist vom fünfzehnten bis zum sechzigsten Jahre gültig. August, Herr Schwarz, Schulz, Meyer mußten sich heut stellen. August ist ganz selig; er hat sich einen herrlichen Säbel für 18 Taler gekauft und bekommt noch eine Pike. Es ist befohlen, daß jeder Landsturmmann sich auf drei Tage verproviantiert, Tornister und Feldflasche sich kauft und immer bereit ist, die Stadt zu verteidigen ... Ich – o fürwahr, die Frauen taugen für diese Zeit nicht! Sie taugen wohl, doch sie werden untauglich gemacht. Warum ward uns alles geraubt, was den Menschen veredelt? Die weichliche Erziehung des weiblichen Geschlechts macht ihr Gemüt so unschlüssig, wankend und schwach wie ihren Körper. Am Ende haben sie kein Gemüt mehr und ihr Äußeres soll nun das Innere ersetzen. Ihre Kleider, ihr Schmuck und ihr elendes savoir vivre und savoir se présenter soll sie dafür entschädigen. Man lacht und spottet des Weibes, das sich zur hohen göttlichen Kunst, zur Heldensphäre, schwingt. Und – was ist unser Wirkungskreis, den uns die Männer (gütig genug) überweisen? Sind es bloß die Kleinlichkeiten des Lebens, jene Mißgeburten der Mode und des verdorbenen Zeitalters? Mein Herz empört sich dagegen. Es hämmert und pocht gewaltig und will sich kühn hinausschwingen aus jener kleinlichen Sphäre! Mein ganzes Innere durchglüht

der Wunsch, daß die Gelegenheit sich darbieten möchte, wo ich mitwirken könnte entweder durch List oder durch Mut...
Heute bei dem Donnerstag-Kränzchen sprachen Laura, Minna und ich viel über Politik. Ich behauptete, daß wir im Fall, die Franzosen kämen, es mit Berlin wie die Russen mit Moskau machen müßten. Mir wurde eingewendet, daß die Reichen wohl dabei fortkämen, aber die Armen könnten sich nicht so forthelfen; doch mir scheint es einleuchtend, daß alle noch einmal so schlimm dran sind, wenn sie in Berlin, den Mißhandlungen der Feinde ausgesetzt bleiben, und ihr Vermögen können sie dennoch nicht retten, denn der Plünderung wird kein Haus entgehen. Wäre Moskau nicht abgebrannt, wäre so Alexanders Sieg zweifelhaft gewesen. Auch bin ich überhaupt der Meinung, daß kein Franzose in der Stadt geduldet werden müßte und daß kein Pardon gegeben werden sollte. Diese Maßregeln sind grausam, fürchterlich, allein sie sind nötig, ein Volk zu vernichten und zur Ruhe zu bringen, welches das Unglück nicht nur in Deutschland, nein, fast in ganz Europa verbreitet hat, welches den Müttern die Söhne, den Schwestern die Brüder, den Frauen die Männer getötet, in manche vormals glückliche Familie Trauer und Elend gebracht, endlich, welches Grausamkeit genug besitzt, den besten König, den sanftesten, zu töten und nun ein Ungeheuer auf den Thron bringt.
Laura und Minna gingen, weil ihre Mutter der Abreise des Sohnes wegen sehr niedergeschlagen ist, früher nach Hause.

151, 170f.

Eisenach, 1817
Das Schulfüchschen auf der Wartburg

Vom tiefsten Eindruck war auf mein junges Gemüt im Herbste 1817 die große Wartburgfeier der von allen Seiten in Eisenach zusammentreffenden deutschen Burschenschaft, woran ich als »Schulfüchschen« (wie uns die Studenten nannten) aus vollstem Herzen teilnahm, selbst an der kirchlichen Feier, welche unter Leitung des Generalsuperintendenten Nebe die Reihe dieser an edelsten Entschlüssen, sowie an mancherlei Übereilungen und Fehlgriffen reichen Tage beschloß. Nicht ohne stolz beglückendes Märtyrerbewußtsein büßte ich das Miterlebnis dieses unvergeßlichen Ereignisses bei der Rückkehr nach Gotha mit dem Karzer wegen unerlaubter Schulversäumnis! –
Es waren jene Tage der Gipfelpunkt der deutschen Burschenschaft vor den bald darauf eintretenden unseligen Mißverständnissen. – Mit demjenigen unter den zur Wartburgfeier versammelten Studenten, dessen aus überspannter Vater-

landsliebe hervorgehender Irrtum zwei Jahre später der vornehmste Beweggrund wurde zu der endlosen Kette dieser Mißverständnisse, war ich auf eigentümliche Weise in jenen Tagen bekannt geworden. Als ich auf dem Turnplatz zu Eisenach vom Reck herunterfiel und mit blutiger Nase lachend wieder aufsprang zur Fortsetzung der verunglückten Schwingübung, trat er zu mir heran, legte seine Hand auf meine Schulter und sprach, das mildfreundliche Auge auf mich gerichtet, mit zutraulichem Kopfnicken: »Du wirst dereinst ein wackerer Kämpfer werden für das Vaterland.« – Wie trat dein Bild so ernst und mahnend vor mich bei der Nachricht von dem Ende des deiner Rächerhand wahrlich nicht würdigen Vaterlandsverräters! Und wie sah ich später bei der Kunde deiner Hinrichtung so lebhaft dein kastanienbraunes Haar vom Richtblock niederwallen, du, eines rühmlicheren Opfertodes vor so vielen würdiger, Karl Sand. – –

203, 26 f.

DRESDEN, 1819
Eine ganz erbärmliche Geschichte

Es war allerdings ein wunderlicher Geist, der damals in den Köpfen der jungen Leute spukte ... Ebenso wie vordem auf der Schule, schwärmte ich auch jetzt noch für Rückbildung des Vaterlandes zu seiner Vorzeit, namentlich zu deren traditionellen Tugenden der Ehrlichkeit und Treue, des Glaubens, der Tapferkeit und Keuschheit, und da ich diese Eigenschaften an denen zu erkennen glaubte, die sich altdeutsch trugen, so legte auch ich solche Tracht an, um meine Tugend zu bekennen und Gleichgesinnten kenntlicher zu sein ... Ein phantastisches Samtbarett auf lang abwallendem Haar, eine kurze schwarze Schaupe mit breit darüber gelegtem Hemdkragen und an einer eisernen Kette, zwar kein Schwert, doch einen Dolch, dessen Ebenholzgriff auf silbernem Totenkopfe saß: das war mein Aufzug.
Als ich, so angetan, eines Abends über die Brücke ging, stand da im Ausbau eines Pfeilers ein gleich gekleideter Jüngling, bräunlich und schön wie der Hirtenknabe David, welcher die Vorübergehenden betrachtete, indem er sehr behaglich von einem großen Stücke Schwarzbrot abbiß, das er in der Hand hielt. »Bist du Bursche?« redete er mich an. Ich stand und bekannte mich als Maler ... Zutraulich schlang er seinen Arm in meinen, und wir schlenderten miteinander weiter, wie gute Brüder. Es war kein Arg unter uns Verkleideten, man traute sich gegenseitig gleich das Beste zu ... Ich hatte in Wahrheit einen prächtigen Jungen aufgefunden, frisch, froh, fromm, frei, wie Vater Jahn es sich nur wünschen konnte ... Mit einigem Stolze präsentierte ich den neuen Freund, Ernst Förster

von der Jenenser Burschenschaft, im Kunstverein ... Auch brachte ich ihn zu meinem Vater, der ihm seine Bilder zeigte und sich an seinem graden Wesen, wie an den kernigen Reden vergnügte, die er von sich gab. »Es ist doch was Besonderes«, sagte mein Vater, »um diese nagelneue Auflage von jungen Leuten!« Mein Vater war ein feiner bescheidener Mann von vorwaltend aristokratisch-konservativer Gesinnung ... Zu jener Zeit versprach er sich aber noch etwas für die Zukunft von der strengen, wenn auch rauhen Sittlichkeit, für die man schwärmte ... Mein Vater störte mich daher auch nicht in meinen Sympathien ...

Eines schönen Morgens verbreitete sich im Gipssaal die Kunde von Kotzbues Ermordung, eines Schriftstellers, welchem wir alle mit mehr oder weniger Recht und Unrecht von Herzen gram waren. Ich meines Teils hatte weder viel noch wenig von ihm gelesen, doch war es mir nicht im geringsten zweifelhaft, daß er ein literarischer Giftmischer, ein russischer Spion, ein Vaterlandsverräter und Abgrund allen Verderbens gewesen. Diesen Höllenpfuhl mit seinem Pestqualm hatte der Heldenjüngling geschlossen, sich selbst als ein anderer Curtius fürs Vaterland und seine heiligsten Interessen opfernd. Darüber, dachte ich, möge sich selbst die Mutter freuen, welche ihren Abscheu vor der Kotzbueschen Muse bei jeder Gelegenheit aussprach.

Statt dessen waren beide Eltern jetzt aufs tiefste empört, nicht nur über Sands unberufene Scharfrichterei, sondern fast noch mehr über meine Billigung derselben ... Die Behörden glaubten anfangs, daß dieser Mord durch einen Beschluß der allgemeinen Burschenschaft, als deren Teilhaber man alles ansah, was sich altdeutsch trug, veranlaßt sei ... Es fand sich daher in den Sälen der Akademie ein königlicher Befehl ein, die langen Haare, deutschen Röcke und Waffen abzulegen ... Ich, als Sohn eines Professors, mußte natürlich zuerst daran glauben, und Friseur und Schneider vollbrachten schnell an mir das Werk einer äußerlichen, mir recht verhaßten Bekehrung. Es war eine ganz erbärmliche Geschichte, und nie in meinem Leben habe ich mich mehr geschämt, als damals ... Geschoren und im Philisterkleide heimelte ich zwar nun meine gute Mutter wieder an, wagte mich aber kaum noch vor die Haustüre hinaus ... Es vergingen lange Wochen, ehe ich die Leistungen der Polizei an meiner Toilette verschmerzen lernte und meine Unbefangenheit zurückgewann.

Aber die Untat Sands brachte uns noch wesentlicheren Nachteil. Die strengere Überwachung, welcher infolge der Karlsbader Beschlüsse alle akademischen Anstalten unterworfen wurden, sprengte endlich auch unsern Kunstverein. Man legte uns so viel Schwierigkeiten in den Weg, daß wir uns selbst auflösten; und wenn wir dann auch, besserer Gestirne harrend, noch längere Zeit hindurch ein Scheinleben führten, indem wir Namen, Statuten und künstlerische Übungen aufgebend, uns ab und zu in anderen Kneipen versammelten, um miteinander ein Glas Bier zu trinken: die Sache war und blieb verloren, und der Phönix ist nie wieder auferstanden aus seiner Asche.

III, 438 ff.

WEIMAR, 1826
Das Jubiläum

Während ich in Untersekunda saß, kam ... das 50jährige Regierungsjubiläum des Großherzogs Karl August, verbunden mit seiner goldenen Hochzeit, und das ganze Land rüstete sich, dieses Fest großartig zu begehen. Auch kam das Land seinem Wunsche, das Fest nicht durch kostspielige und flüchtige Freudenbezeugungen, sondern durch nützliche Stiftungen und Anlagen zu ehren, durchaus nach, vor allem die Hauptstadt Weimar, welche an diesem Tage eine neue Bürgerschule, berechnet auf 1200 Kinder, einweihte, so wie im ganzen Lande nicht weniger als 80000 Obstbäume zu Ehren des Tages gepflanzt wurden ... Welcher Jubel endlich, als wir vernahmen, daß wir acht Tage Ferien des Festes wegen haben würden ... Endlich kamen die ersehnten Tage, und Weimar fing an sich zu schmücken. Häuser wurden eiligst noch abgeputzt, wo es nötig war, Gerüste wurden aufgeschlagen, und wir Gymnasiasten stürzten uns jubelnd in dies Leben und lieferten den Lehrjungen Schlachten. Denn da doch jedermann sein Haus mit Kränzen und Girlanden schmücken wollte, so hatte die Stadtverwaltung eine Menge Wagen besorgt, welche fortwährend aus den nächsten Wäldern Grünes zuführen. Kam ein solcher in eine Straße, so stürzten Lehrjungen aus allen Häusern und machten die Wagen in wenigen Augenblicken leer. Sahen wir nun ein altes Frauchen vor einer Tür stehen, die niemand hatte, der ihr Grünes brachte, so hieß es: »Frauchen, brauchen Sie Grünes?« Und auf eine bejahende Antwort stürzten wir auf den Wagen los und kämpften einen Heldenkampf mit Schuster- und Schneiderburschen, bis jeder einen Arm voll Grünes erobert hatte ... Vor jedem Hause saßen Frauen und Mädchen Kränze windend, denen wir willkommenen Beistand leisteten, indem wir Blätter und Zweige zu den Girlanden vorschnitten ...
Die Stadt füllte sich schon mit Fremden. Den Tag vor dem Feste brachten wir nur damit zu, berühmte Fremde zu besuchen, natürlich nur am Kutschtritt und an Haustüren, und die glückliche Unverschämtheit der Jugend ließ uns manches sehn, was andern unbekannt blieb. »Kommt, der König von Bayern ist eben angekommen.« – »Kommt doch mit, vor Goethes Haus steht eine große Equipage, wollen sehen, wer herauskommt.« ... Immer mehr füllte sich die Stadt mit Gästen. Am Abend kamen Massen von Landleuten und brachten die Nacht auf

Wagen zu, denn an irgendein Unterkommen war längst nicht mehr zu denken. Man schlief die Nacht vor dem Fest ohnedies kaum, selbst wenn man ein Bett hatte. Der Tag kam, und zwar ein wunderschöner Herbsttag mit blauem Himmel. Morgens 5 Uhr donnerten 101 Kanonenschuß, alle Glocken begannen zu läuten, und auf allen freien Plätzen ertönte Festmusik. Schon durch die Straßen zu gehn, wo jedes Haus reich und geschmackvoll geschmückt war, gereichte zu hohem Genuß. Gegen 6 Uhr traf mich ein Mitschüler: »Komm schnell, der alte Goethe geht eben gratulieren!« Und wirklich hatten wir das Glück, diese Heroengestalt ernst und sinnend durch den Park nach dem Römischen Hause wandeln zu sehen, wo sein erhabener Freund diese Nacht geschlafen hatte. Alle übrigen Gratulationen empfing der Großherzog nach der Kirche im Schlosse, vor dem wir uns natürlich auch einfanden, um Könige und Fürsten aussteigen und viele berühmte Männer vorübergehn zu sehn. Unter ihnen war auch unser Direktor, der, wie wir wohl wußten, eine lateinische Ode in sapphischem Versmaß gedichtet, nein, gewiß nicht gedichtet, sondern aus Versfüßen zusammengeleimt hatte ... Aber wir drängten uns mit Stolz, daß unser Direktor auch zu den Gratulanten am Hofe gehörte, sogleich um ein Bedeutendes durch die Zuschauer vor. Von den Festzügen und andern Feierlichkeiten sage ich nichts. Den ganzen Nachmittag verbrachten wir mit Herumbummeln in der von festlichen und fröhlichen Menschen gefüllten Stadt.

Wir hatten zwar Billets zum freien Theater, aber da wir mehrere Stunden früher hätten hingehen müssen, um einen Platz zu bekommen, verschenkten wir dieselben an Fremde ... Abends war die Stadt glänzend erleuchtet, und da fast jedes Haus, selbst in den abgelegensten Straßen, ein Transparent hatte, von denen manche sinnreich, andere wunderlich waren, fehlte es uns nicht an Unterhaltung. Als aber nach dem Theater der Jubilar auf einer Droschke durch die Stadt fuhr, um die Erleuchtung auch selbst zu schauen, bildeten wir, fürchte ich, eine durch Hurra- und Vivatrufen etwas lästige Eskorte.

Was kümmerte uns in diesen Tagen Homer, Plutarch, Cicero usw., wir stürzten uns mit jugendlicher Gier in den Strudel. Hatten wir Hunger, so gingen wir zum ersten besten Bekannten und luden uns ein, und wir wurden immer freundlich empfangen und entlassen.

16, Bd. 11, 257ff.

Reutlingen, 1827
In der Windstille der Restauration

Unterschiedliche alte Basen aber ... riefen, da sie von meinem Neuerungsversuche hörten (nämlich die Suppe am Bach zu kochen), mit zusammengeschlagenen Händen aus: »O Herr, meine Güte ... das gibt einen zweiten List!« Man enthalte sich jedoch, etwa zu glauben, daß der Glanz, der jetzt auf diesem Namen ruht, schon damals meine Eitelkeit zu berauschen die Kraft gehabt hätte. O nein, der Name List war zu jener Zeit ... kein Schmeichelwort ... vielmehr bezeichnete er ... einen unruhigen Projektmacher, der alles bewährte Alte ›umzuorgeln‹ suche und sich und andre, die ihm nachtreten, nur in Schaden bringe ...
Ich habe die ungeahnte Ehre dieser Vergleichung auch in meinen späteren Knabenjahren ... über mich ergehen lassen müssen. Wenn ich nämlich Miene machte, mich nicht in die Welt fügen zu wollen ... so hieß es ...: »Gib nur acht, dir wird's noch gehen wie dem List!« Er war inzwischen, »weil er sich auch nicht in die Welt fügen wollte«, auf der Festung gesessen, und diese politische Strafe galt in jenen unpolitischen Tagen ... für eine non levis notae macula.
Noch recht gut ist sie mir erinnerlich, jene einst so berüchtigte Petition, die ihn auf den Asperg gebracht hat, und zwar kenne ich sie noch in ihrer ursprünglichen Form, obwohl nicht von der Zeit ihres Ursprungs her, zu welcher Zeit ich noch in den Kinderschuhen gegangen bin. Manches Jahr war seitdem verflossen, und die meisten gedachten nicht mehr des Mannes, den in Amerika die Sehnsucht nach dem dankbaren Deutschland verzehrte, da saß ich eines Sonntagsmorgens, aus dem Kloster (Maulbronn) in ersten Ferien heimgekehrt, über allerlei Reliquien meines verstorbenen Vaters. Es waren Briefe, ein Tagebuch einer Schweizerreise voll jugendlicher Begeisterung, und andere dergleichen Papiere mehr. Das Herz war mir voll geworden im Anblick der hellen und dunklen Bilder, die aus dieser Verlassenschaft aufstiegen, als mir ein Bogen mit gedruckter Kursivschrift, sehr primitive Lithographie, in die Hände fiel und mich durch seinen Inhalt alles andere vergessen machte.
Das Geschlecht, das in den Jahren vor der Julirevolution zu den ersten größeren Eindrücken des Lebens heranwuchs, hatte keine Ahnung von einer Politik der Gegenwart. Wir waren Bürger in Athen, Sparta und Rom, diskutierten lykurgische und solonische Gesetzgebungen, fühlten uns in unsrer alten Kaisergeschichte mehr oder weniger zu Hause, der dreißigjährige Krieg und der Abfall der Niederlande war uns durch Schiller geläufig, wie denn überhaupt die allgemeinen Weltbegebenheiten ... bis zu den Welthändeln Napoleons kein Geheimnis für uns geblieben waren. Hiermit aber schien uns alle Geschichte abgesponnen, die Zeit stand still ...

Wie aus einem Traume wachgerufen war ich daher, als ich auf dem lithographierten Bogen von bürgerlicher Freiheit und Selbstverwaltung las. Daß es keinen Oberamtmann und keinen Kameralverwalter mehr geben sollte, Würdenträger, die ich täglich über den Klosterhof gehen sah, welch eine Überraschung war mir das, aber mehr noch überraschte es mich, daß in unserer Zeit von einem Ding die Rede sein konnte, das ich höchstens in den alten Republiken suchte oder vielmehr mit ihnen begraben glaubte, nämlich von einer Einwirkung des Bürgers auf den Staat. Ich wußte nicht, von dem der Entwurf herrührte, noch was er unter meines Vaters Papieren zu schaffen hatte; doch das bloße Dasein dieser Beschwerden und Forderungen sprach mächtig zu mir und eröffnete mir einen Blick in eine neue Welt.

In diesem Augenblick kam meine Mutter aus der Kirche, sah die längst bei Seite geschaffte Lithographie in meinen Händen und erschrak. »Tu' das Unglückspapier weg!« rief sie, »es hat den List unglücklich gemacht, und dein Vater, der Feuer und Flamme dafür war, hat auch keine Seide dabei gesponnen. Tu's weg, ich bitte dich!« So erfuhr ich die Geschichte der Petition und ihres Verfassers. Er war damals so gut wie vergessen ... Ich gehorchte meiner Mutter und tat den Bogen weg, aber ich tat ihn in gute Verwahrung, denn ich gedachte ihn mit in das Kloster zu nehmen und meinen Freunden zu zeigen. Als ich jedoch das Ränzlein dort auspackte, war die Petition verschwunden; meine gute Mutter hatte sie vor dem Abschied heimlich wieder herausgenommen, um das »Unglück« von mir fern zu halten ... Dagegen war auch der Windstille der Restaurationszeit ihr Ziel gesetzt; denn unversehens kam uns der Sturz der Bourbonen zwischen den peloponnesischen Krieg und den ezechielschen Tempelbau, um uns zu belehren, daß auch die Gegenwart ihren politischen Puls habe und daß der Prozeß der Geschichte noch nicht völlig zu Ende sei.

113, 28 ff.

Mainz, 1830 ff.
Charpie für Polen

Zum erstenmal gewann politische Stimmung Herrschaft über die häuslichen Kreise bei dem Aufstand der Polen. Überall wurde Charpie für ihre Verwundeten gezupft, und da wir Kinder mitzupfen durften, wurden wir natürlich warme Anhänger der Revolution. Eine der ersten und stärksten Ohrfeigen, die mir von mütterlicher Hand in Erinnerung geblieben ist, trug mir die Nachricht ein, daß General Diebitsch-Sabalkanski an der Cholera gestorben sei. Ich stürzte damit jubilierend ins Zimmer, wurde aber sofort in dieser nachdrücklichen Weise be-

lehrt, daß man sich über keines Menschen Tod freuen dürfe, und sei es ein russischer General. Mir schwebt dunkel in der Erinnerung – ich war damals nicht acht Jahre alt – die Ohrfeige hat besser gesessen als die Moral.
Bezeichnend ist für die Sympathie, welche die polnische Sache damals besaß, daß sie allein sich meiner Erinnerung, mit den ersten politischen Ideen verbunden, einprägte. Hambach, das bald darauf folgte, steht mir noch deutlich vor Augen, aber nur als ein festlicher Vorgang, von welchem die Teilnehmer geräuschvoll zurückkehrten, und dessen Erinnerung in Hambacher Bärten und Hambacher Hüten einige Jahre in Mode blieb. Als Symbol der friedlichen und bescheidenen Revolution war der Hambacher noch kein Vollbart wie 1848, sondern lief wie eine Binde unter dem Kinn, den früheren kürzeren Backenbart verlängernd, herum, und der Hut war kein niederer Schlapphut, sondern ein hoher Zylinder mit breitem Rande.
Die Namen Wirth und Siebenpfeiffer wurden wohl genannt, und Dienstmädchen aus der Pfalz sangen: »Fürsten zum Land hinaus, jetzt geht's zum Völkerschmaus«, aber wir Knaben dachten uns nichts dabei, dagegen war uns die polnische Insurgenten-Gräfin Plater, hoch zu Roß als Amazone eine beliebte Figur. Der Frankfurter Putsch zog unsere Aufmerksamkeit nur dadurch auf sich, daß ein Teil der Besatzung nach der benachbarten Stadt verlegt wurde.
Das Soldatenwesen der Garnison bildete natürlich einen Mittelpunkt der Spiele und Zerstreuungen. Wir verbrachten lange Stunden auf den Exerzierplätzen, und das Knuffen, Stoßen und Quälen der preußischen Rekruten durch die jungen Offiziere erregte unseren kindlichen Unwillen. Der »kommode« Österreicher schien uns weniger beklagenswert, wenn auch manchmal einer Spießruten lief oder krumm geschlossen wurde ...
Der Geschichtsunterricht des Gymnasiums blieb bis in die obersten Klassen diesseits des westfälischen Friedens stehen und auch in den der klassischen oder deutschen Literatur gewidmeten Stunden gab es keine politischen oder patriotischen Betrachtungen. Der einzige Lehrer der höheren Klassen, der einen Anflug von ästhetischer und historischer Bildung unter die Schüler zu bringen suchte, las mit uns Klopstocks Messiade und Tiedges Urania und brachte uns einige Daten aus der Geschichte der Kurfürsten bei.

9, 4 f.

NIESKY, 1840ff.
Höhepunkte in der Geschichte eines Schulregiments

Es war am 5. Oktober 1840, da zogen etwa 40 Knaben unserer Anstalt, in vier Sektionen geteilt, geführt von den Brüdern Gustav Müller und L. Chappuis, hinaus auf jenen kleinen Spielplatz ... damals noch kleiner als heute, denn mitten darauf stand eine Art hölzerner Laube, die ›rote Hütte‹ genannt. Man zog aus zu einer militärischen Übung. Schon längere Zeit hindurch hatte bald die, bald jene Stube der Anstalt vereinzelt für sich ›Soldat gespielt‹ – heute traten von den 50 Zöglingen der Anstalt die 3 oberen Stuben und einige der stärksten und größten Bewohner der 4. zum ersten gemeinsamen Exerzieren zusammen. Das war der Anfang unseres Nieskyer Regiments, zunächst noch ein recht bescheidener Anfang! Weder Offiziere gab's, noch Unteroffiziere, weder Degen, noch Gewehre, weder Fahnen, noch Abzeichen. – Ein halbes Jahr später, am 12. April 1841, stand das Regiment im Halbkreis formiert in einem Zimmer des fürstlichen Schlosses in Jänkendorf – rings Herren und Damen als freundliche Zuschauer. Mitten im Zimmer auf einem Tisch lag die neue Fahne, welche Ihre Durchlaucht, die seitdem heimgegangene Fürstin Clementine Reuß unserem Regiment verehrte, das von ihrem Sohne, dem Prinzen Heinrich IX. Reuß, als Hauptmann geführt ward. Feierlich ward Nagel um Nagel von den anwesenden Herren, sowie von den Offizieren und einem Teil der Soldaten dem Brauche gemäß eingeschlagen, Seine Durchlaucht Heinrich LXIII. Fürst Reuß schwenkte die fertige Fahne über dem Regiment, der Hauptmann übergab sie mit kräftigen Worten, fröhlich hielt das Regiment im Garten Wachtdienst bei seinem Feldzeichen, Quarree ward formiert, keck sprengte der Hauptmann zu Roß drauf ein – und lustig singend trat die Schar, von ihrem Hauptmann stolz zu Pferd geführt, den Heimweg an. Heut sah das Regiment schon anders aus, als an jenem 5. Oktober. 3 Offiziere, 1 Fähnrich, 1 Feldwebel und 8 Unteroffiziere waren gewählt worden, besondere Abzeichen schmückten sie, die Soldaten trugen ihre Holzgewehre – freilich waren Säbeln und Trommeln noch von Holz ... Aber noch ein anderer Tag sollte folgen, ein Tag vor anderen des Gedächtnisses wert – ein Tag, der unserem Regiment erst die Weihe gab. Dort auf den Königshainer Bergen ... stand unsere Schar am 1. Juni 1844 in Bataillonsfront, die Reihen präsentierten und mit frischer, jugendlicher Begeisterung erscholl ein dreimaliges »Hurrah«, und Hunderte von Kehlen stimmten mit ein; – es galt unserem lieben ... Landesvater, des Königs Friedrich Wilhelm IV. Majestät. Vor ihm durfte unser Nieskyer Regiment an jenem Tage in festem Parademarsch vorbeidefilieren; mit seiner bekannten Freundlichkeit gegen Alt und Jung richtete er manch leutselig Wort an den damaligen Hauptmann ... und andere der Knaben ... Unvergessen soll es bleiben, mit welcher Huld der Hohe Herr, seinen Wagen verlassend, selber das Kommandowort: »Richtung« gab und unter der vorbeimarschierten Schar Tritt fassend, den Kleinsten, die ohne Gewehr den Schluß bildeten, den »Chirurgen« des Regiments, wie er sie scherzend nannte, deren kurze Beinchen noch nicht recht im Tritt mit fort wollten, selber das »Rechts-links-rechts-links!« zurief. Noch heute bewahren wir zum Andenken des Tages jenes der beiden Gewehre, die der König sich reichen ließ, damit zielte und dann seinem Generaladjutanten von Neumann mit den Worten übergab: »Haben Sie schon versucht? Daran läßt sich noch manches verbessern!« Gewiß, das war ein schöner Tag!

Der 17. März, das Veteranenfest, war abermals ein Festtag für das Nieskyer Regiment, als es einer Schar von 208 jener alten Helden aus den Freiheitskriegen die Honneurs machen durfte ... Aber auch außer diesen besonderen Festtagen brachte und bringt noch heut das »Exerzieren« unserer Jugendschar frohe und heitere Stunden, wenn sie in militärischem Schmuck zu den Paraden nach den Spielplätzen zog, oder wenn es bei den Manövern mit Hurrah und gefälltem Bajonett gegen die tapfer verteidigten Höhen und Schanzen losging; wenn statt der Glocke Trommelwirbel am Morgen die Schläfer weckt, und nach kürzester Zeit schon das Regiment nach Astrachan abmarschiert, wo nach einem Feldgottesdienst die Sektionen sich auf dem kleinen Spielplatz im Kreis zum Frühstück lagern, bis wiederum die Trommeln wirbeln und nun ... der Kampf beginnt, oder wenn endlich in der Kühle des Abends die Wachtfeuer des Lagers auflodern, und bald in einem begeisterten Hoch auf Kaiser und Heer, auf »Chef« und Generale des Nieskyer Regiments, auf fröhliches Gedeihen dieses letzteren selbst, bald in gemeinschaftlichem Gesang eines: »Was blasen die Trompeten« oder: »Wer will unter die Soldaten« die frohe Begeisterung der jugendlichen Krieger ihren Ausdruck findet.

67, 24 ff.

Schulpforta, um 1845
Das Oktoberfeuer

Einen überaus wunderlichen Eindruck machte bei nur oberflächlicher Bekanntschaft Professor Steinhart, aber wer das Glück hatte, ihm näher zu treten ... der mußte ihn trotz aller seiner Wunderlichkeiten von ganzem Herzen liebgewinnen. Selbst für alles Ideale aufs höchste begeistert, wußte er diese Begeisterung auch seinen Schülern mitzuteilen ... Ganz besonders ließ er es sich angelegen sein, echt deutsche Gesinnung in den Herzen der Jugend zu wecken und zu pflegen. Als ehemaliger Burschenschafter schwärmte er für die Wiederherstellung der deutschen Einheit und der alten Kaiserherrlichkeit in einer Zeit, als dieselbe den meisten noch als ein schöner Traum erschien... Die Hoffnung auf die ersehnte Einigung des deutschen Vaterlandes suchte er namentlich durch die alljährliche Feier des 18. Oktober zu beleben. Als die Oktoberfeuer ringsum in deutschen Landen meist erloschen waren, hatte er es durchzusetzen gewußt, daß die Erinnerung an die Völkerschlacht von Leipzig in Schulpforta alljährlich gefeiert wurde. In einem zur Feier des Tages veranstalteten Redaktus wurden von den Schülern vaterländische Gedichte vorgetragen, und Steinhart selbst hielt eine Festrede, die immer von dem Hauche vaterländischer Begeisterung durchweht war. Am Abend wurde dann auf einer der nächstliegenden Höhen ein Oktoberfeuer angezündet, um welches sich die Schüler zum Gesange patriotischer Lieder sammelten. Mit Steinharts ehemaligen burschenschaftlichen Neigungen hing auch der Eifer zusammen, mit welchem er den Turnunterricht zu fördern bestrebt war. Mit den besseren und geübteren Turnern unternahm er alljährlich eine oder die andere Turnfahrt, die manchmal bis nach der fünf Meilen von Pforta entfernten Dornburg ausgedehnt wurde. In anregenden Gesprächen, die durch den Gesang von Turn- und Wanderliedern unterbrochen wurden, vergaßen die mitgenommenen Schüler die Beschwerden der weiten Fußwanderung.

178, 55 f.

Köln, um 1845
Politik im deutschen Aufsatz

Der unruhig aufstrebende deutsche Nationalgeist, der damals die Gemüter der gebildeten Stände durchwehte und in der Literatur beredten Ausdruck fand, erregte in uns die wärmste Begeisterung. Wie die geträumte Freiheit und nationale Einheit zuwege gebracht werden sollten – ob wir zu diesem Zweck, wie Herwegh in einem Gedicht empfahl, das wir alle auswendig hersagen konnten, die eisernen Kreuze aus der Erde reißen und daraus Schwerter schmieden müßten, oder ob es einen Weg friedlicher Entwicklung nach dem ersehnten Ziele gäbe –, darüber waren unsere Gedanken keineswegs klar. Um so fester aber standen uns die Zielpunkte selbst, und wir suchten uns durch fleißiges Lesen von Zeitungen und Flugschriften über die Vorgänge des Tages und die Gedankenströmungen im Volke zu unterrichten. Auch konnten wir uns nicht enthalten, unsere Gesinnungen gelegentlich laut werden zu lassen. Ich war in der Obersekunda, als eines Tages unser Lehrer im Deutschen ... uns die Aufgabe stellte, als deutschen Aufsatz eine Gedächtnisrede auf die Schlacht von Leipzig zu schreiben. Da ich es für meine Pflicht hielt, das zu sagen, was ich wirklich dachte, so ließ ich bei dieser Veranlassung meine Ansichten über die dem deutschen Volke nach so heldenmütigen Anstrengungen gewordene Behandlung und meine Hoffnung auf eine nationale Regeneration des deutschen Vaterlandes freimütig aus. Es war mir heiliger Ernst dabei. Ich schrieb die Gedächtnisrede sozusagen mit meinem Herzblut. Als der Professor – sein Name war Nattmann – uns in der Klasse unsere Hefte mit seinen kritischen Bemerkungen zurückgab, reichte er mir das meinige ohne ein Wort. Ich fand unter meinem Aufsatz die Zensur: »Stilistisch sehr gut; aber was für nebelhafte Ansichten!« Nach der Unterrichtsstunde rief er mich zu sich, legte seine Hand auf meine Schulter und sagte: »Was Sie da geschrieben haben, klingt ja ganz brillant. Aber so etwas kann doch auf einem königlich preußischen Gymnasium nicht passieren. Tun Sie's nicht wieder!« Er gab uns nie wieder ein Thema, das politische Anspielungen hätte veranlassen können.

193, 74 f.

Berlin, um 1846
Vormärz daheim und in der Schmidtschen Schule

Auch Kinder konnten von den Dingen, die sich damals vorbereiteten, nicht unberührt bleiben; denn was man sah und hörte, bezog sich auf sie, und in dem Hause der Mutter kamen beide Richtungen, die einander damals so schroff gegenüber standen, mit Ausnahme der extrem republikanischen, zu Worte. Auch die Mehrzahl unserer konservativen Bekannten hatte zu klagen und bedauerte die Schwäche des Königs und die religiöse Korruption und heuchlerische Streberei, die der ehrliche, aber romantisch schwärmerische Glaubenseifer Friedrich Wilhelms IV. hervorgerufen hatte.
Über diesen Krebsschaden der damaligen Gesellschaft muß ich die meisten Weherufe vernommen haben; denn sie prägten sich mir am tiefsten ein ... Königstreu waren alle, und die Mutter hing so warm an dem Hohenzollernhause, daß ich sie einen jüngeren Mann ersuchen hörte, sich zu mäßigen oder ihr Haus zu meiden, als er es in scharfen Worten für an der Zeit erklärte, den König zur Abdankung zu zwingen. Die Mutter konnte freilich nicht hindern, daß uns ähnliche und noch schärfere Worte zu Ohren kamen.
Einen besonders tiefen Eindruck machte auf uns ein großer Herr mit starkem blondem Bart, dessen Namen ich vergaß, den wir aber gewöhnlich bei dem Bildhauer Streichenberg trafen, wenn er uns in schulfreien Stunden mit in sein großes Atelier nahm; denn dieser lebhafte, ja stürmisch leidenschaftliche

Mann ... trat vor unsern Augen mancherlei schonungslos in den Staub, wozu ich ehrerbietig aufgeblickt hatte. Ja, er erweckte Gedanken in meiner Kinderbrust, die ihr bis dahin weltenfern gelegen hatten. Meine Lippen hingen an seinem Munde, wenn er von den Rechten des Volkes sprach und seinem eigenen Beruf, der Freiheit die Wege zu bahnen, oder wenn er diejenigen verfluchte, die eine edle Nation mit dem unwürdigsten Sklavenjoche bedrückten. Gemeinplätze wie »das Aufhängen des letzten Königs am Darm des letzten Priesters« kamen mir zuerst durch ihn zu Ohren, und wenn sie mir auch nicht gefielen, so prägten sie sich mir doch ein, weil sie mich überraschten und er uns mehr als einmal aufforderte, echte Söhne unserer Zeit und keine Tyrannenknechte zu werden. In zurückhaltenderer Weise bekamen wir Ähnliches auch anderwärts und in knabenhafter Weise in der Schule zu hören.

Auch dort gab es zwei Parteien, und dennoch wurde gerade dort außer der Königstreue noch etwas anderes gepflegt, das man heute ›Chauvinismus‹ nennen würde, und das doch schön war, weil es in unserer jungen Brust die vollste Rose des jungen Gemütes, den Enthusiasmus für eine große Sache, zur Blüte entfaltete. Wie begeistert stimmte die ganze Klasse mit ein, wenn: »Was blasen die Trompeten? Husaren heraus! Es reitet der Feldmarschall in fliegendem Saus!« gesungen wurde. Wie glühten uns allen und auch den Söhnen der wildesten »Roten« die Wangen bei dem Refrain: »Juchhei-rassa – die Preußen sind da«, oder bei dem Strophenschluß des Liedes: »Ich bin ein Preuße, kennt ihr meine Farben«; »Ob Fels und Eiche splittern, wir werden nicht erzittern –« Beinahe sämtliche Lieder, die wir in der Schmidtschen Schule neben den Chorälen sangen, waren Kriegs- und Soldatenlieder, die sich auf die Heldentaten der Preußen, ihrer Fürsten und Paladine bezogen. Deutsche Vaterlands- und Freiheitslieder sollten wir erst in Keilhau kennenlernen. Sie waren wohl damals in einer Berliner Schule zu singen verboten ... Auch während des historischen Unterrichts, der sich auf Brandenburg-Preußen bezog, glühten uns oft die Wangen ... Über die Beschaffenheit des übrigen Unterrichts in der Schmidtschen Schule kann ich ... wenig berichten ... Ich weiß nur noch, daß wir ... mit unter der »von oben« begünstigten Nachaußenkehr des Allerinnersten, der Religion, zu leiden hatten, als wir mit dem Auswendiglernen zahlloser ... Bibelsprüche und Gesangbuchlieder ... die Hälfte der gesamten Arbeitszeit auszufüllen hatten ...

Sobald wir die Klasse hinter uns hatten, dachten wir nicht mehr an das dort Empfangene, sondern an ganz andere Dinge ... Sie bezogen sich meistens auf Politik oder besser die inneren und äußeren Unruhen jener Tage. Bei Liebe hatte es nur Söhne aus guten Familien gegeben, bei Schmidt saß auf derselben Bank mit einem Grafen Waldersee und Hoym der Sohn eines Mützenmachers und Viktualienhändlers. Die verschiedensten Richtungen waren unter uns vertreten,

und allerlei politische Spott- und Schmählieder drangen auch zu uns. Parodien wie die auf das Preußenlied:
>>Ich bin ein Preuße, kennt ihr meine Farben?
Sie kämpfen zwischen Finsternis und Licht!
Daß für die Freiheit meine Väter starben,
Das merke ich bis heut wahrhaftig nicht«,
verstanden wir recht wohl. Auch feinere Andeutungen entgingen uns nicht; denn wer von uns hätte zum Beispiel nichts von den Lichtfreunden gehört, die damals eine Rolle unter den Berliner Liberalen spielten? Wem wäre nicht ein Sehnsuchtsruf nach Freiheit und besonders nach Preßfreiheit zu Ohren gekommen?... Kurz, es gab kein Schlagwort aus jener bewegten Zeit, das wir Zehn- bis Zwölfjährigen nicht wenigstens oberflächlich zu deuten gewußt hätten.
Mir schien es wohl schön, sagen zu dürfen, was man für Recht hält, doch begriff ich nicht, wie man der Freiheit der Presse eine so hohe Bedeutung beilegen könne. Der Vater unseres Freundes Bardua hieß zwar »Kammergerichtsrat«, er hatte aber auch das Amt eines Zensors bekleidet, und ein wie frischer, lieber Jung war doch der seine! Unter den Kameraden befand sich auch der Sohn des Professors Hengstenberg, des Hauptes der Pietisten und protestantischen Zeloten, und von ihm hatten wir als dem finstersten aller Dunkelmänner reden und seinen Einfluß auf den König verwünschen hören... und doch war der Sohn... ein besonders kräftiger und heiterer Knabe, den wir alle gern hatten, und dessen Vater, als ich ihn zu sehen bekam, mich in Erstaunen versetzte; denn er war ein freundlicher Herr... Das alles ließ sich schwer zusammenreimen...

41, 116ff.

BERLIN, 1847f.
Unruhe in der Mädchenpension

Nachdem meine Aufgabe (als Gouvernante) in Birkholz insoweit gelöst war, daß nur noch die jüngste Tochter, Lili, des Unterrichts bedurfte, verließ ich in ihrer Begleitung im Herbst 1846 das mir so lieb gewordene Birkholz und brachte das Kind nach dem Pensionat des Fräulein Weiß in Berlin, in dem ich zugleich als Erzieherin angestellt wurde. Fräulein Weiß bewohnte ein Haus am Leipziger Platz; eine große Schar junger Mädchen befand sich dort.
Schon in der Not des strengen Winters 1847 warf das kommende Jahr seine Schatten voraus; wie natürlich war es, daß auch die jugendlichen Gemüter von diesen Ereignissen bewegt wurden. So beschlossen die jungen Mädchen, des Morgens zum Kaffee ihre Semmeln nicht zu essen, sondern sie auf den Spazier-

gängen an hungernde Kinder zu verteilen. Es fanden sich auch Kinder genug, ob immer hungernde, das sei dahingestellt. Jedenfalls wurde bald das eine klar, daß nämlich die Tischgenossen mehr als hungrig zum Mittagessen kamen, und da machte Fräulein Weiß der freigebigen Semmelverteilung ein gerechtes Ende.
Einige der jungen Mädchen hatten sich später in eine Schwärmerei für die im Gefängnis sitzenden polnischen Anführer eingelebt. Mieroslawsky war ihr Held! Wie dieser, als Rebell gegen die (preußische) Staatsgewalt (in Polen), zum Tode verurteilt wurde, da zerfloß Eva von Zitzewitz, die Aufgeregteste der Aufgeregten, in Tränen.
Nun kamen die Märztage 1848, und bald wurde Mieroslawsky aus dem Gefängnis in Moabit durch die Märzhelden befreit. Ein Pöbelhaufe trug ihn, der des Todes wartete, im Triumph mit seinen Genossen in die Stadt... Eva jubelte, daß er gerettet sei, fand jedoch wenig Sympathie...

17, 107f.

Haslach, 1848
Die Revolution wirbt um die Schuljugend

›Wer die Jugend hat, der hat die Zukunft‹, dachten richtig die Republikaner meiner Vaterstadt und darum weihten sie die zwei letzten Jahrgänge der Schule, d. i. die älteren Knaben, auf zweifache Art in den Gang der Revolution ein: Eines Tages erschien der Lehrer mit einer Tüte aus grauem Papier und verteilte daraus jedem eine schwarz-rot-goldene Kokarde für die ›Heckerhüte‹, welche bereits seit Wochen unsere für die Freiheit begeisterten Köpfe zierten. Das war ein Hallo, eine Kokarde tragen zu dürfen und damit gleichsam eingereiht zu sein in die »Gleichheit und Brüderlichkeit« mit den erwachsenen Republikanern!...
Bestund die eine Art, uns patriotisch zu machen, mehr im sichtbaren Zeichen und im Symbol der Gleichheit, so sollte die zweite Methode, uns republikanische Gesinnung beizubringen, einen Vorgeschmack geben von der zu erwartenden Freiheit. Jede Woche kam ein oder zweimal ein Blusen-Mann mit Gewehr unter die Schultüre und rief im Namen der Freiheit: »Es wird heute ein Treibjagen im Urwald abgehalten, und sollen die größern Schüler aus der Schule entlassen werden, damit sie als Treiber Dienste leisten!« Wir hatten den Mann kaum erblickt, als es aus allen Kehlen scholl: »Auf die Jagd! Auf die Jagd!«
Einen Tag im Urwald statt in der Schule – holde Göttin Freiheit, kannst du einem Knaben größere Güter bringen!...
Trotz der großen Wälder hat meine Heimat fast gar keinen Wildbestand, und so richteten die Freischärler blutwenig an. Die Hauptfreude hatten wir am Trei-

ben, und sie am gemeinsamen Mahle im Walde bei Brot, Speck und Kirschwasser, wobei wir nicht bloß mittun durften, sondern auch noch, wie bei den Gastmählern Platos, Reden über Freiheit auf uns, die wir im weichen Moose lagen, herabträufelten. Zum Dessert wurden – im Gespräch – verschiedene Fürsten aufgehängt, Minister zum Teufel gejagt, Oberamtsmänner abgesetzt – so daß wir bald an die blutigsten Gewalttaten geglaubt hätten, wenn unsere Mitbürger nicht auf der Jagd so zahm sich benommen hätten.
Am schlimmsten kam in Folge dieser patriotischen Vorgänge unser Lehrer weg. Nach dem bekannten Sprichwort »von den Großen, die man laufen läßt, und den Kleinen, die gehängt werden«, ward er entlassen, kam nie mehr ganz zu Gnaden und brachte auf einem elenden Schuldienstlein im Odenwalde seine Greisentage hin, in Not, Kummer und Sorge. Er starb vor wenig Jahren, gegen neunzig Jahre alt. Sein Andenken bleibt mir stets ein gesegnetes.
Reaktion trat bei seinem Dienstübernehmer in der Heimat nur in bezug auf die Revolution ein. Auch ihn kann ich mir nur denken mit der Mütze und dem Meerrohr. Die Prügelstrafe florierte nachher wie vorher. Der neue Lehrer, ein Mann in den besten Jahren, war aus dem Markgräflerland gekommen, und hatte in der Revolution nicht mitgemacht; was ihm den guten Posten eintrug. Seine erste Anrede an uns junge Freiheitsschwärmer bestund in den Worten: »Milliardensapperment, ich will euch Kerlen die Freischärlerei vertreiben!« – Sprach's und schlug mit dem Meerrohr auf die erste Schulbank, daß sie zitterte ...
Doch ein wackerer Haslacher »forcht sich nit« – wir waren die Exerzitien mit dem Meerrohr gewohnt, und der grimme Reaktionär nicht imstande, uns zahmer zu machen, als wir früher gewesen. So loderte in uns die Flamme der Freiheit noch lange, nachdem sie bei den Erwachsenen längst ausgelöscht ... war. Unsere Kokarden trugen wir in der Tasche, und selbst in der Schule ward noch manches Zündhütchen losgelassen, das wir in den Bächen gesucht hatten, in denen sie von den Preußen verschüttet worden waren. Und manchmal, ehe die Schule anging, sangen wir das revolutionäre Schnaderhüpferl:

    Hecker, Struve, Ziz und Blum
    Kommt und bringt die Preußen um!

78, 184 ff.

Schoppernau, 1848
Revolutionärer Zeitgeist auch im Bregenzer Wald

Der Vater sah mein Lesen recht ungern und war bemüht, mich auf eine andere Weise zu beschäftigen ... Das blieb so, bis man im April, so um den Schluß der Schule herum, auf einmal überall von einem großen Kriege redete, der plötzlich ausgebrochen sein sollte. Eigentlich sei es kein rechter, gehöriger Krieg, wo man gleich herzhaft und mit gutem Gewissen Partei nehmen könne, sondern ein gesetzloses Metzeln und Morden, Sengen und Brennen aus purer Verbitterung, Neid und Haß. Schaudernd hörte man von Hausierern, bettelnden Handwerksburschen ... täglich neue Greueltaten. Eine rechte Bedeutung bekam die Sache erst, als unser Pfarrer einen Hirtenbrief des Bischofs vor Weinen in der Kirche gar nicht fertig lesen konnte. Jetzt sah ich meine unterdrückten Welschen – bisher in nebelhafter Ferne stehend – Gestalt gewinnen ... Ich stand entschieden auf ihrer Seite und war nicht allein. Auch hier gab es Gefechte, aber nur Wortgefechte ... Mir war's unheimlich dabei zu erfahren, wie schwankend der Begriff von Recht und Unrecht sei. Du guter Gott! Und in der Welt draußen sollten sie nun für diese Meinungsverschiedenheiten ihr Leben lassen; vielleicht auch viele, die gar keine Meinung hatten! Ich vermochte die Sache nicht zu entwirren, beschloß aber die Tatsachen mit größter Aufmerksamkeit zu verfolgen. Jeden Posttag, d. h. jeden Sonnabend, schlich ich mit dem Peterle zum Vorsteher, wo ich dann die vom Gerichtsboten gebrachten Zeitungen lesen hörte. Anfangs wagte ich kaum, das Erfahrene daheim wieder zu berichten. Bald aber forderte mich der Vater dazu auf, und im Mai, als die Feldarbeit begann und sich nicht mehr erraten ließ, wann der Vorsteher Zeit zum Lesen hatte, ersuchte der Vater ihn selbst, uns die alten Zeitungen zu überlassen. Der Vorsteher sah es vielleicht nicht ungern, daß neben dem Oberlehrer Albrecht sich noch andere mit den Zeitungen zu plagen anfingen, weil ihnen beiden ihr Lesen schon oft verargt worden war. Wir bekamen freilich nur ganz alte Blätter ...
Zuerst äußerte sich mancher, als ob es ihm ganz recht sei, wenn auch den Hohen einmal gehörig warm gemacht, ihr Gewissen aufgerüttelt werde; nun aber war alles gegen die, welche Unfrieden anzetteln wollten. Man litt allgemein unter den Folgen, die ein unsicherer Zustand dem Handel und dem friedlichen Verkehr immer bringt. Die Stickerinnen wurden schlecht bezahlt, Hunderte von Arbeitern, die sonst in der Fremde ihr Brot verdienten, mußten in dem engen, ohnehin schon überfüllten Ländchen bleiben, und dabei sprach man immer lauter davon, aus der waffenfähigen Mannschaft eine Landwehr zu bilden. Wie sollte das kommen, wenn vom 18. bis zum 45. Lebensjahr alles statt Sense und Gabel die Schießprügel zur Hand nehmen mußte? ... Mein Vater sagte manchem, daß der Krieg und die Unruhe doch auch etwas Gutes haben ... Aber

wenn der Vater die vom Lesen gewonnenen Ansichten aufstellen wollte, so fühlte er nur zu bald, daß er noch zu wenig wußte, um über Zeitfragen streiten zu können ... Unsere Tagwerker lachten ihn aus, daß er sich mit so etwas abgeben möge. Als jedoch plötzlich die jungen Dorfbewohner unter der Aufsicht eines ausgedienten Kaiserjägers täglich zwei Stunden exerzieren mußten, waren die Unruhen in der Welt draußen keinem Menschen mehr gleichgültig ... Die geängstigten Bauern beteten und taten Buße. Selbst nach der strengsten Feldarbeit wagte man in keinem Hause mehr den Abendrosenkranz zu unterlassen. Auch bei uns wurde er jeden Abend laut und gemeinschaftlich gebetet; doch wenn ich wieder neue Zeitungen vom Vorsteher bekam, hatte die Mutter ihre liebe Not, mich, den Vater und das Gottle noch für eine halbe Stunde zum Beten zu bringen ...
Das Aufregende der damaligen Zeit, wo jeder Hausierer etwas Neues, Ungeheures brachte, hatte für mich etwas ganz eigenes. Bald richtete ich mich trotzig auf und es war mir, als ob ich auch Ketten abschütteln müßte; dann wieder konnte ich tagelang trauern über so viel Elend auf der Welt und so viel Unzufriedenheit. Aber selbst diese Trauer war viel süßer als früher das Gefühl, daß ich allein niedergedrückt und unverstanden sei. Seitdem der Vater mit mir um die Wette las und das Gelesene nicht selten Gegenstand unserer Tischgespräche war, kam ich mir weit weniger als ein Sonderling vor.

51, 56 ff.

BERLIN, 1848
Nach der Revolutionsnacht

Als wir am nächsten Morgen aufstanden, war das Schießen vorüber. Es hieß, alles sei ruhig. Die bekannte Proklamation: »An meine lieben Berliner« war auch zu uns gelangt. Die Schrecken der vergangenen Nacht schienen in der Tat die Folge eines unseligen Mißverständnisses zu sein ...
Noch hatten wir nichts von den Vorgängen der Nacht gesehen, und es war doch Sonntag, wir brauchten nicht in die Schule, und das Wetter war so schön! Hinaus hätten wir in keinem Fall gedurft, doch mein erster Blick aus dem Fenster sollte mir etwas zeigen, das jahrelang auf mich wirkte und mir noch mehrere Lustra später im Traum erschien: ein Paar Stiefel. Eine Totenbahre wurde an uns vorbeigetragen. Die Leiche, die auf ihr ruhte, war die des Tapezierermeisters Specht, der gestern sein »Sie sollen es krijen!« so wild und überzeugt ausgerufen hatte. Eine graue Leinwand bedeckte den stillen Mann; nur die Stiefel schauten aus ihr hervor, und aus dem einen eine blutige Zehe. Diese dahingestreckte

leblose Masse und der in den Kampf eilende, kraftstrotzende empörte Rächer seiner, wie er wähnte, abermals betrogenen Brüder bildeten eine für das Kindergemüt übermächtige Antithese. Die Stiefel mit der blutigen Zehe ... prägten sich mir nicht, nein, brannten sich mir ins Gedächtnis ... So oft ich später von dem Volke vernahm, das sich in wilder Empörung gegen seine Unterdrücker erhob, mußte ich dieses Opfers der blutigen Berliner Märznacht gedenken. Doch dieser Tag sollte noch andere unauslöschliche Eindrücke bringen ...
Unsere Sehnsucht ins Freie verwandelte sich in Ungeduld. Sie sollte auch gestillt werden, denn infolge der nächtlichen Schrecknisse litt die Mutter an heftigem Kopfschmerz. Wir wurden darum ... mit der Weisung, sogleich zurückzukehren, entsandt, um ihr altes Mittel zu holen. Die Ringsche Apotheke, ein kleines Haus am Potsdamer Platz ... war in wenigen Minuten zu erreichen, und wir besorgten mit aller Pünktlichkeit unseren Auftrag, übergaben die Arznei ... der Köchin und eilten in die Stadt. Es herrschte völlige Ruhe ... Als wir die Mauer- und Friedrichstraße hinter uns hatten, schlug das Herz uns schon schneller ... Bei der Sonntagswanderung gab es hier Gräben zu durchsteigen oder zu überspringen, dort Hindernisse zu umgehen oder zu überklettern, hier staunend zu betrachten, dort von Schauder ergriffen den Blick abzuwenden ... Ein älterer Herr, der anderen als Erklärer diente, wies uns zuerst darauf hin, mit wie gutem Verständnis des Verteidigungswesens einige Barrikaden auf der einen Seite flüchtiger, auf der andern sorgfältiger befestigt waren ... Die Leichen waren schon fast alle entfernt, doch verendete Pferde hatte man liegen lassen. Eins bot einen wunderlichen und doch schrecklichen Anblick. Ich sehe es noch vor mir. Wohl beim letzten Sprung der Verzweiflung war es in den großen offenen Schrank geraten, in dem nun sein oberer Teil wie in einem Sarge ruhte, während seine Hinterbeine starr in die Luft hinausstarrten. Dicht neben ihm stand in schräger Richtung ein altes Klavier mit abgerissenem Deckel. Eine Kugel hatte die Saiten zerrissen, die sich nun wie Clematisranken aus ihm hervorzuringeln schienen. Wie in dem Kessel, in den die Hexe das Widrige zum Zaubertranke zusammengießt, fand sich auf jeder Barrikade das Hinderliche, Unbrauchbare und tausenderlei anderes, ursprünglich Nützliches vereint, das einen Raum ausfüllt und den Weg zu versperren geschickt ist ... Woher die Stroh- und Heubündel, die man überall als Füllmittel benützt sah, die Regengossen, Türflügel und Ziegel kamen, war leicht zu erraten; über die Herkunft der Pflastersteine gaben die aufgerissenen Fahrdämme Auskunft, wie aber das frische und trockene Moos, dies Kind der Wälder, mitten in der Hauptstadt den Barrikadenbauern, als sie seiner bedurften, in solcher Fülle zur Hand sein konnte, ist mir heute noch ein Rätsel ...
Und das alles und was sonst noch die bunte Vielgestalt des Barrikadenkörpers bildet, war von Kugeln beschädigt, mit Staub und Erde bestreut, mit Blut und

ausgegossenen Flüssigkeiten, die man wohl auf die stürmenden Soldaten gegossen hatte, besudelt. Der kindlichen Phantasie war es leicht, sie mit kämpfenden und ringenden, schießenden und fallenden, fluchenden, stöhnenden, verröchelnden Bürgern und Kriegern zu bevölkern. Es ward ihr auch nachgeholfen, denn überall hörten wir von den Ereignissen der Nacht, den Heldentaten der Bürger und der Grausamkeit der Soldaten ...
Es waren blutige und schreckliche Bilder ... und es hätte vielleicht nicht des Assessors Geppert bedurft, der uns sehr ernst ein »Wollt ihr machen, daß ihr nach Hause kommt, Jungen!« zurief, um uns zum Heimweg zu bestimmen.
Wir hoben bei demselben die Füße, doch einmal blieben wir stehen; denn in einem Brunnen in der Leipziger oder erst in der Potsdamer Straße steckte eine Kartätschenkugel im Holz der Bekleidung, und um sie her hatte eine feste Hand mit Kreise im Halbkreis geschrieben: »An meine lieben Berliner.« An der unteren Seite des Brunnens war die Ansprache des Königs an die Bürgerschaft zu sehen, die die nämliche Überschrift trug. ... Unsere kecke Wanderung über die Barrikaden blieb, so viel ich mich erinnere, straflos. Vielleicht war sie gar nicht bemerkt worden, denn die Mutter hatte trotz heftigen Kopfwehs Vorbereitungen für die Illumination unserer ziemlich langen Fensterreihe zu treffen ... Die Nichtbeleuchtung des Hauses wäre aber auch bei der herrschenden Stimmung den Scheiben verhängnisvoll geworden ...
Am Montag den 20. wurden wir in die Schule geschickt; sie war aber geschlossen, und das benützten wir, um in die Tiefen der Stadt vorzudringen. Dort ist mir der Anblick des von Kartätschenkugeln gespickten köllnischen Rathauses ... unvergeßlich geblieben. Die Barrikaden waren schon zum größten Teil abgetragen; dafür gab es aber seltsame Kreideinschriften an den Türen verschiedener öffentlicher Gebäude. Schon am Anfang der Leipziger Straße begegneten wir an dem Haupttore des Kriegsministeriums den Worten: »Nationaleigentum«. Anderwärts, und besonders am Palais des Prinzen von Preußen stand »Bürgergut« oder »Eigentum der ganzen Nation«.

41, 146 ff.

BERLIN, 1850 ff.
Patriotische Schulfeierlichkeiten

Wie alle anderen Schulanstalten hat selbstverständlich auch die Luisenschule von ihrer Begründung an die kirchlichen und vaterländischen Erinnerungstage mit besonderer Feierlichkeit begangen, und ist stets bemüht gewesen, diese Festakte in einer Weise zu gestalten, daß sie ihrem wesentlichen Zwecke, der Anregung und Förderung des religiösen und patriotischen Sinnes entsprachen ...
Zu den patriotischen Festtagen zählt in erster Linie der Geburtstag des Landesherrn, ein Tag, der, wie in allen Schulen, alljährlich durch einen Redeakt und durch entsprechende Gesänge und Deklamationen der Schülerinnen gefeiert wird ... Die übrigen patriotischen Festakte, welche im Laufe der Jahre stattfanden, mögen hier ... kurz angedeutet werden.
Am 24. Juni 1850 wurde die glückliche Wiedergenesung Sr. Majestät des Königs Friedrich Wilhelm IV. festlich begangen. Am 30. Mai 1851 bot die Enthüllung des Standbildes Friedrichs des Großen Gelegenheit zu einer besonderen patriotischen Schulfeier. Am 23. August 1853 feierte die Schule auf Anordnung der städtischen Behörden den vierzigjährigen Gedenktag des Sieges bei Großbeeren. Der festliche Einzug Sr. Königlichen Hoheit des Prinzen Friedrich Wilhelm mit seiner erlauchten Gemahlin im Januar 1858 war gleichfalls ein Festtag für die Schule. Am 7. Januar 1861 fand beim Beginn des Unterrichts aus Veranlassung des Hinscheidens Sr. Majestät des Königs Friedrich Wilhelm IV. eine tiefernste Trauerfeier statt. Die Krönung des Königs Wilhelm in Königsberg vereinigte am 18. Oktober 1861 die Schülerinnen zu einer der hohen Wichtigkeit des Tages entsprechenden Schulfeier, während am 22. Oktober, dem Tage des Einzugs des Königs in seine Hauptstadt, der Unterricht ausfiel. Das Jahr 1863 brachte der Schule mehrere patriotische Erinnerungsfeierlichkeiten. Am 14. Februar wurde der hundertjährige Gedenktag des Hubertusburger Friedens gefeiert, wobei 50 Exemplare von F. Schmidts »Geschichte des siebenjährigen Krieges« zur Verteilung gelangten... Die Erinnerung an den siegreichen Feldzug des Jahres 1866 wurde auf Beschluß der Kommunalbehörden am Jahrestage der Schlacht bei Königgrätz am 3. Juli 1867 durch Rede und Gesang gefeiert. Bei dieser Gelegenheit gelangten 29 Exemplare des Buches von F. Schmidt: »Der deutsche Krieg 1866« zur Verteilung... Der 10. März 1876, der hundertjährige Geburtstag der Königin Luise, war für die Schule, die den Namen der hohen fürstlichen Frau trägt, die Veranlassung zu einer ganz besonders schönen Feier in der festlich geschmückten Aula. Eine tiefernste Feier, die nicht angeordnet, sondern unmittelbar aus der gewaltigen Erregung über die ruchlose Freveltat, welche das Leben unseres teuren Kaisers bedroht hatte, erzeugt war, fand vor Beginn des Unterrichts am 3. Juni 1878 in der Aula der Schule statt. Tief erschüttert gab der Dirketor vor den versammel-

ten Schülerinnen dem allgemeinen Schmerze über jenes schmachvolle Attentat gegen den geliebten Kaiser einen beredten Ausdruck ... Am 4. Januar 1886 feierte die Schule den Gedenktag der 25jährigen Regierung unseres erhabenen Kaisers als König von Preußen und beging am 21. März 1887 den 90. Geburtstag desselben mit besonderer Feierlichkeit, bei der neben der inmitten von Blattpflanzen stehenden Büste des Kaisers sein der Schule an diesem Tage überwiesenes lorbeerumkränztes Bild prangte. Dasselbe schmückt jetzt die Aula. Am 22., dem eigentlichen Geburtstage, nahm die Schule an dem allgemeinen Kirchgang teil ... Das Hinscheiden des allverehrten Kaisers Wilhelm am 9. März dieses (1888) Jahres veranlaßte den Direktor, am folgenden Tage, am 10. März, dem Geburtstage der Königin Luise, eine Totenfeier zu veranstalten. Die Aula war zu diesem Zwecke in würdig ernster Weise geschmückt worden. Vor der Rednerbühne war die von Trauerflor umhüllte Büste des verstorbenen Monarchen inmitten einer Gruppe von Lorbeerbäumen und Blattpflanzen aufgestellt ...

143, 85 ff.

Berlin, 1855
Begegnung mit dem preußischen Königtum

Hubertusjagd im Grunewald! Jedes Berliner Kind weiß, daß am 2. November der König, die Prinzen und viele Kavallerieoffiziere von der Garde ... in den Grunewald reiten ...
Zu der Hubertusjagd waren es nicht nur die »hohen und edlen Reiter«, die im Grunewald erschienen, sondern was gesunde Beine hatte, lief hinaus. Durch den Tiergarten rollten Wagen aller Art: der »Kremser« – eine Art offener Omnisbus – ... Droschken ... »Beeskows«, die »feinen Wagen« ihres berühmten Fuhrherrn; Equipagen vom Hof und der »Gesellschaft« ... Das war ein echtes Volksfest, dem die gute Laune nicht fehlte, da auf »Elejanz« damals noch nicht viel gegeben wurde. Aber der Hof konnte sie sich leisten und wurde hochachtungsvoll durch Beiseitetreten und Hutabnehmen gegrüßt ... Unsern Wagen hatte mein Onkel, Graf Rudolf Kanitz ... sehr geschickt auf den Waldwegen bis in die Nähe des Halali geführt. Wir waren ausgestiegen ... Ich war begeistert. Welches Bild, welche phantastische Musik, welches schöne Geschrei! Wie die Hunde ... so schön laut bellten ... die Piqueure mit ihren kurzen Peitschen dazwischenfuhren ... Wie die Herren alle lachten und scherzten ... Plötzlich tiefe Stille. »Der König!« Zwischen den alten Kiefern nahte langsam eine Gruppe von Rotröcken zu Pferde ... Vorn auf einem mächtigen Braunen saß ein imposanter, dicker Herr. Diensteifrig sprang alles herbei. Zwei Rotröcke hielten den Kopf

des Braunen, andere waren neben dem Reiter bemüht, der, wenn auch langsam, doch scheinbar ohne Mühe abstieg ... Der König ... sah sich die Leute durch seine Lorgnette an. Als er meine Mutter erblickte, ging er gerade auf sie zu, und sie sagte mir: »Schnell, nimm deinen Hut ab!«
Ich war sehr erschrocken, denn ich war nicht darauf vorbereitet, daß der König zu uns treten könnte, den ich wohl spazierenfahren, doch niemals bisher zu Fuß gesehen hatte. Meine Mutter machte eine schöne Verbeugung, als der König ihr die Hand reichte und sie fragte, ob sie Jägerin sei. Er kannte sie lange schon, seit ihrer Jugend, da sie als junges Mädchen vor zehn Jahren viel bei Hof tanzte. Er hatte viel zu fragen und viel zu lachen und kniff mich währenddessen zweimal ganz überraschend in den Bauch. Das fand ich durchaus nicht schön. Dann fragte er mich, wie ich hieße ... Dann wendete er sich wieder zu meiner Mutter ... Der ... Kreis um uns war sicherlich ungeduldig geworden. Der dicke König sah nun aber wieder durch die Lorgnette um sich. Dann reichte er meiner Mutter ... die Hand, machte ihr eine schöne Verbeugung und drohte mir schelmisch mit dem Zeigefinger als er ging.
Ich war fassungslos über diese Begegnung. So sieht ein König aus? Dick, sehr dick. Ein enger roter Frack und weiße, pumplich Lederhosen. Eine Lorgnette!! – wie eine Dame. Die Stimme so hoch. Und er lacht, wenn gar nichts komisch ist. Weshalb hat er mich in den Bauch gekniffen?
... Mein Begriff von einem König auf seinem goldenen Thron mit Krone und Szepter war noch nicht ganz aus meiner kindlichen Gedankenwelt geschwunden. Ich hatte ihn wohl einige Male in einem offenen Wagen, mit Helm und dem roten Kragen seines Mantels, mit der Königin fahren sehen, am Brandenburger Tor, in dessen fast unmittelbarer Nähe wir wohnten, wenn die Wache »raus« rief. Das war noch etwas! Ich hatte ihn auch einmal im Tiergarten auf der Charlottenburger Chaussee im Wagen halten sehen, als er mit der Fürstin Liegnitz, der Gattin seines Vaters, sprach, der er in ihrem offenen, von vier Pferden gezogenen Wagen begegnete ... Beide Wagen hielten, und der König, in Uniform, mit dem Helm auf dem Kopf, sprach lebhaft mit der Fürstin. Aber so, wie ich ihn im Grunewald sah, konnte ich ihn mir bis dahin nicht vorstellen. Ich war im Grunde meines achtjährigen Herzens entrüstet.
Ich habe mir in späteren Jahren oft den Kopf zerbrochen, weshalb ich durch das Kneifen des Königs in eine so mysteriöse Stimmung geraten war. Es mag sein, daß die vor meinen Augen plötzlich erfolgte Umgestaltung der in meinem kindlichen, phantasievollen Geiste geheiligten Königsfigur zu einer ganz alltäglichen Gestalt, deren Äußeres ... mir einen unangenehmen Eindruck machte, mein kindliches Gemüt erschüttert, ja, außer Fassung gebracht hatte.

47, 9 ff.

Kiel, 1864
Der dänische Krieg für Bürgerskinder

Der alte preußische Oberstleutnant vom Generalstab aber, der bei uns einquartiert, durch seine Anwesenheit mit dem Kommen und Gehen der Ordonnanzen gleich eine wundervolle kriegerische Unruhe ins Haus gebracht hatte, ließ uns am Abend des 31. Januar vertraulich wissen, der Vormarsch nach Schleswig stehe unmittelbar bevor. In der Nacht klang der preußische Generalmarsch und am 1. Februar donnerten von Eckernförde her die Kanonen. Ich aber lag im Garten trotz Winterkälte, das Ohr an die Erde gepreßt und lauschte mit verhaltenem Atem. Zum erstenmal zog die Ahnung des Miterlebens eines weltgeschichtlichen Ereignisses durch meine Kinderseele ... Und auch dafür, daß ich sofort den blutigen Ernst des Krieges an eigenen Sinnen erfuhr, sorgte das Schicksal: Der Premierleutnant der Artillerie Eunicke, Nachfolger des Oberstleutnants bei uns im Quartier, der schnell mein junges Herz gewann, fuhr in den ersten Februartagen nach Missunde, um dort die Leiche eines Freundes, der als einer der ersten gefallen war, zu bergen. Am späten Nachmittag kam er tiefernst zurück, ich schlich ihm nach in sein Zimmer und fand ihn in dunkles Sinnen verloren, vor ihm auf dem Tisch ein Artilleriehelm, an der Stirnseite von einer Kartätschenkugel durchlöchert. »Bist du da? Sieh her! Da hat's ihn getroffen. Den Helm schick ich morgen an die arme Frau!« – »Das Schwert auch?«, sagte ich leise ... »Das Schwert? Ja so, den Säbel meinst du? Ja, den auch!« »Ein blankes Schwert auf seinen Sarg«, klang's mir in den Ohren.
Vielleicht zu derselben Stunde, wo eine der ersten Kugeln diesem tapferen Mann den schönsten Tod auf der Welt bereiteten, war in unserm Hause ein buntes, festliches Treiben gewesen, auch fürs Vaterland. In den mit schleswig-holsteinischen und deutschen Farben geschmückten Wohnzimmern des oberen Stocks fand eine Verlosung statt, zu der die Kinder der sämtlichen Mädchenschulen Kiels Gaben beigesteuert hatten und deren Ertrag zu einem Geschenk für den Herzog zur Bildung einer schleswig-holsteinischen Armee bestimmt war. 250 Taler in schönen neuen Scheinen der schleswig-holsteinischen Anleihe auf einem blauweißroten seidenen Kissen, umgeben von einem Kranze roter und weißer Kamellen und blauer Zyllas, hatte man dem Herzog übersandt und Klaus Groth dazu die Verse geschrieben:

    Vun de Goern.
    Es kommt von kleinen Händen
    von Gaben mancherlei,
    doch wenn die Kinder senden
    sind Engel mit dabei.
    Die wollen es schon segnen,

dich und das Vaterland,
und dann wird's Gaben regnen
aus Gottes großer Hand.

Drüben aber in Schleswig marschierten Preußen und Österreicher ... Es war gerade mein Geburtstag, wir saßen in dem schon in Abenddämmerschein gehüllten Eßzimmer am Tisch, als meines Vaters Assistenzarzt, Napoleon Trier, die Tür ohne Anmeldung aufreißend, mit einem seines Namens würdigen Applomb verkündete: »Die Düppeler Schanzen sind erstürmt, auch der Alsener Brückenkopf ist genommen.« Das war ein Geburtstag! –
Trotzdem mit dem Übergang nach Alsen im Juni die kriegerischen Aktionen in unserer Nähe ihr Ende erreichten, blieben doch soldatisches Wesen und Treiben auch für die nächste Folgezeit im Vordergrund des Interesses, auch innerhalb des elterlichen Hauses. Dafür sorgte schon die wechselnde Einquartierung, mit der ich vom ersten Tage bis zum letzten auf freundschaftlichem Fuße stand ...
Meine militärischen Freunde – die Offiziere wie die Burschen – empfingen mich immer mit freundlichen, vergnügten Gesichtern, wenn das »lebendige Fragezeichen« zu allen Tagesstunden Einlaß begehrte, um sich in alle Geheimnisse des militärischen Dienstes – vom Auseinandernehmen des Zündnadelgewehrs bis zur Handhabung der Knopfgabel, von der Erklärung der subtilsten Uniformunterschiede bis zur kunstvollen Verschlingung des Portepees in Silber und Wolle – einweisen zu lassen. Eine Kenntnis, die dann sofort an dem, nach dem Vorbild meiner militärischen Freunde soldatisch adjustierten, mit blanken Knöpfen, Achselstücken und bunten Kragen versehenen Röckchen verwertet wurde, bis auf das vorschriftsmäßige Putzen der Knöpfe mit einer kleinen Knopfgabel, die mir ein freundlicher Bursche aus Zigarrenholz zurechtschnitt.

122, 66 ff.

Darmstadt, um 1866
Überzeugungskraft des preußischen Paradeschritts

Früh begannen auch die »Soldate« in meinem Bubenleben eine Rolle zu spielen. Ertönte Pauken- und Trompetenschall, so war ich nicht zu halten ... Der Soldatenzauber verführte mich manchmal zu stundenlangem Mitlaufen vor die Stadt hinaus, auf »de Exert« (Exerzierplatz) oder sonstwohin, und Mittagessen und andere Verpflichtungen waren dann ganz und gar vergessen. Diese echt kindliche Hingabe und Verlorenheit an den Augenblick ... führte wiederholt dazu, daß mein ängstlicher Vater – ich war und blieb das einzige Kind meiner Eltern – mich auf der Polizei als verloren meldete ...

Das erste große Erlebnis meiner Kindheit war natürlich der Krieg 1866: Neben oder vielmehr über dem Bundesschießen das größte und ernsteste Erlebnis, dessen ich mich um die Zeit des Schulanfangs überhaupt erinnere. Von dem Bundesschießen selbst weiß ich allerdings nicht viel mehr noch als dieses: Festzug mit schweren, goldgestickten Bannern, mein jüngster Onkel als flotter Schützenbruder mit dabei ...
Da waren die Kriegseindrücke ungleich einprägsamer. Wochen- und monatelang wechselnde Einquartierung, die wir Buben uns möglichst schon vom Rheintor oder Paradeplatz heimholten. Jetzt gab mein Vater die polizeilichen Verlorenmeldungen auf: sie ließen sich nicht mehr durchführen ...
Vor allem hatten wir natürlich Österreicher, auf deren Seite unser Großherzog Ludwig III. sich geschlagen hatte. Auf die falsche! ... Im Kriege hatten die Österreicher große, hohe, dumpf tönende Trommeln und zogen müde und staubig durch die Straßen. Zwischendurch hatten wir unter anderem noch eine ganz schwarz uniformierte Einquartierung, meines Erinnerns einen Bremer Stadtsoldaten.
Dann aber kamen die Preußen. Meine Mutter hatte – ein bezeichnender Ausspruch für die Stimmung der Einwohner – zwar gesagt »Wenn die Preuße komme, da bleibste aber daheim! Da kann mer nicht wisse, was passiert!«, nichtsdestoweniger oder vielleicht gerade deswegen war ich wieder vorm Rheintor, als sie anrückten. Und da ging mir als kleinem Buben das erste Licht auf, was das heißt: Preußen. Vorm Einmarsch ließ der Kommandeur die Leute die Gewehre zusammensetzen, sich etwas ausruhen und vom Staub säubern. Dann hieß es: An die Gewehre, stillgestanden, und so weiter. Und nun entwickelte sich ein militärisches Schauspiel die breite Rheinstraße hinauf, das mich in eine wahre Ekstase versetzte, nachdem ich erst wie erstarrt gestanden hatte. Wie da die Beine geworfen wurden im Paradeschritt! Wie die genagelten Sohlen auf das harte Basaltpflaster aufklirrten, dazu der helle Klang der kleinen, niedrigen, straff gespannten Trommeln und die schrillen, nervenerregenden Querpfeifen, die wir Süddeutschen gar nicht kannten: Diesen ersten Eindruck der preußischen Armee auf mich sechsjährigen Jungen werde ich nie vergessen, und wenn ich hundert Jahre alt werden sollte. Ich kam nach Hause in heller Begeisterung. »Jetzt sinn die Preuße da: die gewinne! Die gewinne sicher! Die müßt ihr marschiere sehe! Das könnt ihr euch gar net denke! So ...« Und dabei schmiß ich meine Beine waagerecht hinaus ...

83, 18 ff.

Elbing, 1870
Der Kriegsausbruch bei Schulbeginn

An einem heißen Julitage war es – und unser Kutsch hatte den Panama auf, den er beim Gegengruße nur mit dem Finger berührte, um, wie er sagte, die Krempe zu schonen – nein, heute hatte er ihn nicht auf, sondern trug ihn am Knopfloch und wischte sich mit der Hand dauernd über die bis in den Nacken reichende Stirn. »Jungens, wißt ihr schon, was geschehen ist?« rief er uns an, als wir scheu grüßend an ihm vorüber in den Schulhof drängten. Nein! Wie sollten wir? Wir hatten bis abends spät im Wasser gelegen, und was derweilen auf dem Lande geschah, interessierte uns wenig. »Der Napoleon hat Preußen den Krieg erklärt!« – »Hurra!«, schrien wir, und keinen gab es unter uns, der nicht in demselben Augenblicke zu sich gesagt hatte: »Ach, wärst du nur drei Jahre älter!«
Auf dem Schulhofe kribbelte es wie in einem Ameisenhaufen, obwohl wir schon längst in den Klassen hätten sitzen müssen. Die Ordinarien hatten ihre Pflegebefohlenen um sich versammelt und hielten ihnen tönende Reden. Auch um Kutsch bildete sich sofort eine Gruppe, der er den Stand der Dinge auseinandersetzte, und so erfuhr ich die Geschichte von dem Angebot der spanischen Krone und der Frechheit des Benedetti. Der Direx, auf dessen Glatze die Schweißtropfen blinkten, stand in einer Ecke mit seinen Primanern. Dort mußte was Besonderes los sein, denn er wandte sich bald zu dem einen, bald zu dem anderen und drückte ihm beide Hände, und einen umarmte er. »Die gehen mit«, flüsterte Laaßen I, der mein Nachbar war. Unser Haufe stob auseinander und drängte sich um die Glücklichen.
»Die gehen mit! Die gehen mit!« Und dann sagte der Direx: »Kommt, meine lieben Kinder alle! Wir wollen in die Aula und beten.« Das taten wir jeden Morgen, sobald die Schulglocke klang. Aber heute klang die Schulglocke nicht. Es gab auch kein Drängeln und kein Geschubse. Wir schritten still hinter den Lehrern her, und manche, die Freunde waren, hielten sich bei der Hand. Was sonst als weichlich streng verpönt war. Als Choral sangen wir »Lobe den Herrn«, und dann, als der letzte Ton verhallt war, sprach der Direx selber das Morgengebet. Von Preußens Kraft sprach er und Preußens Pflichtbewußtsein, und daß jetzt alle deutschen Stämme um Preußen sich scharen würden wie die Küchlein um ihre Mutter. »Jetzt wird es sich zeigen«, rief er, »daß die Sehnsucht unseres Lebens kein Wahngebilde war und daß es noch ein Deutschland gibt, würdig seines Namens, würdig seiner Vergangenheit, würdig des Schicksals, das über ihm waltet.« ... Die ersten Siege von Wörth und Spichern feierten wir noch in der Schule. Aber dann kamen die großen Ferien, und in ihnen sank mit dem Geratter der ganzen Weltmaschine – auch der Krieg in die Nebel des Wesenlosen zurück.

206, 83 f.

WIESBADEN, 1870 f.
Ins Reich

Übrigens hatte ich kaum die Kunst des Lesens begonnen, als meine Gedanken eine Ablenkung erfuhren: durch den Krieg 1870/71. Unfähig, die Schwere solchen Geschehens zu begreifen, erblickte ich nur eine willkommene Abwechslung darin. Zunächst bekamen wir 5 Mann Einquartierung, die alle sehr nett mit mir kleinem Ding waren. Dann widerhallten die Straßen vom Marschtritt der ausrückenden Truppen sowie von Kriegsliedern, die zu lernen ich mir angelegen sein ließ ... Beklemmend wirkte auf mich nur der Schmerz unseres mir sehr lieben Alleinmädchens Käthe, deren Bräutigam, ein Stabstrompeter, mit ins Feld mußte. Übrigens hielten Mutter und Tante mich an, nun auch etwas für unsere Soldaten zu tun, indem ich, da es mit meinem Stricken noch mißlich bestellt war, helfen mußte, Charpie zu zupfen. »Charpie« ward hergestellt, indem man altes weiches Leinenzeug in seine Fäden zerrupfte, diese Fäden wurden dann als Verbandsstoff benützt. Wenn man sich die meist nicht ganz sauberen großen und kleinen Hände (alle Schulen zupften Charpie) vorstellt, die an diesem Liebeswerke mittaten, so denkt man voll Grauen der offenen, schweren Wunden, belegt mit solchem Zeug, das sie nur verunreinigen konnte! ... Lieber entsinne ich mich der gelegentlichen Lazarettbesuche, wo ich ein Körbchen mit Obst, eines mit Zigarren tragen durfte und sehr stolz war, den Verwundeten beides darzubieten ...
Die heilbringende Kraft der Wiesbadener warmen Quellen zog viele Kriegsbeschädigte an. Auch verwundete und gefangene französische Offiziere, die auf Ehrenwort frei umhergehen durften, waren kein seltener Anblick ... Ich durfte gelegentlich mit meiner Mutter nach Mainz fahren und dort die in der Festung internierten Zuaven und Turkos staunend betrachten, die ersten Farbigen, die ich in meinem jungen Leben zu Gesicht bekam.
Die Krone der kriegerischen Schauspiele aber war der Truppeneinzug im Sommer 71. Unsere glückstrahlende Käthe kochte ein Festessen, zu dem wir ihren gesund heimgekehrten Verlobten feierlich einluden. Die Geisbergstraße prangte mit einer grünbelaubten Ehrenpforte, deren Inschrift ungefähr besagte: Im dankbaren Gedenken an die Tapferkeit unserer Truppen bei Erstürmung des Geisbergs hinter Weißenburg hätten die Bewohner hiesigen Geisbergs ihnen diesen Triumphbogen aufgerichtet. Die ganze Stadt war beflaggt, bewimpelt, mit Sinnbildern und Inschriften geschmückt, und flammte abends im Gefunkel ungezählter Lämpchen sowie im Schimmer bengalischen Lichts. Ich schwenkte den ganzen Tag mein Extrafähnchen herum: Ein rotes baumwollenes Riesentaschentuch, auf dem »Die Wacht am Rhein« vollständig gedruckt stand, während

rings am Rande zwischen Lorbeer und Eichenlaub die Namen der Siegesschlachten weißschwarz zu lesen waren ...
Und dann kam der Kaiser ... Ich erinnere mich unklar des Menschengedränges bei seiner Ankunft am Bahnhof. Ein Gewoge und Gewimmel – die Frauen sind alle geschmückt, tragen Rosen in den Händen. Ich, im weißen Kleidchen, halte ebenfalls ein paar Rosen krampfhaft fest. Dank der Vorsorge des mit meinen Eltern befreundeten Polizeidirektors Seyfried haben meine Mutter und ich einen guten Platz, auch hebt mich jemand hoch, daß ich über die Köpfe sehen kann. Ich sehe, wie der Kaiser aus dem Salonwagen steigt, in Helm und Militärmantel, wie er freundlich lächelnd die Rechte an den Helm hebt. Dann geht einen Augenblick alles unter in einem Hochrufen, einem Wehen von Hüten und Taschentüchern – Rosen fliegen durch die Luft und fallen zu Boden. Auf geflüsterte Mahnung werfe auch ich meine Rosen.

166, 14 ff.

5.3. Vom Gemeinschaftsleben der Jugend

Kommentar
Berlin, um 1785   Ein Tugendbund berühmter Namen
Darmstadt, um 1818   Die Philareten
Königsberg, 1821 ff.   Eine zärtliche Freundschaft zwischen bürgerlichen Mädchen
Elberfeld, 1830 ff.   Freundschaften in den Flegeljahren
Darmstadt, 1842 ff.   Der Rosenbund
Berlin, 1843 ff.   Der Kaffeter
Berlin, 1879 f.   Jungbrunnen

Klubkostümierung zweier Mitglieder des »Kaffeter«. Aus der handschriftlichen Klubzeitung.
Aus: J. Werner, Die Schwestern Bardua. Leipzig 1929

Kommentar

Zwei Typen jugendlichen Gemeinschaftslebens lassen sich unterscheiden: der ältere beruht auf der ständischen Klassifikation männlicher Kinder und junger Leute. Als Schüler, als Student, Lehrling, Geselle oder einfach nur als Unverheirateter gehört man ohne subjektives Dazutun einem Stand an, der bestimmte Bräuche, Pflichten und Privilegien besitzt. Als der noch nicht dreizehnjährige Johann Pütter (1725–1807) die Marburger Universität bezieht, beginnt er als Zeichen seiner Studentenwürde einen Degen zu tragen – mit seinen älteren Freunden nun aber auch das Rauchen und Trinken anzufangen, kann er sich nicht entschließen. Schüler haben das Recht, an einem Tag im Jahr (dem 28. 12., am Tag der Unschuldigen Kinder, der an den Bethlehemitischen Kindermord erinnern soll), die Schulautoritäten zu entthronen und zu parodieren. Handwerksgesellen haben das Recht, ihre wandernden Zunftbrüder vor die Stadt zu geleiten und die Arbeit liegen zu lassen, ein Brauch, der neben einigen anderen die Sitte des ›Blauen Montags‹ festigt, denn der Montag war Wandertag. Ein Berliner und ein Neuköllner Gymnasium geraten sich über das unklare Privileg, welche Schule welche Leiche begleiten darf (für die Mühe der Begleitung wurden sie belohnt) buchstäblich in die Haare, so daß der Kurfürst (1657) eingreifen muß, um künftig solche Schulkriege zu verhindern.

In Süddeutschland, der Schweiz und in Österreich schließen sich seit dem 16. Jahrhundert unverheiratete ›Knaben‹ in Burschenschaften zusammen, die ihre Hauptaufgabe in der Kontrolle der Beziehungen zwischen den Geschlechtern sahen. Vor allem kam es ihnen darauf an, daß kein fremder Bursche ein einheimisches Mädchen bekam; daneben aber auch, daß Ehre und Anstand gewahrt blieben. Elemente von ›Volksjustiz‹ fehlen nicht. Die Ausgestaltung weltlicher und kirchlicher Festtage lag weitgehend in ihrer Hand.

Der zweite, jüngere Typ jugendlichen Gemeinschaftslebens – er hat den älteren nie ganz abgelöst, ihn an Bedeutung aber übertroffen – entwickelt sich im 18. Jahrhundert. Er beruht auf der Freundschaft zwischen zwei oder wenig mehr Personen desselben Geschlechts, die sich aus unendlich vielen, individuellen Gründen für kürzere oder längere Zeit zueinander hingezogen fühlen. In kaum einer bürgerlichen Autobiographie seit jener Zeit fehlen Erinnerungen an Freunde und Freundeskreise, die im Übergang von Kindheit zum Erwachsenwerden so wichtig waren. Woher rührt dieses neue Bedürfnis nach Freundschaft? Woher die leidenschaftlichen Affekte, die dieses Gemeinschaftsleben mit seinen frühreifen und ehrgeizigen Projekten nicht nur begleiten, sondern ermöglichen? Das Vorbild des – erwachsenen – Freundschaftskults im 18. Jahrhundert, die Leidenschaft für das Briefschreiben und die Offenbarung der Seele, kann man wohl· kaum zur Erklärung heranziehen. Eher die neue Qualität des Familienlebens, die gefühlsbetonteren Beziehungen zwischen Eltern und Kindern, welche die pädagogischen Reformer gewiß nicht direkt anstrebten, wie sie aber die empfohlene Durchpädagogisierung der Kindheit in der Familie unvermeidlich mit sich brachte. Gerade in solchen, sozusagen fortschrittlichen Familien, entsteht der Konflikt, den die Psychoanalyse mit dem Begriff ›Ödipuskomplex‹ bezeichnet, und für dessen vollständiges Erleben sich schon im 18. Jahrhundert Belege finden lassen. Die Pubertät bringt bekanntlich eine Neuauflage dieses Konflikts unter dem Ansturm der körperlichen Reifungsprozesse. Das ist individualpsychologisch und in diesem Fall auch historisch die Stunde der Freundschaft und des seither charakteristischen jugendlichen Gemeinschaftslebens. Die Befriedigungen, die sie bieten, sind ungeheuer vielfältig. Vielleicht sind für das 19. Jahrhundert zwei hervorzuheben: der Ehrgeiz, der sich gelegentlich in wahnhafte Projekte versteigt, und die Erotik, der man sich am ehesten noch kollektiv zu nähern wagt. Im Dichten und der Lektüre kommen beide zu ihrem Recht.

LITERATUR:
S. Bernfeld, Hrsg., Vom Gemeinschaftsleben der Jugend, Leipzig usw. 1922
H. E. Cromberg, Die Knabenschaftsstatuten der Schweiz, Winterthur 1970

BERLIN, UM 1785
Ein Tugendbund berühmter Namen

In dem Kreise der Bekannten wurde bald darauf ein Bund gestiftet, in welchem wir nach und nach auch uns persönlich Unbekannte, deren ernstes Streben und deren Bedeutung uns durch gemeinschaftliche Freunde kund geworden war, hineingezogen. Der Zweck dieses Bundes, einer Art Tugendbund, war gegenseitig sittliche und geistige Heranbildung, so wie Übung werktätiger Liebe. Es war ein Bund in aller Form, denn wir hatten auch ein Statut und sogar eigene Chiffern, und ich besaß noch in späteren Jahren manches von der Hand Wilhelms von Humboldt in diesen Chiffern Geschriebene. Zu den Mitgliedern gehörten unter anderem Carl von Laroche, Sohn der trefflichen Sophie von Laroche ... Dorothea Veit und ihre Schwester Henriette Mendelssohn, aber auch die uns persönlich unbekannten: Caroline von Wolzogen, Therese Heyne, die Tochter des berühmten Philologen, später Gattin des unglücklichen Georg Forster ... und Caroline von Dacheröden, mit welchen ein brieflicher Austausch von Gedanken und Gefühlen stattfand. Meine nur kurze Beziehung zu Therese Heyne wurde durch Wilhelm von Humboldt von Göttingen veranlaßt, wo der etwa siebzehnjährige Jüngling die Bekanntschaft der drei Jahre älteren Jungfrau gemacht hatte ...
Unser Bund mußte in der Tat ganz achtunggebietend sein. Wir wollten auch Wilhelm von Humboldt in denselben aufnehmen, dieser kam jedoch an einem Sonnabendvormittag zu meiner Mutter, um mich dort aufzusuchen – ich weiß den Tag genau, denn ich brachte den Vormittag des Sonnabends stets bei ihr zu – und erklärte mir mit sehr zerknirschtem Gemüte, er fühle sich nicht würdig in unseren Kreis einzutreten! – Aber wir rechneten dem Jüngling die Reue und die Strenge gegen sich selbst, vielleicht auch den Respekt vor unserer sittlichen Größe hoch genug an, um ihn dennoch aufzunehmen ...
Wir Bündner duzten einander. Jedoch machten hinsichtlich mehrer derselben spätere Lebensverhältnisse in Beziehung hierauf ihre Rechte geltend. Als Wilhelm von Humboldt mit seiner jungen Frau nach Berlin kam, wo ich sie dann zum ersten Male sah, nannte sie mich »Sie«, und als fast notwendige Folge hörte später auch das »Du« zwischen ihrem Gatten und mir auf.
Mein Mann sah dem bündnerischen Treiben lächelnd zu, ohne jedoch irgend störend einzugreifen. Als ich jedoch in tugendhafter Werktätigkeit ein wunderschönes Kind, Tochter jüdischer Bettler, an mich nahm, welches ich auf der sogenannten Landwehr gefunden hatte, (einem Hause außerhalb der Stadt, welches als Herberge für fremde Juden der ärmeren Klasse diente, die damals nicht in der Stadt übernachten durften), um es, wenngleich für den dienenden Stand, jedoch sehr zur Tugend zu erziehen, war er höchlich dagegen, ließ es doch am

Ende geschehen. Aus meiner Erziehung ging aber leider ein Erztaugenichts hervor. Das Mädchen war mir, weit über das Bestehen des Tugendbundes hinaus, eine sehr herbe Frucht desselben. Sie machte mir vielen Kummer, und der Zögling der Tugend starb zuletzt, als Dienstmädchen, in der Charité im Wochenbette.

89, 149 ff.

Darmstadt, um 1818
Die Philareten

Das Gymnasium zu Darmstadt bot damals feurigen, poetischen, mitunter überspannten, anstürmenden Köpfen weniger Anregung als jetzt. Die Lehrer der Mittelklassen, zum Teil alt und im Grunde stumpf standen ihren Zöglingen gar ferne und wußten eine sich kundgebende Individualität nicht zu entwickeln ... Viele der Mitschüler bewegten sich in ganz gewöhnlicher Mittelmäßigkeit. An Zucht und Ordnung fehlte es nun eben nicht, nur war eine gute Mehrzahl aller Liebe zur Poesie, die doch in solche Herzen die ersten und stärksten Lebensfunken werfen muß, völlig bar und selbst neckisch, philisterhaft übermütig gegen alle, die gern einen Dichter lasen. Vielleicht lag hierin der Grund, warum sich ein kleiner Kreis leicht gegenseitig anzog und von andern abschied. Da wurde für die Poeten geschwärmt; keiner stand ihnen nahe, der sich nicht selbst mit Gedichten beschäftigte. Selten kam ein Versuch den Lehrern zu Gesicht, nur etwa eine Übersetzung des Phaeton aus Ovids Metamorphosen oder der Episode vom Nisus und Euryalus aus Vergils Aeneide, freilich schon kecke Wegstücke für einen vierzehnjährigen Schüler, der nur in spielender Nachahmung das Wesen des Hexameters zu erfassen suchte. Je mehr die jugendlichen »Poeten« sich von ihren Altersgenossen entfremdet sahen, desto inniger schlossen sie sich zusammen. Es wird nicht befremden, wenn ich es geradezu sage, sie stifteten bald einen förmlichen Geheimbund, nannten sich Tugendfreunde – Philareten entsprach nach ihrer Meinung diesem Wort am besten – machten sich Gesetze und trugen als geheimes Abzeichen ein silbernes Kreuzchen mit Buchstaben am blauen Bändchen auf der Brust.
Die Versammlungen dieses Bundes fanden in dem Walde am Herrgottsberge statt. Dort ist eine kleine Vertiefung im Gebüsche, vermutlich ein verlassener Dachsbau; hier wurden Reden gehalten, Gedichte vorgetragen, sogar sollte ein Bundesmahl, von Zeit zu Zeit wiederholt, aber nur in einer Flasche rotem Wein bestehend, denn mehr erlaubte die kleine Kasse nicht, die Herzen noch hehrer für den Zweck: Tugend! durchglühen. Gervinus, der jüngste der Bundesbrüder,

hatte die Gesetze entworfen, die silbernen Kreuze mit Bändchen angekauft; er brachte aus der väterlichen Wirtschaft den Wein, der jedoch redlich bezahlt werden mußte, er hatte immer neue Ansichten und Entwürfe mitzuteilen und fand stets die poetischste Seite dieses Zusammenlebens aus. Kindische Träume, knabenhaftes Beginnen! Aber wir waren unendlich glücklich, wenn wir noch am späten Abend die Versammlung verließen, den Schwur der Treue gegen die Tugend erneuten und beim Sinken der Sonne den Wald durchstreiften oder gar, wenn man uns darum in der Schule ansah, ein Bändchen aus der Weste hervorzupften, das nun schnell wieder verborgen ward, oder wenn wir nach kurzem Zwist versöhnt die Hand uns reichten, oder wenn ein Unfall den Bund oder ein teures Bruderherz betraf.

Zweimal gab ... Gervinus ... den Anlaß zu betrübter Zusammenkunft. Einmal führte er die Kasse, sein einziger Bruder – er ist später als Gastwirt zu Darmstadt gestorben und gehörte nie dem Bunde an – fand zufällig das übelverwahrte Geld und nahm es ohne weiteres weg ... Heftigere Erschütterung machte ein andrer Vorfall. Georg las mit wahrer Wut, voraus dramatische Werke. Die Leihbibliothek von Ollweiler, die erste große in der Stadt, war in dem Hause von Gervinus gegründet worden. Oft fand er nicht sogleich das nötige Geld, um die geliehenen Bücher – der Band kostete täglich einen Kreuzer – zurückzugeben, da schob er es denn auf bessere Tage hinaus, und so wuchs die Summe einst bis zu sieben Gulden an. Er hatte uns allen die Not verheimlicht. Jetzt schrieb er an den Vorsteher des Bundes einen verzweifelten Brief; er wollte, der Schande zu entweichen, wohl auch der Strafe von einem ernsten sparsamen Vater zu entgehen, bei erster Gelegenheit in alle Welt laufen. Natürlich wurden alle Börsen der Brüder des Bundes mit der Kasse sogleich gestürzt ...

Poesie und Wanderlust waren heimisch in dem Bunde. Einst ekelte uns, obgleich wir allem politischen Kram fern blieben, das Tun und Wesen unserer Umgebung dergestalt an, daß förmlich beschlossen wurde, zu fliehen und in Nordamerika eine Kolonie zu gründen. Es war lächerlich, wie die Brüder sparten und darbten, bis man die nötige Summe zusammentragen könnte – und wie dann durch einen poetischen Traum, ich weiß nicht, wer ihn träumte, urplötzlich der ganze Plan wieder verschwand. Damals fesselte jedoch das Ausland mit seiner Poesie die jungen schwärmerischen Gemüter so gewaltig, daß jeder sich eine fremde Sprache wählte, die er gründlich erlernen wollte, einst dem Bunde nützlich zu werden. Georg ergriff das Spanische mit seltener Glut und Ausdauer; ohne Hilfe eines Lehrers, bloß durch Keils Grammatik geleitet, lernte er in einem Jahre den Calderon in der Ursprache lesen; die andern stümperten am Englischen, Italienischen und Französischen herum. Einige brachten es bis zum Vicar of Wakefield und Hamlet, einer bis durch die ersten Gesänge des Befreiten Jerusalem von Tasso. Eigene Poesien gingen mit diesen Bestrebungen gleichen

Schritt. Einmal wählte jeder einen Helden, dem er ein großes Epos weihen wollte. Georg hatte einige tausend Hexameter zur Verherrlichung des Theseus geschrieben...

149, 134f.

KÖNIGSBERG, 1821 ff.
Eine zärtliche Freundschaft zwischen bürgerlichen Mädchen

Aber nicht allein zu meiner Mutter, auch zu meinen Geschwistern hatte ich grade in jenem Zeitpunkte das alte frohe Kindheitsverhältnis nicht mehr... und ohne die zärtliche Freundschaft, welche ich damals für eine meiner früheren Mitschülerinnen hegte, wäre ich in jener Zeit wirklich recht unglücklich gewesen.
Ich hatte diese Freundin bald nach meinem Eintritt in die zweite Klasse gewonnen. Wir waren fast vier Jahre in der Schule zusammengeblieben, und haben durch unsere ganze Jugend mit der größte Liebe aneinander gehangen, bis später unsere verschiedenen religiösen Überzeugungen uns allmählich voneinander entfernten.
Mathilde war die jüngste Tochter eines Major von D., und drei Jahre älter als ich. Sie hatte den Vater in ihrer ersten Kindheit verloren. Ihre Mutter... hatte eine Stelle in einem der Königsberger Frauenstifte. Mathilde stand im dreizehnten Jahre, als ich sie kennenlernte... Voller Güte, voller Frohsinn, immer zum Lachen aufgelegt, mußte sie mit ihrer früh entwickelten Wohlgestalt, mit ihren großen Augen, mit dem prächtigen hellbraunen Haar, das vor lauter Gelock sich in keine übliche Frisur einfangen lassen wollte, den Eindruck eines ebenso reizenden als liebenswürdigen Mädchens machen. Ihre ganze Figur, ihre Hände und Arme waren schön, ihre Zähne, welche der lachende Mund fortwährend enthüllte, ganz unvergleichlich, und ganz im Gegensatz zu mir, der von körperlichen Übungen nichts als das Tanzen gut gelang, war sie Meister in allen körperlichen Spielen.
Was uns beide eigentlich zuerst zusammengeführt, war Mathildens Verlangen, Hilfe bei ihren Arbeiten zu finden. Aber wir faßten bald eine große Zärtlichkeit für einander, und kannten keine größere Freude als das Beisammensein. Mathilde war unserem Hause heimisch wie ich selbst, und auch ich war ganz und gar eingelebt in den kleinen Stübchen ihrer Mutter. Sie fand bei uns, so beschränkt unsere damaligen Verhältnisse waren, doch mehr Leben und mehr Zerstreuung als zu Hause, und mir, die immerfort in einer großen Schar von Kindern lebte, war das Alleinsein mit Mathilde, und die Stille auf dem entlegenen Kirchplatz und in den kleinen Stuben ihrer Mutter, etwas sehr Zusagendes. Wir arbeiteten dann an dem Tische, an welchem ihre Mutter, in ihrem unwandelba-

ren schwarzwollenen Kleide, mit der schlichten weißen Haube, strickend neben uns saß, wir machten Zeichnungen nach der Natur, oder entschlüpften, wenn die ältere Schwester ausgegangen war, in deren Zimmer, um uns alles mitzuteilen, was wir irgend dachten und wußten. Alles was wir besaßen, liebten wir zu teilen, alles was wir von unseren Eltern erhielten, erbaten wir uns wo möglich von der gleichen Art, und da man sich in beiden Familien mit den Ausgaben auf das Notwendigste beschränken mußte, waren unsere Wünsche gleichmäßig bescheiden. Konnten wir es verabreden, so kleideten wir uns möglichst gleich, und die ersten Verse, welche wir in meinem zwölften Jahre machten, galten eben den neuen Umwerftüchern von Bourre de Soie, welche unsere Eltern uns geschenkt hatten, und mit denen wir uns reich wie Fürsten fühlten.
Ein Hauptgenuß aber war es, wenn wir am Sonnabend mit all unseren Arbeiten abschließen, und dann vom Sonnabend nachmittag bis Montag früh, je nach dem, in unserm Hause oder in der Stiftswohnung der Majorin beisammen bleiben konnten. Daß daneben im Stifte alles so eng, daß es im Grunde dort nicht bequem war, daß wir uns für einander kleine Entbehrungen auflegen, uns miteinander behelfen mußten, das gehörte wesentlich zu dem Vergnügen dieses Beisammenseins, denn die Jugend und die Freundschaft sind opferfreudig; und man sollte niemals weder über diese frühen Freundschaften noch über die frühen Herzensneigungen der Kinder spötteln ...
Diese Freundschaft hatte ich aus der Schule mit in das häusliche Leben hinübergenommen, und sie war, je älter wir wurden, um so fördernder für uns beide und um so herzlicher geworden. Mathildens Frohsinn und Jugendlichkeit waren für mich eine notwendige Ergänzung, während meine Teilnahme an ernsten Dingen, meine Lust am Lesen ihr zu gute kamen ...
Auch war sie bei uns der allgemeine Liebling. Meiner Mutter war ihre Natur viel verwandter als die meine, mein Vater schalt sie bisweilen, wenn sie ihm zu viel und zu laut lachte, was er nicht gut leiden konnte, aber wenn sie über den Zuruf, den wir oftmals zu hören bekamen: »Lacht nicht so dumm! Lacht nicht so viel, das ist unanständig!« nur in neues Lachen ausbrach, und dies nicht zu beenden war, bis man uns zum Zimmer hinauswies, so mußte er zuletzt selbst über die Gutmütigkeit und Kindlichkeit lachen, mit welcher das erwachsene schöne Mädchen seinen Tadel hinnahm; und allen fehlte etwas im Hause, wenn Mathilde einmal eine Woche nicht dagewesen war.
Nur einen Kummer trugen wir gemeinsam, den Schmerz, daß sie ohne mich zum Religionsunterricht gehen, daß sie ohne mich eingesegnet werden müsse, weil ich nicht Christin war wie sie.

118, 13 ff.

ELBERFELD, 1830 ff.
Freundschaften in den Flegeljahren

Ich befand mich damals in den Flegeljahren. Daß dieselben, abgesehen von gelegentlichem Unfleiß, keine nachteiligeren Folgen für mich hatten, verdanke ich neben dem glücklichen Familienleben vor allem meinen teilweise etwas älteren und reiferen Freunden ... Ich hatte das Glück, daß sich mir in Elberfeld zwei reichbegabte Mitschüler innig anschlossen, die beide bereits in einer höheren Klasse waren. Friedrich Nieden ... war, obgleich schon Primaner, während ich noch in Tertia saß, seit Ostern 1830 mein liebster Jugendfreund. Voll Bewunderung blickte ich zu dem schönen Jüngling auf, der mit einem reinen Herzen und ernstem wissenschaftlichem Streben jugendlichen Frohsinn in seltener Weise vereinigte, und ich fühlte mich durch seine herzliche Zuneigung, die ich durch nichts verdient hatte, gehoben. Wir lebten so ineinander, daß wir uns, wo und wie wir nur konnten, zu erfreuen suchten, uns, wenn wir uns ausnahmsweise einmal nicht in der Schule gesprochen hatten, wenigstens einen schriftlichen Gruß sandten und, wenn er in den Ferien bei seinen Eltern auf einem hübschen Bauernhofe bei Mettmann weilte, unausgesetzt Briefe wechselten. Auf weiten Spaziergängen in der freundlichen Gegend ergingen wir uns freilich mehr in Unterhaltungen über Poesie und schöne Literatur als über wissenschaftliche Fragen ... Daß unsere schwärmerische Freundschaft sogar einzelnen Lehrern und Mitschülern auffiel, konnte derselben keinen Eintrag tun. Wohl aber führte die Verschiedenheit unseres Alters es mit sich, daß wir nicht länger gleich lebhaft miteinander verkehren konnten, als Nieden sich auf den Abgang zur Universität vorbereiten mußte. Dennoch empfand ich es als großen Verlust, als er Ostern 1832 nach glänzend bestandenem Abiturientenexamen Elberfeld verließ. Eine noch Jahre lang fortgesetzte Korrespondenz und gelegentliche Begegnungen vermochten keinen Ersatz für den früheren innigen persönlichen Verkehr zu bieten ...
Ganz anderer Art als meine Freundschaft mit Nieden war diejenige mit August Rauschenbusch, der im Herbst 1830 nach Elberfeld kam. An Kenntnissen überragte auch er mich weit, und da er schon Ostern 1833 sein Abiturientenexamen machte, waren wir nur kurze Zeit in derselben Klasse. Aber ein gewisses ideales Streben und Begeisterung für ein einziges und freies Deutschland waren uns gemeinschaftlich. Wir dichteten, schwärmten und lasen viel zusammen, und bei diesem regen Verkehr wurde unser Verhältnis immer inniger ...
Mehr ein lieber Kamerad als eigentlich ein Freund war mir der jetzige Professor der Mathematik am Gymnasium zu Thorn, Eduard Fasbender. Mit ihm begründete ich ein handschriftlich in der Klasse zirkulierendes halb satirisches, halb ernstes Wochenblatt unter dem von Spott eingegebenen Titel ›Acta Eruditorum‹ ... Der Inhalt bestand teils aus eigenen Poesien ... teils aus kleinen von

uns komponierten Erzählungen, Rezensionen gelesener Bücher, Lesefrüchten, schlechten Witzen über in der Schule vorgekommene eklatante Schnitzer, allerhand Desideranda und dergleichen. Fasbender glänzte durch mathematische Probleme und Lösungen ... Die wenigen ziemlich unreifen politischen Artikel ... wurden von mir geliefert. Als einige gar zu persönliche Malicen zu Streitigkeiten zwischen einzelnen Lesern und der Redaktion führten, und in Folge von Indiskretion mehr von der Sache gesprochen ward, als uns angenehm war, ließen wir das Blatt nach einem halben Jahr wieder eingehen.

185, 142 ff.

DARMSTADT, 1842 ff.
Der Rosenbund

Aus den Vorhöfen der Freundschaft führe ich nun in das Heiligtum ein. Im Februar 1842 schlossen sich aus dem weitern Kreise fünf zu engstem Bunde zusammen. Wie es sechzehnjährigen Schülern gebührt, spielte in den Zusammenschluß das »Ewig-Weibliche« mit, daher der Bund »Rosenbund« genannt wurde. Der roten Rose dienten drei, der weißen zwei der Genossen. Diese Beziehung zu zwei Zierden der Tanzstunde, die wir um jene Zeit besuchten, kam in gelegentlichem Gruß auf der Straße zu schüchternem öffentlichen, im Lied und Sonett zu häufigem heimlichen Ausdruck und war im Vorübergehen das Element unsrer Verbindung. Der dauernde Kern war echte Freundschaft ... Wir legten uns ein Bundesbuch an, das gegenwärtig in meinem Pult sich befindet, und worin ich die Entstehung des Bundes und seine Entwicklung bis in die Gießener Zeit genau und ausführlich ... erzählt habe. Ein von meiner Hand geschriebenes Blatt »Jugend, Frühling, Liebe« brachte in zwanglosen Lieferungen unsre dichterischen Versuche, die auf einem andren Blatte ihre Beurteilung fanden. Ihr Wert war sehr verschieden. Die uns die wertvollsten erschienen, wurden ins Bundesbuch eingetragen. Ein eigentlicher Dichter ist keiner geworden ...
Wir fünf, sechs, sieben – die »sieben Süßen« spöttisch genannt – lebten nun Jahr und Tag in Darmstadt unser Freundschaftsleben. Im Grunde war dies Leben eine seltsame Wiedererweckung der hainbündlerischen Lebensart: Freundschaft, Dichtung, Vaterland in eine heiße wallende Flut von Begeisterung getaucht. Wir lasen die Göttinger Dichter und trugen zusammen, was von Nachrichten über ihren Bund zu haben war. Namentlich gaben uns die Briefe der Hainbündler an den mecklenburgischen Pastor Brückner ein lebensvolles Bild.
Zusammenzusein war uns das tägliche Herzensbrot. Arm in Arm durch die Straßen zur Schule zu gehen oder heimwärts, war süße Wonne. Auf unsern

Stuben saßen wir alle oder einer mit einem andern im innigsten Gefühlsaustausch. Mein enges Zimmerchen, wo wir – am verborgensten – manches Fest feierten, war ein Sinnbild der engen Verbindung. Unaussprechliche Entzückungen gewährten die Gänge in der Nähe, die Wanderungen in die Ferne... Unter dem Moosberge weihten wir eine Eiche zur Bundeseiche... In Georgenhausen rüstete uns Stromberger ein Bundesfest, und seine gute Mutter ließ sich das tolle Treiben gefallen... Als schönstes, immer wieder gewähltes Ziel galt Lindenfels. Die Anstrengungen der Wanderung war manchmal nicht gering, Speise, Trank, Lager bescheiden, aber die Freude, die reine Freude so groß, wie sie irgend in jungen Herzen Raum haben kann. Wir waren alle des Sanges fähig – auch Jaup, der eigentlich hierzu ohne Fähigkeit war, mußte mitsingen. Und welch ein Reichtum von Liedern stand uns zu Gebote! Mein Knabenlied »Ich bin vom Berg der Hirtenknab« kam auf unsern Odenwälder Höhen und Felsen zu voller Geltung. »An der Saale hellem Strande« ward mit ortsgemäßer Abänderung gesungen und warm empfunden... Volkslieder, namentlich auch die im Odenwald heimischen Tanzweisen, waren beliebt und dem Empfindsamen ward gern das Derbe an die Seite gesetzt... Beim Zusammensitzen am Tisch kamen feierlichere Töne: Follens »Vaterlandssöhne, traute Genossen«, Uhlands »Wir sind nicht mehr beim ersten Glas, drum denken wir gern an dies und das, was rauschet und was brauset«...
In solchem frisch bewegten und erfreulich ausgefüllten Leben verbrachte ich meine Zeit bis zum Abschied vom Gymnasium.

10, 160 f.; 166 ff.

BERLIN, 1843 ff.
Der Kaffeter

Er war ein Verein von jungen, aus den geistig und gesellschaftlich ersten Kreisen stammenden Mädchen, die in fröhlichen, durch allerhand lustiges Zeremoniell gewürzten »Sitzungen« den ernsthaften Zweck verfolgten, sich durch Mitteilung ihrer eigenen schriftstellerischen und künstlerischen Versuche zu weiterem Schaffen anzuregen. Die »Kaffeologen« – so nannten sie sich – würden sehr entrüstet gewesen sein, wenn man sie mit jedem beliebigen Damenlesekränzchen hätte gleichstellen wollen. Sie wollten selbst Dichter und Künstler sein, und in der Tat sind einige von ihnen später als solche an die Öffentlichkeit getreten...
Die feierliche Gründung des Kaffeters ist am Donnerstag, dem 30. März 1843, in der von Graefeschen Stadtwohnung, Behrenstraße 48, von den drei Töchtern

Bettina Arnims, den beiden Barduas, Ottilie von Graefe und Marie Lichtenstein vollzogen worden. Maxe Arnim übernahm das Präsidium unter dem Namen »Präsident Maiblümchen« – denn jeder Kaffeologe erhielt einen besonderen Kaffeternamen. Mine Bardua, »Minus« genannt, wurde zum Protokollführer und Redakteur der »Kaffeterzeitung« ernannt... Armgard von Arnim hieß »wegen ihres peremptorischen Wesens«... »Lord Armgard«, Gisela Arnim anfänglich »Herr Giseloff«, bis sie infolge ihres hübschen... Märchens »Aus den Papieren eines Spatzen« den Kaffeternamen »Spatz von Spatzenstein« erhielt. Ottilie von Graefe... mit einer herrlichen Altstimme und schönem Können als Malerin begabt, hieß »Sir Odilon«, Marie Lichtenstein... »Marius«...

Es erscheint zunächst verwunderlich, daß die »alten Barduas« – Caroline war 1843 bereits 61, Mine 45 Jahre – sich mit der zwanzigjährigen Jugend zu solch intimem Bund zusammenschlossen. Carolines ewig jungem, heiterem Sinn lag das nahe, aber in erster Linie war es Mines Werk. Ihr, die eben erst schmerzlich der eigenen Jugend entsagt hatte, war es Bedürfnis, auf die Jugend zu wirken und mit ihr zu leben; der Kaffeter ist für sie ebensowohl das Feld liebevoller Betätigung wie ein Quell eigener höchster Freude gewesen...

Bald bekam der Kaffeter weiteren Zugang. Als erste: Valeska von Grabow (»Valescus«), die Hofdame der Fürstin Liegnitz... und die Töchter des Generals von Wolzogen: Pauline (»Paulus«) und Anna (»Annollo«). Letztere mußte bald wieder ausscheiden wegen ihrer Vermählung mit Marcus Niebuhr... Denn das Gesetz des Kaffeters duldete Verheiratete nicht als Mitglieder... Wer heiratete, wurde unter feierlichen Zeremonien entlassen...

Auch auswärtige und korrespondierende Mitglieder besaß der Kaffeter. Marie von Guaita in Frankfurt am Main, eine Cousine der Arnims, wurde als »Sepperle vom Berge« aufgenommen. Frau Johanna Kinkel... schickte aus Bonn, Mathilde Krummacher, Tochter des späteren Potsdamer Hofpredigers, aus Elberfeld Beiträge für die Kaffeterzeitung...

Der Historiograph muß es mit Bedauern aus den Protokollen konstatieren, daß auch im Kaffeter die alte Einfachheit der Sitten nur gar zu schnell geschwunden ist. Anfänglich war es Gesetz, daß es bei den Sitzungen, die reihum bei den Mitgliedern stattfanden, nur Kaffee und Schrippen, höchstens zum Schluß noch Apfelsinensaft geben dürfe, damit der Hochflug des Geistes nicht durch irdische Genüsse gehemmt werde. Schon bald aber beginnt das Protokoll es mit Wohlgefallen zu verzeichnen, wenn es Schokolade statt Kaffee gibt, und die schönen Kuchen und prächtigen Torten werden einzeln aufgezählt und gelobt...

Es muß schon ein lustiges Bild gewesen sein, solche Kaffetersitzung! All die hübschen jungen Mädchen und auch die alten würdigen Barduas trugen hohe spitze Mützen in Form eines Zuckerhuts aus kaffeebraunem Glanzpapier; nur Präsident Maiblümchens Hut war von weißem Stoff. An jeder Mütze hing ein rosa Schleier, der dazu bestimmt war, daß der Vortragende bei gar zu feurigem Beifall sein Erröten dahinter verbergen konnte; Schüchterne nahmen ihn wohl auch schon beim Vorlesen vor ihr Gesicht, um dadurch Mut zu gewinnen. Sobald man sich an Speise und Trank gelabt, ergriff Präsident Maiblümchen sein Szepter aus weißem Holz, mit rosa Band umwunden und mit Blüten geschmückt, und hielt zur Eröffnung eine Ansprache. Darauf wurde zunächst das Protokoll der letzten Sitzung... verlesen... Alsdann hatte jedes Mitglied seinen Beitrag mitzuteilen: die geschriebenen wurden vorgelesen, die Zeichnungen herumgereicht, Kompositionen vorgespielt oder gesungen. Jeder einzelne Beitrag wurde kritisiert. Um sein Mißfallen kundtun zu können, hatte jeder Kaffeologe eine Kinderknarre, für den Beifall eine kleine Trompete...

216, 175 ff.; 181

Berlin, 1879 f.
Jungbrunnen

Mit unseren drängenden Trieben für Dichtung, Theater und Kunst waren wir uns selbst überlassen. Unsere damaligen Lehrer waren Stundengeber, dieser und jener wohl auch menschlich uns beobachtend, aber im ganzen von uns getrennt durch eine Kluft, so daß niemand von uns daran denken konnte, vertraulich um ihren Rat und ihre Hilfe zu bitten. So gründeten wir für uns einen literarischen Verein, wo dann unsere Eltern etwas mithalfen, um Lese-, Vortrags- und Theaterabende in den Wohnungen zu ermöglichen. Ich übte einigen Einfluß aus und drängte, als wir 1879 in die Obersekunda kamen, zu festerer Ausgestaltung unseres Treibens. »Jungbrunnen« nannten wir uns und trugen stolz ein blauweißes Band, das unsere Schwestern zurechtnähten, auf der Brust. An Schillers Geburtstag aber veranstalteten wir eine Feier mit Punsch und Pfannkuchen und sangen hell begeistert: »Freude schöner Götterfunken«. Jetzt sind wohl alle dieses Kreises dahin. Noch vor kurzem, 1937, starb Georg Kampffmeyer, der sich als Arabist und als Marokkokenner einen Namen gemacht... hat. Damals hielt ich ihn für einen wirklich kommenden Dichter und bewunderte seine sanfte melancholische Lyrik im Hölderlinschen Geschmack.
Wir regten uns nun gegenseitig zu einer richtigen Monatsschrift an, die aus Pflichtbeiträgen der Mitglieder zusammengesetzt, von mir redigiert und in Umlauf gebracht wurde. Jeder mußte sich auch die schriftlichen, oft recht scharfen Zensuren der anderen gefallen lassen. Diese Selbsttätigkeit, mit der wir uns eine kleine Welt mit Feuereifer aufzubauen versuchten, hatte wohl Gutes inmitten eines sonst sterilen Schulbetriebs. Aber unsere kleine Welt war wirklich klein

und zum Teil aus gar zu schwammigem Stoffe aufgebaut. Gott sei Dank ist nichts von meinen eigenen damaligen Elaboraten, einer elenden Jambentragödie, die auf einer verwunschen Burg im Harz spielte, sentimental-erotischen Novellen im Heyse-Storm-Geschmack, Essays über Grillparzer, Kaiser Maximilian von Mexiko, Anselm Feuerbach usw. erhalten ...
Aber unser Treiben endete mit einer Katastrophe. Unsere Schulleistungen waren inzwischen tief gesunken, und gerade die Führer des Jungbrunnens blieben bei der Versetzung in die Prima alle sitzen. Die Eltern waren außer sich, daß ich dies zum zweiten Male erlebte, und sprachen von Berufswechsel. Und der damalige Direktor des Gymnasiums, Adalbert Kuhn, der hochangesehene Sprachvergleicher, Mythenforscher, Freund Gustav Freytags und Mitglied der Akademie ... gab mir einmal den Rat, Subalternbeamter zu werden. So war es ein bitteres Semester, das ich in der Obersekunda noch absitzen mußte.

132, 56 ff.

6. Kapitel

6. I. Sehr verschiedene Lehrpersonen

Kommentar
Zürich usw., um 1517   Fahrende Schüler und Wanderlehrer
Tübingen, 1531 ff.   Der Präzeptor
Stadthagen, 1730   Unheimliches Betragen von Rektor und Kantor
Weimar, 1768 ff.   Zehn Jahre mit Kandidat Restel, dem Hofmeister
Berlin, 1769   Ein Kinderfräulein gesucht!
Knauthain, um 1775   Herr Weyhrauch, der Lehrer, Bienenvater und Spargelzüchter
Göttingen, um 1780   Aus dem Bildungsgang eines Professorensohnes
Gotha, um 1785   Unterrichtender Umgang bei Hofrätin Schläger
Märkisch-Friedland, um 1797   Privatstunden
Berlin, 1810 ff.   Ein Dämon und ein Jugendtraum
Wesselburen, um 1820   Jungfer Susanna in der Klippschule
Wien, 1835 ff.   Gouvernantenfestzug
Haslach, um 1840   Der Heckenlehrer für die Hirtenbuben
Heidelberg, um 1846   Lehrer, für alle Sättel gerecht
Elberfeld, 1857   Rezension der Lehrer in Tertia
Wiesbaden, um 1875   Ein Hauslehrer für ernsthafte Mädchenbildung

Zwei Privatlehrer. Eine Frau, die Mädchen verschiedenen Alters in weiblichen Handarbeiten unterrichtet (1689). Ein Hauslehrer (1838).
Aus: H. Boesch, Kinderleben in der deutschen Vergangenheit. Jena 1924. – J. Gailer, Neuer Orbis Pictus für die Jugend. Reutlingen 1838

Kommentar

Das auffälligste Merkmal aller Lehrpersonen ist ihre Individualität, das Übergewicht, das der Person im Guten wie im Bösen in einer Zeit zukommt, die das Unterrichtswesen nur schwach institutionalisieren und kontrollieren kann. Vom 16. bis zum 19. Jahrhundert ist das Lehrpersonal bunt und nicht unbedingt zuverlässig – auch wenn es vielleicht die Ausnahme ist, daß die Lehrer am Salzwedeler Gymnasium regelmäßig eine Stunde zu spät zum Unterricht erschienen, der darüber hinaus in völlig verdreckten Räumen stattfinden mußte. Das erinnert Wilhelm Harnisch (1787–1864) aus seiner Schulzeit um 1800. Andererseits mochten viele von der Laxheit der Lehrer auch profitieren. Jahrelang pflegte Paul Heyse (1830–1914) während des Mathematikunterrichts zu zeichnen. Sein Lehrer tolerierte das nicht nur, er schrieb ihm bei der schriftlichen Abiturprüfung auch noch die Aufgabenlösungen aufs Papier!
Jeder kann bis ins 19. Jahrhundert hinein Dorflehrer werden, bzw. richtiger: Er wird es nicht aufgrund einer Ausbildung, sondern er wird von der Gemeinde, mit der er einen Vertrag über seine Rechte, Pflichten und vor allem Einkünfte abschließt, ernannt. Vorher ging eine Prüfung seines Charakters, Lebenswandels und der Fähigkeiten im Lesen, Schreiben, Singen, die aber nicht allzu streng sein konnte, weil die Hungerleiderexistenz des Lehrers nur von wenigen, besitzlosen, einkommensschwachen Handwerkern oder gestrandeten Subjekten gesucht wurde. Die Ausbildung an einem Lehrerseminar setzte sich erst langsam im 19. Jahrhundert durch. In Bremen qualifizierte sich der künftige Lehrer durch Lehrlingschaft bei einem älteren, ehe 1858 das Seminar eingerichtet wurde, und so wurde es an vielen Orten gehalten. Trotzdem gab es seit dem 18. Jahrhundert erstaunlich vielseitig gebildete und pädagogisch ehrgeizige Dorflehrer, denn dieser Beruf war der einzige, der wissensdurstigen Jungen aus dem Volk eine gewisse Befriedigung ihrer Interessen versprach.
In den Städten wird das Unterrichten in den Elementarkenntnissen auf zünftiger oder freier unternehmerischer Basis betrieben. In Nördlingen gab es 1597 sechs sog. »Deutsche Schulen« – neben einer städtischen Lateinschule – auf die sich 570 Mädchen und Buben verteilten. In der größten saßen 200, in der kleinsten 30 – ein deutlicher Beleg für die Konkurrenz unter den Lehrern. Allein vom Schulgeld, das sie selbst eintreiben mußten, bestritten sie den Unterhalt und finanzierten die Schuleinrichtung. Unter diesen Lehrern finden sich auch öfter Frauen, meist Lehrerwitwen, denen man die Fortsetzung des Lehrhandwerks gestattete. Sonst tauchen Frauen nur in unter- bzw. der Schule vorgeordneten Bereichen auf, als Klippschullehrerinnen, die das Stillsitzen, Buchstabieren,

einige Bibelsprüche und Lieder lehren sollten; oder als Strick- und Nählehrerinnen, die am schulfreien Mittwochnachmittag der weiblichen Schuljugend Fertigkeiten beibrachten, deren Vermittlung man eher dem häuslichen Unterricht durch die Mutter zugetraut hätte.

Die Lehrer an Lateinschulen und Gymnasien waren in der Regel Theologen oder richtiger, Leute, die eine Pfarrstelle anstrebten, sie aber erst spät oder gar nicht erhielten. Preußen hat 1810 zuerst eine spezielle Prüfung für das Lehramt an Gymnasien eingeführt. Die Geprüften waren – wie es dem Unterrichtsschwerpunkt dieses Schultyps entsprach – in den alten Sprachen qualifiziert. Wie jedoch modernere Fächer, Naturwissenschaften, Mathematik, selbst Geschichte, Französisch oder Literatur betrieben wurden, hing ganz von der persönlichen Neigung und der selbständigen Fortbildung des Lehrers ab. Überhaupt ist die Persönlichkeit des Lehrers, sein Charakter, eher als sein Wissen oder seine zufälligen pädagogischen Talente ein Bildungsfaktor ersten Ranges. Wie sollte man es sich sonst erklären, daß viele Verfasser von Autobiographien nach Jahrzehnten noch in der Lage sind, präzise Schilderungen ihrer Lehrer zu liefern, ganze Schulkollegien (sie waren natürlich kleiner als heute) in ihrer Besonderheit zu beschreiben? Lebenslange Beziehungen und Freundschaften mit ehemaligen Lehrern kommen sehr häufig vor. Das Gewicht, das der Lehrerpersönlichkeit auch im Schulbetrieb zukam, erklärt aber auch, weshalb das Bild des Lehrers so oft als Karikatur gezeichnet wird. An ihren Lehrern studierten viele Generationen von Kindern zuerst die Menschheit.

Das Gewicht des Persönlichen wiegt noch schwerer bei jenen Präzeptoren, Hofmeistern, Hauslehrern, Kinderfräuleins und Gouvernanten, die in adligen und wohlhabenden Familien Erziehung und Unterricht der Kinder leisteten, oft so ausschließlich, daß die Eltern für die Entwicklung kaum noch Bedeutung hatten. Wer sich Hauslehrer oder Gouvernante nicht leisten konnte, gründete oft, wie der Vater Friedrich Bodenstedts (1819–92) in Peine, einen Unterrichtszirkel mit anderen Eltern. Goethes Vater war wohlhabend genug, die Unterrichtung seiner beiden Kinder selbst zu beaufsichtigen, und bediente sich zu seiner Durchführung einer langen Reihe sehr spezifisch qualifizierter Personen, nicht unbedingt von Lehrern. Für Mädchen bestand die Chance, eine höhere Schulbildung zu erhalten, ohnehin nur im Privatunterricht. Die Möglichkeit, Bildungsprozesse spontaner zu improvisieren, auch individuelle Neigungen eines Kindes spezieller zu fördern, war natürlich den Wohlhabenden vorbehalten. Auch ist zu bedenken, daß das Leben der (in der Regel) unverheirateten Hauslehrer und Gouvernanten harten Einschränkungen unterworfen war. In jedem Fall kam mit dem Sieg des Berechtigungswesens in der 2. Hälfte des 19. Jahrhunderts und den standespolitischen Erfolgen der Lehrerschaft das Ende einer pädagogischen Ära, in der Personen wichtiger waren als alles andere.

LITERATUR:
E. Mentzel, Wolfgang und Cornelia Goethes Lehrer, Leipzig 1909
L. Fertig, Die Hofmeister. Ein Beitrag zur Geschichte des Lehrerstandes und der bürgerlichen Intelligenz, Stuttgart 1979
I. Brehmer, Hrsg.: Lehrerinnen. Zur Geschichte eines Frauenberufs, München 1980
A. LaVopa, Prussian Schoolteachers. Profession and Office 1763–1848, Chapel Hill 1980

ZÜRICH USW., UM 1517
Fahrende Schüler und Wanderlehrer

Da war einer aus Wallis von Visp, hieß Antonin Venetz, der wiegelte mich auf, wir wollten miteinander gen Straßburg ziehen. Da wir gen Straßburg kamen, waren gar viele arme Schüler da und, wie man sagt, nicht eine gute Schule. Zogen wir auf Schlettstadt zu ...
Da wir nun in die Stadt kamen und Herberge hatten bei einem alten Paar Ehevolk – und war der Mann stockblind – da gingen wir zu meinem lieben Herrn Präzeptor selig, Herrn Johannes Sapidus, baten ihn, er sollte uns annehmen. Fragte uns, von wo wir wären. Als wir sagten: aus dem Schweizerland, von Wallis, sprach er: da sind leichtfertige böse Bauern, jagen alle ihre Bischöfe aus dem Land. So ihr weidlich wollt studieren, braucht ihr mir nichts zu geben, wo nicht, so müßt ihr mich zahlen oder ich will euch den Rock vom Leib ziehen. Das war die erste Schule, wo mich deucht, daß es recht zuging ... Als ich nun in die Schule kam, konnte ich nichts, noch nicht den Donat lesen; war doch schon 18 Jahre alt; setzte mich zu den kleinen Kindern, war eben wie eine Kluckhenne unter den Hühnlein. An einem Tag las Sapidus seinen Schülern vor, sprach, ich habe viele barbara nomina, ich muß sie einmal ein wenig lateinisch machen. Hernach las er aber, da hatte er mich aufgeschrieben erstlich als Thomas Platter, meinen Gesellen als Antonin Venetz; die hat er umgewandelt in Thomas Platerus, Antonius Venetus und sprach: wo sind die zwei? Da wir aufstanden sprach er: Pfui! das sind zwei so räudige Schützen und haben so hübsche Namen! Und das war auch zum Teil wahr, besonders mein Geselle, der war so räudig, daß ich ihm manchen Morgen das Bettuch vom Leib, wie einer Geiß die Haut ziehen mußte, denn ich war die fremde Luft und Speise besser gewöhnt als er.
Als wir jetzt von Herbst bis auf Pfingsten dort gewesen waren und noch immer mehr Schüler von allenthalben zugereist kamen, konnte ich uns nicht mehr wohl ernähren. Zogen wir weg nach Solothurn. Da war eine ziemlich gute Schule, auch bessere Nahrung, aber man mußte so gar viel in der Kirche stecken und Zeit versäumen, so daß wir heim zogen. Und ich blieb eine Weile daheim, ging zu einem Herrn in die Schule, der lehrte mich ein wenig Schreiben und ander, ich weiß schier nicht was ... In derselben Zeit lehrte ich meiner andern Base Büblein (das hieß Simon Steiner) das ABC in einem Tag, der kam nach einem Jahr zu mir nach Zürich ... Im folgenden Frühling zog ich mit zwei Brüdern wieder aus dem Land ... Und blieben sie zwei im Entlebuch, ich aber ging nach Zürich ... Und ging zum Frauenmünster in die Schule. Da war ein Schulmeister, der hieß Meister Wolfgang Knöwell von Barr bei Zug, war Magister Parisiensis, den man zu Paris genannt hat grand diable. Er war ein großer, redlicher Mann, hatte aber der Schule nicht viel acht, sah mehr, wo die hübschen Mädchen waren, derer er

sich kaum erwehren konnte. Ich hätte gern studiert, denn ich konnte verstehen, daß es Zeit war.

Zur selben Zeit sagte man, es würde ein Schulmeister von Einsiedeln kommen, der wäre vorher zu Luzern gewesen, ein gar gelehrter Mann und getreuer Schulmeister, aber schrecklich wunderlich. Da machte ich mir einen Sitz im Winkel, nicht weit von des Schulmeisters Stuhl, und dachte, in dem Winkel willst du studieren oder sterben. Als er nun kam ... sprach er: das ist eine hübsche Schule, denn sie war erst kürzlich neu gebaut, aber mich dünkt, es sind ungeschickte Knaben; doch wir wollen sehen; wendet nur guten Fleiß an! Da wußte ich, hätte es mein Leben gegolten, ich hätte nicht ein nomen primae declinationis deklinieren können; und konnte doch den Donat auswendig auf den Nägeln. Denn als ich in Schlettstadt war, hatte Sapidus einen Baccalaurium ... der vexierte die Bacchanten so jämmerlich übel mit dem Donat, daß ich gedacht hatte: ist es denn so ein gutes Buch, so willst du es auswendig studieren; und indem ich es lesen lernte, studierte ich ihn auch auswendig. Das kam mir bei dem Patre Myconio zugute ... Da ist er oft mit mir umgegangen, daß mein Hemdlein naß geworden ist, ja auch das Sehen ist mir vergangen, und doch hat er keine Streiche gegeben, höchstens mit der linken Hand an die Backe. Wenn er aber auch rauh mit mir war, führte er mich heim und gab mir zu essen, denn er hörte gern erzählen, wie ich alle Länder in Deutschland ausgelaufen hatte und wie es mir allenthalben ergangen war, das wußte ich dazumal noch gut.

161, 63 ff.

TÜBINGEN 1531 ff.
Der Präzeptor

Herr Froben Christof von Zimmern ist in seiner Jugend von dem älteren Philipp von Mespelbrunn, auch seinem Gemahl, der alten Gräfin von Werdenberg, erzogen worden bis in das zwölfte Jahr seines Alters. Seine Ahnfrau ließ ihn anno 1526 zu Aschaffenburg firmen; geschah von Erzbischof von Kurfürsten von Mainz ... Hiezwischen man ihm zu Mespelbrunn, auch Aschaffenburg, etliche Jahre einen Präzeptor gehalten, war ein Kanonikus auf dem Stift zu Aschaffenburg, hieß Herr Johann Blumenschein, ein gelehrter und verständiger Priester, der ihn die Grammatik und anderes, so diesem Alter füglich und gehört, unterwiesen ... Als nun der junge Herr das zwölfte Jahr erreicht, ward er von seinem Herrn Vater heim gefordert, das Vorhabens, ihn samt seinem älteren Sohn, Herrn Johann Christof, dem Domherrn zu Straßburg, gen Tübingen auf die Hochschule zu schicken. Also schied der junge Herr am Freitag nach Pfingsten

im Jahr 1531 von Mespelbrunn, kam an Unser Herrgottsabend nach Sigmaringen. Es kam auch denselben Abend dahin der große Graf von Tengen, Graf Christof, mit seinem Gemahl, der Gräfin von Zollern, und hielt der alt Graf Christof von Werdenberg ein großes Fest des andern Tags. Sobald aber derselbe alte Herr den jungen, seinen Vetter, ansieht und vermerkt, daß er ein lang Rapier trug, konnte es nicht unberedet lassen, wie sein Manier war, und als er ihn gegrüßt, spricht er in Schimpf zu den Umstehenden: »Sommer die feifel! Ich seh ihm an, er tut nimmer gut. Was tust, Vetter,« spricht er, »mit dem langen Schwert? Hängst du am Schwert, oder das Schwert an dir?« Es war aber ein Rapier, das hatte Philipp von Reifenberg der Jüngere diesem jungen Herrn geschenkt...
Hiezwischen ward Herr Johann Christof, der Domherr von Straßburg, herauf erfordert... bracht er ein Präzeptor mit sich von Straßburg, ein Magister, genannt Christof Mathias, ein gelehrter Mann, hatte etliche Jahr davor zu Wittenberg studiert und war gebürtig von Lauterburg... Den haben beide junge Herren hernach zehn Jahre lang, bis anno 1541, bei sich behalten.
Also blieben die zwei jungen Herrn nicht lang daheim, sondern wurden gleich mit dem Präzeptor gen Tübingen geschickt... Und als der Herr Präzeptor alle Sachen für das Studieren gerichtet, darzu dann neben anderm Bücher gehörten, wie er aber dem alten Herrn darum schrieb und Bescheid begehrt, Bücher zu kaufen, ward ihm die Antwort, es wäre nicht vonnöten, viele Bücher zu kaufen und also unnötig die Kosten hinaufzutreiben, so die Herren hätten ein Buch oder zwei ausgelernt und es wohl kennten, sollte er ihnen alsdann andere kaufen.
Es waren die Herren noch nicht zwei Monate dargewesen, da begehrte der alte Herr, ihr Präzeptor sollte ihm die Rechnung aller aufgelaufenen Kosten, der gewöhnlichen und außerordentlichen zuschicken. Das geschah. Über wenige Tage kam die Rechnung wieder samt einem Schreiben: »Bei welchen Posten sie ein Ringlein finden, das hätte wohl mögen erspart werden.« Wie man die Rechnung eröffnet, waren es wenig Posten, die nicht bezeichnet waren. Zeig ich allein darum an, wie es einst so knapp zugegangen ist; was man aufs Studium verwendet hat, das ist alles zuviel gewesen, sonst ist daneben vertan worden, fast alles was da ist.

224, Bd. 3, 76 ff.

STADTHAGEN, 1730
Unheimliches Betragen von Rektor und Kantor

Der einzige, der mir die Schule unangenehm machte, war der Rektor Meinecke, ein langer, hagerer und mürrischer Mann, und zwar um des Vorfalls willen. Die ganze Schule war zu der Versetzungszeit in dem großen Hörsaal beisammen, und ich kam auf einer der letzten Bänke vorn an zu sitzen. Der Rektor ging in dem Zimmer also hin und her, daß er seinen alten, kahlen und sehr befleckten schwarzen Mantel um sich her, und selbst über den untern Teil des Gesichts schlug, vermutlich weil es in dem Zimmer, welches keinen Ofen hatte, kalt war. Seine Gestalt kam mir so sonderbar, oder vielmehr so fürchterlich vor, daß ich ihn immer ansah. Als er dieses schon oft bemerkt hatte, fragte er mich, in plattdeutscher Sprache, willst du mir was? Und da ich antwortete, nein! so erwiderte er, so will ich dir was, und in dem Augenblick, da er dieses sagte, rauschte seine knöcherne rechte Hand aus dem Mantel hervor, und fuhr so heftig in mein Gesicht, daß mir Hören und Sehen verging. Diese unerwartete Begegnung machte mir den Mann so schrecklich, daß ich beständig vor ihm zitterte.

Desto freundlicher und liebreicher war der unterste Lehrer der Schule, Johann Cornelius Walther, zu dem ich gern in die Klasse ging, der aber doch einmal eine Härte an mir ausübte, die mir beinahe das Leben, wenigstens die Gesundheit, gekostet hätte. Ich mußte des Sonntags nachmittags in der Kirche mit in den Katechismusunterricht des Predigers gehen, ob mir gleich das lange und müßige Stehen in der Mitte der Kirche beschwerlich und unangenehm war. Auf einer Seite standen die Knaben, und auf der andern die Mädchen. Es fügte sich einmal, daß meine Cousine, Freundin und Mitgesellin, Sophie Eleonore Büsching ... gerade gegen mir über stand, und wir verabredeten durch Gebärden mit dem Kopf, durch Gesicht und Hände, Spielwerke, die wir nach der Kirche vornehmen wollten. Dieses sahe der Kantor Walther von dem Chor, und ärgerte sich heftig darüber. Anstatt bis auf den folgenden Tag zu warten, um mich in der Schule mit der Rute zu bestrafen, schlug er, beim Beschluß des Gottesdienstes in der Kirche, mit Fäusten und mit dem Gesangbuch so stark und lange von allen Seiten an meinen Kopf, daß er dick anschwoll, und ich ganz unkenntlich nach Hause kam, ich ward auch Monate lang täglich oftmals von der Epilepsie befallen. Mein Vater vergrößerte durch Drohungen die Furcht und Angst, die der Kantor über seine große Unbedachtsamkeit und Unvorsichtigkeit empfand; ich aber, nachdem ich endlich den gefährlichen Zustand, in welchen ich geraten war, überstanden hatte, und der Kantor sich wieder sehr liebreich gegen mich betrug, liebte ihn so wie vorher ...

26, 3 f., 2

WEIMAR, 1768 ff.
Zehn Jahre mit Kandidat Restel, dem Hofmeister

Zuerst erhielt ich einen Magister Senfting, der ein gar lustiger Bursche, wahrscheinlich alles mit mir spielend treiben wollte, mit mir auf der Erde herumkroch, mich auf sich reiten ließ (Ich war sechs Jahre alt) usw. Aber ich lernte nichts dabei... Nun bekam ich aber einen andern Erzieher von ganz entgegengesetzter Art, der 10 Jahre bei mir blieb und dessen Einfluß für mein ganzes Leben, und nicht bloß für meine Studien, sondern auch für meinen Charakter, entscheidend gewesen ist. Es war ein Kandidat der Theologie Restel aus Zürbig, schon über 30 Jahr und schon seit 6 Jahren Hofmeister, ein ernster, strenger, hagerer, wenig sprechender Mann, mit einer Habichtsnase, ja einem völlig ciceronianischen Gesichte... Er war ein Schüler Ernestis in Leipzig, philosophisch und theologisch gründlich gebildet, aufgeklärt, insofern dies Freiheit von allem Aberglauben und Mystizismus heißt, aber festhaltend an lutherischen Bibelglauben und an den Grundsätzen der alten strengen Erziehung. Er nannte mich Er, sprach außer den Schulstunden wenig mit mir, freundliche Worte oder Mienen waren Seltenheiten, Lachen kam gar nicht vor. Unbedingter Gehorsam, Verbot alles Widerspruchs, pünktliche Beobachtung der Schulstunden, Auswendiglernen (besonders von lateinischen Vokabeln), anhaltender Fleiß und Beschäftigung, genaue Beobachtung von Zeit und Ordnung, und bei Übertretungen strenge Verweise, selbst körperliche Züchtigungen, das waren die Grundzüge. Die Einteilung des Tages war folgende: Früh 6 Uhr aufgestanden, dann ein Frühstück, halb 9 Uhr Butterbrot oder Obst, von 9–12 Uhr Schule, dann Mittagessen, nachher bis 3 Uhr Bewegung im Garten oder Hause, von 3–5 Uhr Schule, dann Vesperbrot von Obst oder Brot mit Salz oder ein wenig Zucker, dann Spaziergang im Webicht oder im Winter oder bei schlechtem Wetter eine Selbstbeschäftigung, um 7 Uhr frugales Abendessen (eine Suppe, mit Brot, entweder mit Obst oder Butter oder Mus oder Möhrensaft). Dann bei den Geschwistern und von 8 bis 9 Uhr bei dem Vater mit den Schwestern, wo ich gewöhnlich etwas vorlesen mußte, dann wieder zum Hofmeister auf dessen Zimmer, hier noch lesen oder auswendiglernen. Gewöhnlich übermannte mich der Schlaf, dann mußte ich stehen, aber auch im Stehen schlief ich oft ein. Dann zu Bette, in welchem ich die Hände falten und den lutherischen Abendsegen nebst Vaterunser beten mußte...
Die Einrichtung in der Schule, wobei auch die Schwestern größtenteils gegenwärtig waren, war folgende. Zuerst jeden Tag ein Kapitel in der Bibel von Anfang an gelesen... dann Theologie nach einem von Restel selbst aufgesetzten streng dogmatischen Entwurf in Fragen und Antworten, – alles, besonders die Sprüche auswendig zu lernen. Dann Latein und in der Folge noch Griechisch.

Hierbei hatte er eine sehr gute Methode. Die besten Autoren wurden kursorisch durchgelesen, dann schriftlich ins Deutsche übersetzt (wobei zugleich die deutsche Orthographie und Stil korrigiert wurden) und dann Rückübersetzung ins Lateinische. So habe ich eine Menge Autoren ganz durchgelesen. Die alten Sprachen waren die Hauptsache des Unterrichts. Nebenbei Geschichte, Geographie und Naturgeschichte...
Gesellschaft hatte ich nur Sonntags nachmittags und auch da nicht immer. Es waren die jungen Leute der Familien, welche auch Hofmeister hatten, Seidlers, Kotzebues, Lynker, Wilken, im Winter Witzleben. Hier wurde im Sommer im Garten oder auf Spaziergängen geturnt, Ball geschlagen, Krieg gespielt, im Winter besonders auf kleinen Theatern mit selbstverfertigten Figuren Komödien aufgeführt oder Professor gespielt, wobei ich besonders viel Beifall fand. Einer, nachdem er sich vorher einen Buckel und lächerlichen Anzug gemacht hatte, bestieg einen Stuhl und unterhielt nun die anderen, die herumsaßen, mit Späßen und Schnurren... Währenddessen saßen die Hofmeister im Nebenzimmer und unterhielten sich bei Bier und Tabak über gelehrte Gegenstände.

94, 27 ff.

BERLIN, 1769
Ein Kinderfräulein gesucht!

Eine adlige Herrschaft außer Berlin verlangt eine Person weiblichen Geschlechts, die im Christentum gegründet, wenigstens geschriebene Schrift lesen kann und der französischen Sprache mächtig ist, zur Aufsicht kleiner Kinder in ihre Dienste. Wer gesonnen ist, in diese Dienste zu gehen, kann nähere Nachricht bey dem Kaufmann Herrn Rhau in der Stralauer Straße empfangen. (*Vossische Zeitung*)

22,Bd. 3, 165

KNAUTHAIN, UM 1775
Herr Weyhrauch, der Lehrer, Bienenvater und Spargelzüchter

Bei meinem Herr Paten, dem Schulmeister Held in Posern, hatte ich für einen Phönix im Lernen gegolten; hier bei dem Weyhrauch in Knauthain galt ich für einen ausgemachten Dummkopf... Er hatte seine liebe Not mit mir, und ich mit ihm. Ich glaubte zwar seiner Aburteilung über meine Dummheit nicht ganz, war aber doch ganz verblüfft, daß ich dem Manne durchaus gar nichts zu Danke machen konnte ... Wer zuerst etwas Ätherisches in mir entdeckte, war der Pfarrer Magister Schmidt, ein rechtlicher, jovialer, ziemlich gebildeter und ziemlich orthodoxer Mann, in dessen Charakter aber der Grundzug freundliches Wohlwollen und Güte des Herzens war. Er schloß aus meinen oft sonderbaren Antworten in den öffentlichen Kirchenprüfungen auf meinen eigenen, zuweilen sehr barocken Ideengang, unterhielt sich viel mit mir und berichtigte meine Gedanken... Nun sprach er mit dem Schulmeister, Herrn Weyhrauch, über die Methode des Unterrichts bei einem solchen Kopfe; die Einwendungen des Schulmeisters wurden gehoben; der Pfarrer zeigte ihm, daß ich kein Mechaniker und kein Schönschreiber werden und mich schwerlich mit Nachbeten begnügen würde. Man beschränkte sich nun auf die Negative und überließ die Positive mir selbst. Von nun an nahm man wenig Notiz mehr von meinen krummen und schiefen Linien auf dem Papier und meinen Stelzfüßen und Buchstaben, sondern nur von meinen Ideen, womit ich den Schulmeister und auch wohl zuweilen den Pfarrer in einige Verlegenheit setzte. In kurzer Zeit übersprang ich alle Matadorjungen des Dorfes in der Schule und war bald der Erste und Statthalter des Herrn Weyhrauch bei dessen Abwesenheit als Bienenvater und Spargelgärtner...

Ich mochte ungefähr zehn Jahre alt sein, als ich schon an der Spitze der Dorfschuljugend stand, unter denen doch wohl einige ihr vierzehntes geschlossen hatten. Mein Regiment galt für sehr strenge, aber nie für ungerecht; und ich war damals der Dorfklerisei erster Minister bei der Einführung der neuen Schulordnung, die zu derselben Zeit etwas strenge gehandhabt wurde. Ich erinnere mich aus dieser Periode bei eben dieser Gelegenheit eines Vorfalls, wie ich ein Märtyrer meiner Überzeugung ward. Es war befohlen, die Kinder sollten ordentlich nach Rang und Alter in der Schule paarweise nach Hause gehen, um das wilde Herumschwärmen zu verhüten ... Die meiste Not machte mir ein fast fünfzehnjähriges großes Mädchen ... Beständig war sie bald rechts, bald links aus der Reihe, bald im Grase, bald im Schotenfelde, und schien des kleinen ohnmächtigen Wichtes von Führer nur zu spotten. Es dem Herrn Weyhrauch zu klagen, schien mir unter meiner Würde ... Als ich ihr eines Tages einige Mal ohne Erfolg Ordnung geboten hatte, ergriff mich mächtig schnell der Amtseifer, daß ich

hinsprang, um sie aus einem Haferfelde in Reihe und Glied zu bringen ... ich fasse das Weibsstück beim Kragen, um sie in die Ordnung zu ziehen, schleudere sie aber aus dem Haferfelde unglücklicherweise den Berg hinab in die Sandgrube, wo sie denn gar unsanfte Purzelbäume schoß und sich wenigstens Hände und Gesicht empfindlich an den Steinen zerstieß ...
Herr Weyhrauch mit dem Haselszepter zitierte den jungen Primus vor zum Verhör und Standrecht. Ich erzählte die Sache und bestand auf meinem Recht; nur bedauerte ich den Sturz in die Sandgrube ... Der Schulmeister wollte seinem Vikar doch so viel ausübende Justizgewalt nicht zugestanden wissen, und meinte, Weisung und Meldung sei mein Amt. Ich behauptete im Gegenteil, daß ich damit nicht auskommen könnte. Herr Weyhrauch glühte auf ... er brachte mir im Amtseifer gehörigen Orts einen tüchtigen Schilling bei ... Beim Abmarsch nach meinem Sitze verwahrte ich mich noch mit Protest, ich habe doch recht getan. »Hast du?« rief Herr Weyhrauch, und fing mit neuem Eifer die Exekution von vorn an. Nun schritt ich rasch an meine Tafel ... und stieß trotzig durch die Zähne: »Ich hab doch recht getan«. Die Nachbarn lachten, und der Schulmonarch fragte despotisch, was da wäre ... Ohne weitere Erörterung fing die Bearbeitung noch exemplarischer zum dritten Mal an ... Mein Vater, der den Vorfall hörte, sagte weiter nichts als sein bedenkliches Hm, und ich habe nie seine Meinung über den streitigen Punkt erfahren ... Herr Weyrauch mochte das Harte seiner Züchtigung meiner kleinen Hartnäckigkeit fühlen; denn er suchte es durch allerhand freundliche Aufträge, wofür mir gewöhnlich eine Belohnung von herrlichem Brot mit bestem Honig ward, wieder in das alte Gleis zu setzen.

197, 47 ff.

Göttingen, um 1780
Aus dem Bildungsgang eines Professorensohnes

Gottfried Phillip Michaelis geb. 1768 in Göttingen, gestorben 1811 als Garnisonsarzt in Harburg an einer damals heftigen Ruhrepidemie. Er war ein hübscher munterer Knabe, aber auch heftig, mir war er, da wir an Jahren uns so nahe standen, ein lieber Spielkamerad. In die öffentliche Schule ist er nicht gegangen. Wir hatten beständig einen Hauslehrer, in früher Zeit wohl ausgezeichnete Männer, die sich später auch einen berühmten Namen erworben haben, wie Kleuker in Kiel Professor, und den Abt, ich glaube Feldlusen, in Hannover vor uns. Mein Bruder wohnte und schlief mit ihnen in Erkerstübchen und Kammer neben dem großen Hörsaal. Außer den Stunden und Arbeiten machen hatte

mein Bruder wohl nichts mit ihnen zu tun, da sie zugleich Studenten waren, aber immer stille und fleißige Leute, Theologen. Ich besinne mich auch nie, wenn ich zur Stunde kam, etwas Ungebührliches oder Besuch gefunden zu haben. So ein Lehrer weiß ich noch, erhielt 50 Groschen! Wohnung, aber nicht Mittagstisch, dies war ein Freitisch, Kaffee frei, und den Abend eine warme Schüssel auf sein Zimmer. Ich bin auch nur selten oben gewesen außer den Stunden.
Wohl kam uns ein Herr Bernstein näher, der wohl mit ausgefahren ist, ein sehr guter, aber armer und häßlicher Mensch, der bei dem Brande von Gera wieder alles Erworbene verlor und mein Vater ihn nun wieder für Phillip und mich ins Haus nahm, und er sich sonst mit Stunden geben ernährte ... Dies war auch der letzte Lehrer, und nachdem erhielt mein Bruder Stunden in allen Fächern der Wissenschaft bei Repetenten und den Rektor der Schule, denn abwesend ist er als Schüler nicht gewesen, aber zur Zeit der Konfirmation hörte er den Winter Moral mit bei dem Vater und auch Hebräisch. Vater meinte, dies würde ihm nie schaden, welches Studium er ergreifen würde. So hatte er auch besonders guten Unterricht in der Mathematik, welches, wie Er sagte, die Urteilungskraft stärkte. IUDICIUM sagte Er. Das Wort hörte man öfter von Vater wie: ein Mann ohne IUDICIUM. Im Jahre 86 mußte er doch wohl die Akademie beziehen ... und hörte Anatomie bei Wrisberg. Ich denke noch an das blasse und ekle Gesicht, als er nach damaliger Sitte um 12 Uhr zum Essen kam ... Doch um wieder zu seinem 14. Jahre zurück zu gehn, so füllte da eine große Lücke Blumenbach aus, der viel in unser Haus kam, auch wohl weil er sich um Caroline bemühte ...
Magister Blumenbach hatte eine große Liebe zu meinem Bruder. Er war immer bei ihm, und ging, wo er sich verweilte hin, ins Naturalienkabinett usw., wie auch war er bei allen Versuchen mit der Luftpumpe und Elektrisiermaschine, deren er mancherlei hatte, besonders auch eine sehr große; mein Bruder glaubte sie einmal nicht geladen und bekam einen solchen Schlag, daß Blumenbach ihn ohne Bewußtsein fand. In der Zeit hatten Er und ich auch Tanzstunde mit B., der sich ausbilden sollte in seinem Äußeren, womit er stets geneckt wurde ... Mein Bruder unterlag auch im 14. Jahr einer heftigen Brustkrankheit, wo ihm B. ein treuer Wärter und Gesellschafter war, obgleich so viel älter. Wir zweifelten an seinem Aufkommen, und meine Mutter war B. sehr dankbar. Die Freundschaft hat sich durchs Leben gehalten – auch promovierte Er Michaelis, wie später den Sohn Adolph Michaelis ...

218, 90 ff.

GOTHA, UM 1785
Unterrichtender Umgang bei Hofrätin Schläger

Die Hochzeit meiner Schwester war im Jahre 1784, wo ich auch im Herbst mit der Familie des Professors Koppe ... nach Gotha ... reiste, um meine Ausbildung in den Jahren 14 bis 16 nicht in Göttingen zu erhalten und zu früh in die Welt zu treten. Ich kam wie meine Schwestern zu der Frau Geheime Hofrätin Schläger. Die Frau von dem berühmten Bibliothekar in Gotha, der starb wie ich in Gotha war. Ein Aufenthalt, der mir von großer Freude war und Nutzen, eine sehr gebildete und am Hofe ausgezeichnete Frau, um welche sich auch immer, wenn sie die Karten abgab, und zu den jungen Leuten kam, ein Kreis sammelte in der damals in Gotha berühmten Teegesellschaft, welche für Fremde wie einheimische junge Leute, die eingeführt werden konnten, sehr ausbildend war, und wo ich auch die jungen Männer Friedrich Jacobs und seinen Bruder, wie den berühmten Schlichtegroll habe kennen lernen und auf den Bällen mit ihnen getanzt und sie bei der Frau Geheime Hofrätin Schläger gesprochen habe, wo alle ausgezeichnete Welt hin kam ... Sie war auch wohl eine gelehrte Frau, unterrichtete aber mehr mit Gespräch wie durch eigentlichen Unterricht ... Die Teegesellschaft, die dabei verknüpften Bälle in Privathäusern, wie eine so gebildete Umgebung, anders wie eine gewöhnliche Pension, machten, daß ich in meinem 16. Jahre, als ich nach Göttingen zurücke kam und denn in der Welt erscheinen sollte, ich nicht ganz fremde mit ihr war, obwohl ich mich öfters etwas unvorsichtig benommen habe.

218, 7 f., 12

MÄRKISCH-FRIEDLAND, UM 1797
Privatstunden

Märkisch-Friedland hatte ... einen gelehrten Rabbiner, unter welchem ein Seminar stand, in dem sich junge Juden zu Rabbinern und Lehrern bildeten. Einer dieser Bocher spielte den gebildeten Schöngeist, obwohl nicht in Gegenwart des Rabbiners. Er war vorher Kaufmannsdiener in Berlin gewesen, kleidete sich anständig wie die Christen und sprach ein besseres Deutsch, als die meisten der dortigen Juden. Dieser Bocher nun hatte sich zu Privatstunden erboten, und mein Vater entschloß sich, mich zu ihm gehen zu lassen; denn das muß ich ihm zu seinem Ruhme nachsagen, daß er, wenn es auf mein Lernen ankam, sich immer großherzig bewies und nicht knauserte ...
Ich ging zu dem Bocher täglich einige Stunden ins Haus und erhielt den Unter-

richt gemeinschaftlich mit einigen jüdischen Kindern beiderlei Geschlechts. Hier lernte ich die Regeldetri und den Anfang der Rechnung mit Brüchen, aber nur mechanisch. Besonders war dem Lehrer aufgegeben, Briefschaften und Stilübungen mit mir vorzunehmen. Ich habe aber nichts anderes geschrieben, als Wechselschemata aller Art, die mir ganz unverständlich blieben, obgleich ich seine Erklärungen auswendig lernte. Der Unterricht im Briefstil bestand darin, daß der Bocher uns monatlich einen Brief diktierte, den wir nachher ins Reine schreiben mußten. Ich habe überhaupt nur zwei geschrieben, der letzte war ein Brief, der einen Vater über den Verlust seines Kindes trösten sollte und der mir übermäßig geschraubt vorkam. Die lieben Engelein spielten darin eine Hauptrolle und übernahmen das ganze Geschäft der Tröstung. In den Schreibstunden mußte ich eine ganz andere Handschrift zu erlernen suchen, als diejenige, an welche ich bisher gewöhnt war... Daneben aber erlernte ich auch mit den übrigen Schülern zugleich die jüdisch-rabbinische Schrift, die von der hebräischen sehr abweicht...
Ich sollte auch noch wöchentlich eine Stunde geographischen Unterricht erhalten, denn nach diesem sehnte ich mich sehr. Da aber kein anderer Liebhaber zu demselben weiter vorhanden war, so erhielt ich ihn allein, ohne daß die übrigen Schüler gegenwärtig waren. Er bestand nur darin, daß der Lehrer mir den ersten Teil von der ältesten Ausgabe von Büschings Geographie in die Hände gab, aus welcher ich laut vorlesen mußte, während er sich neben mir halbnackt vollständig wusch, rasierte, kämmte, seine Kleider ausbürstete und zum Sabbath vorbereitete. Dabei sprach er kein Wort, berichtigte nichts, nicht einmal die Aussprache der Namen, die ich alle deutsch las, wußte meine Fragen nicht zu beantworten, besaß keine Karte, und wenn die Stunde aus war, nahm er mir das Buch aus der Hand, klappte es zu und sagte: über acht Tage weiter.

101, 107f.

BERLIN, 1810ff.
Ein Dämon und ein Jugendtraum

Ich komme jetzt auf den schon früher erwähnten Professor Nieräse zurück... Obgleich der schon etwas herangewachsene Knabe nicht mehr dieses kindische Grauen, wie vor einem ganz unheimlichen, furchtbaren Wesen ihm gegenüber empfinden konnte, so war und blieb doch die Scheu vor diesem Manne eine große, unüberwindliche. Ich kann nicht sagen, daß er wirklich so überaus streng gewesen sei, allein die Art seines Zorns, seine Gewalt geltend zu machen, hatte etwas Empörendes. Es drückte sich stets die heftigste Leidenschaftlichkeit darin

aus. Er richtete, wenn ein Schüler seinen Zorn reizte, einen durchbohrenden, ich möchte sagen, wutentflammten Blick auf ihn, zu dem sein stechendes Auge, wie überhaupt die scharfe Charakteristik seiner Züge ganz geeignet war. Sein Gesicht war schon an sich rötlich gefärbt, und diese Röte stieg dann zum dunkelsten Purpur. Ich erinnere mich indes nicht, daß je eine seiner Drohungen, die er in solchem Fall ausstieß, wirklich zu einer ungesetzlichen Gewaltsamkeit oder harten körperlichen Bestrafung geführt habe. Nie ist dergleichen von ihm gegen mich gerichtet worden; ich hütete mich aufs Äußerste dies zu veranlassen. Dennoch war dieser Lehrer mein steter Gegner und ich darf sagen Verfolger.
Zu der Eigenschaft dieser äußersten Erregbarkeit fügte er noch eine andere, die einer unwillkürlichen Parteilichkeit hinzu ... Durch die Art, wie er endete, wird sein eigentümliches Benehmen vielleicht erklärt und entschuldigt. Er erschoß sich in einem Anfall tiefer Melancholie; ich hatte zu dieser Zeit das Gymnasium schon verlassen. Mehrere Jahre zuvor war eine lange Krankheit dieser Katastrophe vorangegangen ... Ich kann nicht leugnen, daß sein langes Ausbleiben mir hoch willkommen war, und ich die stille Hoffnung nährte, er werde nicht wieder ins Gymnasium zurückkehren ... Dennoch hat das Staunen vor seinen Kenntnissen, ja die Ehrfurcht vor seinem Wissen immer gleichen Schritt bei mir mit der Scheu vor ihm gehalten. Ob dasselbe wirklich so groß gewesen, konnte der Schüler gar nicht beurteilen, auch möchte ich es jetzt fast bezweifeln ... Jedenfalls war dieser Lehrer eine merkwürdige Erscheinung in meinem und unserm gesamten Jugendleben ...
In warmer Anhänglichkeit, ich darf sagen Begeisterung, muß ich aber eines der Lehrer gedenken, der, wie hoch ich später einige geschätzt, doch in jener Periode, wo ich seines Unterrichts genoß, der einzige war, dessen Wesen ganz das meinige traf, der das Geheimnis gefunden hatte, Liebe und Begeisterung zugleich für sich zu gewinnen. Es war der berühmte Übersetzer des Herodot, Lange, welcher in Tertia, gerade in dem Zeitraum, wo ich im Übrigen am wenigsten leistete, meine tadelnswerteste Schulzeit auf dem Werderschen Gymnasium hatte, die Geschichte vortrug. Sein lebendiges, feuriges Wesen, seine Art des Vortrags, hatten mich ganz gefesselt. Es gibt auch Äußerlichkeiten, die dem Schüler imponieren, ihm Liebe einflößen; so auch er; ich kannte keinen Mann, der mich schon durch den Anblick, durch sein lebhaftes Auge, seine freundliche Lippen so gefesselt hätte. Vollends aber sein Vortrag. Er weckte in mir die ganze Liebe für das Hellenentum, die sich bis heute in mir erhalten hat, die in meinen ersten dichterischen Versuchen fast allein vorherrschte, und bis heute eine vorwiegende Stelle behauptet hat ...
Es bestand zwischen diesem Lehrer und mir unstreitig eine innere Verwandtschaft, von der er freilich wenig oder nichts geahnt haben mag, da sich auch nicht einmal ein Anlaß fand, um mich durch irgend eine Arbeit in seinen Lehr-

stunden auszuzeichnen. Aber mit gespanntem Blick hing ich an seiner Lippe, wenn er hohe Männer der griechischen Welt ... schilderte ...
Auch für seine eigene Persönlichkeit gewann sich Lange in mir einen Bewunderer durch einige Schilderungen aus seinem Leben, namentlich eine, wie ihn zu Halle der alte Turnvater Jahn ... einmal in seiner Tüchtigkeit geprüft, und er wohlbestanden habe. – So weit ich mich erinnere, teilten meine Mitschüler diese meine Verehrung, doch glaube ich nicht, daß irgendeiner ihm in solchem Grade angehangen hat. Und diese Anhänglichkeit, diese Begeisterung trug ich ganz still in meinem Innern, ich wagte nicht, ihm gegenüber damit hervorzutreten. Dazu war meine Ehrfurcht zu groß. Allein bei uns zu Hause, bei den Eltern und Geschwistern hatte ich nur von ihm zu erzählen und zu sprechen, und er war der einzige Lehrer, für den sich in dieser Knabenzeit (ich mochte vierzehn Jahre zählen) eine warme Liebe in mir entzündet hatte. Später hat mich das Leben nur in flüchtigsten Berührungen mit ihm zusammengeführt ... Eine wärmere Beziehung, nur von fern jener frühesten ähnlich, hat sich nie wieder angeknüpft. Das Verhältnis war ein Jugendtraum!

170, 100f.; 105; 107ff.

Wesselburen, um 1820
Jungfer Susanna in der Klippschule

In meinem vierten Jahr wurde ich in eine Klippschule gebracht. Eine alte Jungfer, Susanna mit Namen, hoch und männerhaft von Wuchs, mit freundlichen blauen Augen, die wie Lichter aus einem grau-blassen Gesicht hervorschimmerten, stand ihr vor. Wir Kinder wurden in dem geräumigen Saal, der zur Schulstube diente und ziemlich finster war, an den Wänden herum gepflanzt, die Knaben auf der einen Seite, die Mädchen auf der andern; Susannas Tisch, mit Schulbüchern beladen, stand in der Mitte, und sie selbst saß, ihre weiße tönerne Pfeife im Munde und eine Tasse Tee vor sich, in einem Respekt einflößenden urväterlichen Lehnstuhl dahinter. Vor ihr lag ein langes Lineal, das aber nicht zum Linienziehen, sondern zu unserer Abstrafung benutzt wurde, wenn wir mit Stirnerunzeln und Räuspern nicht länger im Zaum zu halten waren; eine Tüte voll Rosinen, zur Belohnung außerordentlicher Tugenden bestimmt, lag daneben. Die Klapse fielen jedoch regelmäßiger, als die Rosinen ... An den Tisch wurden Groß und Klein von Zeit zu Zeit herangerufen, die vorgerückteren Schüler zum Schreibunterricht, der Troß, um seine Lektion aufzusagen ... Eine unfreundliche Magd, die sich hin und wieder sogar einen Eingriff ins Strafamt erlaubte, ging ab und zu ... Hinter dem Hause war ein kleiner Hof, an den

Susannas Gärtchen stieß; auf dem Hof trieben wir in den Freistunden unsre Spiele, das Gärtchen wurde vor uns verschlossen gehalten. Es stand voll Blumen ... von diesen Blumen brach Susanna uns bei guter Laune wohl hin und wieder einige ab ... Susanna verteilte ihre Geschenke übrigens sehr parteiisch. Die Kinder wohlhabender Eltern erhielten das Beste ... die Ärmeren mußten mit dem zufrieden sein, was übrig blieb, und bekamen gar nichts, wenn sie den Gnadenakt nicht stillschweigend abwarteten ... Der Grund war, weil Susanna auf Gegengeschenke rechnete, auch wohl rechnen mußte, und von Leuten, die nur mit Mühe das Schulgeld aufzubringen wußten, keine erwarten durfte ...
Ich blieb in Susannas Schule bis mein sechstes Jahr und lernte dort fertig lesen. Zum Schreiben ward ich, meiner Jugend wegen, wie es hieß, noch nicht zugelassen; es war das Letzte, was Susanna mitzuteilen hatte, darum hielt sie vorsichtig damit zurück. Aber die notwendigen ersten Gedächtnisübungen wurden auch schon mit mir angestellt, denn so wie der Knirps sich vom geschlechtslosen Rock zur Hose und von der Fibel zum Katechismus aufgedient hatte, mußte er die zehn Gebote und die Hauptstücke des christlichen Glaubens auswendig lernen ...
Gegen das Ende meines sechsten Jahres trat in den holsteinischen Schuleinrichtungen ... eine große Veränderung ... ein. Bis dahin hatte der Staat sich in die erste Erziehung gar nicht, in die spätere wenig, gemischt; die Eltern konnten ihre Kinder schicken, wohin sie wollten, und die Klipp- und Winkelschulen waren reine Privat-Institute, um die sich selbst die Prediger kaum bekümmerten, und die oft auf die seltsamste Weise entstanden. So war Susanna einmal an einem stürmischen Herbstabend, ohne einen Heller zu besitzen, und völlig fremd, auf hölzernen Pantoffeln nach Wesselburen gekommen und hatte bei einer mitleidigen Pastorswitwe um Gottes willen ein Nachtquartier gefunden; diese entdeckt, daß die Pilgerin lesen und schreiben kann, auch in der Schrift nicht übel Bescheid weiß, und macht ihr daraufhin Knall und Fall den Vorschlag, im Ort ... zu bleiben und Unterricht zu geben ... Susanna stand ganz verlassen in der Welt da ... sie vertauschte die gewohnte Handarbeit daher gern ... mit der schweren Kopfarbeit, und die Spekulation glückte vollkommen und in kürzester Frist. Den mehr herangewachsenen Knaben und Mädchen öffneten sich freilich ernst und finster Rektorat und Konrektorat, die unter einer Art Kontrolle standen und sich nötigenfalls durch den weltlichen Arm rekrutierten, wenn der Nachwuchs nicht von selbst einsprach. Aber auch hier wurden trotz der pomphaften ... Namen, womit sie stolzierten, nur die notdürftigsten Realien traktiert, und ein wegen seiner Gaben allgemein angestaunter Bruder meiner Mutter, den der keineswegs überbescheidene Rektor mit der feierlichen Erklärung verließ, daß er ihm nichts weiter lehren könne, weil er so viel wisse, als er selbst, war allerdings ein gewaltiger Kalligraph und putzte seine

Neujahrswünsche mit Tusche und Schnörkeln heraus ... konnte jedoch nicht einen einzigen grammatikalischen Satz zu Stande bringen.

82, 147 ff.

Wien, 1835 ff.
Gouvernantenfestzug

Um 1835
Als meine Schwester ihre Wanderung ins sechste und ich die meine ins fünfte Lebensjahr zurückgelegt hatte, sollten wir eine Gouvernante bekommen. Es war Spätherbst, und wir waren in Wien, und schon seit längerer Zeit hatte Pepinka ihre Drohungen mit den Strafgerichten Papas in Drohungen vor den Strafgerichten der Gouvernante umgesetzt ... Kein Wunder, daß wir der Ankunft der neuen Machthaberin ohne Begeisterung entgegensahen ... Schlafen sollten wir nach wie vor bei der Kinderfrau, tagsüber jedoch bei der Gouvernante bleiben in ihrem eigens für sie eingerichteten Zimmer. Es war kein Prachtgemach! Es hatte die Aussicht auf einen mit Glasfenstern versehenen Gang, der das Haus auf der Hofseite umlief. Nicht der geringste Ausblick ins Freie bot sich dem Fräulein; Zerstreuung konnte ihr nur die Betrachtung ihrer neuen Möbel bieten. Unter ihnen zeichnete sich ein großes Kanapee aus, das durch eine kunstreiche und zu jener Zeit noch ungewöhnliche Einrichtung spielend leicht in ein bequemes Bett umgewandelt werden konnte.
Ach, du lieber Gott! Auf diesem Kanapee werden wir neben der ›Gubernante‹ sitzen müssen den ganzen Tag ... und wir werden von allem, was sie zu uns sagt, kein Wort verstehen, denn sie spricht nur Französisch, so eine ›Gubernante‹.
Sie kam, und als Mama uns zur Begrüßung zu ihr führen wollte, machte ich eine Szene, schrie und heulte, und mußte über die kleine Stiege, die aus der Kinderstube ins Gouvernantenzimmer führte, getragen werden.
Wie freudig bin ich seitdem alle Morgen die fünf Stufen derselben kleinen Treppe hinabgehüpft, um gleich nach dem Frühstück zu Mademoiselle Hélène zu eilen ... Mademoiselle ... war unsern Eltern durch die Gräfin Saint-Aulaire, die damalige französische Botschafterin empfohlen worden. Sie stammte aus gutem Hause und war eine äußerst sympathische Erscheinung ... Reinste Freude bot uns der Umgang mit ihr; eine ›leçon‹ war helle Unterhaltung. Nach kurzer Zeit konnten meine Schwester und ich Französisch reden und lesen ...
Mademoiselle Hélène hatte kaum zwei Jahre bei uns zugebracht, als es ... von ihr scheiden hieß. Ihre Familie rief sie nach Frankreich zurück. Sie trennte sich nicht leicht von uns Kindern ...

Um 1837
Was wir an ihr verloren hatten ... das ermaßen wir aber erst völlig, nachdem ihre Nachfolgerin eingetroffen war ... Wer Mademoiselle Henriette unsern Eltern empfohlen hatte, wußten wir nicht, doch wir waren überzeugt: Beim Jüngsten Gericht wird er darüber zur Rechenschaft gezogen werden ...
Äußerlich eine mittelgroße, schlanke Brünette, mächtiges Dunkel im Haar, Feuer in den Augen. Innerlich – ein Drache. Eine treue Anhängerin der Moral ... »sich auszuleben«. Sehr unwillkürlich bildeten ihre Zöglinge dabei doch einige Hindernisse, und als solche hat sie uns herzlich gehaßt. Es regnete Strafen ... Hoch angerechnet soll übrigens der leidenschaftlichen Dame eines werden ... wohl hat sie uns hungern, hat uns bis zur Erschöpfung im Winkel stehen, viele Seiten aus Noël et Chapsal auswendig lernen lassen ... geschlagen hat sie uns nicht ... Trotzdem lernten wir durch sie aufs gründlichste erfahren, wie tief unglücklich Kinder sein können, die sich wehrlos einer böswilligen Macht überantwortet fühlen. Wir würden nicht lange unter den Launen der Tyrannin gelitten haben, wenn Mama sich damals um uns hätte kümmern können ...

Um 1841
Das Fräulein, dem jetzt unsere Erziehung anvertraut wurde, hieß Marie Kittl und war eine Deutschböhmin, die Tochter eines Fürstlich-Schwarzenbergischen Hofrates und Schwester des damaligen Direktors des Prager Konservatoriums. Wir kamen bei diesem Regierungswechsel aus der Hölle in den Himmel. Ich wüßte keine gute und vortreffliche Charaktereigenschaft zu nennen, die unser Fräulein Marie nicht besessen hätte ... Sie kannte keine Rücksicht auf ihr eigens Interesse, ihr Behagen, ihre Gesundheit, wenn es sich um unser Wohl handelte. Wie viele Nächte hat sie an unseren Krankenbetten durchwacht ... wie klug und geschickt uns lernen gelehrt, mit welcher Hingebung an unseren Spielen teilgenommen! Daß wir sie nicht von der ersten Stunde an vergötterten, daran trug ihr Äußeres schuld ... Im Gegensatz zu unseren früheren, groß und schlank gewachsenen Gouvernanten war ihre Gestalt und waren auch ihre Hände und Füße etwas ins Breite geraten. Sie stand in den Zwanzigern, schien aber viel älter ... Ein feiner, nobler, etwas schwärmerischer Geist sprach aus ihren kurzsichtigen Augen, und bald wurde es uns zur Ehrensache, sie beifallspendend auf uns ruhen zu sehen ...
Kaum zwei Jahre hatten wir unter der Obhut unserer guten Marie gestanden, als sie nach Prag berufen wurde, wo ihr Vater und ihr Bruder an Typhus erkrankt waren ... So blieb denn nichts übrig, als sich dem bedenklichen Auskunftsmittel einer provisorischen Regierung zu bequemen, und unser Haus wurde der Schauplatz eines seltsamen Gouvernantenfestzuges ...

43, 771 ff.; 821 ff.

Haslach, um 1840
Der Heckenlehrer für die Hirtenbuben

Wie beneideten wir in jenen Tagen die einsamen Berg-Hirtenknaben der umliegenden Dörfer, die große Herden und dabei auch Schafe hüten durften droben auf den Bergen, und hüten durften nicht bloß den ganzen Tag, sondern auch den ganzen lieben Sommer bis tief in den Herbst hinein – und die keine »Schule« hatten ... Noch kannte ich in meinen Knabenjahren den alten Hirtenlehrer aus dem Fischerbach. Er war Stammgast im Vaterhaus. Ihn hatten vor Jahren die Bauern angestellt als Lehrer für ihre Hirten im Felde. Ein »Seminar« hatte er nie gesehen, nicht einmal eine Volksschule, aber er konnte lesen, schreiben und rechnen wie ein »Professor«, war ein armer Teufel und ließ sich deshalb folgendes gefallen: Die Bauern gaben ihm, je einer acht Tage lang, Speise und Trank und für die Nacht Lager auf der Ofenbank, und dafür ging er den Tag über zu den Hirten in die Berge, setzte sich mit ihnen unter eine »Hecke« und lehrte sie die Elemente alles Wissens. An Sonntagen schrieb er den Bauernmädchen ihre Briefe an die Soldaten, besorgte die Korrespondenz des Bauers und verdiente dabei noch einiges Bare.
Das war der Stand des »Heckenlehrers«, wie er allgemein hieß – vor vierzig Jahren ... die Hirtenbüblein trieb man später Sommer und Winter in die Schule und der Heckenlehrer mußte mit Besenmachen sein Geld verdienen ...

78, 154f.

Heidelberg, um 1846
Lehrer, für alle Sättel gerecht

Das alte Heidelberger Gymnasium war keineswegs eine Musteranstalt. Es litt vor allem an dem Übelstand, daß die Lehrer eigentlich keine Lehrer von Beruf und demnach, wie dies heute zu sein pflegt, für bestimmte Fächer speziell vorbereitet, sondern, wie einer dieser Lehrer selbst das rühmend hervorzuheben pflegte, »für alle Sättel gerecht waren«. Es konnte vorkommen, daß derjenige, der bis dahin in philologischen Fächern unterrichtet hatte, plötzlich Naturwissenschaften übernahm, ohne sich mit diesen irgendwie eingehender beschäftigt zu haben. Besonders für die Klassenlehrer bestand noch die Einrichtung, daß sie einen großen Teil der Lehrfächer der betreffenden Klasse verwalteten, gleichgültig, ob diese ihrem eigenen Studienfach entsprachen oder nicht ... Dies mochte wohl damit zusammenhängen, daß ... die Gymnasiallehrer im allgemeinen aus der Theologie zum Lehrerberuf übergetreten waren und nur für die

Realfächer, wie Mathematik oder auch Naturwissenschaften, gelegentlich tüchtigere Schul- oder Seminarlehrer ergänzend zur Seite hatten. Dabei fügte es sich nun leicht, daß die aus der Theologie zum Gymnasium übergegangenen Lehrer sich nicht durch besondere pädagogische Talente, sondern eher durch die Abwesenheit solcher auszeichneten ... So sind mir namentlich drei jetzt längst verstorbene und im ganzen damals schon einer älteren Generation angehörige Lehrer in Erinnerung, von denen jeder ein Original war. Der eine dieser trefflichen Männer hatte die Gewohnheit, die Schule regelmäßig über seine eigenen häuslichen Angelegenheiten zu unterhalten, mochten es nun kleine häusliche Zwiste sein oder Äußerungen über die Mitglieder seine Familie, die den Inhalt solcher Mitteilungen bildeten. Ein zweiter blieb die ganze Stunde auf dem Katheder sitzen, so daß nun den Schülern überlassen blieb, wo immer der Sehbereich des Katheders nicht zureichte, zu tun, was ihnen beliebte. Ein dritter litt an abnormer Zerstreutheit und hatte daher die Gewohnheit angenommen, Aufgaben abzuhören, während er selbst ganz in seine eigenen Gedanken vertieft war, so daß der Schüler statt der fünfzig Homerverse, die er aus dem Gedächtnis rezitieren sollte, sich etwa mit fünf begnügen konnte, die er unaufhörlich nacheinander wiederholte ...

222, 42 f.

Elberfeld, 1857
Rezension der Lehrer in Tertia

Eine Reihe von Fächern, wie Religion, Naturgeschichte usw., waren für Ober- und Untertertia gemeinsam. Dann zog in der Untertertia, welche zugleich als Aula diente und nur teilweise von der Klasse gefüllt wurde, der ganze Schwarm der Obertertianer ein, und es entwickelte sich ein munteres Leben. Zwar in der Religionsstunde, welche von dem strengen und unheimlich düsteren Direktor Bacterwek erteilt wurde, ging es sehr ernst zu. Eine reichliche Ausgabe von Liederversen und längeren Bibelstellen zum Auswendiglernen hielt uns von Stunde zu Stunde in Angst, bis wir dahinterkamen, daß sich auch bei diesem gefürchteten Schulmonarchen hinter dem Rücken des Vordermanns ablesen ließ. Im ganzen wurde durch diese Stunde der Schatz des aus Bibel und Gesangbuch Auswendiggelernten bedeutend bereichert, nie aber fühlten wir unser religiöses Empfinden durch diesen düsteren Fanatiker angeregt oder erwärmt. Sehr lustig ging es hingegen in der Naturkunde bei Dr. Völker zu, welcher schon durch sein formloses Auftreten zum Spotte reizte und schlechterdings keine Disziplin zu erhalten wußte, namentlich wenn er der ganzen kombinierten Ter-

tia gegenüber stand. Störende Zwischenrufe und Schelmereien von seiten der Schüler, polternde Strafreden des Lehrers von fürchterlichem Gesichterschneiden begleitet, füllten einen großen Teil der Stunde aus. Gleich in der ersten Stunde trat dies in die Erscheinung. Die neu Zugekommenen, unter ihnen Johannes (mein Bruder) und ich, saßen auf der vordersten Bank unmittelbar vor dem Lehrer. Kaum war dieser eingetreten, so entwickelten die Veteranen auf den hinteren Bänken den größten Unfug, worüber Johannes in aller Unschuld das Gesicht zum Lächeln verzog und dafür von dem weisen Pädagogen mit einer schallenden Ohrfeige bedacht wurde, während er sich zu den hinteren Bänken vorzudringen gar nicht getraute. Später, als auch wir nach hinten aufrückten, beteiligte ich mich auch selbst an dem Unfug in der Naturgeschichtsstunde. So konnte ich mich eines Tages, als der Kuckuck besprochen wurde, nicht enthalten, den Kuckucksruf hören zu lassen. Eine Untersuchung nach dem Urheber blieb natürlich erfolglos, und die furchtbaren Drohungen des Lehrers, daß er die ganze Klasse bestrafen wolle, wenn er, der Täter, sich nicht meldete, schreckten uns nicht, da sie niemals ausgeführt zu werden pflegten. Ich blieb also unentdeckt, fühlte aber, zu Hause angelangt, Gewissensbisse weniger über meine Tat, als darüber, daß ich nicht den Mut gehabt hatte, mich zu ihr zu bekennen. Endlich beschloß ich, zu Völker in die Wohnung zu gehen und meine Schuld zu beichten. Unterwegs stellte ich mir vor, wie ihn dies rühren werde, wie er gütig verzeihend die Hand reichend, ja mich vielleicht in seine Armen schließen und für meine Aufrichtigkeit beloben werde. Ich war daher furchtbar enttäuscht, als der Mann, kaum, daß er mein Geständnis vernommen, mich mit einer Flut von Schmähreden überhäufte und endlich zwar ungestraft, aber unter den furchtbarsten Drohungen entließ.
Unser Ordinarius war Dr. Petry, ein blonder, wohlgebildeter Mann, der auch Herz für uns hatte. Als ich einstmals in Strafarrest saß und noch weiteres auf dem Kerbholz hatte, da stellt er sich vor mich hin und sagte mit einer Betrübnis, die mir unendlich wohltat: »Du kommst aus dem Arreste ja gar nicht mehr heraus.« Er war ein eifriger und pflichttreuer, leider aber nicht sehr geschickter Lehrer, so daß die Klasse, welche er im Lateinischen und Griechischen unterrichtete, am Ende des Schuljahres nicht eben glänzend dastand. Nicht viel gewandter war auch der Mathematiklehrer, Professor Fischer, der uns sehr scharf anfassen konnte und daher den treffenden Spitznamen Isegrimm erhielt ...
Da wir durch Petry in den alten Sprachen nicht genügend gefördert worden waren, so erhielten wir nach unserer Versetzung in die Obertertia als Ordinarius den Professor Clausen, einen der ältesten und erfahrensten Lehrer der Schule, welcher in einer fast magischen Weise die Schüler an seine Lehre wie an seine Person zu fesseln wußte. Klein von Gestalt, mit stark ergrautem Haar und Bart,

mit lebhaftem, durchdringenden Blicke, so trat er uns entgegen, und alles, was er sagte, war Geist und Leben. Wenn er gelegentlich von seinem Xenophon abschweifte und aus dem Hundertsten ins Tausendste kam, so wußte er in uns den Sinn für alles Große und Schöne zu beleben. Eine Unbotmäßigkeit kam bei ihm so gut wie nie vor, und doch strafte er eigentlich niemals ...
Eine andere charakteristische Erscheinung unter dem Lehrerpersonal der Obertertia war der eben als junger Lehrer und zugleich als Turnlehrer debütierende Gideon Vogt. Weniger durch hervorragende Intelligenz als durch festen, in den Zügen um Kinn und Mund sich kundgebenden Willen bemerkenswert, wußte er sich bei uns sehr bald in Respekt zu setzten. Freilich waren seine Mittel barbarisch. Ich selbst mußte einmal wegen eines geringfügigen Vergehens aus der Weltgeschichte von Pütz den ganzen Karl den Großen dreimal abschreiben, eine Arbeit, an der ich mehrere Tage zu tun hatte. Ernst Schnabel hatte einmal eine ähnliche lange Strafarbeit, und im Vertrauen darauf, daß sie nicht durchgesehen werden würde, fügte er am Schlusse die Bemerkung bei: »Schon die Kinder Israels wurden von den Vögten hart geplagt.« Unglücklicherweise fiel Vogts Blick bei der Abnahme der Strafarbeit gerade auf diese Stelle, und er applizierte meinem Vetter Schnabel vor der ganzen Klasse eine furchtbare Ohrfeige.

35, 50 ff.

Wiesbaden, um 1875
Ein Hauslehrer für ernsthafte Mädchenbildung

Mein Vater, der zum Lehrer erzogen und Lehrer gewesen war, verabscheute die damals gebräuchliche Erziehung der »höheren Tochter«. Ein bißchen Französisch, eine oberflächliche Kenntnis der Muttersprache, ein bißchen dilettantisch betriebene Musik oder Zeichnen nach Vorlagen, dazu das Notwendigste von Geschichte und Erdkunde sowie Literatur- und Handarbeitsstunden: das war das durchschnittliche geistige Rüstzeug, womit ein junges Mädchen in die Welt trat. Mein Vater äußerte: er würde es einfach nicht ertragen, ein halbgebildetes Geschöpf, das nicht imstande sei, auch nur ein Stück Brot redlich zu verdienen, um sich herumlungern und auf den Mann warten zu sehen. Meine Mutter, selbst Berufsfrau (Schauspielerin), pflichtete ihm völlig bei. Beide einigten sich dahin, daß ich nach meines Vaters Lehrplan daheim, mit Hilfe eines guten Hauslehrers, unterrichtet werden sollte.
Diesmal was das Entsetzen über die eigenbrötlerische Denkweise meiner Eltern unter Freunden und Verwandten fast allgemein ... »Arme Treibhauspflanze!«,

sagte bedauernd der Herr Stabsarzt ... Ich stand im neunten Jahr, als in mein Dasein neben die Dreiheit Vater, Mutter, Tante noch ein vierter trat, dessen Andenken mir in wolkenlosem Licht steht: mein Hauslehrer Ferdinand Sauer. Er war, so viel ich weiß, Lehrer am Realgymnasium, hatte keinen weiblichen Zögling außer mir. Ein schlanker, mittelgroßer Mann, krauses schwarzes Haar, freundliche braune Augen, farbige Kravatten, die mich außerordentlich interessierten, da mein Vater solche nicht trug. Eine angeborene Väterlichkeit besaß dieser Junggeselle – das ist er zeitlebens geblieben –, die er in Ermangelung eigener Kinder auf seine Schüler verteilte. Vielleicht bekam ich den Löwenanteil, denn vom ersten Augenblick an fühlten wir zwei uns zueinander hingezogen ... Ich war lernbegierig im höchsten Grade, mein Lehrer besaß die Gabe der Mitteilung – so kam es, daß ihm und mir der Unterricht nie zur Last wurde. Sehr viel später, schon in gestandenem Alter, habe ich nochmal an meinen lieben Lehrer geschrieben, ihm für all das Schöne jener Zeit gedankt.

166, 29 ff.

6.2. Das Schulalphabet: Von Akademie bis Zimmerschule

Kommentar
Moselgegend,
16.–19. Jh.   Niedere Schulverhältnisse
Paderborn, 1667   Klassenordnung und Altersgruppen an einem Jesuitengymnasium

Dresden, 1772–1841   Eine Stift- oder Armenschule, Polizeischule genannt
Preußisch-Friedland,   Vorschule, Zimmerschule, Leseschule
um 1794
Steinau, um 1800   Präzeptor Zinekhan, eine pädagogische Institution
München, um 1806 ff.   Leiden im Kadettenkorps
Wolfskehlen, 1807–41   Einrichtung einer Industrieschule auf dem Dorf
Magdeburg, um 1810   Die Kantorschule antediluvianischer Tradition
Calbe, 1821–31   Die Schulen der Pastorentochter
Menzendorf und Lübeck,   Aus der Lern- und Schulkarriere eines künftigen Inge-
1824–34   nieurs
Berlin, 1825–31   In der Mayetschen Erziehungsanstalt
Magedeburg, 1836   Aufgabe der Abend- und Sonntagsschulen
Berlin, um 1843   Ein Besuch in der Armenschule
Altona, 1863 ff.   Auf dem Christianeum in der Hohenschulstraße
Esslingen, um 1870   Die Kinderschule
Hamburg, um 1875   Privatschule mittlerer Ordnung für Kleinbürger

Ideale Darstellung einer Knabenschule aus der ersten Hälfte des 19. Jhs., wohl während einer Visitation. Klassenzimmer des Katharinengymnasiums in Lübeck.
Aus: J. Gailer, Neuer Orbis Pictus, für die Jugend, Reutlingen 1838. – W. v. Siemens, Lebenserinnerungen. München 1966

Kommentar

Bis ins 18. Jahrhundert hinein kann man die Schulen ganz gut übersehen. Entsprechend der Forderung der Reformatoren wandte die Obrigkeit ihre Aufmerksamkeit (selten mehr) den niederen Schulen zu, die eigentlich Religionsschulen waren; außerdem den Lateinschulen, die künftige Theologen oder Juristen auf die Universität vorbereiten sollten. Dazu kamen auf der ökonomischen Grundlage eingezogenen Kirchenbesitzes die Fürstenschulen in Sachsen und die Klosterschulen in Württemberg. Die Jesuiten gründeten seit dem Ende des 16. Jahrhunderts eine ganze Reihe von Gymnasien, die Unterricht und streng katholische Glaubensübung pädagogisch und sozialpolitisch effektiv miteinander verbanden. Der Adel versuchte sich in den Ritterakademien (von 1598 bis 1842 etwa 18 Gründungen) eine ihm gemäße höhere Bildungseinrichtung zu schaffen, wo technische Fächer, moderne Sprachen und Körpertraining vor allem die künftige militärische Elite für ihre Aufgaben befähigen sollten.

Aus vielen Gründen verfiel dieses in seinen Grundzügen aus dem 16. Jahrhundert stammende Schulwesen der Kritik. Das niedere in Stadt und Land erschien ineffektiv, weil es in ihm nur – vereinfacht gesagt – auf die Konfirmation ankam, die die Schulzeit beendete, nicht auf die Bildung brauchbarer Untertanen. Das Höhere galt für verwahrlost, weil es auf anthropologischen Voraussetzungen beruhte, über die der Zivilisationsprozeß hinweggeschritten war. Bis dahin machte man zwischen Kindern und Erwachsenen, Lehrern und Schülern keine entwicklungspsychologischen Unterschiede aus, nur solche von Wissen und Nichtwissen. Das Problem der »Disziplin« bei einer korporativ (in den Internaten) verstandenen oder außerhalb der Schulmauern selbständig lebenden Schülerschaft wurde zwar schon von Anfang an aufgegriffen, konnte aber zugunsten der Erwachsenen bzw. der Lehrer und der Schule so lange nicht gelöst werden, wie diese sich auf den Machtkampf einließen, in dem beide Teile siegen konnten. Die Brutalität dieser Zustände wurde obsolet. Ehe so etwas wie Entwicklungspsychologie auch nur in rudimentären Ansätzen vorhanden war, entwickelt das 18. Jahrhundert im Begriff der Erziehung ein zwischen den Generationen intermittierendes Verhältnis, das die Konfrontation durch einfühlsame Beherrschung ersetzt. Nicht bei der Reform des öffentlichen, bei der Reform der Privaterziehung und der Forderung nach einer Kleinkinderziehung setzen die Philanthropen an. Wenn Eltern Kinder als Aufgabe wahrnehmen, kann auch die Idee des Massenunterrichts in der Schule frisch ergriffen werden, weil sie nicht mehr nur von der Hierarchie des Wissens allein getragen wird, sondern auch von der Idee der Formbarkeit, der Erziehungsfähigkeit jedes, und gerade des

jungen Menschen. Die pädagogische Phantasie explodiert und objektiviert sich in zahllosen Schulgründungen, Schulprojekten oder Unterrichtsideen, die häufig private, idiosynkratisch anmutende Einfälle einzelner verarbeiten. Für die neue, bereits durch die reformierte Familienerziehung mit Autorität identifizierte Kindergeneration scheint erst jetzt die Verschulung der Lernprozesse mit Aussicht auf Erfolg durchgeführt werden zu können. Hatte man sich z. B. in Füssen bis dahin mit einer Knaben- und Mädchenschule sowie einer Lateinschule begnügt – erstere besaß nicht einmal ein Schulhaus – so gründet man Ende des 18. Jahrhundert eine sog. »Normalschule«, d. h. eine Musterschule für die Lehrerausbildung. Das 19. Jahrhundert erhebt dann jeden wünschenswerten Unterrichtsgegenstand zu einem besonderen Schulzweck, ehe dann einige dieser Unterrichtsgegenstände im für »Allgemeinbildung« zuständigen Schulwesen Platz finden. 1806 gründet man eine Baumschule, 1814 eine Handarbeitsschule, 1827 eine Zeichenschule für Knaben, 1831 eine Musikschule, 1855 eine Kleinkinderanstalt für den Nachwuchs armer, wie man meint, erziehungsunfähiger Eltern, 1852 noch eine Landwirtschaftsschule. Anderswo versucht man Unterricht und Arbeit in den sog. Industrieschulen zu verbinden. Fröbels Internat Keilhau bietet das derbe Landleben gegen die Gefahren städtischer Verweichlichung auf, andere werben für ihre Schulen mit Gymnastik und Wasserkuren zur Festigung der Gesundheit usw. usf. Auch wenn die meisten dieser Schulen nicht lange bestanden, sie belegen den Sieg der Schule als einer Institution, der man die Erfüllung fast aller Ziele zutraut.
Eine andere Serie von Schulgründungen seit dem Ende des 18. Jahrhunderts antwortet auf die soziale Frage: diese Schulen wenden sich an die Kinder bestimmter Schichten und Klassen und schließen andere aus. Das gilt besonders für das Mädchenschulwesen, das sich ja auf privatwirtschaftlicher Basis entwickelt. In Celle mußte der Vater zumindest Kaufmann sein, wenn seine Tochter aufgenommen werden wollte – andere sollten die Stadtschulen besuchen. Der Besuch einer Armen- oder Freischule, die kein Schulgeld forderte, wirkte selbstverständlich diskriminierend, so daß sich mancher dieser zweifelhaften Wohltat zu entziehen versuchte. Das wird aber immer schwieriger, denn daß Kinder in die Schule gehören, diese Überzeugung setzt sich auch gegen den Augenschein und auf Kosten der Kinder durch. Die Abschaffung oder auch nur Einschränkung der Kinderarbeit auf dem Lande war nicht möglich, schon gar nicht im Sommer. In Kaufbeuren kam man auf die Idee, »Sommersurrogatschulen« zu errichten, wo Kinder am arbeitsfreien Sonntag nach dem Besuch des Gottesdienstes je vier Stunden Religions- und Elementarunterricht erhalten sollten. Man versuchte auch, für alle 12–18jährigen »Sonn- und Feiertagsschulen« durchzusetzen. Die Lehrgegenstände waren Schreiben, Rechnen, Religion und Moral. Auch hier hatte man mit dem Widerstand der Halbwüchsigen zu

kämpfen, die es vorzogen, ihre arbeitsfreie Zeit anderswo als in der Schule zu verbringen. Vergleichbare Probleme hatten in Fabrikgegenden die Fabrik- oder Abendschulen.

Bei der Verschulung aller Lehr- und Bildungsprozesse war man auf die Dauer erfolgreich – andere beabsichtigte Erfolge (ökonomische und klarer erkennbare disziplinierende) sind umstritten. Vielleicht kann man sagen, daß die Schule, fußend auf der Idee der Erziehung, siegte, weil sie Ordnung schuf zwischen den Generationen, ein Bedürfnis, das in dieser Abstraktheit erst an einem bestimmten Punkt der gesellschaftlichen Entwicklung auftritt. Auf diesem vernünftigen Ordnungssystem konnten weitere aufgebaut und erklärt werden, die mit dem Stichwort Berechtigungswesen nur angedeutet seien und die in weitester Konsequenz die ungleichen Macht- und Konsumchancen plausibel machten, die nun einmal existierten.

LITERATUR:
M. Prosch, Das Schulwesen der Stadt Füssen von den ältesten Zeiten bis 1900, Füssen 1932
Ch. Berg, Volksschule im Abseits von Industrialisierung und Fortschritt. In: Pädagogische Rundschau 28, 1974: 385–406
S. Lange, Zur Bildungssituation der Proletarierkinder im 19. Jahrhundert. Kinderarbeit und Armenschulwesen in der sächsischen Elbestadt Pirna, Berlin 1978
P. Lundgren, Sozialgeschichte der deutschen Schule im Überblick, 2 Bde. Göttingen 1980 u. 1981

Moselgegend, 16.–19. Jahrhundert
Niedere Schulverhältnisse

Säkulare Schulen für das Volk auf dem platten Lande gab es im Mittelalter nicht, etwa von Vallendar (bei Ehrenbreitstein), wo eine solche bereits am Ende des 15. Jahrhunderts entstand, und einigen anderen Orten abgesehen; in den Städten war zu Meisenheim 1503, in Sobernheim 1530, in Trarbach 1536, in Kastellaun im ersten Drittel des 16. Jahrhunderts eine Schule nachweislich vorhanden... und auch im... 17. Jahrhundert noch sind die Anfänge, trotz der Erlasse und Bemühungen von obenher, sehr kümmerlich... Berufsmäßig gebildete Lehrer waren nicht vorhanden, ebensowenig die erforderlichen materiellen Mittel; dazu trat in abgelegenen kleinen Ortschaften, die meist nicht in der Lage waren, einen eigenen Lehrer zu halten, der Umstand, daß ungünstige Witterung ... die Erreichung der nächsten Schule unmöglich machten. Noch für das 19. Jahrhundert berichtet die ... Schulchronik von Kelberg (Hocheifel): Bis zum Jahre 1846/47 waren die Wege von Köttelbach und Zermüllen noch in einem schlechten Zustande. Darum wurden diesen Ortschaften Winterschulen gestattet, welche von Allerheiligen bis Ostern dauerten ... Für Müllenbach (Hocheifel) wird berichtet, daß dort noch 1820 bis 1840 nur eine Winterschule bestand! Ein Handwerker unterrichtete im Lesen, Schreiben und Rechnen. Bei seinem geringen Einkommen arbeitete er während der Schulzeit zu »geeigneten Zeiten« am Webstuhl. Mädchenschulen, z. B. in Nürnberg, Lübeck und St. Goar bereits im 15. Jahrhundert vorhanden, kamen im Mosellande erst später auf. In der pfälzischen Oberamtsstadt Simmern fungierte 1616 eine Bürgersehefrau als Mädchenlehrerin; in Kreuznach fanden sich 1610 zwei Mädchenschulen; in der hintern Grafschaft Sponheim besuchten hier und da Mädchen die Schule, aber keine Gemeinde hatte eine gesonderte Mädchenschule ... In Kirn unterrichtete eine Lehrersfrau die Mädchen ...
Was ... die Unterrichtsgegenstände betrifft, so werden wir nach dem, was bisher über die äußeren Verhältnisse der Elementarschule gesagt ist, nur geringe Erwartungen hegen. Wenn Schmitz noch um die Mitte des 19. Jahrhunderts allgemein für die Eifel sagen kann: Die Schule begann mit Martini und endete am Samstag vor Palmsonntag ... wenn eine auf die Förderung des Schulwesens bedachte Behörde im letzten Viertel des 17. Jahrhunderts die Schulpflicht nur für die Zeit vom siebten bis zum vollendeten elften Lebensjahre festsetzte, dann kann man nicht hohe Erwartungen hegen. So erfahren wir, daß in der Mehrzahl dieser Schulen sich der Unterricht auf das Lehren des deutschen Lesens, auf Übungen im Schreiben und im Gesang und auf religiöse Unterweisung beschränkte. Im Religionsunterrichte wurden, soweit er evangelisch war, hier und da mit den im Lesen Geübteren einzelne Abschnitte der Bibel gelesen, meist

wurde aber nur der Katechismus gedächtnismäßig eingeprägt ... Wer neben dem Gedruckten auch Geschriebenes lesen konnte, galt als hervorragender Schüler. Daß das Schreiben nicht überall mit den Schülern geübt ward, geht aus der Bestimmung in Enkirch hervor, nach welcher die Schüler, welche außer dem Lesen auch das Schreiben lernten, ein höheres Schulgeld zahlten. In Wehr konnte 1699 der Lehrer wohl lesen, aber nicht schreiben; dagegen wurde in Valwig sogar gewünscht, daß der Lehrer auch im Latein unterrichtete. In Hellingen konnten noch 1716 von Meier und Schöffen, den acht fähigsten Leuten des Ortes, fünf gar nicht schreiben; sie mußten eine Urkunde mit »Handzeichen unterhandzeichnen«, zwei schrieben die Anfangsbuchstaben ihrer Namen, nur einer seinen ganzen Namen. Das Rechnen wird in früherer Zeit fast nicht erwähnt, hat jedoch nicht gänzlich gefehlt (es gab für den Rechenunterricht schon frühe Lehrbücher). Nach der Kirner Schulordnung ... sollten beide Lehrer an jedem Predigttag in der Kirche sein und darauf halten, daß alle Schüler zur Kirche kamen ... auch examinieren, was diese von der Predigt behalten hätten ... Welches Interesse brachte der Bauer der Schulbildung entgegen? ... Die mir vorliegenden Nachrichten stimmen in der Klage über große Interesselosigkeit der Bauern überein ... So wird geklagt, daß bei einer Visitation nur der sechste Teil der »schulbaren« Jugend in der Schule zu finden war; in Trittenheim ordnete der Visitator 1669 für die Eltern, welche die schulpflichtigen Kinder (von 7 bis 10 Jahren) nicht zur Schule schickten, eine Strafe von 1 fl. an ... das erzbischöfliche Offizialat in Koblenz klagte 1715, daß die Anordnungen von 1712 nicht befolgt würden, und konstatierte, daß durch Verschulden der Eltern die Jugend im Winter die Schule versäume, im Sommer überhaupt nicht besuche ... Dabei waren die Bestimmungen ziemlich streng: der Lehrer sollte monatlich die Liste der Schulsäumigen und der Schulgeldrestanten an Pastor und Sendschöffen einreichen, der Pastor diese alle zwei Monate dem Landdechanten zustellen und dieser vierteljährlich beim Offizialat Bericht erstatten ... In Münstereifel übernahm nach Aufhebung des Stifts (1803) ein Unterlehrer die Schule privatim, »weil kein Mensch aus dem Gemeindevorstande sich um die Schule kümmerte«. Dabei hatte diese Stadt wahrscheinlich 1500 Einwohner. Angesichts der praktischen Schwierigkeiten konnte im 19. Jahrhundert auch die preußische Regierung nicht mit einem Schlage Wandel schaffen. So bestanden in den Gebirgskreisen Prüm, Daun, Bitburg, Wittlich und Bernkastel 1855 noch 102 Winterschulen, 1869 noch 86, von denen 31 mehr als 25 Schüler hatten.
Die Winterschulen, besonders in den armen Gegenden der Eifel, der Ardennen, des Hunsrück und der Saar heimisch, wuchsen gleichwohl im Laufe des 18. Jahrhundert an Zahl beständig ... Lehrer war in der Regel ein des Lesens und Schreibens kundiger Handwerker, welcher den »Wandeltisch« bei den Familien hatte, deren Kinder er unterrichtete; er wurde gewöhnlich zur Nachkir-

mes von den Gemeindegliedern für möglichst geringen Lohn »gedungen«. Ein Schulhaus gab es meist nicht ... In der Regel wurde der Unterricht in einem Bauernhaus gehalten; das Holz zum Heizen brachten die Kinder mit ...
Ein geschlossener Lehrerstand war bis weit ins 19. Jahrhundert hinein nicht vorhanden ... erst 1784 konnte ein Lehrerseminar mit mindestens halbjährlichem Kursus in Koblenz ins Leben treten; 1786 wurde allgemein ein festes Normalgehalt für ständige Lehrer festgesetzt, das der Bürgermeister erheben und dem Lehrer liefern mußte, und eine freie bequeme Amtswohnung gesichert ...

127, 49 ff.

PADERBORN, 1667
Klassenordnung und Altersgruppen an einem Jesuitengymnasium

Das Gymnasium im engeren Sinne umfaßte sechs Jahresklassen: die Vorbereitungsklasse (infimae classis grammaticae ordo inferior oder Intima), die unterste Grammatikalklasse (grammaticae infima classis oder Tertia), die mittlere Grammatikalklasse (gr. media cl. oder Secunda), die oberste Grammatikalklasse (gr. suprema cl. oder Syntaxis), die Klasse der Humanität (humanitas, cl. poetica) und die Klasse der Rhetorik (cl. rhetorica). – Das Gymnasium im weiteren Sinne umfaßte außer den sechs genannten Gymnasialklassen (studia inferiora) noch das philosophische Triennium (studia superiora), nämlich die Logik, die Physik und die Metaphysik ...
Nach dem noch erhaltenen Schüler-Album betrug die Frequenz der einzelnen Klassen im Jahre 1667: Tertiani (Alter: 8–16 J.) 130, Secundani (Alter: 10–18 J.) 89, Syntaxistae (Alter: 12–18 J.) 143, Humanistae (Alter 14–22 J.) 92, Rhetores (Alter: 15–22 J.) 121, Logici (Alter: 14–22 J.) 107, Physici (Alter: 17–22 J.) 68, Metaphysici (Alter: 17–23 J.) 61. Dazu kamen ungefähr 110 Infimistae.

174, 247 f.

DRESDEN, 1772–1841
Eine Stift- oder Armenschule, Polizeischule genannt

Zweiundzwanzig Jahre erst war mein Vater alt, als ihm schon das Glück lächelte. Das Hungerjahr 1772–1773 hatte in Dresden zwei kleine Stift- oder Armenschulen ins Leben gerufen, in welchen eine Anzahl armer Kinder unentgeltlich unterrichtet wurden. Eine dieser Lehrerstellen war zu besetzen, und der

Vorstand jener beiden Anstalten, der Kriegsrat Schmieder, wendete sich mit der Bitte an den allgemein geehrten Garnisonkantor Pfeilschmidt, ihm einen tauglichen Mann als Lehrer vorzuschlagen. Als solchen empfahl P. meinen Vater, welcher somit einen, wenn schon nur kleinen Anfang zu seiner Selbständigkeit machte. Auch in seiner neuen Stellung erwarb mein Vater sich die Zufriedenheit seiner Vorgesetzten, so daß man ihm schon nach drei Jahren auch die zweite Stiftschule, deren Lehrer mit dem Tode abgegangen war, anvertraute. Zugleich wurde mit der Schule eine Speiseanstalt verbunden, daß die ärmsten Schüler früh bei ihrem Eintritt in die Schule mit einer warmen Brotsuppe beköstigt, mittags mit einer Portion Gemüse gesättigt und am Schluß des Unterrichts je mit einem halben Pfund Brots entlassen wurden. Die hierzu erforderlichen Geldmittel herbeizuschaffen, war der Menschen- und Kinderfreund Schmieder in Dresden von Haus zu Haus gewandert und hatte die Inwohner um milde Beiträge gebeten, welche die damals nicht unbedeutende Summe von 5800 Talern erreichten und bis zu der im Jahre 1841 erfolgten Auflösung jener Schule deren Stiftungsvermögen bildeten. Mein Vater hatte sogleich bei seiner ersten Anstellung seine Mutter zu sich genommen, welche nunmehr die Beköstigung der armen Kinder besorgte. Für jede Portion des Mittagessens, das des Sonntags abwechselnd aus Milchspeise und Fleisch mit Gemüse bestand, zahlte die Behörde 6 Pfennige, die, bei immer teurer werdenden Preisen, jedoch in einer langen Reihe von Jahren nach und nach auf 9 Pfennige erhöht wurden...
Für die 200 Taler jährliche Besoldung mußte mein Vater 100 Armenschüler unterrichten. Da hierzu noch eine nicht ganz unbedeutende Anzahl von Extranern kam, so machte sich die Einteilung sämtlicher Schüler und Schülerinnen in zwei Klassen nötig. Die erste Klasse verwaltete mein Vater, die zweite ein Hilfslehrer, den mein Vater aus seinem Beutel bezahlen mußte. In beiden Klassen waren – wie damals in allen höheren und niederen Volksschulen – die Geschlechter ungetrennt. Zu der Zeit meines Schuleintritts war ein junger Mann, namens Romberg, Hilfslehrer bei unserer Schule, dessen Händen ich übergeben wurde. Gleich meinem Vater hatte auch R. eine eigentliche pädagogische Bildung nicht erhalten, sondern aus sich selbst heraus zum Lehrer sich gebildet. Alle Sonn- und Feiertage geigte er abends und die Nacht hindurch auf einem gemeinen Tanzboden der Scheunenhöfe bei Neustadt-Dresden, wo er auch nebst seiner Mutter wohnte. Daß R. nach einer solchen Tanznacht zum Lehren wenig aufgelegt sein konnte, versteht sich von selbst. Von meinem Vater erhielt R. monatlich vier Taler Besoldung, freien Mittagstisch und nach dem Schlusse der Schulstunden ein Butterbrot auf den Weg. Dafür hatte R. wöchentlich 30 Lehrstunden zu erteilen und außerdem noch mir in etlichen Stunden wöchentlich Klavierunterricht zu geben.

148, 5f.; 26f.

Preussisch-Friedland, um 1794
Vorschule, Zimmerschule, Leseschule

Da ich noch nicht lesen konnte, wurde ich in die Vorschule gebracht, welche von einer mehr als siebzig Jahre alten Frau gehalten wurde. Sie bewohnte ein kleines schlechtes Häuschen am katholischen Kirchhofe, das nur eine Stube und den Hausflur umschloß. Das Zimmer war auf dem Fußboden mit Ziegeln belegt, die kleinen Fenster befanden sich oben nahe der Decke und waren so blind, daß man nicht hinaus sehen konnte. Ein großer Ziegelofen stand neben dem Kamin, und vor diesem saß die alte Frau und spann den ganzen Tag, neben sich auf einem Schemel eine hölzerne Kelle und eine Rute, die einzigen und mir schon sehr wohlbekannten Lehrmittel. Drei freistehende rohe, doch glatt geriebene Bänke ohne Lehnen nahmen die Schuljugend, Knaben und Mädchen, auf, bis sie notdürftig lesen konnten. Die eine Bank trug die ABC-Schützen, die zweite buchstabierte, die dritte fing zu lesen an. Der Schulunterricht begann mit dem Gesange eines feststehenden Liederverses, den man wie seine Melodie durch den Gebrauch lernte, und einem feststehenden kurzen Gebete, welches einer im Singsang hersagte, und hierauf ging einer nach dem andern zur spinnenden Frau und sagte aus der gewöhnlichen Fibel mit dem Hahne seine Buchstaben oder sein »a, b, ab« her. Die Alte sprach wenig, machte ein Kind Fehler, so schob sie ihr Spinnrad zur Seite, kippte mit einer Hand das Kind über den Schoß, hob mit der andern den Rock in die Höhe, ergriff die Kelle oder Rute und bearbeitete nach Gutdünken das Sitzfleisch. Dann kam ein anderes Kind an die Reihe, bis man durch war. Etwas anderes wurde nicht vorgenommen, und lange Stunden saß man still und müßig, bis die bestimmte Zeit verflossen war. Die Schule wurde geschlossen wie sie angefangen hatte. Zu viel lernte man nicht, ausgenommen Jungenstreiche, die nach natürlicher ... Methode einer dem anderen mitteilte ... Ich ging übrigens mit großer Unlust in die Schule, nicht weil ich sie für schlecht hielt, denn davon verstand ich nichts, auch nicht weil ich mich langweilte, denn daß das nicht geschah, dafür sorgten wir ja untereinander; aber ich glaubte die Zeit besser benutzen zu können, und begriff nicht, was mir das Lesen helfen sollte. Nur das wußte ich, daß ich dann zum Rektor in die Schule kommen könnte, was mich jedoch nicht lockte.

101, 51 ff.

STEINAU, UM 1800
Präzeptor Zinckhan, eine pädagogische Institution

Carl und ich waren entsetzlich wild und mutwillig... Jacob und Wilhelm waren die fleißigsten, konnten aber in Steinau nichts mehr lernen... Bald darauf kamen beide aufs Lyzeum nach Kassel, wir gingen noch weiter zum Zinckhan. An ein ernstliches Lernen wurde aber nicht gedacht, sondern meist Mutwille getrieben. In die Schule ging ich nur deshalb gern, weil ich da mit den Schulkameraden zusammenkam und Spektakel gemacht... wurde. Hätte Zinckhan mich nicht eingesperrt und hätte es keine Schläge gegeben, ich wäre gewiß in der Woche drei- bis viermal neben die Schule gegangen, um in Wiesen und Wäldern herumzuschwärmen...
Zinckhan gab mir Unterricht in der Violine, Klavier, Rechnen, Schreiben, Religion und Lateinisch. Wir bekamen oft Schläge, ich beinahe alle Tage. Er hatte Stöcke und kurze lederne Peitschen, denen er Namen gegeben hatte, und je nachdem die Strafe war, wurde der Stock gewählt...
Sommer und Winter mußten wir uns sonntags bei ihm versammeln, morgens vor der Kirche, und wenn es das zweite Mal geläutet hatte, marschierte er voran, und wir mußten folgen, und ein viel älterer Schüler... mußte ihm ein erwärmtes Brettchen nachtragen, worauf er beim Orgelspielen saß; wir froren oft entsetzlich in den zwei langen Stunden... selten sangen wir ordentlich mit; nicht selten, wenn er bemerkte, daß wir...lachten, ließ er unbemerkt den G. die Orgel weiterspielen, kam von der anderen Seite hinter uns und fragte jeden, an welchem Vers jetzt gesungen werde, und wenn er sah, daß wir's nicht wußten, mußten wir alle acht jeder einzeln hinter die Orgel kommen und bekamen unsre Schläge...
Im Winter gingen die Bürgerjungen von acht bis elf Uhr in die Schule und von elf bis zwölf wir, und sie von mittags von eins bis drei und wir von drei bis vier... Jeder Bürgerjunge brachte anstatt Geld ein Scheit Holz mit, das wurde in der Schulstube in einer Ecke aufgehäuft, und nach der Schule mußten einige das Holz nach dem Hof tragen und in Ordnung legen. Er liebte eine Art militärischer Ordnung; so mußten die Jungens, wenn die Schule aus war, zwei und zwei hintereinander abmarschieren... Er ging ans Fenster und sah solange nach, bis keiner mehr auf dem Kirchplatz war...
In unserer lateinischen Stunde führten wir unsere Streiche feiner aus, und er gab besser acht. In die Stunde gingen außer uns dreien 1. Wilhelm Denhard, Sohn des Zollerhebers; 2. Adolf Bode... Sohn des Rentmeisters; 3. Ph. Möller, Sohn des Stadtschreibers... 4. Jacob Pauli... Sohn des Stadtrentmeisters; 5. Andreas Hufnagel, Sohn des Ochsenwirts... 6. Johannes Menge, Sohn des Schweinehirten... Nachdem wir ein Weilchen versammelt waren, ging die Türe auf, und er

kam, blickte jeden an, ob vielleicht einer lachte oder ob er sonst etwas bemerke; war das nicht der Fall, so ging er an sein Pult ... er rauchte große Dämpfe aus seiner Pfeife. Wir standen in Front aufgestellt und er sagte: »Habt ihr alle eure Grammatik?« ... Nun wurde Carl gefragt: »Was ist eine lateinische Grammatik?« – »Ist eine Anweisung zur lateinischen Sprache, die da lehret, wie man dieselbe recht schreiben, verstehen und reden soll.« Nun wurde der zweite gefragt: »Was ist eine griechische Grammatik?«; der dritte »Was ist eine hebräische, eine ungarische usw.«, worauf dann jeder das nämliche sagte wie bei der lateinischen Grammatik. Diese Aufgabe kam jeden Tag vor ... Nun kamen die Konjugationen; das ging auch so ziemlich, weil wir sehr weniges immer drei bis vier Wochen lang aufbekamen; zuletzt die Wörter, höchstens vier bis fünf; aber höchst selten konnte sie einer alle, da sagte er: »Setzt euch hin und lernt sie besser.« Er selbst nahm unterdes wieder eine andere Arbeit vor, zog eine neue Saite auf die alte Violine oder arbeitete an einer alten Lampe, für die er aus Binsen Dochte gemacht und an der er allerlei erfunden und verbessert hatte ... Nach einer halben Stunde ging er wieder an den Pult, setzte den Brill auf die Nase und rief: »Könnt ihr eure Wörter?« – »Ja!« rief ein jeder ... Nun wurde ein jeder die fünf Wörter gefragt, aber höchstens konnte jeder zwei bis drei ... er schwieg aber still und rief: »Bete, wer muß!« worauf der, an dem die Reihe war: »Pater noster, qui es usw.«; wie der fertig war, sagte er: »Ihr bleibt alle hier und lernt eure Wörter, und wenn ich in einer Stunde heraufkomme und ihr könnt sie noch nicht, bleibt ihr hier, bis die Sterne am Himmel stehen!« Dann ging er auf den nochmaligen Zuruf seiner Frau: »Die Klöß' sind gar« ... langsam die Treppe hinunter ...
Er hatte drei Gärten, auch Wiesen und Äcker ... Wenn eine Kindtaufe bei ihm oder in der Kirche war, oder die Ernte war gut ausgefallen, oder er hatte ein Kalb vorteilhaft verkauft u. dgl., dann geschah es wohl, daß er mit uns einen Spaß machte, und dann war er auch außerordentlich nachsichtig ... Beim Heumachen hatten wir auch gute Tage, da waren die Stunden sehr kurz oder gar keine ... Im Sommer kam er in unser Haus, der Lotte Unterricht zu geben; wir mußten dann daneben sitzen und lernen. Die Lotte stand neben ihm und bekam ein Hölzchen in die Hand, worin eine Stecknadel befestigt war; mit dem Stecknadelkopf mußte sie die Buchstaben deuten und ihm dieselben nachsprechen. Die Mutter saß auf dem Kanapee und strickte.

74, 39 ff.

MÜNCHEN, 1806 ff.
Leiden im Kadettenkorps

14. 10. 1806
Liebe Tante ich will dir schreiben was wir den ganzen Tag tun. Zu früh um fünf stehn wir auf. Von 6 bis 12 haben wir Stunden ausgenommen von 9 bis 10 nicht wo wir in den Hof gehen. Um 12 essen wir. Im Winter gehen wir von 1 bis 3 spazieren dann lernen wir von 3 bis 6. Den Sommer gehen wir von 5 bis 7 spazieren wo wir dann von 2 bis 5 lernen.

Anfang 1807
Ich habe immer entsetzliche Kopfschmerzen weiß du nicht was ich dafür brauchen kann denn ins Krankenzimmer gehe ich sehr ungern 1.) weil man den Sonntag darauf nicht ausgehen darf. 2.) weil man wenigstens drei Tage hintereinander nichts als Suppe zu essen bekömmt.

19. 6. 1807
Vorgestern badete ich mich zum ersten Mal in meinem Leben mit den andern. Ich wagte mich zu tief hinein und sank hinein. Ich konnte keinen Atem mehr holen aber in dem nämlichen Augenblick als ich zu Grunde gehn wollte trieb mich das Wasser in die Höhe, ich wäre aber gleich wieder hinabgesunken wenn mich nicht einer (namens Engelbrecht) bei der Hand erwischte und hervorzog. Diesen hast du das Leben deines Sohnes zu danken. O es muß ein schrecklicher Tod sein das Ersticken. Aber vergiß dein Versprechen nicht nämlich, daß du und der Vater mich aufs Jahr abholen. Hältst du dieses Versprechen, so will ich auch das meinige halten und will immer fleißig und gut sein, damit ich (wenn ich dir um den Hals falle) sagen kann ich habs verdient.

7. 8. 1807
Freilich liebe Mutter, du stellst dir es des Sonntags ganz anders vor. Des Sonntags stehn wir erst um 5 Uhr auf (die Werktage um 4 Uhr). Dann ziehen wir uns an bis ½ 7 Uhr. Dann gehen wir hinunter im Speisesaal. Dann wird gebetet ein Morgengebet das Vaterunser und gegrüßt sei du Maria ... Dann haben wir eine Stunde dann frühstücken wir, dann wird visitiert. Dann geht man in die Kirche.

3. 9. 1807
Ich konnte dir aber nicht gleich Nachricht geben wegen den Examen. Dienstag den 1ten fing es an und heute sind wir fertig. Morgen früh ist nur noch Tanzen und fechten und morgen nachmittag werden die Preise ausgeteilt. Ich bin neugierig ob ich einen bekomme.

23. 3. 1808

Die Noten vom Monat Februar sind aufgehängt worden. Ich habe viel Fleiß und gutes Betragen und unter 48 Schüler der 12te. In der deutschen Sprache bin ich dieses Monat (Februar) der 1te werde es im jetzigen (März) in der Religion und vielleicht auch wieder im Deutschen. Im Französischen bin ich der 3te ... Ich war den 21ten bei General Werneck und auch noch nicht lange bei Schelling. Ich war wie ich dir schon geschrieben habe 3 Wochen krank da bin ich wieder in der Mathematik recht zurückgeblieben. Ich sah letzhin die Zauberflöte wieder. Wenn ich nicht krank gewesen wäre, so wäre ich in Bayard gekommen. Es ärgert mich recht. Samstags den 20ten (es war Feiertag) sah ich die Wachsfiguren ... Ich habe mir eine Tabelle gemacht worin ich die Tage bis an die Vakanz abzähle, denn ich freue mich unendlich darauf.

18. 11. 1808

Also den 13ten war Dein Geburtstag, teure Mutter! Ich war da eben im Theater. Es wurde aufgeführt: 1. Verstand und Herz, ein Lustspiel in einem Akt, dann 2. Paul und Virginie ein Ballet in 3 Aufzügen ... Von meinen 8 Täfelchen Schokolade habe ich nur noch 5. Wegen eines Vergehens bekam ich heute Säbelarrest (die entehrendste Strafe). Es war Folgendes: Eben als ich in die Lektion gehen wollte erhielt ich das Paket. Ich konnte mich der Neugier nicht enthalten und las den Brief in der Lektion. Hauptmann Baur sah es und forderte den Brief. Ich wollte ihn nicht hergeben weil ich ihn nicht gern gelesen haben wollte. Er ward sehr zornig und führte mich nach der Stunde zum Herrn Oberstleutnant. Man nahm mir den Brief mit Gewalt ab, und nachdem er allerseits gelesen worden war bekam ich ihn wieder zurück. Dafür erhielt ich Säbelarrest. Ich muß nun bei den Spaziergängen ohne Säbel mitgehen, darf nicht ausgehen wenn ich eingeladen bin, nicht ins Theater, und muß auch ohne Säbel in die Kirche gehen.

4. 1. 1809

Dann wird im Speisesaal hinunter marschiert, und dann betet einer vor. Dann statten die Unteroffiziere Rapport ab und dann wird in die Lektionen marschiert, und in Reih und Glied. (Du wirst sehen wenn ich dir den weiteren Tagesablauf erzähle, wie oft dies Aufstellen in Reih und Glied geschieht. Und wenn man unter diesen vielen Malen im Gliede nur einmal den Fuß ein wenig bewegt oder gar den Kopf dreht, so bekömmt man abends nichts zu essen oder noch eine härtere Strafe. Ist das nicht entsetzlich!?) Die Lektionen dauern nun bis 9 Uhr. Dann wird wieder aufgestellt und das Brot ausgeteilt. Es kommen die Offiziere und visitieren uns ob wir ganz ordentlich angezogen (z. B. das Halstuch gut und schön gebunden), Wer das nicht ist bekömmt wieder Strafe oder sonst Verdruß. Dies dauert nun bis 10 Uhr, dann wird wieder in die Hörsäle abmarschiert. Die Lektionen dauern nun bis 1 Uhr. Da wird gegessen. Das Gemüse ist immer schlecht gekocht. Doch wer keins ißt, bekömmt auch kein Rindfleisch oder sonst eine Strafe. Um ¾ auf 2 wird aufgestanden und wieder aufgestellt. Da gehts spazieren, immer in Reih und Glied wie die Soldaten wir dürfen da kaum miteinander reden. Um 4 Uhr kommen wir wieder nach Hause. Es geht wieder in die Hörsäle. Alles in Reih und Glied. Um 7 hören die Lektionen auf. Es wird wieder aufgestellt und die Unteroffiziere statten Rapport ab. Dann wird zu Nacht gegessen. Um 8 Uhr aufgestanden. Die Stunde von 8 bis 9 ist nun die einzige Freistunde, und diese haben wir manchmal nicht einmal. Um 9 Uhr wird wieder aufgestellt, Rapport abgestattet und im Schlafsaal hinauf marschiert. Da müssen wir noch eine Zeit lang in Reih und Glied stehen. Endlich heißt es: auseinander. Wir müssen uns geschwinde ausziehen und ins Bett legen. Ist das ein Leben für Menschen? Jeder Hund, jede Katze, ja, jeder gemeine Soldat hat es besser als wir. Und du, liebe Mutter, kannst mir zumuten, daß ich hier gern sein soll!

160, 7, 9, 13, 17, 19, 26f., 35, 38f.

WOLFSKEHLEN, 1807–1841
Einrichtung einer Industrieschule auf dem Dorf

Zunächst galt es, die Schule, die infolge der Kriegszeiten (1795) fast leer geworden war, wieder zu füllen und die Kinder zu einem regelmäßigen und unausgesetzten Schulbesuch zu bewegen. Die zahlreichen Schüler wurden sodann in drei Klassen geteilt... Da aber der Schulraum nur zwei Klassen zugleich faßte, so war immer eine Klasse unbeschäftigt, die dann meist zu Störungen Anlaß gab ... Auch erlernten anfangs nur die Knaben das Schreiben, bei den Mädchen war es eine seltene Ausnahme. Ja, es gab sogar Eltern, die sich dem Schreibenlernen der Mädchen widersetzten, da es für sie eine unnütze, ja wohl gar gefährliche Sache sei.
Daher verfiel man bald darauf, um den Mädchen, während eine andre Klasse von ihnen vom Lehrer unterrichtet wurde, eine nützliche Beschäftigung zu verschaffen, ihnen das Stricken als eine zeitverkürzende, geräuschlose und dabei sehr nützliche Arbeit zu empfehlen...
Nur mit vieler Mühe ... konnte dieser erste Grund zur Verbindung des Arbeitens mit der Lehrschule gelegt werden. Indes die von dem Pfarrer Sauer zu Rüthen in Westfalen freundschaftlich mitgeteilten Notizen über das dortige Industrieschulwesen erweckten in (Pfarrer) Lanz den Wunsch, bald mehr ... tun zu können. Solange der alte Herr Hornung lebte, war nicht daran zu denken.

Sobald dieser aber im Jahre 1807 gestorben war und Lanz selbst die Schule in die Hand genommen hatte, brachte er die Verbindung des Arbeitens, sowohl abwechselnd mit dem Schulunterricht als auch während desselben, bei allen Unterrichtsgegenständen, wobei die Hände unbeschäftigt bleiben – den Religionsunterricht ausgenommen, bei welchem nicht gearbeitet werden durfte – in regelmäßigen Gang. So beschäftigten sich von Anfang des Jahres 1808 sämtliche Mädchen ... 42 an der Zahl, und von den 58 Knaben 24 ... mit Stricken in der Schule, und in den ersten Monaten des Jahres wurden schon 60 Paar neue Strümpfe, 58 Paar angestrickte und drei Paar Handschuhe verfertigt.

Da der im Mai 1808 neu eintretende Schullehrer gar kein Interesse für diese neue Schuleinrichtung mitbrachte ... geriet die schöne Sache ins Stocken und wäre jedenfalls ganz eingegangen, wenn sie nicht zur selben Zeit ein Gegenstand der besonderen Aufmerksamkeit des Großherzoglichen Kirchen- und Schulrats zu Darmstadt geworden wäre ... Durch (dessen) Reskript ... wurde ... zu Wolfkehlen die erste öffentliche Industrieschule ... genehmigt ... Schulpflichtig waren alle Mädchen und alle notorisch dürftigen Knaben, namentlich alle, die Unterstützungen empfingen. Von den 66 Unterwiesenen stellten 44 ihr Material selbst, 22 empfingen es von der Schule.

Die Lehrerin, Frau Sänger, bedurfte der Unterstützung ihrer erwachsenen Tochter, da sie statt an vier, vielmehr an sechs Tagen morgen von 9–10 Uhr Unterricht erteilte, sowie noch mittwochs und Samstag nachmittags von 1–3 Uhr. Die Schüler, Mädchen und Knaben, besuchten von 7–9 die Lern- und von 9–10 Uhr die Arbeitsschule. Nach 10 Uhr wurden dann noch die Elementarschüler in die Anfangsgründe des Lesens eingeführt. Jedes Kind hatte bei seinen Arbeitsstücken ein Verzeichnis derselben und eine bestimmte Blechnummer. Die Handarbeiten wurden in verschließbaren Tischschubladen aufbewahrt.

Die mühsam und glücklich gegründete Anstalt verlor ihre Lehrerin ... schon 1809 durch den Tod. Der Unterricht wurde ihrer Tochter Caroline Sänger übertragen. Für ein größeres Schullokal wurde ein Geschenk von 600 fl. aus dem Kirchenfond sowie eine Quantität Eichen- und Tannenbauholz von der Regierung bewilligt. Von 1810–1811 wurde der Bau vollendet. Eine neue Lehrerin wurde gewonnen in der kinderlosen Witwe des achtbaren Mädchenlehrers Seibert zu Groß-Gerau. Auf Antrag des Beamten zu Dornberg und des Pfarrers zu Wolfskehlen wurde sie ... mit 150 fl. Gehalt angestellt. ...

Die Unterrichtsgegenstände ...

1. Mit dem Stricken, als dem für jede Hausfrau unentbehrlichsten und leichtesten, wird der Anfang gemacht. Vom gewöhnlichen bis zum Dessein- und Perlenstricken von Strümpfen, Socken, Handschuhen, Kleidchen, Häubchen, Röcken, Wämsern, Geldbeuteln, Uhrbändern; so jedoch, daß die ärmeren Kinder mehr zu dem Alltäglichen angehalten werden ... 2. Flickarbeiten, Stopfen,

Nähen gröberer und feinerer Gegenstände ... 3. Spinnen. Dies lernen zwar die meisten zu Hause, jedoch muß jedes Mädchen des Jahres einmal auch in der Schule spinnen ... Überhaupt sollen alle Arbeiten, die einer Hausfrau auf dem Lande vorkommen und in der Stube gezeigt und geübt werden können, von der Lehrerin gelehrt werden ...
Die Industrielehrerin soll ... während des Unterrichts erzählen, vorlesen lassen, sich unterreden, und so bilden und veredeln. Namentlich soll sie durch kindlich reine und heitre Lieder die schlechten und sittenverderblichen Volkslieder verdrängen helfen. Zur Begleitung der Gesänge wird eine Schulorgel angeschafft ... Insbesondere die dritte Lehrerin, Fräulein Köhler ... wirkte lange mit großer Liebe, Geduld und nachhaltigem Segen ... Durch Dekret ... 1817 hier angestellt, blieb sie bis ... 1830 ... Mit Weggang der Fräulein Köhler hörte durch kreisrätliche Verfügung und Wegfall der größeren Besoldung ... die umfassend organisierte tägliche Industrieschule auf. An deren Stelle trat eine Mittwoch und Samstag nachmittags im Winter, und Dienstag und Freitag nachmittags im Sommer von 12 bis 2 Uhr und von 2 bis 4 Uhr für die oberen und unteren Mädchenabteilungen zu erteilende Unterweisung im Stricken, Nähen, Stopfen und etwa Straminnähen und Häkeln.

156, 59 ff.; 67 ff.

MAGDEBURG, UM 1810
Die Kantorschule antediluvianischer Tradition

Ich wurde nunmehr mit meiner um fast anderthalb Jahr älteren Schwester in die unserem Hause gegenüberliegende Kantorschule geschickt, wo ich in der gewöhnlichen Weise lesen, schreiben und rechnen lernte. Diese Schule war noch ganz in dem Stil eingerichtet, der jetzt nur als eine antediluvianische Tradition bei uns existiert. Eine ungeheure, saalartige Stube. Zwei durch einen großen Zwischenraum getrennte Reihen von Bänken und Tischen, die amphitheatralisch aufstiegen, so daß der Lehrer alle Schüler übersehen konnte. Auf der einen Seite nach den Fenstern zu ... saßen die Knaben, auf der anderen die Mädchen. Die ABC-Schützen saßen auf einer sehr niedrigen Bank voran, unmittelbar vor dem Lehrer. Sie hatten sich nur mit Stillsitzen zu beschäftigen. Am angenehmsten war es, wenn sie schliefen, denn ihre fast einzige Tätigkeit bestand darin, daß sie am Schluß der Schule auf einer Papptafel, die neben der Tür hing, die Buchstaben des großen und kleinen, deutschen und lateinischen Alphabets nebst den Zahlen, auf welche der Lehrer mit einem Rohrstöckchen wies, teils einzeln, teils im Chor hersagten. Da nun die Erwachsenen aus Ungeduld, her-

auszukommen, fleißig vorsagten, so ist es Wunder genug, daß die Kinder überhaupt wirklich lesen lernten. Von Schulbüchern erinnere ich mich nur der Bibel, des Gesangbuchs und eines französischen Lesebuchs. Ich habe in dem kleinen Druck meiner Halleschen Handbibel lesen gelernt und erinnere mich noch, welch schwierige Leseprobe die vielen Namen der Geschlechtsregister im alten Testament waren.
Die Disziplin wurde in einer Zeit, in welcher das Spießrutenlaufen noch in der preußischen Armee bestand, mit vielem Prügeln gehandhabt. Manche Jungen erwarben im Geprügeltwerden einen gewissen Ruf, indem sie bei der Exekution sich gewaltig sträubten, so daß ihre Bestrafung für die Schule immer ein grausenerregendes und doch sehr unterhaltendes Fest war, ähnlich wie Hinrichtungen die Massen anziehen. Die Strampelnden und Abwehrenden mußten an Füßen und Händen gehalten und über einen Reitsessel gelegt werden, wo sie dann ihre weitschallenden Bullenfinkenhiebe erhielten ... Ich lernte ganz gut in der Bibel lesen und legte auch im Schreiben einen guten Grund.

179, 7f.

CALBE, 1821–1831
Die Schulen der Pastorentochter

Von ziemlich früher Selbständigkeit zeugt, daß das erst vierjährige Kind darauf einging, sich von einer ... Predigerfamilie ... mitnehmen zu lassen, nach Breitenhagen. Als ihre Eltern nach einigen Tagen hinkamen sie abzuholen, hatte sie inzwischen sehr hübsch stricken gelernt ... Außer nach (der Domäne) Gottesgnaden ging sie auch in der Stadt nun in die Strickschule zu der alten Mamsell »auf dem Graben«. Bei jenen Mittwochs- und Sonnabendsgängen aber gab eine gute Magd, die am Wege wohnte, wenn sie mit ihrem kleinen Handkorb vorüberkam, ihr oft das Geleite ...
Als die kleine Marie 5 Jahre alt war, begann der Unterricht. Scherzhaft rühmte sie sich öfters, daß sie die Lautiermethode in der ganzen Diözese eingeführt habe ... Ihr Vater war ein eifriger Schulmann, hatte eine Präparandenanstalt; einer der Präparanden mußte an Mariechen den ersten Versuch machen, und sie lernte ganz außerordentlich rasch lesen. Sie erinnerte sich sehr wohl, wie sie vor vielen versammelten Pastoren und Kantoren ihre Künste hatte machen müssen, und das war denn sehr überzeugend.
Von nun an besuchte sie regelmäßig die Schule »hinter den Scheuren« ... Dort hielt die Schule für die kleinen Mädchen ein ganz altes Original von Schulmeister, im Sommer in seinem Blumengarten, und als er nicht mehr konnte, sein

Schwiegersohn und Nachfolger, Herr Tänzer, ein gewaltig großer Mann mit einer feinen Stimme und nicht zu großem Geiste ...
Aus der kleinen Mädchen-Schule »hinter den Scheuren« war unsere Marie inzwischen – die Zeit läßt sich nicht genau bestimmen – in die Küster-Schule übergegangen. Diese, eine gewöhnliche Elementarschule, war das höchste, was die Stadt Calbe ihren »höheren Töchtern« dazubieten vermochte (der Rektor hatte die Knaben), und mit gesundem Takte – der wohl auch durch die finanziellen Rücksichten, bei dem schon fast unerschwinglichen Schul- und Universitätsleben der vielen Knaben aufs wirksamste unterstützt ward – wollten die Eltern die Tochter nicht aus dem Hause, nicht »in Pension« geben. So war denn für diese, was da zu lernen war, bald wieder gelernt; sie saß dann mehrere Jahre lang – weil doch bis zur Konfirmation in die Schule gegangen sein mußte – konstant als die oberste, und machte den Kursus immer von neuem mit durch. Deutsche Aufsätze nach Art unserer höheren Töchterschulen hat die nachmalige Schriftstellerin nie machen gelernt ... Noch weniger war natürlich von fremden Sprachen oder des etwas die Rede. Kopfrechnen ware ihre Hauptforce.

145, 26 ff.; 78

Menzendorf und Lübeck, 1824–34
Aus der Lern- und Schulkarriere eines künftigen Ingenieurs

Als meine Schwester und ich dem Unterrichte der Großmutter ... entwachsen waren, gab uns der Vater ein halbes Jahr selbst Unterricht. Der Abriß der Weltgeschichte und Völkerkunde, den er uns diktierte, war geistreich und originell und bildete die Grundlage meiner späteren Anschauungen. Als ich elf Jahre alt geworden war, ward meine Schwester in eine Mädchenpension nach der Stadt Ratzeburg gebracht, während ich die Bürgerschule des benachbarten Städtchens Schönberg ... besuchte. Bei gutem Wetter mußte ich den etwa eine Stunde langen Weg zu Fuß machen. Bei schlechtem Wetter waren die Wege grundlos, und ich ritt dann auf einem Pony zur Schule ...
Eine entschiedene Wendung meines Jugendlebens trat Ostern 1828 dadurch ein, daß mein Vater einen Hauslehrer engagierte ... Der Kandidat der Theologie Sponholz war ein noch junger Mann. Er war hochgebildet, aber schlecht angeschrieben bei seinen geistlichen Vorgesetzten, da seine Theologie zu rationalistisch, zu wenig positiv war ... Über uns halbwilde Jungen wußte er sich schon in den ersten Wochen eine mir bis heute rätselhafte Herrschaft zu verschaffen. Er hat uns niemals gestraft, kaum je ein tadelndes Wort gesprochen, beteiligte sich aber oft an unseren Spielen ... Sein Unterricht war im höchsten Grade

anregend und anspornend ... So gelang es ihm schon in wenigen Wochen, aus verwilderten, arbeitsscheuen Jungen die eifrigsten und fleißigsten Schüler zu machen, die er nicht zur Arbeit anzutreiben brauchte, sondern vom Übermaß derselben zurückhalten mußte. In mir namentlich erweckte er das nie erloschene Gefühl der Freude an nützlicher Arbeit und den ehrgeizigen Trieb, sie wirklich zu leisten. Ein wichtiges Hilfsmittel, das er dazu brauchte, waren seine Erzählungen. Wenn uns am späten Abend die Augen bei der Arbeit zufielen, so winkte er uns zu sich auf das alte Ledersofa, auf dem er neben unserm Arbeitstische zu sitzen pflegte, und während wir uns an ihn schmiegten, malte er uns Bilder unsres eignen künftigen Lebens aus, welche uns entweder auf Höhepunkten des bürgerlichen Lebens darstellten, die wir durch Fleiß und moralische Tüchtigkeit erklommen hatten ... oder welche uns wieder in traurige Lebenslagen zurückgefallen zeigten, wenn wir in unserm Streben erlahmten ... Leider dauerte dieser glücklichste Teil meiner Jugendzeit nicht lange, nicht einmal ein volles Jahr. Sponholz hatte oft Anfälle tiefer Melancholie ... In einem solchen Anfall verließ er in einer dunklen Winternacht mit einem Jagdgewehr das Haus und ward nach langem Suchen ... mit zerschmettertem Schädel gefunden. Unser Schmerz über den Verlust des geliebten Freundes und Lehrers war grenzenlos ... Der Nachfolger von Sponholz war ein ältlicher Herr, der schon lange Jahre in adligen Häusern die Stelle eines Hauslehrers inne gehabt hatte ... Sein Erziehungssystem war ganz formaler Natur. Er verlangte, daß wir vor allen Dingen folgsam waren und uns gesittet benahmen. Wir sollten die vorgeschriebenen Stunden aufmerksam sein und unsre Arbeiten machen, sollten ihm auf Spaziergängen gesittet folgen und ihn außerhalb der Schulzeit nicht stören. Der arme Mann war kränklich und starb nach zwei Jahren in unserm Hause an der Lungenschwindsucht ... Nach dem Tode des zweiten Hauslehrers entschloß sich mein Vater, Bruder Hans und mich auf das Lübecker Gymnasium, die sogenannte Katharinenschule, zu bringen, und führte diesen Plan aus, nachdem ich ... konfirmiert war ... Wir kamen in keine eigentliche Pension, sondern bezogen ein Privatquartier bei einem Lübecker Bürger, bei dem wir auch beköstigt wurden. Mein Vater hatte so unbedingtes Vertrauen zu meiner Zuverlässigkeit, daß er mir auch das volle Aufsichtsrecht über meinen etwas leicht gesinnten Bruder gab ...
Die Lübecker Katharinenschule bestand aus dem eigentlichen Gymnasium und der Bürgerschule, die beide unter demselben Direktor standen und bis zur Tertia ... Parallelklassen bildeten. Das Gymnasium genoß damals hohes Ansehen als gelehrte Schule. Im Wesentlichen wurden auf ihm nur die alten Sprachen getrieben. Der Unterricht in Mathematik war sehr mangelhaft und befriedigte mich nicht; ich wurde in diesem Gegenstande in eine höhere Parallelklasse versetzt, obschon ich bis dahin Mathematik nur als Privatstudium betrieben hatte, da

beide Hauslehrer nichts davon verstanden. Dagegen fielen mir die alten Sprachen recht schwer, weil mir die schulgerechte, feste Grundlage fehlte ... Ich arbeitete mich zwar in den beiden folgenden Jahren gewissenhaft bis zur Versetzung nach Prima durch, sah aber doch, daß ich im Studium der alten Sprachen keine Befriedigung finden würde, und entschloß mich, zum Baufach, dem einzigen damals vorhandenen technischen Fache, überzugehen. Daher ließ ich in Sekunda das griechische Studium fallen und nahm statt dessen Privatstunden in Mathematik und Feldmessen, um mich zum Eintritt in die Berliner Bauakademie vorzubereiten. Nähere Erkundigungen ergaben aber leider, daß das Studium auf der Bauakademie zu kostspielig war ...
Aus dieser Not rettete mich der Rat meines Lehrers im Feldmessen, des Leutnants im Lübecker Kontingent, Freiherrn von Bülzingslöwen ... Dieser riet mir, beim preußischen Ingenieurskorps einzutreten, wo ich Gelegenheit erhalten würde, dasselbe zu lernen, was ich auf der Bauakademie gelehrt würde. Mein Vater ... war ganz damit einverstanden ... Ich nahm daher Ostern 1834 im siebzehnten Lebensjahre Abschied von dem Gymnasium und wanderte mit mäßigem Taschengelde nach Berlin ...

199, 10 ff.

Berlin, 1825–1831
In der Mayetschen Erziehungsanstalt

Als dann meine Eltern den Landaufenthalt mit Berlin vertauschten, fand ich bald darauf in der Mayetschen Erziehungsanstalt, einer der ersten jener Zeit, Aufnahme. Ich wohnte bei meinen Eltern und besuchte von ihnen aus, wie man es heute nennen würde, als Tagespensionärin, den Unterricht bei Mayets in den Jahren von 1825–1827 ... Drei Schwestern, die Mamsellen Mayet, wie sie damals genannt wurden, hatten eine sehr einfache Wohnung inne, zwei Treppen hoch, an der Ecke Friedrich- und Französische Straße.
Die Ausstattung des größten Raumes, der gleichzeitig als Schul- und Eßzimmer diente, bestand aus zwei großen Bücherschränken und einem langen schmalen Tisch, an dem auch mittags gegessen wurde. Die einzige Sitzgelegenheit waren Holzbänke, ohne Lehnen; nur ... die älteste Schwester saß mittags auf einem Stuhl, den sonst, während des Unterrichts, der Lehrer einnahm. Dies Eßzimmer war für die 2. Klasse, die am zahlreichsten besetzt war. Die 1. und 3. Klasse befanden sich in einem kleinen Nebenzimmer. Da stand auf der einen Seite, am Fenster, auch ein schmaler, aber kleiner Tisch mit Bänken. Auf der anderen Seite, vor dem steifen kleinen Sofa, ein größerer Tisch, der für die beiden Klas-

sen zur gemeinsamen Zeichen- und Schreibstunde benutzt wurde. In einer Ecke war noch ein kleines Etablissement mit ganz niedrigen Bänken – hier wurden einige ABC-Schützen unterrichtet. Im hinteren Raum, dem Mädchenzimmer, wurden die Sachen der nur zum Unterricht kommenden Kinder abgelegt. Was für eine Bazillentheorie würde man heute auf der Tatsache kultivieren, daß die nassen Mäntel und Hüte der jungen Mädchen dort stundenlang auf den nicht immer blütenweißen Betten der Dienstmädchen lagen ...
Die Tanzstunden, auf welche besonderes Gewicht gelegt wurde, fanden in der 1. Klasse statt. Als Vorbereitung wurden 2-3 Talglichter angezündet ... In diesen Räumen, bei ähnlicher Beleuchtung, fanden auch die Feste statt ... die Eingeladenen sahen französischen Lustspielen und Gruppentänzen bewundernd zu. Ich sehe noch Agnes Exleben mit Grazie Gavotte tanzen, und Dora Hellwig Shawltanz vorführen. Nach den Vorstellungen wurde allgemein getanzt, und es waren dazu immer einige leibhaftige Leutnants, Kadetten oder ähnliches, Brüder von Pensionärinnen, da.
Von den Schwestern Mayet war die jüngste, Mademoiselle Lotte, ganz taub. Sie war lange in Frankreich gewesen und gab alle französischen Stunden ... Ich gehörte zwar dem Alter nach nicht zur 1. Klasse, war aber, von frühester Jugend an französisch unterrichtet, den Kenntnissen nach reif dafür ...
Der Unterricht bei Mayets, der sich hauptsächlich auf das Französische beschränkte und sonst manche Mängel bot, genügte meinen Eltern auf die Dauer nicht, und so traten wir Schwestern in die Büttnersche Schule ein; diese war sehr besucht und genoß den besten Ruf.

17, 54ff.; 65

MAGDEBURG, 1836
Aufgabe der Abend- und Sonntagsschulen

Weil aber noch manche Kinder in den Fabriken arbeiten müssen, so sind für diese zwei Abendschulen in dem Lokal der großen Volksschule errichtet; jedoch ist vom Magistrate die weise Anordnung getroffen, daß kein Kind, welches noch nicht lesen kann, in Fabriken arbeiten darf; dadurch wird nicht allein der Mißbrauch mit zu zarten Kinderkräften verhütet, sondern auch der Erfolg des weiteren Unterrichts in den Abendschulen gesichert. – Die Sonntagsschulen, von 3-6 Uhr, sind nur für diejenigen, welche in der Zichorien- und Kartoffelernte sich durch Feldarbeit ihre Bekleidung für den Winter gewinnen. Sie erhalten von dem Schul-Inspektor die Erlaubnis, auf einige Wochen die Tagesschule zu versäumen, und müssen, damit keine Lücke entsteht, statt dessen in die

Sonntagsschule gehen. Ihre Zahl ist sowohl in dieser (etwa 20), als in den Abendschulen verhältnismäßig nur gering.

108, 307

BERLIN, UM 1843
Ein Besuch in der Armenschule

In den Familienhäusern traf ich auch auf Schulstuben. Ein Privatverein hat daselbst eine Kleinkinderschule, ein anderer drei Primarschulen, zwei für Knaben und eine für Mädchen, gestiftet und bis jetzt unterhalten. Die Zahl der Kinder wird sich auf circa dreihundertfünfzig belaufen. Sie sehen im Durchschnitt recht gut aus; viele scheinen mit schönen Anlagen reichlich begabt. In der Kleinkinderschule sind gegen hundertundvierzig Knaben und Mädchen von zwei bis sechs Jahren unter der Leitung eines alten Ehepaares täglich sechs bis acht Stunden beisammen. Solchen, deren Eltern den ganzen Tag abwesend sind, gibt der Lehrer ein Mittagbrot für 6 Pfennige. Die äußere Einrichtung der Schule ist zweckmäßig, die innere hat mich unangenehm überrascht. Die armen Kleinen werden schon mit Schulkenntnissen abgequält, und dies auf die traurigste Weise. Die Haare standen mir zu Berg, als die Kinder folgende Fragen im Chor und taktmäßig beantworteten: Wie heißt das Buch, in welchem Gott mit uns spricht? Was für Teile hat die Bibel? Womit beginnt das alte, das neue Testament? Was ist Taufe? Wovon handelt das achte, vierte, sechste, das siebente Gebot? Was für Lehranstalten gibt es in Berlin? Was für Beamte? Was für Königreiche sind in Europa? Was für Flüsse in Deutschland, Frankreich, Spanien? – Die vierjährigen Buben und Mädchen, die vom Ehebruch sprachen, kommen mir zeitlebens nicht aus dem Gedächtnis. – Die untere Mädchenschule, wo Kinder von sechs bis zehn Jahren unterrichtet werden, versetzte mich ganz in eine Dorfschule des verflossenen Jahrhunderts. Dreiundvierzig Schüler buchstabierten miteinander aus Hornungs Leselernbüchlein, und der Lehrer schlug mit dem Stock den Takt dazu. Zum Schluß der Stunde wurden die heiligen zehn Gebote im Chor aufgesagt und einige schwere Lieder auswendig auf's Jämmerlichste abgesungen. Die Privatschulen werden doch auch unter der Aufsicht des Staates stehen? Der Lehrer an der Mädchenschule sagte mir wenigstens, daß er von den hohen Erziehungsbehörden examiniert worden sei.

6, 585 ff.

Altona, 1863 ff.
Auf dem Christianeum in der Hohenschulstraße

Den Weg nach Altona wiesen mehrere dorthin vorangegangene Schüler Pastor Thomsens. Dieser hatte mich und meinen Mitschüler bei Direktor Lucht für die Sekunda angemeldet. Wir stellten uns dem Direktor vor; er wies uns an den Konrektor Dr. Henrichsen, den Klassenlehrer der II. Der ... bestellte uns auf einen der nächsten Vormittage zur Aufnahmeprüfung ... Wir nahmen um den großen runden Tisch in der Wohnstube des Herrn Konrektors Platz, wo Papier bereit lag. Er diktierte uns einen nicht eben allzu langen deutschen Text zum Übersetzen ins Lateinische. Die Sache fiel für alle genügend aus ... Eine Prüfung in anderen Fächern fand nicht statt, so sehr beherrschte das Lateinschreiben noch den ganzen Schulbetrieb.

Das Christianeum in Altona galt als die vornehmste Gelehrtenschule der Herzogtümer ... Im 18. Jahrhundert gegründet ... hatte es den Charakter eines »akademischen« Gymnasium erhalten; die beiden Oberklassen bildeten eine Art Mittelstufe zwischen Schule und Universität, im Unterricht und auch in den äußeren Ordnungen. So erzählte der spätere Rektor Schumacher von Husum, der als geborener Altonaer am Anfang des 19. Jahrhunderts Schüler des Christianeums war, wie die Primaner nicht wenig stolz auf das Recht gewesen seien, ihre Plätze in der Klasse selbst zu belegen. Diese Reste alter Herrlichkeit waren inzwischen geschwunden. Das Christianeum hatte die allgemeine Form des neuhumanistischen Gymnasiums angenommen; die geltenden Klassen- und Lehrordnungen gingen auf die Reform des holsteinischen Gelehrtenschulwesens zurück, die K. W. Nitzsch ... als Inspektor ... in den 30er Jahren durchgeführt hatte. Es war im ganzen die preußische Ordnung ... der altklassische Kursus, ergänzt durch einen Kursus in den modernen Wissenschaften. Doch hatte Nitzsch aus seiner sächsischen Heimat ... die Anschauung mitgebracht und herverpflanzt, daß der modern-realistische Kursus sich mit der Stellung eines Nebenfaches begnügen ... müsse ... Für Mathematik und Naturwissenschaften galt einigermaßen der Grundsatz: wenn's einer kann, ist's gut, wenn er's nicht kann, ist's auch nicht schlimm. Eine Erinnerung an die größere Vergangenheit der Anstalt ... waren die stattlichen Gebäude. Sie füllten eine Seite einer ganzen Straße, der »Hohenschulstraße«, fast vollständig aus. Drei große Häuser schlossen sich ... um einen Vorhof zusammen; eine Reihe geschnittener Linden vor dem zweistöckigen Mittelgebäude gab diesem einen altmodisch-vornehmen Anstrich ... Diese drei Häuser enthielten die Klassenräume und die Lehrerwohnungen. Im Mittelgebäude waren im Parterre die vier oberen ungeteilten Klassen I-IV untergebracht; den oberen Stock bewohnte der Direktor. Im rechten Seitengebäude waren drei Lehrerwohnungen ... im linken zwei

Lehrerwohnungen und die große Aula. Im Souterrain wohnte hier der Pedell, bei dem zwei alte Bekannte, ältere Schüler von Pastor Thomsen ... einlogiert waren ... Hinter diesem Gebäudekomplex war ein Hof, auf dem das stattliche Bibliotheksgebäude und einige Turngeräte standen.
Diese Gebäude erschienen damals außerordentlich ansehnlich und reich. Die Gegenwart würde sie wohl kaum mehr als eine auch nur erträgliche Unterkunft ansehen, die Lehrerwohnungen wie die Unterrichtsräume. Nicht nur fehlten Zeichen-, Physik- und Gesangsäle, es war nicht einmal ein Lehrerzimmer vorhanden. Die Lehrer versammelten sich vor den Stunden einfach auf dem offenen Flur ... Hier standen regelmäßig, Sommer und Winter, wenn wir eben vor 8 oder 2 in die Schule kamen oder aus der Pause um 10 ¼ zurückkehrten, drei, vier, fünf unserer Lehrer, der Direktor meist unter ihnen, in lebhaftem Gespräch; der Direktor hielt sich dabei nicht zu vornehm, den Gruß der hier vorübergehenden Primaner und Sekundaner mit jedesmaligem Abziehen des Hutes zu erwidern ...
Der Personalbestand der Anstalt war leicht übersehbar: 8 ordentliche Lehrer, 7 Klassen und 250–300 Schüler. Die Schüler der unteren Klassen waren fast ausschließlich aus der Stadt, Septima eine Art Vorschule, VI–IV die Unterstufe des Gymnasiums, die wohl auch von Schülern besucht wurden, die nicht dem Studium bestimmt waren. Mit der III und noch entschiedener mit der II nahm die Anstalt durchaus den Charakter der auf die Universität vorbereitenden Gelehrtenschule an ... Der Druck des Einjährigensystems führte damals den holsteinischen Gymnasien noch nicht die von Lagarde so genannten »Schnuraspiranten« zu; die dem Kaufmannsstand bestimmten Knaben zogen den Besuch höherer Bürgerschulen vor ... So waren die holsteinischen Gymnasien damals viel mehr als die preußischen eigentliche Gelehrtenschulen. In den beiden ungeteilten Oberklassen war ein ansehnlicher Teil der Schüler von auswärts ... viele von ihnen draußen privatim vorbereitet, manche schon in höherem Lebensalter ... so ein bärtiger Mann, der schon jahrelang zur See gefahren war.
Von den 8 Lehrern der Anstalt waren die 6 Klassenordinarien natürlich klassische Philologen; dazu kam der Mathematiker und für die VII ein seminaristisch gebildeter Lehrer. Nicht zum Kollegium gehörte ein Franzose, der einige französische Stunden gab, und der Gesanglehrer. Vom Zeichnen und Turnen weiß ich keinen Bescheid zu geben ... Ebensowenig gab es Jugendspiele oder Schulausflüge.

154; 114 ff.

Esslingen, um 1870
Die Kinderschule

Verstehen konnte ich nie, wie man so etwas tun konnte: nämlich kleine Kinder in die Kinderschule schicken. Warum sollte man aus seiner Heimat und von seinen Spielsachen weg, von Mutter, Dorle und Mine ... um in einer großen Stube voll fremder Kinder an langen niedrigen Bänken und Tischen zu sitzen und Dinge zu tun, die man »müssen mußte«, nicht »dürfen durfte«; Stäbchen legen und Papierblätter ineinanderflechten? Oder um an einem langen Seil, das viele Holzgriffe trug, paarweise spazieren zu gehen und zu singen: »Ist's auch eine Freude Mensch geboren sein?« oder sonst ein Lied.
Die »Schwester« lief in einer weißen gestärkten Haube und im dunkelblauen weißgepunkteten Kleid an der Schlange, die wir bildeten, als Wächterin entlang, daß sie alle ihre Schäflein übersehe, und sang überlaut, und nickte aufmunternd mit dem Kopf, wenn es hinten oder vorne, oder wo sie zur Zeit nicht war, leiser wurde mit dem Singen oder gar aufhörte. Dann wurde es eine kleine Zeitlang wieder stärker, aber nicht für lange. Es war ein mühseliges Stolpern an dem Seil und wenig Freude dabei ...
Andre Kinder waren ganz zufrieden und fröhlich in der Kinderschule; die Mutter schickte mich ... nicht gern aus dem Hause, aber sie hatte so viel mit den kleinen Geschwistern zu tun, die nacheinander daherkamen. Außerdem aber war es ein bißchen bedenklich mit mir; ich kam oft auf die sonderbarsten Ideen und versuchte sie auszuführen, wenn ich mir selbst überlassen war: ich mußte »in einer Ordnung« sein.
So bekam ich ein Vespertäschchen, auf dem mit Glasperlen ein weißes Kätzchen gestickt war, umgehängt, und wurde in die Fremde geschickt. In dem Täschchen war außer Brot und Apfel noch ein frisches Taschentuch, das »zum Wedeln« diente. Es wurde nämlich in der Kinderschule an jedem Morgen ein Vers im Chor gesungen, der sich auf die Sauberkeit von Gesicht und Händen bezog, und auch von einem »frischen Sacktüchlein, das nicht vergessen sein« durfte, handelte. Da zog man denn als Beweis das Tüchlein heraus und wedelte heftig damit, und wer es etwa doch vergessen hatte, der wedelte mit dem Schürzen- oder die Buben mit dem Jackenzipfel.
An sehr heißen Tagen, wenn ihre Schäflein unlustig zu Spiel, Gesang und Aufmerksamkeit müde und mit schweren Augendeckeln in den Bänken saßen, hielt die Schwester eine allgemeine Schlafstunde ab, die ebenfalls mit einem Gesang eingeleitet wurde. Er ist mir in sehr schläfriger und schleppender Erinnerung und wurde zur Aufmunterung mit der Ziehharmonika begleitet. Seine Worte, die davon handelten, daß man kein Geräusch machen, sondern still sein solle, endigten in dem Reim: »Immer still, und immer still, weil's die Schwester haben

will«, was von uns verstanden wurde: »weil die Schwester schlafen will«. Das kam uns sehr begreiflich vor und wir waren nicht wenig überrascht, als eines Tages der Pfarrer in die Stube trat, während wir diesen Schlafreim daherleierten, und die Schwester in höchster Erregung versicherte, sie wolle ja gar nicht schlafen – und nach dem Abgang des geistlichen Herrn jedem, der noch einmal »schlafen will«, singe das Meerrohr versprach, das neben der Rute am Spiegel steckte.
Ich habe nie seine Bekanntschaft gemacht, aber es gab genug Tränentage, an denen gehauen wurde, was hauptsächlich dann vorkam, wenn die kleinen Buben und Mädchen nicht zu rechter Zeit ihre körperlichen Bedürfnisse anmeldeten. Ich hatte einen Freund, den ich glühend bewunderte, weil er sich nicht hauen ließ: ein zähes, kleines Kerlchen, das sich, wenn das Meerrohr in Aktion treten wollte, und nach seinem Hosenboden zielte, gewandt im Kreise um die Schwester her bewegte, und sie, die ihn mit einer Hand festhielt, mit sich drehte, so daß der Stab Wehe ebenfalls mit hintendrein mußte, bis der Missetäter dann einen Augenblick ersah, in dem sich der feste Griff der Hand ein wenig lockerte, und er entwischen konnte. Er lief dann heim, kam aber am andern Morgen seelenruhig wieder und war ein bedeutendes und unterhaltendes Glied der Herde ...
Immerhin dauerte es nicht sehr lange, bis ich mich ernstlich dagegen wehrte, ferner noch zu Schwester Nane zu gehen ...

184, 172 ff.

HAMBURG, UM 1875
Privatschule mittlerer Ordnung für Kleinbürger

Die nächsten Freunde waren zwei Brüder im gleichen Alter, Söhne eines Krämers im Dorf, die dieselbe Schule besuchten. Andere Knaben fanden sich hinzu, und so gingen sie meistens in einem ganzen Rudel dahin. Es waren durchweg Söhne von Kleinbürgern, Handwerkern und Gewerbetreibenden, die ihren Kindern eine bessere Erziehung, als die Volksschule im Dorfe sie gewähren konnt, zuteil werden lassen wollten. Alle diese Knaben besuchten Privatschulen, deren Unterricht vom siebten bis zum vierzehnten Lebensjahre reichte, und die nicht die Berechtigung hatten, sich zum einjährigen Militärdienst vorzubereiten. Die Söhne der wohlhabenden Eltern, die Privatschulen höherer Ordnung oder gar das Gymnasium besuchten, hielten sich fern. Die Kinder schon schieden sich streng nach der sozialen Stellung ihrer Eltern, und mit dieser Absonderung war gleich eine Art von Gegnerschaft verbunden. Die Gymnasiasten

benahmen sich gegen Johann und seine Kameraden wie diese sich wieder gegen die Volksschüler des Dorfes benahmen. In der Schule selbst dagegen war der Ton einheitlich ... Wenn in der obersten Klasse gefragt wurde, welchen Beruf die Knaben ergreifen wollten, kamen auf einen Handwerker immer fünf Kaufleute. Danach war auch der Lehrplan eingerichtet. Wer die Schule verließ, konnte als Lehrling in ein Kaufmannskontor eintreten, war dort imstande einen französischen Brief nach Bordeaux zu schreiben ... oder einen englischen nach Hull ... Daneben beherrschte er die deutsche Sprache, wußte das Grundlegende in Geographie und Geometrie, kannte nicht übel die Begebnisse der Weltgeschichte von Lykurg bis zur Herrschaft Napoleons des Ersten ... Es kam ... vieles zur Sprache, was in den großen Staatsanstalten kaum berührt wird; der Unterricht war persönlicher, die Lehrer gingen mehr menschlich aus sich heraus und plauderten sich unbefangener vor den Kindern aus, als die beamteten Schullehrer es tun ... Und dann hatte der Schulleiter alle Ursache, die Eltern für seine Anstalt zu interessieren, da er von dem Ertrag doch lebte ... Untergebracht war die Schule in einem Stockwerkhaus, das dem Schulleiter gehörte. Das Erdgeschoß war an Geschäftsleute vermietet, dort befanden sich Kontore; das erste und zweite Stockwerk enthielt die Klassenräume, und im dritten Stockwerk wohnte der Schulleiter. Jedes Stockwerk bestand aus einer Dreizimmerwohnung mit Küche ... Es gab fünf Klassen; in dem einen Stockwerk waren drei und in dem andern zwei Klassen untergebracht. Das übrigbleibende Zimmer diente als Sprechzimmer des Schulleiters. Die Klassenräume waren recht eng; wenn zwanzig Knaben, je fünf auf vier Bänken mit festen Tischen davor, untergebracht waren, so war die Klasse gefüllt, für fünfundzwanzig Kinder war schon schwer Platz zu schaffen. Die Schülerzahl bewegte sich denn auch immer um Hundert herum ... Auf den Treppen gab es beim Kommen und Gehen einen tollen Spektakel. Auch in den Pausen. Dann stürmten alle hinunter zu den Aborten, die ... in einem trübseligen Verschlag des Kellers eingerichtet waren, und sodann in den Spielhof ... Es war eigentlich nur ein mit Ziegeln gepflasterter Lichtschacht, etwa acht bis neun Meter lang und höchstens vier Meter breit ... Auf diesen fünfunddreißig Quadratmetern drängten sich nun die Knaben und brachten es sogar fertig, dort zu spielen ...
Die fünf Klassen waren auf sieben Lehrjahre verteilt, daß es gerade auskam. Schlechte Schüler saßen nur ein Jahr in der höchsten Klasse, die sehr guten aber mußten drei Jahre darin sitzen, weil es darüber ja nichts mehr gab. Jede Klasse hatte einen eigenen Klassenlehrer ... Daneben waren ein paar besondere Lehrer für Zeichnen, Singen und Algebra angestellt. Der Unterricht begann um neun. Zuerst wurde gebetet. Dann wurden die Namen aufgerufen, und jeder Schüler mußte die Zensuren nennen, die er eben vor Beginn des Unterrichts, für seine Hausaufgaben vom Klassenlehrer erhalten hatte. Sie wurden in das Klassenbuch

geschrieben, und nach der Höhe der am Ende des Monats errechneten Summe wurden die Klassenplätze angewiesen. Eine Vier war das Beste und sehr selten, das Schlechteste war, wenn der Lehrer unter die Arbeit das Wort »Copie« schrieb. Dann saß man in den Pausen, suchte mit der neuen Niederschrift fertig zu werden und schrie verzweifelt und wütend auf, wenn die anderen Schüler gegen die Bank stießen. Pausen gab es um elf eine viertel, um zwölf eine halbe und um eins wieder eine viertel Stunde lang. Um drei schloß die Schule. Doch mußten die Nachsitzer bleiben, bis sie die Strafarbeiten beendet hatten; das konnte je nach Laune des Lehrers, der den Tagesdienst hatte, bis vier, ja bis halb fünf und länger dauern.

183, 78 ff.

6.3. Das Was und Wie beim Lernen

Kommentar
Köln, 1524 ff.   Lehren und Korrigieren
Passau, 1542   Der erste Teil der Lesekunst: Die Buchstabenlehre
Darmstadt, 1587 f.   Erster Unterricht des kleinen Landgrafen
Schulpforta, 1756   Das Examen
Kurfürstentum Mainz, 1758   Welche Unterrichtsgegenstände lehrt die Dorfschule? Aus einer Umfrage
Preußisch-Friedland, 1794 ff.   Gesetze der Schulmonarchie
Sanz, 1803   Protokoll über den in der Lese- und Industrieschule zu haltenden Unterricht
Fulda, 1804   Die Preisverteilung
Berlin, um 1805   Peinigung der sechsjährigen Menschheit mit Latein
Dresden, um 1809   Erfolg von Hauslehrer Senffs methodischem Unterricht
Berlin, um 1818   Das uranfängliche Lesebuch
Berlin, 1818   Im Fegefeuer: Das Abiturientenexamen
Magdeburg, um 1820   Stilistische Bildung auf dem Pädagogium Closter der lieben Frauen
Marbach, 1822 ff.   Die Visitation
Weimar, 1825 ff.   Spezielle, aber erstaunliche Fertigkeiten der Primaner
Rastenburg, 1841   Ein Reifezeugnis
Langenhorn, 1851 ff.   Unterrichtsorganisation nach dem System Bell-Lancaster
Darmstadt, um 1873   Der Betrieb des Gymnasialunterrichts

Im Lauf der Jahrhunderte wird das Prügeln als Mittel zur Beförderung des Lernens und zur Wahrung der Disziplin ersetzt durch ein rationelleres Straf- und Prüfsystem – jedenfalls in den besseren, »höheren« Schulen. Blick in das Innere einer Stadt- oder Lateinschule (1592). – Eine Klassenprüfung am Semesterschluß in Schulpforta um 1845.
Aus: E. Reicke, Der Lehrer in der deutschen Vergangenheit, Leipzig 1901. – B. Rogge, Pförtnerleben. Leipzig 1893

Kommentar

Was zu lehren ist, lag lange ebenso klar auf der Hand, wie die Schulen in ihrer Absicht und Besonderheit leicht zu überschauen waren. Das niedere Schulwesen befaßte sich mit Religion und allem, was damit zusammenhing: Der Christ sollte in der Bibel lesen können, den Gesang im Gottesdienst verstärken und für den täglichen Gebrauch das Glaubensbekenntnis, Gebete und Verse aus der Bibel auswendig wissen. Diese Lehrziele, bescheiden wie sie sind, werden oft genug nicht erreicht, einesteils, weil die Schule unregelmäßig besucht wird, anderteils aber auch, weil sie einfach nicht funktioniert. Erschreckt stellt man 1798 in Durlach fest, daß 100 14–20jährige nicht lesen und schreiben können, obwohl sie doch die Schule besucht haben. Solche Nachrichten fehlen auch im 19. Jahrhundert nicht. Die Lateinschulen und Gymnasien lehren Latein, in unteren oder Vorklassen auch noch Lesen und Schreiben. Dann Griechisch, auch einmal Hebräisch. Gewiß sind die Fertigkeiten, die erworben werden, oft erstaunlich: Manche schreiben lateinische Aufsätze, ja Gedichte in klassischen Versmaßen, übersetzen gewandt aus dem Deutschen und zurück – insgesamt erreichten aber wenige dieses Niveau, und auch das nur aufgrund vieljähriger, ausschließlicher Beschäftigung mit der Materie.
Der verbindliche Fächerkanon erweitert sich allmählich seit dem 18. Jahrhundert. Ganz langsam setzt sich das Rechnen als Fach des Elementarunterrichts durch; es folgen die Realien, also Naturkunde und Geographie. Das Entsprechende gilt für die ›höheren‹ Schulen, in denen die alten Sprachen noch lange ihre maßgebliche Stellung behaupten. Was noch alles zu unterrichten sei, ist ein Streitpunkt des 19. Jahrhunderts, wie überhaupt zu unterrichten sei, das ist vorher und nachher unklar. Betrachtet man die Lesekunst, so ergibt sich, daß man vom 16. bis zum 19. Jahrhundert vor demselben Rätsel stand, wie Zeichen in Laute und Bedeutung zu überführen waren. Welche Methoden gab es, wenn ein Kind nicht begriff? Geduld, Prügel, Strafen oder patente Erfindungen, die anzuwenden oft ebenso schwer war wie die Aufgaben, die sie erleichtern sollten. Einen Holzesel als Strafsitz schafft man 1608 in Freiburg an, um das Lateinlernen zu erleichtern, in Nürnberg einen Wolf. In Franckes Halleschen Anstalten wird die Bunosche Geschichtslehrmethode, besser Merkmethode eingeführt, die die biblische Geschichte mit Merkversen und vollkommen sachfremden Merkworten einprägen will, es ist die Methode der Eselsbrücke, die Hähns Literalmethode im 18. Jahrhundert noch einmal abwandelt. Die Philantropen und wenige Jahrzehnte später Pestalozzi betreiben die Lehre als Elementarisierung, als oft genug verwirrende Zergliederung des Selbstverständlichen.

Andere Methoden, das Lehren effektiver zu gestalten, beziehen sich auf die Gliederung der Schülerschaft. Sie erfolgte jahrhundertelang ganz einfach nach den vorhandenen Kenntnissen. Man fand nichts dabei, einen klugen Achtjährigen zum Hilfslehrer zu machen: allein sein Wissen entschied. Auch daß bärtige Männer neben Halbwüchsigen die Schulbank drückten, erregte keinen Anstoß. Auf das Vorbild der Pädagogik der Jesuiten oder auf die Abscheu vor körperlichen Strafen gehen andere Methoden, das Lernen zu erleichtern, zurück: der Wettbewerb zwischen den Schülern wird gefördert. Schulvisitationen liefern den Anlaß, gute Schüler durch Prämien in Gestalt von Büchern auszuzeichnen, eine Praxis, die sich so lange erhält, wie Zeugnisse noch keine Rolle spielen. Exakter sollte man sagen: keine amtliche Rolle spielen, denn vom Ende des 18. bis weit ins 19. Jahrhundert hinein spielen im persönlichen Leben von Schülern und Eltern wöchentliche Zeugnisse, Prüfungsergebnisse, mehr oder weniger phantasievoll objektivierte Lob- oder Strafzeichen eine gewichtige Rolle. Aus dem Wildwuchs dieses Lob- und Kritikwesens – bei Schulprüfungen schloß es den Lehrer noch mit ein, erst später werden Lehrer- und Schülerprüfung separiert – entwickelt sich das Noten- und Zeugniswesen für die Schüler.

Pausen gibt es nicht, auch keine Ferien, es sei denn die den Landschulen eher abgetrotzten Ernteferien. Selbstverständlich war der Vor- und Nachmittagsunterricht auch im niederen Schulwesen. Der Ineffektivität des Lehrens begegnete man durch Zeitaufwand und ewige Wiederholung des Immergleichen. Das höhere Schulwesen zehrt vom Lehrervortrag, den zu unterbrechen oder durch kritische Einwände zu diskreditieren, die Lehrerautorität untergrub, denn zum Erklären, Nahebringen oder gar Motivieren war man noch längst nicht vorgedrungen.

Schließlich: welche Hilfsmittel standen Lehrern zur Verfügung? Schulbauten oder nur speziell für den Unterricht gedachte Räume gab es erst seit dem 18. Jahrhundert – von Einzelfällen abgesehen. Im niederen Schulwesen gingen Lehrerwohnung und Klassenzimmer oft ineinander über. Schreibmaterial und Bücher waren kostbar, von anderem Anschauungsmaterial ganz abgesehen. Es blieben Ordnung und Disziplin als solche, die herzustellen und aufrechtzuerhalten nicht den geringsten Ruhm eines guten Lehrers ausmachte.

LITERATUR:
H. Lange, Schulbau und Schulverfassung der frühen Neuzeit. Zur Entstehung und Problematik des modernen Schulwesens, Weinheim 1967
G. Petrat, Schulunterricht. Seine Sozialgeschichte in Deutschland 1750–1850, München 1980
H. Rumpf, Die übergangene Sinnlichkeit. Drei Kapitel über die Schule, München 1981

Köln, 1524 ff.
Lehren und Korrigieren

Auf St. Gregor in den Fasten gingen die Schüler von St. Jakob und St. Georg in den Häusern herum um zu hören, ob da Kinder wären, die man auf die Schule tun wolle. Wie sie zu uns auf Weinsberg kamen, bewilligten meine Eltern, daß sie mich mitnähmen. So kam ich im Jahre 1524 zum erstenmal in die Schule zu St. Georg; ich war sieben Jahre alt. Der Schulmeister hieß Magister Antonius Wipperfurdius, war anno 1504 Schulmeister geworden und war es noch 1561. Auf dieser Schule hab ich angefangen still sitzen und schweigen zu lernen, hab auch das ABC lesen und schreiben gelernt, das Paternoster, Ave Maria, Benedicite, Gratia, den Donat, Grammaticam Alexandri, Evangelia und Sequentias, peniteas cito und dergleichen, hab auch Cantum Choralem gelernt mehr ex usu denn ex arte. Dieser Schulmeister hielt die Schüler sehr strenge, und er hat mich auch oft geschlagen, gewiß nicht wegen meiner Tüchtigkeit. Ich hab auch oft von diesem Schulmeister, wenn er seinen eigenen Sohn so schrecklich unter Gesang geißelte, daß er sich unrein machte, sagen hören: »Könnte ich euch so korrigieren wie meinen eignen Sohn, so möchtet ihr wohl züchtiger werden.« Einmal sagte er: »Ihr seid so böse Jungen, wenn ihr den Georgsturm über den Haufen werfen dürftet und könntet, ihr unterließet das nicht einen Tag.« Doch hab ich diesen Meister sehr lieb gehabt, obwohl er mich oft gestraft hat, und ich bin ihm später oft tröstlich und freundlich gewesen.

213, 42 f.

Passau, 1542
Der erste Teil der Lesekunst: Die Buchstabenlehre

Zum allerersten soll das kind aller buchstaben figur/kraft und namen wie folgt/unterschiedlich lernen. Buchstab aber/so im latein litera heißt/ist nichts anders dan ein einfache figur und gemäll ein verständig wort daraus zu schmieden. Und heißen darum buchstaben/daß sie eben wie die gebrochenen stäbel und rütel hin und wider durcheinander gelegt/in die bücher werden geschrieben/ dadurch die schrift fest und beständig bleibt und steht.
Von buchstabischer eigenschaft: Ein jeder buchstab hat drei eigenschaft/das sein/die figur/die kraft/und der namen. Figur: Die figur gibt jedem buchstaben ein sondre gestalt. Als ein o ist scheiblich/ein m hat drei/ein n zwei und ein i nur ein strichel. Also daß ein jeder auf ein sondre art und form gemacht

wird ... Kraft: Die kraft ist die stimme und halle / so bei den buchstaben gehort / und bei jeden unterschiedlich vermerkt wird / wie hernach verzeichnet.
A: Derhalb gibt ein A / die stimm eines Axtschlags / dadurch im wald holz gehackt / oder die stimm eines dahen oder krähen geschreis / mit aufgetanem mund / wie die wörter / Adam / der vogel Alster / oder ein apfel im anfang genennt müssen werden.
W B P: Das w gibt von ihm ein lind blasen / wie man den kindern das koch kühlt. Das b bläst stärker / durch einen mittleren lefzendruck mit aufgedrängtem atem. So doch das p sein stimm durch die wohlzusammengedrückten lefzen noch härter ausdringt. Als wenn einer etwas mit starkem wind aus dem mund wirft / wie gehört in den worten ... Plaphart nimmt Patzen um Pippen ...
H: Das h hauchet in die hand / und lacht dazu / als / Hohe Hans hast hitzig händ. Oder / haha han hast hasen in deinen händen ...
N: Das n klingt wie der hummel oder wespen flug / durch die nasen. Als den neidern sein feind die neidigen ...
R: R macht die hund zornig / mit vorbleckenden zähnen / als / ramres / rimro ...
St: Das st gibt ein waschstimm / wenn mit dem pleuel auf dem stock / die naß leinwand geschlagen. Als / stolze stehe stad am steinsteig ...
Der dritt buchstabisch eigenschaft ist der Namen / damit man sie unterschiedlich nennet. Als: a be ce de ...

142, 171 ff.

DARMSTADT, 1587 f.
Erster Unterricht des kleinen Landgrafen

Vier Monate nach dem Tod der Landgräfin Magdalena (seiner Mutter) begann der erste Schulunterricht des fünfjährigen Landgrafen. Sein erster Lehrer war Wilhelm Buch ... Er war im Jahr 1578 zum Amt eines Stadtschulmeisters in Darmstadt berufen und seit 1581 mit dem Unterricht des Landgrafen Ludwig V. betraut worden, obwohl er sich im Stadtschuldienst etlichemale »ungebärdig benommen hatte und auch dem Weine ziemlichermaßen ergeben war« ... Buch gab sich alle Mühe, daß der kleine Landgraf Philipp etwas Rechtschaffenes bei ihm lerne. Am 12. Juni 1587 ward der Unterricht mit dem ABC, der Religionslehre und Gedächtnisübungen begonnen. Landgraf Philipp war ein eifriger Schüler; er hat, wie Buch schreibt, »von Kind auf allezeit uff der Schul bei dem Präzeptor sein wollen.« Die Früchte blieben nicht aus. Als am 26. März 1588 in Anwesenheit des Hofpredigers ... des Superintendenten ... und der Kinderhofmeisterin ... das erste Examen mit dem sechsjährigen Prinzen gehalten wurde, stellte sich heraus, daß er den Katechismus Luthers deutsch mit der Auslegung und auch lateinisch schlecht (d. h. ohne Auslegung), darnach den 1., 8., 112., 127. und 133. Psalm deutsch gar freudig und gewiß rezitieren konnte, lateinisch und deutsch in seinem ABC-Büchlein zu buchstabieren verstand und einen Anfang im Lesen und Schreiben gemacht hatte ... Am 1. Juli begann der Kleine bereits in der Bibel das erste Kapitel Mosis zu lesen. Dann lernte er das Nicänische und Athanasianische Glaubensbekenntnis und das Te Deum laudamus, ferner seiner Frau Mutter Morgengebetlein, und darnach den 2. bis 7., 11. bis 17., 19. bis 28. Psalm auswendig. Hierauf ging es an die lateinischen Deklinationen.

37, 3 f.

Schulpforta, 1756
Das Examen

Alle Jahre war ein feierliches Examen, d. h., eine Zeit von einigen Tagen, in welcher die Schüler aller Klassen öffentlich geprüft wurden, und in allen Arten der Kenntnisse, die sie zu erlernen Gelegenheit gehabt, Proben ablegen mußten. Aber bei diesem Examen war kein auswärtiger Beurteiler und Richter ... Bloß ein Lehrer saß auf dem Katheder, und seine Klasse sagte auf, wie sie alle Tage aufsagte. Und höchstens der Herr Schulinspektor, welcher den guten Wein und die fetten Braten schmauste, stellte das richtende Publikum vor ...
Zu diesem Examen nun, welches die Schüler acht Tage vorher in den größten Alarm versetzte, gab jedesmal der Rektor das Thema, welches die Schüler durch dessen Famulus, wo möglich, einige Tage vorher auszukundschaften suchten.
Man wird fragen, was das heiße, ein Thema zu einem Examen? Das war auch drollicht genug ... Ich muß also zuvörderst sagen, daß das Hauptwerk bei einem solchen Examen in schriftlichen Ausarbeitungen der Schüler bestand, welche sie verfertigen, und in reinlicher Abschrift darlegen mußten: und zu diesen Ausarbeitungen ward ein gemeinschaftliches Thema gegeben. Lebhaft erinnere ich mich des letzten Examens, wo ich glücklicherweise acht Tage vorher erfuhr, was ich auch schon geahndet hatte, daß das Thema das Erdbeben von Lissabon zum Gegenstande haben würde. So wie ich diese Kundschaft eingezogen hatte, ward ich (zum Schein) todkrank, begab mich in die Siechstube, und begann, bei guten Fleischbrühsuppen und Markknochen, lateinische und griechische Reden sowohl, als lateinische und griechische Verse über diesen Gegenstand zu komponieren. Ich hatte besonders zu den letztern ...

ein Buch, das ungefähr eben das enthielt, was man in dem lateinischen Gradus ad parnassum findet, phrases, epitheta, Synonyma etc. nebst der Prosodie.
In diesen acht Tagen meiner vorgeblichen Krankheit und den drei folgenden Tagen, welche regelmäßig den Schülern zu ihrem Thema gegeben wurden, vollendete ich ein erstaunendes Stück Arbeit. Ich hatte, allein von griechischen Versen, an die 800 Zeilen vorrätig, von denen ich schwören kann, daß ich, nach vollendeter Arbeit, selbst keine Zeile davon verstund.
Sobald meine Mitschüler meine prosaischen und poetischen Reichtümer witterten, bekam ich himmlisch gute Worte von armen Sündern aus allen Klassen. Und ich vergab u. a. an einen Primaner fünfzig Stück griechische und achtzig lateinische Hexameter, die nach der Elle abgeschnitten werden konnten, weil sie alle das Thema, d. h. schauderliche Gemälde von Erdbeben, Blitzen, Wasserfluten, Feuersbrünsten, eingestürzten Häusern, winselnden Menschen usw. enthielten ...
In dem Examen selbst nun, wurden von den Präzeptoren auf dem hohen Katheder im Cönakel, bei voller Versammlung, die Reden, Chrien, Heldengedichte, Oden etc. ihrer Klasse rezensiert, und jedem sein Lob und Tadel laut verkündiget.
Ich gedenke es noch, daß ich bei dem Erdbeben von Lissabon einmal in die Verlegenheit kam, daß der Herr Tertius einen meiner griechischen Verse aushob, und mich nach dem Sinne desselben fragte, vermutlich weil er ein ... Wort darinnen gefunden hatte, welches in keinem Lexikon zu finden war, und welches ich in meinem griechischen Gradus ad parnassum verdruckt gefunden, und auf Treu und Glauben aufgenommen haben mochte. Ich half mir aber doch aus der Not, weil ich sicher voraussetzen konnte, daß der gute Hentschel mich nicht ertappen und die vorgelogene Etymologie und Bedeutung bekritisieren konnte: so wie ich gewiß war, daß er meine griechischen Verse nicht durchgelesen hatte, und sie so wenig als ich selbst zu verstehen im Stande war. Denn dies bewies das erstaunende Lob, welches er meinen Arbeiten beilegte, und womit ich unter allen meinen Mitschülern ausgezeichnet wurde.

8, 110ff.

Kurfürstentum Mainz, 1758
Welche Unterrichtsgegenstände lehrt die Dorfschule?
Aus einer Umfrage

Seligenstadt: Die schuhl wird sowohl winters als sommers-zeit vor- und nachmittags jedemahlen 3 stunden gehalten, in denenselben latein, teutsch, Choral, Vocal- und Instrumental-Music gelehret.
Klein Krotzenburg: Was die haltung der Schuhl angeht, ist zeithero währenden Schulstunden weiteres nichts besonders als lesen und schreiben und dan wie nöthigst die unterrichtung in der Christlichen Lehr gelehret worden, wolte aber jemand Kinder in der Rechenkunst unterrichtet haben, als müssen selbige privat nach gehaltenden Schuhlen unterrichtet und gelernet werden ...
Unterschönmattenwag: (Es) wird die schuhl dahier wie oben allschon erwehnet von Martini bis Maria Verkündigung gehalten, aber kein Lateinisch noch der Coral, sondern nur lesen und schreiben ohne rechnen darin gelehret.
Gernsheim: Das lesen schreiben, Catachesis und Choral werden dahier, wie obgedacht, auser den Quartalalbus umsonst gelehret; das lateinische und Rechnen kunst aber müse von denen Eltern deren Kinderen bezahlet werden.
Wattenheim: Die schul ist bishero wie gebräuchlich gehalten worden, aber nur Winterszeit, Choral, schreiben, lesen, rechnen ist auch mit gelehret worden, die lateinische sprach ist hier nicht nöthig.
Lämmerspiel: Die schuell ist gehalten worten von Mardin bis Ostern, die lateinische sprach und der Korall nicht gelehret worten, seye das lesen und schreiben aber sehr schlecht, dan ein jeter nachbar beklagt sig, das er mise von jetem Kinth ein fl. järlich bezallen, undt doch die jugenth nichts gelehrt wirth, dan der schuellmeister könne selbst nicht viehl, von dem rechnen könte man nichts melten dan der schuellmeister könte es selber nicht, so kan er auch keine lehren, doch wäre es gut wan es gelehret wirth.

21, 31 ff.

Preussisch-Friedland, 1794 ff.
Gesetze der Schulmonarchie

Die Schule begann das ganze Jahr hindurch um 7 Uhr und dauerte bis 10 Uhr. Nachmittags von 2 bis 4 Uhr. Die Mittwoch- und Sonnabend-Nachmittage waren frei.
Der einzige Lehrer – oder vielmehr Monarch der Schule, – gelehrt wurde in derselben nicht, – war der Rektor Frank ... zugleich Nachmittagsprediger an

den Festtagen und Organist, von streng orthodox-lutherischen Grundsätzen ...
An jedem Tage war die erste Schulstunde dem Bibellesen gewidmet. Es wurde da angefangen, wo man am vorigen Tage stehen geblieben war, bis man mit der Bibel »fertig« war. Dann wurde sofort mit dem ersten Worte des ersten Buchs Mosis wieder angefangen ... Es wurde darin etwas geleistet; denn in etwa acht Monaten waren wir durch. Das ist viel; erklärt sich aber, wenn man weiß, daß durchaus nichts erläutert wurde und daß es zum guten Ton gehörte, ohne allen Ausdruck, so schnell wie immer möglich, ohne Anstoß wegzulesen. Wir freuten uns daher immer auf die Bücher der Chronica, in denen es so viele schwere Namen hintereinander gibt, bei denen man sich nichts denken konnte ...
Viermal in der Woche von 8 bis 9 Uhr wurde das ganze kleine Kompendium der Dogmatik, welches auf des Ministers Wöllner Veranlassung geschrieben und unter dem Titel: »Die christliche Lehre im Zusammenhange« publiziert worden war, aus dem Kopfe hergesagt. Es wurde stückweise aufgegeben und zu Hause auswendig gelernt mit allen den zahlreichen darin allegierten Beweisstellen, die wir uns in der Bibel aufsuchen und einlernen mußten ...
Des Mittwochs und Sonnabends von 8 bis 9 Uhr wurde das Einmaleins aufgesagt und überhört. Montags und Donnerstag von 9 bis 10 Uhr wurde die Folge der biblischen Bücher abgefragt. Wir mußten sie vorwärts und rückwärts hersagen können, und es geschah mit großer Fertigkeit.
Dienstags und Freitags von 9 bis 10 lasen wir Hübners biblische Historien, deren Inhalt nachher abgefragt wurde. Erklärungen wurden auch hier nicht gegeben ... Mittwochs und Sonnabends von 9 bis 10 Uhr wurde das schnelle Aufschlagen von Bibelstellen eingeübt. Darin besaßen wir eine so merkwürdige Fertigkeit, wie sie mir nie wieder vorgekommen ist. Kaum hatte der Rektor die letzte Silbe ausgesprochen, so fing mindestens einer an zu lesen; unmittelbar darauf hatten die meisten die Stelle, und gleich nachher jeder. Wir legten davon öfter nach der Nachmittagspredigt in der Kirche vor der Gemeinde öffentlich Proben ab ... Um zehn Uhr wurde die Schule in derselben Weise geschlossen, wie sie eröffnet worden war ... Nachmittagas um 2 Uhr wurde die Schule eben so eröffnet, wie des Morgens früh. Am Dienstag und Freitag von 2 bis 3 war Schreibstunde. Es wurde aber in der Schule nicht geschrieben, sondern jeder legte sein Schreibebuch dem an dem Tische sitzenden Rektor vor und zeigte ihm, was er zu Hause geschrieben hatte. Je nachdem es geraten war, wurde es stillschweigend übergangen oder die Hand mußte hingehalten werden und es gab einige Hiebe mit der Rute. Jedem Schüler der beiden untern Abteilungen wurde, nachdem er sein Buch vorgelegt hatte, von dem Rektor eine Zeile vorgeschrieben, welche er zu Hause nachschreiben mußte. Die unterste Abteilung schrieb Buchstaben und einzelne Silben, die zweite zusammenhängende Sätze, welche nach dem Alphabete ... geordnet waren, damit alle Buchstaben nach

einander an die Reihe kämen. Einer der letzten Sätze dieser Art, den ich der Vorschrift nachschrieb, lautete: »Xerxes war ein großer König in Per-«. Nachher kam ich im Schreiben zur ersten Abteilung. Diese schrieb nicht mehr nach Vorschrift, sondern der Rektor gab nur einen Bibelvers an, z. B. Ps. 18, 6. Diese Stelle wurde dann abgeschrieben, aber so, daß die erste Zeile aus verzierter Frakturschrift, die folgende aus Kanzleischrift, das übrige aus schöner Kursivschrift bestand...

Montags und Donnerstags von 2 bis 3 Uhr wurde gerechnet. Der Rektor schrieb jedem, der nicht noch von der letzten Rechenstunde ein Exempel hatte, ein solches auf die Schiefertafel. Dann rechnete es jeder still für sich, und wenn er es fertig hatte, stand er auf und wartete, bis der Rektor an ihn herankam, dem dann die Schiefertafel hingereicht wurde. Der Rektor ging das Exempel durch und schrieb entweder ein neues auf oder gab die Tafel mit dem Worte: Falsch! zurück. Erklärt wurde sehr wenig, fast nichts. Man sah ab, wie der Nachbar es machte...

Montags und Donnerstags von 3 bis 4 Uhr wurde der größere lutherische Katechismus mit dem »Was ist das?« hergesagt. Dienstags und Freitags von 3 bis 4 Uhr wurden die innerhalb der Woche aufgegebenen Sprüche rezitiert, insofern sie nicht schon früher vorgekommen waren. In alle dem wurde eine bedeutende Fertigkeit erreicht...

Hatte einer besser gelesen, gerechnet oder gelernt, als sein Nachbar, so zuckte der Rektor nach links oder rechts mit dem Kopfe, und beide wechselten die Plätze. Das hieß in unserer Sprache: einer schmiß den andern herunter... Das kam in jeder Stunde oftmals vor, wie es denn auch an Schlägen jeder Art nicht fehlte.

101, 62 ff.

Sanz, 1803
Protokoll über den in der Lese- und Industrieschule zu haltenden Unterricht

1. Der Lehrer Nützmann ist dazu verbunden, täglich drei Stunden vor- und drei Stunden nachmittags die Kinder dieses Guts, sowohl männlichen als weiblichen Geschlechts ... zu unterrichten. Diejenigen Arbeiten, wozu er außer dem Schreiben, Lesen, Rechnen usw. den Kindern Anleitung geben soll, müssen in solchen bestehen, die für sie in ihrem Stande nützlich werden können, als z. B. Verfertigung kleiner Modelle zu Ackergeräten, Veredlung der Obstbäume durch Pfropfen und Okulieren und was sonst nützlich ist.

2. Der Lehrerin (Frau Nützmann) wird zur Pflicht gemacht, vormittags zwei und nachmittags zwei Stunden den sämtlichen Kindern Unterricht in weiblichen Arbeiten ... zu geben.
3. Da es zur Glückseligkeit jedes einzelnen Menschen so äußerst notwendig ist, fromm und moralisch gut zu sein, so wird der Schullehrer sowohl am Morgen als Nachmittags beim Anfange seines Unterrichts zuvor das Herz der Kinder zu frommen Empfindungen zu stimmen sich bemühen und so mit ihnen einige vorher denselben erklärten Verse aus den Büchern, welche ihm mitgeteilt werden sollen, singen oder beten.
4. Bei dem Unterricht muß das Hauptaugenmerk sein, daß alle Kinder zugleich beschäftigt werden; in dieser Hinsicht müssen die Kinder in gewisse Klassen eingeteilt und diese so eingerichtet werden, daß z. B. während die Lehrerin Unterricht in Handarbeiten erteilet, der Lehrer die übrigen unterrichte, so daß auch diese alle beschäftiget sind, welches leicht erreicht werden kann, wenn z. B. die fähigeren im Schreiben und Rechnen geübt werden, während der andere Teil in andern Dingen Unterricht erhält.
5. Zum Unterricht der Abc-Schüler und beim Buchstabieren und im Lesenlehren soll der Lehrer der »Anweisung zum Buchstabieren und Lesenlehren« (1801) von Pestalozzi sich bedienen und die in selbigem befindliche Anweisung dieses Buches sich zu eigen machen sich bestreben. Die zu dieser Methode erforderlichen Tafeln sollen ihm geliefert werden.
6. Beim Schreibenlernen hat er hauptsächlich die Kinder auf Rechentafeln zu üben und dahin zu sehen, daß vor dem eigentlichen Buchstabenmachen die Kinder es in geraden und runden Linien als woraus alle Buchstaben bestehen, zur Fertigkeit bringen. Und da man gesehen, daß der Lehrer schon im Besitz der über das Maßverhältnis von Pestalozzi herausgegebenen Elementarwerke (d. i. »ABC der Anschauungslehre der Maßverhältnisse«, 1803) sich befindet, so hat er, da durch diese das Rechnenlernen so sehr erleichtert wird, sich zu bemühen, daß er diese Methode vorzüglich sich zu eigen mache und sie in seinem Unterricht anwende. Als Folge hievon würde sein, daß die Kinder vorzüglich im Kopfrechnen geübt werden. Übrigens versteht es sich von selbst, daß er hauptsächlich dahin sieht, daß die Kinder keine Fehler in Rücksicht der Sprache begehen.
7. Als Lesebuch zur Verbreitung gemeinnütziger Kenntnisse soll er sich für jetzt des Rochowschen Kinderfreundes (d. i. »Der Kinderfreund, ein Lesebuch zum Gebrauch der Landschulen«, 1776 u. ö.), des Faustschen Katechismus (d. i. »Gesundheitskatechismus«, 1794 u. ö.) und des Seilerschen Lesebuches für den Bürger und Landmann (d. i. G. F. Seilers »Allgemeines Lesebuch für den Bürger und Landmann und für Stadt- und Landschulen«, 1790 u. ö.) sich bedienen; und versteht es sich hiebei von selbst, daß dies so zweckmäßig wie möglich geschehen müsse, der Lehrer dann und wann von den Kindern das Gelesene

wiedererzählen, überhaupt aber durch Lesung nützlicher Schriften so viel als möglich sich vervollkommnen müsse.
8. Zum Unterricht in der Religion soll er sich des Schlegelschen Katechismus (d. i. G. Schlegel, »Katechismus der christlichen Lehre«, 1794) und durch Lesen in der Bibel, sowie dem neuen Greifswaldischen Gesangbuch (1797) und dem Seilerschen Kleinen Erbauungsbuche (d. i. G. F. Seiler, »Das kleine biblische Erbauungsbuch oder die biblischen Historien mit erklärenden Andachten«, 1782 u. ö.) die Empfindungen der Kinder wecken und erweitern und, damit dies erreicht werde, solche Stellen wählen und erklären, die den Fähigkeiten der Kinder angemessen sind.
Damit die Kinder sich gute Gedanken einprägen, soll der Lehrer den von Lorenz herausgegebenen ersten Unterricht (d. i. J. G. Lorenz,?) für Kinder gebrauchen und 9. die Kinder dadurch, daß er diejenigen, die schon schreiben können, dadurch, daß er sie das, was sie in der Schule gelesen, zu Hause aufschreiben lasse, in der Kunst ihre Gedanken auszudrücken, übe.
10. Auch im Singen sollen die Kinder den notdürftigen Unterricht erhalten, jedoch muß dieser nur auf ein oder höchstens zwei Stunden wöchentlich eingeschränkt werden.

1, 195 ff.

FULDA, 1804
Die Preisverteilung

Da stand gegen den Herbst, nach den strengen Prüfungen, der feierliche Akt der Preisverteilung bevor. Große Zettel waren gedruckt, worin für die vier Klassen hinter den bezeichneten Lehrgegenständen nach Maßgabe der Vorprüfung, die Preisempfänger oder Bewerber mit großer – die bloß lobenswert befundenen Schüler mit eingerückter kleinerer Schrift namhaft gemacht waren. Ein solcher Zettel aus dem Jahre 1804 hat sich mir, wahrscheinlich durch die kleine Eitelkeit, mich zum ersten Mal gedruckt zu sehen, unter meinen Papieren erhalten. Der Zweck dieses Aufwandes ist durch des Zettels Motto aus Ovid angedeutet...
> Munter erweckt ein Zeuge den Fleiß, die gepriesene Tugend
> Wächst, und es prüft der Ruhm seinen allmächtigen Sporn.

Mit solchen Zetteln wurde die Stadt zum feierlichen Akt eingeladen, und wir Freimantelträger sollten dergleichen in die Wohnungen der Honoratioren umherbringen...
Nun drängte sich am heiteren Nachmittage des 7. Septembers die Menge in dem großen Speisesaale des Konvents am Dom zusammen. Eine Bühne stand errich-

tet mit einem Tische, worauf die lange Reihe der zu verteilenden Bücher ihre prunkenden Goldschaumrücken dem Publikum zukehrte. Der Direktor inmitte der vier Professoren, alle in ihren schwarzen Talaren, standen feierlich hinter dem Tische. Pauken und Trompeten hatten im Hintergrund einen erhöhten Platz eingenommen, um zu donnern, so oft der Direktor zur Verherrlichung eines Namens mit dem weißen Tuche winkte. Dies Tuch, das dem eifrigen Manne nebenher auch die Stirne trocknete, machte in dieser doppelten Bestimmung recht anschaulich, wie nahe der Ruhm mit dem Schweiß verwandt ist.
In der vordersten Reihe der Zuschauer saß August Gottlieb Meißner, damals durch seine Romane und Skizzen ein Liebling des deutschen Publikums und zum Direktor der höhern Schulen nach deren Umgestaltung berufen. Solche Gelegenheit wollte der ... Direktor Pfister nicht vorübergehen lassen, ohne den berühmten ... Mann zu überzeugen, daß auch in den geistlichen Schulen die deutsche Poesie der lebenden Vorbilder nicht ermangele. Er hatte daher seinen ganzen Vortrag in Vers und Reim ... abgefaßt. Als Probe sind mir ... sechs Zeilen im Gedächtnis geblieben ... Ich stand nämlich mit dem empfangenen ersten Preise für Religionswissenschaft, mit einem der zwei für prosa latina ausgesetzten Preise und einem dritten für deutsche Sprache ebenfalls ohne Mitbewerbung erhaltenen Buche im Hintergrund der Bühne, als unserer vier zum Losen um den für examen latinum in grammaticam, Cornelium Nepot. et Phaedrum bestimmten Preis aufgerufen wurden. Ehe wir zum Lose griffen, redete uns der Direktor ... an:

> König geh' mit deinem Pack,
> Laß den Preis dem Habersack!
> Oder wünschen wir ihn lieber
> Unserm fleiß'gen, wackern Glüber?
> Oder auch dem kleinen Reus!
> Denn der hat noch keinen Preis.

Und auf einen Ruck des weißen Taschentuches donnerten die Pauken, schmetterten die Trompeten und die jungen Kämpen losten um ein Buch. Ich verließ die Bühne mit den drei Prämien, die ich aus freier Hand erhalten hatte; bei der Verlosung dreier anderer für das bemerkte Examen, für Rechenkunst und Erdbeschreibung ging ich leer aus, und bei den drei übrigen – der Übersetzung aus dem Latein, bei dem Griechischen und dem Schönschreiben führt die Preisliste meinen Namen unter den bloß belobten, nicht des Preises würdigen Schülern auf.

103, 176 ff.

BERLIN, UM 1805
Peinigung der sechsjährigen Menschheit mit Latein

Aber sehr zu den Schulleiden gehörten die Stunden bei einem anderen Lehrer ... der es sehr gewissenhaft mit seinem Amt nahm und auch nicht eben durch seine Persönlichkeit zurückschreckte. Allein der Gegenstand war der Jugend freilich unwillkommener, da wir bei ihm die ersten Studien des Lateinischen machten, Deklinationen und Konjugationen memorierten. Ich verwundere mich, wenn ich jetzt dem Unterricht meiner Kinder folge, selbst darüber, daß wir damals schon in den untersten Schulklassen zu so harter Schularbeit gezwungen wurden ... (Es) wurde uns sowohl *mensa* und *rana* als das traurige *sum* und *amo* unendlich schwer, und der wackre, eifrige Lehrer, Herr Schüler, der seine Pflicht so getreu übte, wurde der unschuldige Träger des Widerwillens, den uns die Sache einflößte. Ich sehe ihn noch lebendig vor mir, wenn er mit seinem breitgekrempten niedrigen Hut und dem etwas kantorartig frisierten und gestalteten Kopf in die Klasse eintrat; es durchfuhr mich jedesmal ein Schreck und Schauder, und mein einziger Gedanke war, »wenn er nur dich nicht fragt!« Auch habe ich sehr gut ein Gefühl bewahrt, wie unverständlich, geheimnisvoll sogar, mir mehrere der Formen des Verbums und der grammatischen Begriffe vorkamen, z. B. die Phrase »werden geliebt werden« und die Begriffe Gerundium, Supinum, wobei ich mir durchaus nichts denken konnte, während mir doch ein Präsens, Perfektum, Imperativ usw. faßliche Dinge waren. Die seltsamsten Ansichten aber hatte ich über das Verhältnis der Tempora, die die vergangenen Zeiten ausdrücken, und quälte mich oft mit Grübeln, wie viel länger denn eigentlich ein Ereignis her sein müsse, welches im Plusquamperfektum ausgedrückt würde, gegen eines, das bloß im Imperfektum stand! –
Immer aber blieb der brave Herr Schüler in unsern (nicht bloß in meinen) Augen als Vertreter und Verschulder aller dieser Mühseligkeiten und Leiden, und es dünkte mich, er sei dergestalt nur zum Peiniger der Menschheit geschaffen, daß ich eines Tages wo ich ihm auf der Straße begegnete, indem ich mit einigen anderen Knaben ... ging, ganz erstaunt darüber war, daß ein so bösartiges Wesen meinen furchtsamen Gruß und den meiner Freunde nicht nur freundlich erwiderte, sondern sogar ganz heiter fragte: »Ob wir spazieren gehen wollten?«

170, 29 f.

DRESDEN, UM 1809
Erfolg von Hauslehrer Senffs methodischem Unterricht

Senffs Unterrichtsmethode war, soweit ich mich ihrer entsinne, die Pestalozzi-Krugsche, wobei es weniger darauf ankommen sollte, daß man was lernte, als vielmehr auf die Art und Weise, wie dies geschah ... So hatte ich denn nun damit zu beginnen, vorerst das schon Gewußte zu vergessen und es mir unter der Zucht der neuen Methode von neuem anzueignen. Denn daß einer etwa lesen konnte, schien unstatthaft, bevor er das Sprechen begriffen hätte, und selbst das Sprechen wertlos ohne die nötige Kunde von der Entstehung der einzelnen Sprachlaute ... Wenn nun freilich auf diese Weise mancherlei begriffen wurde, ohne Buchstabieren und Syllabieren jedoch ein fester Grund in der Rechtschreibung nicht gelegt werden konnte, so schien die neue Lehrweise doch ganz besonders beim Rechnen angebracht, das seiner Natur nach jeden Dogmatismus ausschließt. Wir rechneten bloß im Kopf. Schriftliches Rechnen war als undurchsichtiger Schematismus fürs erste ausgeschlossen. Nichts wurde angenommen, bevor es eingesehen war, und selbst das Einmaleins lernten wir nicht eher auswendig, als bis wir's ausgerechnet und uns überzeugt hatten, daß es sich wirklich so verhalte.
Wo wir der Anschauung bedurften, bediente sich Senff sehr zweckmäßiger, von ihm selbst erfundener Rechenklötze, welche zu verschiedenen Größen abgeteilt, die nötigen Beweise lieferten. Auch spielten und bauten wir in Freistunden mit solchen Rechensteinen, so daß die arithmetischen Proportionen sich uns auf alle Weise einprägten. Unter ihrem Bilde und nicht der Ziffern schwebten mir denn auch die Zahlengrößen vor. Ich rechnete nach gedachten Klötzen, eine treffliche Methode, die mich bald in den Stand setzte, ziemlich verwickelte Aufgaben mit Schnelligkeit zu lösen und für meine Jahre Ungewöhnliches zu leisten ...
Ich weiß nicht, ob es zu rasch gesteigerte Anforderungen waren, an denen ich erlahmte, oder ob meine Natur eine Tätigkeit, die ihr nicht adäquat war, nur bis zu einem gewissen Grade ertragen konnte – kurz, nach einem heftigen Auftritte in der Rechenstunde schleppte unser Informator mich beim Kragen in das Atelier des Vaters, laut klagend, daß der dumme Junge nun plötzlich nicht mehr wisse, wie viel einmal eins sei. Das war nur allzu wahr. Ich hatte mich in einer schwierigen Aufgabe dergestalt verwickelt und verfangen, daß ich mich plötzlich in den allereinfachsten Zahlenverhältnissen nicht mehr zu orientieren vermochte. Und so blieb es; ich faßte gegen das Kopfrechnen einen unüberwindlichen Abscheu, wurde damit nicht weiter gequält und zu der Mechanik des Ziffernrechnens übergeführt, worin ich jedoch nur sehr geringe Fortschritte machte.

III, 82 ff.

BERLIN, UM 1818
Das uranfängliche Lesebuch

Lesen, Bücherlesen, Märchenluxus, Tatsachenschwelgerei, alles das kommt erst später. Jetzt dreht sich alles um den »Brandenburgischen Kinderfreund« und die Bibel. Auch das »Bibelaufschlagen« kommt erst später, wenn uns das »Buch der Bücher« erst bekannt geworden ist in all seinen Druckfehlern und »verbundenen« Paginas und einigen vielleicht ganz »fehlenden Seiten«. Dann wird's aber auch eine wahre Hexerei ... ein Wettrennen, wie in Epsom zwischen Pferden, so zwischen Ohren, Händen, Augen, Mund und bei dem, der kurzsichtig ist, der Nase. »Sprüche Samuelis 1,15!« Hurra! Die Blätter fliegen! Welche Listen, Handgriffe gewinnt man sich ab, um in diesem Bäumchenverwechselspiel der erste bald bei den großen, bald bei den kleinen Propheten zu sein und die fünf Bücher Mosis am Schnürchen zu haben! Der »Brandenburgische Kinderfreund« erschien dem Kinde wie etwas Uranfängliches. Gott schuf die Welt und gleich nach ihr den »Brandenburgischen Kinderfreund«. Dreihundert zerrissene, beschmutzte Seiten mit einer Fülle von unumstößlichen Grundwahrheiten des jungen Lebens, als da sind: »Dieses Buch ist mein! Es besteht aus Blättern. Auf diesen Blättern sind Buchstaben. Diese Buchstaben verstehen, nennt man Lesen usw. ...« – sie sind die Enzyklopädie des ganzen Wissens, die wahren Diderot, d'Alembert, Bayle der Kinderweisheit. So wird selbst die Bibel in späterer Zeit nicht mehr heimisch wie der »Brandenburgische Kinderfreund« mit all seinen Klexen, eingekritzelten Namen, Eselsohren und sich mehrenden Defekten ... »Brandenburgischer Kinderfreund«, wie liegst du so offen da der Erinnerung! Wie durchblättert sie dich in deinen ersten metaphysisch-juristischen Denkübungen ... bis zu den Wanderungen durch die Tier und Pflanzenwelt! »Pastinak« hieß eines deiner aufgezählten Gemüse. Der Knabe kannte Schoten und Bohnen, aber »Pastinak«! Und gar »Artischocken«! Eine Wunderwelt der Küche! Und die Gerätschaften der Gewerbe, die großen Denkwürdigkeiten der Geschichte, des Weltalls, Deutschlands, Preußens und endlich die in lateinischen Lettern erzählten gereimten Anekdoten von Hans Taps, der sich »vor Gespenstern fürchtete«! Gespenster und Fenster reimte sich nicht nur in dem Buche, sondern gleich wie fürs Leben. Lieder beschlossen das Buch. »Mein erst Gefühl sei Preis und Dank!« ... und am Schluß, hinweg über das liebliche: »Da hab' ich es, das Hänflingsnest!« das majestätische, wie mit Pauken und Trompeten am Auferstehungsmorgen gesungene: »Lobe den Herren, den mächtigen König der Ehren«! Wahrlich! Die Schreibtafel unterm Arm und den »Kinderfreund« im Kopf – habt Respekt vor dem werdenden Beherrscher der Erde!

75, 93 f.

BERLIN, 1818
Im Fegefeuer: Das Abiturientenexamen

Die schriftlichen Arbeiten des Abiturientenexamens wurden unter Klausur gemacht, und nahmen vier lange Vormittage in Anspruch. Der betreffende Professor blieb während der ganzen Zeit in der Klasse gegenwärtig, und keiner der Schüler durfte sich entfernen. Griechisch, Lateinisch, Mathematik und Geschichte wurden in vier verschiedenen Aufsätzen behandelt ... Die drei Ausarbeitungen im Griechischen, Lateinischen und in der Geschichte konnte ich ohne Anstoß zu Stande bringen; bei der mathematischen Aufgabe, welche die Logarithmen behandelte, wäre ich beinahe stecken geblieben, weil mir augenblicklich der Hauptgrundsatz nicht gegenwärtig war, daß an die Stelle der Multiplikation und Division die Addition und Substraktion trete. Zum Glücke war Lehmann mein Nachbar; ich schob ihm ein Zettelchen mit einer Anfrage zu, und seine kurze Antwort rief mir schnell das rechte Verständnis zurück.
Mehrere Wochen nachher erfolgte das mündliche Examen, vor dem die Furcht noch viel ärger war, als vor dem schriftlichen; denn was konnte nicht alles gefragt werden! Das ganze Lehrerpersonale von Prima, den Direktor Bellermann an der Spitze, versammelte sich feierlich im großen Hörsaale, und die 18 unglücklichen, zu befragenden Schlachtopfer nahmen auf zwei langen Bänken im Vordergrunde Platz. Als Primus omnium war ich, wie schon bemerkt, auf das schlimmste gefaßt, und glaubte, man werde mich am schärfsten ins Gebet nehmen, daher kann ich noch jetzt an jene Stunden der Qual nicht ohne Herzklopfen denken. Allein es kam ganz anders als ich gefürchtet. Die Examinatoren hatten so viel mit den am Ende der langen Reihe Sitzenden zu tun, daß die obersten nur wenig beachtet wurden. Ich erhielt kaum ein paar Fragen, und da diese zufällig etwas betrafen, was ich wußte, so konnte ich sie genügend beantworten. Endlich – endlich waren die bangen Stunden verflossen und die Lehrer zogen sich in das Beratungszimmer zurück. Nun wurde die kleine Pause, in der wir uns selbst überlassen blieben, mit verlegenem Lächeln und tief aus der Brust geholten Seufzern ausgefüllt, zu einem Scherz fühlte sich niemand aufgelegt: denn noch hing das Damoklesschwert der möglichen Zurückweisung über unsern Häuptern. Nach nicht gar langer Zeit traten die Lehrer wieder ein, und wir vernahmen die erfreuliche Kunde, daß wir alle 18 durchgekommen seien. Die meisten, mit dem Primus omnium an der Spitze, erhielten das Zeugnis der unbedingten Reife zur Universität No. I., die andern das der bedingten Reife No. II. Man hat in neuerer Zeit mancherlei Bedenken gegen die Abiturientenexamina erhoben, und besonders dies dagegen geltend gemacht, daß die Lehrer nach einem mehrjährigen täglichen Umgange mit den Schülern auch ohne Examen

beurteilen können, ob jemand zur Universität reif sei oder nicht, es könne deshalb gar wohl eine Entlassung ohne das Fegefeuer der Prüfung eintreten; allein auf der andern Seite hat die Furcht vor dem Fegefeuer auch ihr gutes: sie spornt nicht selten die trägen Naturen zu einem letzten entschlossenen Anlauf, das Versäumte nachzuholen, und weckt in manchem langsamen Geiste die schlummernde Energie zu einem mutigen Aufraffen.

152, 208 ff.

MAGEDEBURG, UM 1820
Stilistische Bildung auf dem Pädagogium Kloster der lieben Frauen

Strebe, unter welchem ich den größten Teil meiner stilistischen Fortbildung absolvierte, begünstigte, da er ein weiches Gemüt hatte, das Gefühl und die Phantasie. Die Kultur des Gedankens trat bei ihm entschieden zurück. Von Philosophie war bei ihm gar nicht die Rede. Ich erinnere mich, bei ihm von Unten nach Oben folgende Themata behandelt zu haben:
Sprich nicht von dem, was du tun willst. Die eitle Karoline. Ein Charaktergemälde. Kommentar zu Schillers Glocke. Schilderung einer glücklichen Insel im Ozean. Die Ruinen, eine Betrachtung. Der Frühling. Eine Vision am Hellespont in der Neujahrsnacht. (Wurde selbstverständlich in Hexametern bearbeitet.) Über den Unglauben. (Natürlich gegen denselben.) Wie wünsch ich mir mein Leben nach dem Tode? (In Hexametern) – Ich besitze es noch und sehe, daß ich einige rationalistische Anmerkungen zur Rechtfertigung der Vorstellungen, die ich vortrug, hinzuzufügen für nötig erachtete.
Rede Alexanders bei der Umkehr am Hydaspis. Charakteristik Attilas... Mit Benutzung von Gibbon usw. Über die Nibelungen. Eine recht gut geschriebene Verteidigung ihres Wertes. Kritik von Houwalds Drama: »Fluch und Segen«, Februar 1822. Sehr scharf. Die Verdienste Alfred des Großen um England, Juli 1822. Musik und Poesie. Die Begleiterinnen des Menschen. Ein Gedicht in freien Stanzen von ziemlichem Umfang... Strebe war davon so entzückt, daß er es dem Probst vorlegte, der mir eine höchst lobende Kritik darüber schrieb, die nur einige Formfehler tadelte.

179, 106 f.

MARBACH, 1822 ff.
Die Visitation

Große Kosten hat meine Ausbildung den Eltern nicht verursacht. Das gewöhnliche Schuldgeld betrug 15 Kreuzer ... per Quartal. Honoratiorenkinder brachten dem Schullehrer einen Sechsbätzner (24 Kreuzer) und zu Martini noch ein Extrahonorar, den Märtespfennig, auch 24 Kreuzer. Für diese Extraleistung wurden wir dann von der Frau Schulmeisterin zum Kaffee geladen.
Ich lasse aber meine wohlfeile Schule nicht zu gering taxieren. Die wenigen Fächer: Lesen, Schönschreiben, Diktat, Kopf- und Tafelrechnen wurden doch recht und gründlich betrieben ... Die Schule war eine gemischte, nur ein riesiger Kachelofen trennte uns Mädchen von den Söhnen des Volkes ... Ohne daß eine Einmischung der Lehrer nötig gewesen wäre, wollten wir absolut nichts voneinander wissen und unsere Spielplätze waren streng getrennt. Der vordere, gepflasterte Schulhof gehörte uns Mädchen, der hintere, stets etwas schmutzige, war den Buben angewiesen ...
Das lange Stillsitzen auf der harten Schulbank ist für alle frischen, jungen Naturen ein lästiger Druck ... Wie herrlich war es, wenn es neun Uhr schlug und man hinaus durfte! ... Es war fast, als gehe man nur in die Schule, um hinaus zu dürfen. Als Abwechslung und angenehme Unterbrechung des täglichen Einerlei war uns sogar die alljährlich stattfindende Visitation willkommen. Während wir gewöhnlich, ich, das Oberamtsrichterstöchterlein nicht ausgenommen, des Alltags nur selbstgewobene Barchentkleider trugen, durften wir uns zu diesem Fest mit steifgestärkten Kattungewändern schmücken. Das Schulzimmer, in dem wir uns versammelten, war rein gescheuert und gut gelüftet, sämtliche Lehrer erschienen im Sonntagsstaat und sahen uns wohlwollend und ermutigend an. Neben der schlanken Gestalt des Herrn Diakonus, unseres sehr verehrten Religionslehrers, erhob sich würdevoll die breite des Herrn Dekan ... die an uns gestellten Fragen waren nicht allzu schwer und die Handlung schloß mit lobenden Äußerungen und freundlicher Ermahnung.
Am schönsten aber war der Schlußakt, wo wir gesitteter als sonst abtrabten und unter der Tür das Faktotum der Geistlichkeit, der vielvermögende Mesner saß. Der war sonst keineswegs eine persona grata bei uns Kindern ... Am Visitationstag aber, da ist sein Gesicht uns lieblich erschienen, – denn da saß er vor einem hoch aufgetürmten Korb frischgebackener Wecken, von denen er beim Weggehen einem jeden Kind einen, dem Ersten der Klasse sogar zwei, verabreichte ... Wer das Examen besonders gut bestanden hatte, bekam auch ein »Billet«, nämlich ein Stück Papier, darauf der Lehrer schön mit roter Tinte geschrieben hatte: »Lob des Fleißes und der Aufmerksamkeit«. Mit Stolz verwahrte man dies sorgsam im Gesangbuch.

Alle vier Jahre fand eine »Prälatenvisitation« statt. Die war noch viel wichtiger als eine gewöhnliche; der Herr Prälat trug ein goldenes Kreuz auf der Brust... Wurde dies verehrte Kirchenoberhaupt in der Schule erwartet, so sandte man vorher eine Anzahl Buben als Beobachtungskorps aus, die sich vom Schulhaus bis zu seiner Herberge an allen Straßenecken verteilten, um Kunde zu bringen, wenn er sich nahe...
Ein Akt der Feierlichkeit war es auch, wenn zur Sommers- und Herbstzeit Oberamtmanns Ida und ich weiß gekleidet und mit rosa Schärpe zum Herrn Dekan wanderten, um nach alter Sitte eine mit großem Fleiß ausgefertigte Bittschrift einzureichen, darin wir im Namen der Schule um Ferien baten, »auf daß wir unseren Eltern bei der so beschwerlichen Feldarbeit beistehen könnten«. Daß gerade wir zwei bei dieser Leistung völlig unbeteiligt waren, kam dabei nicht in Betracht.

219, 17 ff.

Weimar, 1825 ff.
Spezielle, aber erstaunliche Fertigkeiten der Primaner

Ich war 18 Jahre alt, als ich nach Prima kam, aber obgleich ich wußte, daß ich da drei Jahre sitzen mußte, denn vor dem durfte man sich gar nicht zum Abgange melden, waren doch Gründe genug vorhanden, die mich trieben, alle Kräfte aufzubieten. Noch als ich in Obersekunda saß, wurde ein Abiturient, der Sohn eines Ministers, zurückgewiesen, weil in seiner lateinischen Arbeit der Fehler desivit für desiit vorkam. Das jagte allen übrigen einen heilsamen Schrecken ein. In Prima war der Direktor Gernhardt Hauptlehrer. Sein Hauptfach war das Lateinische. Er gab auch griechische Stunden, aber es wurde nur Lateinisch übersetzt und Lateinisch gesprochen... Direktor Gernhardt gab auch die lateinischen Arbeiten auf, deren wir monatlich wenigstens zwei machten. Die erste beste Sentenz aus Horaz und Plato diente als Thema zur Aufgabe. Lang brauchten die Arbeiten nicht zu sein, 4 Seiten genügten, doch nahm er auch 2 Seiten ohne Bemerkung an, wenn sie nur seinen Forderungen, nämlich gutes Latein und Gedanken, entsprachen. Denn er verlangte vor allem den Beweis, daß man scharf über die Aufgabe nachgedacht und sie von allen Seiten beleuchtet hatte. Daher durfte man ihm nicht mit leeren Redensarten kommen. Arbeiten, in denen die Armut an Gedanken durch weitläufige lateinische Phrasen verdeckt war, brachten ihn stets auf, und sein Zorn trieb zu kräftigeren Anstrengungen. Ich hatte auch in dieser Hinsicht Glück. Bald nämlich, nachdem ich nach Prima versetzt worden war, ergriff mich der Ehrgeiz, gut Lateinisch zu

schreiben, und um dieses Ziel zu erreichen, benutzte ich den Rat des Prof. Vent, fleißig zu revertieren. Ich nahm Ciceros Briefe an Atticus und übersetzte eine Anzahl möglichst treu, und doch zugleich frei und leicht im Ausdruck. Nach einem Vierteljahr versuchte ich sie nun so gut als nur möglich ins Lateinische zurück zu übersetzen, aber erst, wenn ich einen Brief beendigt hatte, verglich ich meine Übersetzung mit dem Original, wodurch ich erst rechte Kenntnis über alle Feinheiten des lateinischen Stils erhielt ...
Gaben schon die lateinischen Arbeiten uns gehörig Veranlassung, unsere Kräfte zu üben, so geschah es nicht weniger durch die Übungen im lateinischen Versbau. In Prima lernten wir nämlich auch lateinische Verse machen, und da viel Zeit und Mühe darauf verwandt wurde, erlangten die meisten nicht geringe Gewandtheit. Diese Übungen könnten leicht als zwecklos, ja als reine Zeitverschwendung erscheinen, aber sie hatten doch ihren entschiedenen Nutzen. Steht einmal der Zweck fest, wie es bei uns der Fall war, entschieden Kenntnis und Gewandtheit in der lateinischen Sprache zu erlangen, so tragen diese Übungen wesentlich bei, den Zweck zu erreichen. Denn erstens muß man, um einen Stoff in lateinischen Versen zu behandeln, den ganzen Vorrat von Ausdrücken und Wendungen gleichsam im Geiste um sich her ausbreiten und durch fleißige Lektüre von Dichtern zu vergrößern suchen ... Zugleich haben diese Übungen einen entschiedenen Einfluß auf die Ausbildung des Verstandes, abgesehn von dem pädagogischen Nutzen, daß sie zur Ausdauer und Anspannung aller Geisteskräfte beitragen. Wehe dem, der z. B. eine Schillersche Ballade in lateinischen Hexametern zu behandeln hat und sich ängstlich an die Worte hält. Er kann halbe Tage schwitzen und den Gradus ad Parnassum abnutzen, und er wird doch nur jämmerliche einige Hexameter zustande bringen. Man muß kühn jede deutsche Satzverbindung, jedes zusammengesetzte Wort auflösen, Metaphern mit andern vertauschen, wenn man etwas Ganzes und Gefälliges zustande bringen will. Auch stiegen diese Übungen nur allmählich aufwärts. Wir begannen mit der Anordnung aufgelöster Hexameter und endigten mit Aufgaben in jedem antiken Versmaß. Wir machten wirklich Oden in sapphischem Versmaß über ein gegebenes Thema. Eine Schillersche Ballade in lateinische Hexameter zu verwandeln, erschien uns noch leichter als manche Arbeit des Direktors. Mein Freund Karl besaß eine geniale Gewandtheit im lateinischen Versbau und übersetzte einst Schillers Kraniche des Ibykus als Geburtstagsgeschenk für seinen Vater. Wie in andern Stücken, so entstand auch im lateinischen Versmachen ein besonderer Wetteifer unter den Primanern, und jeder suchte den andern in Überwindung von Schwierigkeiten zu übertreffen ... So machte sich einer einst anheischig, den Jungfernkranz aus dem Freischütz, einen zu jener Zeit allbekannten Gassenhauer, in gereimte lateinische Verse zu übersetzen ...

Außer dem Direktor war eine Hauptperson in Prima der Prof. Weber, ein sehr gelehrter Mann, aber auch Philolog durch und durch. Er las mit uns den Demosthenes und die griechischen Tragiker, mitunter auch einen lateinischen Klassiker ... Außer den beiden genannten und dem Professor der Mathematik gab es für Unter- und Oberprima nur noch einen Hilfslehrer, denn außer zwei Stunden Religion, die der Direktor gab, wurde durchaus nichts gelehrt als Lateinisch, Griechisch und Mathematik. Kein Deutsch, keine Geschichte, keine Geographie. Wozu auch? Keiner unserer großen Klassiker hat je Unterricht im Deutschen erhalten ... Und Geschichte? Wer seinen Cornelius, Cäsar, Livius und Tacitus gelesen hat, Herodot, Thukydides und Plutarch, dazu Demosthenes und Ciceros Reden, der versteht gewiß Geschichte ... Die neueren Sprachen waren in Prima gar nicht vertreten. Nur war ein tüchtiger Lehrer angestellt, bei dem man Privatunterricht nehmen konnte. Doch war Kenntnis der neueren Sprachen unter den Primanern sehr verbreitet ... Ich habe auf dem Gymnasium Englisch, Französisch und Italienisch nebenbei gelernt ...

45, Bd. 11, 259 ff.

Rastenburg, 1841
Ein Reifezeugnis

I. Sittliche Aufführung: gegen Mitschüler, gegen Vorgesetzte und im Allgemeinen musterhaft.
II. Anlagen und Fleiß: Hat seine recht guten Anlagen durch einen wahrhaft wissenschaftlichen Eifer ausgebildet.
II. Kenntnisse und Fertigkeiten:
1. Sprachen: In der deutschen: G. hat eine vollständige Übersicht über die älteren Perioden der deutschen Literatur, ist mit den Schriftwerken seit Opitz durch Lektüre und Studium vertraut und besitzt die rühmlichsten Kenntnisse in der neuesten Literatur. Er hat sich auch als Dichter versucht, und seine lyrischen Produktionen verdienen Aufmerksamkeit, wie er als Verfasser eines dramatischen Gedichts dichterische Begabung dargelegt hat. Seine Aufsätze zeugen von einem seltenen Grade geistiger Durchbildung, und er versteht es, seinen Gedanken eine lichtvolle und sprechende Gestaltung zu geben.
Im Lateinischen sind G.'s Leistungen ausgezeichnet. Er besitzt nicht nur Redefertigkeit, sondern schreibt auch einen Aufsatz mit wohlverarbeitetem Stoffe und leicht hinfließender Latinität gleich ins Reine.
Im Griechischen ist G. im Stande, mit Leichtigkeit den Homer, Xenophon, Herodot und die leichteren Dialoge Platos auch ohne Hilfe des Lexikons ins

Deutsche zu übersetzen. Auch hat er sich hinreichende Kenntnisse in den Formen und der Syntax erworben.
Im Französischen sind seine Kenntnisse befriedigend.
2. Wissenschaften: In der Religionslehre hat er sich eine deutliche und wohlbegründete Kenntnis der christlichen Glaubens- und Sittenlehre und eine allgemeine Übersicht der Geschichte der christlichen Religion erworben.
In der Mathematik hat er sich durch regen Fleiß gründliche Kenntnisse angeeignet und in seinen Leistungen überall Reife des Urteils gezeigt. In den Anfangsgründen der Differentialrechnung besitzt er hinreichende Kenntnisse. In der Physik sind sie ebenfalls befriedigend.
Dem Studium der Geschichte hat er sich mit regem Eifer gewidmet und sich in allen Teilen derselben gründliche Kenntnisse erworben; auch in der Geographie sind dieselben genügend. In der Propädeutik zur Philosophie hat er den gegebenen logischen und psychologischen Stoff nicht bloß gut aufgefaßt und zu einem deutlichen Bewußtsein gebracht, sondern ihn auch zu einem selbständigen Denken benutzt. In der Naturgeschichte sind seine Kenntnisse befriedigend.
3. Fertigkeiten: G. hat hier nicht Gelegenheit gehabt, sich im Zeichnen und Gesang weiter fortzubilden. Die unterzeichnete Prüfungskommission hat ihm demnach, da er jetzt das hiesige Gymnasium verläßt, um Rechtswissenschaft zu studieren, das Zeugnis der Reife erteilt und entläßt ihn unter den besten Hoffnungen und Wünschen.

69, 74f.

LANGENHORN, 1851 ff.
Unterrichtsorganisation nach dem System Bell-Lancaster

In einem großen Raum war die ganze Schülerschar beisammen, von kleinen Kindern bis zu halberwachsenen Burschen und Mädchen: es galt bei uns in Schleswig-Holstein die Ordnung, daß Mädchen erst mit 15, Knaben mit 16 Jahren konfirmiert wurden und die Schule verließen. Die Einteilung der Gesamtheit in eine Ober- und Unterklasse war durch einen breiten Gang markiert, der den Raum halbierte. In der Oberklasse saßen wohl 40-50 Knaben und Mädchen, nach Bänken getrennt, in der Unterklasse mochten 60-80 sein, Knaben und Mädchen in den Bänken durcheinander. So im Winter, im Sommer schmolz die Zahl auf die Hälfte und weniger zusammen. Der Unterricht geschah in der Weise, daß der Lehrer sich bald der einen, bald der andern Klasse widmete ... währenddessen beschäftigte sich die andere Klasse still für sich ... die Unterklasse vor allem mit Lesenlernen. Das ... war damals noch eine ungemein

schwierige Kunst, deren Erlernung in der Schule nach der alten Methode jahrelang in Anspruch nahm und von manchem, bei unregelmäßigem Schulbesuch war es fast Regel, nie zu einiger Sicherheit gebracht wurde. Die Übung geschah in der Weise: es wurden Tabellen an Gerüsten, die an den Tischen befestigt waren, aufgestellt; je zwei oder drei Schüler hatten, mit einem »Untergehilfen« als Lehrer, der einen Stock als Zeiger in der Hand hielt, eine zusammen. Zuerst eine Tabelle mit den Buchstaben; dann kamen Syllabiertabellen ... endlich Tabellen mit Wörtern ... Hatte sich einer in ein, zwei Jahren, es konnten aber auch drei oder vier und mehr werden, durch die Tabellen durchgearbeitet, dann kam er in den Katechismus, zuerst den kleinen, hierauf den großen, um nun endlich die Frucht der Lesekunst zu genießen: das Auswendiglernen.
Ich konnte schon lesen als ich (mit fünf Jahren) zur Schule kam, und so fiel mir bald die Rolle des Untergehülfen zu: ich hab manche Stunde Jungen, die doppelt so alt waren, auf der Tabelle ... buchstabieren und syllabieren lassen ...
Ein Schultag verlief nun etwa so. Er begann morgens und endete abends mit gemeinsamem Gesang und Gebet der ganzen Schule. Gesungen wurde stehend, oft bis zur Erschöpfung ... man stand mit gebeugten Knien eingeklemmt zwischen Tisch und Bank ... Dann folgte der Religionsunterricht, an dem wieder die ganze Schule teil nahm ... Die Aufgabe bestand darin, die gegebenen Formeln des Katechismus herzusagen und die aufweichenden Erklärungen des Lehrers zu wiederholen, dazu Sprüche aus der Bibel aufzusagen oder aufzuschlagen und vorzulesen ...
Dann kam die Lesestunde: für die Kleinen das Buchstabieren usw., für die Großen das Bibellesen ... Eine besondere Übung war auch hier das Bibelaufschlagen ... wer's am ersten hatte, durfte vorlesen. Was dort stand, war einerlei. Die Übung diente vor allem dazu, in der Reihenfolge der biblischen Bücher festzumachen. Nach der Pause, in die erst die Mädchen, dann die Knaben entlassen wurden, folgte die Rechenstunde, wo natürlich wieder den verschieden Geförderten verschiedene Aufgaben gestellt waren, vom Zahlenlernen und Addieren bis zur Regeldetri und dem Wurzelausziehen. In der Oberklasse wurde ebenso wie in der Unterklasse die Sache rein mechanisch vorgemacht: So setzt man bei Lösung einer solchen Aufgabe an, dann macht man dies und dies, dann kommt es so heraus ...
Mit dem Mittagsgebet um elf Uhr war der ersehnte Schluß erreicht. Alles rannte in eiligstem Tempo nach Hause ... Eine kleine Anzahl allzu entfernt Wohnender blieb übrigens über Mittag in der Schule und verzehrte ein mitgebrachtes Butterbrot ... Der Nachmittagsunterricht begann mit der Schreibstunde. Die Kleinen schrieben auf die Schiefertafel, die Größeren nach Vorlagen, die ausgeteilt wurden, mit Tinte ins Buch. Die allein erlaubte Form der Feder war der Gänsekiel. Der Lehrer saß jeden Tag die erste Hälfte der Stunde und schnitt

Federn, die von Zeit zu Zeit eingeliefert werden mußten, ebenso wie ein Tintenschilling ... Aufregender pflegte die zweite Stunde zu sein: es war die Aufsagestunde: einmal in der Woche wurden die aufgegebenen Gesangbuchverse und Bibelsprüche oder der Katechismus abgehört, der Reihe nach, jeder kam dran. Und an jeden kam auch, bald öfter, bald seltener ... die Reihe der Strafexekution ... Mit einer gewissen Spannung, gemischt aus Schadenfreude und der Aufregung welche die Anwesenheit bei jeder schmerzlichen Operation gibt, sah man dem Augenblick entgegen, wo das Tau, ein dickes Schiffstauende, zum ersten Mal in Wirksamkeit trat ... Da ich früh lesen konnte, so kam ich früh unter diese Disziplin. Ich erinnere es selbst nicht, aber meine Mutter hat mir erzählt, daß sie mich als Kind einmal nachts im Bett habe weinen hören. Auf die Frage: was mir sei? habe ich geantwortet: ich solle morgen das »Was ist das« zum zweiten Artikel aufsagen und könne es nicht lernen; und dann seien mir schon wieder Schläge angedroht. Sie sei darauf zum Lehrer gegangen und habe ihm vorgestellt: er könne doch nicht von dem Fünfjährigen verlangen, was sonst Zehnjährige leisteten. Und so sei das Unwetter von meinem Rücken noch abgelenkt worden.
Ein andermal wurde die Stunde zur Gesangsübung verwendet. Auch das eine gefürchtete Stunde: zwar das Chorsingen machte keine Schmerzen; aber dann kam das Einzelsingen: auch hier der Reihe nach, ob Gott Stimme und Mut dazu gegeben hatte oder nicht ... In dieselbe Stunde fiel wohl auch der deutsche Sprachunterricht. Es wurden Deklinations- und Konjugationsschemata hergesagt, Verhältniswörter mit dem zweiten, dritten und vierten Fall auswendig gelernt ... Ein Lesebuch besaßen wir nicht; wie wir denn auch kein Gedicht außer den verhängnisvollen Gesangbuchversen gelernt oder gelesen haben ... Auch »Aufsätze« wurden gemacht, aber nur drei- oder viermal im Jahr, ein Brief oder eine Erzählung oder eine »Abhandlung«. Nachdem auf der Tafel jeder so viel oder wenig Sinn oder Unsinn, als er zusammenbrachte ... aufgeschrieben hatte, wurde dann die Musterleistung des Lehrers diktiert und in ein Buch eingetragen, das bei Prüfungen vorgelegt wurde ...
Die letzte Stunde wurde für Geographie und Naturlehre verwendet. Der geographische Unterricht ging wieder vorzüglich auf das Auswendiglernen von Namen, in stereotyper Ordnung wurden Grenzen, Gebirge, Flüsse, Provinzen, Städte jedes Landes gelernt und aufgesagt; vorzüglich kamen Dänemark und Palästina in Betracht, wogegen ich mich Deutschlands nicht erinnere ... Die Naturlehre beschränkte sich auf das Vorsagen und Nachbeten einiger Definitionen von Eigenschaften der Körper: Elastizität ist diejenige Eigenschaft der Körper vermöge welcher usw. ... Wann ich in die Oberklasse gekommen bin, weiß ich nicht, es muß früh gewesen sein; dagegen erinnere ich mich noch wohl des Aufnahmeverfahrens. Es wurde eine Art öffentlicher Prüfung und

Abstimmung vor der Oberklasse über die Würdigkeit zur Aufnahme abgehalten ...
Damit trat man zugleich in den Kreis derer ein, aus denen für jeden Tag ein »Obergehilfe« ernannt wurde. Er hatte in Anwesenheit des Lehrers vor allem die Aufsicht über die Unterklasse zu führen, auf Stille zu halten, nachzuhelfen, wo die »Untergehilfen« nicht weiterkamen ... In Abwesenheit des Lehrers hatte der »Obergehilfe« seine Vertretung auch in der Oberklasse; und das war die weniger dankbare Aufgabe: er oder sie, denn die Mädchen waren natürlich nicht ausgeschlossen, hatte dann die Ordnung überhaupt aufrechtzuerhalten und Übertreter ... an die Wandtafel zu schreiben zu nachfolgender Züchtigung ...
Der große Tag des Jahres war die Kirchenvisitation, zu der Probst und Amtmann aus Husum erschienen ...

154, 82 ff.

Darmstadt, um 1873
Betrieb des Gymnasialunterrichts

Wenn ich das Bild des Kollegiums aus dem Jahr 1873 betrachte, so fällt in die Augen, daß nach der Barttracht die Älteren von den Jüngeren scharf geschieden sind. Die Älteren zeigen ein glatt rasiertes Angesicht ... die Jüngeren tragen den Vollbart ... Es waren durchweg geborene Hessen, Landeskinder, die uns unterrichteten, sie hatten auf der Universität Gießen das examen pro facultate docendi bestanden, wo durch den in Weimar geborenen Friedrich Gotthilf Osann die klassische Altertumswissenschaft würdig vertreten war ... Vieles im Betrieb des Unterrichts wies auf die Abkunft des Gymnasiums von den alten Lateinschulen hin. So wäre es als eine Sünde gegen geheiligte Satzungen erschienen, hätte einer statt Prima, Sekunda, Sexta, von der ersten zweiten, sechsten Klasse zu reden gewagt. Im Volksmund wurde das Gymnasium immer noch »die Klaß« genannt, für die ... die Schüler durch privaten Unterricht bei einzelnen Kandidaten vorbereitet worden waren. Allgemein üblich waren die Ausdrücke Subsellium, Katheder, Karzer, Ordinarius, Abiturienten, Examen, Maturitas, Aktus, Prämium, consilium abeundi. Die Aufgaben wurden benannt als Pensum und Exerzitium, letzteres bezeichnete die schriftliche Arbeit, die wiederum in das Domestikum und das Extemporale geschieden war. Das Extemporale hatte den gefürchteten Beinamen pro loco, wenn von seinem Ausfall die Nummer des Sitzplatzes abhängig war, also ein Zertieren stattfand. Der Verfasser der besten Arbeit wurde dann der Primus; wessen Arbeit fehlerlos war, der erhielt das

Prädikat »bene« ... Aus den loci in den einzelnen Fächern wurde nach einem bestimmten Schlüssel der Generallokus am Ende jedes Halbjahres errechnet und in die »Zensur« eingetragen. In den untersten Klassen war es üblich, durch Kampfspiele in Frage und Antwort Scharfsinn und Ehrgeiz zugleich zu wecken. Der Ultimus begann mit einer Frage, mit der er einem der über ihm sitzenden Mitschüler den Handschuh hinwarf. War dessen Antwort richtig, so war der Angriff abgeschlagen: der Pänultimus kam dann an die Reihe zu fragen. War sie aber unrichtig, so konnte sich der Angegriffene nur in seiner Stellung halten, wenn er dem Angreifer eine Gegenfrage stellte, und dieser dann versagte. Antwortete der aber zutreffend, so fand auf der Stelle zur größten Erheiterung der Korona Platzwechsel statt mit Sack und Pack. So konnte wohl einmal der Primus zum Ultimus, der Ulitimus zum primus omnium werden. Mit abgefeimter List und Bosheit wurden dem ahnungslos erblassenden Gegner Fragen voller geheimer Tücken und Fallstricke vorgelegt ... »Übersetze: Die triefäugige Schwiegermutter ist nach Neukarthago geritten«. Und »Glaubst du nicht, daß es den Tiberius und Gaius Gracchus geekelt hätte vor dem eingemachten Siebenschläfer?«
Der Unterricht begann und schloß mit dem Gebet, daß der Primus herzusagen hatte: Unsern Eingang segne Gott, unsern Ausgang gleichermaßen ...
Die Disziplin wurde ohne Schimpfworte und ohne Schläge aufrecht erhalten, als letztes Hilfsmittel drohte die Karzerstrafe im Hintergrund, die Professor Hüffel über jeden verhängte, der sechsmal eine Rüge, mit dem Wort »Strich« bezeichnet, erfahren hatte. Bei manchen unserer Lehrer ... gab es keine Frage der Disziplin ... bei einzelnen war es freilich anders. In den Unterklassen waren große Prügeleien auf der Straße an der Tagesordnung, sie wurden 1869 unter Androhung der Karzerstrafe verboten, 1875 ebenso alle Zweikämpfe in den Zwischenstunden.

128, 320ff.

6.4. Kinderfleiß, Kinderarbeit, Kinderausbeutung

Kommentar
Aschaffenburg, 1494   Wie Johann zu dem Schneiderhandwerk kam
Halle, 1680 f.   Berufswahl und Lehrzeit des künftigen Barbiers
Stadthagen, um 1735   Der Sohn als Sekretär
Wien, 1751   Hofleben als Kammerknabe und kindlicher Virtuose
Görnitz, um 1800   Mittel, die Kinder von der Landarbeit ab in die Schule zu ziehen

Pulsnitz, um 1815   Das Kind als Faktotum
Düsseldorf und Berlin,   Aus der Vorgeschichte des Regulativs von 1839, das erst
1818 ff.   Neunjährigen tägliche Fabrikarbeit von 10 Stunden erlaubt

Erfurt, 1842   Im Namen des Vaters
Glatzer Bergland, 1843 ff.   Hirtenarbeit
Frankfurt/Oder und Berlin,   Die kleine Näherin
1857 ff.
Bodnegg usw., 1858   Als Schwabenkind in die weite Welt
Rammersweier, um 1860   Abenteuer beim Geldverdienen

Küchenjunge. Radierung von D. Chodowiecki (1726–1801). – Kinder beim Straßenhandel mit Weihnachtsspielzeug. Zeichnung von Th. Hosemann von 1869.
Aus.: M. v. Boehn, Deutschland im 18. Jahrhundert, Berlin 1922. – G. Sichelschmidt, Weihnachten im alten Berlin, Berlin 1978.

Kommentar

Seit es sie gibt, ist die Fabrikarbeit von Kindern beobachtet und kritisch kommentiert worden. Auch die ersten gesetzlichen Regelungen zur Einschränkung der Kinderarbeit beziehen sich auf die Arbeit in Fabriken. Das ist merkwürdig, denn es gab 1849 in Preußen nur etwa 32 000 Neun- bis Vierzehnjährige, die in Fabriken arbeiteten, das sind etwa 1,5 % aller Kinder. Auch diese Zahlen sinken in den folgenden Jahren schnell. Der Grund dafür ist wohl weniger im kinderfreundlichen Eingriff des Staates zu sehen, als im Einsatz einer immer schwierigeren und kostbareren Technologie, die man Kindern nicht mehr anvertrauen konnte oder mochte. Eine Einschränkung und Kontrolle der Kinderarbeit und Kinderausbeutung in den zahlenmäßig viel bedeutenderen Bereichen der Landwirtschaft, der Heimarbeit und in den Gewerben erfolgte erst 1903. Die Proportionen und das Verhältnis der Obrigkeiten zur massenhaften traditionellen Kinderarbeit verdeutlicht die Zahl von 12 000 im Regierungsbezirk Königsberg 1867 angemeldeten Hütekindern, also von Kindern, die im Sommer wegen ihrer Erwerbstätigkeit vom Schulbesuch dispensiert waren. Sie versäumten die Schule, und was vielleicht schlimmer ist, ihre Entlohnung erfolgte nach Brauch und Herkommen, also nach mündlichen Absprachen, die selbstverständlich zuungunsten der Kinder oft genug nicht eingehalten wurden.

Mit der Ausnahme des Lehrlingswesens ist über Kinderarbeit im 16. und 17. Jahrhundert wenig bekannt. Abgesehen von individuellen Verhältnissen, verschlechtert sich ihre Lage mit dem Niedergang des zünftigen Handwerks. Die Lehrzeiten werden immer länger, weil der Lehrherr auf die Ausnutzung der Lehrlinge angewiesen ist. Sechs Jahre sollte Ernst Rietschels (1804–1861) Kaufmannslehre in einem ländlichen Gemischtwarenladen dauern. Obwohl seine Eltern im selben Ort wohnen, gehört er als Lehrling zum Haushalt des Lehrherrn und sieht seinen Vater wochenlang nur in der Kirche. In diesem Arrangement steckte viel Konfliktstoff: Wie war der Lehrling untergebracht, was bekam er zu essen und wie sah die Ausgangsregelung aus? Daß er zu berufsfremden Tätigkeiten herangezogen wurde, war üblich, und nur in extremen Fällen von Ausbeutung und Mißhandlung hatten Beschwerden bei der Innung Aussicht auf Erfolg. Und was war Ausbeutung? Hermann Sudermann gedenkt seines Lehrherrn, des Apothekers Settegast, als eines Wohltäters seiner Jugend, und doch mußte er als sein Lehrling von morgens sieben bis abends um zehn Uhr auf den Beinen sein, denn der eine Stuhl, der in der Apotheke stand, war für ihn tabu. Alle zwei Wochen hatte er einen freien Nachmittag, den er gewöhnlich im Elternhaus – verschlief ...

Arbeitskraft und Arbeitszeit ist billig, die der Kinder, der weiblichen zumal, fast umsonst zu haben. Die 1809 geborene Mutter von Dietrich Schäfer geht als Elfjährige zum Hüten, nach der Konfirmation arbeitet sie drei Jahre im Gewerbebetrieb eines Seilers – sie hat natürlich keine Gelegenheit, eine Lehre zu machen –, dann geht sie nach Bremen in Stellung. Als sie nach dem Tod des Ehemannes und Vaters sich und ihr Kind allein ernähren muß, ist sie so viele Stunden außer Haus, daß Schäfer seine Mutter eigentlich nur am Sonntag zu sehen bekommt.
Wo selbst der größte Fleiß der Eltern nicht hinreicht, die Kinder satt zu machen, ist es selbstverständlich, daß auch Kinder arbeiten. Auch sie beteiligen sich an der rastlosen Jagd nach einem kleinen Verdienst hier und da, werten kleine Talente oder einfach Zufälle aus. Woher Eltern, aber auch Kinder die Kraft für dieses Leben nahmen, das sie in den seltensten Fällen verbessern, in der Regel nur fristen konnten, ist rätselhaft. Jedenfalls lassen diese Verhältnisse, in denen auch unzählige Kinder um ihre Existenz kämpfen mußten, die auf Hebung des Wohlstands abzielenden pädagogischen Projekte in seltsamem Licht erscheinen. Man nahm ja an, daß die Armut verschuldet war, d. h. auf Unbildung, Arbeitsscheu und Verschwendungssucht zurückging. Wenn man gerade die Kinder der unteren Volksschichten, so war der Gedanke der Industriepädagogik, in der Schule nicht nur moralisch bildete, sondern sie auch in allen möglichen Handfertigkeiten unterwies, dann gewann man zweierlei. Jedes Kind bekam die Möglichkeit, sich selbst ehrlich zu unterhalten, und die Schule konnte sich im Grunde von den Gewinnen auch noch tragen. Alle auf diese Ideen gegründeten Industrieschulen, auch die seit dem 18. Jahrhundert vielen Waisenhäusern angegliederten Produktionsstätten, blieben Zuschußbetriebe und wurden nach kurzer Zeit aufgegeben. Übrig blieb die Idee des Handarbeitsunterrichts für Mädchen, der, wie seine Pflege auch in besseren Kreisen zeigt, neben den praktischen vor allem disziplinierende Zwecke verfolgte.

LITERATUR:
K. H. Ludwig, Die Fabrikarbeit von Kindern im 19. Jahrhundert. Ein Problem der Technikgeschichte. In: Vjschr. f. Sozial- und Wirtschaftsgeschichte 52, 1965: 63–85
L. Adolphs, Industrielle Kinderarbeit im 19. Jahrhundert unter Berücksichtigung des Duisburger Raums, Duisburg 1972
S. Quandt, Hrsg.: Kinderarbeit und Kinderschutz in Deutschland 1783 bis 1976, Paderborn 1978
O. Uhlig, Die Schwabenkinder aus Tirol und Vorarlberg, Innsbruck 1978

ASCHAFFENBURG, 1494
Wie Johann zu dem Schneiderhandwerk kam

Nachdem er (der Stiefvater) mir daher mein überaus langes Haar ... nach der bei uns herrschenden Sitte kurz geschnitten und mich auch mit anderen Kleidern ausstaffiert hatte, reiste er mit mir nach der Stadt Aschaffenburg und tat mich hier zu dem Schneiderhandwerk. Da mir die Wahl gelassen wurde, hatte ich vorgezogen, dieses zu erlernen, weil es leichter ist als andere. Ich kam zu einem tüchtigen Meister, der einen großen Ruf hatte: der sollte sich Mühe geben, mir binnen zwei Jahren seine Kunst beizubringen, und versprach ihm der Vater dafür, innerhalb jener Frist ihm sechs Goldgulden und zwanzig Ellen Tuch zu geben, wovon er einen Teil ihm schon gleich mitgebracht hatte.

Was ich bei diesem Meister während der zwei Jahre meiner Lehrzeit ausgestanden habe, auch abgesehen von der Schwierigkeit des Handwerks und dem unmenschlichen Nachtwachen, wodurch ein junger Mensch völlig heruntergebracht wird, wie ich von drei oder vier Uhr morgens bis abends neun oder zehn, bisweilen auch bis elf oder zwölf Uhr, wie ich aber besonders an den höheren Festen gemeiniglich bis zur Hochmesse in einem fort arbeiten mußte, wie ich geplagt wurde mit Wassertragen, mit Hauskehren, Feuerstochen, mit Hin- und Herlaufen und Kommissionenmachen in und außer der Stadt, an Festtagen mit Schuldeneintreiben und, was mir am meisten verhaßt war, mit dem Sammeln oder richtiger Stehlen des Wachses von den Leuchtern in der Kirche zum Gebrauch bei dem Geschäfte, wie ich von dem Meister und der Meisterin und den Dienstboten herbe Worte und mitunter noch härtere Schläge, Kälte, Hitze, Hunger und Durst bis zum äußersten zu ertragen hatte ... das würde kaum in einem großen Buche zu beschreiben sein.

28, 77 ff.

HALLE, 1680 f.
Berufswahl und Lehrzeit des künftigen Barbiers

Endlich, ich hatte kaum das vierzehnte Jahr erreicht, so wollte mich der Vater zum Seilerhandwerk gebrauchen. War aber schwach und hatte keine Lust dazu, wiewohl ich's etliche Mal versuchte. Wollte mich der Vater im Haus nicht mehr leiden, sagete einen Abend zu mir mit harten Worten: »Du mußt fort, erwähle dir heute, was du werden wilt.« – ... Da ging die Herzensangst, Trauern, Weinen und Beten die Nacht an! Gott sollte mir doch anzeigen, was zu erwählen, daß ich Ihm und meinen Nächsten dienen und mein Brot haben könnte!

Siehe; so habe dieselbe ganze Nacht mit Barbiersachen zu tun gehabt und von Medizin geträumet. Als woraus ich geschlossen: es wäre dies der Zweck. Als nun des morgenden Tages gefraget wird: was ich resolvieret? die Antwort war: ich wollte ein Barbier werden. Sahe mich der Vater stürmisch an, ja, sagte sogleich: »Wer hat dir das in'n Kopf gesetzet? du meinest, weil solch gute, faule Tage haben? Wenn's kein Geld kostete! Wo will ich's hernehmen?« – Darauf ich ihm gesaget: »Es würden sich wohl Mittel finden dazu, und sollte er die hundert Taler dazu nehmen, welche meine selige Großmutter mir vermacht, und er so lange selbige genutzt ...« Auf welche Vorstellung der Vater sehr böse getan; durchaus nicht gewollt. Durch der Mutter beweglich Zureden aber es geschehen lassen. Mit Herrn Schobern, dem Vetter, auf siebzig Taler akkordieret, so ich auch ins Erbe konferieren müssen ...
Wurde ... anno 1681 aufgedinget. Anfangs ging es gut, obgleich bei der damaligen wohlfeilen Zeit ... schmal gnug, alle morgen mit ein Stücklein eitel Brot abgespeiset, und Kofent oder Wasser trinken mußte; so ich zu Hause nicht gewohnet war. Mit dem Barbieren ging es anfangs schwer her, maßen ich einsmals einen Bauer ins Kinn geschnitten, und darüber eine Maulschelle bekam, daß ich wohl vier Wochen taub davon gewesen. Der Ochsenziemer hielt auch nicht feste an der Handquehle, bei welcher ich auf einem kleinen Lädchen pflegte zu sitzen. Ich verkettelte selbigen immer auf eine Vorsorge, daß ich enfliehen konnte, ehe er solchen losbekam ...
Einsmals, abends, spielte mein Herr mit einem Advokaten Weiseken im Brett. Weil ich aber den Tag im Garten Mist gekarrt und sehr müde gewesen, setzte ich mich auf mein Lädchen und schlafe ein. Darüber mir ... ein starker Ton entfähret. Weil ich aber solches gewahr wurde und mich gleich aufs Marschieren legte, reißt der Herr nach der Krabatsche. Ich aber zur Tür hinaus und schmeiß die Tür hinter mir stark zu. Und weil es ohnedem eine starke Tür, die von Selbst zufiel, und er, mit dem Kopf voran, hinter mir drein will, schmeißet ihm die Tür dermaßen vorn Kopf, daß er rücklings zurück in die Stube prallet. Da erhub sich ein Geschrei. Ich aber die Treppen hinauf, zum Kapfloch naus, aufs Dach und hinter die Feuermauer. Da war ihnen bange. Meineten, ich würde den Hals stürzen zum Firste herunter. Mußten mir die besten Worte geben. Allein ich kam dieselbe ganze Nacht nicht herunter, bis die Sache verglichen, und der Herr sich schämen mußte.
Es war auch aus der Weise, daß sie mit mir, als einem Vetter, der siebenzig Taler und ein Bett Lehrgeld gab, so hart umbgingen.

38, 22 ff.

STADTHAGEN, UM 1735
Der Sohn als Sekretär

Es sorgte auch mein Vater dafür, daß ich zum Müßiggang keine Zeit behielt; denn er gebrauchte mich schon als Knaben zum Abschreiben der juristischen Schriften, die er verfertiget hatte, und in meinen ersten Jünglingsjahren geschahe dieses noch stärker. Weil er sich aber gewöhnet hatte, die meisten Arbeiten bis auf die letzten Stunden, da sie notwendig fertig sein mußten, aufzuschieben: so fielen sie gemeiniglich in die Nacht. Er ging alsdann des Abends um 8 Uhr zu Bette, stand um Mitternacht auf, und fing die Arbeit an. Sobald er einen Bogen fertig hatte, weckete er mich aus dem süssen Schlafe auf, und ich mußte anfangen ihn zweimal abzuschreiben. So lange ich noch in die Schule ging, hörte das Abschreiben vormittags und nachmittags auf, wenn die Schule ihren Anfang nahm, aber gleich nach derselben mußte es wieder angefangen werden, wenn es nötig war. Wenn ich ihm aber auch durch Abschreiben täglich einen Taler verdiente, so gab er mir doch keinen Groschen davon ab; des Nachts empfing ich ein paar Tassen dünnen Tee ohne Zucker und ohne Milch... Weil ich von Kindheit an viel in juristischen Akten gelesen, und dadurch Kenntnis von dem Verfahren in Zivil- und Kriminal-Prozessen erlangt hatte, so trug mir beim angehenden Jünglingsalter mein Vater zuweilen auf, kleine Schriften, die entweder bei dem Amt, oder bei dem Stadtgericht übergeben werden sollten, an seiner Statt zu verfertigen, auch andere in diese Untergerichte zu tragen und Unterschiedenes mündlich zu bestellen. Es war auch eines meiner Geschäfte, Aktenstücke den Parteien, die es bedurften und verlangten, vorzulesen und zu erklären... und dadurch verdiente ich zuweilen einen Groschen.

26, 49 f.

WIEN, 1751
Hofleben als Kammerknabe und kindlicher Virtuose

Es war am 1. März 1751, des Morgens, als mein Vater mich in das Palais des Prinzen führte, wo ich von nun an ein neues Leben beginnen sollte. (Ich war gerade zwölf Jahre alt.) Der Prinz war nicht zu Hause, und wir wurden an den Haushofmeister ... gewiesen ... Da nun nebst ihm insonderheit noch dem Kanzlisten Bremer die Aufsicht über mich übertragen war, so führte er uns nach einigen Instruktionen, die er mir in einem sehr väterlichen Tone erteilte, nach dessen Zimmer...Dieser, ein hübscher Mann von ungefähr sechsundzwanzig Jahren, bewillkommte meinen Vater sehr höflich und wies mir ein Zimmer dicht

neben dem seinigen an. Ein sehr anständiges Bette, einen Schreibtisch, einen Kleiderschrank mit schönen Beschlägen, nette Stühle, überhaupt alles, was zur Einrichtung gehört, fand ich ganz neu darin. Er übergab mir das Inventarium von allen Meubeln und Kleidungsstücken mit dem Bedeuten, daß er Ordre habe, von Zeit zu Zeit nachzusehen. Ich mußte alles, was ich am Leib hatte, vom Kopf bis zu Füßen ausziehen und mich ganz neu equipieren. Rock und Beinkleider von meinem Alltagsanzuge waren aschgrau, die Weste rot. Alles war von feinem holländischem Tuche, und die Knopflöcher waren nach damaliger Mode mit silbernen Borten eingefaßt. Wäsche aller Art fand ich im Überfluß. Auch erhielt ich weiße seidene Strümpfe, neue Schuhe, silberne Schuh- und Beinkleiderschnallen nach der letzten und neuesten Façon ... »Sehen Sie«, sagte Herr Bremer, als er mein Erstaunen bemerkte, »so ist der Prinz, er ist gütig und mag jeden gern angenehm überraschen ... Hier ist Ihr eigener Schlüssel, damit Sie aus- und eingehen können, wann Sie wollen.«
Meine Zufriedenheit über mich selbst war nicht geringe, als der Haushofmeister mich vor einen großen Wandspiegel stellte und ich mich nun ganz in meinem Staate übersehen konnte ... »Es ist gleich elf Uhr«, sagte er, »gehen Sie in den Salon, das Exerzitium wird gleich anfangen.« Ich ging dahin und fand die meisten schon versammelt. Alle überschütteten mich mit Gratulationen, und meine Erhebung zum Kammerknaben, der hier nun das Recht hatte, sich an die übrigen Musiker anzuschließen, machte mich zu einem sehr glücklichen Sterblichen.
Kaum war die Sinfonie geendigt, so erschien Madame Tesi, die heute zwei neue Arien, welche der Kapellmeister Bonno soeben für sie komponiert hatte, probieren wollte ... »Madame Tesi«, rief Bonno mir zu, »möchte Sie gern spielen hören; haben Sie etwas bei sich?« »Ja«, antwortete ich und holte eine Züglersche Sonate herbei, die Hubaczek mir akkompagnierte. Bei jeder Stelle, die ich gut vortrug, rief die Tesi bald: »Bravo!«, bald: »Bravissimo!« ... Der dreimal wiederholte Klang der Portiersglocke verkündete endlich die Ankunft des Prinzen. Er ging sogleich auf meinen Vater zu ... und unterhielt sich eine ziemliche Weile sehr gnädig mit ihm. Alsdann rief er mich und sagte: »Nun, ich hoffe, du wirst mit deinem Zimmer und allem, was du darin gefunden zufrieden sein. Sei aber nun auch hübsch fleißig und führe dich so auf, daß ich auch mit dir zufrieden sein kann. Vorzüglich aber befehle ich dir, das Reglement öfters durchzulesen, und dem, was darin steht, genau nachzuleben.«
Darauf ließ er sich seine Flöte und ein Konzert bringen, setzte sich hin und spielte ... Mit seinem Konzerte endigte sich das Exerzitium, und der Prinz ging zur Tafel.
Als ich zu Herrn Ebert kam, fand ich den Pagen vom Prinzen, einen gewissen Baron Ende, daselbst und seinen Pagenhofmeister, der zugleich den Titel Sekre-

tär hatte. Dieser hieß Göhrn und war ein Sachse. »Von diesem Herrn«, sagte Ebert, indem er mich ihm vorstellte, »werden Sie Unterricht in der lateinischen und französischen Sprache erhalten; auch wird er so gütig sein, Sie im Fechten zu unterrichten. Den Unterricht aber im Reiten, Tanzen und der italienischen Sprache, werden Sie erst bekommen, wenn wir auf unsere Herrschaft Schloßhof gehen...«
Ich hatte meinen bestimmten Platz am Offiziantentische, auf welchem gegen dreißig Gedecke sich befanden und wo täglich sieben Essen aufgetragen wurden, und des Abends ward mir mein Essen auf das Zimmer geschickt. Überdem erhielt ich monatlich fünf Gulden dreißig Kreuzer Taschengeld, von deren Verwendung ich indes Herrn Bremer Rechenschaft ablegen mußte. Ein Bedienter des Prinzen ... mußte mich täglich frisieren, und für Wäsche und anderweitige Reinigung ward ebenfalls auf das Beste gesorgt...
Nach der ersten Mahlzeit, die mein Vater hier mit einnahm, kam er noch einmal auf mein Zimmer, ermahnte mich, mein Glück nicht durch üble Aufführung zu verscherzen, gab mir seinen väterlichen Segen, und nachdem ich ihm gerührt die Hand geküßt hatte, verließ er mich...
Noch an eben dem Tage ward ich zum Prinzen gerufen, welcher mit Herrn Trani, der soeben bei ihm war und vor dem ich eine Probe meines Spiels ablegen mußte, als meinen künftigen Lehrmeister auf der Violine vorstellte... Von dieser Zeit an lebte ich genau nach Vorschrift meines Reglements, das ich fleißig durchlas, und so verstrichen drei Monate... Kurz zuvor, als wir soeben nach Schloßhof abreisen wollten, kam mein Vater zu mir und brachte mir die frohe Nachricht, daß der Prinz auch meinen älteren Bruder Joseph in seine Dienste genommen... habe... Ich konnte mich kaum lassen für Freude, und da ich nun wußte, daß mein Vater gern bisweilen ein Gläschen guten Cyperwein trank... so steckte ich heimlich dem krummbeinigen Hausknecht, meinem Aufwärter... einen Taler zu und ließ heimlich eine holen. Unterdes mußte ich meinem Vater, der begierig war zu hören, was ich bei meinem neuen Lehrmeister für Fortschritte gemacht hätte, etwas vorspielen. Ich nahm die gestochene Sammlung der Locatellischen Sonaten, die ich von diesem bekommen hatte... Meinem Vater gefiel die Überraschung, seinen geliebten Cyperwein ... bei mir in aller Bequemlichkeit zu finden, und meine Aufmerksamkeit gar sehr, und er blieb lange und gab uns einige freundliche Lehren über das Hofleben...
Schloßhof, wohin der Prinz und der gesamte Hofstaat Anfang Juni abging, war ein herrlicher Sommeraufenthalt... Meine Lehrstunden, zu welchen noch das Reiten kam... gingen hier wie in Wien ihren ordentlichen Gang fort. Überdies mußte ich bei der Tafel abwechselnd mit dem Pagen aufwarten... Anfang November trafen wir wieder in Wien ein. Meine Lehrstunden hatten sich um zwei vermindert, denn Reiten und Tanzen fielen weg; aber ich gewann dadurch mehr

Zeit, mich für mich allein üben zu können ... Trani sagte mir, ich müßte mich nun bereit halten, bei jeder Akademie (wie man in Wien die Konzerte nennt), die der Prinz den ganzen Winter hindurch alle Freitage dem hohen Adel zu geben gewohnt war, mit einem Solo aufzutreten ...
Als ich das erstemal vor dem hohen Adel auftrat, ward mein Spielen mit allgemeinen Beifall aufgenommen. Mein Lehrmeister erhielt von allen Anwesenden viele Lobeserhebungen. Allein am andern Morgen, als er zur gewöhnlichen Lektionsstunde zu mir kam, bemerkte ich, daß er etwas auf dem Herzen hatte ... Auf meine Frage, ob er etwas gegen mich habe, antwortete er: »Nein! Aber wohl gegen das gestrige Publikum, da Sie's doch wissen wollen.« – Ich stutzte. – »Dies soll Sie nicht beleidigen«, fuhr er fort. »Sie haben sich, mir und dem Prinzen Ehre gemacht ... Indes hören Sie mir aufmerksam zu und prägen Sie es Ihrem Gedächtnisse ein. Man hat Ihnen applaudiert; aber merken Sie wohl, nur weil Sie noch ein Kind sind und man Ihnen weniger Geschicklichkeit zutrauete, als man wirklich fand ... Es ist meine Pflicht, Ihnen reinen Wein einzuschenken und damit einem frühzeitigen Dünkel vorzubeugen, der sich nur zu bald einstellt und junge Virtuosen unausstehlich macht. Dagegen verspreche ich Ihnen aber auch und kann es, da ich Ihre Anlagen am besten kenne, daß Sie, wenn Sie mit dem Fleiß wie bisher fortfahren, Sie in Ihrem sieben- oder achtzehnten Jahre mit Recht verdienen werden, einem Ferrari an der Seite zu stehen ... Und nun zur Lektion, mein Sohn!«

40, 24 ff.; 38 ff.; 45 f.; 54 ff.

Görnitz, um 1800
Mittel, die Kinder von der Landarbeit ab in die Schule zu ziehen

Was den Schulbesuch betrifft, so mußte ich ihn in Kitscher erst schaffen. In Görnitz fand ich ihn schon (die Mädchen ausgenommen) ziemlich vor, und durfte ihn nur bestärken. Der Umgang in Liebe und Freiheit, die Betätigung der Geister machte, daß die bessern Kinder kaum zurückzuhalten waren. Nur ... ein Beispiel ... Als ich eben katechisierte, kam Gottfried Fischer, der Vater eines Schulknaben ... in die Schulstube, sahe seinen Jungen, und rief: Junge, das mache mir nicht wieder! Ich (unwillig): Was hat sein Sohn getan? F.: Denken Sie nur, ich schicke ihn aufs Feld, er soll Kartoffeln hacken. Da hört er, daß Sie in die Schule gegangen sind. Da läßt er alles liegen, und läuft davon! – Ich konnte bloß tadeln, daß er die Hacke hatte liegen lassen, und (da er vor des Vaters Tür vorbei mußte) sein Davonlaufen nicht angezeigt hatte ...
In Görnitz durfte ich künstliche Mittel zur Beförderung des Schulbesuchs nicht

anwenden. Die Sache ging von selbst. Ich durfte nur dafür sorgen, daß die Armen sich auszeichneten. Ich habe es erlebt, daß ein reicher Bauer zu mir sagte: Mein Junge muß fleißig in die Schule gehen. Ich werde es ja nicht leiden, daß der Bettelmannsjunge (er nannte einen Tagelöhners-Sohn) mehr lernt als meiner.
In Kitscher, wo mehr Armut herrschte, mußte ich künstliche Hilfsmittel anwenden. Zuerst brauchte ich meinen Nachbar, Meister Jahn. Er hatte vier schulfähige Kinder und etwas Feld. Ich redete ihm im ersten Frühjahre zu, seine Kinder auch im Sommer zur Schule zu halten. Jahn: Herr Pfarrer, das wissen Sie nicht. Das geht bei uns nicht. Die Feldwirtschaft bleibt liegen. Ich stellte ihm vor, kein Kind könne 14 Stunden des Tages arbeiten. Wenn er's also täglich 3 Stunden in die Schule schicke, so arbeite es dann in 11 Stunden so viel, als andere in 14. Er begriff's und sagte: Na, ich probier's ein Jahr. Wenn es aber nicht geht, so mache ich's in meinem Leben nicht wieder. Es ging ...

39, 129f.

Pulsnitz, um 1815
Das Kind als Faktotum

Meinem Vater hatte ich in Erfüllung seiner Dienstpflichten beizustehen. Mir war beim Läuten mit allen Glocken die kleine zugeteilt worden; doch konnte ich wohl auch die mittlere Glocke ziehen, wenigstens die letzten Jahre vor meiner Konfirmation, und läutete dann allein Mittag, zog die Turmuhr dabei auf, schlug in der Dämmerung die Betglocke usw. Ja, als einmal nicht zu weit von unserer Wohnung einige Häuser brannten – es war nachts elf Uhr –, und mein Vater, dessen Pflicht es forderte, zu stürmen, auch wenn sein eigenes Haus gebrannt hätte, hinaufgeeilt war, fiel mir beim Räumen und Retten ein, daß ich meiner Mutter zu wenig helfen konnte, eilte auf den Turm und löste meinen Vater ab. An der großen Glocke stehend und den Klöppel immer neunmal anschlagend, sah ich das Feuer nicht weit von mir. Von jenem Grauen, das mich überfallen hätte, wenn ich mich des Nachts so ganz allein auf dem Turme hätte denken sollen (ich war zehn Jahre alt), fühlte ich nichts ...
Ich wurde in der Stadt das Faktotum für allerlei Dinge, wo Pinsel und Farbe nötig waren. Maler Köhler war alt und wies die Leute an mich. Da gab es unaufhörlich Modelltücher zum Sticken vorzuzeichnen, desgleichen Wäsche, kleine Transparente mit Tempel und Opferflamme zu Geburtstagsgeschenken, Kirchennummern mit Ölflamme zu schreiben; desgleichen malte ich ein Hutmacherschild, einige Grabkreuze, und bei einem Tischler mußte ich einst zwei Bettstellen für ein junges bäuerliches Ehepaar mit Blumengirlanden in Ölfarbe

verzieren. Alle Stammbücher, die da zirkulierten – sie waren damals recht in Mode – gingen durch meine Hände und wurden von mir mit Blumen, Landschaften und Symbolen geschmückt.
Da ich in der Schule am besten schrieb, so eignete ich mich auch zum Abschreiben von Gerichtssachen, Käufen usw. für den Gerichtsdirektor. Es gab also immer einige Groschen zu verdienen, die denn bis zum Neujahr sich zu Talern mehrten, weil ich im zwölften, dreizehnten und vierzehnten Jahre Neujahrswünsche in Vorrat malen und nach des Vaters Willen schon im Sommer anfangen mußte, wozu ich oft vom Spielplatz geholt wurde; denn hierzu fehlte mir die Lust, und etwas Oberflächliches, oft Wiederholtes ohne weitere Vollendung und Durchführung hinzumalen, konnte mir kein Genüge geben. Ich hatte bis Neujahr oft einen Vorrat von dreißig bis vierzig Neujahrswünschen, Blumenkränzen, Landschaften mit Felsen usw., deren niedrigster Preis 6 Pfennige, der höchste 5 Groschen war. Selbst Zeichenunterricht gab ich einst, vier Knaben und Mädchen in gleichem Alter und älter als ich; die Stunde kostete pro Person einen Groschen. Ich hatte mir Vorlegeblätter selbst gezeichnet, meist Blumen ... So hatten sich die letzten Jahre vor meiner Konfirmation meine Einkünfte durch Zeichnen, Malen und Schreiben zur Zeit bis Neujahr auf zehn bis zwölf Taler gesteigert.

175, 34 ff.

Düsseldorf und Berlin, 1818 ff.
Aus der Vorgeschichte des Regulativs von 1839, das erst Neunjährigen tägliche Fabrikarbeit von 10 Stunden erlaubt

Es kann ... nicht in Erstaunen setzen, wenn wir im Jugendalter der Fabrikindustrie, wo noch kein staatliches Reglement die Verwendung von Kindern in Fabriken ausschloß oder regelte, Kinder im zartesten Alter von früh bis spät, oft auch als Nachtarbeiter ... monotone, abstumpfende Verrichtungen vollziehen sehen, behufs billigerer Produktion und erhöhter Gewinnerzielung.
Ein Zufall brachte diese Übelstände im Jahre 1823 zur Kenntnis der preußischen Regierung ... Im September 1818 hatte die Regierung in Düsseldorf in ihrem Zeitungsberichte eine Fabrikschule in lobender Weise erwähnt, die ein rheinischer Bürgermeister und Fabrikant auf seine Kosten errichtet hatte, und in welcher die in seiner Fabrik arbeitenden Kinder, abwechselnd von der Arbeit ruhend, in Religion, Lesen, Schreiben, Rechnen und andern gemeinnützigen Fächern Unterricht empfingen. Friedrich Wilhelm III. sah hierin ein Beispiel, wel-

ches rege Nachahmung verdiene, und trug der Regierung ... auf, jenem Fabrikanten seine Zufriedenheit auszusprechen ...

Das Jahr 1819 kam und mit ihm die bekannten demagogischen Umtriebe. Eine wegen derselben veranlaßte Untersuchung hatte auch gegen Lehrer von Privatschulen belastende Umstände zutage gefördert, so daß der Staatskanzler Fürst Hardenberg sich veranlaßt fühlte, den Unterrichtsminister um Übersendung eines Verzeichnisses der Privatschulen, ihrer Vorsteher und Lehrer zu ersuchen. Unter den auf Grund dieses Ersuchens durch Altenstein eingeforderten Regierungsberichten erwähnte der ... Düsseldorfer auch die oben besprochene Fabrikschule. Jedenfalls wurde hierdurch der Minister daran erinnert, daß diese Schule bereits vor zwei Jahren Gegenstand einer Kabinettsordre gewesen war, und es mochte in ihm der Wunsch entstehen, einmal Näheres über sie zu erfahren. Am 5. Februar 1821 verlangte er daher Mitteilung über die Errichtung, Dotation und Einrichtung der Schule; die Fürsorge des Fabrikanten für die in seiner Fabrik arbeitenden Kinder verdiene allen Beifall und Ermunterung zur Nachahmung für andere.

Der Düsseldorfer Regierung kam diese Verfügung sichtlich ungelegen. Kurz nachdem sie jene Kabinettsordre in ihrem Amtsblatte bekanntgegeben hatte, war ihr die Anzeige gemacht worden, daß in den Spinnereien jenes Mannes eine Menge Kinder zu elfstündiger Arbeit angehalten wurde, was sie in nicht geringe Verlegenheit setzte. Schritte sie zu einer förmlichen Untersuchung gegen den soeben erst vom König öffentlich belobten Mann, so gab sie damit gleichzeitig zu erkennen, daß ihr Zeitungsbericht, auf Grund dessen dieses Lob erst erfolgte, ein oberflächlicher gewesen war. Sie zog daher vor, auf gütlichem Wege durch Vermittlung der weltlichen und geistlichen Ortsbehörden dem Fabrikanten Vorstellungen machen zu lassen. Dieselben blieben indessen ohne jeden Erfolg, und es würde, da die Regierung fortdauernd nicht geneigt war, durch energisches Vorgehen ihren Fehler wieder auszugleichen, ein Stillstand der Angelegenheit eingetreten sein, hätte nicht jenes Ministerialreskript einem solchen vorgebeugt. Freilich hatte auch dieses noch keine rasche Erledigung zur Folge. Denn erst am 21. Februar 1823, nachdem die Regierung wiederholt und dringend gemahnt worden war, reichte sie einen vorläufigen Bericht ein ...

Nach diesem Bericht waren es zwei Spinnereien jenes Fabrikanten, in denen sowohl zu Tages- als zu Nachtarbeit Kinder vom sechsten Jahre an aufgenommen wurden. In der einen arbeiteten am Tage 96, bei Nacht 65 Kinder, in der andern bei Tage 95, bei Nacht 80 Kinder. Die Arbeitszeit währte im Sommer von 7 Uhr früh bis 8 Uhr abends, im Winter von 8 Uhr früh bis 9 Uhr abends. Die Nachtarbeit begann mit dem Schlusse der Tagesarbeit und dauerte bis zu deren Wiederbeginn.

Die am Tage arbeitenden Kinder waren in fünf Klassen eingeteilt, von denen

jede täglich eine Stunde Unterricht erhielt; die einzelnen Klassen lösten sich ab. Die Nachtarbeiter wurden zusammen nach beendeter Arbeit zwei Stunden unterrichtet. Nach einer Mitteilung des Schulpflegers hatte seit Begründung der Schulen der sittliche Zustand der Kinder sich bedeutend gebessert, gleichwohl wurden Sonn- und Feiertage oft durch Arbeit entheiligt.
Die berichteten Zustände und die Handlungsweise der Düsseldorfer Regierung ... waren ganz dazu angetan, um einen Mann, der das Herz so auf dem rechten Flecke hatte wie der damalige Unterrichtsminister, in Harnisch zu bringen. Gemeinsam mit dem Minister für Handel und Gewerbe ... tadelte er scharf das Verhalten der Regierung ... und gab ihr auf, unverzüglich zur Untersuchung der Sache zu schreiten und den Mißbrauch von Kindern unter vierzehn Jahren zu nächtlicher Arbeit sofort zu verbieten.
Dieses entschlossene Vorgehen von Altenstein verdient um so mehr anerkannt zu werden, als es trotz seiner Kenntnis von einem Bericht geschah, den ein Geheimer Oberfinanzrat ... über den Gesundheitszustand der in jenen Spinnereien zur Nachtarbeit beschäftigten Kindern erstattet hatte. Nach ihm sollten sich diese von den bleichen Berlinern durch kräftiges und blühendes Aussehen unterscheiden, die Nachtarbeit griffe sie so wenig an, daß sie auf ihrem wohl über eine Viertelmeile langen Heimwege Mutwillen aller Art trieben, und die Gewohnheit, stets bei Tage zu schlafen, sollte bewirken, daß sie sich ebenso wohl befänden wie die Tagesarbeiter. Ob dem wohl so war?
Man sollte nun meinen, daß der Tadel des Ministers die Düsseldorfer Regierung zu regerer Tätigkeit veranlaßt hätte. Indessen erst Mitte Januar 1824, nachdem von Altenstein wiederholt erinnert hatte, erfolgte ihr definitiver Bericht, der im wesentlichen dasselbe wie ihr vorläufiger enthielt und diesen nur insofern in bemerkenswerter Weise ergänzte, als er Aufschluß über die Ursache der Kinderbeschäftigung gab, die schon damals keine andere war als Egoismus und Not. Denn das Kind wurde mit zwei Groschen drei Pfennig für die gleiche Tätigkeit abgefunden, für die ein Erwachsener zehn Groschen erhielt ...
Die Bestätigung, welche im definitiven Berichte der Düsseldorfer Regierung ihre früheren Angaben erfahren hatten, rief bei dem Unterrichtsminister die Überzeugung wach, daß die Beschäftigung der Kinder in Fabriken unbedingt eine gesetzliche Regelung erheische. Ein von ihm allein befürwortetes Gesetz hätte jedoch an einer etwa entgegenstehenden Ansicht des Handelsministers scheitern müssen, weshalb er zuvor sich mit seinem Kollegen ins Einvernehmen zu setzen suchte.
Dieser war nicht ohne weiteres seiner Meinung. Ihm kam es vornehmlich darauf an, daß die nationale Industrie keinen Schaden litt. Erst nachdem er durch

einen Blick auf die englische Gesetzgebung die Überzeugung gewonnen hatte, daß es in Preußen der Nachtarbeit der Kinder nicht bedurfte, um mit der englischen Spinnerei zu konkurrieren, trat er der Ansicht des Unterrichtsministers bei...
Das Einvernehmen der beiden Minister führte zunächst zur Beschaffung geeigneteren Materials für den Erlaß gesetzlicher Vorschriften ... Zu diesem Behufe richtete Altenstein ... 1824 eine Zirkularverfügung an die Regierungen zu Aachen, Trier, Köln, Koblenz, Düsseldorf, Arnsberg, Münster, Minden, Breslau und Liegnitz. Dieselbe enthielt zehn präzisierte Fragen, welche sich teils auf Alter, Gesundheit, Sittlichkeit und Schulunterricht der in den Fabriken ... etwa beschäftigen Kinder, teils auf die Art und Dauer ihrer Arbeit bezogen; eine elfte ersuchte um Vorschläge für ein Gesetz ...
Die Beantwortung dieser Fragen würde, soweit dies die Akten erkennen lassen, in folgender Weise vollzogen. Die Regierungen beauftragten die Landräte und die Kommunalbehörden, diese wandten sich an die Fabrikanten und veranlaßten auch Schulvorsteher, Ortsgeistliche, Kreisärzte und Angehörige des Handelsstandes zur Mitteilung ihrer Erfahrungen und Abgabe ihres Urteils; nirgends aber scheinen die Kinder selbst oder ihre Eltern gehört worden zu sein, welche Vermutung ich besonders aus einer Stelle des Düsseldorfer Berichtes schöpfe, in der die Regierung selbst bekundet, daß die Kinder wohl »zu kurz gekommen seien, da die Bürgermeister in mehreren Punkten sich auf die Angabe der Fabrikanten hätten verlassen müssen«.

4, 4 ff.

Erfurt, 1842
Im Namen des Vaters

Nach der Konfirmation wurde die Frage brennend: »Was willst du werden?« Das Höchste, was ich kannte, war der Lehrer; ein Lehrer wollte ich werden. Schon als Knabe hatte ich gern »Schule« gespielt, besonders wenn ich der Lehrer sein konnte ... Ich hatte Mutter und Tante Gretchen oft gebeten, Schritte zu tun, die mich zum Lehrerberuf führen möchten. Die Antwort war gewesen: »Was du werden sollst, das hängt vom Vater ab.«
Wer beschreibt mein Entsetzen, als dieser sich eines Morgens zu mir wendet: »Heut nachmittag 4 Uhr gehst du zum Schneider Zeh, Pergamentergasse 3; ich habe mit ihm gesprochen; du kommst da in die Lehre. Schneider ist eine gute Profession.« »Aber Vater«, erwiderte ich erschrocken, »ein Schneider soll ich werden, ich will doch ...« Er schnitt mit einem Blick nach der Peitsche, mit der

er den ungehorsamen Hund zu liebkosen pflegte, das Wort ab. »Hast du gehört? Du gehst!«
Er ging. Ich blieb wie versteinert stehen. Dann fiel ich auf einen Stuhl. Qualvolle Stunden. Allerhand Bilder drängten sich vor meine Seele; aber was war zu tun! Nach und nach legte sich Angst und Weh. Ich hatte kurz vorher die Reisebeschreibung eines Schneidermeisters durch Palästina gelesen. Er hatte das heilige Land durchwandert; seine Erzählung war fesselnd. Ich dachte: Schneiderlehrling, Gesell, Wanderschaft in die weite Welt bis nach Amerika und Australien; nach der Rückkehr Meister mit einem hübschen Laden voll fertiger Röcke, Westen und Hosen. Vielleicht könnte das auch gehen.
Zur bestimmten Stunde machte ich mich auf den Weg ... Ein kleines, halb verfallenes Haus, davor ein auf drei großen Steinen zu überschreitender Bach ... Blick auf einen engen, verbauten Hof ... Am Eingang ein Schildchen: Andreas Zeh, Schneider für Zivil und Militär. Die Stube rechts im Erdgeschoß stand offen. Gegen die niederen Straßenfenster saßen in erhöhter Rundbank emsig arbeitend vier Personen. Der kleine, dicke, rotköpfige Mann, welcher bald diesen, bald jenen anfuhr, mußte der Meister sein. Er nahm eine Prise Tabak mit der Schere aus einer dastehenden Dose und führte sie wie im Wurf gegen die Nase ... »Wer bist du?« fuhr er herum, als er mich in der Haustür bemerkte. »Ich bin Karl Weiß. Mein Vater schickt mich her.« Mit affenartiger Behendigkeit hüpfte Meister Zeh aus der Maus, zog die Türe bei, lehnte sich, die Arme über die offene Brust gekreuzt, mit wichtiger Miene gegen einen Tisch und gebot: »Hierher!« Ich gehorchte. »Im Namen des Vaters, des Sohnes und des heiligen Geistes«, schnarrte er heraus. »Ich habe alles mit deinem Vater abgemacht. Du bist mein Lehrjunge. Montag um sechs früh fängst du an. Du lernst vier Jahre. Das letzte Jahr kriegst du halben Gesellenlohn. Für die erste Hose, die du ordentlich gemacht hast, gibt es zehn Groschen. Alle vierzehn Tage darfst du sonntags nach Hause. Der Meisterin hast du die Wege zu gehen, so oft sie ruft. Und«, fuhr er fort, indem er die ausgebreitete Hand wie zu einem mächtigen Schlage erhob, »das sage ich dir noch, jeden Abend um zehn hast du den« – er nannte ein unaussprechliches Gefäß, welches durch die sanitären Einrichtungen der Städte heut wohl überall verdrängt ist –,« hinaus in die Gosse zu tragen und rein zu spülen, und wenn du einen Mucks tust, so ...« Ich fühlte im Geist bereits den unverdienten Schlag; er hatte noch nicht das letzte Wort gesprochen, da war ich schon mit einem lauten Schrei auf die Gasse gesprungen ...
In höchster Erregung stürzte ich, nicht Herr meiner selbst, zu Tante Gretchen. Atemlos, zitternd, totenbleich. Endlich finde ich Worte, das Ungeheure mitzuteilen. Sie ist ernst, nachdenkend. »Beruhige dich! Ich weiß, du willst durchaus Lehrer werden! Und das kostet so viel Geld, wir aber haben keins!«

»Tante«, erwidere ich, »ich will alles verdienen; Akten und Noten schreiben, Tag und Nacht arbeiten!« Nach einigem Überlegen sagte sie: »Ich will mit deinem Vater reden.« Es geschah. »Machts, wenn ihr könnt«, war sein kurzer Bescheid, »ich kann es nicht.«
Tante und ich gingen ans Werk. Zwei Seminarlehrer hatten in Erfurt eine Präparandenanstalt eingerichtet, durch welche der Weg im glücklichen Fall ins Seminar führte. Das Schulgeld betrug für das Jahr 12 Taler. Es müssen also täglich 10 Pfennige verdient werden. Das ging. Für vier Seiten Notenschrift bekam ich zwei Groschen. Arbeit war vorhanden.

214, 27 ff.

GLATZER BERGLAND, 1843 ff.
Hirtenarbeit

Ein echtes Bauernkind »wächst«, wie der Volksmund sich drastisch ausdrückt, »beim Viehe auf«. Von Hund und Katze will ich gar nicht sprechen, denn diese Tiere spielen wohl bei jedem Kinde in Stadt und Land ... eine wichtige Rolle. Im Bauernhaus aber gibt es Küchlein, junge Gänse und selbst junge Ziegen, die nicht selten eine Zeitlang in der Wohnstube einquartiert werden müssen, damit sie die nötige Wärme und Pflege erhalten. So lästig und widerwärtig das für die Erwachsenen auch sein mag, mir machten die Tierchen Freude ...
Kaum hatte ich die Schwelle der Schule übertreten, so gestaltete sich das Verhältnis gegenüber diesen Tieren ernster; ich wurde ihr Hirt, und diese, d. h. die jungen Gänslein, bildeten meine Herde. Die Küchlein bedurften allerdings nicht meiner Hut, sie fanden den besten Schutz unter den Flügeln der Gluckhenne; da sie sich aber beikommen ließen, von der alten Henne angeleitet auf das nächste Feld hinter dem Hof zu ziehen und dort ihre Exerzitien im Kratzen und Scharren auf der jungen Saat vorzunehmen, so wurde ich beauftragt, an dem Saatfelde Wache zu stehen und die unbotmäßige Hühnerschar dorthin zu verweisen, wohin sie ... gehörte. Es war dies mein erster Posten, den man mir anvertraute; er brachte nicht mehr als einige Püffe ... im übrigen aber hatte ich bereits das nötige Selbstbewußtsein und fühlte es, daß ich ebensoviel oder gar noch etwas mehr bedeutete als eine Vogelscheuche ...
Das Gänsehüten war mir manchmal recht sauer, besonders an den Sonntagnachmittagen. Ich wußte, die Kameraden spielten ... »Soldaten und Räuber«, und ich ... mußte die »dummen« Gänse hüten ... Manchmal, wenn das Jubelgeschrei der Spielkameraden an mein Ohr drang, weinte ich bitterlich und flehte, mir wenigstens auf eine Stunde die goldene Freiheit zu schenken und

mich des Dienstes zu entbinden, aber die Mutter war in diesem Punkte unerbittlich ... An den Wochentagen, wo auch meine Mitschüler ans Spiel nicht denken durften, war mein Amt ... erträglicher ...
Mit meinem dreizehnten Lebensjahre hatte ich es bis zum Kuhjungen oder eigentlichen Hirten gebracht. So ein Titel hatte vor fünfzig Jahren in hochgelegenen Gebirgsgegenden noch eine ganz andere Bedeutung als in der Gegenwart ... Im Gebirge wurden Kühe, Jungvieh, Schafe, Ziegen und Schweine vom Mai ab bis zum Spätherbst auf die Weide getrieben. Als Weideplätze dienten große Brachen, die vier bis sechs Jahre hindurch nicht umgepflügt wurden ... Die Ruhe des Ackers mußte den Dünger ersetzen.
Als wirklicher Kuhjunge oder Hirt hatte ich das Recht, einen Hirtenkittel aus Leinwand mit roter Paspelierung zu tragen, aber wegen Überfluß an Geldmangel in der Kasse meiner Eltern mußte ich, so schmerzlich es für mich war, auf dies Recht verzichten; dagegen machte mir der sog. »kleine Schneider« aus gebleichter Hausleinwand eine Hose; der Onkel, ein Stellmacher, versah mich mit einer Peitsche; auf einer alten »Alme«, d. i. Brotschrank, fand ich bei allerlei Waren ein altes Bockshorn zum Tuten, und ein »gelernter« Schäferhund stand mir zur Seite. Meine Herde bestand aus etwa zwölf Rindern, alten und jungen, zwanzig Schafen, mehreren Ziegen und Schweinen. Der erste Auftrieb war ein Ereignis für das ganze Haus. Sämtliche Familienmitglieder wurden aufgeboten, um die von ihren Fesseln befreiten unbändigen Tiere in gehöriger Ordnung zu erhalten ... Der Weg führte durch einen herrlichen Wiesengrund eine steile Berglehne hinan und war von mächtigen Ahornbäumen, Ulmen, Eichen und wilden Obstbäumen gut beschattet ... Hinter dem Wiesengrunde erhob sich ein kleiner Fichtenwald ... Hier wurde gewöhnlich eine kleine Rast gehalten, denn nun begann ein mühseliges Aufsteigen auf den Gebirgskamm, wo sich der eigentliche Weideplatz befand ... Der Auftrieb erforderte nahezu eine Stunde Zeit, und doch wurde er bis nach der Ernte täglich zweimal ausgeführt. Das Treiben selbst war eine Geduldsprobe für mich. Während die Kühe vorauseilten, war das Jungvieh oft kaum von der Stelle zu bringen ...
Nur ein Jahr währte mein Hirtenleben, dann wurde ich des Dienstes entbunden. Da ich vom 1. Mai bis Ende Oktober die Schule wöchentlich nur zweimal vormittags und viermal nachmittags besuchen durfte, so beschränkte sich meine Unterrichtszeit auf wöchentlich sechzehn Stunden ... das Versäumte wurde aber in den Wintermonaten schnell eingeholt.

116, 54 ff.

Frankfurt/Oder und Berlin, 1857ff.
Die kleine Näherin

Ich kam erst etwa im zehnten Jahre in die Schule. Lesen, Schreiben, und Rechnen hatte ich von meinem Vater gelernt. Bei der Prüfung wurde ich für die dritte Klasse reif befunden. Es war eine Mittelschule, in einem alten Kloster untergebracht, und sie galt für die damalige Zeit als eine gute Schule. Es hieß, daß die Mädchen dort vor allem zu »guten Sitten« erzogen wurden. Leise, zart und sanft sein war das Frauenideal dieser Zeit, und der Vater hatte gerade an der Mutter ihre Sanftheit geliebt und wollte, daß auch die Töchter so wurden.
Lange bin ich nicht in die Schule gegangen. Als ich dreizehn Jahre alt wurde, zog der Vater mit uns nach Berlin, und hier war es mit meinem Schulbesuch vorbei. Ich mußte arbeiten und mußte mitverdienen. Es brauchte kein großer Familienrat abgehalten zu werden, um den richtigen Beruf zu wählen, denn groß war die Auswahl für Mädchen damals noch nicht. In der Schule war ich immer gelobt worden, weil ich gut nähen und vor allem gute Knopflöcher machen konnte. Ich sollte also Wäsche nähen. Die Frau eines Sattlergesellen hatte in der Neanderstraße eine Nähstube für Oberhemden. Es wurde noch alles mit der Hand genäht ... Einen Monat lernte ich unentgeltlich, dann gab es monatlich drei Taler. Zwei Jahre später verdiente ich schon fünf Taler jeden Monat. Dabei blieb es dann aber auch einige Jahre. Um noch etwas nebenbei zu verdienen, nahm ich abends Manschetten zum Durchsteppen mit nach Hause ... Einen Groschen gab es für das Paar. Wie oft mögen mir jungem Ding da wohl die Augen zugefallen sein, wie mag mir der Rücken geschmerzt haben! Zwölf Stunden Arbeitszeit hatte man immer schon hinter sich, von morgens bis abends acht, mit kurzer Mittagspause.

7, 9f.

Bodnegg usw., 1858
Als Schwabenkind in die weite Welt

Fast gleichzeitig im Frühjahre verlassen in den Tälern um den Arlberg auch arme Kinder von 10–16 Jahren die Heimat und ziehen, nicht selten sogar guten Humors, geführt von einzelnen Erwachsenen, hinaus nach den schwäbischen Ufern des Bodensees, in das Allgäu oder direkt Ravensburg zu, wo sie am großen Markte um Josefi von den anwesenden Bauern gegen eine Entlohnung von 4–20 fl. und diversen Kleidungsstücken als Hirten, Fahrbursche etc. in Dienst genommen werden. Oft aber auch gibt es Tränen, die das manchmal unterwegs sich einstellende Heimweh erpreßt. Doch der große Nothelfer St. Christof, eine Riesenstatue aus Holz im Kirchlein am Arlberge, die nach der Sage ein Hirtenknabe mit seinem Taschenmesser geschnitzt haben soll, ist daher Hütkindern besonders gut und gefällig und hilft und stillt das Weh der über den Arl Wandernden sogar mit seinem eigenen Fleische. Die Kinder besuchen ihn bittend in ihrem Anliegen, schneiden aus seinen Körperteilen kleine Holzstücke und jedes verwahrt ein solches als Talisman gegen Heimweh über den ganzen Sommer in der Tasche ...

Munter dagegen vollzieht sich die Rückkehr dieser Kinderscharen im Spätherbst. Frohes Wiedersehen, klingendes Geld im Sacke, prächtige Kleider und ein Sträußchen auf dem Hut, das macht fröhlichen Mut, der sich in frohen Liedern und lustigen Juchzern kund gibt, besonders wenn sie den griesgrämigen Arl hinter sich haben, der nicht selten schon um diese Zeit den glücklichen Heimzüglern verderbendrohenden Schneesturm und eisigen Wind aus vollen Backen entgegenbläst. Auch Schreiber dieser Zeiten wäre der Bosheit des unwirschen Alten beinahe ein Opfer geworden, daher eine kleine Episode aus seiner Jugendzeit entschuldigt werden möge. Völlig etwas unternehmend veranlagt, wollte ich 12jähriger Franzl im Frühjahre 1858 auch mit anderen Schulgenossen in das Schwabenland gehen, um ganz besonders zu Hause dem verhaßten Wurzelklauben in der Furche hinter dem Pfluge zu entkommen. Konnte ich in Schwaben doch einen Lohn in Barem und hohe Stiefel verdienen und nebenher nach »Schwäbisch« lernen. Mein Wille war stark und die Erlaubnis endlich erbeten. Bald wurde auch der Bündel geschnürt und mit der Begleiterin paktiert ... und fort gings nun mit fünf Reisegefährten St. Christof zu ... Bald war die Bitte angebracht und der Talisman geborgen ... Wir ... passierten munter verschiedene Dörfer Vorarlbergs und bekamen endlich Bregenz in Sicht ... Franzl staunte ... Auch Lindau mit seiner langen Holzbrücke gefiel ihm gut, doch hätte er lieber bald Ravensburg ... gesehen, weil er müde und daher bereits reisesatt war. »Noch eine Stunde«, sagte die Begleiterin, als eben ein Herr mit einem Einspänner uns entgegenfuhr. Er hielt an und fragte, ob einer von uns Lust hätte, bei seinem Herrn bis 28. Oktober (Simon und Judas) Dienst zu nehmen. »Ja!« rief ich schnell, »wenn ich 1 Fl. Hafti (Angeld), 7 fl. Lohn und ein doppeltes Häs (Kleid) bekomme.« Meine Forderungen wurden sofort gewährt. Franzl nahm Abschied von seinen Kameraden und seiner Führerin mit dem Auftrage, daß diese ihn um »Simonjudi« wohl sicher abhole. Nach stundenlanger Fahrt kamen wir spät abends in die kleine Ortschaft Haargarten, zur Pfarrgemeinde Bodnegg gehörig, wo der Knecht vor einem Bauernhofe anhielt und mich sogleich der Hausherrschaft mit den Worten vorstellte: »Da bring i Eu amal an eachta Tiroler!« »So, das ist recht, Xavöri«, sagte die stattliche Bäuerin. Ihr schwerkranker Gemahl reichte mir aus dem Bette heraus die Hand zum

Gruße. Ich wurde freundlich aufgenommen, wohl gepflegt und aber auch abends noch vom Knechte in meine täglichen Arbeiten im Stalle eingeweiht.
Am Morgen wollte ich dieselben auch getreu der gegebenen Anweisung ausführen, wurde aber durch eine schallende Ohrfeige und den Schrei: »Han i gsait, du sollst so viel neh?« belehrt, daß ich abends den Mann nicht ganz verstanden hatte ... Seine Methode machte mich stutzig und reifte in mir sogleich der Entschluß, gleich meinem vor kurzem dagewesenen Vorgänger Reißaus zu nehmen und mich am nächsten Markttage in Ravensburg anderweitig zu verdingen. Dieser Plan ... kam jedoch glücklicherweise nicht zur Ausführung, denn mein Gestrenger wurde wegen gewohnheitsmäßiger Trunkenheit ... bald entlassen ...
Ein anderer in jeder Hinsicht guter und liebenswürdiger »Xavöri« trat aushilfsweise dafür ein und ich lenkte das Pferd und die Ochsen am Wagen und Pfluge nach dem Parere des »Xavöri« auch der Frau gegenüber geradezu mustergültig und ich war stolz.
Der Tod erlöste endlich den Hausherrn Josef Hain von seinem langen Krankenlager und nach einer Trauerzeit von ungefähr zehn Wochen reichte ... die noch junge, hübsche Wittfrau einem ebenso liebenswürdigen und stattlichen Bauernsohne aus Waldburg ... die Hand ...
Beim Hochzeitsmahle gab der um diese Zeit damals am Sternenhimmel aufgetauchte große Komet Anlaß zu verschiedenen ernsten und heiteren Deutungen. Hörte ich doch auch unter anderem, daß der Weltuntergang nahe sei ... Franzl meinte dagegen, daß das Werkl vielleicht doch noch 45 Tage halten könnte und wenn er dann wieder in die Berge komme, sei er sicher außer Gefahr. Diese 45 Tage waren auch bald um und gleich dem Herodes wartete ich mit Ungeduld auf die Ankunft meiner Begleiterin. Endlich war sie da. Der Reisesack wurde gepackt und die langen Stiefel darübergebunden, die 7 fl. Lohn, bestehend in 3 großen Talern, dankbarst in Empfang genommen und in die äußere Rocktasche gelegt und mit dem Versprechen, nächstes Jahr wiederkommen zu wollen, verabschiedete ich mich ...
Froh gings nun fort ... Im Gasthaus zum Löwen im Klösterle vor dem Arlberg war die letzte Nachtstation und da sich meine Führerin als Verwandte des Wirtes einige Tage dort aufhalten wollte, wurde ich der Obhut einer ebenfalls mit ihrem Sohne heimkehrenden Bekannten übergeben.
Über die Nacht war ziemlich viel Schnee gefallen ... Bei eisigem Nord- und Schneewehen ging es Stuben zu. Der Schnee wurde stets tiefer und kaum vermochte ich mehr meiner neuen Führerin und ihrem starken Sohne, die beide schon bereits außer Sicht waren, zu folgen. Ein gewaltiger Sturm warf mich in den Schnee ... Vergeblich blickte ich nach meiner Begleiterin aus und setzte weinend den Weg nach Stuben, das ich nach meiner Meinung doch bald erreichen müsse, mit dem Sturm ringend fort. Mich fror entsetzlich, besonders an

der rechten Hand, mit der ich den Stock hielt. Ich wechselte und wollte sie in den Hosensack stecken; allein es ging nicht, Finger und Hand waren zu starr und steif. Ich wurde schläfrig, meine Kräfte schwanden, als ich oberhalb der Straße eine Kapelle erblickte, in der ich Schutz und Wärme suchen wollte. Ich stieg den Rain hinan, sank aber erschöpft in den Schnee und – der Todesschlummer umfing mich – Männerstimmen schlugen an mein Ohr, ich erwachte durch unsanftes Ziehen, Schütteln und Zerren an Händen und Füßen... Von Bregenz kommende Soldaten waren meine Lebensretter. Sie schleppten mich nach Stuben, wo mir durch die Frau Postmeister Fritz... die sorgfältigste Pflege zuteil wurde... Meine Hände und Ohren waren hart gefroren und konnten nur durch tüchtige ärztliche Hilfe gerettet werden... Das Wetter wurde freundlich und der Franzl wieder munter... Und als er am Allerheiligentage nachmittags unter den Seinen stand, die drei Taler aus der Rocktasche nahm und sie dem Vater... stolz überreichte, da war er in der festen Überzeugung, daß dem Vater nun auch nichts mehr fehlen könne, völlig glücklich und vergaß auf Hand, Ohr und Schicksalstücke.

112, 58 ff.

Rammersweier, um 1860
Abenteuer beim Geldverdienen

Der Bauer hat an barer Münze nie Überfluß. So versuchten wir Kinder wenigstens für Schulbücher und Utensilien die nötigen Kreuzer zu verdienen. Wir sammelten Heidelbeeren im Kalerberg und trugen sie im Tragkorb auf dem Rücken anderntags zu Fuß nach Straßburg. Die Ausstellung war auf dem Gemüsemarkt, dort lösten wir für das halbe Liter einen Sou. Zum Schluß wurde in einem obskuren Lokal eine Elsässer Schüssel Kaffee mit einem Souwecken genommen. Dann zogen wir vorsichtig durch die Gäßchen heimwärts, denn sie waren sehr eng, und es konnte einem die Mütze von den Fenstern aus abgezogen werden. Geschah das und man wollte einen Eingang in das Diebshaus suchen, so trat man auf eine Falltüre, sank in die Tiefe und wurde dort vom Charcutier mitleidslos zerhackt und verwurstet. Dies flüsterten wir uns zu. Es wurde uns erst behaglicher, als wir wieder auf unseren badischen Gauen wandelten.
Am liebsten wurden die Kreuzer bei der Treibjagd verdient. Der Hauptpächter vieler Gemeindejagden war ein zeitweilig in Offenburg wohnender Franzose... ein Kammerherr Napoleons III. Seine Jagdgäste waren Franzosen und Engländer, einige Offenburger und ab und zu ein Herrenbur durften auch mittun. Der Oberjäger und Organisator seiner Treibjagden war Himmelsbach der Jüngere.

Freudige Erregung durchzuckte uns Buben, wenn der stattliche Jägersmann ins Schulzimmer trat, und glücklich waren die als Treiber Erwählten. Drei, vier und oft mehr Tage dauerte das Jagen. Drei, mitunter sechs Batzen war unser Tagessold. Von den bewunderten Engländern und Franzosen wurde uns manch Gläschen Wein, Kognak oder ein Wurstzipfel als Zubuße zuteil. Es soll vorgekommen sein, daß ein geschossenes Stück Wild nicht aufgefunden werden konnte, aber doch den Weg ins Dorf fand. Wir gingen abends nach Hause und redeten in fremden Zungen, aufgeschnappte Brocken radebrechend. Aber davon, daß wir eine Art Frondienst für die Herren getan hatten, wußten wir nichts.

12, 23 f.

6.5. Schulbrauch, Schülersitten und Schulzwang

Kommentar
Eger, um 1490   Schüler und Schützen unterwegs
Rostock, um 1535   Die Deposition des neuen Schülers durch seine künftigen Genossen
Sterzing, um 1562   Harte Verfolgung durch den Schulmeister gebietet Schul- und Ortswechsel
Mansfeld, um 1580   Vom Verhalten der Schüler, die Almosen sammeln
Memmingen, 16.–19. Jh.   Das Kinder-, Schul-, auch Königsfest
Berlin, 1657   Ein Schulkrieg und ein Versuch, ihn zu beenden
Paderborn, 1666   Schuldisziplin auf einem Jesuitengymnasium
Berlin, um 1720   Funktion der Schüler bei einem öffentlichen Schauspiel
Schulpforta, um 1755   Der Pennalismus, eine Form der Selbstregierung
Dillingen usw., um 1771   Praemium, Degen und türkische Musik
Berlin, 1782   Schülerprügel
Idstein, 1790   Schulgesetze zur Bekämpfung der burschikosen Lebensart

Langensalza, 1797   Der Durchbruch von Quinta nach Quarta
Berlin, um 1810   Leben im dumpfer Sklaverei
Bernburg, 1817   Moralischer Zwang und erweckte Bestialität
Jena, um 1820   Eine Schule aus der Reformationszeit im 19. Jahrhundert
Stuttgart, um 1830   Der Winterschlaf: Ein Schüler nimmt sich frei
Berlin, 1838   Heyse kommt in Tee
Schulpforta, um 1845   Begraben und Ersäufen des Examenmannes
Königsberg, 1873 ff.   Geist des Jahrhunderts in der Volksschule

Seit dem Sieg des Schulzwangs und dem Ausbau des Schulwesens wird der Schulalltag selten sachlich dargestellt. Es überwiegen komisch-sentimentale Genrebilder und Karikaturen, beides erwachsene Versuche, sich der Demütigung durch die Institution, verkörpert im Lehrer, nachträglich zu überheben.
Aus: J. F. Schlez, Gregorius Schlaghart und Lorenz Richard oder die Dorfschulen zu Langenhausen und Traubenheim. Nürnberg 1795 (Neudruck Leipzig 1890).

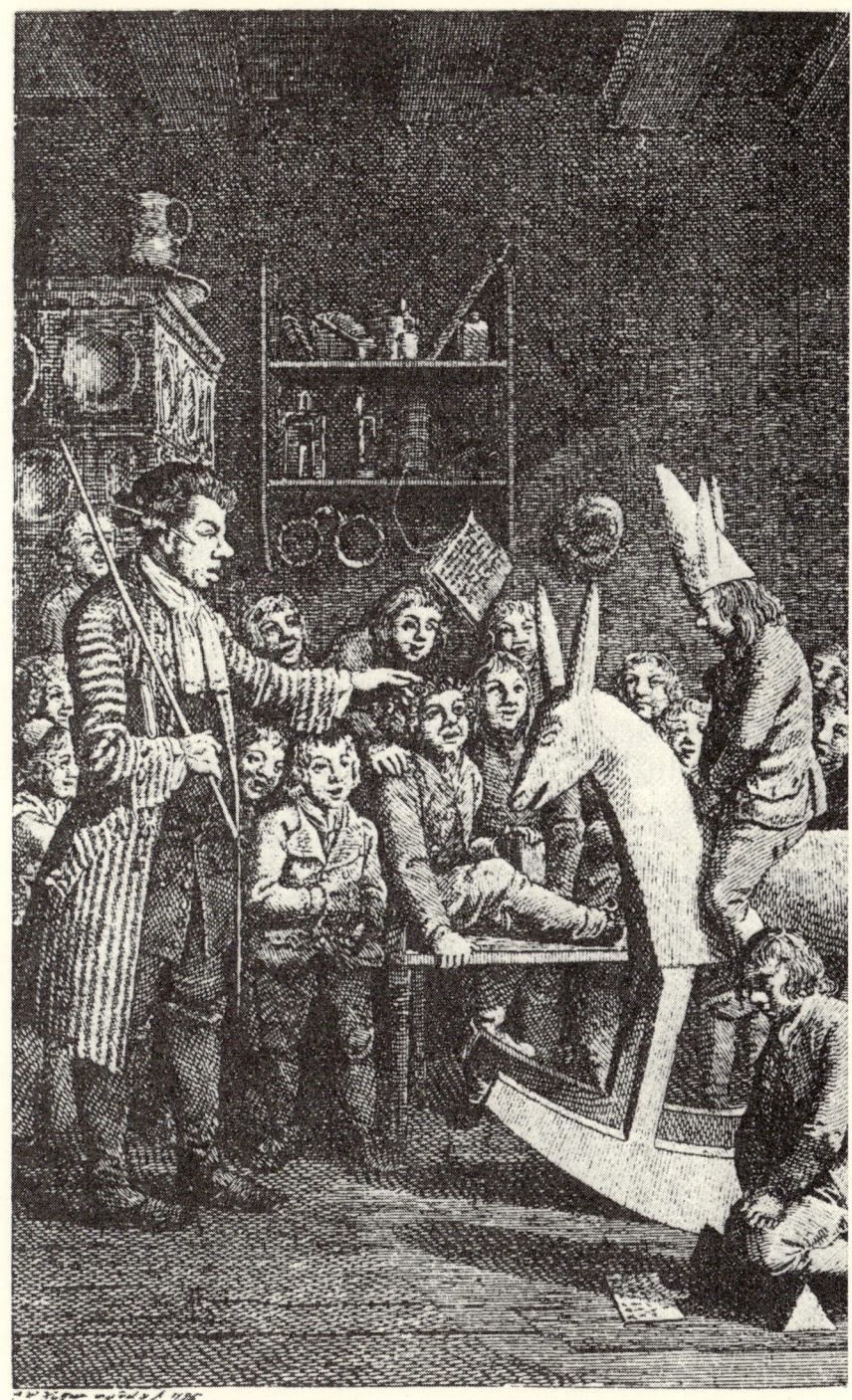

Kommentar

Der Schülerstand genoß, wie jeder andere, Privilegien. Das gilt am längsten für Lateinschüler und Gymnasiasten, aber auch nachweisbar für die Schüler und Schülerinnen der niederen Stadtschulen. Die Privilegien, also Freiheiten und Ansprüche, übersieht man leicht, weil das Erschrecken über die Prügelpädagogik im Schulzimmer den Blick verstellt. Die Verhältnisse sind aber komplizierter. Einesteils prügelt der Lehrer eigentlich nicht aus erzieherischen Gründen bei Disziplinverstößen, das kommt mal vor, sondern aus didaktischen: Wer etwas nicht kann oder nicht versteht, muß von seiner Dummheit und Verstocktheit abgeschreckt werden. Macht der Lehrer oder die Schule – sie hatte ja eine z. T. weitreichende Rechtsgewalt – einen dem Schüler oder der Schülerschaft ungerecht erscheinenden Gebrauch von ihrem Straf- und Züchtigungsrecht, dann entzog man sich ihrem Zugriff. Beredt klagen die Rektoren über das Entlaufen der Schüler. Die Schüler und Schützen des 16. und 17. Jahrhunderts sind ja ohnehin auf Wanderschaft von Schule zu Schule, von Lehrer zu Lehrer, auf der Suche nach Wissens-, aber auch Nahrungserwerb. Viele Schüler leben von Almosen, auch dann noch, als sie seßhafter geworden sind. Das Sammeln der Spenden versucht die Schule zu regeln: Was an Brot und Geld zusammenkommt, verteilt der Rektor nach Bedürfnis und Würdigkeit. An die Stelle des Almosengebens an die Kurrende – es erhält sich aber bis weit ins 19. Jahrhundert hinein – tritt als modernere Sitte das Gewähren von Freitischen. Viele Schüler waren in jungen Jahren auf sich gestellt, hatten eine Unterkunft bei einem Handwerker u. ä., die der Vater bezahlte, und nährten sich, wenn sie Glück hatten, an allen Tagen der Woche, reihum bei den Bürgern am Mittagstisch.

Zu den einträglichen, aber oft auch sehr anstrengenden Privilegien des Schülerstandes gehörten außerdem die besonderen Singumgänge in der Weihnachtszeit oder sonst bei Kirchenfesten und vor allem die Begleitung der Leichen, eine Tätigkeit, die natürlich honoriert wird. – Ehe Ferien und Wandertage aus pädagogischen Gründen erfunden wurden, hatten Schulkinder das Recht auf ein Fest, eigentlich: den provokativen Auszug aus der Schule ins Freie. Solche Feste haben den Sinn, wenigstens einmal die Last der Schule aufzuheben, denn daß man gern in die Schule geht, sie als eine Wohltat empfindet, das erwartet man noch nicht. Im Lauf der Jahrhunderte verwandeln sich diese Schulauszüge in Kinderfeste, die man für Schüler veranstaltet, vergnügliche, aber unter der Oberherrschaft der Lehrer und Erwachsenen sehr sittsam der vernünftigen Hierarchie von groß und klein entsprechende Zusammenkünfte.

Die Schüler waren bewaffnet, sie trugen Degen und wußten sie bis zum Ende des 18. Jahrhunderts zu gebrauchen; Lehrer werden bedroht; mit anderen Gruppen, Lehrlingen und Handwerksgesellen, liefert man sich nächtliche Kämpfe; aber auch miteinander ist man nicht zimperlich. Auf J. J. Moser (1701 bis 1785) werden in Stuttgart zwei Attentate von Mitschülern verübt, aus Neid und Rachsucht, denen er nur durch die Hilfe einiger Bäckergesellen und das zweite Mal – es wird auf ihn geschossen – durch Glück entkommt. Von polizeilichem Eingreifen ist nicht die Rede. Anders etwa 70 Jahre später, wo zwei 15- und 16jährige Schüler, die sich wegen eines Mädchens zu duellieren wagen, wegen dieser Anmaßung ins Stockhaus gesperrt werden. Die Anmaßung liegt weniger im Duell als im Alter der Protagonisten. – Die Zeiten ändern sich und mit ihnen die Schule und die Schülerschaft. Die gewissermaßen natürliche Renitenz eingesperrter und immer minutiöser reglementierter Schüler nimmt andere Formen als die der offenen Gewalt an: Es ist die List im Unterlaufen der Regeln und die Gemeinheit gegenüber jenen Vertretern der Schulhierarchie, die schwach genug scheinen; die Zeichen-, Schreib- oder Französischlehrer der Gymnasien eignen sich vorzüglich zum Ausleben der aufgestauten Schülerwut. Selten und immer seltener werden die vom Schülerstand artikulierten und selbstbewußt vertretenen Beschwerden. Adolf Glassbrenner (1810–1876) soll führend an einem Streik Berliner Schüler beteiligt gewesen sein, der sich über ein Vierteljahr hinzog. Otto von Corvin (1812–1886) erlebte im Berliner Kadettenhaus eine Rebellion, Klagen über das Essen waren der Anlaß, in deren Verlauf die pädagogisch-militärische Autorität doch einmal in ihre Schranken verwiesen werden konnte.

Die Auflösung des Schülerstandes wird auch durch die Verbesserung des Schulwesens gefördert, die es den Familien ermöglicht, die Schüler bis zum Abgang auf die Universität bei sich zu behalten. Erst die doppelte Einbindung in Familie und Schule schafft die Voraussetzung für jene Zustände, die mit dem Wort Schulangst treffend zu bezeichnen sind. Lange Jahre bleibt es der Alptraum von Gustav Parthey (1798–1872), noch auf den Bänken des »Grauen Klosters«, eines renommierten Berliner Gymnasiums, zu sitzen. Dabei war er ein guter Schüler und hatte, wie er eigens betont, keine Ursache, über seine Lehrer zu klagen.

Der Aufschwung des niederen Schulwesens im 19. Jahrhundert, die Hebung des Lehrerstandes durch die Seminarbildung und der damit begründete Zuwachs an Autorität, schließlich der Sieg der Schulpflicht, schufen auch in der Volksschule die Voraussetzungen für Schulangst. Gewiß besuchten viele Kinder gern die Schule, weil sie dort hin und wieder etwas Interessantes erfuhren, sich einige Stunden ausruhen und ihre Freundschaften mit anderen Kindern pflegen konnten. Dieses Vergnügen hatte aber einen Preis. Während an den Gymnasien nicht mehr geschlagen, sondern mit Arrest- und Abschreibarbeiten gestraft wurde, entwickelte sich die Volksschule zur Domäne der Prügelpädagogik. Die Lehrer gerade der größeren und gegliederten städtischen Schulen haben hier freie Hand – welche armen Leute haben den Mut, selbst bei Körperverletzung, den Rechtsweg zu beschreiten? In den seltensten Fällen kann das Kind also auf den Schutz der Eltern rechnen. Hinzu kommt etwas anderes: In der Volksschule ist, neben anderen, fortschrittlichen Zwecken, aber nicht zuletzt, von Anbeginn ein zivilisatorischer Dünkel institutionalisiert, der sie für unzählige Kinder zu einem Ort unaufhörlicher Demütigung macht. Ein Leipziger Lehrer schickt ein Arbeitermädchen nach Hause, weil es gewagt hat, ohne die vorschriftsmäßige Schürze zu erscheinen. Es besitzt keine. Woher die Eltern dieses kostbare Kleidungsstück nehmen, wovon sie es bezahlen sollen, das kümmert die Schule nicht.

LITERATUR:
F. Wellendorf, Schulische Sozialisation und Identität, Weinheim 1973, Zur Sozialpsychologie der Schule als Institution, Weinheim und Basel 1973
Ch. Berg, Die Okkupation der Schule
Eine Studie zur Aufhellung der gegenwärtigen Schulprobleme an der Volksschule Preußens 1872–1900, Heidelberg 1973
F. Meyer, Schule der Untertanen. Lehrer und Politik in Preußen 1848–1900, Hamburg 1976

Eger, um 1490
Schüler und Schützen unterwegs

Als endlich hier die Pest ausbrach, flohen wir von dannen und wandten uns wieder gen Deutschland mit dem Wunsche, in der Stadt Eger zu überwintern, wenn ein Platz in der dortigen Burse frei wäre. Auf der Reise dahin trafen wir in der Herrschaft der Grafen von Schlick, fünf Meilen von Eger und eine Meile von dem gräflichen Flecken Elbogen, gar wunderbare und berühmte warme Quellen an, darinnen wir badeten, und brachten hier zwei bis drei Wochen zu. Danach setzten wir unsere Reise fort und wurden in die Schule zu Eger aufgenommen, und dazu bekamen wir beide ein Unterkommen bei reichen Familien, um den Knaben des Hauses beim Studium nachzuhelfen.

Der Schüler freute sich zwar über sein unverhofftes Glück; das meinige aber, was etwas günstiger schien, erregte in ihm Neid und großen Verdruß. Er sagte nämlich: »Es ist nicht billig, daß ein Schütze wie du so bald in der Fremde erhöht wirst und bessere Tage haben soll als ich.«

Weil er nun infolge seiner neuen Stellung selbst meines Dienstes zum Betteln nicht mehr bedurfte, so übergab er mich zwei anderen großen Schülern, für die ich den ganzen Winter hindurch betteln sollte. Darüber beklagte ich mich bei dem mir anvertrauten Knaben, und dieser sagte es seinen Eltern. Daraufhin wiesen diese mich an, ich solle täglich gleich mit dem Knaben nach Hause kommen und jene laufen lassen. Da ich nun einigemale gegen das Verbot des Schülers also getan hatte, da ergriff er mich eines Tages, als wir aus der Schule nach Hause gehen wollten, schleppte mich mit seinen Genossen auf deren Zelle, riß mir alle Kleider vom Leibe, schlug mich lange Zeit über den ganzen nackten Körper mit Ruten und ließ mich dann gebunden bei großer Kälte in der Kammer eingeschlossen liegen bis zum andern Tage. Des Morgens frug er mich, ob ich wohl jetzt mich zu dem Dienst der Schüler verstehen wollte, und ich sagte »ja«. Da band er mich los, gab mich unter harten Drohungen und Flüchen ihnen anheim und ging dann wieder fort zu seiner Wohnung.

So mußte mein Knabe des Morgens allein zur Schule kommen.

Als er nun von mir erfahren hatte, was mit mir geschehen war, beeilte er sich, es alsbald seinen Eltern anzuzeigen. Auf deren Befehl erzählte ich ihnen abends bei der Nachhausekunft alles vollständig, worauf sie gar großes Mitleid mit mir hatten. Sie befahlen mir, mich nun im Hause zu halten, und wollten sehen, was kommen würde. Der Schüler aber, der sowohl durch die Klagen seiner Mitschüler, denen er mich gleichsam verkauft hatte, als auch aus meiner Abwesenheit zu seinem großen Verdruß die Sachlage erkannte, kam folgenden Morgens unter Begleitung einer nicht geringen Zahl von Schützen und Schülern vor unser Haus gezogen. Als sie aber jetzt in das Haus hineinstürmten die Stiege hinauf nach dem oberen Estrich, wo wir uns aufhielten, da tritt ihnen der Vater entgegen mit Waffen, haut blindlings auf sie ein, jagt sie erschreckt aus Haus und Hof hinaus und ruft ihnen drohend zu, sie sollten sich dessen ja nicht wieder erkühnen. Aber, ich Ärmster! Ich wußte nicht, was ich nach diesem Vorfall anfangen sollte; ich würde fortan es nicht mehr gewagt haben, weder in die Schule noch auch zur Ausrichtung eines Auftrages vor die Türe zu gehen. Meine Schüler hatten mir nämlich sagen lassen, sie würden mich in Stücke reißen, wenn sie mich irgendwo träfen. Aus Furcht vor ihnen sagte ich also ihnen sowie der Schule ab, floh heimlich aus der Stadt und eilte wieder zu dem Badeorte. Hier bediente ich in einer Herberge die Badegäste bis zur Frühjahrszeit, wo ich von einem adligen Böhmen geraubt wurde. So wurde ich schließlich infolge der Grausamkeit des Schülers elendiglich gezwungen, die Schule und das Studium der Wissenschaften daranzugeben ... und ich war ihm doch so angelegentlich von meinen Eltern empfohlen worden. Keiner von uns hat den andern seitdem je wieder zu Gesicht bekommen, noch jemals erfahren, was aus ihm geworden ist.

28, 39 ff.

Rostock, um 1535
Die Deposition des neuen Schülers
durch seine künftigen Genossen

Auf Rat meines Bruders schickten meine Eltern mich gen Rostock sub disciplinam Arnoldi Barenii et M. Henrici Lingensis, mit dem er gute Freundschaft zu Wittenberg gehabt; schrieb ihm, daß ich zu Greifswalde bereits deponiert wäre. Aber da die Burse erfuhr, daß ich zu Stralsund wieder in die Schul gangen, wann ich ins Lektorium kam, war so ein unaufhörlich Schnauben und Rufen. Der Depositor auch zauste mich bei der Mantel herum; ich hatte ein groß Tintenfaß voller Tinten, die sturzte ich dem depositori ins Angesicht. Nun hatte der Depositor ein grauen langen Mantel um, mit schwarzen Schnoren besetzt, als dasmal der gemeine Gebrauch war; dar ging die Tinte über her von oben bis unten an; aber er bezahlt mich redlich. Dann als es nicht anders sein konnte (wollte ich anders Friede haben), ich wurde dann wiederum deponiert; bekam ich in der Deposition manchen harten Schlag. Im Bartscheren schnitt der Depositor mit dem hölzern Schermesser mir die Oberlippe durch: wann die etwas heilete, wurd die Wunde in und durchs Essen, sonderlich von gesalzener Speise, wiederum eröffnet, also daß es ziemlich lang währete, ehe es gar heil werden konnte.

182, 105

STERZING, UM 1562
Harte Verfolgung durch den Schulmeister gebietet Schul- und Ortswechsel

Zu Sterzing ist er in eine lateinische Stadtschule getan worden, um elementa grammatica zu lernen. Darin sind etliche arme Schüler, Schützen genannt, auf daß sie den Gesang und den Chor in der Kirche verrichten möchten, dergestalt unterhalten worden, daß sie morgens nur eine warme Wassersuppe und etliche Laiblein Brot im Spital, und zu abend zwei Gericht von Fleisch, Kraut und Gemüse bei der Stadt reichsten Bürgern und Einwohnern (welche mit ihnen täglich umwechselten) hatten. Als die Ordnung am Donnerstag ... an Lucas Geizkoflers Eltern kam, die sie speisen sollten, begab es sich, daß in ihrem Haus zur selben Zeit etliche Schweine geschlachtet und viel Bratwürste gemacht und gekocht worden, von welchen er den armen Schülern oder Schützen mit Willen seiner Mutter etliche Bratwürste, und noch so viel einem unter ihnen, so Sixt genannt, (der mit ihm die grammaticalia zu repetieren pflegte) gegeben. Weil er aber Donnerstag abends nicht alle essen konnte oder wollte, hat er damit folgenden Tages, am Freitag seinen Hunger gebüßt und dieselben, wie er vermeint, heimlich gegessen. Es hat aber sein Schulmeister, in dessen Haus alle Schützen oder arme Schüler wohnten, erfahren, welcher sich darüber also erzürnt, daß er ihn mit Hilfe der anderen Schützen an Händen und Füßen gebunden, und mit Ruten so lange streichen lassen, bis daß man das Veni sancte spiritus (welche Weise auch bei vielen andern Schulmeistern im Papsttum nicht ungewöhnlich war) über ihn gesungen und das Blut herabgeronnen. Es war aber gedachter Schulmeister mit diesem noch nicht vergnügt, sondern hat es seinem Pfarrer angezeigt, welcher den Schüler in der Beichte sonderlich wegen des Fleischessens am Freitag befragt, und ihm auf sein Bekenntnis zur Strafe und Buße auferlegt, daß er allein früh eine warme Wassersuppe im Spital, aber zu abend keine warme oder gekochte Speise vierzig Tage lang essen sollte.
Diese Buße und Strafe hat er gleichwohl auf sich in geistlichem Gehorsam angenommen, aber sich darüber bei Lucas Geizkofler ... hochbeklagt, darauf der ihm etlichemal, doch heimlich ... etliche Küchel oder Pfannzelten und Schmalznudeln aus seiner Frau Mutter Kuchel gegeben. Die auferlegte Buße der vierzigtägigen Fasten erstreckte sich so lang, daß eben die Zeit der rechten Fasten kam. Als Lucas Geizkoflers Eltern noch allerlei kalt Gebratenes und andere Speise von Fisch und Fleisch übrig hatten, hat er mit ihrem Willen solche dem armen Schüler, seinem paedagogo zu essen zugestellt, welcher dieselbe mit einem seiner Mitgesellen oder Schützen, so eines Pfaffen Sohn ... verzehrte. Ob sie wohl vermeinten, solches heimlich zu tun, so ist es doch etliche Wochen hernach ... offenbar worden ... Als sie die Tat bekannt, hat man sie beide ... an ein

offenes Seil in der Schule gebunden, und weil man vielleicht dafür gehalten, es sei dem Sixto das Veni sanctus zu seiner Strafe zu kurz gewesen, so hat man über sie das Salve Regina gesungen, auf das, so lang man sie mit Ruten haute und peinigte, man ihr Weinen, Heulen und Schreien wegen der Schüler lautem und stetem Gesang gegen die Gasse nicht hören möchte. Solches ging Lucas Geizkofler so zu Herzen, daß er es seinem Alutor (denn der Vater war nicht mehr am Leben) und seinen Brüdern Uriel und Marx klagte und nicht mehr in die Schule gehen wollte, sonderlich weil man ihn bedrohte, er würde bald auch eine Strafe zu gewärtigen haben wegen etlicher Traktätlein und Betbüchlein, so sein ältester Bruder Georg Geizkofler, römisch kaiserlicher Majestät Einnehmer und Münzmeister in Joachimsthal, weiland Herrn Johann Matthesen, seinem Seelsorger und Gevatter in Tirol gesandt hat, und er, Lucas, unter etlichen seiner Mitgesellen ausgeteilt hat. Hierauf hielten seine Mutter und Brüder für ratsam, daß man zur Verhütung ihrer aller Gefahr ihn mit ehestem von Sterzing nach Augsburg schickte, und hat demnach sein Bruder Uriel ihn bis dahin zu seinem Bruder Michael geführt, welcher ihn, Lucas, daselbst in die Kost bei Herrn Matthias Schenk, primario oder obersten Schulmeister bei St. Anna eingedingt, von dem er in die vierte Klasse ... verordnet worden.

61, 24 ff.

Mansfeld, um 1580
Vom Verhalten der Schüler, die Almosen sammeln

1. Die armen Schüler sollen in guter Ordnung, in Zweierreihen, ohne Geschrei, Geschwätz und Unruhe umhergehen, damit die Bürger sich zu Freigebigkeit und Liebe zum Schülerstand veranlaßt fühlen.
2. Das Brot, das sie empfangen, sollen sie gewissenhaft in die Schule bringen und dem ordnungsmäßig bestellten Schaffner übergeben.
3. Das Geld, welches ihnen geschenkt wird, sollen sie in eine Büchse werfen und dem Schatzmeister zur Verfügung stellen.
4. Keinem Schüler soll es erlaubt sein, auf eigene Faust irgendwo in der Stadt Speise zu erbetteln.
5. Bei der Verteilung soll jeder so oft kein Geld und kein Brot erhalten, als er die gemeinsamen Unterrichtsstunden versäumt oder seine Obliegenheiten und Pflichten nicht erfüllt hat.

220, 235

MEMMINGEN, 16.–19. JAHRHUNDERT
Das Kinder-, Schul-, auch Königsfest

Das Schulfest im Memmingen, früher Königsfest, jetzt Kinderfest genannt, wird am Donnerstag und Freitag in der Pfingstwoche gefeiert ... Die erste urkundliche Nachricht über das Fest wird durch eine im Memminger Stadtarchiv befindliche Festordnung vom 2. Juni 1587 gegeben: »Ein ehrsamer Rat vergünstiget, daß auf dies Jahr, altem Herkommen nach, in den Maidlein-Schulen die Königin nach angewandtem Fleiß, im Katechismo, und aller anderer Belehrung, Zucht, Gehorsam und Güte der Schrift, erwählt, und es hierauf mit folgendermaßen gehalten werde: I. Daß erstlich die Schulmeidlin, am Morgen und zu Mittag, zur Kirche gehn, nach der Mittagspredigt in des Schulmeisters Behausung Speis und Trank, wie bisher gebräuchlich ihm (d. i. d. Schulmeister) gereichet wird, darzu eine jede bringe zwei rote und zwei weiße Brote, ein paar Eier und einen Kreuzer. Darauf der Reihen mit aller Zucht gehalten werden. II. Zum andern soll derjenige, dessen Tochter Königin ist, zu dem Nachtessen niemand laden, dann den Schulmeister und sein Hausfrauen, samt den zwei Königsführerinnen, und wann die Nachtmahlzeit vollendet, mögen die anderen Maidlein, den Reihen zu halten, vor die Königsbehausung kommen. III. Zum dritten soll nicht abgestellt sein, an einem kommenlichen Tag, auf das Dickenreis zu gehen, aber allda der Königin Eltern für niemand, dann für den Schulmeister und sein Hausfrauen und Königführerinnen bezahlen, was sonsten und über je Gemeldetes mit Gastungen anderer Personen oder Schankungen für Unkosten aufgelaufen, soll gänzlich abgestellet sein und vermieden bleiben. Dann wo solchem zuwider gehandelt, ist ein ehrsamer Rat redlich bedacht, darum der Gebühr nach mit Ernst zu strafen.«

Aus diesem Dokument geht hervor, daß das Fest bereits in jener Zeit »ein altes Herkommen« war, daß es dem Schulmeister einen Teil seiner Einkünfte brachte, daß ein Tag des Festes im Dickenreis, einem dreiviertel Stunden südlich von der Stadt gelegenen, heute noch beliebten Ausflugsort der Memminger, gefeiert wurde, und daß der ehrsame Rat bereits damals vor zu großen Unkosten zu warnen Gelegenheit nimmt.

Die Feier des Festes selbst nahm in der Weise ihren Verlauf, daß der beste Schüler und die beste Schülerin als »König« und »Königin« ausgerufen und mit »vorzüglichen Prämien« erfreut, mit Krone, Szepter und Blumenschmuck geehrt wurden. Der König und die Königin des Vorjahres versahen den Ehrendienst; außerdem befanden sich noch einige Schüler, die »Gesangführer«, im Gefolge, an das sich die ganze Schuljugend anschloß. An drei Tagen der Pfingstwoche ging der Zug in die Kirche, am Donnerstag unter Gesang durch die Straßen der Stadt. Auf dem Marktplatze wurden dem ehrsamen Rat die »Königsfestlieder«

vorgetragen. Ein Königsfestbüchlein von 1785 führt den Titel: »Gottgeheiligte Jugend-Lust oder Reihen- und Maien-Lieder für die christliche Schuljugend in Memmingen.« Nachmittags zogen Eltern und Kinder, letztere in der verschiedensten Weise kostümiert, in ein Bad (Wirtshaus) vor der Stadt, woselbst »auf einem grünen Platz« mit den Schulmeistern allerlei Spiele aufgeführt wurden. Die Unkosten für die Eltern des »Königs« und der »Königin« waren so bedeutende, daß die Lehrer nur sehr bemittelte Elternhäuser auswählen konnten, was wiederum zur Folge hatte, daß nicht immer die tüchtigsten Schüler das Amt bekleideten, wie es im eigentlichen Sinn des Festes lag ...
Am 17. Mai 1678 erging an die Schulmeister ein Ratsdekret des Inhalts: Die Unkosten für König und Königin bei den Schulspaziergängen sind trotz wiederholten Verbots zu groß. Die Alten treiben mehr Mißbrauch als die Kinder. Man will das Herkommen nicht ganz abschaffen, aber die Mahlzeiten, welche vor oder nach dem Spaziergang von den Eltern, dem Schulmeister oder den Schulkindern veranstaltet werden, werden verboten ... Bei den Spaziergängen wird alle Moderation empfohlen; keine überflüssigen Mahlzeiten in den Bädern, womit die Eltern manchmal sehr hoch in die Kosten kommen. Der Spaziergang darf nicht etliche Tage vorher den Badewärtern angesagt werden, sondern wird von den »Visitatoren« (der städtischen Schulbehörde) nach dem Wetter bestimmt.
Die obrigkeitlichen Vorschriften scheinen im Verlaufe der nächsten hundert Jahre wieder außer acht gekommen zu sein, so daß im Jahre 1750 ein verschärfter Erlaß von den Kanzeln publiziert werden mußte ...
Im Jahre 1711, dem Todesjahr des Kaisers Joseph I., war das Fest ausgefallen; unter dem 22. April 1712 richteten »sämtliche Teutsche Schuldiener« von Memmingen an den Magistrat ein Gesuch um Wiedererlaubnis der Feier. »Im Namen samtl. Schuljugend« bitten sie, »nicht allein die praemia zu bewilligen, sondern auch den vormalen gewohnten Spaziergang wiederum zu konzedieren« ... Die Prämien betrugen 1 fl.–2 fl. für drei fleißige Schüler und Schülerinnen. Die Unzuträglichkeiten scheinen sich mehr und mehr gehäuft zu haben, so daß die Feier des Festes scheint ganz in Frage gestellt gewesen zu sein. Die Lehrer aber petitionierten und erhielten unter dem 6. Juni 1766 die Erlaubnis, »daß nach dem wohlabgelaufenen Examen das Königsfest, jedoch ohne Gastereien und sonst eingeschlichene Mißbräuche stattfinden dürfe.«
1789 wurden dem Schulhalter Gerstmayr für seine drei »Könige« noch »3 fl. praemia« bewilligt; doch wird ausdrücklich hinzugefügt, »da es mit Kronen und Zeptern immer abgeschmackter werde, solle es für diesmal zum letzten Mal sein; doch solle es für die Zukunft bezüglich der Prämie beim alten bleiben. Eine Petition der Schulmeister im folgenden Jahre blieb ohne Erfolg; mit der alten

Königsherrlichkeit war es nach 1789 für immer vorbei. Die Geldprämien wurden in Bücherprämien umgewandelt, seit 1877 aber für die Schulbibliothek verwendet. Obwohl die drei »Könige« Krone und Zepter bereits seit mehr als 100 Jahren abgelegt haben, erhielten sich die drei »Königinnen« noch bis in die fünfziger Jahre (des 19. Jahrhunderts) im Volksmund als »Köngana«, in weißen Kleidern und blauen Schärpen.

Aus dem Königsfest ist nun ein allgemeines Kinderfest geworden; die Hauptfreude bietet in ihm das sogenannte »Stängelein«, d. h. eine in den bayrischen Farben bemalte Stange mit Festgaben aller Art, welche teils von den Kindern selbst gestiftet sind, teils aus den Zinsen eines Kapitals von 3000 fl. bestritten werden, welches der Memminger Metzgermeister Balthasar Braun im Jahr 1855 geschenkt hat, »aus dessen Zinsen das dahier bestehende Kinderfest verschönert und die Freude der Kleinen erhöht werden soll.« Jede der 18 Klassen hat ihr »Stängelein«, das im Zuge, mit Blumen geschmückt, nach dem Reichshain hinausgetragen wird. Die Festgaben werden dort verlost. Die armen Kinder erhalten – abgesehen von ihrem etwaigen Gewinn – 30–40 Pfennig Festzehrgeld. Das Fest selbst wird in der Pfingstwoche am Mittwoch abend mit Zapfenstreich eingeführt, am Donnerstag früh zwischen 5 und 6 Uhr mit Reveille angesagt, und an diesem und dem folgenden Tag mit Festgottesdienst in der evangelischen und katholischen Kirche begonnen, durch Schülerchöre auf dem Markt vor dem Rathaus, Ausmarsch der Klassen nach dem Reichshain, Verlosung, Jugendspiele und Reigen gefeiert. Daß bayrische und deutsche Fahnen, Alt und Jung den Zug begleiten, ist selbstverständlich.

129, 189ff.

Berlin, 1657
Ein Schulkrieg und ein Versuch, ihn zu beenden

Vor acht Tagen war des verstorbenen Grafen von Wittgenstein Leiche von hinnen abgeführt worden, wobei aber zwischen den beiden Schulen Kölln und Berlin wegen der Präzedenz ein großer Tumult entstanden, also daß sie mitten in der Prozession auf der langen Brücke mit Schlägen aneinander gekommen- und die beiden Rectores das Ihrige voll bekommen; dann dem Rektor von Berlin von einem Köllnischen Schüler eine derbe Ohrfeige zugestellt worden, hingegen ein Berlinischer Schüler dem Köllnischen rectori mit einem Stein so säuberlich den Kopf gerieben, daß das rote Blut darnach gegangen. Es war eine Lust zuzusehen, wie sich die Jungen bei den Köpfen aneinander herumzauseten und dadurch ecclesiam militantem repräsentierten. Doch ist endlich dieser Tumult

durch geschickte Musketiere, so an Zuschlagen nichts ermangeln ließen, gestillt worden ...
Es haben die kurfürstlichen Geheimen Herren Räte empfunden, daß jüngsthin bei Abführung des gewesenen kürfürstlichen Statthalters Herrn Grafen zu Wittgenstein seligen Gedächtnis gräflicher Leiche zwischen den Scholaren beider Residenzstädte Berlin und Kölln an der Spree ein so schändlich ärgerlicher Lärm entstanden, dessen sich jeder männiglich schämen müsse ... dergleichen Gezänk nun hinfüro zu verhüten, wird es dahin gerichtet, daß, wenn jemand in Berlin mit dem Tode abgegangen, auch daselbst sein Domizilium gehabt, der Schule in Berlin die Präzedenz gebühre, und ebendermaßen soll es auch, wenn allhier in Kölln dergleichen Casus sich zuträgt, mit den Schulen daselbst gehalten werden. Sollte sich jemand unternehmen hierwider zu handeln, wird man es nicht allein bei den Delinquenten, sondern auch bei dem rectore scholastico und seinen collegis zu suchen wissen.

65, 87

PADERBORN, 1666
Schuldisziplin auf einem Jesuitengymnasium

1. März: Abgefaßt mehrere Trinker.
8. März: Es prügelten sich, nachdem sie kaum das Kollegium verlassen, auf dem Vorplatze die Musiker, als sie in herkömmlicher Weise bei uns bewirtet waren; aber auch der Organist befand sich in einem solchen Zustande, daß ein anderer an seine Stelle treten mußte. Aber auch der Logiker Nikolaus Collart wurde in unserer Kirche durch den unvorsichtigen Genuß von Branntwein der Besinnung beraubt angetroffen. Nichtsdestoweniger hatte man Nachsicht mit ihm, weil er ein unverdorbener Jüngling war und die Kraft jenes Weines nicht gekannt hatte. Er mußte aus der Kirche getragen werden.
13. März: Gezüchtigt wurde der Rhetor Johannes Plöscher aus Wiedenbrück, welcher bei seinem Professor von sich und seinem Stubengenossen Theodor Friedrich Dincker, ebenfalls Rhetor, schriftlich das Geständnis abgelegt hatte, am zweiten Fastnachtstage hätten sie zwei Mägde des Herrn Bürgermeisters Fabritius betrunken gemacht, dann seien sie, nachdem sie 7 Uhr der Messe beigewohnt, zu der Scheune gegangen, in welcher die eine Magd betrunken von Branntwein dalag, sein Genosse habe dieselbe entblößt und unzüchtig berührt etc. Der letztere, obgleich mehrmals von seinem Lehrer gerufen, erschien nicht.
14. März: Plöscher begann einiges, was er am Tage vorher ohne Furcht aufgeschrieben hatte, zu leugnen. Zum P. Präfekten kam der Hauswirt der beiden

Studenten und der Schreiber des Herrn Bürgermeisters Fabritius und versuchten vergebens, die Studenten zu entschuldigen. Dincker, aufgefordert zu erscheinen, weigerte sich.

15. März: Plöscher erhielt den Befehl, wahrheitsgemäß aufzuschreiben, was er und sein Genosse am zweiten Fastnachtstage getrieben; was er jetzt schrieb, namentlich von seinem Genossen war zwar weniger schlimm, verlangte aber doch eine Sühne mit der Rute. Nun wurde zu Dincker der Claviger geschickt mit dem Befehl, er solle sich dem Präfekten stellen. Er antwortete, er werde bald da sein, kam aber nicht.

16. März: Im Auftrage des Rektor Magnifikus schickte der P. Präfekt den Pedellen mit zwei kräftigen Logikern aus, um den Dincker zu holen, wenn er nicht lieber zur öffentlichen Schande durch Soldaten oder Amtsdiener der Stadt sich holen lassen wolle; jetzt folgte endlich der Student, begleitet von seinem weinenden und ihn entschuldigenden Hauswirt, und er wurde in Gegenwart einiger Zuschauer in der Aula von seinem Lehrer mit der Rute gezüchtigt nicht nur wegen dessen, was er getrieben, sondern auch wegen seines Ungehorsams. NB. Er hatte auch an seinen Lehrer einen albernen und ganz ungeziemenden Brief geschrieben.

174, 266f.

BERLIN, UM 1720
Funktion der Schüler bei einem öffentlichen Schauspiel

Wie der zur Exekution bestimmte Tag eingetreten war, wurden die Verbrecher des Morgens um halb neun aus der Hausvogtei, bei dem königlichen Schlosse vorbei, auf ein zu diesem traurigen Actu expreß erbautes Gerüst auf dem Neumarkt geführt. Solches geschah unter einer ziemlich starken Eskorte Kommandierter von den zu Berlin liegenden Regimentern. Die Armenschulen und dann auch einige Schüler aus den ordentlichen Stadtschulen mit einigen Schulkollegen kamen vorher. Alsdann gingen Clement und Lehmann, ein jedweder mit seinem Priester, ohngefähr dreißig Schritte voneinander und vor jedwedem sechs Kurrendeschüler her ... Daß auf dem Neumarkt und in den Häusern ... viele tausend Menschen werden vorhanden gewesen sein ... ist leicht zu erachten ... Wie die Missetäter bei dem Gerüst anlangten, stieg ersten Clementam auf dasselbe. Alsdann folgte Lehmann ... Sodann las der Hofrichter einem jedweden sein Urteil vor ... Mittlerweile ... kleideten sich Clement und Lehmann auf dem Gerüst aus bis aufs Hemd, Hosen, Strümpfe und Schuhe. Man entblößte ihnen hiernächst die Arme und setzte denselben Mützen auf von weißer Leinwand ... Nachdem man auch damit fertig war, wurden die zum Tode Verurteilten vom Gerüst heruntergebracht, auf Schinderkarren gesetzt und mit den Armen fest an denselben gerödelt. Auch wurde ein jedweder von ihnen, gleich unten beim Gerüst, mit glühenden Zangen einmal an den entblößten Armen geknippen. Bei dem Spandauischen Tore geschah es zum andernmal. Nach diesem führte man sie, unterm beständigen Zurufen der Geistlichen, vollends zur Richtstätte ...

65, 152

SCHULPFORTA, UM 1755
Der Pennalismus, eine Form der Selbstregierung

Die Macht der Obern war zu groß. Denn wirklich hatten die Inspektoren unter den Schülern mehr Gewalt, oder übten eine größere Gewalt aus, als die Präzeptoren selbst. Und dieser Inspektoren gab es eine große Zahl. Erstlich waren alle Primaner an sich schon Vorgesetzte der Schüler aus den untern Klassen, welche ihren Befehlen gehorchen mußten. Zweitens waren unter den Primanern die zwölf ersten der Klasse Inspektoren katexochen, unter denen jeder einen Tisch von elf Mann im Cönakel unter seiner Aufsicht hatte. Diese alternierten denn auch in der wöchentlichen Inspektion. Und ein solcher Wocheninspektor besorgte erstlich das Wecken der Schüler mit dem großen Schlüssel, stellte sich dann an die Tür des Cönakels und empfing alle die mit Ohrfeigen, welche nach der gesetzten Minute sich nicht einfanden, holte alsdann den Präzeptor, der die Woche hatte, zum Frühgebet, hatte den ganzen Tag die Aufsicht über alles, was vorging, gebot, wenns Zeit war, das Zutischsetzen und Aufstehen; ordnete das Abendgebet, und führte zum Schlafengehn.
Zu diesen Inspektoren kamen drittens noch die kleinen, die in jeder Klasse angestellt waren. Unter diesen war der vornehmste der Primus, der in seiner Klasse die Aufsicht hatte, die Schüler sich setzen und stille sein hieß usw. Hernach war der erste an jeder Tafel (deren in einer Klasse mehrere waren) wieder der Inspektor seiner Tafel, welcher da wieder zu befehlen hatte. Alle diese Inspektoren nun tyrannisierten, jeder auf seine Art. Alle hatten die Gewalt, jedes Versehen, jedes Lautwerden, jedes Vergessen eines Buchs etc. mit Ohrfeigen, und nach Belieben auch mit Prügeln und Fußtritten zu bestrafen ...
Insonderheit waren die Pfeifjungen der allgemeine Gegenstand inspektorischer Tyranneien. Nämlich man belegte denjenigen mit diesem Namen, welcher irgend einmal sich auch nur verdächtig gemacht hatte, daß er bei einem der Präzeptoren besonders gut angeschrieben sei, und demselben entweder eine Klage über die ihm widerfahrenden Mißhandlungen angebracht, oder einen bösen

Streich der Obern ihm verraten habe. Solche Unglücklichen blieben keinen Tag ohne Prügel ...
Ich weiß, daß ein Knabe, aus vornehmer Familie, der sich, durch eine Klage beim Rektor, die Wut einiger Primaner von der schlechtesten Extraktion, zugezogen hatte. Dieses arme Kind wurde des Nachts von diesen Unmenschen im Bette überfallen. Sie verstopften ihm den Mund, daß er nicht schreien konnte, schleppten ihn nach dem Privet, unter welchem ein Arm der Saale hinwegfloß, banden ihn mit Stricken, hingen ihn durch eine Brille hinab, daß er über dem Wasser schwebte, und ließen ihn so die Nacht durch hängen, bis er früh gefunden, und halb tot nach der Siechstube gebracht wurde. Und die Tat blieb unentdeckt und unbestraft.
Wie gewaltsam die Obern in Ansehung der Speisen und Getränke verfahren, habe ich ... zum Teil schon erzählt. Der untere Schüler ist sogar seines Brots nicht mächtig. Wenigstens muß er wagen, sich einen Feind zu machen, wenn ein Oberer kommt und zu ihm sagt: Höre, gib mir heute dein Brot, d. h., die Hälfte dessen, und er es ihm abschlägt. So gehts auch mit Fleisch und Wein. Am kläglichsten aber ist das Schicksal der Untern an Bratentagen. Denn sobald der Braten auf den Tisch kommt, zieht ihn ein Obersekundaner an sich, welcher tranchieren muß. Ists nun ein Nierenbraten, so holt er die ganze Niere heraus, und zerlegt sie in so viel Teile, als Primaner am Tische sind, welche sie sofort verzehren, oder an ihre Lieblinge an andern Tischen verschenken. Sodann fragt der Sekundaner den ersten Primaner, oder den Inspektor des Tisches, was er für ein Stück befehle ... Eben so muß er die andern Primaner fragen, und ihnen abschneiden, was sie verlangen. Sodann versorgt er sich selbst. Und nun sieht man in der Schüssel schon nichts mehr als Knochen liegen ... Bier und Brot ist also wirklich das Beste und Nahrhafteste, was die Untern erhält, und was auch wirklich zu meiner Zeit von vorzüglicher Kraft und gutem Geschmack war. Will man Butter haben, so kann man sie bei der Knabenfrau kaufen ...
Zu allen diesen Ungemächlichkeiten der Nichtprimaner setze man nun noch die Dienstbarkeit derselben. Nicht nur jeder Untergeselle muß seinen Obergesellen aufwarten, welches noch allenfalls die Dankbarkeit erheischen würde, sondern jeder Primaner nimmt sich das Recht heraus, jeden Untern zu rufen, und zu seinen Diensten zu kommandieren, der ihm in den Weg kommt. – »Junge, hole mir einen Krug Wasser! – Junge, geh auf meine Zelle, und hole mir das Buch, oder, trage das hinauf! – Junge, kehre mich ab! – Wickle mich auf! – Mache mir meinen Zopf! – Putze mir die Stiefel!« usw. Und wenn der arme Junge nicht gehorcht, oder Ausflüchte macht, so setzt es Schläge, oder – der Primaner trägts ihm heimlich nach, und mißhandelt ihn ein andermal ...

8, 94 ff.

DILLINGEN USW., UM 1771
Praemium, Degen und türkische Musik

Durch diese Studien brachte ich es schließlich so weit, daß ich im Griechischen immer der Erste war und am Schlusse des Schuljahres mir eine Prämie errang. In der Endskomödie hatte ich im Singspiele eine Hauptrolle und erhielt ziemlichen Beifall. Noch weiß ich's, daß man mich als Merkur an vier feinen Seilen aus den Wolken herabließ, und daß ich lange in den Lüften singen mußte, ehe ich aus meiner Wolke steigen durfte. Zuletzt ward ich wirklich vorgerufen, das Praemium ex graeco abzuholen, und konnte mich vor inniger Entzückung kaum fassen. Meine Mutter war in dem Parterre und weinte vor Feuden.
Ich kam nach Hause und ward überall als ein kleines Wundertier betrachtet, denn schon lange hatte kein Höchstädter Student ein Prämium bekommen. Mein Gönner, Herr Bürgermeister Mayr, sammelte mir sogleich wieder die vorigen Kosttage und trug im Rate vor, man sollte mir zur Belohnung 24 fl. aus der Armenkasse schenken; und es geschah. Meine Mutter ließ mir dafür ein Dutzend neue Hemden und andere kleine Notwendigkeiten machen und kaufte mir, was mir die größte Freude machte, einen kleinen Degen. Ich war nicht wenig stolz, so bewaffnet einherzuziehen ...
Wir Studenten spielten wieder eine Komödie, und ich bekam auch meine wichtige Rolle ... Bei dieser Gelegenheit ward ich mit den übrigen Studenten immer bekannter, lief mit ihnen in den Wirtshäusern und nachts in den Gassen umher, um allerlei törichte Farcen zu spielen. Bald führten wir mit Hafendeckeln, Querpfeifen, leeren Fässern, Kuhhörnern usw. eine komische türkische Musik auf, und zogen lärmend durch die Stadt; bald besuchten wir die Herbergen der Handwerkszünfte und sangen allerlei schimpfliche Lieder auf sie. Die Weber hätten uns einst deswegen beinahe recht derb abgeprügelt; aber wir entkamen noch glücklich durch die Vermittlung des Wirts. Bei solchen Anlässen war ich kleine Kröte immer einer der vordersten und mutwilligsten; denn die Eitelkeit und die Begierde, mich auszuzeichnen, hatten allzuviel Macht über mich. Wenn wir aber nichts Törichtes trieben, so zankten die Leute und sprachen: »Ach, das sind tote Studenten, es ist kein Leben hinter ihnen.« Wir trieben allerlei lustige Possen, stahlen z. B. so viele Fensterläden zusammen, als wir konnten, trugen sie mitten auf den Markt auf einen Haufen, und sahen morgens dem Spaße zu, wie sich jeder Eigentümer mit den andern um die seinigen schlug.

20, 114 ff.

Berlin, 1782
Schülerprügel

Somit war Ludwig ein Gymnasiast, ein Quintaner geworden; er trat in die gelehrte Welt ein. Lateinisch sollte getrieben werden, Griechisch stand in Aussicht ... Er gesellte sich zu einer Schar älterer Knaben, die gewitzigt durch alle Listen und Abenteuer des Schülerlebens, stets bereit waren, ihren jungen Mut an jedem zu kühlen ... Wie sauer machten sie nicht manchem Lehrer das Leben; wie manchen Kampf fochten sie nicht in der Schulstube oder auf den Straßen und Plätzen aus!
... Einst war in den Lehrstunden ein schriftlicher Aufruf zum Kampfe gegen die elenden Kollegiaten, d. h. gegen die Zöglinge des benachbarten französischen Collège, von Hand zu Hand gegangen. Jeder brave Quintaner wurde darin aufgefordert, sich um vier Uhr nachmittags, mit einem Rohrstocke bewaffnet, auf dem Lustgarten einzufinden. Die Einstimmenden sollten ihre Namen unterzeichnen. Ludwig glaubte nicht zurückbleiben zu dürfen ... Wirklich traf man zur bestimmten Stunde auf den Feind. Doch plötzlich nahm die Schlacht eine für beide Heere unerwartete Wendung. Auf dem Lustgarten lagen zahlreiche Quadersteine verstreut, die bearbeitet werden sollten. In diesen Engpässen war man sich kaum begegnet, als höhere Kräfte in den Kampf der Helden eingriffen. Hinter jenen Steinen erhoben sich einige handfeste Steinmetzgesellen, die blindlings zufahrend aus der Schar der Kollegiaten einzelne herausgriffen, und an den Zöpfen mit starker Faust in die Lüfte erhoben. Die Werderschen, so unvermutet ... unterstützt, nahmen ihres Vorteils wahr, und hieben auf die zappelnden Kollegiaten unter lautem Jubel unbarmherzig ein. Einer der Kämpfer, der Sohn eines Baurats Moser, hatte diese furchtbaren Bundesgenossen in der Stille angeworben. Ludwig konnte in das allgemeine Siegesgeschrei nicht einstimmen ... Voll Entrüstung verließ er sogleich den Kampfplatz und ging nach Hause ...
Das Aktenstück, welches den Beweis der Verschwörung enthielt, war in des Direktors Hand gefallen. Untersuchung, strengste Strafe waren zu erwarten. Am nächsten Morgen trat Gedike als Richter in die Klasse Quinta, der Pedell hinter ihm mit dem Blitze bewaffnet. Nach einer donnernden Strafrede wurden die Übeltäter nach der Reihenfolge ihrer Unterschriften aufgerufen, verhört und die Strafe an ihnen vollzogen.

104, 16 ff.

Idstein, 1790
Schulgesetze zur Bekämpfung der burschikosen Lebensart

Es ist also jeder Gymnasiast schuldig, den Lehrern ... allen Respekt, Ehrerbietung, Liebe und Gehorsam zu erweisen ... mithin sich weder mit Worten, noch durch Zeichen oder Tathandlungen gegen sie zu vergehen; am wenigsten aber in die grobe Ausschweifungen zu verfallen, daß er sie, es sei heimlich oder öffentlich, verspotte und beschimpfe, oder sie an ihrer Person, oder an ihren Wohnungen und Güter beleidige und kränke ...
Ebenso darf kein Gymnasiast sich einer ihm zuerkannten Schulstrafe widersetzen, oder wohl gar dem Lehrer in den Stock fallen, als in welchem ... Fall der Lehrer einen solchen ... Schüler sogleich, mit erforderlicher Hilfe der Zivilobrigkeit, in genugsame Verwahrung bringen lassen wird, damit derselbe den Tag hernach in Gegenwart aller Klassen mit exemplarischer Strafe belegt werden könne.
Kein Schüler darf, ohne Anzeige und erhaltene Erlaubnis ... eine Lektion versäumen, noch weniger aber sich ohne solche von Idstein entfernen ... Jeder Schüler muß sich zu den festgesetzten Stunden präzis mit dem Glockenschlag in dem Gymnasio einfinden ...
In ihren Wohnungen sollen die Gymnasiasten Ordnung und Reinlichkeit beobachten ... allen kindischen oder die Tugend beleidigenden Mutwillen meiden, keinen auffallenden Lärmen treiben, ihre Mitschüler, die bei oder neben ihnen wohnen, in ihrer Ruhe und Fleiß auf keine Art stören; auch ihre Zeit durch unnütze Zerstreuungen, z. E. Hunde oder Taubenhalten nicht verderben. Alles Karten- oder Würfelspielens, desgleichen alles Übermaßes im Bier-, Wein- und Kaffeetrinken, auch alles Tabakrauchens auf den Straßen, Spaziergängen und aus den Fenstern sollen sich die Gymnasiasten gänzlich enthalten ...
In Gesellschaften und auf den Straßen sollen die Gymnasiasten sich gegen jedermann höflich, bescheiden und dienstfertig ... betragen, niemand beleidigen, auch keinem weder in der Stadt noch auf dem Felde irgend einigen Schaden zufügen, oder wohl gar Obst ... entwenden. Sonderheitlich aber sollen sie sich auch zu Nachtzeiten ... ruhig und ordentlich verhalten, niemanden, er gehe mit oder ohne Laterne über die Straße, insultieren, anpacken, oder ihnen den freien Weg versperren. Eben deswegen wird insonderheit verboten, daß die Gymnasiasten nicht mit hellem Haufen und ineinander geschlungenen Armen durch die Gassen ziehen sollen. Auch darf keiner weder bei Tag noch Nacht irgend einen Tumult oder Lärmen auf der Straße treiben, nicht schreien, singen, juchzen, die Leute in ihren Häusern nicht beunruhigen, oder sonstige sogenannte burschikose Ungezogenheiten begehen! Widrigenfalls ist die Nachtpatrouille berechtigt und beordert, ihn oder sie zu arretieren ...

Alle Selbstrache, auch Zank und Streit, noch mehr aber Schlägerei und Herausfordern, es geschehe nun gegen Mitschüler, Seminaristen, Bürgersöhne oder Handwerksburschen, ist und bleibt auf das schärfste verboten. Dagegen soll jeder Gymnasiast, welcher sich von irgend jemand beleidigt findet, dem Direktor die Anzeige davon tun, welcher denn dafür sorgen soll, daß ihm die gehörige Genugtuung widerfahre ... Geld lehnen oder etwas auf Borg kaufen, es sei bei wem es wolle, bleibt gänzlich untersagt ... Zechen und borgen in Wirtshäusern, ja sogar deren Besuchung in dieser Absicht bleibt nach wie vor gänzlich eingestellt; und wird die deshalb schon vorhin bestehende Einschränkung auch noch dahin ausgedehnt, daß einem Gymnasiasten an Branntwein, Likör oder wie dergleichen abgezogene Getränke nur genannt werden mögen, nicht das geringste verabfolgt ... werden soll ... Alle Abschiedsschmausereien werden wiederholt und durchaus abgeschafft ...
Das Gymnasium zu Idstein hat sich von jeher ... auch darinnen von andern Gymnasien ausgezeichnet, daß die Lehrer den Schülern nie eine kostbare oder hervorstechende Kleiderpracht erlaubt haben ... Einfach und sauber soll der Anzug der Gymnasiasten sein ... Da man aber vorzüglich wahrzunehmen gehabt, daß sich die Gymnasiasten der beiden oberen Klassen in ihrer Tracht den Moden mancher Akademien zu nähern gesucht: so stehet solches schlechterdings nicht zu dulden, weil hierdurch auch auf die Ausschweifungen mancher übeldenkender Studenten, oder mit andern Worten, auf die sogenannte burschikose Lebensart einen gegründeten Anspruch zu erhalten vermeinen. Alle burschikose Nachäffung also in Anlegung auszeichnender Kleidungsstücke, als Federbüsche, farbige Kokarden, Epaulettes, Reitkoller, Sporen, oder wie nun die Studentenmoden dergleichen Eigenheiten mit sich bringen mögen, alles dieses wird hiermit schlechterdings abgestellt ...
Aus gleichem Grund wird das Absingen der abgeschmackten Studentenlieder, die Errichtung der Landsmannschaften und andere dergleichen törichte akademische Erscheinungen hiermit ebensowohl aufs strengste untersagt ... Aller Umgang mit leichtfertigen und liederlichen Weibsleuten, oder auch solchen, welche die Gymnasiasten aus irgend einer unlautern Absicht an sich zu locken suchen, wird hierdurch ein- für allemal, ganz und gar, und an allen Orten, auch in allen Verhältnissen auf das ernstlichste verboten. Es soll ein Gymnasiast also mit Weibspersonen keinen Umgang suchen ... mit ihnen keine Briefe wechseln, an sie keine Geschenke abgeben, oder dergleichen von ihnen annehmen, ihnen nicht vor die Häuser oder in das Feld nachlaufen, auch keine nächtlichen oder gar verdächtige Zusammenkünfte mit ihnen halten ...
Nun noch das wichtigste Stück, die Religion! ... Auch jene stehet, zumal auf Schulen, unter dem Zwang der Gesetze; und es wird also hierdurch ernstlich verordnet ... daß keiner der protestantischen Gymnasiasten ... den öffentli-

chen Gottesdienst versäumen, auch jeder bei solchem sich stille, ruhig und sittsam verhalten, und in die öffentliche Gesänge mit einstimmen, weiter, daß keiner während demselben umhergaffen, plaudern, Mutwillen treiben, mit seinem Nachbarn tändeln, oder sonsten etwas unternehmen solle, wodurch seine eigene oder anderer Aufmerksamkeit und Andacht gestöret werden könne u. s. f.

202, 198 ff.

LANGENSALZA, 1797
Der Durchbruch von Quinta nach Quarta

Im Jahre 1797 nach Ostern fand das Examen für Quarta statt. Eine wilde Gewohnheit wollte, daß die Jungen, die aus der Quinta nach Quarta versetzt wurden, sich mit dem Plumpsack durchschlagen mußten: Die Quartaner standen gewappnet im Gange; wir rückten scharf an, schlugen uns fürchterlich, trieben sie zurück und endlich zu ihrer Tür hinein, die sie fest hinter sich schlossen. Da wir die Tür nicht eindrücken konnten, so holten wir ein Scheit Holz aus dem Schulholzstall, rannten eine Füllung durch, und die Tapfersten, Bayer, Heng und ich, krochen zuerst durch.
Wir bekamen zwar Beulen und blaue Flecken, machten aber die Tür auf, und unser Korps drang ein. Nun schlugen wir uns noch eine Viertelstunde dermaßen, daß wohl keiner dabei war, der es nicht vier Wochen nachher noch gefühlt hätte.

11, 18 f.

BERLIN, UM 1810
Leben in dumpfer Sklaverei

Wo meine Natur verstanden, wo die Lebhaftigkeit meiner Phantasie, die natürliche Weichheit meines Gefühls angeregt wurde, wie durch meine Mutter, lernte ich auch leicht und willig. So verdanke ich ihrer liebreichen geduldigen und dennoch ernsten Weise das Französische hauptsächlich und später das Englische ... Dagegen wollte alles, was die Schule, speziell was das Gymnasium forderte durchaus nicht vorwärts ... Zwei Mängel in meinen Anlagen, die ich nicht verschuldet, gesellten sich zu den geistigen Hindernissen, die sich mir entgegenstellten. Es waren: eine große Kurzsichtigkeit, und der entschiedenste Mangel

an Talent zu einer guten, ja nur leidlichen Handschrift. Die erste hinderte mich, allen Aufgaben zu folgen, bei welchen die große schwarze Tafel und die Kreide zu Hilfe genommen wurden; und meine schlechte Handschrift machte das Urteil der Lehrer vorweg ungünstig auch über Arbeiten, die an sich nicht so verwerflich sein mochten ... Ich darf mir wohl das Zeugnis geben, daß ich mir in der Knabenzeit, oft unter Tränen, die ersinnlichste Mühe gab, die so gefürchteten Unterschriften »unleserlich«, »schlecht geschrieben« zu vermeiden ... Allein ich vermochte es nicht zu ändern! Da nun das wenige Gute was ich leistete, auf diese Art gar nicht zur Geltung kam, so sank natürlich die Wageschale des wirklich Schlechten, weil sie ohne alles Gegengewicht blieb, immer tiefer, und ich erhielt die schlechtesten Zeugnisse. Damit wuchs meine Mutlosigkeit, die dann zuweilen bis zur völligen Apathie herabsank ... Vergaß ich einmal, wie das glückliche Kindesalter es mit sich bringt, meine Not, die ich am besten dem Zustand einer dumpfen Sklaverei vergleiche, und wurde fröhlich oder gar laut, so war gewiß auch sogleich irgendeine mahnende Erinnerungsstimme zu hören, die mir meine Verschuldungen vorhielt, oder ich mußte den herabsetzenden Vergleich mit meinen Kameraden und Freunden aushalten ... Von meinen speziellen Verhältnissen auf dem Joachimsthalschen Gymnasium ist mir eine viel weniger lebhafte Erinnerung geblieben, als von denen in der Messowschen Schule ... Ich erinnere mich der ganzen Zeit nur als einer der Entmutigung, Niedergeschlagenheit und momentan fast des Lebensüberdrusses. Einige Momente muß ich indessen berühren. Ich war in Sexta aufgenommen; der Ordinarius der Klasse war ein Inspektor Elsner, ein Mann nicht überstreng, nicht ohne Wohlwollen sogar, aber doch nicht geeignet, das Vertrauen und die Liebe so junger Seelen zu gewinnen. Ich erinnere mich, daß die Erlernung der lateinischen Konstruktionen beim Übersetzen mir unendliche Schwierigkeiten machte und ich gar nicht behalten konnte, in welcher Ordnung der Satz aufgelöst werden müsse; sehr natürlich, weil ich mir bei den Worten Subjekt, Prädikat usw. in Folge meines grammatischen Stumpfsinnes gar nichts denken konnte und nicht begriff, weshalb hier mensa, und im nächsten Satz panis ein Subjekt sei, da doch beides ganz verschiedene Gegenstände wären. Ich bat daher den Lehrer einst dringend, er möge uns doch diktieren, in welcher Ordnung die Satzauflösung erfolgen müsse, und dachte damit das Rätsel zu lösen ... Vergeblich! Der Satz blieb mir ein Brief mit sieben Siegeln! Nur auswendig behielt ich ihn leicht, und so gewann ich vor mir selbst und dem Lehrer den Schein, als hätte ich ihn verstanden! ...
Mit unaussprechlichem Grauen erfüllte mich der Begriff »Arrest« und die Vorstellung von dem Arrestlokal des Gymnasiums, dessen eisenvergittertes Fenster nach dem Hofe hinausging ... Und als vollends einmal ein Mitschüler, ich weiß nicht mehr welcher Nachlässigkeit halber zu der Arreststrafe verurteilt wurde,

und zwar zu sechs Stunden, so zitterte und bebte ich am ganzen Leibe, da ich empfand, wie leicht ich eine solche grauenvolle Strafe ebenfalls verdienen könnte ... Und sechs Stunden erschienen mir wenig unter Lebensdauer, da eine Stunde Nachbleiben in der Messowschen Schule mir so fürchterlich gewesen war. Nicht wegen der Strafe selbst, aber wegen der Angst, die ich in dieser Stunde erduldet, vor dem Empfang zu Haus ... Nicht genug kann ich daher mein Schicksal preisen, daß ich niemals genötigt worden bin, diesen Ort des Schreckens zu betreten ...
Eine Schulszene aus dieser Zeit machte einen unvergeßlichen Eindruck auf mich; aber wieder einen schwankenden. Ein sehr träger Mitschüler war so gewissenlos gewesen, die Stunden oft zu versäumen, und diesen Betrug durch falsche Unterschriften in seinem Ordnungsbuche zu verdecken. Es wurde entdeckt und der Schuldige verurteilt vom Kalfaktor vor der ganzen Klasse so viele Stockschläge zu erhalten, als er falsche Unterschriften gemacht hatte, vierzehn. Eine Hinrichtung hätte mich nicht so mit innrem Grauen erfüllen können! Der Angstschweiß brach mir aus! Und diesmal nicht aus halb bösem Bewußtsein, denn in solcher Weise hatte ich mich nie vergangen. Dieser Schüler und die an ihm vollzogene Exekution haben sich bei mir völlig identifiziert. Ich sah ihn nach vielleicht zehn oder fünfzehn Jahren in einer Provinzialstadt, wo er als Beamter war, auf einem Balle wieder. Seine Züge hatten sich nicht im mindesten verändert, und ich sie so treu bewahrt, daß ich ihn auf der Stelle wiedererkannte ... (Er) stand aber mitten in dem eleganten Ball immer wieder in der traurigen Gestalt von damals vor mir, mit seinen von Angst und Körperschmerz verzerrten Zügen.

170, 78 ff.; 84 ff.

Bernburg, 1817
Moralischer Zwang und erweckte Bestialität

Die übrigen Lehrer und Kollaboratoren, die mir geringeren Eindruck hinterließen, brachten wenigstens keinen Schaden, ja ein paar von ihnen, der Kantor und der Franzose, verhalfen in entgegengesetzter Weise der Klasse erst recht zum Vollgenuß des Schülerlebens, indem sich der moralische Zwang, den die Bernburger Schule so gut wie jede andere auferlegt, an ihnen gewissermaßen bezahlt machen konnte.
Immerhin mag es einem Kantor schwer genug sein, sich auf gelehrten Schulen auch nur den notdürftigsten Respekt zu verschaffen; wenigstens hatte der unsrige nicht diese Gabe. In seinen Schreib- und Rechenstunden wurden, wenn die

Klasse sich einer Erholung bedürftig fühlte, sehr reichliche Allotria getrieben, die gegen ihn gelegentlich auch außerhalb der Schule fortgesetzt wurden ... So war es vorgekommen, daß während der Freiviertelstunde, in der die meisten Dummheiten vorkamen, ein Schüler mannshoch an der äußeren Kirchwand aufgeklettert war ... In diesem Augenblicke aber schwenkte der Herr Kantor um die Ecke. Er hatte das Klettern an der Kirche oft verboten, und ... so empfing er (den Kletterer) mit einer dreimal gepfefferten kantorhaften Ohrfeige, welche auf der Stelle erwidert wurde.

Eine derartige Erwiderung war ein Attentat, das vor den Schulsenat gehörte, aber obgleich der Frevler, anstatt relegiert zu werden, nur das Karzer zu sehen kriegte, so schien uns dieses doch wieder einer neuen Genugtuung zu bedürfen ... das Karzer war eine neue Auszeichnung, die erst abverdient werden mußte. Es ward daher beschlossen, dem Herrn Kantor dafür noch ein besonderes Promemoria angedeihen zu lassen.

Als besagter Herr sich demnächst auf der Eisbahn blicken ließ, wurde er höflichst ersucht, im Stuhlschlitten Platz zu nehmen. Dies war eine Artigkeit, die wir den beliebteren Lehrern zu erzeigen pflegten, an die jener aber nicht gewöhnt war. Er mochte daher denken, daß er wegen der Ohrfeige, die er empfangen, vollends versöhnt werden sollte, nahm die Einladung mit feinem Lächeln an, und – fort flog er, wie vom Sturm dahingerissen. Wer ihn eigentlich schob, wußte er nicht, kaum wußten wir es selbst ... So rasten wir mit ihm dahin, daß ihm und uns die Sinne fast vergingen, bis bei einer plötzlichen Wendung das leichte Fuhrwerk umschlug, und der unglückliche Insasse zehn Schritt weit auf seiner eigenen Gelegenheit fortschoß ...

Ich muß bekennen, daß, obgleich ich damals die Nachfolge Christi studierte, mir bei dieser Eisfahrt doch kein Gedanke an ein Unrecht kam ... und jedenfalls hatte ich es lediglich der Gnade Gottes zu danken, daß ich bei dieser Gelegenheit nicht zum Mörder wurde. – Mehr noch als unserem Kantor war es dem französischen Sprachmeister gegeben, die Bestialität der Klasse zu erwecken. Er war ein Naturalfranzose, ein kleiner, vertrockneter Mann mit pechschwarzen Haaren und limonenfarbenem Teint ...

III, 385 ff.

Jena, um 1820
Eine Schule aus der Reformationszeit im 19. Jahrhundert

Ich habe meinen ersten Unterricht in der Stadtschule zu Jena, wo ich geboren bin, empfangen, einer jener alten Schulen, wie sie in Folge der Reformation in vielen Städten gegründet worden sind. Die Schule befand sich im Hauptgebäude eines alten Klosters ... Die zwei ersten Schulzimmer vom Eingange aus gehörten der Mädchenschule, dann war der Gang durch eine Bretterwand mit schmalem Durchgange geschlossen. Dahinter war die Knabenschule und gleich hinter der Scheidewand das schauerliche Karzer der Knaben, bestehend aus einem kleinen Lattenkäfig, in welchem der Bestrafte den Blicken aller Vorübergehenden ausgesetzt war. Die Schule bestand aus vier Klassen ... So waren auch der Lehrer vier, Rektor, Konrektor, Tertius und Kantor. Ich kam im achten Jahr zum Kantor ... Bei meiner Einführung in die Schule überreichte mir der Kantor eine mächtige Tüte mit Konfekt, wahrscheinlich als ein symbolisches Zeichen der vom Fleiß zu erwartenden Vorteile. In dieser vierten Klasse beim Kantor wurde nichts gelernt als Lesen nach der alten Buchstabiermethode und etwas Schreiben. Das Schuldgeld war äußerst gering und wurde jeden Sonnabend von den Schülern dem Lehrer ausgehändigt ... Nach einiger Zeit kam ich zum Tertius, namens Wagner ... Es war ein alter Mann von einigen 70 Jahren ... Die Schüler, 20 bis 30, saßen zu beiden Seiten zweier großer Tafeln ... Der Unterricht bestand in Lesen, Schreiben, Rechnen, Aufsagen aus Katechismus und Gesangbuch, einen wie alle Tage ...
Wie die Schule noch manche alte Schulfeste und Gebräuche hatte, so war es auch Herkommen, daß Kantor und Tertius zu Martini von ihren Schülern eine Gans erhielten ... Die Gans, die Flügel mit einem roten Bande gebunden, wurde auf einen kleinen Wagen gesetzt und so in Begleitung der ganzen Klasse zu Wagners Wohnung gebracht ...
Unter die alten Einrichtungen der Schule gehörte auch eine Kurrente (Chorus currens), wie sie schon zu Luthers Zeit in Eisenach bestand. Denn Luther sagt irgendwo: »Verachte mir niemand die Gesellen, die vor der Tür panem propter deum sagen und den Brodreyen singen; ich bin auch ein solcher Partekenhengst gewesen und habe das Brot vor den Türen genommen, sonderlich zu Eisenach meiner lieben Stadt.« Zu einer solchen Kurrente habe ich auch mehrere Jahre bis zu meiner Konfirmation gehört. Wahrscheinlich hatte meine Stiefmutter, bewogen durch die damit verbundenen Vorteile, meine Aufnahme bewirkt. Es gehörten zur Kurrente 12 arme Schüler, die der Kantor, unter dessen spezieller Aufsicht sie stand, nach den Stimmen wählte. Wir hatten bei ihm wöchentlich eine Singstunde und waren vorzüglich dazu, die Liturgie zu singen und ihn bei der Leitung des Kirchengesangs zu unterstützen, auch waren einige andere kleine

Kirchendienste damit verbunden. Daher mußten wir alle Kirchen mitmachen, manchmal in der Woche viermal, sowie wir auch auf Verlangen mit dem Kantor die Leichen singend begleiteten. Außerdem zogen wir dreimal die Woche durch die Straßen der Stadt und sangen in und vor bestimmten Häusern nach den Zeiten des Kirchenjahres Verse aus Kirchenliedern, wofür wir einen oder einige Pfennige in eine alte Büchse aus geschmiedetem Eisen erhielten, zu welcher ein alter Schneider den Schlüssel hatte, der nach jedem Umgang dieselbe aufschloß und über den Ertrag Rechnung führte. Von den Bäckern bekamen wir Semmeln, die wir behalten durften. Außerdem bekamen wir jährlich einen neuen Rock von hellblauem, sehr grobem Tuch und Geld zu ein Paar Schuhen, einen schwarzen Mantel und Hosen mußten wir uns selbst anschaffen. Ferner erhielt jeder wöchentlich 12 bis 15 Pfennige aus dem Ertrag der Büchse und 6 Pfund Brot aus grobem Mehl. An den hohen Festtagen zogen wir singend von Haus zu Haus, und der Ertrag, der besonders zu Weihnachten nicht unbedeutend war, gehörte ganz uns.

16, Bd. 11, 242 ff.

Stuttgart, um 1830
Der Winterschlaf: Ein Schüler nimmt sich frei

Jenes winterliche Schleimfieber, das mir im zwölften Lebensjahr die Frühlingskur im großelterlichen Hause ... eingetragen hatte, kehrte in den sechs folgenden Jahren regelmäßig um dieselbe Zeit nur in immer leichteren Anwandlungen zurück. Die ersten acht bis vierzehn Tage waren wohl peinlich durch Kopfweh, Vomitive und andere Arzneien. Dann aber folgten behagliche Wochen der Rekonvaleszenz, in denen mir kein Finger weh tat, sondern bloß der Körper matt und stärkungsbedürftig, das Gemüt weich und menschenscheu und deshalb alles Angenehme erlaubt, beziehungsweise geboten, alles Widerwärtige und Anstrengende, namentlich der Schulbesuch und die Schularbeiten, verboten waren.
Kleine eintägige Schulfieber grassierten, beiläufig gestanden, unter uns Geschwistern schon von Kind auf. Eins um das andere fühlte von Zeit zu Zeit das Bedürfnis, sich das Vergnügen einer kleinen Unpäßlichkeit zu gönnen, und man hielt darauf, daß keins hierin gegen die anderen im Vorteil blieb. Oder war einmal eins wirklich krank, so schien um der sanften Behandlung und sorgsamen Pflege willen den übrigen sein Zustand so beneidenswert, daß man leicht genötigt sein konnte, sich selbst auf einen Tag zu legen. In der Regel mußte dazu das Kopfweh herhalten, das einem niemand ansieht und für das uns die periodische

Migräne des Vaters ein belehrendes Vorbild bot. Bei ihm waren die Schmerzen im höchsten Grade sogar mit Zuckungen und nervösen Aufschreien verbunden. Da konnte es denn auch bei uns vorkommen, daß der kleine Patient alle fünf Minuten, besonders wenn er die Mama in der Nähe wußte, krampfhaft zusammenfuhr, so daß die Bettlade zitterte. Sogar ein stoßweises Bellen brachte einst Theodor, weil es ihm zur Sache zu gehören schien, ziemlich wohlgelungen zustande. Wie die gute Mama daran glauben konnte, ist mir heute noch ein Rätsel ...

Meine Winterkrankheiten durfte ich nun aber mit gutem Gewissen genießen und konnte mich allmählich zum voraus darauf freuen. So oft die Christfeiertage mit ihren Wonnen vorüber waren und nun der eisige Januar sein strenges Gesicht vor dem Fenster zeigte, war meine Zeit vorhanden ...

Waren dann die ersten schlimmen Tage überstanden, so fing das stille Vergnügen an, und fern vom Zwang der Schule, abgeschlossen von der rauhen Außenwelt, spann ich mich in ein gemütliches Phantasieleben ein. Nach Herzenslust wurde jetzt gemalt und gelesen, geträumt und gedichtet, Schlittschuh gelaufen und spazieren gegangen; denn das alles war teils erlaubt, teils verordnet ...

Mit den langen Winternächten nahm auch mein Winterschlaf sein Ende. Wenn gegen Ende Februar das Eis brach, dann taute auch ich wieder auf; wie ein Vogel nach der Mauser fühlte ich wieder frische Schwingen und prüfte meine Kehle zum Gesang. Ich faßte mir ein Herz und ging wieder zur Schule, und merkwürdig – ich weiß nicht, soll ich's meinem Kopf zum Lob oder dem Schulunterrichte zum Tadel nachsagen: ich konnte sofort mit den andern weitermachen und meinen Platz in der ersten Bank behaupten, als hätte ich keine Stunde versäumt ... gleich als hätte die betreffende Maschine im geistigen Organismus derweil ohne Aufsicht für sich fortgearbeitet. Ein Beitrag zur Philosophie des Unbewußten, möchte ich sagen, wenn es nicht klar wäre: der durch zeitweise Ruhe ... gekräftigte Kopf nimmt auch die solang beiseite gesetzte Tätigkeit mit erhöhter Energie und Gewandtheit wieder auf.

62, 160 ff.; 167 f.

BERLIN, 1838
Heyse kommt in Tee

Als ich acht Jahre alt geworden war, kam ich auf das Friedrich-Wilhelms-Gymnasium. Hier sollte ich sogleich erfahren, daß man in der Schule des Hauses, zumal eines so liebevollen wie mein Elternhaus, manches nicht lernt, was man im Leben, und wär's nur das Zusammenleben mit kleinen, oft nichtnutzigen Schulkameraden, nicht ohne Schaden entbehren kann ...
Ich war durch den Unterricht meines Vaters und meines vortrefflichen Hauslehrers Valentin Kutscheit – er hat einen damals sehr gelobten Atlas der Alten Welt herausgegeben – für die Sexta mehr als genügend vorbereitet, im Latein eigentlich schon für Quinta reif ... Da ich nun meine Schulaufgaben zu Hause aufs gewissenhafteste machte und in den Schulstunden mit einer Art Andacht zu den Lehrern aufblickte, konnte es nicht fehlen, daß ich für einen Musterschüler galt und meinen Kameraden, die eine schlechte Zensur ohne sonderliche Gewissensbisse hinnahmen, als Vorbild hingestellt wurde. Das hätten sie mir nun wohl verziehen, wenn ich mich im übrigen kameradschaftlich betragen und auch in den Raufereien auf dem Schulhof und bei den Possen, die gewissen wehrlosen Lehrern gespielt wurden danach getrachtet hätte, »Immer der Erste zu sein und vorzustreben den Andern«. Das aber konnte mir nicht in den Sinn kommen, da für mich ein Lehrer eine geheiligte Person und das Balgen in den Zwischenstunden und auf der Schule verboten war. Ja, schlimmer als das: Ich war von meinen Eltern zur unbedingten Wahrhaftigkeit angehalten worden und glaubte nun auch, wenn nach irgendeinem mutwilligen Streich ein Verhör angestellt wurde, um den Täter oder Rädelsführer zu ermitteln, verpflichtet zu sein, alles, was ich wußte, auszusagen, ohne in meiner blöden Unschuld ein Gefühl dafür zu haben, wie verächtlich die Rolle eines Denunzianten in den Augen aller tapferen Schelme ist, die lieber unschuldig büßen, als gute Freunde einer noch so wohlverdienten Strafe zu überliefern.
So konnte es nicht fehlen, daß ich meinen Kameraden immer widerwärtiger und verhaßter ward, je mehr ich bei unseren Lehrern »in Tee kam«, – (ein Ausdruck, der wohl daher stammt, daß Lieblingsschüler von ihren Lehrern dann und wann abends in ihr Haus geladen wurden). Ich selbst, durch meine Überlegenheit als kleiner Tugendbold verblendet, achtete nicht auf die sich mehrenden Zeichen der Abneigung, die ich hervorrief. Ich hielt es sogar für Unrecht, schwächeren Kameraden bei ihren Aufgaben zu helfen, oder gar eine Arbeit von ihnen abschreiben zu lassen, da die Lehrer dadurch betrogen worden wären ...
Daß so ein kleiner Heiliger zu Schaden kommt, wenn er es verschmäht, mit den Wölfen zu heulen, sollte mir auf eine beschämend lächerliche Weise klargemacht werden.

Ich saß, wenn ich nicht irre, in der Quinta, als das Reformationsfest gefeiert wurde. Alle Schulen hatten bronzene Medaillen zur Erinnerung an das Fest erhalten, die in der Art verteilt werden sollten, daß auf jede Klasse nur eine kam, über deren Verleihung an den besten Schüler die ganze Klasse abzustimmen hatte.

Als unser Oberlehrer die Stimmzettel ablas, die wir ihm eingereicht hatten, und auf jedem, außer meinem eigenen, mein Name stand, lief ein dumpfes Murren durch die Reihen der Bänke. Wie aber auch der letzte verlesen war, wieder mit meinem Namen, und der Lehrer erklärte: »So hat also Heyse einstimmig die Medaille erhalten« –, da brauste wie ein wahrer Sturm durch das Klassenzimmer der ebenso einstimmige Ruf: »Heyse nich! Heyse nich! Heyse nich!« Statt mich meines Erfolges zu freuen, saß ich auf meinem Primussitze wie ein armer Sünder, der zu Pranger und Staupe verurteilt wird, kalter Schweiß trat mir auf die Stirn, auch in dem Lächeln des Lehrers glaubte ich meine Schande zu lesen, als er sagte: »Ihr seid wunderliche Jungen. Warum habt ihr ihm denn die Medaille zuerkannt, wenn ihr sie ihm nicht gönnt? Nun muß es einmal dabei bleiben.«

... Von dieser Stunde datierte eine gründliche Reformation meiner Weltanschauung vom Standpunkt des Schülergewissens aus. Ich nahm eine entschlossene Trennung meiner häuslichen von meiner Gymnasiastenmoral vor und ließ es mir angelegen sein, mich mehr nach unten als nach oben beliebt zu machen.

90, 26 ff.

Schulpforta, um 1845
Begraben und Ersäufen des Examenmannes

Die Versetzung, die jetzt, nachdem sich Schulpforta den mit der neuen Schulreform in Kraft getretenen Bestimmungen hat fügen müssen, in der Regel eine jährliche ist, war damals noch eine halbjährliche, und jeder suchte in den letzten Wochen alles aufzubieten, um die etwaigen Lücken auszufüllen, die seine Versetzung noch zweifelhaft erscheinen ließen, oder um durch die umfangreichen Prüfungsarbeiten, die bei jedem Semesterschluß üblich waren, frühere Versäumnisse auszugleichen und gutzumachen. Den ersteren waren anderthalb Wochen ausschließlich gewidmet. Sie begannen mit der sogenannten kleinen Elaborierwoche, in welcher drei Tage den mathematischen Aufgaben, einen deutschen Aufsatz und den Arbeiten im Französischen gewidmet. Die darauffolgende große Elaborierwoche war ausschließlich für die Anfertigung der latei-

nischen und griechischen Prüfungsarbeiten bestimmt. An allen diesen Tagen wurde des Vormittags fünf, des Nachmittags vier Stunden mit ganz kurzen Unterbrechungen stramm gearbeitet. Doch genügte diese Zeit den meisten nicht; man stand eine oder wohl auch zwei Stunden vor dem Wecken auf, und die Schüler der oberen Klassen arbeiteten ununterbrochen bis spät abends ...
Nach den großen Anstrengungen der Elaborierwoche durfte am Schlusse derselben auch der jugendliche Übermut austoben. Es geschah dies durch das feierliche Begraben des Examenmannes. Eine Strohpuppe wurde angekleidet und unter fürchterlichster Katzenmusik von dem gesamten Cötus im Kreuzgang herumgetragen. Was nur an lärmenden Instrumenten aufzutreiben war, schrillende Pfeifen, Violinen, Flöten, Pauken, Vogelknarren, blecherne Deckel, Hausglocken, wurde herbeigesucht, um den betäubenden Lärm zu veranstalten. So ging es mit wüstem Geheul durch die Kreuzgänge in den Primanergarten, wo der Examenmann unter der inmitten desselben befindlichen großen Kastanie aufgestellt wurde, während ein Primaner auf denselben eine humoristische Grabrede hielt, in welcher die Nöte und Ängste des Examens geschildert wurden. Dann stimmte der ganze Chor mit furchtbarem Geheul das Lied an: »Vater Abraham war gestorben« usw. Zufällig lag die Wohnung des ... Professors Jacob unmittelbar am Primanergarten, und es gehörte zum besonderen Ulk des Examensmannes, daß in dem auf die Frage: »Wer hat ihn denn begraben?« folgenden Refrain:
»Der erste der hieß Isaak,
der zweite der hieß Jacob«
das Ja-Ja-Ja-cob-cob-cob mit ganz besonderem Juchhe ausgeführt wurde. Nach Absingen dieses Liedes bewegte sich der Zug unter Wiederaufnahme der Katzenmusik mit womöglich noch gesteigertem Brüllen und Lärmen zur Hintertür des Schulhauses hinaus über den ganzen Schulhof hinweg bis zum Mühlenteich, in welchem der Examenmann feierlich ersäuft wurde. Zum Schluß gab es dann noch eine ergötzliche Szene. Die Küchenjungen oder, wie wir sie nannten, die »Küchenpietze«, welche im Speisesaal aufwarteten, pflegten sich um die meist noch ganz brauchbaren Kleider der Strohpuppe zu reißen. Mit Rechen und Harken bewaffnet, warteten sie schon am Ufer, um sie aufzufischen. Es kam wohl auch vor, daß sie sich in die Fluten stürzten und im Wasser um die Beute stritten, die jeder zu machen suchte.
Die Sitte des Examenmannes hat sich trotz mancher Versuche, die schon in früheren Zeiten zu ihrer Beseitigung gemacht worden sind, immer wieder erhalten. Selbst dem durch seine strenge Zucht bekannten Rektor Ilgen wollte es nicht gelingen sie auszurotten. Mit einem quos ego war er einst unter die brüllende Bande gestürzt und hatte mit seiner Tenorstimme den Lärm zum Schweigen

gebracht. Aber wenn er es auch für kurze Zeit durchzusetzen vermocht hat, daß der Examenmann verboten wurde, so ist er doch unter seinem Nachfolger bald wieder erstanden.

178, 113 ff.

Königsberg, 1873 ff.
Geist des Jahrhunderts in der Volksschule

Den ersten Schulgang hatte ich sechsjährig an der Hand meines ältesten Bruders gewagt. Unsere Volksschule umfaßte acht Klassen. Die einzelnen Klassen waren überfüllt; manche zählten 80, ja 100 Schüler. Da konnten die Lehrer ihre Zöglinge unmöglich ganz in der Hand haben. Meiner Lehrer denke ich noch heute in dankbarer Verehrung, mit Ausnahme eines Trunkenboldes, der uns Kinder der Armen »Vagabunden« schimpfte und sinnlos verprügelte.
Unterrichtsmittel und Lehrverfahren konnten den Umständen nach als gut betrachtet werden. Aber die Erziehung war ein Hohn auf den Geist des Jahrhunderts. Mit Stock, Rohr, Peitsche, Hand, Faust und Fuß ward auf allen Teilen des Schülerleibes herumgearbeitet. Sogar eine richtige Prügelmaschine stand im Gebrauch ...
Diese Schultyrannei zeugt eine heillose Furcht. Manche Kinder mußten zur Schule geschleppt werden, mit Stricken gebunden, andere rissen aus, streiften tage-, ja wochenlang in der Freiheit umher, schliefen Sommer über bei Mutter Grün, während des Winters in Schuppen, mausten Obst und Feldfrüchte oder bettelten.
Eines meiner peinlichsten Schulabenteuer ist folgendes: Als ich in der fünften Klasse saß, waren wir eines Abends mit Hausarbeit überladen, und ich bat meine ältere Schwester Sophie, mir bei der Schreibaufgabe zu helfen. Das Heft wurde vom Lehrer nachgesehen. Er merkte die fremde Schrift, rief mich aus der Bank und fragte, wer das geschrieben habe.
»Ich habe es geschrieben.«
Er wiederholte die Frage. Ich blieb bei meiner Behauptung. Nun durfte ich meinen Platz wieder einnehmen; ein Schüler aber mußte meine Schwester aus dem anstoßenden Flügel herbeiholen. Sophie kam, gefolgt von ihrem Lehrer. Sie gab sofort ihre Mithilfe zu. Sie erhielt dafür eine Ohrfeige und ward vor der Knabenklasse ausgeschimpft ... Ich selber wurde, wie rechtens, von meinem Lehrer mit dem Rohr gestraft. Damit schien die Sache erledigt. Aber am Schluß des Halbjahres wurde ich nicht versetzt, trotzdem minder begabte und minder fleißige Schüler steigen durften.

Ein Lehrer sollte keinem Kinde was nachtragen... Hätte er mich, statt vor der ganzen Klasse, unter vier Augen zur Rede gestellt, gewiß würde ich ihm die Wahrheit bekannt haben. So trieb er mich zum Leugnen, denn ein Knabe will ja nicht als Feigling vor der Klasse stehen; er glaubt vielmehr als Held zu tun, wenn er bei seiner Lüge verharrt.
Wohl ist der Schulzwang eine bedeutende Kulturtat. Aber die Schule bringt durch solche erzieherischen Pferdekuren die Kinder oft in große Verwirrung mit sich selbst, wobei sie an Aufrichtigkeit, Selbstvertrauen, Selbstachtung sehr vieles einbüßen...
Meine Lieblingsfächer in der Volksschule waren Erdkunde, Natur- und Weltgeschichte; meine Lieblingsübung der freie deutsche Aufsatz... Der Religionsunterricht war nicht ganz nach meinem Geschmack. Meine Mutter war fromm. Sie las gerne laut aus der Bibel vor. Wir Kinder nahmen, wie das nicht anders möglich ist, die Anschauungen der Eltern ohne weiteres hin. In der Schule aber ward uns des Guten etwas zu viel zugemutet. Vor allem das wörtliche Auswendiglernen ganzer Bibelkapitel und einer Unmasse Gesangbuchslieder langweilte! Himmel, was hagelte da nicht alles an Schlägen in unsere Reihen hinein! Ich schlüpfte im Ganzen noch ziemlich glatt durch. Dafür plagte ich mir aber oft noch während des Schulganges den Kopf, betrat die Klasse mit fiebriger Stirn und saß wie erlöst, wenn ich das im Augenblick für den Augenblick Gelernte zur rechten Zeit herunterleiern konnte.

14, 15 ff.

6.6. Von der Lesewut und anderen Übungen des Autodidakten

Kommentar
Kolberg, um 1746 ff.   Zielstrebigkeit eines künftigen Seefahrers
Frankfurt/Oder, 1749 ff.   Die Liebe zu Wissenschaften und Kenntnissen
Mirz, 1761   Ein Siebenjähriger studiert die Astronomie
Berlin, um 1802   Mußestunden des jungen Goldarbeiters
Balve, 1803–1819   Vorbildung eines Elementarlehrers
Darmstadt, um 1818   Der Lehrkurs eines Autodidakten
Eichtersheim, um 1859   Lese- und Lernwut eines Apothekerlehrlings auf dem Lande
Halle, 1870 ff.   Zwei Naturforscher im Halleschen Waisenhaus

Franz Kobell, der Bruder, etwa 16 Jahre alt (1795). – Die Schwester, um 1828, gemalt von Fr. Wasmann (1805–1886).
Aus: L. Grote, Hrsg., Wilhelm von Kobell. München 1966. – A. Henkel, Über ein Buch gebeugt. Leipzig 1947

Kommentar

Das selbstbestimmte Lernen von Kindern hat seinen Platz in gesellschaftlichen Verhältnissen, in denen Lehren und Lernen noch nicht von der Schule monopolisiert worden ist. Wer sich im 18. und im 19. Jahrhundert für die Naturwissenschaften, die Mechanik, die Chemie, Biologie oder Zoologie oder moderne Sprachen interessierte, war auf Privatunterricht angewiesen oder mußte sich selbst weiterhelfen, mit den Hilfsmitteln, die er sich beschaffen konnte. Die von Kindern, auch und gerade in drückenden Verhältnissen (aus einleuchtenden Gründen stellen sie das Gros der Autodidakten) bewiesene Tatkraft bei der Verfolgung ihrer intellektuellen Leidenschaften, ihr Einfallsreichtum und ihre Ausdauer machen staunen.

Das wichtigste Bildungsmittel des Autodidakten ist das Buch, und zwar das Buch, das zwischen dem erwachsenen und dem kindlichen Fassungsvermögen keinen Unterschied macht. Bücher sind teuer und rar, oft ist man auf veraltete angewiesen, und keine Didaktik baut Brücken zum Verständnis. Die kindgemäße Version aller Tatsachen und Ereignisse ist noch nicht erfunden; die moralisierende Kinderliteratur, die Unterhaltung und Belehrung verbindet, haben die Philanthropen zwar im letzten Viertel des 18. Jahrhunderts entwickelt und sie nimmt an Umfang schnell zu, sie findet sich in den ländlichen, aber auch städtischen Kleinbürgerfamilien jedoch immer nur in einzelnen Exemplaren vor. Hermann Sudermann (1857–1928) lernt zwar noch mit Weißes »Kinderfreund« (zuerst 1775–1782) lesen – von der Mutter ermuntert, also nicht in der Schule, was übrigens sehr oft berichtet wird –, dann ist er jedoch zur Befriedigung seiner Leselust auf die ersten Jahrgänge der »Gartenlaube« (1853 ff.) angewiesen, die sich auf dem Dachboden des Elternhauses anfinden.

Was bestimmt ein Kind zum Autodidakten? Ein wichtiges Moment liegt im Ehrgeiz, einer Art Oppositionsgeist gegen das Herkommen, die Familie und ihr Handwerk, eine Empfindung des Ungenügens und der Unzufriedenheit, die häufig von der Mutter auf ein (männliches) Kind übertragen wird, schon gar wenn die Ehe nicht glücklich oder die Frau früh Witwe geworden ist. Öfter finden sich bei solchen Kindern auch Stücke des Familienromans, Phantasien einer adligen oder exotischen Abkunft. Angeregt von der Kenntnis einer italienischen Weinstube und dem Gerücht, seine Vorfahren seien aus Italien nach Thüringen gekommen, fängt Heinrich Leo (1799–1878) als etwa Zehnjähriger an, Italienisch zu lernen.

Neben die individuellen psychologischen Voraussetzungen müssen aber noch andere treten, damit der Autodidakt Erfolg hat und nicht nur als altkluges Kind bestaunt oder gar aus pädagogischen Gründen behindert wird. Wer lernen will, wird bewundert oder jedenfalls von denen, die gelehrt sind, ohne Herablassung, eher kollegial behandelt, auch wenn er ein Kind ist. Niemand mischt sich ein, als der neunjährige Rudolf von Gottschall (1823–1909) in der Koblenzer Brigadebibliothek das Studium der Kriegswissenschaft beginnt; niemand kommt auf den Einfall, den dreizehnjährigen Gymnasiasten Gottfried Knapp (1842–1926) ins Bett zu schicken, wenn am Samstag sich Gelehrte um seinen Pensionsvater Moriz Carrière versammeln. Das ist der Vorteil des jahrhundertelangen Ausschlusses aller Entwicklungspsychologie (die es ja auch nur als grobes Klassifikationsschema gab) aus Unterricht, Schule und Gelehrsamkeit. Es zählte die Absicht, es zählte, was man wußte, nicht wann, wo und wie man etwas gelernt hatte. Die Bildungskarriere verlief individuell und wurde nicht einer für alle geregelten Schullaufbahn mit der entsprechenden Hierarchie des Alters untergeordnet. Georg Gottfried Gervinus (1805–1871) lernt daheim lesen, kommt daher erst mit acht Jahren in die Darmstädter Stadtschule, durchläuft deren zwei Klassen in einem Jahr, verbringt ein weiteres halbes in der Vorbereitungsschule und tritt dann ins Gymnasium ein, das er aus Abscheu vor dem Zwang der Schule und mit der Hoffnung auf eine Dichterlaufbahn verläßt (nach der Konfirmation), um eine Kaufmannslehre zu beginnen; mit 19 Jahren holt er den Schulabschluß doch noch nach und bezieht die Universität. Solche Bildungskarrieren waren im 19. Jahrhundert noch nicht selten, auch wenn der Sieg des immer besser organisierten Schulwesens und des mit diesem Sieg ausgearbeiteten Berechtigungswesens sie allmählich unmöglich machte.

LITERATUR:

R. Meyer, Das Berechtigungswesen in seiner Bedeutung für Schule und Gesellschaft im 19. Jahrhundert. In: Zeitschrift f. d. gesamte Staatswissenschaft 124, 1968

Kolberg, um 1746 ff.
Zielstrebigkeit eines künftigen Seefahrers

Bei all diesen Spielereien ward ... die Schule versäumt; ich hatte weder Lust noch Zeit dazu. Wenn meine Großmutter meinte, ich säße fleißig auf der Schulbank, so schiffte ich in Rinnsteinen und Teichen, oder ich verkehrte mit meinen Tauben; und das machte mir so viel zu schaffen, daß ich weder bei Tag noch bei Nacht davon ruhen konnte ... Einigen Vorschub zu diesen Possen tat mir Pate Runge, der nicht Frau noch Kinder hatte, mich sehr liebte und sich viel mit mir abgab. Endlich aber nahm er mich einmal etwas ernsthafter ins Verhör ... und gab mir zu bedenken, daß, wenn ich Schiffer werden wollte, so müßte ich auch fleißig in die Schule gehen, eine firme Hand schreiben und gut rechnen lernen, sonst dürfte ich nie an so was denken. Mir fuhr das gewaltig ins Herz. Ich sann nach, was denn wohl von meinem jetzigen Tun und Treiben abgestellt werden müßte. Was anders als meine Tauben, die mir so viel Zeit kosteten! ... Ich mußte meine lieben Tierchen fahrenlassen ...

So war ich also meine Tauben los, und nun kriegt ich einen so brennenden Trieb zur Schule, daß mich die Lernbegierde auf Schritt und Tritt verfolgte. Ich wollte und mußte ja Schiffer werden! Auch alle meine Christgeschenke, woran es meine Herren Paten nicht fehlen ließen, hatten immer eine Beziehung auf die Schifferschaft. Bald war es ein runder holländischer Matrosenhut, bald lange Schifferhosen, bald Pfefferkuchen, als Schiffer geformt. So mochte es in meinem achten Jahre sein, als Pate Lorenz Runge mir unter anderen Weihnachtsbescherungen auch eine Anweisung zur Steuermannkunst in holländischer Sprache verehrte. Dies Buch machte meine Phantasie so rege, daß ich Tag und Nacht darin studierte, bis mein Vater ein Einsehen hatte und mir bei dem Schiffer Neymann zwei wöchentliche Unterrichtstage in jener edlen Kunst ausmachte. Dagegen blieben die andern vier Tage noch zum Schreiben und Rechnen bei einem geschickten Lehrer, namens Schütz. Ein Jahr später aber ward die Steuermannskunst die Hauptsache.

Mein Eifer für diese Sache ging so weit, daß ich im Winter oftmals bei strenger Kälte, wenn des Nachts klarer Himmel war, während meine Eltern mich im Bett glaubten, heimlich auf den Wall und die Hohe Katze ging, mit meinen Instrumenten die Entfernung der mir bekannten Sterne vom Horizont oder vom Zenit maß und danach die Polhöhe berechnete. Wenn ich dann des Morgens erfroren nach Hause kam, verwunderte sich alles über mich und erklärte mich für einen überstudierten Narren. Schlimmer aber war es, daß man mich nun des Abends sorgfältiger bewachte; doch suchte und fand ich oftmals Gelegenheit, auf meine Sternwarte zu kommen, was mir aber, wenn ich mich morgens wieder einstellte, von meinem Vater manche schwere Ohrfeige einbrachte.

Ähnlicher Lohn ward mir auch sonst noch für ähnlichen Eifer. Zu oft hatte ich gehört, daß ein Seemann vor allen Dingen klettern lernen müsse, um die Masten bei Tag und Nacht zu besteigen, als daß ich nicht hätte begierig werden sollen, mich darin beizeiten zu üben. Hierzu fand sich erwünschte Gelegenheit durch die Bekanntschaft mit dem Sohn des Glöckners. Er war in meinen Jahren ... und wollte auch Schiffer werden. Mit diesem machte ich mich, außer der Schulzeit, auf den Boden der großen Kirche in das Sparrenwerk und die Balkenverbindungen bis hoch unter das kupferne Dach hinauf ... Auch in der Spitze des Turmes krochen wir in dem inwendigen Holzverbande hinauf ...
Bald genügte es uns nicht, im Innern uns von Balken zu Balken zu schwingen; es sollte auch außerhalb des Gebäudes geklettert werden. Wir stiegen bei den Glocken aus den Luken auf das Gerüst, von da auf den First des kupfernen Kirchendaches, und indem wir darauf wie auf einem Pferde ritten, rutschten wir längshin vom Turme bis an den Giebel und auf gleiche Weise wieder zurück. Ein paar hundert Zuschauer gafften zu unserer großen Freude nach uns beiden jungen Waghälsen in die Höhe. Aber auch mein Vater war darunter gewesen, und so konnte es nicht fehlen, daß mich bei meiner Heimkunft für die Heldentat eine derbe Tracht Schläge erwartete. Die Lust zu einem wiederholten Versuche war mir aber damit nicht ausgetrieben worden. Ich lauerte es nur ab, daß mein Vater verreist war ...
Endlich, da ich etwa elf Jahre alt sein mochte, sollte es, zu meiner unsäglichen Freude, Ernst mit meiner künftigen Bestimmung werden. Meines Vaters Bruder nahm mich auf sein Schiff, die »Susanna«, als Kajütenwächter, und so ging meine erste Ausflucht nach Amsterdam. Hier sah ich nun eine Menge großer Schiffe auf dem Y vor Anker liegen, die nach Ost- und Westindien gehen sollten. Täglich ward auf ihnen mit Trommeln, Pauken und Trompeten musiziert oder mit Kanonen geschossen. Das machte mir das Herz weit. Ich dachte: »Wer doch auf so einem Schiff fahren könnte!« – und das ging mir nun um so viel mehr im Kopfe herum, als es unter all unsern Schiffsleuten für einen Glaubensartikel galt, daß, wer nicht von Holland aus auf dergleichen Schiffe gefahren wäre, auch für keinen rechtschaffenen Seemann gelten könnte ... Ich gestand meinem Oheim, wie gern ich an Bord eines solchen ansehnlichen Ostindienfahrers sein und die Reise mitmachen möchte. Er gab mir immer die einzige Antwort ... daß ich nicht klug im Kopf sein müßte. Endlich aber ward der Wunsch in mir zu mächtig ... In einer Nacht, zwei Tage vor unserer beabsichtigten Abreise, schlüpfte ich heimlich in unsere angehängte Jolle – ganz wie ich ging und stand ...

146, 4 ff.

FRANKFURT A. D. ODER, 1749 ff.
Die Liebe zu Wissenschaften und Kenntnissen

Die sphärische Trigonometrie war noch nicht ganz geendigt, als ich die Schule und meinen vortrefflichen Lehrer verlassen mußte. Dies war für mich ein unbeschreiblicher Kummer. Ich ging im Jahre 1749 nach Frankfurt a. d. Oder, um die Buchhandlung zu lernen. Anstatt der wissenschaftlichen Übungen, wovon mein jugendlicher Geist ganz erfüllt war, ward ich zu trocknen und zum Teil beschwerlichen Geschäften angehalten. Das Beste war, daß in dieser kleinen Buchhandlung die Geschäfte, außer den Messen, oft kaum den halben Tag wegnahmen. Mein Lehrherr, welchen meine Zeichnungen, die ich schlecht genug machte, und meine mathematischen Figuren, deren Bedeutung ich ihm erklären mußte, in Verwunderung setzten, erlaubte mir, die in der Handlung nicht nötige Zeit zu meinem Studieren anzuwenden; und so war oft die Hälfte des Tages mein. Übrigens war ich etwas karg gehalten, ungeachtet mein Vater Pension für mich bezahlte... Mein Vater hatte den Grundsatz, ein junger Mensch müsse so spät als möglich Geld in die Hände bekommen, weil die Jugend nicht damit umzugehen wisse, daher gestand er mir kein Taschengeld zu, aber an meinem Geburtstage, oder sonst bei einer solchen Gelegenheit, meldete er mir, daß er einen alten Dukaten in meine Sparbüchse gesteckt habe... Auf mich hatte die Frugalität, in der ich erzogen ward, das frühe Gewöhnen mich in äußerliche Umstände zu schicken, so widrig sie auch schienen, die frühe Notwendigkeit mir selbst zu helfen so gut ich konnte, die beste Wirkung gehabt... Die Liebe zu Wissenschaften und Kenntnissen erhielt mich beständig froh und guten Muts bei allen Ungemächlichkeiten. In dem kleinen Hause meines Lehrherrn konnte ich mich im Winter in keinem andern gewärmten Zimmer aufhalten, als in der Kinderstube, wo die kleinen Kinder mit der Wärterin waren, auch erhielt ich abends kein besonderes Licht. Im Buchladen ward weder ein Zimmer geheizt noch ein Licht angezündet, wir gingen im Winter nach Hause, sobald die Sonne unterging. Ich erhielt, daß mir anstatt des Frühstücks täglich ein Dreier gereicht ward; ich versagte mir das Frühstück, damit ich eine Lampe, Öl, Papier und einige wenige Bücher anschaffen konnte. So saß ich im Winter des Morgens sehr früh und oft bis spät in die Nacht in meiner kalten Schlafkammer bei meinen Büchern, vergnügter wie ein König. Im Winter legte ich mich anfänglich, der Kälte wegen, ins Bette um zu studieren. So hätte ich einmal leicht das Haus anzünden können, als ich im Bette die Nacht durch studierte und einschlief... Damals lehrte zu Frankfurt Alexander Gottlieb Baumgarten die Philosophie und hieß ein weltberühmter Mann. Ich beneidete die Studenten, welche das Glück hatten ihn zu hören, und wenn ich konnte, schlich ich mich vor die verschlossene Tür, um einige Worte aufzufangen... Ich machte Bekanntschaft mit verschiedenen fleißigen Zühörern dieses berühmten Lehrers der Philosophie; unter ihnen war Patzke, welcher nachher als Prediger in Magdeburg gestorben ist. Der lieh mir seine nachgeschriebenen Hefte von Baumgartens Vorlesungen... Ich studierte diese Hefte sehr aufmerksam... ich schrieb viel davon ab und erholte mich mündlich weiter Rats bei Patzke und seinen Freunden. In kurzem entstanden daraus Disputationen über metaphysische und ontologische Sätze, es versteht sich, alles in syllogistischer Form und lateinisch, so gut es werden wollte. Ich machte gewöhnlich den Opponenten, weil mir Zweifeln damals schon der Weg zur Wahrheit schien.

147, 25 ff.

MIRZ, 1761
Ein Siebenjähriger studiert die Astronomie

Mein Vater hatte in seiner Studierstube einen Schrank mit Büchern stehen, er verbot mir zwar, alle anderen Bücher außer dem Talmud zu lesen. Aber es half nichts. Da mein Vater die mehrste Zeit mit häuslichen Angelegenheiten beschäftigt war, so machte ich mir diese Zeit zunutze. Aus Neugierde machte ich mich über den Schrank her, blätterte alle Bücher durch, und da ich schon ziemlich Hebräisch verstand, fand ich an einigen derselben mehr Behagen als an dem Talmud.
Dies ging auch ganz natürlich zu. Man vergleiche die trockenen, einem Kinde meist unverständlichen Gegenstände des Talmuds... die Gesetze der Opfer, der Reinigung, der verbotenen Feiertage usw., worin die seltsamsten rabbinischen Grillen mit der feinsten Dialektik, und die abgeschmacktesten Untersuchungen mit der höchsten Anstrengung der Geisteskräfte in vielen Bänden durchgeführt werden. Zum Beispiel wieviel weiße Haare die rote Kuh haben kann und doch eine rote Kuh bleibt?... Ob der Hohepriester das Hemd und nachher die Hose oder umgekehrt angezogen hat?... Man vergleiche, sage ich, diese herrlichen Gerichte, die man der Jugend auftischt und bis zum Ekel aufdringt, mit Geschichte, wo natürliche Begebenheiten auf eine lehrreiche und angenehme Art vorgetragen werden, mit Kenntnis des Weltbaues, wodurch die Aussichten in der Natur erweitert und das große Ganze in ein wohlgeordnetes System gebracht wird...
Die vorzüglichsten darunter waren: eine hebräische Chronik (unter dem Titel: Zemach David, von einem gescheiten Oberrabbiner in Prag, namens Rabbi David Gans abgefaßt, der auch der Verfasser des astronomischen Buches ist, wovon in Folge gesprochen wird, und der die Ehre hatte, mit Tycho Brahe bekannt zu sein...); ein Josephus, der, wie man aus gewissen Gründen beweisen kann,

untergeschoben ist; eine Geschichte der Verfolgung der Juden in Spanien und Portugal, und was mich am stärksten an sich zog, ein astronomisches Buch.
Hier öffnete sich mir eine neue Welt, ich machte mich also mit dem größten Fleiße darüber. Man denke sich ein Kind von ungefähr sieben Jahren, das noch nie von den ersten Elementen der Mathematik etwas gesehen oder gehört hat, dem ein astronomisches Buch in den Wurf kommt und seine Aufmerksamkeit auf sich zieht, worüber ihm aber niemand Anweisung geben kann ... wie muß dieses seinen nach Wissenschaften schmachtenden Geist nicht entflammt haben! Dieses zeigt auch der Erfolg.
Da ich noch ein Kind war und die Betten in meines Vaters Hause sehr rar waren, so war es mir erlaubt, mit meiner alten Großmutter (deren Bette in gedachter Studierstube stand) in einem Bette zu schlafen. Und da ich den Tag über bloß mit dem Studium des Talmuds mich abgeben mußte und kein anderes Buch in die Hand nehmen durfte, so bestimmte ich die Abende zu meinen astronomischen Betrachtungen.
Nachdem also die Großmutter zu Bette gegangen war, steckte ich mir frisches Kienholz an, machte mich über den Schrank her und holte mein mir geliebtes astronomisches Buch hervor. Die Großmutter schalt mich zwar deswegen, weil es der alten Frau zu kalt war, um allein im Bette zu liegen, aber ich kehrte mich nicht daran und setzte mein Studium so lange fort, bis das Kienholz ausgebrannt war.
Nachdem ich dieses einige Abende getrieben hatte, kam ich endlich zu der Vorstellung von dem Himmelsglobus und seinen zur Erklärung der astronomischen Erscheinungen erdichteten Zirkeln. Dieses war im Buche durch eine einzige Figur vorgestellt, wobei der Verfasser dem Leser den guten Rat gab, daß er zur besseren Verständlichkeit ... sich entweder einen ordentlichen Globus oder eine Sphära armillaris verfertigen solle. Ich faßte also den Vorsatz, eine solche Sphära armillaris aus geflochtenen Ruten zu verfertigen; nachdem ich diese Arbeit zu Ende gebracht hatte, war ich imstande, das ganze Buch zu fassen ... Meine Großmutter, die verschiedenemal bemerkt hatte, daß ich ganz im Lesen vertieft sei und dann und wann auf aus Ruten geflochtene kreuzweise aufeinandergelegte Kreise meinen Blick richtete, geriet hierüber in den größten Schreck; sie glaubte nicht anders, als daß ihr Enkel närrisch geworden sei. Sie unterließ also nicht, meinen Vater ... zu benachrichtigen ... Er schalt ... zwar auf mich, daß ich sein Verbot, mich mit etwas anderem außer dem Talmud abzugeben, übertreten habe, freute sich aber doch innerlich, daß sein junger Sohn, ohne einen Anführer und Vorkenntnis zu haben, von sich selbst ein ganzes Werk von einer Wissenschaft habe durcharbeiten können ...

125, 17 ff.

BERLIN, UM 1802
Mußestunden des jungen Goldarbeiters

Ich lebte immer noch sehr einsam und hatte niemanden gefunden, an den ich mich anschließen mochte. Es waren nur die Kinder meines Oheims, mit denen ich mich beschäftigen konnte, wenn ich nicht allein bleiben wollte, und ich spielte gern mit ihnen. Ich machte ihnen Kunststückchen vor; denn ich hatte einige Bände von Wieglebs natürlicher Magie gelesen ...
Des Sonntags aber saß ich am liebsten einsam auf dem Hausboden, durch dessen Luken die Sonne schien; dann wirbelten in dem Lichtstreifen Sonnenstäubchen umher, während die Spinnweben in den Farben des Regenbogens die Fäden schimmern ließen ... Ich fühlte, daß ich für meine historischen Kenntnisse mehr tun müßte. Zu dem Ende begann ich Briefe an meine Schwester, in welchen ich ihr die deutsche Geschichte nach meiner Weise erzählte. Als Materialien benutzte ich Schröckhs Weltgeschichte für Kinder, Russels Geschichte von Europa, einige Taschenkalender und ein paar Bücher, die mir nicht mehr erinnerlich sind. Ich schrieb auf diese Weise im Laufe einiger Jahre in mir sehr angenehmen und lehrreichen Stunden 52 enggeschriebene Bogen zusammen, ohne zu Ende zu kommen, weil die Verhältnisse mich aufzuhören nötigten, und schickte sie unvollendet meiner Schwester, die wohl einen Schreck über das dicke Manuskript bekommen haben mag ...
Des Abends nach der Arbeit trieb ich Mathematik. Ich hatte mir von einem Antiquar ein mathematisches Lehrbuch für Offiziere gekauft, das ich nun durchstudierte, und dadurch den ersten Grund zur Algebra legte; weshalb, wußte ich nicht; denn es trieb mich unbewußt dazu, und ich hatte keinen Zweck, als mir selber zu genügen. Mein Oheim las inzwischen in demselben Zimmer Romane vor, und ich mußte mich gewöhnen, mich dadurch nicht stören zu lassen und nicht darauf zu hören. Oft habe ich Stunden im Grübeln verloren, die mir durch ein einziges Wort zu ersparen gewesen wären; aber wo war der, der es aussprach? ... Ich saß im Winter mit der Familie an demselben Tische, denn es wurde nur ein Licht gebrannt ... Man sah dabei sehr wenig. Hatte ich einen Satz, den ich zu repetieren oder zu ergrübeln wünschte, so merkte ich mir die dazu gehörige Figur und zeichnete sie mir morgens auf das Holz des schwarzen Werktisches mit Bleistift neben meinen Platz ... Bei den vielen gedankenlosen mechanischen Arbeiten, die häufig vorkamen, konnte ich dann, ohne mit Arbeiten aufzuhören, meinen Satz vornehmen und war auf den ganzen Tag glücklich, wenn ich ihn herausgebracht hatte.

101, 186 f.

BALVE, 1803–1819
Vorbildung eines Elementarlehrers

Als ich 5¼ Jahre alt war, wurde ich in die dortige Elementarschule gebracht, worin ich lesen, schreiben, biblische Geschichte und den Katechismus lernte. Andere Gegenstände kamen nicht vor, weder Rechnen noch deutsche Sprache, noch weniger andere Realien. Der Lehrer, Schelte mit Namen, war dem Trunke ergeben. Am Nachmittag schlief er regelmäßig in seinem Lehnstuhle, während der ganzen Schulzeit ... Daß man in einer solchen Schule nicht viel lernt, liegt klar auf der Hand. Als ich 10¼ Jahre alt war, kam ich zur ersten heiligen Kommunion und wurde dadurch der Schule entlassen, weil der damalige Pfarrer Brunswicker sagte, ich könnte in der Schule nichts mehr lernen. Das mochte sein; aber meine damaligen Schulkenntnisse erreichten, im Vergleich zur jetzigen Schulbildung, nicht die eines 8–9jährigen Schülers; ja im Rechnen sind diese viel weiter, weil bei uns kein Rechnen vorkam.
Als ich nun der Schule entlassen war, sollte ich meines Vaters Geschäft erlernen, wozu ich gar keine Lust hatte. An nichts hatte ich mehr Freude, als am Lernen; aber meinem Vater waren die Gelehrten zuwider, und ich mußte mich fügen. Ich bat ihn, mich zu einem Vikar Schmale zu schicken, der Knaben im Lateinischen, Französischen und Rechnen unterrichtete und die Schüler bis zur Sekunda eines Gymnasiums brachte, aber auf vieles Bitten meiner Mutter gab der Vater nur zu, daß ich einige Rechenstunden nahm und die vier Spezies im reinen Zahlenrechnen lernte. Die übrige Zeit des Tages mußte ich Wollgarn spinnen und mir, als ich etwas mehr herangewachsen war, die Wolle dazu selbst zubereiten. Dabei mußte ich mit einem Esel, den wir hielten, das nötige Brennholz aus dem Walde holen und das Futter für die Kuh und die Schweine aus den Gärten und dem Felde herbeischaffen. Auch mußte ich im Frühjahr Feldarbeit verrichten und im Herbste einernten, Kartoffeln ausgraben und nach Hause fahren und im Winter dreschen helfen ...
Als mein Bruder, der 1½ Jahr jünger war als ich, herangewachsen war, mußte er dasselbe tun und ebenfalls das Geschäft erlernen, wozu dieser aber Lust hatte. Ich bat meinen Vater, zu bestimmen, wieviel Garn ich jeden Tag liefern müßte, dann wollte ich das fertig schaffen, die übrige Zeit aber dann für mich studieren. Da setzte er mir dann, ein Pfund Garn zu liefern und die Wolle dazu selbst zuzubereiten. Soviel brauchte ein Gesell nur zu liefern. Nun stand ich des Morgens um fünf Uhr auf und arbeitete in einem Zug fort, bis ich mein Quantum hatte, das ich oft schon um 2 Uhr nachmittags abliefern konnte. Dann setzte ich mich hin, schrieb, zeichnete, rechnete, kopierte Bilder und dergleichen ... Ich lieh mir Rechenbücher, Lehrbücher über deutsche Sprache, deren es damals noch wenige gab, und Zeichnungen, die ich kopierte. Der Pastor lieh mir die

Jugendschriften von Christoph Schmid und Campe, die mir sehr viel Belehrung verschafften ... Keine Stunde, ja Minute durfte mir verlorengehen. Sogar während des Mittagessens hatte ich ein Buch in der Hand, aß schnell meine Portion, damit ich Zeit gewann, etwas zu lernen. Ich hielt das Buch dann unter dem Tische, damit mein Vater es nicht sehen konnte ... Der ganze Sonntag vom Morgen früh bis zum Abend spät wurde darauf verwendet, mit Ausnahme der Zeit, in der ich die Kirche besuchen mußte ... Durch dieses Privatstudium brachte ich es so weit, daß ich meine Gedanken ziemlich sprachrichtig ausdrükken und schriftlich darstellen konnte. Auch hatte ich das Rechenbuch von Schlieper und Schürmann, die für Autodidakten gar nicht geschrieben sind, ganz durchgerechnet. Die Extraktion der Quadratwurzel machte mir die meiste Mühe ... Nachdem ich vierzehn Tage alle Versuche und Experimente vergebens angestellt hatte, fiel mir ein altes Rechenbuch aus dem vorigen Jahrhundert in die Hände, worin eine Aufgabe ... vollständig erklärt war. Dadurch lernte ich diese Rechnungsart. Aus Raffs Naturgeschichte lernte ich etwas Naturbeschreibung. An geographischen Lehrmitteln fehlte es mir ganz und gar. Wie erstaunte ich, als mir später ein Atlas zu Gesichte kam ...
Besondere Freude hatte ich an der Musik, aber gar keine Gelegenheit, irgendein Instrument zu erlernen; denn in dem ganzen Orte war nur der Küster etwas musikalisch, so viel, daß er in der Kirche die Orgel spielte. Ich kaufte mir nun einmal auf der Kirmes eine kleine Pickelflöte und versuchte es, auf dieser Melodien zu spielen ... Das hatte der Justizamtmann Hörster, der neben unserem Hause wohnte, gehört. Er ließ mich eines Tages rufen und sagte mir, daß er mich auf der Flöte unterrichten wollte. Wer war glücklicher als ich! Fast jeden Abend ging ich zu diesem gütigen Herrn und übte mich auf der Flöte ... Dazu schenkte er mir eine D-Flöte mit drei Klappen. Er legte bei mir den ersten Grund zur Notenkenntnis. Es währte nicht lange, so konnte ich mit ihm schon leichte Duette blasen. Da er beim Pfarrer einige Zeichnungen von mir, die ich kopiert, gesehen hatte, lieh er mir mehrere Kupferstiche, Porträts von Königen und Fürsten, Dichtern und Künstlern, die ich mit Tinte in Kupferstichmanier abzeichnete. Später bekam ich von einem Nachbarn, einem Juden, der sich für mich interessierte, ein Stückchen Tusche geschenkt. Nun ging es noch besser. Nun zeichnete ich die Brustbilder von Schiller, Goethe, Mozart in Punktmanier. Der obengenannte Jude, Abraham Zimmermann mit Namen, nahm diese ohne mein Vorwissen mit nach Düsseldorf, weil er glaubte, ich hätte Anlage zur Kupferstecherkunst und brachte die Nachricht mit, daß man mich, da ich ohne Mittel war, unentgeltlich ausbilden wollte. Da in solchen kleinen Städten die Eltern ... immer erst den Pfarrer um Rat fragen, so trug auch meine Mutter ... dem Pfarrer diesen Plan vor. Aber dieser war schnurstracks dagegen ...
Ich wurde nun um so mehr zum Geschäft angetrieben. Da wir auch Strümpfe

webten, so wurde ich nun auch dazu angehalten, und brachte es bald dahin, daß ich täglich 3 Paar Frauenstrümpfe oder 2 Paar Mannesstrümpfe weben konnte. Auch die Wollfärberei mußte ich erlernen, welches Geschäft mir aber, weil Urin dazu verwendet wurde, ganz zuwider war ...
Trotz aller dieser Mühsal ging die Lust zum Lernen mir nicht verloren ... Im Jahre 1819 wurde ich militärpflichtig, und da zu meiner Befreiung vom Militärdienste keine Gründe vorlagen, so blieb mir nichts anderes übrig, als den bunten Rock anzuziehen, wogegen ich den größten Widerwillen hatte, weil mir dann keine Hoffnung blieb, meinen Zweck erreichen zu können. Meine Mutter ... beriet sich daher mit dem Pfarrer und dieser sagte, wenn ich mich dem Lehrfach widmen wollte, dann wäre es möglich, mich vom Militärdienste zu befreien; denn damals fehlte es an Elementarlehrern sehr, und der Regierungs- und Schulrat Sauer in Arnsberg eröffnete jedes Jahr im Monat Juli und August einen methodologischen Kursus von acht Wochen, um junge Leute zum Lehrfache vorzubereiten. Die Zöglinge mußten dann zwei oder drei Jahre diesen Kursus besuchen und den übrigen Teil des Jahres als Gehilfen unter einem Lehrer arbeiten ... Mit Freuden ergriff ich diese Gelegenheit.

123, 3 ff.

DARMSTADT, UM 1818
Der Lehrkurs eines Autodidakten

Es lag wesentlich an dieser Fahrlässigkeit des Schulbetriebs, an dem Mechanismus der Methode, an der Teilnahmslosigkeit der Lehrer, an dem ungeweckten Interesse der Schüler, an dem für einen durstigen Geist allzu spärlich zugetröpfelten Quell des Unterrichts, daß zu meiner eingewurzelten Abneigung vor der Schule auch noch die Gleichgültigkeit gegen allen Schulunterricht hinzukam ... Unbefriedigt in der Schule warf ich mich daher bald in eine geistige Tätigkeit außer der Schule und begann mitten in dem geregelten Lehrkurs des Gymnasiums ein Autodidakt zu werden. Nichts war da, was mich nicht zur Bereicherung meiner Kenntnisse gelockt hätte ... An der sogenannten großen Singstunde teilzunehmen, war in den freien Willen gestellt; ich besuchte sie gewissenhaft, obwohl ich von dem theoretischen Unterricht unseres würdigen Kantors Rinck nicht das geringste begriff. Der Vater, zu allem die Hand bietend, was seinen Söhnen die geistigen Schätze verschaffen konnte, »an denen man nicht schwer trägt«, ließ mich auf meinen Wunsch Privatstunden im Zeichnen und Malen besuchen. Mehr sein als mein Wunsch war es, daß ich auch besonderen Unterricht in der Arithmetik nahm; und unter einer rationellen Methode machte ich da rasch die Fortschritte, die sich in dem Gymnasium nicht einstellen wollten; ich erinnere mich, daß ich selbst der verhaßten Geometrie auf eigenem Wege auf die Spur zu kommen suchte und mit einem der Vettern Zöppritz zu diesem Zwecke eine Wandtafel zurechtzimmerte. Auch im Französischen half eine Privatstunde nach. Ich machte mit meinem Bruder und einem Vetter Schwartz bei dem Emigranten Simon den Mozin durch, bis uns der Lehrer gestand, daß er uns nun nichts weiter lehren könne; wir hatten den Gil Blas in breiten Auszügen aus dem Deutschen ins Französische zurückübersetzt; noch neben dieser Nebenstunde las ich mit den Freunden eifrig den Telemach, und nach der Verabschiedung bei Simon übersetzte ich mit meinen Mitschülern aus Kohlrauschs deutscher Geschichte. Einen höchst anregenden geistigen Verkehr hatte ich mit einem frühreifen, etwas älteren Freunde, Aug. Nodnagel, dem Sohne armer Eltern, der seiner ungemeinen Begabung wegen aus der Stadtschule von liberalen Förderern in die gelehrte Schule versetzt ward und dort Mitschüler und ganze Ordnungen in reißenden Fortschritten übersprang. Ich las mit ihm, um mir die Langeweile des lateinischen Unterrichts in der Schule zu versüßen, Terenz, Sallust und Curtius, und ich fing nur ihm zuliebe, der sich zum Theologen bestimmte, eine Weile das Hebräische an zu treiben. Zufällig fiel mir eine italienische Grammatik in die Hände; ich studierte nun eifrig auch diese Sprache, und da der Vater dies für ein Übermaß hielt, dem er durch Anschaffung von Büchern (zunächst eines Wörterbuches, das ich wünschte) nicht Vorschub leisten wollte, so schrieb ich mir den Wortvorrat meiner Grammatik alphabetisch aus und suchte mich nun mit Hilfe dieses Notdiktionärs durch italienische Bücher zu schlagen. Einer meiner Kameraden lernte englisch, ich freute mich gelegentlich aufzuschnappen, was ich konnte; ein anderer hatte Anlaß sich mit dem Holländischen zu beschäftigen, auch da machte ich eine Weile mit; bei einem dritten, der sich frühe zur Landwirtschaft bestimmte, kam ich nie vor, ohne mich mit ihm in die Bücher des Faches zu vertiefen. Wieder ein anderer Schulnachbar schien meine eifrige Vorliebe für die Erdkunde zu teilen ... wir saßen, so oft es die Zeit erlaubte, in den Räumen der Hofbibliothek und zogen die größten Werke aus, beklagten, daß den Schülern nicht gestattet war, von dort Bücher nach Hause zu entlehnen; ich wußte sie mir aus dritter Hand dennoch zu verschaffen und erinnere mich den Colquhoun exzerpiert zu haben, indem ich mich mühselig durch die unbekannte Sprache hindurchriet; nichts war uns zu breit in dieser Materie, der dickleibige Cannabich genügte unserer statistischen Wißbegierde noch nicht. Reisebeschreibungen waren daneben ... die lockendsten Gegenstände; wir fanden aus dem pikanten Campe bald den Weg zu Lord Anson und noch trockeneren Weltreisen, ohne uns abgestoßen zu fühlen. Wo ich mich aber neben der geographischen Lektüre am meisten ausbreitete, war in der geschichtlichen. Gottfrieds Chronik mit den Merianschen

Bildern, was war dies für ein willkommenes Meer für uns unermüdlichen Entdeckungsreisenden! Der siebenjährige Krieg von Archenholz, den dreißigjährigen von Schiller lieferten uns die Prämien in die Hand; den Kohlrausch, den deutschen Plutarch und alle die zahllosen teutonisierenden Geschichtswerke gelesen zu haben, gehörte damals durchaus zu einem wackern deutschen Jungen; Gottschals Ritterburgen, den Fouqué und alle Rittergeschichten und Ritterromane zu kennen, stachelten alle Impulse jener Blütezeit unserer romantischen Literatur; zu andern Geschichtswerken wies die Besonderheit meiner Lage hin; in Wencks trockner Landesgeschichte half der hessische Patriotismus nach, das Passende aufzustöbern; in Feßlers ungarische Geschichtswerke trieb mich die ganz persönliche Sympathie mit dem namensähnlichen Helden Corvinus. Einmal so weit in die Lesewut geraten, gab es bald nichts mehr, was ich nicht mit gleicher Gierde verschlungen hätte. Und ich würde in dem unberatensten Lebensalter in eine ratlose Verirrung der Viel- und Alleserei gestürzt worden sein, hätte es sich nicht glücklich gefügt, daß ich eingeschifft in diesen Ozean unserer Literatur wenigstens einen festen Punkt und Port ... bewahrte ... Es war für meine ganze spätere Entwicklung ein bedeutsamer Zufall, daß unser Gräzist Zimmermann frühzeitig in den Homer einzulesen unternahm und, um uns Mut zu machen, uns zuweilen in fesselndem Vortrage Stücke der Vossischen Übersetzung vorlas ... und seitdem konnte ich von dem Dichter nicht mehr lassen. An jedem Sonntag, in jeder Freistunde, bei schlechtem Wetter, wenn die Ausflüge pausierten, fand mich der Vater zu seinem humoristischen Verdrusse »immer wieder an meinem Odysseus!« ... Die Homerischen Werke wurden mir wie ein Kompaß, der mich in dem Nebel späterer Verirrungen sicher steuerte ...
Die Schätze der Hofbibliothek wurden erst in jenen Jahren dem Publikum geöffnet. Ein unternehmender Mann, Buchbinder Ollweiler, errichtete 1817 zum ersten Male eine Leihbibliothek auf größerem Fuße und mit solchem Erfolge, daß sie in drei Jahren zu 10000 Bänden und weiterhin bis zum Dreifachen dieser Zahl anwuchs: ganz Darmstadt dankte dieser Anstalt seine intimere Einführung in die Breite der literarischen Welt. Diese Anstalt aber entstand ... in unserem Hause: das hieß einem lechzenden Tantalus die lockeren Früchte doch gar zu tief hängen, als daß er sie nicht trotz manchen elterlichen Versagungen hätte erhaschen und benaschen sollen. Ich erinnere mich, mit lauter Lesekreuzern mich einmal so tief in Schulden verwickelt zu haben, daß alle Freunde die Taschen leeren mußten, um mir herauszuhelfen.

63, 32 ff.

Eichtersheim, um 1859
Lese- und Lernwut eines Apothekerlehrlings auf dem Lande

Die Lesestunden waren Wonnestunden, je einsamer desto schöner; auf das Buch kam es weniger an. Hinreißend wie Robinson, Lederstrumpf oder Sigismund Rüstig waren nicht viele: aber das machte ja gar nichts, denn ein großer Teil des Lesens war Sinnen und Träumen. Und etwas Neues mußte doch in dem langweiligsten Buch stehen. Mindestens macht man die Bekanntschaft des Autors, und nach dem Satze: Wessen Buch du liesest, dessen Geist kommt über dich, mußte immer irgend etwas dabei herauskommen. Ich erinnere mich denn auch, daß ich auf dem Höhepunkt der Lesewut nie geneigt gewesen wäre, ein Buch langweilig zu finden, und ich focht heiße Kämpfe für die ödesten Schmöker aus, in die ich alles mögliche hineinlas. Wenn ich in dem Winkelkämmerchen unter den Ziegeln saß, oder gar im Grünen mich einsam an eine alte Eiche lagerte ... da konnte das Buch so vollkommen unlesbar sein, wie ein Band von Sturms Insekten Deutschlands ... das Gedruckte wirkte wie ein Zauber; ich stellte mir die Käfer vor, die da sorgsam beschrieben waren ... Wenn von Menschen die Rede war, ging es mir nicht viel anders. Ich betrachtete ihre Worte und ihr Tun neugierig, wie das Krabbeln und Summen der Käfer, überschlug aber regelmäßig die Dialoge und die Geschicke der Liebenden, da meine kurze Freundschaft mit Luise mich genugsam belehrt hatte, daß man das Schönste und Feinste in dem Verhältnis zweier Menschen, die einander gern haben, nicht aufs Papier bannen kann. In allen anderen Beziehungen stand ich aber unter dem magischen Banne des Gedruckten und war machtlos gegen das erdrückende Herandrängen des schwarzen Buchstabenheeres, das meinen Geist umzingelte. Das damals schon übliche »Er lügt wie gedruckt« blieb mir völlig unverständlich ...
Auch die Ansichten, die ich in den Büchern und Zeitungen fand, waren mir Tatsachen, die ich mit derselben Sicherheit ergreifen und in mich hinein verpflanzen zu können glaubte, wie die Beschreibung eines Landes oder eines geschichtlichen Ereignisses ...
Es ging wohl von der weiblichen Seite der Eichtersheimer Gesellschaft zuerst die unerhörte Frage aus: Sind wir denn gebildet genug? Da war eine Arztesgattin, dort eine Pfarrerstochter, die behaupteten, man müsse etwas mehr für den Geist tun, die Lehrersfrauen läsen schon dieselben Bücher wie die Frauen höherer Beamten ... Man beschloß die Begründung eines Lesezirkels, an dem die höheren Beamten, die Pfarrer, Ärzte, Apotheker des Eichtersheimer Ländchens teilnehmen sollten, von dem aber schon die Lehrer selbstverständlich ausgeschlossen waren ... Mein Prinzipal wurde zum Geschäftsführer gewählt, weil er, sagte man, freie Zeit und junge Leute, nämlich uns, zur Verfügung hätte ...
Ich habe noch heute eine große Freude an der Öffnung eines Bücherpakets voll

Neuigkeiten, aber in jenen Jahren war mir ja jedes Buch viel neuer, enthielt jedes viel mehr Wichtiges, Wertvolles, vielleicht Erstaunliches. Das Gefühl gespannter Teilnahme, mit dem ich im Schweizer Robinson die allmähliche Entleerung des gestrandeten Schiffes las, wobei ein Schatz nach dem andern ans Licht kam, durchrieselte mich wie Seligkeit, wenn ein grauer Pack vom Buchhändler anlangte ... Da lagen zuunterst die Zeitschriften ... die Gartenlaube, die damals noch in jungen Jahren stand, W. O. von Horns Maje, das Buch der Welt mit seinen bunten Farbentafeln und, über alle geschätzt, die aristokratischen Westermanns Monatshefte ... Da wurden die neu erschienenen Bände der Romane von Mühlbach, von Hackländer, von Mügge, von Otto Müller, Becker und so manchen andern auseinandergelegt. Ich habe aus solchen Bänden auch unvergeßliche Werke wie Scheffels Ekkehard und Kürnbergers Amerikamüden hervortreten sehen ... Für mich lag regelmäßig irgendein Lern- oder Studierbuch dabei, das mich immer zuerst durch sein äußeres Gewand ergötzte ... Im Grunde gefiel mir eben fast jedes Buch schon von außen, denn es war immer eine Verheißung, und eine Ausnahme davon machten nur die »roh« versandten, die man erst heften lassen mußte ...

Ich kaufte mir beim Buchbinder Werner in Sensenheim fünf Buch gelbliches Konzeptpapier, wie es in den Kanzleien üblich war, und faltete und heftete mir in stillen Abendstunden daraus vierzig Hefte zu vierundzwanzig Seiten, auch hatte ich farbiges Papier von festerm Griff mitgebracht, und zwar blaues, violettes, grünes und rotes, und davon wurden Umschläge um die Hefte gemacht, je zehn von gleicher Farbe. Und nun erhielt jedes Heft seine Aufschrift von Theologie und Mystik an bis zu Acker- und Wiesenbau, Dichtung, Malerei, Theater, Musik waren nicht vergessen. Indem ich nun fast alle Bücher, die mir erreichbar waren, Kapitel für Kapitel las und jeden Satz bemerkte, der mir besonders wissenswert zu sein schien, um ihn dann in sein Heft einzutragen; indem ich ebenso jede Zeitschrift und jedes Tageblatt behandelte, die mir unter die Hände kamen, ja endlich jeden bedruckten Papierfetzen, sammelte ich in wenig Monaten einen ganz gewaltigen Schatz von Wissen an, dem leider nur alle Tiefe und aller innerer Zusammenhang fehlte, denn ich schrieb nicht nur die Stellen ab, die mir gefielen, sondern auch die, die mir durch ihre Dunkelheit imponierten ... in dem Wunsche, sie so lange immer wieder zu lesen, bis ich sie erfassen würde. Daß das einmal geschehen müsse, bezweifelte ich keinen Augenblick ... Niemand kann jemals Autodidakt in einem reinern, ich möchte sagen verwegenern Sinne gewesen sein als ich in jener Zeit. Der Gedanke, jemand zu fragen, der es besser verstünde als ich, kam mir überhaupt niemals in den Sinn, war mir doch sogar in der Schule niemand gegenübergetreten, dem ich ein tieferes oder reicheres Wissen zutraute, als ich leichthin zu erwerben hoffte ... In der Tat, es war ein ganz folgerichtiges und rücksichtsloses System des Selbstunterrichts, dem ich folgte, und es gab davon keine Ausnahme. In keiner spätern Zeit meines Lebens verfügte ich über so ausgebreitete und manigfaltige Kenntnisse wie im Sommer 1861, wo ich drei Monate lang jeden Morgen von drei bis sechs und dazu noch manche Abendstunden über meinen Heften saß, rastlos eintragend und nachlesend.

167, 97 f.; 101 ff.

HALLE, 1870 ff.
Zwei Naturforscher im Halleschen Waisenhaus

Einen beträchtlichen Teil meiner Einnahmen mußte ich übrigens für meine Insektensammlungen verwenden, die ich während der wärmeren Jahreszeit ständig vergrößerte. Da gab es Nadeln und Torf zu kaufen oder Kästen herzustellen. Sehr stark wurden aber die Gelder in Anspruch genommen, wenn ich nicht widerstehen konnte, dies oder jenes Objekt zu erwerben. So kam einer der Schüler mit einem lebenden männlichen Hirschkäfer, wie ich einen solchen noch nie gesehen hatte, aus den Sommerferien zurück. Der Junge verlangte für ihn 50 Pfennig, eine Summe, von der ich fünf Sonntage hintereinander je zehn Pfennig abliefern mußte. Ich hatte aber an dem Tiere, das leider bald einging, meine helle Freude. Ein anderes Mal erwarb ich in ähnlicher Weise einen metallisch grünen Rosenkäfer; kurz, ich konnte wochenlang auf alles verzichten, wenn ich meinen Sammlungen ein schönes Stück einfügen konnte ...
Der Fang der zu sammelnden Insekten erfolgte auf Spaziergängen. Allerdings war in der Umgebung der Stadt Halle mit ihren weiten Anlagen und den in hoher Kultur stehenden Feldern nur wenig für mich zu finden. Eine Ausnahme bildete jedoch ein im Überschwemmungsgebiet der Saale liegendes Gebiet, das von zwei Armen des Flusses umgeben und zum größten Teil mit Wald bestanden war. Diese sogenannte Nachtigalleninsel oder Peißnitz gehörte einem Gutsbesitzer, der das Betreten des Grundstücks durch Fremde leider verboten hatte. Ich habe mich aber oft mit meinen Freunden dort eingeschlichen ... Besonders reich war der Wald an kleinen grünen Rüsselkäfern, denen wir eifrig nachstellten.
Ein halbes Jahr nach mir trat in unsere Anstalt der Schüler Ernst Römert ein, der bald einer meiner besten Freunde wurde. Er stammte aus einer kleinen Stadt des Eichsfeldes, wo sein Vater ... 1866 mitsamt der Mutter durch die Cholera dahingerafft worden war. Der liebe, freundliche Junge erzählte mir viel von der Steinsammlung seines Vaters und versprach ... sie mir zu schenken, ein Anerbieten, über das ich, wie man sich denken kann, hocherfreut war. Welche Mine-

ralien sich in der Sammlung fanden, konnte er nicht sagen; sicher aber wußte er, daß darunter sich ein Stück Jaspis befände. Nun saßen wir allabendlich zwischen 7 und 8 auf der Platte unseres Tisches, hatten die Füße auf die kastenartige Sitzgelegenheit gesetzt und lasen eifrig in der »Naturgeschichte« von G. H. von Schubert, die mir aus der Bibliothek meines Großvaters verblieben war. Jedesmal schlugen wir den Abschnitt über den Jaspis auf und immer mehr befestigte sich in mir die Überzeugung, daß das Mineral etwas ganz Herrliches sein müsse, zumal Christus in einem alten, mir bekannten Kirchenliede »du edler Jaspis und Rubin« genannt wurde ... Wir lasen außerdem über die Insekten, die wir sammelten, über die Haustiere, über die Pflanzen im Feld, Garten, Wald und Wiese, über das Leben des Meeres sowie über die Pflanzen- und Tierwelt der fremden Länder. So wurde unsere abendliche Feierstunde immer mehr durch kindlichernstes Studium ausgefüllt. Immer aber gipfelten unsere Betrachtungen in der Mineraliensammlung vom Römerts verstorbenem Vater ... Einen starken Antrieb erhielt unsere freudige Beschäftigung mit der Natur durch die Mitteilung, daß in der Nähe der Stiftungen ein Mineralienhändler wohne, der eine große Sammlung schönster »Handstücke« und Kristalle besäße. An dem ersten freien Nachmittag machten wir uns auf ... Wir wurden von einem alten Mann empfangen, der ... unsere Bitte anhörte und uns – obgleich er schon an der Kleidung sah, wen er vor sich hatte – einlud, seine Schätze einzusehen. Ich fragte ihn zuerst, ob er wohl auch einen Jaspis besäße. Er zeigte uns darauf nicht nur große Handstücke des märchenhaften Minerals, sondern gab mir auch ein angeschliffenes Stück, das für ihn, wie er sagte, ohne Wert wäre ... Wir gingen darauf von Schrank zu Schrank und von Zimmer zu Zimmer und waren über die Herrlichkeiten aufs höchste erstaunt ...

Während wir uns weiter mit der alten, merkwürdigen »Naturgeschichte« von Schubert beschäftigten, vergingen Wochen und Monate, es wurde Frühling, und endlich standen wir kurz vor den Sommerferien. Da mein lieber Römert niemand hatte, den er besuchen konnte ... fragte ich bei Mutter an, ob ich wohl den Freund mitbringen dürfe, was sie mit Freuden bejahte. Römert aber nahm die Einladung nicht an ... Da nun der Tag des Schulabschlusses herangekommen war und wir wieder einmal das alte Lied »Unsern Ausgang segne Gott« gesungen hatten – ein Lied, das uns wegen der beginnenden Ferien besonders am Herzen lag –, brachte mich der Freund an den abgehenden Zug. In dem Augenblick, als dieser sich in Bewegung setzte, zog Römert ein Papier aus der Tasche und reichte es mir zu. Sehr bald sah ich, daß es ein älterer Brief seiner Schwester war, in dem ich folgendes las: »Du fragst, lieber Ernst, wiederholt nach dem Schicksal der Steinsammlung unseres lieben Vaters. Wo diese hingekommen ist, weiß ich nicht. Wahrscheinlich ist sie wie vieles andere Wertlose weggeworfen ...«

Jetzt wußte ich, was dem Freund schon längere Zeit das Herz beschwert und ihn veranlaßt hatte, auf den Besuch bei meiner Mutter zu verzichten. Sein Zartgefühl erlaubte ihm nicht, mir von der Zerstörung meiner Hoffnungen Mitteilung zu machen; er konnte dafür nur den Augenblick wählen, in dem mich der Zug in die Ferien trug, die er so gern mit mir verlebt hätte ... Unsere Freundschaft wurde dadurch aber in keiner Weise erschüttert. Wir sind uns treu geblieben, bis uns das Schicksal trennte ...

Der naturkundliche Unterricht, der auf der Oberstufe der Schule leider gänzlich eingestellt wurde, bot uns nur herzlich wenig Anregung. Er wurde in den unteren Klassen unserer Schule von einem alten Theologen namens Knauth erteilt ...

188, 117 ff.

7. Kapitel

7. I. Aufsteiger

Kommentar
Egeln usw., 1680 ff.   Die Welt kein Taubenhaus
Schulpforta, 1775   Geldnot eines armen Schülers
Breslau, um 1812   Freundschaft zwischen Ungleichen
Berlin, um 1820   Zu Gast im Paradies
Berlin, 1839 ff.   Einer, der ausgeht, die Welt zu erobern
Stuttgart usw., 1853   Verlorener Kampf um ein Stipendium
Elbing, um 1870   Das Kartenhaus geträumter Größe
Sarnen, um 1880   Scham und Schmach der Herkunft
Leipzig, um 1885   Der Freischüler

Viele damals bekannte Männer waren Stipendiaten der mit säkularisiertem Kirchengut im 16. Jahrhundert gegründeten Fürsten- oder Landesschulen. Friedrich Nietzsche hat das sächsische Schulpforta etwa so gesehen, wie es die untere Zeichnung von 1843 zeigt. – Auch der landesherrliche Absolutismus stiftete im 18. und Anfang des 19. Jahrhunderts Schulen und Freistellen. Durch ihren Flüchtling Friedrich Schiller heute noch bekannt ist die Hohe Karlsschule, an der mit militärischem Drill Künstler, Mediziner und Techniker ausgebildet wurden.
Aus: B. Rogge, Pförtnerleben. Leipzig 1893. – K. Hossinger, Die Hohe Karlsschule zu Stuttgart – Sklavenplantage oder einmalige, epochale Erziehungsanstalt? Weimar 1960

Kommentar

Es weiter zu bringen als die Eltern, ein materiell und vor allem geistig beschränktes und stagnierendes Herkunftsmilieu zu verlassen und in einem anderen Fuß zu fassen, gelingt nur wenigen und um einen Preis, der im Lauf der Jahrhunderte immer höher für das betroffene Kind wird.
Mehrere Gegebenheiten müssen zusammentreffen, damit ein Kind überhaupt die Chance zum Aufstieg bekommt. Es muß männlich sein, denn der einzige Weg nach oben führt über die bessere Schulbildung und meist das Universitätsstudium – von beidem waren Mädchen ja von vornherein ausgeschlossen. Dann muß es sich sehr früh, als Kind von fünf, sechs Jahren, durch Intelligenz, Gedächtnis und eine gewisse Fügsamkeit auszeichnen und auffällig machen. Ob Kindern diese Talente angeboren oder ob sie ihnen aufgrund einer bestimmten Familienkonstellation zugesprochen und angezüchtet werden, ist schwer zu entscheiden. Christian Wolff (1679–1754) erbt als ältester Sohn eines Gerbers den intellektuellen Ehrgeiz seines Vaters, gewiß auf Kosten der anderen Brüder. Von klein auf erfüllt er als Musterkind und Musterschüler, ohne je abzuirren, die in ihn gesetzten Erwartungen und beschließt sein Leben als berühmter und sogar in den Freiherrnstand erhobener Professor in Halle. Auch der jüngste oder einzige Sohn hat gute Chancen, in die Rolle des begabten und zum Aufstieg prädestinierten Kindes zu kommen. Viele verwitweten Mütter strengen sich an, ungeachtet ihrer miserablen ökonomischen Lage und ihrer eigenen hilflosen Unwissenheit, dem Sohn den Weg zu ebnen. Erinnert sei hier nur an Gottfried Keller (1819–1890) oder an den Naturforscher Otto Schmeil (1860–1943), aber auch an weniger berühmte, heute vergessene, die, bedenkt man ihr Herkunftsmilieu, als erfolgreiche Aufsteiger zu bezeichnen sind. Der Schriftsteller Heinrich König (1790–1869) etwa wundert sich selbst, wie es möglich war, daß er aus einer borniererten, ebenso abergläubischen wie katholischen Umwelt sich emanzipieren konnte. Nichts charakterisiert seinen Ausgangspunkt besser als die Erinnerung an das freudige Staunen des Schulkindes, als es erfuhr, auch Fulda gehöre zu einem der vier (sic!) Erdteile der Welt.
Die besondere Sorgfalt von Vater oder Mutter, die ein Kind erfährt, genügt natürlich noch nicht, es über Jahre hinweg zu erhalten, Schulgeld zu bezahlen, für Kleidung und Nahrung zu sorgen. Es müssen Fürsprecher, Gönner, Wohltäter gefunden werden, die entweder als Privatpersonen direkt helfen oder sich um ein Stipendium kümmern. Es sieht so aus, als ob das Schulwesen der frühen Neuzeit arme Schüler weniger diskriminierte, als das im 18. und vor allem 19. Jahrhundert der Fall war, wo die Schülerschaft als eigener Stand aufgehört hatte

und jeder einzelne gewissermaßen nur für sein privates Glück kämpfte. An einer Schulkarriere armer Kinder war zunehmend weder die Obrigkeit noch die Gesellschaft interessiert. Der Ausbau des Schulwesens im 19. Jahrhundert – die philanthropischen Pädagogen hatten es schon vorgedacht – folgte unter wachsendem ökonomischen und politischem Druck von ständischen bzw. Klasseninteressen an der Herstellung und Erhaltung eines status quo in der Verteilung von Besitz, Macht und Bildung. St. Thomas in Leipzig ist als schola pauperorum eine Erfindung der frühen Neuzeit, ebenso wie das vor allem in den protestantischen Ländern ausgearbeitete Stipendienwesen, die überall gemachten Stiftungen, die ausgesetzten Legate und Beihilfen für arme Schüler. Viele, man denke an die mit säkularisiertem Kirchenbesitz gegründeten Fürstenschulen, erhalten sich bis ins 20. Jahrhundert, verlieren aber natürlich angesichts einer wachsenden Bevölkerung und Schülerzahl insgesamt an Bedeutung.

Solange die den Schulen und dem Schülerstand erwiesenen Wohltaten religiös fundierte Pflicht des Gemeinwesens und aller Wohlhabenden waren, so lange berührt der Erhalt von Almosen, Freitischen, Geschenken, von abgelegten Kleidern, von Geld und Lebensmitteln das Selbstgefühl des armen Schülers nicht, so strapaziös seine Laufbahn sonst auch immer sein mag. Und etwas anderes ist für das Verständnis dieser unerforschten Kindergruppe ebenso wichtig: Solange die Theologie und ihre Hilfswissenschaften im Zentrum von Schule und Studium waren, brauchte das gelehrte Kind die kulturellen Bindungen an seine Herkunftsfamilie nicht prinzipiell infrage zu stellen, es setzte sie ja, wenn auch auf höherer Ebene, fort. Wer aber im 19. Jahrhundert Schriftsteller, Künstler oder Wissenschaftler werden will, muß schmerzhafte Dissonanzen verarbeiten, wird zwischen Familienbindungen und der für ihn lebensnotwendigen Überheblichkeit, ja Verachtung gegenüber den Denk- und Lebensgewohnheiten seines Herkunftsmilieus hin und her gerissen. Gesellschaftliche Unsicherheit und Scham oder deren Kehrseite, ein übertriebenes Ehrgefühl und allzuleichte Kränkbarkeit, kennzeichnen die Psychologie des Aufsteigers im 19. Jahrhundert.

LITERATUR:

W. Heinemeyer, Hrsg.: Studium und Stipendium. Untersuchungen zur Geschichte des hessischen Stipendiatenwesens, Marburg 1977

B. Knick/M. Mezger, St. Thomas zu Leipzig, Wiesbaden 1963

J. Kocka, Stand – Klasse – Organisation. Strukturen sozialer Ungleichheit in Deutschland vom späten 18. bis zum frühen 20. Jahrhundert im Aufriß. In: H. U. Wehler, Hrsg.: Klassen in der europäischen Sozialgeschichte, Göttingen 1979

H. Kaelble, Sozialer Aufstieg in Deutschland 1850–1914. In: Vjschr. f. Wirtschafts- u. Sozialgeschichte 60, 1973

EGELN USW., 1680 ff.
Die Welt kein Taubenhaus

Nachdem ich nun in der lateinischen Sprache so weit kommen, daß ich zur Not einen leichten lateinischen Autorem lesen, und eine kleine Epistel schreiben, und auf der lateinischen Rennbahne allgemählig alleine zu gehen mich verdreisten durfte; so schickte mich mein seliger Vater nach Egeln in die Schule, woselbst damals ein Rektor war, mit Namen Fricke ... Dieser war gar ein lieber Mann und ein getreuer, gelehrter und vernünftiger Lehrer, bei welchem ich mit Vergnügen und guten Nutzen in die Schule ging, wiewohl ich bei dieser meiner ersten Ausflucht auch viel Lehrgeld geben mußte: denn ich war jung und klein und blöde und saß mit in prima an der Tafel, an welcher der Praefectus und Adiunctus und einige große ansehnliche Leute saßen, die schämeten sich bei mir zu sitzen, und einerlei Lectiones zu treiben, und bei denen Leichenbegängnissen mit und neben mir zu gehen, und behöneten mich also, bei allen vorfallenden Gelegenheiten ... Alles dieses würde mich doch von Egeln nicht weggetrieben haben, wenn nicht etwas anders und wichtigeres eine Veränderung an die Hand gegeben hätte. Denn ich ging zu Egeln und bei einem von uns Befreundten in die Kost, mein seliger Vater hatte eine geringe Pfarre und sieben lebendige Kinder, die insgesamt nacheinander heranwuchsen, und Nahrung und Kleidung haben wollten ... und so mußte er denn notwendig darauf bedacht sein, mich an einen Ort zu bringen, da ich mit der Zeit ein freies hospitium haben und mir mein Brot verdienen, und ihn dergestalt des jährigen Kostgeldes überheben konnte.
Und in dieser Absicht nahm er mich nach Aschersleben ... Da tat er mich bei einem frommen Apotheker in die Kost und ließ mich die dasige Schule besuchen, welche zu der Zeit in gar gutem Stande war ... Und da hätte ich nun freilich meine angefangene Schulstudia mit einem gesegneten Wachstum fortsetzen und mir in Sprachen und Wissenschaften eine größere Erkenntnis zuwege bringen können; allein ich sang einen schönen Diskant und war der vornehmste Concertiste in der Kirche und im Chor, damit verdiente ich etwas Geld, und dadurch wurde ich im Gemüte dergestalt alteriert, daß ich anfing die Musik als mein Hauptwerk, und meine Studia als ein Nebenwerk zu treiben.
Und da die Hoffnung zu einem freien Hospitio noch immer unerfüllet blieb; so holte mich mein seliger Vater von da nach Hause und brachte mich nach Magdeburg zu dem damaligen berühmten Rektor ... Und da nun wurde ich zwar nach einiger Zeit insoweit mit einem freien Hospitio versehen, daß mein seliger Vater kein Kostgeld für mich geben durfte; allein ich war anfänglich bei gar armseligen Leuten, die nur ein einziges kleines Stübchen und so wenig Gelaß für mich hatten, daß ich mich oben unter dem Dache auf dem bloßen leimernen Schlage

behelfen, und mit einem daselbst zugerichteten, und auf ein dürres Stroh geworfenen dünnen Bettchen vorlieb nehmen mußte; dazu kam die Flüchtigkeit meiner Jugend, die allzugroße Neigung zur Musik, die bei dem dasigen Gymnasium eingerissene zaumlose Freiheit der frequentierenden Jugend ... Dadurch befand sich mein lieber seliger Vater genötigt, mich von da zurückzuberufen, und zum andernmale nach Aschersleben zu schicken, und der Disziplin des Herrn M. Ulmanns zu untergeben, der sich denn meiner gar treulich angenommen und so herzlich für mich gesorget, daß ich innerhalb zwei Jahren drei unterschiedene Hospitia überkommen, welche aber alle so übel ausgeschlagen, daß ich wegen des elenden Traktaments, da ich z. E. anstatt der Butter oftmals kalte Erbsen auf das Brot schmieren, und nebst der Information sowohl in als außer dem Hause, solche Dienste verrichten müssen, die ich zu berühren billig Bedenken trage. Dieses bewegte mich meinen seligen Vater schriftlich anzugehen und demselben meine Not zu klagen, daran ich doch anfänglich gar hart zu bringen war, weil ich mich noch immer der Worte erinnerte, die er mir mit auf den Weg gegeben: Ein junger Mensch, der in der Welt fortkommen wollte, der müßte alles tragen, und sogar auch Holz auf sich hacken lassen können. Und da mir derselbe auf mein Schreiben antwortete, die Welt wäre kein Taubenhaus, wenn ich meinete, daß es zu Aschersleben für mich nicht wäre, und ich daselbst länger zu substitieren mich nicht getrauete, so sollte ich mich bekümmern an einen andern Orte unterzukommen. So zog ich nach Eisleben, allwo der Herr M. Elias Franke damals Rektor war, der eine rechte liebliche und angenehme Art zu dozieren hatte ...

Aber mit denen Hospitiis hatte ich mich nicht viel verbessert. Denn da waren vier Bürger, die hatten zusammen neun Kinder, unter welchen einige schon von 15 bis 16 Jahren waren, von denenselben nahm mich der eine, der ein Schuster war, in sein Haus, die übrigen gaben mir wechselweise den Tisch, sie waren aber zusammen arme Leute, und geschah es oftmals, daß wenn wir uns zu Tisch setzen wollten, die Frau Wirtin erst hingehen und etwas Geld leihen und Brot dafür kaufen müssen ... Ich habe auch in der Station ein ganzes Jahr beständig ausgehalten, bis sich der Herr M. Johann Bender ... der gerade gegen mein Hospitium über wohnte, und meine mühselige Information wußte, sich erbarmte, und mich zu einem paedagogo seiner Kinder annahm. Aber diese Freude dauerte nicht lange, denn es entstanden nachgehends einige merkliche Veränderungen in seinem Hauswesen ... Und die gaben mir Gelegenheit, mich nach Altenburg zu wenden, und in dem dasigen Gymnasio mein Glück zu suchen ...

169, 10 ff.

SCHULPFORTA, 1775
Geldnot eines armen Schülers

Herzliebster Vater Euren Brief habe ich erst heute, den 1. April erhalten. Ich habe bisher mit Schmerzen gewartet, und fast vor Freuden wurde ich außer mir, als ich hörte, es sei ein Brief an mich da, denn ich glaubte gewiß, daß etwas darin sein würde. In etlichen Tagen ist der Examen aus welcher 14 Tage währet, und wo wir verschiedene Sachen ausarbeiten müssen, die nach Dresden geschickt werden. Wir bekommen auch übermorgen Zensuren, da wir entweder wegen unseres Fleißes gelobt oder wegen unsrer Faulheit gescholten werden. Dieses wird nun alles nach Dresden in die Regierung berichtet. Da ich nun gewiß weiß, daß ich ein sehr gutes, ja fast das beste Lob bekommen werde, so kostet mich doch auch dieses entsetzlich Geld. Denn es ist hier die fatale Gewohnheit daß wer eine gute Zensur bekommt, den 6 Obersten in seiner Klasse und 5 Obersten am Tische jeden ein ganzes Stück Kuchen kaufen muß, welches 1 Gr 3 Pf. kostet, also zusammen 13 Gr. 9 Pf. Ob ich nun gleich dieses Examens 5 Gr. 6 Pf. verdient habe, so bleibt doch noch 8 Gr. 3 Pf. welche mir auch schon mein Ober-Geselle ein sehr hübscher Mensch, geborgt hat. Doch was ich übrigens verdiene langt kaum zu den vielen Wasserkrügen, welche man hier kaufen muß, denn die Untersten müssen Wasser holen, und mausen sich einander die Krüge dazu ganz entsetzlich welches ich aber nicht tun kann, denn es ist und bleibt gestohlen. Doch bei allen diesen kümmerlichen Dingen danke ich doch noch Gott, daß ich keine Schulden, als die vorhin erzählten 8 Gr. 3 Pf. habe. Daß es Euch mein lieber Vater sehr schwer fallen werde, glaube ich wohl, doch sollte ich denn nicht noch so ein gutes Andenken bei meinen Freunden haben ... Doch noch eins, was schreibt Ihr mir denn von 6 Geschwistern, ich habe gerechnet und gerechnet, bringe ihrer aber nur 5 heraus. Ihr schreibt mir von Strumpfbändern, ich weiß aber wohl nicht, ob es gut getan sein würde, denn leider fragt man hier nicht so viel nach dergleichen Sache, als nach Geld, ich würde auch noch dazu entsetzlich ausgehöhnt werden, wollt Ihr aber so gut sein und mir ein Paar schicken, so wird es mir sehr angenehm sein ...

52, 41 f.

Breslau, um 1812
Freundschaft zwischen Ungleichen

Das Einzige, was mich zu jener Zeit, nächst dem Theater und Schillers lyrischen Dichtungen, die ich wie rasend rezitierte, einigermaßen zu fesseln vermochte, war das Studium der Geschichte... Tabellen waren mein Stolz; mehr zur Spielerei, als im ernsteren Sinne. Wenn ich einen langen mit Jahreszahlen vollgekleckten Papierstreifen an den andern kleben und dann den unendlichen Schweif voll Weltbegebenheiten auf- und abrollen konnte, wie eine Aderlaßbinde, so meinte ich, viel gewonnen zu haben. Zu dieser Kleberei war Kleister vonnöten, den ich mir aus Mehl und Wasser bereitete, der aber nicht immer fest genug ein Saeculum an das andere band. Ein Mitschüler vertraute mir, daß der rechte Brei für die Welthistorie aus Kraftmehl bereitet werden müsse, und als ich mich danach begierig zeigte, lud er mich ein, ihn zu besuchen, mit der Versicherung, sein Vater wäre ein Kraftmehlmacher.

Dieser junge Mensch hieß Ferdinand H. und wohnte auf dem sogenannten »Bürgerwerder« dicht am Oderflusse, von dem rauschenden Strome nur durch einen schmalen Damm getrennt. Ich besuchte ihn wirklich und fand im kleinen Häuschen seiner Eltern die bitterste Armut gepaart mit Reinlichkeit und treuherziger gutmütiger Einfalt. Der bleiche, in nächtlichen Arbeiten und kümmerlicher Existenz erkrankte Sohn war ihr einziges Kind; seine glänzenden Schulzeugnisse ihr einziges Glück; seine Zukunft ihre einzige Hoffnung. Alles, was ich dort sah, war so entschieden das Gegenteil von allem, was ich bisher gesehen; der junge Freund, in seiner kleinbürgerlichen Verlegenheit, so ganz verschieden von meinen bisherigen Freunden und Gesellen, daß ich von Mitleid für seine Armut, von Hochachtung für seine Kenntnisse und seinen Fleiß ergriffen, mich ihm mit ungemäßigter Lebendigkeit förmlich in die Arme warf und seine Freundschaft erstürmte. Was ich besaß, teile ich mit ihm. Meine Pflegemutter wurde durch Schmeicheleien und Bitten zu Geschenken für ihn gezwungen... Täglich mußte er zu uns kommen. Ich fütterte ihn, wo ich wußte und konnte. Er half mir bei der Arbeit, ließ mich meine Versäumnisse nachholen, suchte mich zu fördern, und nützte mir mehr als unser Lehrer. Ich war ihm von Herzen ergeben; nur zwei Dinge schreckten mich bisweilen zurück: Erstens, der moderartige Geruch seiner Kleider, den man so grausam anzudeuten pflegt, wenn man sagt, es rieche nach armen Leuten; zweitens, die Häßlichkeit seines Gesichtes und seiner Gestalt. Er war, sozusagen, verkümmert.

Aber, wenn er sein mattes und dennoch glänzendes Auge auftat, wenn er über seine Brustleiden klagte, wenn er ahnend aussprach, daß er nicht lange leben werde und dabei nur seine armen Eltern bedauerte, die sich den Bissen vom Munde abgedarbt hätten, ihn so weit zu bringen, und wenn er stürbe, nichts

davon haben sollten! – dann siegten Mitleid und Liebe über meine verwöhnten Sinne, und ich blieb ihm treu ...
In der Schule machte es Aufsehen, daß der Fleißigste und der Faulste, der Stillste und der Vorlauteste, der Sparsamste und der Verschwenderischste so innige Freundschaft geschlossen hatten. Ferdinand hieß das »Kalb«, weil ich, biblisch zu reden, mit fremdem Kalbe pflügte. Desto fester hielten wir zusammen.
Als die Nachricht von einer ungeheuren Überschwemmung zu den Bewohnern der inneren Stadt gelangte, war mein erster Gedanke an ihn. Ich eilte hinaus, wo ich nur ein Meer sah. Nicht ohne Not gelangten wir bis an die wohlbekannten Hütten. Ach Gott, nur das Dach schaute aus dem gelben Schaume der empörten Wellen, nur die Wipfel unserer Nußbäume; am Fenster von Ferdinands Dachstübchen hielt unser Kahn, und durchs Fenster gelangte man ins Haus, wo die guten alten Leute in stiller Ergebung saßen und harrten, bis die Fische ihre kleinen Gemächer wieder räumen würden.
Ferdinand kränkelte fort und fort, ohne deshalb in seinen Anstrengungen nachzulassen, oder seine heitre Milde zu verlieren. Aber er war aufrichtig, und die Unterstützungen, die ihm durch uns zuteil wurden, vermochten ihn nicht, zu schweigen, wenn er sah, daß ich nachlässig in meinen Arbeiten, leichtsinnig in meinem Umgange war, daß ich andere Götter hatte neben ihm.
Ich hörte nicht auf, ihn zu achten und zu lieben, aber er war mir mit seiner Vortrefflichkeit bisweilen lästig; ich schämte mich meiner vor ihm. Und so muß ich es bekennen, daß ich kälter gegen ihn fühlte, oder zu fühlen schien. Seine Besuche wurden seltener. Im Spätherbst blieb er acht Tage lang aus; auch in die Schule kam er nicht. Nun regte sich mein Gewissen. Ich stürzte hinaus. Seine gebeugte Mutter trat mir schweigend entgegen, führte mich an ein hölzernes Bettgestell, hob eine weiße Decke auf und zeigte mir die Leiche ihres Sohnes. »Er hätte Sie gern noch einmal gesehen«, sagte sie, »aber ich wußte nicht, ob ich nach Ihnen schicken dürfte, weil wir doch nur geringe Leute sind.«
Als ich zerschmettert von dannen schlich, sah ich den alten Vater im Hofe stehen, wie er sein eben bereitetes Kraftmehl zum Trocknen in die Sonne rückte. Er begleitete mich, ohne ein Wort zu sprechen, bis an die Hoftür ...

93, 166 ff.

Berlin, um 1820
Zu Gast im Paradies

Herrn Cleanths Bildung wurzelte in der neologischen, freigeistigen Richtung des endenden vorigen Jahrhunderts. Freimaurerei trieb er mit Leidenschaft ... Herr Cleanth unterhielt nicht die geringste Verbindung mit der Kirche und ängstigte dadurch nicht wenig die Glaubenstreue der Eltern seines halben Adoptivsohnes ... Er duldete keinen Widerspruch, war Erzieher von Grundsätzen und gab dem neuen Gespielen seines Sohnes durch eine unvergessene Ohrfeige sogleich beim Beginn ihrer Freundschaft einen Vorgeschmack, wie sich nach seinem System Charaktere zu entwickeln hätten. Diese Ohrfeige erzeugte eine Art Revolution. Erst eine wilde, stürmische nach außen hin. Der passive Held derselben, der sich handgreiflich nur von den angeborenen Eltern strafen lassen wollte, schrie, rannte davon und wollte von dem glänzenden Parkett, von der Welt der Teppiche, Konsolen, Bronzeleuchter, Spieluhren, Gemälde, nichts wissen, wenn man dort Ohrfeigen bekäme ... Der Entflohene wollte nicht wiederkommen. Erst lange Verhandlungen, Kongresse, still angestellte Vergleiche mit den doch so reichlichen Kopfnüssen, die auch zu Hause hingenommen werden mußten, zutraulichste Anreden führten den Gedenkzettelten endlich in sein Paradies zurück ...
Herr Cleanth behauptete, in seiner Wohnung kein gutes Malerlicht zu haben ... und kaufte sich in der Behrenstraße Nr. 54 ein eigenes Haus. Diese Trennung von der Stallstraße störte keineswegs den Verkehr der Kinder ...
Herrn Cleanths neues Haus war ein Palast, es konnte die Wohnung eines Fürsten sein ... Ein geräumiger Hof mit Stallungen trennte es von einem Garten, der sich an die Parkgärten der Wilhelmsstraße zog. Hier ließ sich in Glückseligkeit schwelgen. Trotz der weiten Entfernung ... wurde doch in der doppelten Existenz fortgelebt und die trübselige Hülle der Armut für Stunden, ja Tage abgestreift. Der reiche Gespiele erhielt seinen Unterricht daheim. Herr Cleanth übte sich selbst im Lehren, im Anwenden pädagogischer Systeme. Vieles, was der Sohn lernte, kam auch dem Genossen zugute ...
Immer unsicherer wurde die Brücke der Rückkehr zur Existenz der Eltern. Die häusliche Lage wurde dem Knaben gegenständlich. Er urteilte darüber, seitdem er vergleichen konnte. Von dem Naturgeheimnis der Liebe und kindlichen Anhänglichkeit an das Vaterhaus ging nichts verloren, aber der grelle Reiz der Eindrücke dämpfte sich ab. Nicht mehr wurde so aufmerksam gelauscht, wenn Vetter Wilhelm von der Selbstgerechtigkeit und der Gnadenwahl, Vetter Christian von Ungarn, seinem Ehewirrsal und den neuen Seidenhüten sprach ... Die neue Lebenssphäre stand unter anderen Bedingungen. Hier im Cleanthschen Hause kamen nur die Besuche von Hofräten, Hofrätinnen, Geheimratstöch-

tern, Professoren, Künstlern, Offizieren, jungen Studierenden, die aus Stettin ihre Empfehlungsbriefe brachten und wöchentlich an einem bestimmten Tage zu Tisch erscheinen durften ...
In der traulichen Geselligkeit eines gebildeten Hauses liegt ein unendlicher Reiz. Kein Patschuli ist dafür nötig, kein strahlender Lüster. Duft und Glanz liegt schon allein in der ganzen Weise eines solchen Hauses selbst. Die Ordnung und die Pflege verbreiten eine Behaglichkeit, die ebenso das Gemüt wie die äußeren Sinne ergreift. Die kleinen Arbeitstische der Frauen am Fenster, die Nähkörbchen mit den Zwirnrollen, mit den blauen englischen Nadelpapieren ... nebenan das Piano mit den Noten, Hyazinthen in Treibgläsern am Fenster, der gelbe Vogel im schönen Messingbauer, ein Teppich im Zimmer, der jedes Auftreten mildert, an den Wänden Kupferstiche, das Verweisen alles nur vorübergehend Notwendigen auf entfernte Räume, die Begegnungen der Familie unter sich voll Maß und Ehrerbietung, kein Schreien, kein Rennen ...

75, 132 ff.

BERLIN, 1839 ff.
Einer, der ausgeht, die Welt zu erobern

Als ich, neun Jahre alt, vom Direktor behufs Aufnahme in das Gymnasium examiniert wurde, frug er mich am Schlusse so nebenhin, was ich denn werden wollte, und war sichtlich erstaunt, als ich ihm ohne Bedenken antwortete: Advokat ...
Ich muß aber erzählen, wie es kam, daß ich gerade nach Berlin geschickt wurde. Damals fuhr man mit der Post sechs Tage von Santomysl nach Berlin und, da die Post zu teuer war, mit einem Hauderer (Fuhrmann) noch etwas länger ... Es wurde zunächst erwogen, ob ich nicht – wie ein oder zwei andere Knaben – auf das Gymnasium nach Meseritz oder Trzemeszno ... geschickt werden sollte. Außerdem wurden Bedenken erhoben, daß man in Berlin nicht fromm sei und ich sehr bald von den alten Gebräuchen mich befreien würde. Das letztere Bedenken machte keinen tiefen Eindruck auf meinen Vater. Und in der Frage, ob ich in der Provinz bleiben oder nach Berlin wandern sollte, entschied der theoretische Satz meines Vaters: »Die Zivilisation kommt vom Westen; man muß ihr entgegengehen.« ... Er war sich des Wagnisses, daß ich leicht zugrunde gehen könnte, bewußt; dennoch entschloß er sich. Ein Bruder meiner Mutter studierte in Berlin Theologie; er hatte zugesagt, mich zu sich zu nehmen ...

Ich kam also nach Berlin, und am folgenden Tage wurde ich dem Direktor (des Französischen Gymnasiums) vorgestellt. Meine Mutter hatte mich nach ihrer besten Hinsicht auf das herrlichste ausstaffiert, ganz so, wie die polnischen Gutsbesitzer ihre Kinder auf die Schule schickten; ein einreihiger blauer Rock mit Stehkragen, vorn mit Schnüren besetzt (wie die Husarentrachten), Knebelknöpfe, zwei Schnüre, die von der Brust über die Schulter reichten und am Rücken zusammenhingen, an deren Ende eine Silberschnurtroddel; dazu eine vierkantige Mütze und ein frisch in Santomysl gefertigter Tornister ... für die Schulbücher. Man muß gestehen, daß diese Tracht in Berlin etwa auffällig für einen Schulknaben war, aber ich fühlte mich sehr wohl in derselben; denn jemand, der ausgeht, um die Welt zu erobern, muß ein Staatskerl sein.

Das Examen beim Direktor fiel leidlich gut aus, aber im Rechnen stolperte ich. Warum mußte er auch nach der Hälfte von 97 fragen? Zwei ungerade Zahlen durch zwei zu dividieren, war in der Tat eine unkeusche Zumutung.

Der Direktor sagte meinem Vater, ich sei – namentlich im Französischen– eigentlich für die Quinta reif; nur im Rechnen fehlte es, und deshalb sei er im Zweifel, ob er mich nach Quinta oder Sexta setzen solle. Er war sehr erstaunt, als mein Vater erwiderte: »Dann habe ich eine Bitte: setzen Sie ihn Letzter in Sexta! Er soll von der Pieke auf dienen, vielleicht macht er dann das ganze Gymnasium durch.«

So geschah es denn auch, und da der Zufall es fügte, daß ich Primus omnium bei meinem Abgang vom Gymnasium war, so habe ich die Hoffnung meines Vaters voll erfüllt.

Die Sorge meines Vaters, mich in der großen Stadt so allein bei einem armen Studenten, meinem Onkel, zu lassen, der wenig zu Hause sein könnte, bestimmte meinen Vater, noch irgendeinen weiteren Anhalt für mich zu suchen. Es fand sich eine Anknüpfung: ein gelehrter und ziemlich gut situierter alter Herr, ein Verwandter meiner Großmutter, war Vorbeter in der Berliner Gemeinde. Mein Vater suchte ihn auf und bat ihn, zu gestatten, daß ich ihn hie und da einmal besuchen dürfe. Der Herr gestand dies zu, sagte aber meinem Vater: »Wissen Sie denn, Herr Makower, was Sie da tun? Sie bringen den Jungen nach Berlin, lassen ihn hier etwas lernen, und dann – dann wird er auf Sie herabsehen.« – »Mag dies geschehen«, erwiderte mein Vater, »sofern seine Leistungen ihm dereinst ein Recht dazu geben!« ...

Mein Leben in Berlin war in den Jugendjahren ein recht trauriges. Ich war liebebedürftig und stand allein; kein weibliches Wesen, nicht die Mutter noch eine Schwester noch wer sonst stand mir zur Seite. Auch an männlichem Umgang fehlte es mir ... Aber es fehlte mir auch an dem Nötigsten. Ich lernte frühzeitig, daß man, ohne etwas genossen zu haben, zur Schule gehen könne. Ein Stück-

chen trocken Brot war manchmal alles, was ich begehrte – und nicht hatte ...
Aber eine andere Erfahrung, die bitterer war, machte ich frühzeitig.
Immer wenn das Schulgeld gezahlt werden sollte, immer wenn neue Schulbücher, Hefte, Zeitungen, Karten oder dergleichen angeschafft werden mußten, war kein Geld vorhanden. Der Onkel hatte es eben nicht, und es mußte irgendeine günstige Gelegenheit abgewartet werden, wenn sie angeschafft werden konnten. Die Lehrer drängten und waren böse, daß die Bücher usw. von mir nicht gebracht wurden. Meine Armut immer einzugestehen, dazu konnte ich mich nicht entschließen; ich wollte auch nicht das Mitleid meiner Mitschüler empfinden. Ich erhielt manchen Tadel der Lehrer wegen meiner Vergeßlichkeit, Tadel, welche vom Standpunkte der Lehrer aus gerechtfertigt waren, mich aber doch ungerecht trafen. Natürlich konnte ein Diarium nicht leidlich aussehen, das ich mir aus den unbeschriebenen Blättern von Briefen zusammengeflickt hatte; natürlich konnte der blaue Deckel eines Heftes für Reinschriften nicht sauber sein, da ich ihn mir aus dem Papier hergestellt hatte, in welches man damals Stückenzucker einzuwickeln pflegte. Ich lernte damals ungerecht zu leiden und zugleich anzuerkennen, daß derjenige, welche die Leiden zufügt, von seinem Standpunkt aus gerecht zu sein glaubt – aber nicht die Lage des anderen ganz übersieht. Ich habe so liebe Lehrer gehabt, daß, wenn sie meine Lage übersehen hätten, sie wahrscheinlich mich eher unterstützt als gescholten hätten. Jene Erfahrungen haben es zuwegegebracht, daß ich in meinem ganzen Leben fremde Handlungen milde beurteilt habe, in der Besorgnis, die Lage des anderen doch nicht recht zu übersehen.

126, 446 ff.

Stuttgart usw., 1853
Verlorener Kampf um ein Stipendium

Die Unterhandlungen begannen und endigten damit, daß ich, nachdem ich zwölf Jahre geworden war, zu Präzeptor Staiger nach Stuttgart in die Kost kam und in die vierte Klasse des Gymnasiums eintrat ...
In einem alten, behaglichen Hause der Färberstraße wohnte die Familie Staiger ... Ich war dort mit zwei oder drei anderen jungen Leuten zusammen. Sie waren aber älter als ich und in solcher Jugendzeit wirkt schon ein einziges Jahr trennend; so kam es, daß ich ziemlich alleinstand, angewiesen auf die Kameraden der Klasse ...
Woran es mir bisher gefehlt hatte, das kam jetzt zur Geltung: in Staigers Haus bestand für alles System, für Essen und Trinken, für Erholung und Arbeiten.

Auffällig blieb mir nur und machte mich stutzig: jegliches Tun schien sich auf das Landexamen zuzuspitzen. Bisher hatte ich dies Ziel dann und wann auch bezeichnen hören, aber es schien mir die Sache selbst in kaum erkennbarer Ferne zu liegen. Jetzt hieß es stets: in zwei Jahren, in achtzehn, in fünfzehn Monaten sollst du das Landexamen machen. Ja, dachte ich heimlich im Innern, gewiß, wenn nicht vorher die Welt untergeht. Denn auf dieses oder auf ein ähnliches, dem gleichkommenden Ereignis hoffte ich mit Sicherheit.
Kurz, das Ziel ward schärfer und schärfer umgrenzt und es gab nicht mehr viel freie Zeit, mit den Kameraden herumzutollen. Ich dachte an die in den engen Käfigen Eingeschlossenen beim Hühnerlidle. Streng mußten die Arbeitsstunden eingehalten werden und nur an den Mittwochnachmittagen ging es hinauf zum Bopserwald... Um den ganzen Ernst der Lage auch äußerlich recht zum Bewußtsein zu bringen, schafften mir die Eltern, kurz nachdem ich nach Stuttgart gekommen war, eine Studierlampe an... Recht als Bürgen für siegreiche Durchführung der Studien, als das Merkmal eines fleißigen Schülers pflegte man die kunstreich aufgebaute Studierlampe und das Arbeiten in ihrem lichten Scheine zu betrachten. Bisher hatten immer drei bis vier Schüler sich mit einer einzigen Talgkerze begnügen müssen... Das rasche Heranrücken der Konfirmation, die Verwirklichung dieser Handlung, die vor kurzem noch so fern schien, ließ zum voraus ahnen, daß nun auch die Monate, Wochen, Tage bis zum Landexamen im Flug herum sein werden. Alles Träumen auf Seitenwegen, alles Ableiten der Gedanken konnte zu nichts helfen... Und wollte ich je abweichen rechts oder links vom schmal vorgezeichneten Pfade, so scheuchten mich die Mahnworte der Eltern, des Präzeptors, die Bemerkungen der Altersgenossen auf ihn zurück. So viel Wissenschaftswust, so viel Zusammenraffen aller Kräfte sei doch nur für die Kandidaten des Landexamens nötig... Man sprach von uns wie von Verurteilten.
So verflossen die freien Tage ziemlich eintönig und freudlos. Bald wollte es scheinen, als könne es dem Kandidaten aus dem Stuttgarter Gymnasium nicht fehlen; dann griff frohe, übermütige Knabenstimmung Platz. Bald wieder verbreitete sich die Kunde, daß die Schulen von Göppingen, Markgröningen, Kirchheim zahlreiche, aufs beste eingedrillte Zöglinge, die niemals zu besiegen seien, entsenden werden; da ließ man die Ohren wieder hängen.
Aber wunderbar, jetzt stimmten diejenigen, die seither nur angefeuert und gewarnt hatten, die Eltern und der Präzeptor, ein ganz neues Lied an; laut behaupteten sie, es könne mir gar nicht fehlen, ich solle nur ganz unbesorgt sein... Damit nagelten sie mein armes, wackelndes Herz wieder fest und ich zählte die Scharen meiner Mitbewerber nicht, als ich mich, schweres Handwerkszeug mit mir schleppend, auf den Bänken des großen Saales im Gymnasium in Stuttgart niederließ, wo die 108 Kandidaten in dichtem Gedränge sich versam-

melten. Jeder wußte, was auf dem Spiele stand: allerhöchstens 33 von den 108 konnten bestehen. So ging der Wettlauf an ... Drei Tage dauerte das Abwägen der Kräfte.
Der Vater kam; er sah mit dem Präzeptor die Konzepte durch. Die Sache sei so übel nicht, meinten sie; doch fällte man noch kein endgültiges Urteil. Aber dahin und dorthin gingen sie, wo andere Väter und Lehrer zu treffen waren und lauschten mit begierigem Ohr. Immer mehr verbreitete sich das Gerücht, daß außerordentlich viel tüchtige Streiter aus den Landschulen sich hervorgetan haben und die Maschen des Siebes beeinflussen.
In bangem Harren und vielfarbigen, sich aufwärts und abwärts bewegenden Vermutungen vergingen ein paar Tage. Da kam das Resultat. – Warum wirbelte denn alles vor mir im Kreis? ... Der neununddreißigste war ich geworden in der Bewerberschar; also durchgefallen und ganz ohne Hoffnung.
Ich fühlte mich unendlich unglücklich und hätte mich nicht gewundert, wenn etwas Schreckliches im Lauf der Natur sich ereignet hätte. Weder Sonne noch Mond blieb meinetwegen stehen. – Es wurde Abend; die Nacht brach herein; mit einer Art Freude begrüßte ich ihre deckenden Schatten ... Ermüdet ... schlief ich endlich ein. So oft ich aufwachte, freute ich mich der tiefen, nächtlichen Schatten. Dabei stellte ich mir vor, wie sie drüben in Hohenacker noch glücklich schlafen, wie sie noch keine Ahnung von meiner Nichtigkeit haben ... Was sollte denn eigentlich aus mir werden? Es waren doch noch zwei Brüder und zwei kleine Schwestern. – Wäre ich aus den Kosten gekommen, so hätten die Eltern leicht weiter sorgen können; aber so, wie jetzt die Sache lag, überstieg es, nach meiner Vorstellung, ihre Kräfte. Wie ein frecher Eindringling, der kein Recht mehr hat, kam ich mir vor, wenn ich jetzt an die Türe pochte ...
Aber freundlich wie sonst begrüßte mich die Mutter und fuhr mir mit der Hand weich über Kopf und Gesicht. Schon tauchte zitternd in meinem Herzen der Gedanke auf, es sei alles vergessen und vergeben.
Zur Stärkung pflegte mir die Mutter, wenn ich von Stuttgart herüberkam, eine große Tasse warmer Milch zu geben, in der ein Stück Zucker und ein Ei verrührt waren. Wie sonst schob mir die Mutter meine Milch zu. Mit dem ersten zaghaften Schlückchen aber merkte ich, daß heute Zucker und Ei fehlten. Nun wußte ich, wie ich stand. Aber ich sagte kein Wörtchen; die Mutter auch nicht.

158, 70 ff.; 79 ff.

Elbing, um 1870
Das Kartenhaus geträumter Größe

Immer mehr teilte sich mein Leben in zwei Stockwerke. In dem unteren wohnte ich gemeinsam mit allen, die um mich waren; dort kannte man mich als harmlos-stillen Burschen ... Das obere gehörte mir allein. Von dort stieg eine Jakobsleiter geradewegs in den Himmel. Dort war ich König und Volksmann, Weltumsegler und Prophet. Dort hielt ich Zwiesprache mit den Großen aller Zeiten, dort rollte ein großes Bilderbuch sich unaufhörlich vor mir ab. Dort war ich edel, tapfer, großmütig, von unermeßlichem Reichtum, Liebling der Frauen und Beherrscher der Männer. Dort schlug ich die Klügsten durch die Macht meiner Rede und kam an Fülle des Wissens selbst den Gelehrtesten gleich ...
Dieses Kartenhaus geträumter Größe, zwischen dessen luftigen Wänden mir nur zu wohl war, fiel eines Tages kläglich zusammen, angesichts einer Entdeckung, die mir jede Selbstachtung nahm und mich jäh in den Rachen der Verworfenheit stürzte.
Schon seit einiger Zeit war mir ein seltsames Gefühl auf dem Kopf bemerkbar geworden, das halb Schmerz und halb Kitzel war und mich bis tief in den Nakken hinein mit Schauern übergoß. Unter dem Druck der Hand und dem Kratzen der Nägel verlor es sich meistens, aber wenn ich stillsitzen mußte, wie bei Tische oder gar auf der Schulbank, quälte es mich so sehr, daß ich manchmal, ohne erst um Erlaubnis zu fragen, aufsprang und zur Türe hinauslief. Es war ein Krankheit – sicherlich – aber eine, von der man nicht sprechen durfte. Das sagte mir eine Ahnung, die quälerischer war als die Qual selber. Und eines Tages wurde es offenbar, das Schreckliche, nicht zu Begreifende: Ich hatte Läuse. Ich, Sudermanns Hermann, der Sohn ordentlicher Eltern und Mutters Liebling, ich, der Auserwählte, der auf den Höhen der Menschheit zu Hause war und es an Edelsinn mit den Edelsten aufnehmen konnte, ich hatte Läuse. Läuse, wie die Bettlerkinder, die verschmutzten und verwahrlosten, die daheim die Stuben nicht betreten durften. Es war in dem städtischen Petroleumsschuppen, dessen Verwaltung der guten Tante anvertaut war, wo ich beim Herausgeben der Fässer die niederschmetternde Entdeckung gemacht hatte. Als die Fuhrleute fort waren, schloß ich, um nicht überrascht zu werden, von innen das Tor, rannte weinend von Stapel zu Stapel und schrie in meiner Ratlosigkeit immerzu: »Mama, Mama, Mama!«
Aber Mama war fern, und wenn ich statt ihrer der gutenTante zu beichten gewagt hätte, ihr, die für weit geringere Fehler ein Verzeihen nicht kannte, ich würde auf der Stelle an die Luft gesetzt worden sein. Aber auch an Blechschmidt (den Schulfreund) als Mitwisser war nicht zu denken. Mühsam hatte

ich mir unter den Gefährten einige Achtung erobert; die Hänseleien, die mich früher so oft in Verzweiflung gehetzt hatten, fingen gerade an, etwas seltener zu werden – wenn er nicht reinen Mund hielt, eher hätte ich mich in den Elbingfluß stürzen können, als den Fluten des nun sich ergießenden Hohnes gewachsen zu sein. So hieß es denn, die Last der Schmach in Schweigen weiterschleppen und auf ein Wunder warten, das sie von mir nahm ...
Was die täglich wachsende Verzweiflung schließlich aus mir gemacht hätte, weiß ich nicht, wenn ich mich nicht eines Tages von der guten Tante plötzlich in einen Stuhl gedrückt und, ehe ich mich wehren konnte, durch zwei, drei Striche eines Staubkammes rettungslos überführt gefunden hätte. Und – Dank sei ihr! – ich wurde nicht zu den Verbrechern geworfen, ich wurde nicht aus dem Hause gejagt ...

206, 108 ff.

Sarnen, um 1880
Scham und Schmach der Herkunft

Am selben Tag, nach der Religionsstunde im neuen Konvikt, zog unsere Klasse zum Garten neben den Statuen von Religion und Wissenschaft hinaus, um laut Stundenplan wie immer an diesem Nachmittag über die Landstraße ins alte Kollegihaus zur Botanikstunde zu gehen ... Und jetzt geschah, worüber ich nie aufhöre, den Kopf voll Scham und Trauer zur Erde zu beugen.
Im nämlichen Augenblick kam wahrhaft meine eigene Mutter die Straße herauf. Sie mußte in Sarnen gewesen sein und zog jetzt heimwärts, einen großen häßlichen Henkelkorb am Arm, fast wie eine Hausiererin. Es war mühsam, durch die Straßen voll kotiger Schmutzlachen vorwärts zu kommen. Sie ging denn auch am Rande, langsam, gebückt, voll Sorge, sich nicht zu verunreinigen, und sichtlich schon recht ermattet. Neben den rotbäckigen Studenten mit den scherzhaften Augen und spielerischen Bewegungen erschien sie mir so alt, so abgenützt, eine solche Menschenruine, daß mir eine Blutwoge von falscher Scham zu Kopfe stieg. Und doch war es meine herrliche Mutter!
Habe ich mich überwunden, bin ich zu ihr getreten, die nur drei Schritte von mir entfernt ging, habe ich sie laut gegrüßt, habe ich gesagt: »Oh, wie schön, Mutter, daß wir uns hier einmal treffen! Jetzt hatten wir eben Religionsstunde, nun kommt Botanik ... Es sind noch zwei, drei Minuten Pause, liebe Mutter, darf ich dich so lange begleiten und dir den Korb tragen?« Hab ich so gesagt und gar noch gerufen: »Kameraden, schaut, das ist meine liebe, tapfere Mutter, ich gehe noch ein Stückchen mit ihr!«?

Wenn ich das getan hätte, es wäre das Allermindeste gewesen, was ich tun konnte. Aber ich Schurke! Ich sah nur das elende, gegen die Erde gedrückte, kleine, fleischlose, knochige Figürchen, und ich hatte den einzigen gottlosen Wunsch, daß es mich nicht erspähe und daß niemand merke, dieses verblühte, vergrämte, vermergelte Frauchen sei meine Mutter.

50, 113 f.

Leipzig, um 1885
Der Freischüler

Gern bin auch ich nicht in die tausend toten Stunden gegangen, aber bis zum Haß war's doch noch weit. Meine Mitschüler schimpften weidlich über gewisse Fächer, für die sie keinen Sinn hatten, über Lehrer, die ihre Faulheit durchschauten, und über die ›Bevorzugung‹ der Fleißigen. Sie waren nämlich in ihrem Urteil viel ungebundener als ich und machten von dieser Freiheit, hinter der das Vermögen ihrer Eltern stand, ausgiebigen Gebrauch. Ich war Freischüler, was ungefähr das Gegenteil eines freien Schülers bedeutet. Ich mußte zum mindesten auf einer mittleren Höhe bleiben, wenn ich nicht der öffentlichen Gunst verlustig gehen wollte...
Was mir aber die Schule noch heute in freundlichem Lichte erscheinen läßt, das ist der dunklere Hintergrund, von dem sie sich abhebt. Meiner guten Mutter war die Schule heilig und nie hat sie mich ihr eine Stunde lang entzogen. Doch die Stunden vor und nach dem Unterricht durften nicht gleich den Schulaufgaben geopfert werden, sondern gehörten in recht ausgedehntem Maße den Aufgaben des Hauses. Wir waren sehr, sehr arm, und pfennigweise wurde das Brot verdient. Ich mußte, um einen Groschen herbeizuschaffen, Körbe mit Waren in die Vorstädte schleppen, täglich einige Male halbstündige Wege in unsern ›Garten‹ machen, wo Ziegen, Kaninchen, Hühner und Enten auf Futter warteten. Dieses Futter trug ich mir treppauf, treppab bei fünfundzwanzig Herrschaften zusammen. Meine Mutter versah währenddessen zu Hause ihre kleine Leihbibliothek, kochte für Mittagsgäste und ließ sich in ihrer Güte allenthalben betrügen. Kaum saß ich in Tertia, so gab ich Stunden, und ihre Zahl wuchs von Jahr zu Jahr, bis ich für die eigenen Schularbeiten nur noch die Zeit von zehn Uhr abends bis fünf Uhr früh übrig hatte. Müde kam ich morgens in die Schule, aber ich freute mich doch der Gleichmäßigkeit, die mir nun durch vier, fünf Stunden gegönnt war. So wurden mir die Vor- und Nachmittage, die andern eine Qual waren, zu angenehmen Unterbrechungen der häuslichen Laufereien und des

Privatlehrertums ... Ich empfand es immer als eine Gnade, ins Gymnasium gelangt zu sein, wo doch eigentlich das kleine Handwerk meinen bürgerlichen Verhältnisse angepaßt gewesen wäre.

72, 333 f.

7.2. Die Erfahrung der Ungleichheit

Kommentar
Fulda, 1804 — Bürgerliches Bewußtsein gegen adliges Herkommen
Berlin, um 1810 — Das Ende des Standesprivilegs und die Angst vor dem Volk

Schönhausen, um 1820 — Das Kind geht mit dem Kinde – eine befristete Idylle
Wesselburen, um 1820 — Der Abstieg
Berlin, um 1845 — Der Feind aus dem Keller
Kiel, um 1865 — Solche mit und ohne Mützen
Ilfeld, um 1875 — Das Parteileben in der Schule
Obwalden bei Sarnen, um 1882 — Pöbelblut, Pöbelbegeisterung und Pöbelroheit

Schülerschlacht im Schulhof des Johanneums in Hamburg. Zeichnung von O. Speckter (1840). – Beim Schützenfest verteilen Bürgerskinder an die Kinder des Volks Brezeln. Lithographie von Th. Hosemann von 1864.
Aus: P. E. Schramm, Neun Generationen. Göttingen 1963. – A. Stein, Liesbeth. Erinnerungen an eine kleine Pension. Berlin 1864

Kommentar

Obwohl an sich unvermeidlich, verändert sich die Erfahrung der Ungleichheit im Lauf der Jahrhunderte. Bis weit ins 18. Jahrhundert hinein entspricht die natürliche Hierarchie in der Familie und unter den Geschwistern dem ständischen Aufbau der Gesellschaft. Daß Eltern kein Kind auf Kosten der anderen bevorzugen sollen, wird zwar schon lange gepredigt, aber nicht praktiziert und steht ja auch im Widerspruch zum Recht. Das Erbrecht begünstigt den ältesten oder in manchen Gegenden auch den jüngsten Sohn und läßt überhaupt dem Erblasser größere Freiheit bei der Verfügung über sein Eigentum.
Unter dem Einfluß verschiedener Faktoren – zu denken ist an die Bevölkerungszunahme im 18. Jahrhundert, die allmähliche Erstarkung kapitalintensiver Produktion und die Politik des aufgeklärten absolutistischen Staates – verlieren die ständischen Großstrukturen an Bedeutung, erhalten sich aber im Kleinen oder werden sogar neu gebildet. In viele Familien jedoch zieht jetzt die Gleichheit ein. Die Philanthropen, die sich ja zuerst der Familienerziehung zuwandten und die Eltern-Kind-Beziehung in ein rein pädagogisches Verhältnis verwandeln wollten, kannten nur noch eine Hierarchie, die von Erwachsenen und Kindern, von Erziehern und Unerzogenen. Soweit die bürgerliche Erziehungsidee in den Familien sich durchsetzte, machten Kinder die Erfahrung der Gleichheit vor einer im Prinzip vernünftigen Instanz. Diese Erfahrung ist gewiß die Voraussetzung dafür, am eigenen Leib im außerfamiliären Bereich Ungerechtigkeit und Ungleichheit als Stachel und Schmerz zu erleben; sie reicht aber nicht hin, die Idee der Gerechtigkeit als ein Gut auch für andere zu fassen. Der spätere Jurist Karl Heinrich Lang (1764–1835) ärgert sich zwar darüber, daß er als Zehnjähriger bei einem adligen Spielkameraden die Standesunterschiede respektieren muß; er selbst sorgt aber wenig später dafür, daß ihm, als Neffen des Herrn Superintendanten, die Bauernjungen durch Mützengruß die schuldige Reverenz erweisen. Was macht die Ideen von Gerechtigkeit und Gleichheit, die im deutschen Sprachraum viel eher Familien- als gesellschaftliche Praxis waren, im Kinder- und Schülerleben so realitätsschwach, sogar mit Gleichaltrigen? Es ist die Angst, die Angst des Kindes vor dem Verlust der elterlichen Liebe, einem immer gefährdeten Gnadenstand, an den die Angst vor dem sozialen Absturz zwanglos anknüpfen kann. Es ist auffällig, wie viele bürgerliche Autobiographen des 19. Jahrhunderts ihre eigenen Leiden genau erinnern und präzise beschreiben können und wie stumpf und mitleidlos sie gegenüber dem Leben der Dienstboten im Haus, geschweige der Armut, die ihnen auf der Straße begegnet, bleiben. Das Bettelweib gehört für Gustav Parthey (1798–1872) zu den Amüsements,

die der lange Schulweg durch Berlin zu bieten hat! Horror, nicht Mitleid packt Friedrich Meinecke (1862–1954), als er in den 70er Jahren den Arbeitern ins blasse Gesicht blickt, die einen ihrer Führer diszipliniert zu Grabe geleiten – dabei wächst er selbst im Berliner Norden als Sohn eines kleinen, dazu strafversetzten Postbeamten auf.

Die Durchsetzung der Schulpflicht und der Ausbau des Schulwesens tragen zur Demokratisierung der Kinder und Schüler weniger bei, als man geneigt sein könnte anzunehmen. Zahllos die Berichte über die Schulschlachten zwischen den besseren und weniger guten Schulen, den Volksschülern (auch diese wieder gespalten in die Bürgerschüler und die Armen- oder Freischüler) und den Gymnasiasten. Höhere Mädchenschulen werden gegründet – nicht, um nun auch Mädchen an der höheren Bildung teilhaben zu lassen, sondern um sie vor der Berührung mit dem gemeinen Volk zu bewahren. Das Privatschulwesen blüht und sorgt dafür, daß den Nuancen gesellschaftlicher Differenzierung, realer oder eingebildeter, Rechnung getragen wird. So gesehen, erscheint das vormoderne Schulwesen fast egalitär.

LITERATUR:
J. Kocka, Stand-Klasse-Organisation. Strukturen sozialer Ungleichheit in Deutschland vom späten 18. bis zum frühen 20. Jahrhundert In: H. U. Wehler, Hg.: Klassen in der europäischen Sozialgeschichte, Göttingen 1979

FULDA, 1804
Bürgerliches Bewußtsein gegen adliges Herkommen

Unser vornehmster Mitschüler war nämlich ein Neffe und Pate des Fürstbischofs. Ich kannte ihn von früher her ... Damals hatte ich eine Zeitlang abends einen Topf Ziegenmilch in die Küche jenes adligen Hauses zu bringen gehabt. So oft mich der langbeinige Junge meines Alters erblickte, zog er, eines Gespielen froh, mich mit in den Hof und Hinterbau, bis ihn eines Tages der Hofmeister auf diesem Sprung bemerkte und ihm mit strengem Worte zurief: »Baron Adelbert, schämen Sie sich nicht, mit dem Milchbube zu spielen?« – Diese Warnung fiel von zu hoher Treppe herab, als daß ich sie nicht hart empfunden hätte. Aber ich verwand sie; nur daß ich, so oft der verlassene Junge sich wieder zu mir stehlen wollte, ihm mit meinem längsten Arm den Milchtopf entgegenstreckte, als abwehrendes Grenzwappen meines Königreiches.
Jetzt, nach einem halben Jahrzehnte, studierten wir zusammen ... So gutmütig der wenig begabte Junge war, atmete er doch in den Gewohnheiten seines Hauses. Und so ließ er, als wir eines freien Nachmittags im Schloßgarten umherstreiften, sich einfallen, einen Groschen für drei Hiebe anzubieten, die er einem mit seinem Stöckchen über den Rücken versetzen dürfe. Wir sahen ihn verwundert an, ließen es aber auch stillschweigend geschehen, daß einer aus unserer Mitte, Sohn eines Aschensammlers, sich zu dem Geschäfte verstand. Doch kaum hatte er seinen Groschen eingesteckt, als wir über ihn herfielen, ihn auf den Rasen warfen und mit Püffen sein bürgerliches Bewußtsein zu wecken suchten. Daß wir nicht den Baron prügelten, war vielleicht echt germanisch, ohne daß wir es selbst wußten: unser Instinkt ließ das adelige Herkommen, impertinent zu sein, als historisch gelten, und wollte nur den bürgerlichen Stolz erwecken, der auf rechtlichem Wege aller aristokratischen Anmaßung ein Ende machen könnte.

103, 186 ff.

BERLIN, UM 1810
Das Ende des Standesprivilegs und die Angst vor dem Volk

Eines Winters erhielt die Herzogin den Besuch ihrer zweiten Tochter, der Fürstin von Hohenzollern-Hechingen mit dem Erbprinzen Konstantin, der ungefähr in meinem Alter war (geb. 1801, gest. 1869) Anfangs hatte ich einen großen Respekt vor ihm, und wagte bei meiner angeborenen Zurückhaltung kaum, ihn anzureden. Als ich sah, daß er ein Mensch sei, wie alle andern, so faßte ich bald mehr Mut, und wir spielten sehr vergnügt zusammen. Weil aber allen Knaben die Kampflust angeboren ist, und sie ihre Kräfte gegeneinander versuchen wollen, so kam es auch zwischen uns sehr bald zum Balgen und Ringen, das ich in der Schule zwar weniger als andre, aber doch geübt hatte. Dabei galt es nun als höchst unwürdig, gegen alles Kriegs- und Völkerrecht verstoßend, einander in den Haaren zu raufen. Ich setzte dies als stillschweigende Bedingung bei meinem fürstlichen Gegner voraus; da er indessen, als ich einmal im Vorteil war, mir in die Haare fuhr, so tat ich dasselbe mit solcher Vehemenz, daß er in ein fürchterliches Geschrei ausbrach. Der ganze Salon eilte herbei, die Fürstin von Hohenzollern fand ihren Thronerben in Tränen, ich stand, einen Flausch seiner blonden Haare haltend, sehr verlegen daneben, und erwartete ein schreckliches Strafgericht. Aber o Wunder! Nachdem ich die Sache wahrheitsgetreu erzählt, und der Prinz nicht leugnen konnte, daß er mir zuerst in die Haare gefahren sei, so ward ich von seiner Mutter mit Liebkosungen überhäuft, dafür, daß ich ihrem ungezogenen Sohne gezeigt, wie er sich nicht alles gegen andre erlauben dürfe. »Siehst du wohl, Konstantin«, so schloß sie ihren Sermon an den zerzausten Erbprinzen, »wer ausgibt, der muß einnehmen!«

Die Trauer um Nicolais Verlust war in der Stadt allgemein. In dem näheren Freundes- und Gelehrtenkreise, der ihn in den letzten Jahren umgab, genoß er der größten Hochachtung ... Uns Kindern war bisher nichts von seiner Bedeutung in der Literatur zu Ohren gekommen; wir kannten ihn nur als den, zwar nicht unfreundlichen, doch keineswegs anziehenden Großvater; ich war daher sehr erstaunt, als der Professor Hartung in der Schule uns belehrte, daß der eben verstorbene Herr Nicolai einer der größten Berliner Gelehrten gewesen sei ...
Das Leichenbegängnis hinterließ einen äußerst peinlichen, sogar schrecklichen Eindruck. Es hatte sich dabei, wie dies noch jetzt zu geschehn pflegt, alles Lumpengesindel der nächsten Gegend vor dem Hause versammelt. Weil ein so berühmter Mann begraben wurde, so war der Zudrang stärker als gewöhnlich. Das Elend der niedern Volksklassen muß damals, wegen des Krieges, größer gewesen sein als jetzt. Mich überlief ein Schauder, als wir aus dem Hausflur durch die Reihen der gaffenden Proletarier dem Trauerwagen zugeführt wurden; mir war nicht anders, als müßten diese hohläugigen blassen Gestalten über uns herfallen, um uns zu berauben oder zu töten. In der Luisenkirche, wo der Trauergottesdienst stattfand, war es noch ärger. Alle Räume bis zu den Emporen hinauf waren dicht gedrängt voll von unheimlichem Pöbel, der mit Gepolter über die Bänke kletterte, und andere Ungehörigkeiten verübte. Von Andacht konnte unter diesen Umständen gar nicht die Rede sein; nichts als Furcht erfüllte meine Seele, daß diese rohen Volkshaufen irgendeine Gewalttätigkeit verüben möchten. Wie

dankte ich Gott, als wir beim Nachhausekommen das Spalier der stechenden Blicke zum zweiten Male glücklich durchschritten hatten, und aus der Kinderstube in den friedlichen Hausgarten hinabschauten.

152, 98; 150f.

Schönhausen, um 1820
Das Kind geht mit dem Kinde – eine befristete Idylle

Jener Prinz, in dessen Diensten beide Schulmeisterwaisen standen, der Maurer und der ehemalige Schneider, wohnte des Sommers in Schönhausen, einem kleinen, hinter dem Dorf Pankow bei Berlin gelegenen Schlosse ... Dem Schlosse gegenüber lagen Wirtschaftshäuser, die zur Hofhaltung gehörten. Ringsum lagen nichts als Felder, Wiesen, Dörfer, wie eben die märkischen Dörfer sind, mit Stroh- und Schindeldächern, mit großen Wassertümpeln in der Mitte für die Gänse und die Dorfjugend, mit einer freundlichen, oft uralten Kirche ...
In diese Herrlichkeit ging es schon des Morgens in aller Frühe. Zwar nicht in einem Staatswagen, aber auch vor einem Wirtschaftswagen holten die mutigen edlen Rosse kräftig aus. Eine herrliche Fahrt, wenn sich die blühenden Kastanienbäume der von Berlin abführenden Allee damals noch fast zu einem Dache zusammenschlossen ... Unvergeßliche Tage der Freude! ... Der Onkel empfängt die Ankommenden unter einem Heck von weißem Flieder, das sich an den gelbgetünchten Wänden der Dienstwohnungen hinzog ... Wie brannte die Sonne! ... Wie klopfte das Herz, als im Freien der Tisch gedeckt wurde und aus blendweißem Prinzenporzellan mit gemalten goldenen Wappen Reis in Milch oder gar eine Tafelreliquie verzehrt werden konnte. Hier waltete eine Arkadien. Der Mensch ging mit dem Menschen. Alles war Idylle, selbst bei den Bewohnern des von ... Eosander ... erbautem Schlosses ...
Die Prinzessin lud die Dorfkinder von Schönhausen ein und ließ sie mit den eigenen Söhnen und Töchtern auf einige Stunden Kameradschaft schließen. Wenn die Lakaien den Bauernjungen die Nasen geputzt und die Kammerjungfern die Mädchen untersucht hatten, ob sie ordentlich gewaschen und gekämmt waren, durfte der Troß mit den größeren und kleineren Hoheiten an langgedeckten Tischen frisch gestrichene Buttersemmeln verzehren, Milch trinken oder Kirschen und Birnen essen. Gewiß wird in dieser Form das Talent zur Herablassung bei den Großen herangebildet; ob aber auch wahre Demut und Bescheidenheit, läßt sich bezweifeln. Wenn arm und reich, gering und vornehm zusammengehen, so tobt sich der Necksinn, der Haschegeist der Jugend bei den letzteren allein aus ... Die Unbill der jungen Löwen müßte schon besonders

wild und übermütig werden, wenn die zuschauende Brille des Hofgelehrten bei einer Gewalttat den Ausschlag nach der leidenden Seite hin geben sollte. Und mit dem fünfzehnten Jahre hört auch all diese angebahnte ›Popularität‹, dieser Umgang mit Menschenspielzeug auf.

75, 75 f.

WESSELBUREN, UM 1820
Der Abstieg

Ungefähr um dieselbe Zeit, wo ich Susannas dumpfen Saal mit der neu erbauten, hellen und freundlichen Elementarschule vertauschte, mußte auch mein Vater sein kleines Haus verlassen und eine Mietwohnung beziehen ... Wir (Kinder) schieden, zwar nicht ohne Rührung, aber doch ohne Schmerz von den Räumen, in denen wir geboren waren. Was das eigentlich hieß, erfuhr ich erst nachher, aber freilich bald genug; ich war, ohne es selbst zu wissen, bis dahin ein kleiner Aristokrat gewesen, und hatte nun aufgehört, es zu sein. Das hing so zusammen. An und für sich schaut der Kätner auf den Häuerling herab, wie der Bauer und der reiche Bürger auf ihn, und eben so wird mit einem gewissen Respekt wieder zu ihm hinauf geschaut ... Die Kinder richten sich in allen diesen Stükken nach den Eltern, und so hatte ich die Ehre der Erhebung, aber auch die Schmach des Sturzes mit meinem Vater zu teilen. Als wir uns noch im Besitz befanden, wurde mein Ansehen als Kätnerssohn noch bedeutend durch den Birn- und den Pflaumenbaum unseres Gartens gesteigert. Selbst im Winter wurde es nicht ganz vergessen, daß ich im Sommer etwas zu verschenken habe, und mancher hart gefrorene Schneeball, der mir ursprünglich zugedacht war, flog doch an meinen Ohren vorüber, weil man besorgte, daß ich zu ungelegener Zeit Revanche nehmen mögte. Kam der Frühling heran, so begann man, durch allerlei kleine Gaben um meine Protektion zu werben; bald erhielt ich ein Heiligenbild, bald ein buntes Merkzeichen, bald eine Muschel, und huldvoll versprach ich dafür, was man verlangte ...
Dies alles hatte nun ein Ende, und die Folgen waren anfangs recht bitter. Zunächst wurden meine Eltern feierlich als »Hungerleider« eingekleidet, denn es ist charakteristisch an den geringen Leuten, daß sie das Sprichwort: Armut sei keine Schande! zwar erfunden haben, aber keineswegs danach handeln ... Dann fing man an, auf uns Kinder zu hacken. Die alten Spielkameraden zogen sich zurück oder ließen uns den eingetretenen Unterschied wenigstens empfinden, denn der Knabe, der einen Eierkuchen im Leibe hat, blickt den von der Seite an, der sich den Magen mit Kartoffeln füllen mußte; die neuen hänselten uns und

zeigten sich widerwärtig, wo sie konnten, ja, die »Pflegehaus-Jungen« drängten sich heran. Diese, arme Waisen, die auf öffentliche Kosten in einem Mittelding von Mildtätigkeits-Anstalt und Hospital unterhalten wurden, bildeten nämlich die allerunterste Klasse; sie trugen graue Kittel, hatten in der Schule, wie die Grafen in Göttingen, ihre eigene Bank, nur aus anderen Gründen, und wurden von allen gemieden, so daß sie sich selbst als halbe Aussätzige betrachteten und sich nur dem näherten, den sie verhöhnen zu dürfen glaubten.

82, 161 ff.

BERLIN, UM 1845
Der Feind aus dem Keller

Dann aber gab man uns in eine kleine Schule, die ein Herr Liebe in der nahen Schulgarten-(jetzt Königgrätzer)Straße hielt. Sie wurde fast nur von Kindern aus uns bekannten Familien besucht, und der Direktor war ein freundlicher kleiner Mann in mittleren Jahren mit einem runden, gutmütigen Gesichte, der uns mehr im Sande seines Gärtchens graben oder spielen und singen als ernstlich arbeiten ließ ...
Von Herrn Liebe, unserm Direktor, weiß ich nur noch dreierlei zu berichten. Am Geburtstage seiner Tochter traktierte er uns mit Kuchen und Wein, und dabei mußten wir ein von ihm selbst gedichtetes Festlied singen ... Zweitens halfen wir Herrn Liebe, der mit zum Kirchenvorstand gehörte und das Ehrenamt des Klingelbeutelumhertragens übernommen hatte, das eingekommene Geld sortieren, und es ergötzte uns weidlich, ihn – wie recht hatte der Mann! – aufbrausen zu sehen, wenn sich unter den Silber- und Kupfermünzen, was leider beinahe regelmäßig geschah, Zahlpfennige und – ich habe sie selbst in der Hand gehalten – Knöpfe von verschiedenen Kleidungsstücken befanden.
Drittens habe ich Herrn Liebe zu beschuldigen, auf unser Betragen nach der Schule zu wenig geachtet zu haben. Hätte er das Auge besser offen gehalten, so wäre uns jedenfalls mancher blaue Fleck und unseren Kleidern manche Wunde erspart geblieben; denn so oft es anging, begaben wir uns aus der Schulgartenstraße nicht direkt nach Hause, sondern durch das Potsdamer Tor auf den Platz hinter demselben. Dort lauerte der Feind, und wir suchten ihn auf. Er bestand aus Mitgliedern einer Schule von bescheidenerem Schlage, die uns »Geheimratsjören«, was wir ja meistenteils waren, und die wir dafür »Knoten« riefen, ein Wort von ursprünglich nichts weniger als beleidigender Bedeutung, da es infolge eines leicht verständlichen sprachlichen Vorgangs aus dem älteren »Genote«, das ist Genosse, entstand ...

Der Führer dieser schon vor Beginn des Kampfes keineswegs sorglich gekleideten Schar entstammten einem sogenannten Blumenkeller, das heißt einer unterirdischen Verkaufsstelle von Pflanzen, Kränzen usw. am Anfang der Leipziger Straße, zu dem vom Bürgersteige aus eine Treppe hinabführte. Oft kamen sie uns von selbst entgegen; im entgegengesetzten Falle aber lockten wir sie mit bestimmten Rufen aus ihrem Keller hervor. Sobald sie erschienen waren, schlüpften wir in einen Haushof, und wie oft kam es dort zu einer Schlacht, bei der die Schulmappe als Schutz- und Trutzwaffe diente. Auch der »Feind« führte solche, und oft genug haben wir sie einander an die Köpfe geschlagen. Wenn der Zorn mich ergriff, war ich wild wie ein Kampfhahn, und auch der gelassene Ludo schlug derb genug zu, sobald ihm die Ruhe getrübt worden war. Das gleiche darf ich den meisten »Geheimratsjören« und auch den »Knoten« nachsagen. Zu einem entscheidenden Erfolge gelangte der Kampf nur selten, denn der Portier oder ein Hausbewohner machte ihm fast immer unberufen ein vorzeitiges Ende. Ich erinnere mich noch einer dicken Frau, wahrscheinlich einer Köchin, die mich am Kragen festhielt, mich auf die Straße stieß und dabei ausrief: »Pfui doch; solche jungen Herren sollten sich was schämen.« Doch Hegel, dessen Einfluß damals in den gelehrten Kreisen Berlins noch so groß war, hatte Scham »Zorn gegen die Natürlichkeit« genannt, und das Natürliche gefiel uns. So wurden denn die Kämpfe gegen die Knoten fortgesetzt, bis die Berliner Revolution ernstere Kämpfe hervorrief und die Mutter uns nach Keilhau schickte.

41, 74 ff.

Kiel, um 1865
Solche mit und ohne Mützen

An dieses Ende ... (das Abitur) aber dachte der kleine Mensch nicht, der eines schönen Aprilmorgens 1865 mit seinem klappernden Ranzen von seinem Berg herabstieg und unter seiner schwarzen Septimanermütze mit dem goldenen Streifen etwas zaghaft den ersten Schulweg in die »Gelehrte Schule« antrat, durch die südliche Allee des Schloßgartens, vorbei an Frau Roß' Wohnung in die Dänische Straße einbog ... Vorbei an der Kunsthalle mit den beiden molossischen Hunden davor, weswegen sie die Fremden – trotz des ionischen Säulenportals – häufig für die Tierarzneischule hielten. Mit dem Betreten der Dänischen Straße aber begann schon der Ernst des Lebens. Viele kleine und große Gestalten mit Ranzen auf dem Rücken und Büchern unter dem Arm bewegten sich in der gleichen Richtung, aber nur die, die bunte (rote, blaue, grüne) oder mit grünen, weißen, goldenen Streifen besetzte Mützen trugen, strebten demselben Ziel zu, wie ich. Die andern, und es waren ihrer viele und wie mir schien besonders kriegerisch gesinnte, bogen bald rechts ab auf den stattlichen »Buchwaldschen Hof«, unter dessen abgetreppten Doppelgiebeln die »höhere Bürgerschule« lag. Und diese waren unsere Feinde, wie wir die ihren. »Gelehrte, Botterbesmeerte, Botterlicker«, scholl es höhnend hinter uns her, ein unversehener Puff im Vorübergehen bedeutete alles eher als den Versuch einer freundlichen Annäherung; ein langgedehntes »Szeiger« (Zeiger, ein Eitler, der sich zeigen will) markierte Verachtung des in Kleidung oder Haltung an gute Kinderstube unliebsam und undemokratisch erinnernden »Gelehrten«.

122, 78

Ilfeld, um 1875
Das Parteileben in der Schule

Im Juli 1872 ... als ich in Untersekunda saß, und noch bevor ich sechzehn Jahre alt war, verstarb mein vortrefflicher Vater... Meine Mutter war von da ab völlig auf ihr kleines Witwengehalt angewiesen. Mein ältester Bruder war 1872 noch Kandidat der Theologie, mein zweiter befand sich auf der Universität, fünf Töchter waren unverheiratet und damit unversorgt. Es war klar, daß ich an eine Universitätslaufbahn unter diesen Verhältnissen kaum noch denken konnte. Selbst der freie Aufenthalt auf einer Anstalt wie Ilfeld war bei unsern Verhältnissen eigentlich ausgeschlossen ...
In meiner Familie dachte man daran, mich die untere Zollaufbahn einschlagen zu lassen. Ich ging nach Ilfeld zurück und gab einem gewissen jungen Meyer, dem Sohn des Klosterverwalters, Nachhilfestunden, um wenigstens das Notwendigste zu verdienen. Auf der Anstalt galt dies nicht für »standesgemäß« und eines Ilfelders ganz unwürdig. So tat ich es mit Erlaubnis des Direktors geheim in den frühen Morgenstunden. Mehr als meine Armut selbst demütigte mich solche Geheimnistuerei meinen reicheren Genossen gegenüber... Von Obersekunda an wurde ich schriftstellerisch tätig, um mir in meiner Not zu helfen. Ich las damals Shakespeare, dessen Stücke ich verschlang. Bald begann ich, ihn nachzuahmen und selbst Stücke zu schreiben. Ich verfaßte einen »Judas Ischariot«, eine »Tante und Nichte«, welche ich einer Agentur in Hamburg einsandte und dieser verkaufte ...
Insbesondere aber beschäftigte meinen Geist das »Parteileben« der Schule ... Als ich 1871 nach Ilfeld kam, waren die Schüler daselbst von unten nach oben eingeteilt in »Knüppel«, »Neutrale« und »Alte Bengels«. Die Knüppel mußten den Alten gewisse Dienstleistungen verrichten, z. B. Wege laufen, Kleider reini-

gen usw. Aus den Alten wurde durch allgemeine Wahlen ein Ausschuß von elf Schülern bestellt, der sogenannte »Commers«. Dieser hatte eine Art Gerichtsbarkeit über alle ... Seine Beschlüsse galten für heiliger als die der Lehrerkonferenz selbst und wurden unwiderruflich ausgeführt.
Bei meinem Eintreten gab es in Ilfeld drei große Parteien: die Weißen, die Blauen und die Roten. Die Weißen waren ursprünglich eine Vertretung des alten Adels, in den Blauen fanden sich auch Söhne höherer Beamter und reicher Kaufleute zusammen, die Roten stellten das solide Bürgertum dar. Als ich nach Sekunda kam, schloß ich mich diesen an. Alle drei Parteien »kneipten« sonntags getrennt und eiferten Formen und Komment studentischen Korps nach. Sie kämpften um die Mehrheit im Ausschuß ... So war ein greifbares Ziel für einen politischen Kampf im kleinen gegeben.
Ich muß sagen, daß dieser Kampf mich bald mehr in Anspruch nahm als die eigentliche Schule. Schon in meinem ersten Sekundanersemester wurden die Roten durch innere Zwistigkeiten auseinandergesprengt und verschwanden im Klosterleben. Im Herbst 1873 stellte ich die Partei mit meinem persönlichen Anhang wieder her ...
Im Zusammenhang mit diesen Kämpfen übte ich schon früh ein gewisses Rednertalent, besonders für Bierreden ... Auch gab ich eine wöchentliche Zeitung: »Die sonnige Maiennacht« heraus, welche geschrieben und im Konversationszimmer vor versammeltem Publikum verlesen ward, und in welcher ich Personen der Gegenparteien, mehr oder weniger witzig, verhöhnte ...
Dazu kam, daß ich meine körperliche Gewandtheit, vor allem auch meine Überlegenheit im Ringen weiter ausbildete. Ich war einer der stärksten unter den Schülern, und mit einigen Ausnahmen zu Anfang wurde ich von persönlichen Angriffen verschont ... Mir half das Parteileben, meine Persönlichkeit in einer wesentlich unfreundlichen Umgebung zu behaupten und durchzusetzen.

155, 97 ff.

OBWALDEN BEI SARNEN, UM 1882
Pöbelblut, Pöbelbegeisterung und Pöbelroheit

Ich habe nie einen lebendigeren Geschichtsunterricht erlebt, als in den unteren Klassen bei Herrn Johannes. Er war von Natur etwas komisch geartet, schielte mit beiden Augen übers Kreuz, trug das Haar wie ein verwüstetes Vogelnest und blies die Backen in der Aufregung wie ein Posaunenengel auf. Die großen Figuren und Stunden der Weltgeschichte erfüllten ihn ganz. Wenn er sie in unsere kleine Schulstube beschwor, wurde die lockere Disziplin sofort straff, man sah

ihm auf den Mund, begleitete ihn, der im Vortrag gewaltig zwischen den Bänken auf und ab ging, mit heißem Blick, ja man lernte seinetwegen die Stenographie, um das wundervolle Referat im Heft zu behalten ...
Mit uns teilte diese Geschichtsstunde jene Klasse, zu welcher mein bewunderter Egid Salez gehörte. Wir saßen gesondert, aber die Zahl der Bänke und Schüler machte es unvermeidlich, daß einige von uns Nachbarn der kecken Realschüler wurden. Egid hatte herrisch-freundlich gewinkt, Grund und Glück genug, mir mit List oder Gewalt den Sitz neben ihm zu erfechten. So gehörte uns denn eine Zweierbank ganz allein. In meiner dummen – wie ich jetzt meine –, aber damals so naiven, seligen Verehrung wagte ich fast nie, ihn anzusprechen. Meines Erachtens stand er zehnmal höher als ich, nicht bloß an Anmut und Frische der Gestalt und Vornehmheit des Gehabens, sondern auch an Talent, Welterfahrung, und vor allem an Herrenwillen ... Ich war furchtbar ordinär gekleidet, seine Hosen und Jacken waren aus besonders feinem zähen Stoff, und über den Hüften hatte er einen Ledergurt um den schlanken Leib gezogen, worin ein richtiges Jagdmesser stak.
So suchte ich ihm denn schweigend zu gefallen, indem ich seine Bleistifte spitzte, seine Tintenkleckse radierte, ihm die Schreibfeder vom Boden auflas, das Nastuch heimlich lieh, wenn er das seinige vergessen hatte, und zu diesem Zwecke stets ein zweites, sauberes, weißes Tüchlein mit mir trug, ja ihm die Hände unter der Bank wärmte, seine schlanken, harten, immer verfrorenen Hände, während die meinigen stets blutheiß waren, kurz, alles tat ... was nur die so bübisch reine Schwärmerei von vierzehn Jahren zu leisten und zu entschuldigen vermag.
Er sagte nie Dank, nahm es wie selbstverständlich, und es blieb unklar, ob er in mir mehr den Diener als den Kameraden sah. Oft redete er viel und zutraulich zu mir, aber immer von seinen Zielen und Hindernissen, nie von mir. Und so hörte ich ihn auch am liebsten. Er war doch der Wichtige, nicht ich. Dann wieder kam er und preßte die Lippen zusammen, und ich hatte Angst, er zürne mir ... Indessen, diese Launen hingen mit seiner Gesundheit zusammen. Er war blutarm und erschien oft mit einem Gesicht wie Alabaster in der Stunde. Dann gebärdete er sich unleidlich, er ließ absichtlich etwas unter die Bank fallen, versuchte mir beim Aufheben den Kopf unters Knie zu drücken, durchkritzte mir das Sudelheft, saß auf meiner Mütze ... Dann fürchtete ich ihn ...
Gewöhnlich aber sah er aus wie eine Apfelblüte ... Er war ein Hoteliersohn, aber einer vom Grand Hôtel, an hohe Spiegelsäle, Kristall und Porzellan und an großartigen Umgang gewöhnt. Was fand er da an mir? Nichts als Ergebenheit ...
Dennoch war ich viel zu gesund, um nicht ab und zu mich ins Gewissen zu fragen, ob das nicht auch sehr genug, ja, viel zu viel für meinen Rang sei? Gar

wenn ich sah, wie meine Kaninchenhaftigkeit diesen Leoparden naturgemäß immer mehr zur Anmaßung reizen mußte ... Mit anderen benahm er sich doch höflich, wenn auch unvertraut. Durfte die Vertraulichkeit mit solchen knechtischen Opfern erkauft werden? Zum erstenmal begann der Verstand mit dem Gemüt in mir zu kämpfen und wurde täglich rebellischer. Es trug viel dazu bei, daß Herr Johannes mit urschweizerischem Gleichheitsdrang gerade jetzt die Kämpfe der Gracchen gegen das zähe Patriziat von Rom vortrug. Mit allen Nerven klammerte ich mich an die Plebs und grollte schwer den Aristokraten, die am liebsten diesen nützlichen Volksteil für immer unter den Fußsohlen gehalten hätten.

Egid beobachtete mich böse ... Er hielt es mit den Patriziern. »Nicht nachgeben, nicht nachgeben!« zischte er. »Die Plebs soll sich ducken. Sie schafft nur Dreck und Unruhe, wo sie hochkommt.«

Mir stieg das Blut zu Kopfe. Zum Glück läutete es zum Ende der Stunde. Herr Johannes entwich mit dem Satz: »Das nächste Mal frage ich ab bis zum Untergang des jüngeren Gracchen.« »Ah«, triumphierte Egid, »sie haben ihn also gebodigt, den Narren, bravo!«

»Und dennoch hat er gesiegt«, rief ich wild.

»Ich spucke auf solche Siege.«

»Dann bist du der Narr und niemand anders.«

In diesem Augenblick bekam ich einen furchtbaren Stoß vor die Brust. Jetzt ging es wie in einem Rausch. Ich vergaß mich und alles, holte blitzschnell mit der Rechten aus und traf Egid mitten ins vergötterte Gesicht. Kaum hatte ich's getan, so wurde mir sterbensübel zumut. Mag er mich töten, blitzte es mir durch den Sinn. Er hat ja das Jagdmesser im Gurt.

Aber Egid stand steif wie Wachs da, starrte mich ungläubig an und schien es nicht fassen zu können ... Es tropfte ihm Blut aus der Nase und rann auf die Oberlippe ...

Ich hätte vor Egid hinfallen mögen. Aber in Wirklichkeit zog ich mein sauberes, weißes Nastuch hervor und reichte es ihm stumm. Er schleckte das Blut, diese kleinen hellen Tropfen, mit der Zunge vom Munde und nahm dann doch mein Tüchlein und schneuzte und schnob hinein. »Habt ihr uns noch nie gesehen?« fragte er die Neugierigen. Dann gab er mir den Lumpen zurück, nahm seine Bücher auf und stieß mir mit seiner scharfen Stimme das einzige Wort entgegen: »Plebejer!« ... Jetzt raffte auch ich meine Siebensachen zusammen. Unter der Tür funkelte er mich nochmals an und befahl: »Nach dem Mittagessen auf dem Seefeld! Verstanden!« ...

Trotz des leeren Magens mochte ich nichts zu Mittag essen. Tausend Pläne, was ich tun sollte, schossen mir durch den Kopf. Aber alle kamen mir zu blaß vor. Um Verzeihung bitten? Zu spät. Eine Strafe verlangen? Lächerlich. Meine Auf-

regung erklären? Was interessiert ihn das! Seine Überlegenheit anerkennen? Überflüssig. Wären wir in Japan, er ein Prinz und ich sein Hausgenosse, es bliebe mir nichts übrig als den Bauch aufzuschlitzen. Aber wir waren in Obwalden...
In geschämiger und kläglicher Verfassung schlich ich unter den Birnbaum, wo wir uns gewöhnlich trafen, und wartete... Nein, er kommt nicht mehr. Er hat mich satt. Er kann bessere Freunde, an jedem Finger, drei, bekommen. Ich seufzte schwer. Da krachte es über mir... ich blicke hinauf, Egid...
»Wir wollen uns wieder schlagen, ganz gehörig, verstanden. Aber nicht mehr vor den anderen. Was verstehen die uns? Wenn wir ein Duell haben, wollen wir es hier ganz still und großartig ausfechten...«
»Aber warum sollen wir uns hauen?« wagte ich endlich zu fragen. »Du hast den Scipio lieber, aber ich den Hannibal. Warum sollen wir uns denn prügeln?«...
»Aber den Gracchen verhimmeln, der es mit dem Pöbel hält, du, da steigt einem schon die Galle auf, pfui.«...
»Pöbel?« stotterte ich.
»Pöbel!« wiederholte er.
Wir beide wußten nicht, was dieses mißtönende Wort im Grunde besage. Wir hatten ihn nie gesehen. Aber mir stiegen bei diesem Ausdruck instinktiv jene dunklen Erfahrungen auf, um die ich meinem Freunde weit voraus war: kein eigenes Haus haben, in knappen Räumen wohnen, Mietzinse schulden, nicht Butter und Käse zum Kaffee bekommen, vielmal geflickte Kleider, keinen Batzen in der Weste, keinen reichen Onkel, keine hohen Vettern, immer unten stehen, dienen und von den meisten Menschen... geringer behandelt werden... Das war jedenfalls Pöbel. Nun durfte ich ja wohl studieren und hatte einen Herrensohn zum Freund, aber irgendwie, schwante mir, gehörte ich doch zu diesem Pöbel. Dieses aufbrausende rebellische Blut in mir war Pöbelblut, diese Liebe zum Gajus Sempronius Gracchus war Pöbelbegeisterung, dieser Schlag in Egids Gesicht war Pöbelroheit gewesen, sicher, sicher!

50, 100 ff.

7.3. Halber Salut bei Mädchen

Kommentar
Den Haag, 1659 — Lernfleiß der jungen Prinzessin
Göttingen, 1777 — Aussichten eines versuchsweise geschulten Mädchens
Berlin, 1795 — Eine ganz besondere Freude
Gotha, 1808 — Ratschläge der Tante für das verwaiste Mädchen
Berlin, 1817 — Der Wahn war kurz – Aus Lilis Tagebuch
Berlin, 1820 — Der Unterschied zwischen Felix und Fanny
Königsberg, 1826 — Widerwillen gegen das väterliche Ideal von Weiblichkeit
Stuttgart, 1833 — Bildung und Fransenstricken: Eine Art Universitätskursus für Mädchen
Stuttgart, 1843 f. — Fächerkanon und Stundenverteilung an einer höheren Mädchenschule
Oldenburg, um 1844 — Die Theorie der Handarbeit
Tübingen, 1867 — Unnatürliche Lateinkenntnis bei einem Mädchen
Berlin, um 1885 — Das Verlangen nach eigentlicher Arbeit

Eine Kontinuität über die Jahrhunderte. Unter Anleitung der Mutter werden Mädchen früh zu Haus- und Handarbeit herangezogen und auf sie festgelegt. Gertrud Roghman: Die Spinnerin (um 1700). – W. v. Kobell: Mutter und Töchter beim Nähen (um 1795). Aus: G. Hirth, Kulturgeschichtliches Bilderbuch, Bd. 4. München 1881. – W. Scheidig, Deutsche Zeichnungen. Der Bürger und seine Welt.
Weimar 1958

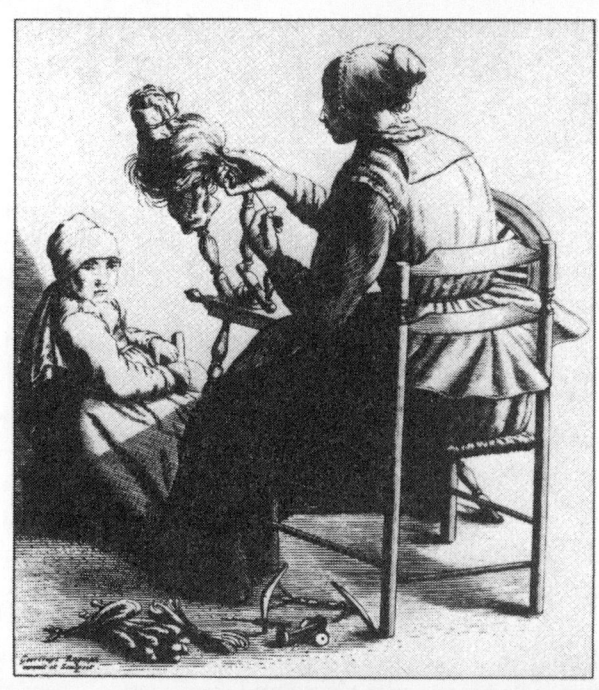

Kommentar

In manchem Heiligenleben tauchen Eigenschaften und Verhaltensweisen auf, aus denen jahrhundertelang auch für profane Mädchen Stoff für kasteiende Übung und Anlaß für zeitgemäßes Martyrium floß. Beispielsweise tauchen in der Kindheitsgeschichte der Katharina von Siena (1347-1380) früh die Probleme Eigensinn, Intelligenz und Neigung zu unweiblichem Betragen auf. Erst die geduldig ertragene Aschenbrödelexistenz, mit der die Eltern ihren Willen brechen wollen, aber nicht können, gibt ihr die Freiheit, Nonne statt Ehefrau zu werden.
Obwohl Mädchen früher als Jungen zur Mitarbeit im Haus und beim Kinderhüten herangezogen werden, ältere Mädchen und Frauen so gut wie jede Arbeit verrichten, kommt niemand auf die Idee, sie etwas lernen zu lassen oder ihre Arbeit unter dem Titel eines Berufs oder Handwerks anzuerkennen. Es scheint sogar, als ob Mädchen sehr oft von der Elementarbildung (Religion und Lesen) ausgeschlossen wurden, sehr viel öfter als Jungen. So kommt es, daß noch im 18. Jahrhundert viele Mütter nicht lesen und schreiben können, auch in einer Residenz wie Hannover. Warum sollen es die Töchter lernen? Caroline Herschel (1750-1848) lernt es trotzdem; Nutzen zieht sie aus ihrer Kenntnis aber erst, als es dem älteren Bruder, dem Astronomen Wilhelm Herschel, gelungen ist, sie von der Mutter, die sie als Haushaltshilfe braucht, buchstäblich freizukaufen. Familien aller Schichten und Stände verfügen über ihre Töchter in jeder Beziehung, ihre Verheiratung oder gerade ihre Nichtverheiratung stellen nur den Extremfall dieser Verfügung dar.
Vielleicht ist es eine Täuschung, verursacht durch die der Überlieferung bürgerlicher und bäuerlicher Verhältnisse ungünstige Quellenlage, vielleicht entspricht es aber der Realität, wenn man die weiblichen Kinder der Aristokratie am meisten bedauert. Sie lernen wohl dies und das, in der Hauptsache Dinge, die sie angenehm machen sollen, wie Singen, Tanzen und Klavierspielen – darüber hinaus sind sie aber von klein auf durch Kleidung und Konvention in ihrer Motorik und ihrer Bewegungsfreiheit außerhalb der Zimmer unvorstellbar eingeengt. Gebildet zu sein, gar Bildung zu zeigen, gilt fast für eine Sünde, zumindest eine Gefahr für die schöne Weiblichkeit. Elisa von der Recke (1754-1833) weigert sich anfangs, Lesen und Schreiben zu lernen, weil sie Angst hat, »albern« oder wie man in Ostpreußen sagte, »dwatsch« zu werden. Allein die Aussicht, sich durch den Unterricht die tödliche Langeweile des stundenlangen Gradestehens und Gradesitzens zu verkürzen, bringt sie von ihrem Entschluß ab. Sie erinnert sich auch, daß sie aus Sorge der Großmutter für ihre Figur und ihren Teint

hungern mußte und bei jeder Ausfahrt in der verhängten Kutsche noch mit Flor umhüllt wurde. Wer mag sich da noch über Maria Theresia wundern, die mit ihrer gerade nach Paris verheirateten Tochter Marie Antoinette (sie ist 17) vor allem über Kleider, richtiges Auftreten und die Frage korrespondiert, ob sie ihr nicht, zur Behebung eventueller Figurprobleme, Wiener Korsetts verschreiben soll!
Das Bürgertum des 19. Jahrhunderts setzt den Versuch, den weiblichen Charakter von klein auf zu stilisieren, jedes Mädchen zum Muster der Gattung, keinesfalls zum Individuum zu gestalten, auf seine Art fort. Zwar setzt sich überall der Gedanke an die Notwendigkeit der Mädchenbildung durch – höhere Mädchenschulen und Pensionsanstalten schießen in vielen Städten wie die Pilze aus dem Boden – doch bleibt die dort vermittelte sog. »höhere Töchterbildung« dekorativ – nirgends wird das gelehrt, was allein im 19. Jahrhundert mit höherer Bildung gemeint war: Latein und Griechisch. Aber auch wenig, was immerhin praktisch gewesen wäre: Säuglingspflege, Pädagogik, Kochen und Medizin. Eine Ausnahme, durchaus doppeldeutig, bildet die Handarbeit, die, wie vielfach bezeugt, als Domestizierungsmittel eingesetzt wurde und vielen Mädchen moralisch den Hals brach. Für die Kasteiung der Neugier, der Bewegungslust und des unweiblichen Egoismus gab es keine bessere Geißel. Ein anderes Mittel, die bürgerlichen Mädchen zu zähmen, ist die sogenannte Ritterlichkeit des bürgerlichen Mannes, der, wiewohl mit den schmutzigen Realitäten des Lebens vertraut, sich anheischig macht, alle weiblichen Wesen seines Umkreises vor ihnen zu bewahren. Von Anfang an widersprach diese Einstellung den Tatsachen. Viele bürgerliche Familien waren gar nicht imstande, ihre unversorgten, d. h. unverheirateten Töchter standesgemäß zu erhalten. Mit 17 Jahren wird Franziska Tiburtius (1843–1927) Hauslehrerin für die Kinderschar eines Adligen bei Stralsund. Natürlich ist sie dafür nicht ausgebildet, natürlich ist auch sie den pädagogischen und gesellschaftlichen Stilisierungsversuchen ausgesetzt gewesen, die sie eigentlich hätten unfähig machen sollen, diese Arbeit anständig zu erledigen – sie ist trotzdem erfolgreich, beginnt sogar mit Hilfe ihres Bruders ein Medizinstudium (in der Schweiz) und eröffnet in Berlin 1876 mit einer Studiengenossin eine Poliklinik für Arbeiterinnen ... Solche Leben geben Rätsel auf – aber keine größeren als das Bürgertum insgesamt, das, entgegen jedem Augenschein, an einer weiblichen Bestimmung, an einem reinen Ideal des Gattungswesens jenseits aller Politik, aller Arbeit, kurz: jenseits allen Ernstes festzuhalten suchte. Als Jeanne Semmig (1867–1958) sich entschließt, Lehrerin zu werden (es ist der erste Beruf für Frauen), da widerspricht der Vater, ein Teilnehmer der Revolution von 1848, ein langjähriger Emigrant. Schauspielerin, das würde dem Vater eher zusagen, denn da würde seiner Ansicht nach jene heilige Weiblichkeit ohne Intelligenz und Eigensinn besser zu ihrem Recht kommen. Jeanne wird Lehrerin.

LITERATUR

J. Zinnecker, Sozialgeschichte der Mädchenbildung, Weinheim 1973
U. Hermann, Erziehung und Schulunterricht für Mädchen im 18. Jahrhundert, in: Wolffenbütteler Studien III, 1976
M. Rudolph, Die Frauenbildung in Frankfurt a. M. Geschichte der privaten, der kirchlich-konfessionellen, der jüdischen und der städtischen Mädchenschulen, hg. von O. Schlander, Ffm. 1978

Den Haag, 1659
Lernfleiß der jungen Prinzessin

hertz libster papa. ich glaube, ihro gnaden werden von ma tanten schon vernommen haben, das wir gesunt sein hir vor 8 tagen angekommen. Ihre Majestät die konigin ist mir gar gnedich, hatt mir auch schon ein huntgen geschenket; morgen werde ich einen sprachmeister bekommen, der dantzmeister ist schon 2 mall bei mir gewesen; ma tante sacht, wen imant hir ist, der woll singen kan, soll ich auch singen lernen; werde ich also gar geschickt werden undt hoffe ich, wen ich die gnade wider haben werde, papa die hende zu kussen, sollen ihro gnaden finden, daß ich fleissich gelernet habe. Das schälgen vor die königin habe ich noch nicht uberliferen konnen, weillen mein zeuch noch auff dem schiff undt von unsern leutten auch noch zuruke sein ...

120, 25

Göttingen, 1777
Aussichten eines versuchsweise geschulten Mädchens

Beste Luise! Deine Frage habe ich nun wohl recht verstanden. Meinst Du denn, daß Kochen und Spinnen angenehmer ist, als wenn ich ein historisches Collegium bei meinem Vater höre? Freilich wenn ich Latein oder einen schweren Satz im Euklides auszuarbeiten habe, so vergeht mir wohl zuweilen die Geduld, aber da denke ich denn, wenn ich diesen Satz und Latein fix verstehe, so lerne ich dadurch, wie eine Brille beschaffen sein muß, und das ist doch wohl angenehmer, als bei Hitze und Frost in der Küche zu stehen. Und wird es mir manchmal ein wenig sauer, so werde ich jetzt schon genug dafür belohnt, weil mir mein Vater so manches Extra-Vergnügen dafür erlaubt.
Du mußt Dir aber ja nicht einbilden, daß ich nichts von weiblichen Arbeiten verstehe: im Kochen nehme ich es doch wohl mit Dir auf, und meine Mutter macht mir oft Schmeicheleien über mein flinkes Stricken. – Ich kann spinnen, nähen, mit Wein umgehen, denn ich besorge größtenteils den Keller allein; nur im Putzmachen fehlt's mir noch ein wenig, da möchtest Du wohl schon mein Meister sein, und meiner Mutter vollends komme ich in diesem Kapitel all meine Tage nicht bei. Nicht einmal, sondern wohl zehnmal hat es mir mein Vater freigestellt, ich sollte keine Lernstunde mehr haben, sondern nur weibliche Sachen treiben – aber ich hielt es noch nicht für ratsam, wahrhaftig nicht bloß weil ich fürchtete, meinen Vater bös zu machen.
... Weiber sind nicht in der Welt, bloß um Männer zu amüsieren, Weiber sind

Menschen wie Männer: eines soll das andere glücklich machen ... Nun, macht ein Weib einen Mann bloß dadurch glücklich, daß sie seine Köchin, Näherin und Spinnerin ist? Ei so wollt' ich mich doch lieber als Köchin, Näherin und Spinnerin vermieten, so könnt' ich ja von dem Teufel, wenn's ein Teufel ist, wieder loskommen. – Aber meinst Du denn nicht, daß ein Mädchen durch das, was ich lerne, einen Mann wirklich amüsieren könne? Meinst Du, daß ich durch mein Lernen dem Stande, dem ich gewidmet bin, ganz entgehe? Wie, wenn ich nun einen Kaufmann oder Fabrikanten kriegte, der nach Spanien, Frankreich, Holland, Italien, England, Schweden usw. handelt, und ich verstehe die Sprache dieser Länder und könnte ihm gar seine Korrespondenz führen? Wieviel Kaufmannsweiber gibt es denn, die so ein halb Dutzend Sprachen verstehen; und müßte mein – will's Gott! – Künftiger denn nicht ein Flegel sein, wenn er mir nicht eine Köchin bezahlte, weil ich ihm einen Buchhalter ersparte? Freilich wählen können wir Mädchen nicht, weder ich noch Du; wenn ich also einen Gelehrten kriegte, so wäre mein bißchen Lernen verloren, aber Schaden tät's mir doch auch nicht. Gesetzt ich müßte der Haushaltung wegen, Klavier, Singen, Mathematik und Latein niederlegen, meine Sprachen spräche ich doch noch immerfort, und mein Mann hätte doch sein Vergnügen dabei, und ich läse doch immer so was nebenher von Rom. Denn immer vor dem Herd zu stehn, wäre meine Sache auch nicht ...

186, 107 ff.

Berlin, 1795
Eine ganz besondere Freude

Am 26. September wurde meinen Eltern nach fünf Töchtern der erste Sohn geboren. Wenn jene auch nicht mit weniger Liebe empfangen, dieser ohne alle Ungeduld erwartet worden, so war seine Geburt doch ein ganz neues Glück für das ganze Haus. Auch für uns Kinder war es eine ganz besondere Freude, einen Bruder statt einer Schwester begrüßen zu können. Einige Tage nach seiner Geburt hing mir Papa einen sehr schönen Perlenschmuck um den Hals, den ich Mama, an ihrem Bette kniend, im Namen des kleinen Bruders überreichen mußte. Diese Perlenschnüre, die meine Mutter auch da noch trug, als sie keinen andern Schmuck mehr tragen konnte, sind uns immer, wie zu ihrem Bilde gehörig, von ihm unzertrennlich geblieben.
Die Geburt eines ersten Sohnes, eines Stammhalters und Erben, ist in der großen Welt als Fortpflanzung eines edlen Namens und eines großen Vermögens so allgemein für ein Glück anerkannt, daß die Teilnahme an demselben in der Berli-

ner Stadt- und Hofgesellschaft wirklich so aufrichtig als lebhaft war, um so mehr, da man in Berlin nicht wußte, daß die bedeutenden Güter meines Vaters weder Lehne, noch Majorat, sondern Allodium waren und ihm daher die Resignation, mit der er eine Tochter nach der andern empfangen, um so höher angerechnet hatte. Unter den vielen Glückwünschen zeichnete sich der der Königin Luise aus, die meiner Mutter sagen ließ: »sie freue sich mit ihr über ihren Sohn, obgleich sie ihr gewiß den ihrigen vorweg genommen habe.« Es war vierzehn Tage vor der Geburt Friedrich Wilhelms IV., den die schöne junge Mutter am 15. Oktober desselben Jahres dem Vaterlande schenkte.

194, 14

Gotha, 1808
Ratschläge der Tante für das verwaiste Mädchen

Liebe Lotte dein Verluß an deiner Lieben Seeligen Mutter ist unersetzlich, Gott hat es gethan under deßen Willen wier unß bügen müßen, folge den Lehren deiner Seeligen Mutter durch ein friedliges betragen mit deinen Brüdern so wird dier Gott beystehen, u. dier auch beruigung in deinem gemühte schencken. Liebe Lotte, du bist ja kein Kind mehr du bist ja 15 Jahre alt u. kanst schon viel leisten in der Haußhaldung ohne deinen Körber anzugreiffen, u. hast das glück die Treie Katriene zu haben mit der du rathschlagen kanst wegen der Kogerey, u. um alles liebe Lotte sehe mir auf ordnung das es nicht schmutzig bey dir außihet oder unordenglig; Schencke mir dein Zutrauen u. Schreibe mir Ja wenn dier waß fehled ich werde dir jmmer Mütterlig beystehen besonderst liebe Lotte sehe Ja auf das Weißzeig – du würst ja noch bey der Heißen das neehen auslernen waß auch gud ist – u. dann liebe Lotte werde Ja denckend auf Haußhaldweßen u. erfülle den wunsch deiner Lieben Seeligen Mutter, die mir oft gesacht hat, die Lotte will ich zu einer guden Haußhälderen erziehen, du hast recht das du im Kleinen stübgen mit der Katriene Schläfts das die Eckstube doch recht sauber gehalden werden kann. deine Treie Tante. H. Zimmer.

73, 41 f.

BERLIN, 1817
Der Wahn war kurz – Aus Lilis Tagebuch

17. 1. Ich werde nie ohne Reue an diesen Abend denken und ihn gewiß nie vergessen! – Ich glaube, ich war von Therese angesteckt und bei Tische so lustig und ausgelassen, daß ich gewiß wohl recht unangenehm wurde. Vater winkte mir oft, mich nicht so gehen zu lassen, aber in meinem Taumel achtete ich nicht darauf. Ach, wann werde ich denn behalten, daß ein Mädchen nie liebenswürdig sein kann, wenn sie nicht in den ihr von der Natur bezeichneten Schranken bleibt, d. h. wenn sie bescheiden und sanft ihre weibliche Würde behauptet und nicht so ausgelassen und wild alle Sitte und Schicklichkeit von sich wirft, wie ich gewiß an diesem unglücklichen Abend tat. Ach, sogar eine freundliche Ermahnung des Vaters kam mir ganz sonderbar und überflüssig vor, und hätte ich mich gewiß meiner unglücklichen Verblendung überlassen, wenn nicht Gustav, mein guter teurer Bruder, mir die Binde von den Augen gerissen hätte. Er kam zu mir, als ich mich auszog, und sagte mir so sanft und freundlich, wie unweiblich, und Therese so ähnlich, mein Betragen am heutigen Abend gewesen sei, wie sehr es den Vater gekränkt und ihn selbst betrübt habe – er sagte es mir mit Tränen in den Augen – die meinigen flossen längst. – Der Wahn war kurz gewesen, aber die Reue sehr bitter. – Ich versprach ihm noch heute, dem Vater alles zu sagen, seine Verzeihung zu erbitten und mich nie, nie wieder so zu vergessen. Und wenn ich es täte, bat ich ihn, so möchte er mich immer wieder wie heute zu dem verlassenen Weg zurückführen. – Er versprach es mir, umarmte mich und ging. Ach, wie viel lieber habe ich ihn nach dieser Unterredung! Wohl mir! Ich werde immer an meinem Bruder einen Freund, einen treuen Ratgeber, eine sichere Stütze haben. – Und nun flog ich zum Vater und gelobte ihm unter tausend Tränen Besserung, und gewiß, ich will mein Versprechen halten und recht über mich wachen, damit mein Leichtsinn, meine Unbesonnenheit mich nicht herabsinken läßt...

153, 89

BERLIN, 1820
Der Unterschied zwischen Felix und Fanny

Du hast mir, liebe Fanny, während meiner diesmaligen Entfernung viel lange und gute Briefe geschrieben, mit denen ich sehr zufrieden und Dir dafür dankbar bin. Ich bin dagegen in Deine Schuld geraten ...
Deine letzten Lieder sind in Viry, von wo ich sie morgen zurückbringe und dann jemand suchen werde, der sie mir leidlich vorsingt. Felix' letzte Fuge hat mir Herr Leo sehr unvollkommen vorgespielt, er findet sie sehr gut und in echtem Stil, aber schwer. Mir hat sie wohl gefallen; es ist viel und ich hätte ihm kaum zugetraut, daß er sich so bald darin finden würde, ernsthaft zu arbeiten, denn zu einer solchen Fuge gehört denn doch gewisse Überlegung und Beharrlichkeit. Was Du mir über Dein musikalisches Treiben im Verhältnis zu Felix in einem Deiner früheren Briefe geschrieben, war eben so wohl gedacht wie ausgedrückt. Die Musik wird für ihn vielleicht Beruf, während sie für Dich stets nur Zierde, niemals Grundbaß Deines Seins und Tuns werden kann und soll; ihm ist daher Ehrgeiz, Begierde, sich geltend zu machen in einer Angelegenheit, die ihm sehr wichtig vorkommt, weil er sich dazu berufen fühlt, eher nachzusehn, während es Dich nicht weniger ehrt, daß Du von jeher Dich in diesen Fällen gutmütig und vernünftig bezeugt und durch Deine Freude an dem Beifall, den er sich erworben, bewiesen hast, daß Du ihn Dir an seiner Stelle auch würdest verdienen können. Beharre in dieser Gesinnung und diesem Betragen, sie sind weiblich, und nur das Weibliche ziert die Frauen ... Dein Vater.

86, 95 ff.

KÖNIGSBERG, 1826
Widerwillen gegen das väterliche Ideal von Weiblichkeit

Mein Vater hatte unter den Goetheschen Dramen eine besondere Vorliebe für die »Natürliche Tochter«. Es war daher auch eines der ersten, welche ich gelesen, und zwar ihm selbst zum großen Teil vorgelesen hatte. Er hatte mich die hohe und einfache Schönheit der Sprache bewundern lassen, die ich selbst empfand, aber er hatte meine Aufmerksamkeit auch bei dem Stoffe und bei dem Ausgang der Dichtung festgehalten, und mir den Charakter Eugeniens als einen solchen gerühmt, der sich zu entscheiden und zu bescheiden wisse, was für Frauen doppelt unerläßliche Eigenschaften, und recht eigentlich Tugenden wären.
Mich ließ das Drama damals gänzlich kalt. Die langen Gespräche, bei denen

nach meiner Meinung alles nur darauf hinauslief, daß ein unglückliches Mädchen sich ohne Neigung verheiratete, zogen mich nicht an, und da die Jugend und das reife Alter sehr verschiedene Ideale haben, und die Jugend sich glücklicherweise noch nicht auf sittliches Transigieren versteht, so flößte mir meines Vaters Ideal von Weiblichkeit, so flößte mir Eugenie mit ihrer Resignation eigentlich nur Widerwillen ein. Ich hätte es viel natürlicher gefunden, daß sie ihr Vaterland verließ, als daß sie sich ohne Liebe verheiratete, und zwar auf die ungewisse Möglichkeit hin, einmal im Vaterlande den Verwandten nützen zu können, welche sie verstoßen hatten.

Als ich das gegen meinen Vater aussprach, tadelte er mich, indem er mir sagte, er bedaure es, daß er mich das Drama habe lesen lassen, ich verstände es offenbar noch nicht ... Er hatte offenbar damit die Absicht gehabt, meine Wißbegier anzuregen, und mich zu wiederholtem Lesen der Dichtung zu veranlassen. Indes sie mißfiel mir so gründlich, daß seine Absicht fehlschlug. Und der heimliche Gedanke, meines Vaters Vorliebe für Eugenie rühre hauptsächlich von seiner Ansicht her, daß jede Frau sich verheiraten müsse, und daß eine Frau, je gebildeter sie sei, sich auch um so würdiger in eine ihr nicht angemessene, ja unerwünschte Ehe schicken könne, machte mir die Resignation der natürlichen Tochter noch viel widerwärtiger.

Eines Tages, als ich bei meiner Tante war, brachte ich das Gespräch auf Eugenie, und darauf, daß der Vater sie und ihren Entschluß so erhaben fände. Die Tante hörte mir mit ihrem freundlichen und traurigen Gesichte zu, und sagte dann ganz kurz: »Laß dir doch nichts einreden! Das sagen sie so, weil es ihnen bequem ist!«

Das hatte ich eigentlich zu hören erwartet, aber die Tante brach plötzlich ab, als ihr Mann hereintrat, der, in Erscheinung, Sprache und Manier gleich unangenehm, irgend etwas von ihr begehrte. Als er fortgegangen war, sagte sie: »Es ist Unsinn zu behaupten, daß eine Frau sich an etwas gewöhnen könne, was ihr abstoßend ist. Habe ich mich denn an mein Los gewöhnt? Ich wußte, daß ich mein Todesurteil unterzeichnete, als ich mich verheiratete, und ich habe es ihnen gesagt. Aber sie haben mir alle zugeredet, alle – nun bedauern sie mich alle!«

Sie hatte das mit einer ihr ganz fremden Bitterkeit gesprochen, und die Anklage, welche sie mit ihren Worten gegen ihre von ihr sehr geliebten Brüder, gegen den verstorbenen Onkel und gegen meinen Vater aussprach ... fiel mir schwer auf das Herz. Mehr noch erschreckte mich der plötzliche deutliche Blick auf das Unglück meiner Tante ... und der Gedanke, daß man mir einst Ähnliches zumuten könne, bestürzte mich vollends.

An jenem Tage aber, in meinem fünfzehnten Jahre, faßte ich den Entschluß, mich nie zu einer Heirat überreden zu lassen, und mich nie anders als aus voller Überzeugung und Liebe zu verheiraten. An jenem Tage entwickelte sich mir zum ersten Male ganz vollständig die Vorstellung, daß das Kind auch seinen Eltern gegenüber Rechte habe, es entwickelte sich in mir der Begriff meiner angeborenen Selbständigkeit auch meinem Vater gegenüber, den ich vorher nie zu denken gewagt haben würde ...

119, 51 ff.

STUTTGART, 1833
Bildung und Fransenstricken:
Eine Art Universitätskursus für Mädchen

Als ich mein sechzehntes Jahr erreicht hatte, kamen meine Eltern zu der Ansicht, daß noch etwas Weiteres für meine Bildung geschehen sollte, und beschlossen, mich nach damaliger Sitte zu einer Art Universitätskursus in die Residenz zu schicken, wo die jungen Mädchen vom Lande sich in allerlei Künsten vervollkommnen konnten; man lernt »Bildung und 's Fransenstricken«, bezeichnete es eine Frau Base ...
Es ging in kein Seminar noch Institut, nur in eine bescheidene, anständige Mansardenwohnung ... Es war Frau von R., eine sehr geachtete Dame, die mich mit noch zwei jungen Mädchen in ihre Familie aufnahm ... Der Studienplan war bald entworfen für die sechs Monate ... Frühmorgens um acht Uhr ging's hinab ins Sonnengäßle ... zur Frau Huttenlocherin, in die »Kochet«, wo ich noch die letzte Feile in dieser edlen Kunst erhalten sollte. Frau Henriette Huttenlocherin war von hoher Geburt für ihr Fach, eine Tochter der einst berühmten Landschaftsköchin, der Frau Löfflerin, Verfasserin des vielbekannten und vielbenützten schwäbischen Kochbuchs ... (Sie) war keine Gastwirtin, sie hatte nur eine Speiseanstalt für Familien, Fremde und solide ledige Herren ... Kaum werden mir's vielleicht meine jungen Leserinnen glauben, wenn ich sie versichere, daß die Kochstudien mir mehr Vergnügen gemacht als ein anderes Kolleg – die Tanzstunde, die ich mit sieben jungen Gefährtinnen bei Herrn Kümmerle besuchte. Schon zwei Jahre zuvor ... hatte ich einige Wochen den Unterricht des Herrn Traub ... genossen. Er war zwar etwas alterssteif, hatte aber eine gewisse imponierende Würde und sah seinen Beruf in idealem Lichte an, hat mir auch eine von ihm verfaßte kleine Schrift über die Tanzkunst verehrt, in der er den hohen Wert, die symbolische Bedeutung jedes einzelnen der fünf Pas oder Stellungen auslegte ... Herr Kümmerle, mein zweiter Tanzlehrer, war ganz und gar nicht ideal, weder in der Auffassung seiner Kunst, noch in seiner Erscheinung ... obwohl er die dünnen Beine, auf denen sein kugelrunder, kleiner Körper ruhte, gar flink bewegte und alleweil höchst eigenhändig die Geige dazu

spielte, während er uns Kindern vom Lande die verschiedenen Tänze einübte und dazu in schaudervollem Französisch kommandierte ...
Die »Nähet«, auf gut deutsch Nähschule genannt ... habe ich gründlich, wenngleich nicht mit besonderer Vorliebe durchgemacht ... Eine Witwe war es, Frau Schäfer ... die mit ihren Töchtern sich hier in gemeinsamer Tätigkeit nach schwerem Geschick wieder ein freundliches Heim geschaffen ... Die Schwestern teilten sich in die verschiedenen Arbeitszweige; die eine, eine Künstlerin, fertigte die Zeichnungen zu den Buntstickereien, die eben stark in Mode waren; die andere gab Anleitung zum Weißnähen, die dritte zum Zeichnen der Leinwand, zum Weißsticken ...
In der »Kleidernähet« bei Madame Freund in der Hauptstätterstraße da ging's etwas lauter und lustiger her ... Das Kleidermachen war dazumal keine so künstliche Sache wie heutzutage; ein mäßig gefaltetes Gewand, eine »schottische«, »griechische«, oder auch eine »Plustaille« war alles, was aus den einfachen Stoffen: Zitz, Kattun oder Gingham verfertigt wurde ...
Doch ich will eilig die Nähstube verlassen ... und nur geschwind noch einkehren in der Holzgasse, allwo ich bei Jungfer Nane Wenz das Fälteln und Feinbügeln erlernte. Sie war eine schöne, stattliche Bürgerstochter, die mit ihrer fleißigen Hand noch ihren Vater, ein altes schlotteriges Mannli, und ein müdegeschafftes Mütterlein ernährte. Die fein gefältelten Jabots, die mein Vater, wie andere Herren aus der alten Schule, dazumal noch trug, die haben mir viel Seufzer ausgepreßt ...
Obgleich nun, wie aus dieser Schilderung zu ersehen, die praktischen Studien in meiner Universitätszeit weit überwiegend waren, so sind Künste und Wissenschaften doch auch nicht völlig vernachlässigt worden. Die Wissenschaft war vertreten durch eine französische Stunde bei Mr. Parmentier, die ich mit einigen anderen jungen Mädchen teilte. Der Jüngling hatte etwas Düsteres und keine sehr lebensvolle Weise, uns seine Sprache beizubringen, in der er uns Stück für Stück Exempel aus Hirzels Grammatik übersetzen ließ ... Studien in der edlen Musika waren durch mein entschiedenes Nichttalent leider erspart; je und je eine Oper, ein Konzert im Museum ... Je und je benutzte ich eine freie Stunde, um Übungen im Zeichnen zu machen unter der Aufsicht einer jungen Malerin ... Sie war glücklich und sehr beliebt in Miniaturbildern auf Elfenbein, wie sie damals Mode waren ...
Unter die Vorteile unseres Kosthauses gehörte aber auch die »Einführung in gebildete Familien«, mit denen Frau von R. bekannt war, und die dann pflichtgetreu die Dame mit ihren »Kostjungfern« ein- oder einigemal zum Tee luden ... Am meisten unter diesen Einladungen beglückte mich die in das gastliche Haus Gustav Schwabs ... in dessen Dichtungen ich lange schon heimisch war ...
Als »Backfisch und Kostfräulein« war ich freilich nur eine Art von Gattungs-

wesen, das just nicht in ein persönliches Verhältnis zu der Familie trat... ich war glücklich, da zu sein und zuzuhören...

219, 55 ff.

STUTTGART, 1843 f.
Fächerkanon und Stundenverteilung an einer höheren Mädchenschule

Moralische Erzählungen: eine Stunde in Klasse I
Religiöse Gedächtnisübungen: fünf Stunden in den Klassen I–IV und VI
Biblische Geschichte: dreizehn Stunden in den Klassen I–VII
Bibelkunde: eine Stunde in Klasse VIII
Andachtsübung: vier Stunden in den Klassen V–VIII
Moral: eine Stunde in Klasse VIII
Kirchengeschichte: eine Stunde in Klasse VIII
Seelenlehre: eine Stunde in Klasse VIII
Insgesamt werden 27 Stunden auf religiöse Stoffe und moralische Zwecke verwandt.
Anschauungsunterricht: fünf Stunden in den Klassen I–II
Schreiblesen: drei Stunden in Klasse I
Lesen und Vortrag: dreizehneinhalb Stunden in den Klassen I–VI
Schönschreiben: dreizehn Stunden in den Klassen I–VI
Rechtschreiben: viereinhalb Stunden in den Klassen III–V
Deutsche Sprachlehre: vierzehn Stunden in den Klassen II–VII
Deutsche Schriftenkunde: zwei Stunden in Klasse VIII
Rechnen: sechzehn Stunden in den Klassen I–VIII
Geschichte: sieben Stunden in den Klassen V–VIII
Erdkunde: neuneinhalb Stunden in den Klassen IV–VIII
Naturgeschichte: siebeneinhalb Stunden in den Klassen VI–VIII
Naturlehre: drei Stunden in den Klassen VII–VIII
Französisch: siebenunddreißig Stunden in den Klassen I–VIII
Singen: zwölf Stunden in den Klassen III–VIII
Formenlehre, Zeichnen: dreizehn Stunden in den Klassen II–VIII
Tanzen: zehn Stunden in den Klassen II–VIII
Handarbeiten: siebenundvierzig Stunden in den Klassen I–VIII
Abgesehen vom Unterricht in den Fächern Rechnen, Geschichte, Erdkunde, Naturlehre/Naturgeschichte, vielleicht könnte man Französisch noch dazurechnen, verfolgt der Unterricht nur ästhetische, keine sachlichen Bildungs-

ziele. Die Mängel der wissenschaftlichen Bildung werden auch nicht durch die Vermittlung hauswirtschaftlicher oder andrer spezifisch ›weiblicher‹ Kenntnisse ausgeglichen.

Die Gesamtstundenzahl beträgt 244; in den Klassen I–II werden je 26, in den restlichen je 32 Wochenstunden im Vor- und Nachmittagsunterricht erteilt.

84, 106

OLDENBURG, UM 1844
Die Theorie der Handarbeit

Es gehörte zu den allgemein geglaubten Theorien, daß man kleine Mädchen gar nicht früh genug an die Handarbeit herankriegen könne, und zwar aus ethischen Gründen. Eine Theorie, die die preußischen Lehrpläne später unter der Ägide des Geheimrats Karl Schneider in den weisen Satz verarbeiteten: »Die erziehliche Aufgabe des Handarbeitsunterrichts liegt in der Pflege weiblicher Sorgfalt, Sauberkeit und geduldigen umsichtigen Fleißes bei der Herstellung bescheidener Arbeiten.«

Und so wurden mir denn eines Tages zwei hübsche, mir sehr in die Augen stechende Taschentücher in die Hand gegeben, das eine durch feine rote, das andre durch blaue Streifen in saubere Vierecke geteilt. Sie waren für die Brüder bestimmt, und die Schwester – ich kann höchstens sechs Jahre gewesen sein – sollte sie säumen. Ob man sich wohl eine Vorstellung davon macht, was es heißt, wenn so ein kleines Mädchen vor einem zugemessenen Stück Saum sitzt, das es mit immer schwärzer werdendem Faden allmählich zu schließen sucht, und dabei draußen die Sonne scheinen sieht und die Jungen toben hört? Es war so ein dumpfes Gefühl von »der Frauen Zustand ist beklagenswert«, das einen erfüllte. Gewiß, ich hatte gehört, daß Stine Schubert nachmittags sechs- oder gar achtmal »herumstricken« mußte, und ich bewunderte, wie sie das Leben ertrug; aber da waren sie zu dreien und strickten um die Wette, da war wenigstens ein Sport dabei. Aber so allein – Und wenn man lange Stiche machte, half es einem auch nichts, dann wurde unbarmherzig wieder aufgetrennt. Auch das Stricken wurde mir frühzeitig beigebracht; bei einer gelegentlichen Abwesenheit schreibt meine Mutter: »Daß Helene sich ja in acht nimmt, wenn sie strickt, sie könnte Theodor stechen.«

115, 24

Tübingen, 1867
Unnatürliche Lateinkenntnis bei einem Mädchen

Mein Latein war unterdessen da liegen geblieben, wo der allzu gewissenhafte Haierle es gelassen hatte. Nun erbot sich Ernst Mohl als angehender Philologe, den Unterricht wieder aufzunehmen. Es war auch eine Eigentümlichkeit jener Tage, daß all die jungen Menschenkinder sich immer gegenseitig aus Freundschaft unterrichteten ... Die Mama war entzückt von diesem Vorschlag, aber das Töchterlein keineswegs. Ich bildete mir nämlich ein, daß einzig das Lateinische, das damals bei Mädchen für eine Unnatur galt, an meinem Mißverhältnis zur Welt schuld sei. Zudem war mir das Römervolk mit seiner starren, nüchternen Vernünftigkeit und seiner grausamen Zweckmäßigkeit unerfreulich, somit liebte ich auch ihre Sprache nicht, deren schöne Treffsicherheit und durchsichtige Klarheit ich noch nicht würdigen konnte. Und gar auf ihre Literatur, die mir lauter Flickwerk schien, sah ich von der Höhe meines Homer tief herunter. Um dieses Volkes, um dieser Sprache willen sollte ich mich von den Buben mit Steinen werfen und von den Mädchen verklatschen lassen! Wären es noch die Griechen gewesen! Die ganze Kinderei meiner jetzt vierzehn Jahre kam über mich, und es gab für meine aufgeregte Einbildung keine Grenzen mehr. Das Latein war der Vampyr, der mir am Leben fraß! Die Römer hatten nur in der Welt herumgesiegt und Geschichte geschrieben, damit ich in Tübingen ein unglücklicher Mensch würde! Und der Freund, der sich mir zugeschworen hatte, gab sich zum Helfershelfer her! Es war gräßlich. Ich versteckte mich auf dem Speicher ... Aber als Mama auf der Suche nach mir den Speicher heraufgestürmt kam, da verriet mich ... ein Schopf, der ... hervorglänzte, und ich wurde an den Zöpfen die Treppe hinabgezerrt. Ich schluchzte und grollte in mich hinein und nahm erst vor der Tür wieder Haltung an, aber eine ungnädige. Doch der junge Lehrer verstand es, mir des Tacitus Germania so schmackhaft zu machen, daß ich schon auf der ersten Seite meinen Unmut fahren ließ. Ich fühlte mich auch als Deutsche geschmeichelt, daß mir der alte Römer über meine Vorfahren so viel Verbindliches zu sagen hatte ... Ich übersetzte die ganze Germania, schrieb sie schön ins reine und überreichte sie meiner Mutter, die nun wieder ganz mit mir zufrieden war ... Und zur Belohnung führte mich Mama auf den ersten Ball nach Niedernau ...
Man denke sich ein bescheidenes, lieblich ernstes Schwarzwaldtal ... daselbst ein anspruchsloses Kurhaus mit einem großen Tanzsaal, der an sich kein Schaustück war, der sich aber zur Sommerzeit an den Nachmittagsstunden der Sonn- und Donnerstage in ein Stück Jugendparadies verwandelte. Junge Mädchen in den duftigen Sommerkleidern damaliger Mode aus Mull oder Jakonet, die den Trägerinnen das Ansehen von Wiesenblumen gaben, Studenten in Couleur, ge-

duldige Mütter an den Wänden, Geigenschrillen, Tanzgewirbel; niemand fragte danach, wie hoch das Thermometer stand. Der Kotillon ging meist in ein förmliches Rasen aus, denn bei der Überzahl der Herren mußten viele ohne Tänzerinnen bleiben und hielten sich dann beim Kehraus schadlos. Jeder Tänzer hing seiner Dame einen Mooskranz um den Arm, und an der Zahl der Kränze sah man, wie oft sie aus der Tour geholt worden war. Die heimgeschleppten Kränze hing man dann zu Hause als Trophäen auf.

114, 143 f.

Berlin, um 1885
Das Verlangen nach eigentlicher Arbeit

Ich war nahezu siebzehn Jahr, also sozusagen erwachsen, als ich aus der Pension ins Elternhaus zurückkehrte. Der Konfirmandenunterricht, der noch ein halbes Jahr dauerte, war schön; aber er konnte mich nicht ausfüllen. Im Haushalt, in dem ich mich nun beschäftigen sollte, waren außer der noch rüstigen, immer fleißigen Mutter zwei ältere Schwestern und drei Hausmädchen tätig. Die winzigen Pflichten, die mir oblagen, trugen keine Verantwortung in sich, also keine Freude am Gelingen. Die eigentliche Arbeit machten andere ... So fehlte jede Befriedigung; man war sich selbst und anderen zur Last. Was sollte ich da? Was sollte überhaupt aus mir werden? – Ich habe später oft gesagt, ich habe ein Jahr lang Staub gewischt und Rosinen abgestielt ... Es ist schwer, den heute heranwachsenden Mädchen einen Begriff zu geben, von der trostlosen Öde eines solchen Daseins ... Ohne irgend jemand etwas zu sagen, entschloß ich mich eines Tages, in das Arbeitszimmer des Vaters zu gehen. Da hatte man sonst nur mit einem Schulzeugnis in der Hand gestanden, das waren peinliche Erinnerungen. So war mir doch etwas beklommen zumute. Aber alles eher, als dieses Leben fortsetzen. Der Vater hatte ja schließlich den Wunsch, den ich auszusprechen gedachte, meiner um vierzehn Jahre älteren Schwester gewährt, obwohl sie als Älteste von dreizehn, zeitweise vierzehn Geschwistern, von denen die nächste Schwester um vier Jahre jünger und überaus zart war, wahrlich ein gerütteltes Maß von Arbeit und Pflichten gehabt hätte. Von ihr war nur das Versprechen verlangt worden, daß sie der Mutter weiterhin helfen und daß man erst in den letzten Monaten vor dem Abschluß von ihren eigenen Interessen etwas merken würde. Diese Notwendigkeit lag bei mir nicht vor. Immerhin klopfte mir das Herz gewaltig, als ich in das Zimmer trat und meine Bitte vortrug, in das Seminar gehen und Lehrerin werden zu dürfen. Ohne jedes Bedenken stimmte der Vater zu; ja, er begrüßte meinen Entschluß als eine Erleichterung seiner wirtschaftlichen Lage, denn er sei nicht imstande, seine fünf unversorgten Töchter sicherzustellen. Ich war überrascht und sehr glücklich. Recht anders beurteilten freilich meine Brüder und der größere Teil des Bekanntenkreises – von anderen gar nicht zu reden – meinen Plan. Ein Mädchen solle heiraten, das sei ihr einziger Beruf, alles andere sei Torheit.

138, 79 f.

8. Kapitel

8.1. Wer nicht dazugehört

Kommentar
Antwerpen usw., 1514ff.   Geburt und Wesen von zweien meiner fünf ledigen Kinder
Berneck, 1724   Verfahren gegen Zigeunerinnen und ihre Kinder
Wien, 1783   Ein Erziehungsversuch mit Zigeunerkindern
Wülferode, 1785   Die Zunftfähigkeit
Weimar, 1801   Die Legitimation eines natürlichen Sohnes
Datschitz, um 1805   Ungute Erinnerungen an einige Knabenstreiche
Deutsche Staaten, 1815 ff.   Wie viele Kinder werden unehelich geboren?
Königsberg, 1819   Hochmut als Schild und Waffe des Unterdrückten
Horb, um 1820   Überfall auf einen Judenjungen
Dresden 1824 ff.   Der erste Jude auf der Kreuzschule

Immer wieder wurde Juden unterstellt, sie fingen Christenkinder, weil sie deren Blut zu rituellen Zwecken benötigten. Das berühmteste dieser Kinder ist wohl Simon von Trient, dessen angebliche Ermordung durch Juden im Jahr 1476 immer wieder dargestellt wurde. Frankfurter Spottbild auf die Juden mit seiner Leiche aus dem 17. Jahrhundert. Aus: E. Diederichs, Deutsches Leben der Vergangenheit in Bildern, Bd. 2. Jena 1908

Kommentar

Von gesellschaftlichem Ausschluß, Diskriminierung und rechtlicher Minderstellung waren sehr unterschiedliche Gruppen betroffen. Einmal die unehelich geborenen oder auch nur vor der Eheschließung der Eltern gezeugten Kinder, deren Lebenschancen sich seit dem Ausgang des Mittelalters kontinuierlich verschlechtern.
In seiner Familienchronik berichtet Burkhart Zink (1396–1474) ganz unbefangen vom Schicksal zweier Kinder, die er im Konkubinat gezeugt hat. Der Junge wird zur Schule und in eine Lehre geschickt; das Mädchen stirbt früh und wird begraben – allerdings schon dort, wo andere »elende« Kinder liegen. Nichts dagegen erfahren wir aus der Autobiographie von Gustav Parthey (1798–1872) über die Eltern von »Fritz«, der plötzlich den Nicolai-Partheyschen Haushalt vermehrt und viele Jahre lang sein Schul- und Spielgenosse ist. Zwei Dinge tragen zur Diskriminierung der unehelichen Kinder bei, ohne sie ganz zu erklären: Zum einen der ökonomische Druck, zum andern die Reform der Moral durch den Protestantismus. Das zünftige Handwerk schloß unehelich Geborene als Lehrlinge aus. Gelegentlich geht man, wie in Dresden, sogar so weit, den Nachweis nicht nur der eigenen ehelichen Geburt, sondern auch den der Eltern und der vier Großeltern vom aufzunehmenden Lehrling zu verlangen. Bestraft wurde also nicht nur die uneheliche Mutter – durch Kirchenstrafen, Prangerstehen, Verweisung aus der Stadt auf Dauer oder zeitlich begrenzt, der Vater, wenn man seiner habhaft werden konnte, sondern auch das Kind. In einem Berliner Kirchenbuch aus der Zeit des Dreißigjährigen Krieges findet sich neben dem Geburtseintrag eines solchen Kindes der fromme Fluch »Strafe, o Gott, die Hurenbälge und verschon aller, so Mißgefallen daran tragen«. Nicht nur die Lebens-, schon die Überlebenschancen solcher Kinder sind naturgemäß sehr gering, woraus sich erklärt, warum so selten von ihnen gesprochen wird, geschweige, daß sie sich selbst zu Wort melden.
In einer Gesellschaft, die Menschen ohne Ansehen der Person, nur nach ihrer

---

Zwei Träume vom friedlichen Nebeneinander der jüdischen und der christlichen Traditionen, wie sie Anfang des 19. Jahrhunderts Wirklichkeit zu werden schienen. Zwei christliche Schuljungen beobachten das Laubhüttenfest; der Hausierer verläßt mit seinem kleinen Sohn sein Zuhause, um über die Dörfer zu ziehen. Aus: M. Oppenheim (1800–1882), Bilder aus dem altjüdischen Familienleben. Hg. von E. Levy. Berlin 1913

Herkunft klassifiziert und entsprechend behandelt, haben natürlich auch die zahlreichen Kinder aus der kriminalisierten Unterschicht keine Chance, den Teufelskreis von Ächtung, Armut, Not und Verbrechen zu verlassen. Der 11jährige Hans Pappenheimer wird Anfang des 17. Jahrhunderts in München mit seiner ganzen landfahrenden Familie hingerichtet. Der im Gefängnis geborene Sohn des »Sonnenwirtle« und seiner Komplizin Christina Schettinger wird zwar 1760 nicht getötet, sondern auf Staatskosten erhalten – bis er, nunmehr neun Jahre alt, dem Zuchthaus Ludwigsburg überantwortet werden kann. Für das 19. Jahrhundert ist in dem Roman *Das Gemeindekind* von Marie Ebner-Eschenbach (zuerst 1887) eine soziologisch und psychologisch gleichermaßen präzise Schilderung der Ausgrenzung eines solchen Kindes gegeben.

Im Rückblick auf jene Gesellschaftszustände imponiert weniger, als nostalgischem Konservatismus lieb sein kann, die Kraft zur Integration als der Zwang zur Aus- und Abgrenzung. Warum unterschied man zwischen ehrlichen und unehrlichen Gewerben? Zu den letzteren zählte ja nicht nur der Henker, Schinder und Abdecker, öfter der Totengräber, sondern auch der Schäfer, Barbier, der Leineweber, der Müller, Zöllner und (regionale Unterschiede sind auch hier zu beachten) viele andere für das Gemeinwesen und die Ökonomie wichtige Berufe. Selbst plausible Begründungen sind prinzipiell als Rationalisierungen undurchschauter Zwänge zu betrachten.

Der aufgeklärte absolutistische Staat unternimmt es immer wieder, gegen solche Ausgrenzungen Gesetze zu erlassen, hat aber erst Erfolg, als das Handwerk an Bedeutung verliert und der erstarkende Kapitalismus auch sonst die Unterschiede von Herkommen, Geburt und Religion nivelliert. Allerdings erwartet die Gesellschaft (nicht der Staat) im 19. Jahrhundert von den Juden, daß sie ihre Integration mit der Preisgabe ihrer kulturellen und religiösen Identität bezahlen. Es gibt zu denken, daß die Söhne und Enkel von Moses Mendelssohn (1729–86), mehr oder weniger überzeugt, zum Christentum übertreten. Daß es schließlich doch nur auf das moralische Verhalten des einzelnen und den Glauben an den einen Gott ankäme, gibt Abraham Mendelssohn seiner Tochter Fanny zur Konfirmation entschuldigend zu bedenken. Unzählige jüdische Kinder mußten sich in einer Nebellandschaft zurechtfinden, in die sie mit dem Auftrag sich anzupassen von vorausschauenden Eltern geschickt werden. Das Piesacken der Juden oder der jüdischen Mitschüler gehört lange zum Sport der christlichen Kindermehrheit – woran sich selbst ein Liberaler wie Otto von Corvin (1812–1886) erinnert.

Als Menschenexperimente angelegt waren die Versuche Maria Theresias und Josephs II., aus Zigeunern, vor allem ihren Kindern, noch Menschen zu machen. Daß man sie ihren Eltern wegnehmen durfte, verstand sich in einer Zeit von selbst, in der alle Zigeuner vogelfrei und bei dem mindesten Verdacht ermordet werden konnten. Vereinzelt sind auch Fälle überliefert, wo Judenkinder christlich errettet werden sollten. Der Mainzer Erzbischof erließ 1784 eine Anordnung, wonach zu Hilfe gerufene christliche Hebammen jüdische Kinder, die zu sterben drohten, taufen sollten. Überlebte das Kind, dann hätte man daraus das Recht und die Pflicht abzuleiten, es im Alter von fünf Jahren den Eltern wegzunehmen.

Die Zahl der Kinder, die nicht »dazu gehören«, ist gewiß sehr groß. Von ihren Überlebenskünsten ist – jüdische Kinder bilden hier eine Ausnahme – wenig überliefert. Zeitungsmeldungen, Gerichtsurteile und Randbemerkungen werfen nur Schlaglichter, an denen sich eine sympathetische Phantasie entzünden muß.

LITERATUR

J. Glenzdorf/F. Treichel, Henker, Schinder und arme Sünder, Bd. 1–2, Bad Münder a. Deister 1970

K. S. Kramer, Ehrliche/Unehrliche Gewerbe. In: A. Erler/E. Kaufmann, Hg.: Handwörterbuch der deutschen Rechtsgeschichte, Bd. 1, Berlin 1971

C. Küther, Räuber und Gauner in Deutschland: das organisierte Bandenwesen im 18. und frühen 19. Jahrhundert, Göttingen 1976

M. Kunze, Der Prozeß Pappenheimer, Ebelsbach 1981 (veränderte Ausgabe u. d. T. Straße ins Feuer. Vom Leben und Sterben in der Zeit des Hexenwahns, München 1982)

J. S. Hohmann, Geschichte der Zigeunerverfolgung in Deutschland, Frankfurt/M. 1982

Antwerpen usw., 1514 ff.
Geburt und Wesen von zweien meiner fünf ledigen Kinder

Anno domini 4. August 1514, morgens um 7 Uhr, genas vorgemeldete Margret von der Borcht eines Sohnes. Gab sie mir, ließ ich zu Antwerpen Jakob heißen. Waren meine Gevattern: Peter Berstraß, Jakob Greneberg. Nach vielen unbilligen bösen Sachen und jämmerlichem Verderben, die die Mutter an ihm getan hat, ward er ihr gestohlen ... Kam er her (nach Augsburg) anno domini 15. April 1528. Behielt ihn bis 17. August, dann tat ich ihn zu Herrn Hans Schmid in die Kost bis 17. März 1530. Dann hab ich ihn nach Ulm zum Magister Lambrecht Bongartner in die Kost zum Lernen getan. Am 21. September kam er her, und anno domini 14. Oktober 1530 hab ich ihn Jerg Uttinger nach Venedig gesandt. Der hat ihn auf viele und hohe Bitte gehalten bis 3. Oktober 1531. Dann hat ihn mein Schwager nach Treviso geführt, zu einem guten Herrn getan; dabei ist er aber nicht lange geblieben, in wenig Zeit hat er sich selbst hin und her verdingt, 10 oder 12 Herren dort gehabt, wie ich berichtet bin. Am 6. August 1532 hat ihn Bastian Polner wieder nach Venedig genommen (ob ihm vor dem völligen Verderben zu helfen wäre). Zwei Monate war er in die Kost getan zu dem berühmtesten Schulmagister, um Rechnen und Buchhalten zu lernen. Habe ihm alle Monate 5 Dukaten gezahlt.
Anno domini 9. Februar 1533 haben sie ihn mir hergesandt auf dem Botenwagen, ist erst am 11. März hergekommen. Am 19. schickte ich ihn nach Ulm, Mainz und weiter hinab. Er ist erst am 25. April zu Antonio von Bomberga, frech und kostbar gekleidet gekommen und hat gleich zu Anfang auf dessen Reden und Fragen trotzige, stolze, unwahrhafte Bescheid und Antwort gegeben. Als das (und keine Änderung, noch Hoffnung zur Besserung) Antonio von Bomberga gesehen, hat er ihm nicht trauen und glauben, und ihn nicht in sein Haus nehmen wollen, mir aber der Länge nach geschrieben. ... (Jetzt) habe ich befohlen, daß man ihm auf meine Kosten dazu verhelfe, daß er ein Handwerk lerne. Man solle ihn das wählen lassen, wozu er mehr Willen habe. Also hat er das Kistler- oder Schreinwerker-Handwerk vor allen anderen erwählt. Dazu haben ihm meine Diener in Antwerpen anno domini September 1533 zu einem guten Meister verholfen. Bei dem hat er sich halsstarrig, trotzig, aufs übelste verhalten, ist ihm Ende Juni 1534 weggelaufen, war bockig, stolz, eigenwillig, wollte nicht mehr zu ihm zurück, doch habe ich noch einen großen Teil des Lehrgelds zahlen müssen. In Summa, er hat sich allenthalben und allewege aufs übelste in allem ungehorsam verhalten, und mich, seit er seiner Mutter genommen oder gestohlen wurde, über 260 fl. gekostet. Deshalb mache ich das Kreuz über ihm, ihn Gott befehlend.
Anno domini 9. September 1516 zwischen 3 und 4 Uhr abends, genas vorge-

nannte Margret ... eines Mädchens. Nahm ich für meins, und ließ es Anna heißen. Waren Gevatter: Jan Gabriel Bongarti, Erasmus Schetz, Rey von Osts Weib. Ließ sie von Dorothea, Herrn Francisco de Taris, des Postmeisters Witwe aufziehen. Die führte sie am 4. Juni mit sich über Mecheln, Brüssel, Köln auf die Frankfurter Messe. Kam dann zu mir nach Ulm, wohin ich mit allem meinem Hausgesinde vor dem großen Sterben geflohen war, 29. September 1521.
Führte sie hernach her (nach Augsburg); sie hielt sich für und für geschickt und wohl. Ließ sie lesen und schreiben lernen. Ward im 152?. Jahr meine Beschließerin und immer gesund. Schickte sie im August 1532 und im September 1534 ins Krumbad mit ehrlicher Leute Kinder, wegen jungfräulicher Bleichsucht. Dagegen half das letzte Baden gut. – Solche zwei Badekuren haben 10 ½ fl. gekostet. Sie hat mich sonst bei fl. 40 und nicht mehr gekostet. Womit ich sie hier gekleidet habe, das hat sie ungefähr wohl verdient.

171, Bd. 4, 194 f.

Berneck, 1724
Verfahren gegen Zigeunerinnen und ihre Kinder

Am jüngsten Mittwoch den 9. dieses (Augustes), vormittags, ist die Exekution an dem Zigeuner-Raubgesindel zu Berneck, welches lauter Weiber, und 16 an der Zahl waren, vollzogen worden; und wurde eine nach der andern an die Bäume gehangen; sie waren der Meinung, es wäre kein Ernst, daß sie sterben sollten, da man aber zwei bis drei aufgehangen, schrien sie entsetzlich, hernach aber achteten sie es nicht, sondern rauchten Tabak, und wollten sich auch nicht bekehren, wiesen mithin die Herren Geistlichen von sich hinweg. Eine hatte sechs Kinder, und eine war erst vor 6 Wochen in das Kindbett kommen, noch eine aber war nur 14 Jahre alt, und hatte schon 2 Kinder; eine war noch ledig, und eine alte von 96 wollte sich gar nicht zum Sterben bequemen, und wurde zum letzten aufgehangen. Ihre Kinder haben des Herrn Markgrafen Hochfürstliche Durchlaucht in die benachbarten Städtlein zum Auferziehen verteilen lassen.

22, Bd. 2, 124

Wien, 1783
Ein Erziehungsversuch mit Zigeunerkindern

Seine Majestät der Kaiser haben 13 Zigeunerkinder aus Ungarn hierher bringen lassen, an welchen ein Erziehungsversuch gemacht werden soll. Diese wohlgebildeten Menschenkinder sind bis jetzt im Augarten einquartiert, wo sie der Monarch öfters sieht und mit ihnen liebreich spricht. Sie haben alle einen recht gesunden Appetit, der nicht unbefriedigt bleibt.

22, Bd. 3, 330

Wülferode, 1785
Die Zunftfähigkeit

Da ich gestern ... die Feder wegtat, wußte ich nicht, daß in der Stube unter mir eine Person mit Angst und Schmerzen rang ... Diese Person ist die Wirtin in der Schenkstube. Sie hat zuerst bei Göckingk seiner Frau als Köchin gedient, ist hierher als Schenkerin gesetzt und von einem Handwerksgesellen zu einem vertraulichen Umgang verführt worden. Sobald ihr Zustand sich merklich veränderte, wurde sie mit der hier im Hannöverschen üblichen zu zahlenden Strafsumme von 6 Reichstaler belegt. Ihr Liebhaber, der so arm als eine Kirchenratte, war dennoch willig und bereit, sie zu heiraten und zwar noch vor der Niederkunft, damit das Kind, wenn es ein Sohn wäre, zunftfähig würde. Das Konsistorium machte aber noch mancherlei Weitläufigkeiten, welche denn ihre Hochzeit bis heute aussetzten. Die Braut, welche mit etwas Einfalt eine große Gutwilligkeit und ein fröhliches Herz verbindet, bittet gestern, ob sie gleich sehr arm ist, doch eine Anzahl guter Bekannten zu ihrer heutigen Hochzeit. Heute morgen ganz früh liegt sie aber in Kindesnöten. Der Bräutigam, welcher Cramer heißt, will sie dessen ungeachtet auf einem Schlitten in die nächste Kirche schleppen, damit nur ja das Kind zunftfähig bleibe. Unsere getreue Marie, ein sehr gutes Mädchen und gute Freundin von der Braut, kam früh bei mir guten Rat holen. Ich fragte, ob der nächste Prediger denn nicht ins Haus zur Trauung kommen könnte. Ei, das koste 10 Reichstaler Strafe an das Konsistorium. Ich ging mit der ganzen Geschichte zu Elisen, und sie tat, was sie immer bei ihrer Nebenmenschen Leiden tut: sie leistete tätige Hilfe. Der tiefbetrübte Bräutigam wurde hereingerufen, ihm die 10 Reichstaler geschenkt, und er flog wie der Wind und holte den nächsten Prediger nebst Kantor. Die Trauung wurde in der Geschwindigkeit vollzogen und sogleich die Lasten oder die Strafe des Apfelbisses getragen. Die Strafe, sage ich mit gutem Bedacht, denn die Schmerzen der armen

Person haben heut den ganzen Tag gewährt, und noch jetzt, da es bald Mitternacht ist, liegt sie und erwartet ihre Niederkunft mit Angst... Den Augenblick bringt Mariechen die Nachricht von der glücklichen Entbindung der jungen Frau mit einem Töchterchen.

168, 226 ff.

Weimar, 1801
Die Legitimation eines natürlichen Sohnes

Goethe an Herzog Karl August:
Ew. p. haben zu meiner unverlöschlichen Dankbarkeit mir so manche Gnadenbezeigung wiederfahren lassen, daß ich in der stärksten Überzeugung dieser huldvollen Gesinnungen es wagen darf, Höchstdero Menschenliebe zu einem besondern Falle ehrfurchtsvoll anzurufen. Ich habe einen natürlichen Sohn, August, dessen Wohlfahrt ich auch in Ansehung seiner bürgerlichen Existenz auf die Zukunft gern sichern möchte. In dieser Betrachtung halte ich mich sogar verpflichtet, Ew. p. hierdurch untertänigst zu bitten, denselben propter natales mit einem Legitimations-Dekret zu begnadigen. Höchstdieselben werden dadurch eines jungen Menschen Glück auf die Zukunft bestätigen, und die tiefste Dankbarkeit von neuem beleben, in welcher ich mich ehrerbietigst unterschreibe...
Herzog Karl August an Goethe:
... Verkünden und bekennen hiermit: Demnach Uns der Veste, Johann Wolfgang von Goethe, Unser Geheimer Rat, allhier, untertänigst bittend angelanget, daß Wir seinen natürlichen Sohn, August, per Rescriptum zu legitimieren in Gnaden geruhen möchten und wir, durch Erteilung der legitimationis plenae, diesem Suchen zu willfahren Uns entschlossen und daher benannten von Goethischen Sohne nicht nur das Gebrechen seiner Geburt aus Landesfürstlicher Macht und Gewalt entnommen und denselben in den Stand ehelich erzeugter Kinder, auf die beständigste Weise als solches geschehen kann und Kraft hat, gesetzt, sondern ihm auch das ius successionis ab intestato in das väterliche Vermögen zugestanden haben; als verordnen und wollen wir aus Landesherrlicher Macht, daß selbigem seine außereheliche Geburt von niemand zu einiger Verkleinerung und Nachteil oder sonstiger Behinderung vorgerückt werden solle, bei Vermeidung ernsten Einsehens und unnachbleiblicher schweren Strafe...

190, 215 f.

Datschitz, um 1805
Ungute Erinnerungen an einige Knabenstreiche

Während eines Festtages der Juden schlich ich mich in ihre Synagoge, um ihrem Gottesdienst zuzusehen, von dem ich allerhand tolles Zeug hatte erzählen hören. Ich hatte mir fest vorgenommen, mich ernst zu verhalten. Allein kaum ging der heillose Lärm, das Durcheinanderschreien, Kreischen, Singen, Wackeln, Kopfschütteln usw. an, da konnte ich mich nicht mehr halten und begann so unmäßig zu lachen, daß dadurch alles auf mich aufmerksam wurde. Da trat der Judenschulmeister zu mir, mit einem ungeheuren Schabesdeckel bedeckt, und gebot mir Ruhe und Fortgehen; sein Anblick vermehrte aber mein Lachen, und trotzig erklärte ich, daß ich bleiben wolle. Da faßte er mich am Kragen und mit ein paar tüchtigen Ohrfeigen warf er mich zur Tempeltüre hinaus. Das und vielleicht noch mehr hatte ich wohl verdient. Diese Züchtigung kränkte mich aber unendlich; sie ward bald allgemein bekannt und zog mir nicht allein eine tüchtige Strafe vom Vater, sondern auch (was mich noch mehr ärgerte) den Spott meiner Mitschüler zu. Ich lechzte nach Rache. Mit ein paar meiner vertrauten Kameraden verabredete ich einen Racheplan, den ich auch bald darauf, an einem großen Festtage der Juden, während sie fast alle in der Synagoge im Singen und Schreien begriffen waren, ausführte.

Wir fingen ein mäßig ausgewachsenes Schweinchen, beschmierten es über und über mit Unrat, steckten es in einen Sack und schlichen uns, im Gesicht geschwärzt, unvermerkt bis an die nur leicht angelehnte Türe der Synagoge; dort öffneten wir den Sack, legten dem Tiere an ein Ohr eine hölzerne Klemme an und schoben es rasch durch die Türe zum Tempel hinein. Natürlich schrie das Tier unbändig vor Schmerz und lief wie wütend zwischen Stühlen, Bänken und Beinen herum ... an einem Festtage darf der Jude nichts Unreines berühren, das wußte ich, und daß sich das Tierchen so leicht wieder werde herausjagen lassen, mußte ich bezweifeln ...

Das Zetergeschrei über diese Verunreinigung des Tempels war fürchterlich; die Sache wurde selbst beim Magistrat anhängig, allein ohne Erfolg ...

Einen Judenjungen taufte ich einst in optima forma mit mehreren meiner Schulkameraden, unter denen auch ein Sohn des nahe bei meinem Vaterhause wohnenden Stadtjuden und Branntweinbrenners Hirschel war. Der Junge konnte nicht schwimmen und hielt sich daher an einem seichten Platze des Flusses auf, während wir uns an tiefen Stellen, wo der Strom, von einer Mühle kommend, reißend und deshalb zum Schwimmen tauglicher war, ergötzten. Mich plagt der Satan und ich mache meinen Kameraden den Vorschlag, den Juden, wenngleich nicht im Jordan, doch im Tajaflusse zu taufen; jubelnd stimmen sie ein. Einige der stärksten von uns plätschern allmählich an ihn heran und ehe er es sich versieht, haben wir ihn gefaßt, schleppen ihn alles Sträubens ungeachtet zu der tiefen Stelle hin und drohen ihm, ihn hier dem reißenden Strome zu überlassen, wenn er sich nicht taufen ließe. Seinen gewissen Untergang konnte er bestimmt voraussehen, wenn wir die Drohung erfüllten. Da er nun sah, daß wir ihm überlegen waren und daß weder Bitten noch Drohen oder Hilferufen etwas half, ergab er sich in sein Schicksal, und während ihn zwei Jungen schwimmend über dem Wasser hielten, goß ich mit der hohlen Hand Wasser auf seinen Kopf und taufte ihn nach allen Regeln Jakobus.

Die Sache erregte großes Aufsehen. Der Vater des Jungen verklagte mich vor Gericht, wo man den Actus anfänglich ernst nahm und ernstlich darüber deliberierte, ob die gezwungene Taufe gültig sei; endlich lachte man darüber, betrachtete es als leichtsinnigen Streich, und ich kam mit einem derben Wischer davon. Nicht so aber dachte der Pater Guardian, der Franziskaner; dieser lobte mich im Gegenteil wegen meines Religionseifers und behauptete, die Taufe sei gültig. Lange Zeit gab dieser Vorfall Stoff zur Unterhaltung, wurde aber nachher vergessen. Der Junge blieb trotz der Taufe ein Jude.

Durch häufigen Umgang mit Juden und den oftmaligen Besuchen in den Penetralen ihrer Wohnungen hatte ich eine solche Fertigkeit in ihrer Art von Sprache, Gebärden und Benehmen erlangt, daß ich gegen einen, der mich nicht als Christ kannte, wohl als Jude mich behaupten konnte. Zum Ergötzen meiner Spielkameraden und selbst erwachsener Personen hielt ich denn oft am Feierabend öffentliche Deklamatorien und mimisch-plastische Vorstellungen im jüdischen Stil. Dafür arbeitete mich einst ein reicher, erwachsener Judensohn, ebenfalls Branntweinbrenner und Kornwucherer, insgeheim tüchtig durch.

107, 52 ff.

DEUTSCHE STAATEN, 1815 ff.
Wie viele Kinder werden unehelich geboren?

1. Großherzogtum Baden
1833 (vorher liegen keine Zahlen vor) werden 6618, das sind 13,9 % aller Geborenen, unehelich geboren. Dieser Prozentsatz steigt bis auf 17,3 % im Jahre 1859, um dann langsam abzunehmen. 1870 beträgt er noch 11,6 %; 1875 nur noch 7,6 %, und das sind 4803 Kinder.

2. Königreich Sachsen
1827 werden 7132 Kinder, das sind 11,9 % unehelich geboren. Der Prozentsatz

steigt bis auf 16% im Jahre 1858. Langsam nimmt er ab und beträgt 1870 noch 13,9%, 1875 noch 12,7%.

3. Königreich Bayern mit Pfalz
1826 werden 20,5% aller Kinder, das sind 28 544, unehelich geboren. 1859 ist der Prozentsatz auf 23,6% gestiegen. 1870 beträgt er noch 16,4%, 1875 nur noch 12,6%. Das waren 27 315 Kinder.

4. Königreich Preußen / Provinz Brandenburg mit Berlin
1841 werden 6544 Kinder, das sind 9,4% unehelich geboren. 1866 sind es 12%, also 12 597 Kinder, 1875 immer noch 11%, und das waren 14 505 Kinder.

5. Königreich Preußen / Provinz Westfalen
1841 werden 3,8%, das sind 1973 Kinder unehelich geboren. Der Prozentsatz verändert sich so gut wie gar nicht. 1869 unter 3% und beträgt 1875 2,6%, das waren 2168 Kinder.

6. Fürstentümer Waldeck und Pyrmont
397 Kinder, das sind 19,2% werden 1841 unehelich geboren. Der Prozentsatz steigt auf 22,2% in den Jahren 1846 und 1849. Dann sinkt er auf 9,6% im Jahr 1870, im Jahr 1875 sogar auf 7,9%. Das waren noch 155 Kinder.

7. Freie und Hansestadt Lübeck
1815 werden 14,3%, das sind 116 Kinder, unehelich geboren. Ihr Anteil steigt bis auf 21% im Jahre 1822, sinkt dann bis auf 10,4% im Jahr 1845; erhöht sich dann wieder bis auf 15,9% im Jahr 1854. Das waren 198 Kinder. Seit 1866 nimmt der Anteil der unehelich Geborenen definitiv ab und sinkt auf 8% im Jahre 1875; das waren 156 Kinder.

105, 40; 52; 64; 202; 208; 244; 256

Königsberg, 1819
Hochmut als Schild und Waffe des Unterdrückten

Stärker noch (als die Nachrichten von Kotzebues Ermordung durch Sand) wirkte die Judenverfolgung auf mich ein. Je älter ich geworden war, je mehr hatte ich es gemerkt, wie sorgfältig die Meinen, die Eltern und alle ihre Verwandten, es vermieden davon zu sprechen, daß wir Juden wären. Einzelne, fremdklingende Worte, von denen ich wußte, daß es jüdische waren, wurden zwi-

schen ihnen hie und da einmal als Verständigung gebraucht, wenn man uns Kindern eine Mitwisserschaft entziehen wollte, aber man sah es nicht gern, wenn wir diese Worte gehört hatten; in Gegenwart der Dienstboten oder fremder Personen bediente man sich ihrer nie, und allen den darauf bezüglichen Fragen wich man jetzt wie früher aus. In der Schule hingegen wurde es mir immer fühlbarer gemacht, daß ich nicht der Allgemeinheit angehörte.
Der Religionslehrer der obern Klassen ... hatte mir, als ich etwa sieben Jahre alt war, und man mich bei einer Prüfung belobt hatte, einmal in Gegenwart der andern Kinder die Hände auf den Kopf gelegt, und mich dabei »du fromme Tochter Israels!« genannt, was mich und meine Mitschülerinnen lachen machte, weil es von uns in direkte Verbindung mit dem Erzvater gebracht wurde, und uns also höchst komisch erschien. Aber Kinder, und namentlich kleine Mädchen, sind neugierig wie junge Katzen. Einmal auf eine Fährte gebracht, bringt man sie nicht wieder davon ab. Ein paar Tage neckten sie mich ... dann aber wollten sie ergründen, was sie eigentlich wußten, daß ich keine Christin sei. Ich sollte sagen, bei wem ich getauft sei? Und bei wem meine Eltern in die Kirche gingen? Und bei wem ich den Konfirmandenunterricht erhalten würde? – Ich antwortete der Wahrheit nach, und da es lauter gute und wohlgeartete Kinder waren, und wir einander lieb hatten, kamen sie auch bald von ihrer Neugier ab, weil sie sehen mochten, daß sie mich quälten. Mir aber blieb ein Stachel davon in der Seele zurück, und dieser verschärfte sich daran, daß ich zu einigen Mädchen der Klasse, die ich am liebsten hatte, und die mich am liebsten hatten, nicht eingeladen wurde, wenn man ihnen Kindergesellschaft einlud. Zwei von ihnen, ein liebenswürdiges Zwillingspaar, dessen Geburtstag immer in ihrem Elternhause sehr gefeiert wurde, sagten es mir einmal mit Tränen, sie dürften mich nicht einladen und dürften auch nicht zu mir kommen, weil ihre Eltern nicht erlaubten, daß sie mit Juden Umgang hätten. Wir waren alle drei darüber sehr gerührt, und ich sehr unglücklich. Eine ganze Last von Kummer, von Schmerz, von Kränkung, lag auf meinem armen achtjährigen Herzen, und ich hätte mich nicht überwinden können, zu Hause ein Wort davon zu sagen. Ich schämte mich und hatte das Gefühl, den Eltern nicht solch ein Herzeleid antun zu wollen, wie ich es empfand.
Indes bei der nächsten kleinen Gesellschaft, die man mir einlud, kam die Sache doch zur Sprache. Die Eltern schwiegen, als ich ihnen mein Erlebnis erzählte, aber ich konnte sehen, wie unangenehm es ihnen war, und wenn ich auch sonst aus der Schule und aus der Familie, und an den beiden Töchtern einer englischen Familie, die neben uns wohnte, Spielgenossen genug hatte, so verschmerzte ich meine Lieblinge doch nicht, und die Vorgänge in der Stadt trugen dazu bei, mich immer daran zu erinnern, daß es schlimm sei, ein Jude zu sein.
Wo sich in jener Zeit einzelne Juden oder jüdische Familien sehen ließen, rief

man ihnen spottend in den Straßen nach. Gerüchte von Feindseligkeiten, welche in Süddeutschland gegen die Juden verübt worden waren, zirkulierten wohin ich in der Familie kam, und wenn die Eltern sich auch hüteten, uns zu Hause etwas davon hören zu lassen, so sprach man bei den Tanten und Onkeln um so mehr und um so besorgter davon. Ich vernahm es, wie man in Frankfurt am Main und in Würzburg den Juden die Fenster eingeworfen und ihre Häuser geplündert haben sollte, wie angesehene Männer auf der Straße beschimpft und mißhandelt worden wären, und man war in großer Angst um die in Hamburg lebenden Geschwister meiner Mutter, weil dort der Judenhaß auch sehr groß, und der Pöbel sehr roh sein sollte.

Von da ab hatte ich den vollständigen Begriff von der Unterdrückung der Juden, von der Ungerechtigkeit, welche man gegen sie begehe. Auch das Bewußtsein der gebildeten Juden, aufgeklärter und besser zu sein als ihre Verfolger, hatte bereits angefangen sich auf mich zu übertragen, und die Juden hatten damals ihr stolzes Selbstgefühl, das man ihnen so oft als Anmaßung und Arroganz vorgeworfen hat, sehr nötig, wenn sie sich selbst aufrecht erhalten und ihre Kinder tüchtig machen wollten, an der allmählichen Emanzipation des Volkes mitzuarbeiten. Viele, welche später in diesem Kampfe am meisten gewirkt, sind in jener Zeit der Judenverfolgung nicht viel älter gewesen als ich, und werden sich ihrer wohl später erinnert haben. Dem Unterdrückten ist aber sein Selbstgefühl der beste Schild und die sicherste Waffe.

119, 177 ff.

Horb, um 1820
Überfall auf einen Judenjungen

Es war gegen Ostern nach der Karwoche. Ich saß bei Mutter und Schwester in unserem Vorgarten ... Ich fragte nun, ob mich die Mutter in Horb Salz holen lassen wolle. Das wäre mir recht. Sie fragte mich, ob vier Pfund für mich nicht eine zu schwere Last sei ... Ich holte mir also das Salzsäckchen, und Babi sagte, ich solle achtgeben, damit der Kaufmann mir das Salz nicht von unten gebe, da es ausgewässert sei und schwerer wiege ... Ich kaufte mein Salz in der oberen Stadt im Eckladen am Marktplatz. Ich ging die Stadt hinab über die Brücke und trug mein Bündelchen in der Hand. Es schien mir doch viel Wasser darin ... Ich begann die Nordstetter Steige hinanzugehen. Ich war an der Ziegelhütte vorüber, da sah ich auf den Bauhölzern drei Knaben, trotzig dreinschauend und verschmitzt lachend. »Warum sagst du nicht guten Abend?« Ich ging weiter. Ich hatte ein gewisses banges Gefühl, es könnte mir etwas passieren, obgleich noch

heller Tag war; ich wollte aber doch auf der Landstraße bleiben, wo man Bekannten begegnet, und nicht den kurzen Fußweg gehen, der zwischen den Dächern der Bierkeller in wenigen Minuten nach Nordstetten führt. Plötzlich höre ich etwas hinter mir. Ich nehme meine Mütze ab, stecke sie in die Tasche, damit ich freie Hand habe. Ich drücke mein Salzsäckchen auf den Kopf. Es ist nicht sehr angenehm und naß. Plötzlich stolpert einer der Knaben an mich heran, mein Salzsäckchen fällt auf den Boden, ich will es aufheben, aber ich werde nochmals überrannt bis zu der Schlucht, wo die Gipsmühle ist. Jetzt richte ich mich auf und schreie: »Drei über einen. Kommt her! Mit dem einzelnen nehm' ich's auf.« Ich packe sofort den einen, ich glaube es war der Sohn des Messerschmieds, und warf ihn nieder. »Wir wollen nicht mit dir raufen, du Judenbub. Wir wollen, du sollst niederknien und du sollst die gefalteten Hände emporheben und sagen: Christ ist erstanden.« Es muß ein spöttischer Zug über meinen Mund gezogen sein, denn die drei Knaben sagten: »So, du verhöhnst heute noch unseren Heiland, den deine Vorfahren gekreuzigt und gemartert haben?« – »Ich verhöhne ihn nicht.« – »Schau, wir martern dich, wir binden dich, wenn du jetzt nicht gleich sagst: Christus ist erstanden, in die Hölle gefahren und nach drei Tagen wieder erstanden.« – »Das kann ich nicht sagen.« »Warum nicht?« – »Weil ich's nicht glaube.« – »Warum glaubst du's nicht?« – »Weil ich's eben nicht glaube.« – »Jetzt ist es genug«, rief der Messerschmied. »So, da sind Schnüre genug, bindet ihm die Füße übereinander. Helft ihn regelrecht als Gekreuzigten binden.« – »Was habe ich euch getan?« – »Du bist verflucht von Ewigkeit!« – Ich raffte mich auf, strampelte mit den Beinen, schlug die oben Haltenden und biß und kratzte, schrie laut, man muß ja auf der Straße hören, was hier einem unschuldigen Menschen geschieht. Aber das Wasser rauschte so mächtig und die Mühle zerstampfte den Gips. Ich hörte nur noch, wie einer sagte, »sein Salz zerstreuen wollen wir da.« Sie gingen fort und ich lag gebunden, gefesselt, gekreuzigt.
Es wird Nacht. O was wird meine Mutter denken und meine Schwester Babi; vielleicht sind sie oben auf der Straße, sie hören mich nicht, ich höre sie nicht ... Da höre ich plötzlich eine Stimme. Was ist das? Des Großvaters Türkle. Judel ruft: »Zurück, Türkle. Die Laterne daher.« Der Türkel aber, der gescheiteste, folgsamste und gutmütigste aller Hunde, gehorcht nicht, und nun kommt Onkel Judel und sieht, was da vorgefallen ist. Er sagt, das hat gewiß der Gipsmüller gemacht. Er hat dich nicht losgemacht. »Gipsmüller, komm einmal daher. Hast du den Knaben da schreien hören?« – »Ich weiß nicht recht.« – »Ich will dir's zu wissen tun«, sagt Judel, packt den Gipsmüller und zerbläut ihn, daß er kaum mehr aufstehen kann. Dann sagt er: »Und weißt du, was dich gerettet hat? Dein Salz. Ich habe vier Hämmel, die ich für den Großvater schlachte, die waren nicht mehr zu halten, wie sie dein Salz gerochen haben, und des Türkles

Ungehorsam war Gescheitheit.«... Ich konnte nicht die wenigen Schritte auf der Straße gehen. Glücklicherweise wurde Bier geholt und ich wurde auf einen Bierwagen gelegt ... Ich rief Onkel Judel zu mir und bat ihn, die ganze Sache vor meiner Mutter zu verschweigen. Überhaupt sollte niemand etwas davon wissen und es verschärfte nur den Haß zwischen Juden und Christen, den freilich nur die eingebildeten Horber hätten. Judel willfahrte mir nicht. Mein Bruder Abraham, die Nordstetter Kameraden, des Kronenwirts Sohn, des Schakerles Jakob, Konstantin und voran ... der Sohn des Schloßbauern, führten nun einen förmlichen Krieg mit den Knaben von Horb, und mir wurde berichtet, daß der Messerschmiedjunge, der eingestanden habe, kaum mehr auf einem Bein stehen könne ... Da mein Vater für mich in der Synagoge aufgerufen wurde, für mich Gomel zu benschen (das Dankgebet zu sprechen für meine Rettung aus Todesgefahr), war die Sache damit aus der Privatsache heraus, sie gehörte der Gemeinde.

15, 29 ff.

Dresden, 1824 ff.
Der erste Jude auf der Kreuzschule

Eines Mittags, es war ein Sonnabend, sagte mir die Mutter plötzlich, ich solle auf die Kreuzschule (das hiesige Gymnasium), und sie sei bereits beim Rektor gewesen. Das Unerwartete, der Gedanke, in eine christliche Schule zu müssen, was damals zu den Seltenheiten gehörte, überraschte mich so, daß ich törichterweise zürnte, daß man mir nichts davon vorher gesagt habe. Die Mutter aber war entschlossen (der Vater war zu schüchtern) und ging montags darauf mit mir zum Rektor. Nach kurzem Befragen sah er, daß ich noch nicht vorbereitet genug sei und versprach uns, einen Lehrer zu schicken, der mir die Elemente des Lateinischen und Griechischen beibringen sollte ...
Zu Ostern 1825 endlich, als ich lateinisch deklinieren und konjugieren, auch etwas übersetzen und das griechische Alphabet kannte, ging die Mutter wieder mit mir zum Rektor Gröbel, der mir großen Respekt einflößte. Die Prüfung war kurz – ich kam des jugendlichen Alters und ebenso der jugendlichen Kenntnisse wegen in die letzte Klasse und erhielt einen Schulplan. Das war mir alles neu. Ich beklagte, daß ich die Landausche Schule verlassen sollte, obgleich ich noch bis zum 13. Jahre einige Nebenstunden daselbst hatte, um mich im Hebräischen zu vervollkommnen. Wie Zentner lag das Gefühl des fremdartigen christlichen Elements, in welches ich kommen sollte, auf mir ...
In der jüdischen Gemeinde machte mein Besuchen der Kreuzschule Aufsehen. Denn ich war, glaube ich, der erste Dresdner Jude, der dort aufgenommen wur-

de ... Ein Teil rümpfte achselzuckend die Nase, daß ein unbemittelter Mann solche Pläne auszuführen gedenke, ein anderer, der orthodoxe, klagte über diese Gottlosigkeit und prophezeite mir alles moralische Verderben ...
Ich selbst aber hatte als Jude auch in der Schule nicht den besten Stand, eben weil ich der erste war. Die Kinder, in Vorurteilen erzogen, näherten sich mir langsam. Desto schwärmerischer war ich für den jungen Hofmann eingenommen, der sich herzlich an mich anschloß und in den Freiviertelstunden mit mir Arm in Arm im Hofe promenierte. Meine Sprache und Sitten mögen auch in der ersten Zeit viel von dem spezifisch Jüdischen an sich gehabt haben, was den Unterschied bemerklich machte. Wenn bei Deklamierübungen oder sonst das Wort Jude vorkam, sah sich die ganze Klasse nach mir um. Am peinigendsten war dies, wenn ein jüdischer Dialekt deklamiert wurde, was alle Lehrer, bis auf Wagner oder Liebel, glaube ich, duldeten. Neckereien habe ich selbst abgestellt, indem ich den ersten sofort zum Rektor führte, der unter großen Lobeserhebungen für mich den Täter ernstlich strafte. Und seitdem hatte ich Ruhe. – Allerdings habe ich mir selbst auch Schwierigkeiten bereitet. Doch lag dies teils an meinem eignen Glauben, im Willen der Eltern, teils in der Zeit. Ich besuchte nämlich sonnabends die Schule nicht, weil man an diesem Tage nicht schreiben durfte. Nun fielen aber sonnabends immer die Probearbeiten, welche diktiert oder korrigiert wurden und eine sehr nützliche Arbeit abgaben. Ich mußte dann regelmäßig von anderen abschreiben, nachholen; am schlimmsten war das zur Zeit der halbjährigen Prüfungen. Da mußte ich sogar in der Wohnung der Lehrer die Prüfungsarbeit nachholen. Die Lehrer, ich muß es gestehen, waren äußerst human, sie zeigten nur versteckt ihre Verwunderung, aber ich hatte Mühe, es ihnen immer zu replizieren ...
Es herrschte die Sitte, daß das Schulgeld von dem Lehrer am Anfang des Monats in Empfang genommen wurde. Da nun die meisten Schüler Söhne wohlhabender Eltern ware, mein guter Vater aber nicht imstande war, pünktlich zu zahlen, so war ich immer Restant, wurde öfter gemahnt, schämte mich und zog mir auch bei unbillig denkenden Lehrern Unwillen zu. Die ersten Tage des Monats waren daher für mich immer peinlich, und ich habe diese Not, die sich mit der in jeder Klasse zunehmenden Summe des Honorars und der vermehrten Nahrungslosigkeit steigerte, bis zum Tode meines geliebten Vaters ausgestanden. Außerdem wurden bei jedem Vorrücken neue Bücher gebraucht, und auch das machte mir Sorgen. Ich habe mich oft kümmerlich behelfen müssen, und in Obertertia zog ich mir dadurch die Feindschaft des M. Wagner zu, daß ich aus Mangel eines griechischen Buches, indem ich nur flüchtig das Nötige abschreiben mußte, sehr viele Fehler machte.

92, 420 ff.

8.2. Verwaist, stumm, dumm und blind

Kommentar
Meßkirch usw., 1519 ff.   Versorgung eines früh erblindeten adligen Fräuleins
Dresden, 1685 ff.   Das Waisenhaus als Zucht- und Besserungsanstalt
o. O., um 1730 ff.   Auch Taubstumme können Moralität haben
Ried/Zillertal, 1752 ff.   Waise, Betteljunge und Händler
Freiburg, um 1770   Märchen vom geheirateten Waisenmädchen
Potsdam, 1777   Moralische und physische Verdorbenheit der Waisen
Wilsnack, um 1795   Das Kind der Bettlerin
Dresden, um 1800   Öffentliche Sorge für Findel-, Kost- und Armenschulkinder

Marbach, 1821 ff.   Das stumme Lottchen
Penzlin, 1825   Lamento über ein Kind ohne Arme
Berlin, 1828 ff.   Mein blöder Bruder
Berlin, um 1833   Zwei Pionier- und Musteranstalten
Elm bei Schlüchtern, 1853 f.   Aus der Rettungsanstalt für sittlich verwahrloste Kinder
Wien usw., 1876 ff.   Das Gemeindekind

Vier Porträts von Kaspar Hauser; ein Findling, der wegen der an seine Herkunft und seinen gewaltsamen Tod geknüpften antifeudalen Phantasien das Interesse und Mitgefühl des Publikums erregte. Von Heinrich Adam stammt die Kopfstudie; J. G. Lamint fertigte 1828 die Figur; die Brustbilder sind unbekannter Herkunft.
Aus: Kaspar Hauser – Jubiläum einer Legende. Nürnberg 1962. – H. Pies, Hrsg. Kaspar Hauser. Augenzeugenberichte und Selbstzeugnisse. Stuttgart o. J.

Kommentar

Bis ins 16. Jahrhundert nimmt man an Findlingen und Waisen, nicht anders als an den Armen überhaupt, vor allem ihre Hilfsbedürftigkeit wahr. Man versucht nicht, diesen Zustand durch den Rekurs auf moralisches Versagen des einzelnen für die in glücklicheren Verhältnissen Lebenden weniger anstößig zu machen, eine Strategie der Erklärung, nicht der Hilfe, in der es das 19. Jahrhundert zu einer bemerkenswerten Perfektion gebracht hat. Die Namen Johannes Falk (1768–1826) und Johann Heinrich Wichern (1808–81) seien stellvertretend für viele andere genannt, die im gewiß beklagenswerten Leben der Kinder vor allem den Abfall von Gott und in ihren Überlebenskämpfen das Versagen vor den Geboten einer kleinbürgerlichen Moral erblickten, die zu befolgen ihr Leben bedroht hätte. Leider fehlen durchweg Erfolgsstatistiken, welche die seit dem 17. Jahrhundert überall gegründeten Zwangseinrichtungen für verlassene, arme und bettelnde Kinder rechtfertigen könnten. So bleibt der Eindruck, der sich aus Akten, Bilanzen, Waisenhausordnungen und den wenigen Berichten reisender Pädagogen ergibt, daß die meisten dieser gefangenen Kinder moralisch und physisch zerstört wurden. Denn es war ja nicht nur so, daß Waisenkinder die ersten waren, die Fabrikarbeit kennenlernten, täglich acht oder mehr Stunden monotone Klöppel-, Strick- oder Webarbeit zu leisten hatten; die unzureichenden hygienischen Bedingungen, die Ansteckungsgefahren in der Institution bei gleichzeitiger medizinischer Unfähigkeit, mit irgendwelchen Krankheiten fertig zu werden, verursachten den Tod vieler Kinder. Aufmerksame Beobachter registrierten Ende des 18. Jahrhunderts die erhöhte Sterblichkeit der Waisenkinder, aber auch jene merkwürdige Apathie, die das Ergebnis aller rigorosen Reglementierung ist und die Waisen, ohne sie dauerhaft moralisch zu erziehen, vielmehr lebensuntüchtig machte. Diese Einsichten führten Ende des 18. Jahrhunderts gelegentlich zur Aufhebung der Anstalten, das Koststellenwesen (es wurde bereits im Mittelalter praktiziert) schien auch billiger, der Nutzeffekt für die Kinder bleibt aber zweifelhaft. Denn wer nahm sie auf und aus welchen Gründen? Angesichts des trüben Schicksals betreuter Waisen fällt es schwer, das Leben jener Kinder nicht zu idealisieren, die, früh zur Selbständigkeit gezwungen, sich bettelnd, hausierend, mit gelegentlicher Arbeit als Hütejunge, Dienstbote usw. durchschlugen und manchmal, wenn sie einen Wohltäter fanden (d. h. einen Arbeitgeber, mit dem sie zusammenpaßten), sich endlich bürgerlich etablieren konnten. Das gelang Niklas Frank, dem Vater des bekannten Arztes Johann Frank (1745–1821), der als etwa zehnjähriger Soldatenbursche seine Laufbahn beginnt und als wohlhabender Geschäftsmann – sein Wohltäter

verheiratete ihn mit seiner einzigen Tochter – endet. Solche Karrieren von Waisen werden seltener, weil Häuser und Familien sich als Innenwelt verschließen, die Zahl der Dienstboten abnimmt, die Bedeutung formalisierter Bildungsgänge wächst, kurz: die Sozialität der traditionalen Gesellschaft (Ariès) mit ihren Möglichkeiten zur punktuellen sozialen Improvisation endet.
Warum die Armen- und Waisenpflege vom 16. bis zum 19. Jahrhundert so kontinuierlich zu einer Angelegenheit der Pädagogik wurde, ist schwer zu sagen. War der zunehmende ökonomische Druck, die periodisch anwachsende Massenarmut in Kriegszeiten und bei Mißernten die Ursache? Das Memminger Waisenhaus schickte seine Jungen auf die Lateinschule und sah für die Mädchen den Besuch der »Deutschen Schule« vor (1530); das Nürnberger delegiert vier begabte Jungen zum Studium; in Ulm baut Joseph Furttenbach den Waisen ein Theater (1640), zur Freude, zur Übung gewandten Auftretens und als mögliche Quelle eines kleinen Nebenerwerbs. Immer wieder ist in den frühen Waisenhausordnungen auch von den Vergnügungen die Rede, die den armen Kindern zu gönnen seien. Daran denkt man immer weniger und verläßt sich statt dessen auf Arbeit und Unterricht (innerhalb der Anstaltsmauern). In Darmstadt wird noch im Jahr 1800 erwogen, ob man den Kindern nicht daneben auch einige Spielstunden erlauben könnte – und verwirft diesen Einfall. Die Idee der frühen Gewöhnung an ein Leben der Arbeit und Entbehrung führt sich zwar eigentlich in den Bankerotten der Waisenhausunternehmungen ad absurdum, immer neue Wirtschaftspläne werden entworfen, vergebens, alle Institutionen bleiben auf Spenden angewiesen, trotz der Ausbeutung und Drangsalierung der Kinder, die man vor Bettel und Vagabondage bewahren, ja eigentlich moralisch retten will. Was soll Arbeitserziehung bewirken, solange Arbeit einen Preis hat, der sich – das ist im 18. und 19. Jahrhundert in vielen Fällen gegeben – bedenklich der Zahl Null nähert?
Vielleicht ist der Ersatz der Hilfe durch Pädagogik, die ja ohne die Zuweisung von Unmündigkeit oder sogar Schuld nicht zu denken ist, am ehesten zu verstehen als Ergebnis des Zwangs, gesellschaftliche Prozesse, die man nicht verstand, geschweige denn kontrollieren konnte, zu erklären, zu rechtfertigen oder, wie Elias in Anlehnung an die Psychoanalyse sagt, zu rationalisieren. Der Zivilisationsprozeß wird begleitet von unzähligen solcher Rationalisierungen. Nicht immer, wie im Fall der Armen- und Waisenpflege, haben sie jedoch ein neues Stück Barbarei hervorgebracht.
Andere pädagogische Erfindungen waren für die betroffenen Kinder zweifellos nützlich. Was war bis ins 18. Jahrhundert hinein mit blinden, taubstummen oder schwachsinnigen Kindern geschehen? Die Nachrichten sind so spärlich, daß man nur Vermutungen anstellen kann. War ein Kind mit einer Behinderung geboren, oft stellte sich dieses Faktum ja erst nach Wochen oder gar Monaten

heraus, dann erklärte man es zu einem Wechselbalg, das der Teufel den Eltern für ihr richtiges Kind untergeschoben hat. Als Maßregel gegen das Vertauschen wird die sorgfältige Bewachung vor allem in den ersten Lebenswochen empfohlen; ist das Unglück geschehen, dann soll der Wechselbalg so schlecht behandelt werden, daß der Teufel sein Kind lieber zurückholt. Die Folgen dieses Glaubens brauchen nicht weiter ausgeführt werden. Blinde oder taubstumme Kinder hatten etwas größere Chancen als körperlich deformierte, die ersten Jahre zu überleben. Bessere Entwicklungsmöglichkeiten hatten dann blinde Kinder, schon weil taubstumme (trotz Taufe) vom Christentum ausgeschlossen waren: sie konnten weder beichten noch das Glaubensbekenntnis ablegen. Vielleicht ist das der Grund, weshalb man sich in der 2. Hälfte des 18. Jahrhunderts zuerst dem Problem ihrer Erziehung zuwendet, bzw. warum ein erfinderischer Unternehmer auf dem Gebiet der Pädagogik wie Samuel Heinicke (1727–90) vom sächsischen Kurfürsten 1777 nach Leipzig berufen wird und mit öffentlicher Unterstützung ein Jahr später das erste Taubstummeninstitut eröffnen kann. Andere Anstöße zur Beschäftigung mit blinden und taubstummen Kindern geben die Wissenschaften vom Menschen, die Psychologie und die Medizin, die sich auf empirisch-experimenteller Grundlage entwickeln.

LITERATUR

O. Winckelmann, Das Fürsorgewesen der Stadt Straßburg vor und nach der Reformation bis zum Ausgang des 16. Jahrhunderts, Leipzig 1922 (Reprint 1971)

E. Mummenhoff, Das Findel- und Waisenhaus zu Nürnberg. Orts-, kultur- und wirtschaftsgeschichtlich dargestellt, Nürnberg 1917

F. Röper, Betreuung und Erziehung des verwaisten Kindes in Anstalt und Heim. Ein Beitrag zur historischen Entwicklung der Fremderziehung, Göttingen 1976

G. Piaschewski, Der Wechselbalg, Breslau 1935

G. Wolf, Geschichte der Taubstummenanstalt Homberg, Homberg a. d. Efze 1977

MESSKIRCH USW., 1519 ff.
Versorgung eines früh erblindeten adligen Fräuleins

Anno 1519 ist Herrn Gottfried Werners Freiherrn zu Zimmern Gemahl, die Gräfin von Hennenberg, abermals schwanger worden und hat im ermeldeten Jahr auf den St. Katharinenabend im Dezember, um Mitternacht ungefährlich, aber wieder eine Tochter geboren ... Dieses Fräulein Barbara ist nicht ganz zwei Jahre von ihrem Herrn Vater und ihrer Frau Mutter erzogen worden. Die alte Freifrau von Ötingen, die Ahnfrau, hat das Fräulein zu sich genommen und es erzogen mit aller Treue ...
Frau Margaret hatte das Fräulein wenige Jahre bei sich, als es, wie bei jungen Kindern oft geschieht, die Kindsblattern oder Urslechten bekam. Wem ist nun in solchem Fall schlechter zu mute gewesen als der guten alten Frau, die das Kind viel lieber als sich selbst hatte? Deshalb, aus ahnfraulicher und mütterlicher Liebe, ließ sie dem Kind die Augen nicht säubern oder wollte ihm keinen Schmerz zufügen lassen. Die Blattern zogen sich hin und standen so lange, daß dem Fräulein die Augen darunter fast ganz erstarben und sie nicht mehr sehen konnte, als den Schein des höchsten Tageslichtes ... Auch der Schein von dem Tageslicht blieb nicht, sondern ging mit der Zeit auch weg, so daß letztlich die Sehkraft ganz verdorben und erstorben war, das Fräulein auch ganz blind geblieben ist.
Deshalb hat Herr Gottfried Werner ... beschlossen, seine Tochter, die zum Weltleben wegen ihrer Blindheit nicht taugte, in ein Kloster zu tun und dort ihr Leben lang mit aller gebührenden Notdurft zu versehen. In dieses Mittel oder Schicksal des Fräuleins wollte die gute alte Frau, die Gräfin, nicht einwilligen, sondern hielt die Sache auf bis nach ihrem Absterben, das auf Bartholomäus 1528 geschah. Aber nach ihrem Tod wurde das Fräulein anno 1529 nach Inzigkofen getan, mit seinem guten Willen und Begehren, daß sie das klösterliche Wesen, Ordnung, Gewohnheiten und Manieren lernen sollte und die Sache versuchen, wie man ein solches Jahr sonst annum probationis, das Versuchsjahr nennt. Ihre Frau Mutter, die Gräfin von Hennenberg, führte sie selbst damals dorthin.
Nach Ende des Versuchsjahres und als dem Fräulein der Orden und anderes im Kloster gefiel – was wohl sein mochte, wenn man daran denkt, daß sie eine gute Gespielschaft fand, weil eine Gräfin von Werdenberg, genannt Ursula, und dann ein Fräulein von Limburg, Anna, im Kloster waren, da erst gaben ihr Herr Vater und ihre Frau Mutter ihre Einwilligung ganz. Man verhandelte mit der Pröbstin, Priorin und dem ganzen Konvent deshalb über die Klostermitgift ...
Hierauf ward die Nonnenhochzeit abgehalten.

224, Bd. 2, 261 ff.

DRESDEN, 1685 ff.
Das Waisenhaus als Zucht- und Besserungsanstalt

Die »Waisenmanufaktur«, die noch im Jahre 1679 ... eröffnet wurde, nahm keine günstige Entwicklung und erforderte beträchtliche Zuschüsse aus der Stadtkasse, so daß der Rat eine im Jahre 1683 ihm gebotene Gelegenheit, sich ihrer zu entledigen, gern ergriff: er verpachtete die Weberei- und Färbereiräumlichkeiten an den Kaufmann Streubel ... Streubel machte aber ebenfalls schlechte Geschäfte, und nach seinem Tode wurde 1684 über sein Vermögen der Konkurs eröffnet ...
Zu Johannes 1685 fand sich ein neuer Pächter für die Manufaktur, der aus Pirna gebürtige Seiden- und Kunstfärber Johann Jakob Grätzel, der vorher schon als Bürger von Erfurt um die Errichtung der dortigen Waisenhäuser sich verdient gemacht hatte ... Der wohlmeinende und erfahrene Mann sah, als er 1684 nach Dresden kam, nach seiner eigenen Erzählung, »wie diese löbliche kurfürstliche Residenzstadt mit einer ungemeinen Anzahl teils dürftiger, teils und meistens mutwilliger Bettelkinder angefüllt, welche in und vor der Stadt, in und vor den Häusern hoher und gemeiner Personen alltäglich anlaufen, in solchem Betteleben die besten Jahre zubringen, so weiter von einer Schandtat zur anderen schreiten, bis sie endlich dem Henker zur letzten Abstrafung in die Hände fallen.« Grätzel ging rasch ans Werk, das ja auch ihm selbst die Lebensgrundlage bringen sollte: er mietete Färberei und Manufaktur ... Dem Stadtrat aber bot er an, im Zusammenhang mit seinem Unternehmen den Versuch zur Errichtung einer Waisenanstalt ähnlich der Erfurter zu machen. Der Rat billigte das Vorhaben und ließ ... ein früher angefangenes Gebäude bei der Manufaktur ausbauen und darin Wohnräume »zum notwendigen Zwang solcher ungebärdigen Jugend« einrichten und mit Fenstergittern versehen.
Der erste Zögling der neuen Anstalt, der Knabe Hans Pulvermann, 11 Jahre alt, wurde am 8. Oktober 1685 vom Almosenvorsteher »freiwillig eingeschickt«, nachdem er vorher von Mutter und Stiefvater jämmerlich traktieret und zum Bettel abgerichtet worden war ... Das erste Mädchen, die siebenjährige Johanna Rosine Scherer, ebenfalls freiwillig eingebracht, die Tochter eines Wachtmeisters im Haugwitzschen Regiment, kam am 16. Oktober. In einem Schreiben vom 13. Oktober wiederholte Grätzel eingehender sein Anerbieten, mit einem Dutzend Kinder auf eigene Kosten die Probe einer solchen Waisen- und Werkanstalt anzustellen, »zum Nutzen der allhiesigen nahrlosen und vornehmlich zum Schreck der mutwilligen gassenbettelnden Jugend, sie an Gebet und Arbeit zu gewöhnen«. Er ersuchte den Rat, ihm weitere 4 Jungen und 2 Mädchen im Alter von 12 Jahren oder darüber von der Gasse wegzufangen und nach nötiger Reinigung in der Lazarettbadestube ihm zur Arbeit und Zucht in seine Manu-

faktur einzuliefern. Der Rat erteilte die verlangte Genehmigung zunächst auf ein Jahr, und Grätzel ließ nun im Oktober und November weitere Kinder von der Gasse wegfangen, während andere freiwillig kamen oder von ihren Eltern, die sie nicht zu ernähren oder nicht zu bändigen vermochten, zur Zucht eingeliefert wurden. So brachte man 10 Knaben und drei Mädchen zusammen.

Am 1. Dezember konnte Grätzel dem Rat berichten, daß er die Kinder sauber und einheitlich habe kleiden lassen und sofort zur Arbeit, je nach ihrem Alter, angestellt habe ... Getrieben würde vor allem bergische Leinen- und Wollenbandmacherei ... Zum nötigsten Unterricht in Gottesfurcht, Lesen und Schreiben habe er jetzt auch einen Schulmeister angenommen, ferner eine gottesfürchtige Weibsperson, die auch ihre eigenen Kinder mit dabei hat, zur Sorge für Speise, Kleidung und Reinlichkeit, und einen Werkmeister zur Anleitung und Aufsicht bei der Arbeit ...

Auf seine Eingabe an den Kurfürsten und entsprechenden Bericht erhielt Grätzel ... die Erlaubnis, versuchsweise mit 50 Kindern sein Waisenhaus aufzubauen und dafür unter Aufsicht des Rats eine Sammlung zu veranstalten; diese fand statt durch Umgang mit eigenem Kollektenbuch, zu dem der Rat die Vorrede schrieb, und brachte 1121 Taler ein.

Die von Grätzel gleich anfangs aufgestellte einstweilige Hausordnung für sämtlich Knaben und Mädchen zeigt nun scharf den Charakter als Arbeits- und Zuchtanstalt, den das Waisenhaus lange behalten hat, neben dem als einzige geistig-seelische Nahrung die festgeschlossene religiöse Zucht steht, freilich in der strengen und dürren Form eines reichlichen täglichen Pensums von Gesängen und Gebeten. Morgens 5 Uhr beginnt der Tag mit Aufstehen, Reinigung, Gebet des Morgensegens und des Vaterunsers auf den Knien, eines Stücks aus Luthers Katechismus und einer besonderen Fürbitte für die Landesobrigkeit und deren Diener, den Rat und die Gemeinde, wie für die jetzigen und künftigen Wohltäter. Dann beginnt die Arbeit, bei der 3 geistliche Lieder gesungen werden sollen. Darauf folgt das Frühstück, ein Stück Brot mit Salz, dazu wird das Vaterunser gebetet nebst dem Gebet »Komm Herr Jesu, sei unser Gast«, auch werden ein paar geistliche Lieder gesungen. Von 11–12 Uhr erhielten sie etwas Unterricht in der Glaubenslehre, auch Lesen, Schreiben und Rechnen. Mittags um 12 Uhr ist Mahlzeit, eine halbe Stunde und nach dem Essen wird gebetet, dann wieder gearbeitet unter Gesang geistlicher Lieder. Abends 7 Uhr folgt mit Beten und Singen umrahmt das Abendbrot, danach noch einmal Arbeit bis 9 Uhr und hierauf Abendsegen mit Gebet für die Obrigkeit und Schlafengehen ... Die Kinder sind auch gewöhnt, beim Klang der Buß- und Betglocke ein Gebet kniend zu verrichten, auch jeden Tag ein gewisses Bußlied während der Arbeit zu singen.

Die Kost, an der Informator und Pflegemutter zur Aufsicht teilnehmen, besteht sonntags aus Kraut und Fleisch, doch bekommen die Ungehorsamen und Faulen statt des Fleisches nur Käse. Montags, mittwochs, freitags und sonnabends bekommen die Kinder des Tages zweimal warme Speisen und dann Käse, die Faulen aber kriegen bloß Salz aufs Brot. Dienstags und donnerstags gibt es Fleisch wie am Sonntage. Als Getränke gibt es Cofent (einfaches Bier), des Sonntags aber richtiges Bier ... Als Strafen wurden neben der erwähnten Kostschmälerung, Verweis und Vermahnung angewandt, auch Schläge durch den Lehrer; ganz widerspenstige und geheimen Sünden ergebene Kinder wurden bis zur Dauer eines halben Tages an eine eiserne Kette gelegt ...

Nach Ablauf des Probejahres entschied sich der Rat für das Fortbestehen der Anstalt ... Sie wurde Stadtwaisenhaus ... Bis an die Jahrhundertwende hat Grätzel noch als Hausvater die Richtung im Waisenhaus persönlich bestimmt. Grätzels Abgang ist ein trauriges Kapitel. Er war sicher stets mehr rastloser Planer als geschickter Geschäftsmann und hat ... vielerlei angefangen, dem er nicht gewachsen, und dabei mehr vertan als gewonnen ... Nach seiner ... Abreise (1699) wurde die gesamte Habe gerichtlich beschlagnahmt und mit Georg Martini aus Chemnitz ein neuer Pächter eingesetzt ...

Die in diese Zucht- und Besserungsanstalt aufgenommenen Kinder waren keineswegs alle elternlos; manche waren als sittlich verdorben aus der Familie überwiesen oder mußten herabgekommenen Eltern entzogen werden. Die erziehliche Gefahr, solche Elemente mit unverdorbenen Waisen zusammenzubringen, wurde wohl erkannt und führte zu einer Trennung in zwei Klassen »Zöglinge« und »Züchtlinge« und zur Unterbringung in einem im Jahre 1689 errichteten Anbau. Bald aber fing man an, außer Kindern auch Erwachsene, liederliche und arbeitsscheue Manns- und Weibspersonen aus der Stadt und dem Amte als Züchtlinge in die Anstalt einzuliefern ... Seitdem bildeten die Züchtlinge aus dem Kindesalter keine besondere Abteilung mehr ... Auf die wirklichen und würdigen Waisen mußte dies Zusammenleben und die gleiche Behandlung mit den sittlich verwahrlosten Altersgenossen den verderblichsten Einfluß ausüben. Auch die Nähe einer großen Zahl erwachsener Züchtlinge, die mit Holzklötzen an den Füßen ihre Arbeit verrichteten, konnte auf die Waisen nicht günstig wirken, zumal wenn, wie der Bericht 1738 angibt, die weiblichen Züchtlinge die Waisenkinder mit reinigen helfen und sonst in der Hauswirtschaft arbeiten ...

Bei der knappen Vermögenslage der Anstalt waren auch die ... jährlichen Singumgänge durch ihre Erträge von wesentlicher Bedeutung. Der erste Singumgang fand schon ... 1685 statt und war vorher von der Kanzel mit entsprechendem Appell an die Mildtätigkeit verkündet. Ein gedruckter Zettel, der neben beweglichem Aufruf an die Geber einen kurzen Bericht über das Anstaltsleben

enthielt, wurde tags vorher durch die Almosensammler, je begleitet von zwei Knaben, in den Häusern in 2562 Stücken verteilt ... Der Umgang bewegte sich unter Absingung geistlicher Lieder ... durch die ganze Stadt und die Vorstädte; dem Zuge der von Haus zu Haus singenden Kinder unter ihrem Lehrer und Werkmeister folgten die Almosensammler mit ihren Büchsen. Die Singumgänge blieben mit verschiedenen Abänderungen ... bis zum Jahre 1845 bestehen, in dem sie als nicht mehr zeitgemäß abgeschafft wurden ...
Die Lehrordnung von 1751 ergibt noch einige Züge zum Bilde. So soll der Lehrer in Begleitung des Zuchtmeisters die Kinder nach Befinden ein- oder zweimal des Jahres außerm Hause spazieren führen und ihnen im Grünen die eine oder andere Wohltat zu genießen geben ... Zur Strafe von Bosheit, Mutwillen oder Faulheit, kann der Lehrer mit der Rute, mit Knien, Hungern oder einem mäßigen Bakelchen züchtigen, soll aber die Kinder nicht ohne des Inspektors Anordnung dem Zuchtmeister zur Bestrafung übergeben. Jungen und Mädchen sollen nicht viel miteinander spielen oder zu schaffen haben, auch soll öftere Beurlaubung der Kinder außer zu zuverlässigen Bekannten und Verwandten nicht stattfinden. Mit Zulassung von Besuchern und sonstigen Fremden ist man aus guten Gründen sehr vorsichtig...
Der Schulbetrieb litt im 18. Jahrhundert, wie der Lehrer Raphael in einem Bericht an den Rat bekundet, auch daran, daß er sich für jedes Kind auf zwei Stunden täglich beschränkt, und daß für Privatfleiß, Schularbeiten und Übungen außerhalb der Schulstunden vor der Manufakturarbeit und den geistlichen Übungen keine Zeit bleibt. Erst 1754 entschließt man sich zur Heraufsetzung auf vier Stunden täglich ... Hauptgegenstand bleiben Bibel und Katechismus, sowie Valentin Ernst Löschers »Unterricht vom wahren Christentum«. Die Masse der geistlichen Übungen ist eher noch verstärkt; man hat eine tägliche Singstunde geistlicher Lieder, mittwochs und sonntags Katechismusexamen, sowie täglich beim Aufstehen und Schlafengehen, beim Beginn und Schluß des Unterrichts und vor und nach den Mahlzeiten gegen 90 Gesänge und Gebete; dazu während der Arbeit alle Stunden beim Glockenschlagen bestimmte Gesänge und Gebete. Das Vaterunser allein wurde täglich etwa 15mal gebetet ...
Die Zahl der Zöglinge ... wechselt in den Jahren 1698 bis 1710 zwischen 66 und ... 145 ... Die Zahl der Knaben überwog ... Die Gesamtzahl bleibt dann um 90 herum, sinkt nach dem Siebenjährigen Kriege, hauptsächlich aus Mangeln an Mitteln und steigt in den etwas besseren Jahren nach 1809 wieder langsam auf 82 und dann aus anderen Gründen der gestiegenen Not, in den Jahren 1813 bis 1818 von 116 bis auf 122.
Die Zahl der Züchtlinge war je nach der zufälligen Einlieferung ziemlich schwankend, meist um 50 herum.

Die Kost wurde allmählich etwas verbessert: zum Frühstück gab es Brot und Käse, an 3 Tagen wurde dazu Butter und im Winter Suppe gegeben ... an hohen Feiertagen erschien ein Braten ... und abends Kuchen ... Abends gab es das ganze Jahr hindurch grüne oder trockene Gemüse, die man im Garten hatte ... Sonntags kam die beliebte Milchhirse ... Auch die Lagerstatt wurde 1732 verbessert (Strohsack mit Federbetten und Bettuch); insbesondere wurde seit 1738 das Zusammenschlafen mehrerer Kinder im gleichen Bett aus Erfahrungsgründen vermieden.

27, 9 ff.; 15 ff.; 22 ff.

O. O., UM 1730 ff.
Auch Taubstumme können Moralität haben

Johann Christian Hackethal war seit seinem dritten Jahre taub und stumm. Seine Mutter erzählte, daß er damals schon etwas habe sprechen und ein paar kleine Gebete hersagen können, als sie, indem sie ihn auf dem Arm gehabt, mit ihm gefallen sei, und ihn im nächsten Wasser abgewaschen habe. Vornehmlich sei der Kopf sehr voll Kot gewesen. Sein Vater, ein Bäcker, bekümmerte sich um seine Erziehung wenig, die Mutter aber erzog ihn so gut sie konnte. Ein alter Chirurgus, der wenig zu tun hatte, und in der Nachbarschaft wohnte, kam auf den Einfall, aus Langerweile den Knaben zu unterrichten, und beschäftigte sich fast täglich mit ihm. Anfangs schrieb er die Namen der Dinge, die er ihm zeigte, auf den Tisch, und brachte ihn endlich so weit, daß er schreiben und lesen konnte ...
Des Vaters Handwerk lernte er mehr vom Zusehen, und aus eigenem Antriebe, als durch des Vaters Unterricht; dem es aber doch nachher angenehm war, ihm seine Arbeit ganz überlassen und ungehinderter saufen zu können. Der Sohn war ungemein fleißig, und sein Gebäck fand viel Beifall. Dabei war er lustig und spaßhaft, so daß die anderen Bürgerssöhne, die durch Zeichen gut mit ihm sprechen konnten, ohne seine Gesellschaft nicht vergnügt waren ...
Dem Vater fiel es oft im Rausche ein, die Mutter zu schlagen; welches er schon als ein kleiner Knabe dadurch zu verhindern suchte, daß er auf den Vater zulief, und ihn so lange aufhielt, bis die Mutter sich hatte verstecken können; wobei er selbst erbärmlich geschlagen wurde ... Fragte man ihn, als er etwas größer geworden war, warum er der Mutter wegen so viele Schläge erduldete, so gab er zu verstehen, er könne ihr damit doch noch nicht vergelten, was sie bei seiner Geburt und Kindheit mit ihm ausgestanden habe. Fragte man ihn, als er erwachsen war, warum er sich schlagen ließe, und den Vater nicht wieder schlüge, so gab er zu verstehen, Gott hätte das verboten ...

Des Sonntags besuchte er die Kirche vor- und nachmittags, und sah den Prediger mit der größten Aufmerksamkeit an. Unter dem Singen las er im Gesangbuche; und bezeugte sich sehr andächtig.

Als er ungefähr 20 Jahre alt war, sagte die Mutter dem dortigen Superintendent, daß ihr Sohn zum heiligen Abendmahl zugelassen zu werden wünsche, und sich oft darüber betrübte, daß er davon ausgeschlossen sei; wobei sie versicherte, daß er Begriffe vom Christentum habe. Der Superintendent ließ ihn, nebst einem seiner guten Freunde, der gewohnt war, durch Zeichen mit ihm zu sprechen, und also ihr beider Dolmetscher sein konnte, zu sich kommen, und fand, daß er mehr von der christlichen Religion wußte, als er hatte hoffen können. Er gab also dem Diakonus, den der Stumme selbst sich zum Beichtvater erwählt hatte, Verfügung, ihn ohne Bedenken anzunehmen; und setzte ihm ein kurzes Beichtformular auf, das der Stumme in seiner Gegenwart durchlas ... Dieses Beichtformular schrieb der Stumme nachher allezeit, wenn er zur Beichte gehen wollte, ab, und gab es dem Beichtvater. Bei der Kommunion bezeugte er eine rührende Andacht.

Durch die schlechte Lebensart des Vaters war endlich das Haus so mit Schulden beschwert worden, daß es verkauft werden mußte. Man hatte für den Sohn die Fürsorge gehabt, ihm auf Lebenszeit eine freie Wohnung auszumachen; die er der Mutter überließ, und auswärts als Bäckergesell in Dienst ging ... Was er erübrigen konnte, schickte er seiner Mutter, und als er erfuhr, daß sie krank sei, kam er zu ihr, verließ ihr Bette Tag und Nacht nicht, und verpflegte sie aufs sorgfältigste. Als sie gestorben war, ließ er sie ihrem Stande gemäß, doch sehr anständig begraben ...

139, 39 ff.

Ried/Zillertal, 1752 ff.
Waise, Betteljunge und Händler

Meine Mutter starb auch unterdessen. Ich verlor also frühe meinen Vater und Mutter, und das Häuschen überkam mein Bruder Änderl, welcher ein gar böses Weib hatte, welches uns geschwind alle miteinander aus dem Hause jagte. Wir waren also unser vier unerzogene Geschwister auf weitem Felde. Weil wir kein Vermögen hatten, hatten wir auch keinen Vormunder, und so nahm sich kein Mensch unser an, bis endlich meine Schwestern zu Kindsdiendeln (Kindswärterin) angenommen wurden.

Nun war ich ganz allein und irrte so von einem Hause zum andern: mein Hausrat war ein Mehlwändl (Mehlbüchse), ein Schmalzemmerl (Schmalztöpfchen),

ein Brotsäckl und ein Mehlspeicherl (Mehlkasten), welches alles ich um siebzehn Kreuzer von dem Winterer Blasy gekauft habe, wurde auch öfters vom Hunger so matt, daß, wenn ich auch etwas zu kochen gehabt hätte, ich es vor Mattigkeit nicht hätte tun können. Mein gewöhnlicher Aufenthalt war der auf dem Schusterbichl, Knappenbichl, Noyhausbichl und meinem itzigen Scholderbichl herum, und wußte nicht einmal, wo ich in der Nacht schlafen sollte.
Es ist hier, wie an vielen Orten, gebräuchlich, daß man um die Zeit Allerheiligen den Goten und andern armen Kindern Seelenwecken austeilet; diesen trachtete ich auch fleißig nach, und hatte meinen Brotsack ziemlich angefüllt bekommen. Allein mein Proviant war von keiner Dauer, weil ich allzu begierig darauf versessen war und öfters als es sein sollte in meinen Sack hineinguckte.
An einem schönen Nachmittage, um die Zeit der Weinlese ... kam der arme Peterl, als ein Knab von neun Jahren den Berg herab; ich war barfuß, und meine schwarzbraunen Füße, mit einer dicken Haut überzogen, hatten sich ohne Verletzung über spitzige Steine hinzugehen gewöhnt... Ich war mit einem zerrissenen kleinen Hemde und erbettelten alten Kleidern behangen. Meinen runden ... Kopf bedeckte ein zerrissener, von Alter grau gewordener großer Hut, durch dessen Spalten meine hellbraunen Haare häufig herausguckten, und an meiner Seite hing mein alter Brotsack, und in der Hand trug ich einen starken haselnen Stock, um die Hunde damit abzuwehren.
Wie ich so den Fußsteig den Berg herabkam, sah ich vor mir eine schöne Wiese, und jenseits der Wiese einen Wald ... Rechter Hand einen Steinwurf weit von dem Wege lag ein Rübenacker ... Der arme Peterl eilt hin in die Wiese an den Bach, trank und setzte sich neben einer Erlstaude auf den Wasen hin... Indessen kam ein Diendl, welches eine weiße Geiß an einem Band leitete, um sie auf der Wiese neben dem Rübenfelde zu weiden. Ich armer Peter machte mich auf und ging zu dem Diendl hin; es war ein bildschönes Diendl, auch beiläufig zehn Jahre alt ... Wir beide brachten in vertraulichen und kindischen Gesprächen etwa eine Stunde zu, sodann aber begann es Abend zu werden. »Ach, Peterl!« sagte sie, »wo wirst du diese Nacht schlafen?« – »Darf ich denn nicht mit dir in das Dorf gehen?« – »Ach nein! Wir haben einen bösen Überreiter, der jagt dich fort ...« ... »Hier«, sagte sie endlich, »siehst du den dicken Rauch oben auf dem Berge aufgehen? ... Da ist ein Kohlbrenner ... mit Namen Georg Bruckner. Dieser ist ein gar guter Mann ... da geh du hin.« ...
Als ich durch das Laub daherrauschte und auf den Kohlbrenner zukam, sagte ich gleich zu ihm: »Vater, willst du mich diese Nacht beherbergen?« ... »Das könnte wohl geschehn, wenn ich wüßte, ob du ein braver Bub wärst: denn schau, böse Kinder kann ich nicht leiden; bist du denn allein?« – »Ja, meine Mutter ist vor einem Jahr gestorben, und habe auch keinen Vater mehr.« – »Wie alt bist du?« – »Ich bin neun Jahre alt.«

»Höre, Junge, wenn ich wüßte, doch bleibe da bei mir, ich will dich heute beherbergen.« Er führte mich dann in seine Hütte, gab mir zu essen und zu trinken, ob ich gleich nicht hungrig war, und machte mir ein Lager zurechte, worin ich sehr gut schlief. Den andern Tag dankte ich ihm, er gab mir eine gute Morgensuppe und bedauerte es, daß ein so hübscher Bub betteln sollte; ich fing an nachzudenken und bekam am Bettel einen Ekel, so daß er mir ganz zuwider wurde; wenn ich nur arbeiten könnte, dachte ich mir, und erfragte mir auch wirklich bald einen Hütersdienst auf dem Berge, wo ich den ganzen Sommer zum Lohn ein rupfenes Hemd, ein Paar Schuhe und 4 Kreuzer im Gelde hatte. Ha! dachte ich mir, du hast doch zu essen und darfst dich nicht bekümmern, wo du schlafen sollst, und der Bettelvogt darf dich nicht mehr verjagen.
In diesem tröstlichen Gedanken packte ich meine wenigen Sachen zusammen, nahm selbe auf meinen Buckel und trollte damit den Berg hinauf. Unterwegs rief mir mein alter ehrlicher obbemeldter Görg von seiner Haustüre zu: »Wo gehst hin, Peterl?« Ich sagte: »Auf den Berg hinauf, Schafe zu hüten.« Er sagte: »Wenn du schon itzt im Sommer etwas zu essen hast, was tust denn aft im Winter?« – »Ich weiß nicht«, war meine Antwort. Er erwiderte: »Ich habe deine Eltern gut gekannt, waren gar brave Leute.« Er sagte auch: »Es sind gar viele, die ihr Brot mit einer Handelschaft außer Landes suchen, probier es auch, wer weiß, ob du nicht dein Glück finden kannst?« – »Wie sollt ich es denn machen, ich habe weder Geld noch Kredit, wer wird mir was geben?« – »Ich will dir Bürge sein«, sagte er.
Auf seine Worte ging ich zurück und zum Bartlme Hauser, als einen Theriak- und Ölfabrikanten, hin; dieser borgte mir selbst um 3 fl. 9 kr. solche Waren.
Ich ging also außer Landes mit noch einem Kameraden ins Baiern, als ein herumlaufender Ölträger, im 10. Jahre meines Alters ...

165, 15 ff.; 21 ff.

FREIBERG, UM 1770
Märchen vom geheirateten Waisenmädchen

Nebst seiner ganzen Familie zu den besten Freunden unseres Hauses zählte ... Hofrat Näke, Chef des Dresdener Justizamtes, ein guter, treuer Mensch und sehr geachteter Beamter. Von ihm erzählte man sich folgendes:
Näke stand in früheren Jahren als Justitiarius in Freiberg, war lange Junggesell geblieben und wegen der amtlichen Erfahrungen, die er in Ehesachen gemacht, bei dem Entschlusse angelangt, auch Junggesell zu bleiben ...
Nun trug sich's zu, daß dieser Ehrenmann an einem Weihnachtsabend aus der

Kirche kam. Ein kalter Schneesturm tobte durch die Gassen Freibergs, daß man kaum aus den Augen sehen, kaum atmen konnte, daher sich Näke fest in seinen Pelz gewickelt hatte. Wie er nun dem Unwetter entgegen gedankenlos so vor sich hinkämpfte, mochte es sich zutragen, daß sein Blick für einen Augenblick vom Schnee und Eise frei ward – kurz, er bemerkte ein kleines, notdürftig gekleidetes Mädchen, das vom Sturm um und um gedreht, sich in hilflosester Lage befand. Das Kind hatte sein Gesangbüchelchen unterm Arm, die Hände in die Schürze gewickelt, und schien sich vergebens anzustrengen, gegen die Gewalt des Wetters standzuhalten. Hunderte von Kirchgängern wirbelten teilnahmslos vorüber; unser Freund aber, der trotz seiner abgeschmackten Ehestandsbegriffe doch ein gutes Herz hatte, griff zu, schlug seinen Pelz um die Kleine und führte sie halb, halb trug er sie nach der entlegenen Wohnung, die sie ihm angab. Das Mägdlein war vom Frost so durchgeschüttelt, daß sie kaum reden konnte, doch fühlte Näke ihren Dank auf seiner Hand, die sie mit Inbrunst küßte.
Das arme Würmchen! ... Der menschenfreundliche Beamte schickte ihr auf der Stelle zum Weihnachtsangebinde einen Mantel und einen Stollen. Da kam sie denn am andern Morgen sich zu bedanken – ein überraschend hübsches Mädchen – und war so zutraulich, so niedlich und bescheiden, daß Näke, der sich in eine längere Unterhaltung mit ihr eingelassen, den Vorsatz faßte, sich der elternlosen Waise, die bei unbemittelten Verwandten an allem Mangel litt, tatkräftig anzunehmen. Er setzte sich mit jenen ins Vernehmen, und man gestattete es mit Freuden, daß er sein Pflegetöchterchen in einem anständigen, ihm befreundeten Hause unterbrachte und jede weitere Sorge auf sich nahm. Von jetzt an sah Näke sie täglich, leitete selbst ihren Unterricht und schloß die Kleine, welche mit unbegrenzter Liebe und Verehrung an ihrem Wohltäter hing, dermaßen in sein Herz, daß ihm der Gedanke unerträglich wurde, jemals wieder von ihr getrennt zu werden.
Dazu gab es aber nur ein einziges Mittel, und er ergriff es. Als das Töchterchen herangewachsen war, schlug Näke seine Junggesellenweisheit in die Schanze und machte sie zu seiner Frau. Es hat ihn das auch niemals gereut ...
Als meine Eltern mit ihm bekannt wurden, war Näke bereits ein Greis, seine Frau aber in noch rüstigen Jahren und immer noch recht hübsch, obgleich sie fünf zum größeren Teile schon erwachsene Kinder hatte, zwei Töchter und drei Söhne.

III, 35 ff.

POTSDAM, 1777
Moralische und physische Verdorbenheit der Waisen

Unter anderen öffentlichen Gebäuden sah ich auch das große Militär-Waisenhaus in Potsdam, welches mit wahrhaft königlicher Pracht von Friedrich II. erbaut war. Im Innern war es indes so ungemein schmutzig, und die Unreinlichkeit seiner 6000 (?) Zöglinge beiderlei Geschlechts war so abscheulich, daß es ein wahrer Greuel war. Die schönen breiten Treppen waren so ganz mit Schmutz bedeckt, daß man die Abstufungen nicht mehr erkannte, wie dies in den großen Städten von Italien der Fall ist. Da es gerade im Jänner war, so fand man alles fest gefroren; so daß man sich an dem schönen eisernen Geländer hinauf ziehen und an demselben wieder herunter lassen mußte. In den Gemächern und Gängen herrschte ein häßlicher Geruch. Die Knaben und Mädchen erregten durch ihre bleichen Gesichter und schmutzigen Kleider einen widrigen Anblick und verbreiteten durch ihre ausgeschlagenen Köpfe eine unleidliche Ausdünstung.
Die moralische Verdorbenheit der Waisenkinder war der physischen gleich. Knaben und Mädchen aus diesem Waisenhause galten damals für nichtsnutzige Geschöpfe, welche von jedermann geflohen wurden. Auch waren die wöchentlichen Arbeiten der Waisenmädchen zum Teil an Juden verpachtet, für welche sie Spitzen klöppeln mußten. Diese hatten dann das Recht, sie täglich zu besuchen, und unbarmherzig in die Ohren zu kneipen, wenn sie nicht fleißig genug gearbeitet hatten. Und dies alles geschah 1777 unter den Augen des Königs Friedrich II. in Potsdam. Es ist unbegreiflich, wie dies dem weisen Monarchen verborgen bleiben konnte, und wie die Vorsteher und Verwalter dieses Waisenhauses, auf die Gefahr hin nach Spandau zu kommen, es wagen durften, solche grobe Unordnungen in der Nähe des Königs einreißen zu lassen.

31, 69f.

WILSNACK, UM 1795
Das Kind der Bettlerin

Daß ich keine Schwester hatte, ist gewiß für meine gemütliche Ausbildung nachteilig gewesen. Ich erhielt freilich eine Art Ersatz, aber dieser Ersatz hatte keinen guten Einfluß auf mich. Mein Vater besaß außer einer Halbschwester, welche angemessen in Wilsnack verheiratet war, eine rechte Schwester, die aber, in der Erziehung von Stiefeltern verwahrlost, wider den Willen meines Vaters sich an einen liederlichen Menschen verheiratet hatte, der, wenn ich nicht irre, sie verlassen, so daß sie nun als Bettlerin umherstreifte. Mir ist noch lebhaft eine

Szene gegenwärtig, welche sich öfter wiederholte, nämlich die, daß sie auf ihren traurigen Wanderungen zu meinem Vater kam, an der Stubentür saß, derb ausgescholten wurde, sich widerbellend verteidigte, das Nötigste empfing und dann wieder weiterzog ... Mir war diese Person entsetzlich zuwider. Sie hatte eine Tochter. Diese nahmen meine Eltern zu sich, um sie der Verwahrlosung zu entziehen, woraus die Mutter nicht mehr zu retten war ... Mein Vater hatte den an sich richtigen Grundsatz, das angenommene Kind wie sein eigenes zu behandeln. Aber ich weiß nicht, ob der häufige Anblick der Mutter mir das Kind so widrig machte, oder ob es selbst so widrig war; genug, mir war die Nähe dieses Kindes aufs äußerste unangenehm und ich gab ihm meinen Unmut wohl ungebührlich zu erkennen. Besonders drückend war es für mich, daß ich in einem Winter mit dem Kinde in einem Bette schlafen mußte. Ich verlangte dabei durchaus, nicht von ihr berührt zu werden, und geschah das, so stieß ich mit den Füßen, wie ein Wilder, das Kind (vielleicht drei bis vier Jahr jünger als ich) schrie mit Recht und ich erhielt die entsetzlichsten Prügel. Aber sie halfen nicht. Die Szenen kehrten oft wieder und mir ist noch bis auf den heutigen Tag nichts widerlicher, als leibliche Berührung von mir unwerten Personen. Ja, ich mag selbst kein Kleid auf meinem Leibe tragen, was eine andere Person getragen hat ...
Doch ich muß noch einmal auf meine kleine Muhme zurückkommen, um die ich und das nicht mit Unrecht, oft stark gezüchtigt wurde. Es war nämlich dieses Kind an die herumziehende Lebensart gewöhnt, daß es täglich forttrödelte und gesucht werden mußte. Mein Vater band es deshalb an einen kleinen Klotz. Es nahm aber den Klotz unter den Arm und trödelte nun so herum. Da ward es denn an einen stämmigen Tischfuß gebunden. Trotz aller Bemühungen meiner Eltern ist doch späterhin das Kind, als es erwachsen bei andern diente, verkommen. Ich habe deshalb einen entschiedenen Widerwillen gegen das Betteln der Kinder und kämpfe, wo sich mir die Gelegenheit darbietet, dagegen. Die Bettelei ist eine hundertköpfige Natter.

79, 28 ff.

Dresden, um 1800
Öffentliche Sorge für Findel-, Kost- und Armenschulkinder

Überhaupt widmete man damals der Jugendbildung, und namentlich der des ärmeren Standes, lange nicht die Aufmerksamkeit und Fürsorge wie jetzt. Ein schlagender, höchst trauriger Beweis, wie man die in Dresdens Findelhause aufgewachsenen, schulpflichtig gewordenen Kinder anderweit in Pflege und Erziehung unterbrachte. Man gab die bedauernswürdigen Kleinen, die so glücklich waren, in dem Findelhause am Leben geblieben zu sein, an die mindest Fordernden ab, unbekümmert, ob sie bei denselben gesund und sittlich erzogen oder leiblich und geistlich verwahrloset wurden. So z. B. hatte man in unserer Neustadt einem Weibe, das durch seinen lüderlichen Lebenswandel die Nase eingebüßt, 10 bis 12 solcher aus dem städtischen Findelhause entlassener Kinder zur Pflege anvertraut. In unserer Schule wurden diese beköstigt, ihre Pflegerin erhielt für jedes Kind wöchentlich ⅙ Taler, dazu noch einen Strohsack und eine wollene Decke. Diese Pflegerin hatte selbst zwei Kinder und ihre Wohnung bestand aus nur einer Stube und einer Kammer, in welcher letzteren sämtliche Kinder, ohne Unterschiede der Geschlechter schliefen. Erwägt man nun, daß jene armen Findelkinder aus dem Findelhause bereits mit der englischen Krankheit, mit der Krätze, dem Kopfausschlage und fast ohne Ausnahme mit der Sünde der Selbstbefleckung entlassen worden waren: so wird es den Leser nicht wundern, daß aus solchen Geschöpfen meist feile Dirnen, blödsinnige, entnervte Jünglinge und junge Greise wurden, die später dem Staate zur immerwährenden Last fielen. Hierzu ein Seitenstück. Unsere Armenkinder mußten nach dem Schlusse des täglich 6- bzw. 7stündigen Schul-, Strick- und Nähunterrichts noch bis abends 8 Uhr arbeiten. Unternehmer dieser Arbeitsanstalt war der Inspektor S., ein sittenloser und gewinnsüchtiger Mann. Anfänglich beschäftigte er unsere Kinder mit dem Spinnen von Schafwolle. Weil aber die Spinnräder größer als die Kinder waren, viel Raum einnahmen und große Kraftanstrengung erforderten, so traten an deren Stelle kleinere zum Baumwollspinnen. Die wiederholt wechselnden Spinnmeister und Spinnmeisterinnen waren gewöhnlich aus dem Zuchthaus oder Arbeitshause entlassene Diebe usw., welche dort das Spinnen erlernt hatten. Daß unsere Kinder von solchen Leuten nicht viel Gutes hörten, sahen und lernten, war natürlich. Rechnet man hierzu das anhaltende Sitzen in einem mit den Ausdünstungen der Menge geschwängerten Saale, den überdies noch der Geruch der Wolle, deren Staub, der Gestank trübe brennender Öllampen erfüllten, so sieht man ein, wie wenig für die Gesundheit und kräftige Entwicklung unserer Schüler gesorgt wurde. Wird man da noch die alte, angeblich gute Zeit preisen wollen? Seitdem ist es um vieles, sehr vieles besser geworden.

148, 35 f.

MARBACH, 1821 ff.
Das stumme Lottchen

Die Schule, wenigstens der Unterricht, hat bei mir sehr bald begonnen; ich habe aber Glück gehabt mit den Lehrern all mein Leben lang, von dem Tage an, wo ich als kaum vierjähriges Mägdlein dem Herrn Vogel übergeben wurde...
Herr Vogel hatte einen besonderen Schlüssel zu Kinderherzen, darum ist mir auch das Lernen bei ihm nie lästig geworden. Fast noch lieber als die Lehrstunden daheim, die von der Mutter kontrolliert wurden, war mir's, wenn er mich auf seine Stube in seiner Eltern Haus mitnahm. Sein Vater war ein Küfer...
Wenn die Lektion an dem alten Eichentische vorüber war, so versüßte die dicke behagliche Mutter Vogel den Schluß mit einem roten Apfel oder mit einer Honigsemmel.
Seltsame Schulgenossen habe ich mitunter bei Herrn Vogel gehabt. Da sein großes Lehrtalent sich auch in der Gabe zeigte, taubstumme Kinder zu unterrichten, so wurden ihm öfters solche anvertraut. Bei zweien davon, plumpen, ungestalten Geschöpfen war seine Mühe verloren. Bei einer aber, dem Enkeltöchterlein eines benachbarten Pfarrers, blieb sie nicht umsonst. Lottchen war ein liebliches, blühendes Kind und ich habe mich mit ihr verstehen lernen wie mit vollsinnigen Gespielen. Wir verständigten uns durch Zeichen, mit Schreiben auf der Schiefertafel; wir beschauten Bilder miteinander und unsere Puppen machten sich Besuch...
Ihr Großvater, ein dicker, alter Herr, mit etwas cholerischem Temperament, dem dies arme Kind von einer unglücklich verheirateten Tochter allein übrig geblieben war, schlug es hoch an, daß man seine Enkelin so gelten ließ mit anderen Kindern, und wir durften manchmal unter Herrn Vogels Leitung mit dem blonden Lottchen einen Besuch im Pfarrhaus machen... Da gab's freie Pirsch in Hof und Garten, Kuchen und Obst die Fülle. Das stumme Lottchen war die Fröhlichste von allen; sie hatte ein sehr heiteres Temperament und besonders eine Gabe, alles Komische an den Leuten nachzuahmen. Das war auch ihre Waffe rohen Buben gegenüber, die hie und da sich den schlechten Spaß machen wollten, mit närrischen Gebärden allerlei an sie hinzureden, das sie natürlich nicht verstehen konnte. Lottchen wußte sie dann so gelungen nachzuahmen, daß sie die Lacher bald auf ihrer Seite hatte...
Lottchen ist zu einem blühenden Mädchen erwachsen; wir schrieben uns noch einigemal, als sie in der Taubstummenanstalt untergebracht war, an der Herr Vogel angestellt wurde. Eine Zeitlang war sie dann in guter Hand im Hause eines Geistlichen, der sie mit einer eigenen kranken Tochter unterrichtete. Nach ihres Großvaters Tod hielt man es aber für unnütz, noch Kostgeld zu zahlen für das

kräftige, gesunde Mädchen; so kam sie in ein Bürgerhaus, wo man sie nährte und arbeiten ließ, wo aber nichts geschah, den einst so mühsam angefachten Geistesfunken zu erhalten, und so ist das arme Kind nach und nach in Apathie versunken. Den einstigen Lehrer, der sie einmal besucht, hat sie nicht mehr erkannt; die Namen der alten Gespielinnen, die er ihr nannte, weckten keine Erinnerung in ihr und sie ließ ihn scheiden ohne ein Zeichen des Bedauerns. Ob sie noch lebt, weiß ich nicht ...

219, 14 ff.

Penzlin, 1825
Lamento über ein Kind ohne Arme

Unweit von dem Hause meiner Großmutter, dem Garten gerade gegenüber, wohnte ein Nagelschmied ... Meister Freudenthal hatte nur einen einzigen Sohn und das war ein lieber Spielkamerad von mir. Ein heiterer, munterer Knabe, elf Jahre alt, wie ich selber und der beste Märchenerzähler. Als solcher war er in der kleinen Stadt so bekannt, daß er oft abends, wenn die Damen beim Teeklatsch saßen, eingeladen ward zu kommen und zu erzählen.
Was er erzählte, das hatte er nicht in Büchern gelesen oder sonst wo gehört, sondern er hatte es sich ausgedacht in den langen stillen Stunden, die er allein war, wenn der Vater in der Schmiede arbeitete und die Mutter in der Küche beschäftigt war. Der Beklagenswerte, er konnte weder dem Vater noch der Mutter hilfreich sein, denn er hatte keine Arme; nicht der kleinste Stumpf eines Armes war an seinen Schultern zu sehen, sondern glatt und gerade ging sein Körper von der Schulter hernieder. Als er geboren wurde, war es ein furchtbares Lamento in dem Hause des Nagelschmieds gewesen, man hatte meinen Onkel gerufen (der Medizinalrat war) und ihn aufgefordert, das Kind gleich nach der Geburt zu töten! Aber der hatte natürlich opponiert und gesagt: Das Kind wäre gesund und lebensfähig, und es zu töten, würde ein Mord sein.
Und gesund war der Knabe geblieben, lebensfähig bewährte er sich, nur daß er das Leben nicht angreifen konnte mit tüchtigen gesunden Armen, sondern hilflos erschien und abhängig von seiner Umgebung ...
Nichts Komischeres konnte man sehen, als wenn der Knabe in den Sommertagen auf dem weiten Sandplatz dicht vor dem Tore mit den anderen Knaben spielte, er war lang und schlank, ganz in graue Leinwand gekleidet, mit Schuhen an den Füßen.
Wenn die Knaben ihn nörgelten und neckten, dann schrie Carl laut auf. Mit

einem einzigen Ruck hatte er den Schuh von seinem rechten Fuß geschleudert und mit den Zehen, die nicht von Strümpfen verhüllt waren, hob er Sand empor und schleudert ihn seinen Feinden gerade in die Augen ...

140, 130 f.

BERLIN, 1828 ff.
Mein blöder Bruder

Sie hatte am 23. März 1828, ein Jahr nach ihrer Vermählung, einen Knaben geboren, der einen oder zwei Monate zu früh zur Welt kam, meinen einzigen Bruder, Ernst Hermann getauft ... Auch zeigte sich in den ersten, nur mit Spielen ausgefüllten Jahren nichts, was eine bleibende Schwäche der Entwicklung befürchten ließ. Erst als das Lernen anfing, das von einem trefflichen Hauslehrer geleitet wurde, kam es zutage, daß der Kopf des Knaben, der etwas zu klein geraten war, nur schwer zu jedem Denkgeschäft sich bequemte. Es wurde ihm sauer, mit mir, dem um zwei Jahre jüngeren, Schritt zu halten, und als der Vater mich in meinem achten Jahr ins Gymnasium brachte, wurde beschlossen, meinen Bruder in die Realschule zu tun, die glücklicherweise ebenfalls in der Kochstraße lag und unter demselben Direktor stand, so daß wir den langen Schulweg gemeinsam machen konnten.
Dieser Schulweg wurde bald genug ein Dornenweg für mich. Zum erstenmal, nachdem mich im elterlichen Hause nur Liebe und Güte umgeben hatten, lernte ich die Bosheit der Menschenwelt kennen, zunächst der jugendlichen, da die Kameraden meines armen Bruders mit der Herzlosigkeit ihres Alters sich ein täglich neues grausames Vergnügen daraus machten, den Harm- und Wehrlosen zu hänseln, truppweise oder einzeln ihn zu verhöhnen und ihm jeden denkbaren Schabernack zu spielen. Mit erstickten Tränen der Wut und zusammengebissenen Zähnen fuhr ich dazwischen, solange ich an seiner Seite war. Was im Hofe seiner Schule geschah, konnte ich nicht verhindern, und wieviel meine Klagen bei dem alten Direktor Spilleke erreichten, erfuhr ich nicht, da der gute Junge alle Unbill, ohne sich dagegen zu empören, ertrug. Zuletzt scheint gerade dieses stille Erdulden die Tücke der jungen Teufel entwaffnet zu haben, da ich in den höheren Klassen, in die auch er langsam vorrückte, mich nicht entsinne, oft genötigt gewesen zu sein, als sein Beschützer aufzutreten.
Aber wenn mir auch diese Sorge vom Herzen fiel, blieb noch genug, was schwer zu tragen war ... Ich liebte ihn zärtlich ... Doch bei seiner geistigen Unbeholfenheit spielte er in der Gesellschaft meiner aufgeweckten Schulfreunde, mochte ich nun sie zu mir geladen haben oder bei ihren Eltern mit ihnen verkehren, eine

linkische, wunderliche Figur, so daß ich, selbst wenn die Kameraden sich bemühten, es mich nicht empfinden zu lassen, um alle Freude kam und wünschte, der arme Junge möchte zu Hause geblieben sein.
Doch einzusehen, daß dies auch für ihn das Beste gewesen wäre, konnte meine Mutter nicht über sich gewinnen. In ihrer grenzenlosen, blinden Zärtlichkeit hatte sie keine klare Vorstellung von dem, was dem lieben Kinde zu einem normalen Menschen fehlte, wenn sie auch zugab, daß er weniger begabt sei als sein jüngerer Bruder, und zum Studieren nicht das Zeug habe...
In der kritischen Zeit der Pubertät brach das Unheil aus. Er kam eines Sonntagmittags aus der Kirche, die er gern besuchte, nicht nach Hause, mein Vater ging, ihn dort zu suchen, und fand ihn ganz einsam, im Kirchenstuhl sitzend, mit seltsam irrem Blick und blödem Lächeln. So folgte er ihm gutwillig nach Hause, wo er eine kurze Zeit gepflegt wurde, während er tagelang am Fenster stehend in den Hof starrte und Choralverse sang, immer sanftmütig und leicht zu lenken. Als der Zustand sich verschlimmerte, wurde er in eine Heilanstalt gebracht, die er schon nach einigen Monaten verlassen durfte, »geheilt«, aber mit einer unheilbaren geistigen Unzulänglichkeit behaftet. Seine Entwicklung war auf der Stufe eines dreizehnjährigen Knaben stehen geblieben.
Er hat noch lange gelebt (bis zum 28. Dezember 1866), ja die Mutter überlebt...
Die treffliche Schwester meines Vaters, Bertha, die mit einem Landpastor Brennecke verheiratet war, nahm den unglücklichen Neffen in ihre Obhut und liebevolle Pflege, wo er unter seinen vielen gutmütigen Vettern und unter den einfachen ländlichen Verhältnissen wohlaufgehoben war. Er hatte keine ernstlichere Beschäftigung, leistete gelegentliche kleine Dienste im Hause und Hofe, holte Wasser vom Brunnen für die Gartenbeete und fühlte sich, soweit man urteilen konnte, wunschlos glücklich... Auch hatte er das Schreiben nicht verlernt, und seine sehr einfachen, aber nicht konfusen Briefe erhielten die gute Mutter bis zuletzt in der Täuschung, er sei allerdings nicht ganz wie andere Menschen, aber bei richtigem Verstande, der sich nur nicht zu äußern wisse. Daß sie selbst darauf verzichten mußte, ihn bei sich zu haben, da es in der großen Stadt nicht möglich war, ihm leiblich und geistig die für ihn passende Umgebung zu schaffen, war ihr ein lebenslanger Kummer.

90, 19 ff.

Berlin, um 1833
Zwei Pionier- und Musteranstalten

Das Taubstummeninstitut wurde 1788 vom Prof. Eschke gestiftet. Der König schenkte das Haus und erhält zehn taubstumme Kostgänger, zwei gegen das halbe Kostgeld; außerdem können noch 30 als königliche Freischüler an dem Unterrichte teilnehmen und der Direktor 10–15 Privatzöglinge aufnehmen. Der König sorgt auch für die Lehrmittel ... Bei der Aufnahme wird verlangt: 1. der Taufschein, 2. der Dürftigkeitsschein, 3. ein ärztliches Zeugnis, daß der Taubstumme sonst keinen Fehler, z. B. Blödsinn habe. Der Aufzunehmende muß zwischen 8–15 Jahren alt sein, und darf nicht vor der vollendeten Bildung aus der Anstalt genommen werden. Unterrichtsgegenstände sind: Schreiben, Rechnen, Natur- und Erdbeschreibung, deutsche Aufsätze, gymnastische Übungen. Der jetzige Direktor ist Herr Dr. Graßhoff, ein Lehrer Habermaß, vormals selbst Zögling der Anstalt, den der König besoldet, und ein Zeichenmeister. Man bedient sich zur Verständlichung eines Handalphabets, und übt die Zöglinge in der Tonsprache ...
Als Fehler der Taubstummen werden Verschlossenheit, Schüchternheit, Heftigkeit angegeben, aber Dr. Graßhoff glaubte, daß sie ihnen nicht als Fehler angerechnet werden müßten. Der Harthörige, oder der, welcher unter Menschen sich befinde, die eine ganz fremde Sprache reden, werde auch leicht argwöhnisch, weil er nicht wisse, was die andern sagen. Die Heftigkeit sei auch größtenteils Schein; denn weil die Taubstummen nicht sagen könnten, was ihnen eigentlich begegnet sei, sondern alles durch Gebärden ausdrücken müßten, so gäbe das ihrem Wesen eine gewisse Lebendigkeit, die wie Heftigkeit erscheine ...
Die Blindenanstalt des Herrn Prof. Zeune wurde 1806 gestiftet und den 13. August mit seinem ersten Zöglinge W. Engel aus Kolberg eröffnet ... Die Anstalt steht unter dem Schulkollegium der Provinz Brandenburg. Unter 9 und über 17 Jahren werden keine Zöglinge, deren Zahl sich auf 30 belief, aufgenommen. Unterrichtsgegenstände sind: Religion, Geschichte, alte und neue, Sprach-, Natur- und Erdkunde, Lesen, Schreiben, Formen- und Größenlehre, Gesang, Flöte, Violine, Flügelspiel und Handarbeiten. Zum Schreiben dient schwarzes mit Ruß und Öl getränktes Papier, worauf mit einem eisernen Griffel geschrieben wird, so daß die Buchstaben sich auf einem untergelegten weißen Blatt abdrucken. An Buchstaben aus Pappe und Teig lernen sie die Züge derselben durch das Gefühl, kennen ... Die Erdkunde wird nach einem von Zeune erfundenen Globus gelehrt, auf welchem die Länder und Gebirge erhaben in Gips aufgetragen, und die Flüsse und Meere Vertiefungen sind ...
Der Anblick der Blinden hat wegen ihres ruhigen, scheinbar teilnahmslosen

Sitzens, etwas Trauriges; doch jeder freute sich, wenn er Gelegenheit zu antworten erhielt ... Als ich nach den eigentümlichen Fehlern mich erkundigte, deutete Prof. Zeune auf Sinnlichkeit, auch wohl auf heimliche Sünden hin, die durch Vorstellungen, körperliche Übungen und Beschäftigung geheilt werden.

108, 285 ff.

Elm bei Schlüchtern, 1853 f.
Aus der Rettungsanstalt für sittlich verwahrloste Kinder

Am 22. November begab sich der kleine Ausschuß in die Anstalt, um eine Prüfung der Schule abzuhalten. Schon was diese Seite der Wirksamkeit unsers Hausvaters angeht, ließ sich von vornherein annehmen, daß derselbe auf sehr bedeutende Schwierigkeiten stoßen werde. Das ungleiche Alter, die sehr ungleichen Vorkenntnisse, ja zum Teil der gänzliche Mangel aller Kenntnisse gerade bei älteren Kindern, mußten natürlich die Mühe beim Unterricht sehr vermehren. Hatten doch wohl 6 von unsern 15 Kindern noch gar kein Wissen von Jesu, drei von diesen, ein zwölfjähriger und zwei neunjährige Knaben, konnten noch keinen Buchstaben lesen, konnten und wollten beinahe nicht ordentlich denken und sprechen, also Unwissenheit und Böswilligkeit zusammen ...
Weit größer als beim Unterricht, waren und sind begreiflicherweise die Schwierigkeiten, welche der christlichen Erziehungsarbeit unsers Hausvaters entgegentreten ... Das frühere Leben unserer 15 Anstaltskinder kann bei den meisten im höchsten Grade verwahrlost genannt werden. Die meisten wollten und durften nur betteln oder müßiggehen und lebten in der Umgebung und unter dem Einfluß gottloser, in offenbaren greulichen Sünden lebender und eben dazu verführender Eltern oder Mütter und Geschwister. Was unter solchen Verhältnissen aus den armen Kindern wurde, mag folgendes beweisen. Kinder, die früher nur bettelten, waren zu Anfang ihres Hierseins von dieser bösen Gewohnheit, ungeachtet sie nach Bedürfnis zu essen bekamen, nur durch Entziehung gewünschter Genüsse und durch körperliche Strafen abzubringen. Ein Knabe ging nach dem Mittagessen ... in ein Bauernhaus und forderte sich ein Stück Brot unter dem Vorgeben, er habe nichts zu essen bekommen ... So könnte ich noch eine Menge von Beispielen anführen, die zu erkennen geben, wie schwer der Bettelsinn Kindern abzugewöhnen ist, die im Betteln aufgezogen worden sind. Dabei werden sie in Lüge und Heuchelei in allen Tücken und boshaften Ränken so geübt und gewandt, daß sie gar leicht und oft dadurch wirklich täuschen. Sie wissen, um zum Gegenstand ihrer Lust zu

gelangen, die ausgesuchtesten und bedenklichsten Ursachen anzugeben, besonders gern Hunger, Unwohlsein, Heimweh. Wird den Kindern das Betteln nach außen unmöglich gemacht, so suchen sie es untereinander selbst auszuüben. Mit diesem Bettelsinn hängt das fast ununterbrochene Denken ans Essen und Sprechen davon zusammen. Das ist ein hartnäckiges Übel bei einigen unserer Kinder, und sie können nur durch nützliche Beschäftigung und durch Entziehung dessen, wovon sie reden, davon abgewöhnt werden. So klein aber dieses Übel scheint, so muß es doch aufs Beharrlichste bekämpft werden; denn es erzeugt nur einen lüsternen, tierischen und unzufriedenen Sinn, der bessere Gedanken und Eindrücke nicht leicht aufkommen läßt, und mit welchem auch die Lust und die Fähigkeit der meisten unserer Kinder zusammenhängt, zu jeder Zeit zu essen ... Daß bei solchem Sinn den Kindern nicht nach Lust und Begehren zu essen gegeben werden kann, ist leicht einzusehen. Aber eben daß ihnen nach Bedürfnis und in bestimmter Ordnung, Zeit und Weise gegeben wird, das erscheint den in solchem Sinne Gefangenen als Zwang, wofür sie sich bei Gelegenheit zu rächen suchen. So hat ein Knabe, weil er nicht nach seinem Wunsche das Vesperbrot bekommen, der Hausmutter die Schuhriemen zerschnitten, ein anderer von der Kleiderbürste Borsten abgeschnitten, andere stehlen, verderben, verunreinigen die Kleider usw.

Schwer hält es, die Kinder, die sich das Betteln angewöhnt haben, zur Arbeit, Ordnung, Reinlichkeit und Anständigkeit zu gewöhnen. Es sind Kinder bei uns, die, wenn man sie nicht bestimmt und nachdrücklich zu einem Geschäft anhielte, auch nichts zu tun begehren würden; andere suchen den Arbeiten oft in recht abscheulicher Weise auszuweichen. Vor kurzem sollte ein Knabe am Brunnen Wasser holen, was zu der Zeit sein Geschäft war; da wußte er etwa eine Stunde vorher sich so zu gebärden, als hätte er die größten Leibschmerzen, bloß um nicht Wasser tragen zu müssen; andere lernen absichtlich Arbeiten, die ihnen zugewiesen sind, nicht, um sie nicht treiben zu müssen; einige verderben und beschädigen in gleicher Absicht ihre Arbeitsgegenstände. Was die Unreinlichkeit betrifft, so haben wir drei bis vier Kinder, welche sich dadurch für erlittene Strafe zu rächen suchen. Ein Knabe hat in dieser Absicht schon mehrmals Gänge, Schlafsaal, Bett und Hosen verunreinigt. Und wie im Essen, so sind die Kinder auch in Verrichtung ihrer Notdurft schwer zur Ordnung zu bringen; mehrere scheinen in dieser Beziehung gar kein Schamgefühl zu kennen.

Nun komme ich noch auf zwei Hauptübel, die in einigen unserer Kinder tief gewurzelt sind, zu sprechen, die Wollust und die Lügen. 4 unserer Knaben wissen nicht nur von dem Laster der Selbstbefleckung, sondern haben dieses bisher auch in schauerlicher Weise getrieben; drei von diesen, zwei 12, der andere 9 Jahre alt, erzählten mir, wie sie schon vor zwei Jahren beim Betteln an

Hecken und dergleichen Plätzen mit Mädchen ihres Alters förmlich Sünden der Unzucht getrieben haben; der vierte ist so hartnäckig, daß er manches noch verschweigt; zwei von diesen Knaben tragen die Kennzeichen dieses Lasters in allen Arten nur zu deutlich im Gesicht, in Blick und Gebärden, im Willen usw. an sich. Auch eins unserer Mädchen ist mit Sünden dieser Art bekannt, die sie mit angesehen und selber mitgemacht hat. – Die Gewandtheit etlicher unserer Kinder im Leugnen und Lügen und die Frechheit dabei übertrifft all das bisher Gesagte. Wie lieblos und undankbar solche Kinder sind, was sie reden und treiben, wenn sie ohne Aufsicht sind, wie finster, trotzig, eigensinnig, der Ordnung und Zucht widerstrebend sie sein können, das ist nunmehr wohl leicht zu erkennen.
So sind unsere Kinder von Natur ... Aber auch für sie ist noch Rettung vorhanden. Jesus kann und will ihnen helfen; das ist unser Trost und unsere Gewißheit. Sind sie doch getauft auf seinen Namen ... Wenigstens bleibt seine Gnadenzucht an ihnen nicht unbezeugt.

95, 4 ff.

WIEN USW., 1876 ff.
Das Gemeindekind

Zu Kaiser Josefs Zeiten nahmen die Kindesmorde in der sogenannten guten und besten Gesellschaft so überhand, daß der Kaiser ein besonderes System ersann, das Leben der Kinder zu retten. Er verbürgte den Müttern vollste Geheimhaltung ihres Namens. Wenn sie sich verpflichteten für die Erziehung des Kindes einen Pauschalbetrag zu bezahlen ... dann konnten sie auf der Zahlabteilung der niederösterreichischen Landesgebäranstalt unter Maske entbinden, niemand durfte sie nach Namen und Herkunft fragen und sie konnten dem Kinde einen beliebigen Namen geben ...
Die Kinder waren vor Mörderhänden gerettet, aber sie waren einem grausamen Schicksal verfallen, das auch seit den 70er Jahren, da sich der niederösterreichische Landtag damit beschäftigte, keine Besserung erfahren hat. Seit 1878 besteht zwischen dem Land Niederösterreich und der Gemeinde Wien ein Übereinkommen, daß solche Kinder gegen Bezahlung einer Taxe ... gleich bei der Geburt in den Heimatverband der Stadt Wien aufgenommen werden. Das Land übernimmt für seinen Teil die Verpflegung des Kindes bis zum vollendeten zehnten Jahre, die Stadt ist dann Vater vom 10. bis zum 14. Jahre des Kindes. Auch konnten die Mütter diese so geborenen Kinder in Privatpflege geben und nur die Wiener Zuständigkeit des Kindes »einzahlen« ...

Die Geschichte eines solchen nach Wien »eingezahlten« Kindes ist die Otto Dunkers ...:

1
In ewiger Erinnerung wird mir der Tag bleiben, da ich mein zehntes Lebensjahr vollstreckte, der 26. April 1886 ... Da fiel es auf meine Seele wie Mehltau. Die Ziehmutter setzte einmal ihre ernste Miene auf. »Otterl«, begann sie ihre Geburtstagsrede, »heute bist du zehn Jahre alt und damit kommt die Stunde des Abschieds. Was ich dir bisher immer abgeleugnet habe, um dir nicht dein Leben zu verbittern, es ist wahr. Du bist nicht mein Kind ... und mit dem zehnten Lebensjahre hört meine Verpflichtung auf, für dich zu sorgen. Auch mein Recht an dich ... Jetzt ist der Magistrat dein Vater ...«

2
Die Nacht war schon hereingesunken, als wir in Wien ankamen. Schon auf der Einfahrtsstrecke tanzten mir die tausend Lichter der Großstadt vor den Augen und nun, da ich in der mächtigen Bahnhofshalle stand, glaubte ich mich geblendet von dem rotflimmernden Lichterglanz der Gaslaternen. Auch an der Straße draußen Licht an Licht ... Wir mochten etwa eine Viertelstunde gegangen sein, als Herr Rudolf plötzlich vor einem riesigen Gebäude Halt machte. »So hier sind wir zu Hause. Hier ist das Versorgungshaus. Da mußt du die erste Nacht schlafen und morgen früh hol ich dich ab.« Damit zog er die Klingel und übergab mich dem Pförtner ...
Pünktlich am Morgen war Herr Rudolf zur Stelle. Ich war bereits gewaschen und gekämmt und hatte auch schon meinen Kaffee hinuntergewürgt ... Zunächst ging es ins Rathaus und dort wieder über lange Gänge und durch mehrere Höfe in ein muffliges Lokal, wo eine Menge armer Leute auf den Bänken saßen ... Auf dem Wege ins Rathaus hatte mir der Herr Rudolf schon Verhaltungsmaßregeln eingeschärft. Ich sollte namentlich den Herrn Rat recht schön bitten, daß er mich in ein Waisenhaus gebe und nicht zu einer Kostmutter. Im Waisenhaus hätte ich es viel besser ... Da wir in dem Vorzimmer saßen und warteten, kam plötzlich ein alter Herr mit weißem Hut durch ... Eine Minute später stand ich vor dem »Vater Magistrat«. Herr Rudolf reichte ein Schriftstück hin. »Wie heißt du?« – »Otto Dunker«. – »Jetzt kommst du zu einer Kostmutter, Otto.«

3
Drei Monate später stand ich wieder einmal vor dem Herrn Rat. Frau Taborsky hatte mich zurückgebracht. So einen Lausbuben könne sie nicht länger behalten. Was dazwischen lag, war mein persönliches Elend, für das ich frei-

lich nirgends Gehör fand ... Frau Taborsky ... trieb mich Tag um Tag um fünf Uhr aus den Federn und um 6 Uhr waren sie und ihr Mann fort. Sie ging in fremden Häusern Wäsche waschen, er ging in die Wagenremise der Tramway. Sie kehrte abends, er oft spät nachts heim. Ging sie fort, dann sperrte sie die Wohnung ab, in der ich nicht verbleiben durfte, gab mir drei oder vier Kreuzer Kostgeld für den Tag und nun mußte ich trachten, wie ich mich durchschlug. Ich hatte zwar bald einen Verdienst gefunden, der mich der Nahrungssorge enthob, aber mir selbst überlassen, nützte ich meine wieder errungene Freiheit tüchtig ... Dann kam der erste Schultag in Wien. Nur einen Monat blieb ich in dieser Schule, dann hatten die Lehrer genug von mir. Ich war der ausgelassenste, undiszipliniertste von allen Jungen. Wie konnte es auch anders sein? Den ganzen Tag mir selbst überlassen, machte ich nie eine Aufgabe, lernte nichts, aber ich sorgte dafür durch meine Streiche, daß die Schule immer mit mir zu tun bekam ... Ich wurde also in die zweite Döblinger Schule gesteckt, aber auch dort machte ich meine Streiche, die ich auch nicht ließ, als mich Frau Taborsky fast täglich fürchterlich prügelte ... Aber je mehr diese Frau mich schlug, desto mehr lernte ich sie hassen und desto toller wurden meine Streiche ... Rasch entschlossen packte sie mich zusammen und führte mich ins Rathaus ... Der »Vater Magistrat« zog die Brauen hoch, gab mir eine eindringliche Lehre, wieder ohne zu erforschen, warum ich denn so verwahrlost war und hieß mich dann warten.

4
Einige Stunden später holte mich meine neue Kostmutter ab, eine Wirtin in Hernals. Nun war ich bei Onkel und Tante. So wollten es der Wirt Höllriegel und seine Frau gehalten wissen. Ihr Geschäft hatten sie in Hernals. Es war mehr Heurigenschank als Wirtshaus, eines jener fidelen Wiener Lokale, wo unermüdlich der Dreieinigkeit Wein, Weib, Gesang gehuldigt wird. Es war also nicht gerade die beste Erziehungsstätte ...
Ich freute mich täglich des Abends, denn da ›durfte‹ ich unten bedienen und da gab es nicht nur lustige Menschen, es gab auch täglich Musik und Gesang, vielen Spaß mit mir und – Trinkgelder ... Täglicher, besser allnächtlicher Gast in dem Lokal war auch mein Klassenlehrer ... In der Schule war er mehr als nachsichtig mit mir. Wenn ich morgens unausgeschlafen zur Schule kam – es konnte ja nicht anders sein – dann fragte er mich gemütlich: »Na, wie spät ist's denn gestern wieder geworden?«
Eines Tages im März hatte diese Herrlichkeit ihr Ende. Als ich von der Schule heimkam, saß ein Gemeindediener da, der den Auftrag hatte, mich abzuholen ... Sofort stiegen mir die Tränen in die Augen ...

5

Ich kam wieder zu einem Wirt ... in die Altwiener Vorstadt ... Der Wirt an der Ecke der Herrengasse war weit und breit als der »narrische Mayer« bekannt ... Er trank vom frühen Morgen bis zum Abend ... So war er eigentlich in einem immerwährenden Rauschzustand ... War sein Maß überschritten, dann griff er nach der Rumflasche und nun begann der Alkoholteufel in ihm zu rumoren ... War das Lokal reingefegt, dann kam die Familie dran, und es war nicht selten, daß wir alle der Reihe nach geprügelt wurden. Namentlich ein zweiter Kostbub und ich ... Eines Abends machte ich der Geschichte selbst ein Ende. Es war im Mai. Der erste Mai in der Großstadt ... Dazu fast täglich Prügel ... Einige Zehnerl in der Tasche, brannte ich durch. Mein Plan war, geradewegs nach Bergdorf zu wandern. Bis knapp an die Grenze des heutigen Wien kam ich ...

6

Mein Wiener Ziehvater Nr. 4 war der Hausbesitzer und Naturblumenhändler Eile in der Josefigasse. Er hatte drei Buben vom Magistrat in Pflege, besser gesagt, zu rücksichtsloser Ausbeutung überwiesen ... Kaum waren wir drei Kostbuben von der Schule daheim, mußten wir uns hinsetzen und Blumen auf Draht binden, eine Vorarbeit für das Kranzbinden. Dann bekamen wir unser Essen. Es wurde für uns extra gekocht. Ein wahrer Schlangenfraß wurde uns vorgesetzt, so daß wir ihn öfters, so hungrig wir waren, in den Abort schütteten ... Gleich nach Tisch gings wieder an die Arbeit, die bis knapp vor Schulbeginn währte. Dann fort in die Schule und dann wieder ins Joch ... Am glücklichsten waren wir noch, wenn wir bestellte Kränze oder Bouquets zur Privatkundschaft tragen konnten. Da fielen hie und da ein paar Kreuzer Trinkgeld ab und mit diesen konnten wir uns die Kost aufbessern. Noch eine wichtige Ausgabe bestritt ich damit. Ich kaufte mich mit Hilfe dieser Einnahmen von den Prügeln des Lehrers los. Ich hatte nie Zeit, meine Aufgaben zu machen. Brachte ich sie aber nicht in die Schule, dann setzte es unbarmherzig Prügel. Der Lehrer ... fragte gar nicht danach, ob ich die Möglichkeit hätte, meine Aufgaben zu machen oder nicht, er verlangte sie und hatte ich sie nicht, dann tanzte sein Staberl über meinen Hintern. Einige Male nahm ich diese Strafen geduldig hin, dann aber gab ich immer einem Sitznachbarn zwei Kreuzer, daß er mir die Aufgaben machte. So entging ich wohl den Prügeln, aber meine Lernerfolge waren gleich Null. Fast zwölf Jahre trat ich in dieser Schule in die vierte Klasse ein und am Tage, da ich mein 14. Lebensjahr vollstreckt hatte, verließ ich sie mit einem Abgangszeugnis derselben vierten Klasse ...
Der »Vater Magistrat« kümmerte sich regelmäßig um uns. Jedes Vierteljahr einmal kam der Gemeindediener nachschauen, wie es uns ergehe ... Kaum

war er da, als Herr Eile sein freundlichstes Gesicht aufsteckte. »Geh, Otto, springst gschwind um einen Liter Wein hinab und a paar Virginier bringst aa.«
... Von einem Besuch zum andern nahmen wir uns vor, dem Gemeindediener unser Leid zu klagen. Aber wir kamen nie dazu. Er sah uns nicht einmal recht an, geschweige denn, daß er uns einmal gefragt hätte, wie es uns ergehe.

221, 5 ff.; 42 f.; 47 ff.; 53 ff.; 58 ff.; 63 ff.

8.3. Von Wunderkindern und anderen Exoten

Kommentar
Hamburg, 1660 ff.   Mißgeburten als Schaustücke
Frankfurt/Main, 1686   Böser Geist oder göttliches Ingenium?
Lübeck, 1724   Gutachten für den Regensburger Reichstag über das gelehrte Kind
Lochau bei Halle, 1800 ff. Ein Wunderkind auf dem Gebiet der Wissenschaften
Münster usw., 1816 ff.   Ein Opfer fremden und eigenen Ehrgeizes
Leipzig, 1835   Fragen an den Vater der Virtuosin

Das gelehrte Kind von Lübeck, Christian Heinrich Heineken (1720?–1724?).
Aus: W. Theopold, Das Kind in der Votivmalerei. München 1981

Kommentar

Ihre Zahl ist sehr gering, das kann ja nicht anders sein, trotzdem sind die oftmals sehr populären Ausnahmen, die Kriterien ihrer Bestimmung und der Wandel der Kriterien im Lauf der Jahrhunderte insgesamt aufschlußreich für das Kinderleben der Vergangenheit.

In gewisser Weise sind diese Kinder ja immer Naturwunder, denn selbst dort, wo ihre Besonderheit sich als gelehrte Frühreife kundtut, bestaunt man die Diskrepanz zwischen Alter und Leistung. Selbstverständlich sind auch die gelehrten Kleinkinder vom 16. bis ins 18. Jahrhundert hinein Produkte einer sorgfältigen Dressur durch Erwachsene; dieser Tatsache schenkt man aber lange keine Beachtung. Das Wunder steckt im Kind, ist in seiner rätselhaften, vielleicht sogar unheimlichen Geistes- und Gedächtniskraft begründet. Durch den Sieg der Pädagogik im 18. Jahrhundert als einer allgemeingültigen Methode, aus Natur (oder Unnatur) Menschen zu bilden, verschiebt sich das Gewicht vom Kind auf den Erzieher. Die neuen Wunderkinder treten als Muster- und Demonstrationsexemplare für die Wahrheit und Effektivität bestimmter Erziehungsgrundsätze auf. Rousseau war der erste, der – allerdings nur auf dem Papier – ein Kind »Emile« (1762) so modellierte, und er fand gar nicht so wenige Nachfolger in ehrgeizigen Vätern, die mit ihrem Musterkind auch gleich ihre eigene Existenz als Berufspädagogen begründen wollten. Durch die Verbreitung und Ausgestaltung der Schulen wird das spektakuläre Wunder- und Musterkindwesen einesteils überflüssig, andernteils auch unmöglich. Denn jetzt erwarten viele gebildete bürgerliche Eltern von ihren Kindern »Wunder«, die den ungeheuer gesteigerten affektiven und finanziellen Investitionen entsprechen sollen, welche die Eltern allein über einen immer längeren Zeitraum hinweg aufbringen müssen. Während so das gelehrte Wunderkind ausstirbt, ersteht es im 19. Jahrhundert neu in der Gestalt des kindlichen musikalischen Virtuosen.

Die Ausbeutung einer anderen Gattung von Wunderkindern, der Riesenbabys

Nicht als hilfsbedürftig und krank, sondern als Naturwunder bestaunt und vermarktet werden deformiert geborene oder sich abnorm entwickelnde Kinder. Öfter mag der Geschäftssinn Erwachsener oder die Phantasie des Malers nachgeholfen haben. Die Riesenbabys einer bayrischen Bäuerin von 1763. Der schuppichte Knabe von 1691.
Aus: E. Holländer, Wunder, Wundergestalt und Wundergeburt. Stuttgart 1921 – E. Schlee, Hrsg., Gottorfer Kultur. Kiel 1965.

Anno 1691 den 26. Februarii
ist dißer Schippichte Knabe in Schlesien
von vielen Liebhabern gesehen worden

oder jugendlichen Somnambulen etwa, wird obsolet, lange ehe die Ausstellung körperlicher Deformation oder psychischer Anomalie ihren Wert in der populären Unterhaltungskultur verliert. Auch die kindliche Schauspielerin, ein Produkt der familienförmig organisierten Theatertruppen des 17. und 18. Jahrhunderts, stirbt im 19. aus. Den letzten Hinweis auf die Technik, Knaben zur Erhaltung und Verbesserung ihrer schönen Stimme zu kastrieren, liefert Johann Frank (1745–1821). Eine Gräfin erbietet sich, ihm die Reise nach Italien zu diesem Zweck zu bezahlen, als gutsituiertes Bürgerkind kann er diesen Plan für seine Zukunft jedoch ausschlagen. Wie viele Kinder sonst diesen Berufsweg mit ihrer körperlichen Verstümmelung bezahlten, ist, seit 1564 Münchener Jesuiten mehrere dieser Kinder nach Italien sandten, ein Geheimnis geblieben.

LITERATUR:
E. Holländer, Wunder, Wundergestalt und Wundergeburt, Stuttgart 1921
F. Haböck, Die Kastraten und ihre Gesangskunst. Eine gesangspsychologische, kultur- und musikhistorische Studie, Berlin und Leipzig 1972

Hamburg, 1660 ff.
Mißgeburten als Schaustücke

Das siamesische Doppelkind, welches vor etwa 20 Jahren (also um 1836) Europa in Erstaunen setzte, hat in Hamburg bereits 1660 einen Vorläufer gehabt: ein teilweise doppeltes Kind, mit zwei Köpfen, zwei Hälsen, zwiefachen Brustkasten, vier Armen, vier Beinen, aber nur einem einzigen Bauch. Die Eltern waren arme Leute, hätten ihr Himmelsgeschenk gern groß gezogen zu ersprießlicher Verwertung durch Sehenlassen gegen billiges Entree. Es ward aber nichts daraus, denn die eine Halbscheid des jungen Paares lebte nur bis zum Abend. Sintemal es nun, nach dem Spruch des Gassenrechts, »nicht müglich, daß der Tote bei dem Lebendigen bleiben darf«, so ratschlagte man, wie man wohl um diesen zu erhalten, den gestorbenen Zwilling von ihm abtrennen könne, und Doktoren und Chirurgen wetzten schon ihre Messer, – da starb zum Glück der andre arme Wurm auch, zum Leidwesen der Eltern.

Ein im Jahre 1676 geborenes, übrigens völlig makelloses Kindlein, trug auf dem Kopfe einen durch die Haut desselben gebildeten wunderbaren Schmuck, welcher sich akkurat wie eine sogenannte Pustkappe ansehen ließ, desgleichen damals von dem neumodischen Frauenzimmer viel getragen wurde. Des Kindes natürliche Haube hatte in der Tat völlig die Fasson der künstlichen Hauben vornehmer Damen, Schnippe auf der Stirn etc. grade so, wie die Mutter, eines armen Soldaten Ehefrau, sie oftmals nicht ganz neidlos in der Kirche gesehen und sich gewünscht hatte. – Das Wunderkind konnte jedermann besichtigen, für einen Sechsling à Person, ohne der Wohltätigkeit Schranken zu setzen. Aber die Eltern hatten nicht lange Gutes von diesem Ehesegen, denn das Kindlein starb schon nach einigen Tagen, ersichtlich an den Folgen seiner Berühmtheit.

13, 157 f.

Frankfurt / Main, 1686
Böser Geist oder göttliches Ingenium?

Der jüngst gemeldete Knabe, so die Predigten Verbotenus nachgesagt, hat solches seither gar oft getan, welches wohl ein göttlich Ingenium sein muß. Zumal da er ohnlängst des Herrn Doktor Speners Predigt, welcher itzund wegen seiner baldigen von hier Reise, fast jedesmal 2 Stunden lang prediget, von Wort zu Wort nachgesaget. Dannenhero solcher Knabe dann anfangs durch die Herren Bürgermeister und verschienen Mittwoch von dem ganzen Ministerio examinieret worden, weil man vermeinet gehabt, daß er keinen guten Geist haben möchte. Welches man doch in der Examination und auch bei der Erkundigung seines ganzen Lebenslaufs viel anderst befunden. Weswegen man ihn auch itzund zum Studieren anhält.

22, Bd. 1, 198

Lübeck, 1724
Gutachten für den Regensburger Reichstag über das gelehrte Kind

Anno 1724 habe mich fast den ganzen Tag, nur die ordentliche Kirchenzeit ausgenommen, bis abends um 10 Uhr in der Frau Heincken ihrem Hause aufgehalten, um recht zu erfahren, ob etwas daran sei, was von ihrem Sohn, Christian Heincken, der noch nicht völlig drei Jahr alt, bishero geredet und geschrieben worden. Da ich nun mit Grund der Wahrheit versichern kann, vieles von dem Kind gehöret zu haben, welches sein Alter weit übersteiget, und ihn von vielen tausend anderen unterscheidet: weswegen auch mehr als einmal bedauert, daß nicht alle und jede, die ihn sehen, dergleichen alsobald aus seinem Munde hören können. Die Ursachen sind, weil er sich von niemand gerne fragen läßt als von dem Herrn von Schöneich, einem schlesischen von Adel ... der sich in dem Hause aufhält, und zum Plaisir und Zeitvertreib diesem Kinde discursive so vieles beigebracht. Ferner ist dies nicht praktikabel, weil es ihm nicht allezeit gelegen, daß es antworten will, wegen seiner zarten Kindheit aber nicht zu zwingen steht; dahero es am erwähnten Tage wohl zwanzig Mal, wenn es am besten rezitieren war, abgebrochen, und zwar mit seiner gewöhnlichen Formel: »Nun will ich nach Nutrix (Amme) gehen«, worauf es dann gleich mußte dimittieret (entlassen) werden ... Dem ohngeachtet habe doch vieles nachgerade von ihm gehört, welches teils ein wundernswürdiges Gedächtnis, indem es alles, was ihm vorgesaget, behalten, teils ein starkes Judicium (Urteil), indem es nichts miteinander confundieret (vermischt), sondern alles gar genau unterscheidet, anzeiget. Die Römischen Kaiser, alte und neue, wußte es perfekt in einer Suite herzusagen, und zwar mit Benennung der unterschiedenen Stammhäuser. Von Carolo Magno bemerkte es, daß er die Sachsen zum christlichen Glauben gebracht ... Von Maximilian I., daß er das Römische Reich in Kreise (welche es alle nannte) eingeteilt, Luther und Tetzel unter ihm gelebet, bei welcher Gelegenheit es in die Reformationshistorie geführet ward, woraus es verschiedene merkwürdige Dinge erzählte. Aus der älteren Kaiser-Historie wurden Julius Cäsar und Augustus erwählet ... Die orientalischen Kaiser hatte es ebenso gut inne, wußte zum Exempel, wie Constantinus Magnus und Constantinus Paleologus von einander differieren ... Aus der biblischen Historie habe ihn die Pa-

triarchen, Richter, Könige in Juda und Israel erzählen gehöret. In der Geographie, weil mir die Wahl gelassen ward, erwählete ich erstlich die Karte von Deutschland, 2. vom gelobten Lande, 3. von Griechenland. In allen dreien konnte es die vornehmsten Flüsse, Städte etc. zeigen. Bei der ersten hörete mit Verwunderung die vielen Fürstentümer und Herrschaften in Schlesien, bei der andern die 12 Stämme, und zwar, wie viel zu einer jedweden Hauptlandschaft gehören, bei der dritten die vornehmsten Schlachten aus der griechischen Historie, welche verschiedenen Örter berühmt gemacht ...
Der Herr von Schöneich bedauerte, daß weder das Wetter noch auch des Kindes Konstitution litte, lange im Garten, in welchem er ihm das meiste beigebracht, zu sein ... In der Genealogie war es tentieret (geprüft) mit denen Königlichen Häusern Dänemark und Frankreich, wie auch dem Fürstlichen Hause Schleswig-Holstein und legte Proben ab, die man nicht von einem solchen Kinde prätendieren (erwarten) kann. Auf Latein konnte es fast alles nennen, was nur vorkam; ja, wenn ein deutsch Wort mit mehr als einem lateinischen kann gegeben werden, fehleten auch selbige nicht ... Aus dem Katechismo rezitierte es die zehn Gebote fertig. Viele Kernsprüche aus der Bibel wußte es eben so gut. Bald darauf kam ihm die Lust an, daß es singen wollte, da es dann den Neujahrs-Gesang ›Helft mir Gottes Güte preisen‹ nach seiner rechten Melodie, und mich dadurch nicht wenig affizierte ... Am meisten habe ich mich zuletzt verwundert über ein in Kupfer gestochenes Skelett, welches es nicht nur einteilen, sondern auch das vornehmste daran mit den rechten Erminis (Ausdrücken) zu exprimieren (auszudrücken) wußte ... Kindisches ließ es wenig von sich sehen, doch fiel ihm einmal ein, daß es auf ein Steckenpferd reiten wollte, da es denn wegen großer Schwachheit von zweien mußte geführt werden. Inzwischen ward es gefragt, wessen es sich bei dem Steckenpferd erinnere? Worauf es die Nürnbergische Historie, so 1650 passiert, erzählte, verlangte auch den Steckenreiter-Pfennig, welchen Herr von Schöneich ihm ehemals gewiesen, noch einmal zu sehen ... Aus diesem und anderm mehr habe zur Genüge gemerket, daß eben bei diesem Kinde ganz etwas Extraordinäres es sei, und es durch bloßes Vorsagen mehr begriffen, als vielen tausend andern Kindern mit großer Mühe beizubringen ... Es ist schade, daß zu des Kindes (welches bishero nichts als die Milch der Amme genossen, auch auf keine Art und Weise zu andern Speisen zu gewöhnen) Leben so schlechte Hoffnung, denn, Gottes Allmacht ausgesetzt, ist es menschlichem Ansehen nach nicht möglich, daß es lange leben kann.

22, Bd. 2, 113 ff.

Lochau bei Halle, 1800 ff.
Ein Wunderkind auf dem Gebiet der Wissenschaften

Dieser jetzt noch als Dr. und Professor der Rechte zu Halle lebende Gelehrte erlangte als junger Mann von 16 Jahren schon die Würde eines Doktors beider Rechte und verdient als ein merkwürdiges Beispiel aufgestellt zu werden von dem, was glückliche, jedoch nicht ganz außerordentliche Naturgaben unter zweckmäßiger Leitung in einem Alter vermögen, wo man höchstens erfreuliche, vielversprechende Blüten, keineswegs aber gereifte Früchte zu erwarten berechtigt ist. Er ward geboren zu Lochau, einem Dorfe unweit Halle, am 1. Juli 1800. Sein Vater ... war bis 1796 Pfarrer zu Lochau und bekannt als ein Mann von Geist und Kenntnissen ...
Als ihm der vorgenannte Sohn geboren wurde, nahm er sich vor, ihm selbst auf das Sorgfältigste, jedoch der Natur gemäß und ohne etwas erkünsteln zu wollen, zu erziehen. Seine gute, verständige Gattin, die er auch größtenteils zu seiner Lebensgefährtin gebildet hatte, unterstützte ihn bei seinen Bemühungen mit dem regsamsten Eifer ...
Im vierten Jahre las der junge Witte schon recht gut deutsch, indem er es gleichsam im Spiele von den Eltern erlernt hatte. Er rechnete zu dieser Zeit auch bewundernswürdig im Kopfe, selbst mit Brüchen aller Art ... Vom fünften Jahre an mußte der Vater fast wider seinen Willen anfangen, den Knaben regelmäßig zu unterrichten, weil es die Mutter angelegentlich wünschte. Er wählte zuerst die französische Sprache, später die italienische, worauf sodann die griechische und englische folgte. Selbst hebräisch lernte der Knabe mit Lust und Eifer, das Schreiben ohne Anleitung durch sich selbst.
Im achten Jahre erregte Carl die Aufmerksamkeit mehrerer ausgezeichneter Gelehrten, Pädagogen und Schulmänner ... und alle billigten die einfache und natürliche Lehrmethode, nach welcher der Vater ... verfuhr ... Der Ruf von der frühzeitigen Entwicklung des interessanten Knaben verbreitete sich jetzt mehr und mehr, und auf einer Reise, welche der Vater mit ihm nach Leipzig machte, erregte der Knabe hier eine solche Aufmerksamkeit und Teilnahme, daß sich mehrere edelmütige Bewohner der Stadt vereinigten, ihm eine jährliche Pension von 550 Talern zu geben, damit der Vater sich einzig der Ausbildung seines Sohnes zum Besten der Menschheit auf der Universität daselbst widmen könnte. Mehrere Prüfungen hatte der Knabe sowohl in Leipzig als auch in Dresden auf höhern Befehl zu allgemeiner Zufriedenheit bestanden, und so wurde er unter die Zahl der Studierenden auf gewöhnliche Art unweigerlich aufgenommen.
Der damalige König von Westfalen, welcher Landesherr von Witte war, wünschte jedoch, daß der Knabe, statt in Leipzig, auf einer andern Landesuni-

versität studieren möchte. Er ging deshalb mit dem Vater nach Göttingen ... und erhielt nebst diesem eine jährliche Pension von 2000 Franken. Der junge W. stand im 10. Jahre, als seine Eltern mit ihm nach Göttingen gingen. Hier schrieb er im 12. Jahre seine erste lateinische Schrift aus dem Gebiet der höheren Mathematik, für die er eine besondere Vorliebe zeigte. Während der vier Jahre, welche er hier zubrachte, studierte er mit vielem Eifer alte und neue Sprachen, Geschichte, Geographie, Mathematik, Physik, Chemie, Naturgeschichte, Philosophie usw. Im 12. und 13. Jahre las er Privatkollegia über niedere und höhere Mathematik, und in Hannover und Salzwedel las er öffentlich über diese Wissenschaft. Im 13. Jahre wurde er Doktor der Philosphie zu Gießen, und im 14. Mitglied der Gesellschaft naturforschender Freunde in der Wetterau. Zugleich schrieb er sein zweites Werk über einen Gegenstand der höhern Mathematik. Jetzt nahm sich seiner sein früherer rechtmäßiger Landesherr, der verstorbene König von Preußen, wieder an und verlängerte ihm die obengedachte Pension noch auf vier Jahre. Nun studierte W. auch die Rechte, Diplomatik und Kameralwissenschaften, und begab sich deshalb nach Heidelberg, wo er am 20. August 1816 die Doktorwürde erhielt. – Als er nach Berlin zurückgekehrt war, wollte er dort dem akademischen Lehramte sich widmen, geriet aber bei Gelegenheit seiner Habilitierung in einen Streit mit der Juristenfakultät, worüber Bericht an das Ministerium erstattet wurde. Da es unter diesen Verhältnissen nicht geraten erschien, ihn sein Lehramt sofort antreten zu lassen, so wurde höhern Orts der Ausweg getroffen, ihn in den Stand zu setzen, ehe er als Lehrer in Berlin aufträte, eine literarische Reise von einigen Jahren machen zu können.

87, Bd. 2, 955 f.

MÜNSTER USW., 1816 ff.
Ein Opfer fremden und eigenen Ehrgeizes

Karl von Hohenhausen war der am 17. Januar 1816 zu Münster geborene einzige Sohn des Regierungsrats von Hohenhausen in Münster und der bekannten Dichterin Elise von Hohenhausen. Hoffnungsvoll wuchs er zur Freude seiner Eltern heran und zeigte frühzeitig unleugbare Spuren hoher geistiger Begabung. Bald nach dem sechsten Jahre nahm er Anteil an den gesellschaftlichen Gesprächen der Eltern mit ausgezeichneten Menschen, selbst an der Lektüre der Schriften von Goethe, Tieck, Heine, Byron, und verschlang solche begierig. Früh war er aufmerksam auf sich selbst, er faßte eine hohe Meinung von seiner künftigen Lebenaufgabe und Bestimmung, der Ehrgeiz ward ein Grundzug seines Charakters. In dem Gymnasium, das er besuchte, machte er anfangs mittelmäßige, späterhin, durch Ehrgeiz angetrieben, das Zeugnis Nr. 1 anstrebend, ungewöhnliche Fortschritte. Durch übertriebenes Studieren, selbst in den Freistunden, zog er sich ein Unterleibsübel zu, das aber weder von den Ärzten noch von den Eltern in seiner bedenklichen Wichtigkeit erkannt wurde. Nur der Kranke selbst kannte und überschätzte es, und die ehrgeizigen Bestrebungen und übertriebenen Anforderungen an sich selbst vermehrten es. Immer fester wurde in ihm die Überzeugung, daß es ihn hindern werde, seine großartige Lebensaufgabe zu lösen. Er faßte daher schon als Sekundaner den Entschluß, erhitzt durch verführerische Schriften, seinem Leben durch Selbstmord ein Ende zu machen; doch führte er diesen Vorsatz erst auf der Universität Bonn (am 5. April 1833) aus. –

Diese traurige Katastrophe war aber durch folgende Umstände herbeigeführt worden: 1. Durch frühzeitig geweckten Ehrgeiz und Hochmut; 2. durch frühreife Erregung einer naturgemäß sich später entwickelnden poetischen Richtung, in welcher Byron sein Muster und Vorbild wurde; 3. durch Ergriffensein für politische Zustände, wie das Jahr 1830 sie brachte; 4. durch die Wirkung unreifer Reflexionen und Spekulationen; 5. durch die vielseitige Tätigkeit, in welche die Gelehrtenschulen oft einen Jüngling hineinnötigen, bei dem Mangel aller, das Gegengewicht gegen einseitig geistige Anstrengung haltenden strengen Leibesübungen; 6. durch den Mangel streng religiöser Erziehung in dem Glauben an eine allwaltende, alliebende Fürsehung und an das positive Christentum überhaupt.

Wer sieht nicht aus dem bisher Gesagten, daß die ganze Geschichte der traurigen Verirrung des hoffnungsvollen Jünglings, die in der unglücklichen Richtung unserer Zeit ihren Grund hat, für Eltern, Lehrer und Erzieher eine besondere Wichtigkeit hat! – Das Buch, worin diese abschreckende Geschichte erzählt wird, enthält 1. die Biographie des Kindes von der Mutter geschrieben; 2. einige Briefe von Freunden des Verstorbenen; 3. pädagogische Betrachtungen der Erzieherin Wilhelmine Halberstadt; 4. Auszüge aus den Tagebüchern Karls; 5. ausführliches Schlußwort des Vaters, welcher selbst diese Schrift herausgegeben hat.

87, Bd. 1, 50

LEIPZIG, 1835
Fragen an den Vater der Virtuosin

1. Wann hat Ihre Tochter angefangen? –
Antwort: Eigentlich gar nicht. Es würde zu weitläufig sein, die Richtigkeit dieser Antwort näher zu beleuchten. –
2. Wie alt ist Ihre Tochter denn eigentlich? –
Das steht unter ihrem Bilde, was Anno 1835 zu Hannover erschienen. –
3. Tun Ihrer Tochter nicht die Finger weh? –
Sie vergessen, daß Sie Clara Wieck vor sich haben. –
Meiner Clara Persönlichkeit gibt Ihnen die beste Antwort darauf. –
5. Würde sie aber nicht noch munterer sein, wenn sie weniger spielte? –
Das kann ich so eigentlich nicht wissen. Meine anderen Töchter sollen aber nichts lernen – um mir keine Vorwürfe zu machen oder machen zu lassen. –
6. Spielt Ihre Tochter nichts von Hummel, Kalkbrenner, Beethoven? –
Ja – aber nur in vertraulichen Zirkeln und – vom Blatt; hier nicht, – wo sie als erste jetzt lebende Pianistin glänzen soll. –
7. Sie möchten aber doch von diesen, wenn es auch nur ein Stückchen wäre, noch spielen lassen. –
Das haben Sie viel näher, wenn Sie einheimische Spielerinnen darum bitten. Clara ist nur hergekommen, um Ihnen das hören zu lassen, was Sie außerdem nicht hören können. –
8. Singt Ihre Tochter auch? –
Ja, aber nur Lieder und vor wenigen und nur fürs Haus. –
9. Ich möchte Ihnen aber doch raten, das nicht zu tun – sollte es nicht zu viel werden? –
Könnte leicht zu viel werden; doch ich sorge ja, wie ich schon erwähnt habe. –
10. Wollten Sie dieselbe nicht etwas singen lassen? –
Die Antwort haben Sie darauf sich eben selbst gegeben.
11. Sie müssen doch große Freude haben, da Ihnen der Himmel so eine Tochter geschenkt hat? –
Ja, es schneite einmal – da fiel mir eine ungezogene Schneeflocke in die Arme und siehe – das war diese Clara, gerade so, wie sie vor Ihnen steht. –
12. Haben Sie noch mehrere so musikalische Kinder? –
Sie haben ebenso viel Talent, aber nichts gelernt. –
13. Wieso? –
Weil ich nur ein Leben zu verschenken habe. –
14. Das ist aber schade! –
Wie Sie es nehmen wollen. –
15. Wie wird Clara erst nach einigen Jahren spielen? –

Ich werde dafür sorgen, daß sie nichts verlernen und die Kenner alsdann immer noch befriedigen soll. –
16. Wie viele Stunden spielt Clara am Tage? –
Des Nachts spielt sie gar nicht und am Tage – sehr wenig. –
17. Spielt Ihre Tochter gern? –
Da hört alles auf – auch die Antwort. –

121, 80 f.

9. Kapitel

9. I. Schocks, Rätsel und Entwicklungsschmerzen

Kommentar
Berlin, 1785 — Versuch, einen Mordimpuls zu erklären
Stralsund, 1789 — Fluchtversuch
Berlin, um 1790 — Ein Siebzehnjähriger am Abgrund des Wahnsinns
Maulbronn, 1796 f. — Hartnäckiger Brechreiz
Salzwedel, um 1801 — Hypochondrische Ideen
Berlin, um 1802 — Ein kindlicher Nero
Dresden, um 1806 — Über Schlafstörungen
Altenburg, um 1812 — Erinnerung an eine Ekstase
Darmstadt, 1815–19 — Über einige notwendige Praktiken
Loschwitz, 1816 — Der Tod, die einzige Wahrheit
Königsberg, 1817 — Unfreiwilliges Bildersehen
Zdißlawitz, um 1835 — Zweifel an dieser Wirklichkeit und Wünsche an eine andere

Heidelsheim, 1840 ff. — Ritual und Traum
Haslach, um 1845 — Die Wonne am bethlehemitischen Kindermord
Eichtersheim, um 1858 — Heimweh
Eßlingen, um 1860 — Sammlung meiner frühen Ängste
Ludwigsburg, 1860 — Über Albernheit
Welden, um 1863 — Mir selbst ein Rätsel
Hamburg, um 1880 — Zeiten geistiger und körperlicher Verstopfung

Zwei der vielen Kinder und Autoren dieses Buches. Georg Gottfried Gervinus (1805 bis 1871) und Ottilie Wildermuth (1817–1877). Aus: G. G. Gervinus, Leben, von ihm selbst. Leipzig 1893. – O. Wildermuths Leben. Stuttgart 1888

Kommentar

Unterscheiden sich die Kinder des 16., 17. Jahrhunderts von denen des 18. oder 19. Jahrhunderts, und haben diese wiederum andere Krisen zu bewältigen als die heutigen? Hat die Entdeckung des Kindes im 18. Jahrhundert, die Entdeckung des jugendlichen Alters als Entwicklungsstufe wenig später Folgen gehabt für ihre Psyche?
Es gibt keine historische Psychologie; es gibt den Versuch, sich ihr auf dem Umweg über eine Wissenschaftsgeschichte zu nähern, wie Foucault und andere es mit der Psychiatrie getan haben. Dabei ist der Wahnsinn das natürliche Substrat, mit dem der gesellschaftlich delegierte Arzt operiert. Der Effektivitätsgesichtspunkt ist nur oberflächlich wichtig, entscheidend ist der Gewinn an klassifikatorischer Klarheit, von normal und unnormal.
Als Folge der sich entwickelnden Pädagogik und Psychologie verbessert sich, so viel ist mit Sicherheit zu behaupten, die Quellenlage. Bis ins 18. Jahrhundert hinein übergehen Autobiographen ihre Kindheit mit wenigen Sätzen; man beschränkt sich auf floskelhaft klingende Bemerkungen über das Verhältnis zu den Eltern und den eigenen kindlichen Charakter, ob man gelehrig, fromm oder ungestüm war, und geht dann zum ersten Hauptpunkt, der Schulkarriere, über, wenn man nicht sogar erst bei der früh begonnenen Berufslaufbahn einsetzt: so tut es Leopold von Dessau (1676–1747). Ganze zehn Zeilen braucht er zur Beschreibung seiner ersten 17 Lebensjahre. Aber auch ausführlichere Kindheitserinnerungen, wie die der Friederike Wilhelmine (1709–58), geben direkt keine Auskunft über Wege und Irrwege ihrer persönlichen Entwicklung. Frühe bürgerliche Autobiographen haben vor allem ein Interesse, »Gottes Ruf und Zug« bereits in den frühesten Kinderjahren aufzuspüren, wie z. B. Philipp Hahn (1743–90), so daß auch bei ihnen die Psychologie zu kurz kommt. Der Schluß, daß ihre Entwicklung einfacher oder problemloser verlief und jene Einbrüche, Ängste, Schlaf- und Eßstörungen fehlten, von denen dann im 19. Jahrhundert so klar berichtet wird und die bis heute in jeder normalen Kindheit vorkommen, dieser Schluß wäre falsch. Erklärungsbedürftig sind nicht die Entwicklungsschmerzen als solche, sondern die Tatsache, daß sie im 19. Jahrhundert von so vielen Autobiographen so präzis beschrieben und registriert werden konnten; so sind hundert Jahre vor Freuds Entdeckungen viele psychoanalytische Erkenntnisse wenn nicht vorweggenommen, dann doch vorab in der Form literarischer Mitteilung illustriert.
Die Ausnahmestellung des 19. Jahrhunderts und die Fähigkeit vieler seiner Autobiographen, unerhörte Beobachtungen an sich selbst zu machen und sie an-

dern, gewissermaßen in aller Unschuld, auch zu überliefern, ist in einer bestimmten, historisch einmaligen Konstellation begründet. Für Träume, Halluzinationen, Zwangsimpulse oder auch nur intensive Wünsche und Tagträumereien gab es lange nur zwei Erklärungsweisen: einmal die religiöse, zum andern die organisch-medizinische. Man hatte in diesen Phänomenen Gottes Rat und Hilfe oder im Gegenteil Teufelswerk zu erkennen. Das galt für Erwachsene und Kinder, wie die Hexenjagden des 16. und 17. Jahrhunderts zeigen, gleichermaßen. Die medizinische vernachlässigt den Inhalt und erklärt sie mit Diätfehlern, Überarbeitung, sitzender Lebensweise, Unordnung im Säftehaushalt, allzu üppiger Lebensart und dergleichen mehr. Immer aber sind auffällige Regungen der Seele, ja die Psyche überhaupt, Produkt einer fremden Kraft. Mit dieser Anschauung räumt das 18. Jahrhundert gründlich auf. Man könnte das von Karl Philipp Moritz begründete »Magazin für Erfahrungsseelenkunde« (1783–93) geradezu als Wasserscheide für das Verschwinden jener traditionellen Erklärungsweisen und die Vorbereitung neuer betrachten. Aber eben nur Vorbereitung; denn der Verzicht auf Gott und Teufel (die medizinisch-organische Deutung behält praktisch immer einen gewissen Wert) überläßt das aufgeklärte und sich immer weiter selbst aufklärende und kontrollierende Ich sich selbst, ohne daß irgendeine Wissenschaft schon in der Lage wäre, die massenhaften Beobachtungen plausibel zu kanalisieren. Die Pädagogik hat zwar das Augenmerk auf die kindliche Entwicklung gelenkt, erschöpft sich aber im 19. Jahrhundert mit der Anwendung von Moral; die Psychologie wird, nach den verheißungsvollen Anfängen bei Moritz, spekulativ. So bleibt ein weites Feld den Autobiographen überlassen; sie können unbefangen, vorurteilslos bis zur Grenze des Selbstverrats, den Zickzacksprüngen jeder Entwicklung nachgehen, in einer Frische, die so authentisch nie wieder möglich war.

LITERATUR:
A. Freud, Wege und Irrwege in der Kinderentwicklung, Stuttgart 1968
J. H. van den Berg, Metabletica. Über die Wandlung des Menschen: Grundlagen einer historischen Psychologie, Göttingen 1960

BERLIN, 1785
Versuch, einen Mordimpuls zu erklären

Als ich, ungefähr im vierzehnten Jahre, mit meinem jüngsten leiblichen Bruder eine Zeitlang in einem Bette schlief, übereilte mich eines Abends, da ich etwas spät in dem Zimmer, wo wir schliefen, mit Schularbeit beschäftigt war, plötzlich der Schlaf; ich legte mich zu ihm nieder, nachdem er schon ziemlich lange sanft geruht hatte. Aber statt des Schlafes überfiel mich nun eine fürchterliche Angst, ich hörte gleichsam eine Stimme, die mir sagte: nimm das auf dem Tische liegende Federmesser und stoß es ihm in den Hals. –
Die brüderliche Liebe kämpfte mit dem vermeinten Berufe ihn zu töten je länger je heftiger, ich bewunderte die sanfte Ruhe desselben, umarmte den so unbekümmert Schlafenden, küßte ihn, stand auf, ergriff das Messer – legte es zusammen, verbarg es sorgfältig zwischen Bücher und Papier, legte mich wieder zu ihm nieder, umarmte ihn nochmals und – betete.
Meine Ruhe und Seelenstärke kehrte nach und nach wieder, und unaussprechlich groß war meine Freude, daß mir kein anderes als grade ein Einlegemesser zur Hand gewesen, und daß ich meinen lieben kleinen Bruder nun nicht töten sollte ...
Wie fest nun dieser Mordentschluß bei mir war, beweist teils die immer noch von ängstlichem Mißtrauen begleitete Freude, da der Paroxysmus bereits vorüber war; teils, daß ich nicht an die darauf gesetzte Todesstrafe dachte, da ich doch damals von der, diesem Alter in solchem Falle bewilligten Begnadigung zuverlässig noch nichts wußte. Dies erschwert die Ergründung der Ursachen dieses mörderischen Vorsatzes sehr ...
Woher also dieser Sturm – woher diese unerhörte Mordlust in einer so jungen Seele? Rachbegierde war es nicht, denn er hatte mich nicht beleidigt ... Unzufriedenheit, daß er so sanft schlief und ich nicht schlafen konnte, war vielleicht eine entfernt wirkende Triebfeder, wer weiß, selbst die Dunkelheit der Nacht, die mich damals oft zu schwarzen ängstlichen Gedanken veranlaßte, konnte hier mit im Spiele sein. Freilich war es mir eben auch so recht nicht gelegen, einen Beischläfer zu haben, aber überzeugt von der Notwendigkeit und guten Absicht meiner Eltern, hatte ich mich längst darein ergeben.
Vielleicht, aber nur vielleicht, war es an einem Tage, wo ich einen Mörder vom Leben zum Tode hatte bringen sehen. Vor solchen schaudervollen Auftritten war ich in jenen Jahren ... sehr ängstlich und bekümmert, sobald aber die Handlung geendigt war, empfand ich eine Art von Gleichgültigkeit und Verachtung des Todes ...
Das frei und offen liegende spitzige Messer ängstigte mich eben so sehr, als es mich hinterher beruhigte, daß ich es zusammengelegt und versteckt hatte.

Durch diese Täuschung gewann meine Seele Zeit, jenen höllischen Todesengel zu besiegen, und ich schlief freudig ein.
Wer wünscht mir nicht Glück, daß ein so schrecklicher Gedanke seitdem nicht wieder in mir erwacht ist; so wie ich auch von dem innern heißen Drange, am unrechten Ort laut reden zu müssen, da ich mir öfters in der Kirche mit der Hand den Mund fest zuhalten mußte, seit einigen Jahren nichts mehr weiß ...

139, Bd. 3,4, 58 ff.

STRALSUND, 1789
Fluchtversuch

Der Herbst von 1789 war herbeigekommen und vor dem Anfang desselben die gewöhnlichen öffentlichen Darstellungen und Prüfungen. Mein Vater war dabei anwesend gewesen, und ich war unter andern guten Schülern ordentlich durch öffentliches Lob ausgezeichnet worden; doch sollte und wollte ich noch ein zweites Jahr in Prima bleiben. Es ging in jenem Herbst beinahe ein Dutzend Primaner ab, nach Göttingen ... Erlangen und Greifswald; und da gab es mehrere Tage hintereinander nichts als Einladungen und Abschiedsschmäuse. Dies war mir und meinem Blute wahrscheinlich zu viel geworden. Ich geriet in außerordentliche Stimmungen und Kämpfe mit mir selbst, und es lief in mir herum, ich würde, wenn ich mein Schülerleben hier so fortsetzte, zu einem weichlichen und liederlichen Lappen werden. Also etwas anderes – aber was? Landmann oder eine Art Schreiber und Rechnungsführer bei irgendeinem Landmann. Ich wußte wohl selbst nicht viel zu meinen noch zu wollen. Genug, einen guten Nachmittag ging ich aus dem Frankentor ... in die Welt hinein. Den Vormittag hatte ich für meinen Vater noch Geschäfte besorgt, unter anderm 400 Taler für ihn eingenommen, die ich ihm herausschickte. Ich mochte zehn oder zwölf Taler in meinem Sacke haben; damit und mit meinen besten Kleidern auf dem Leibe und einem Bündel Wäsche unter dem Arm lief ich davon, schrieb aber meinem lieben Vater in der damaligen Fassung und Stimmung meines Herzens einen so pathetischen Brief, als wenn ich auf das Nordkap oder die Magellanstraße zusteuern wollte. Ich ging gegen Süden fort die große Straße, welche nach Greifswald führt, in eine Weltgegend hinein, wohin ich noch nie den Fuß gesetzt hatte ... Als es nachtete, begann es zu regnen; ich kam in ein Dorf, wo es keine Schenke gab, und trat in eines Schäfers Haus, Nachtquartier begehrend. Die Leute sahen mich verwundert an, nahmen mich jedoch auf und gaben mir, da sie kein übriges Bett hatten, einige Kissen und ein Laken mit auf den Heuboden ... Dies war mein erstes Nachtlager, das ich unter wildfremden Menschen hielt ...

Den andern Morgen sah ich Greifswald vor mir liegen, wagte aber nicht, um oder in die Stadt zu gehen, aus Furcht, ich möchte auf irgendeinen mir bekannten Studenten stoßen. Ich ging also nun am linken Ufer des Ricks hin und steuerte den ganzen Tag, im schönsten Sonnenwetter nur schlendernd, in den Westen hinein, und gelangte so, ich weiß nicht auf welchem Wege, in ein Dorf an der Peene unweit Demmin, wo ich das zweite Nachtlager hielt. Den dritten Tag frühmorgens in und durch Demmin über die Peene, ohne Paß und Kundschaft; ich ward aber von keinem Menschen gefragt. Nun deuchte ich mir weit genug von der Heimat zu sein, um irgendwo in dieser Fremde mich zu verdingen. Ich ging also längs der Peene hin auf mehrere Rittersitze und Pachthöfe, fragend, ob sie nicht irgendeinen jungen Schreiber oder Rechnungsführer nötig hätten. Nachdem ich so mehrere Nein entgegengenommen hatte, kam ich nachmittags zu Zemmin an, wo ein alter Hauptmann von Parsenow wohnte. Dieser empfing mich auf meine Frage sehr freundlich ... unterhielt sich dann des Breiteren mit mir und erklärte, ich gefalle ihm und er wolle mich gern behalten, wenn mein Vater einwillige. Diesem müsse ich es melden und seine Antwort abwarten. Es lief also ein Brief mit der Post nach Löbnitz, und den fünften Tag kam statt aller Antwort mein Bruder Karl und mein Ohm Moritz Schumacher ... mit einem vierspännigen Wagen und einem Brief meines Vaters, worin er mir freundlich schrieb, ich möge doch zu Hause kommen, er lasse mir die freieste Wahl, ob ich ein Bauer oder ein Studierter werden wolle ...
Ich war dieser Entwicklung sehr froh; denn jene Dunstwolken, die mich aus Stralsund weggescheucht hatten, waren durch die harten Wanderungen und soldatischen Nachtquartiere schon weggesunken. So setzte ich mich denn mit den Meinigen auf den Wagen, und den folgenden Nachmittag waren wir in Löbnitz. Dies war also ein Entweichen, wenn man will, ein Entlaufen von der Schule, wie es schien ohne Grund. Doch muß es in meinem Wesen und in dem Gedränge von Gefühlen und Sorgen, die meine Brust beklemmten, einen tieferen Grund gehabt haben, den ich selbst jetzt nicht begreifen kann. Denn grade die Tage vor meiner Flucht war ich mit meinen Freunden und besonders mit meinem lieben Friedrich Reincke vorzüglich fröhlich gewesen. Was meine Eltern davon gedacht haben, weiß ich nicht; sie haben sich wohl mit allerlei Ängsten über mich gequält: denn wie konnten sie mir in mein dunkles Herz sehen, da ich selbst nicht klar hineinschauen konnte.

5, 62 ff.

BERLIN, UM 1790
Ein Siebzehnjähriger am Abgrund des Wahnsinns

Die Erfahrungen der letzten Zeit hatten überhaupt einen erschütternden Eindruck auf ihn gemacht... In der Stille war mit der Lust auch der Schmerz, mit dem Übermute auch die Schwermut gewachsen. Mit immer düsteren Blicken begann er das Leben zu betrachten. Seit jene ernste, heftig freundschaftliche Neigung abgewiesen worden, waren trübe Stimmungen und rascher Wechsel von ausgelassener Laune und finsterer Selbstpeinigung bei ihm häufig geworden... Warf er einen Blick auf das, was man Bildung und Aufklärung nannte, auf das Glauben und Wissen der Zeit, wie armselig erschien ihm beides!... Auch ihn hatte man mißverstanden, verkannt, seine tiefsten Überzeugungen gebieterisch abgewiesen. Und was wußte er am Ende von diesen selbst zu sagen? ... Wenn in einem Augenblicke die Welt zu seinen Füßen zu liegen schien, wie schwach, ohnmächtig, vernichtet fühlte er sich oft nicht im nächsten! Überall, wohin er blickte, ein Jagen und Rennen, ein Kämpfen und Ringen, ein Jauchzen und Klagen, unaufhörlich, immer wieder von neuem beginnend! Was wollte das alles? ... Wozu? Warum? Ist es ein ewig in sich wiederkehrender Kreislauf, oder gibt es ein Ziel für diese verschlungenen Wege? ...
Aber Gott, Gott lebte doch!... In sich fühlte er eine tiefe Bewegung, das Bedürfnis, den Gedanken Gottes sich näher zu bringen, ihn zu fassen, festzuhalten. Aber wie sollte er ihn bewältigen? ... Je mehr er sich in den Gedanken des einen, ewigen, unendlichen Gottes zu versenken strebte, desto unergründlicher zeigte er sich; je mehr er ihn mit tödlicher Angst suchte, desto tiefer schien er in eine ungewisse und nebelhafte Ferne zu entweichen... Diese Angst steigerte sich bis zum wirklichen Schwindel, zum körperlichen Schmerz. Wenn seine Seele, Zeit und Raum vergessend, lange über diesen Abgründen geschwebt hatte, fühlte er es plötzlich wie einen nervenzerreißenden Stoß durch das Gehirn dröhnen ... Mußte der unfaßbare Inhalt nicht das schwache Gefäß zersprengen? ...
Er wurde sich selbst ein unlösbares Rätsel, ein Gegenstand des Schreckens, des Entsetzens. Fremd, unkenntlich, als ein anderer stand er sich selbst gegenüber. Mit diesen schwindelnden Gedanken verbanden sich die entsetzlichsten Bilder seiner Phantasie. Sie warf ihre finstern, grauenhaften Schatten vor ihm her. Gespenstisch sah er von außen die Gestalten auf sich zuschreiten, welche aus der Tiefe seines Innern aufstiegen. Dann packte es ihn mit der Fiebergewalt des Wahnsinns, gleichviel, wo er war, ob allein oder unter Menschen. Die Balken schienen über ihm zusammenzubrechen, es jagte ihn hinaus auf die Straßen, ins Freie. Da erst schöpfte er Atem.
Als er einmal im Begriffe war, in das Theater zu gehen, um den »Macbeth« zu

sehen, überfiel ihn plötzlich jenes Grauen. Er konnte es nicht über sich gewinnen, einen Schritt weiterzugehen; er kehrte um. Atemlos lief er belebteren Straßen zu, um sich selbst zu entfliehen. Auch das helle, nüchterne Schulzimmer war keine Freistatt, die ihn vor seinen Furien schützte. Freunde und Mitschüler erschienen ihm plötzlich fremd und verwandelt, ihre Gesichter verzerrten sich zu grinsenden Larven. Mit jedem Augenblicke stieg seine Angst; sie umringten ihn, sie schienen sich seiner zu bemächtigen. Er stürzte hinaus; in gewaltsam hervorbrechenden, unaufhaltsamen Tränen machte er seinem, von starrem Entsetzen zusammengepreßten Herzen Luft ...
Nach solchen Anfällen versank er stets in tiefere Hoffnungslosigkeit. Er verzweifelte an seinem Leben, am Dasein, an jeder höheren ordnenden und leitenden Macht. Alles schien ihm gleich nichtig, gleich widersinnig, der Mensch gehetzt wie ein scheues Wild, eine Beute qualvoller Widersprüche, endloser Plagen, geistigen und körperlichen Elends. Nur der Tod war ein sicheres Heilmittel. Die Versuchung des Selbstmords stieg in ihm auf.
Oder andere verzweiflungsvolle Gedanken umdrängten ihn. Nicht das Gute, das Böse beherrscht die Welt! Ein Ausfluß dieser herrschenden Macht sind die Qualen, denen der Mensch unterworfen ist. Wie, wenn es möglich wäre, sich mit dieser Macht in irgendeine unmittelbare Verbindung zu setzen?... Mit seinen gräßlichen Phantasien verband sich nun das zur fixen Idee steigende Verlangen, den Teufel mit eigenen Augen zu sehen ...
Schon früher hatte er angefangen, auf einsamen, nächtlichen Spaziergängen umherzuirren. In den entlegenen Teilen der Stadt, vor den Toren suchte er die Kirchhöfe auf. Bis in die Nacht hinein saß er dumpf brütend auf den Gräbern, bis ihm die Glieder erstarrten. Gibt es einen bösen Dämon, dachte er, so muß er dem Rufe einer Seele folgen, die mit voller, innerster Willenskraft seine Erscheinung fordert. In steigendem Wahnwitze rief er dann durch die Nacht, der Teufel solle ihm erscheinen. Aber alles blieb still, nur sein eigener Ruf hallte gespenstisch zu ihm zurück. Er erwachte voller Entsetzen und eilte nach Hause. So führte er Tage und Nächte lang ein angstvolles Traumleben, und nachtwandlerisch streifte er hin am Abgrunde des Wahnsinns.

104, 99 ff.

MAULBRONN, 1796 f.
Hartnäckiger Brechreiz

Mein Vater war im Begriffe, mich in eine größere Stadt zur Erziehung zu geben ... als eine Krankheit meinen Körper befiel, die mit großer Hartnäckigkeit fast ein Jahr andauerte. Mein Wachstum ging äußerst schnell vor sich, und wahrscheinlich als Entwicklungskrankheit trat eine außerordentliche Reizbarkeit der Nerven meines Magens ein, so daß ich alles, was ich aß und trank, oft sogleich, oft nach einer Stunde wieder erbrechen mußte. Es wurden viele Ärzte gebraucht, deren Kunst an diesem hartnäckigen Übel scheiterte. Es ist mir noch unbegreiflich, daß ich nicht den oft ganz unsinnigen Mitteln dieser Heilkünstler erlag, und vielleicht geschah es nur daher, daß ihre Mixturen, Pulver, Latwergen und Pillen von meinem Magen ohne allen Respekt sogleich wieder weggeworfen wurden, und sie nicht durch längeres Verweilen in ihm ihre Wunder verrichten konnten. Einer dieser Äskulape machte die Verordnung, man solle mich, solange es nur möglich sei, gar nichts mehr von Speise durch den Mund nehmen lassen, sondern mir täglich nur Gerstenschleim durch ein Klisma, statt der Speise, beibringen. Es waren lamentable Tage dieses Versuches, in welchem ich, wenn sich die anderen zu Tische setzten, zur Entschädigung und um das Essen zu vergessen, mit dem Matthias auf einen Spazierritt geschickt wurde. Die Marter war um so größer, da ich beständigen Hunger hatte, so daß ich im Reiten oft heimlich Laub von den Bäumen streifte und aß. Ich weiß nicht, wie viele Tage lang man diese Kur an mir versuchte, aber ich wurde dadurch natürlich fast zum Hungertode gebracht, konnte auf dem Rappen mich nicht mehr halten und verfiel in Ohnmachten und Krämpfe, in denen jener Äskulap der erste war, der nach der Suppe und weichen Eiern sprang und sie mir auf dem alten naturgemäßen Wege beibrachte. ...
Bei all diesem körperlichem Jammer hatte ich meine Elastizität und Munterkeit beibehalten, denn mein Leiden war nie der Art, so bleich und mager es mich auch machte, daß ich zu Bett liegen mußte. Es war in mir kein fieberhafter Zustand, der mich verzehrte, es war nur der zu wenige Nahrungsstoff, der in mir haften blieb, was mich bleich und mager machte ...
Das Übel verschwand nach und nach, auch mit Aufhören des schnellen Wachstums. Bis ins höhere Alter blieb mir aber die Eigenheit, daß in mir die der willkürlichen Bewegung sonst nicht unterworfenen Muskeln des Magens ganz meinem Willen sich unterordneten, daß ich ohne vorausgegangenes Wehsein, nach meinem Willen, was in den Magen kommt, wieder aus demselben, wie aus einer Hand, werfen konnte.

99, 140 f.; 162

Salzwedel, um 1801
Hypochondrische Ideen

Von meinen Erinnerungen während meines Aufenthalts auf der Schule ist eine der lebhaftesten die Ermordung zweier alter Jungfern, welche mitten in der Stadt wohnten und die dortige Scharfrichterei besaßen. Eines Morgens kam die Kunde von dieser grausigen Begebenheit zu mir. In meiner Lebhaftigkeit eilte ich hin, um den Tatbestand zu sehen. Einige Leute standen vor der Tür, der eine und der andere ging hinein; ich auch und sah eine gräßliche Szene. In der Wohnstube lag die eine Person, die andere in der Küche erschlagen, beide entsetzlich durch Wunden entstellt; die eine, wenn ich mich recht erinnere, geknebelt. Ringsum lagen Betten, Leinwand, Kleidungsstücke, zerrissen und mit Blut besudelt. Grausig sah überhaupt die ganze Behausung aus; grausiger war sie durch die Morde geworden. Ich eilte bald davon, aber ich konnte den Anblick nicht wieder loswerden. Des Abends schlief ich davor nicht ein und des Nachts wachte ich davon auf. Meine Einbildungskraft war erhitzt, ich bildete mir dies und das ein, und als einige Schüler anfingen, scherzend zu einem andern zu sagen, er sei der Mörder gewesen, so ergriff mich meine Phantasie so stark, daß ich befürchtete, man könne auch darauf kommen, mich damit zu necken, und andere könnten den Scherz für Ernst halten, mich ins Gefängnis werfen und zur Hinrichtung bringen. Es mochte Kränklichkeit mit in meinen Gliedern stecken; aber ich habe nicht allein diesmal, sondern auch späterhin wohl noch erfahren, was die Bilder der eigenen Phantasie dem Menschen für eine Plage machen können und was ein Mensch zu ertragen hat, der hypochondrisch am Unterleibe leidet, wenn äußere Begebenheiten den kranken Körper behelligen. Solche traurige Leidenszeiten wechselten bei mir hin und wieder mit dem stürmischen, übermütigen, neckenden Jugendleben, das in Schlägereien den Ausgang gewann.

79, 54 f.

Berlin, um 1802
Ein kindlicher Nero

Hier (in der Sommerwohnung im Tiergarten) trug sich ein Vorfall zu, dessen ich mich vollkommen erinnere und der vielleicht nicht ohne psychologisches Interesse ist. Ein älterer Knabe, der, obwohl nicht von gebildeten Eltern, doch zu meinen Spielgefährten gehörte, war mit einem Auftrage zur Stadt geschickt worden. Ich begleitete ihn eine Strecke. Ich weiß nicht, wie die Rede auf einen

dritten Knaben kam, den ich nicht leiden mochte. Mein älterer Begleiter sagte: »Den wollen wir ins Wasser werfen.« Dieser Gedanke ergriff meine ganze Seele. Ich faßte ihn mit vollem Ernst auf. Zu den Gräben der englischen Partien (im Tiergarten), die bei ihrem trüben, schwarzen Sumpfwasser in meiner kindischen Vorstellung von unermeßlicher Tiefe waren, sollte der widerwärtige Junge gestürzt werden. Es ergriff mich eine wahre Begier nach diesem Schauspiel. Ich vertraute fest, daß Philipp, mein Begleiter, der etwa 10–11 Jahre alt war und so viel größer und stärker als Hans, die Tat vollführen werde. Ich sah diesen im Geiste schon in dem schwarzen, tiefen Graben angstvoll zappeln! Die Vorstellung erfüllte mich mit einem Durst wollüstiger Grausamkeit! Das immer wiederholte Ansinnen, die Tat zu vollbringen, führte mich eine sehr weite Strecke mit jenem älteren Knaben. Die Entfernung flößte mir bald kindische Bangigkeit ein. Ich wollte zurück, wagte aber nicht allein zu gehn ... Da führte der glückliche Zufall einen Diener vorüber, der einer mit uns in demselben Gehöft wohnenden Familie angehörte und mich kannte. Dieser nahm mich freundlich an die Hand und führte mich zurück. Ich war, wie Kinder sind, schnell wieder ganz getröstet, und in der Gegenwart ging mir alle Vergangenheit verloren, sowohl der Gedanke an die Mordtat, die mich so gelockt hatte, als der an die Angst, die ich empfunden ...
Die Erklärung, die mir aus diesem kindischen Durst nach einer grausamen Tat über die ganze Natur des menschlichen Herzens überhaupt hervorzudringen scheint ... hat bewirkt, daß die unbedeutende Tatsache, die zwischen mein drittes und viertes Jahr fallen muß, mir unvergeßlich geblieben ist. – Zuletzt gestaltet sich auch in einem Nero die Ersättigung grausamer Begier nicht anders als in einem bewußtlosen Kinde; es ist die Ohnmacht, die Gewalt, eigene Willkür zu zügeln, verbunden mit dem Reiz, in der Qual eines andern sowohl den Gegensatz des eigenen Behagens zu empfinden, als die wollüstige Begier zu stillen, der Wirkung der Marter an einem dritten zuzuschauen; eine Begier, die ihre Verwandtschaft mit der Sinnlichkeit überhaupt dadurch bekundet, daß sie sich steigert mit der Verschiedenheit der Geschlechter ... Wir sind bei weitem nicht so entfernt von dem, was uns das namenlos Entsetzlichste dünkt, als wir in sorgloser Selbstunkenntnis wähnen!

170, 21 ff.

DRESDEN, UM 1806
Über Schlafstörungen

Die erste Erscheinung ... mochte ich von einem Spielzeug, einer unschuldigen kleinen Scheibe, entlehnt haben, nach der ich mit der Armbrust schoß. Traf ich ins Schwarze, so sprang, durch eine Feder aufgeschnellt, ein greulicher Rüpel hervor mit fletschenden Zähnen und blutroter Zunge. Diesen nun sah ich ... als mich Frau Venus auszog, lebensgroß und mit drohender Gebärde hinter den Fensterscheiben des Schlafzimmers. Ich schrie auf und barg mein Gesicht in den Schoß der Wärterin, welche ihrerseits nicht wissend, was mir fehlte, mich zur Mutter trug. Beide hatten genug zu tun, mich einigermaßen zu beruhigen. Von nun an fürchtete ich mich oft den ganzen Tag vor der Stunde des Zubettgehens, da entsetzliche Phantome mich selbst im Beisein anderer schreckten.
Ganz unvergeßlich in dieser Beziehung ist mir eine Nacht geblieben, deren Eindrücke und Gesichte mir noch heute nach 56 Jahren so lebendig vorschweben, als wenn alles erst gestern vorgefallen wäre. Mitten in der Nacht erwachte ich und schlug die Augen auf. Das Nachtlicht war erloschen, doch konnte ich die Umrisse der Dinge deutlich sehen. Mir zunächst standen die Betten meiner Eltern, welche, von einem gemeinschaftlichen Vorhange umzogen, ein besonderes Sanktuarium im Schlafzimmer darstellten. Hinter der halb verschobenen Gardine unterschied ich noch die Züge des mir zunächst liegenden Vaters.
Bald aber unterschied ich auch noch etwas anderes. Unter dem Bette der Eltern begann es sich zu regen und zu bewegen – und siehe da! – ein scheußliches Gesicht erschien, das eines Bären. Dann folgte eine ungeheure Tatze, und im Umsehen war die ganze Gestalt des Raubtieres vorgekrochen. Ihm folgten andere Tiere, und es war unglaublich, was aus dem engen Raume unter den Betten alles vorquoll. Da waren Wölfe, Panther, Löwen, Vielfräße, Ameisenlöwen, Dachse, ja, der ganze Inhalt meiner Arche Noah war zu natürlicher Größe angeschwollen.
Das größte Entsetzen flößte mir ein Kalb ein. Es nahte sich meinem Bett auf sehr bedenkliche Weise ... Ich wollte schreien; doch mußte ich fürchten, mich dieser Bestie noch bemerklicher zu machen und hielt ein Weilchen an mich. Bald aber steigerte sich die Angst dermaßen, daß ich, mit Hintansetzung aller klugen Rücksicht, dennoch laut und vernehmlich in die Lärmtrompete stieß.
Mein guter Vater ... schalt ... nicht, suchte mich vielmehr sehr freundlich zu beruhigen. Ich hätte geträumt, sagte er, und weiter wäre es nichts.
Das fatale Kalb aber strafte ihn Lügen; es drängte immer näher und glotzte mich jetzt mit mehr als Kalbsaugen an. Da schrie ich laut, und der Vater verließ das

Bett, um Licht zu machen. Zu diesem Behufe mußte er aber ... ins Nebenzimmer gehen, und als ich nun die väterliche Gestalt im kurzen Hemdchen durch das Gedränge der Quadrupeden hinschreiten sah, vergaß ich über der seinigen die eigene Gefahr und bat ihn flehentlich zurückzukommen.
Da! – ... das Kalb sprang zu, und in dem Augenblicke, als der teure Vater die Klinke ergriff, um die Türe zu öffnen, schnappte es nach ihm und biß ihn mitten durch ...
Nun brach der gerechteste Schmerz bei mir erst recht aus, so daß die Mutter, welche mittlerweile ebenfalls aufgestanden war, mich tröstend in die Arme schloß. Aber was konnte das jetzt helfen! Da lag er ja, der unvergleichliche Vater, mitten durchgebissen drei Schritt vor uns auf dem Boden ... Die Mutter zwar wollte es in Abrede stellen; aber gegen den Augenschein ist schlecht predigen. Wir stritten lebhaft, bis sich die Türe wieder auftat, und der ganze, vollständigst gegliederte Vater im blendendsten Lichtschein eintrat.
Freudigeres Entzücken erinnere ich mich später niemals wieder empfunden zu haben. Mit dem hellen Glanz des Lichtes war der ganze Spuk verschwunden; ich hatte meinen geliebten Vater wieder und entschlummerte süß an seiner Seite.

III, 25 ff.

ALTENBURG, UM 1812
Erinnerung an eine Ekstase

In dieser Zeit habe ich auch, was meiner Natur so fern zu liegen scheint, etwas erlebt wie eine Ekstase. Ich saß eines Morgens allein in des Onkels Arbeitsstube im zweiten Stock. Es ist möglich, daß ich über den lateinischen Vokabeln, die ich zu lernen hatte, eingeschlafen war. Plötzlich fuhr ich auf, sehe die Stube in Flammen zugleich mit dem Gefühl einer Schuld daran, eile die Treppe hinunter laut rufend: oben brennt es! stürze in den Hof, wo ein fließender Brunnen war, ergreife zwei Eimer und schleppe sie, schwer wie sie waren über meine Kräfte, die Treppe hinan. Oben war schon das ganze Hauspersonal versammelt und rief mir entgegen: wo es denn brenne? Ich merkte nun, daß es nichts sei; man meinte, ich bekäme ein hitziges Fieber und steckte mich ins Bett, doch ging es spurlos vorüber.

81, 8

DARMSTADT, 1815–1819
Über einige notwendige Praktiken

Einen sonderbaren Aberglauben, den ich mir aber selbst nicht recht eingestehen wollte, hatte ich als Tertianer. Ich meinte nämlich zuweilen, daß von diesem oder jenem Steinchen, Papierchen u. a., das ich zufällig irgendwo liegen sah, ein Teil meines Schicksals abhänge, und daß, wenn ich es zu mir nähme, dadurch Glück herbeigeführt und Unglück abgewendet werde. Unter anderem erinnere ich mich, daß einst beim Beginn der Weihnachtsferien nach der letzten Unterrichtsstunde, die wir in dem nun zu Ende gehenden Jahre hatten, ich in Gedanken an den letzten Augenblick, den ich in diesem Jahre in der Schule zubrachte, nach dem Schlusse allein zurückblieb und etwa eine halbe Stunde lang ein Papierchen, Steinchen, Hölzchen nach dem andern vom Boden aufhob, in die Tasche steckte und mit nach Hause nahm. Der Gedanke, irgendeines, das ja vielleicht gerade das entscheidende war, liegen zu lassen, beunruhigte mich sehr, und ich nahm daher lieber zu viel als zu wenig mit. Zu Hause warf ich alles an den ersten besten Platz hin, als wenn damit sozusagen das Glück festgebannt wäre; daß es alsbald wieder fortgekehrt ward, bekümmerte mich nicht, weil dies ja nicht meine, sondern der Kehrenden Schuld und Vergehen sei. Ich war mir des Lächerlichen und Unsinnigen der ganzen Sache wohl bewußt, gab sie aber lange nicht auf, weil ich dachte, es sei immer besser, etwas Unnötiges zu tun, als vielleicht, wenn an der Sache doch etwas sei, etwas Nötiges zu unterlassen. Als ich diesen Aberglauben nachher abwarf, geschah es nur zum Teil: ich hob zwar nichts mehr eigens um es mitzunehmen auf, scheute mich aber, das, was ich aus anderem Grunde aufgehoben hatte, wieder hinzuwerfen, bis ich endlich auch diese Torheit beseitigte. Im späteren Leben drang sich mir ein anderer Aberglauben ähnlicher Art auf, den ich auch erst wieder nach Jahren losward. Ich hielt nämlich im Interesse meines Glücks eine Zeitlang für nötig, einen Menschen, einen Stein und anderes, an dem ich vorbeiging, eines besonderen Blickes zu würdigen...
Im vierzehnten Jahre wurde ich konfirmiert. Diese Handlung und der vorhergegangene, ein Jahr dauernde Religionsunterricht machte eine eigentümliche Wirkung auf mich. Ich war nämlich ängstlich religiös, so daß ich während jenes Unterrichts und eine Zeitlang nach der Konfirmation ganz sonderbar mich abquälte. Nach jedem Gottesdienste in der Hofkirche, in welcher ich zu dem aus zehn bis zwölf Gymnasiasten gewählten, mit einigen Kreuzern bezahlten Singchor gehörte, schrieb ich mir den Inhalt der gehaltenen Predigt auf. Abends konnte ich nicht ruhig einschlafen, wenn ich nicht in meinem Gebet auch speziell und mit Aufführung der einzelnen Namen für das Wohl meiner Verwandten und Bekannten, selbst der gestorbenen, und dann auch für die Gesamtheit

aller Menschen gebetet hatte. Ich hatte übrigens eine gar selige Empfindung, wenn ich dieser oder einer anderen formellen Religionspflicht Genüge geleistet hatte.

106, 30f.; 39f.

Loschwitz, 1816
Der Tod, die einzige Wahrheit

Als nun die Beerdigung geschehen sollte, nahm mich mein Vater mit ins Trauerhaus und trat mit mir vor den offenen Sarg. Die Leute sagten, es wäre eine schöne Leiche; ich aber starrte sie schaudernd an. Aus diesen einst so freundlichen Zügen grinste jetzt der kalte Hohn des Todes mit scheußlichem Triumph. Mir war's zumute, als wenn mein eigenes Leben stocke, als sei überhaupt alles Leben nur Lug und Trug, der Tod die einzige Wahrheit ...
So folgte ich dem Leichenzuge, der sich in glühender Mittagshitze zwischen niedrigen Weinbergsmauern langsam durch heißen Sand zog. Die Brombeersträuche am Wege ... gaben keinen Schatten, ebensowenig als die verworrenen Phantasien, die mein erhitztes Hirn erzeugte, Trost gewährten. Zwischen den beiden Söhnen der Verstorbenen einhergehend, sah ich den hochgetragenen Sarg in unmittelbarer Nähe vor mir hinschwanken. Ich träumte, sie trügen meine Mutter fort oder den Vater, und sah mich um, ob er noch folge. Dann war ich selbst in dem engen Kasten mit kaltem Blut und starren Gliedern, aber mit vollem Bewußtsein, und wer konnte wissen, ob es mit anderen Toten anders sei? Auch stellte ich mir vor, die Leiche möchte, plötzlich das hintere Giebelbrett des Sargs durchbrechend, mit wildem Scheinleben herausfahren und dergleichen Unsinn mehr, welchen die voranziehende Dorfschule mit öden Grabgesängen begleitete ...
Die Anwesenheit der schwarzen Tante zerstreute mich ... nur wenig; die Gespenster des Todes und der Verwesung folgten mir auf Schritt und Tritt, hetzten mein Gemüt wie Furien, gingen zu Bett mit mir und peinigten meine Träume. Ich scheute mich vor dem Essen, konnte namentlich kein Fleisch ansehen, weil es ja alles Leichenfleisch war, und meine Kräfte schwanden um so mehr, als ich von Angst und Unruhe getrieben, den ganzen Tag umherlief ...
Aus dieser Hölle führte mich endlich die Hand meines Vaters auf gar wunderliche Weise. Er kannte wohl den Köder, nach dem ich schnappen würde, als er mir eines Abends aus der Stadt allerlei Utensilien zum Feuerwerkern mitbrachte. Das war eine Freude! Wenn ich saß und kleisterte oder die wohlgeratenen Patronen lud, so wich die Angst von mir. Es war mir dann zumute wie einem, den

seine Mutter tröstet, während doch der wirkliche mütterliche Zuspruch ganz ohne Wirkung blieb. Es war eine kindische Heilung einer sehr kindischen Krankheit.

III, 291 ff.

Königsberg, 1817
Unfreiwilliges Bildersehen

Ich glaube, mehr unnötige Angst als ich hat sich nicht leicht ein Kind geschaffen. Die Furcht vor einzelnen Eindrücken, wie vor dem Krähen eines Hahnes oder vor lauten Trompetenklängen, die mich in den ersten Lebensjahren ganz außer mich brachten, hat mein Vater mir dadurch abgestumpft, daß er absichtlich Hähne im Hof hielt und mich immer selbst auf die Wachtparade brachte. Es war eine homöopathische Kur, die vielleicht nicht überall zu empfehlen ist, die bei mir aber ganz gut anschlug, denn jene Empfindlichkeit hörte sehr bald auf.
Indes sie war auch eine Kleinigkeit neben den Schrecken, mit denen meine Phantasie mich ängstigte. Gespensterfurcht habe ich in früher Kindheit nicht gekannt, aber wenn man mich abends zu Bett gelegt hatte, sah ich immerfort Gestalten vor Augen: Riesen, Städte, Vögel, Zwerge, bekannte Menschen, Bilder, die unablässig wechselten, unablässig ineinander flossen, sich neu gestalteten, wieder verschwanden, deren Hast sich steigerte, je mehr ich mich davor zu fürchten begann. Ich rief dann die Kinderfrau, weinte, hielt sie an der Hand fest, bat, sie solle mir etwas erzählen, ich wolle das nicht mehr sehen. Aber was sie mir auch erzählte, es schwamm gleich alles wieder in meine Bilder hinüber, und ich ließ dann mit Weinen und Bitten nicht eher nach, bis sie hinabging mir die Eltern zu holen, denen es auch immer gelang, mich zur Ruhe zu bringen. Eine Spur dieses unfreiwilligen Bildersehens vor dem Einschlafen ist mir durch mein ganzes Leben geblieben. Nur daß es jetzt selten kommt, etwa wenn ich krank bin oder wenn ich mich einmal mit Arbeit besonders angestrengt habe, und daß es jetzt meinem Willen doch meist gelingt, Herr darüber zu werden...
Es war in jener Zeit meiner ersten Kindheit, in den Jahren 1816 und 17, daß Frau von Krüdener ihr Wesen in Deutschland trieb, und die Unterhaltung über den von ihr prophezeiten Weltuntergang war damals ebenso im Gange wie vor einem Jahre das Gespräch über den Zusammenstoß der Erde mit dem Kometen. Dazu muß in jener Epoche irgendwo die Pest sehr stark gewütet haben, denn die Vorstellungen, daß die Pest kommen und wir alle sterben, oder die Welt unter-

gehen und wir so alle unsern baldigen Tod finden würden, waren sehr zeitig in meinen Kopf gekommen und flößten mir ein unbeschreibliches Entsetzen ein. Wo ich eines Menschen habhaft werden konnte, auf dessen Lust zu antworten ich rechnen durfte, fragte ich nach dem Weltuntergange und nach der Pest. Kein Eifersüchtiger sucht mehr Bestätigung seines Unglücks zu erspähen, als ich mir die Gewißheit zu schaffen strebte, daß wir alle umkommen würden; und hatte ich heute darüber geweint, daß ich sterben müsse, so jammerte ich morgen darüber, daß die Eltern sterben und ich dann allein bleiben würde.

Meine Eltern hatten große Geduld mit mir. Die Mutter saß oft stundenlang an meinem Bette, mich zu beschwichtigen, der Vater redete mir mit Ernst zu, soweit ich mit meinen sechs Jahren für Vernunftgründe zugänglich war. Half dann nichts, so schalt er mich und gab mir bisweilen, was jedoch nie aus Heftigkeit, sondern aus voller Überlegung geschah, ein paar Schläge, welche in diesen Fällen bei Kindern ebenso wirksam sind, als irgendein ableitendes Blasenpflaster.

119, 90 ff.

ZDISSLAWITZ / MÄHREN, UM 1835
Zweifel an dieser Wirklichkeit und Wünsche an eine andere

Der Himmel, zu dem ich emporsah, die Sonne, der Mond, die Sterne und die Landschaft, die mich umgab, und was sie belebte oder vielmehr zu beleben schien, das alles war nicht. Meine Augen nur zauberten es hin. Wohin mein Blick fiel, wölbte sich das Firmament, breitete ein Stück Erdenwelt sich aus. Wohin aber mein Blick nicht drang, da war das Nichts, die Leere. Vor mir die Welt, hinter mir das schreckliche Nichts, grau, stumm, tot. Oh, wie brannte ich darauf, ihm einmal auf die Spur zu kommen, diesem Nichts! Unheimlich war's und häßlich, sich immer sagen zu müssen: Es gähnt hinter dir her, macht sich breit in seiner grenzenlosen Armut und unaussprechlichen Langweiligkeit.

Nein, ich wollte mich nicht beständig von ihm narren lassen, ich wollte es entlarven und ihm auf sein schnödes Geheimnis kommen. Und ich rannte, so schnell ich nur konnte, in den Garten tief hinein bis an den Zaun, und dort, rasch wie ein Blitz, sah ich mich um ... Aber da war schon wieder alles aufgestellt ... Meine Augen waren immer zu langsam gewesen, kamen immer zu spät. Manchmal faßte ich kühne Entschlüsse. Wenn die Menschen nicht sind, wenn ich sie mir nur einbilde, will ich sie mir so einbilden, wie sie sein müßten, um mir bequem und angenehm zu sein. Ich will mir einen Papa einbilden, den ich nicht

fürchte, und eine Gouvernante, die mich nicht quält. Und einem in dieser Weise umgestalteten Papa, einer Mademoiselle Henriette, die eitel Liebe und Güte war, begegnete ich dann mit einer unbefangenen Vertraulichkeit, die äußerst mißfälliges Staunen erregte und mir manche Strafe zuzog ...
Zu jener Zeit, in der die irdische Welt mir zu einer Sinnestäuschung herabgesunken war, hatte ich mir eine andere, eine so schöne hergestellt, wie eine Kinderphantasie sie nur jemals erschuf. Sie befand sich weit drüben jenseits der Berge und eines großen Meeres. An heißen Sommertagen, wenn die Sonne im Scheitel stand und die Sonnenstäubchen glitzerten wie Diamanten – wenn ich da recht lang zum Himmel hinaufblickte, da glaubte ich in der leuchtenden Bläue mein Land sich spiegeln zu sehen ... Die Männer waren hohe Göttergestalten, die Frauen alle wie Feenköniginnen. Die Hauptsache aber waren die unzähligen Kinder, von denen mein Land wimmelte. Sehr verschiedene Kinder und durchaus nicht alle gut und schön, aber alle so vollkommen frei wie junge Füllen auf unabsehbaren Weiden. Ich malte mir ihr buntes Treiben, ihre Spiele und ihre Kämpfe aus, ich dachte mich in sie hinein, ich war sie. Einmal die, einmal der, einmal das mit allen Tugenden geschmückte opferdurstige kleine Mädchen, einmal ein übermütiger, wilder Junge ...
Allmählich genügte es mir nicht mehr, nur in Gedanken in meinem Lande zu weilen, und ich eröffnete eine Korrespondenz mit seinen Bewohnern. Ich schrieb kleine Briefe auf das feinste Papier, das ich auftreiben konnte, und übergab es den Lüften zur Besorgung ... Glückwünsche zu dem beseligten Leben, das meine fernen Freunde führten, Ausbrüche der Sehnsucht und Grüße bildeten den Inhalt meiner Briefe. Ich schrieb jeden mehrmals ab, bevor er mir endlich würdig schien, seine Reise anzutreten. Wenn er aber soweit gebracht war, dann kannte meine Ungeduld ihn abzuschicken keine Grenzen. Da gab's nur noch einen Wunsch: den günstigsten Augenblick erspähen, in dem ich ihn seinen Flug unbemerkt antreten lassen konnte ... Dem Sturm vertraute ich mit Entzücken meine papiernen Brieftauben an ... Wer wird sie finden? Ein Mann, eine Frau, ein Kind? und sich wundern, sich freuen und fragen: Wer schickt mir diesen Gruß? Wer schreibt mir so schöne, liebe Sachen?
Nie trat die Versuchung mich an, von meinem Verkehr mit den Freunden jenseits der Berge und Meere gegen irgendwen auch nur die geringste Erwähnung zu tun.

43, 797 ff.

Heidelsheim, 1840 ff.
Ritual und Traum

Einen wesentlich anderen Charakter nahm meine Erziehung an, als etwa in meinem achten Lebensjahre der Vikarius Friedrich Müller diese und mit ihr einen regelmäßigen Unterricht übernahm, bei dem das Lateinische zu den Gegenständen der Volksschule hinzutrat ... Ich erinnere mich nicht, von diesem meinem geliebten und bewunderten Lehrer jemals eine Strafe erlitten zu haben. Der Unterricht fand alltäglich außer Sonntags auf seinem Zimmer statt, das zugleich Tag und Nacht mein eigenes Zimmer war. Da aber mein Lehrer außerdem seinem Pfarrberuf nachzugehen hatte, so war er genötigt, mich während eines großen Teils der Zeit mir selbst zu überlassen, nachdem er mir meine Aufgaben gestellt hatte. So kam es, daß ich mich sehr bald an einsames Arbeiten gewöhnte, und noch mehr, daß ich während der meisten Zeit, während derer ich meine Aufgaben erledigen sollte, mich mit diesen überhaupt nicht beschäftigte, sondern mit freiem Phantasieren zubrachte. Ich wartete gelegentlich mit Sehnsucht darauf, daß mein Lehrer mich verließ, um mich dann sofort allerlei erdichteten Erlebnissen hinzugeben, die nicht selten von einem auf den andern Tag sich fortsetzten. Gewöhnlich nahm ich die neben mir liegende Feder zur Hand, bewegte sie rhythmisch auf und ab, während ich starr in das vor mir liegende Buch blickte, ohne irgend etwas darin zu lesen. Diese Phantasiespiele wurden allmählich zur Leidenschaft, und ich zog mir damit eine immer größer werdende gewohnheitsmäßige Unaufmerksamkeit auf alles, was um mich her vorging, zu. Sie hat mich dann noch in meine spätere Schulzeit und durch diese hindurch in die große Mehrzahl meiner Universitätsvorlesungen begleitet ...

222, 37 f.

Haslach, um 1845
Die Wonne am bethlehemitischen Kindermord

(Unser Nachbar,) der Schwärmer für Marat und Robespierre hatte eine der schönsten Weihnachtskrippen im ganzen Städtchen. Die Figuren ins Moos zu stellen auf den heiligen Berg, dazu durfte ich ihm nicht helfen zu meinem großen Leidwesen. Wenn aber seine Krippe fertig war, so fand ich nächst seinen Kindern den ersten Zutritt. Auf jeden der nach der Geburt des Heilandes folgenden Festtage hatte der Stricker eine neue passende Figurenänderung an seinem Berg. Wenn er aber einmal den bethlehemitischen Kindermord aufgestellt hatte, so war ich nicht mehr aus seiner Stube zu bringen. Er verfügte nämlich über die

meisten »Kindlesmörder« von allen Krippenbesitzern der Heimat. Eine Masse von Soldaten, jeder ein Kind am Spieß, oder Säbel, Messer, Gewehr und Bajonett, jeder sein Opfer in einer andern Stellung haltend – das war für mich zum Närrischwerden vor staunender Aufregung. Und was das Merkwürdigste war, mit den armen Kindern hatte ich nicht das geringste Mitleid, meine ganze Verwunderung galt dem »Kindlesmördern«. Die kamen mir vor wie die Helden; ich guckte nur jedem ab, wie geschickt er seine Situation genommen, und die Mannigfaltigkeit dieser Situation war der Grund meines Staunens.
Der bekannte Herzog von Larochefoucauld spricht einmal ... den frappanten Gedanken aus, daß im »Mißgeschick der Menschen immer etwas läge, das ihren besten Freunden gefalle«. Wenn ich zurückdenke, so finde ich ein groß Stück Wahrheit in der Behauptung ...
(Der Nachbar) ist längst tot und seine Familie in Amerika, wo aber die Krippe hingekommen, weiß ich nicht. Ich würde sie heute kaufen, wenn sie noch zu haben, und mir, dem alten Knaben, an Weihnachten die Freude machen, sie aufzustellen, und die kindliche Wonne aus der Kindheit heraufzubeschwören, die Wonne am bethlehemitischen Kindermord.

78, 48 f.

Eichtersheim, um 1858
Heimweh

Der erste Abend in einem fremden Hause gehört für ein junges Gemüt zu den geheimnisreichsten Erlebnissen ... Wenn dieses junge Gemüt wund ist, gibt es nichts Linderndes als den Schleier, in den sich abends die fremde Welt hüllt, denn er legt eine Wand um das Gemüt; die Fremde bleibt draußen, sie berührt mich nicht mehr, sie läßt mich endlich, endlich allein mit mir. Wie kühlt das die Augen, so weit offen in ein Dunkel zu schauen, wie schwinden die Entfernungen, die mich von den Lieben trennen ...
Ich bin niemals tränenreich gewesen, aber weiß der Himmel wie es kam, ich hatte damals trockenen Auges beständig das Gefühl zu weinen, doch ging dieses Weinen nach innen, und mein ganzes Wesen wurde verlebt. Mein Auge blickte trüb, die Welt lag so sonderbar bläulich, so einförmig und einfarbig vor mir, sie war mir so gleichgültig, ich kam mir wie in Wasser gesetzt vor. Wenn ich sprechen wollte, legte sich mir ein eiserner Ring in die Kehle ... Ich richtete mein Leben so ein, daß es von Morgen bis Abend in demselben Rahmen und denselben Zeitabschnitten dahinfloß wie das meiner Lieben in der Heimat. So weit es möglich war, begleitete ich sie im Geist zu allen Genüssen und Arbeiten des

täglichen Lebens, stand mit ihnen auf und setzte mich mit ihnen zu Tische, weilte in ihren Zimmern und wandelte in ihrem Garten. Ich begann nichts, ohne sie im Geist zu fragen, und vollendete nichts, ohne es ihnen in Gedanken vorzustellen und mich ihres Urteils zu freuen ...
Das »Wer nie sein Brot mit Tränen aß« ergreift mich, wenn ich es lese oder höre, heute wie am ersten Tag, und wird nie seine Wirkung verlieren. Doch meine ich, wenn ein Dichter das Elendgefühl gesungen hätte, das uns vor dem Tageslicht bangen, das uns den Morgen verwünschen und die Nacht segnen macht, das uns darum das Verlassen des Lagers wie ein Hinaustreten aus warmer schützender Hütte in einen stürmenden Wald voll Widerwärtigkeiten und Gefahren fürchten läßt, er würde aus der Tiefe von noch viel mehr Herzen herausgesprochen haben und von noch viel mehr verstanden worden sein. Dort hängen die Kleider, sieh sie nicht an, du hast es aufgegeben, andern Menschen zu begegnen; hier liegt die angefangene Arbeit, berühre diesen Sisyphusstein nicht, er wird zurückrollen, wie du ihn auch bewegst; die Bücher schlage nicht auf, sie wollen dich deine Lage vergessen machen, und du fühlst dich doch nur sicher, solange sie dich umgibt; vor allem aber trete nicht vor den Spiegel, der dich höhnend daran erinnert, daß und wie du wirklich bist, und du möchtest doch alles vergessen, was dich angeht ... Es gibt kein Heil als das Bett, wo du dem Schicksal die kleinste Angriffsfläche bietest ...
Als der Geistliche am zwanzigsten Sonntage nach Trinitatis über die Bekehrung des Kämmerers aus dem Morgenlande predigte, wo es im Text hieß: »Stehe auf und gehe gen Mittag auf die Straße, die von Jerusalem gehet hinab nach Gaza, die da wüste ist; und er stand auf und ging hin«, und weiter: »Er aber zog seine Straße fröhlich«, überfiel mich eine solche Sehnsucht, hinauszuziehen auf irgendeiner Straße, und ob sie noch so wüst wäre, daß ich nach der Kirche, ohne einen Menschen zu sprechen oder zu grüßen, hinauseilte und von der Bank am Föhrenwald in die Ebene schaute, bis ich sie weit, weit hinaus nach Westen geöffnet und an ihrem äußersten Rande befreundete Türme ragen sah. Und da ich nun zum Überfluß in denselben Tagen in Thomas a Kempis den Spruch las: »Halte dich wie einen Pilger auf Erden, den der Welt Geschäfte nichts angehn. Bewahre ein freies und zu Gott gerichtetes Herz, weil du hier keine bleibende Stätte hast«, so fühlte ich mich nur um so mehr berechtigt, geistig zu wandern, und hoffte es mit der Zeit noch dahin zu bringen, meine sterbliche Hülle allein hier zu lassen und mit der Seele dort zu weilen, wo es sie hinzog. Die Beschäftigung mit Giftstoffen in der Apotheke war sehr geeignet zu Betrachtungen über die tötenden und die bloß betäubenden Mittel ... Welche interessante Stufenleiter von ... trägen und aussetzenden Giften bis zu der schlagartig wirkenden Blausäure! Kein Wunder, daß Manfred-Byrons letzte Worte: Old man, it is not so difficult to die, dem Jüngling-Knaben durchaus nicht mehr fremd ins Ohr

klangen. Es schien ihm ja gar nichts so Unvermitteltes und Unvorbereitetes mehr, was man Sterben nannte. Ist Sterben denn notwenig immer Tod? Könnte nicht der Geist diese Hülle verlassen und wieder in sie zurückkehren? ... Wie wenn sich nun die freigewordene Seele aufschwänge und zu den lieben Orten flöge, an denen ohnehin meine Gedanken weilen? Dann wäre ja der Tod das Schönste, was nur zu denken ist ... Versuche ich's nicht einmal, zu fliegen? Hier steht in steinernen Krügen Kirschlorbeerwasser, ein blausäurehaltiges Präparat, dessen scharfer Duft etwas Elegantes hat. Der Totenkopf über dem altmodisch geschnörkeltem Aqua Laurocerasi schreckt mich nicht. Der Blausäuregehalt des Destillats ist nicht allzu stark. Vielleicht ist die Wirkung nur Betäubung, Traum und Rückkehr, vielleicht allerdings auch Sterben. Was macht mir das für einen Unterschied? ... Ein langer Zug, und noch einer, ich meine beim zweiten schon die Hände zittern zu fühlen, doch stelle ich den Krug ordnungsgemäß an seinen Platz und steige wie im Traum die Kellertreppe hinauf.
Ich erwache aus meinem langen Schlaf, die Glieder zerschlagen, der Kopf dumpf, aber mit unzweifelhaftem Lebensgefühl. Ist meine Seele gewandert, so kann sie nur kurze Zeit draußen gewesen sein, ich meine nur Minuten hier zu liegen. Draußen dieselbe Schneelandschaft, die ich verlassen habe. Man spricht an meinem Bette von einem ungewöhnlich heftigen Anfall von Nervenfieber, von einer Reihe von Tagen, die ich besinnungslos gelegen bin, und freut sich offenbar über mein Wiedererwachen. Briefe, deren Entzifferung mir Kopfschmerz macht, liegen auf dem Tische; ich fühle einstweilen nur die Liebe, die sie ausstrahlen. Der erste Gedanke, der mir halbwegs klar wird, ist die Erwägung, daß es noch Menschen gibt, denen mein Dasein nicht gleichgültig ist ...
Ich fange an, wie ein Fremder auf meine Tat hinzusehen, und ich schäme mich derselben vor diesem Fremden, ich wünsche, daß sie verborgen bleibt. Einige Tage später, als ich wieder lesen konnte, bringt man mir unter anderen der damals üblichen Miniaturbändchen in Goldschnitt und schwarzer Leinwand auch das Bändchen Faust von Nikolaus Lenau mit der Jahreszahl 1836. Als ich im Schlußgesang die Worte Fausts lese:
> Ich bin ein Traum, entflatternd deiner Haft,
> Ich bin ein Traum mit Lust und Schuld und Schmerz
> Und träume mir das Messer in das Herz!

überfällt mich ein so heftiges Gefühl der Reue, daß ich mir entfliehen möchte, und ich weine Tränen der Scham.

167, 36 ff.; 45 ff.

ESSLINGEN USW., UM 1860
Sammlung meiner frühen Ängste

Frühzeitig schlich sich auch die Nachtseite des Lebens in meine Innenwelt. Die Mißgestalten des Struwwelpeters arbeiteten zum Nachteil meines Seelenfriedens in meiner Phantasie, die genötigt war, im Traum noch mehr solcher Ungeheuer zu erzeugen. Eins der schrecklichsten war der Häkelmann, eine Gestalt, die mich jahrelang verfolgte. Er war lang und mager mit grasgrünem Frack und roten Beinkleidern und fuhr blitzschnell durch alle Zimmer, indem er mit einem langen Haken die Kinder, die sich vor ihm verkrochen, unter den Tischen und Betten hervorzuhäkeln suchte. Wann er erschien, brachte er das ganze Haus um den Schlaf, so furchtbar war mein Angstschrei. Wie bei Nacht vor dem Häkelmann, so fürchtete ich mich wachend vor der Lichtputzschere, die damals noch im Gebrauch war. Ich hatte nämlich auf einem Bilderbogen eine solche gesehen, die ein kleines Mädchen einschnappte, und glaubte seitdem mich zum gleichen Schicksal bestimmt. Wenn es dämmerte und die Kerzen angezündet wurden, so blinzelte ich immer mit tiefem Mißtrauen nach der messingenen Putzschere, und so oft sie in Tätigkeit trat, fürchtete ich, in dem gähnenden schwarzen Rachen verschwinden zu müssen, denn so frühreif ich in allem anderen war, die Größenverhältnisse waren mir immer noch nicht aufgegangen. Desgleichen gab es im Hause einen Bilderkalender mit einer Karikatur, aus der ich schreckliche Ängste sog: das waren die Kränzelesfrauen. Mit großgeblumten Kleidern im Biedermeierstil, Kaffeekannen und Tassen in der Hand, saßen sie um einen runden Tisch; sie hatten grausige Drachenköpfe auf langen, schlangenartigen Hälsen und auf den Köpfen große nickende Hauben ...

Was man mir sagte, nahm ich ohne weiteres für wahr und schmückte es noch durch die Einbildung aus. Im Kämmerchen unserer Josephine befanden sich drei ungebrauchte kaufmännische Rechnungsbücher von einem Umfang, der mir, an meiner eigenen Größe gemessen, riesenhaft erschien. Auf eines dieser Bücher richteten wir zwei älteren Kinder unser Begehr, um es mit den Erzeugnissen unserer Zeichenkunst zu füllen. Fina, die Gute, widerstand lange, endlich überließ sie uns eines, und als es vollgeschmiert war, auch das zweite. Wir zeichneten unser selbsterfundenes Märchen vom Schnuffeltier und Buffeltier hinein, von dem wir jeden Tag ein neues Begebnis ersannen. Fina sah uns zu, aber immer von Zeit zu Zeit seufzte sie: Ach, was wird Herr Sch. sagen, der mir diese Bücher zum Aufheben gegeben hat! Gewiß wird er einmal kommen und nach den Büchern fragen. Und wenn er sie in diesem Zustand findet, dann setzt er mir den Kopf zwischen die Ohren.

Diese Reden ängstigten mich unaussprechlich. Ich hielt das Kopf-zwischen-die Ohren setzen für eine grausige Marter, und es war fürchterlich, daß unserer treuen Pflegerin diese Gefahr um unseretwillen drohte. Gleichwohl half ich auch das nächste Buch beschmieren, aber immer dachte ich an den gefürchteten Herrn Sch. und ob er nicht komme ...

Die vielen Tage ausgestandenen Ängste, die ich meist aus unüberlegten Reden der Erwachsenen schöpfte – auch die Furcht, eines meiner Lieben zu verlieren, gehörte dazu, obwohl ich vom Tode noch nichts wußte –, kehrten bei Nacht in abenteuerlichen Vermummungen wieder und machten mir oft genug den Schlaf zu einer ganz bedenklichen Angelegenheit. Das ging bis zu Sinnestäuschungen im vermeintlich wachen Zustand. So sah ich eines Nachts im Mondschein ganz deutlich meine Mutter im langen weißen Hemd vom Lager steigen, sich neben meinem Bettchen einen Strumpf knüpfen, und als ich erwartete, daß sie sich jetzt über mich beugen werde, lautlos hinter den Ofen gleiten. Als sie gar nicht zurückkommen wollte, kroch ich nach längerem Warten ängstlich aus dem Bett und sah den Raum hinter dem Ofen leer. Eine schreckliche Unruhe befiel mich, aber als ich nun vor ihr Lager schlich, lag sie in festem Schlafe. Eine solche kindliche Halluzination hätte vielleicht im Mittelalter genügt, eine unglückliche Frau der Hexerei und der Schornsteinfahrt zu überführen.

Aber diesen Kinderleiden, von denen die Erwachsenen nichts zu ahnen pflegen, hielt eine unermeßliche Kinderseligkeit die Waage. Solche Fest- und Wonnetage wie unsere Geburtstage konnte das spätere Leben aus all seinen Reichtum nicht mehr hervorbringen. Der feierlichste war der meinige, der Thomastag; da er in die Weihnachtswoche fiel, wurde an diesem Abend der Baum angezündet und die Bescherung gehalten. Schon viele Tage vorher hantierte unserer Josephine mit köstlichen süßen Teigen und stach mit den hochehrwürdigen alten Modeln ... das herrlichste Backwerk aus ... Mama saß mit befreundeten Damen und »dockelte« heimlich, d. h. sie nähte aus bunten Seidenlappen die schönsten Puppenkleider. Immer hing da und dort ein goldener Faden, der diese feenhafte Tätigkeit verriet. Die übrigen Lappen hütete ich in einer Pappschachtel, sie waren mir als Stoff zu künftiger Gestaltung fast noch werter als die fertigen Kleidchen. Die Großen begriffen nicht, warum diese Schachtel jede Nacht an meinem Bett stehen mußte, aber ich wußte recht wohl, was ich tat, denn wer hätte sie sonst gerettet, falls des Nachts ein Brand ausbrach? Ich hatte schon den Griff eingeübt, womit ich sie fassen wollte, während ich im anderen Arm die Puppen hielt, um durch die Flammen zu springen.

114, 16 f.; 20 ff.

Ludwigsburg, 1860
Über Albernheit

Wir hatten alle Jahr vor Weihnachten in der Schule eine kleine Lotterie für arme Kinder, das Los zu einem Groschen, und Herr von W. erwies sich immer als freundlicher Abnehmer. Einmal war er unwohl und hütete das Zimmer, und mein Mariele S. und ich wurden auserlesen, mit der Liste zu ihm zu gehen und ihn auch heuer um einen Beitrag zu bitten. Wir waren zwei Mädels von zwölf und dreizehn Jahren, just in dem Alter, wo man über alles und jedes lacht bei der geringsten Veranlassung. Wir standen vor Herrn von W.s Türe, flüsternd, uns scheuend, sie zu öffnen, und bereits kichernd, weil wir einige Male vergeblich geklopft. Und nun stand er plötzlich, selber die Tür aufmachend, vor uns, ehe wir unsre Haltung hatten! Hineingeführt und freundlich befragt, was wir wollten, stieß eine die andre an, zu sprechen, und als wir dann beide zugleich anfingen, »platzten« wir heraus, und Herr von W. mußte die Hauptsache vollends erraten. Etwas kopfschüttelnd ging er an seinen Schreibtisch, schrieb für einen Taler Lose ein und gab mir einen solchen in die Hand, worauf wir uns, dankstammelnd, entfernten. Aber welcher Schrecken! Als wir draußen waren, hielt nicht nur ich, sondern Mariele auch einen Taler in der Hand. Sie hatte diesen, der zufällig auf dem Tisch lag, mit der Liste, die sie verwaltete, an sich genommen, und nun standen wir von neuem an der Tür und sollten noch einmal eine Rede halten, diesmal eine entschuldigende, und dazu diese dumme, durch nichts zu unterdrückende Lachlust! Endlich waren wir wieder drinnen, und Mariele streckte ihren Taler hin und versuchte zu sprechen. Aber alles, alles erschien uns komisch, und als nun Herr von W., mit Recht ärgerlich über unser Gebaren, uns eine kleine Vorlesung über Selbstbeherrschung hielt und uns mit Würde darlegte, er selbst übe sich noch täglich darin; wenn zum Beispiel ihm eine Fliege auf der Nase sitze, so vertreibe er sie nicht sofort, und wenn er ein Telegramm bekomme, so lasse er es manchmal einige Augenblicke liegen, – da war es vollständig um unser bißchen Fassung geschehen, und wir mußten lachen, mochte daraus entstehen, was da wollte. Es kamen, als natürliche Reaktion, auch gleich nachher die Tränen, denn wir schämten uns schrecklich, und der gütige Herr von W., der einen Augenblick wirklich indigniert gewesen, denn so etwas war er nicht gewohnt, holte zum Schluß von seinem Schrank herunter zwei seiner schönsten »Goldparmänen« und gab sie uns stillschweigend bei unserm stillosen Abschied. – Entsetzlich aber war, als wir auf der Straße entdeckten, daß nun jede von uns ihren Taler wieder auf den Tisch gelegt hatte. Das ging übers Lachen und über unsere Kraft, es ins Reine zu bringen. Die gute Madame R. nahm sich unserer an und machte endlich, zu unserer unsagbaren Erleichterung, schriftlich dieser verwickelten Angelegenheit ein Ende.

192, 355 f.

WELDEN, UM 1863
Mir selbst ein Rätsel

Am Bache wachsen die Weiden, die im Frühling mit grauen Sammetkätzchen blühen. In dieser Blütezeit, wenn in den Stauden die ersten Säfte treiben, kann man aus den Rinden der Weidenzweige prachtvoll trillernde Pfeifen schneiden ... Wir vier Getreuen verstanden uns gut auf das Schneiden dieser »Bachkätzelespfeifen«. Aber Buchbinders Alysi, ein scheuer und schwächlicher Bub, verstand die Sache noch besser als wir ... Wenn zwanzig Buben am Bache dudelten, hörte man den feinen, zärtlichen Klang des Alysi gleich heraus. Und diese seltene Wunderpfeife hätte ich ums Leben gerne gehabt! Ich wollte sie dem Alysi abhandeln. Der gab sie aber nicht her. Ich bot ihm Schätze, die ich gar nicht besaß. Doch der Alysi schüttelte stumm den Kopf, ging mir aus dem Wege und blies nur noch auf seiner Pfeife, wenn er ganz allein war ...
Eines Mittags kam ich vom Maler-Papi herauf. Vor dem Buchbinderhaus saß der Alysi zwischen den Weidenbüschen, ließ die nackten Füße ins Wasser hängen und zwitscherte auf seinem unverkäuflichen Märchenrohr. Und da begann dieses Fremde in mir. Der Anfang war noch eine verständliche Sache: daß ich auf den Alysi zuspringen und die Pfeife packen mußte. Dabei bekam der schwächliche Bub einen Schreck und Stoß, daß er ins Wasser purzelte. Wäre die Laugna an dieser Stelle tief gewesen, so hätte der Alysi ertrinken müssen. Aber das Wasser ging ihm nur bis unter die Arme, und während er sich schreiend herauszappelte, rannte ich mit meinem Raub davon. Daheim verbarg ich die Pfeife im dunklen Kasten von Urgroßvaters Uhr und stellte mich ans Fenster und lauerte, ob die Buchbinderin nicht käme. Richtig kam sie ... Ich blieb in der Dämmerung am Fenster stehen, und das Herz schlug mir bis zum Hals herauf. Kein Gedanke war in mir; ich horchte nur. Es dauerte auch nicht lange, so hörte ich draußen auf der Stiege den schnellen Schritt des Vaters; und ich erinnere mich, daß mir kalt wurde bis in die Zehen hinunter, und daß sich plötzlich etwas wie ein Eisenreif um meinen Kopf legte ...
»Ludwig! Gib die Pfeife her!«
Bis zu dieser Stunde hatte ich dem Vater und der Mutter noch nie eine Lüge gesagt ... Jetzt blieb ich am Fenster stehen und sah den Vater an, als hätte ich nicht verstanden, was er sagte. Papa wurde ungeduldig: »Die Pfeife gib her!«

Ganz ruhig war ich; aber ich konnte keine Hand rühren, keinen Finger bewegen. »Was für ein Pfeifle?«
»Das von Buchbinders Alysi.«
»Ich weiß nix von em Pfeifle.«
»Bub!« Der Vater bekam die rote Stirn ... wollte nach mir greifen. Im gleichen Augenblick schob Mama das bleiche Gesicht zur Tür herein: »Aber Gustl, wenn's der Bub doch sagt! Er hat uns doch nie noch angelogen!«
Mir lief, als ich die Mutter sah, etwas Brennheißes über die Brust herauf und über das Gesicht. Und da hatte mich der Vater schon im Genick ... und schlug auf mich los ... Hielt der Vater von selber im Schlagen inne? Oder hatte die Mutter seinen Arm gefangen? Daran erinnere ich mich nimmer, weiß nur noch, daß mir etwas Erstickendes die Kehle zuschnürte, als Papa ... stumm aus der Stube ging, in der es schon dunkel wurde. Auch die Mutter schwieg; sie entkleidete mich, wusch mir den Körper und schob mich ins Bett. Dann nahm sie meine Hände. »Kindele! Sag mir's! Schau, deiner Mammi ...!« Ich biß die Zähne übereinander und schüttelte den Kopf. Die Mutter atmete auf ... Sie ging.
Und da soll mir ein Psychologe erklären, was jetzt geschah. Ich selber verstehe das nicht, obwohl es in meinem eigenen Leben war. Ich stieg aus dem Bett, holte das Bachkätzelespfeifle ... stellte mich mitten in die dämmerige Stube und fing wie von Sinnen zu pfeifen an, immer zu, und immer in den schrillsten Tönen. Und so blies ich noch immer weiter, als Papa mit der Hundspeitsche schon wie ein Irrsinniger zur Türe hereinstürmte. Er schlug auf mich los, daß ich zu Boden stürzte. Und ich weiß noch, daß die Mutter unter diesen klatschenden Hieben immer schrie: »Jesus, Gustl, schlag ihn nicht tot ...« Dann fiel ich in Ohnmacht.

50, 142 ff.

HAMBURG, UM 1880
Zeiten geistiger und körperlicher Verstopfung

Es war jedenfalls ein wirrer, oft unseliger Zustand, in dem der Knabe zeitweise lebte ... Zuweilen kam er in der Schule gut voran, begriff leicht, machte seine Arbeiten zur Zufriedenheit und saß in der Klasse obenan; dann aber war es wieder, als ob er vollkommen verdumme, der Kopf wurde ihm dumpf, er begriff nichts, machte alles verkehrt, war ungeschickt und gehörte zu den Schlechtesten in der Klasse. Es gab Perioden, in denen er kaum denken konnte; und dann schien plötzlich etwas im Kopf zu platzen, und es wurde alles licht und klar. Die

Lügen, die verkehrtesten Handlungen der Verlegenheit und Feigheit aber fielen stets in jene Zeiten, in denen er an einer Art von geistiger Verstopfung schwer und peinlich litt. In diesen Zeiten hatte er Wochen durchlebt, wie sie ein Verbrecher auch nicht schwerer empfindet. Wie aus einem Mutwillen heraus schuf er sich dann noch schwerere Ungelegenheiten. Es war, als wolle das Herz die Spannung, als wolle es schmerzhaft heftig bewegt sein, als lechze es nach Leiden ... Und dieser Zustand war nicht nur seelisch, sondern er war naturgemäß auch körperlich ... Es war eine Unordnung in den Funktionen der Verdauung. Die Erwachsenen pflegen über diese Dinge zu lachen, wie sie über ihre Leiden als Kinder überhaupt später gern lachen. Johann hat niemals darüber lachen können ...
Das Bedürfnis stellte sich fast immer auf dem eineinhalbstündigen Schulweg ein. Da galt es dann eine verborgene Stelle zu finden, was zu dieser Stunde eines starken Fußgängerverkehrs nicht leicht, in der Nähe der Stadt sogar unmöglich war. Es wurde das Bedürfnis irgendwo hinter Hecke und Zaun, nicht immer zum reinlichsten, verrichtet, während der Bruder und die Schulkameraden, die den gleichen Weg hatten, weitergingen; und dann mußte Johann laufen, um die Vorangegangenen einzuholen. ... Am schrecklichsten war es aber, wenn ihn das Bedürfnis plötzlich in der Stadt überfiel. Denn es kam immer plötzlich und mit großer Gewalt, so daß er von der Anstrengung des Zurückhaltens am ganzen Körper zitterte. Er hastete vorsichtig auf dem Trottoir dahin, beständig halblaut vor sich hinbetend, es möchte ihm doch noch gelingen, die Schule zur rechten Zeit zu erreichen; er eilte die Steintreppe hinauf und lief schnell in den Keller hinab, wo in einem dunklen Verschlag die Klosetts eingerichtet waren. Es war dort beinahe finster, und wie er in der Finsternis umhertastete, merkte er, daß alles beschmutzt war. Ganz elend vor Anstrengung und Ekel hing er dann halb auf dem Sitzbrett, das Ränzel auf dem Rücken, die Butterbrotdose nach vorn geschoben, den dicken Stoff des Wintermantels mit Mühe bändigend; da läutete oben schon die Schulglocke zum letztenmal, und stöhnend ordnete er die Kleider und hastete nach oben. Um dann noch zu spät zu kommen und in Strafe zu fallen. Das war der Beginn eines Tages für einen Knaben, der bis drei Uhr auf der Schulbank sitzen und dann noch einmal den weiten Weg nach Hause gehen sollte. Am liebsten hätte er eine Weile den Kopf auf den Tisch gelegt. Aber nun ging es an die französischen Vokabeln, die ihm nie in den Kopf wollten. Wenn der jetzt Erwachsene an Magenstörungen leidet, pflegt er noch zu träumen, er sei der kleine Schulknabe und ginge diesen Weg der Angst und des Ekels.

183, 68 f.

9.2. Anstrengung des Eros

Kommentar
Gerdauen, um 1755 — Ratlose Einsamkeit
Mitau, 1764 — Eine Kinderliebesgeschichte im aristokratischen Gewand
Wörmlitz bei Halle, um 1767 Erforschung der Geheimnisse des Ehestands
Wien, um 1783 — Mädchenhafte Geisterliebe
Stralsund, um 1787 — Strategie der Abmattung im Kampf gegen den Trieb
Dresden, um 1805 — Heimliche Sünden der Jugend
Berlin, um 1820 — Bei der Kaserne
Potsdam, um 1825 — Terminologie der Kinderfreundschaften im Kadettenhaus
Auerbach/Bergstraße, 1825 Gretchen
München, 1848 ff. — Reine Liebe zwischen vierzehn und einundzwanzig
Eßlingen, 1858 — Gefahren der Liebe
Kaufbeuren usw., 1859 — Stufen der Erkenntnis
Elberfeld, 1859 — Dreiecksgeschichte
Tübingen, um 1866 — Reizbarkeit und Leidenschaft in einem vierzehnjährigen Knaben
Hamburg, um 1880 — Geschlechtsneugier und Erotik im Knabenalter

Albrecht Altdorfer stellt 1508 Venus und Amor als mahnende Hausfrau und Mutter mit einem frustrierten Kleinkind dar. Karl Agricola (1779–1852) bildet den seligen Augenblick derselben Konstellation ab, nun ohne mythologische Verfremdung. Der mütterliche, weibliche Blick, weckt Lust und Liebe zum Leben.
Aus: M. Friedländer/E. Bock, Handzeichnungen deutscher Meister des 15. und 16. Jhs. Berlin 1921. – M. v. Boehn, Miniaturen und Silhouetten. München 1917

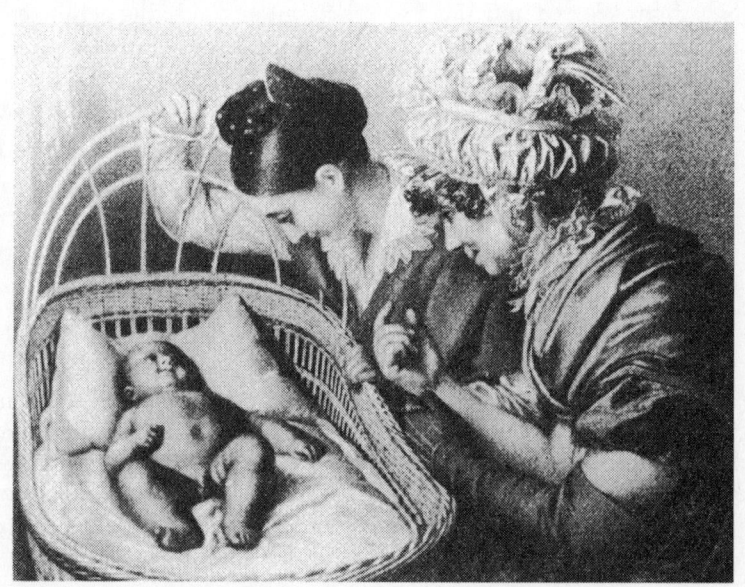

Kommentar

Als Freud die Triebschicksale in den Mittelpunkt seiner Psychoanalyse rückte und mit der Veröffentlichung der *Drei Abhandlungen zur Sexualtheorie* (1905) der offiziösen Meinung über die Unschuld der Kinder widersprach, war der Skandal perfekt, den die Psychoanalyse bis heute darstellt. Das Recht des Kindes, über die Grundtatsachen des menschlichen Lebens nicht belogen oder hinweggetäuscht zu werden, hatten die Philantropen bereits anerkannt; das 19. Jahrhundert zog die Täuschung vor, das 20. die Aufklärung. Welchen Einfluß hatten diese Manöver auf das Liebesleben der Kinder? Denn davon muß man ausgehen, daß Kinder dieses Liebesleben hatten, jenseits und neben der offiziellen Moral und pädagogischen Doktrin – nicht anders als die Erwachsenen. Freud hat, als Beleg für seine Theoreme, neben der praktischen therapeutischen Erfahrung und dem Rekurs auf die Sage von Ödipus, sich auf Bemerkungen von Diderot und Stendhal berufen – der Erfahrungsschatz, den die Beiträger des »Magazins für Erfahrungsseelenkunde« (1783–1793) und die vielen Autobiographen zusammengetragen hatten, war ihm und seinen empörten Kritikern nicht bekannt. Wußten sie nichts oder ist der Kampf gegen Freuds »Pansexualismus« nur ein Kampf ums Monopol der Exegese, das sich Ärzte und Pädagogen nicht aus der Hand nehmen lassen wollten? Foucault hat darauf hingewiesen, daß man einer Täuschung erliegt, wenn man dem seit dem 18. Jahrhundert in Schriften, Worten und Taten so vehement und auffällig geführten Kampf gegen die Sexualität sein bewußtes Ziel, die Repression, abnimmt oder unterstellt, er habe es erreicht. Ganz im Gegenteil führt die obsessive Beredsamkeit zur Vervielfältigung und Allgegenwart des Gefürchteten, wie gerade der Versuch zeigt, die geheimen Unzuchtsünden der Jugend, die Onanie, auszurotten. Die Pädagogen haben sich damit immer lächerlich gemacht; denn bestenfalls verwirrten sie mit ihren Doktrinen und Maßnahmen nur einen Abwehrkampf, der ohnehin geführt wurde – der richtete sich allerdings nicht gegen den Akt, sondern die mit ihm verbundenen inzestuösen Phantasien.

Eine andere Erfindung zur Bewahrung der kindlichen Unschuld, sie geht nicht auf die Philanthropen, sondern die Schulpädagogen des 19. Jahrhunderts zurück, ist die Geschlechtertrennung beim Unterricht. Nur aus Geiz und Geldmangel wurde sie nicht überall im niederen Schulwesen durchgeführt. Dort, wo sie wegen des Ausschlusses der Mädchen von der höheren Schulbildung ohnehin gegeben war, auf den Gymnasien, Fürstenschulen, Kadettenanstalten und Jesuitenseminaren, dort sieht man, wie vergeblich und vielleicht auch gefährlich diese Erfindung war. Ein geradezu traditioneller Ausweg, den das Liebesverlan-

gen älterer Insassen fand, war die Verkennung kindlicher Schüler als Mädchen. Niemand ahnte wohl auch, daß die langjährige Ausschließung gegengeschlechtlicher Berührung die gesellschaftlich allein zugelassene und erwünschte Liebeswahl erschwerte, wenn nicht unmöglich machte.
Direkt Auskunft über das kindliche und jugendliche Liebesleben geben bürgerliche und aristokratische Autobiographen des 18. und 19. Jahrhunderts. Mädchen, ohnehin ja eine Minderzahl unter den Schreibern, geben selten mehr zu als eine ideale Schwärmerei. In einer Liebesgeschichte teilen sie sich gern die Rolle der Geliebten, Verehrten, nicht der Liebenden zu, wenn sie sich nicht sogar als Opfer stilisieren, wie Johanna Schopenhauer (1766–1838), der man wohl den Schrecken, nicht aber die kindliche Unschuld glauben möchte, als der herzlich geliebte Kandidat Kuschel, ihr Lehrer, ihr einen Heiratsantrag macht. Fünf Jahre später ehelicht die nunmehr achtzehnjährige freiwillig und ohne Liebe, wie sie sagt, einen um zwanzig Jahre älteren Mann...
Was geschah im 16. und 17. Jahrhundert, wie wurden die Kinder der Volksmassen mit den Grundtatsachen des Lebens vertraut gemacht, und welche Erfahrungen konnten sie selber machen? Das ist aus allgemeinen Gegebenheiten zu extrapolieren. Im bäuerlichen Leben ist aus Fortpflanzung und Geburt schwer ein Geheimnis zu machen. Wie viele einsame Hütejungen haben sich erst einmal sodomitisch betätigt? Die Nachrichten sind rar: J. J. Moser (1701–85) hat einmal die Anzeige eines Fußgängers gegen einen jungen Hirten zu bearbeiten, den er bei einem solchen Akt beobachtet haben will. Nicht nur für ländliche, auch für städtische, selbst bürgerliche Verhältnisse gilt: Man ist nie allein, auch nicht im Bett. Man teilt es mit Eltern, Brüdern und Schwestern, Dienstboten oder Gästen. Natürlich haben die Philanthropen gegen diese aus Mangel und Armut geborene Sitte gepredigt, aber da die Pädagogen immer nur die Moral, nie die Verhältnisse ändern konnten, schläft sogar der Stuttgarter Pfarrerssohn Karl Gerok (1815–90) noch mit seinem Bruder unter einer Decke! Ist es nicht plausibel annehmen, daß solche körperliche Erfahrung, die Nähe zu Mensch und Tier, der Liebe günstiger waren, als es der puritanische Redeschwall, der aus dem 18. und 19. Jahrhundert herüberdringt, uns wahrmachen will? Anders wären die zahllosen Liebesgeschichten, welche die Autobiographen uns überliefert haben, nicht zu erklären. Ihre Authentizität belegt Ernst Förster (1800–1885), der nach fünfzig Jahren sein Jettchen wiedersieht, mit der Befangenheit, die er der Geliebten seines sechsjährigen Alters gegenüber empfindet. Sie hat ihren Grund in der notwendig tragischen Unerfülltheit dieses ersten Liebesverlangens. Es deswegen nicht verharmlost, sondern als ernst und lebenswichtig verstanden zu haben, das war Freuds Verdienst.

LITERATUR:

M. Foucault, Sexualität und Wahrheit, Frankfurt 1977
J. van Ussel, Sexualunterdrückung. Geschichte der Sexualfeindschaft, Reinbek 1970
G. R. Taylor, Wandlungen der Sexualität, Düsseldorf-Köln 1957

GERDAUEN/OSTPREUSSEN, UM 1755
Ratlose Einsamkeit

Noch eines Umstandes muß ich erwähnen, der mir eine ganz außerordentliche Beschämung zugezogen hat. – Alle Bücher, die über die Erzeugung des Menschen eine Erklärung enthielten, wurden vor mir geflissentlich versteckt. Da ich nun in die Jahre kam, wo sich der Geschlechtstrieb meldete: so erhitzten alle die Anspielungen, die ich in den Autoren und selbst in der Bibel hierüber fand, meine Einbildungskraft auf eine grausame Weise. Ich kann es als ein ehrlicher Mann beteuern, nicht eher als auf der Akademie (die ich als Fünfzehnjähriger 1756 bezog) mich aus den Träumen gebracht zu haben, in die ich mich in Hinsicht dieses so ehrwürdigen Geschäftes, Menschen zu schaffen, ein Bild, das uns gleich sei, verwickelte. Besonders war ich neugierig zu wissen, wie die Kinder aus Mutterleibe kämen, als wovon ich mir vollends keinen Begriff zu machen im Stande war. – In der Tat, die Frage: ob man Kindern nicht diese Sache auf eine gesetzte Weise lehren soll, ist der Erwägung nicht unwert, und ich kann sie aus der Erfahrung mit Ja beantworten. – Es befand sich im Hause meiner Eltern ein völlig reizloses Mädchen; mit ihr rang ich einst in der Absicht, so meine unschuldige Neugierde über dies Geheimnis zu befriedigen; meine Mutter kam dazu, sah uns beide an, ohne ein Wort zu sagen, und wenngleich dieser Vorfall ihr ... bedenklich vorkommen mußte, so hat doch weder sie noch mein Vater gegen mich jemals darüber ein Wort verloren; doch schien mir dieser ganz unschuldige Vorfall Veranlassung gegeben zu haben, daß meine Abreise auf die Universität beschleunigt wurde.

91, 134f.

MITAU, 1764
Eine Kinderliebesgeschichte im aristokratischen Gewand

Über anderthalb Jahre hatte ich meine Geschwister nicht gesehen, indessen hatte mein Vater einen jungen Herrn von Heyking ins Haus genommen. Dieser wurde mit meinem Bruder und meiner Stiefschwester Nolde zur Schule gehalten. Er war ein schöner 14jähriger Jüngling, dessen Figur und unbeschreibliche Anmut aller Augen auf ihn zog. Nach der ersten Freude, meine Geschwister wiederzusehen, fiel mir auch der schöne junge Heyking auf, und ich sah mit Vergnügen, daß er mich öfterer als alle anderen ansah. Mein erster Gedanke war der: Ach! – wenn ich nur nicht so einfältig wäre und doch auch mit dem schönen Heyking zu sprechen wüßte! ... In die vertraulichen Gespräche mit meiner

Stiefschwester und meinem Bruder, so auch in die kindischen Spiele mit unserm kleinen Geschwister mischte Heyking sich; er sagte und tat immer etwas, wodurch er sich mir gefällig zu machen suchte ... Wenn er mich so mit seinen großen blauen Augen ansah, meine Blicke den seinigen begegneten, er dann noch freundlicher wurde, dann schlug mein kleines Herz heftiger; ich errötete, und mir wurde dann so behaglich zu Mute, wenn er mir die Hand küßte. So waren zwei Tage verflossen, als meine Stiefschwester mich beiseite nahm, mir mit großer Freude die Nachricht als Geheimnis hinterbrachte, daß Heyking ganz sterblich in mich verliebt sei; er hätte weder Tag und Nacht Ruhe, mein Bild verfolge ihn überall, es mache ihn so glücklich, würde ihn aber so unglücklich machen, wenn ich ihn nicht wieder liebte. Er habe seinem Vater geschrieben, wie schön und gut ich sei, – er wolle auch recht viel lernen, wenn er nur hoffen könnte, daß ich einst seine Frau würde. So wohl Heyking mir auch gefiel, – so viele Freude mir diese Entdeckung machte, so verbarg ich dennoch beides meiner geliebten Vertrauten. Warum ich das tat, dessen bin ich mir eigentlich nicht bewußt; dies weiß ich nur, daß ich meiner Stiefschwester sagte, ich wäre Heyking zwar recht gut, fände es auch, daß er ein allerliebster Mensch sei, aber ich liebe ihn nicht, und von Liebe müßte er nicht sprechen, wenn ich seine Freundin bleiben und ihn gerne sehen soll. Diese Antwort hinterbrachte meine Stiefschwester ihrem jungen Freunde, der nun ganz traurig und zurückhaltend wurde. Mein kleines Herz fühlte sich durch die Gewalt, die es über diesen schönen Jüngling hatte, sehr geschmeichelt, aber ich wurde, ich weiß nicht warum, zurückhaltend gegen ihn. Mein Bruder ärgerte sich über mich, daß ich mit seinem jungen Freunde nicht mehr so freundlich tat. Unsere Unterhaltung, unsere Spiele stockten, und mein kleines Herz fühlte tiefen Schmerz darüber, daß ich den, der mir so wohl wollte, betrübt hätte. Gern hätte ich alles wieder ins vorige Gleis gebracht, wenn ich das nur nicht hätte sagen müssen, daß ich ihn liebe. Meine Stiefschwester tat hier einen Vorschlag, der die alte Harmonie wieder herstellen sollte; sie bat mich, ihren jungen Freund meiner Freundschaft zu versichern, dies tat ich denn auch recht gerne, aber nun sollte ich mich dazu bequemen, zur Versöhnung ein Geschenk von Heyking anzunehmen, denn er habe zu diesem Behuf eine schöne emaillene Dose vom eben angekommenen Kaufmann gekauft. Diese Dose habe die Inschrift – gage d'amitié sincère. Ich weigerte mich, das Geschenk anzunehmen, versprach aber, Heyking meine Freundschaft zu versichern. Heyking trat hinzu, wiederholte sein Anliegen, wollte der Versicherung meiner Freundschaft nur dann trauen, wenn ich zum Siegel dieses Bundes ein Andenken von ihm annehmen wollte, welches eine sonderbare Eigenschaft besäße. Diese Dose würde mir, wenn ich sie öffnete und dann allein hineinsähe, immer zeigen, was in seinem Herzen wohne, selbst wenn er weit – weit von mir entfernt sein wird. Doch könnte – was dann sich in der Dose darstellte, wenn ich hinein sehe – immer in selbiger bleiben, dann würde er sich von der Dose nie trennen; sie sollte ihn ins Grab begleiten; jetzt aber möge ich sie nehmen und ihn dadurch beruhigen, daß dies Andenken mich täglich daran erinnern würde, was seine Seele so sehr beschäftiget. Noch war ich nicht recht entschlossen, dies Andenken anzunehmen, aber meine Neugier und Bitten meiner Stiefschwester und meines Bruders brachten mich dahin, Heykings Wunsch zu erfüllen. Mit Ungeduld machte ich die Dose auf und sah da in einem Spiegel mein eigenes Bild. – Ich war beschämt – ich war erfreut, hielt den Geber und die Dose so lieb, blieb aber steif und fest dabei, daß ich dies Andenken bloß als Pfand der Freundschaft annehme und auch nur Freundschaft entgegen versichere ... Wenn ich in die Dose hineinsah, daran dachte, daß mein Bild so in Heykings Herz abgedrückt ist, dann wurde mir die Dose, Heyking und mein eigenes Gesicht so lieb ... Vier glückliche Tage flossen so in Mesothen dahin, als die Abschiedsstunde schlug und mein Herz von bitterem Schmerz gedrückt wurde. Ich weinte am Halse meines Bruders – meiner Stiefschwester, aber die mehresten Tränen flossen für Heyking. – Meine Großmutter, die das Weinen nicht leiden konnte, sagte mir in Heykings Gegenwart, ich sei der Rute noch nicht entwachsen; sein teilnehmender Blick drang hierbei tief in meine Seele.

168, 42 ff.

Wörmlitz bei Halle, um 1767
Erforschung der Geheimnisse des Ehestands

Schack hatte von Jugend auf eine unersättliche Begierde zum Lesen, und diese seine Lesewut ... fiel zuerst auf die Geschichten des Alten Testaments, welche man in der Tat sorgfältiger vor den Händen junger Leute verwahren sollte. Es ist unausbleiblich, daß nicht dadurch mancherlei unreife und unanständige Ideen in die Seele junger Kinder gebracht werden, und daß jene Geschichten ihre Neugierde nicht auf eine gefährliche Art reizen sollten. Ich spreche hier vornehmlich von denjenigen Histörchen des alten Testaments, welche die Schamhaftigkeit beleidigen, und am liebsten von jungen Leuten gelesen werden. Schack erkannte den eigentlichen Sinn der Geschichte des betrunkenen Lots, der Thamar und der Reinigungsgesetze der Juden zwar nicht; aber es durchkreuzten seine Seele hunderterlei alberne Vorstellungen, welcher Sinn dahinter stecken möchte. Seine Eltern wagte er nicht zu fragen, weil er es für unanständig hielt; aber er verzweifelte doch nie auf irgend eine Art dahinter zu kommen. Er hatte von ohngefähr gehört, daß sein Vater in seiner Bibliothek ein ganz besonderes Buch verborgen habe, worin allerlei Mißgeburten abgemalt, und Regeln für angehende Hebammen enthalten wären. Nichts wünschte er mehr, als dieses Buch zu sehen und zu lesen, weil er darin ohnstreitig einige Aufschlüsse über die Ehestandsgeschichtchen des Alten Testaments zu finden hoffte; allein alles Suchens ohnerachtet fand er das Buch nicht, hatte auch nicht Zeit genug, den ganzen Bücherschatz seines Vaters durchzuwühlen. Endlich war sein Vater einmal verreist. Jetzt meinte Schack müßte er die Gelegenheit nutzen, um Buch für Buch zu durchblättern. Er fing bei den Duodezbänden an und hatte bereits eine ziemliche Anzahl durchsucht, als er zu seiner unaussprechlichen Freude hinter den Büchern das längst gewünschte Buch fand. Er zitterte vor Freude und Neugierde, als er es in seinen Händen hielt, sah und hörte nicht mehr, und verkroch sich in einem Winkel der Stube, um den neugefundenen Schatz näher kennen zu lernen. Die fürchterlichen Mißgeburten, die darin mit Schweins- und Elefantenrüsseln abgezeichnet waren, erschütterten ihn zwar anfangs; aber diese waren es nicht eigentlich, was er suchte. Er hatte sich nun einmal die Vorstellung gemacht, daß darin alle Geheimnisse des Ehestandes vorkommen müßten, er irrte sich; indessen glaubte er doch durch dieses Buch mehr Licht über eine Sache bekommen zu haben, wonach alle Kinder eine unersättliche Neugierde verraten.

162, Bd. 4,3 73 f.

Wien, um 1783
Mädchenhafte Geisterliebe

Man hatte damals angefangen, Kinder und junge Leute mehr an Luft und jede Witterung zu gewöhnen. Es wurde also auch bei uns Sitte, daß ich so oft es nur möglich war, mit meinem Bruder in Begleitung des Hofmeisters spazieren ging. Auf diesen Gängen, die im Winter nur durch die Straßen geschahen, kamen wir denn sehr oft auf den Michaelsplatz, wo damals Artaria die erste sehr schöne Kunsthandlung eröffnet hatte. Obwohl noch ein halbes Kind, fand ich doch viel Vergnügen an Gemälden und Kupferstichen, es war mir also sehr angenehm, wenn unser Weg bei Artaria vorüberführte und ich Gelegenheit fand, die Bilder zu betrachten. Bald aber zog eines vor allen meine Aufmerksamkeit an sich und machte einen tiefen Eindruck auf mein Herz. – Es war dies das berühmte (von Woollet, wenn ich nicht irre): der Tod des Generals Wolf in der Schlacht bei Quebec. Die edle Gestalt des jungen strebenden Helden, der erhabene Ausdruck seiner Züge, der im Sterben noch die Siegesfreude und das »God be thanked« bezeichnet, womit er die Nachricht empfängt, daß die Feinde flohen, die

Trauer der ihn umgebenden Gefährten, die die Größe dieses Verlustes anschaulich machte, alles dies ergriff mich tief und General Wolf, der die Weltbühne zehn Jahre vor meiner Geburt verlassen hatte, ward der geheime Gegenstand einer – wahrlich schuldlosen Neigung und manches zärtliche Gedichtes, das ich seinem Andenken weihte. – Alle Tage wußte ich es einzuleiten, daß wir bei Artaria vorüberkamen und ich mein Ideal zu sehen bekam; in unserm Garten errichtete ich ihm in einem schattigen verborgenen Winkelchen ein Denkmal, einen kleinen Erdhügel, auf den ich ein Kreuz pflanzte und ihn mit Blumen und Bändern schmückte, und so erhielt sich diese Geisterliebe eine Weile in meiner Phantasie ...
Ungefähr in dieser Zeit des Erwachens meiner Empfindungen erschien Vossens »Luise«, nämlich der »Geburtstag«, der »Brautabend« und der »Morgenbesuch«, jedes einzeln in den damaligen Hamburger Musenalmanachen. Mir ging eine neue Welt in diesen Dichtungen auf. Das war es, was tief und unverstanden in mir gelegen hatte, dieses stille ländliche Leben, diese genügende Begrenzung, dieser Frieden, dieses häusliche Glück! In solchen Szenen konnte ich auch das meinige finden, und ein Arnold Ludwig Walter (wie in Vossens »Luise«) schwebte mir in seinem würdigen Ernst, seinem frommen Sinn, seiner priesterlichen Hoheit als das Wünschenswerteste vor Augen, was ein Mädchen erreichen konnte. Daß es gerade ein Geistlicher war, erhöhte bei mir seinen Wert. Ich hatte »Sophiens Reise von Memel nach Sachsen« gelesen und wieder gelesen ... Auch hier stand ein pastorlicher Held, Herr Eduard Groß, vor allen übrigen glänzend, kräftig und edel da. – Ja! eines solchen Mannes, gerade eines Geistlichen Frau zu werden, in ländlicher Stille mit ihm zu leben, die Heiligung zu fühlen, die sein gottverwandter Sinn, sein frommer Wandel um sich verbreitet, ihm anzuhängen, ihm freudig zu gehorchen, mich kindlich von seiner Tugend und Frömmigkeit leiten zu lassen, erschien mir als das schönste Los, das ich erstreben konnte; und diese Richtung, die damals meine Empfindungen nahmen oder vielmehr wie sie sich aus meinem Innern entfalteten, blieb so ziemlich der Typus, der ihnen für immer eingedrückt war.

159, 84 ff.

Stralsund, um 1787
Strategie der Abmattung im Kampf gegen den Trieb

In dieser Stadt war ich nun in die gute Gesellschaft hineingestellt und hatte es in ihr nur zu gut, besonders an solchen Tagen, wo mein Vater, der alte Ohm von Posewald und andere Hausfreunde oder Gefreundte zum Vergnügen oder in Geschäften in der Stadt erschienen und dann in einem Atem zu Mittag und zu Abend, wobei die Gastgelage oft bis tief in die Nacht hinein reichten, bei den Freunden rings in der Runde eingeladen wurden. Ich verlor mich aber nicht, weder in einer breiten und eitlen, noch in einer schwelgerischen und sinnenberauschenden Geselligkeit ... Es hatten sich in den beiden letzten Grabitzer Jahren in meiner Familie Vorfälle und Verhältnisse ergeben, deren Erzählung nicht hierher gehört, die aber in meinem Gemüte tiefe Nachbebungen hinterließen, welche ich jahrelang gespürt habe, und deren Folgen, indem sie, wie zu geschehen pflegt, vielleicht in unbewußten Bebungen noch in mir fortzittern. Ich kam sehr ernst gestimmt und mit sehr ernsten Entschlüssen nach Stralsund, welchen ich dort auch keinen Augenblick untreu geworden bin. Ich war gesund, stark und rüstig und hatte mir vorgenommen, es um jeden Preis zu bleiben. Mitten aus den Genüssen des dortigen fröhlichen, sinnlichen Lebens, mitten aus den Genüssen des breiter und weiter gewordenen elterlichen Lebens in dem Hause Löbnitz, wo meine Eltern jetzt wohnten, riß ich mich strenge wieder zu meiner Schule und noch strenger zu den freiwilligen Mühen und Strapazen, welchen ich meinen Leib unterwarf. Ein blöder, unverdorbener, unschuldiger Junge war ich in die Schule getreten; aber der Trieb, von dem Gott einst über dem Paradiese gesprochen hatte: es ist nicht gut, daß der Mensch allein sei, ließ sich in den Seltsamkeiten und Träumereien, die um dieses Alter in unbestimmten Süchten und Sehnsuchten spielen, auch ohne ein bestimmtes Ziel zu haben, schon genug merken, und ich betete und rang, keusch und unschuldig zu bleiben, um so eifriger, da ich wohl gewahrte, wie es unter den größeren Schülern mehr als einen leichtfertigen und liederlichen Gesellen gab, der solche schwere und düstere Käuze, als ich solchen wohl zuweilen erschien, auslachte und verspottete. Alle Wälder, Büsche und Strandufer um Stralsund bis auf zwei, drei Stunden in der Weite haben meine spazieren laufenden und noch im Oktober und November zum Bade eilenden Fußtritte gefühlt. Die Stunden, welche dabei und bei fröhlichen Gastgeboten drauf gingen, mußten der Nacht abgespart werden. Gottlob, ich bedurfte wenig Schlaf, hätte sein aber vielleicht mehr bedurft, wenn ich mich der Abhärtung und Abmattung weniger bedürftig gefühlt hätte. So mußte in den Jahren 1787, 1788 und 1789 der einsame Schüler durch Wald und Feld streichen; er rief sich dabei die horazischen Worte: Hoc tibi proderit olim (Einst wird dir das nützen) zum Troste zu; und der Spruch hat sich bewährt: es ist aus solchen einsamen Umnebelungen und Verfinsterungen später einiger Sonnenschein hervorgegangen.

5, 57f.

Dresden, um 1805
Heimliche Sünden der Jugend

Obschon ich die Romane den andern Büchern vorzog, so las ich in deren Ermangelung auch andere Schriften nützlichen und belehrenden Inhalts, gleichwie der Hunger einen verwöhnten Gaumen zum Genusse der einfachsten Speisen nötigt, wenn keine Leckereien zu erlangen sind. Solche einfache, aber nahrhafte Kost waren Reisebeschreibungen, moralische Erzählungen, Naturlehre und Naturgeschichte und andere wissenschaftliche Bücher. Einmal fand ich bei einem Landmann in Lockwitz, dessen Kirmesgast ich war, ein Buch, welches über die heimlichen Sünden der Jugend geschrieben war. Wenn die meisten Eltern und Erzieher es unterlassen, ihre Pfleglinge von dem Dasein und der Gefahr der Selbstbefleckung zu unterrichten, so tun sie aus dem Grunde, um die Jugend nicht erst durch das Bekanntmachen mit jenem Laster, das leider verbreiteter ist als man glaubt, zu demselben hinzuleiten. Allein dieses Erhalten in einer glücklichen Unwissenheit erscheint mir bei der großen Ausbreitung jenes Lasters und bei der Einrichtung unsrer Schulen nicht als zweckmäßig. Ich habe das an mir selbst erlebt. Meine Eltern hatten ebenfalls unterlassen, mich vor jenem entnervenden Laster zu warnen, und sich begnügt, mich im Stillen zu überwachen und vor der Verführung zu bewahren.
Sie konnten jedoch nicht verhindern, daß ich einst mit mehreren Mitschülern zu gleicher Zeit die Retirade betrat. Da übte einer derselben, dessen Name mir unvergeßlich bleibt, jenes Laster vor unsern Augen aus und fragte uns im herausfordernden prahlenden Tone: »Könnt ihr das?« Sogleich ahmte die unwissende Jugend, welche sich von einem ihrer Kameraden in einer angeblichen Geschicklichkeit oder Kunst nicht übertreffen lassen will, das gegebene Beispiel nach, wobei auch ich mich nicht ausschloß. Zum Glück verursachte mir der erste Versuch großen Schmerz, daher ich ihn alsbald wieder einstellte. Durch jenes in Lockwitz vorgefundene Buch wurde ich nun erst mit der eigentlichen Bedeutung und Schädlichkeit der Selbstbefleckung unterrichtet, so daß ich nicht nur für meine Person davon mich frei erhielt, sondern auch gar manchen meiner jugendlichen Freunde und Mitschüler ernstlich davor warnte. Überhaupt machte das gedruckte Wort einen großen Eindruck auf mich und übte einen weit nachhaltigeren Einfluß auf mich aus als die mündliche Lehre und Ermahnung.

Einen schlagenden Beweis hievon gab das zuerst im Jahre 1803 von dem bekannten Jugenderzieher, Gotthilf Salzmann, erschienene Buch »Sittenlehre für Kinder«, welchem dessen Religionslehre für Kinder als Fortsetzung nachfolgte. Beide Bücher, welche mein Vater kapitelweise seinen Schülern vorlas und dann seiner Bibliothek einverleibte, wurden wiederholt von mir gelesen und wirkten außerordentlich auf mein ganzes Leben ein. Von Stund an ahmte ich das Beispiel der Tillmannschen Zöglinge in der Abhärtung des Körpers nach, indem ich fortan nur auf einem Strohsack, anstatt auf Federbetten, schlief, mich zur Winterzeit nie wieder mit warmem Wasser wusch, nie mein Getränk erst, wie man sagt, überschlagen ließ, mich keiner vorher durchwärmten Leibwäsche bediente und die von meiner besorgten Mutter in mein kaltes Bett gelegte Wärmflasche für immer aus demselben verwies. Überdies bot ich von nun an auch der rauhsten Witterung Trotz, vermied die in jenem Buch gerügten Fehler und Laster, streifte die Gespensterfurcht und den Aberglauben von mir ab, gewann Geschmack an der Gärtnerei und übte mich vor allem in der Tugend der Selbstüberwindung, genau in der Weise, wie Salzmann in seiner Sittenlehre die Beispiele darstellt ... Wohlgemeinte Einwände meiner guten Mutter gegen meine Ausübung körperlicher Abhärtung und Selbstüberwindung entkräftete ich durch den Hinweis auf das gedruckte Wort im Buche.

148, 57 ff.

Berlin, um 1820
Bei der Kaserne

Allmählich ahmen dann Kinder die Familie nach. Sie spielen Vater und Mutter und geben sich sogar selbst wieder, ihre eigenen Personen mit allen Unarten. Der Trieb zur Strafe zeigt sich da als ein angeborener. Jedes Kind züchtigt. Man muß ihm oft zurufen, aus dem ewigen Kriminalton herauszukommen.
In solchen Spielen erwachen rätselhafte und dunkle Gefühle. Sinn für Zärtlichkeit senkt sich ins Gemüt über Nacht. Er kommt wie auf Blumen der Tau. Die Unschuld berührt spielend und scherzend selbst das Verfänglichste. Worte, Empfindungen, Begriffe, die dem Erwachsenen voll gefährlicher Widerhaken erscheinen, fassen die Kinder mit sorgloser Sicherheit an und nehmen das geschlechtliche Doppelleben der Menschheit wie ein Urewiges, selbstredend auf die Welt Gekommenes, das keiner Erklärung bedarf. Da werden aus raschelndem Herbstlaub, zerlassenen Strohbündeln Hütten und Nester gebaut, und halbstundenlang kann ein völlig unschuldiger Knabe neben seiner Gespielin stumm und wie von Liebesahnung magnetisiert liegen. Zum Küssen kommt es

nicht einmal. Freilich steht da die Gefahr einem solchen Bilde kindlicher Naivität ganz nahe, und das übrige tut die Strafe, die Unarten voraussetzt, über die man erst zu grübeln anfängt, wie nach dem ersten Besuch eines katholischen Beichtstuhls. Die Strafen des Meisters Schubert, die gewisse Sünder traf, wurden damals nicht verstanden. Erst eine unvergeßliche Mahnrede, die der Knabe ohne alle Veranlassung von seinem Bruder in der Artilleriekaserne erhielt, deckte ihm im zehnten, elften Jahre schreckliche Dinge auf, die ihm vollkommen unbekannt geblieben waren.

Aber daß »zwei einander sich liebhaben können«, das wurde entdeckt. Denn man sieht, daß man Frauen und Mädchen jagt und verfolgt um einen Kuß. Allmählich kommt auch heraus, daß die Schwester eine besondre Freude oder ein besondres Leid hat. Der Bruder vollends, gehoben von Lebensübermut, Jugendlust, Abenteuerdrang, nimmt kein Blatt vor den Mund. All seine Liebesaffären, ehe er heiratete, wodurch er gezähmt wurde, waren Don Juannerien. Auf »Schürzenstipendien« ging jeder Gemeine und Spielmann aus. Aber auch die Liebesabenteuer der Chargierten, Fähnriche und Leutnants wurden erzählt.

75, 144

Potsdam, um 1825
Terminologie der Kinderfreundschaften im Kadettenhaus

Da jede Kompanie ihr besonderes Haus bewohnte, ihre Gärten auch getrennt waren und jede besonders spazieren geführt wurde, so war es natürlich, daß die zu einer Kompanie gehörigen Kadetten sich untereinander genauer kennenlernten als die der anderen, mit denen sie nur in den Schulklassen und auf dem Spielplatz zusammenkamen; auch auf dem Speisesaal nahm jede Kompanie eine besondere Seite ein. Zu Besuchen im anderen Kompaniegebäude, hauptsächlich am Abend, bedurfte es besonderer Erlaubnis. Freundschaftsbündnisse bestanden natürlich in großer Menge. Häufig trugen dieselben ganz den Charakter der schwärmerischen Liebe und waren von allen Symptomen derselben begleitet. Schöne und besonders zarte Knaben hatten ebenso ihre Schar eifriger Anbeter wie irgendeine Modeschönheit. Man bewarb sich auf alle Weise um ihre Gunst; man schmollte, war selig oder in Verzweiflung, war eifersüchtig und seufzte oder raste à la Werther. Auch zarte Briefe wurden geschrieben, wenn die Zunge zu blöde war, das Geständnis zu machen; es ließ sich nichts Zarteres denken als diese Kinderfreundschaften. Für hübsch und angenehm hatten die Kadetten ein besonderes, gar nicht übles Wort, nämlich mollig, und war das Wasser beim Bade warm, so war's mollig. Ein hübscher Junge, der viele Bewerber um seine

Freundschaft hatte, hieß »Mollsack« und in Berlin noch von alten Zeiten her eine »Laxans«; jemand im Gesicht streicheln oder in die Backen kneifen hieß ihn »laxieren«. Meine Flamme war ein hübscher zarter Knabe, der fleißigste und ordentlichste des ganzen Kadettenkorps, der dann auch in Potsdam Kompanieführer und später in Berlin Porteepeeunteroffizier wurde. Ich schrieb die zartesten Briefe, ja ich machte Verse an ihn; ich schenkte ihm alles, was ich nur hatte, schöne Bücher und Bilder; allein ich hatte sehr gefährliche Nebenbuhler. Diesen war es einst gelungen, Mißtrauen zu säen, und wir sprachen wohl Monate lang kein Wort miteinander und vermieden es, uns anzusehen. Ich war entsetzlich unglücklich und stahl mich am Tage heimlich in den Schlafsaal, um meinen Kopf nur einen Augenblick auf das Kissen zu legen, auf welchem der seinige des Nachts ruhte!

30, 84

Auerbach / Bergstrasse, 1825
Gretchen

In den zerstreuten, ziemlich unansehnlichen, weiß getünchten Gebäuden des Fürstenlagers hielt allsommerlich Hof die Großherzogin Luise, Gemahlin Ludwigs I. ... In dieser Umgebung war es mir nun vergönnt, acht volle Tage hinzubringen. Es war im warmen, sonnigen Herbst, zur Zeit der Weinlese ... Mittags durfte ich Table d'hôte am Kammertisch mitspeisen und bekam den Ehrenplatz, der eigentlich dem Hofsekretär, meinem Vater, gebührte ...
Natürlich ward ich von allen gehätschelt und gehänselt, ich nahm beides einfältig hin. Wohl aber ward es mir erst, als mein Vater, der den Tag über Geschäfte hatte, mich der Aufsicht des Schloßverwalters Jährling, und dieser mich derjenigen seiner Tochter übergab. Gretchen, so hieß sie, war wenigstens schon zwölf Jahre alt, ein schönes, starkes Mädchen mit hellen braunen Augen und dunkelm Haar, das sie in zwei mächtigen, banddurchflochtenen Zöpfen trug. Sie gewann mich von der ersten Minute an, wir wurden ganz unzertrennlich, d. h. ich hatte weder Ruhe noch Rast, bis ich zu meinem Gretchen kam, während dieses oft genug den ungezogenen Jungen verwünscht haben mag, der sich beharrlich an es hing. Wie dem auch sein möge, Gretchen entledigte sich ihres Auftrages stets mit Sorgfalt und Geschick. Sie hegte mich so liebevoll, wußte so hübsch zu erzählen, so unterhaltend zu spielen, daß ich jede Minute für verloren zu halten begann, die ich nicht bei ihr zubrachte. Das Spiel gestaltete sich um so besser, als kostbare Weintrauben uns zu Gebote standen, so viele wir wollten. Da wurde mit den Händen gekeltert nach Herzenslust, wie wir es sahen bei den mächtigen

Spindelpressen, die Tag für Tag über den Kellerhäusern ächzten. Der trübe Most des Fünfundzwanzigers floß in Strömen ...
Die Tage flogen dem Kinde dahin; die innigste Zärtlichkeit für meine schöne Freundin erfaßte mich. Meinen Vater und die übrige Welt hatte ich gänzlich vergessen; ich wußte und wollte nur von Gretchen – zum höchsten Nasrümpfen der gestrengen Kammerjungfern. Da weckte mich plötzlich aus dem Traume des Vaters Wort: »Heute reisen wir heim zur Mutter.« Ich war versteinert, aber doch bald entschlossen: »Reise du ab, ich bleibe hier!« Als das für unmöglich erklärt ward, ergab ich mich der unsinnigsten Leidenschaft, wälzte mich auf der Erde und rief unaufhörlich: »Gretchen, Gretchen!« Ernst und Milde halfen nicht, mich zu besänftigen. Endlich wurde das Mädchen geholt. Ich klammerte mich an seinen Hals, ich flehte meinen Vater an, mich bei ihm zu lassen. Zuletzt gelang es, mich zu beruhigen mit dem Versprechen, ich sollte bloß frische Wäsche und Kleider holen, um dann für immer wiederzukehren. Gretchen trug mich in den Wagen und küßte mich oder ich sie herzhaft ab. Ich glaube, die Rührung war bei ihr nicht sehr groß.
Die Heimfahrt hab ich wohl mit Weinen und Schlafen hingebracht. Zu Hause angekommen, nahm ich mir gar nicht die Zeit, Mutter und Schwesterchen zu begrüßen, sondern lief mit den Worten: »Morgen reise ich wieder fort!« spornstreichs nach Schrank und Kommode, um auszupacken und zu ordnen, was mein war. Die Eltern ließen mich klug gewähren, und ich schlief ganz wohlgemut dem kommenden Freudentag entgegen. Aber o weh, meine Bagage war wieder eingepackt, und ich wurde streng bedeutet, zur Schule zu wandern, was auch unter einer Sintflut von Tränen endlich geschah. Aber lange, lange war mir das Herzchen so schwer ob des verlorenen Himmels, daß ich, so oft ich daran dachte, plötzlich in mir zusammenschrak und mit einem mächtigen Tränenstrom dem unterdrückten Gefühl unsäglicher Sehnsucht Luft machen mußte, worauf dann der Lehrer unter allgemeinem Jubel der Klasse fragte, ob mich der Bock stieße. Glücklicherweise besitzt die Jugend eines der kostbarsten Göttergeschenke im raschen Vergessen. Auch ich vergaß. Allerdings nicht ganz; denn ich habe Gretchen später wieder gesehen, als sie eine voll herangeblühte stolzschöne Jungfrau und ich in den besten Flegeljahren war. Sie hatte die Güte, sich meiner noch zu erinnern, und später hat sie sogar mit mir getanzt. Es ist ihr nicht gut gegangen im Leben. Vorbei!

76, 80 ff.

MÜNCHEN, 1848 ff.
Reine Liebe zwischen vierzehn und einundzwanzig

Am Mittag hatte das Münchener Tageblatt ... die Nachricht von irgendeinem Erfolg oder von einem »schönen Zug« der Pariser gebracht: Ich hatte auf dem Weg in die Klasse wieder ein paar Frühlingsverse gemacht ... und jetzt, um 4¼, wie ich, unbegleitet, die Schönfeldstraße ... herab auf die Königinstraße zu ging, umflutete mich gar hold die träumerische Abenddämmerung des Vorfrühlings ... Da stand auf dem Bürgersteig vor dem letzten Hause der Südseite der Schönfeldstraße ein Kind oder ein ganz junges Mädchen: es sprach in das geöffnete Fenster ... des Erdgeschosses zu einer Dame hinein: es trug ein silbergraues Mäntelein mit doppeltem Kragen, um den Hals geschlungen einen glänzend weißen Schwanenpelz und auf dem Haupt einen schwarzen Filzhut mit weißer Feder; das Kind oder Fräulein ... hatte meinen nahenden Schritt nicht vernommen: so trat ich dicht vor ihrer feinen Gestalt auf die Fahrstraße hinab, ihr auszuweichen: sie drehte sich nun in einer höflichen Bewegung gegen mich und wandte mir voll das Antlitz zu: – da fuhr ich zusammen! Es durchzuckte mich heiß vom Wirbel bis zur Sohle mit einem nie gekannten Gefühl: Schreck, Bestürzung, Verwirrung, Scham, aber auch eine süße Freude ... Siedheiß schoß mir das Blut zu Herzen – gerade dies hatte ich nie verspürt! – Ich konnte nicht weiter; ich riß grüßend die Kappe vom Kopf ... das Fräulein erwiderte holdselig den Gruß und schwebte an mir vorüber die Straße nach Westen hinauf. Da setzte ich die Kappe wieder auf und rannte vor mich hin: nicht nach Hause, nein in den englischen Garten hinein ...
Von jenem Februarabend 1848 an bis zum Jahre 1855 war meine Phantasie beherrscht und ausgefüllt von diesem ... Bild. Es war keine Leidenschaft – mit vierzehn Jahren! – es war auch später nicht echte Liebe ... Und das hat mich nun sieben Jahre erfüllt, beseligt, begeistert und voll befriedigt: – ohne daß ich mit der Geliebten je ein Wort gewechselt, geschweige ihre Hand berührt, ihren roten Mund geküßt hätte: ich hatte auch gar nie solche Wünsche! Auch später als das Blut heißer in mir rieselte, – nach »Didosa« trachtete kein Verlangen ...
Wiederholt hätte ich seit dem Jahre 1850 Gelegenheit gehabt, der Angebeteten näher zu treten: auf einem Studentenball im Jahre 1851 hätte ich sie sofort zum Tanze führen können: es fiel mir gar nicht ein! Ich begnügte mich, sie stumm verehrend zu grüßen: es gebrach dem Gefühl für sie alle Leidenschaft und – fast – jede Regung der Sinne ...
Sofort in den nächsten Tagen hatte ich alles herausgebracht! Alles, was ich wissen mußte, um sie täglich, ja viermal am Tag zu sehen ... Mit preiswürdigster Regelmäßigkeit ging sie jeden morgen um 7¾ aus dem Hause, von ihrem Vater ... begleitet, durch die Arkaden des Hofgartens in das Neumeyersche Insti-

tut in dem Eckhaus der Galerie- und der Ludwigsstraße. Schlag zwölf kam sie zurück: um 1¾ ging sie wieder hinein: um fünf kehrte sie nach Hause, auf diesen letzten drei Gängen von einer Bonne begleitet ... Sechs Jahre hindurch – vier Gymnasialjahre und zwei Universitätsjahre – hab ich sie nun jeden Werktag ... viermal – nur mittwochs und sonnabends bloß vormittags – auf diesem Weg in ihr Institut gesehen und gegrüßt ... Um 8 und um 2 mußte ich ja auch zur Schule, manchmal auch, wie sie, um 12 und um 5 zurück: – dann galt es freilich fürchterlich laufen ... um sie rechtzeitig zu erwischen! An den andern Tagen entschlüpfte ich dem Hause, wenn um 10 oder um 11 oder um 4 Uhr von der Klasse gekommen, unvermerkt oder unter einem Vorwand und rannte die paar Minuten von unserem Hause zum Hofgarten ... So habe ich denn ... vom März 1848 bis Oktober 1852, da ich nach Berlin ging, etwa 2772mal gegrüßt ... Nun werfen wohl kluge Eltern ... die erstaunte Frage auf, ob ein junger Mensch ein junges stets begleitetes Mädchen 2772mal grüßen kann ohne daß die betroffenen Eltern hiervon etwas erfahren? Gewiß erfuhren sie es! Zumal Didosas Vater, der ... genau 792mal mitgegrüßt wurde ...
Also die beiderseitigen Eltern merkten gar bald meinen Zustand (Didosa hatte keinen ...): las ich doch auch daheim ganz unbefangen alle meine ungezählten Verse zu ihrer Verherrlichung vor ... Was taten nun die beiderseitigen Eltern? Das ausgesucht Klügste, was sie tun konnten: nämlich gar nichts! ... Unbedenklich wäre eine Hemmung nicht gewesen: als einmal von meinem Vater – auf Grund eines dummen Klatsches – noch ganz von ferne her ein Verbot jener täglichen Begrüßung mir drohte, geriet ich in solche Aufregung, in solche Verzweiflung, – ich war nun sechzehn Jahre – daß Freund Julius Greiß ... mit Entsetzen mir die bereits geladene Pistole entwand und erst zurück gab, als er, nach langem Zwiegespräch mit meinem Vater, diesen bewogen hatte, wie bisher vertrausam die Dinge ihren harmlosen Lauf nehmen zu lassen.
Und es war doch ein recht glücklicher Zufall, daß auch von jeder andern Seite Störungen, Eingriffe ausblieben. Denn so wenig Sinnlichkeit in meiner Neigung steckte: – sie fehlte denn doch nicht ganz, wie ich ... an einer nie gekannten Regung plötzlich wahrnahm: an grimmiger Eifersucht, welche ... beinahe zur blutigen Tat geführt hätte. Ich bildete mir ein, ein etwas älterer Student, den ich bei einer Fronleichnamsprozession der Angebeteten gar eifrig den Hof machen sah ... werde von ihr mit zu freundlichen Mienen angehört. Nie gekannte Wut glühte in mir auf. Ich beschloß, den Verhaßten auf Tod und Leben zu fordern ... Zum Glück erfuhr ich am nächsten Tag ... daß ich mich völlig getäuscht und daß meine Heilige sich über die Zudringlichkeit des Menschen bitter beklagt habe ...
Rosen und Gedichte? Ja, denn es blieb doch nicht bei jener stummen täglich viermaligen Andacht zum Gruße. Ich richtete nämlich gleich nach der ersten

Begegnung an jenem Februarabend einen förmlichen Didosa-Kult in meinem Zimmer, in meinem Garten ein. Kein Tag verging ... an dem nicht wenigstens eine Vierzeile an sie entstanden wäre ... Außerdem betete ich gar fromm und inbrünstig für sie jeden Morgen beim Erwachen und nachts vor dem Einschlafen. Julius ... hatte ein kleines Bild von ihr entworfen: das stand in dem Uhrhalter versteckt, stets vor mir auf dem Schreibtisch ... Als aber der Garten schneefrei ward ... da erbaute ich im dichtesten Gebüsch ... meiner Heiligen einen niedlichen Altar ... brachte darauf in Abkürzungen die lateinische Inschrift an: »Genio Didosae sacrum« ... In dem Sommer 1848 trieb mich die Erregung so gewaltig um, daß in der Tat meine Gesundheit zu leiden begann: ich konnte fast nicht Schlaf finden ...

Aber Neigung ... will erkannt sein. Das Versemachen, das Beten, das Blumenopfer im Geheimen genügte mir doch nicht lange: auch nicht der tägliche Gruß ... Ich faßte mir ... ein Herz ... Ich pflückte ... die prachtvollste Rose unseres Gartens, flog damit in das Treppenhaus ihres Instituts, wartete ihr Heraufwandeln ab – der Vater ging nur bis zu der Haustüre mit – eilte ihr entgegen und bot ihr grüßend – ohne ein Wort – ... die Blume ... Sie nahm sie an ... Das Herz schlug mir zum Zerspringen vor Seligkeit ...

Aber nun blieb es nicht bei den stummen Rosen! Nun sollte sie doch auch die schwärmerischen Verse kennen, welche ich Tag für Tag zu ihrer Verherrlichung hervorsprudelte ...

32, 259 ff.; 265 ff.; 271 ff.; 279 ff.

Esslingen, 1858
Gefahren der Liebe

Das nächste, was sich mir eingeprägt hat, war eine erste Liebe ... Ich war jetzt fünf Jahre alt, und er hieß Dr. Adolf Bacmeister. Er trug einen braunen Vollbart nebst Brille und war Präzeptor ... Wenn er ins Haus kam, galt seine erste Frage dem kleinen Fräulein, ich wurde dann allein aus der ganzen Kinderschar herausgerufen, damit er mir Geschichten erzählen und mit mir spielen konnte. Er beteuerte, mich unendlich zu lieben und warb eifrig um meine Gegenliebe, die ich ihm nicht versagte. Auch hörte ich es nicht ungern, daß er mich sein Bräutchen nannte. Nur küssen durfte er mich nicht, weil der Bart kratzte. Durch keine Bitte noch Versprechung, auch nicht durch elterliches Zureden, ja nicht einmal durch Gewalt war es ihm gelungen, einen Kuß von mir zu erlangen. Aber die Eifersucht brachte es eines Tages dahin. Ich hatte mir nie vorgestellt, daß eine andere sich zwischen mich und meinen Freund schieben könnte, den ich für mein ausschließliches, unveräußerliches Besitztum hielt. Daher fuhr es mir wie ein Strahl in die Glieder, als ich eines Tages aus den Reden der Eltern, die ihn sehr hoch hielten, entnahm, daß sie damit umgingen, ihn mit der Tochter eines nahen Freundes zu verheiraten. An diese Gefahr hatte ich nie gedacht, denn das liebenswürdige Mädchen, das etwa siebzehn alt sein mochte, erschien mir wie eine Matrone. Ich begriff meine Mutter nicht, die um einer Fremden willen ihre eigene Tochter benachteiligte. Als mein Verehrer wieder kam, ließ ich mich auf den Schoß nehmen und trotz dem größten inneren Widerstreben von den bärtigen Lippen küssen. Wir waren eben allein im Zimmer neben dem gedeckten Mittagstisch. Da sagte das Ungeheuer: »Weißt du auch, warum ich dich so lieb habe? Weil du ein so zartes festes weißes Fleisch hast; das schmeckt fein zu französischem Senf. So kleine Mädchen esse ich am allerliebsten.« Dabei blinzelte er nach einem langen Messer, das neben dem Senftopf lag, und ich entwich mit einem gräßlichen Schrei. Da in diesem Augenblick die Eltern hereinkamen, verkroch ich mich bebend unter dem Kanapee. Nach einiger Zeit wurde mein Verschwinden bemerkt, und man rief nach mir, aber ich hielt mich ganz still. Tränen liefen mir über das Gesicht, und alle Pulse klopften. Das Untier! Die gemeine Seele! Darum hatte er mir geschmeichelt und mich angelockt. Ich sah auf einmal in seinem Gesicht die ganze Scheusäligkeit des Kannibalen. Furcht hatte ich keine, denn daß mein guter Papa ihm nicht gestatten würde, seine Leckerhaftigkeit zu befriedigen, war mir klar. Zorn, Haß, Verachtung und die Beschämung verratener Liebe arbeiteten in dem kleinen Seelchen. Der Oger saß inzwischen ruhig essend und plaudernd am Tisch, ohne Ahnung von des Kindes grimmigem Schmerz, denn er hielt mich für viel zu verständig, um den groben Spaß zu glauben. Er reiste ab und hat die Kälte, mit der ich ihn später bei seinen seltenen Besuchen empfing, gewiß nicht auf Rechnung seines Kannibalentums gesetzt. Mir ist selber rätselhaft, wie neben meiner überschnellen geistigen Entwicklung so viel kindlicher Schwachsinn fortbestehen konnte.

114, 18f.

Kaufbeuren usw., 1859
Stufen der Erkenntnis

1
Noch eine andere Erinnerung reicht bis in mein viertes Lebensjahr zurück. Ich glaube, daß ich sie nicht übergehen darf ... Meine Eltern waren mit einer Familie befreundet, in der zwei Töchter von achtzehn und neunzehn Jahren das Haus mit Frohsinn und Lachen füllten ... Namentlich die Jüngere von beiden verhät-

schelte mich über Gebühr. Ich war viel in diesem Hause. Und einmal blieb ich da über Nacht ... vielleicht, weil sich daheim bei den Eltern etwas ereignete, wobei man die zweijährigen Augen meines Schwesterchens noch nicht scheute, aber schon meine vierjährigen ... Und damals wurde ja auch mein Brüderchen geboren, das Fritzele, das nach wenigen Monaten die Augen wieder schließen mußte ...
Das Theresle behielt mich damals über Nacht und bescherte mir ein lindes Winkelchen in seinem Bett. Ich wurde wohl schon mit Anbruch des Abends in dieses große Nest gesteckt. Und als dann das Theresle schlafen ging, wurde ich wieder munter, tollte nach meiner Art, trieb allerlei Ungezogenheiten und warf die Kissen so unmanierlich durcheinander, daß meine achtzehnjährige Schlafkameradin unser Lager wieder in Ordnung bringen mußte. Sie legte das Federbett und die Kissen auf den Boden heraus, und während ich mir's auf dieser linden Unterlage gemütlich machte, strich das Theresle mit flinken Händen das Leintuch glatt. Und wollte beim Tisch, auf dem die Lampe brannte, etwas holen. Und stieg im Hemde über mich weg – und wie ein ahnungsloser Schläfer von Alpdrücken befallen wird, nur weil er auf dem Rücken liegt, so wurde ich da plötzlich von einem atembeklemmenden Schreck überfallen, so tief und wunderlich, daß er sich für Lebenszeit in meinem Erinnerungsvermögen festnistete.
Als mich das Mädel in das frischgemachte Bett hineinhob, blieb ich still und zitterte. Und niemals wieder ließ ich mich vom Theresle küssen oder hätscheln. Ich fing zu schreien an, wenn sie mich in die Arme nahm.

2

Doktors Elsbethle! ... Ich sehe ein flinkes, zartes Mädchen von fünf Jahren, mit schmalem Vogelgesichtchen und großen Augen. Dunkle Haare liegen glatt und glänzend um die Wangen her und sammeln sich im Nacken zu einem straffen Schwänzchen mit grasgrüner Masche. Das stille Mädchen hatte immer einen traurigen Blick und ein flehendes Lächeln um den Mund herum ... Zuerst konnte ich das Elsbethle gar nicht leiden – weil es ein Mädel war. Unter dieser zähen Aversion gegen alles, was nicht Bub hieß, hatte ja auch meine eigene Schwester zu leiden ... Ich selber merkte nicht, wie das zuging – wußte nur plötzlich, daß ich dem Elsbethle sehr gut war, und daß ich mir keine liebere Freude mehr wünschte, als mit ihm zu spielen. Wenn das Mädelchen zu uns ins Forsthaus kam, wurde ich heiß und rot; und wenn ich vor dem Doktorhaus die Glocke zog, dann schlug mir das sechsjährige Herzl wie ein Hammer ...
Ich fand das Elsbethle ... immer bei der Magd in der Küche ... oder auf dem Dachboden, wo das Kind in Erwartung meines Besuches schon all sein winziges Kochgeschirr aus den Weihnachtsschachteln herausgekramt hatte ... Els-

bethle war leicht zum Fürchten zu bringen. Und drum erzählte ich dem Kind alle Gespenstergeschichten, die ich in den Spinnstuben unserer Nachbarschaft zu hören bekam. Ich selber hatte niemals Furcht vor Gespenstern ... Aber das Elsbethle – wenn ich das Wörtchen »Geischt« nur leise aussprach – zitterte immer gleich über das ganze feine Körperchen, klammerte die Ärmchen um meinen Hals und schmiegte sich so fest an mich an, als wären wir beide ein einziges Stücklein Leben. Und ich hatte das gerne ...
Diese kindliche Herzensgeschichte ging ein halbes Jährlein in Friede und Freude so hin – bis jene schreckliche Sache passierte, die mir die Liebe zum Elsbethle mit allen Wurzeln aus dem Herzen riß ... Unter jener hartnäckigen Abneigung, die mir seit dem Abenteuer mit dem Theresle gegen alles geblieben war, was »Mädele« genannt wurde, hatte auch das Elsbethle ... im Anfang unserer Bekanntschaft viel zu leiden. Aber das wurde plötzlich anders. An einem heißen Sommertage spielten wir am Ufer des Baches, und da kam ich auf den Einfall, mich abzukühlen und ein Bad zu nehmen. Das Elsbethle machte das natürlich gleich mit. Und da konnte ich zu meiner Überraschung bemerken, daß an dem Elsbethle nicht die geringste Übereinstimmung mit den dunklen Unerklärlichkeiten des Theresle zu entdecken war. Lag's in meiner Natur, oder war's ein Resultat der reinlichen Erziehung ... ich hatte immer einen heftigen Abscheu vor allem, was mit den unsauberen Notwenigkeiten des menschlichen Körpers zusammenhing. Und nun denkt euch, wie hoch ich das Elsbethle über den durchschnittlichen Bubenwert zu stellen begann, als ich gewahren konnte, daß dieses feine Dingelchen nicht nur jeder Ähnlichkeit mit dem schauerlichen Theresle entbehrte, sondern auch vom lieben Gott noch viel appetitlicher gebildet war, als ich und die anderen Buben. Ich fing da wahrhaftig zu glauben an, daß das Elsbethle eine Art von Idealgeschöpf wäre, dem jede Veranlassung fehlte, sich mit niederen Lebensfunktionen zu befassen ... Um so schrecklicher wirkte dann aber auch die Tragödie der Enttäuschung auf mich, die jähe Zernichtung meines reinlichen Ideals.
Es kam in jenem Sommer eine wandernde Komödiantentruppe nach Welden, schlug im großen Saal des Bräuhauses eine blaue Bühne auf und spielte Theater. Das ganze Dorf war in Aufruhr ... Und eines Tages erschien der Theaterdirektor bei meinen Eltern, um anzufragen, ob sie nicht erlauben möchten, daß ich in seinem Stück mitspielte. Dieses Stück hieß »Der Prinzenraub« ... Es fehlte nur der Prinz ... Die Mutter hätte wohl eingewilligt, aber der Vater schüttelte den Kopf. Doch ganz erfolglos zog der Schauspieldirektor damals nicht ab. Er nahm meinen Samtanzug und mein Barettchen mit ... Und dann erfuhr ich, daß das Elsbethle in meinem Samtkittelchen und in meinem schönen, tadellosen Samthöschen den geraubten Prinzen darstellen würde. Ich konnte eine Woche lang vor Aufregung kaum mehr schlafen ... Und was bei dieser Aufregung bei mir

am stärksten pipperte, war die Sehnsucht, diesen geheiligten Anzug wieder auf meinem eigenen Leibe tragen zu dürfen ...
Wir saßen in der ersten Bank ... Die Szene des Prinzen kam. Und das Elsbethle ... bekam vor den schwarzbärtigen Räubern einen solchen Schreck, daß es in der Rolle stecken blieb ... Das Publikum fing zu kichern an ... Das Elsbethle wurde stumm ... Und neben mir sagte die Mutter leis: »Ach, Gottele, das arme Kind!« Nun plötzlich ein fideles Gebrüll auf allen Bänken. Und der Räuberhauptmann ... führte das zitternde Elsbethle sehr vorsichtig hinter die Kulissen hinaus. Und wo der kleine, schöne, süße Prinz gestanden hatte, blieb auf den Brettern ... ein großer nasser Fleck zurück ... Ich spürte etwas wie schmerzendes Feuer in meinem Gesicht – und dann gähnt ein dunkles, grauenvolles Loch in der Erinnerung an meine Seelenzustände von damals ... Und das Elsbethle hab ich nimmer angesehen ... Und weder durch gute Worte, noch durch Strenge war ich zu bewegen, dieses Höschen noch mal anzuziehen, dessen schwarzbrauner Samt eine Stelle hatte, die nicht mehr schwarzbraun war.

3
Hartnäckig wußte Rauner (mein Instruktor in der Neuburger Seminarschule) es immer zu verhindern, daß ältere Gymnasiasten jene vertrauliche Duzbrüderschaft mit mir schlossen, die man »Bussache« zu nennen pflegte ... Französisch verstand ich noch nicht; aber ich glaubte nicht falsch zu raten, wenn ich annahm, daß dieser wunderliche Terminus von dem deutschen Worte »Bussi« herkäme. Denn häufig sah ich solch ein ungleiches Paar – einen langen Gymnasiasten und ein scheues Lateinerchen aus der ersten oder zweiten Klasse – sich in den Fensternischen der Korridore oder in einem Winkel des Gartens mit Liebkosungen regalieren, deren zärtliche Art meinem ländlich derben Knabensinne widerwärtig erschien. Was ein richtiger Bub ist, küßt doch nur seine Mutter! ...
Das Gesicht dieser Dinge wurde für mich noch schleierhafter, als ich zu Beginn des dritten Schuljahres (also 1867) aus glückseligen Ferien in das Seminar zurückkehrte und mich in den Schlafsaal II versetzt fand ... Mir war das so etwas Ähnliches wie ein Gefühl des Vorwärtskommens im Leben. Und meine Schlafstelle hatte überdies noch eine feine Lage ... neben einem großen Fenster, das ich in schwülen beklemmenden Nächten heimlich öffnen konnte ... Ich bekam darin eine katzenartige Geschicklichkeit ... Nur auf meinen Bettnachbar – es war ein kleiner, doch breitschultriger Bub, zwei Jahre älter als ich ... – auf diesen Nachbarn mußte ich ... aufpassen, weil er einen leichten Schlaf hatte ...
Und dieser Nachbar wollte es im Schlafsaal immer schön warm haben ...
Ich war da sein Widerspiel. Wenn ich nicht schlafen konnte, und es strich die herbstlich kühle Nachtluft gegen mich her ... da wurde ich immer gleich ein bißchen ruhiger, und schließlich fielen mir die Augen zu ... Ein paar Tage war's

dann wieder gut. Doch immer häufiger kamen Nächte, in denen ich das lautlose Luftmanöver bei Tür und Fenster machen mußte.
Am Tage war mir dann immer zumute, als hätte ich Blei in den Gliedern. Die Arbeit wurde mir schwer. Und obwohl Rauner sich alle Mühe gab, mich ins Geleise zu bringen, ging's mir in der Schule nicht sonderlich gut... Obwohl ich keinen Laut der Klage heimschrieb, färbte doch die Stimmung dieser Tage auf meine Briefe an die Eltern ab. Es kamen lange, besorgte Episteln der Mutter. Und ihre hundert guten Worte sagten immer wieder dies eine: »Sei nicht verstockt... Und wenn dich etwas bedrückt oder quält, so schreib's deinem Mutterle offenherzig!«
Nein! DAS konnte ich der Mutter nicht schreiben! – Und schließlich glaubte ich allen Ernstes, daß ich krank wäre; fand aber doch nicht den Mut, mich meinem Instruktor anzuvertrauen oder zum Seminardirektor zu gehen...
In der Nacht, die mich wieder einmal nicht schlafen ließ, hörte ich plötzlich den »Philosophen« (meinen Nachbarn) tuscheln: »Du! Was hast du denn?«
Ein flüsterndes Gespräch begann, während wir uns aus den Betten hinausbeugten, fast Gesicht an Gesicht. Und da fand ich den Mut, ihm ehrlich meine wunderlichen Schmerzen zu sagen. Er kicherte. Und gebrauchte merkwürdigerweise ein Lieblingswort meines Vaters: »Du Kamel!« Dann sagte er mir... daß ich gar nicht krank wäre, sondern SEHR gesund; und das wäre eine ganz natürliche Sache, die bei jedem gesunden Jungen einmal ihren Anfang nehmen müßte.
»Bei JEDEM?... Haschst denn du das auch?«
»Aber selbstverständlich! Oft!«
Diese Aufklärung beruhigte mich... Und nun konnte ich prächtig schlafen...
In einer Nacht erwachte ich plötzlich, wie von brennendem Feuer geweckt. Ich empfand einen grauenvollen Schmerz und glaubte eine Hand an meinem Körper zu fühlen. Schreiend stieß ich mit den Füßen zu – und während ich dann in halber Bewußtlosigkeit dalag, war mir, als würden alle Schlafsaalkameraden wach und als hörte ich sie fragen: »Was ist denn? Wer hat denn so geschrien?«
Eine Stimme: »Wird halt einer geträumt haben!«... Und das alles ferne, wie unter schweren Schleiern. Jetzt wieder die Ruhe. Schlaf ich? Oder bin ich wach? An meinem Hals ein wildes Hämmern in den Schlagadern. Ein Sausen in meinen Ohren... Schweißtropfen standen auf meiner Stirne...
Was war das nur?
Ich hatte seltsam schwermütige Tage und ruhelose, verstörte Nächte. Und noch in der gleichen Woche begann dieses Unheimliche in mir.
In einer Nacht erwachte ich. Finsternis war um mich her. Und es fror mich. Und ich sah keine Lampe, kein Bett, kein blinkendes Kupfer. War das wieder ein Traum? Aber deutlich fühlten meine Hände das harte Holz vor mir... Nur mit dem Hemd bekleidet, saß ich im Studiersaal vor meinem Pulte. Ein Schreck

befiel mich, den ich nicht schildern kann. Ich rannte verstört die Treppe hinauf, warf mich in mein Bett und zitterte. –
In einer Nacht erwachte ich. Finsternis war um mich her. Wieder fror mich. Und ich glaubte wieder vor meinem Pult zu sitzen. Nein ich stand ... Ich gewahrte einen matten Lichtschimmer. Als ich auf ihn zuging, kam ich aus irgendeinem finsteren Raume in den matt erleuchteten Treppenflur. –
In einer Nacht erwachte ich. Mich fror. Aber graue Dämmerung war um mich her, und viele Sterne funkelten über mir. Ich saß auf dem Schindeldach der Kegelbahn ... Gott Jesus, wo bin ich denn nur herausgekommen? ...
Den ganzen Tag zermarterte ich mein Gehirn, um einen Weg zu finden, auf dem ich der Angst vor diesem Fürchterlichen entrinnen könnte. Ich wagte mich keinem Menschen anzuvertrauen ... Und am Abend nahm ich von Mutters Garnknäueln einen mit hinauf ins Bett, knüpfte mir zwei doppelte Zwirne um die Handgelenke und band die Enden um die Knäufe der Bettlade. In der Nacht, als ich wieder wandern wollte, spürte ich den Zug von Mutters Fäden und erwachte. Dann kam es nimmer. Ich war geheilt. Und durfte dazu noch zwei gemütliche Wochen verleben – allerdings im Krankenzimmer. Um mir festen Schlaf zu verschaffen, turnte ich immer wie ein Narr. Eines Tages bekam ich von der Reckstange große Blasen an beiden Händen. Ich zwickte sie mit den Fingernägeln auf, riß die lose Haut ab, rieb die Hände mit Loh ein und turnte weiter. Am andern Tag sah meine rechte Hand wie ein blau gebratener Apfel aus. »Blutvergiftung!« sagte der Doktor ...

60, 15 ff.; 76 ff.; 334 ff.

Elberfeld, 1859
Dreiecksgeschichte

Nun nahm Tante Röhr, deren Frömmigkeit mit den Jahren sich noch immer mehr verschärfte, zwei allerliebste Nichten, Marie und Johanna Stürmer, in ihr Haus, um nach dem Tode ihrer Eltern deren weitere Erziehung zu leiten. Beide waren Kusinen von Ernst Schnabel und Halbkusinen von mir, und durch ihren Aufenthalt gewann das früher so düstere Haus für uns beide bald eine große Anziehungskraft. Namentlich am Sonntagnachmittag stellten wir uns ein. Dann fragte mich wohl Tante Elise: »Paul, kannst du auch deinen Katechismus?« – »Ja, Tante, ich denke, es wird schon gehen.« – »Nun, dann laß einmal hören.« Natürlich ging es dann nicht, und nun nahm mich Tante Elise sanft bei der Hand und schloß mich für ein halbes Stündchen in ein Zimmer ein, bis ich meine Aufgabe konnte und dann mit Ernst Schnabel und den Mädchen spielen durfte.

Diese Spiele, so unschuldig sie waren, trugen doch wesentlich dazu bei, daß das junge Herz Feuer fing. Von besonderem Einflusse war dabei ein Sonntagnachmittag, an welchem Ernst und ich mit den beiden Mädchen allein zu Hause waren und nun ein Pfänderspiel mit reichlichen Küssen in Gang brachten, was wir in Gegenwart der Tante nie gewagt haben würden. Von da ab betrachtete ich Marie Stürmer, obwohl sie 43 Tage älter als ich war, als die auserkorene Königin meines Herzens, und Ernst Schnabel, mit dem ich gelegentlich bei Zigarren und Bier die heiligsten Schwüre ewiger Freundschaft auszutauschen pflegte, wußte die aufkeimende Leidenschaft noch mächtig zu bestärken. Wir beschlossen eine Art Bündnis: Ernst Schnabel war verliebt oder bildete sich ein, verliebt zu sein in Marie Altgelt, welche eben aus der Pension in Oberdreis zurückgekehrt im Hause ihrer Eltern mit mir zusammenwohnte. Ich versprach dem Freunde, seine Interessen bei Marie Altgelt zu vertreten, und er überließ mir dafür Marie Stürmer. Aber die Beharrlichkeit, mit der ich mich immer mehr in dieses Mädchen hinein verliebte, veranlaßte, daß Ernst Schnabel, auf ihren Wert hierdurch aufmerksam gemacht, seine flatterhaften Neigungen von Marie Altgelt auf Marie Stürmer übertrug; und nun gefielen die beiden Knaben sich in der Vorstellung, dasselbe Mädchen zu lieben, die heftigsten Rivalen zu sein, und doch dabei in dem Gefühl ewiger Freundschaft zueinander zu schwelgen. Eines Tages, als wir gerade allein in Tantes Wohnung waren, rissen wir ein Bild der Geliebten von der Wand, ließen davon beim Photographen Liesegang zwei Abdrücke nehmen und wußten das Bild wieder an seine Stelle zu bringen, ohne daß jemand etwas davon gemerkt hatte. Die Abdrücke fielen sehr blaß aus; den einen erhielt Ernst Schnabel, den andern nahm ich mit mir nach Schulpforta, wo er an einer mir und auch andern leicht sichtbaren Stelle befestigt, fünf Jahre hindurch den Gegenstand meiner stillen Verehrung bildete. Unter den Kameraden war die bescheidene Photographie bekannt als das »Nebelbild«.

35, 58 f.

Tübingen, um 1866
Reizbarkeit und Leidenschaft in einem vierzehnjährigen Knaben

Unterdessen feierte auch (mein um ein Jahr älterer Bruder) Edgar seine vita nuova in einem Freundschaftsverhältnis, das etwas von der Überschwenglichkeit einer ersten Liebe an sich hatte.
In seiner Klasse, aber in einer höheren Abteilung, saß ein älterer Mitschüler, Ernst Mohl, ein Pfarrerssohn aus Hildrizhausen, der den zuerst ergriffenen Kaufmannsberuf gegen den Wunsch seiner Eltern mit den Gymnasialstudien

vertauscht hatte und so unter den jüngeren Jahrgang geraten war. Diesem schloß sich Edgar mit seinem ganzen Feuer an. Sie tauschten ihre literarischen und philosophischen Ansichten aus, teilten sich gegenseitig ihre Gedichte mit, und der einfach erzogene Pfarrerssohn, der bis dahin still vor sich hin gelebt und nur mit den frömmsten Familien verkehrt hatte, sah sich plötzlich in einen Wirbel geistiger Anregung hineingezogen. Auch ich wurde schon in den ersten Tagen in den neuen Bund eingeschlossen ...

Wir waren damals gerade aus dem großen kalten Haus an der Steinlach in die neue Wohnung in der inneren Stadt gezogen, die mit ihrer sonnigen Vorderseite drei Stock hoch auf den schönen altertümlichen Marktplatz hinuntersah und zugleich auf der Rückseite, wo die Haustür lag, das zweite Stockwerk über der finsteren Kronengasse bildete. Dort besuchte uns der neue Freund, nachdem er die erste Beklommenheit überwunden hatte, bald fast täglich. Der zarte und doch so schroffe Edgar mit dem leichtentzündlichen Geblüt und dem schmalen, vergeistigten Gesicht, aus dem große blaue Augen weltfremd leuchteten, sah in dem riesenstarken, immer gelassenen Freunde sein unentbehrliches Widerspiel. Wenn dieser sich kaum verabschiedet hatte, so hielt er es schon nicht mehr ohne ihn aus und griff zur Mütze, um ihm nachzueilen. Als Ernst die Vakanz im väterlichen Pfarrhaus verbrachte, war der leidenschaftliche Knabe so unglücklich über die Trennung, daß der Freund auf den abenteuerlichsten Schleichwegen ohne Wissen seiner Eltern, die an diesem Verkehr keine Freude hatten, ein Wiedersehen wie ein verbotenes Liebesstelldichein bewerkstelligen mußte. Und weil das kurze Beisammensein Edgars liebesbedürftiger Seele kein Genüge tat, nahm jener ihn gar als Gast in sein Pfarrhaus mit, freilich in heimlichen Ängsten, wie seine Eltern sich zu der Überraschung stellen würden. Aber so ein altschwäbisches Pfarrhaus wußte, was es dem Herkommen schuldig war, und ließ sich nicht lumpen, wenn ein Gast erschien, ob er ihres Geistes Kind war oder nicht ... Aber trotz der ihm erwiesenen Ehre hatte das schwärmerische Knabengemüt keinen Augenblick Ruhe, solange es den Freund mit andern teilen mußte. Ich hab den ganzen Tag über Heimweh nach dir, klagte er, wenn sie einmal allein waren, und legte seine zarte Wange an die bärtige des Freundes. Denn die Stärke des Innenlebens machte dem Friedlosen selbst das Glück zur Qual.

Ernst trat allmählich im Hause ganz in die Stellung eines Mitbruders ein. Er half den jüngeren Knaben bei ihren Schulaufgaben, mich begleitete er in die Tanzstunde hin und zurück, obgleich der Ort nur über der Straße lag ...

Ernst Mohl verfaßte komische Gedichte in allen möglichen fremdländischen Dichtweisen, worin meine Tänzer durchgehechelt wurden. Edgar hatte eine frühe Meisterschaft über Wort und Reim, die wahrhaft verblüffend war ... Er wetteiferte nun mit Ernst in lustigen Travestien bekannter Dichtungen ... Dazwischen gab es ernste Wortgefechte literarischer und anderer Art, wobei man jedoch vorsichtig sein mußte, denn der reizbare Edgar, der alles persönlich nahm, konnte bei solchen Anlässen plötzlich in Brand geraten ... Der ruhige Freund hatte immer zu begütigen und abzulenken. Dafür wandte sich ein andermal der Groll gegen ihn, wenn er sich z. B. einfallen ließ, eine Lanze für Platen zu brechen, während wir andern gerade in Heine schwelgten. In solchen Fällen schien dem erregbaren Jünglingsknaben die abweichende Meinung geradezu einen seelischen oder mindestens einen geistigen Mangel auszudrücken, und er konnte so wild werden, daß man für die Freundschaft fürchten mußte. Der große, gewichtige Freund aber hob dann den kleineren, zarten vom Boden auf, schaukelte ihn auf seinen starken Armen hin und her oder streichelte ihm mit seiner Riesenfaust die Backe, bis er das Fauchen aufgab und wieder gut war.

114, 138 ff.

Hamburg, um 1880
Geschlechtsneugier und Erotik im Knabenalter

Die Sitte verbietet von Geschlechtsregungen zu sprechen, und die meisten Menschen fügen sich dieser Sitte ... Und doch vermehrt gerade diese Sitte die dem Kinde ohnehin reichlich zugemessenen Leiden in einer bedenklichen Weise. Der erotische Instinkt ist dem Kinde angeboren, stellt sich so natürlich und selbstverständlich ein wie Hunger und Durst ... Die Erinnerung reicht ja bis zum zweiten Lebensjahr nur für Augenblicke; man erinnert sich nur an wenige Erlebnisse, die besonderen Eindruck gemacht haben. Aber selbst dieses wenige genügt, um Johann die Gewißheit zu geben, daß es etwas wie ein leises erotisches Behagen war, was er fühlte, wenn die Mutter ihn frühmorgens zu sich ins Bett nahm ... Nur wenige Jahre können vergangen sein, bis Johann zu erotischen Phantasien überging. Sie bestanden zuerst darin, daß er sich des Abends im Bett mit Vergnügen vorstellte, er spiele mit anderen Knaben und prügelte sie, er wählte stets die Knaben unter den Spielgefährten aus, die gut aussahen und angenehm fett waren. Die ersten erotischen Regungen bezogen sich durchaus auf Knaben ... Erotische Knabenspiele ziehen sich eigentlich durch die ganze Jugend; sie waren um so beliebter, als sich dazu die Gelegenheiten wie von selbst ergaben und als die Phantasie ständig durch Unterhaltungen über geschlechtliche Fragen rege erhalten wurde. Manches Spiel im Freien oder in den Häusern endete erotisch; und selbst in der Schule kam es vor, daß nebeneinander sitzende Knaben sich in der Stunde gegenseitig reizten. Die Handlungen an sich waren harmlos ... Sie waren auch harmlos, wenn die Knaben mit den Mädchen Mutter

und Kind spielten und dabei die ersten täppischen Versuche machten, mit dem Körper der Frau bekannt zu werden ... Die Kinder versteckten sich sorgfältig hinter Gebüschen, in Lauben und auf den Heuböden, wenn das Spiel erotischen Charakter annahm, weil es ihnen verboten war, weil alles Geschlechtliche, wie immer es sich äußerte, selbst wenn es sich in Träumen äußerte, verpönt war ... Auch hier wird vom Kinde eine Entsagungskraft gefordert, die die Erwachsnen selbst nie üben ... Johann sah bei Familienfesten, wenn die Männer in Stimmung kamen, daß sie mit den Frauen ihrer Verwandten oder Freunde zu scherzen begannen und nicht selten derb handgreiflich wurden; er sah auf einer silbernen Hochzeit den Silberbräutigam neben einer jungen Nichte sitzen, einem siebzehnjährigen Mädchen, und mit der Hand bei ihr Dinge tun, die er selbst gern getan hätte. Die Knaben sprachen auf dem Schulwege und beim Spiel unaufhörlich über erotische Fragen und wurden dadurch wie von selbst aufmerksam auf alles, was dahin zielte ... Sie suchten sich vorzustellen, wie die Kinder zur Welt kommen, und brachten die seltsamsten Ansichten vor, sie erzählten Unanständigkeiten und wollten sich über das Albernste ausschütten vor Lachen. Im allgemeinen taten sie alles Verbotene reuelos und betrachteten sich gegenüber den Erwachsenen als eine Partei, deren Aufgabe darin bestand, die Gegenpartei zu überlisten. Den Eltern gegenüber aber wurden sie unsicher und verlegen, sie glaubten ihnen wenigstens für den Augenblick, daß das Geschlechtsgefühl Sünde sei, und gerieten damit in einen Zwiespalt ...
Bei der Methode, der Johann ausgesetzt war, mußten ihm alle erotischen Fragen notwendig in unnatürlichen Vergrößerungen erscheinen, sie mußten ihm phantastisch werden. Denn alle Heimlichkeit vergrößert. Unterdrücken können die Erzieher den erotischen Trieb nicht. Je mehr sie es verbieten, desto begieriger wird das Kind, in der Bibel die heimlichen Stellen aufzusuchen und anderen zu zeigen ...
In Johanns Vaterstadt wurde die Phantasie besonders heftig von den Straßen erregt, die ihnen streng verboten waren, deren Namen nicht einmal genannt werden durften, weil dort die Prostituierten kaserniert waren ... Im Vorübergehen sah man nur eine verödete, enge Straße, durch die ein Schutzmann einsam dahinging. Die Knaben warteten dann wohl, bis er verschwunden war, und liefen rasch hindurch, wobei es vorkam, daß die Mädchen aus dem Fenster mit Wasser gossen und auch wohl trafen. Das Wasser wurde in der Vorstellung dann gleich zu einer anderen, eklen Flüssigkeit, und es wurde das Abenteuer lärmend, in einer Stimmung von Furcht und Großmannssucht beschwatzt ...
Erwachende Erotik zog sich durch alle Spiele. Wurde Versteck gespielt, so richteten die Knaben es ein, daß sie sich zusammen mit einem Mädchen verstecken konnten. Da standen sie dann in dämmriger Verborgenheit, schwer atmend vom Lauf, aufmerksam hinauslauschend auf die Schritte des Suchenden und daneben

nach einem Kuß haschend, oder das Mädchen feindselig zärtlich umfassend. Halb wurde das Mädchen wie ein Spielkamerad und halb wie eine Geliebte behandelt. Die verlegenen Liebkosungen äußerten sich oft nicht anders, als daß die bevorzugten Mädchen besonders fest an den Armen gehalten wurden. Das Erotische war mehr in der Phantasie als im Tun ...
Einmal nur, gegen Ende seiner Schulzeit, traf es tiefer. Johann lernte auf einer Kindergesellschaft ein Mädchen kennen, schloß sich ihr beim Spiel und hinterher beim Tanzen an und spürte in den nächsten Tagen mit Verwunderung, daß es ihm merkwürdig eng um die Brust war, daß er nicht recht durchatmen konnte und bei allem Tun und Lassen von einer Empfindung verfolgt wurde, als hätte er etwas auf dem Gewissen ... Es war ein unbehaglicher Zustand, um so unbehaglicher, weil er nie aufhörte und weil die quälende Sehnsucht nicht befriedigt werden konnte.

183, 96 ff.

Verzeichnis der Quellen

1 *Altmann*, W.: Zur Geschichte der Lese- und Industrieschule zu Sanz, Kr. Greifswald 1803–19. In: Mitteilungen der Gesellschaft für deutsche Erziehungs- und Schulgeschichte 10, 1900
2 *Amaranthes* (d. i. Corvinus, G. W.): Nutzbares, galantes und curiöses Frauenzimmer – Lexikon. Leipzig 1715
3 *Anon.*: Deutsche Lehr- und Wanderjahre. Selbstschilderungen berühmter Männer und Frauen. Berlin 1873
4 *Anton*, G. K.: Geschichte der preußischen Fabrikgesetzgebung bis zu ihrer Aufnahme durch die Reichsgewerbeordnung. Leipzig 1891
5 *Arndt*, E. M. (1769–1860): Erinnerungen aus dem äußeren Leben. Leipzig 1892
6 *Arnim*, B. von: Dies Buch gehört dem König. In: Sämtliche Schriften, Bd. 10. Berlin 1853
7 *Baader*, Ottilie (1847–1952): Ein steiniger Weg. Lebenserinnerungen. Stuttgart und Berlin 1921
8 *Bahrdt*, C. F. (1741–91): Geschichte seines Lebens, seiner Meinungen und Schicksale. Von ihm selbst geschrieben. Frankfurt a. M. 1790
9 *Bamberger*, L. (1823–99): Erinnerungen. Berlin 1899
10 *Baur*, W. (1826–1897): Lebenserinnerungen. Friedberg und Darmstadt 1911
11 *Bechstedt*, Ch. W. (1787–1867): Meine Handwerksburschenzeit. Köln 1925
12 *Belli*, J. (1849–1927): Erinnerungen aus meinen Kinder-, Lehr- und Wanderjahren. In: Die rote Feldpost unterm Sozialistengesetz. Stuttgart und Berlin 1912
13 *Beneke*, O.: Hamburgische Geschichten und Denkwürdigkeiten. Hamburg 1856
14 *Bergg*, F. (1867–1913): Ein Proletarierleben. Bearbeitet und hrsg. von N. Welter. Frankfurt a. M. 1913
15 *Bettelheim*, A.: Berthold Auerbach (1812–1882). Der Mann, sein Werk, sein Nachlaß. Stuttgart und Berlin 1907
16 *Beyer-Fröhlich*, M. u. a., Hrsg.: Deutsche Selbstzeugnisse, Bd. 1–12. Stuttgart 1930ff. (Deutsche Literatur in Entwicklungsreihen, Reihe XXV)
17 *Bismarck*, Hedwig von (1815–19?): Erinnerungen aus dem Leben einer 95jährigen. Halle 1910
18 *Bock*, W. (1846–1931): Im Dienste der Freiheit. Freud und Leid aus sechs Jahrzehnten Kampf und Aufstieg. Berlin 1927
19 *Bornstein*, P.: Der junge Hebbel. Wesselburen. Lebenszeugnisse und dichterische Anfänge. Bd. 1 und 2, Berlin 1925
20 *Bronner*, F. X. (1758–1850?): Ein Mönchsleben aus der empfindsamen Zeit. Hrsg. und eingeleitet von O. Lang. Bd. 1 und 2. Stuttgart 1911 und 1912
21 *Brück*, A. P., Hrsg.: Kurmainzer Schulgeschichte. Texte, Berichte, Memoranden. Wiesbaden 1960

22 *Buchner*, E.: Das Neueste von gestern. Kulturgeschichtlich interessante Dokumente aus alten deutschen Zeitungen, Bd. 1-5. München o. J.
23 *Buchner*, E.: Ärzte und Kurpfuscher. Kulturhistorische Dokumente aus alten deutschen Zeitungen. München 1922
24 *Buchner*, E.: Religion und Kirche. Kulturhistorisch interessante Dokumente aus alten deutschen Zeitungen. München 1925
25 *Buchner*, E.: Medien, Hexen und Geisterseher. Kulturgeschichtlich interessante Dokumente aus alten deutschen Zeitungen. München 1926
26 *Büsching*, A. F. (1724–1793): Eigene Lebensgeschichte in vier Stücken. Halle 1789
27 *Butte*, H. und *Patzig*, G.: Festschrift zur Vierteljahrtausendfeier des Stadtwaisenhauses zu Dresden. Dresden 1935
28 *Butzbach*, J. (1478–1526): Des Johannes Butzbach Wanderbüchlein. Chronika eines fahrenden Schülers. Aus dem Lateinischen übers. und hrsg. von D. J. Becker. Leipzig 1912
29 *Claudius*, M. (1740–1815): Botengänge. Briefe an Freunde. Hrsg. von H. Jessen. o. O. 1965
30 *Corvin*, O. von (1812–1886): Ein Leben voller Abenteuer. Bd. 1 und 2, hrsg. von H. Wendel. Frankfurt a. M. 1924
31 *Crome*, A. Fr. W. (1753–1833): Selbstbiographie. Stuttgart 1833
32 *Dahn*, F. (1834–1912): Erinnerungen. Leipzig 1890
33 *Damaschke*, A. (1865–1935): Aus meinem Leben. Berlin 1927
34 *Denner*, J. (1806–1859): Das Leben des württembergischen Pfarrers Johannes Denner, ehem. Schülers des Falkschen Instituts zu Weimar. Von ihm selbst beschrieben. Hrsg. von H. Merz, Hamburg 1860
35 *Deussen*, P. (1845–1919): Mein Leben. Leipzig 1922
36 *Devrient*, Therese (1803–1882): Jugenderinnerungen. Stuttgart 1905
37 *Diehl*, W.: Philipp, Landgraf von Hessen-Butzbach (1581--1643) Darmstadt 1909
38 *Dietz*, J. (1665–1738): Meister Johann Dietz, des Großen Kurfürsten Feldscher und Königlicher Hofbarbier. Nach der alten Handschrift hrsg. von E. Consentius. München 1915
39 *Dinter*, G. F. (1760–1831): Dinters Leben, von ihm selbst geschrieben. Ein Lehrbuch für Eltern, Pfarrer und Erzieher. Neustadt 1829
40 *Dittersdorf*, K. von (1739–99): Lebensbeschreibung. Seinem Sohne in die Feder diktiert. Hrsg. von N. Miller. München 1967
41 *Ebers*, G. (1837–1898): Die Geschichte meines Lebens. In: Werke Bd. 10, Stuttgart o. J.
42 *Eberty*, F. (1812–1884): Eine Erziehungsanstalt vor fünfzig Jahren. Von einem ehemaligen Schüler derselben. Leipzig 1876
43 *Ebner-Eschenbach*, Marie von (1830–1916): Meine Kinderjahre. In: Erzählungen, Autobiographische Schriften. Hrsg. von J. Klein. München 1958
44 *Eichendorff*, J. (1788–1857): in (134)
45 *Eisenschmidt*, H. (1810–1864) in (16, Bd. 11)
46 *Esselborn*, K., Hrsg.: Unter der Diltheykastanie. Schulerinnerungen ehemaliger

Darmstädter Gymnasiasten. Zur 300 Jahr Feier des Ludwig-Georg-Gymnasiums. Darmstadt 1929
47 *Eulenburg-Hertefeld*, Ph. von (1847–1921): Aus 50 Jahren. Berlin 1925
48 *Faust*, B. Chr.: Gesundheitskatechismus zum Gebrauche in den Schulen und beim häuslichen Unterricht. Bückeburg 1794 (Nachdruck Dresden 1925)
49 *Feder*, J. G. H. (1740–1821): Leben, Natur und Grundsätze. Zur Belehrung und Ermunterung seiner lieben Nachkommen. Leipzig, Hannover und Darmstadt 1825
50 *Federer*, H. (1866–1928): Aus jungen Tagen. Nachgelassene Kapitel zur Lebensgeschichte. Luzern 1950
51 *Felder*, F. M. (1839–1869): Aus dem Bregenzer Wald. Ein Volksbuch vom Leben und Schaffen des Dichters. Hrsg. von A. Schneider, Leipzig 1939
52 *Fichte*, J. G. (1762–1814): in (134)
53 *Fischer*, C. (1841–1906): Denkwürdigkeiten und Erinnerungen eines Arbeiters. Bd. 1 und 2. Hrsg. von P. Göhre. Jena 1903 und 1904
54 *Flathe*, Th.: St. Afra. Geschichte der königlich sächsischen Fürstenschule zu Meissen seit ihrer Gründung im Jahre 1543 bis zu ihrem Neubau in den Jahren 1877 bis 1879. Leipzig 1879
55 *Förster*, E. (1800–1885): Aus der Jugendzeit. Berlin und Stuttgart 1887
56 *Fontane*, F. (1819–1898): Meine Kinderjahre. Autobiographischer Roman. Unter Mitwirkung von K. Schreinert, hrsg. von J. Neuendorff-Fürstenau. München 1971
57 *Freytag*, G. (1816–1895): Erinnerungen aus meinem Leben. Leipzig 1887
58 *Friederike Sophie Wilhelmine* (1709–1758): Eine preußische Königstochter. Denkwürdigkeiten der Markgräfin von Bayreuth. Hrsg. von J. Armbruster. Ebenhausen bei München 1925
59 *Führich*, J. (1800–1876): in (3)
60 *Ganghofer*, L. (1855–1920): Lebenslauf eines Optimisten. Bd. 1 bis 3. Stuttgart o. J. (1911)
61 *Geizkofler*, L. (1550–1620): Lucas Geizkofler und seine Selbstbiographie. Von Adam Wolf. Wien 1873
62 *Gerok*, K. (1815–1890): Jugenderinnerungen. 4., verb. und verm. Aufl. Bielefeld und Leipzig 1890
63 *Gervinus*, G. G. (1805–1871): Gervinus' Leben. Von ihm selbst. Leipzig 1893
64 *Gins*, H.: Krankheit wider den Tod. Schicksal der Pockenschutzimpfung. Stuttgart 1963
65 *Glatzer*, R., Hrsg.: Berliner Leben 1648–1806. Berlin o. J.
66 *Gmelin*, Familienverband, Hrsg.: Die Familie Gmelin. Biographien, Genealogien, Dokumente. Neustadt a. d. Aisch 1973
67 *Görlitz*, H.: Geschichte der Knabenerziehungsanstalt der Brüder-Unität in Niesky von 1771–1871. o. O. 1871
68 *Goethe*, A. von (1789–1830): in (70)
69 *Gottschall*, R. von (1823–1909): Aus meiner Jugend. Erinnerungen. Berlin 1898
70 *Gräf*, H., Hrsg.: Goethes Briefwechsel mit seiner Frau. Bd. 1 und 2. Frankfurt a. M. 1916

71 *Graf*, A.: Schülerjahre. Erlebnisse und Urteile namhafter Zeitgenossen. Berlin 1912
72 *Gregori*, F. (1870-?): in (71)
73 *Grimm*, Lotte (1793-1833): Briefe an Lotte Grimm. Hrsg. von E. Hünert-Hoffmann. Kassel und Basel 1972
74 *Grimm*, L. E. (1790-1863): Meine Lebenserinnerungen. Hrsg. von A. Stoll, Leipzig 1911
75 *Gutzkow*, K. (1811-1878): Aus der Knabenzeit. In: Werke in 12 Teilen, hrsg. von R. Gensel. Berlin o. J.
76 *Hamm*, W. (1820-1880): Jugenderinnerungen. Bearbeitet, eingeleitet und erläutert von K. Esselborn. Darmstadt 1926
77 *Handelmann*, H.: Volks- und Kinderspiele aus Schleswig-Holstein. Kiel 1874
78 *Hansjakob*, H. (1837-1916): Aus meiner Jugendzeit. Heidelberg 1880
79 *Harnisch*, W. (1787-1864): Mein Lebensmorgen. Zur Geschichte der Jahre 1787 bis 1822. Hrsg. von H. E. Schmieder, Berlin 1865
80 *Hartmann*, W.: Die Hexenprozesse in der Stadt Hildesheim. Hildesheim und Leipzig 1927
81 *Hase*, K. (1800-1890): Ideale und Irrtümer. Leipzig 1873
82 *Hebbel*, F. (1813-1863): in (19)
83 *Heck*, L. (1860-1951): Heiter-ernste Lebensbeichte. Berlin 1938
84 *Heintzeler*, E.: Das Königin Katharina-Stift in Stuttgart 1818-1918. Stuttgart 1918
85 *Hellpach*, W.: Erzogene über Erziehung. Dokumente von Berufenen. Heidelberg 1954
86 *Hensel*, S.: Die Familie Mendelssohn 1729-1847. Nach Briefen und Tagebüchern. Bd. 1 und 2. Berlin 1911
87 *Hergang*, K. G., Hrsg.: Pädagogische Realenzyklopädie oder Enzyklopädisches Wörterbuch des Erziehungs- und Unterrichtswesens und seiner Geschichte. Bd. 1 und 2. Leipzig und Grimma 1851-1852
88 *Hermes*, G.: Ein preußischer Beamtenhaushalt 1859-1890. In: Zeitschrift für die gesamte Staatswissenschaft 76, 1921/22
89 *Herz*, Henriette (1764-1847): Ihr Leben und ihre Erinnerungen. Hrsg. von J. Fürst. Berlin 1850
90 *Heyse*, P. (1830-1914): Jugenderinnerungen und Bekenntnisse. Bd. 1 und 2. 5., neu durchgesehen und stark verm. Aufl. Stuttgart und Berlin 1912
91 *Hippel*, Th. G. (1741-1796): Biographie, zum Teil von ihm selbst verfaßt. Gotha 1801 (Reprint Hildesheim 1971)
92 *Hirschel*, B. (1815-1874): in (172)
93 *Holtei*, K. von (1798-1880): Vierzig Jahre. Bd. 1-8. Neu hrsg. und durchgesehen von M. Grube. Berlin 1843-1850
94 *Hufeland*, Chr. W. (1762-1836): Leibarzt und Volkserzieher. Selbstbiographie. Neu hrsg. und eingeleitet von W. von Brunn. Stuttgart 1937
95 *Jahresbericht* über die Rettungsanstalt für sittlich verwahrloste Kinder in der Provinz Hanau, dermalen in Elm. Hanau 1854

96 *Jung-Stilling*, J. H. (1740–1817): Lebensgeschichte. München 1968
97 *Karsch*, Anna Louise (1722–1791): in (3)
98 *Kelter*, E.: Ein Jenaer Student um 1630. Eberhard von Todenwarth. Jena 1908
99 *Kerner*, J. (1786–1862): Das Leben des Justinus Kerner. Erzählt von ihm und seiner Tochter Marie. Hrsg. von K. Pörnbacher. München 1967
100 *Kerner*, Marie (1813–1886): in (99)
101 *Klöden*, K. F. (1786–1856): Jugenderinnerungen. Hrsg. von M. Jähns. Leipzig 1874
102 *Knapp*, G. Fr. (1842–1925): Aus der Jugend eines deutschen Gelehrten. Stuttgart 1927
103 *König*, H. (1790–1869): Auch eine Jugend. Leipzig 1852
104 *Köpke*, R.: Ludwig Tieck (1773–1853). Erinnerungen aus dem Leben des Dichters nach dessen mündlichen und schriftlichen Mitteilungen. Leipzig 1855
105 *Kraus*, A.: Quellen zur Bevölkerungsstatistik Deutschlands 1815–1875. Boppard 1980
106 *Kriegk*, G. L. (1805–1878): Aus meiner Jugendzeit. Bearbeitet von K. Esselborn. Darmstadt 1938
107 *Krimer*, W. (1795–1834): Erinnerungen eines alten Lützower Jägers. Bearbeitet von A. Saager. Stuttgart o. J.
108 *Kröger*, J. Chr.: Reisen durch Deutschland und die Schweiz mit besonderer Rücksicht auf das Schul-, Erziehungs- und Kirchenwesen, auf Schullehrerseminaren, Waisen-, Armen-, Blinden-, Taubstummen- und andere Wohltätigkeitsanstalten. Bd. 1 und 2, Leipzig 1833–1836
109 *Kügelgen*, K. von (1772–1831): in (110)
110 *Kügelgen*, L. von: Gerhard von Kügelgen. Ein Malerleben um 1800 und die anderen sieben Künstler der Familie. Stuttgart 1924
111 *Kügelgen*, W. von (1802–1867): Jugenderinnerungen eines alten Mannes. Leipzig o. J.
112 *Kurz*, F. (1846–?): Verkehrsgeschichte des Arlberg von 1218–1898. Kufstein 1899
113 *Kurz*, H. (1813–1873): Jugenderinnerungen. In: Ges. Werke, Bd. 8. Stuttgart 1874
114 *Kurz*, Isolde (1853–1944): Aus meinem Jugendland. Stuttgart und Berlin 1919
115 *Lange*, Helene (1848–1930): Lebenserinnerungen. Berlin 1921
116 *Langer*, A. (1836–?): Erinnerungen eines Dorfschullehrers. Berlin o. J.
117 *Laukhard*, Fr. Chr. (1757–1822): Leben und Schicksal von ihm selbst beschrieben. Bearbeitet von V. Petersen. Stuttgart 1908
118 *Leo*, H. (1799–1878): Meine Jugendzeit. Gotha 1880
119 *Lewald*, Fanny (1811–1889): Meine Lebensgeschichte. 1. Abteilung, Bd. 1 und 2. Berlin 1861–1862
120 *Liselotte* von der Pfalz (1652–1722): in (134)
121 *Litzmann*, B.: Clara Schumann (1819–1896). Ein Künstlerleben. Nach Tagebüchern und Briefen. Bd. 1–3. Leipzig 1907–1912
122 *Litzmann*, B. (1857–1926): Aus dem alten Deutschland. Erinnerungen eines Sechzigjährigen. Berlin 1923

123 *Lübke*, P. (1798–1860): Aus dem Leben eines Volksschullehrers. In: W. Lübke: Lebenserinnerungen. Berlin 1891
124 *Lorinser*, K. I. (1796–1853): Selbstbiographie. Vollendet und hrsg. von seinem Sohne F. Lorinser. Regensburg 1864
125 *Maimon*, S. (1753–1800): Geschichte des eigenen Lebens. Berlin 1935
126 *Makower*, H. (1830–1897): in (172)
127 *Markgraf*, B.: Das moselländische Volk in seinen Weistümern. Gotha 1907
128 *Marx*, F. (?–?): in (46)
129 *Maser*, H.: Das Kinder-, Schul-, auch Königsfest in Memmingen. In: Mitteilungen der Gesellschaft für deutsche Erziehungs- und Schulgeschichte 1. 1891
130 *Matthisson*, F. (1761–1831): Selbstbiographie. Wien 1818
131 *Mehner*, H.: Der Haushalt und die Lebenshaltung einer Leipziger Arbeiterfamilie. In: Jahrbuch für Gesetzgebung, Verwaltung und Volkswirtschaft N.F. 11, 1887
132 *Meinecke*, F. (1862–1954): Erlebtes 1862–1901. Leipzig 1941
133 *Meissner*, F. L.: Die Kinderkrankheiten nach den neuesten Ansichten und Erfahrungen zum Unterricht für praktische Ärzte. 2., ganz umgearbeitete und sehr vermehrte Aufl. Leipzig 1838
134 *Mencken*, F. E., Hrsg.: Dein dich zärtlich liebender Sohn. Kinderbriefe aus sechs Jahrhunderten. München 1965
135 *Mendelssohn-Bartholdy*, G., Hrsg.: Der König Friedrich d. Gr. (1712–1786) in seinen Briefen und Erlassen, sowie zeitgenössischen Briefen, Berichten und Anekdoten. Ebenhausen 1913
136 *Merck*, J. H. (1741–1791): Briefe. Hrsg. von H. Kraft. Frankfurt a. M. 1968
137 *Meyer*, Chr., Hrsg.: Ausgewählte Selbstbiographien aus dem 15. bis 18. Jahrhundert. Leipzig 1897
138 *Mommsen*, Adelheid (1869–19?): Theodor Mommsen im Kreis der Seinen. Erinnerungen seiner Tochter. Berlin 1937
139 *Moritz*, K. Ph., Hrsg.: Gnothi sauton oder Magazin zur Erfahrungsseelenkunde als ein Lesebuch für Gelehrte und Ungelehrte. Bd. 1–10, Berlin 1783–1793. (Neu hrsg. und mit einem Nachwort versehen von A. Bennholdt-Thomsen und A. Guzzoni. Lindau 1978–1979)
140 *Mühlbach*, Luise (1814–1873): Erinnerungsblätter aus dem Leben Luise Mühlbachs. Ges. und hrsg. von ihrer Tochter. Leipzig 1902
141 *Müllensiefen*, P. E. (1766–1847): Ein deutsches Bürgerleben vor 100 Jahren. Berlin 1931
142 *Müller*, J., Hrsg.: Quellenschriften zur Geschichte des deutschsprachlichen Unterrichts bis zur Mitte des 16. Jahrhunderts. Gotha 1882 (Reprint Hildesheim 1969)
143 *Muret*, E.: Geschichte der ersten städtischen höheren Töchternschule, der Luisenschule in Berlin. Berlin 1888
144 *Mutius*, C. von (1790–1858): Eine Jugend vor hundert Jahren. Briefe und Tagebuchblätter 1806–1819. Hrsg. von A. von Mutius. Berlin 1930
145 *Nathusius*, Marie (1817–1857): Lebensbild der Heimgegangenen. In: Ges. Schriften, Bd. 13. Halle 1867

146 *Nettelbeck*, J. (1738-1824): Eine Lebensbeschreibung von ihm selbst aufgezeichnet. Hrsg. von W. Sohn. Meersburg und Leipzig 1930
147 *Nicolai*, F. (1733-1811): Über meine gelehrte Bildung. Berlin und Stettin 1799
148 *Nieritz*, G. (1795-1876): Selbstbiographie. Leipzig 1872
149 *Nodnagel*, A. (1803-1853): in (46)
150 *Oetker*, F. (1809-81): Lebenserinnerungen. Bd. 1-3. Stuttgart und Kassel 1877 bis 1885
151 *Olfers*, Hedwig von (1799-1891): Ein Lebenslauf. Bd. 1 und 2. Berlin 1908-1914
152 *Parthey*, G. (1798-1872): Jugenderinnerungen. Neu hrsg. von E. Friedell. Berlin 1907
153 *Parthey*, Lili (1800-1829): Tagebücher aus der Biedermeierzeit. Berlin und Leipzig 1926
154 *Paulsen*, F. (1846-1908): Aus meinem Leben. Jena 1909
155 *Peters*, C. (1856-1918): in (85)
156 *Pfannmüller*, G.: Ludwig Wilhelm Luck. Pfarrer und Chronist von Wolfskehlen, ein Freund Friedrich Hebbels. Friedberg 1915
157 *Pfeufer*, Chr.: Über das Verhalten der Schwangeren, Gebärenden und Wöchnerinnen auf dem Lande, und ihre Behandlungsart Neugeborener und Kinder in den ersten Lebensjahren. In: Jahrbuch der Staatsarzneikunde 3, 1810
158 *Pfister*, A. (1839-?): Pfarrers Albert. Fundstücke aus der Knabenzeit. Stuttgart, Berlin und Leipzig 1901
159 *Pichler*, Caroline (1769-1843): Denkwürdigkeiten aus meinem Leben. Wien 1844
160 *Platen*, A. von (1796-1835): Der Briefwechsel. Hrsg. von L. von Scheffler und P. Bornstein. Bd. 1-4. München und Leipzig 1911-1931
161 *Platter*, Th. (1499-1580): in (137)
162 *Pockels*, C. (1757-1814): in (139)
163 *Presber*, R. (1868-1935): Aus der Jugendzeit. Stuttgart 1928
164 *Probst*, J. G. A. (1759-1830): Handwerksbarbarei oder Geschichte meiner Lehrjahre. Ein Beitrag zur Erziehungsmethode deutscher Handwerker. Leipzig 1923
165 *Prosch*, P. (1744-1804): Leben und Ereignisse des Peter Prosch, eines Tyrolers von Ried im Zillertal. München 1964
166 *Raff*, Helene (1865-19?): Blätter vom Lebensbaum. Wiesbaden 1938
167 *Ratzel*, F. (1844-1904): Glücksinseln und Träume. Leipzig 1905
168 *Recke*, Elisa von der (1754-1833): Aufzeichnungen und Briefe aus ihren Jugendtagen. Hrsg. von P. Rachel. Leipzig 1902
169 *Reimann*, J. F. (1668-1743): Eigene Lebensbeschreibung oder Historische Nachrichten von sich selbst, namentlich von seiner Person und Schriften. Braunschweig 1745
170 *Rellstab*, L. (1799-1860): Aus meinem Leben. Berlin 1861
171 *Rem*, Lucas (1481-1542): in (16, Bd. 4)
172 *Richarz*, M., Hrsg.: Jüdisches Leben in Deutschland. Selbstzeugnisse zur Sozialgeschichte 1780-1871. Stuttgart 1976

173 *Richter*, L. (1803–1884): Lebenserinnerungen eines deutschen Malers. Nebst Tagebuchniederschriften und Briefen. Leibzig 1947
174 *Richter*, W.: Aus dem Tagebuch des Paderborner Studienpräfekten P. H. Rexing 1665–1667. Ein Beitrag zur Schuldisziplin des 17. Jahrhunderts. In: Mitteilungen der Gesellschaft für deutsche Erziehungs- und Schulgeschichte 4, 1894
175 *Rietschel*, E. (1804–1861): Jugenderinnerungen. Leipzig 1881
176 *Ritsert*, F. (1803–1883): Aus meiner Jugendzeit. Darmstädter Knabenerinnerungen. Friedberg 1920
177 *Röper*, F. F.: Betreuung und Erziehung des verwaisten Kindes in Anstalt und Heim. Ein Beitrag zur historischen Entwicklung der Fremderziehung. Göttingen 1976
178 *Rogge*, B. (1830?–?): Pförtnerleben. Nach eigenen Erinnerungen geschildert. Leipzig 1893
179 *Rosenkranz*, K. (1805–1879): Von Magedeburg bis Königsberg. Berlin 1873
180 *Sachse*, J. Chr. (1762–1822): Der deutsche Gil Blas, oder Leben, Wanderungen und Schicksale Johann Christoph Sachses, eines Thüringers. Berlin 1977
181 *Sapper*, A.: Pauline Brater (1827–1907). Lebensbild einer deutschen Frau. München 1911
182 *Sastrow*, B. (1520–1603): in (137)
183 *Scheffler*, K. (1869–1951): Der junge Tobias. Eine Jugend und ihre Umwelt. Hamburg und München 1962
184 *Schieber*, Anna (1867–1945): Doch immer behalten die Quellen das Wort. Erinnerungen aus einem ersten Jahrsiebent. Heilbronn 1932
185 *Schleiden*, R. (1815–1895): Jugenderinnerungen eines Schleswig-Holsteiners. Bd. 1–4. Wiesbaden 1886–1894
186 *Schlözer*, Dorothea von (1770–1825): in (187)
187 *Schlözer*, L. von: Dorothea von Schlözer der Philosophie Doktor. Ein deutsches Frauenleben um die Jahrhundertwende. Stuttgart, Berlin und Leipzig 1923
188 *Schmeil*, O. (1860–1943): Leben und Werk eines Biologen. Lebenserinnerungen. Heidelberg 1954
189 *Schopenhauer*, Johanna (1766–1838): Jugendleben und Wanderbilder. Hrsg. und eingel. von W. Drost. o. O. o. J.
190 *Schubart-Fikentscher*, G.: Die Unehelichenfrage in der Frühzeit der Aufklärung. Sitzungsberichte der Sächs. Akademie der Wiss. Phil. hist. Klasse 112, Heft 3. Berlin 1967
191 *Schulze-Kummerfeld*, Karoline (1745–1815): Lebenserinnerungen. Berlin 1915
192 *Schumacher*, Tony (1848–19?): Was ich als Kind erlebt. Stuttgart und Leipzig 1901
193 *Schurz*, C. (1829–1906): Lebenserinnerungen. Bd. 1 und 2. Berlin 1906–1907
194 *Schwerin*, Sophie (1785–1863): Ein Lebensbild aus ihren eigenen Papieren zusammengestellt von ihrer jüngeren Schwester. Leipzig 1911
195 *Semmler*, J. S. (1725–1791): Lebensbeschreibung, von ihm selbst abgefaßt. Teil 1 und Teil 2. Halle 1781–1782
196 *Semmig*, Jeanne Berta (1867–1958): Aus acht Jahrzehnten. Bearbeitet und hrsg. von S. Müller und K. Kögel. Berlin 1975

197 *Seume*, J. G. (1763-1810): Mein Leben. In: Werke in zwei Bänden. Hrsg. von A. und K. H. Klingenberg. Berlin und Weimar 1965
198 *Seutemann*, K.: Kindersterblichkeit sozialer Bevölkerungsgruppen, insbesondere im preußischen Staate und seinen Provinzen. Tübingen 1894
199 *Siemens*, W. von (1816-1892): Lebenserinnerungen. Berlin 1916
200 *Sintenis*, Chr. F.: Der Mensch im Umkreis seiner Pflichten. 1. und 2. Teil. Leipzig 1804-1807
201 *Sophie* (1630-1714): Kurfürstin von Hannover, die Mutter der Könige von Preußen und England. Memoiren und Briefe. Hrsg. von R. Geerds. Ebenhausen 1913
202 *Spielmann*, C.: Die Schulgesetze des Idsteiner Gymnasiums von 1790. In: Mitteilungen der Gesellschaft für deutsche Erziehungs- und Schulgeschichte 13, 1903
203 *Stieglitz*, H. (1801-1849): Eine Selbstbiographie. Vollendet und mit Anmerkungen hrsg. von L. Curtze. Gotha 1865
204 *Strombeck*, F. K. von (1771-1848): Darstellungen aus meinem Leben und meiner Zeit. Bd. 1-8. Braunschweig 1833-1840
205 *Struve*, Chr. A.: Neues Handbuch der Kinderkrankheiten, besonders zum Gebrauch für Eltern und Erzieher. Breslau 1797
206 *Sudermann*, H. (1857-1928): Das Bilderbuch meiner Jugend. Stuttgart und Berlin 1922
207 *Thäter*, J. C. (1804-1870): Das Lebensbild eines deutschen Kupferstechers. Frankfurt a. M. 1887
208 *Tischbein*, W. (1751-1829): Aus meinem Leben. Hrsg. und bearbeitet von L. Brieger. Berlin 1922
209 *Todenwarth*, Anna Barbara Wolff von (16?-?) in (98)
210 *Vansca*, K. Hrsg.: Die Schulakten Adalbert Stifters. Nürnberg 1955
211 *Voss*, J. H. (1751-1826): in (16, Bd. 10)
212 *Wächtershausen*, W.: Das Verbrechen des Kindesmordes im Zeitalter der Aufklärung. Berlin 1973
213 *Weinsberg*, H. von (1517-1598): Das Buch Weinsberg. Aus dem Leben eines Kölner Ratsherrn. Hrsg. von J. J. Hässlin. München 1961
214 *Weiss*, K. (1828-19?): Ein deutscher Schulmann. Lebenserinnerungen. Wiesbaden 1905
215 *Weisse*, Chr. F. (1726-1804): Selbstbiographie. Leipzig 1806
216 *Werner*, J.: Die Schwestern Bardua. Bilder aus dem Gesellschafts-, Kunst- und Geistesleben der Biedermeierzeit. Aus Wilhelmine Barduas Aufzeichnungen gestaltet. Leipzig 1929
217 *Wichern*, J. H. (1808-1881): Notizen über gemachte Besuche, besonders in Beziehung auf die Sonntagsschule. In: Sämtl. Werke hrsg. von P. Meinhold, Bd. 4, Teil 1. Berlin und Hamburg 1958
218 *Wiedemann*, Luise (1770-1846): Erinnerungen. Göttingen 1929
219 *Wildermuth*, Ottilie (1817-1877): Leben, nach ihren eigenen Aufzeichnungen zusammengestellt und ergänzt von ihren Töchtern. Stuttgart 1888

220 *Winhaus*, (?): Schulgesetze der Lateinschule in Mansfeld um 1580. In: Mitteilungen der Gesellschaft für deutsche Erziehungs- und Schulgeschichte, 1, 1891
221 *Winter*, M.: Ich suche meine Mutter. Die Jugendgeschichte eines Findelkindes (Otto Dunker 1876–?). Diesem nacherzählt. München 1910
222 *Wundt*, W. (1832–1920): Erlebtes und Erkanntes. Stuttgart 1920
223 *Zelter*, K. F. (1758–1832): Selbstdarstellung. Hrsg. von W. Reich. Zürich 1955
224 *Zimmern*, F. Chr. von: Die Chronik der Grafen von Zimmern. Hrsg. von H. M. Decker-Hauff. Bd. 1–3. Stuttgart und Konstanz 1964–1972